CB122941

Direito e Liberdade

Direito e Liberdade

ESTUDOS EM HOMENAGEM AO PROFESSOR DOUTOR NEREU JOSÉ GIACOMOLLI

2022

Coordenação Científica

Manuel Monteiro Guedes Valente
Alexandre Wunderlich

Coordenação Executiva

Ana Carolina Stein
Felipe Mrack Giacomolli
Henrique Saibro
Marcos Eberhardt

ALMEDINA

DIREITO E LIBERDADE
ESTUDOS EM HOMENAGEM AO PROFESSOR DOUTOR NEREU JOSÉ GIACOMOLLI

COORDENAÇÃO CIENTÍFICA: Manuel Monteiro Guedes Valente e Alexandre Wunderlich
COORDENAÇÃO EXECUTIVA: Ana Carolina Stein, Felipe Mrack Giacomolli, Henrique Saibro e Marcos Eberhardt

DIRETOR ALMEDINA BRASIL: Rodrigo Mentz
EDITORA JURÍDICA: Manuella Santos de Castro
EDITOR DE DESENVOLVIMENTO: Aurélio Cesar Nogueira
ASSISTENTES EDITORIAIS: Isabela Leite e Larissa Nogueira

DIAGRAMAÇÃO: Almedina
DESIGN DE CAPA: FBA

ISBN: 9786556273884
Janeiro, 2022

Dados Internacionais de Catalogação na Publicação (CIP)
(Câmara Brasileira do Livro, SP, Brasil)

Direito e liberdade : estudos em homenagem ao
professor doutor Nereu José Giacomolli. --
São Paulo : Almedina, 2022.
Vários autores. Vários coordenadores.

Bibliografia.
ISBN 978-65-5627-388-4

1. Descriminalização 2. Direito de defesa
3. Direito penal 4. Direito penal econômico
5. Giacomolli, Nereu José 6. Nulidades (Direito) 7. Processo penal.

21-85771 CDU-343

Índices para catálogo sistemático:

1. Direito penal 343

Cibele Maria Dias - Bibliotecária - CRB-8/9427

Este livro segue as regras do novo Acordo Ortográfico da Língua Portuguesa (1990).

EDITORA: Almedina Brasil
Rua José Maria Lisboa, 860, Conj.131 e 132, Jardim Paulista | 01423-001 São Paulo | Brasil
editora@almedina.com.br
www.almedina.com.br

SOBRE O HOMENAGEADO

Nereu José Giacomolli, filho de Neuto Giacomolli e Nelly Vian Giacomolli, nasceu no município de Encantado, interior do Rio Grande do Sul, Brasil, no ano de 1959. Ainda jovem, experienciou o falecimento precoce do genitor e viveu toda sua infância na companhia de seus dois irmãos e sua mãe, superando dificuldades financeiras e familiares. Apesar de tudo, Nelly Vian Giacomolli sempre priorizou a educação e a formação dos filhos, gênese da paixão de Nereu pelo estudo e pelas leituras.

Quando criança, cursou o ensino primário na Escola Rural de Linha Santa Terezinha e o ensino secundário (ginasial, à época) no Ginásio Municipal da cidade de Encantado/RS, vindo a concluir o primeiro grau de instrução no Seminário de Arroio do Meio, a cerca de 20 km de onde residia. Na adolescência, cursou o 2º grau (ensino médio) em outro Seminário, o São João Batista, sito no município de Santa Cruz do Sul, também no Rio Grande do Sul.

Em seu percurso acadêmico, teve o primeiro contato com o universo jurídico na Universidade do Vale do Rio dos Sinos (UNISINOS), onde ingressou com crédito educativo. Conciliando os estudos com o trabalho nos turnos livres, o qual, juntamente com o auxílio estudantil, garantiu sua permanência na universidade, graduou-se em Ciências Jurídicas e Sociais no ano de 1984. Bacharel em direito, ingressou no Curso de Preparação à Magistratura, na Escola da AJURIS, concluindo-o no ano seguinte, em 1985. Cursou a Pós-Graduação em Ciências Criminais na Universidade Federal do Rio Grande do Sul, de 1994 a 1995. Na Espanha, doutorou-se em Estudos de Atualidade Processual pela Universidad Complutense de Madri, em 2001. Na Itália, realizou estudos de Pós-Doutoramento na Universitá degli Studi di Torino, durante os anos de 2007 a 2008.

Como jurista, o ciclo profissional de Nereu José Giacomolli iniciou-se na advocacia, exercendo a profissão entre 1985 e 1986, ano em que aprovado no concurso da magistratura do Estado do Rio Grande do Sul. Iniciou a carreira atuando como Juiz Substituto na Comarca de Itaqui. Depois, jurisdicionou as comarcas de Ronda Alta e Alegrete, como Juiz de primeira entrância e entrância intermediária, respectivamente. A partir de 1992, na entrância final, atuou na Comarca de Porto Alegre, capital do estado, tendo exercido, de forma complementar, as atividades de plantão judiciário e do projeto conciliação cível e família. Ainda como Juiz de Direito em Porto Alegre, presidiu a Vara do Júri da capital e foi Juiz-Corregedor durante dois anos. No ano de 2002, foi convocado a atuar como substituto junto à 8ª Câmara Criminal do Tribunal de Justiça do Rio Grande do Sul. Em setembro de 2003, por merecimento, foi promovido por seus pares ao cargo de Desembargador do Tribunal de Justiça do Estado do Rio Grande do Sul, atuando em câmaras cíveis e criminais.

No biênio 2008 e 2009, participou do Conselho de Administração do Tribunal de Justiça. Também coordenou o Centro de Estudos do Tribunal de Justiça do Rio Grande do Sul, de 2010 a 2012, e foi examinador em diversos concursos públicos para ingresso na carreira da Magistratura. Exerceu a jurisdição na Câmara Especial Cível, na 9ª Câmara Cível, na 7ª Câmara Criminal, na 6ª Câmara Criminal e na 3ª Câmara Criminal, tendo sido presidente desta até encerrar suas atividades, em dezembro de 2014.

Após 28 anos no exercício da judicatura, em primeira e segunda instâncias, retornou à advocacia, no ano de 2015, fundando o escritório Giacomolli Advocacia e Consultoria, sediado em Porto Alegre, e o Giacomolli, Corsetti & Diniz, com sede em Brasília/DF, atuando como advogado, consultor e parecerista.

Desde 1994, Nereu José Giacomolli também se dedica à atividade acadêmica, iniciando como professor universitário titular na Universidade do Vale do Rio dos Sinos (UNISINOS), lecionando disciplinas de Direito Processual Penal e Direito Penal, na graduação e especializações. Ao retornar do período de Doutoramento na Espanha, em 2004, ingressou como professor titular da Universidade Luterana do Brasil (ULBRA), onde permaneceu por dois anos. Desde 2006, é professor titular da Pontifícia Universidade Católica do Rio

Grande do Sul (PUCRS), onde lecionou as disciplinas de Processo Penal na graduação e em várias especializações por mais de 13 anos. Atualmente se dedica apenas às disciplinas de Processo Penal Contemporâneo, no Mestrado, e de Sistemas Jurídico-Penais Comparados, no doutorado, ambas do Programa de Pós-Graduação em Ciências Criminais.

Na Pontifícia Universidade Católica do Rio Grande do Sul também foi Coordenador de Pesquisa da Escola de Direito, entre 2017 e 2019. Além disso, participou como membro da Comissão Organizadora do PPGCCrim, a partir de 2017. Ao final de 2019, tornou-se Coordenador do Programa de Pós-Graduação em Ciências Criminais da PUCRS, estando à frente da coordenação do programa até os dias de hoje.

Em Portugal, Nereu José Giacomolli é professor convidado da Universidade Autónoma de Lisboa (UAL), no curso de Doutorado e Mestrado, onde leciona regularmente, desde 2017, as disciplinas de Direito Penal Avançado e Seminários Avançados de Direito Penal Econômico (Mestrado) e Teoria da Norma (Doutorado).

Durante toda a vida acadêmica, Nereu José Giacomolli escreveu e organizou uma série de livros, capítulos, artigos científicos, traduções, entre outros. Sua obra mais difundida, o livro Devido Processo Penal: abordagem conforme a CF e o Pacto de São José da Costa Rica, teve a primeira edição publicada em 2016, e atualmente está na terceira edição, ampliada e revisada. Também é autor de outros sete livros: "*Legalidade, oportunidade e consenso no processo penal.* Porto Alegre: Livraria do Advogado, 2006"; "*Reformas (?) do processo penal.* Rio de Janeiro: Lumen Juris, 2008"; "*Juizados especiais criminais.* 4. Ed. Porto Alegre: Livraria do Advogado, 2009"; "*A fase preliminar do processo penal.* Rio de Janeiro: Lumen Juris, 2011"; "*Legalidad, oportunidad y consenso en el processo penal.* Peru: Aras, Lima, 2012"; "*Prisão, Liberdade e Cautelares Pessoais: nova formatação a partir de 2020. São Paulo: Marcial Pons, 2020*"; e "*Prova Penal. Estado Democrático de Direito. Lisboa: Rey dos Livros e Empório do Direito, 2015*".

Traduziu seis importantes obras: "*A proteção de bens jurídicos como função do direito penal.* Porto Alegre: Livraria do Advogado, 2013"; "*Um novo sistema de direito penal. 1. ed. São Paulo: Manole, 2013 e Porto Alegre: Livraria do Advogado, 2014*"; "*Direito penal e funcionalismo. Porto Alegre: Livraria do Advogado, 2005*"; "*Direito penal do inimigo. 6. ed. Porto Alegre: Livraria do Advogado, 2012*"; "*Teoria da imputação objetiva.* São Paulo: Manole, 2003"; "*A prova ilícita: um estudo comparado.* Madri/São *Paulo: Marcial Pons, 2014".* E organizou e coordenou, individualmente e em conjunto, mais de 22 obras, dentre as quais se destacam: *"Direito Penal e Constituição: diálogos entre Brasil e Portugal. Porto Alegre: Boutique Jurídica, 2018"; "Ciências Criminais e COVID-19. 1. ed. São Paulo: Tirant lo Blanch, 2020"; "Processo Penal e Garantias Constitucionais: estudos para um processo penal democrático. Rio de Janeiro: Lumen Juris, 2014"*; e *"Processo Penal Contemporâneo em Debate. Volumes 1 a 5".* Ainda, produziu mais de 40 artigos científicos publicados em periódicos brasileiros e estrangeiros, mais de 50 capítulos de livro, além de outras publicações científicas no Brasil e no exterior na área das ciências criminais.

Nereu José Giacomolli, em 2012, fundou o Instituto Brasileiro de Direito Processual Penal e atualmente é Conselheiro e ex-presidente do Instituto. Além disso, é um dos editores-chefes da Revista Brasileira de Direito Processual Penal, vinculada ao Instituto Brasileiro de Direito Processual Penal (IBRASPP), e um dos editores da Revista de Estudos Criminais, vinculada ao Instituto Transdisciplinar de Estudos Criminais (ITEC) e à Escola de Direito da PUCRS. Em 2013, Nereu José Giacomolli foi condecorado com o título de Cidadão Emérito do Município de Encantado por sua brilhante trajetória na carreira jurídica, pelo prefeito municipal, perante a Câmara de Vereadores, publicado pela Lei Municipal nº 3.855/2013, de 22 de outubro.

O caminho que vem sendo trilhado por Nereu José Giacomolli, como se vê, é extenso, brilhante e digno de todas as condecorações recebidas, dentre as quais a presente obra em sua homenagem. Mas para além de tudo isso, merece destaque o caráter humanitário e virtuoso do homenageado. Todos que o conhecem, o destacam por ser fraterno, amigável, empático, acolhedor e aberto ao próximo. Sempre deixa boas marcas naqueles que com ele convivem. Há muitos anos, casou-se com Beatriz Teresinha Mrack Giacomolli, com quem convive maritalmente até hoje e de cuja união nasceram os filhos, Felipe Mrack Giacomolli e Caroline Mrack Giacomolli, os quais, já adultos, agora tentam retribuir parcela de todo o carinho e amor paternal de Nereu José Giacomolli.

Defesa do Direito de Defesa – IDDD. Julgador do Tribunal de Ética da Ordem dos Advogados do Brasil – Seccional Rio Grande do Sul.

Ariel Barazzetti Weber
Advogado criminalista. Mestre em Direito pela Unisinos. Sócio de Callegari Advocacia Criminal.

Augusto Jobim do Amaral
Professor permanente do Programa de Pós-Graduação em Ciências Criminais e do Programa de Pós-Gradução em Filosofia, ambos da PUCRS. Autor de diversos trabalhos científicos na área das ciências criminais.

Aury Lopes Junior
Doutor em Direito Processual Penal pela Universidad Complutense de Madrid (1999). Professor Titular no Programa de Pós-Graduação em Ciências Criminais da PUCRS. Autor da Editora Saraiva. Advogado Criminalista.

Bruna Capparelli
Ricercatrice associata – *Ratio Legis* (Università Autonoma di Lisbona). PhD in Diritto processuale penale – Università di Bologna. PhD in Scienze Criminali – PUCRS (in regime di cotutela). Dottoressa in Legge – Università di Bologna. *Associate Editor* RBDPP. Abilitata all'esercizio della professione di avvocato (Italia).

Caíque Ribeiro Galícia
Doutorado com período sanduíche (PDSE/Capes) na *Università degli Studi di Bologna* (bolsa PDSE/CAPES). Mestrado em Ciências Criminais pela Pontifícia Universidade Católica do Rio Grande do Sul (PUCRS), com pesquisa na área de Cooperação Jurídica Internacional em matéria criminal. Estágio de pós-doutorado pela Universidade Federal do Mato Grosso do Sul (UFMS). Editor-associado da *Revista Brasileira de Direito Processual Penal* – RBDPP. Professor de Direito criminal em cursos de graduação, pós-graduação. Advogado criminalista.

Camile Eltz de Lima
Advogada e Conselheira Seccional da OAB/RS. Mestre em Ciências Criminais pela PUCRS. Professora Convidada no Pós-graduação em Direito Penal Empresarial da PUCRS. Professora de Direito Penal da Ulbra (Torres/RS - 2009) e do UNILASALLE (Canoas/RS - 2011-2013). Professora de Direito Penal e Processual Penal do CESUCA (Faculdade Inedi/ Cachoeirinha) (2013-2016). Professora de Direito Penal Convidada na Universidade de Passo Fundo (UPF). Professora Convidada na Escola Superior de Advocacia da OAB/RS e na Fundação Escola da Defensoria Pública – FESDEP.

Carlos Hélder C. Furtado Mendes
Doutorando e mestre em Ciências Criminais pela Pontifícia Universidade Católica do Rio Grande do Sul. Especialista em Direito Penal Econômico pela Universidade de Coimbra e pelo IBCCRIM. Advogado criminalista.

Cezar Roberto Bitencourt
Jurista. Doutor em Direito Penal pela Universidade de Sevilha, Espanha. Professor universitário. Advogado criminalista em Brasília. Membro da Academia Brasileira de Direito Criminal, da Associação Internacional de Direito Penal e do Instituto Brasileiro de Ciências Criminais.

Chiavelli Facenda Falavigno
Estágio pós doutoral em Política Legislativa penal pela Universidade de Málaga, Espanha. Doutora em Direito Penal pela Universidade de São Paulo, com estágio de investigação na Universidade de Hamburgo. Pesquisadora visitante da Faculdade de Direito da Universidade de Coimbra e do Instituto Max Planck de Direito Penal estrangeiro. Professora Adjunta de Direito e Processo Penal da Universidade Federal de Santa Catarina (UFSC).

Clarice Beatriz da Costa Söhngen
Doutora em Letras pela Pontifícia Universidade Católica do Rio Grande do Sul (PUCRS). Mestre em Letras e Ciências Criminais pela PUCRS. Docente Titular da Escola de Direito da Pontifícia Universidade Católica do Rio Grande do Sul (PUCRS). Pesquisadora-líder do Grupo de Pesquisa em Gestão Integrada da Segurança Pública (GESEG). Porto Alegre (RS), Brasil.

Cristina di Gesu
Mestre em Ciências Criminais pela PUCRS (2008). Especialista em Ciências Penais pela PUCRS (2006). Especialista em Direito de Família pela FMP (2020). Professora do Curso de Direito da FADERGS. Professora convidada dos Cursos de Pós-Graduação *Lato Sensu* em Direito Penal e Processo Penal do Uniritter, da Unisinos, da Universidade de Passo Fundo – UPF, da Pós-Graduação em Psicologia Forense da Imed, da Fundação Escola Superior da Defensoria Pública do RS – FESDEP.

Daniel Achutti
Doutor em Ciências Criminais pela PUCRS (2012), com período sanduíche na Universidade de Leuven, Bélgica (2010-2011), onde também realizou estudos de pós-doutorado (2013-2014 e 2017-2018). Professor permanente do PPG em Direito (mestrado e doutorado) da Universidade La Salle. Advogado.

Daniel Kessler de Oliveira
Doutorando e Mestre em Ciências Criminais PUCRS (2013). Professor de Direito Penal e Processual Penal – Universidade Feevale – RS. Advogado.

Diogo Machado de Carvalho
Mestre em Ciências Criminais PUCRS (2012). Professor de Direito Penal e Processual Penal – Universidade Feevale – RS. Advogado.

Daniela Dora Eilberg
Doutoranda e mestra pelo Programa de Pós-Graduação em Ciências Criminais pela Pontifícia Universidade Católica do Rio Grande do Sul (PUCRS). Bacharela em Direito pela Universidade Federal do Rio Grande do Sul (UFRGS). Advogada criminalista e consultora.

Danilo Knijnik
Mestre (UFRGS). Doutor (USP). Advogado. Professor Associado e Diretor da Faculdade de Direito da Universidade Federal do Rio Grande do Sul – UFRGS (2012-2020).

Diógenes V. Hassan Ribeiro
Mestre e Doutor Público (2001, 2006 – Unisinos). Pós-doutor (CES-FEUC, Coimbra, 2017). Professor no PPGD/Unilasalle – Canoas/RS, Mestrado e Doutorado. Desembargador TJRS. Presidente da 3ª. Câmara Criminal.

Douglas Cunha Hassan Ribeiro
Mestre em Direito (Unilasalle, 2015). Doutorando em Direito Público (2017-2020, Unisinos). Advogado.

Draiton Gonzaga de Souza
Doutor em Filosofia (Universidade de Kassel, Alemanha) e em Direito (UFRGS). É Licenciado em Filosofia (FAFIMC) e tem habilitação para a docência da língua alemã (UFRGS). Realizou pós-doutorado na Universidade de Tübingen (Prof. Dr. Otfried Höffe) e no Hegel-Archiv, da Universidade de Bochum (Prof. Dr. Walter Jaeschke), como bolsista da Fundação Alexander von Humboldt. Professor Titular e Decano da Escola de Humanidades da PUCRS.

Enzo Carlo di Gesu
Juiz de Direito do Tribunal de Justiça do Rio Grande do Sul. Especialista em Ciências Penais pela Rede de Ensino LFG (2009). Coordenador do Projeto Justiça Sistêmica: Resolução de Conflitos à luz das Constelações Familiares no âmbito da Comarca de Flores da Cunha/RS.

Fabiane da Rosa Cavalcanti
Mestre em Ciências Criminais (PUCRS, 2016). Especialização em Derechos Fundamentales y Garantías Constitucionales en el Derecho Penal y Procesal Penal (Universidad de Castilla – La Mancha, 2015). Pesquisadora na área do processo penal e do direito penal econômico. Membro do Instituto Brasileiro de Ciências Criminais (IBCCRIM). Membro da comissão de *compliance* da OAB/RS.

Fabiano Clementel
Advogado. Doutor em Direito. Mestre em Ciências Criminais. Professor de Processo Penal na PUCRS. Palestrante e professor convidado na Escola Superior de Advocacia-OAB/RS. Professor em Cursos de Pós-Graduação

lato sensu. Áreas do conhecimento: direito público, direito penal, direito processual penal e criminologia.

Fabio Roberto D'Avila
Professor titular da Escola de Direito e do Programa de Pós-Graduação em Ciências Criminais da PUCRS. Pós-doutor em Ciências Penais pela Goethe Universität Frankfurt am Main, Alemanha. Doutor em Ciências Jurídico-Criminais pela Universidade de Coimbra, Portugal. Mestre em Ciências Criminais pela Pontifícia Universidade Católica do Rio Grande do Sul, PUCRS, Brasil. Advogado criminal.

Fabrício Dreyer de Ávila Pozzebon
Professor Titular da Escola de Direito da Pontifícia Universidade Católica do Rio Grande do Sul (PUCRS). Professor Credenciado Permanente do Programa de Pós-Graduação em Ciências Criminais da PUCRS. Especialista em Direito Penal, Mestre em Ciências Criminais e Doutor em Direito pela PUCRS. Pós-Doutor em Democracia e Direitos Humanos pela Universidade de Coimbra.

Fauzi Hassan Choukr
Pós- Doutorado pela Universidade de Coimbra (2012/2013). Doutorado (1999) e Mestrado (1994) em Direito Processual Penal pela Universidade de São Paulo. Especializado em Direitos Humanos pela Universidade de Oxford (New College; 1996) e em Direito Processual Penal pela Universidade Castilla la Mancha (2007). Coordenador do PPGD da Facamp – Faculdades de Campinas. Promotor de Justiça no Estado de São Paulo (desde 1989).

Felipe Cardoso Moreira de Oliveira
Doutor em Direito (PPGDir) pela Pontifícia Universidade Católica do Rio Grande do Sul (2017). Mestre em Ciências Criminais (PPGCrim) pela Pontifícia Universidade Católica do Rio Grande do Sul (2001) e Especialista em Ciências Penais (PPGCrim) pela Pontifícia Universidade Católica do Rio Grande do Sul. Advogado.

Felipe Faoro Bertoni
Mestre e Doutorando em Ciências Criminais pela PUCRS, com bolsa integral Capes. Advogado. Sócio fundador do escritório FB&PS Advogados Associados. Professor de Direito Penal e Processual Penal da Faculdade de Direito Dom Bosco. Coordenador do curso de Pós-Graduação em Direito Penal e Processo Penal com ênfase em Direito Militar da Faculdade Dom Bosco. Professor do Curso de Pós-Graduação em Direito Penal e Processo Penal da UniRitter. Professor do Curso de Pós-Graduação em Direito Penal Empresarial da PUCRS. Professor do Curso de Pós-Graduação em Direito Penal e Processual Penal com Ênfase na Advocacia Criminal da Feevale. Professor do Curso de Pós-Graduação em Autocomposição com Ênfase na Administração Pública da Escola Superior de Direito Municipal de Porto Alegre (ESDM).

Felipe Mrack Giacomolli
Mestrando em Ciências Criminais no Programa de Pós-Graduação em Ciências Criminais da PUCRS, com bolsa CAPES. Especialista em Direito Penal Empresarial pela PUCRS. Pós-graduado em *Garantías Constitucionales del Proceso Penal* pela UCLM-Toledo (Espanha). Advogado.

Fernanda Correa Osorio
Mestra em Ciências Criminais e especialista em Ciências Penais (PUCRS). Professora de Direito Penal e de Processo Penal na Escola de Direito da PUCRS. Diretora de Cursos Permanentes da ESA-OAB/RS. Advogada criminalista.

Flaviane de Magalhães Barros
Doutora em Direito pela Pontifícia Universidade Católica de Minas Gerais (2003).Pós-doutorado (CAPES) junto a Universita degli studi di Roma Tre. Atualmente é professora adjunta da Pontifícia Universidade Católica de Minas Gerais, professora da Universidade Federal de Ouro Preto . Pesquisador CNPq - Produtividade em Pesquisa PQ-2 - desde 2013. Participa da representação de área da CAPES, como coordenadora adjunta de cursos profissionais. Pesquisadora visitante da Università degli studi di Firenze, junto ao Centro di ricerca interuniversitario su carcere, devianza, marginalità e governo delle migrazioni. Advogada.

Frederico Valdez Pereira
Juiz Federal. Doutor em Processo Penal pela Università degli Studi de Pavia/Itália, com cotutela na PUCRS. Professor de Direito Processual Penal na Esmafe/RS.

Geraldo Prado
Doutor e Mestre em Direito pela Universidade Gama Filho. Pós-doutoramento em História das Ideias e Cultura Jurídicas na Universidade de Coimbra. Ex-Professor de Direito Processual Penal na Universidade Federal do Rio de Janeiro. Professor visitante da Universidade Autónoma de Lisboa, no âmbito da qual integra o RATIO LEGIS – Centro de Investigação e Desenvolvimento em Ciências Jurídicas. Autor de livros e artigos publicados no Brasil e no exterior. Advogado.

Giovani Agostini Saavedra
Advogado. Sócio-fundador responsável pela área de Compliance, Investigações Corporativas e Penal Empresarial do *Saavedra & Gottschefsky – Sociedade de Advogados*. Professor da Universidade Presbiteriana Mackenzie (Graduação, Mestrado e Doutorado). Doutor em Direito e Filosofia pela *Johann Goethe Universität – Frankfurt am Main*. Graduado e Mestre em Direito pela PUCRS. Presidente do Instituto ARC – Auditoria, Riscos e *Compliance* e da Abrarc – Associação Brasileira de Auditoria, Riscos e Compliance. Membro do Comitê de *Compliance* do Conselho Federal da OAB.

Giulio Illuminati
Già ordinario nell'Alma Mater Studiorum – Università di Bologna / Italia. Professore di Diritto processuale penale – LUISS "Guido Carli" Roma / Italia.

Heloisa Estellita
Agraciada com a *Humboldt Research Fellowship* para realização de Pós-doutorado na Alemanha, na Ludwig-Maximilians-Universität de Munique e na Universidade de Augsburg (2015-2017), em cooperação com a Capes. Doutora em Direito Penal pela Universidade de São Paulo (2004). Mestre em Direito (Unesp, 2001). Especialista em Direito Penal Econômico e Europeu (Universidade de Coimbra, 2001). Professora da Escola de Direito da Fundação

Getúlio Vargas e coordenadora do Grupo de Ensino e Pesquisa em Direito Penal Econômico na mesma instituição.

Henrique Saibro
Mestre e especialista em Ciências Criminais pela Pontifícia Universidade Católica do Rio Grande do Sul PUCRS), com bolsa pela Capes. Advogado criminalista.

Ingo Wolfgang Sarlet
Doutor e Pós-Doutor em Direito pela Universidade de Munique. Professor Titular da Escola de Direito da PUCRS. Desembargador aposentado do TJRS. Advogado.

Jacinto Nelson de Miranda Coutinho
Professor Titular de Direito Processual Penal da Faculdade de Direito da Universidade Federal do Paraná (aposentado). Professor do Programa de Pós-graduação em Ciências Criminais da Pontifícia Universidade Católica do Rio Grande do Sul – PUCRS. Professor do Programa de Pós-graduação em Direito da Faculdade Damas, Recife. Especialista em Filosofia do Direito (PUCPR). Mestre (UFPR). Doutor (*Università degli Studi di Roma "La Sapienza"*). Presidente de Honra do Observatório da Mentalidade Inquisitória. Advogado. Membro da Comissão de Juristas do Senado Federal que elaborou o Anteprojeto de Reforma Global do CPP, hoje Projeto 156/2009-PLS.

Jayme Weingartner Neto
Mestre (Coimbra) e doutor (PUCRS) em Direito. Professor da Unilassale. Desembargador do TJRS.

João Batista Marques Tovo
Desembargador do Tribunal de Justiça do Estado do Rio Grande do Sul.

José Luis Bolzan de Morais
Procurador do Estado do Rio Grande do Sul (Tribunais Superiores). Professor do PPGD/FDV-ESDHC. Pesquisador PQ CNPQ.

Luiza Farias Martins
Advogada e Mestranda em Direito Penal Econômico pela Escola de Direito da Fundação Getúlio Vargas São Paulo – FGV-SP.

Marcos Eberhardt
Graduado em Ciências Jurídicas e Sociais pela PUCRS (2001). Especialista em Ciências Penais pelo PPG/PUCRS (2005). Mestre em Ciências Criminais pelo PPG/PUCRS (2008). Doutorando em Ciências Criminais pelo PPG/PUCRS. Professor da Escola de Direito da PUCRS. Professor convidado da Especialização em Direito Penal e Processo Penal da Unisinos e da Especialização em Advocacia Criminal da UPF. Conselheiro Seccional da OAB/RS, tendo ocupado a Vice-Diretoria da Escola Superior de Advocacia – ESA/OABRS.

Marcos Afonso Johner
Mestrando em Ciências Criminais pelo PPGCCRIM-PUCRS (bolsista Capes).

Marcelo Almeida Ruivo
Professor do Programa de Doutorado e Mestrado em Ciências Criminais da PUCRS. Doutor em Ciências Jurídico-Criminais pela Universidade de Coimbra. *Visiting* Professor nas Faculdades de Direito das Universidades de Ferrara e Turim. Advogado.

Marcelo Caetano Guazzelli Peruchin
Pós-doutor em Democracia e Direitos Humanos pela Universidade de Coimbra (2014). Doutor em Direito pela PUCRS (2012). Mestre em Ciências Criminais pela PUCRS (2000). Professor das disciplinas de Direito Penal, Processo Penal, Prática Jurídica e Cooperação Jurídica Internacional na Faculdade de Direito da PUCRS (lic.). Investigador internacional do Iceps (*International Center of Economic Penal Studies*). Advogado criminal.

Marcos Pippi Fraga
Especialista em Ciências Penais (PUCRS). Advogado Criminalista.

Marcus Vinicius Boschi
Mestre e Doutor em Ciências Criminais pela PUCRS. Professor da PUCRS. Áreas de estudo: Direito Processual Penal, Direito Penal e Estágio Processual Penal. Ministra aulas dos Cursos de Especialização em Processo Penal do IDC. Professor Convidado da Escola Superior da Magistratura Federal. Advogado.

Maria Eduarda Azambuja Amaral
Doutoranda do Programa de Pós-Graduação em Ciências Criminais da PUCRS. Bolsista Capes/Brasil do INCT Forense. Mestre em Biologia Molecular pela PUCRS. Especialista em Perícia Criminal e Ciências Forenses pelo Ipog. Biomédica pela UFRGS. Graduanda em Direito pela PUCRS.

Marion Bach
Professora titular de Direito penal na graduação e na pós-graduação do UNICURITIBA e da FAE (Curitiba/PR). Doutoranda do Programa de Pós-Graduação em Ciências Criminais da PUCRS. Advogada criminal.

Mateus Martins Machado
Mestre em Direito pela Fundação Superior Escola do Ministério Público (FMP/RS). Graduado em Direito pela Pontifícia Universidade Católica do Rio Grande do Sul (PUCRS). Advogado criminalista.

Mellina Bulgarini Gerhardt
Especializanda em Direito Penal Empresarial pela PUCRS. Advogada criminal.

Michelle Karen Batista dos Santos
Mestra e doutoranda em Ciências Criminais pela Pontifícia Universidade Católica do Rio Grande do Sul (PPGCCrim/PUCRS), com bolsa de estudo integral concedida pela Capes. Coordenadora do Grupo de Estudos em Direito e Criminologia da Escola Superior de Advocacia (ESA/OAB-RS). Integrante do Grupo de Pesquisa em Políticas Públicas de Segurança e Administração da Justiça Penal (GPESC-PUCRS).

Miguel Reale Júnior

Professor Titular da Faculdade de Direito da Universidade de São Paulo: Departamento de Direito Penal, Medicina Forense e Criminologia da Faculdade de Direito da Universidade de São Paulo desde 1987. Doutor em Direito e Livre Docente pela Universidade de São Paulo. Secretário de Segurança Pública do Estado de São Paulo no governo Franco Montoro (1983). Ministro da Justiça no governo Fernando Henrique Cardoso.

Miguel Tedesco Wedy

Advogado Criminalista. Doutor pela Faculdade de Direito da Universidade de Coimbra (FDUC). Professor do Programa de Pós-Graduação e Decano da Escola de Direito da Unisinos.

Ney Fayet Júnior

Pós-Doutor em Criminologia pela Universitat Pompeu Fabra (Barcelona) e em História pela Universidade Federal do Rio Grande do Sul. Doutor em Direito Público pela Universidade do Vale do Rio dos Sinos. Mestre em Ciências Criminais pela Pontifícia Universidade Católica do Rio Grande do Sul. Professor de Direito Penal e Criminologia na Pontifícia Universidade Católica do Rio Grande do Sul.

Pablo Rodrigo Alflen

Professor Permanente do Programa de Pós-Graduação em Direito (PPGD) e do Departamento de Ciências Penais da Faculdade de Direito da Universidade Federal do Rio Grande do Sul (UFRGS). Doutor e mestre em Ciências Criminais (PUCRS). Conselheiro do Centro de Estudos de Direito Penal e Processual Penal (CEDPAL) da Georg-August-Universität Göttingen, Alemanha.

Paulo Vinicius Sporleder de Souza

Doutor em Ciências Jurídico-criminais pela Universidade de Coimbra (Portugal). Professor titular de Direito Penal da Pontifícia Universidade Católica do Rio Grande do Sul (PUCRS).

Pietro Cardia Lorenzoni
Advogado. Graduado em Direito pela Pontifícia Universidade Católica do Rio Grande do Sul (PUCRS), Especialista em Justiça Constitucional e Direitos Fundamentais pela Universidade de Pisa/Itália (Unipi). Especialista em gestão e docência no ensino superior pela Universidade Luterana do Brasil (Ulbra). Mestre em Direito pela Fundação Escola Superior do Ministério Público do Rio Grande do Sul (FMP-RS).

Rafael Braude Canterji
Advogado. Professor de Direito Penal da PUCRS. Conselheiro Federal da OAB.

Rafael Zottis
Mestre em Ciências Criminais (PUCRS). Especialista em Ciências Penais (PUCRS). Advogado Criminalista.

Raffaella Pallamolla
Doutora em Ciências Sociais pela PUCRS. Mestre em Ciências Criminais pela PUCRS e em Criminologia e Execução Penal pela Universidad Autónoma de Barcelona (UAB). Consultora Prodoc/PNUD e Depen – Departamento Penitenciário Nacional para o desenvolvimento de proposta de Política Nacional de Práticas Restaurativas no Sistema Prisional (2016-2019). Coordenadora e professora do Curso de Direito da Universidade La Salle. Advogada.

Raquel Scalcon
Professora da FGV Direito SP (Graduação, Pós FGVLaw e Mestrado Profissional – Linha Direito Penal Econômico). Estágio pós-doutoral na Universidade Humboldt de Berlim, Alemanha (Bolsa *Alexander von Humboldt* e Capes). Doutora pela UFRGS.

Renata Machado Saraiva
Advogada e Doutoranda em Ciências Criminais pela Faculdade de Direito da Universidade de Lisboa – FDUL.

Ricardo Jacobsen Gloeckner
Doutor em Direito pela Universidade Federal do Paraná (2010) e Pós-Doutorado pela Università Degli Studi di Napoli Federico II. Mestre em Ciências Criminais pela PUCRS. Professor do Programa de Pós-Graduação em Ciências Penais da Pontifícia Universidade Católica e Coordenador da Especialização em Ciências Penais e da Especialização Direito Penal e Criminologia da Pontifícia Universidade Católica do Rio Grande do Sul. Professor Titular do Programa Maestría en Criminología Aplicada da Universidad San Carlos da Guatemala.

Rodrigo Ghiringhelli de Azevedo
Sociólogo. Professor Titular da Escola de Direito da PUCRS, onde atua nos Programas de Pós-Graduação, em Ciências Criminais e em Ciências Sociais. Líder do GPESC-PUCRS. Pesquisador do INCT-Ineac. Bolsista de produtividade em pesquisa nível 1D do CNPq.

Rodrigo Moraes de Oliveira
Professor da Escola de Direito e do Programa de Pós-Graduação em Ciências Criminais (Mestrado e Doutorado) da Pontifícia Universidade Católica do Rio Grande do Sul. Presidente do Instituto Transdisciplinar de Estudos Criminais – !TEC. Advogado Criminal.

Rogério Gesta Leal
Desembargador do Tribunal de Justiça do Estado do Rio Grande do Sul, titular da Quarta Câmara Criminal. Doutor em Direito. Professor da Unisc e FMP.

Rubens Hofmeister Neto
Mestrando em Direito Penal Econômico pela Fundação Getúlio Vargas, São Paulo. Advogado.

Salah H. Khaled Jr.
Professor associado de Direito penal, Criminologia, Sistemas Processuais Penais e História das Ideias Jurídicas da Universidade Federal do Rio Grande – FURG. Professor Permanente do Mestrado em Direito e Justiça Social da Universidade Federal do Rio Grande – FURG. Doutor e mestre em Ciências

Criminais (PUCRS). Mestre em História (UFRGS). Especialista em História do Brasil (FAPA). Bacharel em Ciências Jurídicas e Sociais (PUCRS). Licenciado em História (FAPA). Líder do Grupo de Pesquisa Hermenêutica e Ciências Criminais (FURG/CNPq). Presidente do Instituto Brasileiro de Criminologia Cultural.

Salo de Carvalho
Professor adjunto de Direito Penal e Criminologia da Faculdade Nacional de Direito/UFRJ e do Programa de Pós-Graduação (mestrado e doutorado) em direito da Unilasalle/RS. Mestre (UFSC) e Doutor (UFPR) em Direito.

Stefano Ruggeri
Professor de Justiça Penal italiana, europeia e comparada – Departamento de Direito "Salvatore Pugliatti", Universidade de Messina. Piazza Pugliatti Nr. 1 – 98100 - Messina (Itália).

Vinicios Batista do Valle
Delegado de Polícia – PC/RS. Mestre em Ciências Criminais – PUC/RS. Mestre em Ciências Policiais de Segurança e Ordem Pública. Especialista em Direito Penal e Processo Penal.

Vinicius Gomes de Vasconcellos
Doutor em Direito pela Universidade de São Paulo, com período de sanduíche na *Universidad Complutense de Madrid*/ESP (bolsa PDSE/Capes) e estágio de pós-doutoramento pela Universidade Federal do Rio de Janeiro. Mestre em Ciências Criminais pela PUCRS. Professor permanente do Instituto Brasiliense de Direito Público – IDP/DF (mestrado/doutorado). Professor efetivo da Universidade Estadual de Goiás. Editor-chefe da *Revista Brasileira de Direito Processual Penal – RBDPP*. Assessor de Ministro no Supremo Tribunal Federal.

SUMÁRIO

DIREITO E LIBERDADE

EM TOM DE APRESENTAÇÃO

MANUEL MONTEIRO GUEDES VALENTE

A homenagem ao Professor Doutor NEREU JOSÉ GIACOMOLLI ancora no axioma *Direito e Liberdade*. A razão de ser da escolha deste axioma prende-se com o início da sua carreira jurídica, no ano de 1984, até aos dias de hoje: advogado, juiz e professor de Direito. Inicia a sua carreira jurídica no tempo de democratização política que culminaria com a aprovação da Constituição da República Federativa do Brasil em 1988 e da consequente legitimação democrática do Direito em afirmação da liberdade como valor superior da pessoa humana e intrínseco à sua dignidade. A liberdade, que, nas palavras de Aquilino Ribeiro, é o que "o Homem mais aprecia de grandeza, glória, amor, acima do próprio pão para a boca"[1], é um princípio estruturante do Direito, em especial do Direito penal material e processual, e um Direito de todo o ser humano. É um princípio estruturante e pilar do Estado democrático de direito.

Ao percorrermos esta obra de homenagem vemos que existe uma linha comum nos textos[2]: a defesa da Liberdade através do Direito; a defesa da Liberdade enquanto valor democrático constitucional por meio do Direito; a defesa da Liberdade enquanto valor intrínseco à dignidade da pessoa humana em consonância com o Direito; a defesa da Liberdade enquanto manifestação do

[1] RIBEIRO, Aquilino. **Cinco Reis de Gente**. Lisboa: Bertrand Editora, 1985. p. 95.

[2] Optamos por não proceder à referência de cada um dos textos face ao número e à profundidade de cada um, cabendo ao leitor a apreciação crítica de um olhar falibilista e científico.

Direito e da Justiça que se apresentam ao ser humano para substituir e afastar a vingança privada, a vingança coletiva e a violência[3]. A missão de avogado, de juiz e de professor tem como escopo a construção de uma sociedade que encontra nessa defesa o verdadeiro sentido da Liberdade, porque se edifica em sintonia, melhor, em relação consistente e sistemática com a ideia de Direito legítimo, válido, vigente e efetivo[4] de um *Estado constitucional democrático*[5].

Se perpassarmos os olhos pela obra científica de Nereu Giacomolli, publicada no Brasil e no estrangeiro, realça a dialética empreendida na defesa de um Direito penal – material, processual e penitenciário – de liberdade. A realização da justiça com a concretização do Direito tem como desiderato afirmar a liberdade como pilar central do múnus jurídico, por este se assumir como fundamento [e pressuposto], fim e limite do poder político, representante do povo, que aprova o quadro normativo no respeito pela legitimidade sociológica e normativo-constitucional, e do poder judicial, que, com a coadjuvação do aparelho policial e demais integrantes deste poder – advogados e oficiais de justiça –, interpreta e aplica o quadro normativo aprovado pelo poder político. A interpretação e aplicação deste quadro implica um juízo de constitucionalidade e de convencionalidade sob pena de se proceder e decidir contra ou em violação das normas constitucionais e convencionais.

[3] Na linha de TOCQUEVILLE, Alexis. **Da Democracia na América.** Tradução do francês *De la Démocratie en Amérique* de Carlos Monteiro de Oliveira. S. João do Estoril: Princípia, 2020. p. 180. Bobbio coloca a questão de forma mais clara ao escrever que "o único e verdadeiro salto qualitativo da história humana é a passagem não do reino da necessidade ao reino da liberdade, mas do reino da violência ao reino da não-violência", por ser neste que se afirma a liberdade e o Direito. Cfr. BOBBIO, Noberto. **As ideologias e o Poder em Crise**. 4.ª Edição. Tradução do italiano *Ideologie e il potere in crisi* de João Ferreira. Brasília: UnB, 1999. p. 111.

[4] Quanto a esta tetralogia FERRAJOLI, Luigi. **Derecho y Razón. Teoría del garantismo penal**. 7.ª Edição. Tradução do italiano *Diritto e Ragione. Teoría del garantismo penale* de Perfecto Andrés Ibáñez *et alii*. Madrid: Trotta, 2005. pp. 357 e ss..

[5] Feliz expressão de KRIELE, Martin. **Introdução à Teoria do Estado. Os Fundamentos históricos da legitimidade do Estado Constitucional Democrático.** Tradução do alemão *Einführung in die Staatslehre Die geschichtlichen Legitimitätsgrundlagen dês demokratischen Verfassungsstaates de* Urbano Carvelli. Porto Alegre: Sérgio Fabris Editor, 2009. pp. 277 e ss. (283-291).

Preocupação esta patente em vários estudos publicados pelo homenageado, dos quais se destaca o livro *O Devido Processo Penal – Abordagem conforme a CF e o Pacto de São José da Costa Rica*[6], cujo estudo convoca a jurisprudência da Corte Interamericana dos Direitos Humanos, do Tribunal Europeu dos Direitos Humanos e do Supremo Tribunal Federal, e que nos exige uma reflexão cada vez mais crítica e severa sobre a dimensão axiológica do Direito na afirmação, na defesa e na proteção da liberdade contra todos os abusos de poder do Estado, em especial o poder persecutório[7]. Esta reflexão tem sido desenvolvida e tem sido paulatinamente incutida pelo homenageado aos seus alunos e orientandos para que uma (nova) dinâmica discursiva do Direito se concretize na difusão e na partilha do *saber* jurídico, do *pensar* jurídico, do *aprovar* jurídico, do *interpretar* jurídico e do *aplicar* desse *saber*, desse *pensar*, desse *aprovar* e desse *interpretar*.

A subsunção da interpretação das normas penais, materiais e processuais, aos comandos constitucionais e supranacionais de direitos, liberdades e garantias fundamentais pessoais é uma marca da defesa e da proteção da liberdade, que, enquanto princípio constitucional processual penal, incorpora em si mesmo os princípios da separação de funções processuais penais, do contraditório e da investigação, da igualdade de armas, do estado de inocência, da jurisdicionalidade, da lealdade, da democraticidade e da identificação e determinação do objeto do processo[8]. Há muito que consideramos que o princípio da constitucionalidade e da legalidade material ampla[9] das normas penais materiais e processuais deve reger a atuação dos atores do Estado, mormente

[6] GIACOMOLLI, Nereu José. **O Devido Processo Penal: Abordagem conforme a CF e o Pacto de São José da Costa Rica** – *Cases* da Corte Interamericana, do Tribunal Europeu e do STF. 3.ª Edição. São Paulo: Atlas, 2016; GIACOMOLLI, Nereu José. Normatividade e Perspectivas Supranacionais. In: Manuel Monteiro Guedes Valente. **Os Desafios do Direito do Seculo XXI.** Coimbra: Almedina, 2018, pp. 185-222; ou GIACOMOLLI, Nereu José e EILBERG, Daniela Dora (2021). Tratamento das Organizações Criminosas no Sistema Interamericano de Direitos Humanos. In: Manuel Monteiro Guedes Valente (Coord.). **Criminalidade Organizada Transnacional – *Corpus Delicti* III.** Coimbra: Almedina, pp. 181-200.

[7] Cf. GIACOMOLLI, Nereu José. **O Devido processo Penal....** 3.ª Edição, pp. 419-447.

[8] Quanto a este assunto, VALENTE, Manuel Monteiro Guedes. **Processo Penal** – Tomo I. 3.ª Edição. Coimbra: Almedina, 2010. pp. 257-276 e **Teoria Geral do Direito Policial**. 6.ª Edição. Coimbra: Almedina, 2019. pp. 306-321.

[9] Para uma melhor compreensão deste tema, VALENTE, Manuel Monteiro Guedes. **Teoria Geral do Direito....** 6.ª Edição, pp. 242-253 e toda a bibliografia aí expressa.

os que imprimem uma restrição de direitos e liberdades fundamentais pessoais, sendo de destacar os que empreendem o *ius puniendi*. Pois, mesmo não sendo frisados ou tratados de forma direta, esta obra de homenagem convoca-os para o debate jurídico e para a dialética entre *Direito e Liberdade*, faces de uma mesma moeda ou de um mesmo rosto: de uma mesma pessoa humana.

É essa subsunção que primazia o Direito em geral, mas em especial o Direito penal como Direito de liberdade. Desde logo os axiomas supraconstitucionais, que imprimem na ordem interna uma obrigatoriedade de afirmação da pessoa humana, dotada de dignidade em igualdade e igualdade em dignidade, e que se impõe como sujeito de direito internacional e de jurisdição internacional, cuja receção se encrusta nas constituições democráticas e, por conseguinte, no Direito, muito em especial, no Direito penal material e processual. O Direito penal material e processual assume, cada vez mais, a consagração da pessoa humana como sujeito de uma dimensão jurídica que não se esgota no espaço fronteira de um Estado ou de uma organização política, económica e social, razão por que se impõe uma perspetiva do *Direito e Liberdade* como polos de uma unidade jurídica nacional, regional e supranacional[10].

Esta assunção é cada vez mais real face aos desafios que se colocam ao Direito nas áreas da medicina, do ambiente, da tecnologia e do digital, da economia e finanças, das relações comerciais internacionais, cuja vida societária é potenciadora de espaços de lesão ou de perigo de lesão de valores essenciais à vida harmoniosa em comunidade dignos e carentes de tutela penal: bens jurídicos. A persecução criminal, dirigida a tutelar esses bens jurídicos, é admitida, é consentida e é legitimada pelo povo, mas este não autoriza o Estado a restabelecer a paz jurídica e social a qualquer custo, exigindo-lhe que descubra a verdade material, prática, judicial e válida, e realize a justiça no respeito e garantias dos e pelos direitos e liberdades fundamentais de todos os seus membros sem exceção e sem desigualdade[11]. Pois, também aqui e neste

[10] As alterações legislativas penais dos últimos tempos têm como lastro base as decisões, comandos e 'imposições' internacionais constantes de tratados, convenções e protocolos assinados, aprovados, ratificados e depositados pelos Estados-parte, que, em obediência, aos princípios do consentimento, da boa-fé e do *pacta sunt servanda*, implementam transpondo as normas desses fóruns para a ordem jurídica interna em obediência ao espírito constitucional vigente.

[11] Para uma melhora compreensão destas finalidades do processo penal – *v. g.*, descobrir a verdade, realizar da justiça, garantir os direitos e liberdades de todos, restabelecer a paz

ponto, a obra de homenagem é rica em conteúdo e apresenta-nos um espectro de posições doutrinárias que têm como fito final a defesa da Liberdade e a defesa do Direito, porque a persecução criminal é legítima se levada a cabo em defesa e nunca contra o Estado democrático de direito.

Todo o equilíbrio, próprio do Direito democrático, deve reforçar-se sempre que colocamos aqueles desafios no campo magnético da criminalidade organizada transnacional, ou da criminalidade altamente especializada ou da criminalidade violenta ou altamente violenta – *v. g.*, terrorismo. Neste campo minado de populismo e de retórica palpiteira, cujo princípio edificador é o princípio do achismo, exige-se ao legislador, ao hermeneuta e ao exegeta que avoquem e convoquem para o debate dialético a trilogia filosófico-política – pensar cultural do povo, pensar conceptual (dogmático) de ser humano por parte desse povo e pensar (de concepção) de Estado por parte desse mesmo povo[12] – na definição e aprovação do Direito a ser interpretado e aplicado ao

jurídica e social – ROXIN, Claus. **Derecho Procesal Penal.** Tradução da 25.ª Edição Alemã *Strafverfahrensrecht* de Gabriela Córdoba e Daniel Pastor. Buenos Aires: Editores del Puerto s.r.l.., 2000. pp. 2-5; ROXIN, Claus e SCHÜNEMANN, Bernd. 2019. **Derecho Procesal Penal.** Tradução do alemão – *Strafverfahrensrecht,* 29.ª Ed. – de Darío Rolón e Mario Amoretti. Buenos Aires: Didot, 2019. pp. 58-62; DIAS, Jorge de Figueiredo. **Direito Processual Penal.** Clássicos Jurídicos – 1.ª reimpressão da edição de 1974. Coimbra: Coimbra Editrora, 2004. pp. 40-50; VALENTE, Manuel Monteiro Guedes. **Processo Penal** – Tomo I. 3.ª Edição. Coimbra: Almedina, 2010 (reimpresso várias vezes). pp. 23-28; MARQUES DA SILVA, Germano. **Direito Processual Penal.** *Noções Gerais. Sujeitos Processuais Penais* – Volume I. 7.ª Edição. Lisboa: UCE, 2013. pp. 20-25. Num sentido mais restritivo, centrado no arguido e na tutela jurisdicional da persecução criminal, ARMENTA DEU, Teresa. **Lecciones de Derecho procesal penal.** 12.ª Ed. Madrid/Barcelona/Buenos Aires/São Paulo: Marcial Pons, 2019. pp. 31-33; e num sentido de funções – aplicação do Direito penal material; proteção do direito à liberdade; proteção da vítima e ressocialização do indiciado – GIMENO SENDRA, Vicente. **Manual de Derecho Procesal Penal.** Madrid: UNED, 2015. pp. 50-52.

[12] Esta trilogia é há muito tempo defendida por nós como núcleos essenciais à compressão e compreensão de uma mesma unidade do *ser* e do *dever ser*: p. e., VALENTE, Manuel Monteiro Guedes. A trilogia liberdade-justiça-segurança: contributos para a reconstrução do conceito de espaço penal europeu. In: Ana Paula Brandão (Coord.) **A Luta contra o Terrorismo Transnacional: Contributos para uma Reflexão.** Coleção científica ICPOL. Coimbra: Almedina, 2011. pp. 65-77 (66-67). É de convocar, quanto às dificuldades de implementação desse espaço penal por inexistência de uma unidade concetual supranacional – ESER, Albin. Una Justicia Penal «a la Medida del Ser Humano» en la Época de la Europeización y la Globalización. In: José Cerezo Mir e Alfonso Serrano Gómez (Coord.). **Modernas Tendencias en la Ciencia del Derecho Penal y en la Criminología.** Madrid: UNED, 2011. p. 35 – ou da inexistência de uma identidade (europeia) comum ou projeto comum e unificador com base num "capital

caso concreto, assim como os princípios reitores de um sistema jurídico, sendo de destacar o princípio da ordem pública jurídica dos Estados, o princípio da unidade da ordem jurídica considerada no seu todo, o princípio da segurança jurídica, o princípio da legalidade, o princípio da igualdade e o princípio da proporcionalidade dos meios a implementar e aplicar.

As funções de *garantia*, de *segurança*, de *coesão social* e de *equilíbrio*[13] do Direito penal devem sentir-se em todos os diâmetros da sua intervenção: seja material, seja processual, seja penitenciária. Os estudos do homenageado conhecidos e estudados por nós demonstram a preocupação de promover um diálogo jurídico-científico assente no equilíbrio persecutório – se é verdade e legítimo que a persecução criminal se impõe para que possamos viver em harmonia societária no respeito e concreção de valores inatos à vida intersubjetiva e comunicativa entre as pessoas, não menos é verdade que essa persecução deve ser desenvolvida dentro de fundamentos, fins e limites constitucionalmente consagrados e aceites pelo povo. Este diálogo está bem patente no livro *Prisão, Liberdade e as Cautelares Alternativas ao Cárcere*[14], muito em especial quando trata da fundamentação da decisão da privação da liberdade, que nunca pode ser arbitrária, mas justificada fáctico-juridicamente por parte do juiz, para que os controlos interno e externo possam ser exercidos a partir da *razão de ser*[15] da decisão. Poder-se-á afirmar que, em toda a sua obra, encontramos o deambular dos pêndulos Direito e Liberdade, cuja aferição se prende com o equilíbrio da intervenção penal cuja concreção se afirma pela restritividade de direitos e liberdades fundamentais.

de memória garante desse projeto", como já sonhara Victor Hugo – LOURENÇO, Eduardo. Uma Europa de Nações ou dentes de Cadmo. In: Maria Manuela Tavares Ribeiro, António Moreira Barbosa de Melo e Manuel Carlos Lopes Porto (Coord.). **Portugal e a Construção Europeia**. Coimbra: Almedina, 2003. pp. 55 e 56.

[13] Quanto às funções de garantia, de coesão social e de segurança do Direito penal, COSTA, José de Faria. **Direito Penal**. Lisboa: INCM, 2017. pp. 21-25. A partir desta trilogia construímos uma tetralogia funcional, acrescentando a função de equilíbrio, como se pode ver em VALENTE, Manuel Monteiro Guedes. **Direito penal do Inimigo e o Terrorismo**. 5.ª Edição – Versão portuguesa. Coimbra: Almedina, 2021. pp. 141-149.

[14] GIACOMOLLI, Nereu José. **Prisão, Liberdade e as Cautelares Alternativas ao Cárcere**. Madrid/Barcelona/Buenos Aires/São Paulo: Marcial Pons, 2013.

[15] *Idem*, pp. 15-18.

Acresce referir que esta obra de homenagem expõe essa tetralogia ao subsumir toda a intervenção penal – material e processual – aos primados da *garantia* (assente na legalidade – determinabilidade e certeza – e na igualdade)[16], da *segurança* (física, real e cognitiva, reposta ou reforçada com a intervenção penal e jurisdicional), da *coesão social* (restabelecer a paz jurídica e social tem limites, porque a justiça não se materializa a qualquer custo) e de *equilíbrio* (a tutela de bens jurídicos lesados ou colocados em perigo de lesão e a tutela e defesa dos ofendidos, e, em simultâneo, garantir meios de defesa ao agente dessa lesão contra todo o poder do aparelho punitivo do Estado). Todos os textos, mesmo que não o façam de forma direta ou expressa, ancoram nesta árdua e dolorosa viagem que fazem até Ítaca ou até Vig, podendo chegar a Ítaca – Ulisses – ou, mesmo não chegando, tudo fazem para alcançar Vig – Hans[17] –, porque esse é o real espírito do cientista do Direito. Todos os textos, implícita ou de forma mais clara, têm a marca de defesa de um Direito penal de liberdade e do ser humano.

Este livro, que reflete a homenagem de professores e de investigadores/pesquisadores das ciências jurídicas de várias universidades do Brasil, de Portugal e de Itália, melhor, que reflete acima de tudo uma singela e humilde homenagem, mas sincera, de amigos de Nereu José Giacomolli, é um estudo do *Direito* e da *Liberdade*, enquanto dimensões ônticas e ontológicas de uma mesma constelação *metapositiva* e *metanormativa* – a pessoa humana –, razão de ser do *Direito* enquanto afirmação da *Liberdade*.

Da leitura ver-se-á que há um oceano infindável de pesquisa/investigação, de debate e de construção científico-jurídica a discretear a cada dia que passa por a Liberdade nunca poder ser deixada de se proclamar, garantir, defender e exercer e por o *Direito* ser o campo magnético por excelência em

[16] Esta nossa posição da função de *garantia* não olvida, antes convoca e absorve o sentido e a ideia de Castanheira Neves de a lei se afirmar enquanto "função político-socialmente *estatutária de garantia* – instituidora e tuteladora dos direitos individuais e possibilitantes da liberdade". Partindo do pensamento de Kant, NEVES, A. Castanheira. **O Instituto dos «Assentos» e a Função Jurídica dos Supremos Tribunais**. Reimpressão da 1.ª Edição. Coimbra: Coimbra Editora, 2014. p. 569.

[17] Hans é um ser-personagem que nunca desistiu de regressa à sua terra Natal – Vig – ao seu berço, ao seu núcleo, ao seu verdadeiro *ser*, mesmo que não o conseguisse, construído por BREYNER, Sofia de Mello. A Saga. In: **História da Terra e do Mar**. 3.ª Edição. Lisboa: Texto Editora, 1989. pp. 75-111.

que a *Liberdade* seja proclamada, garantida, defendida e exercida. *Direito e Liberdade* só são razão de ser deste livro e de muitos outros estudos porque não somos «coisas» ou «não-cidadãos» ou «não-pessoas», mas antes somos e sempre seremos pessoas revestidas e cimentadas pelo princípio da dignidade da pessoa humana.

1.
A INTERNACIONALIZAÇÃO DO DIREITO DE DEFESA E A NECESSIDADE DE SOFISTICAÇÃO DO PROCESSO PENAL BRASILEIRO

Leonardo Augusto Marinho Marques

Adiro à homenagem que se presta ao Professor Nereu José Giacomolli escrevendo sobre a internacionalização do direito de defesa. Em o *Devido Processo Penal*, Nereu nos ofereceu o mais completo estudo sobre a construção do processo penal humanitário, fundado nas garantias, consensadas nos Tratados e na jurisprudência, inovadoras das Cortes de Direitos Humanos. Este artigo é fruto do diálogo que nós, mineiros, desenvolvemos com o Programa de Pós-Graduação em Ciências Criminais da PUCRS. Sonhamos, juntos, com um sistema de Justiça equitativo. Naturalmente, o texto reflete a minha admiração por sua notável contribuição à evolução do processo penal brasileiro. A cultura, a inteligência e a abertura para conhecer novos marcos caracterizam a sua trajetória acadêmica, sempre marcada pela gentileza e simplicidade. Justa a homenagem, tchê!

Introdução

A Carta da Organização das Nações Unidas de 1945 revela que a comunidade internacional estava decidida a construir um sistema de proteção dos direitos e liberdades fundamentais da pessoa humana, que viesse a ser universalmente aceito pelos Estados, Poderes, Instituições e Cidadãos, no âmbito de suas relações internas e externas.

Esse sistema protetivo começou a ser delineado na Declaração Universal dos Direitos do Homem, proclamada pela Assembleia Geral das Nações Unidas, em 10 de dezembro de 1948. Seu núcleo principiológico inaugurou a tutela do direito de defesa na cultura internacional humanitária do século XX, assegurando "todas as garantias necessárias de defesa" para o imputado (artigo 11).

Um pouco mais tarde, três importantes instrumentos jurídicos ratificaram o caráter universal dos direitos originários da dignidade humana, enaltecendo novamente a importância do direito de defesa. A Convenção Europeia para Proteção dos Direitos do Homem e das Liberdades Fundamentais, em 1950, o Pacto Internacional sobre os Direitos Civis e Políticos, em 1966, e a Convenção Americana de Direitos Humanos, em 1969, decompuseram os diversos estratos do instituto, fixando as bases do processo internacional humanitário.[1]

Esse modelo foi aprimorado na década de 1990, pelos Estatutos do Tribunal Penal para a Iugoslávia, Tribunal Penal para a Ruanda e do Tribunal Penal Internacional. Os novos diplomas se mostraram sensíveis às novas necessidades reclamadas pelo direito de defesa, nos julgamentos dos crimes contra a humanidade.

No quadro delineado pelos Tratados Internacionais, os direitos essenciais do acusado se fundamentam nos atributos da pessoa humana, razão por que justificam a proteção internacional, independentemente da tutela conferida internamente, por cada Estado, em seu processo constitucionalizado. É por esse motivo que, depois de identificar as causas do desaparecimento do direito de defesa, na transição da Antiguidade para o Medievo, e do seu renascimento, na Idade Moderna, o artigo perpassa por toda a normatização internacional e expõe suas múltiplas faces.

Para além da fórmula abrangente trazida pela Constituição da República de 1988 (garantia de ampla defesa com todos os meios e recursos inerentes),

[1] GIACOMOLLI, Nereu José. **O devido processo penal.** Abordagem conforme a Constituição Federal e o Pacto de São José da Costa Rica. São Paulo: Atlas, 2014. ZAPPPALÁ, Salvatore. ***Human rights in international criminal proceedings.*** Oxford: Oxford University Press, 2008.

faz-se necessário conhecer todos os atributos internacionais da garantia fundamental de defesa: o direito à defesa pessoal, o direito de ser ouvido, o direito de participar da audiência, o direito à assistência jurídica, o direito se comunicar com o defensor, o direito à informação, o direito ao intérprete, o direito à prova, o direito ao confronto, o direito à ultima palavra e o direito ao tempo necessário para elaborar a defesa.

Até porque o Congresso brasileiro ratificou o Pacto Internacional sobre os Direitos Civis e Políticos, a Convenção Americana de Direitos Humanos e o Estatuto de Roma (Tribunal Penal Internacional), incorporando ao nosso ordenamento jurídico o caráter multifacetário que a defesa apresenta no processo humanitário.

I. O direito de defesa: dos reveses ao renascimento na Idade Moderna

No Direito grego e no Direito romano, o acusado era reconhecido como sujeito de direitos. Nessa condição, exercia a sua defesa perante um tribunal composto por juízes-cidadãos, que estavam vinculados à atividade das partes.[2] Na audiência, o réu intervinha no julgamento, apresentando argumentos e provas[3]. Havia, pois, uma manifestação defensiva embrionária.

Não demoraria muito, porém, para que essa reação defensiva primária sofresse o seu primeiro revés na história. Com a estruturação do Império Romano, o Estado passou a controlar a Justiça criminal. As antigas audiências foram substituídas por investigações oficiais, comandadas por funcionários públicos. Com o julgamento de ofício, ao final da apuração, o réu perdeu o direito de impugnar diretamente os fatos.[4]

Na Alta Idade Média, o direito de defesa conheceu mais um retrocesso. O surgimento de uma nova lógica fez com que o julgamento se desconectasse

[2] AMBOS, Kai. *El principio acusatório y el proceso acusatório: un intento de comprender su significado actual desde la perspectiva histórica. In*: WINTER, Lorena Bachmaier. ***Proceso penal y sistemas acusatórios.*** Marcial Pons: Madrid, 2008. p. 50.

[3] FOUCAULT, Michel. **A verdade e as formas jurídicas.** Rio de Janeiro: Editora Nau, 1999.

[4] AMBOS, Kai. *El principio acusatório y el proceso acusatório: un intento de comprender su significado actual desde la perspectiva histórica. In*: WINTER, Lorena Bachmaier. ***Proceso penal y sistemas acusatórios.*** Marcial Pons: Madrid, 2008, p. 53-56.

da análise fática. Compreender o que efetivamente tinha acontecido deixou de ser importante. O processo passou a ser definido por juramentos, fórmulas verbais, duelos e ordálias.[5] Naturalmente, nenhuma dessas formas jurídicas acomodava atos de defesa.

Esse quadro de passividade não se alteraria na Baixa Idade Média e no início da Idade Moderna. Na Europa continental, enquanto vigorou a inquisitoriedade eclesiástica, o acusado foi tratado como objeto de investigação. "Arrancado do lar sem qualquer explicação" era levado à prisão, de onde era retirado apenas para ser "conduzido à presença de um juiz que lhe fazia perguntas vagas sobre fatos que nem sempre conhecia"[6]. Ocasionalmente, saía da masmorra para ser torturado e confessar seus pecados. Esse método de coisificação do réu fez bem mais do derrogar o seu direito de defesa: anulou sua condição humana.[7]

O direito de defesa renasceu no século XVIII, especificamente na Inglaterra, onde se iniciou uma verdadeira batalha contra as medidas nitidamente inquisitoriais que vinham sendo praticadas pelo sistema de Justiça vigente nas dinastias Tudor (1485 a 1603) e Stuart (1603 a 1714). O distanciamento da Inquisição não privou os ingleses do contato com alguns expedientes inquisitórios. Ao se rebelarem contra essa práxis, os anglo-saxões criaram condições para o renascimento da defesa no processo penal.

O continente, por conviver com suspiros inquisitórios no transcorrer do século XIX, demandaria mais tempo para reconfigurar a defesa. A apreensão portuguesa, com a ameaça de restauração da inquisitoriedade eclesiástica em seus domínios, está retratada em importantes documentos históricos. O Tratado de Paz e Amizade, assinado com a Inglaterra, em 1810, continha uma cláusula que proibia a instalação dos Tribunais do Santo Ofício na nova

[5] WINTER, Lorena Bachmaier. *Acusatorio versus inquisitivo. Reflexiones acerca Del proceso penal. In*: WINTER, Lorena Bachmaier. ***Proceso penal y sistemas acusatórios***. Marcial Pons: Madrid, 2008. p. 18. FOUCAULT, Michel. **A verdade e as formas jurídicas**. Rio de Janeiro: Editora Nau,1999. LUNA, Erik. *Comparative criminal procedure*. ***Brandeis Law Journal***, n. 42, p. 278, 2003-2004. p. 295.

[6] TORNAGHI, Helio. O acusado como objeto de investigação. *In*: TORNAGHI, Helio. **A relação processual penal**. São Paulo: Saraiva, 1987. p. 3-4.

[7] THAMAN, Stephen C. *Aspectos advesariales, acusatorios e inquisitivos em el proceso penal de los Estados Unidos. In*: WINTER, Lorena Bachmaier. ***Proceso penal y sistemas acusatórios***. Marcial Pons: Madrid, 2008. p. 176.

sede da Coroa Portuguesa. Uma década depois, quando as Cortes Constitucionais se instalaram, em Lisboa, para preparar a nova Constituição do Império, a abolição da Inquisição permanecia presente na pauta das reformas[8].

A dificuldade de lidar com a inquisitoriedade não era um problema exclusivamente lusitano. A ruptura com a tradição inquisitorial ocorreu de forma bastante lenta em outros países. A *inquisitio* somente foi abandonada na Alemanha em 1848, graças à reforma do Código de Processo Penal (*Reformiertes Strafverfahren*)[9]. Os Códigos italianos de Processo Penal de 1865, 1913 e 1930 foram contaminados pela ideologia repressiva inquisitória.[10]

Como se afirmou, anteriormente a Justiça inglesa havia se contaminado com a absorção de práticas inquisitórias.

Como o rei anglo-saxão não dispunha de uma força policial em cada região que fosse capaz de manter a ordem e fazer cumprir seus decretos, os juízes assumiram a responsabilidade de zelar pela paz. Duas vezes por ano, eles visitavam diversas localidades do reino. Atuando sempre como extensão do poder real, conduziam julgamentos pomposos e severos contra as pessoas que violavam a ordem, visando sempre à manutenção da autoridade do rei.[11]

Os julgamentos eram marcados pela brutalidade e sumariedade. Duravam menos de 30 minutos, já computados a deliberação dos jurados e o anúncio da decisão. Em uma única sessão, era comum submeter cerca de 25 casos à análise do juiz singular e dos jurados que compunham a estrutura do tribunal do júri.[12]

O ativismo judicial era intenso e decisivo no julgamento. Os juízes arguiam as testemunhas e o acusado com extremo rigor. Mas agiam, igualmente, com

[8] SCHWARCS. Lilia Moritz. STARLING, Heloisa Murgel. **Brasil**: uma biografia. São Paulo Companhia das Letras, 2015. p. 174 e 204.

[9] AMBOS, Kai. *International criminal procedure: "adversarial", "inquisitorial" ormixed?* ***International Criminal Law Review***, Groningen, v.3, p.1-37, 2003.

[10] ILUMINATTI, Giulio. *The frustrated turn to adversarial procedure in* Italy *(Italian Criminal Procedure Code of 1988).* ***Washington Univesity Global Studies Law Review***, Saint Louis, v. 4, p. 567-581, 2005. p. 567.

[11] LANDSMAN, Stephan. ***Cornell Law Review***, Ithaca, v. 75, p. 498-609, 1989-1990. p. 507-508.

[12] LANDSMAN, Stephan. ***Cornell Law Review***, Ithaca, v. 75, p. 498-609, 1989-1990. BEATTIE, James Martin. Law and History Fall. ***King County***, v. 9, n. 2, p. 221-267, 1991. p. 222. LANGBEIN, John H. The criminal Trial before the lawyers. ***University of Chicago Law Review***, Chicago, v. 263, p. 263-316. 1977-1978. p. 277.

crueldade, ironia e sarcasmo[13]. Seja na inquirição, seja na instrução dos jurados, valiam-se de poderes irrestritos, que lhe permitiam fazer comentários depreciativos sobre o mérito.

O acusado era apresentado aos jurados, juntamente com a prova que ele precisaria contrariar para obter a sua absolvição. A vítima relatava o fato e as testemunhas respondiam genérica e rapidamente às perguntas formuladas pelo juiz. Os jurados até podiam formular perguntas, mas sempre o faziam de forma atabalhoada, mostrando despreparo para realizar o exame direto.[14]

Na maioria das vezes, a brevidade do julgamento favorecia a harmonia entre o convencimento do juiz e a convicção do júri. Majoritariamente, eles tendiam pela condenação. Entretanto, é preciso registrar que os jurados não eram tratados como julgadores autônomos. O magistrado conhecia, previamente, a intenção de cada membro do júri. Era comum que os jurados revelassem sua pretensão, tanto espontaneamente como para atender questionamento formulado pelo magistrado.[15]

Dependendo da tendência dos jurados, o julgamento podia ser interrompido. Por exemplo, se a evidência fosse considerada frágil para a condenação, a sessão poderia ser suspensa e retomada em outra data, com outro conselho popular. Havendo divergência entre o convencimento do júri e o do juiz, o magistrado podia se recusar a sentenciar, assim como reabrir a instrução e pedir nova deliberação. Ou, então, podia ameaçar os jurados com uma multa, caso a discordância persistisse[16]. Inequivocamente, o magistrado detinha o controle do julgamento, mesmo em se tratando de julgamento popular.

A realidade encontrada nos tribunais ingleses do período dinástico dos Stuart e dos Tudor não deixa dúvida. Havia uma inquisitoriedade pulsante. Geralmente, o imputado não tinha chance de defesa, pois era submetido ao julgamento sem conhecer o conteúdo da acusação e sem ter acesso ao

[13] LANDSMAN, Stephan. ***Cornell Law Review***, Ithaca, v. 75, p.498-609 1989-1990. p. 499 e 515.

[14] BEATTIE, James Martin. *Law and History Fall*, ***King County***, Vol. 9, No 2, p. 221-267. 1991. p. 221-222. LANDSMAN, Stephan. ***Cornell Law Review***, Ithaca, v. 75, p.498-609. 1989-1990. p. 512.

[15] LANGBEIN, John H. *The criminal Trial before the lawyers*. ***University of Chicago Law Review***, Chicago, v. 263, p. 263-316. 1977-1978. p. 285.

[16] LANGBEIN, John H. *The criminal Trial before the lawyers*. ***University of Chicago Law Review***, Chicago, v. 263, p. 263-316. 1977-1978. p. 287-300.

depoimento das testemunhas. A instrução era superficial. A sessão era pautada pela presunção de culpa. Os juízes sustentavam que o melhor indicativo da inocência era a resposta espontânea e imediata do acusado diante da prova que lhe era apresentada. E como última evidência, seria possível equiparar o magistrado inglês ao juiz inquisidor do continente, em face de sua atuação intensa no julgamento e de sua capacidade de influenciar no resultado.[17]

Uma das consequências impostas por essa cultura inquisitorial foi a proibição de atuação dos advogados no julgamento dos crimes de maior potencial ofensivo, até o ano de 1730. Dentre esses delitos, homicídio, estupro, incêndio, extorsão e roubo. A única exceção ocorria nos processos dos crimes de alta traição, precisamente porque envolvia pessoas importantes. Os advogados estavam autorizados a participar desses julgamentos por força do *Treason Act of 1696*. Tratava-se de uma conquista da Revolução de 1689, que tinha por escopo proteger a classe dominante contra as perseguições políticas sofridas nas décadas anteriores.[18]

Sem poder contar com um defensor, competia, então, ao acusado acender uma centelha de autodefesa nos tribunais. Concretamente, ele podia contrapor o seu testemunho à prova desfavorável que lhe era revelada. A corte sustentava a desnecessidade de defesa técnica, lembrando que os juízes já atuavam como defensores e que o acusado conhecia o fato melhor do que qualquer advogado. A ausência de *standards* probatórios, capazes de salvaguardar o réu contra as acusações frágeis, também contribuía para explicar a desnecessidade de uma defesa especializada.[19] Naquele momento, a acusação não assumia o ônus da prova nem tampouco precisava superar a dúvida razoável.

Esse quadro começou a se alterar, na Inglaterra, a partir de 1730. As partes se tornaram independentes e começaram a ter atuação mais efetiva no julgamento, tanto produzindo a prova favorável como impugnando a prova contrária. A iniciativa da parte e a responsabilidade pela produção da prova

[17] BEATTIE, James Martin. *Law and History Fall*, ***King County***, Vol. 9, No 2, p. 221-222. LANDSMAN, Stephan. ***Cornell Law Review***, Ithaca, v. 75, p.498-609 1989-1990. p 504-513. LANGBEIN, John H. *The criminal Trial before the lawyers.* ***University of Chicago Law Review***, Chicago, v. 263, p. 263-316. 1977-1978. p. 284-285.

[18] BEATTIE, James Martin. *Law and History Fall*, ***King County***, Vol. 9, No 2, p. 221-267. 1991. p. 224-226.

[19] LANGBEIN, John H. *The criminal Trial before the lawyers.* ***University of Chicago Law Review***, Chicago, v. 263, p. 263-316. 1977-1978. p 307-308.

demarcaram o momento de ruptura com a inquisitoriedade inglesa[20], fator que propiciou o renascimento do direito de defesa.

Registros de processos, daquela época, informam que réus foram absolvidos exatamente porque conseguiram impugnar as declarações da vítima ou da testemunha. Em um conhecido caso de roubo, Mary Skittlebank confrontou a vítima Gerrard Russel, perguntando-lhe quantas mulheres ele já tinha acusado do mesmo crime. A resposta de Russel de que não tinha acusado ninguém anteriormente fez com que Corte fosse rigorosa ao proferir seu veredito. Os jurados conheciam a existência de uma acusação semelhante. Na sessão precedente, ele havia sustentado acusação idêntica contra outra mulher e uma testemunha afirmou saber que Gerrard Russel tinha o costume de promover acusações infundadas. O testemunho indireto e o impacto causado pela resposta de Russel pesaram na absolvição de Mary Skittlebank.[21]

Logo que partes começaram a participar mais ativamente do julgamento, a regra que proibia a atuação de advogados foi abandonada.[22] A partir de então, o direito de defesa passou a contar com o importante reforço da defesa técnica. A presença crescente de defensores, principalmente depois de 1750, foi decisiva para a superação da inquisitoriedade inglesa.

Pouco a pouco, os defensores foram assumindo funções que antes se concentravam na pessoa do magistrado, sobretudo no que tange à produção da prova. Os advogados passaram a inquirir testemunhas e invocar a legislação durante o julgamento. Mas apesar de poderem arguir testemunhas e vítimas, não podiam fazer a defesa oral perante os jurados, atuando em nome do réu. Essa prerrogativa foi obtida bem mais tarde, em 1836[23]. Todavia, independentemente dessa limitação significativa à atuação profissional, a forma adversarial acabou prevalecendo a partir da década 1770. Desde então, a Corte assumiu uma postura neutra e passiva diante da atividade das partes.

[20] LANDSMAN, Stephan. ***Cornell Law Review***, Ithaca, v. 75, p. 498-609, 1989-1990. p. 502.

[21] LANDSMAN, Stephan. ***Cornell Law Review***, Ithaca, v. 75, p. 498-609, 1989-1990. p. 502-518.

[22] LANGBEIN, John H. The criminal Trial before the lawyers. University of Chicago Law Review, Chicago, v. 263, p. 263-316. 1977-1978. p. 307. LANDSMAN, Stephan. ***Cornell Law Review***, Ithaca, v. 75, p. 498-609, 1989-1990. p. 519-520.

[23] BEATTIE, James Martin. *Law and History Fall.* ***King County,*** v. 9, n. 2, p. 221-267, 1991. p. 232-234. p. 231.

Ao longo se sua evolução, o processo adversarial fixou importantes parâmetros para o direito de defesa, que acabaram sendo incorporados mais tarde nos tratados internacionais. Merecem destaque o direito à prova, o direito ao confronto e o direito à defesa técnica.

II. Os Tratados Internacionais e as múltiplas faces do direito de defesa

Ao descrever, detalhadamente, as garantias mínimas que devem ser observadas no processo, o sistema internacional de proteção dos direitos e liberdades fundamentais desvelou a insuficiência da fórmula do *due processo of law*. No século XIII, a garantia de que a vida, a liberdade e o patrimônio não mais ficariam à mercê da vontade soberana e autoexecutável do rei representou inestimável conquista para a nobreza inglesa. A partir daquele momento, não haveria privação desses três direitos sem ocorrer um julgamento formal[24]. O tempo, no entanto, desvelou que não seria apenas esse trinômio que estaria em jogo no processo penal. Aos poucos, houve a necessidade de se ampliar o campo de abrangência do devido processo legal para conferir igual proteção a uma gama de bens jurídicos.

A História, porém, demonstrou que o direito ao julgamento institucional não se traduziu, imediatamente, em uma garantia de real enfrentamento da acusação. Apesar de o processo tramitar perante um tribunal e seguir um procedimento cercado de garantias, o imputado continuou encontrando dificuldades para acessar informação relevante e confrontar a prova com potencial de condenação em tempo hábil de promover a sua defesa.

Os espasmos defensivos podem ser atribuídos à cultura inquisitória, que persiste em se fazer presente na Justiça criminal dos países de cultura romana-germânica. O processo de tomada de decisão continua vinculado ao dirigismo estatal[25]. A burocracia do Estado tem se sobreposto, com naturalidade, ao direito de defesa, incrementando a dificuldade de acesso à informação e à prova.

[24] LEAL, Rosemiro Pereira. **A teoria neoinstitucionalista do processo**: uma trajetória conjectural. Belo Horizonte: Arraes Editores, 2013, p. 24-25.

[25] DAMASKA, Mirjan R. ***Las caras de la justicia y el poder del Estado:*** *análisis comparada del proceso legal*. Santiago: Editorial Juridica de Chile, 2000.

Na metade do século XX, contudo, a comunidade internacional reconheceu que os direitos essenciais do acusado se fundamentam nos atributos da pessoa humana. Coube, então, aos Tratados a missão de edificar o sistema universal de proteção do imputado. A partir de então, o julgamento penal deixou de ser uma realidade individualizada pela lei de cada país e se converteu em um modelo concebido pela comunidade internacional.

Nessa plataforma universal, destaca-se o direito de defesa, que vem sendo "objeto de constantes regulamentações, tanto na normatividade convencional, quanto constitucional e ordinária"[26]. Conhecer as múltiplas faces desse direito, com a consciência de que se trata de uma garantia convencionada pela comunidade mundial, torna-se condição para se aplicar o processo penal humanitário, sem déficit de inteligibilidade.

Já não estamos a falar em adesão à plataforma, mas de conformação da prática jurídica aos compromissos assumidos, internacionalmente, por meio de Tratados ratificados há mais de 20 anos.

II.1 O direito à defesa pessoal

A atuação direta e pessoal do acusado nos tribunais constitui a manifestação mais incipiente do direito de defesa. Ao longo dos séculos, o direito de se autodefender passou a contar com um importante reforço: a assessoria da defesa técnica. O advogado potencializou a interpretação das normas jurídicas, a formulação de argumentos e a produção da prova.

Todavia, a assistência especializada não elide o direito à defesa pessoal. Por mais que a parte conte com a assessoria de um profissional, terá juridicamente garantida a oportunidade de se autodefender, não somente por meio de um agir propositivo[27], quando enfrenta diretamente a acusação no interrogatório, mas também por meio de um agir cooperativo, mediante participação ativa, nas audiências, juntamente com o seu defensor.

A autodefesa encontra-se assegurada nos tratados internacionais.

26 GIACOMOLLI, Nereu José. **O devido processo penal**. Abordagem conforme a Constituição Federal e o Pacto de São José da Costa Rica. São Paulo: Atlas, 2014. p. 112.

27 GIACOMOLLI, Nereu José. **O devido processo penal**. Abordagem conforme a Constituição Federal e o Pacto de São José da Costa Rica. São Paulo: Atlas, 2014. p. 122.

A Convenção Europeia para Proteção dos Direitos do Homem e das Liberdades Fundamentais consagra o direito do acusado de "defender-se a si próprio" (artigo 6º, c). O Pacto Internacional sobre os Direitos Civis e Políticos dispõe que "toda pessoa acusada de um delito" tem reconhecido o direito de "defender-se pessoalmente" (artigo 14, 3, b). A Convenção Americana de Direitos Humanos menciona "garantias mínimas" que devem prevalecer no processo, dentre as quais o "direito do acusado de defender-se pessoalmente" (artigo 8º,2, d).

A previsão normativa, contudo, não modificou a realidade da justiça penal. A intervenção cooperativa do imputado continua sendo interpretada como postura inconveniente. Concretamente, o imputado tem à sua disposição raras oportunidades para colaborar com o processo. Existe um distanciamento imposto pela Justiça, que força a defesa a se concentrar quase que exclusivamente em seu advogado.

II.1.1 O direito de ser ouvido ou direito à audiência

O direito à audiência constitui a expressão mais tangível do direito de defesa pessoal. Sem se fazer ouvir, a defesa direta torna-se irrealizável.

Deve-se proporcionar ao imputado a oportunidade de fala em todas as fases do procedimento: investigação, incidentes cautelares, audiência intermediária, instrução, julgamento e execução da pena. O direito à audiência faz com que a parte tenha voz ativa para argumentar, impugnar, resistir e requerer algo, diante das variadas possibilidades que o Direito oferece.[28]

A oitiva do imputado se torna urgente quando a questão gira em torno da tutela da liberdade. Não por acaso, o direito de ser ouvido se destaca na história do *habeas corpus*. Quando surgiu, na Inglaterra, o *writ* não questionava a causa da prisão, apenas determinava a apresentação do paciente ao tribunal, com as respectivas informações sobre o motivo da prisão. Naquele tempo, havia outros institutos que questionavam a causa do aprisionamento[29].

[28] GIACOMOLLI, Nereu José. **O devido processo penal.** Abordagem conforme a Constituição Federal e o Pacto de São José da Costa Rica. São Paulo: Atlas, 2014. p. 115-116.

[29] MARQUES, Leonardo Augusto Marinho. Da justa causa para a prisão. *In*: GONÇALVES, Antônio Fabrício de Matos (org). **Lições de cidadania**. Brasília: OAB Editora, 2003. p. 176-177. PONTES DE MIRANDA. **História e prática do *habeas corpus* (direito constitucional**

No plano convencional, o direito à audiência resta consolidado. O Pacto Internacional sobre os Direitos Civis e Políticos declarou que "qualquer pessoa presa ou encarcerada em virtude de infração penal deverá ser conduzida, sem demora, à presença do juiz" (artigo 9º, 3); e que "toda pessoa terá o direito de ser ouvida publicamente" (artigo 14, 1). A Convenção Americana de Direitos Humanos, primeiro, proclamou que "toda pessoa presa, detida ou retida deve ser conduzida, sem demora, à presença de um juiz" (artigo 7º, 5). Na sequência, consignou "que toda pessoa terá o direito de ser ouvida" (artigo 8º, 1).

II.1.2 O direito de participar da audiência

O direito à defesa pessoal impõe a participação do acusado nas audiências. Lembre-se de que o defensor nunca conhece todas as circunstâncias que cercam o fato, de que a prova não segue um roteiro previsível e de que dúvidas sempre surgem no curso da instrução. Por todos esses motivos, o imputado precisa acompanhar a realização dos atos que, ao final, serão integralizados na sentença. Sem se fazer presente, o imputado não consegue colaborar com o seu advogado no momento exato em que situações precisam ser definidas.

O Pacto Internacional sobre os Direitos Civis e Políticos menciona que o acusado tem o direito "de estar presente no julgamento" (artigo 14, d). A Convenção Americana de Direitos Humanos tutelou o seu direito de participar da audiência, indiretamente, quando ratificou a defesa direta e o direito de ser ouvido. Obviamente, só exerce a autodefesa e se faz escutar o acusado que está presente nas audiências.

O Tribunal Penal Internacional é quem melhor regulamenta o direito de participação. Segundo o artigo 63, 1, o "acusado estará presente durante o julgamento". O dispositivo permite, excepcionalmente, a remoção do réu, em caso de perturbação insistente, mas impõe o acompanhamento da audiência por meio tecnológico e resguarda a comunicação com o defensor. A seguir, o artigo 67, 1, d menciona, novamente, que "o acusado terá direito a estar presente na audiência de julgamento".

e processual comparado). 8. ed. São Paulo: Saraiva, 1979. p. 33. SOUZA, José Barcelos de. **Doutrina e prática do *habeas corpus***. Belo Horizonte, Sigla, 1998. p. 3.

II.2 O direito à assistência jurídica

A representação jurídica qualifica, indiscutivelmente, a defesa do imputado e está reconhecida em diversos diplomas internacionais como direito fundamental.

A Convenção Europeia para Proteção dos Direitos do Homem e das Liberdades Fundamentais consagra o direito do acusado de "ter a assistência de um defensor da sua escolha e, se não tiver meios para remunerar um defensor", concede-lhe o direito de "ser assistido gratuitamente por um defensor oficioso" (artigo 6º, c).

O Pacto Internacional sobre os Direitos Civis e Políticos prevê que "toda pessoa acusada de um delito" possui, reconhecidamente, os direitos de: "defender-se por intermédio de defensor de sua escolha (artigo 14, 3, b); "ter um defensor designado ex-ofício gratuitamente, se não tiver meios para remunerá-lo" (artigo 14, 3, d).

Por fim, a Convenção Americana de Direitos Humanos menciona dentre as "garantias mínimas" que devem prevalecer no processo, o "direito do acusado de ser assistido por um defensor de sua escolha" (artigo 8º, 2, d); o "direito irrenunciável de ser assistido por um defensor proporcionado pelo Estado, remunerado ou não, segundo a legislação interna, se o acusado não se defender ele próprio, nem nomear defensor dentro do prazo estabelecido pela lei" (artigo 8º, 2, e).

Importante registrar que o direito à assistência jurídica foi ampliado pelos Estatutos dos Tribunais Internacionais, criados na década de 1990, para que incidisse também na fase de investigação. O Tribunal Penal para a Antiga Iugoslávia (artigo 18, 3), o Tribunal Penal para a Ruanda (artigo 18, 3) e o Tribunal Penal Internacional (artigo 55, 2, c) garantem ao investigado o direito de ser assistido por advogado da sua escolha ou por um gratuitamente indicado pela Corte.

II.3 O direito de se comunicar com o defensor

Na consecução da defesa, o advogado e o acusado precisam trabalhar, em conjunto, analisando cenários, calculando riscos, elegendo argumentos e provas, avaliando atos que já foram executados. Por óbvio, não existe outra forma de construir a defesa, senão pela via do diálogo incessante entre o réu e seu defensor.

Estando o acusado em liberdade, a interlocução se desenvolve com muita fluidez e em condições adequadas. Quando muito, o réu precisa de algum tempo, na audiência, para analisar uma situação específica ou passar algum dado para o advogado.

Ocorre o oposto, porém, quando o imputado está submetido à prisão processual. O contato esporádico com o advogado, a limitação do tempo de entrevista, a falta de privacidade dos parlatórios e a restrição de acesso a documentos inviabilizam uma interlocução minimamente apropriada.

O sistema de Justiça precisa saber conciliar as necessidades da defesa com as regras de segurança. Pequenas medidas permitiriam restabelecer o diálogo entre o defensor e o cliente. Por exemplo, a permissão de atendimentos em mini salas, em horários previamente agendados, com autorização de acesso a documentos do processo. Não sendo assim, haverá um espectro de defesa, absolutamente incompatível com o grau de consciência civilizatória que se costuma ostentar.

Atento a essa realidade, o Pacto Internacional sobre os Direitos Civis e Políticos assegurou para "toda pessoa acusada de um delito" a oportunidade de "comunicar-se com defensor de sua escolha" (artigo 14, 3, b). Em idêntico sentido, a Convenção Americana de Direitos Humanos resguardou o direito do acusado "de comunicar-se, livremente e em particular, com seu defensor" (artigo 8º, 2, d).

II.4 O direito à informação

A tradição inquisitória sempre foi marcada pelo sigilo. Invariavelmente, o acusado era submetido ao interrogatório sem conhecer o conteúdo da acusação e sem ter acesso aos depoimentos das testemunhas.

Se o direito de defesa renasce do combate à inquisitoriedade, nada mais natural do que constar, nas normas internacionais de proteção da pessoa humana, a preocupação com a tutela da informação. Concretamente, o réu tem o direito de conhecer e de compreender o teor da imputação por se tratar de condição mínima para o exercício da defesa. Além disso, exige-se que o investigado e o acusado sejam informados de todos os seus direitos: permanecer em silêncio, não colaborar com a investigação e nem com a acusação, não se incriminar, contar com assistência jurídica.[30] Havendo eventual prisão, o investigado e o réu precisam ser imediatamente informados dos motivos que fundamentaram a medida.[31]

Nesse sentido, no Pacto Internacional sobre os Direitos Civis e Políticos constam os seguintes deveres de informação: Primeiro: "qualquer pessoa, ao ser presa, deverá ser informada das razões da prisão e notificada, sem demora, das acusações formuladas contra ela" (artigo 9º, 2). Segundo: "toda pessoa acusada de um delito terá direito [...] de ser informada, sem demora, numa língua que compreenda e de forma minuciosa, da natureza e dos motivos da acusação contra ela formulada" (artigo 14, 3, a). Terceiro: "ser informado, caso não tenha defensor, do direito que lhe assiste de tê-lo" (artigo 14, 3, d).

A Convenção Europeia para Proteção dos Direitos do Homem e das Liberdades Fundamentais enuncia o direito do acusado de "ser informado no mais curto prazo, em língua que entenda e de forma minuciosa, da natureza e da causa da acusação contra ele formulada" (artigo 6º, 3, a). E a Convenção Americana de Direitos Humanos inclui no rol das garantias básicas "a comunicação prévia e pormenorizada ao acusado da acusação formulada" (artigo 8º, 2, b).

II.5 O direito ao intérprete

Em face da necessidade de se compreender a acusação, conhecer direitos e tomar ciência dos motivos da prisão, as normas internacionais reconheceram o direito do imputado de contar com um intérprete ao seu lado sempre que não dominar a língua do país em que se der a intervenção penal.

O Pacto Internacional sobre os Direitos Civis e Políticos dispõe que a pessoa acusada será "assistida gratuitamente por um intérprete, caso não compreenda ou não fale a língua empregada durante o julgamento" (artigo 14, 3, f). A Convenção Europeia para Proteção dos Direitos do Homem e das Liberdades Fundamentais outorga para o réu o direito de se fazer "assistir gratuitamente por intérprete, se não compreender ou não falar a

30 GIACOMOLLI, Nereu José. **O devido processo penal.** Abordagem conforme a Constituição Federal e o Pacto de São José da Costa Rica. São Paulo: Atlas, 2014. p. 119.

31 ZAPPPALÁ, Salvatore. ***Human rights in international criminal proceedings.*** Oxford: Oxford University Press, 2008. p. 76

língua usada no processo" (artigo 6º, 3). A Convenção Americana de Direitos Humanos regulamenta o "direito de ser assistido gratuitamente por um tradutor ou intérprete, caso não compreenda ou não fale a língua do juízo ou tribunal" (artigo 8º, 2, a).

O Estatuto do Tribunal Penal Internacional garante a presença do intérprete, na investigação e no processo, se o acusado não falar a língua fluentemente, e inova ao fornecer ao suspeito a tradução necessária "às exigências da equidade" (artigo 55, 1, c e artigo 67, 1, f). De acordo com o entendimento predominante, os documentos devem ser traduzidos para a língua-mãe do acusado, não sendo suficiente uma língua que ele conheça, mas efetivamente não a domine. Evita-se, assim, repetir o que ocorreu no Tribunal Penal para a Antiga Iugoslávia, no julgamento Djuki'c, Delali'c e outros. Os réus tinham nascido na Sérvia e na Bósnia. No entanto, os documentos foram traduzidos para a língua croata, gerando dificuldades de compreensão[32].

II. 6. O direito à prova

O direito à prova ressurgiu, na Inglaterra, depois de 1730, quando as partes adquiriram autonomia e começaram a intervir mais no julgamento. A intervenção direta permitiu que o acusado introduzisse, no julgamento, pontos de vista diferentes daqueles apresentados pela acusação. Consequentemente, a necessidade e a qualidade da prova ganharam relevância[33]. As partes alcançaram, inclusive, o direito à intimação das testemunhas[34]. Até então, naqueles julgamentos sumários e sem a garantia de inocência que foram descritos antes, pouco importava se a evidência era ou não suficiente para a condenação.

A consciência de que a prova interfere no resultado do julgamento fez com que o direito internacional tutelasse o *right to evidence.* O Pacto Internacional sobre os Direitos Civis e Políticos (artigo 14, 3, e) e a Convenção Europeia para Proteção dos Direitos do Homem e das Liberdades Fundamentais (artigo 6º, 3, d) contêm uma norma, com idêntica redação, declarando o direito

[32] ZAPPPALÁ, Salvatore. ***Human rights in international criminal proceedings.*** Oxford: Oxford University Press, 2008. p. 56.

[33] BEATTIE, James Martin. *Law and History Fall.* ***King County,*** v. 9, n. 2, p. 221-267, 1991. p. 232-234. LANDSMAN, Stephan. Cornell Law Review, Ithaca, v. 75, p.498-609 1989-1990. p.526.

[34] LANDSMAN, Stephan. ***Cornell Law Review,*** Ithaca, v. 75, p. 498-609, 1989-1990. p. 526.

"de obter o comparecimento e o interrogatório das testemunhas de defesa nas mesmas condições de que dispõem as de acusação". A Convenção Americana de Direitos Humanos faz alusão ao "direito da defesa e de obter o comparecimento, como testemunhas ou peritos, de outras pessoas que possam lançar luz sobre os fatos" (artigo 8º, 2, f).

O Estatuto do Tribunal Penal Internacional cita a prerrogativa "de obter o comparecimento das testemunhas de defesa e a inquirição destas nas mesmas condições que as testemunhas de acusação. O acusado terá também direito a apresentar defesa e a oferecer qualquer outra prova admissível", de acordo com o presente Estatuto (artigo 67, 1, e).

II.7 O direito ao confronto

O direito ao confronto representa um dos símbolos mais representativos da superação da inquisitoriedade inglesa. As monarquias Tudor e Suart perseguiam os inimigos da Coroa, submetendo-os a julgamentos sumários por crime de traição. As condenações se fundamentavam em confissões e delações de corréus, obtidos mediante tortura, ou depoimentos escritos de testemunhas. Opondo-se a essa realidade, o *Treason Act* de 1696 instituiu, para os imputados, o direito a inquirir testemunhas de defesa em audiência oral e pública. Posteriormente, a cláusula foi reinserida no *Bill of Rights* de 1791.

Concretamente, o direto ao confronto exige que a prova testemunhal seja produzida em audiência pública, na presença do acusado e do juiz natural da causa. Ao acompanhar a produção da prova, o réu toma conhecimento, em tempo real, da identidade das testemunhas e dos depoimentos. E passa a ter condição de identificar inverdades e contradições, podendo impugná-las imediatamente.

A garantia reduziu o risco de coação de testemunhas e combateu a prática inquisitorial de se ouvir a testemunha separadamente e, depois, apresentar, o depoimento já reduzido a termo.[35] O direito ao confronto estabilizou a iniciativa das partes, instituindo o exame direito e cruzado das testemunhas. Com ele, os juízes assumiram uma postura passiva e neutra na Corte.

[35] MALAN, Diogo Rudge. **Direito ao confronto no processo penal**. Rio de Janeiro: Lumen Juris, 2009. QUIROGA, Jacobo López Barja de. ***La clausula de confrontación em el proceso penal.*** Navarra: Thomson Reuters, 2013.

Na modernidade, o confronto foi inserido nas leis internacionais de proteção à pessoa humana. O Pacto Internacional sobre os Direitos Civis e Políticos (artigo 14, 3, e) e a Convenção Europeia para Proteção dos Direitos do Homem e das Liberdades Fundamentais (artigo 6º, 3, d) instituíram o direito "de interrogar ou fazer interrogar as testemunhas de acusação". A Convenção Americana de Direitos Humanos prescreveu "o direito da defesa de inquirir as testemunhas presentes no Tribunal" (artigo 8º, 2, f). O Estatuto do Tribunal Penal Internacional conferiu a prerrogativa de "inquirir ou a fazer inquirir as testemunhas de acusação" (artigo 67, 1, e).

II.8 O direito à ultima palavra

No processo penal, a defesa será plena se for assegurada ao imputado a oportunidade de se manifestar sempre por último. Essa prerrogativa permite que o acusado conheça todos os argumentos e provas que tenham potencial de condenação. Só assim ele poderá verdadeiramente enfrentar a acusação.

O direito à última palavra implica falar no final da investigação, quando todas as informações já tiverem sido coletadas. Essa garantia é importante para que o investigado possa se defender ou, pelo menos, não se incriminar. Colher o depoimento no início, quando muitas questões ainda estão indefinidas, significa apostar no interrogatório, em detrimento da realização de inúmeras diligências que estão ao alcance e são importantes para a apuração. Na lógica inquisitória, a confissão sempre foi o caminho mais curto para pôr fim à averiguação preparatória.

Em juízo, o acusado também deve prestar esclarecimentos no final do processo, quando todas as provas já tiverem sido produzidas. O interrogatório deve encerrar, obrigatoriamente, a instrução. Não sendo rigorosamente assim, retira-se do réu a oportunidade de enfrentar a prova contrária e de explorar a prova favorável em seu depoimento. A garantia de se manifestar por último deriva do direito ao confronto.

II.9 Direito ao tempo necessário para promover a defesa

O tempo necessário para preparar uma defesa varia conforme a complexidade do caso. Processos que versam sobre questões complicadas não podem dispor do mesmo tempo de processos que tratam de questões mais simples. Naturalmente, a gestão do processo passa pela mensuração do tempo. Os prazos predeterminados na legislação ordinária servem como referência, mas não podem ser tomados como marcos absolutos e peremptórios. O magistrado deve adequar o prazo às peculiaridades do caso.[36]

Consciente de que o tempo interfere na qualidade da defesa, as normas internacionais que protegem os direitos humanos elegeram-no como garantia básica do processo humanitário. A Convenção Europeia para Proteção dos Direitos do Homem e das Liberdades Fundamentais e o Pacto Internacional sobre os Direitos Civis e Políticos (artigo 14, 3, b) enunciam a garantia do réu "de dispor do tempo e dos meios necessários à preparação de sua defesa" (artigo 6, 3, b). A Convenção Americana de Direitos Humanos prevê expressamente "a concessão ao acusado do tempo e dos meios necessários à preparação de sua defesa" (artigo 8º, 2, c).

III. A relação de integração e complementaridade entre os Tratados Internacionais e a Constituição da República

A Constituição de 1988 tutelou o direito de se defender ao estabelecer para todos os acusados a garantia de ampla defesa, com os meios e recursos a ela inerentes (artigo 5º, LV). A seguir, o preceito foi complementado com o direito à informação e à assistência jurídica na hipótese de prisão (artigo 5º, LXIII e LXIV).

À primeira vista, seria possível observar que o texto constitucional optou por uma fórmula mais aberta, que não revela imediatamente as múltiplas faces desse direito. Mas não resta dúvida de que, embora de forma mais genérica, o preceito constitucional guarda perfeita compatibilidade com a ideia de defesa expressa na plataforma internacional do processo penal humanitário.

Eventual divergência poderia ter sido levantada, com alguma legitimidade, antes de os Tratados Internacionais, referidos neste artigo, terem sido ratificados pelo Congresso Nacional. Ocorre que, na década 1990, o Brasil

[36] GIACOMOLLI, Nereu José. **O devido processo penal**. Abordagem conforme a Constituição Federal e o Pacto de São José da Costa Rica. São Paulo: Atlas, 2014. p. 16.

ratificou o Pacto Internacional sobre os Direitos Civis e Políticos e a Convenção Americana de Direitos Humanos; em 2002, o Estatuto de Roma (Tribunal Penal Internacional), absorvendo, assim as diretrizes globais que consolidam o direito de defesa.

Como consequência dessa relação dinâmica de integração e complementaridade entre os direitos humanos enunciados no Direito Internacional e aqueles positivados no Direito interno, surge um consistente bloco de constitucionalidade, cujos pilares principiológicos dão "sustentação deontológica (dever-ser) e funcionam como esferas epistemológicas em toda a dinâmica do processo penal"[37]. Inegável, pois, que o Brasil recepcionou o novo padrão supraconstitucional de processo e reconheceu o caráter multifacetário da defesa.

A adesão ao processo humanitário gerou um efeito bloqueador de normas infraconstitucionais materialmente incoerentes com o direito internacional de defesa (Constituição da República, artigo 5º, §2º e §3º). No âmbito do Direito interno, a nova leitura constitucional e convencional impôs modificações no Código de Processo Penal. As mais significativas ocorreram com as minirreformas de 2003 e de 2008.

Foi por essa razão, por exemplo, que o interrogatório, antes concebido como um ato privativo do juiz, que poderia ser realizado, inclusive, sem a presença de advogado, passou por consistentes alterações. Hoje, antes de se iniciar o interrogatório, o juiz deve cientificar o acusado do inteiro teor da acusação. Durante a sua realização, o réu tem o direito de ser acompanhado por um defensor. O interrogando adquiriu o direito de entrevista prévia e reservada com o seu advogado na audiência. O direito à última palavra deslocou o interrogatório do início para o final da instrução. O ato não é mais privativo, as partes podem requerer esclarecimentos.

O direito ao confronto foi incorporado quando se proibiu o juiz de fundamentar sua decisão exclusivamente nos elementos informativos colhidos na investigação e o obrigou a formar a sua convicção pela apreciação da prova produzida em contraditório judicial (artigo 155).

À primeira vista, parece inegável que a incorporação do padrão universal de defesa tenha incrementado o processo brasileiro. Porém, nenhuma conquista

[37] GIACOMOLLI, Nereu José. **O devido processo penal**. Abordagem conforme a Constituição Federal e o Pacto de São José da Costa Rica. São Paulo: Atlas, 2014. p. 13.

está imune à resistência. Por vezes, a realidade aponta um distanciamento do bloco de constitucionalidade, visto equivocadamente como um Direito superior e diferente dos demais Direitos[38]. Nesse quadro de incompreensível dualidade normativa, há uma tensão natural entre faticidade e validade, cuja consequência, nefasta, costuma ser a prevalência da obsoleta codificação do Estado novo sobre o sistema de proteção que deriva de um compromisso assumido internacionalmente.[39]

Não seria difícil apontar inúmeras práticas que insistem em se manter ativas no processo penal brasileiro, em franca contrariedade ao padrão internacional de defesa.

O prazo previsto no Código tem sido aplicado indistintamente, independente da complexidade do fato, em detrimento do tempo que seria efetivamente necessário à preparação de sua defesa. A atuação cooperativa do imputado continua sendo classificada como comportamento inconveniente. Retira-se o acusado da sala de audiência, com apoio nas hipóteses legais, mas não lhe permitem o acompanhamento, por meio tecnológico, nem lhe resguardam a comunicação com o advogado.

Adotamos o exame cruzado e direito, porém a magistratura não aceita fazer perguntas complementares ao final. Além disso, em vez de proceder a oitiva, prefere-se confirmar o depoimento escrito do inquérito. A prerrogativa de poder falar por último tem sido igualmente desrespeitada. Antecipa-se o interrogatório com muita frequência, invocando a suposta conveniência da administração da Justiça. Delatores têm prestado depoimento e apresentado provas após o interrogatório dos acusados. Com isso, impedem-no de confrontar todas as provas em seu depoimento.

[38] CARVALHO NETTO, Menelick. A Hermenêutica constitucional sob o paradigma do Estado Democrático de Direito. *In*: OLIVEIRA, Marcelo Andrade Cattoni de (coord.). **Jurisdição e Hermenêutica constitucional no Estado Democrático de Direito**. Belo Horizonte: Mandamentos, 2004. p. 25.

[39] OLIVEIRA, Marcelo Andrade Cattoni de. **Direito, Política e Filosofia**: contribuições para uma teoria discursiva da constituição democrática no marco do patriotismo constitucional. Rio de Janeiro: Lumen Juris, 2007. p. 145.

Conclusões

O Brasil aderiu, no início da década de 1990, ao processo internacional humanitário. Com isso, adotou o padrão universal do direito de defesa, recepcionando o direito à defesa pessoal, a ser ouvido, de participar da audiência, à assistência jurídica, de se comunicar com o defensor, à informação, ao intérprete, à prova, ao confronto, à última palavra e ao tempo necessário para elaborar a defesa.

A relação de integração e complementaridade entre os Tratados Internacionais e a Constituição da República vem gerando consequências práticas na realidade jurídica brasileira. Nas duas últimas décadas, nosso processo constitucional passou por duas minirreformas, que consolidaram os compromissos assumidos com a comunidade internacional para a proteção da pessoa acusada. Todavia, independentemente do grau de sofisticação alcançado, ainda há fortes resistências a serem vencidas.

Decerto, o bloco de constitucionalidade exige aplicação integral do direito de defesa. Do contrário, estaremos a negar para as pessoas que vierem a ser acusadas, em território brasileiro, o sistema de proteção que ajustamos com a comunidade internacional.

Referências

AMBOS, Kai. *El principio acusatório y el proceso acusatório: un intento de comprendersu significado actual desde la perspectiva histórica. In*: WINTER, Lorena Bachmaier. ***Proceso penal y sistemas acusatórios***. Marcial Pons: Madrid, 2008. p. 49-72.

AMBOS, Kai. *International criminal procedure: "adversarial", "inquisitorial" ormixed?* ***International Criminal Law Review***, Groningen, v. 3, p. 1-37, 2003.

BEATTIE, James Martin. *Law and History Fall.* ***King County***, v. 9, n. 2, p. 221-267, 1991.

CARVALHO NETTO, Menelick. A Hermenêutica constitucional sob o paradigma do Estado Democrático de Direito. *In*: OLIVEIRA, Marcelo Andrade Cattoni de (coord.). **Jurisdição e Hermenêutica Constitucional no Estado Democrático de Direito**. Belo Horizonte: Mandamentos, 2004. p. 25-44.

DAMASKA, Mirjan R. ***Las caras de la justicia y el poder del Estado***: *análisis comparada del proceso legal.* Santiago: Editorial Juridica de Chile, 2000.

FOUCAULT, Michel. **A verdade e as formas jurídicas**. Rio de Janeiro: Editora Nau, 1999.

GIACOMOLLI, Nereu José. **O devido processo penal**. Abordagem conforme a Constituição Federal e o Pacto de São José da Costa Rica. São Paulo: Atlas, 2014.

ILUMINATTI, Giulio. *The frustrated turn to adversarial procedrue in Italy (Italian Criminal Procedure Codeof 1988)*. ***Washington University Global Studies Law Review***, Saint Louis, v. 4, p. 567-581, 2005.

LANDSMAN, Stephan. ***Cornell Law Review***, Ithaca, v. 75, p. 498-609, 1989-1990.

LANGBEIN, John H. *The criminal Trial before the lawyers*. ***University of Chicago Law Review***, Chicago, v. 263, p. 263-316, 1977-1978.

LEAL, Rosemiro Pereira. **A teoria neoinstitucionalista do processo**: uma trajetória conjectural. Belo Horizonte: Arraes Editores, 2013.

LUNA, Erik. *Comparative criminal procedure*. ***Brandeis Law Journal***, n. 42, p. 278 2003-2004.

MALAN, Diogo Rudge. **Direito ao confronto no processo penal**. Rio de Janeiro: Lumen Juris, 2009.

MARQUES, Leonardo Augusto Marinho. Da justa causa para a prisão. *In*: GONÇALVES, Antônio Fabrício de Matos (org). **Lições de cidadania**. Brasília: OAB Editora, 2003. p. 175-184.

OLIVEIRA, Marcelo Andrade Cattoni de. **Direito, Política e Filosofia**: contribuições para uma teoria discursiva da constituição democrática no marco do patriotismo constitucional. Rio de Janeiro: Lumen Juris, 2007.

PONTES DE MIRANDA. **História e prática do *habeas corpus* (direito constitucional e processual comparado)**. 8. ed. São Paulo: Saraiva, 1979.

QUIROGA, Jacobo López Barja de. ***La clausula de confrontación em el proceso penal***. Navarra: Thomson Reuters, 2013.

SCHWARCS. Lilia Moritz. STARLING, Heloisa Murgel. **Brasil**: uma biografia. São Paulo Companhia das Letras, 2015.

SOUZA, José Barcelos de. **Doutrina e prática do *habeas corpus***. Belo Horizonte, Sigla, 1998.

THAMAN, Stephen C. *Aspectos advesariales, acusatorios e inquisitivos em el proceso penal de los Estados Unidos*. *In*: WINTER, Lorena Bachmaier. ***Proceso penal y sistemas acusatórios***. Marcial Pons: Madrid, 2008. p. 161-176.

TORNAGHI, Helio. **A relação processual penal**. 2. ed. São Paulo: Saraiva, 1987.

TORNAGHI, Helio. O acusado como objeto de investigação. *In*: TORNAGHI, Helio. **A relação processual penal**. 2. ed. São Paulo: Saraiva, 1987. p. 3-4.

WINTER, Lorena Bachmaier. *Acusatorio versus inquisitivo. Reflexiones acerca del proceso penal*. *In*: WINTER, Lorena Bachmaier. ***Proceso penal y sistemas acusatórios***. Marcial Pons: Madrid, 2008. p. 11-148.

ZAPPPALÁ, Salvatore. ***Human rights in international criminal proceedings***. Oxford: Oxford University Press, 2008.

2.
LIMITES E POSSIBILIDADES DAS NOVAS TECNOLOGIAS: PROVA E DECISÃO NO PROCESSO PENAL

Marcos Eberhardt
Luiz Eduardo Cani

> "A palavra de água se dissolve
> Na palavra sede, a boca cede"
> (Arnaldo Antunes – O buraco do espelho)

Prólogo

Juiz, Advogado, Parecerista, Professor e, sobretudo, Defensor da liberdade. Aprisionado aos livros, Nereu se dedicou ao processo penal nos últimos 30 anos. Na década de 90, após orientação do saudoso professor Tupinambá Pinto de Azevedo na Especialização em Ciências Penais da UFRGS, lançou sua primeira obra: Juizados Especiais Criminais, analisando ponto a ponto os aspectos materiais e processuais penais da Lei nº 9.099/95.

Sua densa contribuição acadêmica alcançou dezenas de livros, centenas de artigos, incontáveis palestras e inúmeras orientações. A repercussão de suas ideias alcançou destaque como referência doutrinária no cenário nacional e internacional, assim como nos tribunais Pátrios.

Nós, como sempre alunos e amigos, sentimo-nos honrados em escrever para homenagear o Mestre. Nereu é um professor com sensibilidade, educação e simplicidade ímpares, disposto ao diálogo e a construir pontes de conhecimento. Crítico ácido, como todos sabem, maneja as palavras cuidadosamente, sem se exceder. Este texto é uma contribuição para as discussões que tivemos e continuamos a ter com o Professor Nereu Giacomolli. Na condição de homenagem, nunca está à altura do homenageado, apesar da tentativa.

Introdução

As transformações no Direito, operadas pela técnica, e o estranhamento dos juristas com as novas tecnologias, justificam este artigo. Se por um lado temos a informatização de órgãos públicos, a implantação de plataformas de processos eletrônicos e o surgimento de novos aparelhos digitais, por outro, frequentemente os juristas se limitam ao uso das funcionalidades básicas de seus computadores e *smartphones*. Nesse contexto, refletir sobre limites e possibilidades das novas tecnologias, na articulação entre prova e decisão penal, move o desenvolvimento deste texto e objetiva facilitar a compreensão e o alcance do tema.

Ao responder à pergunta de pesquisa: Quais os limites e as possibilidades das novas tecnologias em relação à prova e à decisão penal?, os esforços estarão concentrados em traçar esclarecimentos sobre a inteligência artificial, partindo da premissa de que essa é a tecnologia com impacto premente no processo penal. Não abordaremos, portanto, a robótica, a biologia sintética, os sistemas cibernético-físicos e a manufatura aditiva em três dimensões. Além de açodado nessa quadra, implicaria especulações sobre: robôs para substituir sujeitos processuais, policiais e agentes prisionais; representação da cena do crime em tamanho real por meio de impressão em três dimensões; etc.

Ao ultrapassar a investigação sobre a inteligência artificial, seguiremos os objetivos específicos de avaliar a prova e a decisão judicial penal como atos produzidos a partir de informações, identificando os limites e as possibilidades das novas tecnologias na produção de dados servíveis como prova e como base argumentativa e de fundamentação de uma decisão penal.

1. Novas tecnologias: a questão digital

O ser humano se deslumbra com a extensão de si mesmo[1]. A partir disso, Mcluhan, apresentando as tecnologias como necessidades do homem, sentenciou que "um computador consciente ainda seria uma extensão de nossa consciência"[2]. Kerckhove, em *A pele da cultura*, tratando da "sabedoria eletrônica", advertiu que num determinado momento as redes neurais poderão ser instruídas "a ler o nosso jornal por nós e escolher o que precisamos saber, ou selecionar os programas de televisão que não podemos perder"[3]. Aqui estamos, esse dia chegou!

O advento do novo milênio trouxe consigo uma miríade de novas tecnologias, que impulsionou e continua a estimular a chamada Revolução 4.0, possibilitando a fusão entre a física, a biologia e o digital[4]. Nessa linha, o termo *Quarta Revolução Industrial* é empregado para se referir ao crescente impacto digital na vida humana e à repercussão do constante desenvolvimento tecnológico-científico sobre os meios de produção[5], a partir da incorporação dos meios e métodos digitais à vida cotidiana.

Ou seja, o século XXI vem permeado por inúmeros avanços científicos que englobam as mais diversas áreas da vida humana[6]. Schwab fez uso da expressão

[1] Nessa mesma linha, Kerckhove revela que: "As tecnologias invadem a realidade com pouca ou nenhuma resistência consciente por parte dos que as adoram rapidamente. Os impulsos tecnológicos e as promessas do mercado, assim como um exuberante tecnofetichismo, entorpecem o público em geral que permanece psicologicamente ligado às antigas imagens de si e do mundo" (KERCKHOVE, Derrick de. **A pele da cultura**: investigando a nova realidade eletrônica. São Paulo: Annablume, 2009. p. 188).

[2] MCLUHAN, Marshall. Os meios de comunicação como extensões do homem. São Paulo: Cultrix, 2007.

[3] KERCKHOVE, Derrick de. **A pele da cultura**: investigando a nova realidade eletrônica. São Paulo: Annablume, 2009. p. 170.

[4] BRASIL. Ministério da Indústria, Comércio e Serviços. **Agenda brasileira para a indústria 4.0**. Disponível em: http://www.industria40.gov.br/. Acesso em: 9 jan. 2020.

[5] SPALER, Mayara Guibor; XAVIER, Luciana Pedroso. Patrimônio de Afetação: uma possível solução para os danos causados por sistemas de inteligência artificial. *In*: FRAZÃO, Ana; MULHOLLAND, Caitlin (coord.). **Inteligência Artificial e Direito**. São Paulo: Thomson Reuters Brasil, 2019. p. 543.

[6] Não é à toa que Andrade se vale do mito de Jano para definir os desenvolvimentos científicos da humanidade: por um lado, descomplexificam o cotidiano da própria vida humana; por outro, configuram riscos à privacidade e à individualidade, especialmente na esfera penal

revolução para indicar as transformações bruscas que tendem a ocorrer nos aspectos socioeconômicos da humanidade a partir do desenvolvimento de novas tecnologias[7]. E o Direito não é exceção. No entanto, a progressão tecnológica dá-se em uma velocidade muito mais vertiginosa do que o legislador se vê capaz de incorporar ao ordenamento jurídico, de modo que o emprego das novas tecnologias no Direito fica submisso a intervenções pontuais e inconstantes de seus operadores[8].

No ponto-chave dessa interseção entre Direito e tecnologia, está a inteligência artificial[9] (*artificial intelligence*), uma subárea da computação que estuda

(ANDRADE, Manuel da Costa. **"Bruscamente no Verão Passado", a Reforma do Código de Processo Penal:** observações críticas sobre uma lei que podia e devia ter sido diferente. Coimbra: Coimbra Editora, 2009. p. 148).

[7] SCHWAB, Klaus. **A Quarta Revolução Industrial**. São Paulo: Edipro, 2016. p. 15.

[8] ANDRADE, Manuel da Costa. **"Bruscamente no Verão Passado", a Reforma do Código de Processo Penal**: observações críticas sobre uma lei que podia e devia ter sido diferente. Coimbra: Coimbra Editora, 2009. p. 148.

[9] Cabe referir que a inteligência das máquinas vem sendo estudada pela humanidade há décadas; a doutrina aponta que o fenômeno da inteligência coletiva de sociedades de insetos sempre fascinou os pesquisadores por sua capacidade de auto-organização, isto é, pela habilidade de aprender e replicar atividades simples. DENEUBORG, Jean-Louis. Nova Robótica e Inteligência Colectiva? *In*: PRIGOGINE, Ilya *et al.* **As Chaves do Século XXI**. Lisboa: Instituto Piaget, 2000. p. 281). A inteligência artificial é subdividida em geral e estrita/específica: "Ao invés de contar com a memória de um julgado, da existência de decisão anterior – 'puxada da memória' – da recente alteração legislativa, o ecossistema jurídico pode ser relacionado em novas bases. Para tanto, faz-se necessário distinguir a Inteligência Artificial forte e fraca. Enquanto o objetivo da primeira (forte) é construir uma máquina que responda à inteligência geral humana, a segunda (fraca) busca emular a realização de tarefas específicas (LÓPEZ DE MÁNTARAS BADIA; MESEGUER GONZÁLEZ, 2017). Enquanto na geral se busca um substituto, na especializada se pretende predizer aplicações individualizadas. O alvo das duas é diferenciado e, no que se refere ao Direito, a pretensão se vincula à compreensão fraca, dada a multiplicidade de fatores que podem, em potência, constituir-se em fatores da decisão" (ROSA, Alexandre Morais da. A questão digital: o impacto da inteligência artificial no Direito. **Revista de Direito da Faculdade Guanambi**, v. 6, n. 2, e259, p. 01-18, 2019. p. 8). A inteligência artificial geral simula todas as características da inteligência humana. A inteligência artificial estrita/específica realiza apenas uma ou algumas atividades que decorrem da inteligência humana – "*We can put AI in two categories, general and narrow. General AI would have all of the characteristics of human intelligence, including the capacities mentioned above. Narrow AI exhibits some facet(s) of human intelligence, and can do that facet extremely well, but is lacking in other areas. A machine that's great at recognizing images, but nothing else, would be an example of narrow AI*" (MCCLELLAND, Calum. *The difference between artificial intelligence, machine learning, and deep learning.* ***Medium***, 4 dez. 2017. Disponível em: https://medium.com/iotforall/

o desenvolvimento de "programas capazes de aprender com a experiência e tomar decisões com base nas experiências obtidas anteriormente. É usada em várias áreas, de jogos a aplicações médicas"[10].

Contudo, a inteligência artificial é mais complexa do que essa simples definição. Essa área do conhecimento está concatenada com a aprendizagem de máquina (*machine learning*), e esta, por sua vez, com as redes neurais profundas (*deep learning*). A inteligência artificial é um sistema que tenta simular a inteligência humana[11]. Já a aprendizagem de máquina é um sistema que

the-difference-between-artificial-intelligence-machine-learning-and-deep-learning-3aa-67bff5991. Acesso em: 13 mar. 2020).
A inteligência artificial geral neste momento é apenas uma utopia – e talvez jamais chegue a ser desenvolvida, sobretudo porque as tarefas mais fáceis para os humanos são as mais difíceis para um computador, e vice-versa – "*Ironically, abstract and formal tasks that are among the most difficult mental undertakings for a human being are tamong the easiests for a computer.* [...] *A person's everyday life requires na immense amount of knowledge about the world. Much of these knowledge is subjective and intuitive, and therefore diffucult to articulate in a formal way*" (GOODFELLOW, Ian; BENGIO, Yoshua; COURVILLE, Aaron. ***Deep learning***. Cambridge: MIT Press, 2016. p. 2).
A aprendizagem de máquina é subdividida em três modalidades. A aprendizagem supervisionada é realizada por meio da alimentação do algoritmo com um *dataset* completamente anotado (a anotação do *dataset* é a classificação dos dados em grupos para que o algoritmo "aprenda" a classificar os dados em conformidade com as anotações do *dataset*. Por exemplo: um *dataset* completamente anotado, composto por imagens de gatos e cachorros, serve para treinar um algoritmo para identificar gatos e cachorros) para o treinamento. A aprendizagem não supervisionada é realizada por meio da alimentação de um algoritmo com um *dataset* sem anotações para o treinamento, de modo que o algoritmo deve aprender não apenas a identificar os dados, mas também os padrões. Já a aprendizagem semissupervisionada se dá a partir de *datasets* parcialmente anotados para o treinamento. A aprendizagem semissupervisionada apresenta resultados menos precisos que a aprendizagem supervisionada e a aprendizagem não supervisionada tem pior desempenho que a aprendizagem semissupervisionada (LYU, Shing. ***Practical rust projects***. *Building game, physical computing, and machine learning applications*. New York: Apress, 2020. p. 188-189.)

[10] MORIMOTO, Carlos Eduardo. **Dicionário técnico de informática**. Disponível em: https://fasam.edu.br/wp-content/uploads/2016/06/Dicion%C3%A1rio-T%C3%A9cnico-de-Inform%C3%A1tica.pdf. Acesso em: 7 mar. 2020.

[11] No âmbito específico da computação – da qual Alan Turing é considerado o patrono – e da robótica, a inteligência artificial foi objeto de pesquisa desde os anos 1930, a partir dos estudos de Turing, que elaborou o Teste de Turing, por meio do qual se afere a capacidade de um *software* de exteriorizar inteligência similar à humana (SPALER, Mayara Guibor; XAVIER, Luciana Pedroso. Patrimônio de Afetação: uma possível solução para os danos causados por sistemas de inteligência artificial. *In*: FRAZÃO, Ana; MULHOLLAND, Caitlin [coord.]. **Inteligência Artificial e Direito**. São Paulo: Thomson Reuters Brasil, 2019. p. 546). O Teste de Turing foi proposto quando da publicação por Turing, em 1950, do artigo *Computing Machinery*

tenta "aprender" algo dos dados inseridos sem que esse conhecimento seja programado expressamente. Nesse sentido, a inteligência artificial e a aprendizagem de máquina seriam aspectos complementares[12] ou a aprendizagem de máquina seria uma subárea da inteligência artificial.

A aprendizagem de máquina não opera com rotinas manuais implementadas conforme instruções dadas pelo criador, mas é "treinada" para aprender sozinha a executar tarefas[13]. Por fim, a rede neural profunda é um

and Intelligence (TURING, A. M. *Computing Machinery and Intelligence*. ***Mind***, n. 49, p. 433-460, 1950), e consiste na interação entre três jogadores: um homem, uma mulher e um julgador. O juiz, que deve encontrar-se em um cômodo distinto dos dois outros participantes, tem a missão de descobrir quem é o homem e quem é a mulher dentre os demais. Um dos jogadores, no entanto, deve ser substituído por uma máquina – aquela da qual se quer aferir a capacidade de reproduzir inteligência humana –, sem que o julgador disto tenha conhecimento. Esse processo de imitação (A expressão "Jogo da Imitação", ou *The Imitation Game*, diz respeito à propositura de Alan Turing, em 1950, do que veio a ser conhecido como Teste de Turing. No ponto, cf. Turing: "*I propose to consider the question, 'Can machines think?'. This should begin with definitions of the meaning of the terms 'machine' and 'think'. The definitions might be framed so as to reflect so far as possible the normal use of the words, but this attitude is dangerous, if the meaning of the words 'machine' and 'think' are to be found by examining how they are commonly used it is difficult to escape the conclusion that the meaning and the answer to the question, 'Can machines think?' is to be sought in a statistical survey such as a Gallup poll. But this is absurd. Instead of attempting such a definition I shall replace the question by another, which is closely related to it and is expressed in relatively unambiguous words*" (TURING, A. M. *Computing Machinery and Intelligence*. ***Mind***, n. 49, p. 433-460, 1950. p. 433) da inteligência humana se dá a partir da "habilidade de um sistema de interpretar corretamente dados externos, aprender a partir desses dados e usar o aprendizado para alcançar objetivos e tarefas específicos por meio da adaptação flexível (JESUS, Diego Santos Vieira de; STEIBEL, Fabro; VICENTE, Victor Freitas. Possibilidades e Potenciais da Utilização da Inteligência Artificial. *In*: FRAZÃO, Ana; MULHOLLAND, Caitlin [coord.]. **Inteligência Artificial e Direito**. São Paulo: Thomson Reuters Brasil, 2019. p. 54.).

[12] "*The terms machine learning and artificial intelligence are sometimes used interchangeably, but there is a subtle difference. Artificial intelligence focuses on 'intelligence'. An AI system tries to behave as if it possesses human intelligence, no matter what the underlying method or algorithm is. But in machine learning, the focus is on 'learning' where the system is trying to learn something from the data without a human explicitly programming the knowledge. For example, one of the early successes in AI was the expert system. In an expert system, the knowledge of a particular field is written down as rules and programmed directly into the code, so the system can answer questions or perform tasks as if it were a domain expert. This kind of system might appear to have some level of human intelligence, but underneath it's not actually 'learning' from data. So this system can be called an AI system but not a machine learning system*" (LYU, Shing. ***Practical rust projects***. *Building game, physical computing, and machine learning applications.* New York: Apress, 2020. p. 187).

[13] A aprendizagem de máquina é apenas um meio de treinar um algoritmo para aprender: "*So instead of hard-coding software routines with specific instructions to accomplish a particular task,*

algoritmo[14] com estruturas complexas inspiradas no cérebro humano, constituídas por vários "neurônios" interligados em várias camadas para aprender atividades mais difíceis[15]. Portanto, a aprendizagem de máquina é um dos meios para produzir a inteligência artificial, e a rede neural profunda é um dos meios para atingir a aprendizagem de máquina[16].

No Brasil, o tema ganhou folego quando, em 2018, o Supremo Tribunal Federal implementou o *software* Victor, cuja função é a leitura de todos os recursos extraordinários e respectivos agravos que alcançam a Corte, atuando na identificação de processos (padrões) que versam sobre temáticas revestidas

machine learning is a way of 'training' an algorithm so that it can learn how. 'Training' involves feeding huge amounts of data to the algorithm and allowing the algorithm to adjust itself and improve" (MCCLELLAND, Calum. *The difference between artificial intelligence, machine learning, and deep learning.* ***Medium***, 4 dez. 2017. Disponível em: https://medium.com/iotforall/the-difference-between-artificial-intelligence-machine-learning-and-deep-learning-3aa67bff5991. Acesso em: 13 mar. 2020).

14 Algoritmo (*algorithm*) é um "conjunto de cálculos matemáticos, usado para encriptar dados, compactar arquivos, entre várias outras aplicações" (MORIMOTO, Carlos Eduardo. **Dicionário técnico de informática**. 3. ed. p. 68. Disponível em: https://fasam.edu.br/wp-content/uploads/2016/06/Dicion%C3%A1rio-T%C3%A9cnico-de-Inform%C3%A1tica.pdf. Acesso em: 7 mar. 2020).

15 *"Machine learning at its most basic is the practice of using algorithms to parse data, learn from it, and then make a determination or prediction about something in the world. So rather than hand-coding software routines with a specific set of instructions to accomplish a particular task, the machine is 'trained' using large amounts of data and algorithms that give it the ability to learn how to perform the task.* [...] *Another algorithmic approach from the early machine-learning crowd, artificial neural networks, came and mostly went over the decades. Neural networks are inspired by our understanding of the biology of our brains – all those interconnections between the neurons. But, unlike a biological brain where any neuron can connect to any other neuron within a certain physical distance, these artificial neural networks have discrete layers, connections, and directions of data propagation"* (COPELAND, Michael. ***What's the difference between artificial intelligence, machine learning and deep learning?*** Disponível em: https://blogs.nvidia.com/blog/2016/07/29/whats-difference-artificial-intelligence-machine-learning-deep-learning-ai/. Acesso em: 13 mar. 2020).

16 *"So instead of hard-coding software routines with specific instructions to accomplish a particular task, machine learning is a way of 'training' an algorithm so that it can* ***learn how****. 'Training' involves feeding huge amounts of data to the algorithm and allowing the algorithm to adjust itself and improve.* [...] ***Deep learning is one of many approaches to machine learning.*** *Other approaches include decision tree learning, inductive logic programming, clustering, reinforcement learning, and Bayesian networks, among others"* (MCCLELLAND, Calum. ***The difference between artificial intelligence, machine learning, and deep learning?*** Disponível em: https://blogs.nvidia.com/blog/2016/07/29/whats-difference-artificial-intelligence-machine-learning-deep-learning-ai/ . Acesso em: 13 mar. 2020).

de repercussão geral e verificando se cumprem ou não o requisito de admissibilidade do art. 102, § 3º, da Constituição Federal[17].

Noutra perspectiva e no mesmo período, o Tribunal de Justiça de São Paulo conheceu o Assistente Digital do Magistrado, ferramenta que reúne as peças de um processo sugerindo uma decisão judicial já com análise de leis aplicáveis ao caso e pesquisa de entendimentos daquela matéria nos tribunais[18]. Ao que tudo indica, o *software* aprenderá padrões de decisões daquele magistrado e, a partir disso, apresentará o caminho a ser seguido, cabendo ao juiz humano revisar o posicionamento.

Recentemente, em 2019, o Conselho Nacional de Justiça promoveu o projeto "Execução Fiscal: automação e governança", visando à aplicação de algoritmo de inteligência artificial nos processos de execução fiscal[19]. Uma das inspirações foi o Sistema Elis[20], oriundo do Tribunal de Justiça do Estado de Pernambuco (TJ/PE)[21] – que, inclusive, elabora versões preliminares de decisões para que o julgador possa, a partir destas, construir o *decisum* final[22].

Observa-se um perigoso deslocamento de competência: da perspectiva de emprego das inovações tecnológicas como ferramentas auxiliares, capazes

[17] INTELIGÊNCIA artificial vai agilizar a tramitação de processos no STF. **Notícias STF**, Brasília, 30 mai. 2018. Disponível em: http://www.stf.jus.br/portal/cms/verNoticiaDetalhe.asp?idConteudo=380038. Acesso em: 9 mar. 2020.

[18] Ver mais em: http//www.sajdigital.com.

[19] MONTENEGRO, Carlos Manuel. CNJ usará automação e inteligência artificial para destravar execução fiscal. **Notícias CNJ – Agência CNJ de notícias**, Brasília, 10 abr. 2019. Disponível em: https://www.cnj.jus.br/cnj-usara-automacao-e-inteligencia-artificial-para-destravar-execucao-fiscal/. Acesso em: 9 mar. 2020.

[20] O Sistema Elis atua sob a perspectiva de, em quinze dias, processar cerca de oitenta mil feitos de execução fiscal, o que tomaria aproximadamente dezoito meses, caso fosse realizado exclusivamente por força de trabalho humana (BRITO, Bruno. TJPE usará inteligência artificial para agilizar processos de execução fiscal no Recife. **Notícias TJPE**, 20 nov. 2018. Disponível em: https://www.tjpe.jus.br/noticias/-/asset_publisher/ubhL04hQXv5n/content/id/2079372. Acesso em: 9 mar. 2020.

[21] CASTRO, Beatriz. Justiça de Pernambuco usa inteligência artificial para acelerar processos. **G1**, 4 mai. 2019. Disponível em: https://g1.globo.com/pe/pernambuco/noticia/2019/05/04/justica-de-pernambuco-usa-inteligencia-artificial-para-acelerar-processos.ghtml. Acesso em: 9 mar. 2020.

[22] BRITO, Bruno. TJPE usará inteligência artificial para agilizar processos de execução fiscal no Recife. **Notícias TJPE**, 20 nov. 2018. Disponível em: https://www.tjpe.jus.br/noticias/-/asset_publisher/ubhL04hQXv5n/content/id/2079372. Acesso em: 9 mar. 2020.

de levar ao julgador uma rede de informações aptas a simplificar as fontes de Direito aplicáveis ao julgamento[23], à concepção de centralizar o julgador humano apenas como revisor de uma experiência de escolha da decisão mais acertada pelo computador. Nesta última hipótese, já não se poderia dizer que a máquina não decide.

Nessa perspectiva, apesar da importante função auxiliar que as novas tecnologias já têm no Direito, a tomada de decisão pelo algoritmo traz consigo uma rede de complexidades, que, segundo Ferrari, Becker e Wolkart pode se desenvolver em três escalas: (1) *datasets* viciados (o conjunto de dados de alimentação, ou seja, as informações para o que o algoritmo seja treinado formando padrões pode estar viciado, demonstrando, por exemplo, um preconceito que vem da base de dados[24]. Pode-se falar também no caso de um *dataset* incompleto, terminando com uma decisão com menor acurácia); (2) opacidade (a ausência de transparência da função algorítmica, da forma de geração da decisão, mostra uma caixa-preta do sistema[25]. Em síntese, a lógica da decisão é opaca.); e (3) discriminação (diferente do *dataset* viciado,

[23] ROSA, Alexandre Morais de. A Questão Digital: o impacto da inteligência artificial no Direito. **Revista de Direito da Faculdade Guanambi**, v. 06, n. 02, e259, p. 01-18, jul./dez. 2019. p. 04.

[24] O caso trazido pelos autores é elucidativo: "Imagine, agora, uma cidade hipotética em que a mesma quantidade de crimes seja cometida em dois bairros diferentes: um de classe média alta e um bairro pobre. Suponha que a atuação da polícia não seja semelhante nos dois bairros, e que os mais humildes sejam, com frequência, mais sujeitos à fiscalização. Naturalmente, mais ilícitos serão descobertos no bairro pobre, ainda que a sua ocorrência seja idêntica àquela do bairro mais rico. Tendo acesso a essa base de dados, a leitura natural do algoritmo determinaria que houvesse maior policiamento nessa localidade, o que, por sua vez, geraria uma percepção ainda mais acentuada sobre os crimes ali cometidos" (FERRARI, Isabela; BECKER, Daniel; WOLKART, Erik Navarro. *Arbitrium ex machina*: panorama, riscos e a necessidade de regulação das decisões informadas por algoritmos. **Revista dos Tribunais**, v. 995, pp. 635-655, set. 2018. p. 641).;

[25] Nessa linha, Elias adverte que: "Muitos sistemas de aprendizado de máquina são verdadeiras 'caixas pretas', cujos métodos são difíceis de interpretar. Embora esses sistemas possam produzir resultados estatisticamente confiáveis, o usuário final não será necessariamente capaz de explicar como esses resultados foram gerados ou quais características específicas de um caso têm sido importantes para chegar a uma decisão final, causando desafios de interpretabilidade e transparência" (ELIAS, Paulo Sá. Algoritmos, Inteligência Artificial e o Direito. **Consultor Jurídico**, 2017. Disponível em: https://www.conjur.com.br/dl/algoritmos-inteligencia-artificial.pdf. Acesso em: 21 mar. 2020).

cujo erro é da base de dados, aqui o preconceito é da ausência de neutralidade do próprio algoritmo[26]).[27]

Apesar desses fatores, depreende-se uma já assinada tendência de, cada vez mais, empregar novas tecnologias endereçadas à tomada de decisão. É preciso

[26] A discriminação algorítmica merece o centro do debate no uso de algumas ferramentas de IA. É o caso da polícia preditiva, cujo exemplo mais lembrado é o PredPol, oriundo de um projeto de pesquisa entre o Departamento de Polícia de Los Angeles e a Ucla e utilizado por muitos departamentos de Polícia nos Estados Unidos. Segundo consulta ao www.predpol.com, o objetivo da ferramenta é, a partir de dados históricos, identificar horários e locais onde determinadas infrações têm maior probabilidade de acontecer, gerando patrulhamento preventivo para impedir que os delitos ocorram. Ou seja, os recursos da polícia são endereçados a esses locais para prevenir aquela determinada modalidade de delito.
Cathy O'Neil, especialista em algoritmos e doutora em matemática pela Universidade de Harvard, trouxe um fator relevante sobre a discriminação algorítmica, destacando que a geografia, no caso do PredPol, é um dado altamente eficaz na substituição das informações sobre a raça. Os bairros pobres, foco geográfico do PredPol, têm, em sua maioria, negros e hispânicos, relata O'Neil e propõe um desafio a partir de um questionamento: "*But how about crimes far removed from the boxes on the PredPol maps, the ones carried out by the rich?*" (O'NEIL, Cathy. ***Weapons of math destruction***. *how big data increases inequality and treathens democracy*. Nova Iorque: Crown Publishers, 2016, p. 89-90). Adiante, a autora propõe: "*Just imagine if police enforced their zero-tolerance strategy in finance. They would arrest people for even the slightest infraction, whether it was chiseling investors on 401ks, providing misleading guidance, or committing petty frauds. Perhaps SWAT teams would descend on Greenwich, Connecticut. They'd go undercover in the taverns around Chicago's Mercantile Exchange. Not likely, of course. The cops don't have the expertise for that kind of work. Everything about their jobs, from their training to their bullet-proof vests, is adapted to the mean streets.*" (O'NEIL, Cathy. ***Weapons of math destruction***. *how big data increases inequality and treathens democracy*. Nova Iorque: Crown Publishers, 2016, p. 90) Mais adiante traz a conclusão: "*My point is that police make choises about where they direct their attention. Today they focus almost exclusively on the poor. That's their heritage, and their mission, as they understand it. And now data scientists are stitching this status quo of the social order into models, like PredPol, that hold ever-greater sway over our lives. The result is that while PredPol delivers a perfectly useful and even high-minded software tool, it is also a do-it-yourself WMD. In this sense, PredPol, even with the bestof intentions, empowers police departments to zero in on the poor, stopping more of them, arresting a portion of those, and sending a subgroup to prison. And the police chiefs, in many cases, if not most, think that they're taking the only sensible route to combating crime. That's where it is, they say, poiting to the highlighted ghetto on the map. That's where it is, they say, pointing to the highlighted ghetto on the map. And now they have cutting-edge technology (powered by Big Data) reinforcing their position there, while adding precision and 'science' to the process. The result is that we criminalize poverty, believing all the while that our tools are not only scientific but fair.*" (O'NEIL, Cathy. ***Weapons of math destruction***. *how big data increases inequality and treathens democracy*. Nova Iorque: Crown Publishers, 2016, p. 91).

[27] FERRARI, Isabela; BECKER, Daniel; WOLKART, Erik Navarro. *Arbitrium ex machina*: panorama, riscos e a necessidade de regulação das decisões informadas por algoritmos. **Revista dos Tribunais**, v. 995, pp. 635-655, set. 2018. p. 641-644.

considerar, no entanto, que a formação do convencimento do julgador é um mecanismo extremamente abstruso, ainda mais no âmbito penal, quando a decisão carrega grande carga de provável violação de direito fundamentais.

2. Articulações entre prova penal e decisão penal

O processo é uma máquina retrospectiva[28], por meio da qual o julgador realiza uma "atividade recognitiva": sem conhecer o caso, mas precisando conhecê-lo, tem o poder de dizer o direito aplicável ao fato concreto (jurisdição), com efeito definitivo (coisa julgada)[29]. As informações[30] que constituem objeto de cognição judicial, que é também a recognição do caso, não são ilimitadas e nem totais[31]. Os seus limites refletem no grau de conhecimento acessível ao julgador e, consequentemente, ao grau de certeza possível ao magistrado no momento da decisão.

Essas informações constituem o objeto das decisões. O aporte das informações se dá pela complexa atividade probatória, que engloba desde a obtenção de prova até a formação do provimento final[32] e é regulada através de limites

[28] CORDERO, Franco. ***Procedimiento Penal.*** Santa Fe de Bogotá: Editorial Temis S.A., 2000. t. 2. p. 3.

[29] Cf. COUTINHO, Jacinto Nelson de Miranda. Glosas ao verdade, dúvida e certeza, de Francesco Carnelutti, para os operadores do direito. *In*: SÁNCHEZ RUBIO, David; HERRERA FLORES, Joaquín; CARVALHO, Salo de. (org.). **Anuário Ibero-americano de Direitos Humanos (2001-2002)**. Rio de Janeiro: Editora Lumen Juris, 2002. p. 176.

[30] "Não se trata do crime – tenha-se bem presente – já existente (pelo menos aparentemente), mas da sua reconstituição, algo que se faz pela linguagem, como não se pode negar. Eis, então, a razão pela qual a linguagem é tão importante no espaço do Direito Processual Penal" (COUTINHO, Jacinto Nelson de Miranda. Sistema acusatório. Cada parte no lugar constitucionalmente demarcado. **Revista de Informação Legislativa**, Brasília, a. 46, n. 183, p. 103-115, 2009. p. 108).

[31] Um limite inerente a todo o conhecimento linguístico decorre da impossibilidade de conhecer o todo, pois só se conhece **na** e **pela** linguagem. O outro segundo limite, jurídico, decorre da impossibilidade jurídica de devassas por força dos direitos fundamentais. Cf. COUTINHO, Jacinto Nelson de Miranda. Glosas ao "Verdade, dúvida e certeza", de Francesco Carnelutti. **Empório do Direito**, Florianópolis, 19 mar. 2015. Disponível em: http://emporiododireito.com.br/backup/glosas-ao-verdade-duvida-e-certeza-de-francesco-carnelutti-por-jacinto-nelson-de-miranda-coutinho/. Acesso em: 13 mar. 2020.

[32] GIACOMOLLI, Nereu José. **O Devido Processo Penal**: abordagem conforme a Constituição Federal e o Pacto de São José da Costa Rica. 2. ed., rev. e ampl. São Paulo: Atlas, 2015. p. 172.

que "[...] surgem como decorrência do nível de evolução do processo penal que conduz à valoração da forma dos atos processuais enquanto 'garantia' a ser respeitada"[33].

Esgotada a atividade probatória, o julgador deve realizar o julgamento, isto é, proferir o provimento final do processo (sentença ou acórdão). Isso significa, dentre outras coisas, que todo o procedimento está ordenado em contraditório de modo a encaminhar o processo ao provimento final. Ao apresentar o processo como procedimento em contraditório, Fazzalari afastou a noção de contraditório como mera participação das partes, fazendo com que o provimento final não fique apenas nas mãos do julgador. Localiza-se aqui a estrutura democrática do processo, já que, segundo o autor, "a identificação do 'processo' nos permite compreender e valorar plenamente que o princípio constitucional do contraditório está mortificado no esquema do mero procedimento"[34].

É nessa perspectiva que Fazzalari traz a noção de contraditório paritário, tendo aqueles que participam do procedimento oportunidades concretas de oposição em paridade de armas. Os destinatários do ato final, "interessados" ou "contrainteressados", estão diante de uma série de normas (e atos, e posições jurídicas), com as quais se relacionam simetricamente como condição de validade do provimento final[35].

O livre convencimento motivado parte dessas normas lógicas para a apreciação do conjunto probatório formado no curso do processo, sendo que, sobre essa interpretação, incidem fatores "sociais, psicológicos e históricos"[36]. Seria ingenuidade acreditar que a decisão penal é prolatada longe de prejulgamentos, preconceitos ou outras condicionantes externas que influenciam o

[33] LOPES JR., Aury. **Direito processual penal.** 15. ed. São Paulo: Saraiva, 2018. p. 392-393.

[34] FAZZALARI, Elio. **Instituições de direito processual.** Campinas: Bookseller, 2006. p. 40.

[35] FAZZALARI, Elio. **Instituições de direito processual**. Campinas: Bookseller, 2006. p. 121.

[36] Cf. Morales: "*En desacuerdo con la libre convicción o apreciación, la sana crítica supone* métodos, *reglas de lógica, reglas de experiencia, e incluso reglas sociales, costumbres, etc., que permitan al juez valorar y apreciar una realidad jurídica determinada. Esa realidad deviene de una situación histórica concreta que produce muchas determinaciones, por ello juez tiene que hacer una apreciación integral, en la cual estén presentes los* métodos *del pensamiento, todo el acervo probatorio y las determinaciones sociales, psicológicas e históricas*" (MORALES, Rodrigo Rivera. ***La Prueba:*** *un análisis racional y práctico.* Madrid: Marcial Pons, 2011. p. 249).

apreciar da prova. São inúmeras variantes, de caráter imprevisível, que afetam a decisão final e que não podem ser consideradas previamente[37].

Apesar disso, o julgador é forçado a agir dentro de determinados padrões de racionalidade que impedem que a decisão seja exarada em uma "*corazonada*", uma vez que os fundamentos lógicos (e idôneos) devem ser expostos no *decisum*[38]. A sentença, como provimento final, não será "um ato sentimental e solitário do juiz, mas a consequência e expressão jurídica, racionalizada e categoricamente conclusiva, dos atos realizados do procedimento em contraditório entre as partes"[39].

Ou seja, a apreciação da prova leva a uma decisão motivada, que explica o processo lógico que a formou. E, nessa esteira, a fundamentação das decisões judiciais é garantia fundamental constitucionalmente insculpida no artigo 93, IX, da Constituição Federal, e o *status* outorgado a esse direito processual tem razão de ser. A exposição racional da motivação da decisão é pressuposto de legitimidade do *decisum* e atua como óbice a julgamentos arbitrários, na medida em que a lei não pode adquirir sentido no caso concreto a partir da margem subjetiva dos julgadores[40].

Na esteira da aplicação específica da inteligência artificial no Direito, então, a problemática da motivação das decisões significa concluir que "o processo de atribuição de sentido, especialmente para singularização das situações jurídicas" deve sempre competir ao julgador humano[41], não sendo possível robotizar por completo o processo de julgamento. As palavras não possuem significado ou sentido por si mesmas, mas dependem das circunstâncias em

37 Cf. MORAES DA ROSA, Alexandre. Capítulo 2.8: Decisão e Ideologia. *In*: MORAES DA ROSA, Alexandre; AMARAL, Augusto Jobim do. **Cultura da Punição**: a ostentação do horror. 2. ed. Florianópolis: Empório do Direito, 2015. 2ª parte. p. 203.

38 CANTÓN, Fernando Diaz. ***La Motivación de la Sentencia Penal y Otros Estudios***. Buenos Aires: Del Puerto, 2005. p. 99.

39 LEAL, Rosemiro Pereira. **Teoria geral do processo: primeiros estudos**. São Paulo: Thomson-IOB, 2004. p. 92.

40 STRECK, Lenio L.; MENDES, Gilmar F. Comentário ao artigo 93, IX. *In*: CANOTILHO, J. J. Gomes; SARLET, Ingo W.; STRECK, Lenio L. (coord.). **Comentários à Constituição do Brasil.** São Paulo: Saraiva; Almedina, 2013. p. 1324-1325.

41 ROSA, Alexandre Morais de. A Questão Digital: o impacto da inteligência artificial no Direito. **Revista de Direito da Faculdade Guanambi**, v. 06, n. 02. e259, p. 01-18, jul./dez. 2019. p. 04-05.

que são empregadas[42], adquirindo lógica no caso concreto. A fundamentação da decisão exarada por uma inteligência de máquina não é equiparável àquela que seria prolatada por um humano, especialmente quando se admite (e se deva admitir) que a captura psíquica do julgador é influenciada por fatores externos[43].

3. Limites e possibilidades das novas tecnologias no processo penal: como podem ser utilizadas na produção de prova penal e na elaboração da decisão penal?

As discussões sobre as possíveis articulações entre o Direito e as novas tecnologias existem há décadas. Dentre os diversos pontos de pauta nessas discussões, estão os modelos de racionalização das decisões judiciais e sobre as potencialidades da inteligência artificial para tornar mais racionais as decisões judiciais, mas com riscos de retirar a decisão dos humanos[44]. Essas discussões vão desde o uso das novas tecnologias para suporte das atividades dos juristas à propositura de substituição de juristas por algoritmos – o que, além de perigoso, é impossível.

A difusão da inteligência artificial, por exemplo, tem alcançado tarefas como o monitoramento de dados públicos, a elaboração de predições de decisões judiciais, a automatização de petições, a elaboração de pronunciamentos judiciais, a confecção de documentos jurídicos (contratos), o contato profissional, a propositura de resoluções *on-line* de lides, a compilação de dados

[42] MORAES DA ROSA, Alexandre. Capítulo 2.8: Decisão e Ideologia. *In*: MORAES DA ROSA, Alexandre; AMARAL, Augusto Jobim do. **Cultura da Punição**: a ostentação do horror. 2. ed. Florianópolis: Empório do Direito, 2015. 2ª parte. p. 202.

[43] MORAES DA ROSA, Alexandre. Capítulo 2.8: Decisão e Ideologia. *In*: MORAES DA ROSA, Alexandre; AMARAL, Augusto Jobim do. **Cultura da Punição**: a ostentação do horror. 2. ed. Florianópolis: Empório do Direito, 2015. 2ª parte. p. 204-205.

[44] *"We may concede, at any rate, that there may be efficient AI methods to rationalize the judge's sentencing. However, the danger is of eliminating the judge's discretion rather than rationalizeing it. In fact, AI methods may be efficient insofar as they reduce or eliminate the vagueness, the fuzziness, the open texture and the indeterminacy of the standards governing the practice of sentencing"* (TARUFFO, Michele. *Judicial decisions and artificial intelligence.* ***Artificial intelligence and law***, v. 6, p. 311-324, 1998. p. 321).

e a aplicação da estatística ao Direito[45]. Para tanto, são utilizadas redes neurais profundas, desenvolvidas para aplicação em texto a fim de realizar funções de processamento de linguagem natural. No âmbito penal, como consequência, podem ser desenvolvidas redes neurais profundas para apoio[46] em política criminal, *compliance* e na persecução criminal.

Contudo, não podemos ser ingênuos em relação às aplicações das novas tecnologias, muito menos em relação à inteligência artificial, à aprendizagem de máquina e à rede neural profunda. Isso porque os algoritmos, assim como os humanos, possuem limites inerentes ao grau de conhecimento da ciência da computação, bem como estão sujeitos a vieses e a heurísticas[47]. Desconsiderar isso serve apenas para se deixar manipular por tendências e atalhos que podem ser escamoteados nos códigos de programação[48]. Ademais, não é possível saber com precisão como as máquinas aprendem, apenas conhecer o que é inserido no treinamento e os resultados retornados. São caixas pretas que impõem um dever de transparência, sem o qual não podemos sequer exercer o contraditório no processo.

Nessa esteira, há de se reconhecer que o desenvolvimento das inteligências artificiais inevitavelmente redunda em um maior ganho de autonomia por

[45] Cf. NUNES, Dierle; RUBINGER, Paula Caetano; MARQUES, Ana Luiza Pinto. Os perigos do uso da inteligência artificial na advocacia. **Consultor Jurídico**, São Paulo, 9 jul. 2018. Disponível em: https://www.conjur.com.br/2018-jul-09/opiniao-perigos-uso-inteligencia--artificial-advocacia. Acesso em:05 mar. 2021.

[46] "*Una gran parte de la labor de los juzgadores es mecánica. Aunque en ello tiene una gran responsabilidad la absurda – hoy en día – burocracia judicial, que refleja usos del pasado, lo cierto es que buena parte de los funcionários judiciales invierten su tiempo utilizando modelos de resolución y modificando simplemente los datos identificatorios del proceso*" (NIEVA FENOLL, Jordi. ***Inteligencia artificial y proceso judicial***. Madri: Marcial Pons, 2018. p. 24). Esse mesmo raciocínio é aplicável a todas as tarefas dos juristas.

[47] Cf. WOJCIECHOWSKI, Paola Bianchi; ROSA, Alexandre Morais da. **Vieses da justiça**: como as heurísticas e vieses operam nas decisões penais e a atuação contraintuitiva. Florianópolis: EModara, 2018; e NIEVA FENOLL, Jordi. ***Inteligencia artificial y proceso judicial***, Madri: Marcial Pons, 2018. p. 43-60.

[48] "Um algoritmo criado por seres humanos enviesados provavelmente padecerá do mesmo 'mal', não de forma proposital, mas em decorrência das informações fornecidas ao sistema. Dessa maneira, surgem os chamados vieses algorítmicos, que ocorrem quando as máquinas se comportam de modos que refletem os valores humanos implícitos envolvidos na programação" (NUNES, Dierle; MARQUES, Ana Luiza Pinto Coelho. Inteligência artificial e direito processual: vieses algorítmicos e os riscos de atribuição de função decisória às máquinas. **Revista de Processo**, v. 285, p. 421-447, 2018. p. 427).

parte das máquinas, na medida em que a alimentação do algoritmo com os dados necessários confere ao *software* maior liberdade para a tomada de decisões com cada vez menos interferência humana[49]. Insta pontuar, entretanto, que o processo de programação e inclusão de dados no algoritmo – para que este possa valer-se das informações que lhe são oferecidas para, a partir destas, produzir os efeitos que são esperados – sempre depende de um humano. Não pode a inteligência artificial (por ora) programar-se sozinha, muito embora possa ser programada para buscar fontes de informação para além dos dados que lhe são originalmente fornecidos.

Assim, o fato é que existe um crucial problema no emprego da inteligência artificial: a máquina deve ser alimentada com dados para, a partir de seu algoritmo, gerar a resposta esperada. E nunca se pode precisar o tipo de informação que está ao alcance do *software*[50].

[49] MAGRANI, Eduardo; SILVA, Priscilla; VIOLA, Rafael. Novas perspectivas sobre ética e responsabilidade de inteligência artificial. *In*: FRAZÃO, Ana; MULHOLLAND, Caitlin (coord.). **Inteligência Artificial e Direito**. São Paulo: Thomson Reuters Brasil, 2019. p. 117.

[50] Em 2016, a Microsoft desenvolveu o *software* Tay – um perfil na rede social Twitter, de modo que o fim da inteligência artificial era engajar-se em conversas com jovens usuários da plataforma e, por meio dessas interações, expandir seu vocabulário e as interações com humanos (GRIFFIN, Andrew. *Tay Tweets: Microsoft creates bizarre Twitter robot for people to chat to*. ***The Independent***, 23 mar. 2016. Disponível em: https://www.independent.co.uk/life-style/gadgets-and-tech/news/tay-tweets-microsoft-creates-bizarre-twitter-robot-for-people-to-chat-to-a6947806.html. Acesso em: 9 mar. 2020.). Todavia, em menos de 24 horas, Tay passou a publicar ofensas raciais, ideias nazistas e apoio ao genocídio (OHLHEISER, Abby. *Trolls turned Tay, Microsoft's fun millennial AI bot, into a genocidal maniac*. ***The Washington Post***, 25 mar. 2016. Disponível em: https://www.washingtonpost.com/news/the-intersect/wp/2016/03/24/the-internet-turned-tay-microsofts-fun-millennial-ai-bot-into-a-genocidal-maniac/. Acesso em: 05 mar. 2021), em face dos dados com os quais havia sido alimentada. Dessa forma, a alimentação incerta das inteligências artificiais é perigosa, mormente quando aplicada ao direito (ANGWIN, Julia; LARSON, Jeff; MATTU, Surya; KIRCHNER, Lauren. *Machine Bias: there'se software used across the country to predict future criminals. And it's biased against blacks*. ***ProPublica***, 23 mai. 2016. Disponível em: https://www.propublica.org/article/machine-bias-risk-assessments-in-criminal-sentencing. Acesso em: 11 mar. 2020. Em diversos estados dos Estados Unidos da América, o sistema penal conta com *risk assessments*. Isto é, a determinação de *scores* aos cidadãos que são processados criminalmente, por meio dos quais uma inteligência de máquina determina a probabilidade de que aquele indivíduo venha a reincidir na prática de novos delitos. No entanto, descobriu-se que a fórmula da inteligência artificial responsável pela indicação do *score* reproduzia desigualdade racial, tendo em vista que apontava erroneamente réus negros como possíveis reincidentes quase duas vezes mais do que fazia com acusados caucasianos).

Conclusões

A partir disso, não pode existir dúvida acerca da impossibilidade de substituir os humanos pelas novas tecnologias, até mesmo porque a inteligência artificial ainda é muito restrita (a IA geral ainda é uma utopia). Devemos, ao contrário, pensar em usos alternativos para essas ferramentas, que tornem mais ágeis e mais precisas as atividades rotineiras dos juristas, sem ignorar a necessidade de limites[51]. Daí a urgência de compreendermos melhor como funcionam para que possamos reduzir os aspectos negativos[52] e ampliar os aspectos positivos, sem cair na ingenuidade de uma bondade supostamente inerente à "neutralidade" da técnica[53].

[51] "A metáfora de uma máquina em que se colocam os insumos e há o resultado não acontece, no plano do conhecimento humano, de forma mecânica e sim com múltiplas possibilidades de sentido, em que o trabalho de curadoria (nova função jurídica), será decisivo, justamente porque será a partir dos pressupostos que as respostas serão fornecidas e dentro dos limites de quem estabelece o discurso válido. Assim, desde já, longe de ser um instrumento neutro, o uso da inteligência artificial atende aos anseios teóricos e ideológicos de quem programa e estabelece seus limites responsivos. Isso será decisivo para compreender o espaço de poder que uma máquina, aparentemente neutra, pode ocupar de modo avassalador" (ROSA, Alexandre Morais da. **A questão digital**: o impacto da inteligência artificial no Direito. **Revista de Direito da Faculdade Guanambi**, v. 06, n. 02. e259, p. 01-18, jul./dez. 2019. p. 9).

[52] "Já se teve a oportunidade de comentar alguns dos riscos para a advocacia ou de seu emprego para processos decisórios em decorrência dos vieses algorítmicos, entendidos como deturpações cognitivas das máquinas que geram equívocos nos resultados por erros na alimentação de dados durante o aprendizado da máquina – *machine learning* – (*datasets* incompletos ou adulterados), ou existência de padrões ocultos que deturpam a realidade dos fatos promovendo generalizações equivocadas, opacidade (não compreensão de como se chegou aos resultados) e geração de preconceito e discriminação" (NUNES, Dierle; MEDEIROS, Nathália. Inteligência artificial – litigantes habituais e eventuais. **Consultor Jurídico**, São Paulo, 20 nov. 2018. Disponível em: https://www.conjur.com.br/2018-nov-20/opiniao-tecnologia-direito-litigantes-habituais-eventuais. Acesso em: 13 mar. 2020).

[53] "Ao criar um modelo, os programadores devem selecionar as informações que serão fornecidas ao sistema de IA e que serão utilizadas para prever soluções e/ou resultados futuros. Essas escolhas, portanto, fazem com que sempre haja pontos cegos nos algoritmos, os quais refletem os objetivos, prioridades e concepções de seu criador, de modo que os modelos são, a todo tempo, permeados pela subjetividade do sujeito que os desenvolve. Esses *blindspots* podem ser irrelevantes para os resultados pretendidos pelos modelos. Por outro lado, podem ser ignoradas informações importantes para correta análise da situação, influenciando negativamente nas respostas dadas pelo sistema" (NUNES, Dierle; MARQUES, Ana Luiza Pinto Coelho. Inteligência artificial e direito processual: vieses algorítmicos e os riscos de atribuição de função decisória às máquinas. **Revista de Processo**, v. 285, p. 421-447, 2018. p. 426).

A complexidade aumenta ao lembrar que a inteligência das máquinas depende de um complexo processo de programação e alimentação (aprendizagem) constante do *software* por humanos[54]. Dessa forma, o *software* emprega as informações obtidas para concretizar o fim precípuo pelo qual foi programado, lembrando que as bases (humanas) nunca são neutras.

É certo considerar, nesse contexto, que a formação da decisão pela máquina com a chance de ser aceita pelo magistrado revisor como provimento final já qualifica aquele ato como judicial. A tendência é a multiplicação de decisões, com cada vez mais assertividade da supervisão do aprendizado. Esse movimento, por si só, fará crer que essas ferramentas tecnológicas conseguem ser *cada vez mais* justas.

Portanto, em vez de as novas tecnologias agirem de modo a maximizar a eficiência da prestação jurisdicional, levando ao julgador humano as fontes de Direito cabíveis no caso concreto[55], acabarão decidindo e substituindo-o. Não deslocarão o julgador enquanto humano, mas suprirão o ato de sentença, o que, inclusive, aumentará o número de demandas judiciais, agora questionando a forma de tomada da decisão impugnada. Muito embora os sistemas de inteligência para execuções fiscais, por exemplo, tragam cifras atraentes, não se pode aplicar a mesma lógica aos processos criminais. Não precisamos apenas de um resultado, precisamos de Direito.

Referências

AGAMBEN, Giorgio. **A linguagem e a morte**: um seminário sobre o lugar da negatividade. Belo Horizonte: Editora UFMG, 2006.

AMARAL, Augusto Jobim do. **O dispositivo inquisitivo**: entre a ostentação penal e a estética política do processo penal. 2014. 499 f. Tese (Doutorado em Ciências Criminais) – Pontifícia Universidade Católica do Rio Grande do Sul, Porto Alegre, 2014.

[54] ROSA, Alexandre Morais de. A Questão Digital: o impacto da inteligência artificial no Direito. **Revista de Direito da Faculdade Guanambi**, v. 06, n. 02. e259, p. 01-18, jul./dez. 2019. p. 09.

[55] ROSA, Alexandre Morais de. A Questão Digital: o impacto da inteligência artificial no Direito. **Revista de Direito da Faculdade Guanambi**, v. 06, n. 02. e259, p. 01-18, jul./dez. 2019.

ANDRADE, Manuel da Costa. **“Bruscamente no Verão Passado”, a Reforma do Código de Processo Penal:** observações críticas sobre uma lei que podia e devia ter sido diferente. Coimbra: Coimbra Editora, 2009.

ANGWIN, Julia; LARSON, Jeff; MATTU, Surya; KIRCHNER, Lauren. Machine Bias: there'se software used across the country to predict future criminals. And it's biased against blacks. ***ProPublica***, 23 mai. 2016. Disponível em: https://www.propublica.org/article/machine-bias-risk-assessments-in-criminal-sentencing. Acesso em: 11 mar. 2020.

ASIMOV, Isaac. **Eu, Robô.** Porto Alegre: Pocket Ouro, 2012.

BRASIL. Ministério da Indústria, Comércio e Serviços. **Agenda brasileira para a indústria 4.0**. Disponível em: http://www.industria40.gov.br/. Acesso em: 9 jan. 2020.

BRITO, Bruno. TJPE usará inteligência artificial para agilizar processos de execução fiscal no Recife. **Notícias TJPE**, 20 nov. 2018. Disponível em: https://www.tjpe.jus.br/noticias/-/asset_publisher/ubhL04hQXv5n/content/id/2079372. Acesso em: 9 mar. 2020.

BRUM, Nilo Bairros de. **Requisitos retóricos da sentença penal**. São Paulo: Revista dos Tribunais, 1980.

CANTÓN, Fernando Diaz. ***La Motivación de la Sentencia Penal y Otros Estudios.*** Buenos Aires: Del Puerto, 2005. p. 99.

CARNELUTTI, Francesco. **As misérias do processo penal**. São Paulo: Conan, 1995.

CARNELUTTI, Francesco. **Como se faz um processo**. Leme: Edijur, 2012.

CARNELUTTI, Francesco. Verdade, dúvida e certeza. **Folha Acadêmica**, Curitiba, n. 116, a. LIX, p. 5, 1997.

CASTRO, Beatriz. Justiça de Pernambuco usa inteligência artificial para acelerar processos. **G1**, 4 mai. 2019. Disponível em: https://g1.globo.com/pe/pernambuco/noticia/2019/05/04/justica-de-pernambuco-usa-inteligencia-artificial-para-acelerar-processos.ghtml. Acesso em: 9 mar. 2020.

COPELAND, Michael. ***What's the difference between artificial intelligence, machine learning and deep learning?*** Disponível em: https://blogs.nvidia.com/blog/2016/07/29/whats-difference-artificial-intelligence-machine-learning-deep-learning-ai/ . Acesso em: 13 mar. 2020.

CORDERO, Franco. ***Procedimiento Penal.*** Santa Fe de Bogotá: Editorial Temis S.A., 2000. t. 2.

COUTINHO, Jacinto Nelson de Miranda. Barbárie do processo penal não pode ser enfrentada apenas com retórica. **Consultor Jurídico**, São Paulo, 25 set. 2015. Disponível em: https://www.conjur.com.br/2015-set-25/limite-penal-barbarie-processo-penal-nao-enfrentada-apenas-retorica. Acesso em: 13 mar. 2020.

COUTINHO, Jacinto Nelson de Miranda. Glosas ao “Verdade, dúvida e certeza”, de Francesco Carnelutti. **Empório do Direito**, Florianópolis, 19 mar. 2015. Disponível em: http://emporiododireito.com.br/backup/glosas-ao-verdade-duvida-e-certeza-de-francesco-carnelutti-por-jacinto-nelson-de-miranda-coutinho/. Acesso em: 13 mar. 2020.

COUTINHO, Jacinto Nelson de Miranda. Glosas ao verdade, dúvida e certeza, de Francesco Carnelutti, para os operadores do direito. *In*: SÁNCHEZ RUBIO, David; HERRERA FLORES, Joaquín; CARVALHO, Salo de (org.). **Anuário Ibero-americano de Direitos Humanos (2001-2002)**. Rio de Janeiro: Editora Lumen Juris, 2002.

COUTINHO, Jacinto Nelson de Miranda. Introdução aos princípios gerais do processo penal brasileiro. **Revista da Faculdade de Direito.** Universidade Federal do Paraná, Curitiba, v. 30, n. 30, p. 163-198, 1998.

COUTINHO, Jacinto Nelson de Miranda. O núcleo do problema no sistema processual penal brasileiro. **Boletim IBCCRIM**, v. 175, p. 11-13, 2007.

COUTINHO, Jacinto Nelson de Miranda. O papel do novo juiz no processo penal. *In*: COUTINHO, Jacinto Nelson de Miranda (Org.). **Crítica à teoria geral do Direito processual penal.** Rio de Janeiro: Renovar, 2001.

COUTINHO, Jacinto Nelson de Miranda. Sistema acusatório. Cada parte no lugar constitucionalmente demarcado. **Revista de Informação Legislativa**, Brasília, a. 46, n. 183, p. 103-115, 2009.

DENEUBORG, Jean-Louis. Nova Robótica e Inteligência Colectiva? *In*: BINDÉ, Jerome. **As Chaves do Século XXI**. Lisboa: Instituto Piaget, 2000.

ELIAS, Paulo Sá. Algoritmos, Inteligência Artificial e o Direito. **Consultor Jurídico**, 2017. Disponível em: https://www.conjur.com.br/dl/algoritmos-inteligencia-artificial.pdf. Acesso em: 21 mar. 2020.

FAZZALARI, Elio. **Instituições de direito processual.** Campinas: Bookseller, 2006.

FERRARI, Isabela; BECKER, Daniel; WOLKART, Erik Navarro. *Arbitrium ex machina*: panorama, riscos e a necessidade de regulação das decisões informadas por algoritmos. **Revista dos Tribunais**, v. 995, pp. 635–655, set. 2018.

FOUCAULT, Michel. **Vigiar e Punir**. Petrópolis: Editora Vozes, 1999.

FLUSSER, Vilém. **Filosofia da caixa preta**: ensaios para uma filosofia da fotografia. São Paulo: É Realizações, 2018.

GIACOMOLLI, Nereu José. **O Devido Processo Penal**: abordagem conforme a Constituição Federal e o Pacto de São José da Costa Rica. 2. ed., rev. e ampl. São Paulo: Atlas, 2015.

GOODFELLOW, Ian; BENGIO, Yoshua; COURVILLE, Aaron. ***Deep learning***. Cambridge: MIT Press, 2016.

GRIFFIN, Andrew. *Tay Tweets: Microsoft creates bizarre Twitter robot for people to chat to.* ***The Independent***, 23 mar. 2016. Disponível em: https://www.independent.co.uk/life-style/gadgets-and-tech/news/tay-tweets-microsoft-creates-bizarre-twitter-robot-for-people-to-chat-to-a6947806.html. Acesso em: 9 mar. 2020.

INTELIGÊNCIA artificial vai agilizar a tramitação de processos no STF. **Notícias STF**, Brasília, 30 mai. 2018. Disponível em: http://www.stf.jus.br/portal/cms/verNoticiaDetalhe.asp?idConteudo=380038. Acesso em: 9 mar. 2020.

JESUS, Diego Santos Vieira de; STEIBEL, Fabro; VICENTE, Victor Freitas. Possibilidades e Potenciais da Utilização da Inteligência Artificial. *In*: FRAZÃO, Ana; MULHOLLAND, Caitlin [coord.]. **Inteligência Artificial e Direito**. São Paulo: Thomson Reuters Brasil, 2019.

KERCKHOVE, Derrick de. **A pele da cultura**: investigando a nova realidade eletrônica. São Paulo: Annablume, 2009.

LEAL, Rosemiro Pereira. **Teoria geral do processo: primeiros estudos**. São Paulo: Thomson-IOB, 2004.

LOPES JR., Aury. **Direito processual penal**. 15. ed. São Paulo: Saraiva, 2018.

LYU, Shing. ***Practical rust projects.*** *Building game, physical computing, and machine learning applications.* New York: Apress, 2020, p. 187.

MAGRANI, Eduardo; SILVA, Priscilla; VIOLA, Rafael. Novas perspectivas sobre ética e responsabilidade de inteligência artificial. *In*: FRAZÃO, Ana; MULHOLLAND, Caitlin (coord.). **Inteligência Artificial e Direito**. São Paulo: Thomson Reuters Brasil, 2019.

MCCLELLAND, Calum. *The difference between artificial intelligence, machine learning, and deep learning.* ***Medium***, 4 dez. 2017. Disponível em: https://medium.com/iotforall/the-difference-between-artificial-intelligence-machine-learning-and-deep-learning-3aa67bff5991. Acesso em: 13 mar. 2020.

MCLUHAN, Marshall. Os meios de comunicação como extensões do homem. São Paulo: Cultrix, 2007.

MENDES, Alexandre José; ROSA, Alexandre Morais da; ROSA, Izaias Otacílio da. Testando a *Methodology Milticriteria Decision Aid – Constructivist* (MCDA-C) na construção de algoritmos de apoio à estabilidade das decisões judiciais. **Revista Brasileira de Direito**, Passo Fundo, v. 15, n. 2, p. 281-305, 2019.

MENDES, Paulo de Sousa. **Causalidade complexa e prova penal**. Coimbra: Almedina, 2018.

MONTENEGRO, Carlos Manuel. CNJ usará automação e inteligência artificial para destravar execução fiscal. **Notícias CNJ – Agência CNJ de notícias**, Brasília, 10 abr. 2019. Disponível em: https://www.cnj.jus.br/cnj-usara-automacao-e-inteligencia-artificial-para-destravar-execucao-fiscal/. Acesso em: 9 mar. 2020.

MORAES DA ROSA, Alexandre. Capítulo 2.8: Decisão e Ideologia. *In*: MORAES DA ROSA, Alexandre; AMARAL, Augusto Jobim do. **Cultura da Punição**: a ostentação do horror. 2. ed. Florianópolis: Empório do Direito, 2015. 2ª parte.

MORALES, Rodrigo Rivera. ***La Prueba:*** *un análisis racional y práctico*. Madrid: Marcial Pons, 2011.

MORIMOTO, Carlos Eduardo. **Dicionário técnico de informática**. 3. ed. Disponível em: https://fasam.edu.br/wp-content/uploads/2016/06/Dicion%C3%A1rio-T%C3%A9cnico-de-Inform%C3%A1tica.pdf. Acesso em: 7 mar. 2020.

NIEVA FENOLL, Jordi. ***Inteligencia artificial y proceso judicial***. Madri: Marcial Pons, 2018.

NUNES, Dierle; MARQUES, Ana Luiza Pinto Coelho. Inteligência artificial e direito processual: vieses algorítmicos e os riscos de atribuição de função decisória às máquinas. **Revista de Processo**, v. 285, p. 421-447, 2018.

NUNES, Dierle; MEDEIROS, Nathália. Inteligência artificial – litigantes habituais e eventuais. **Consultor Jurídico**, São Paulo, 20 nov. 2018. Disponível em: https://www.conjur.com.br/2018-nov-20/opiniao-tecnologia-direito-litigantes-habituais-eventuais. Acesso em: 13 mar. 2020.

NUNES, Dierle; RUBINGER, Paula Caetano; MARQUES, Ana Luiza Pinto. Os perigos do uso da inteligência artificial na advocacia. **Consultor Jurídico**, São Paulo, 9 jul. 2018. Disponível em: https://www.conjur.com.br/2018-jul-09/opiniao-perigos-uso-inteligencia-artificial-advocacia. **Acesso em:** 05 mar. 2021.

OHLHEISER, Abby. *Trolls turned Tay, Microsoft's fun millennial AI bot, into a genocidal maniac.* ***The Washington Post***, 25 mar. 2016. Disponível em: https://www.washingtonpost.

com/news/the-intersect/wp/2016/03/24/the-internet-turned-tay-microsofts-fun--millennial-ai-bot-into-a-genocidal-maniac/.Acesso em: 05 mar. 2021.

O'NEIL, Cathy. ***Weapons of math destruction***. *how big data increases inequality and treathens democracy*. Nova Iorque: Crown Publishers, 2016.

ROSA, Alexandre Morais de. A Questão Digital: o impacto da inteligência artificial no Direito. **Revista de Direito da Faculdade Guanambi**, v. 06, n. 02, e259, p. 01-18, jul./dez. 2019.

SCHWAB, Klaus. **A Quarta Revolução Industrial**. São Paulo: Edipro, 2016.

STRECK, Lenio L.; MENDES, Gilmar F. Comentário ao artigo 93, IX. *In*: CANOTILHO, J. J. Gomes;

SARLET, Ingo W.; STRECK, Lenio L. (coord.). **Comentários à Constituição do Brasil**. São Paulo: Saraiva; Almedina, 2013.

TARUFFO, Michele. *Judicial decisions and artificial intelligence*. ***Artificial intelligence and law***, v. 6, p. 311-324, 1998.

TURING, A. M. *Computing Machinery and Intelligence*. ***Mind***, n. 49, 1950, p. 433-460.

SPALER, Mayara Guibor; XAVIER, Luciana Pedroso. Patrimônio de Afetação: uma possível solução para os danos causados por sistemas de inteligência artificial. *In*: FRAZÃO, Ana; MULHOLLAND, Caitlin (coord.). **Inteligência Artificial e Direito**. São Paulo: Thomson Reuters Brasil, 2019.

WOJCIECHOWSKI, Paola Bianchi; ROSA, Alexandre Morais da. **Vieses da justiça**: como as heurísticas e vieses operam nas decisões penais e a atuação contraintuitiva. Florianópolis: EModara, 2018.

3.

O SIGNIFICADO DA PENA EM KANT: DERIVAÇÕES DE UM PONTO DE PARTIDA

Ney Fayet Júnior
Draiton Gonzaga de Souza

É necessário, antes de tudo, advertir que o presente ensaio quer pôr em evidência o debate sobre uma das mais relevantes teorias da pena criminal, perspectivado pelos compromissos intrínsecos de legitimação e justificação que são aportados pela dogmática criminal, cujas abordagens se podem projetar, em grande medida, à construção de políticas criminais.

Historicamente, o embate sobre a resposta punitiva não ficou aferrolhado às ciências tradicionalmente comprometidas com o saber (global) penal (direito criminal, criminologia, penologia) ou com a justificativa da pena (filosofia), na medida em que se vinculou a novos campos do saber que, pouco a pouco, vêm incorporando à sua temática, de maneira orgânica, o papel que desempenha a punição na sociedade contemporânea (sociologia, psicologia, antropologia).

Essa controvérsia — que tem acompanhado, ao longo dos anos, o desenvolvimento da ciência penal — apresenta nos dias que correm, por assim dizer, novos ingredientes como, de um lado, (i.) um maior punitivismo social — que vem a reboque da crescente importância eleitoral que os partidos políticos concedem ao fenômeno criminal[1], em geral, e à segurança individual, em particular[2] —; ou, de outro, (ii.) o fator tecnológico, admitido que, além de todo aspecto ideológico, a utilização da tecnologia tem sido apresentada como verdadeiro programa de ação estatal, que imediatamente se transmite à readequação dos discursos sobre a punição (a ideia de eficiência, de redução de custos, de diminuição de efeitos colaterais a partir do uso da tecnologia prisional [tornozeleiras eletrônicas, monitoramento eletrônico, castração química] tem inspirado, por exemplo, uma nova onda neorretribucionista); ou, ainda, (iii.) o papel dos meios de comunicação no processo de consolidação de um discurso expansivista da intervenção penal; bem como, finalmente, (iv.) a produção legislativa, que tem caminhado *pari passu* com a tendência expansivista, à proporção que "torna as penas mais duras e permite um número cada vez maior de métodos investigativos que interferem nos direitos fundamentais dos cidadãos"[3].

Trata-se, apenas, de alguns dos principais planos sobre os quais se tem conduzido, em diferentes e cada vez mais amplos cenários, o desenvolvimento dessa discussão. Por óbvio, a polêmica sobre as penas e as suas finalidades

1 "A política já reconheceu há muito tempo o potencial desse tipo de emotividade para obtenção e manutenção do poder. Em disputas eleitorais conta também, e sobretudo, a disputa político-criminal: saber quem defende métodos de combate à criminalidade mais convincentes e eficazes, bem como a execução penal mais rigorosa. Para os agentes do sistema político é fácil assumir uma posição pseudodemocrática e basear-se no desejo manifestado pela maioria para atuar de maneira mais dura contra a criminalidade" (GÜNTHER, Klaus. Crítica da pena I (2004). ***Revista Direito GV 4***, São Paulo, v. 2, n. 2, p. 187-204, jul-dez. 2006. p. 188).

2 E essa alteração discursiva não conhece, por assim dizer, polos ideológicos, dado que, na América Latina, tradicional e historicamente, a esquerda considerava que (o discurso sobre) a defesa da segurança era indicativa de um discurso marcadamente conservador (vinculado a políticas repressivas que serviam de contenção ao protesto social ou, ainda, associado à temível noção de "segurança nacional", que serviu de legitimação aos regimes autoritários no contexto latino-americano); contudo, essa situação se modificou acentuadamente quando a esquerda assumiu, em alguns países, posições de governo ou de responsabilidades executivas, tendo, a partir disso, "*la ocasión de escuchar la demanda de inseguridad, o al menos la queja permanente del sentimiento de inseguridad, de las clases populares.* [...] *tomo conciencia de una necesidad sentida y de cómo la seguridad dejó de ser un bien* público para *convertirse en un privilegio de las clases media y alta que podían financiarla*" (ANIYAR DE CASTRO, Lolita. O triunfo de Lewis Carroll. A nova criminologia latino-americana. **Discursos sediciosos, crime direito e sociedade**, Rio de Janeiro – Freitas Bastos; Instituto Carioca de Criminologia, n. 9.10, 2000. p. 135).

3 **GÜNTHER, Klaus. Crítica da pena I (2004). Revista Direito GV 4. v. 2, n. 2, p. 187-204, jul-dez. 2006. p. 54.**

tem um longo percurso existencial: *"así como en todos los tiempos y por todos los pueblos se han impuesto penas, de igual modo cada vez y en todas partes en que la reflexión filosófica no ha sido ajena al espíritu del tiempo y del pueblo, ha habido ideas acerca del sentido de la pena"*[4]; contudo, as teorias da pena permanecem vinculadas a margens relativamente pouca alargadas, dentro das quais o debate se prende a poucas posições fundamentais, que, por seu turno, têm um longo arraigamento histórico[5]. E essa discussão tem significado transcendente, pois a pena (assim como os seus limites, sentidos e justificação) continua a ser o centro de gravidade do direito criminal, o ponto de maior culminância dessa disciplina, o aspecto de maior impacto na realidade objetiva — especialmente em virtude de suas terríveis consequências e de seus escassos benefícios (se é que, verdadeiramente, os haja).

Com efeito, a pena — e isto é inegável —, apesar de simbólicas limitações de índole humanitária[6] (que, no mais das vezes, se apresentam tão somente no plano do "dever ser"), segue sendo um mal[7], pois pode ser tão dolorosa e brutal como algum injusto típico[8]. (Aliás, a simples investigação criminal

[4] MAYER, Max Ernst. ***Derecho penal**: parte general*. Buenos Aires: Bdef, 2007. p. 515.

[5] STRATENWERTH, Günter. ***Derecho penal**: parte general I. El hecho punible*. Madrid: Edersa, 1982. p. 10. Como ainda pondera Jorge de Figueiredo Dias (**Questões fundamentais de direito revisitadas**. São Paulo: Revista dos Tribunais, 1999. p. 90): "as respostas dadas, ao longo de muitos séculos — seja pela ciência do direito penal, seja pela teoria do Estado ou pela própria filosofia —, ao problema dos fins da pena se reconduzem a duas (*rectior*, a três) teorias fundamentais: as *teorias absolutas*, de um lado, ligadas essencialmente às doutrinas da *retribuição* ou da *expiação*; as *teorias relativas*, de outro lado, que se analisam em dois grupos de doutrinas: as doutrinas da *prevenção geral*, de uma parte, as doutrinas da *prevenção especial* ou *individual*, de outra parte. Toda a interminável querela à roda dos fins das penas é recondutível a uma destas posições ou a uma das infinitas variantes através das quais se tem tentado a sua *combinação*".

[6] *"En los últimos años – a partir de la segunda postguerra – se advierte un anhelo renovado tendiente a suavizar el rigorismo de la ejecución penal. Asístese de tal manera al replanteo y adecuación de la idea de readaptación social del delincuente. Ya no se trata de 'reformar por la expiación', sino, al contrario, de arbitrar todos los métodos posibles para lograr mediante el tratamiento penitenciario y post-penitenciario la reinserción útil a la comunidad social"* (NEUMAN, Elías. ***Evolución de la pena alternativa de libertad y régimes carcelarios.*** Buenos Aires: Panedille, 1971. p. 16).

[7] A reflexão relacionada às teorias da pena se deve à necessidade de se proceder à legitimação, de algum modo, da causação do mal em que consiste, essencialmente, a pena.

[8] NAUCKE, Wolfgang. ***Derecho penal**: una introducción*. Buenos Aires: Astrea, 2006. p. 36. Günter Stratenwerth (***Derecho penal**: parte general I. El hecho punible*. Madrid: Edersa,1982. p. 10) entende que a concepção dominante sobre a natureza da pena é a retribuição, ou seja,

já pode, em face da posição social do imputado, ser-lhe insuportável pelo caráter vexatório e execrável que encerra.)

Neste ensaio, vamos explorar, basicamente, a construção kantiana, a qual, *grosso modo*, pretendeu renunciar a todo o conteúdo empírico ou pragmático da pena, negando qualquer fim, apesar de essa concepção da pena estar impregnada pela necessidade de conservar um estado ético no ser humano.

1. Do conceito da pena criminal

A pena criminal apresenta-se como um mal[9] de que sofre o condenado, como consequência jurídica de sua conduta punível[10] (*Punitur postquam peccatur est*).

Em essência, a pena implica a diminuição ou privação de certos bens jurídicos do delinquente[11], podendo-se, sob esse prisma, inicialmente afirmar

"un mal que se ocasiona al delicuente como consecuencia de una falta culpable y que está establecido por el derecho".

[9] **Trata-se de entendimento doutrinário absolutamente dominante. Bernardo Feijoo Sánchez (2007, p. 44) assinala que a pena "es conceptualmente siempre un mal (algo entendido intersubjetivamente como un mal) o una restricción de derechos" (Retribución y prevención general: un estudio sobre la teoría de la pena y las funciones del derecho penal. Buenos Aires: Imprenta, 2007. p. 44). Eugenio Cuello Calón (Derecho penal. Barcelona: Bosch, 1943. t. I. p. 555) define-a como "el sufrimiento impuesto por el Estado, en ejecución de una sentencia, al culpable de una infracción penal". Igualmente, Adolf Merkel (Derecho penal. Madrid: La España Moderna, [200-?]. t. I. p. 250) salienta: "Las penas son males que se hacen recaer sobre alguien en virtud de una real ó presunta conducta contraria al deber". Como descreve Fausto Costa (El delito y la pena en la história de la filosofía. México: Uteha, 1953. p. 134), "respondiendo a la pregunta de si la pena es un bien o un mal, Kant observa que los términos de bien y mal pueden significar, respectivamente, dos cosas muy diversas: el placer subjetivo y el bien en sí — Wohl y Gut; el no placer subjetivo y el mal en sí — Übel y Böse—. Admitido esto, observa que la pena, cuando es merecida, constituye un dolor para el que la sufre, aunque en su esencia sea un bien. Tan verdad es esto que nadie duda en aprobarla, viendo en ella la justa aplicación de un precepto de la razón".**

[10] Historicamente, nem sempre a pena se apresentou como a consequência lógico-jurídica da realização de um injusto criminal. Em estruturas jurídico-penais arcaicas, por exemplo, como descreve Bernd Schünemann (***Obras***. Buenos Aires: Rubinzal-Culzoni, 2006. t. II. p. 86), a sequência temporal entre o crime ("suceso") e a pena pode ser invertida, como nos casos em que as pessoas eram sacrificadas à divindade.

[11] **Os bens atingidos pela pena podem ser "a vida, a integridade corpórea, a liberdade, a honra e o patrimônio. Atendendo-se à natureza especial de cada qual de tais bens,**

que a pena é um mal causado a uma pessoa, em um procedimento público, levado a cabo pelo Estado, atendendo a formalidades preestabelecidas, porquanto tenha ela produzido lesão à regra jurídica, e essa lesão lhe tenha de ser imputada como reprovação de seu ato[12].

A mais disso, a pena tem inegavelmente caráter retributivo[13] (o que não implica adotar-se a retribuição como teoria adequada para a legitimação da pena e estabelecer a sua finalidade). O problema da punição colocou-se, desde os inícios teóricos do direito penal — no final do século XVIII —, como uma das questões mais angustiantes para a dogmática criminal; com efeito, o tema da pena, que se encontra dimensionado no caráter público do direito penal e que deu origem ao direito penal subjetivo, pode ser considerado como a ideia central e básica dessa disciplina. Não em vão se repetiu à saciedade que o problema do direito penal, no fundo, começa e se esgota no fundamento e no fim da pena[14], ou seja, "*Quitarle al hombre la pena significa privarle de su mundo moral y confinarlo en un mundo naturalístico donde las acciones de bien y de mal*

costumam as penas ser divididas em – corporais (sensu lato), privativas ou restritivas da liberdade, infamantes e patrimoniais" (COSTA E SILVA, Antônio José da. Direito penal. São Paulo: Companhia Editora Nacional, 1943. v. 1, arts. 1° a 74, 1943. p. 204).

12 LESCH, Heiko H. *La función de la pena*. ***Colección de Estúdios***, Bogotá: Centro de Investigaciones de Derecho Penal y Filosofia del Derecho de la Universidad Externado de Colombia, n.° 17, informar págs artigo, 2000. p. 16.

13 Como descreve Bernardo Feijoo Sánchez, "*la retribución representa el elemento diferenciador de la pena con otras consecuencias o sanciones penales o consecuencias de tipo punitivo. La justificación de un mal por su conección con un reproche o desvalor por un hecho que ha sucedido sólo ocurre con la pena. Evidentemente, una sociedad puede tener otras instituciones para organizar una sociedad (premios, impuestos, sistemas de puntos, etc.), pero sólo la pena presenta esa relación o conexión recíproca entre mal causado y mal sufrido de la que ninguna construcción teórica puede prescindir. Por ejemplo, ésa es la diferencia entre pagar al Estado 1000 euros por el impuesto de la renta, o pagarlo por haber cometido un homicidio por imprudencia leve. La pena es una intromisión en el estatus básico de un ciudadano a causa de que ha cometido un delito, o como reacción a la infracción de una regla jurídica. Por ello, el ciudadano que sufre la pena tiene que ser el mismo que al que se imputa el hecho delictivo*" (***Retribuición y prevención general:*** *un estudio sobre la teoría de la pena y las funciones del derecho penal*. Buenos Aires: Imprenta, 2007. p. 50).

14 ZUGALDÍA ESPINAR. ***Fundamentos de derecho penal***. 3. ed. Valencia: Tirant Lo Blanch, José Miguel, 1993. p. 59. "*Los que niegan la legitimidad de esta indagación, con este mismo hecho niegan la legitimidad de la ciencia, que es siempre ciencia de principios; desconocen la vinculación inevitable, que ya demostramos, entre filosofía y derecho penal; y olvidan que el derecho, aunque sea disciplina práctica, se desarrolla según su lógica interna.* [...], *no pueden dictarse normas ni construírse instituciones, sin plantear el problema de su fundamento*" (MAGGIORE, Giuseppe. ***Derecho penal***. *El delito. La pena. Medidas de seguridad y sanciones civiles*. Buenos Aires: Depalma, 1954. p. 248).

quedan reducidas a los conceptos de utilidad y daño, que también sirven para cualificar los comportamientos de los animales faltos de la luz intelectual"[15].

Por outro lado, a investigação sobre os fundamentos e as finalidades da pena é um dos eixos centrais para a compreensão do complexo sistema penal[16], a cuja tarefa, como visto, não somente o direito penal, mas igualmente outras (e variadas) disciplinas têm dado a sua cota de contribuição. Existe, desse modo, uma expressiva gama de conceitos e interpretações, o que muito contribui para que não haja, até o presente, uma concepção aceitável, de forma geral, sobre a função da pena e as suas finalidades[17].

Assim, nessa problemática, há inúmeras teorias que tentaram, ao longo do tempo e mesmo modernamente, explicar os fundamentos essenciais do direito à punição (*jus puniendi*).

2. Das teorias da pena criminal

Instrumento de controle social, o direito penal, em linhas mestras, se apresenta como um amplo e complexo sistema de normas por meio do qual se vincula o delito (como pressuposto necessário) à pena (como consequência jurídica).

As teorias da pena têm como função precípua a de explicar, de maneira racional, a existência do direito penal, legitimando-o como instrumento de controle social que se impõe, de um lado, por sua necessidade histórica e, de outro, por se apresentar como preferível diante de outros mecanismos de

[15] BETTIOL, Giuseppe. ***El problema penal***. Buenos Aires: Hammurabi, 1995. p. 177.

[16] ZUGALDÍA ESPINAR, José Miguel. ***Fundamentos de derecho penal***. 3. ed. Valencia: Tirant Lo Blanch, 1993. p. 59.

[17] MIR PUIG, Santiago. ***Función de la pena y teoría del delito en el Estado social y democrático de Derecho***. Barcelona: Bosch, 1982. p. 15. Ainda: "*Desde hace siglos, no sólo el Derecho penal, sino la Filosofía, la Sociología e incluso la Moral y la Ética se han ocupado de cuál es la respuesta que debe darse a la persona que ha cometido un delito y de si el delito en general puede ser prevenido de algún modo, y si no evitar totalmente su comisión, sí por lo menos reducirla a límites soportables. En el fondo de todas las elucubraciones que se han realizado hasta la fecha, late la cuestión de si el problema de la criminalidad puede ser solucionado de una forma satisfactoria y compatible con el nivel cultural de las respectivas sociedades. Las respuestas que se han dado a estas cuestiones han sido diversas, sin que se haya llegado todavía a una concluyente y definitiva*" (HASSEMER, Winfried; MUÑOZ CONDE, Francisco. ***Introducción a la criminología***. Valencia: Tirant lo Blanch, 2001. p. 225-226).

pacificação social[18]: "*la pena estatal debe legitimarse [...] por su necesidad para prevenir conductas desviadas especialmente graves (delitos) y por ser preferible frente a otros mecanismos de control (dadas las garantías de que va rodeado su funcionamiento)*"[19]. Nesse quadro, as denominadas teorias da pena são perspectivas que tenta(ra) m explicar racionalmente a existência do direito penal[20], pelo qual se permite a imposição de um "sofrimento" jurídico que a pena encerra, sendo certo dizer-se que "*estas teorías, [...], constituyen también una teoría del Derecho penal, que prescribe las metas y tareas del Derecho penal en su conjunto (incluyendo las metas y tareas de la pena)*"[21]. Basicamente, três são as concepções ou teorias da pena: as teorias absolutas, as teorias relativas e as teorias unificadoras, cada enfoque comportando "diversas variantes, segundo aspectos particulares do problema"[22]. Trata-se das *idee-guida* que dominaram, desde sempre, o debate em torno da questão: retribuição e prevenção (geral e especial), sendo que a preponderância de uma perspectiva sobre as outras ou a sua combinação recíproca se manifesta em tempos e formas que refletem, fundamentalmente, as tendências do contexto político, social e cultural de referência[23]. (Nossa análise, todavia, vai focar-se tão somente em um aspecto das teorias absolutas.)

[18] ZUGALDÍA ESPINAR, José Miguel. ***Fundamentos de derecho penal***. 3. ed. Valencia: Tirant Lo Blanch, 1993. p. 61.

[19] ZUGALDÍA ESPINAR, José Miguel. ***Fundamentos de derecho penal***. 3. ed. Valencia: Tirant Lo Blanch, 1993. p. 61.

[20] ZUGALDÍA ESPINAR, José Miguel. ***Fundamentos de derecho penal***. 3. ed. Valencia: Tirant Lo Blanch, 1993. p. 59-60.

[21] HASSEMER, Winfried; MUÑOZ CONDE, Francisco. ***Introducción a la criminología***. Valencia: Tirant lo Blanch, 2001. p. 226.

[22] **BRUNO, Aníbal. Das penas. Rio de Janeiro: Editora Rio, 1976. p. 12. Inova, significativamente, na apresentação das diferentes teorias, Bernardo Feijoo Sánchez, para quem: "las clasificaciones tradicionales no describen adecuadamente el actual estado de la cuestión. Por ello dividiré mi exposición entre entre teorias tradicionales y teorias funcionales [...]. Las teorias tradicionales de la pena serán divididas, básicamente, entre lo que prefiero denominar 'teorías retributivas' (que también se pueden denominar 'no utilitaristas', 'anti-utilitaristas' o 'deontológicas') y teorías preventivo-instrumentales de la pena (que también se pueden denominar 'utilitaristas' o 'teleológicas')" (Retribuición y prevención general: un estudio sobre la teoría de la pena y las funciones del derecho penal. Buenos Aires: Imprenta, 2007. p. 7-8).**

[23] FIANDACA, Giovanni; MUSCO, Enzo. ***Diritto penale****: parte generale*. 5. ed. Bologna: Zanichelli, 2011. Para os autores: "*quanto alle idee-guida ora accennate, è appena il caso di sottolineare che l'idea della 'retribuzione' costituisce, da sempre, il leit-motiv di ogni discorso sulla pena: già la celebre espressione latina, che definisce la pena malum passionis propter malum actionis, evidenzia bene l'idea*

3. Das teorias absolutas

As teorias absolutas da pena (*absolute Straftheorien*) — também chamadas teorias da retribuição (*Vergeltung*) ou teorias da pena conforme à Justiça[24] — devem seu nome por considerarem que a pena tem valores absolutos, tais como a "realização da Justiça" ou o "império do Direito"[25]; sendo que, em sua manifestação mais comum, pode ser sintetizada na fórmula: *"al bien le sigue el bien, y al mal, el mal"*[26]. Com isso, a pena, para existir, não precisa ostentar qualquer fundamento (*poena absoluta ab effectu*).

As teorias absolutas construíram-se e se perspectivaram, ideologicamente, sobre o reconhecimento do Estado como guardião da Justiça e das noções morais, bem como na crença da capacidade das pessoas para se autodeterminarem (*Selbstbestimmung*) e na limitação da função estatal à proteção das liberdades individuais; daí por que se vinculavam diretamente com o pensamento idealista e liberal[27].

O núcleo central dessa doutrina é a retribuição que, apoiando-se no princípio talional[28], procura estabelecer a medida adequada e justa da pena;

che la sanzione penale deve servire a compensare la colpa per il male commesso (puniatur quia peccatum est). L'idea retributiva implica anche, per su natura, il concetto di proporzione: la risposta sanzionatoria, se deve compensare il male provocato dall'azione illecita, non può non essere proporzionata alla gravità del reato medesimo" (p. 684).

[24] SAUER, Guillermo. ***Derecho penal*** (*parte general*). Barcelona: Bosch, 1956. p. 18.

[25] ZUGALDÍA ESPINAR, José Miguel. ***Fundamentos de derecho penal***. 3. ed. Valencia: Tirant Lo Blanch, 1993. p. 67. "São absolutas as teorias, que situam o fundamento e o fim da pena na natureza absoluta dessa, sem indagar de sua justiça ou de sua utilidade. Pune-se *quia peccatum est*, porque a pena é justa em si. O crime, mais do que pressuposto, é o fundamento da pena e essa, pura e simplesmente, a conseqüência jurídica, necessária e infalível do crime. Dessa forma, a característica comum e predominante das teorias absolutas é o conceito de justiça, de retribuição do mal pelo mal – *malum propter malum, bonum propter bonum*. Essa é a relação entre o delito e a pena, a retribuição do delito" (LYRA, Roberto. **Direito penal**: parte geral. Rio de Janeiro: Livraria Jacyntho, 1936. p. 230).

[26] MAGGIORE, Giuseppe. ***Derecho penal***. *El delito. La pena. Medidas de seguridad y sanciones civiles*. Buenos Aires: Depalma, 1954. v. 2. p. 257.

[27] JESCHECK, Hans-Heinrich. ***Tratado de derecho penal***: *parte general*. 4. ed. Granada: Comares, 1993, p. 61.

[28] "Arrancando do antiquíssimo princípio do talião – 'olho por olho, dente por dente' –, tendo-se deixado penetrar durante a Idade Antiga de representações mitológicas e durante a Idade Média, fundamentalmente, de racionalizações religiosas, as teorias absolutas da retribuição louvam-se basicamente na idéia de que a realização da justiça no mundo, como mandamento

e, com isso, o limite além do qual não mais haveria legitimidade em sua imposição[29].

A pena, portanto, justifica-se *quia peccatum est*, nisso esgotando seu conteúdo[30]; ou, em outras palavras, "a pena não deve e não pode ser mais do que é, repressão, inflição de um mal, cujo objetivo é a compensação de um mal, a retribuição da culpa, não, porém, um meio de combate ao crime. A repressão da criminalidade que, na melhor das hipóteses, resulta da pena, é um efeito acessório desejável, mas não é o objetivo perseguido"[31].

Nesse sentido, a um imperativo de ordem pública corresponde uma pena que se impõe para garantir a restauração da ordem; e à necessidade de purificação espiritual do infrator, para que não volte a delinquir, uma pena que lhe permita expiar (*sühnen*) o mal cometido. Tais reflexos preventivos ou práticos da pena, embora estejam contemplados nas teorias absolutas, não são, entretanto, por estas vistos como capacitados para influir na existência (ou na medida) das penas a que correspondem[32]. A noção absoluta entende que

de Deus, conduz à legitimação da aplicação da pena retributiva pelo juiz como representante terreno da justiça divina" (DIAS, Jorge de Figueiredo. **Questões fundamentais de direito penal revisitadas**. São Paulo: Revista dos Tribunais, 1999. p. 92).

[29] BACIGALUPO, Enrique. ***Derecho penal***: parte general. Buenos Aires: Hammurabi, 1999. p. 81.

[30] *"El pensamiento común que caracteriza estas teorías es el de juzgar a la pena como una consecuencia necesaria e ineludible del delito, ya sea porque el delito debe ser reparado, ya porque debe ser retribuido. Por una u otra razón, lo fundamental es que la pena sigue tan necesariamente al delito como el efecto a la causa. Ninguna consideración de carácter utilitario o externo a esa necesidad puede valer para impedir la aplicación de la pena; su razón está toda en el delito cometido*: punitur quia peccatum est" (SOLER, Sebastian. ***Derecho penal argentino***. Buenos Aires: Tea, 1992. t. I. p. 372-373).

[31] BOCKELMANN, Paul; VOLK, Klaus. **Direito penal**: parte geral. Belo Horizonte: Del Rey, 2007. p. 7. Para essa concepção, a essência da pena reside na retribuição ou compensação do mal do crime, e nessa essência fundamentalmente se esgota; conduto, como argumenta Jorge de Figueiredo Dias (p. 91), pode haver "efeitos reflexos ou laterais socialmente relevantes (de intimidação da generalidade das pessoas, de neutralização dos deliquentes, de ressocialização), nada disto contende com a sua essência e natureza, nem se revela susceptível de, no que quer que seja, a modificar: uma tal essência e natureza é função exclusiva do fato que (no passado) se cometeu, é a *justa paga* do mal que com o crime se realizou, é o *justo equivalente* do dano do fato e (ou) da culpabilidade do agente".

[32] "Retribuição justa do mal injusto que o criminoso praticou e pela qual se processa a reintegração da ordem jurídica violada. Se algum fim prático pode ser com isso alcançado, é consideração secundária, que não deve de modo algum sobrepor-se e nem sequer equiparar-se àquele fim essencial de justiça" (BRUNO, Aníbal. **Direito penal**: parte geral. Rio de Janeiro: Forense, 1984. t. 3. p. 33).

a pena, além de não poder perseguir fins utilitários, necessita ser executada em todo e qualquer caso. Não aplicar a pena ou aplicá-la apenas parcialmente são alternativas consideradas "inimagináveis" pelas teorias absolutas, de vez que isso representaria inevitável frustração do que consideram as exigências irrenunciáveis da Justiça ou do Direito[33].

A doutrina da retribuição apresenta algumas variantes (como "expiação ou reparação", "retribuição", "retribuição moral" e "retribuição jurídica"); vamos destacar apenas a que se mostra mais adequada à nossa análise: a concepção kantiana.

4. Da teoria da retribuição moral (KANT)

A mais antiga forma em que se apresenta a teoria da retribuição é a ética, ou seja, o conceito da pena deveria impor-se pela necessidade de conservar um estado ético no ser humano.

A teoria da retribuição moral considera que a pena (*Strafe*) se fundamenta no princípio de culpabilidade (o que pressupõe que o indivíduo possa dispor de sua liberdade de escolha); sendo determinada a culpa do homem, este se torna passível de sofrer a pena. Desde esse ponto de vista, a pena — retribuição ou pagamento pelo mau uso da liberdade — se deve impor para imperar

[33] ZUGALDÍA ESPINAR, José Miguel. ***Fundamentos de derecho penal***. 3. ed. Valencia: Tirant Lo Blanch, 1993. p. 68. Mesmo se uma sociedade civil decidisse dissolver-se com o consentimento de todos os seus membros — como se poderia supor no caso de um povo que habitasse uma ilha e decidisse separar-se e espalhar-se pelo mundo inteiro —, o último assassino que se encontrasse na prisão deveria ser executado antes que a resolução fosse levada a cabo. Isso deveria ser feito a fim de que cada um pudesse compreender o merecimento de suas ações, e de que o homicídio deixasse de pesar sobre o povo; porque, do contrário, todos poderiam ser considerados participantes do assassinato como uma violação pública da Justiça (KANT, Immanuel. A filosofia do Direito. *In*: MORRIS, Clarence (org.). **Os grandes filósofos do Direito**: leituras escolhidas em direito. São Paulo: Martins Fontes, 2002. p. 256-257). Assim, a utilidade ou inutilidade da execução dessa pena de morte desde o ponto de vista preventivo (*v. gr.* evitar que os demais delinquam por temor a ser também executados, evitar a recaída do autor no delito) é algo que, no contexto do exemplo e no marco de uma teoria absoluta da pena, fica totalmente fora de consideração.

a Justiça[34]. "Esse é o direito de retaliação, único princípio que ao regular um Tribunal Público pode determinar definitivamente tanto a qualidade como a quantidade de uma penalidade justa. Quem quer que tenha cometido assassinato, deve morrer. Não existe nenhuma semelhança ou proporção entre a Vida, por mais dolorosa que seja, e a Morte; e, por conseguinte, não existe nenhuma igualdade entre o crime de assassinato e a retaliação dele a não ser aquilo que é realizado judicialmente com a execução do criminoso. Sua morte, entretanto, deve ser mantida livre de quaisquer maus-tratos que tornariam repugnante ou abominável a humanidade que sofre em sua pessoa"[35]. Dessa forma, o que justifica a pena é ela própria, como um imperativo categórico (*kategorischer Imperativ* ou, com outras palavras, um mandato da Justiça), que torna moralmente correto que se imponha um castigo àquele que delinquiu, muito embora pela aplicação da pena não se alcançasse outro objetivo qualquer senão aquele de servir à Justiça[36]. O ato delinquente provoca uma ofensa que deve ser respondida obrigatoriamente na forma de imposição de uma pena, cuja Justiça situa-se nos limites demarcados na *lex talionis*, a única capaz de determinar a quantidade e a qualidade do castigo[37]. Assim lecionou

[34] ZUGALDÍA ESPINAR, José Miguel. ***Fundamentos de derecho penal***. 3. ed. Valencia: Tirant Lo Blanch, 1993. p. 67. Ainda, o citado autor, a título de esclarecimento, refere que "*es característico, en el contexto de esta construcción, el conocido pasaje de la Sentencia del Gran Senado penal de la Corte del Tribunal Federal Alemán del año 1952 que dice: 'La pena presupone culpabilidad. Culpabilidad es reprochabilidad. El fundamento interior del reproche de culpabilidad consiste en que el hombre dispone de una capacidad libre, responsable y moral de autodeterminación y que, por lo tanto, puede decirse por el Derecho contra su negación'*".

[35] KANT, Immanuel. A filosofia do Direito. *In*: MORRIS, Clarence (org.). **Os grandes filósofos do Direito**: leituras escolhidas em direito. São Paulo: Martins Fontes, 2002. p. 256.

[36] BRUNO, Aníbal. **Das penas**. Rio de Janeiro: Editora Rio, 1976. p. 13.

[37] "Só pode ser o princípio de igualdade apreciado na balança da justiça, com inclinação equilibrada. Por conseguinte, o mal imerecido que fazes a outro de teu povo o fazes a ti mesmo: se o desonras, desonras a ti mesmo; se o roubas, roubas a ti mesmo; se o maltratas ou o matas, maltratas ou matas a ti mesmo. Há somente o direito de talião (jus talionis) que possa proporcionar determinadamente a qualidade e a quantidade da pena, porém com a condição bem entendida de ser apreciada por um tribunal (não pelo juízo privado)" (KANT, Immanuel. *Doutrina do direito*. 3. ed. São Paulo: Ícone, 1993. p. 177). Ao comentar essa tese, Ulrich Klug (Para uma crítica de la filosofía penal de Kant e Hegel. In: BAUMANN, Jürgen; HENTIG, Hans von; KLUG, Ulrich et al. *Problemas actuales de las ciencias penales y la filosofía del derecho [en homenaje al Profesor Luis Jiménez de Asúa]*. Buenos Aires: Pannedille, 1970. p. 36-7) avalia que "*Kant responde a su propia pregunta por la clase y grado de la pena que debe alcanzar la justicia pública, afirmando que sólo el derecho retribucionista (ius talionis) podría brindar la calidad y cantidad de le pena.*

Giuseppe Bettiol: "*La idea retributiva podría dar razón a la pena desde un punto de vista religioso o asocial; mas, puesto que la pena es también de este mundo, debe tener alguna referencia social. Si es verdad que el delito se distingue del pecado porque se refiere a un cuerpo social, la pena, consecuencia del delito, debe tener una referencia con el cuerpo social, a no ser que se quiera que el legislador usurpe una función de Dios. Todo esto es exacto, pero a condición de que no se confundan los límites dentro de los que una pena puede se aplicada con el criterio informador de la pena misma. Cuando se dice que la pena encuentra en el criterio retributivo su justificación, no quiere decirse para nada que la consideración de la necesidad social no deba tenerse presente.* [...]. *La idea retributiva actúa en los límites de las necesidades sociales; de otra manera, el legislador tendría que castigar incluso el pecado. Es esta idea la que 'moraliza' al Derecho penal. No se lo moraliza —como quieren algunos positivistas— cancelando de él la exigencia retributiva como expresión de ideologías vindicadoras, para incluir en él sólo la 'compasión' hacia los delincuentes*"[38].

A lei penal, mais que qualquer disciplina, pode influenciar sobre as noções da ordem moral e tem a missão de declarar os princípios do justo e do injusto, do bem e do mal. O mundo jurídico necessita da pena, sem a qual não se veria satisfeita uma exigência apriorística: a necessidade de justiça, proveniente do intelecto, não do coração. A punição existe para a consecução da justiça, e não para se atingir um fim *empiricamente demonstrável*. A congruência desse fato com a concepção filosófica idealista que dá sustentação à ideia é total. A função da pena é possibilitar que a ordem ideal rompida pelo comportamento ilegal seja restituída (*Wiederherstellung*), como sua consequência racionalmente necessária. Em que pese à imposição da pena somente se possa efetivar "porque se delinquiu", *quia peccatum est*, é graças a ela que a justiça pode ser alcançada, ou seja, trata-se, a aplicação da pena, de "satisfação da justiça", expressão esta entendida como o restabelecimento da ordem (*Ordnung*) perturbada pelo

Toda otra medida sería 'oscilante'. En aquellos tiempos las diferencias de clases provocaron dificultades. ¿Cómo funcionaría este criterio, por ejemplo, cuando un aristócrata injuriara a un sujeto de una posición inferior? Según el principio talional la pena de multa no estaría proporcionada a la injuria se quien la profirió es rico. Por el contrario, es preciso que el autor sufra un dolor en su altanería. Por lo tanto, quien ha injuriado debe ser coaccionado por la sentencia y el derecho, no sólo a pedir perdón públicamente, sino además 'a besar la mano del injuriado'".

[38] BETTIOL, Giuseppe. ***El problema penal***. Buenos Aires: Hammurabi, 1995. p. 184-185.

fato[39]. A pena é um fim em si mesmo, não se lhe correspondendo nada mais senão simplesmente realizar a justiça, vale dizer, a pena não pode ser incluída como mero *medis* (*Mittel*) para promover outro bem, seja para o próprio delinquente, seja para a sociedade. É o que diz Immanuel Kant: "A punição jurídica jamais pode ser administrada apenas como um meio de promover um outro bem, seja com relação ao próprio criminoso, seja com relação à sociedade civil, mas deve ser imposta em todos os casos apenas porque o indivíduo a quem é infligida cometeu um crime. Pois um homem jamais deve ser tratado apenas como um meio subserviente para o propósito de outrem, nem deve ser mesclado com as matérias do Direito real"[40].

Para Immanuel Kant, "devem ser punidos com a morte todos os assassinos e todos que hajam ordenado semelhante crime ou tenham sido cúmplices. Assim o pede a justiça considerada como ideia do poder judicial segundo leis gerais fundadas *a priori*[41]". A pena é uma retribuição moral para realização da ideia de justiça, admitido que "*la idea retributiva salva la dignidad de sus personas, de suerte que su vida no puede ser tocada o eliminada con miras a un 'equilibrio de intereses', expresión de un bajo cálculo utilitario*"[42]. Repudia-se, portanto, a instrumentalização (*Instrumentalisierungsverbot*) do homem[43] em favor de razões de utilidade social. Como descreve Fausto Costa, "*La verdadera razón para aplicar la pena es el delito cometido. Antes de pensar en obtener de la pena cualquier utilidad particular, debe encontrarse un sujeto merecedor de la punición. Lo que importa es la justicia, y lo demás no cuenta.* [...], *nada es más reprobable que la máxima que aconseja privar de la vida a un hombre para que un pueblo no se corrompa; porque, suprimida la justicia, ¿qué valor queda a la vida?*"[44]

[39] LESCH, Heiko H. ***La función de la pena. Colección de Estúdios.*** Bogotá: Centro de Investigaciones de Derecho Penal y Filosofia del Derecho de la Universidad Externado de Colombia, n.º 17, 2000. **p. 21.**

[40] KANT, Immanuel. A filosofia do Direito. *In*: MORRIS, Clarence (org.). **Os grandes filósofos do Direito**: leituras escolhidas em direito. São Paulo: Martins Fontes, 2002. 2002. p. 256.

[41] KANT, Immanuel. **Doutrina do direito**. 3. ed. São Paulo: Ícone, 1993. p. 180.

[42] BETTIOL, Giuseppe. ***El problema penal.*** Buenos Aires: Hammurabi, 1995. p. 186.

[43] Interessante notar-se que, sob a ótica kantiana, seria moral matar-se para retribuir o mal praticado; entretanto, seria imoral qualquer punição que visasse a inibir a prática de outros delitos — instrumentalização do humano.

[44] COSTA, Fausto. . ***El delito y la pena en la história de la filosofía.*** México: Uteha, 1953. p. 130.

Não se nega que os efeitos reflexos da pena possam ser relevantes para a sociedade; mas sua natureza mesma não é influenciada por nada disso, tampouco se revelando suscetível de modificá-la seja em que aspecto for.

Apenas o fato que se cometeu no passado tem como função orientar a estruturação, em virtude da pena, do justo equivalente, quer do dano decorrente do fato, quer da culpabilidade do agente, quer de ambos. Desse modo, a pena, em última análise, trata de compensar — em termos absolutos e em forma ideal — o mal causado pelo delito, tendo como meta a (simples) realização da justiça.

5. Das críticas às teorias absolutas

A noção retributiva assenta-se, basicamente, sobre três pressupostos: (i.) a imposição da pena ao agente culpável implica que se reconheça a superioridade moral da coletividade em face do delinquente; (ii.) a retribuição consiste na existência de uma culpabilidade que pode ser graduada segundo a sua gravidade; e (iii) a retribuição requer que, a partir da vinculação entre grau de culpabilidade e gravidade da pena, a sentença seja considerada como justa tanto pelo autor como pela coletividade[45]. Sobre tais pressupostos, a doutrina costuma opor importantes críticas:

Às teorias absolutas da pena objetam, fundamentalmente, que seus pontos de partida (o princípio da culpabilidade — em seu sentido tradicional — e o livre arbítrio) são cientificamente indemonstráveis[46]. A par disso, também

[45] JESCHECK, Hans-Heinrich. ***Tratado de derecho penal**: parte general*. 4. ed. Granada: Comares, 1993. p. 58.

[46] ZUGALDÍA ESPINAR, José Miguel. ***Fundamentos de derecho penal***. 3. ed. Valencia: Tirant Lo Blanch, 1993. p. 69. Mesmo que se afirme sem restrições a competência do Estado para punir formas de conduta realizadas com culpa, continuará a ser insatisfatória a justificação da sanção penal com recurso à ideia de compensação da culpa. A liberdade humana pressupõe a liberdade de vontade (o livre-arbítrio), e a sua existência, como os próprios partidários da ideia da retribuição concordam, é indemonstrável (ROXIN, Claus. ***Dogmática penal y política criminal***. Lima: Moreno,1998. p. 18). Não se pode perder de vista, entretanto, que vinculação entre a medida da culpabilidade e a medida da pena representou, verdadeiramente, um avanço histórico e social. Como aponta Jorge de Figueiredo Dias (p. 93), "aqui reside justamente o mérito das doutrinas absolutas: qualquer que seja o seu valor ou desvalor como teorização dos fins das penas, a concepção retributiva teve – histórica e materialmente – o mérito irrecusável

Claus Roxin refuta a teoria da retribuição, considerando ser irracional e incompatível com os fundamentos teórico-estatais da democracia a sua premissa de que a pena retributiva compensa e salda o injusto cometido pelo agente. Nessa linha de raciocínio, o entendimento de que um mal (representado pelo crime) possa ser anulado pelo fato de que agregue um segundo mal (representado pela pena) é uma suposição metafísica que somente se pode fazer plausível por um ato de fé[47].

Também se critica nas teorias absolutas sua omissão quanto ao problema da necessidade da pena, de vez que não respondem até onde o Estado deve ir, em termos de penalização, quando se trata de retribuir a culpabilidade do autor de um delito[48]. Então, pode-se afirmar que as teorias absolutas não

de ter erigido o princípio da culpabilidade em princípio absoluto de toda a aplicação da pena e, deste modo, ter levantado um veto incondicional à aplicação de uma pena criminal que viole a eminente dignidade da pessoa humana" (**Questões fundamentais de direito penal revisitadas**. São Paulo: Revista dos Tribunais, 1999. p. 93).

[47] ROXIN, Claus. A culpabilidade como critério limitativo da pena. **Revista de Direito Penal**, Rio de Janeiro: Revista dos Tribunais, n.° 11-2, p. 7-20, jul.-dez. 1973. p. 9.

[48] ZUGALDÍA ESPINAR, José Miguel. Fundamentos de derecho penal. 3. ed. Valencia: Tirant Lo Blanch, 1993. p. 70. "Muchas de las consecuencias extraídas por las teorías absolutas de la pena para el Derecho Penal siguen siendo válidas, como la idea de proporcionalidad entre el delito y la pena de Kant o la idea de resocialización de Hegel, por no hablar del principio de culpabilidad inherente a toda teoría de la retribución ya que para retribuir por algo hace falta comprobar, previamente, que la retribución se ha merecido; ideas, todas ellas, que hoy inspiran al Derecho penal a pesar de no basarse ya la pena en un fundamento puramente retributivo" (CUELLO CONTRERAS, Joaquín. l derecho penal español: parte general. 3. ed. Madrid: Dykinson, 2002. p. 85). Igualmente, Ulrich Klug tece importantes e contundentes críticas às concepcões absolutas: "Primeramente debe recordarse en este contexto que el contexto que el imperativo categórico es una fórmula vacía de la que no puede deducirse ninguna clave como contenido. En la fórmula acuñada brevemente por Kant del imperativo categórico, 'actúa según la máxima que puede valer al mismo tiempo como una ley general' (Metaphysik der Sitten, 'Introducción', IV), puede verse con claridad la falta de contenido, puesto que el problema relativo a qué clase de ley general al que habrá que referirse, permanece sin respuesta. El imperativo categórico, de todos modos, podría también tener vigencia en una colectividad de gangsters. De un principio carece de contenido, del que no puede deducirse nada con respecto a su contenido, tampoco podrá extraerse una norma retribucionista. El ejemplo de Kant es asombrosamente contradictorio. Sin embargo, es todavía más extraño el reconocimiento que ha tenido. Entre tanto es necesario preguntarse a quién debe responder de aquella mística 'deuda de sangre', si pro cierto como lo presupone Kant ya no existiría pueblo alguno. No mejora la argumentación con la pseudológica de la aplicación de un concepto sobre si mismo, que se encuentra abundantemente en Hegel. Que 'la violencia puede abolirse por la violencia', no es una conclusión en modo alguno compulsiva. [...] es posible

enfrentam a legitimação da intervenção punitiva estatal[49]. Sobre o tema, refere Claus Roxin: "Na verdade, a teoria da retribuição pressupõe já a necessidade da pena, que deveria fundamentar. Pois se o seu significado assenta na compensação da culpa humana, não se pode com isso pretender que o Estado tenha de retribuir com a pena toda a culpa. Cada um de nós considera-se culpado perante o próximo de muitas maneiras, mas não somos por isso puníveis. E, igualmente, a culpa jurídica acarreta consequências de tipo diverso, como por exemplo um dever de indenização por danos, mas apenas em raras ocasiões uma pena. A teoria da retribuição, portanto, não explica em absoluto quando se tem de punir, mas apenas refere: 'se impuserdes – sejam quais forem

afirmar que la violencia puede abolirse por la no-violencia. ¿Sin embargo qué debe ser una 'lesión de la lesión'? La cura de una lesión sería un fenómeno de sentido. Y la 'negación de la negación' es nada como construcción u todavía a este respecto confusa. El paralelo lógico formal es inaceptable. El apartamiento del daño causado por el delito al orden pacífico de la sociedad presupone una acción curativa positiva. La negación de la negación, por su parte, sólo es una estructura verbal, y no es objetiva (gegenständlich-sachliche)" (Para uma crítica de la filosofía penal de Kant e Hegel. In: **BAUMANN, Jürgen; HENTIG, Hans von; KLUG, Ulrich *et al.*** Problemas actuales de las ciencias penales y la filosofía del derecho [en homenaje al Profesor Luis Jiménez de Asúa]. Buenos Aires: Pannedille, 1970. **p.** 39).

[49] A primeira e mais comum crítica, no que tange ao conteúdo, é que a teoria retributiva parte de uma identidade entre os fins da pena e os fins do Direito Penal, não se tratando de teoria acerca dos fins da pena, mas sim explicação do que seria a pena, e uma pregação da não admissão de qualquer fim da pena, considerada "entidade independente de fins" (DIAS, Jorge de Figueiredo. **Questões fundamentais de direito penal revisitadas**. São Paulo: Revista dos Tribunais, 1999. p. 94). "A própria ideia de retribuição compensadora só pode ser plausível mediante um ato de fé. Pois, considerando-o racionalmente, não se compreende como se pode pagar um mal cometido, acrescentando-lhe um segundo mal, sofrer a pena. É claro que tal procedimento corresponde ao arraigado impulso de vingança humana, do qual surgiu historicamente a pena; mas considerar que a assunção da retribuição pelo Estado seja algo qualitativamente distinto da vingança humana, e que a retribuição tome seu cargo a 'culpa de sangue do povo', expie o delinquente, etc., tudo isto é concebível apenas por um ato de fé que, segundo a nossa constituição, não pode ser imposta a ninguém, e não é válido para uma fundamentação, vinculante para todos, da pena estatal. [...]. Nada se altera com a substituição, que amiúde se encontra em exposições recentes, da ideia de retribuição (que recorda em demasia o arcaico princípio de talião), pelo conceito dúbio de 'expiação', na medida em que, se com ele se alude apenas a uma 'compensação da culpa' legitimada estatalmente, subsistem integralmente as objeções contra uma 'expiação' deste tipo. Se, pelo contrário, se entende a expiação no sentido de uma purificação interior conseguida mediante o arrependimento do delinquente, trata-se então de um resultado moral, que por meio da imposição de um mal mais facilmente se pode evitar mas que, em qualquer caso, se não pode obter pela força" (ROXIN, Claus. ***Dogmática penal y política criminal***. Lima: Moreno, 1998. p. 19-20).

os critérios – uma pena, com ela tereis de retribuir um crime'. [...]. Ela não impede que se inclua no CP qualquer conduta, e que, caso se verifiquem os critérios gerais de imputação, tal conduta seja efetivamente punida; concede, de certo modo, um cheque em branco ao legislador. Assim se explica também a sua utilização, que perdurou sem qualquer alteração constitucional desde o absolutismo até hoje, e que revela sob este ponto de vista não apenas uma debilidade teórica, mas também um perigo prático"[50].

Entretanto, parece ser Luigi Ferrajoli quem melhor traduziu as críticas às concepções absolutas da pena: "*Se trata, en efecto, de una supervivencia de antiguas creencias mágicas que derivan de una confusión entre derecho y naturaleza: la idea de la pena como restauración, remedio o reafirmación del orden natural violado; las religiosas del talión o de la purificación del delito a través del castigo; o las no menos irracionales de la negación del derecho por parte del ilícito y de la simétrica reparación de éste a través del derecho. La única diferencia reside en que mientras en las concepciones arcaicas de tipo mágico-religioso la idea de la retribución está ligada a la objetividad del hecho sobre la base de una interpretación normativista de la naturaleza, en las cristiano-modernas, tanto de tipo ético como jurídico, está conectada a la subjetividad perversa y culpable del reo sobre la base de una concepción naturalista y ontológica tanto de la moral como del derecho. En todos los casos esta concepción primordial de la justicia penal es filosóficamente absurda*"[51]. Desenvolvendo, ainda, a sua crítica, prossegue apontando a confusão que todas essas correntes absolutas fazem, em última análise, entre o Direito e a moral: "*La confusión resulta explícita en las concepciones de la pena como 'retribución ética', que atribuyen directamente a la pena un valor moral correlativo al desvalor moral ontológicamente asociado al delito. Pero está implícita también en las doctrinas de la pena como retribución jurídica, que atribuyendo valor ético, más que a las penas directamente, al orden jurídico que éstas habrían de restablecer, equivalen a una legitimación moral de las penas aún más apriorística e incondicionada*"[52].

Ademais, objeta-se também às teorias retribucionistas a falta de preocupação com a ressocialização do condenado, "visto que sua função primordial se resumiria numa compensação entre o mal causado pelo delito com um mal infringido ao delinquente, sem qualquer preocupação, em algum momento,

[50] ROXIN, Claus. ***Dogmática penal y política criminal***. Lima: Moreno, 1998. p 17-18.

[51] FERRAJOLI, Luigi. ***Derecho y razón***: *teoría del garantismo penal*. Madrid: Trotta, 1997. p. 254-255.

[52] FERRAJOLI, Luigi. ***Derecho y razón***: *teoría del garantismo penal*. Madrid: Trotta, 1997. p. 257.

com os benefícios que a sanção penal poderia outorgar ao condenado"[53]; ou, ainda, que essas teorias deixam de reconhecer, por completo, no delinquente um ser vulnerável e hipossuficiente, implicando uma construção teórica, no plano abstrato, harmônica, mas no plano concreto, injusta.

É preciso salientar também que a noção de que a história do direito penal representa a contínua retirada da ideia retributiva não se mostra absolutamente verdadeira, até porque se tem sustentado, sob diferentes matizes, a existência de um constante aprimoramento (e consequente limitação) da fórmula retributiva. É que, modernamente, as teorias absolutas de justificação das penas ainda se apresentam para servir de base a modelos autoritários – correlacionados ao direito penal máximo –, sendo, de qualquer modo, inteiramente insuficientes para, de forma racional, legitimar a intervenção punitiva do Estado.

Referências

ANIYAR DE CASTRO, Lolita. O triunfo de Lewis Carroll. "A nova criminologia latino-americana". **Discursos sediciosos, crime direito e sociedade**. Rio de Janeiro: Freitas Bastos; Instituto Carioca de Criminologia, 2000.

BACIGALUPO, Enrique. *Derecho penal:* parte general. Buenos Aires: Hammurabi, 1999.

BETTIOL, Giuseppe. *El problema penal.* Buenos Aires: Hammurabi, 1995.

BOCKELMANN, Paul; VOLK, Klaus. *Direito penal:* parte geral. Belo Horizonte: Del Rey, 2007.

BRUNO, Anibal. *Direito penal*: parte geral. Rio de Janeiro: Forense, 1984. t. 3.

[53] PIERANGELI, José Henrique. A coerção penal e os fins da pena. *In*: *Direito Criminal*. Belo Horizonte: Del Rey, 2004. (Coleção Jus Aeternum, 5). p. 154. "*La teoria retributiva de la pena es,* [...], *en la acutal dogmática jurídico-penal, por completo insostenible, y queda relegada a la función programática que en ela evolución del pensamiento jurídico-penal le tocó asumir en los prolegómenos de la configuración jurídica del sentido de la sanción penal. Para el Derecho penal asentado en la inspiración jurídica del Estado de Derecho y respetuoso de los limites constitucionales del ordenamiento punitivo, las teorias absolutas de la pena son rechazables de plano, por diversas razones fundamentales. a)* [...], *las teorías retributivas confunden el medio con el fin: la retribución* ***no es nunca un fin de la pena****, aunque probablemente si* ***un componente de la misma****. b)* [...], *aun en el hipotético supuesto de que la retribución fuera, en efecto, un fin de la pena* [...], *en todo caso no sería el único de la misma, y menos aun de carácter determinante, sino que necesariamente habría de compaginarse con otros (primários) fines preventivos*" (POLAINO NAVARRETE, Miguel; POLAINO-ORTS, Miguel. ***Derecho penal***: *modernas bases dogmáticas*. Lima: Jurídica Grijley, 2004. p. 122-123).

BRUNO, Anibal. *Das penas*. Rio de Janeiro: Editora Rio, 1976.

COBO DEL ROSAL, M.; VIVES ANTÓN, T. S. *Derecho penal: parte general*. Valencia: Tirant lo Blanch, 1999.

COSTA, Fausto. *El delito y la pena en la história de la filosofía*. México: Uteha, 1953.

COSTA E SILVA, Antônio José da. *Direito penal*. São Paulo: Companhia Editora Nacional, 1943. v. 1, arts. 1° a 74, 1943.

CUELLO CALÓN, Eugenio. *Derecho penal*. Barcelona: Bosch, 1943. t. I.

CUELLO CONTRERAS, Joaquín. *El derecho penal español: parte general*. 3. ed. Madrid: Dykinson, 2002.

DIAS, Jorge de Figueiredo. *Questões fundamentais de direito penal revisitadas*. São Paulo: Revista dos Tribunais, 1999.

FEIJOO SÁNCHEZ, Bernando. *Retribuición y prevención general: un estudio sobre la teoría de la pena y las funciones del derecho penal*. Buenos Aires: Imprenta, 2007.

FERRAJOLI, Luigi. ***Derecho y razón***: *teoría del garantismo penal*. Madrid: Trotta, 1997.

FIANDACA, Giovanni; MUSCO, Enzo. *Diritto penale: parte generale*. 5. ed. Bologna: Zanichelli, 2011.

GÜNTHER, Klaus, 2009. Crítica da pena. *Revista Direito GV 4*. São Paulo, v. 2, n. 2, p. 187-204, jul-dez., 2006.

HASSEMER, Winfried; MUÑOZ CONDE, Francisco. *Introducción a la criminología*. Valencia: Tirant lo Blanch, 2001.

JESCHECK, Hans-Heinrich. *Tratado de derecho penal: parte general*. 4. ed. Granada: Comares, 1993.

JIMÉNEZ DE ASÚA, Luis. *Tratado de derecho penal: Filosofia y ley penal*. Buenos Aires: Losada, 1964. t. 2.

KANT, Immanuel. A filosofia do Direito. *In:* MORRIS, Clarence (org.). *Os grandes filósofos do Direito: leituras escolhidas em direito*. São Paulo: Martins Fontes, 2002.

KANT, Immanuel. Doutrina do direito. 3. ed. São Paulo: Ícone, 1993.

KLUG, Ulrich. Para uma crítica de la filosofía penal de Kant e Hegel. *In:* BAUMANN, Jürgen; HENTIG, Hans von; KLUG, Ulrich et al. *Problemas actuales de las ciencias penales y la filosofía del derecho [en homenaje al Profesor Luis Jiménez de Asúa]*. Buenos Aires: Pannedille, 1970.

LESCH, Heiko H. La función de la pena. *Colección de Estúdios. Bogotá:* Centro de Investigaciones de Derecho Penal y Filosofia del Derecho de la Universidad Externado de Colombia, n.° 17, 2000.

LYRA, Roberto. *Direito penal*: parte geral. Rio de Janeiro: Livraria Jacyntho, 1936.

MACHADO, Luiz Alberto. Uma visão sistemático-dogmática da pena. *Ciência Penal: Doutrina – Jurisprudência – Legislação*, Ano III, n.° 4, p. 106-20, [197-?]..

MAGGIORE, Giuseppe. *Derecho penal. El delito. La pena. Medidas de seguridad y sanciones civiles*. Buenos Aires: Depalma, 1954. v. 2.

MAYER, Max Ernst. *Derecho penal: parte general*. Buenos Aires: Bdef, 2007.

MERKEL, Adolf. *Derecho penal*. Madrid: La España Moderna, [s/d]. t. I.

MIR PUIG, Santiago. Función de la pena y teoría del delito en el Estado social y democrático de Derecho. Barcelona: Bosch, 1982.

NAUCKE, Wolfgang. *Derecho penal: una introducción*. Buenos Aires: Astrea, 2006.

NEUMAN, Elías. *Evolución de la pena alternativa de libertad y régimes carcelarios*. Buenos Aires: Panedille, 1971.

PIERANGELI, José Henrique. A coerção penal e os fins da pena. In: Direito criminal. Belo Horizonte: Del Rey, 2004. (Coleção Jus Aeternum, 5).

POLAINO NAVARRETE, Miguel; POLAINO-ORTS, Miguel. *Derecho penal: modernas bases dogmáticas*. Lima: Jurídica Grijley, 2004.

ROXIN, Claus. A culpabilidade como critério limitativo da pena. *Revista de Direito Penal*. Rio de Janeiro: Revista dos Tribunais, n.° 11-2, p. 7-20, jul.-dez., 1973.

ROXIN, Claus. *Dogmática penal y política criminal*. Lima: Moreno, 1998.

ROXIN, Claus. *Problemas fundamentais de direito penal*. 3. ed. Lisboa: Vega, 1998.

SANTOS, Juarez Cirino dos. Defesa social e desenvolvimento. *Revista de Direito Penal*. Rio de Janeiro: Forense, n.° 26, p. 19-32, jul.-dez., 1979.

SANTOS, Juarez Cirino dos. Direito penal económico. *Revista de Direito Penal e Criminologia*. Rio de Janeiro: Forense, n.° 33, p. 196-201, jan.-jun., 1982.

SANTOS, Juarez Cirino dos. *A criminologia radical*. Rio de Janeiro: Forense, 1981.

SANTOS, Juarez Cirino dos. *As raízes do crime: um estudo sobre as estruturas e as instituições da violência*. Rio de Janeiro: Forense, 1984.

SAUER, Guillermo. *Derecho penal (parte general)*. Barcelona: Bosch, 1956.

SCHÜNEMANN, Bernd. *Obras*. Buenos Aires: Rubinzal-Culzoni, 2006. t. II.

SOLER, Sebastián. *Derecho penal argentino*. Buenos Aires: Tea, 1992. t. I.

STRATENWERTH, Günter. *Derecho penal: parte general I. El hecho punible*. Madrid: Edersa, 1982.

ZUGALDÍA ESPINAR, José Miguel. *Fundamentos de derecho penal*. 3. ed. Valencia: Tirant Lo Blanch, 1993.

4.

ADVOCACIA E O EXERCÍCIO DO DIREITO DE DEFESA NA LEI ANTICRIME: ENTRE A INDISPENSABILIDADE DO ADVOGADO À CRIMINALIZAÇÃO DE SUA ATIVIDADE

CAMILE ELTZ DE LIMA

Introdução

Homenagear o Professor Doutor Nereu Giacomolli é uma imensa honra. Além de ter tido o privilégio de ser sua aluna no Programa de Pós-Graduação em Ciências Criminais da PUCRS, quis o destino que, repentinamente, integrasse a minha banca de dissertação de Mestrado – o que tornou a experiência ainda mais especial.

As lembranças são valiosas e nos permitem elogiar o atuar do homenageado, que é marcado por sua serenidade. Poucos possuem essa habilidade que, segundo meu entender, propiciam lucidez e sabedoria necessárias para navegar em temas árduos envolvendo o processo penal da tutela dos inocentes, das garantias e do Estado Democrático de Direito.

As qualidades do dileto Professor animam minhas inquietações quanto ao marco trazido pela Lei nº 13.964/2019 e seu forte apelo populista e, assim, justificam posição contrária, entre outras medidas previstas, ao aniquilamento de prerrogativa essencial do advogado e do direito [sagrado] de defesa a partir do monitoramento de conversas entre defensor e cliente preso em penitenciárias federais[1].

1. A Lei Anticrime

Em 24 de dezembro de 2019, foi publicada a Lei nº 13.964, cognominada de Lei Anticrime, cujo nome, além de carregar forte apelo simbólico, representa verdadeiro *nonsense*, do mesmo modo que seu artigo inaugural ao, pretensiosamente, afirmar "*Esta Lei **aperfeiçoa** a legislação penal e processual penal*" (*g.n.*).

Pode-se dizer que o citado pacote global de alterações legislativas – note-se que a Lei Anticrime altera, a um só tempo, o Código Penal e Código de Processo Penal, bem como quinze legislações extravagantes[2] – coloca em prática verdadeira pauta punitivista e intolerante com determinados direitos há muito conquistados democraticamente, como pontuou Luciano Anderson de Souza: "Trata-se da mais significativa alteração jurídico-penal dos últimos trinta anos, desde a edição da Lei dos Crimes Hediondos, marco do recrudescimento penal. O escopo da nova legislação foi o endurecimento repressivo, embora haja racionalizações importantes em diversas de suas regras"[3].

[1] O presente artigo revisita o "Gravações dos atendimentos de advogados aos presos em penitenciárias federais no Projeto de Lei Anticrime: da vigilância à criminalização da advocacia e do direito de defesa", publicado in: CAVALCANTI, Fabiane da Rosa; FELDENS, Luciano; RUTTKE, Alberto (orgs.). **Garantias penais**: estudo alusivo aos 20 anos de docência do professor Alexandre Wunderlich. Porto Alegre: Boutique Jurídica, 2019. p. 117-131. A referida publicação, por anteceder à Lei nº 13.964/19, encontra-se desatualizada e, portanto, merece adaptações em face da não reprodução na totalidade do que estava disposto no Projeto Anticrime.

[2] As leis extravagantes reformadas são: Lei de Execução Penal (Lei nº 8.072/90), Lei dos Crimes Hediondos (Lei nº 8.072/90), Lei de Improbidade Administrativa (Lei nº 8.429/92), Lei de Interceptação Telefônica (Lei nº 9.296/96), Lavagem de Dinheiro (Lei nº 9.613/98), Estatuto do Desarmamento (Lei nº 10.826/03), Lei de Drogas (Lei nº 11.343/06), Lei de Transferência e Inclusão de Presos (Lei nº 11.671/08), Lei de Identificação Criminal (Lei nº 12.037/09), Lei de Julgamento Colegiado em 1ª Instância (Lei nº 12.694/12), Lei de Organização Criminosa (Lei nº 12.850/13), Lei do Disque-Denúncia (Lei nº 13.608/18), Lei de normas procedimentais perante o STF e STJ (Lei nº 8.038/90), Lei sobre o Fundo Nacional de Segurança Pública (Lei nº 13.756/18) e Código de Processo Penal Militar (Decreto-lei nº 1.002/69).

[3] DEZEM, Guilherme Madeira; SOUZA, Luciano Anderson. **Comentários ao Pacote Anticrime**: Lei 13.964/2019. São Paulo: Revista dos Tribunais, 2020. p. RB-1.1.

Inegável que a Lei nº 13.694/19 deu passos importantes, especialmente ao alargar os espaços de consenso no processo penal, incluindo, no art. 28-A do CPP, o acordo de não persecução penal (ANPP), bem como ampliando a regulamentação de outra prática negocial que ganhou destaque, na Operação Lava Jato, que são os acordos de colaboração premiada originalmente previstos na Lei nº 12.850/13. Ainda, de forma surpreendente, inovou ao prever o juiz das garantias e, também, ao estabelecer novo regime para a prisão preventiva.

Todavia, incorporou medidas de duvidosa constitucionalidade ao, entre outras, aumentar o limite de cumprimento de penas privativas de liberdade para quarenta anos, assim como estabelecer que o preso submetido ao regime disciplinar diferenciado (RDD) ficará impedido do contato físico nas visitas que receber de cônjuges e crianças – visitas estas que, a partir de agora, ocorrerão quinzenalmente.[4] Sem falar na obrigatoriedade da prisão provisória do réu após condenação pelo Tribunal do Júri à pena igual ou superior a quinze anos.

À evidência, a reação de diversos setores da sociedade, especialmente entidades de classe e institutos comprometidos com a política criminal contemporânea, que já vinham antecipadamente se manifestando sobre o Projeto de Lei nº 10.372/18, foi lúcida e reagente à Lei Anticrime, sobretudo ao sublinhar o impacto carcerário que tal "pacote" implicará, como bem alertado por Marcelo Buttelli ao denunciar o *legislative blindspot*:

> À toda evidência, o PL Anticrime parece incorrer no mesmo erro de cálculo que ensejou a aprovação da Lei dos Crimes Hediondos (LCH), que, a despeito de qualquer avaliação prognóstica acerca do papel das suas normas na prevenção da criminalidade e do seu impacto no cotidiano carcerário, prometia, à semelhança da proposição legislativa em comento, reduzir os indicadores relacionados ao cometimento de

[4] Quanto às alterações da Lei de Execuções Penais, Guilherme Dezem fez cirúrgico comentário ao tratar dos novos requisitos do RDD: "Tornou-se muito mais rigoroso o Regime Disciplinar Diferenciado, de forma que agora fica proibido qualquer contato físico. Seguramente haverá nesse ponto questionamentos sobre a constitucionalidade desse dispositivo, na medida em que se pode notar caráter cruel e de violação da dignidade da pessoa humana. Com a máxima vênia possível, querer impedir que um marido abrace sua esposa ou que um pai abrace seus filhos em nada favorece a segurança pública e soa como pura vingança cruel" (DEZEM, Guilherme Madeira; SOUZA, Luciano Anderson. *Comentários ao Pacote Anticrime: Lei 13.964/2019*. São Paulo: Revista dos Tribunais, 2020, RB-4.2).

crimes violentos. Não se pode olvidar que a análise das estatísticas criminais reunidas nos anos que se seguiram à aprovação da LCH demonstrou a completa inaptidão daquele diploma legal para reduzir/prevenir a criminalidade reputada 'hedionda'. Daí porque parece ser razoável concluir que o PL Anticrime, ao alargar as possibilidades de ingresso (*inputs*) (§2º do art. 310 do Código de Processo Penal) e estreitar as possibilidades de saída (*outputs*) (§5º do artigo 33 do Código Penal) do sistema prisional brasileiro, acaba por incorrer nos mesmos equívocos verificados durante o processo legislativo que culminou na aprovação da LCH, razão pela qual é lícito supor que ostentará, na eventual hipótese de sua aprovação, a marca da inocuidade (em relação à realização dos fins pretendidos pelo Ministério da Justiça).[5]

Ainda, nesse cenário de recrudescimento, chama atenção a hibridez pela qual foi tratada a atividade do advogado que, conforme refere a diretriz constitucional (artigo 133), é essencial à administração da Justiça.

Se, de um lado, verifica-se reverência por exigir que o candidato a colaborador da justiça ou ao acordo de não persecução penal tenha de constituir defensor para o acompanhamento de todo o procedimento negocial, de outro,

[5] RAMOS, Marcelo Butelli. Novas iniciativas, velhos vícios: a necessidade de avaliações prévias de impacto carcerário como pressuposto para a racionalização da política legislativa penal brasileira. **Boletim do Instituto Brasileiro de Ciências Criminais**, ano 27, n. 319, p. 11-12, jun/2019. Sobre o equívoco desse racional incriminador totalmente deficiente e simbólico, observa Antonio Baptista Gonçalves: "Ciente da expansão das facções criminosas, o Estado Democrático de Direito Brasileiro responde da maneira que sempre o fez: com repressão penal, a solução mais rápida e midiática como resposta à crise da segurança pública. Desde 1940, ano de criação do ainda vigente Código Penal, até os dias correntes o Brasil criou 180 leis penais. E qual foi o impacto de tais medidas no universo prisional? Um aumento exponencial da população carcerária. Em 1993, ano da criação do PCC, a população carcerária era de 126,2 mil presos. Passados pouco mais de 25 anos, os números assustam, pois, segundo o Conselho Nacional do Ministério Público, a população carcerária é de pouco mais de 700 mil presos, população 175% acima da capacidade de ocupação, isto é, com notada superlotação. Se analisado por região, a situação somente piora, pois no Norte do Brasil temos quase três vezes a quantidade de presos em relação ao espaço disponível" (GONÇALVES, Antonio Baptista. Projeto de Lei Anticrime e a interceptação ambiental da conversa entre os advogados e os presos nos presídios federais. **Boletim do Instituto Brasileiro de Ciências Criminais**, ano 27, n. 323, p. 5-7, out/2019).

diagnostica-se a tendência à criminalização da atividade quando se está realizando atendimento ao cliente preso em penitenciaria federal, ao prever-se o monitoramento da conversa por meio de sistemas de áudio e vídeo – não deixando de mencionar, nesse espectro de verdadeiro ranço da atividade defensiva, o estabelecimento de punição ao advogado ao interromper-se a prescrição quando recurso interposto for declarado inadmissível.

A previsão não encontra amparo constitucional e anula simultaneamente o direito de defesa e prerrogativa essencial do advogado. Ademais, está em dissintonia com a Lei de Abuso de Autoridade (Lei nº 13.869/19), publicada dois meses *antes* da citada legislação Anticrime e que, dentre outras previsões de tipos legais incriminadores, alterou o Estatuto da Advocacia para incluir no art. 7º-B a seguinte previsão: "Constitui crime violar direito ou prerrogativa de advogado previstos nos incisos II, III, IV e V do caput do art. 7º desta Lei. Pena - detenção, de 3 (três) meses a 1 (um) ano, e multa"[6].

2. O papel do advogado na administração da Justiça

É cediço que na Inquisição, a caça aos hereges e às bruxas permitia a adoção de procedimentos tendentes à busca obsessiva da "verdade", exercendo o juiz papel eminentemente de acusador – não surpreendendo, nesse contexto, que o representante da parte fosse tratado como um "obstáculo ao processo"[7].

[6] Cumpre mencionar os dispositivos referidos no EAOAB: "Art. 7º São direitos do advogado: II – a inviolabilidade de seu escritório ou local de trabalho, bem como de seus instrumentos de trabalho, de sua correspondência escrita, eletrônica, telefônica e telemática, desde que relativas ao exercício da advocacia; III - comunicar-se com seus clientes, pessoal e reservadamente, mesmo sem procuração, quando estes se acharem presos, detidos ou recolhidos em estabelecimentos civis ou militares, ainda que considerados incomunicáveis; IV – ter a presença de representante da OAB, quando preso em flagrante, por motivo ligado ao exercício da advocacia, para lavratura do auto respectivo, sob pena de nulidade e, nos demais casos, a comunicação expressa à seccional da OAB; V – não ser recolhido preso, antes de sentença transitada em julgado, senão em sala de Estado Maior, com instalações e comodidades condignas, assim reconhecidas pela OAB, e, na sua falta, em prisão domiciliar".

[7] A avidez dos inquisidores designados para investigar a heresia importava a inexistência de um sistema processual transparente e, por sua vez, a ausência de um conjunto mínimo de garantias ao acusado. O processo, portanto, deveria ser célere, o que implicava ausência e/ou insuficiência de defesa – em realidade, o advogado era visto como um obstáculo ao pronto

Na atualidade, o tratamento incompatível com a dignidade e o *múnus* público da advocacia merece repúdio, sobretudo pela comunidade jurídica.

Como se disse, a Constituição Federal de 1988 adotou o sistema acusatório, que tem como marca a separação entre as atividades de acusar e julgar, inovou, positivamente, ao assentar a importância do advogado: "Art. 133. O advogado é indispensável à administração da Justiça, sendo inviolável por seus atos e manifestações no exercício da profissão, nos limites da lei". Aliás, oportuno registrar que "Nenhuma das Constituições brasileiras anteriores à de 1988 se referiram expressamente à indispensabilidade e inviolabilidade do advogado, nem ao papel da Ordem dos Advogados do Brasil"[8].

Ator fundamental no acesso ao Poder Judiciário – enquanto instrumento do direito constitucional de petição[9] e da consequente prestação jurisdicional[10] –, bem como à funcionalidade da Justiça, o advogado tem papel essencial na efetivação do devido processo legal ao promover, com sua atuação técnica, a ampla defesa e o contraditório em favor dos sujeitos processados[11].

O advogado, indispensável à garantia da ordem democrática, consoante regramento disposto no Estatuto da Advocacia e da Ordem dos Advogados do Brasil (Lei nº 8.906/94), presta serviço público e exerce (notória) função social. O Código de Ética e Disciplina da OAB é enfático: "Art. 2º. O advogado,

sucesso do feito –, devendo-se, pois, "dar prosseguimento ao julgamento da forma mais sumária possível, desautorizando quaisquer exceções, apelos ou obstruções, quaisquer contenções impertinentes de defensores ou advogados" (KRAMER, Heinrich; SPRENGER, James. **O Martelo das Feiticeiras**. 8. ed. Rio de Janeiro: Rosa dos Tempos, 1991, p. 406). Interessante, também, destacar a lógica inquisitorial reinante: "Quando o réu confessa o crime – sendo ou não reconhecido por testemunhas – para quem o denunciou e a confissão corresponde às denúncias, não vale a pena oferecer-lhe um defensor para atuar contra as testemunhas" (EYMERICH, Nicolau. **Manual dos Inquisidores**. Comentários de Francisco de La Peña. 2. ed. Rio de Janeiro: Rosa dos Tempos, 1993).

[8] CANOTILHO, J. J. Gomes; MENDES, Gilmar F.; SARLET, Ingo W.; STRECK, Lenio L. (coord.). **Comentários à Constituição do Brasil**. São Paulo: Almedina, 2013. p. 1547.

[9] É o artigo 5º inciso XXXIV da CF: "são a todos assegurados, independentemente do pagamento de taxas: a) o direito de petição aos Poderes Públicos em defesa de direitos ou contra ilegalidade ou abuso de poder".

[10] Conforme determina o inciso XXXV do art. 5º da CF: "a lei não excluirá da apreciação do Poder Judiciário lesão ou ameaça a direito".

[11] De notar que, até mesmo em atos que a lei dispensa, excepcionalmente, o advogado – por exemplo, na impetração de *habeas corpus* –, é quando se verifica, por curiosidade, a notoriedade da prática da advocacia.

indispensável à administração da Justiça, é defensor do Estado democrático de direito, da cidadania, da moralidade pública, da Justiça e da paz social, subordinando a atividade do seu Ministério Privado à elevada função pública que exerce".

Para tanto, o defensor possui direitos inerentes à atividade da advocacia, dentre os quais se destacam, do artigo 7º da Lei nº 8.906/94, os incisos "I – exercer, com liberdade, a profissão em todo o território nacional" e "III – comunicar-se com seus clientes, pessoal e **reservadamente**, mesmo sem procuração, quando estes se acharem presos, detidos ou recolhidos em estabelecimentos civis ou militares, ainda que considerados incomunicáveis" (g.n.).

Mas não é só. Determina o §4º do mesmo artigo e diploma legal que: "O Poder Judiciário e o Poder Executivo devem instalar, em todos os juizados, fóruns, tribunais, delegacias de polícia e presídios, salas especiais permanentes para os advogados, com uso assegurados à OAB".

No âmbito do processo penal, o CPP tem como regramento a indispensabilidade do defensor: "Art. 261. Nenhum acusado, ainda que ausente ou foragido, será processado ou julgado sem defensor", exigindo o Supremo Tribunal Federal, ademais da obrigatoriedade de defesa, a necessidade de ser suficiente sob pena de nulidade do processo (Súmula 523, STF). Afinal, "a defesa técnica não pode ser apenas formal, mas sim, deve ser eficiente como garantia da inafastabilidade do contraditório e ampla defesa" (STF, HC 91.501)[12], não havendo dúvida de que o desqualificado atuar é extremamente prejudicial ao réu e ao próprio caso penal.

Por ser o processo penal também instrumento de proteção do indivíduo processado contra abusos e excessos decorrentes da tarefa de perseguir e de punir, a defesa técnica é algo de que não se pode dispor – vide, por exemplo, situação em que o acusado não nomeia defensor de sua escolha e o Estado lhe garante um defensor público[13]. Além do mais, não se permite sequer

[12] CANOTILHO, J. J. Gomes; MENDES, Gilmar F.; SARLET, Ingo W.; STRECK, Lenio L. (coord.). **Comentários à Constituição do Brasil.** São Paulo: Almedina, 2013. p. 1.551.

[13] É o que determina a Convenção Americana sobre Direitos Humanos: "Artigo 8º Garantias judiciais, 2. Toda pessoa acusada de delito tem direito a que se presuma sua inocência enquanto não se comprove legalmente sua culpa. Durante o processo, toda pessoa tem direito, em plena igualdade, às seguintes garantias mínimas: [...] d. direito do acusado de defender-se

renunciá-la nem mesmo quando a opção do defendido seja por colaborar com a Justiça nos termos da Lei nº 12.850/13, que, a partir da Lei Anticrime, recebeu a seguinte redação, conforme art. 3-C: "§ 1º, Nenhuma tratativa sobre colaboração premiada deve ser realizada sem a presença de advogado constituído ou defensor público", ou através da realização de acordo de não persecução penal, conforme a redação do art. 28-A ,§ 3º, do CPP: "O acordo de não persecução penal será formalizado por escrito e será firmado pelo membro do Ministério Público, pelo investigado e por seu defensor".

Portanto, o advogado e o direito de defesa são essenciais e intrínsecos ao processo penal e à ordem que se pretende seja democrática e justa – o que foi recentemente reforçado com a providencial publicação da Lei de Abuso de Autoridade, que estabeleceu como criminosas, entre outras disposições, as seguintes condutas:

> Art. 20. Impedir, sem justa causa, a entrevista pessoal e reservada do preso com seu advogado:
> Pena – detenção, de 6 (seis) meses a 2 (dois) anos, e multa.
> Parágrafo único. Incorre na mesma pena quem impede o preso, o réu solto ou o investigado de entrevistar-se pessoal e reservadamente com seu advogado ou defensor, por prazo razoável, antes de audiência judicial, e de sentar-se ao seu lado e com ele comunicar-se durante a audiência, salvo no curso de interrogatório ou no caso de audiência realizada por videoconferência.

Logo, é inegável a importância da advocacia à Justiça e à sua realização.

3. O exercício da defesa técnica e a relação entre o defensor e seu cliente

Como bem referiu Francesco Carnelutti, a palavra advogado vem de "*Advocatus, vocatus ad,* chamado a socorrer [...] é aquele a quem se pede, em

pessoalmente ou de ser assistido por um defensor de sua escolha e de comunicar-se, livremente e em particular, com seu defensor; e. direito irrenunciável de ser assistido por um defensor proporcionado pelo Estado, remunerado ou não, segundo a legislação interna, se o acusado não se defender ele próprio nem nomear defensor dentro do prazo estabelecido pela lei".

primeiro lugar, a forma essencial da ajuda, que é propriamente a amizade", e essa "forma elementar da ajuda [...] é a aliança. O conceito de aliança é a raiz da advocacia"[14].

De fato, a essência da advocacia está na relação que se estabelece entre o procurador e o cliente, que o constitui para a resolução de um problema e o chama quando é acometido por uma adversidade. Sem dúvida é uma relação de confiança[15], que, uma vez firmada, sucederá o desenvolver da prestação do serviço jurídico.

É interessante o apontamento de Alberto Binder ao tratar do imputado e seu de defensor:

> [...] a característica mais importante da tarefa do defensor – e a que deve ser destacada com maior ênfase – é a de ser um assistente técnico que conta com a confiança do imputado. Por isso, costuma-se distinguir entre o 'defensor de confiança' ou 'defensor privado' – que é aquele que o imputado pode escolher – do 'defensor público', que é fornecido como um serviço pelo Estado quando o imputado nomeia defensor ou é incapaz de custear seus serviços. O imputado sempre tem direito de nomear um defensor de confiança, mesmo quando o Estado lhe tiver nomeado um defensor público. E se o imputado nomeia um defensor de confiança, este necessariamente substitui o defensor público, pois isto privilegia a possibilidade de contar com uma pessoa de confiança para um mister tão delicado.[16]

Sem a confiança (ou sem um mínimo dela), os exercícios da advocacia e do indispensável direito de defesa não seriam possíveis. Num cenário de dificuldade, que é enfrentado por quem se vê implicado criminalmente (e que pode estar agravado se já se encontrar com a liberdade tolhida),

[14] CARNELUTTI, Francesco. **As Misérias do Processo Penal.** Edicamp: São Paulo, 2001. p. 22-23.

[15] Determina o art. 263 do CPP: "Se o acusado não o tiver, ser-lhe-á nomeado defensor pelo juiz, ressalvado o seu direito de, a todo tempo, nomear outro de sua confiança, ou a si mesmo defender-se, caso tenha habilitação".

[16] BINDER, Alberto M. **Introdução ao Direito Processual Penal.** Rio de Janeiro: Lumen Juris, 2003. p. 260-261.

tem-se que o que garante e/ou possibilita essa crença e/ou sentimento de confiança é a confidencialidade das informações trocadas.

Nesse sentido, o Código de Ética e Disciplina da OAB, no artigo 27, consagrou o precioso sigilo: "As confidências feitas ao advogado pelo cliente podem ser utilizadas nos limites da necessidade da defesa, desde que autorizado aquele pelo constituinte. Parágrafo único. Presumem-se confidenciais as comunicações epistolares entre advogado e cliente, as quais não podem ser reveladas a terceiros".

A confidencialidade é, portanto, o que possibilita a abertura de um diálogo com o defensor eleito, que se encaminhará, a partir da confiança, para uma narrativa sobre fatos, em tese, criminosos cometidos pelo defendido. Apenas o cliente detém as informações que envolvem o episódio delitivo, as circunstâncias e, também, as suas motivações; logo, se não há espaço seguro e confiável para confidenciá-las ao defensor, não faz sentido falar em defesa técnica.

Ainda que o defendido não faça o relato completo (seja por vontade própria, seja para preservar terceiros, seja por qualquer outro motivo), o aconselhamento do advogado, no que tange às estratégias possíveis de defesa para o caso penal que se apresenta (silêncio, confissão, colaboração, negativa, dentre outras possíveis), depende desse contato mais qualificado. Assim, uma ambiência de conforto advinda da confidencialidade é a premissa para que haja uma prestação adequada da advocacia e do correlato direito de defesa.

4. Do atendimento de advogados aos presos em estabelecimentos prisionais federais na Lei Anticrime

Como se sabe, nem sempre o advogado é constituído para prestar serviço consultivo. Em larga medida, a prática da advocacia criminal se inicia a partir do cometimento da prática de uma conduta típica, não sendo incomuns as situações em que o defensor é contatado e, consequentemente, constituído, por um cliente que se encontra sob custódia. Enquanto perdurar a segregação, o atendimento ao defendido não ocorrerá de modo pleno e irrestrito, se comparado com situações de constituição do trabalho advocatício em que o cliente se encontra em liberdade.

Ao ser preso, cabe ao Estado assegurar a integridade do custodiado, que estará submetido à ordem e à disciplina do estabelecimento prisional em que se encontrar – situação que, em certo modo, se estenderá ao defensor na medida em que, para desempenhar seu ofício, deverá respeitar as regras existentes –, que precisam, obviamente, estar em conformidade com as legislações de regência e estas, por consectário lógico, com a Constituição Federal.

Portanto, ao contrário do atendimento irrestrito que o cliente pode receber do defensor em sua oficina (ou fora dela), onde é possível conversar sem qualquer obstáculo (físico [vidro] ou acústico [interfone]) e acessar, em tempo real, os autos dos expedientes, nos estabelecimentos prisionais (e também em unidades policiais), o advogado nem mesmo pode ingressar com aparelho de telefonia móvel e com computador portátil. Folhas (algumas, talvez, do expediente criminal em curso) e caneta são os instrumentos possíveis, na maioria das vezes, de serem utilizados nos parlatórios.

Nesse cenário, a defesa se torna mais difícil e desafiadora; mas não impossível. Aliás, essa é a realidade enfrentada por milhares de defensores brasileiros, pois salas especiais que possibilitam um melhor atendimento existem em pouquíssimos estabelecimentos penitenciários e foram criadas, a muito custo, a partir de insistentes atuações da OAB.

A questão que merece repulsa constou na Lei nº 13.964/19:

> Art. 11. A Lei nº 11.671, de 8 de maio de 2008, passa a vigorar com as seguintes alterações:
>
> Art. 3º Serão incluídos em estabelecimentos penais federais de segurança máxima aqueles para quem a medida se justifique no interesse da segurança pública ou do próprio preso, condenado ou provisório.
> § 1º A inclusão em estabelecimento penal federal de segurança máxima, no atendimento do interesse da segurança pública, será em regime fechado de segurança máxima, com as seguintes características:
> I – recolhimento em cela individual;
> II – visita do cônjuge, do companheiro, de parentes e de amigos somente em dias determinados, por meio virtual ou no parlatório, com o máximo de 2 (duas) pessoas por vez, além de eventuais crianças,

separados por vidro e comunicação por meio de interfone, com filmagem e gravações;

III – banho de sol de até 2 (duas) horas diárias; e

IV – monitoramento de todos os meios de comunicação, inclusive de correspondência escrita.

§ 2º Os estabelecimentos penais federais de segurança máxima deverão dispor de monitoramento de áudio e vídeo no parlatório e nas áreas comuns, para fins de preservação da ordem interna e da segurança pública, vedado seu uso nas celas e no atendimento advocatício, salvo expressa autorização judicial em contrário.

§ 3º As gravações das visitas não poderão ser utilizadas como meio de prova de infrações penais pretéritas ao ingresso do preso no estabelecimento.

O teor dos dispositivos contidos na Lei Anticrime que alteram a Lei nº 11.671/08 é ultrajante e, especialmente, a prerrogativa de conversa reservada com o cliente-preso foi-se às favas. Sob o pretexto de preservar a ordem interna da penitenciária federal e da segurança pública daqueles sujeitos presos (condenados ou não) rotulados de altamente "perigosos", o advogado que lhes presta assistência jurídica (conforme assegura a Lei de Execuções Penais, no artigo 11, inciso III) é premiado com o mesmo rigorismo e tratamento (seguramente neutralizador – para não dizer intolerante) de inimigo e, não por outro motivo, precisa ser fiscalizado e monitorado. De fato, a advocacia torna-se verdadeira atividade de risco.

Passados doze anos após a entrada em vigor do Decreto nº 6.049/07, que aprovou o Regulamento Penitenciário Federal, que, por sua vez, fundou o Sistema Penitenciário Federal e que é, segundo o art. 1º, "constituído pelos estabelecimentos penais federais, subordinados ao Departamento Penitenciário Nacional do Ministério da Justiça", existem atualmente, no Brasil, cinco presídios federais, localizados em Campo Grande/MS, Catanduvas/PR, Porto Velho/RO, em Mossoró/RN e em Brasília/DF.

Seleta ou, melhor dizendo, seletiva clientela está custodiada nesses estabelecimentos federais de segurança máxima (onde se cumpre o regime fechado), a saber: presos, provisórios ou condenados, cuja inclusão se justifique no interesse da segurança pública ou do próprio preso, bem como aqueles que estão sujeitos ao severo regime disciplinar diferenciado (conhecido como "RDD"), consoante dispõe a nova redação no art. 52 da Lei de Execuções Penais[17]:

> A partir da edição da Lei 13.964/2019, o art. 52 tornou-se mais detalhado. Determina a aplicação do RDD a todos os presos que apresentem alto risco para a ordem e segurança do estabelecimento penal ou da sociedade ou sobre os quais recaiam fundadas suspeitas de envolvimento ou participação, a qualquer título, em organização criminosa ou milícia privada, *independentemente da prática de falta grave.* Este complemento estava faltando e assim acusamos desde o início da vigência do RDD, em 2003. Há estabelecimento de segurança máxima em níveis estadual e federal. Supõe-se que o federal seja mais seguro, especialmente porque muitos deles encontram-se em regiões isoladas de grandes cidades. Por isso, **se houver indício de que o preso é líder de organização criminosa, associação ou milícia, ou com atuação em dois ou mais Estados, deve ser cumprido o RDD em presídio federal.**[18] (Grifo nosso).

[17] Em 2003, por meio do advento da Lei nº 10.792, foi introduzido o regime disciplinar diferenciado aplicável a preso provisório ou condenado, cujas "restrições não se destinam a fatos, mas a determinadas espécies de autores, impondo isolamento celular de até um ano, não em decorrência da prática de determinado crime, mas porque, na avaliação subjetiva de determinada instância de controle, representa 'alto risco' social ou carcerário, ou então porque há 'suspeitas' de participação em quadrilha ou bando, prescrição capaz de fazer inveja ao proscrito nacional-socialismo alemão das décadas de 30 e 40 do século passado" (BITENCOURT, Cezar Roberto. **Tratado de Direito Penal**: Parte Geral. 23. ed. São Paulo: Saraiva, 2017. p. 663). Atualmente, a Lei Anticrime estabeleceu novas regras para o RDD, de modo a torná-lo ainda mais gravoso – para não dizer cruel –, aumentando, entre outros requisitos, o prazo de duração, que foi alargado para 02 anos no caso de cometimento de falta grave (com possibilidade renovação por nova prática de falta disciplinar) ou prorrogações por período de um ano quando o preso continua apresentando alto risco para a ordem e a segurança do estabelecimento penal de origem ou da sociedade ou mantém os vínculos com organização criminosa, associação criminosa ou milícia privada, considerados também o perfil criminal e a função desempenhada por ele no grupo criminoso, a operação duradoura do grupo, a superveniência de novos processos criminais e os resultados do tratamento penitenciário.

[18] NUCCI, Guilherme de Souza. **Pacote Anticrime Comentado**: Lei 13.964, de 24.12.2019. Rio de Janeiro: Forense, 2020. p. 103-104. Guilherme Dezem alerta sobre o ponto: "Por fim, quanto ao local de cumprimento do RDD, há específica regra de cumprimento obrigatório em estabelecimento prisional federal: quando houver indícios de que o preso exerça liderança em organização criminosa, associação criminosa ou milícia privada ou ainda que tenha

Ainda que a capacidade máxima, em cada penitenciária federal, se aproxime de duzentas vagas – o que, em sua totalidade, não atinge parcela significativa de sujeitos se comparado ao número volumoso e surreal de presos no País (conforme os últimos dados do Departamento Penitenciário Nacional – Depen, já ultrapassada a marca de 770 mil custodiados, a alteração legislativa realizada não se justifica e não encontra qualquer racionalidade, mormente quando a regra cogente é a inviolabilidade do advogado e de seu local de trabalho – que, como se sabe, só é afastada por meio de decisão judicial motivada quando avaliado, no caso concreto, indício de envolvimento em prática criminosa (art. 7º, §6º, da Lei nº 8.906/94).

O controle da advocacia é destituído de sentido. É gravíssimo e inconstitucional o monitoramento de áudio e vídeo, no parlatório, das conversas entre advogados e seus clientes custodiados nesses estabelecimentos federais.

Sobre a previsão legal, manifestou-se Guilherme Madeira Dezem:

> Essa possibilidade de gravação das conversas entre advogado e seu cliente é de duvidosa constitucionalidade. O art. 133 da CF estabelece que o advogado é indispensável à administração da justiça.
> Para que o advogado possa exercer seu mister adequadamente são conferidos a ele os chamados *privileges*. Alguns traduzem esse termo por 'privilégios' e ao fazerem isso acabam por induzir ideia que não é a mais adequada. O termo privilégio tem conotação negativa e na verdade não se trata de nada escuso ou imoral. Melhor seria traduzir por prerrogativa ou até mesmo por garantia.
> Uma dessas prerrogativas é o sigilo entre advogado e cliente. A Lei Anticrime viola essa prerrogativa ao permitir que sejam gravadas conversas entre advogado e cliente.[19]

atuação criminosa em dois ou mais Estados da Federação. É importante notar que, em sede de direito intertemporal, essa regra tem incidência para os atos a serem praticados a partir de sua vigência, ou seja, 23.01.2020" (DEZEM, Guilherme Madeira; SOUZA, Luciano Anderson. **Comentários ao Pacote Anticrime**: Lei 13.964/2019. São Paulo: Revista dos Tribunais, 2020. RB-4.2).

19 DEZEM, Guilherme Madeira; SOUZA, Luciano Anderson. **Comentários ao Pacote Anticrime**: Lei 13.964/2019. São Paulo: Revista dos Tribunais, 2020. RB-12.1.

Não bastasse a restrição ao atendimento do preso em virtude do local em que se encontra praticamente isolado (seja geograficamente, dada a posição geográfica dessas penitenciárias; seja de seus afetos, pois as visitas, quando ocorrerem presencialmente, se dão mediante separação por vidro e comunicação por meio de interfone, com filmagem e gravações; seja em face do local em que fica diuturnamente [cela individual] e seja pelo monitoramento de todas as suas comunicações[20]), tem-se que tal fiscalização é hedionda.

Veja-se que a Lei preferiu não incorporar a locução "gravações dos atendimentos", mas não significa que a renegou. É evidente que permanece viva a possibilidade de gravação, dado que o novo § 2º do art. 3º da Lei nº 11.671 foi claro ao determinar que: "Os estabelecimentos penais federais de segurança máxima deverão dispor de **monitoramento de áudio e vídeo no parlatório**".

Não cabe aqui qualquer sustentáculo de ter a Lei Anticrime vedado o recurso ao monitoramento quando do atendimento advocatício. Tal é uma falácia, pois, afinal, convenhamos, inexiste qualquer garantia de que, no momento do atendimento, (i) os dispositivos de filmagem e gravação – devidamente instalados no ambiente conforme previsão legal – estarão desligados ou (ii) que exista qualquer isolamento acústico que bloqueie o som da conversa "reservada" caso, por exemplo, na sala do lado esteja outro advogado em atendimento e este, por suspeita de envolvimento criminoso, esteja sendo monitorado em tempo real mediante decisão judicial devidamente fundamentada.

De duas, uma: ou não haverá mais defensores (nem mesmo os públicos) para presos que estão custodiados em penitenciárias federais – que, aliás, podem nestas permanecer por três anos, com possiblidade de renovação por igual período, consoante o art. 10 § 1º da referida Lei –, ou todas as defesas exercidas em nome desses presos será deficitária – aliás, o exercício do direito

20 Cabe pontuar que tais características são idênticas as do preso que está submetido ao RDD. No ponto destacou Guilherme Nucci: "Ao cuidar da organização do presídio federal – e não do Regime Disciplinar Diferenciado – a Lei nº 13.964/2019 inseriu, nos parágrafos do art. 3, elementos típicos do RDD. Isso na prática, significa que todos os presos em estabelecimento penitenciário federal, mesmo que não mereçam, estarão inseridos no RDD." (NUCCI, Guilherme de Souza. **Pacote Anticrime Comentado**: Lei 13.964, de 24.12.2019. Rio de Janeiro: Forense, 2020. p. 138).

ao silêncio não seria uma opção, mas sim a única opção possível nesse ambiente de hostilidade. Em resumo, defender um cliente sem a mínima liberdade de atuação, não é defender, é admitir que a ordem democrática ruiu e que a prática da advocacia chegou ao fim.

Conclusões

A Lei Anticrime, ao alterar a Lei nº 11.671/08, afronta a advocacia barbaramente. Ademais, não a trata com consideração e o respeito que merece. Nunca é demais relembrar o que consta no parágrafo único do art. 6º do Estatuto da Advocacia e da Ordem dos Advogados do Brasil: "As autoridades, os servidores públicos e os serventuários da justiça devem dispensar ao advogado, no exercício da profissão, tratamento compatível com a dignidade da advocacia e condições adequadas a seu desempenho".

Essa perspectiva panóptica imposta ao defensor é infamante. O advogado, por óbvio, não se confunde com o seu cliente e submetê-lo ao mesmo controle que se faz ao custodiado é criminalizar escancaradamente a advocacia. Portanto, interceptar as conversas entre os clientes e os seus advogados é intolerável e inconstitucional. Prerrogativas valem e são intransponíveis, como bem destacou Antonio Gonçalves:

> [...] ao profissional do Direito deve residir autonomia plena de função; e sua relação de confiança com seus clientes não pode ser maculada em nenhuma hipótese.
> A Constituição Federal através dos artigos 5º, XII, XIV, LVI e 133, além do artigo 8º, 2, d e g, 3 do Pacto de San José da Costa Rica, do qual o Brasil é signatário, e do artigo 7°, incisos I e II do Estatuto da Ordem dos Advogados do Brasil, garantem a impossibilidade de captação de qualquer conversa entre os advogados e seus clientes, especialmente para proteger os interesses do acusado, para preservar que sejam desveladas situações que maculem ou tragam prejuízos inadmissíveis a sua privacidade e intimidade ao afetarem seus direitos: consciência, silêncio, presunção de inocência e a confiança na relação com o causídico, visto que em alguma dessas conversas podem ser relevados

elementos que contribuam para sua autoincriminação ou que maculem sua defesa.[21]

Por ser o advogado indispensável à administração da Justiça, qualquer forma de limitação e controle do exercício da atividade da advocacia deve ser desaprovado e punido, mormente pelos regramentos trazidos em boa hora pela Lei de Abuso de Autoridade.

Referências

BINDER, Alberto M. **Introdução ao Direito Processual Penal**. Rio de Janeiro: Lumen Juris, 2003.

BITENCOURT, Cezar Roberto. **Tratado de Direito Penal**: Parte Geral. 23. ed. São Paulo: Saraiva, 2017.

CANOTILHO, J. J. Gomes; MENDES, Gilmar F.; SARLET, Ingo W.; STRECK, Lenio L. (coord.). **Comentários à Constituição do Brasil**. São Paulo: Almedina, 2013.

CARNELUTTI, Francesco. **As Misérias do Processo Penal**. Edicamp: São Paulo, 2001.

DEZEM, Guilherme Madeira; SOUZA, Luciano Anderson. **Comentários ao Pacote Anticrime**: Lei 13.964/2019. São Paulo: Revista dos Tribunais, 2020.

EYMERICH, Nicolau. **Manual dos Inquisidores**. Comentários de Francisco de La Peña. 2. ed. Rio de Janeiro: Rosa dos Tempos, 1993.

GONÇALVES, Antonio Baptista. Projeto de Lei Anticrime e a interceptação ambiental da conversa entre os advogados e os presos nos presídios federais. **Boletim do Instituto Brasileiro de Ciências Criminais**, ano 27, n. 323, p 5-7, out/2019.

KRAMER, Heinrich e SPRENGER, James. **O Martelo das Feiticeiras**. 8. ed. Rio de Janeiro: Rosa dos Tempos, 1991.

LIMA, Camile Eltz de. Gravações dos atendimentos de advogados aos presos em penitenciárias federais no Projeto de Lei Anticrime: da vigilância à criminalização da advocacia e do direito de defesa. *In*: CAVALCANTI, Fabiane da Rosa; FELDENS, Luciano; RUTTKE, Alberto (orgs.). **Garantias penais**: estudo alusivo aos 20 anos de docência do professor Alexandre Wunderlich. Porto Alegre: Boutique Jurídica, 2019. p. 117-131.

NUCCI, Guilherme de Souza. **Pacote Anticrime Comentado**: Lei 13.964, de 24.12.2019. Rio de Janeiro: Forense, 2020.

[21] GONÇALVES, Antonio Baptista. Projeto de Lei Anticrime e a interceptação ambiental da conversa entre os advogados e os presos nos presídios federais. **Boletim do Instituto Brasileiro de Ciências Criminais**, ano 27, n. 323, p. 5-7, out/2019. p. 6.

RAMOS, Marcelo Butelli. Novas iniciativas, velhos vícios: a necessidade de avaliações prévias de impacto carcerário como pressuposto para a racionalização da política legislativa penal brasileira. **Boletim do Instituto Brasileiro de Ciências Criminais**, ano 27, n. 319, p. 11-12, jun/2019.

5.
POPULISMO PENAL E DESCRIMINALIZAÇÃO

Alexandre Wunderlich
Fabiane da Rosa Cavalcanti

I. Primeira introdução: o *Prof. Dr. Nereu José Giacomolli*

O Professor Doutor Nereu José Giacomolli merece a homenagem que agora recebe publicidade. É um Professor dedicado à ciência jurídico-penal, à universidade e aos seus alunos. É doutrinador reconhecido, um homem altamente ligado ao ambiente acadêmico e à prática forense, pois além da fervente atividade docente, desempenhou as funções de juiz criminal e de desembargador no Tribunal de Justiça do Estado do Rio Grande do Sul. Temos profunda admiração pelo homenageado, que ensina o direito processual penal nos bancos do Programa de Pós-Graduação em Ciências Criminais da Faculdade de Direito da Pontifícia Universidade Católica do Rio Grande do Sul, a nossa casa. Além das inúmeras qualidades profissionais, Nereu é um amigo sincero, promotor de consensos e merecedor de elogios, especialmente pelo seu caráter extraordinariamente humano.

II. Segunda introdução: *na contramão do populismo penal*

A sociedade brasileira está sendo dirigida por extremistas do "nacional populismo"[1], que, logicamente, também são os responsáveis pela construção da *política pública criminal*, que deve ser "científica", construída em forma de "teoria da política criminal", como uma "disciplina normativa"[2] que exige, pois, sistematização. Assim, uma *política pública criminal* deve auxiliar na construção de "estratégias estatais para atuação preventiva da criminalidade, que tem por finalidade estabelecer a ponte eficaz entre a criminologia, enquanto ciência empírica, e o direito penal, enquanto ciência axiológica"[3].

Na moldura em que o presente ensaio está inserido, *duas* observações podem bem situar o leitor: a *primeira*, é no sentido de que o atual governo federal do presidente Jair Bolsonaro não tem compromisso com a liberdade e as demais franquias constitucionais, pois foi eleito a partir do recurso que se convencionou chamar de "populismo penal"[4], apoiado na defesa do

[1] "A tática é sempre a mesma: populistas, ao se nutrir do ódio dos outros, fazem da humilhação dos poderosos a sua promessa, como diz Da Empoli. Ser vulgar e grosseiro, mormente com a imprensa, e afrontar o politicamente correto passa por exprimir autenticidade, atendendo ao gosto popular, ao contrário dos hábitos das elites e da velha política. Buscam-se os cantos e não o centro, ou um denominador comum. Não há união, mas adjunção. Somam-se desconhecidos, cada qual carregando sua revolta em direção aos extremos e a ser explorada pelos líderes populistas manobrados pelos técnicos em algoritmos e internet" (REALE JÚNIOR, Miguel. Nacional Populismo. **Estadão**, São Paulo, março de 2020).

[2] SÁNCHEZ-OSTIZ, Pablo. ***Fundamentos de política criminal****: un retorno a los principios*. Madrid: Marcial Pons, 2012. p. 13, do prólogo de Jesús-Maria Silva Sánchez.

[3] SHECAIRA, Sérgio Salomão. Pena e política criminal: a experiência brasileira. *In*: SHECAIRA, Sérgio Salomão; SÁ, Alvino Augusto de (org.). **Criminologia e os Problemas da Atualidade**. São Paulo: Atlas, 2008. p. 321 *et seq*.

[4] Sobre os sentidos da expressão "populismo penal", ver o rico inventário conceitual produzido por: GLOECKNER, Ricardo Jacobsen; RAMOS, Marcelo Buttelli. Os sentidos do populismo penal: uma análise para além da condenação ética. **DELICTAE: Revista de Estudos Interdisciplinares sobre o Delito**, v. 2, n. 3, p. 248-248, 2017. Os autores tratam o populismo penal ou punitivo como sendo o mais destacado projeto político-criminal da atualidade, e o fazem a partir da avaliação de estudos criminológicos de orientação crítica, visitando autores que contribuíram diretamente para a definição da temática: desde Elena Larrauri, passando por John Pratt até Anthony Bottoms, artífice da expressão. Aqui queremos usar o conceito, de difícil definição, como uma espécie de registro-chave do atual momento da política criminal brasileira, marcada por um visível fenômeno de expansão da normatividade jurídico-penal, que se faz impulsionado por agentes políticos que almejam conquistar algum tipo de vantagem eleitoral por intermédio da produção ou indução de reformas legislativas inspiradas

modelo jurídico do encarceramento em massa[5], com base em narrativas sobre o endurecimento do sistema criminal; a *segunda*, caminha na linha de que o governo federal investe escancaradamente no paradigma do recurso à lei penal como (único) instrumento de controle social – *v.g.*, a Lei Anticrime, que é marcada por alguns avanços e por uma criminalização desnecessária, representada pelo aumento do tempo máximo de prisão para 40 anos e pela obrigatoriedade da prisão do condenado pelo Tribunal do Júri a pena igual ou maior que 15 anos. A fim de ilustrar o argumento, vale lembrar que a Lei Anticrime "incluiu o roubo qualificado como crime hediondo, sendo certo pelo sucedido desde 1990, quando da edição primeira da lei dos crimes hediondos, que a mera exacerbação da reprimenda penal, sem se ter eficiência na aplicação da norma incriminadora é absolutamente inócua, não passando de simplória ilusão penal"[6].

Feito o registro inicial, também é importante deixar claro que o ensaio caminha diretamente em contraposição ao que é defendido pelo governo federal. Em nosso juízo, as *duas* constatações expostas demonstram o grave equívoco da postura dos atuais governantes em relação aos seus governados, tornando visível o descompasso entre o que o governo federal faz e o que as universidades e os centros de investigação produzem como produto da ciência. É, portanto, *um ensaio contra o Poder*.

em teses como as seguintes: (i) o incremento das sanções de caráter penal produz, imediata e automaticamente, uma redução significativa nos indicadores da criminalidade (prevenção social negativa); (ii) a pena, *per se*, reforça determinados consensos morais essenciais para a manutenção da vida em sociedade (prevenção social positiva).

[5] O Brasil ocupa a terceira posição entre os países que mais encarceram pessoas. Vale conferir o acompanhamento contínuo realizado pela iniciativa "World Prision Brief" (Universidade de Birbeck, Londres). Disponível em: https://www.prisonstudies.org/highest-to-lowest/prison-population total?field_region_taxonomy_tid=All.

[6] A advertência é de Miguel Reale Júnior e Paula Kagueiama, sendo que o primeiro autor já havia publicado um diagnóstico sobre o sistema criminal no ano de 2000: "As subsequentes leis de crimes hediondos foram criadas para atender aos reclamos de segurança expressos pela opinião pública manipulada e provocaram uma exacerbação punitiva que não produziu efeito consequente algum" (REALE JÚNIOR, Miguel. Diagnóstico preliminar do sistema penal brasileiro e primeiras propostas para sua reformulação. **Revista Brasileira de Ciências Criminais**, São Paulo, Ano 8, n. 30, p. 337-369, abr/jun. 2000; REALE JÚNIOR, Miguel; KAGUEIAMA, Paula Thieme. **Desafios e desvios do sistema criminal**. [*S.l.*]: [*s.n.*], 2020. No prelo).

Em que pese ser uma pauta importante, não trabalharemos a hipótese do *abolicionismo penal*, que considera, em linhas gerais, o crime como um conflito eminentemente interpessoal incapaz de ser equacionado adequadamente pelo Estado e, menos ainda, pelo Direito Penal. O ensaio opera a realidade a partir de nossas reflexões sobre uma perspectiva teórica, que entendemos factível sob o ponto de vista político e, ainda, viável sob a ótica do ordenamento jurídico: *questiona* o inchaço da legislação penal e o seu caráter seletivo e *defende* a necessidade de racionalização do Direito Penal "necessário", por meio do seu resgate enquanto instrumento fragmentário e subsidiário. Significa dizer, um Direito Penal calcado no princípio da intervenção mínima e estruturado a partir de um rígido sistema jurídico de garantias materiais e instrumentais. Trata-se, no limite, da articulação de reflexões afeitas à uma proposta *garantista*, que tem sua bússola na Constituição Federal.[7]

Ao contrário da orientação política de intolerância do atual governo federal, defendemos uma postura radicalmente inversa, a partir da manutenção da liberdade como regra e da tolerância como virtude consolidadora da República. Propomos uma *luta política* que aponte para a brutal irracionalidade do nacional populismo penal e escancare a sua maligna influência sobre o campo da *política pública criminal*. Aliás, "já alcançou ares de evidência afirmar que qualquer criminologia, em alguma medida, ocupa-se sempre de reforçar ou criticar atos políticos, ou seja, não há criminologia que não seja política", sendo desnecessário "repisar a larguíssima discussão acerca da relação entre a criminologia e política".[8] Sugerimos, em tomada de posição, um caminho

[7] Quando o tratamento do sistema criminal está atento ao caráter fragmentário e subsidiário, aumenta-se o espectro de garantias, reduzindo-se os arbítrios de um sistema que "*posibilita las más duras de todas las intromisiones estatales en la liberdad del ciudadano, sólo se le puede hacer intervenir cuando otros medios menos duros no prometan tener un éxito suficiente*", consoante: ROXIN, Claus. ***Derecho penal. Fundamentos**: la estructura de la teoria del delito*. Madrid: Civitas, 1997. t. I. p. 65-66.

[8] AMARAL, Augusto Jobim do. **Política da criminologia**. São Paulo: Tirant lo Blanch, 2020. p. 36 e 399. Em recente trabalho, Augusto Jobim do Amaral adverte que não é mais necessário relembrar que não é possível separar as práticas criminológicas da política, em especial da política criminal, enquanto plano de engenharia estatal para combater o crime. "Mais, ainda, já alcançou ares de evidência afirmar que qualquer criminologia, em alguma medida, ocupa-se sempre de reforçar ou criticar atos políticos, ou seja, não há criminologia que não seja política. [...]. Uma política da criminologia encontra o estatuto de sua crítica, assim, no exercício de estabilizar uma diferencialidade com relação ao poder punitivo, ser

diferente, baseado na defesa intransigente da urgência da descriminalização como pauta obrigatória da *política pública criminal*, ainda que seja para salvar o "quase nada" que sobrou de um Direito Penal ilustrado, pensado para servir prioritariamente como um instrumento de contenção dos abusos do poder punitivo.

Nesse sentido, é essencial recuperarmos um movimento crítico de publicações científicas ocorrido no Brasil nas últimas décadas. O ensaio resgata uma série de trabalhos do final de década de 1970 e do início dos anos 1980, que já apontavam para a necessidade e urgência da construção de uma *política de descriminalização*, enquanto instrumento material para redução da extensão do sistema criminal.[9] Em nossa forma de ver, o debate sobre os processos de descriminalização foi arrefecido depois da Constituição Federal de 1988, talvez em razão do implemento de diversos instrumentos processuais despenalizadores, a partir dos institutos jurídicos da composição civil dos danos, da transação penal e da suspensão condicional do processo (todos com previsão na Lei nº 9.099/95), por exemplo.

A questão fundamental é que o governo federal demonstra não ter interesse na formulação de um plano de *política pública criminal*, razão pela qual continua a navegar às cegas, sendo visível o seu descontrole nos planos legal, de segurança pública e carcerário. Nenhum programa nacional foi apresentado à sociedade ou à comunidade científica. Na perspectiva da *política pública criminal*, entendida como uma série de princípios reitores, que de forma uníssona e harmoniosa devem controlar e minimizar os efeitos das criminalidades, o quadro brasileiro revela-se, sem exageros, como sendo o pior dos últimos

filosofia das práticas de governo da punição e esteio da distância dos governados frente aos governantes. [...]. O novo e desafiador neste momento, no entanto, é que não há como crer num porvir harmonioso e sem conflitos, mas dar-se conta que a vida política é uma luta constante entre forças ativas e reativas, luta contra forças que querem destruir a vida, não somente na sociedade, mas em nossa própria subjetividade."

9 De forma pioneira, Salo de Carvalho aponta criticamente a tensão da política criminal contemporânea – criminalização *versus* descriminalização –, sublinhando a necessidade de propostas de adoção de "estratégias descriminalizantes", como forma de "diminuir o *input* do sistema criminal". Cada vez mais, ainda acreditamos que é fundamental ver a necessária redução do poder punitivo como um projeto político, escorado na teoria do garantismo penal e na teoria crítica dos direitos humanos. Ver: CARVALHO, Salo. A política criminal de drogas no Brasil. 8 ed. São Paulo: Saraiva, 2016; CARVALHO, Salo. Antimanual de criminologia. 6 ed. São Paulo: Saraiva, 2015.

tempos. Os diagnósticos alusivos à irracionalidade do Poder Legislativo em matéria penal e ao crescente aumento da população carcerária indicam que estamos empreendendo esforços para a manutenção do nefasto "circuito punitivista", que tem como consequência natural a falta de apresentação de resultados aceitáveis por parte do governo.

A Lei Anticrime é espelho do atual governo. Em que pese o curto espaço de tempo desde a sua publicação, é possível verificar que contribui para a consagração das duas observações apontadas na abertura deste ensaio: (a) falta de compromisso com a liberdade e as demais franquias constitucionais e (b) apego excessivo à visão tradicional de justiça criminal.

Nesse contexto, defendemos a urgente construção teórica de uma *política pública criminal* que, em nossa ótica, deve ter sempre presente o debate sobre os processos de criminalização e de descriminalização – uma política criminal essencialmente pública e centrada na figura do Ser Humano, uma "Política de Direito Penal Humanista", que opera a partir de uma diretriz central: concretizar os direitos fundamentais por meio da proteção do Estado de Direito – na "defesa de um sistema penal integral do Ser Humano".[10] Desde o nosso ponto de vista, sempre que uma reforma penal entra em pauta de discussão, é imprescindível retomar a hipótese da descriminalização, como medida de precaução.[11]

[10] VALENTE, Manuel Guedes Monteiro. **Direito penal do inimigo e terrorismo**: o "progresso ao retrocesso". 3 ed. São Paulo: Almedina, 2019. p. 45; VALENTE, Manuel Guedes Monteiro. **Direito penal**: fundamentos político-criminais. Lisboa: Artipol – edição do autor, 2017. p. 265 *et seq.*

[11] Por todos: HULSMAN, Louk. Descriminalização. **Revista de Direito Penal,** São Paulo, v. 9/10, p. 7-26, 1973; BATISTA, Nilo. Algumas palavras sobre descriminalização. **Revista de Direito Penal**, São Paulo: Revista dos Tribunais, n. 13/14, 1974; FAYET, Ney. A crise da pena e a descriminalização. **Revista da Associação dos Juízes do Rio Grande do Sul**, Porto Alegre, v. 11, 1977; CERVINI, Raúl. **Os processos de descriminalização**. São Paulo: Revista dos Tribunais, 1995; CANESTRI, Francisco. *Los procesos de descrimimnalización desde un punto de vista criminologico: especial referencia del medio latinoamericano.* **Estudos Jurídicos**, São Leopoldo, v. VI, n. 14, 1975; CASTRO, Lola Aniyar. Sistema penal e sistema social: a criminalização e a descriminalização como funções de um mesmo processo. **Revista de Direito Penal,** Rio de Janeiro, n. 30, jun./dez. 1980.

No momento em que um pacote de crimes é oferecido à comunidade – a Lei Anticrime vem sofrendo críticas viscerais[12] – é providencial examinar a iniciativa a partir de uma concepção de *direito penal subsidiário*. Afinal, "um pensamento crítico do Direito Penal remete, obrigatoriamente, à questão da criminalização e descriminalização".[13] Uma *política pública criminal* tampouco cai do céu e, mais, não é capaz de ser imposta por uma só voz. Deve ser construída tecnicamente e mercê do apoio teórico de muitos, a partir de um debate franco e aberto sobre o que se pode e deve criminalizar ou descriminalizar.

III. Criminalização e descriminalização: *conceitos-chave para a construção de uma política pública criminal*

Seguramente, o maior equívoco da Lei Anticrime é a aposta no Direito Penal como única solução para os antigos e novos desafios da sociedade brasileira. Como uma consequência direta dessa forma de pensar, insiste na renovação do foco estatal na pena criminal e na busca por rapidez na resolução de conflitos sociais, ainda que direitos fundamentais eventualmente sejam subtraídos. Não se vê, portanto, nenhuma preocupação com a conhecida missão do direito penal, que é a tutela de bens jurídicos relevantes, fruto do propósito da "sabedoria legislativa do Estado na luta contra as infrações penais"[14].

Num momento de legislação autoritária[15] e de déficit de garantias, é fundamental relembrarmos que alguns conceitos-chave são capazes de limitar

[12] Ver crítica com detalhes em: CAMARGO, Rodrigo Oliveira de; FELIX, Yuri (org.). **Pacote Anticrime**: reformas processuais – reflexões críticas à luz da Lei 13.964/2019. Florianópolis: Emais, 2020.

[13] REALE JÚNIOR, Miguel. **Novos rumos do sistema criminal**. Rio de Janeiro: Forense, 1983. p. 213.

[14] DOTTI, René Ariel. **Curso de direito penal**: parte geral. 6 ed. São Paulo: Revista dos Tribunais, 2018. p. 85 et seq.

[15] O processo penal é autoritário, como expõem: AMARAL, Augusto Jobim do. **Política da prova e cultura punitiva: a governabilidade inquisitiva do processo penal brasileiro contemporâneo**. São Paulo: Almedina, 2014. p. 132 et seq.; GLOEKNER, Ricardo. **Autoritarismo e processo penal**: uma genealogia das ideias autoritárias no processo penal brasileiro. Florianópolis: Tirant lo Blanch, 2018; GIACOMOLLI, Nereu José. **O devido processo penal:** abordagem conforme a Constituição Federal e o Pacto de São José da Costa Rica. 2 ed. São Paulo: Atlas, 2015. p. 77.

a abundante intervenção do Estado na esfera da liberdade individual. Só um rígido sistema jurídico de garantias é capaz de "impedir ou amenizar o sofrimento humano produzido pela desigualdade e pela seletividade do sistema penal"[16]. No ponto, os conceitos de *criminalização* e *descriminalização*, se bem entendidos, devem contribuir para a construção de uma sólida e harmônica *política pública criminal* projetada a partir do – e para o – Ser Humano.

Os atos de criminalizar e de descriminalizar podem ser facilmente descritos a partir do modelo de Estado em que se vive. Falar de descriminalização é falar de criminalização, motivo pelo qual estes conceitos, antes de serem opostos, apoiam-se, mutuamente – antes de saber *por que* e *como* se descriminaliza, devemos esclarecer as *razões* pelas quais se criminaliza.[17]

A definição do círculo de proteção de bens jurídicos relevantes é função prioritária do Direito Penal, é uma pauta de submissão do conjunto de valores estabelecido pelo Estado, como meio de socialização substitutivo, que só emerge quando os outros meios de controle fracassam. Em jeito de síntese: a lei penal não é mais do que um mero instrumento, entre outros, do controle social.[18] Dentre as propostas de descriminalização, uma especial referência deve ser feita ao princípio da intervenção mínima, postulado que está ancorado na política criminal, sendo considerado um dos mais importantes – pois é orientador e limitador do poder criativo do crime. Basicamente, na esteira deste princípio, só é legítimo criminalizar, se comprovadamente o fato constituir meio para proteção de um determinado bem jurídico relevante, pois "somente se a sanção penal for instrumento indispensável de proteção jurídica é que a mesma se legitima"[19].

Ocorre que, a partir de uma série de tendências sociais, políticas e econômicas, tem-se atribuído demasiado valor aos processos de seleção, idealização e criminalização de condutas, ao passo que nenhuma discussão sobre o que

[16] SANTOS, Juarez Cirino dos. **Direito Penal**: parte geral. 2 ed. Curitiba: ICPC; Lumen Juris, 2007. p. 490.

[17] CASTRO, Lola Aniyar. Sistema penal e sistema social: a criminalização e a descriminalização como funções de um mesmo processo. **Revista de direito penal**, Rio de Janeiro, n. 30, jun-dez. 1980. p. 11.

[18] BARATTA, Alessandro. **Criminologia crítica e crítica do direito penal**. 2 ed. Rio de Janeiro: Freitas Bastos, 1999. p. 101.

[19] LUISI, Luiz. **Os princípios constitucionais penais**. 2 ed. Porto Alegre: Sergio Antonio Fabris Editor, 2003. p. 39.

se pode e se deve descriminalizar é realizada. Não há qualquer preocupação em soluções para a desidratação do Direito Penal, com o consequente investimento em outras políticas extrapenais.

O Brasil vive um dramático e lancinante momento de criminalização por *apelos morais*, fundamentalmente desde a publicação da Lei dos Crimes Hediondos[20] e a partir de determinados reclamos sociais e midiáticos, à beira da insanidade. Vê-se na legislação penal recente, cada vez mais, o recurso a conceitos abertos e indeterminados – e na Lei Anticrime não é diferente. Não há um debate plural no plano legislativo nem mesmo no mundo universitário, pois não é possível debater racionalmente com os *negacionistas*, que tudo pretendem criminalizar e que acreditam que irão resolver os problemas sociais do país por meio do influxo punitivo, do aumento da pena criminal e do encarceramento em massa.

É justamente na contramão do caminho governamental, que é desprovido de caráter científico, que precisamos seguir resgatando as boas práticas para a construção de uma boa *política pública criminal*. Um Direito Penal alicerçado na intervenção mínima é criador de barreiras determinantes sobre o que *se pode* ou *não se pode* criminalizar – uma discussão séria sobre a necessidade e o merecimento do bem jurídico no recebimento da tutela penal. Falamos em determinados bens – e não em qualquer um ou em todos eles. Consequentemente, não se pode admitir a criminalização na tutela de determinado valor quando uma sanção de natureza não penal se mostre suficiente.

Ao contrário da procura por soluções alternativas – a descriminalização de condutas que não afetam bens jurídicos essenciais, o investimento em medidas administrativas do *direito sancionador* ou a proposta de uma *justiça restaurativa*, por exemplo –, a *política pública criminal* segue cegamente o modelo de influxo punitivo tradicional, sem sistematização. Há um maciço esforço estatal na criação de figuras penais, muitas delas totalmente sem sentido, a bem da verdade, sem pé nem cabeça. Fala-se, inclusive, em *onda de neocriminalização* como resposta para os problemas contemporâneos da chamada criminalidade não convencional, na tutela de bens jurídicos difusos e coletivos. É o Estado

[20] A lei é o "marco simbólico do ingresso do Brasil no cenário internacional do grande encarceramento" (CARVALHO, Salo de. O encarceramento seletivo da juventude negra brasileira: a decisiva contribuição do Poder Judiciário. **Revista da Faculdade de Direito da Universidade Federal de Minas Gerais**, Belo Horizonte, n. 67, jul/dez, p. 623-652, 2015).

atuando como primeiro repressor, ampliando as hipóteses legais e, por via de consequência, contribuindo para a expansão do Direito Penal, agarrado no fracassado instituto da pena criminal.[21]

IV. Neocriminalização – *não é a única alternativa*

No vasto campo de condutas que integram a chamada criminalidade contemporânea, não constatamos qualquer discussão sobre eventuais processos de descriminalização. De modo geral, acredita-se na criminalização dessa nova demanda de bens – veja-se, novamente, a Lei Anticrime. Ao revés de propostas descriminalizadoras, existe um visível empenho em neocriminalização. Há algum tempo, verifica-se que o Estado vem elevando muitos dos interesses relacionados com o intervencionismo à categoria de bens jurídicos relevantes.[22] O uso indiscriminado das penas criminais como meio de tutela para qualquer espécie de fins ou interesses do Estado representa a "hipertrofia do direito criminal a que essa indiscriminalização conduz, sublinhando-se a desentronização de uma justiça penal, quando posta a serviço de fins que se apoiem num puro dogmatismo moral inadequado a sociedades plurais ou a que a ética é indiferente".[23]

Para além de não haver uma preocupação sobre o que *se deve* ou *se pode* descriminalizar, também não há um debate público sobre a possibilidade de deslocamento de certas condutas típicas para outras áreas de proteção. O Brasil pós-Constituição Federal vem avançando estupidamente nos processos de criminalização de condutas, muitas sem qualquer dignidade penal. Sem desconhecermos que, em certas ocasiões, a ordem criminalizadora vem

[21] Exemplos: (a) a imposição de descrição aberta e sanção mais severa no âmbito do tratamento da lavagem de dinheiro, que em nosso pensar é exagero legislativo, bem como a exclusão da exigência do crime antecedente (Lei nº 12.683/2012 que alterou a Lei nº 9.613/1998) e, ainda, (b) a adoção da figura hedionda para o crime de corrupção, outra mudança legislativa de cunho meramente emergencial, cujo objetivo decorre apenas da necessidade do atendimento de certos apelos sociais.

[22] DIAS, Jorge de Figueiredo; ANDRADE, Manuel Costa. **Criminologia**: o homem delinquente e a sociedade criminógena. 2. reimp. Coimbra: Coimbra editora, 1997. p. 436.

[23] CORREIA, Eduardo. **Direito penal e direito de mera ordenação social. Direito penal econômico e europeu, textos doutrinários**. Coimbra: Coimbra editora, 1998. p. 3.

do próprio texto constitucional, é preciso frear o abuso na idealização de figurinos penais.

Ao longo do tempo, o Brasil descartou a opção política de afastamento das condutas que integram a chamada criminalidade não convencional do âmbito de incidência do Direito Penal.[24] Ao contrário, os processos de criminalização surgiram imoderadamente, fazendo sucumbir o princípio reitor da subsidiariedade. Portanto, atentamos para o imediato *resgate dos princípios adormecidos.* Afinal, é preciso compreender que o Direito Penal tem um local específico no ordenamento jurídico, só devendo ser invocado para casos evidentemente essenciais. É vital entender o seu verdadeiro sentido: o Direito Penal *mínimo,* uma das expressões mais vigorosas do movimento crítico que se propõe a discutir e avaliar a crise do sistema positivo, a inflação legislativa, depurando-o da insegurança jurídica.[25]

[24] "[...] para além de certas infrações ao direito econômico, às leis da concorrência, bancárias, fiscais, do tráfego, etc., muitas outras violações de norma, caracteristicamente administrativas, considerados os fins que visam, poderão, a esta luz, ser descriminalizadas e remetidas, não para o direito penal administrativo, como queriam Wolf e Godschmidt, mas para o referido direito de mera ordenação social, com um conteúdo substantivo e adjetivo próprios e protegido, não através de penas, mas mediante reações que cabe à Administração impor e que se definem ou caracterizam pela circunstância de se limitarem a exprimir uma mera advertência ou censura social, independentemente de todo o sentido ético-jurídico." O autor ainda salienta: "Simplesmente, se a historicidade do conteúdo ético do ilícito criminal reforça, como vimos, as exigências da legalidade na definição do seu âmbito e das reações que lhe correspondem – cabendo tão-só à doutrina e à política criminal sugerir-lhe critérios de orientação – esta ideia vale, particularmente, para um ilícito constituído pela violação de interesses marcados 'com o signo da transitoriedade', correspondentes a uma certa concepção dos fins do Estado". "Por outro lado, o âmbito dos imperativos, não, ou ainda não, eticizados, ligados à prossecução dos fins do Estado social, bem poderá servir para orientar a delimitação do direito de mera 'ordenação'. E de mera 'ordenação', justamente, porque não corresponde a imperativo ético-jurídico – antes resulta de uma *ampliada* concepção de justiça, que postula um planeamento ou dirigismo, visando uma melhor produção ou distribuição das riquezas, uma maior promoção e difusão da cultura ou de outros interesses da sociedade. Num ordenamento assim *construído* e orientado, compreende-se, por outro lado, que possa caber só a tutela de certos imperativos que visam a promoção do bem-estar, mas a de todas aquelas normas, referentes ações ou omissões, as quais, não ofendendo, direta ou proximamente, os interesses de outrem, constituem, todavia, um perigo para a *ordem ou tranquilidade pública*, isto é, das regras contravencionais" (CORREIA, Eduardo. **Direito penal e direito de mera ordenação social. Direito penal econômico e europeu, textos doutrinários**. Coimbra: Coimbra editora, 1998. p. 16).

[25] DOTTI, René Ariel. **Curso de direito penal**: parte geral. 6 ed. São Paulo: Revista dos Tribunais, 2018. p. 126.

V. Precisamos descriminalizar – *agora*

Devemos pensar seriamente a descriminalização enquanto ferramenta alternativa que deve compor a *política pública criminal*. Obviamente que a descriminalização de condutas típicas no Brasil não representa necessariamente um movimento de abolição integral do sistema criminal. A desidratação do Direito Penal é apenas um necessário começo. Descriminalização é o "ato e a atividade pelos quais um comportamento em relação ao qual o sistema punitivo tem competência para aplicar sanções é colocado fora da competência desse sistema", e pode ser "realizada através de um ato legislativo ou de um ato interpretativo (do juiz)".[26]

Descriminalização é uma renúncia formal de agir em um conflito pela via do sistema criminal, na linha da proposta do Comitê Europeu para Problemas da Criminalidade (*European Committee on Crime Problems*). Descriminalizar, em termos gerais, é "extrair dos catálogos penais as condutas que deixaram de ser consideradas puníveis pelos organismos decisórios correspondentes, o que nos casos dos códigos penais do chamado Direito Continental, é o Poder Legislativo, único autorizado para derrogar, total ou parcialmente as leis"[27]. É a exclusão da conduta no plano legal.

Em doutrina tem-se que a descriminalização pode ser *de fato* ou *de iure*. Na primeira hipótese, quando o próprio sistema punitivo deixa voluntariamente de operar em relação à determinada conduta. Na segunda situação, o Estado deixa de intervir, optando pela *descriminalização* de determinada conduta, aceitando-a como um não crime, uma *conduta sem dignidade penal*. Nas duas formas, há um reconhecimento socialmente aceitável da conduta, seja em razão da perda de seu significado com o passar do tempo, seja pelo reconhecimento da inadequação da punição, seja pela hipótese de responsabilização por outra forma, que não seja por meio do Direito Penal.

Logo, descriminalização é "sinônimo de retirar formalmente ou de fato do âmbito do Direito Penal, certas condutas, não graves, que deixam de ser

[26] HULSMAN, Louk. Descriminalização. **Revista de Direito Penal**. São Paulo, v. 9/10, 1973. p. 7.

[27] CASTRO, Lola Aniyar. Sistema penal e sistema social: a criminalização e a descriminalização como funções de um mesmo processo. **Revista de direito penal**, Rio de Janeiro, n. 30, jun-dez. 1980. p. 19.

delitivas, enquanto a despenalização é, para ele, o ato de diminuir a pena de um delito sem a descriminalizá-lo, quer dizer, sem tirar do fato o caráter de ilícito penal"[28]. E, assim, descriminalizar é fazer justamente o contrário do que o Brasil tem feito nos últimos anos de total ausência de uma *política púbica criminal*: é o avesso do que foi proposto na Lei Anticrime.

VI. Últimas palavras –*ainda devem* ser ditas

A conclusão do texto caminha no sentido de uma aparente obviedade, que é a premente necessidade de contenção dos avanços do autoritarismo no Brasil. Nossas palavras não representam evidências de um pensamento homogêneo e dominante: ao contrário, impera a narrativa do populismo penal, tanto no imaginário social como nas grandes esferas dos Poderes instituídos.

Então, é fundamental reafirmarmos constatações evidenciadas desde o campo científico e que estão sendo escamoteadas pelas narrativas do populismo penal, sobretudo neste momento em que o autoritarismo político (e jurídico) está no solo a germinar. Nesse contexto, é imperativo denunciarmos que o Estado segue ultrapassando os limites do Direito Penal e aumentando demasiadamente a sua estatura, investindo reiteradamente no modelo tradicional de controle social e de resolução de conflitos[29] – *investigação, processo* e

[28] CERVINI, Raúl. **Os processos de descriminalização**. São Paulo: Revista dos Tribunais, 1995. p. 72.

[29] HUSAK, Douglas. ***Sobrecriminalización***: *os limites del derecho penal*. Madrid: Marcial Pons, 2013. p. 41 e 62-64. O ponto é fundamental e tem sido discutido por doutrinadores que criticam a expansão do Direito Penal e o incremento do castigo através da criminalização de condutas. "*La sobrecriminalización es perjudicial por diversas razones que mencionare brevemente, la más importante de las de las cuales requiere una discusión de la segunda de las evoluciones mencionadas: la expansión masiva de la pena estatal.* [...] *Una cantidad substancial de castigos contemporáneos son injustos porque son impuestos em razón de conductas que no deberian encontrarse criminalizadas.* [...]. *es evidente que una mayor criminalización produce más castigo de una manera bastante sencilla: mediante la expansión de las conductas punibles. La incidencia del castigo ha alcanzado cifras sin precedentes, en parte porque las personas son condenadas por delitos que no existían un par de generaciones atrás.* [...] *En efecto, la mayor parte del crecimiento más reciente de la población penal se relaciona con delitos no violentos. Aun si no se hubiese ampliado la cantidad de conductas punibles, las categorías de personas que se ven enfrentadas a la persecución penal se há ampliado.* [...] *La pregunta acerca de donde reside el poder tiene como objetivo identificar a aquellas autoridades que toman las decisiones que tienen el mayor*

prisão –, ainda que seja facilmente constatada a flagrante falta de estrutura do Estado, que, por sua vez, resulta, para além da falta de um conteúdo científico, na impossibilidade de cumprimento da tarefa. Ao contrário do que é promulgado no país, o sistema criminal é subsidiário[30] e o princípio da legalidade funciona como limite ao arbítrio[31]. O lema é o seguinte: "*menos direito penal, melhor direito penal*"[32].

É preciso desidratar o Direito Penal, dando início a um natural processo de esvaziamento. *Primeiro,* porque se sabe que o Direito Penal é o instrumento de controle social e de disciplina que deve ser utilizado com muita moderação, sobretudo em razão da falência do sistema punitivo tradicional e da própria pena criminal. *Segundo,* pois é vital atacarmos a narrativa do populismo penal, reafirmando que o Direito Penal *ainda* é subsidiário e que o recurso à legalidade é fonte legítima de garantia ao cidadão, e não o inverso. E, *terceiro,* porque ainda que a opção seja pela criminalização de condutas extremamente relevantes, é imperativo devolvermos a racionalidade ao sistema criminal, especialmente a partir do aperfeiçoamento do produto do processo legislativo, a fim de evitarmos o que se apresenta claramente como uma catástrofe.

Portanto, estamos na contramão do populismo penal e do conteúdo da recente produção legislativa brasileira. O Direito Penal não é a primeira nem é a única forma de controle social, ainda que seja residualmente "necessário", fundamentalmente em casos de crimes graves praticados com violência. Importa refletirmos, então, sobre os limites da intervenção estatal na vida em

impacto en la determinación de si un individuo será en definitiva castigado y en qué medida. La respuesta, estoy seguro, es en la policía y en los fiscales."

30 OLIVEIRA, Marco Aurélio Moreira de. O direito penal e a intervenção mínima. **Revista Brasileira de Ciências Criminais**, São Paulo, n. 17, p. 145-152, jan./mar, 1997.

31 Luiz Luisi é extremamente claro quando sentencia que "se outras formas de sanção se revelam suficientes para a tutela desse bem, a criminalização é incorreta. Somente se a sanção penal for instrumento indispensável de proteção jurídica é que a mesma se legitima. É 'através do princípio da legalidade se impõem os limites ao arbítrio judicial', sendo o 'princípio orientador e limitador do poder criativo do crime', o princípio da necessidade ou da intervenção mínima, que preconiza que 'só se legitima a criminalização de um fato se a mesma constitui meio necessário para a proteção de um determinado bem jurídico' (**Os princípios constitucionais penais**. Porto Alegre: Fabris, 1991. p. 25).

32 LÓPEZ GASTÓN, Rodrigo. ***Reacciones penales innecesarias en un modelo de derecho penal mínimo****: un estúdio crítico sobre las disputas científicas en torno al derecho penal sancionador.* Buenos Aires: B. de F. Ltda., 2015. p. 15.

sociedade, sobre as reais possibilidades de criminalização, elegendo apenas as condutas relevantes[33] – um autêntico juízo valorativo sobre a pertinência ou não da interferência do Direito Penal. É forçoso reconhecer que a tentativa de diminuição do espectro de abrangência do sistema criminal não decorreu da criação de *instrumentos materiais*, como a *descriminalização* necessária que foi apontada por boa parte da doutrina no período que antecedeu à Constituição Federal de 1988. Ao contrário, ocorreu um certo abandono do tema após o ingresso de mecanismos de consenso por meio de *instrumentos processuais* no ordenamento jurídico, ao passo em que não ocorreram descriminalizações. Houve uma tentativa de desidratação do sistema criminal por meio da sua "americanização"[34], com hipóteses de *despenalização* a partir dos acordos trazidas pela Lei nº 9.099/95.

O fato é que quase nada foi feito nas últimas décadas para descriminalizar figuras jurídicas que não têm qualquer dignidade penal, *v.g.*, a Lei de

[33] CASTRO, Lola Aniyar. Sistema penal e sistema social: a criminalização e a descriminalização como funções de um mesmo processo., **Revista de direito penal**, Rio de Janeiro, n. 30, jun-dez. 1980. p. 19. A autora termina com a reflexão de Hulsman quanto ao momento de intervenção: 1. Esclarecer os objetivos do sistema penal (se fossem taticamente suscetíveis de serem esclarecidos). 2. Avaliar as possibilidades reais de alcançar esses fins por esse meio. 3. Avaliar as possibilidades de alcançá-los por outros meios, tratando de indenizar ou satisfazer a vítima por outros setores do sistema jurídico, o qual deve sempre ser considerado em sua totalidade. 4. Estabelecer se, criminalizando, evita-se a vingança privada, se se produz uma satisfação psicológica à vítima, ou se satisfaz seu sentimento da justiça, ou se reforça seu sentimento de segurança. 5. Ponderar o dano da estigmatização que causa, tanto à vítima como ao autor, o traslado de um fato à esfera penal. 6. Levar em conta que a sanção penal é não restitutiva e, portanto, não muito eficaz. 7. Considerar o tamanho provável da cifra negra, que tornaria enganoso o efeito da criminalização. 8. Não esquecer que, em princípio, o sistema penal oferece mais garantias que os outros sistemas jurídicos e não jurídicos, como o das medidas de segurança e outros sistemas civis e administrativos; garantias tais como a do princípio "*in dubio por reo*", a do controle da defesa, que são privativas da esfera penal.

[34] É a advertência de Miguel Reale Júnior: "A conclusão só pode ser: com a sofreguidão por eficiência tem havido uma busca de finalização rápida de processos que suprime o devido relevo às categorias da teoria geral do crime para fazer do processo um fim em si mesmo. Ao se romper com os princípios de um direito processual penal acusatório, garantista, graças à simplificação para a celeridade, levaram-se de roldão os princípios e categorias do Direito Penal, com desprezo do reconhecimento prévio da tipicidade e dos demais elementos da estrutura do delito penal para efetividade da sanção penal" (REALE JÚNIOR, Miguel. Simplificação processual e desprezo ao direito penal. **Ciências Penais – Revista da Associação Brasileira de Ciências Penais**, São Paulo: Revista dos Tribunais, v. 5, n. 9, p. 289-310, jul./dez. 2008.).

Contravenções Penais – e, quando algum tipo foi descriminalizado, uma nova figura penal foi criada, mera atualização do texto legal – é a republicação do tipo legal de crime com aumento da sanção. Ainda neste contexto, é visível que o recurso aos *instrumentos processuais* não foi efetivo na contenção do populismo penal e do encarceramento em massa.

Vamos ao ponto: em tempo de populismo penal, urge buscarmos alternativas viáveis para descriminalização. Defendemos uma proposta de *política pública criminal* que seja criteriosa e responsável em seus compromissos com a criminalização e a descriminalização, pela qual sejam rigidamente fixados os critérios de relevância dos bens jurídicos e as necessárias respostas penais, impondo racionalidade do plano legislativo.

O debate sobre neocriminalização e descriminalização de condutas típicas deve fazer parte de qualquer plano político da legislação penal que se pretenda racional e democrático.[35] Já tivemos a oportunidade de dizer que vivemos tempos de ausência de sérias políticas criminais. A década de noventa do século passado foi pródiga em prover exemplos de soluções e de teorias de última hora. Muito do discurso envolvente é fruto dos âncoras, os jornalistas dos horários nobres dos meios de comunicação, e de grande parte dos parlamentares populistas que prometem *rigor penal* como solução. Nesse ambiente, para além da mitigação de garantias fundamentais, surge uma péssima produção legislativa, repleta de incoerências, com textos muitas

[35] Existem importantes trabalhos científicos dedicados à análise da "qualidade da atividade legislativa em matéria de Direito Penal". "Pode-se argumentar que o processo legislativo brasileiro, ao menos no que diz respeito à confecção de leis penais, caracteriza-se em larga medida por uma absoluta falta de um comprometimento deliberativo em relação ao sopesamento das consequências socioeconômicas suscitadas pela aprovação de reformas legais que, com maior ou menor impacto, contribuem para o estreitamento do *output* de um sistema prisional que, já no ano de 2014, registrara déficit de 354 mil vagas", asseguram GLOEKNER, Ricardo; RAMOS, Marcelo Buttelli. O respeito agonístico como princípio de legitimação (substancial) da racionalidade legislativa aplicada à produção de normas penais. **Revista Brasileira de Ciências Criminais**, São Paulo: Revista dos Tribunais, v. 147, ano 26, set. 2018. p. 802. Na mesma linha, apontado as causas da atual crise da produção legislativa criminal no Brasil e defendendo uma ciência da legislação com critérios de racionalidade: FALAVIGNO, Chiavelli Facenda. *El examen de racionalidad en la legislación penal brasileña: un análisis de la ley 11343 de 2006*. **Revista Brasileira de Ciências Criminais**, São Paulo: Revista dos Tribunais, v. 27, n. 162, p. 121-143, dez. 2019.

vezes marcados pela ausência de cientificidade e que acabam produzindo uma profunda falta de sistematicidade.[36]

É obrigatório que uma *política pública criminal* seja pautada por princípios e recomendações de índole constitucional, seja fruto das revelações empíricas propiciadas pelo desempenho das instituições democráticas que integram o sistema criminal.[37] É imperativo recuperarmos a *ação política e científica perdida*, que foi projetada a partir dos direitos e das garantias individuais e que tutela com o Direito Penal apenas os valores de um núcleo estritamente necessário de condutas sociais, desprestigiando o entorno e preservando o miolo ético-jurídico-social mínimo dos direitos humanos. Ainda que o populismo penal avance, não é possível aniquilar os critérios de um Direito Penal subsidiário e minimalista nem em momentos de pânico ou de criação de crises artificiais, sob pena de rememorarmos questões cientificamente superadas. Sem racionalidade e sem uma visão integral do sistema criminal, seguiremos a viver neste tempo de "legalidade autoritária" e de "violências de Estado"[38].

Referências

AMARAL, Augusto Jobim do. **Política da prova e cultura punitiva**: a governabilidade inquisitiva do processo penal brasileiro contemporâneo. São Paulo: Almedina, 2014.

AMARAL, Augusto Jobim do. **Política da criminologia**. São Paulo: Tirant lo Blanch, 2020.

BARATTA, Alessandro. **Criminologia crítica e crítica do direito penal**. 2 ed. Rio de Janeiro: Freitas Bastos, 1999.

BATISTA, Nilo. Algumas palavras sobre descriminalização. **Revista de Direito Penal**, São Paulo, n. 13/14, 1974.

[36] WUNDERLICH, Alexandre. *Habeas Corpus* e a Dimensão da Liberdade: 20 Anos após a Constituição Federal de 1988. *In*: PRADO, Geraldo. **Processo Penal e Democracia**: Estudos em Homenagem aos 20 anos da Constituição da República de 1988. Rio de Janeiro: Lumen Juris, 2009. p. 36.

[37] BATISTA, Nilo. Algumas palavras sobre descriminalização. **Revista de Direito Penal**, São Paulo, n. 13/14, 1974. p. 34.

[38] WUNDERLICH, Alexandre. **Crime político, segurança nacional e terrorismo**. São Paulo: Tirant lo Blanch, 2020. p. 78.

CAMARGO, Rodrigo Oliveira de; FELIX, Yuri (org.). **Pacote anticrime**: reformas processuais – reflexões críticas à luz da Lei 13.964/2019. Florianópolis: Emais, 2020.

CANESTRI, Francisco. *Los procesos de descriminalización desde un punto de vista criminologico: especial referencia del medio latinoamericano.* **Estudos Jurídicos** São Leopoldo, v. VI, n. 14, 1975.

CARVALHO, Salo. **A política criminal de drogas no Brasil.** 8 ed. São Paulo: Saraiva, 2016.

CARVALHO, Salo. **Antimanual de criminologia.** 6 ed. São Paulo: Saraiva, 2015.

CARVALHO, Salo. O encarceramento seletivo da juventude negra brasileira: a decisiva contribuição do Poder Judiciário. **Revista da Faculdade de Direito da Universidade Federal de Minas Gerais**, Belo Horizonte, n. 67, jul/dez. 2015.

CASTRO, Lola Aniyar. Sistema penal e sistema social: a criminalização e a descriminalização como funções de um mesmo processo. **Revista de direito penal**, Rio de Janeiro, n. 30, jun-dez. 1980.

CERVINI, Raúl. **Os processos de descriminalização**. São Paulo: Revista dos Tribunais, 1995.

CORREIA, Eduardo. Notas críticas a penalização de actividades econômicas. **Ciclo De Estudos de Direito Penal Económico**. Coimbra: Garcia e Carvalho, 1985. [Trabalhos apresentados].

CORREIA, Eduardo. **Direito penal e direito de mera ordenação social. Direito penal econômico e europeu, textos doutrinários**. Coimbra: Coimbra Editora, 1998. v. I.

DIAS, Jorge de Figueiredo; ANDRADE, Manuel Costa. **Criminologia**: o homem delinquente e a sociedade criminógena. 2 reimp. Coimbra: Coimbra Editora, 1997.

DOTTI, René Ariel. **Curso de direito penal***:* parte geral. 6 ed., rev., atual. e ampliada, com a colaboração de Alexandre Knophfholz e Gustavo Britta Scandelari. São Paulo: Revista dos Tribunais, 2018.

FAYET, Ney. A crise da pena e a descriminalização. **Revista da Associação dos Juízes do Rio Grande do Sul**, Porto Alegre, v. 11, 1977.

FALAVIGNO, Chiavelli Facenda. *El examen de racionalidad en la legislación penal brasileña: un análisis de la ley 11343 de 2006.* **Revista Brasileira de Ciências Criminais**, São Paulo: Revista dos Tribunais, v. 27, n. 162, p. 121-143, dez. 2019.

FERRAJOLI, Luigi. ***Derecho y razón:*** *teoria del garantismo penal.* Madrid: Trotta, 1997.

GIACOMOLLI, Nereu José. **O devido processo penal**: abordagem conforme a Constituição Federal e o Pacto de São José da Costa Rica. 2 ed. São Paulo: Atlas, 2015.

GLOECKNER, Ricardo Jacobsen. **Autoritarismo e processo penal**: uma genealogia das ideias autoritárias no processo penal brasileir*o*. Florianópolis: Tirant lo Blanch, 2018.

GLOECKNER, Ricardo Jacobsen; RAMOS, Marcelo Buttelli. Os sentidos do populismo penal: uma análise para além da condenação ética. **DELICTAE: Revista de Estudos Interdisciplinares sobre o Delito**, v. 2, n. 3, 2017.

GLOECKNER, Ricardo Jacobsen; RAMOS, Marcelo Buttelli. O respeito agonístico como princípio de legitimação (substancial) da racionalidade legislativa aplicada à produção de normas penais. **Revista Brasileira de Ciências Criminais**, São Paulo: Revista dos Tribunais, v. 147, ano 26, set. 2018.

HASSEMER, Winfried. Perspectivas de uma moderna política criminal. **Revista Brasileira de Ciências Criminais**, São Paulo: Revista dos Tribunais, v. 2, n. 8, out./dez. 1994.

HULSMAN, Louk. Descriminalização. **Revista de Direito Penal**, São Paulo, v. 9/10, 1973.

HUSAK, Douglas. ***Sobrecriminalización: os limites del derecho penal***. Madrid: Marcial Pons, 2013.

LÓPEZ GASTÓN, Rodrigo D. ***Reacciones penales innecesarias en un modelo de derecho penal mínimo:*** *un estúdio crítico sobre las disputas científicas en torno al derecho penal sancionador*. Buenos Aires: B. de F. Ltda., 2015.

LUISI, Luiz. **Os princípios constitucionais penais**. Porto Alegre: Fabris, 1991.

OLIVEIRA, Marco Aurélio Moreira de. O direito penal e a intervenção mínima. **Revista Brasileira de Ciências Criminais**, São Paulo: Revista dos Tribunais, n. 17, p. 145-152, jan./mar. 1997.

REALE JÚNIOR, Miguel. **Antijuridicidade concreta**. São Paulo: José Bushats Editor, 1974.

REALE JÚNIOR, Miguel. Diagnóstico preliminar do sistema penal brasileiro e primeiras propostas para sua reformulação. **Revista Brasileira de Ciências Criminais**. São Paulo: Revista dos Tribunais, ano 8, n. 30, abr/jun. 2000.

REALE JÚNIOR, Miguel. Nacional Populismo. *Estadão*, São Paulo, março de 2020.

REALE JÚNIOR, Miguel. Simplificação processual e desprezo ao direito penal. **Ciências Penais – Revista da Associação Brasileira de Ciências Penais**, São Paulo: Revista dos Tribunais, v. 5, n. 9, p. 289-310, jul./dez. 2008.

REALE JÚNIOR, Miguel. **Novos rumos do sistema criminal**. Rio de Janeiro: Forense, 1983.

REALE JÚNIOR, Miguel; KAGUEIAMA, Paula Thieme. **Desafios e desvios do sistema criminal**. [*S.l.*]: [*s.n.*], 2020. No prelo.

ROXIN, Claus. ***Derecho Penal. Fundamentos:*** *la estructura de la teoria del delito - parte general*. Madrid: Civitas, 1997. t. I.

SÁNCHEZ-OSTIZ, Pablo. ***Fundamentos de política criminal:*** *un retorno a los princípios*. Madrid: Marcial Pons, 2012.

SANTOS, Juarez Cirino dos. **Direito Penal**: parte geral. 2 ed. Curitiba: ICPC; Lumen Juris, 2007.

SHECAIRA, Sérgio Salomão. Pena e política criminal: a experiência brasileira. *In*: SHECAIRA, Sérgio Salomão; SÁ, Alvino A. de (org.). **Criminologia e os problemas da atualidade**. São Paulo: Atlas, 2008.

VALENTE, Manuel Guedes Monteiro. **Direito penal do inimigo e terrorismo**: o "progresso ao retrocesso". 3 ed. São Paulo: Almedina, 2019.

VALENTE, Manuel Guedes Monteiro. **Direito penal**: fundamentos político-criminais. Lisboa: Artipol – edição do autor, 2017.

ZAFFARONI, Eugenio Raúl. ***Tratado de Derecho Penal***, *parte general*. Buenos Aires: Ediar, 1981. v. I.

WUNDERLICH, Alexandre. **Crime político, segurança nacional e terrorismo**. São Paulo: Tirant lo Blanch, 2020.

WUNDERLICH, Alexandre. Habeas Corpus e a Dimensão da Liberdade: 20 Anos após a Constituição Federal de 1988. *In*: PRADO, Geraldo; MALAN, Diogo (coord.). **Processo Penal e Democracia**: Estudos em Homenagem aos 20 anos da Constituição da República de 1988. Rio de Janeiro: Lumen Juris, 2009.

WUNDERLICH, Alexandre; CARVALHO, Salo. Reformas legislativas e populismo punitivo: é possível controlar a sedução pelo poder penal? **Boletim do IBCCRIM**, São Paulo: IBCCRIM, n. 214, set./2010.

WUNDERLICH, Alexandre; OLIVEIRA, Rodrigo Moraes de. Resistência, prática de transformação social e limitação do poder punitivo a partir do sistema de garantias: pela (re)afirmação do garantismo penal na contemporaneidade. *In*: WUNDERLICH, Alexandre (org.). **Política criminal contemporânea. Criminologia, Direito Penal e Direito Processual Penal**. Porto Alegre: Livraria do Advogado, 2007.

6.
SUCESSÃO DE LEIS PENAIS NO TEMPO EM DELITOS ECONÔMICOS

Andrei Zenkner Schmidt

Algumas palavras a um amigo

Os tempos atuais de punitivismo descriterioso, de desapego à dogmática penal e processual, de contaminação do discurso jurídico por juízos morais fazem-me lembrar da época em que nossos tribunais tinham, de uma maneira geral, composições relativamente plurais e harmônicas. Havia colegiados que, no meio da advocacia, eram vistos como mais rigorosos em sua leitura inflexível do Direito, geralmente desapegados de uma visão próxima à hermenêutica constitucional. Mas esse rigor era balanceado por outros colegiados que primavam pela leitura constitucional do ordenamento jurídico. Seja como for, falo aqui do tempo (mais especificamente do final da última década do século passado, quando iniciei na advocacia) em que qualquer que fosse o órgão do Judiciário que analisasse as postulações defensivas, o respeito, a ética, a cordialidade ainda reinavam (conquanto tivéssemos algumas exceções). Era um tempo em que seria impensável um membro do Judiciário advogar seu voto perante seus pares; um momento em que os sujeitos processuais, a despeito de ocuparem posições distintas, encaravam o jogo processual de forma respeitosa. E mesmo internamente entre seus pares, o pluralismo entre os juízes era visto com algum respeito.

Conheci Nereu Giacomolli nessa época. Um magistrado humanista, sensível à complexidade da persecução penal, atento à incoerência que subjaz ao poder punitivo. Alguém consciente de que, ao fim e ao cabo, a função de um juiz criminal é desempenhar um rigoroso controle da distribuição da jurisdição penal. Um juiz respeitoso com as partes e portador de um fino polimento em seu diálogo, que até hoje nos faz perplexos.

Os tempos de hoje são bem diferentes. A política institucional das agências penais sucumbiu ao discurso punitivista, à transformação da jurisdição num campo de batalha. Obviamente que não podemos incorrer no vício da generalização, mas a verdade é que, hoje, essas agências penais (nas quais se incluem o Judiciário e até mesmo a OAB) caminham a passos largos rumo à popularização, ao apego pela demagogia. São tempos de instituições infantilizadas e beligerantes, que operam com enorme incapacidade de compreensão do pensamento democrático. Não sei se essa é a percepção geral de quem, hoje, aventura-se na advocacia criminal, mas, pessoalmente, sinto muita tristeza quando vejo sujeitos processuais arvorando-se na condição de gladiadores, transformando o processo num campo de batalha. Uma lástima que as agências penais se tenham deixado levar pelo populismo. Esse cenário me fez compreender o dia em que, nos corredores da PUC, Nereu me disse que estaria se aposentando da magistratura. Apesar de sua discrição ser sempre presente, era inegável a sua decepção com os tempos atuais da jurisdição criminal. Hoje advogado, sei que esse sentimento certamente não mudou: o que variou foi apenas o lado do balcão em que estamos.

O mais interessante é que o Nereu manteve-se íntegro em seus valores, em sua ética, em sua formação humanista. Titular de uma capacidade de dialogar que a muitos inveja (inclusive a mim), o meu grande amigo sempre teve o dom do equilíbrio em sua postura pessoal e profissional. Mesmo percebendo que os dias de hoje são bem mais complexos, Nereu segue não medindo esforços em fazer sua parte na tarefa que ainda nos é possível. Há alguns anos, li uma entrevista com Fernando Gabeira, ocasião em que ele afirmou: "não vamos mudar o mundo, mas isso não nos impede de protagonizarmos pequenas boas ações". É nisso que acredito: todos temos de fazer as nossas pequenas boas ações. E Nereu é um exemplo disso. Meu amigo, siga sempre assim, continue servindo a todos nós de exemplo pessoal, acadêmico e profissional. Essa singela homenagem é muito menos do que você merece.

1. A peculiaridade da norma penal econômica: a abertura formal ao ilícito pressuposto como técnica legislativa de adequação do tipo de ilícito à mutabilidade e à instrumentalidade do objeto da tutela

A tênue autonomia disciplinar do Direito Penal Econômico[1], na verticalidade dos problemas atinentes à sucessão de leis penais no tempo, revela-se de uma forma muito especial na relação entre o tempo e a dignidade da tutela jurídica. Muito embora essa seja uma característica que acompanha boa parte do Direito Penal secundário, é na intervenção penal incidente em fluxos econômicos que a dignidade penal do ilícito pressuposto varia com frequência amplificada em comparação com o Direito Penal primário[2].

Com efeito, a velocidade da política criminal incidente no segmento "pesado" da intervenção penal (crimes contra a pessoa, o patrimônio, a Administração Pública, etc.) parece estar contemporaneamente direcionada, na maior parte das vezes, para a carga de resposta penal (*quantum* de pena, medidas cautelares, incidentes na execução penal, etc.) prevista para um tipo de ilícito relativamente estável[3].

Tal fenômeno, é bom que se diga, também é notado em relação a delitos econômicos. Mas o diferencial é que a isso se soma um grau considerável de "liquidez" que igualmente afeta os limites materiais do tipo de ilícito. Esse é um custo dogmático que resulta de duas características próprias do objeto

[1] Sobre o tema: SCHMIDT, Andrei Zenkner. **Direito penal econômico** – Parte geral. Porto Alegre: Livraria do Advogado, 2015. p. 71-117.

[2] TIEDEMANN, Klaus. *La ley penal en blanco: concepto y cuestiones conexas*. **Revista Brasileira de Ciências Criminais**, São Paulo: RT, v. 10, p. 81 (p. 73-97), jan./mar. 2002.

[3] SILVA SÁNCHEZ, Jesús Maria. ***Tiempos de Derecho Penal***. Montevideo/Buenos Aires: B de F, 2009. p. 19. Para uma ampla visão: PADOVANI, Tullio. *Il Problema 'Tangentopoli' tra Normalità della Normalità*. ***Rivista Italiana di Diritto e Procedura Penale***, Milano: Giuffrè, ano XXXIX, fasc. 2-3, p. 448-462, apr./set. 1996.

da tutela no Direito Penal Econômico[4]: a mutabilidade e a instrumentalidade do bem jurídico protegido.

A relação de cuidado que envolve os fluxos econômicos, além de assumir níveis mais elevados de densidade polissêmica, é bem mais cognoscível em segmentos profissionais e institucionais (poderíamos defini-los como "agências econômicas") que atuam na especialidade do microssistema de economia contemporânea. Um dos efeitos imediatos dessa característica é que a leitura do desvalor de práticas antieconômicas está circunscrita a um número bem menor e mais técnico de personagens que não costuma, para tanto, prescindir de regulamentações estatais conformadoras. E assim o é porque essa é *praxis* contemporânea da relação entre Estado e macroeconomia na historicidade da globalização.

A transferência de poder das instâncias legislativas para as executivas, facilmente identificada em Estados de raiz democrática pautados por uma economia de mercado, conquanto seguidamente criticável, é um instrumento útil para respostas rápidas a demandas variáveis de controle institucional, que mal se acomodam à densa estrutura imanente ao processo legislativo.

A referida contingência regulatória tem a inegável consequência de instrumentalizar as "agências penais" (Poder Legislativo, Poder Judiciário, Ministério Público, advocacia, etc.) em busca da melhor calibragem possível para a dignidade penal da ofensa. São diversas as dimensões e os limites dessa instrumentalização, mas interessa-nos, de momento, o recorte teórico na particular forma de atuação do Poder Legislativo na definição legal de delitos econômicos[5].

[4] Em detalhes: SCHMIDT, Andrei Zenkner. **Direito penal econômico** – Parte geral. Porto Alegre: Livraria do Advogado, 2015. p. 83-97.

[5] A bibliografia sobre o tema é ampla: TIEDEMANN, Klaus. *Tecnica Legislativa nel Diritto Penale Economico.* ***Rivista Trimestrale di Diritto Penale Dell'Economia***, Padova: Cedam, ano XIX, n. 1-2, p. 1-15, genn./giu. 2006; DI CHIARA, Giuseppe. *Interessi Colettivi e Diffusi e Tecniche di Tutela nell'Orizzonte del Codice del 1988.* ***Rivista Italiana di Diritto e Procedura Penale***, Milano: Giuffrè, p. 426-447, 1991; GÓMEZ PAVÓN, Pilar. *Cuestiones Actuales del Derecho Penal Económico: el Principio de Legalidad y las Remissiones Normativas.* **Revista Brasileira de Ciências Criminais**, São Paulo: RT, n. 48, p. 108-163, maio/jun. 2004; MARINUCCI, Giorgio; ROMANO, Mario. *Tecniche Normative nella Repressione Penale degli Abusi degli Amministratori di Società per Azioni.* ***Rivista Italiana di Diritto e Procedura Penale***, Milano: Giuffrè, p. 681-713, 1971; NAVARRO, Pablo E.; MANRIQUE, Laura. ***El desafio de la Taxatividad. Anuario de Derecho Penal y Ciencias Penales***. Madrid: Centro de Publicaciones/Ministerio de Justicia,

O tipo de ilícito econômico é genuinamente predisposto a se abrir para cláusulas de reenvio que repercutem significativamente na noção de tipicidade do crime econômico, de modo a ajustar a estaticidade da norma penal às frequentes variações da política econômica[6].

São diversas as classificações apresentadas pela doutrina em relação às formas como essa abertura normativa se opera: leis penais em branco próprias (quando o complemento normativo é dado por instância não legislativa) e impróprias (quando o complemento provém da mesma lei ou de lei de igual hierarquia)[7]; leis penais em branco em sentido estrito (quando o pressuposto normativo se encontra em instância não legislativa, a quem competiria, em definitivo, exercer a ameaça legal) e elementares normativas de conteúdo jurídico (quando o pressuposto normativo é dado pelo próprio legislador)[8]; remissão em bloco (quando a infração da norma administrativa é pressuposto de adequação típica) e remissões interpretativas (quando a norma extrapenal é necessária para interpretar ou integrar um elemento típico)[9]; remissão integral em bloco (quando a lei penal se limita a estabelecer a sanção, delegando a integralidade da proibição a outra competência) e remissão parcial em bloco

2005. t. LVIII. fasc. III. p. 807-836; PAREDES CASTAÑON, José Manuel. *Los Delitos de Peligro como Técnica de Incriminación en el Derecho Penal Económico: Bases Político-Criminales*. ***Revista de Derecho Penal y Criminología***, Madrid: Marcial Pons, n. 11, p. 95-164, ene. 2003; DOVAL PAIS, Antonio. ***Posibilidades y Límites para la Reformulación de las Normas Penales***. *El Caso de las Leyes en Blanco*. Valencia: Tirand lo Blanch, 1999. p. 47-94. Tratando do mesmo tema, porém sob o viés do direito comunitário: BERNASCONI, Costanza. *L'Influenza del Diritto Comunitario sulle Tecniche di Costruzione della Fattispecie Penale. In:* ***L'Indice Penale***. Padova: Cedam, 1996. p. 451-473.

6 ARROYO ZAPATERO, Luis. *Derecho penal económico y constitución*. ***Revista Penal***, Barcelona: Praxis, v. 1, p. 9 (p. 1-15), ene. 1998. ARROYO ZAPATERO, Luis. *Legislación Penal Socio--económica y Retroactividad de Disposciones Favorables: el Caso de las 'Leyes em Blanco'*. ***Estudios Penales y Criminológicos***, Santiago de Compostella: USC, XVI, p. 431 (p. 423-461), 1993.

7 LUZÓN PEÑA, Diego Manuel. ***Curso de Derecho Penal***. Madrid: Universitas, 1997. v. I. p. 81; ZAFFARONI, Eugenio Raúl; ALAGIA, Alejandro; SLOKAR, Alejandro. ***Manual de Derecho Penal***. Parte General. 2. ed. Buenos Aires: Ediar, 2006. p. 102.

8 SILVA SÁNCHEZ, Jesús-María. Legislación Penal Socio-económica y Retroactividad de Disposciones Favorables: el Caso de las 'Leyes em Blanco'. ***Estudios Penales y Criminológicos***, Santiago de Compostella: USC, XVI, p. 423-461, 1993. p. 454.

9 GARCIA ARÁN, Mercedes. *Remissiones Normativas, Leyes Penales em Blanco y Estructura de la Norma Penal*. ***Estudios Penales y Criminológicos***, Santiago de Compostella: USC, XVI, p. 71-72 (p. 63-103), 1993.

(quando apenas um dos aspectos do tipo sofre o reenvio)[10]; remissão expressa (a lei estabelece com clareza o preceito que deverá ser complementado) e remissão tácita (a integração da norma advém de uma valoração jurídica não exigida expressamente pelo tipo penal)[11]; leis penais em branco *dinâmicas* (o conteúdo da remissão é dado por círculos profissionais competentes) e leis penais em branco *estáticas* (regulação técnica concretamente determinada e com conteúdo vigente no momento da remissão)[12] [13].

Em que pese a utilidade dessas classificações para melhor compreendermos toda a dimensão da técnica legislativa do reenvio, quer-nos parecer que a clássica distinção defendida por Mezger[14] prossegue válida: a) quando o complemento de uma norma encontra-se na mesma lei; b) quando se encontra em outras leis, porém emanadas da mesma autoridade legislativa; e c) quando o complemento é feito por uma norma de instância legislativa diversa. Só a última categoria configura *leis penais em branco em sentido estrito*[15].

A relevância da distinção entre elementares normativas (de *interpretação conceitual* – quando o complemento é dado por norma de igual hierarquia[16]

[10] GÓMEZ PAVÓN, Pilar. ***Cuestiones Actuales del Derecho Penal Económico****: el Principio de Legalidad y las Remissiones Normativas.* **Revista Brasileira de Ciências Criminais**, São Paulo: RT, n. 48, p. 108-163, maio/jun. 2004. p. 148.

[11] MARTÍNEZ-BUJÁN PÉREZ, Carlos. *Derecho Penal Económico y de la Empresa*. Parte General. 2. ed. Valencia: Tirand lo Blanch, 2007. p. 248.

[12] SCHUNEMANN, Bernd. *Las reglas de la técnica en Derecho Penal*. *In:* SCHUNEMANN, Bernd. Las reglas de la técnica en Derecho Penal. *In:* SCHUNEMANN, Bernd.***Obras***. Buenos Aires: Rubinzal, 2009. t. I. p. 252-253.

[13] Para uma visão ampla de todas as classificações: ALBANI, Antonio Pecoraro. *Riserva di Legge – Regolamento Norma Penale in Biano.* ***Rivista Italiana di Diritto e Procedura Penale***, Milano: Giuffrè, p. 762-828, 1959; DOVAL PAIS, Antonio. ***Posibilidades y Límites para la Reformulación de las Normas Penales.*** El Caso de las Leyes en Blanco. Valencia: Tirand lo Blanch, 1999. p. 114-126.

[14] MEZGER, Edmund. ***Tratado de Derecho Penal.*** Madrid: Revista de Derecho Privado, 1955. t. I. p. 196.

[15] No mesmo sentido: TIEDEMANN, Klaus. *La ley penal en blanco: concepto y cuestiones conexas.* ***Revista Brasileira de Ciências Criminais***, São Paulo: RT, v. 10, p. 73-97, jan./mar. 2002. p. 74.

[16] Pode ser *interno*, sempre que o complemento esteja contido na mesma lei (exemplos: o conceito de "funcionário público", ditado pelos arts. 312/326, é dado pelo art. 327 do CP; o conceito de instituição financeira, para os crimes definidos na Lei nº 7.492/1986, é dado pelo art. 1º da mesma lei), ou *externo*, quando norma diversa, porém de igual (ou superior) hierarquia, complementa o tipo de ilícito (exemplos: o conceito de "tributo e contribuição social",

– ou de *valoração de conduta* – quando a complementação baseia-se exclusivamente em uma valoração judicial[17]) e normas penais em branco[18] assume, especialmente nos delitos econômicos, uma missão meramente classificatória: as técnicas de reenvio *em cascata* seguidamente impossibilitam uma distinção de categorias que, ao fim e ao cabo, se submetem aos mesmos parâmetros de eficácia intertemporal[19].

Entendemos por *regulamentação em cascata* os casos, muito comuns no Direito Penal Econômico, em que o complemento da elementar normativa tem as suas diretrizes gerais definidas por outra instância legislativa que, de seu turno, delega a outras instâncias o poder de melhor explicitar os termos do ilícito[20].

Nas normas penais em branco em sentido estrito, o complemento normativo proveniente de instância não legislativa pode assumir as mais diversas características: complementação conceitual de uma elementar do tipo de

definido no art. 1º da Lei nº 8.137/1990, é dado pelo art. 3º do Código Tributário Nacional; o conceito de "distribuição disfarçada de lucro", definido no inciso II do parágrafo único do art. 17 da Lei nº 7.492/1986, é dado pelo art. 60 do Decreto-Lei nº 1.598/1977; o prazo legal de recolhimento de uma contribuição previdenciária, para fins de incidência do art. 168-A do CP, é dado normalmente pela Lei nº 8.212/1991).

[17] Exemplos: "motivo torpe" (parágrafo 2º do art. 121 do CP), "gestão temerária" (parágrafo único do art. 4º da Lei nº 7.492/1986), "publicidade enganosa" (art. 67 da Lei nº 8.078/1990) etc.

[18] Em detalhes: ARZÚA, Enrique Cury. *Contribución al Estudio de las Leyes Penales en Blanco.* ***Derecho Penal y Criminologia***, Universidad Externado de Colombia, n. 4, v. I, p. 7-26, 1978.

[19] Os conceitos *"son prácticamente coincidentes, siempre que se trate de elementos normativos jurídicos que no remitan a simples proposiciones descriptivas (o sea, meras definiciones ibicadas em uma normativa extrapenal), sino a auténticas proposiciones prescriptivas extrapenales (o sea, a mandatos o a prohibiciones)"* (MARTÍNEZ-BUJÁN PÉREZ, Carlos. ***Derecho Penal Económico y de la Empresa.*** *Parte General.* 2. ed. Valencia: Tirand lo Blanch, 2007. p. 249). Daí que *"el critério essencial para distinguir entre 'ley penal en blanco' y elemento normativo no puede depender de la mera existência de uma 'remisión' a norma extra-penales (de menor jerarquia que una ley formal)"* (ABANTO VÁSQUEZ, Manuel A. *El principio de certeza en las leyes penales en blanco: especial referencia a los delitos económicos.* ***Revista Peruana de Ciencias Penales***, Lima, fascículo 9, p. 19 (p. 13-34), 1999.

[20] Exemplo: o art. 22 da Lei nº 7.492/1986 exige que a operação de câmbio, para constituir delito, tenha de estar em contrariedade com o ordenamento jurídico. O art. 65 da Lei nº 9.069/1995 descreve as condições gerais para operações de câmbio no Brasil, ao passo que a regulamentação específica é encontrada no Regulamento de Mercado de Câmbio e Capitais Internacionais (RMCCI), uma consolidação de normas administrativas editadas pelo Bacen.

ilícito[21], autorizações provenientes de agências reguladoras[22] ou de entidades privadas[23], pressuposição do ilícito administrativo como requisito do tipo de ilícito penal[24], etc.

Por fim, é prudente sobressaltar outra distinção relevante ao nosso objeto de estudo. Existem normas penais em que o reenvio normativo não se verifica de maneira taxativa, porém deve ser exigido como condição dogmática à incidência do tipo de ilícito[25]. A Lei nº 8.137/1990, ao definir o crime fiscal (art. 1º), não descreve expressamente que o delito só se perfectibilizará na hipótese de haver descumprimento da regulamentação fiscal incidente na espécie. Da mesma forma, o art. 4º da Lei nº 7.492/1986, ao tipificar a conduta de *gestão temerária* de instituição financeira, não reenvia textualmente a conduta típica de temerariedade às normas emanadas do Bacen que tutelam o risco em operações financeiras.

Seria um contrassenso, contudo, aceitarmos que o desrespeito ao ilícito jurídico em toda a sua totalidade[26] fosse um problema a ser examinado em momento posterior da estrutura dogmática do delito (antijuridicidade), como

[21] Exemplos: o conceito de "droga", para fins de incidência do art. 33 da Lei nº 11.343/2006, é dado pela Portaria SVS/MS nº 344/1998; o conceito de "informação relevante", para incidência do delito de *insider trading* (art. 27-D da Lei nº 6.538/1978), é dado pelo art. 2º da Instrução CVM nº 358/2002.

[22] Exemplos: "sem autorização", descrita no art. 16 da Lei nº 7.492/1986; "sem a devida permissão, licença ou autorização da autoridade competente", referida no art. 29 da Lei nº 9.605/1998.

[23] Exemplo: "sem autorização escrita da sociedade emissora", referida no art. 2º da Lei nº 7.492/1986.

[24] Exemplos: "com infringência das normas de proteção" (art. 38 da Lei nº 9.605/1998); "em desacordo com a legislação" (art. 8º da Lei nº 7.492/1986); "não autorizada" e "sem autorização" (art. 22 da Lei nº 7.492/1986); "fora das hipóteses previstas em lei" (art. 89 da Lei nº 8.666/1993). Em detalhes: PULITANÒ, Domenico. *Illiceita Espressa e Illiceita Speciale*. ***Rivista Italiana di Diritto e Procedura Penale***, Milano: Giuffrè, p. 65-124, 1967.

[25] Na Alemanha, reconhecendo tal peculiaridade em alguns dos crimes ambientais introduzidos pela 6ª Lei de Reforma do Direito Penal, em 1988: ESER, Albin. Sobre a mais Recente Evolução do Direito Penal Económico Alemão. **Revista Portuguesa de Ciência Criminal**, Coimbra: Coimbra, ano 12, n. 4, p. 543 (p. 531-547), out./dez. 2002.

[26] Eis a *unidade do injusto*, de que nos fala Juarez Tavares: "*La caracteristica de una conducta como injusta no es consecuencia de su antinormatividad, sino de la contradicción entre su cometido y el orden juridico en su totalidad. En segundo lugar, porque la conducta delictiva, ya sea como acto comisivo u omissivo, debe subordinarse al principio de legalidad, lo cual exige que todos SUS elementos se encuentren definidos legalmente y estén presentes en el caso concreto*" (***Teoria del Injusto Penal.*** Montevideo/Buenos Aires: B de F, 2010. p. 109).

se fosse possível aceitar que uma norma penal incidisse em casos de conduta ajustada ao Direito. Esse não é um problema exclusivo do Direito Penal Econômico. De momento, interessa-nos antecipar que, em hipóteses tais, o reenvio normativo, se adequadamente utilizado pelas agências legislativas, é medida que se impõe como forma de resgatar o reconhecimento possível do "cuidado-de-perigo" que o Direito Penal almeja tutelar.

Vejamos, a partir disso, as dificuldades que tais técnicas legislativas de reenvio podem trazer para a eficácia intertemporal do direito penal econômico.

2. Critérios tradicionais para o reconhecimento da aplicação (ir)retroativa de complementos normativos: apreciação crítica

Há relativo consenso doutrinário em reconhecer-se que o complemento normativo da norma penal segue a sorte do princípio da irretroatividade da lei penal[27]. Eventual ampliação do ilícito ou da punibilidade só se aplica às condutas posteriores à entrada em vigor da norma complementadora[28], pois

> *il significato umano e sociale di una condotta deve essere valutato nel momento stesso ni cui la condotta è posta, e non in momenti sucessivi, un eventual modifica del contenuto dell'elemento normativo* dopo *la commissione del fatto rimane priva di rilevanza rispetto alla norma penale che richiama l'elemento normativo.*[29]

Os problemas se intensificam, entretanto, nos casos em que a remissão normativa reduz ou elimina o âmbito de incidência da norma penal. Acerca desse problema, a doutrina penal, que no início do século XX vinha reconhecendo como solução a irretroatividade do complemento normativo mesmo

[27] TIEDEMANN, Klaus. *La ley penal en blanco : concepto y cuestiones conexas*. ***Revista Brasileira de Ciências Criminais***, São Paulo: RT, v. 10, p. 73-97, jan./mar. 2002. p. 77.

[28] SILVA SÁNCHEZ, Jesús-María. Legislación Penal Socio-económica y Retroactividad de Disposciones Favorables: el Caso de las 'Leyes em Blanco'. ***Estudios Penales y Criminológicos***, Santiago de Compostella: USC, XVI, p. 423-461, 1993. p. 433.

[29] PAGLIARO, Antonio. ***Principi di Diritto Penale***. Parte Generale. 8. ed. Milano: Giuffrè, 2003. p. 134.

quando benéfico, foi, no pós-guerra, revista para o fim de reconhecer que, em princípio, a sucessão normativa retroagiria. Logo em seguida, surgiram teses diferenciadoras, reconhecendo dois critérios para a solução dos problemas[30]:

(i) a *lex mitior* complementadora retroagiria quando a modificação fosse resultante de uma mudança na *valoração jurídica* do fato, ao passo que a irretroatividade deveria imperar quando o complemento normativo resultasse de uma alteração de *circunstâncias fáticas*[31];

(ii) a *lex mitior* retroagiria se a modificação repercutisse no *conteúdo do injusto*, quando o preceito em branco tivesse por propósito assegurar a imediata *obediência* à norma complementada; não se operaria a retroatividade do complemento benéfico quando a modificação não afetasse o *núcleo do injusto*, mas sim o seu objeto ou outros elementos fáticos, isto é, quando a complementação se limitasse a assegurar indiretamente um *efeito da regulação* pretendida pela norma complementada[32].

Ambos os critérios são passíveis de críticas.

Fala-se de alteração na *valoração jurídica* do fato quando a superveniência do complemento normativo está a demonstrar que não mais está presente a necessidade político-criminal (preventivo geral e preventivo especial) da pena; ao contrário, a modificação eminentemente *fática* ocorreria quando a prática do delito antes da mudança legal prosseguisse sendo lesiva contra

[30] Em detalhes: SILVA SÁNCHEZ, Jesús-María. Legislación Penal Socio-económica y Retroactividad de Disposciones Favorables: el Caso de las 'Leyes em Blanco'. ***Estudios Penales y Criminológicos***, Santiago de Compostella: USC, XVI, p. 423-461, 1993. p. 433-450.

[31] STRATENWERTH, Günter. ***Derecho Penal****. Parte General.* Madrid: Edersa, 1982. p. 31-32; STRATENWERTH, Günter. *Derecho Penal.* Parte General. 2. ed. Madrid: Civitas, 1997. p. 169; TIEDEMANN, Klaus. *La ley penal en blanco: concepto y cuestiones conexas.* **Revista Brasileira de Ciências Criminais**, São Paulo: RT, v. 10, p. 73-97, jan./mar. 2002. p. 80; TAIPA DE CARVALHO, Américo. **Sucessão de leis penais.** 2. ed. Coimbra: Coimbra, 1997. p. 204; SILVA SÁNCHEZ, Jesús-María. Legislación Penal Socio-económica y Retroactividad de Disposciones Favorables: el Caso de las 'Leyes em Blanco'. ***Estudios Penales y Criminológicos***, Santiago de Compostella: USC, XVI, p. 423-461, 1993.. p. 451-461; ARROYO ZAPATERO, Luis. *Derecho penal económico y constitución.* ***Revista Penal***, Barcelona: Praxis, v. 1, p. 10 (p. 1-15), ene. 1998.

[32] JAKOBS, Günther. ***Derecho Penal****. Parte General.* 2. ed. Madrid: Marcial Pons, 1997. p. 121; GARCÍA CAVERO, Percy. ***Derecho Penal Económico****. Parte General.* 2. ed. Lima: Grijley, 2007. p. 210.

um bem jurídico, mesmo após a alteração da norma, sempre que a alteração mantém intacto o fim de proteção e a forma de ataque[33].

Além de questionável o exame da retroatividade de uma lei em atenção aos fins preventivos da pena, nos termos já referidos, a tese também esbarra em algumas dificuldades metodológicas. Em primeiro lugar, é um reducionismo linear antever alguma diferença entre uma mudança fática e uma mudança valorativa, como se fosse possível afirmar que um suposto fático prescindisse de sua dimensão axiológica[34]. O equívoco tem como resultado a questionável solução apontada por seus defensores quando se debruçam sobre casuística determinada.

Silva Sánchez[35] cita o exemplo da mudança na política cambial que sobreveio à adesão da Espanha à Comunidade Econômica Europeia, haja vista a imposição, aos países-membros, de uma política de progressiva liberalização e eliminação de restrições à livre entrada e saída de moeda na Europa. Em razão disso, foi editado o Real Decreto nº 1.816, de 20.12.1991, que expressamente reconheceu a supressão de um dos elementos integrantes do tipo penal correspondente ao delito monetário (art. 6 da Ley nº 40/1979)[36], de modo que "*lo que antes se entendía como beneficioso resulta ser ahora disfuncional al desarrollo económico*"[37]. Acerca do tema, sustenta Silva Sánchez que a

[33] SILVA SÁNCHEZ, Jesús-María. Legislación Penal Socio-económica y Retroactividad de Disposciones Favorables: el Caso de las 'Leyes em Blanco', ***Estudios Penales y Criminológicos***, Santiago de Compostella: USC, XVI, p. 423-461, 1993. p. 458 e 460.

[34] "*Una separación de los aspectos fácticos y los jurídicos resulta muy difícil de materializar, ya que el cambio de las situaciones fácticas lleva consigo también una modificación en el objeto de referencia de la valoración jurídica. En este sentido, pretender que haya cambios solamente fácticos, sin cambios valorativos, resulta ingenuo.*" (GARCÍA CAVERO, Percy. ***Derecho Penal Económico***. 2. ed. Lima: Grijley, 2007. p. 203)

[35] SILVA SÁNCHEZ, Jesús-María. Legislación Penal Socio-económica y Retroactividad de Disposciones Favorables: el Caso de las 'Leyes en Blanco'. ***Estudios Penales y Criminológicos***, Santiago de Compostella: USC, XVI, p. 423-461, 1993. p. 453.

[36] Sobre o antigo regime cambial espanhol: BAJO FERNANDES, Miguel. **El Derecho Penal Económico**. Un Estudio de Derecho Positivo Español, p. 110-112. Para mais detalhes da mudança legislativa verificada na Espanha: GÓMEZ GUILLAMÓN, Rogelio. *Delitos Monetarios. La Sentencia del TJCEE de 23 de Febrero de 1995.* ***Revista del Ministerio Fiscal***, Madrid, n. 2, p. 287-299, jul./dec. 1995; SCHMIDT, Andrei Zenkner; FELDENS, Luciano. **O crime de evasão de divisas**. Rio de Janeiro: Lumen Juris, 2006. p. 143-145.

[37] ARROYO ZAPATERO, Luis. *Derecho penal económico y constitución*. ***Revista Penal***, Barcelona: Praxis, v. 1, p. 10 (p. 1-15), ene. 1998. p. 3.

superveniência do regime jurídico liberalizante do fluxo monetário não poderia retroagir a delitos anteriores porque teria havido apenas uma *mudança meramente fática*: *"no, en cambio, un cambio valorativo sobre la relevancia penal de conductas de evasión de capitales en una economía insuficientemente desarrollada"*. Por tal razão, *"tales conductas, en el contexto económico de su realización, se siguen viendo desde la perspectiva actual como algo merecedor de sanción penal"*[38].

Convenhamos: a adoção de uma nova política cambial nesses termos longe está de caracterizar uma mudança meramente fática. Pelo contrário, o contexto econômico da União Europeia foi determinante para uma revisão (também jurídica) quanto à necessidade de autorização prévia para entrada e saída de moeda, porquanto os tempos de comunitarismo econômico estavam a indicar que o equilíbrio monetário deve ser atingido pela solidez da economia, e não pela imposição de limites estatais às trocas internacionais. Não se trata de um ajustamento momentâneo oriundo de uma crise econômica qualquer; em vez disso, essa é uma revisão de política cambial que se ajusta aos rumos da macroeconomia contemporânea[39]. Uma ruptura dessa dimensão (fática e axiológica) só pode, por uma questão de coerência, conduzir à retroatividade do complemento normativo benéfico. Se o Brasil, hoje, viesse a modificar substancialmente a política cambial em termos semelhantes, seria inegável que o esvaziamento do ilícito contido no art. 22 da Lei nº 7.492/1986 teria de contar com incidência pretérita.

Ademais, sequer uma mudança da *valoração jurídica* do fato, tomada a partir dos fins da pena, parece ter relevância para ditar a melhor solução política dos problemas de Direito Penal intertemporal. Com alguma frequência nos deparamos com casos de *abolitio criminis* provocados pelo legislador sem muita razoabilidade jurídica, em situações em que o caráter preventivo geral e especial da pena permanece hígido apesar de a nova lei eliminar a relevância

[38] SILVA SÁNCHEZ, Jesús-María. Legislación Penal Socio-económica y Retroactividad de Disposciones Favorables: el Caso de las 'Leyes em Blanco'. ***Estudios Penales y Criminológicos***, Santiago de Compostella: USC, XVI, p. 423-461, 1993. p. 453-454.

[39] Nesse sentido, destacando a deslegitimidade da tutela penal sobre operações de câmbio no Brasil: LIRA, Rafael. O crime de evasão de divisas: análise crítica sobre a atuação da mídia nos processos pré e pós-legislativo. Comentários sobre a (des)legitimidade da tutela penal. *In:* SILVA FRANCO, Alberto; LIRA, Rafael. **Direito penal econômico** – Questões atuais. São Paulo: RT, 2011. p. 397-426.

penal do fato[40]. Não seria constitucionalmente sustentável que uma lei penal benéfica não retroagisse porque a necessidade da pena seguiria vigente, até mesmo porque a aparente irracionalidade da solução resgata o seu ajustamento político no custo da representatividade legislativa própria de democracias. Ressalvadas hipóteses peculiares de inconstitucionalidade formal ou material da nova lei, também é um valor consagrado em regimes democráticos o fato de nem sempre as mudanças legislativas serem convergentes com um reconhecimento social ou com uma carência política de tutela.

A precariedade da distinção se reflete, ademais, nas questionáveis soluções apontadas pela doutrina tradicional aos intrincados problemas de sucessão de complementos normativos benéficos em se tratando de delitos fiscais. É constitucionalmente inaceitável, de início, a tese de que "*el Derecho Penal tributário es mayoritariamente considerado, no sin dificuldades, ley temporal*"[41]. Isso seria razão suficiente, se correta fosse a premissa, para reputarmos inconstitucional a existência de delitos fiscais, pois impensável que uma categoria abstrata de delitos com vigência estável se submeta, como regra geral, à irretroatividade da *lex mitior*[42].

[40] Em 1983, o *cloreto de etila* (princípio ativo do popular "lança-perfume") foi excluído do rol de substâncias entorpecentes pela Portaria/DIMED de 04.04.1984, sendo incluído, novamente, pela Portaria/DIMED de 13.03.1985. Assim, entre 04.04.1984 e 13.03.1985 houve verdadeiro hiato na ilicitude penal relacionada ao fato, ou seja, o uso e o tráfico de lança-perfume não poderiam ser reprimidos na seara penal à vista da ausência do complemento requerido pelo tipo. O efeito disso é que também os mesmos fatos, anteriores a 04.04.1984, restaram descriminalizados, dada a incidência do art. 2º, *caput,* do CPB. A reinclusão posterior, em 1985, caracteriza nova lei criminalizadora, somente alcançando condutas praticada posteriormente à sua publicação (art. 4º). Nesse sentido: STF, HC 68.904/SP, 2ª T., Rel. Min. Carlos Velloso, J. 17.12.1991, DJ 03.04.1992, p. 4290. Para um exame detalhado da ampla problemática da sucessão de leis penais no tempo, em específico quanto a mudanças normativas que ensejam discussão acerca das variações temporais na técnica de tutela, ver: ROMANO, Bartolomeo. ***Il Rapporto tra Norme Penali. Intertemporalità, Spazialità, Coesistenza***. Milano: Giuffrè, 1996. p. 53-123.

[41] TIEDEMANN, Klaus. *La ley penal en blanco: concepto y cuestiones conexas.* **Revista Brasileira de Ciências Criminais**, São Paulo: RT, v. 10, p. 73-97, jan./mar. 2002. p. 85. No mesmo sentido: PIÑA GARRIDO, Maria Dolores. *La retroactividad de la ley penal más favorable en los delictos contra la Hacienda Publica. In:* MIREXTXU, Corcoy Bidasolo (Org.). ***Derecho Penal de la Empresa***. Pamplona: Universidad Pública de Navarra, 2002. p. 280 (p. 259-294).

[42] Interessante que, na Itália, o art. 20 da Lei nº 4, de 07.01.1929, previa expressamente a ultra-atividade da lei penal financeira incidente em delitos fiscais. Após diversas críticas doutrinárias e decisões judiciais anômalas (ver VASSALI, Giuliano. *Successione di più Leggi*

Tem-se afirmado – normalmente avocando-se o exemplo da sazonalidade da legislação que trata do imposto de renda – que a fixação, pelo legislador, de um prazo determinado de vigência da norma seria razão suficiente para lhe atribuir uma natureza excepcional. Apenas no caso de uma mudança da identidade da sociedade em determinado setor da arrecadação tributária (por exemplo, com a derrogação de um tributo) é que poderíamos pensar em retroatividade do novo complemento[43].

Contudo, as modificações produzidas em alíquotas, em incentivos fiscais, em fatos geradores ou mesmo na tipologia dos tributos, terão a sua incidência retroativa sempre que inseridas na *volatividade ordinária* da economia. É verdade que, em alguns casos, tal consideração possa levar a soluções anômalas[44], mas esse é o custo a ser arcado pela intervenção penal que pretenda reforçar a tutela em segmentos sociais essencialmente variáveis.

Tampouco a distinção entre *obediência à norma* e *efeito da regulação* mostra-se como critério razoável de determinação da (i)retroatividade dos complementos normativos. Conquanto possamos aceitar como válido que, em muitos casos, modificações meramente procedimentais imanentes ao efeito da

Eccezionali. ***Rivista Italiana di Diritto Penale***, Padova: Cedam, p. 413-414 (p. 207-238), 1943; ZANIOLO, Daniele. *Brevi Considerazioni in Merito al Principio di Ultratività in Materia di Reati Finanziari.* ***Rivista Italiana di Diritto e Procedura Penale***, Milano: Giuffrè, ano XXXIX, p. 874-879, 1996), tal dispositivo foi revogado pelo parágrafo 1º do art. 24 do Decreto-Lei nº 507, de 31.12.1999, conduzindo ao reconhecimento doutrinário e jurisprudencial, de uma maneira geral, da retroatividade do complemento normativo fiscal benéfico. Sobre a evolução histórica do tema: DONÀ, Bagriele; WILMA, Viscardini. ***La tutela penale e amministrativa degli operatori economici e gli interessi finanziari dell'Unione Europea.*** Padova: Cedam, 2000. p. 98-105.

[43] GARCÍA CAVERO, Percy. ***Derecho Penal Económico.*** *Parte General.* 2. ed. Lima: Grijley, 2007. p. 213. Na mesma linha, observando que, na Itália, a modificação do tributo cujo recolhimento era tutelado pelo delito de contrabando, ao ser modificado, revogou (com eficácia retroativa) a disciplina do delito, erigindo-o à condição de ilícito administrativo: IROLLO, Domenico. *Considerazioni A Caldo sulla Recente Parziale Depenalizzazione del Reato di Contrabbando Doganale.* ***Rivista Trimestrale di Diritto Penale Dell'Economia***, Padova: Cedam, ano XIII, n. 1-2, p. 273-287, gen./giu. 2000.

[44] Em detalhes, ver: GARCÍA CAVERO, Percy. *Derecho Penal Económico. Parte General.* 2. ed. Lima: Grijley, 2007. p. 210-214. Sobre as polêmicas relacionadas à eficácia intertemporal das leis tributárias e sua repercussão nos delitos fiscais na Itália: CERQUA, Luigi Domenico. *L'Abolizione del Principio di Ultrattività delle Disposizioni Penali Finanziarie e l'Eredità dei Vecchi Reati Tributari.* ***Rivista Trimestrale di Diritto Penale Dell'Economia***, Padova: Cedam, ano XIII, n. 4, p. 809-870, ott./dic. 2000.

regulação não possam assumir uma eficácia descriminalizadora ou despenalizadora, fato é que, em outros, o efeito é inverso. Por exemplo, a ampliação do prazo para a apresentação de uma declaração de rendimentos pode beneficiar alguém que, inicialmente, sob o ponto de vista formal, havia cometido delito fiscal por não cumprir com a obrigação acessória; se a modificação da lei for efetivamente utilizada pelo contribuinte, é inegável que, a despeito de caracterizar um efeito da regulação, a *novatio lege in mellius* irá retroagir. De mais a mais, a persistência de necessidade de *obediência à norma* muitas vezes não tem o condão de impedir a retroatividade da lei benéfica: há *abolitio criminis* ainda que a estabilização de expectativas sociais possa permanecer hígida.

3. Os princípios da anterioridade e da retroatividade da lei penal benéfica prosseguem hígidos no Direito Penal Econômico. mas a lei excepcional ou temporária também incide, em caráter muito especial, nos delitos econômicos

Deve ser sumariamente rechaçada a tentação de considerar-se a norma penal econômica (inclusive o seu complemento normativo), porque volúvel em sua ofensividade, como ordinariamente uma lei penal excepcional ou temporária. Razões fenomenológicas, políticas e constitucionais impedem-nos de chegar a uma conclusão nesses termos.

Em tempos de globalização, economia e velocidade são irmãs siamesas. Os fluxos econômicos se movimentam em pacotes eletrônicos de *bytes*, mudando constantemente de rumo, de titularidade, de geografia. A volatilidade, portanto, é um risco imanente à política econômica, às trocas patrimoniais entabuladas entre pessoas e instituições.

Há segmentos muito específicos do mercado, mas não por isso menos variáveis, em que os riscos podem se transformar em perigos às relações individuais. Por figurarem carecedores de proteção em hipóteses tais, esses riscos, que potencialmente podem se materializar em perigos, são autorizados, observados, controlados ou mesmo monopolizados pelo Estado sob as mais diversas formas de regulamentação e de tutela.

O que importa é reconhecer que a transitoriedade normal de uma política econômica em tempos de globalização não a faz excepcional, em sua significação dogmático-penal. Pelo contrário, exatamente porque o efêmero é a condição existencial da economia é que o Direito Penal, incidindo em uma área que não lhe é das mais familiares, deve se submeter a um controle ainda mais rigoroso em sua aplicação intertemporal[45].

Assim,

> é um dado da experiência que, vista *ex post*, a generalidade destas leis acabam por ter vida efémera. Mas tal deve imputar-se, acima de tudo, às transformações registradas na realidade econômica e na mundovisão dos que, sucessivamente, vão acedendo ao poder. Por isso é que o triunfo de uma nova ideologia é sistematicamente acompanhado da revogação das normas de direito penal econômico preexistentes, invariavelmente proclamadas com uma certa ambição de perenidade. Ao contrário do que sucede com as autênticas leis temporárias, as vicissitudes verificadas no domínio do direito penal econômico são fundamentalmente dívidas às viragens de azimute ideológico. Não faria, por isso, sentido continuar a assegurar eficácia póstuma a leis que foram instrumentos privilegiados de uma ordenação econômica anterior – divergente ou mesmo conflituante com a vigente – e que, por essa razão, foram revogadas.[46]

É dizer: o custo político de a tutela penal econômica assumir uma característica efêmera é exatamente o custo político que deve ser arcado caso venham a se operar mudanças na política econômica incidentes na espécie. A aplicação do estatuto jurídico tradicional da lei penal no tempo aos problemas quanto à eficácia da norma penal econômica é a forma de garantir-se que a tutela penal, também neste recorte específico, escape da ordinariedade do

[45] Até mesmo porque, conforme destaca Tiedemann, "*hace ya tiempo que el Derecho Penal económico se ha libertado de sua histórico papel de Derecho Penal para épocas de crisis, temporalmente limitado y cambiante, y, por regla general, comparte com el Derecho de la Economia (Derecho de la Empresa) uma cierta estabilidad em la regulación*" (TIEDEMANN, Klaus. *La ley penal en blanco: concepto y cuestiones conexas.* **Revista Brasileira de Ciências Criminais**, São Paulo: RT, v. 10, p. 73-97, jan./mar. 2002. p. 82).

[46] FIGUEIREDO DIAS, Jorge de; COSTA ANDRADE, Manuel da. Problemas de especulação e sucessão de leis no contexto dos regimes de preços controlados e declarados. **Revista de Direito e Economia**, Coimbra, n. 6-7, p. 325 (p. 303-329), 1980/1981.

princípio da reserva de lei. Até mesmo porque, sob o ponto de vista constitucional, seria insustentável que a regra incidente fosse a da ultra-atividade das leis excepcionais ou temporárias. Pela mesma razão é que, quanto mais aberta a norma penal e mais ampla a remissão normativa, maior deve ser o cuidado em interpretar-se restritivamente o tipo penal[47].

A apreciação crítica de um antigo aresto do STF pode ser útil. Na ocasião, muito embora o debate não estivesse relacionado a uma infração penal, estava em julgamento a possibilidade de aplicação retroativa de resolução que revogava ilícito tributário, à vista de nova política de abastecimento de carne bovina. No que concerne ao ilícito fiscal, a Corte Suprema aplicou por analogia o art. 3º do CP, entendendo que a normativa anterior, que previa o ilícito, prosseguia vigente aos fatos praticados durante a sua vigência[48]. Ora, a solução é condenável: se houve a revisão da política de abastecimento em condições econômicas normais, a supressão do ilícito tributário teria de retroagir a ilícitos antecedentes, e isso mesmo que na hipótese *sub judice* estivesse em discussão um delito fiscal.

Outro exemplo de transitoriedade imanente a uma política estatal determinada – conquanto relacionada a diretrizes de biossegurança – diz respeito ao plantio ou à comercialização e venda de soja transgênica. Durante algum tempo, a prática atraíra a incidência do delito descrito no art. 13 do inciso V da Lei nº 8.974/1995. Contudo, a Lei nº 10.688/2003 expressamente excluiu "a comercialização da safra de soja de 2003" do disposto na Lei nº 8.974/1995. O que era para ser transitório à safra de 2003, tornou-se definitivo a contar das Leis nºs 10.814/2003 e 11.105/2005: a política econômica do nosso país aceitou o plantio e a comercialização de soja geneticamente modificada. Tal liberação, por não se considerar efêmera na transitoriedade imanente ao tema, originou um novo estatuto jurídico, em tudo aplicável à lei penal (retroatividade da *abolitio criminis*)[49].

[47] TIEDEMANN, Klaus. *La ley penal en blanco: concepto y cuestiones conexas*. **Revista Brasileira de Ciências Criminais**, São Paulo: RT, v. 10, p. 73-97, jan./mar. 2002. p. 77; ZAFFARONI, Eugenio Raúl; ALAGIA, Alejandro; SLOKAR, Alejandro. ***Manual de Derecho Penal***. *Parte General*. 2. ed. Buenos Aires: Ediar, 2006. p. 111.

[48] STF, RE 71947/GB, 1ª T., Rel. Min. Luiz Gallotti, J. 14.03.1971, DJ 19.11.1971, p. 6482.

[49] Nesse sentido: TRF 4ª R., ACR 2000.71.04.000334-0, 7ª T., Rel. Des. Fed. Tadaaqui Hirose, J. 10.10.2006, DJ 18.10.2006, p. 695.

Os exemplos referidos, é bom que se diga, não infirmam a possibilidade de incidência do art. 3º do CP aos delitos econômicos[50]. Poderão existir casos que, justificados pela excepcionalidade do momento político de um determinado país, uma norma penal, ou mesmo uma norma complementadora, seja editada com inequívoco propósito de vigência precária e, como tal, *ultra-ativa*[51].

Exemplo de condição resolutiva implícita é encontrado no delito de "transgredir tabelas oficiais de gêneros e mercadorias ou de serviços essenciais" (inciso VI do art. 2º da Lei nº 1.521/1951), de vigência é plena apenas em momentos econômicos transitórios (perceba-se a situação econômica peculiar tácita ao dispositivo: a lógica do tabelamento de preços excepciona o normal funcionamento da liberdade de mercado – inciso IV do art. 170 da CF/1988). Nesses casos, "a revogação ou alteração da tabela, ou ainda a liberação do preço, posteriores à infringência da regra penal, não afeta a punibilidade do fato típico anterior"[52]. Mas acrescentamos: a excepcionalidade normativa não pode ser presumida abstratamente a partir do mecanismo econômico de tabelamento, mas sim de uma situação econômica peculiar.

Com efeito, as modificações na política de preços não necessariamente inserem-se no contexto normativo das leis excepcionais. Bem observam Figueiredo Dias e Costa Andrade que a política monetária portuguesa instituída pelo Decreto-Lei nº 329-A/1974 (regime de preços controlados, quando as modificações tinham de ser solicitadas ao Estado), ao ser substancialmente modificada pelo regime de preços declarados previsto no Decreto-Lei nº 75-Q/1977 (as variações de preços passaram a se sujeitar apenas a comunicações ao Estado), caracterizou uma ruptura no modelo econômico vigente, que abandonou uma postura intervencionista para outra regulatória. O efeito disso no delito de especulação foi a solução de continuidade do "tipo-de-ilícito". A ruptura, antes de ser momentânea, estava inserida em um novo modelo econômico. Consequentemente, a nova lei, porquanto complemen-

50 No mesmo sentido: TAIPA DE CARVALHO, Américo. **Sucessão de leis penais**. 2. ed. Coimbra: Coimbra, 1997. p. 205.

51 Fora do Direito Penal Econômico, é sempre lembrado o exemplo do Livro II do Código Penal Militar, que prevê delitos cuja vigência está restrita a situações de guerra declarada (arts. 355 a 397).

52 STF, HC 58614/MG, 2ª T., Rel. Min. Djaci Falcão, J. 06.02.1981, DJ 03.04.1981, p. 2853.

tadora da norma penal, teria o efeito de *abolitio criminis*, alcançando fatos pretéritos[53].

Com frequência, complementos *heterogêneos* se sujeitam a um tempo determinado de incidência. Por si só, isso não os torna, para fins penais, um complemento temporário (art. 3º do CP), porquanto a vigência efêmera da norma pode se inserir na normalidade da política econômica[54]. Uma normativa com prazo certo de vigência ou que regula determinadas situações durante um período determinado só atrai a incidência do art. 3º do CP nos casos em que a transitoriedade da regulamentação se insira em um contexto político anormal (o efêmero do efêmero); se, pelo contrário, o termo final insere-se em um contexto de *volatilidade ordinária*, eventual modificação, se mais benéfica àquele que infringe a norma, irá retroagir os seus efeitos, como *lex mitior* que é.

Exemplo: o parágrafo único, *in fine*, do art. 22 da Lei nº 7.492/1986 prevê como delitiva a conduta de deixar de declarar, à autoridade competente (Banco Central do Brasil), depósito mantido no exterior. A norma é penal em branco, ou seja, os limites da declaração são ditados por complemento administrativo[55]. A partir de 2001, a política financeira brasileira deu início ao mapeamento de ativos mantidos por brasileiros no exterior. Naquele ano, foi editada a Circular nº 3.071, exigindo a declaração, no ano seguinte, de ativos superiores ao equivalente a R$ 10 mil (art. 4º). O limite da declaração foi elevado para R$ 300 mil a partir da Circular nº 3.181/2003 (art. 3º), convertido tal limite no ano seguinte, mantido até os dias de hoje, em US$ 100 mil. Consequentemente, um depósito de R$ 250 mil, mantido no exterior à míngua de declaração, típico em 2002, poderia ser atípico em 2003. Perceba-se que a revisão do limite da declaração pela autoridade cambial

[53] Irretocável a conclusão: "É a própria mutabilidade do Direito Penal Económico que, em princípio, retirará às suas normas o caráter de *leis de emergência*" (FIGUEIREDO DIAS, Jorge de; COSTA ANDRADE, Manuel da. Problemas de especulação e sucessão de leis no contexto dos regimes de preços controlados e declarados. **Revista de Direito e Economia**, Coimbra, n. 6-7, p. 303-329, 1980/1981. p. 325).

[54] Em sentido contrário, afirmando que a previsão de tempo certo de duração da norma é razão suficiente para considerá-la uma lei temporária: JAKOBS, Günther. ***Derecho Penal**. Parte General*. 2. ed. Madrid: Marcial Pons, 1997 p. 119; GARCÍA CAVERO, Percy. ***Derecho Penal Económico**. Parte General*. 2. ed. Lima: Grijley, 2007. p. 211.

[55] TRF 4ª R., ACR 0023634-72.2007.404.7100, 7ª T., Relª Juíza Fed. Salise Monteiro Sanchotene, J. 23.01.2013, DE 25.02.2013.

não se justificou em questão transitória de 2001, mas sim à vista da revisão da necessidade de o Bacen mapear valores de pequena monta[56]. Tanto que até hoje é assim. A hipótese é de retroatividade do complemento normativo benéfico, sem incidência do disposto no art. 3º do CP[57].

Outro bom exemplo de *volatilidade ordinária* – em tudo sujeita aos princípios da irretroatividade da *lex gravior*/retroatividade da *lex mitior* –, em comparação com casos de *volatilidade extraordinária* – submetida ao regime do art. 3º do CP – pode ser encontrado na questão que envolve o depósito compulsório de instituições financeiras, um importante mecanismo de controle de liquidez da oferta de moeda no Sistema Financeiro Nacional[58]. Um dirigente qualquer, caso efetue alguma fraude contábil, a fim de ver-se obrigado a recolher menos numerário ao Banco Central – ampliando, com isso, a possibilidade de concessão de crédito a seus clientes –, estaria praticando o delito de gestão fraudulenta (*caput do* art. 4º da Lei nº 7.492/1986). Norma do Bacen que eventualmente reduza, por exemplo, de 75 para 45% o recolhimento obrigatório, poderia ter aplicação retroativa?

A resposta pressupõe a análise do momento econômico em que se verificou a modificação da alíquota do depósito compulsório. De junho de 2000 até 2013, as alíquotas para os recursos à vista têm variado entre 42 e 45%; entre

[56] Veja-se que o Relatório de Capitais Brasileiros no Exterior (2001-2006) referiu que o aumento do limite deu-se em razão da pouca significância do mapeamento quanto a disponibilidades inferiores a US$ 100 mil. Sobre o tema: http://www4.bcb.gov.br/rex/CBE/Port/ResultadoCBE2006.pdf.

[57] Necessário registro, contudo, que já sustentamos o contrário: SCHMIDT, Andrei Zenkner; FELDENS, Luciano. **O crime de evasão de divisas**. Rio de Janeiro: Lumen Juris, 2006. p. 186. E também há jurisprudência reputando, na espécie, incidente o art. 3º do CP: TRF 4ª R., EI 2004.70.00.002027-4, 4ª S., Rel. Des. Fed. Paulo Afonso Brum Vaz, J. 20.08.2009, DE 31.08.2009.

[58] Segundo explicação do próprio Bacen, "os depósitos compulsórios são recolhimentos obrigatórios de recursos que as instituições financeiras fazem ao Banco Central. No passado foram considerados como instrumento de política monetária, mas paulatinamente passaram a ser vistos como instrumento de preservação da estabilidade financeira. Os depósitos compulsórios produzem os seguintes efeitos sobre as condições monetárias: influenciam o multiplicador monetário, ampliando ou reduzindo o volume de recursos que os bancos podem transformar em crédito para a economia e, dessa forma, controlar a expansão dos agregados monetários; criam demanda previsível por reservas bancárias, o que assegura maior eficiência ao Banco Central em sua atuação no mercado monetário" (Disponível em: http://www4.bcb.gov.br/pec/gci/port/focus/FAQ%2012-Dep%C3%B3sitos%20Compuls%C3%B3rios.pdf).

março de 1999 e outubro de 1999, contudo, o percentual chegou a alarmantes 75%[59]. A explicação para essa diferença foi o grande avanço da inflação no primeiro semestre de 1999, influenciado principalmente pela crise russa de 1998. Tal situação peculiar, verificada durante curto espaço de tempo, permite-nos reconhecer que eventual delito de gestão fraudulenta, praticado no interregno de *volatilidade excepcional* (entre março e outubro de 1999), prosseguiria punível (art. 3º do CP) após outubro de 1999, mesmo na hipótese de a fraude, com a normativa posterior, deixar de superar a alíquota definida em lei. Pelo contrário, o complemento benéfico poderá retroagir na hipótese de a variação inserir-se nos limites gerais das variações de alíquota estáveis ocorridas há 14 anos. Assim, ao contrário da doutrina que afirma que as obrigações de depósito à vista seriam, por si só, consideradas *leis excepcionais*[60], a melhor solução está a depender da análise da conjuntura econômica incidente na hipótese.

Os exemplos referidos *supra* são suficientes para confirmar nossa hipótese: a transitoriedade que justifica a incidência do art. 3º do CP não advém de uma presunção legal abstrata, mas sim de uma circunstância econômica concretamente reputada anômala e transitória. O que fundamenta a possibilidade de, nesses casos, a lei excepcional ou temporária ser ultra-ativa – excepcionando, com isso, o princípio da retroatividade da *lex mitior* – é que o reconhecimento do ilícito prossegue hígido após o término de vigência da norma apenas nos casos de a identidade cultural de uma determinada sociedade necessitar exatamente desse tratamento diferenciado momentâneo para reafirmar a sua historicidade ordinária. Um Estado democrático pautado politicamente por uma economia aberta dispõe, em situações excepcionais de crise, de mecanismos céleres de tutela, cuja vigência está em tudo submetida à transitoriedade do momento, de modo que a sua condição existencial está umbilicalmente ligada à necessidade de proteção em situações extremas.

Nesse rumo, a ultra-atividade da lei incidente em tempos de *volatilidade extraordinária* é a reafirmação do compromisso social com o restabelecimento da *volatilidade ordinária*. Na hipótese, entretanto, de a tutela jurídica se modificar no contexto de transitoriedade normal, a retroatividade da nova

[59] Disponível em: http://www4.bcb.gov.br/pec/gci/port/focus/FAQ%2012-Dep%C3%B3sitos%20Compuls%C3% B3rios.pdf.

[60] TIEDEMANN, Klaus. La ley penal en blanco: concepto y cuestiones conexas. **Revista Brasileira de Ciências Criminais**, São Paulo: RT, v. 10, p. 73-97, jan./mar. 2002. p. 86.

lei (ou do complemento), se benéfica, é a reafirmação de que a sociedade, exatamente por estar se modificando, perdoa a violação da relação de perigo ocorrida preteritamente.

Tal fundamentação nos permite, agora, concluir – uma vez superada a visão de que os fins da pena possam embasar os problemas de sucessão de leis penais no tempo – que não é a continuidade do ilícito ou do injusto que irá ditar a eficácia temporal da lei penal econômica (pois, como vimos, casos existem em que a *abolitio criminis* ou a *lex mitior* não se compatibiliza com a persistência do "cuidado-de-perigo"), mas sim o *significado* da continuidade, ou não, do "tipo-de-ilícito", em um contexto social de transitoriedade imanente ou de volatilidade extraordinária.

Referências

ABANTO VÁSQUEZ, Manuel A. *El principio de certeza en las leyes penales en blanco: especial referencia a los delitos económicos.* ***Revista Peruana de Ciencias Penales***, Lima, fascículo 9, p. 13-34, 1999.

ALBANI, Antonio Pecoraro. *Riserva di Legge – Regolamento Norma Penale in Biano.* ***Rivista Italiana di Diritto e Procedura Penale***, Milano: Giuffrè, p. 762-828, 1959.

ARROYO ZAPATERO, Luis. *Derecho penal económico y constitución.* ***Revista Penal***, Barcelona: Praxis, v. 1, p. 1-15, ene. 1998.

ARROYO ZAPATERO, Luis. *Legislación Penal Socio-económica y Retroactividad de Disposciones Favorables: el Caso de las 'Leyes em Blanco'.* ***Estudios Penales y Criminológicos***, Santiago de Compostella: USC, XVI, p. 423-461, 1993. .

ARZÚA, Enrique Cury. *Contribución al Estudio de las Leyes Penales en Blanco.* ***Derecho Penal y Criminologia***, Universidad Externado de Colombia, n. 4, v. I, p. 7-26, 1978.

BAJO FERNANDES, Miguel. ***El Derecho Penal Económico.*** *Un Estudio de Derecho Positivo Español.*

BERNASCONI, Costanza. *L'Influenza del Diritto Comunitario sulle Tecniche di Costruzione della Fattispecie Penale. In:* ***L'Indice Penale***. Padova: Cedam, 1996. p. 451-473.

CERQUA, Luigi Domenico. *L'Abolizione del Principio di Ultrattività delle Disposizioni Penali Finanziarie e l'Eredità dei Vecchi Reati Tributari.* ***Rivista Trimestrale di Diritto Penale Dell'Economia***, Padova: Cedam, ano XIII, n. 4, p. 809-870, ott./dic. 2000.

DI CHIARA, Giuseppe. *Interessi Colettivi e Diffusi e Tecniche di Tutela nell'Orizzonte del Codice del 1988.* ***Rivista Italiana di Diritto e Procedura Penale***, Milano: Giuffrè, p. 426-447, 1991.

DONÀ, Bagriele; WILMA, Viscardini. ***La tutela penale e amministrativa degli operatori economici e gli interessi finanziari dell'Unione Europea***. Padova: Cedam, 2000.

DOVAL PAIS, Antonio. ***Posibilidades y Límites para la Reformulación de las Normas Penales***. *El Caso de las Leyes en Blanco*. Valencia: Tirand lo Blanch, 1999.

ESER, Albin. Sobre a mais Recente Evolução do Direito Penal Económico Alemão. **Revista Portuguesa de Ciência Criminal**, Coimbra: Coimbra, ano 12, n. 4, p. 531-547, out./dez. 2002.

FIGUEIREDO DIAS, Jorge de; COSTA ANDRADE, Manuel da. Problemas de especulação e sucessão de leis no contexto dos regimes de preços controlados e declarados. **Revista de Direito e Economia**, Coimbra, n. 6-7, p. 303-329, 1980/1981.

GARCIA ARÁN, Mercedes. *Remissiones Normativas, Leyes Penales em Blanco y Estructura de la Norma Penal*. ***Estudios Penales y Criminológicos***, Santiago de Compostella: USC, XVI, p. 63-103, 1993.

GARCÍA CAVERO, Percy. ***Derecho Penal Económico***. *Parte General*. 2. ed. Lima: Grijley, 2007.

GÓMEZ GUILLAMÓN, Rogelio. ***Delitos Monetarios***. *La Sentencia del TJCEE de 23 de Febrero de 1995*. ***Revista del Ministerio Fiscal***, Madrid, n. 2, p. 287-299, jul./dec. 1995.

GÓMEZ PAVÓN, Pilar. *Cuestiones Actuales del Derecho Penal Económico: el Principio de Legalidad y las Remissiones Normativas*. **Revista Brasileira de Ciências Criminais**, São Paulo: RT, n. 48, p. 108-163, maio/jun. 2004.

IROLLO, Domenico. *Considerazioni A Caldo sulla Recente Parziale Depenalizzazione del Reato di Contrabbando Doganale*. ***Rivista Trimestrale di Diritto Penale Dell'Economia***, Padova: Cedam, ano XIII, n. 1-2, p. 273-287, gen./giu. 2000.

JAKOBS, Günther. ***Derecho Penal***. *Parte General*. 2. ed. Madrid: Marcial Pons, 1997.

LIRA, Rafael. O crime de evasão de divisas: análise crítica sobre a atuação da mídia nos processos pré e pós-legislativo. Comentários sobre a (des)legitimidade da tutela penal. *In:* SILVA FRANCO, Alberto; LIRA, Rafael. **Direito penal econômico** – Questões atuais. São Paulo: RT, 2011. p. 397-426.

LUZÓN PEÑA, Diego Manuel. ***Curso de Derecho Penal***. Madrid: Universitas, v. I, 1997.

MARINUCCI, Giorgio; ROMANO, Mario. *Tecniche Normative nella Repressione Penale degli Abusi degli Amministratori di Società per Azioni*. ***Rivista Italiana di Diritto e Procedura Penale***, Milano: Giuffrè, p. 681-713, 1971.

MARTÍNEZ-BUJÁN PÉREZ, Carlos. ***Derecho Penal Económico y de la Empresa***. *Parte General*. 2. ed. Valencia: Tirand lo Blanch, 2007.

MEZGER, Edmund. ***Tratado de Derecho Penal***. Madrid: Revista de Derecho Privado, 1955. t. I.

NAVARRO, Pablo E.; MANRIQUE, Laura. *El desafio de la Taxatividad*. ***Anuario de Derecho Penal y Ciencias Penales***, Madrid: Centro de Publicaciones/Ministerio de Justicia, t. LVIII, fasc. III, p. 807-836, 2005.

PADOVANI, Tullio. *Il Problema 'Tangentopoli' tra Normalità della Normalità*. ***Rivista Italiana di Diritto e Procedura Penale***, Milano: Giuffrè, ano XXXIX, fasc. 2-3, p. 448-462, apr./set. 1996.

PAGLIARO, Antonio. ***Principi di Diritto Penale***. *Parte Generale*. 8. ed. Milano: Giuffrè, 2003.

PAREDES CASTAÑON, José Manuel. *Los Delitos de Peligro como Técnica de Incriminación en el Derecho Penal Económico: Bases Político-Criminales*. ***Revista de Derecho Penal y Criminología***, Madrid: Marcial Pons, n. 11, p. 95-164, ene. 2003.

PIÑA GARRIDO, Maria Dolores. *La retroactividad de la ley penal más favorable en los delictos contra la Hacienda Publica. In:* MIREXTXU, Corcoy Bidasolo (Org.). ***Derecho Penal de la Empresa***. Pamplona: Universidad Pública de Navarra, 2002. p. 259-294.

PULITANÒ, Domenico. *Illiceita Espressa e Illiceita Speciale*. ***Rivista Italiana di Diritto e Procedura Penale***, Milano: Giuffrè, 1967. p. 65-124.

ROMANO, Bartolomeo. ***Il Rapporto tra Norme Penali***. Intertemporalità, Spazialità, Coesistenza. Milano: Giuffrè, 1996. p. 53-123.

SCHMIDT, Andrei Zenkner. **Direito penal econômico** – Parte geral. Porto Alegre: Livraria do Advogado, 2015.

SCHMIDT, Andrei Zenkner; FELDENS, Luciano. **O crime de evasão de divisas**. Rio de Janeiro: Lumen Juris, 2006.

SCHUNEMANN, Bernd. *Las reglas de la técnica en Derecho Penal. In:* SCHUNEMANN, Bernd. ***Obras***. Buenos Aires: Rubinzal, t. I, 2009. p. 252-253.

SILVA FRANCO, Alberto; LIRA, Rafael. **Direito penal econômico** – Questões atuais. São Paulo: RT, 2011.

SILVA SÁNCHEZ, Jesús Maria. ***Tiempos de Derecho Penal***. Montevideo/Buenos Aires: B de F, 2009.

SILVA SÁNCHEZ, Jesús Maria.. *Legislación Penal Socio-económica y Retroactividad de Disposciones Favorables: el Caso de las 'Leyes em Blanco*. ***Estudios Penales y Criminológicos***, Santiago de Compostella: USC, XVI, p. 423-461, 1993.

STRATENWERTH, Günter. ***Derecho Penal***. *Parte General*. Madrid: Edersa, 1982.

STRATENWERTH, Günter. ***Derecho Penal***. Parte General. 2. ed. Madrid: Civitas, 1997.

TAIPA DE CARVALHO, Américo. **Sucessão de leis penais**. 2. ed. Coimbra: Coimbra, 1997.

TAVARES, Juarez. ***Teoria del Injusto Penal***. Montevideo/Buenos Aires: B de F, 2010.

TIEDEMANN, Klaus. ***La ley penal en blanco:*** *concepto y cuestiones conexas*. **Revista Brasileira de Ciências Criminais**, São Paulo: RT, v. 10, p. 73-97, jan./mar. 2002.

TIEDEMANN, Klaus. *Tecnica Legislativa nel Diritto Penale Economico*. ***Rivista Trimestrale di Diritto Penale Dell'Economia***, Padova: Cedam, ano XIX, n. 1-2, p. 1-15, genn./giu. 2006.

VASSALI, Giuliano. *Successione di più Leggi Eccezionali*. ***Rivista Italiana di Diritto Penale***, Padova: Cedam, p. 207-238, 1943.

ZAFFARONI, Eugenio Raúl; ALAGIA, Alejandro; SLOKAR, Alejandro. ***Manual de Derecho Penal***. *Parte General*. 2. ed. Buenos Aires: Ediar, 2006.

ZANIOLO, Daniele. *Brevi Considerazioni in Merito al Principio di Ultratività in Materia di Reati Finanziari*. ***Rivista Italiana di Diritto e Procedura Penale***, Milano: Giuffrè, ano XXXIX, p. 874-879, 1996.

7.

ESPECTROS DO MEDO: A PULSÃO DE CRUELDADE ENCOBERTA PELO ESTADO DE EXCEÇÃO

Luiz Eduardo Cani
Alexandre Morais da Rosa

Introdução

Nereu Giacomolli foi professor de toda uma geração e, com ele, a distância ou compartilhando a vida acadêmica, sempre tivemos um arguto defensor do devido processo legal[1]. Somos gratos em poder participar de uma edição que homenageia alguém cuja prática como desembargador do Tribunal de Justiça do Rio Grande do Sul manteve a coerência teórica. Enfim, o texto que segue é uma das facetas da violência nossa de todos os dias. Assim é que, neste texto, parte-se da noção de espectro, originalmente proposta por Karl Marx e Friedrich Engels no *Manifesto comunista* (2005) em referência ao comunismo que rondava a Europa, bem como da continuação por Jacques Derrida em *Espectros de Marx* (1994), vinculado à permanência dos espectros a rondar a Europa. Jacques Derrida adotou o termo no plural a fim de remeter à multiplicidade, à massa ou à dispersão do menos de um, enfim, à indecidibilidade.

[1] GIACOMOLLI, Nereu José. **O devido processo penal**: abordagem conforme a Constituição Federal e o Pacto de São José da Costa Rica. São Paulo: Atlas, 2015.

Dentre os espectros que rondam a Europa, e possivelmente todo o Ocidente, parece estar o medo produzido, reproduzido e cultuado cotidianamente, a justificar a tomada de medidas cruéis, advindas de uma "pulsão de crueldade" (DERRIDA, 1994a), no sentido de neutralizar ameaças de todas as ordens. Uma das técnicas de neutralização de ameaças que produzem medo é o estado de exceção, em tempos de Covid, digitalizado.

Daí porque pensa-se haver uma articulação entre espectros, medo, pulsão de crueldade e estado de exceção. Essa hipótese inspirou a elaboração deste texto a fim de responder: Como espectros, medo e pulsão de crueldade se articulam ao estado de exceção?

Obviamente a complexidade dessa pergunta inviabiliza qualquer tentativa de exaurimento em uma resposta definitiva. Portanto, pretende-se apenas explorar, ensaiar uma resposta parcial que sirva de orientação para outras pesquisas e como chave de compreensão. Consultou-se fontes bibliográficas e se pretendeu ensaiar um esboço genealógico, também impossível no espaço de um texto. Trata-se, portanto, de um ensaio, ou, talvez, de uma fraude, planejada e declarada como fraude.

Dividiu-se o texto em sete itens, nos quais se abordou: (a) os espectros; (b) a formação do medo; (c) a concepção de pulsões de Sigmund Freud; (d) a ideia de uma pulsão de crueldade para Jacques Derrida; (e) os mecanismos psíquicos de defesa; (f) o estado de exceção; e (g) a idolatria do medo. Pretendeu-se articular os temas de modo a indicar essa relação/diferença que se manifesta nas decisões sobre o estado de exceção.

A importância de um ensaio como este é consequência dos tempos sombrios em que se vive, nos quais o soberano decide constantemente sobre o estado de exceção, reduzindo ainda mais as populações à mera condição de recursos disponíveis no território. Isso demanda uma lógica burocrática encoberta em cálculos de todas as ordens, por meio da qual o soberano decide sobre a vida e a morte de acordo com o potencial produtivo de cada indivíduo. Nessa direção, a proliferação da técnica, por meio das novas "tecnologias", possibilita a produção de um perfil virtual de cada indivíduo, carregado de informações íntimas para melhor decidir.

1. Espectros de Marx, Engels e Derrida

A constatação de Marx e de Engels acerca do espectro do comunismo que ronda a Europa consta na frase inaugural do *Manifesto comunista*: "UM ESPECTRO ronda a Europa – o espectro do comunismo. Todas as potências da velha Europa unem-se numa Santa Aliança para conjurá-lo: o papa e o czar, Metternich e Guizot, os radicais da França e os policiais da Alemanha". Essa constatação se deu na medida em que ambos consideraram as recentes associações dos partidos de oposição ao comunismo. Por isso, formularam duas conclusões: (a) o comunismo fora reconhecido por todas as potências europeias; e (b) já era hora de os comunistas oporem um manifesto à lenda do espectro do comunismo.[2]

Em *Espectros de Marx*[3], Jacques Derrida tomou o *Manifesto comunista* como pressuposto para refletir acerca dos espectros que continuavam, e continuam, a rondar a Europa. Nessa tarefa reputou importante distinguir espectro de espírito, na medida em que a indistinção permite que o espírito tome o corpo do espectro, o encarne. O espírito não possui nem corpo, nem alma, e, paradoxalmente, possui ambos, na medida em que a carne e a fenomenalidade conferem aparição espectral ao espírito que desaparece na aparição. Isto é, desaparece na aparição e reaparece no desaparecido.

Para identificar qual é a diferença entre espírito e espectro, Jacques Derrida esclarece que não se sabe se isso existe, se está vivo ou morto, se tem nome ou se tem essência, mas o não saber não significa uma ignorância. Trata-se de um não objeto, um presente não presente que não pertence ao saber, alguma coisa e alguém inominável que nos olha: "Esta Coisa olha para nós, no entanto, e vê-nos não vê-la mesmo quando ela está aí. Uma dissimetria espectral interrompe aqui toda espectralidade. Ela dessincroniza, faz-nos voltar à anacronia. A isso chamaremos efeito de viseira: não vemos quem nos olha"[4].

Embora a referência à pluralidade de espectros anteceda à distinção entre espectro e espírito, optou-se por inverter essa ordem de modo a ordenar o

[2] MARX, Karl; ENGELS, Friedrich. **Manifesto comunista**. São Paulo: Boitempo, 2005. p. 39.

[3] DERRIDA, Jacques. **Espectros de Marx**: o estado da dívida, o trabalho do luto e a nova Internacional. Rio de Janeiro: Relume-Dumará, 1994a. p. 21.

[4] DERRIDA, Jacques. **Espectros de Marx**: o estado da dívida, o trabalho do luto e a nova Internacional. Rio de Janeiro: Relume-Dumará, 1994a. p. 21-22.

texto de modo mais fluido, algo que, nas múltiplas entradas e nos múltiplos começos de Jacques Derrida, pode não ficar tão claro. Sem desconsiderar as peculiaridades dos escritos e dos raciocínios desse autor, fez-se uma adaptação ao estilo literário que se pode.

O que pode significar a multiplicidade de espectros referida no título? Isto é, por que Marx tem múltiplos espectros? Jacques Derrida explica que "isso pode significar uma multidão, quando não massas, a hora ou a sociedade, ou então uma população qualquer de fantasmas com ou sem povo, tal comunidade com ou sem chefe – mas também o menos de um da pura e simples dispersão". A relembrar que o espectro é sempre animado por um espírito, questionou quem poderia se referir a um espírito de Marx ou do marxismo para predizer um futuro ou para invocar a multiplicidade ou heterogeneidade desse espírito[5].

Partindo-se dessa explicação, talvez se possa dizer que os espectros, sobretudo do marxismo, são construtos sociais, produzidos e reproduzidos discursivamente pelos "opositores do partido" (para tomar de empréstimo a expressão de Karl Marx e de Friedrich Engels). O espírito pode ser, dentre outras coisas, a onda que propaga as ideias daqueles autores e o espectro pode ser, também dentre outras coisas, a recepção daquelas ideias na formulação de novas ideias.

Dito de outro modo, o espírito pode ser a produção de ideias e o espectro pode ser a produção de novas ideias que abarcam as ideias já produzidas, animando-as, encarnando-as. Como ideias que são, nos veem, na medida em que consideram a temporalidade em que se inserem, bem como os indivíduos que existem nessa temporalidade, mas não são vistas por quem as ignora e não tem corpo para que sejam vistas por quem as conhece. Esse é um dos possíveis modos de compreender os espectros e espíritos, não o único, talvez sequer o melhor.

[5] DERRIDA, Jacques. **Espectros de Marx**: o estado da dívida, o trabalho do luto e a nova Internacional. Rio de Janeiro: Relume-Dumará, 1994a. p. 17.

2. Ameaça e medo: a formação do espectro

Na peça *Hamlet*, de Shakespeare, Jacques Derrida buscou a formação do espectro, que aparece como "o príncipe de um Estado apodrecido". Há uma espera do aparecimento do espectro, deste aparecimento, uma antecipação impaciente, ansiosa e fascinada pela coisa que terminará por chegar, ainda que chegue tarde, como chega: "tudo se abre na iminência de uma *re*-aparição, mas da reaparição do espectro como aparição *pela primeira vez na peça*"[6].

Noutros termos, sabe-se que o espectro virá, nalgum momento, mas não se sabe quando, como, onde e, talvez, nem por qual motivo. Isso pode ocorrer porque se infere o aparecimento do espectro de eventos anteriores, de aparições anteriores, noutros locais, noutras circunstâncias. Ou seja, dentre todas as possibilidades, está aquela da expectativa de "re-aparição" do que se sabe que existe somente pelos relatos de terceiros, mas que nunca se viu.

Um dos contributos mais relevantes para a espera pela aparição do espectro é a lógica calculadora da ciência moderna: a abstração e o cálculo probabilístico de eventos pretéritos convertem possibilidades em probabilidades, isto é, qualquer evento remotamente possível passa a ser refletido em termos matemáticos.

No contexto atual da revolução 4.0, produzida pelas novas "tecnologias", os cálculos são realizados em equipamentos eletrônicos (*hardware*) em conjunto com programas (*softwares*) que servem para operar esses equipamentos a partir da inserção de um conjunto de dados. Quanto mais dados, melhor. Daí o surgimento do *big data*. Os algoritmos, conjuntos de linhas de programação que operam o *hardware*, funcionam a partir da lógica de comparação e composição de dados, possibilitando a conversão de possibilidades remotas em probabilidades.

Assim, algo como uma colisão entre um meteoro na Terra, passa a ser pensado em termos probabilísticos, ainda que ínfimos. Da aplicação dessa lógica calculadora e abstrata emerge uma ameaça. Mas não é apenas isso, essa ameaça demanda culto: a exploração da notícia nos meios de comunicação

[6] DERRIDA, Jacques. **Espectros de Marx**: o estado da dívida, o trabalho do luto e a nova Internacional. Rio de Janeiro: Relume-Dumará, 1994a. p. 18.

acerca das probabilidades ínfimas/insignificantes transmite aos indivíduos a mensagem clara da ameaça que virá, ainda que demore para chegar.

A mesma lógica está por trás das cortinas de eventos como os atentados terroristas de todas as ordens. Vê-se uma escola invadida por um sujeito, desesperado e armado, que mata dezenas de pessoas e depois se suicida. Esse evento vira objeto de cálculos das principais variáveis: localização (índices de criminalidade, etnia das pessoas que residem no local etc.), quantidade de pessoas armadas na região, reiteração de atentados na mesma escola ou noutras da região, número de feridos, número de mortos, história de vida do agressor etc. A partir desses dados é criado um perfil, um mapa das características que, quase automaticamente, são consideradas causas do evento. Inunda-se os meios de comunicação desde logo com fotos, notícias, vídeos e outras mídias acerca do evento. A população se alarma e, quase imediatamente, clama por "justiça" (*rectius*: punição!).

É nesse contexto que evento e ameaça se articulam para produzir um sentimento individual e coletivo de medo. Esses eventos se tornam ponto de pauta das discussões em quaisquer ambientes, de modo a se reproduzirem e distorcerem. Assim o medo produzido é reproduzido desavisadamente pelos indivíduos no culto cotidiano das relações sociais. Ademais, não é supérfluo lembrar que medo, de acordo com o professor Ricardo Timm de Souza[7], é o ódio cristalizado!

Pensar o medo como ódio cristalizado permite abrir uma trilha para a psicanálise, isto é, para transitar nas bordas da filosofia e da psicanálise. O medo da ameaça está no centro da formação dos mecanismos psíquicos de defesa. Medo é medo do outro, ou do Outro, do chegante que, ao se aproximar, ameaça o que se tem, o que se é. Daí a necessidade de formação de um córtex, referida por Sigmund Freud, uma barreira de proteção que repele ameaças. Essa estrutura defensiva entra em ação nas propostas de neutralização de ameaças de diversas ordens. Para compreender isso melhor, é necessário adentrar às ideias de Sigmund Freud sobre as pulsões, passar pela pulsão de

[7] SOUZA, Ricardo Timm de. A desconstrução da idolatria – Derrida por vir. *In:* SOUZA, Ricardo Timm de. Ética do escrever: Kafka, Derrida e Literatura como crítica da violência. Porto Alegre: Zouk, 2018.

crueldade proposta por Jacques Derrida para, depois, retornar ao córtex de Sigmund Freud.

3. Pulsões em Freud e Lacan

Nos limites necessários para a devida compreensão da proposta, deve-se retomar Freud[8], na via da leitura jurídica, e com Lacan. Pode-se iniciar com a *proibição do incesto,* esta lei básica e estruturadora das relações sociais. A lei básica, que inaugura a cadeia de *significantes,* é uma interdição sexual, e a questão do Direito orbita sob a sexualidade. O Direito Penal, na sua pretensão de regulamentar a vida social, impondo limites, possui inscrita a ordem das *pulsões,* enfim, fala de sexualidade, conforme afiança Lacan: "lembrarei ao jurista que, no fundo, o Direito fala do que vou lhes falar – o gozo"[9]. A *pulsão,* por sua vez, segundo Freud[10], seria um conceito limite entre o psíquico e o somático, não podendo ser estudada em si mesma (onticamente)[11] por ser um *ser-da-passagem,* o qual marca a transição e que cobra caminhos diferentes, movida pelo *recalque,* sua "pedra angular", porque sempre *retorna.* O movimento *pulsional* (de vida e de morte) assim será interpretado pela *psicanálise* e a inscrição *pulsional* está vinculada às identificações do sujeito, no *Imaginário* (*Eu Ideal*) e no *Simbólico* (*Ideal do Eu*), em suas relações com o *Outro*[12].

[8] FREUD, Sigmund. Totem e tabu. *In:* **Obras psicológicas completas**. Rio de Janeiro: Imago, 1996. v. XIII. p. 21-162. O tema foi desenvolvido em MORAIS DA ROSA, Alexandre. **Decisão penal**: a bricolagem de significantes. Rio de Janeiro: Lumen Juris, 2006.

[9] LACAN, Jacques. **O seminário***:* mais, ainda. Rio de Janeiro: Jorge Zahar, 1985. (Livro 20). p. 10.

[10] FREUD, Sigmund. **Três Ensaios sobre a Teoria da Sexualidade**. Rio de Janeiro: Imago, 1997. p. 13-14.

[11] "A pulsão, tal como é constituída por Freud a partir da experiência do inconsciente, proíbe ao pensamento psicologizante esse recurso ao instinto com que ele mascara sua ignorância, através da suposição de uma moral na natureza" (LACAN, Jacques. **Escritos**. Rio de Janeiro: Jorge Zahar, 1998. p. 865).

[12] "Na medida em que o desejo habita a linguagem – e em uma estrutura lacaniana não há, a rigor, desejo sem linguagem – podemos dizer que o inconsciente está repleto de tais desejos estranhos. (...) Nesse sentido, podemos interpretar o enunciado de Lacan de que o inconsciente é o discurso do Outro, de uma maneira muito direta: *o inconsciente está repleto da fala de outras pessoas, das conversas de outras pessoas, e dos objetivos, aspirações e fantasias de outras pessoas* (na medida em que estes são expressos em palavra). (..) O corpo é escrito com significantes"

Em *Além do princípio de prazer*, Freud indicou uma teoria sobre o motor, o impulso, a pulsão (*Trieb*) que preenche de energia o aparelho psíquico. Esclareceu que nem todas as pulsões são admitidas "para as mesmas fases de desenvolvimento", pois alguns desses impulsos ou parcelas dos impulsos são "incompatíveis em suas metas ou reivindicações com os demais, que podem se associar à unidade abrangente do eu"[13]. Por esse motivo, as pulsões são separadas da unidade por meio do recalcamento, processo de não aceitação da pulsão que manifesta sintomas, retidas em estágios inferiores de desenvolvimento psíquico para que as possibilidades de satisfação sejam cortadas. Posteriormente, quando uma satisfação direta ou substitutiva é atingida, após muita luta, a sensação de prazer é percebida pela unidade (eu) como desprazer[14].

Mas o que é o desprazer? Como se relaciona ao perigo? Como o aparelho psíquico reage ao prazer e ao perigo? Uma explicação da psique passa por essas questões. Nesse sentido, o desprazer é tido, ao menos majoritariamente, como uma percepção decorrente da pressão exercida por impulsos insatisfeitos ou por percepções externas que suscitam expectativas desprazerosas no aparelho psíquico. A essas percepções externas chama-se ameaças de perigo[15]. A reação às pulsões e às ameaças de perigo pode ser dirigida corretamente pelo princípio de prazer ou pelo princípio de realidade que modifica o princípio de prazer. O desencadeamento de percepções desprazerosas se dá em razão das memórias sobre graves abalos sofridos, sobretudo com risco de morte. Esse estado que se desencadeia a partir das recordações é chamado de "neurose traumática", cujos dois traços principais são: (a) aparentemente a ênfase principal da causação recai sobre o fator da surpresa, do susto; e (b) na maioria das vezes, um ferimento físico sofrido ao mesmo tempo impede o surgimento da neurose[16].

Ao se referir ao susto como traço central das neuroses traumáticas, Sigmund Freud percebeu a importância de distinguir susto, medo e angústia, expressões frequentemente empregadas como sinônimas, mas que se

(FINK, Bruce. **O sujeito lacaniano**: entre a linguagem e o gozo. Rio de Janeiro: Jorge Zahar, 1998. p. 26-29).

13 FREUD, Sigmund. **Além do princípio de prazer**. Porto Alegre: L&PM, 2018. p. 49.

14 FREUD, Sigmund. **Além do princípio de prazer**. Porto Alegre: L&PM, 2018. p. 49.

15 FREUD, Sigmund. **Além do princípio de prazer**. Porto Alegre: L&PM, 2018. p. 50.

16 FREUD, Sigmund. **Além do princípio de prazer**. Porto Alegre: L&PM, 2018. p. 50-52.

distinguem na relação que têm com o perigo: "'Angústia' designa certo estado como a expectativa do perigo e a preparação para ele, ainda que seja desconhecido; o 'medo' exige um objeto determinado do qual a pessoa sinta medo; 'susto', porém, designa um estado em que a pessoa entra quando está em perigo sem estar preparada para ele; o susto acentua o fator da surpresa"[17]. Portanto, neste artigo se está a tratar de medo, não de susto ou de angústia. É o medo como objeto determinado, medo da ameaça produzida pelo espectro das novas ideias, animado pelo espírito das ideias que pareciam estar mortas, mas continuam a assombrar. É o medo do outro e do Outro, do chegante que impulsiona, desencadeia uma pulsão que preenche de energia o eu para que seja possível uma reação, em uma tentativa, talvez também desesperada, de neutralizar a ameaça.

4. Pulsão de crueldade em Derrida

Mas que pulsão é essa que preenche o eu de energia para neutralizar as ameaças? É apenas uma? São várias? Pode não ser possível responder a essas questões, ao menos não é possível respondê-las integralmente. A referência de Jacques Derrida a uma pulsão de crueldade norteia uma possível resposta, uma, entre várias, apenas uma.

Na tarefa de construir uma teoria sobre a pulsão de crueldade, Jacques Derrida buscou a etimologia da palavra crueldade. Destacou que, na acepção latina, crueldade remete à história de sangue derramado "(*cruor, crudus, crudelitas*), de crime de sangue, dos laços de sangue"; contudo, noutras línguas e noutras semânticas, como no alemão (*Grausamkeit*), não está associada ao derramamento de sangue, mas designa "o desejo de fazer ou de se fazer sofrer *por* sofrer, mesmo de torturar ou de matar, de se matar ou de se torturar por torturar ou por matar, *para* sentir um prazer psíquico no mal pelo mal, mesmo *para* gozar do mal radical, em todos esses casos a crueldade seria difícil de *determinar* ou de *delimitar*". A crueldade psíquica, uma crueldade da psique, um estado da alma do vivente sempre cria novos recursos, mas não se trata

[17] FREUD, Sigmund. **Além do princípio de prazer**. Porto Alegre: L&PM, 2018. p. 51-52.

de uma crueldade sanguinária, senão de uma crueldade que deseja fazer o mal pelo mal, para gozar[18].

Mas o que é o mal? Como o mal se articula à violência e à crueldade? Como explica Ricardo Timm de Souza[19], mal e violência geralmente são palavras utilizadas como **adjetivos** e são **inevitáveis**, pois a vida pressupõe fazer mal e ser violento. Por outro lado, crueldade pode ser tanto **adjetivo** quanto **substantivo** e sempre é uma **opção** de quem age cruelmente. Nesse sentido, a articulação entre a pulsão de crueldade, a violência e o medo podem ser pensados nestes termos: a pulsão de crueldade preenche o eu de energia para agir com violência (meio) com o objetivo de fazer o mal (fim). Dito de outro modo: a pulsão de crueldade impulsiona, move um ato de violência com a finalidade de fazer o mal.

Outra explicação possível, também dada por Jacques Derrida, remonta a uma pulsão de poder (*das Machtbedürfnis*) e "se traduz em inglês por *craving for power*, em francês por *besoin de puissance politique*", característica das classes governantes, "soberanista". "Essa pulsão de poder político se curva às atividades e exigências de um outro grupo cujas aspirações são puramente, acusa Einstein, mercenárias e econômicas"[20].

Mas isso não esgota a explicação de Jacques Derrida. Há ainda uma articulação entre pulsão de crueldade, pulsão de poder e pulsão de morte, buscada nas cartas trocadas entre Sigmund Freud e Albert Einstein, uma ligação entre a pulsão de crueldade e pulsão de morte:

> Malgrado a ingenuidade que Freud lhe atribui quanto às coisas da psique, Einstein avança uma hipótese que vai no mesmo sentido do que será a resposta de Freud, a saber, aquela de uma pulsão de crueldade (quer dizer, no fundo, uma pulsão de morte), o que vai de par, sem se

[18] DERRIDA, Jacques. **Estados-da-alma da psicanálise**. O impossível para além da soberana crueldade. São Paulo: Escuta, 2001. p. 6-7.

[19] SOUZA, Ricardo Timm de. A desconstrução da idolatria – Derrida por vir. *In*: SOUZA, Ricardo Timm de. Ética do escrever: Kafka, Derrida e Literatura como crítica da violência. Porto Alegre: Zouk, 2018.

[20] DERRIDA, Jacques. **Estados-da-alma da psicanálise**. O impossível para além da soberana crueldade. São Paulo: Escuta, 2001. p. 33.

reduzir a isso, com aquela pulsão de poder (*Bemächtigungstrieb*) que tem lugar original em 'Além do princípio do prazer'.[21]

Albert Einstein notou ainda, ao tratar da pulsão de poder, que "'no homem vive uma necessidade de odiar e de aniquilar'". Para ele, seria uma "'psicose' de raiva e de aniquilamento" da *intelligentsia*, não das massas incultas. Termina a análise se evocando uma "pulsão de agressão"[22].

Jacques Derrida pensou a pulsão de poder, ou pulsão de crueldade, como mais antiga que os princípios de prazer e de realidade. Daí porque não pode essa pulsão ser erradicada, ou não podem essas pulsões ser erradicadas por nenhuma política. A missão da política só pode ser, então, "domesticá-la, apartá-la, aprender a negociar, a transigir *indiretamente*, mas com ilusão a seu respeito". Há nisso uma *indireção*, um desvio diferente, uma política simultaneamente otimista e pessimista[23]. Enfim, a política continuará a existir, e precisará continuar a existir, apesar da pulsão de crueldade.

5. A casca constituída pelos mecanismos de defesa contra as ameaças externas

Angústia, medo e susto, ao tomarem o perigo como objeto a repelir, dão causa para a constituição de mecanismos psíquicos de defesa que constituem um córtex, uma casca que protege o sistema consciente contra ameaças externas. A característica principal do sistema consciente é a inexistência de traços permanentes de modificação por meio do processo excitatório, ao contrário dos demais sistemas psíquicos. Pelo contrário, o processo excitatório se dissipa no fenômeno da conscientização. Isso é assim porque o sistema consciente é imediatamente adjacente ao mundo externo[24].

[21] DERRIDA, Jacques. **Estados-da-alma da psicanálise**. O impossível para além da soberana crueldade. São Paulo: Escuta, 2001. p. 33.

[22] DERRIDA, Jacques. **Estados-da-alma da psicanálise**. O impossível para além da soberana crueldade. São Paulo: Escuta, 2001. p. 34.

[23] DERRIDA, Jacques. **Estados-da-alma da psicanálise**. O impossível para além da soberana crueldade. São Paulo: Escuta, 2001. p. 35.

[24] FREUD, Sigmund. **Além do princípio de prazer**. Porto Alegre: L&PM, 2018. p. 78.

Sigmund Freud buscou referências na embriologia para **especular** sobre a constituição do córtex que protege o sistema consciente: "o sistema nervoso central provém do ectoderma, e o córtex cerebral cinzento ainda é um derivado da superfície primitiva e poderia ter assumido qualidades essenciais dela por via hereditária". Daí porque pensou que para proteger o interior contra o choque incessante de estímulos externos é necessária a formação de uma casca para que o processo excitatório transcorra de maneiras distintas em cada camada. A função do córtex é favorecer a recepção dos estímulos sem modificações adicionais ao interior[25].

Mutatis mutandis, o sistema consciente demanda proteção contra as possíveis modificações produzidas pela passagem da excitação, porquanto os elementos do sistema consciente já estão modificados ao máximo em razão dos estímulos externos de modo a permitir o surgimento da consciência. Sigmund Freud supôs que, na passagem de um elemento a outro, a excitação encontra resistências que precisam ser superadas. Por isso, a diminuição das resistências, a facilitação da passagem seria a marca permanente da excitação. Mas no sistema consciente não existiria essa resistência, pois, tomando a distinção breueriana entre energia de investimento em repouso e livremente móvel nos elementos dos sistemas psíquicos, os elementos do sistema consciente conduzem apenas energia livremente descarregável, não energia ligada. Especulou que o sistema consciente paira em meio ao mundo exterior carregado de energias intensas e, nesse contexto, "seria fulminado pelos efeitos dos estímulos desse mundo se não fosse dotado de uma proteção contra estímulos"[26].

Há diferenças no interior e no exterior da camada cortical dessa "vesícula", de modo que os estímulos de fora possam ser recebidos. O sistema consciente, localizado entre o interior e o exterior, recebe estímulos vindos de fora e de dentro, que tornam possível a operação do sistema e de todo o aparelho psíquico. Do exterior há uma proteção contra os estímulos externos, de modo a reduzir-lhes a intensidade. Do interior é impossível uma proteção, de modo que as excitações das camadas profundas se propagam em toda intensidade, a produzir sensações de prazer-desprazer, portanto são mais adequadas ao

25 FREUD, Sigmund. **Além do princípio de prazer**. Porto Alegre: L&PM, 2018. p. 78-79.

26 FREUD, Sigmund. **Além do princípio de prazer**. Porto Alegre: L&PM, 2018. p. 79-80.

funcionamento do sistema do que os estímulos exteriores. No entanto, surge a tendência a tratar os estímulos provindos do interior como se fossem exteriores para que seja possível empregar meios defensivos contra os estímulos. Eis a origem da projeção, um mecanismo com importante papel na causação de processos patológicos[27].

Jean Pierre Lebrun[28] chega a dizer que "como seria bom para nós, se o ódio não nos habitasse, se não estivesse em nós, se ele não nos tivesse construído. O que acontece é que ele nos concerne, sim, eventualmente, na medida em que podemos ser objeto ou vítima dele; que deveríamos reconhecer que ele existe, sim, e, infelizmente, que nós não podemos impedi-lo de existir. E, se ele estivesse em outro lugar, no outro, próximo ou muito longe, pouco importaria, mas não dentro das nossas próprias muralhas, não na nossa própria cidade, não alojado em nosso próprio corpo!".

Como se pode notar, o trauma é a porta de entrada para a psicanálise. É disso que também trata a teoria psicanalítica. De modo a se aproveitar a abertura criada pela psicanálise no aparelho psíquico, pode-se esboçar a inferência entre ameaça, medo, necessidade de neutralização, constituição dos mecanismos de defesa e estado de exceção. Parece, pois, pouco duvidoso, se Sigmund Freud e Jacques Derrida estiverem corretos, que o Direito é uma das externalizações dos mecanismos de defesa que constituem o córtex do sistema consciente: provém de uma pulsão de crueldade querer fazer o mal a quem fez o que se entende por mal, esse mal antecedente se apresenta como ameaça constante de modo a produzir medo, angústia ou susto, algumas vezes produz traumas, do medo, da angústia ou do susto se formam mecanismos de defesa que constituem um córtex para reduzir a intensidade dos estímulos advindos do exterior e os estímulos internos se propagam como se externos fossem, como projeções do interior para o que se pensa ter origem no exterior, a fim de satisfazer o prazer-desprazer ou apenas de gozar[29].

[27] FREUD, Sigmund. **Além do princípio de prazer**. Porto Alegre: L&PM, 2018.p. 83-84.

[28] LEBRUN, Jean Pierre. **O futuro do ódio**. Porto Alegre: CMC, 2008.

[29] Enquanto o prazer é a satisfação plena de um desejo, o gozo é uma satisfação parcial, caricata e sempre insuficiente. Daí porque sempre se precisa gozar mais.

6. Estado de exceção: com Benjamin a Agamben (contra Schmitt?)

Giorgio Agamben buscou a gênese do estado de exceção no instituto do Direito romano chamado *justitium*, contudo afirmou que a inclusão do estado de exceção nos ordenamentos jurídicos é um fenômeno moderno[30], cuja origem pode ter sido a custódia protetora (*schutzhaft*) inserida na lei prussiana de 4 de junho de 1851 para autorizar a prisão de indivíduos, independente da prática de crime, a fim de evitar perigo à segurança estatal[31]. Dentre outras referências, Giorgio Agamben buscou na oitava tese **Sobre o conceito da história**, de Walter Benjamin, a explicação para o permanente estado de exceção em que se vive instaurado a partir da conversão da exceção em regra geral:

> A tradição dos oprimidos nos ensina que o 'estado de exceção' em que vivemos é na verdade a regra geral. Precisamos construir um conceito de história que corresponda a essa verdade. Nesse momento, perceberemos que nossa tarefa é originar um verdadeiro estado de exceção; com isso, nossa posição ficará mais forte na luta contra o fascismo. Este se beneficia da circunstância de que seus adversários o enfrentam em nome do progresso, considerado como uma norma histórica. O assombro com o fato de que os episódios que vivemos no século XX 'ainda' sejam possíveis, não é um assombro filosófico. Ele não gera nenhum conhecimento a não ser o conhecimento de que a concepção de história da qual emana semelhante assombro é insustentável[32].

Ao interpretar essa tese, Michel Löwy apontou para o conhecimento crítico, tanto da história quanto do progresso, como possibilidades de oposição ao

[30] "Somente com os modernos é que o estado de necessidade tende a ser incluído na ordem jurídica e a apresentar-se como verdadeiro 'estado' da lei. O princípio de que a necessidade define uma situação particular em que a lei perde sua *vis obligandi* (esse é o sentido do adágio *necessitas legem non habet*) transforma-se naquele em que a necessidade constitui, por assim dizer, o fundamento último e a própria fonte da lei" (AGAMBEN, Giorgio. **Estado de exceção**. São Paulo: Boitempo, 2004. p. 42-43).

[31] AGAMBEN, Giorgio. **Meios sem fim**. Notas sobre a política. Belo Horizonte: Autêntica, 2015. p. 41-42.

[32] BENJAMIN, Walter. Sobre o conceito da história. *In:* BENJAMIN, Walter. **Magia e técnica, arte e política**. Obras escolhidas. 3. ed. São Paulo: Brasiliense, 1987. p. 226.

fascismo, na medida em que um dos trunfos do fascismo "é a incompreensão que seus adversários manifestam em relação a ele, inspirados pela ideologia do progresso". Ademais, o verdadeiro estado de exceção proposto está prefigurado nas revoltas e sublevações que brevemente interromperam "o cortejo triunfante dos dominantes", mas demanda mais que um parêntese: é necessário pôr fim às posições de superior e de inferior, de modo a não existir mais "nem senhores nem escravos"[33].

Da tese de Walter Benjamin e da explicação de Michel Löwy é possível perceber que o objeto "estado de exceção" não é um "Estado de exceção", ao contrário do que afirmam muitos juristas ao enfrentar o tema. Trata-se da ideia de um estado, de uma condição em que se está a viver, não de um ente metafísico chamado Estado. Contudo essa característica não é tão nítida nas referências de Giorgio Agamben. Pelo contrário, parece existir uma ambivalência nos múltiplos usos da expressão que parecem remontar a três sentidos distintos, que podem coincidir ou excluir-se mutuamente em cada contexto: (a) Estado de exceção; (b) estado de exceção; e/ou (c) institutos jurídicos de exceção.

Sabe-se que Giorgio Agamben deu continuidade, em partes, às pesquisas de Michel Foucault. Entretanto, Michel Foucault abordou três modalidades distintas de poder: (a) poder soberano – produtor de súditos conforme a lógica da vida pela morte que orienta um governo estatizado; (b) poder disciplinar – produtor de corpos dóceis por meio da conversão do tempo de vida em tempo de trabalho que estabelece uma anatomopolítica; e (c) biopoder – produz populações da espécie humana de acordo com a fórmula "fazer viver e deixar morrer", que instaura uma biopolítica conjugada à anatomopolítica. Essas três formas do poder não se excluem, mas se complementam, penetram em espaços distintos e agem sobre os indivíduos, não apenas de modo negativo, mas também positivo na medida em que produzem subjetividades.

Talvez Giorgio Agamben não tenha integrado as três formas de poder no projeto *homo sacer* ou não tenha integrado suficientemente, pois associou biopoder e poder soberano, sem deixar muito claro se os pensou como sinônimos. A soberania decorrente do moderno contrato social é elemento indispensável

[33] LÖWY, Michel. **Walter Benjamin**: aviso de incêndio. Uma leitura das teses "Sobre o conceito de história" de Walter Benjamin. São Paulo: Boitempo, 2005. p. 83-86.

à compreensão do estado de exceção, na obra de Giorgio Agamben, se tomar-se em conta a referência à conhecida definição de soberania de Carl Schmitt na qual soberania e estado de exceção foram articulados: "Soberano é quem decide sobre o estado de exceção"[34].

Se soberano é quem decide sobre o estado de exceção, o estado de exceção é objeto da soberania, a decisão do soberano. Será uma decisão política, como frequentemente referem os juristas? São corriqueiras as referências de juristas a uma suposta oposição entre decisões por política e decisões por princípios. Será assim? Decidir por um princípio não pressupõe uma decisão anterior? Decidir conforme um princípio é uma única decisão? Mais parece que se tratam de duas decisões, a primeira não explícita, a segunda, sim. Portanto, sempre há uma decisão política que antecede uma decisão jurídica, seja de reafirmar ou de suspender o Direito. A segunda decisão, "proferida nos estritos limites da legalidade" deve preencher as formalidades e a liturgia de praxe. Do contrário, corre-se o risco de uma invalidade. Não por acaso, em meio a carimbos, símbolos e liturgias, prioriza-se a forma em detrimento do conteúdo:

> Como os juristas sabem muito bem, acontece que o direito não tende, em última análise, ao estabelecimento da justiça. Nem sequer ao da verdade. Busca unicamente o julgamento. Isso fica provado para além de toda dúvida pela *força da coisa julgada*, que diz respeito também a uma sentença injusta. A produção da *res judicata* – com a qual a sentença substitui o verdadeiro e o justo, vale como verdadeira a despeito da sua falsidade e injustiça – é o fim último do direito. Nessa criatura híbrida, a respeito da qual não é possível dizer se é fato ou norma, o direito encontra a paz; além disso ele não consegue ir.[35]

Talvez se possa dizer, *mutatis mutandis*, que a decisão de reafirmar o Direito[36] se origina no interior do córtex do aparelho psíquico, ao se pensar na

[34] SCHMITT, Carl. **Teologia política.** Belo Horizonte: Del Rey, 2006. p. 7.

[35] AGAMBEN, Giorgio. **O que resta de Auschwitz**: o arquivo e a testemunha (Homo Sacer III). São Paulo: Boitempo, 2008. p. 28.

[36] Violência conservadora do Direito, diria Walter Benjamin (BENJAMIN, Walter. Crítica da violência – Crítica do poder. *In:* BENJAMIN, Walter. **Documentos de cultura, documentos de barbárie**: escritos escolhidos. São Paulo: Cultrix, 1986. p. 160-175).

ameaça de negar o Direito vigente, de depor[37] o ordenamento jurídico, motivo pelo qual se projeta o estímulo interior de medo, pensado como estímulo exterior, para repelir a ameaça de violação, de transgressão do Direito. Daí exsurge o ato decisório: reafirma-se um ou mais princípios. O que se dá no interior do aparelho psíquico não é conhecido, mas houve aí uma decisão, a menos que se entenda que não é de decisão que se trata no aparelho psíquico, mas de escolhas. De todo modo, a ausência de carimbos e outros símbolos da "mais lídima Justiça" impedem que se chame essa decisão do aparelho psíquico de decisão jurídica.

Mas o que pode significar dizer que o estado de exceção é uma decisão? De que decisão se pode falar? Qual o conteúdo dessa decisão? Estado de exceção é uma decisão política tomada pelo soberano que produz efeitos sobre a população. Essa decisão nasce de uma indecidibilidade entre a função do poder exercida pelo soberano (executiva, legislativa, judiciária, todas, mais de uma, quais?) e suspende as normas a pretexto de preservar o ordenamento jurídico.

Dentre outros modos, o estado de exceção pode se manifestar a partir da atribuição, ao Executivo, de poderes designados pela expressão plenos poderes (*pleins pouvoirs*), derivada da plenitude do poder (*plenitudo potestatis*), figura do Direito canônico que amplia os poderes governamentais e atribui ao Executivo o poder de promulgar decretos com força de lei. Essa ampliação dos poderes implica um retorno a um Estado em que o poder ainda não fora dividido entre as funções legislativa, executiva e judiciária[38].

A suspensão das normas pode incidir de acordo com um conjunto de variáveis: suspensão parcial de uma única norma, suspensão total de uma única norma, suspensão de várias normas, suspensão integral de uma lei, suspensão em relação a apenas uma pessoa, a um grupo ou a vários grupos, por um período breve, por um período longo, em apenas uma situação envolvendo uma ou mais pessoas, ou em várias. Uma variável não necessariamente exclui a outra. O mais paradoxal nisso é a impossibilidade de uma suspensão integral do

[37] Violência divina, que não cria e nem conserva, mas de-põe o Direito, nas palavras de Walter Benjamin (BENJAMIN, Walter. Crítica da violência – Crítica do poder. *In:* BENJAMIN, Walter. **Documentos de cultura, documentos de barbárie**: escritos escolhidos. São Paulo: Cultrix, 1986. p. 160-175).

[38] AGAMBEN, Giorgio. **Estado de exceção.** São Paulo: Boitempo, 2004. p. 17.

ordenamento jurídico que incida sobre toda a população, pois, sem o Direito, não há pretexto para a decisão sobre o estado de exceção.

7. Estado de exceção: justificativa, fundamento e conteúdo

A suspensão de norma(s) a pretexto de preservar o ordenamento jurídico carrega duas outras características centrais: (a) a preservação do ordenamento jurídico serve de justificativa; (b) o "estado de necessidade" é o fundamento; e (c) a força de lei, sem lei, isto é, a pura coerção é o conteúdo. Na decisão sobre o estado de exceção, essas características coincidem, cruzam-se e, muitas vezes, se tornam indecidíveis, ambivalentes.

Giogio Agamben distinguiu a exceção medieval da exceção moderna. A primeira representava uma abertura do Direito a um fato externo (*fictio legis*), por meio da qual "se age como se a escolha do bispo tivesse sido legítima". A segunda, ao contrário, emana da tentativa de incluir a exceção na ordem jurídica, tentativa essa que cria uma zona de indiferenciação entre fato e Direito, de modo que ambos coincidam[39].

Portanto, não havia no medievo uma ideia de uma necessidade de suspender o Direito para favorecer o bem comum. Essa noção foi cunhada na modernidade, por meio da inclusão do estado de necessidade no ordenamento jurídico como "verdadeiro 'estado' da lei", isto é, como conjunto de condições para o qual o Direito existe. O princípio segundo o qual a necessidade define a situação na qual a lei perde a *vis obligandi*, chamada *necessitas legem non habet*, transforma a necessidade em fundamento último e em fonte do Direito[40].

Daí a importância da análise de Walter Benjamin sobre a articulação entre Direito, poder e violência, elaborada no artigo *Kritik zu der gewalt*, traduzido por Willi Bolle como *Crítica da violência – Crítica do poder*, por causa da ambivalência do termo *gewalt*, sobretudo nos contextos em que a palavra foi usada por Walter Benjamin.

A relação elementar do ordenamento jurídico é uma relação de meios e fins, de modo que a violência pode ser buscada tanto nos meios do ordenamento

[39] AGAMBEN, Giorgio. **Estado de exceção.** São Paulo: Boitempo, 2004. p. 42.

[40] AGAMBEN, Giorgio. **Estado de exceção.** São Paulo: Boitempo, 2004. p. 42-43.

(direito positivo) quanto nos fins (direito natural). Apesar disso, a violência é questionada somente no momento da aplicação do Direito, fato que exclui o questionamento da violência como princípio do Direito. Mesmo assim, violência e Direito se entrecruzam e se relacionam na medida em que o Direito pode ser compreendido, dentre outras formas, como conjunto de normas que reconhecem direitos, criam deveres e estabelecem os limites dos direitos e dos deveres. Violência e poder se fundem com o Direito em dois momentos distintos. Primeiro, na instituição do Direito com o reconhecimento ou positivação de determinadas normas. Segundo, como conservação do Direito no momento da aplicação. Portanto, a violência é a origem, o princípio do Direito, razão pela qual, por exemplo, uma crítica à pena de morte é, em última análise, também uma crítica ao Direito enquanto inscrição do poder sobre a vida e a morte no ordenamento jurídico. Nessa direção, um contrato jurídico jamais pode ser fruto de uma solução não violenta de conflitos, pois garante aos contratantes o direito a reivindicar alguma forma violenta de cumprimento das cláusulas contratuais[41].

Eis uma crítica que desmonta a espinha dorsal do Estado Moderno: a teoria do contrato social e, consequentemente, a teoria da soberania estatal.

Giorgio Agamben toma esse texto de Walter Benjamin para refletir a articulação entre estado de exceção e violência, iniciando pela distinção entre violência divina e violência soberana. Assim como a violência divina, a violência soberana não é reduzida à instituição e nem à conservação do Direito. Todavia, violência soberana e violência divina não são sinônimos. Para diferenciá-las, coloca a violência divina em relação com o estado de exceção: apesar de o soberano ser quem pode decidir sobre o estado de exceção, a violência soberana cria uma zona de indistinção entre lei e natureza, externo e interno, violência e Direito. No estado de exceção, o nexo entre Direito e violência é mantido enquanto o estado de exceção se distinguir do caso normal, pois a decisão soberana aparecerá simplesmente como meio de passagem entre a violência que põe e a violência que conserva o Direito[42].

[41] BENJAMIN, Walter. Crítica da violência – Crítica do poder. *In:* BENJAMIN, Walter. **Documentos de cultura, documentos de barbárie**: escritos escolhidos. Trad. Celeste H. M. Ribeiro de Sousa *et al.* São Paulo: Cultrix, 1986. p. 160-175.

[42] AGAMBEN, Giorgio. ***Homo sacer***: o poder soberano e a vida nua I. Belo Horizonte: Editora UFMG, 2007. p. 72.

Mas o que é essa violência contida ou articulada no estado de exceção? Jacques Derrida trilhou um caminho profícuo para contribuir com esse debate. Giorgio Agamben partiu da conferência *Force of Law*, proferida por Jacques Derrida na Benjamin N. Cardozo *School of Law*, na qual, partindo da tradução das expressões inglesas *to enforce de law* e *enforceability of law* para o francês aplicar a lei (*appliquer la loi*), esclareceu a perda da alusão direta à força que vem do interior. Jacques Derrida afirmou que o Direito é sempre uma força autorizada, ainda que injusta ou injustificável. Por isso, não há Direito sem força. A *enforceability* não é uma possibilidade secundária ou exterior. A força é essencialmente implicada no conceito de "justiça enquanto direito". A palavra *enforceability* remonta à força implicada *a priori* no Direito, ou seja, na possibilidade de o Direito ser sempre *enforced*, aplicado pela força. Partindo das lições do filósofo prussiano Immanuel Kant (1724-1804), inscritas na Doutrina do Direito (*Rechtslehre*), existem leis não aplicadas, mas não existem leis sem aplicabilidade, da mesma forma que não existe aplicabilidade sem força[43].

Ao retomar essa conferência, Giorgio Agamben afirmou que o sintagma "força-de-lei" deriva das tradições do Direito romano e do Direito medieval. Com o Digesto, uma compilação de estudos de jurisconsultos, organizado a mando do imperador bizantino Justiniano I, o sintagma adquiriu o sentido de eficácia ou capacidade de obrigar (*De legibus I, 3: legis virtus haec est: imperare, vetare, permittere, punire*). Contudo, a partir da Revolução Francesa, a expressão "força-de-lei" passou a indicar o valor supremo dos atos legislativos sobre os atos das demais funções do poder, uma consequência do reivindicado princípio da legalidade. O art. 6 da Constituição de 1791 continha uma previsão de intangibilidade da lei, não passível de anulação e nem de modificação, sequer pelo soberano.

Nesse sentido, "força-de-lei" designa, tanto na Antiguidade quanto na modernidade, não as leis, mas os decretos que o Poder Executivo pode, em alguns casos, editar. Esse conceito separa a aplicabilidade da norma, que pressupõe a força obrigatória (*vis obligandi*), da essência formal da norma (lei, decreto etc.) a fim de permitir que quaisquer normas adquiram força de lei. Essa confusão entre atos executivos e atos legislativos é uma das características

[43] DERRIDA, Jacques. ***Force de loi***: *le «Fondement mystique de l'autorité»*. Paris: Galilée, 1994b. p. 17-18.

essenciais do estado de exceção, cujo caso limite é o regime nazista, no qual as palavras do Führer tinham força de lei (*Gesetzeskraft*). Mas a característica principal do estado de exceção não é a confusão entre as funções do poder, mas a separação da força de lei em relação à lei. Em razão dessa separação as normas são transformadas. Por um lado, há normas em vigor que não são aplicáveis porque não têm força. Por outro, há atos normativos distintos das leis que adquirem força de lei. Portanto, o estado de exceção é um espaço anômico, no qual há uma força de lei sem lei, uma pura força atribuída a atos que não são leis, utilizada para governar[44].

8. Considerações iniciais: da idolatria do medo à permanência do estado de exceção

Em homenagem a Jacques Derrida, não se elaborou uma conclusão do texto, mas algumas considerações iniciais. Isto é, apontou-se algumas entradas, alguns acessos ao tema. Trata-se de um começo que nunca começa, no estilo derridiano que diz muito, sem nunca estar convencido de ter dito algo, ou melhor, de ter começado a entrar no tema, pois algo foi dito, dizer é escrever; e desescrever é impossível.

Arrisca-se dizer que o incremento dos mecanismos defensivos formados pelo aparelho psíquico manifesta tanto angústia e medo (o susto pode ser estopim, mas como não é esperado, no máximo pode desencadear o medo e angústia, estes, sim, mais adequados à formação dos mecanismos psíquicos de defesa) quanto um processo de idolatria do medo e da angústia, sobretudo do medo.

A recordação compulsiva do evento que provocou o susto, lembranças que não cessam de retornar, de se reviver, alimentam os espectros que rondam o aparelho psíquico (e talvez a Europa). Esses espectros, encarnados pelo fantasma da ameaça, das ideias provocadas pelo susto, assumem a forma de novas ideias, de medo constante de reviver ou de viver pela primeira vez aquilo que se sabe que ocorreu somente pelos relatos de terceiros.

[44] AGAMBEN, Giorgio. **Estado de exceção**. São Paulo: Boitempo, 2004. p. 59-61.

Nesse contexto, a formação de cada vez mais mecanismos de defesa é vista como necessária, e salutar. Cada vez se cria mais mecanismos de defesa: apatia, máscaras, encobrimentos, mentiras, ódio, raiva, burocracia, leis, estado de exceção e outros. A necessidade serve, simultaneamente, de fonte e de fundamento do estado de exceção, e o estado de exceção é justificado a pretexto de preservar, de conservar o ordenamento jurídico. Daí porque se pensa que esse funcionamento está intimamente ligado ao aparelho psíquico, estruturado linguisticamente da mesma forma, embora se trate de coisas distintas.

Há por trás de tudo isso um processo de idolatria, no sentido pensado por Vilém Flusser, de "incapacidade de decifrar os significados da ideia, não obstante a capacidade de lê-la, portanto, adoração da imagem"[45]. Dentre outros objetos idolatrados estão os espectros do medo, um conjunto de ideias não decifradas, ideias que carregam significados que excedem a capacidade individual de decifração, são cultuados, adorados na forma de aquisição de produtos e serviços, de *commodities* comercializadas a pretexto de garantia a segurança. A formação da idolatria é explicada por Ricardo Timm de Souza:

> Ideias tomam formas cambiantes, elevam-se em seu contrário, ocupam toda sorte de espaço privilegiado, traduzem-se em linguagens constrangedoramente simplórias, muitas de sua própria invenção; ninguém deixa de vê-las e lê-las com a habilidade que uma criancinha demonstra ao desconectar sílabas de uma palavra complexa sem ter a menor ideia do significado de tal palavra. Insinuam-se imageticamente no campo da percepção e tornam-se opacas como uma gravura antiga à qual o tempo e a idade não emprestam dignidade, mas simplesmente decadências pasteurizadas, porém exalam cores artificiais que não chocam no frenetismo colorido que emulam. São sempre definitivas.[46]

A consequência desse processo de idolatria é a inversão da função da imagem na vida humana, de objetos a sentidos da vida humana: "O homem,

[45] FLUSSER, Vilém. **Filosofia da caixa preta** – ensaios para uma futura filosofia da fotografia. São Paulo: AnnaBlume, 2011. p. 18.

[46] SOUZA, Ricardo Timm de. A desconstrução da idolatria – Derrida por vir. *In:* SOUZA, Ricardo Timm de. Ética do escrever: Kafka, Derrida e Literatura como crítica da violência. Porto Alegre: Zouk, 2018. p. 133.

ao invés de servir das imagens em função do mundo, passa a viver em função de imagens. Não mais decifra as cenas da imagem como significados do mundo, mas o próprio mundo vai sendo vivenciado como conjunto de cenas"[47].

Esse medo, como já se disse, é medo do outro e do Outro. Justifica a criação de mecanismos psíquicos de defesa que servem para impedir a entrada de estímulos externos, para reduzir a intensidade do contato com o Outro e daquilo que esse contato pode causar no interior do aparelho psíquico. Se tende a tentar conservar o aparelho psíquico, pois se pensa que já sofreu transformações suficientes. Essa interdição ao Outro pode ser pensada na perspectiva de um mundo conceitual branco, da ameaça negra ao inconsciente dos brancos, com Grada Kilomba:

> Poderíamos dizer que no mundo conceitual *branco* é como se o inconsciente coletivo das pessoas Negras fosse pré-programado para a alienação, decepção e trauma psíquico, uma vez que as imagens da Negritude às quais somos confrontados(as) não são nem realistas nem gratificantes. Que grande alienação ser forçado/a identificar-se com heróis *brancos* e rejeitar inimigos que aparecem como Negros. Que decepção, sermos forçados(as) a olhar para nós mesmos(a) como se estivéssemos no lugar deles(as). Que dor, estar preso(a) nesta ordem colonial. Esta deveria ser nossa preocupação. Não deveríamos nos preocupar com o sujeito *branco* no colonialismo, mas sim com o fato de o sujeito Negro sempre ser forçado a desenvolver uma relação consigo mesmo(a) através da presença alienante do outro *branco* (Hall, 1996). Sempre colocado como 'Outro', nunca como 'self'.[48]

Para encerrar o texto, mas não a reflexão, pensa-se que essas chaves de leitura podem servir para abrir algumas trilhas em meio à floresta do medo. Assim como a pulsão de crueldade não pode ser eliminada pela política, o medo não pode nem deve ser eliminado dos indivíduos, mas pode ser colocado noutro lugar, no lugar em que surgiu: advertência contra ameaças, apenas.

[47] FLUSSER, Vilém. **Ensaio sobre a fotografia**: para uma filosofia da técnica. Lisboa: Relógio D'Água, 1998. p. 29.

[48] KILOMBA, Grada. A máscara. Trad. Jéssica Oliveira de Jesus. **Cadernos de Literatura em Tradução**, n. 16, p. 171-180, 2016, p. 175.

Pensar sobre o lugar do medo no estado de exceção pressupõe compreender melhor o que é uma ameaça, quais são as ameaças e como se pode lidar com as ameaças reais.

Do contrário, seguir-se-á a repetir a velha tarefa do poder punitivo que, a pretexto de lutar contra os riscos, "*jamás el poder punitivo elimino um riesgo real*". Precisa-se entender a estrutura de discursos inquisitórios para que se não caia nas falácias produzidas por quem os propaga, na medida em que "*cuando aparece un discurso con estrutura inquisitorial y nadie detiene su instalación, la consecuencia última es una masacre*"[49].

Referências

AGAMBEN, Giorgio. **Estado de exceção**. São Paulo: Boitempo, 2004.

AGAMBEN, Giorgio. **Homo sacer**: o poder soberano e a vida nua I. Belo Horizonte: Editora UFMG, 2007.

AGAMBEN, Giorgio. **Meios sem fim**. Notas sobre a política. Belo Horizonte: Autêntica, 2015.

AGAMBEN, Giorgio. **O que resta de Auschwitz**: o arquivo e a testemunha (Homo Sacer III). São Paulo: Boitempo, 2008.

BENJAMIN, Walter. Crítica da violência – Crítica do poder. *In:* BENJAMIN, Walter. **Documentos de cultura, documentos de barbárie**: escritos escolhidos. São Paulo: Cultrix, 1986.

BENJAMIN, Walter. Sobre o conceito da história. *In:* BENJAMIN, Walter. **Magia e técnica, arte e política**. Obras escolhidas. 3. ed. São Paulo: Brasiliense, 1987.

DERRIDA, Jacques. **Espectros de Marx**: o estado da dívida, o trabalho do luto e a nova Internacional. Rio de Janeiro: Relume-Dumará, 1994a.

DERRIDA, Jacques. ***Force de loi**: le «Fondement mystique de l'autorité»*. Paris: Galilée, 1994b.

DERRIDA, Jacques. **Estados-da-alma da psicanálise**. O impossível para além da soberana crueldade. São Paulo: Escuta, 2001.

FINK, Bruce. **O sujeito lacaniano**: entre a linguagem e o gozo. Rio de Janeiro: Jorge Zahar, 1998.

FLUSSER, Vilém. **Ensaio sobre a fotografia**: para uma filosofia da técnica. Lisboa: Relógio D'Água, 1998.

FLUSSER, Vilém. **Filosofia da caixa preta** – ensaios para uma futura filosofia da fotografia. São Paulo: AnnaBlume, 2011.

FREUD, Sigmund. **Além do princípio de prazer**. Porto Alegre: L&PM, 2018.

[49] ZAFFARONI, Eugenio Raúl. La estructura inquisitorial. *In:* ZAFFARONI, Eugenio Raúl. **La cuestión criminal**. Buenos Aires: Planeta, 2012. p. 43.

FREUD, Sigmund. **Três Ensaios sobre a Teoria da Sexualidade**. Rio de Janeiro: Imago, 1997.

FREUD, Sigmund. Totem e tabu. *In:* **Obras psicológicas completas**. Rio de Janeiro: Imago, 1996, p. 21-162, v. XIII.

GIACOMOLLI, Nereu José. **O devido processo penal**: abordagem conforme a Constituição Federal e o Pacto de São José da Costa Rica. São Paulo: Atlas, 2015.

KILOMBA, Grada. A máscara. **Cadernos de Literatura em Tradução**, São Paulo, n. 16, p. 171-180, maio 2016.

LACAN, Jacques. **O seminário**: mais, ainda. Rio de Janeiro: Jorge Zahar, 1985. (Livro 20).

LACAN, Jacques. **Escritos**. Rio de Janeiro: Jorge Zahar, 1998.

LEBRUN, Jean Pierre. **O futuro do ódio**. Porto Alegre: CMC, 2008.

LÖWY, Michel. **Walter Benjamin**: aviso de incêndio. Uma leitura das teses "Sobre o conceito de história" de Walter Benjamin. São Paulo: Boitempo, 2005.

MARX, Karl; ENGELS, Friedrich. **Manifesto comunista**. São Paulo: Boitempo, 2005.

MORAIS DA ROSA, Alexandre. **Decisão penal**: a bricolagem de significantes. Rio de Janeiro: Lumen Juris, 2006.

SCHMITT, Carl. **Teologia política**. Belo Horizonte: Del Rey, 2006.

SOUZA, Ricardo Timm de. A desconstrução da idolatria – Derrida por vir. *In:* SOUZA, Ricardo Timm de. Ética do escrever: Kafka, Derrida e Literatura como crítica da violência. Porto Alegre: Zouk, 2018.

ZAFFARONI, Eugenio Raúl. La estructura inquisitorial. *In:* ZAFFARONI, Eugenio Raúl. **La cuestión criminal**. Buenos Aires: Planeta, 2012.

08.
O CRIME DE APROPRIAÇÃO INDÉBITA TRIBUTÁRIA NO DIREITO BRASILEIRO

LEANDRO PAULSEN

Introdução

A utilização do Direito Penal para a repressão de ilícitos tributários vem se intensificando no rigor e na abrangência. As discussões sobre o tema pululam e são cada vez mais desafiadoras para os operadores do Direito. As ações penais tributárias que, há alguns anos, restringiam-se, basicamente, às grandes fraudes tributárias, passaram a alcançar casos menos rumorosos, sonegações até modestas praticadas por cidadãos comuns enquanto contribuintes, apropriações indébitas de tributos retidos por substitutos tributários e também o não recolhimento de tributos indiretos próprios embutidos nos preços dos produtos, esta última situação objeto de definição pelo STF recentemente, em dezembro de 2019. Está na ordem do dia, ainda, a questão da lavagem de dinheiro do produto da sonegação. E há outros delitos correlatos à questão tributária, como a apropriação indébita de bens não apresentados na qualidade de depositário fiel em execução fiscal.

Neste pequeno artigo, concentrar-nos-emos na análise do crime de apropriação indébita tributária enquanto crime contra a ordem tributária, tal como tipificado na lei penal e compreendido pelos tribunais brasileiros.

1. A ordem tributária

Roxin afirma que o conteúdo do Direito Penal é a "*protección subsidiaria de bienes jurídicos*".[1] Bens jurídicos "*son circunstancias das o finalidades que son* útiles *para el individuo y su libre desarrollo em El marco de um sistema social global estructurado sobre la base de esa concepcioón de los fines o para el funcionamiento del próprio sistema*".[2] Dotti elenca, dentre os princípios fundamentais do Direito Penal, o Princípio da Proteção dos Bens Jurídicos. Anota que "a existência do crime depende de um resultado, ou seja, de um dano ou um perigo de dano a um bem tutelado pelo Direito Penal".[3] E frisa: "O crime lesiona (ofende) um bem jurídico".[4]

Sendo a apropriação indébita tributária um crime contra a ordem tributária, cabe-nos identificar o que significa "ordem tributária", bem jurídico tutelado de modo expresso pela Lei nº 8.137/90.

A Constituição da República utiliza-se do termo "ordem" ao se referir, *e.g.*, à "ordem econômico-financeira" (Título VII, art. 170 e ss.) e à "ordem social" (Título VIII, art. 193 e ss.). Quanto à primeira, elenca seus fundamentos, finalidades e princípios.[5] Quanto à segunda, refere sua base e seu

[1] ROXIN, Claus. ***Derecho Penal**: Parte General. Tomo I. Fundamentos. La Estructura de la Teoría del Delito.* Título original: Strafrecht. Allgemeiner Teil, Band I: Grandlagen. Der Aufbau der Verbrechenslehre. Madrid: Civitas Ediciones, 1997. p. 51.

[2] ROXIN, Claus. ***Derecho Penal**: Parte General. Tomo I. Fundamentos. La Estructura de la Teoría del Delito.* Título original: Strafrecht. Allgemeiner Teil, Band I: Grandlagen. Der Aufbau der Verbrechenslehre. Madrid: Civitas Ediciones, 1997. p. 56.

[3] DOTTI, René Ariel. **Curso de direito penal**: parte geral. 6. ed. São Paulo: Thompson Reuter Brasil, 2018. p. 159.

[4] DOTTI, René Ariel. **Curso de direito penal**: parte geral. 6. ed. São Paulo: Thompson Reuter Brasil, 2018. p. 160.

[5] CF: "Art. 170. A ordem econômica, fundada na valorização do trabalho humano e na livre iniciativa, tem por fim assegurar a todos existência digna, conforme os ditames da justiça social, observados os seguintes princípios: I – soberania nacional; II – propriedade privada; III – função social da propriedade; IV – livre concorrência; V – defesa do consumidor; VI – defesa do meio ambiente, inclusive mediante tratamento diferenciado conforme o impacto ambiental dos produtos e serviços e de seus processos de elaboração e prestação; (Redação dada pela Emenda Constitucional nº 42, de 19.12.2003) VII – redução das desigualdades regionais e sociais; VIII – busca do pleno emprego; IX – tratamento favorecido para as empresas de pequeno porte constituídas sob as leis brasileiras e que tenham sua sede e administração no País. (Redação dada pela Emenda Constitucional nº 6, de 1995) Parágrafo único. É assegurado a todos o livre exercício de qualquer atividade econômica, independentemente de autorização de órgãos públicos, salvo nos casos previstos em lei".

objetivo.[6] As expressões fundamento e base são equivalentes, assim como finalidades e objetivos. Há uma ideia pressuposta, portanto, na referência à "ordem". Remete a um sistema estruturado a partir de certas premissas, com vista a alcançar determinados objetivos, considerados determinados valores. "Ordem" opõe-se a um universo aleatório de regras em face da realidade caótica. Uma "ordem" implica normas coordenadas e funcionalizadas axiológica e pragmaticamente. Através da estruturação jurídico-constitucional da ordem econômico-financeira, da ordem social e do sistema tributário, busca-se conformar a realidade a determinados parâmetros que foram produto de uma deliberação política fundamental.

A Constituição não se utiliza da expressão "ordem tributária"; a legislação penal especial é que se refere à ordem tributária ao definir crimes tributários. Mas está ela constitucionalmente erigida nos fundamentos, princípios e objetivos da tributação.

A tributação aparece como principal receita do Estado, voltada ao cumprimento do seu papel na construção de uma sociedade livre, justa e solidária. A todos, compete o pagamento dos tributos estabelecidos por lei, de modo que contribuam para as despesas públicas na medida das suas possibilidades, segundo os critérios legais. Cuida-se de dever fundamental a que estão comprometidos, de modo que a carga tributária seja suportada equitativamente, respeitando-se a universalidade e a generalidade.

No Título dedicado à tributação e ao orçamento (Título VI, art. 145 e ss.), a Constituição da República dispõe sobre o sistema tributário nacional. Traça seus princípios gerais, especifica as espécies e as competências tributárias, positiva os princípios da capacidade contributiva e da isonomia, autoriza a progressividade em diversos pontos, prevê o acesso à informação sobre a situação econômica dos contribuintes, estabelece a possibilidade de que alguns contribuintes sejam obrigados a colaborar com o fisco no recolhimento de tributos devidos por outros, inclusive através do instituto da substituição tributária para frente, resguarda a segurança jurídica através das garantias da legalidade, da irretroatividade e das anterioridades, proíbe o confisco, preserva da tributação as liberdades de pensamento e de crença, estimula

[6] CF: "Art. 193. A ordem social tem como base o primado do trabalho, e como objetivo o bem-estar e a justiça sociais".

atividades assistenciais e educacionais etc. Também cuida da repartição de receitas tributárias e impede a retenção das participações, firmando a autonomia tributária como fiel da autonomia político-administrativa dos entes federados. Em matéria de custeio da seguridade social, prevê a universalidade da base de custeio e a participação de toda a sociedade.

Podemos dizer, portanto, que a ordem tributária consiste na tributação organizada e aplicada à luz dos princípios da capacidade contributiva, da capacidade colaborativa, da segurança jurídica e da igualdade, para, respeitadas as decisões políticas estampadas na legislação tributária quanto à distribuição da carga tributária e a participação de cada qual, prover os recursos de que a sociedade necessita para a realização das políticas públicas. Cada obrigado deve conformar sua conduta à legislação, cumprindo suas obrigações tributárias, tanto as principais/pecuniárias como as instrumentais/formais.

Em outras palavras, a ordem tributária consiste no adequado funcionamento do sistema tributário, em particular no que diz respeito à sua aplicação. É essencial à concretização dos princípios da capacidade contributiva e da isonomia que todos paguem os tributos relativos aos fatos geradores que praticam e que cumpram também os seus deveres de colaboração, de modo a concorrerem para a efetividade da fiscalização e da arrecadação tributárias. Quem não se submete à legislação tributária, eximindo-se de custos tributários, tem vantagens competitivas descabidas, comprometendo a meritocracia e a eficiência econômica dos mercados em detrimento de contribuintes cumpridores das suas obrigações e, com isso, num círculo vicioso, gerando continuadas violações à ordem tributária.

Ilegalidades graves praticadas pelos sujeitos passivos de obrigações tributárias são coibidas penalmente pela lei, de modo a proteger a ordem tributária. É o caso da supressão ou redução de tributos mediante omissão ou fraude. Também é o caso do não repasse ao fisco de valores retidos ou cobrados por substitutos tributários e, ainda, do não pagamento reiterado, pelo contribuinte de direito, de tributos indiretos, cujo ônus financeiro tenha transferido aos contribuintes de fato mediante destaque nos documentos fiscais representativos das respectivas operações, considerados crimes de apropriação indébita tributária. Tais condutas, quando envolverem cifras significativas, têm potencial efetivamente lesivo à ordem tributária.

É do crime de apropriação indébita tributária que nos ocuparemos.

2. Apropriação indébita de tributos descontados ou cobrados

Silva destaca que, na terminologia jurídica, apropriação indébita "indica o ato de conversão de coisa alheia por parte de quem a tinha sob guarda, em confiança ou consignada por qualquer título, com a obrigação de restituir ou aplicá-la somente ao uso determinado".[7] Essa denominação é utilizada para determinados crimes cujas condutas se enquadram nessa ideia geral.

Apropriação indébita é crime que conta com um tipo geral, cunhado no próprio Código Penal (art. 168), com um tipo específico para os tributos em geral (inciso II do art. 2º da Lei nº 8.137/90) e outro, ainda mais especial, para as contribuições previdenciárias (art. 168-A do CP).

O tipo do inciso II do art. 2º da Lei nº 8.137/90 – lei que define os crimes contra a ordem tributária – traz o chamado crime de apropriação indébita tributária, assim vertido: "Art. 2° Constitui crime da mesma natureza: II – deixar de recolher, no prazo legal, valor de tributo ou de contribuição social, descontado ou cobrado, na qualidade de sujeito passivo de obrigação e que deveria recolher aos cofres públicos; Pena – detenção, de 6 (seis) meses a 2 (dois) anos, e multa". O tipo do art. 168-A do CP, incluído pela Lei nº 9.983/00, descreve a seguinte conduta: "Deixar de repassar à previdência social as contribuições recolhidas dos contribuintes, no prazo e forma legal ou convencional", sendo que: "Nas mesmas penas incorre quem deixar de: I – recolher, no prazo legal, contribuição ou outra importância destinada à previdência social que tenha sido descontada de pagamento efetuado a segurados, a terceiros ou arrecadada do público".

A descrição da conduta criminosa inicia por "Deixar de recolher", ou seja, não efetuar a entrega que se esperava fosse feita. Veja-se que o texto legal, ao final do dispositivo, explicita essa espera: "que deveria recolher aos cofres públicos". E segue: "no prazo legal". *Es decir*, tempestivamente, na data do seu vencimento, conforme a legislação.

Continua especificando o seu objeto: "valor de tributo ou contribuição social". Aqui, a referência é ao gênero e à espécie. Explica-se: a lei em questão é de 1990, momento em que ainda não se havia consolidado a compreensão

[7] SILVA, De Plácido e. **Vocabulário Jurídico**. Atualizadores: Nagib Slaibi Filho e Gláucia Carvalho. Rio de Janeiro: 2009. p. 123.

do Sistema Tributário Nacional posto pela Constituição de 1988, que tornou inequívoca a natureza tributária das contribuições instituídas por lei, obrigatórias, que constituem receita pública.

Pois bem, constitui apropriação indébita tributária deixar de recolher, no prazo legal, valor de tributo "descontado ou cobrado, na qualidade de sujeito passivo de obrigação". O art. 121 do Código Tributário Nacional (CTN) cuida do sujeito passivo da obrigação tributária principal, de pagar tributo, referindo que pode ser o contribuinte ou o responsável tributário. Resta saber como identificar o sujeito passivo que desconta ou cobra o tributo devido. Para o Superior Tribunal de Justiça (STJ): "A interpretação consentânea com a dogmática penal do termo 'descontado' é a de que ele se refere aos tributos diretos quando há responsabilidade tributária por substituição, enquanto o termo 'cobrado' deve ser compreendido nas relações tributárias havidas com tributos indiretos (incidentes sobre o consumo)".[8] Como veremos, conforme a interpretação atribuída ao dispositivo também pelo Supremo Tribunal Federal (STF), teremos apropriação indébita tanto por parte do substituto tributário que tomar o valor do tributo do contribuinte, mediante retenção ou cobrança, e não o repassar ao fisco (é o caso do tributo que figura nos documentos fiscais sob a sigla ST [substituição tributária]) como na hipótese de o próprio contribuinte de direito receber do consumidor pagamento por mercadoria ou serviço com tributo indireto destacado, por fora ou por dentro (embutido), e deixar de efetuar o pagamento de tal tributo ao fisco (tributo próprio).

A apropriação indébita tributária é tipo penal que não requer omissão quanto à prestação de declarações ou emissão de documentos, tampouco nenhuma fraude: basta o não recolhimento, no prazo, do tributo retido ou cobrado. Não pressupõe clandestinidade, mas a apropriação de valores de outrem, de coisa alheia, é elementar do tipo. Conforme já se decidiu: "Para a configuração do delito de apropriação indébita tributária [...] o fato de o agente registrar, apurar e declarar em guia própria ou em livros fiscais o imposto devido não tem o condão de elidir ou exercer nenhuma influência na prática do delito, visto que este não pressupõe a clandestinidade".[9] De outro lado, também não implica criminalização do simples inadimplemento, porque tem

[8] STJ, HC 399.109-SC, Rel. Min. Rogerio Schietti Cruz, por maioria, ago/2018.

[9] STJ, HC 399.109-SC, Rel. Min. Rogerio Schietti Cruz, por maioria, ago/2018.

como objeto valores tomados pelo sujeito passivo para repasse ao seu titular, o fisco. Temos restrições a sua aplicação do tipo de apropriação indébita tributária aos tributos próprios indiretos, mas nossas razões constarão, apenas, de nota de rodapé, adiante, em face da prevalência da orientação firmada pelo Supremo Tribunal Federal.

Note-se que o tipo penal do inciso II do art. 2º da Lei nº 8.137/90 é genérico, alcançando qualquer tributo, seja de que espécie for (imposto, taxa, contribuição de melhoria, contribuição ou empréstimo compulsório), ressalvada a especialidade do tipo relativo à apropriação indébita da subespécie tributária contribuições previdenciárias, de que cuida o art. 168-A do CP.

3. Apropriação indébita de tributos sob substituição tributária

A tributação tem como foco a arrecadação de tributos. Para viabilizá-la, até mesmo terceiros, não contribuintes, são obrigados a colaborar com a administração tributária, tomando medidas que facilitem e assegurem a arrecadação.[10] O substituto tributário é o terceiro que a lei obriga a apurar o montante devido e cumprir a obrigação de pagamento do tributo "em lugar" do contribuinte. A opção do legislador por eleger um substituto tributário normalmente visa à concentração de sujeitos, ou seja, a que um único substituto possa responsabilizar-se pela retenção e recolhimento dos tributos devidos por inúmeros contribuintes que com ele se relacionam. Isso evita o inadimplemento pelos contribuintes e facilita a fiscalização que, em vez de ser direcionada a muitos contribuintes, concentra-se em número muito menor de substitutos. É o caso do empregador ao reter e recolher o imposto de renda dos seus empregados. Essa concentração também implica redução dos custos da arrecadação e restringe as possibilidades de inadimplemento e de sonegação.

O terceiro substituto sempre terá relação com o fato gerador e a prerrogativa de reter o montante do tributo ou de exigi-lo do contribuinte. O substituto operacionaliza o pagamento em lugar, em nome e com o dinheiro

[10] PAULSEN, Leandro. Do dever fundamental de colaboração com a Administração Tributária. *In:* MARTINS, Ives Gandra da Silva; BRITO, Edvaldo (org.). **Direito tributário**: administração tributária. São Paulo: Editora Revista dos Tribunais, 2014. p. 127-144. (Coleção doutrinas essenciais, v. 11).

do contribuinte. É um terceiro que o legislador intercala entre o contribuinte e o fisco para facilitar a arrecadação dos tributos. O substituto atua em lugar do contribuinte no que diz respeito à realização do pagamento, mas jamais ocupa seu lugar na relação contributiva. É sujeito passivo, sim, mas da relação própria de substituição tributária, e não da relação contributiva.

Há muitos casos de substituição mediante retenção. A Lei nº 7.713/88, por exemplo, ao cuidar do imposto sobre os rendimentos da pessoa física sujeitos à incidência na fonte (IRRF), determina que será retido por ocasião de cada pagamento ou crédito realizado por pessoa jurídica (parágrafo 1º do art. 7º, Lei nº 7.713/88). Aliás, há inúmeros casos de substituição tributária espalhados pelas leis tributárias federais, estaduais e federais envolvendo tributos como o IRPF, IRPJ, IPI, ICMS, ISS, PIS, COFINS, IOF etc. A Lei nº 8.212/91, por sua vez, traz diversos casos de substituição tributária relativamente às contribuições previdenciárias. Ao cuidar da arrecadação e do recolhimento dessas contribuições, seu art. 30 determina que "I – a empresa é obrigada a: a) arrecadar as contribuições dos segurados empregados e trabalhadores avulsos a seu serviço, descontando-as da respectiva remuneração; b) recolher os valores arrecadados na forma da alínea *a* deste inciso... até o dia 20 (vinte) do mês subsequente ao da competência". Também estabelece que "V – o empregador doméstico é obrigado a arrecadar e a recolher a contribuição do segurado empregado a seu serviço, assim como a parcela a seu cargo, até o dia 7 do mês seguinte ao da competência".

Também a substituição mediante cobrança é corriqueira. Nesse caso, a lei impõe ao terceiro substituto que precede o contribuinte na cadeia econômica enquanto seu fornecedor que faça constar do documento de venda e exija do contribuinte não apenas o preço da mercadoria ou serviço, mas também um valor adicional a título de substituição tributária, mediante valores presumidos que seguem critérios legais, relativo a tributo cujo fato gerador será realizado pelo contribuinte posteriormente, mas que, mediante a prévia cobrança e repasse aos cofres públicos, terá sido recolhido antecipadamente (parágrafo 7º do art. 150 da CF). Temos essa modalidade de substituição tributária para frente em alguns casos de PIS e Cofins, ICMS e outros tributos. A referência, no inciso II do art. 2º da Lei nº 8.137/90, ao tributo "cobrado" remete, justamente, a essa sistemática que se denomina substituição tributária para frente.

Na substituição tributária, o valor do tributo transita pelas mãos do substituto que fica interpolado entre contribuinte e o fisco, fazendo a intermediação do pagamento. Mesmo no caso de retenção, no momento em que ela é documentada, o substituto passa a deter aquele valor a tal título, valores que provêm do contribuinte e são destinados ao fisco, de modo que, se deixar de dar a destinação prevista por lei, que é o repasse ao fisco, estará se apropriando indevidamente do tributo.

4. Apropriação indébita de tributos indiretos (IPI/ICMS/ISS)

Em 18 de dezembro de 2019, o Pleno do STF, ao julgar o mérito do RHC 163.334, firmou o entendimento de que: "O contribuinte que, de forma contumaz e com dolo de apropriação, deixa de recolher o ICMS cobrado do adquirente da mercadoria ou serviço incide no tipo penal do art. 2º, II, da Lei nº 8.137/1990". Com isso, chancelou a posição adotada pela Terceira Seção do STJ no julgamento do HC 399.109, em agosto de 2018.[11]

[11] Entendemos que a orientação assumida pelos nossos tribunais superiores – STJ e STF – está equivocada. Manifestamos nossas razões, por honestidade intelectual, mas em nota de rodapé, já que superadas pelo entendimento do Pleno do STF. Vejamos. No HC 399.109, o STJ considerou que o não pagamento do ICMS próprio, embutido no preço de mercadoria comercializada, constituiria, potencialmente, crime de apropriação indébita, razão pela qual ensejou o prosseguimento de ação penal que imputara a um réu essa conduta. O Tribunal destacou, no tipo penal de apropriação indébita tributária (inciso II do art. 2º da Lei nº 8.137/90), referência a deixar de recolher valor de tributo "descontado ou cobrado", o que entendeu remeter aos tributos indiretos, inclusive ao ICMS embutido no preço das mercadorias, cobrado dos consumidores. Consta da ementa: "A interpretação consentânea com a dogmática penal do termo 'descontado' é a de que ele se refere aos tributos diretos quando há responsabilidade tributária por substituição, enquanto o termo 'cobrado' deve ser compreendido nas relações tributárias havidas com tributos indiretos (incidentes sobre o consumo), de maneira que não possui relevância o fato de o ICMS ser próprio ou por substituição, porquanto, em qualquer hipótese, não haverá ônus financeiro para o contribuinte de direito". Nada mais equivocado. A referência a tributo cobrado remete, isso sim, ao caso da substituição tributária para a frente. Nessa modalidade de substituição, o substituto precede o contribuinte na cadeia econômica e tem de cobrar do contribuinte, além do preço dos seus produtos, também um valor adicional a título de substituição tributária, mediante valores presumidos que seguem critérios legais, relativo a tributo cujo fato gerador será realizado pelo contribuinte posteriormente, mas que, mediante a prévia cobrança e repasse aos cofres públicos, terá sido recolhido antecipadamente. É verdade que o crime de apropriação indébita não pressupõe clandestinidade,

mas a apropriação de valores de outrem, de coisa alheia, é elementar do tipo. O ICMS, diferentemente, é tributo devido pelo próprio comerciante como contribuinte, incidindo por dentro do preço da mercadoria. O comerciante cobra pelas mercadorias vendidas e, com essa receita, paga o tributo incidente na operação, de que ele próprio é contribuinte, nos termos da LC 87/96. Não há a circulação, pelas mãos do comerciante contribuinte, de valores de terceiros. Inviável, assim, qualquer apropriação indevida. O que ocorre, quando do não pagamento do ICMS, é o inadimplemento de tributo, pura e simplesmente. Tenha-se em conta, ainda, que, ocorrida a saída da mercadoria do estabelecimento – fato gerador do ICMS –, o tributo terá de ser pago no seu prazo de vencimento, tenha ou não o adquirente adimplido o preço que, muitas vezes, é parcelado ou quitado em prazo superior ao do recolhimento do tributo. O contribuinte tem de efetuar o pagamento tempestivo do ICMS com os seus recursos, advindos daquela ou de outras operações, indistintamente. Não ocorre, exatamente, a triangulação imaginada no precedente. A tese de que o montante do ICMS pertenceria ao Estado decorre do precedente do STF que autorizou a dedução do ICMS da base de cálculo das contribuições PIS e COFINS. Mas se trata de posição equivocada, que seria mais compreensível sob a perspectiva – essa sim adequada – de que a o tributo que grava a operação não constitui, por si e nessa medida, revelação de capacidade contributiva, pois guarda correspondência direta no passivo do comerciante. Mas entender que o montante de ICMS que incide por dentro do preço seja da titularidade jurídica do Estado, desde quando emitido o documento, é equivocado, além do que modificou jurisprudência de décadas firmada pelo antigo TFR, pelos TRFs, pelo STJ e pelo próprio STF. Essa alteração acabou criando norma nova, sem que tenha ocorrido mudança legislativa. Até a mudança da posição do STF, não se podia sequer vislumbrar que o valor do ICMS não fosse faturamento da empresa e, portanto, da sua titularidade. Desse modo, se for mantida a orientação quanto à ocorrência de apropriação indébita pelo simples inadimplemento do ICMS, ao menos não se pode aplicá-la a fatos anteriores à alteração jurisprudencial relativa às contribuições PIS e COFINS, sob pena de se violar de modo intenso a segurança jurídica, fazendo aplicação retroativa da norma penal nova. E digo isso porque jamais se cogitara, anteriormente, que o inadimplemento de ICMS configurasse o crime de apropriação indébita. Trata-se de criação jurisprudencial, o que, por certo, não poderia ter se dado em matéria penal, até porque não se aplica leis penais por analogia. Caso não houvesse a necessária e fiel emissão de documento fiscal e a sua repercussão na apresentação mensal da Guia de Informação e Apuração do ICMS (GIA), teríamos o crime de sonegação do art. 1º da Lei 8.137/90. Mas, no caso de operações devidamente retratadas por documentos fiscal idôneo e declaração, nenhuma omissão ou fraude terá ocorrido. As obrigações acessórias foram cumpridas normalmente. Houve a emissão do documento fiscal quando da venda do produto, com destaque do valor do ICMS, o que é relevante para fins de informação, fiscalização e eventual apropriação de créditos em face do regime não cumulativo. Houve, também, a declaração dos valores devidos em GIA. Não há qualquer manobra ardilosa ou fraudulenta. O que ocorre é o inadimplemento do tributo. Tanto que, eventual pagamento voluntário a destempo ou cobrança pelo Fisco, incidirão apenas os juros e a multa moratória; não multa de ofício. O argumento de que o não pagamento de ICMS por algumas empresas violaria a concorrência é de outra ordem e desafia novas perspectivas. Trata-se de questão afeta à ordem econômica e que, portanto, teria ensejo no contexto do capítulo da Lei 8.137/90 que cuida dos crimes contra a ordem economia. No entanto, embora a criminalização do inadimplemento

Esse entendimento das cortes superiores nos remete à classificação dos tributos, quanto ao seu ônus econômico, em tributos diretos e indiretos. Os tributos que implicam carga tributária a ser suportada pelo contribuinte de direito, assim entendido aquele que a lei coloca no polo passivo da relação tributária enquanto devedor, são denominados tributos diretos. Já os tributos que incidem por ocasião da venda de mercadorias e serviços e que compõem o valor total da operação, sendo destacados nos documentos fiscais respectivos e tendo o seu custo repassado ao adquirente ou consumidor considerado contribuinte de fato, são denominados tributos indiretos.

Dentre os impostos sobre a produção e a circulação,[12] encontramos o IPI, cujas normas gerais são ditadas pelos arts. 46 a 51 do CTN, o ICMS, disciplinado pela LC nº 87/96, e o ISS, objeto da LC nº 116/03. A instituição desses impostos, por certo, faz-se por leis ordinárias, conforme a competência para a sua instituição.[13]

O IPI é um tributo indireto.[14] Os industriais – e também os importadores[15] –, quando da saída do produto, emitem documento fiscal em que consta destacado o valor do IPI devido por fora do preço. Desse modo, o valor total da nota é composto do preço do produto mais o IPI. A base de cálculo do IPI é "o valor da operação de que decorrer a saída da mercadoria", conforme o inciso II *a* do art. 47do CTN. Suas alíquotas constam da chamada Tipi, a tabela do

deliberado e contumaz pudesse vir a proteger a higidez dos mercados, isso não foi objeto de tipificação pelo legislador e, portanto, só pode ser considerado *de lege ferenda*, ou seja, caso sobrevenha lei nesse sentido. Tenha-se em conta, ainda, o que há muito vem sendo afirmado e reafirmado: a inadimplência, ainda quando leve a situação de insolvência ou falência, por si só, não é nem pode ser crime. A inadimplência e suas consequências fazem parte de uma economia de mercado, em que é dado às pessoas empreenderem e arriscarem parte do seu capital. Na Lei de Falências (Lei 11.101/2005), os crimes arrolados nos arts. 168 a 178 são tipificados no sentido de combater a fraude a credores e o favorecimento a credores, bem como outras práticas que possam prejudicar a higidez e a eficácia do juízo universal. Mas não se criminaliza a condição de devedor.

12 "Impostos sobre a produção e a circulação" é expressão utilizada pelo CTN.

13 Vide: PAULSEN, Leandro; MELO, José Eduardo Soares. **Impostos Federais, Estaduais e Municipais.** 11. ed. São Paulo: Saraiva, 2018. Vide também: PAULSEN, Leandro; MELO, Omar Augusto Leite. **ISS:** Constituição e LC 116/03 Comentadas. São Paulo: Saraiva. No prelo.

14 Salvo na operação de importação, quando contribuinte de direito e de fato é o importador.

15 STJ, Corte Especial, EREsp 1.403.532-SC, Rel. para o acórdão Min. Mauro Campbell Marques, out. 2015. Também: STJ, AgInt no REsp 1405431/SC, Rel. Ministro NAPOLEÃO NUNES MAIA FILHO, PRIMEIRA TURMA, out./2017.

IPI. O período de apuração do IPI,[16] para a maioria dos produtos, é mensal.[17] Desse modo, incide em cada operação, mas é pago acumuladamente, a cada mês. Nos termos do parágrafo 3º do art. 153 da CF, trata-se de imposto seletivo e não cumulativo. Quando o industrial promove a saída do produto com incidência do IPI, destacando-o na nota (ou seja, apontando o valor devido a título de IPI naquela operação e fazendo com que componha o valor total da nota), cobra do adquirente, que é o contribuinte de fato, e deixa de repassar o valor do IPI ao fisco, apropria-se indevidamente de tal valor. A tipificação da apropriação indébita de IPI, aliás, é bastante antiga. O DL nº 326/67, que dispunha sobre o recolhimento do imposto sobre produtos industrializados, em seu art. 2º, já estabelecia que: "A utilização do produto da cobrança do imposto sobre produtos industrializados em fim diverso do recolhimento do tributo constitui crime de apropriação indébita definido no art. 168 do Código Penal, imputável aos responsáveis legais da firma [...]".[18] Continuou em vigor por algum tempo mesmo após o advento do inciso II do art. 2º, da Lei nº 8.137/90 trazer a nova tipificação da apropriação indébita tributária, até que o art. 14 da LC 70/91 o revogasse expressamente. Com a revogação, ausente norma especial relativa ao IPI, sua apropriação passou a seguir a regra geral do inciso II do art. 2º da Lei nº 8.137/90.

O ICMS onera a circulação de mercadorias. É um imposto indireto[19] que incide por dentro do preço. A saída da mercadoria é acompanhada de documento fiscal em que consta o destaque do ICMS, cabendo ao comerciante, enquanto contribuinte de direito, repassar ao fisco estadual o valor do ICMS

16 Entre 1º de janeiro e 30 de setembro de 2004, foi quinzenal. Anteriormente, era decendial. Veja-se o art. 1º da Lei nº 8.850/94 com a redação das Leis nºs 10.833/03 e 11.033/04.

17 Lei nº 8.850/94 com a redação da Lei nº 11.774/08: "Art. 1º O período de apuração do Imposto sobre Produtos Industrializados — IPI, incidente na saída dos produtos dos estabelecimentos industriais ou equiparados a industrial, passa a ser mensal. § 1º O disposto no *caput* deste artigo não se aplica aos produtos classificados no código 2402.20.00 da Tabela de Incidência do IPI – Tipi aprovada pelo Decreto nº 6.006, de 28 de dezembro de 2006, em relação aos quais o período de apuração é decendial. § 2º O disposto neste artigo não se aplica ao IPI incidente no desembaraço aduaneiro dos produtos importados".

18 DIAS, Carlos Alberto da Costa. Apropriação Indébita em Matéria Tributária. *In:* MARTINS, Ives Gandra da Silva; BRITO, Edvaldo (org.). **Direito tributário**: direito penal tributário. 2. ed. São Paulo: Editora Revista dos Tribunais, 2014. p. 971. (Coleção doutrinas essenciais, v. 8).

19 Salvo nas operações de importação.

cobrado do adquirente contribuinte de fato. Caso não o faça, terá se apropriado do montante do ICMS.

O ISS incide sobre a prestação de serviços. Em regra, constitui imposto indireto calculado e destacado por dentro do preço. Contribuinte de direito é o prestador de serviços. É destacado no documento fiscal, de modo que se pode visualizar o montante devido na operação. É cobrado do tomador de serviços com o preço do serviço, de modo que o tomador suporta o ônus financeiro desse imposto, sendo, por isso, considerado contribuinte de fato. Assim, se o prestador de serviço cobra o respectivo montante do tomador e não o repassa ao fisco municipal, apropria-se indevidamente do imposto.

Há de se destacar, porém, que o STF, ao considerar apropriação indébita tributária o não pagamento do ICMS próprio [entendimento aplicável, também, ao ISS e, com mais razão, ao IPI (porquanto incidente por fora)], fez constar da tese que se trata de deixar de recolher "de forma contumaz e com dolo de apropriação" o imposto cobrado do adquirente da mercadoria.

Esse caráter contumaz da conduta não consta do tipo, mas se presta para diferençar, conforme o entendimento do STF, o mero inadimplemento da conduta criminosa de apropriação indébita tributária. Deixar de recolher o imposto episodicamente pode decorrer de problemas de caixa, simples indisponibilidade financeira, situação circunstancial e passageira. Mas o inadimplemento reiterado, contumaz, aponta para uma conduta dolosa voltada a lesar o fisco e que compromete a ordem tributária. Quando um contribuinte, sistematicamente, toma para si o imposto destacado nas notas, cujo ônus repassa aos adquirentes dos seus produtos, mercadorias ou serviços, viola a ordem tributária.

Não se pode admitir que alguém se dedique às atividades econômicas e, de modo contumaz, deixe de cumprir as obrigações mínimas inerentes às operações que realiza. É altamente reprovável e comprometedor da ordem tributária que cobre dos consumidores os impostos destacados nos documentos fiscais e não os repasse ao fisco. Quem prossegue em situação como essa, praticando de modo consciente e livre tal conduta ou aceitando que tal ocorra sob sua gestão, apropria-se dos impostos destacados. O elemento subjetivo é o dolo, "consistente na consciência (ainda que potencial) de não recolher o valor do tributo devido"; "A motivação, no entanto, não possui importância no campo da tipicidade, ou seja, é prescindível a existência de elemento subjetivo especial".[20] A apropriação contumaz dos impostos indiretos implica tomar para si o que deve ser repassado ao fisco, causando prejuízos evidentes ao erário e comprometendo a ordem tributária.

Conclusões

a) O uso do Direito Penal para a proteção do bem jurídico "ordem tributária" tem se intensificado e se tornado mais abrangente no Brasil, alcançando tanto situações de sonegação mediante omissão ou fraude como o descumprimento de obrigações por substitutos tributários e mesmo por contribuintes de direito relativamente aos tributos indiretos.

b) A ordem tributária consiste na tributação à luz dos princípios da segurança jurídica, das capacidades contributiva e colaborativa e da isonomia, respeitada a distribuição da carga tributária, gerando recursos para que o Estado realize as políticas públicas. Em outras palavras, a ordem tributária consiste no adequado funcionamento e na aplicação escorreita da legislação tributária a todos os sujeitos passivos.

c) Constitui crime contra a ordem tributária "deixar de recolher, no prazo legal, valor de tributo ou de contribuição social, descontado ou cobrado, na qualidade de sujeito passivo de obrigação e que deveria recolher aos cofres públicos" (inciso II do art. 2º da Lei nº 8.137/90); é crime especial "Deixar de repassar à previdência social as contribuições recolhidas dos contribuintes" e "deixar de [...] recolher contribuição ou outra importância destinada à previdência social que tenha sido descontada de pagamento efetuado a segurados, a terceiros ou arrecadada do público", no prazo legal (art. 168-A do CTN).

d) Tributo descontado ou cobrado é aquele obtido pelo substituto tributário com o contribuinte no exercício da sua obrigação de colaboração e que deve repassar ao fisco. Ao deixar de efetuar o repasse, dando ao montante do tributo outra destinação, o substituto incorre no tipo penal de apropriação indébita tributária.

[20] STJ, HC 399.109-SC, Rel. Min. Rogerio Schietti Cruz, por maioria, ago/2018.

e) Tributo cobrado também **é o** tributo indireto destacado pelo contribuinte de direito nos documentos fiscais de venda de produto, mercadoria ou serviço, por fora (*e.g.*, IPI) ou por dentro do preço (*e.g.*, ICMS e ISS), integrando, de qualquer modo, o valor total da operação, cujo ônus financeiro é transferido ao adquirente, contribuinte de fato. Ao deixar de repassar ao fisco, de forma contumaz e com dolo de apropriação, o montante do tributo indireto cobrado do adquirente, o contribuinte de direito incorre em apropriação indébita tributária.

7. Referências

BRASIL. **Constituição da República Federativa do Brasil de 1988**. Disponível em: http://www4.planalto.gov.br/legislacao/

BRASIL. **DL n. 2.848 de 07 de dezembro de 1940**. Disponível em: http://www4.planalto.gov.br/legislacao/

BRASIL. **DL n. 326/67**. Disponível em http://www4.planalto.gov.br/legislacao/.

BRASIL. **LC n. 70/91**. Disponível em http://www4.planalto.gov.br/legislacao/.

BRASIL. **LC n. 87/96**. Disponível em http://www4.planalto.gov.br/legislacao/.

BRASIL. **LC n. 116/03**. Disponível em http://www4.planalto.gov.br/legislacao/.

BRASIL. Lei n. 5.172 de 25 de outubro de 1966. **Código Tributário Nacional**. Dispõe sobre o Sistema Tributário Nacional e institui normas gerais de direito tributário aplicáveis à União, Estados e Municípios. Disponível em: http://www4.planalto.gov.br/legislacao/

BRASIL. **Lei n. 7.713/88**. Disponível em: http://www4.planalto.gov.br/legislacao/.

BRASIL. **Lei n. 8.137/90**. Disponível em: http://www4.planalto.gov.br/legislacao/.

BRASIL. **Lei n. 8.212/91**. Disponível em: http://www4.planalto.gov.br/legislacao/.

BRASIL. **Lei n. 8.850/94**. Disponível em: http://www4.planalto.gov.br/legislacao/.

BRASIL. **Lei n. 9.983/00**. Disponível em: http://www4.planalto.gov.br/legislacao/.

BRASIL. **Lei n. 11.101/05**. Disponível em: http://www4.planalto.gov.br/legislacao/.

BRASIL. **Lei n. 11.774/08**. Disponível em: http://www4.planalto.gov.br/legislacao/.

BRASIL. **Lei n. 10.833/03**. Disponível em: http://www4.planalto.gov.br/legislacao/.

BRASIL. **Lei 11.033/04**. Disponível em: http://www4.planalto.gov.br/legislacao/.

BRASIL. **Lei 11.774/08**. Disponível em: http://www4.planalto.gov.br/legislacao/.

BRASIL. Supremo Tribunal Federal. Tribunal Pleno. **RHC 163.334**. Rel. Min. Roberto Barroso. 2019. Disponível em: http://www.stf.jus.br/portal/jurisprudencia/pesquisarJurisprudencia.asp.

BRASIL. Superior Tribunal de Justiça. Terceira Seção. *HC 399.109*. Rel. Min. Rogerio Schietti Cruz. 2018. Disponível em: https://scon.stj.jus.br/SCON/.

BRASIL. Superior Tribunal de Justiça. Corte Especial. **EREsp 1.403.532**. Rel. para o acórdão Min. Mauro Campbell Marques. 2015. Disponível em: https://scon.stj.jus.br/SCON/.

BRASIL. Superior Tribunal de Justiça. Primeira Turma. **AgInt no *REsp 1405431***. Rel. Ministro NAPOLEÃO NUNES MAIA FILHO. 2017. Disponível em: https://scon.stj.jus.br/SCON/

DIAS, Carlos Alberto da Costa. Apropriação Indébita em Matéria Tributária. *In:* MARTINS, Ives Gandra da Silva; BRITO, Edvaldo (org.). **Direito tributário**: direito penal tributário. 2. ed. São Paulo: Editora Revista dos Tribunais, 2014. (Coleção doutrinas essenciais, v. 8).

DOTTI, René Ariel. **Curso de direito penal**: parte geral. 6. ed. São Paulo: Thompson Reuter Brasil, 2018.

PAULSEN, Leandro. Do dever fundamental de colaboração com a Administração Tributária. *In:* MARTINS, Ives Gandra da Silva; BRITO, Edvaldo (org.). **Direito tributário**: administração tributária. São Paulo: Editora Revista dos Tribunais, 2014. (Coleção doutrinas essenciais, v. 11)

PAULSEN, Leandro; MELO, José Eduardo Soares. **Impostos Federais, Estaduais e Municipais**. 11. ed. São Paulo: Saraiva, 2018.

PAULSEN, Leandro; MELO, Omar Augusto Leite. **ISS**: Constituição e LC 116/03 Comentadas. São Paulo: Saraiva. No prelo.

ROXIN, Claus. ***Derecho Penal:*** *Parte General. Tomo I. Fundamentos. La Estructura de la Teoría del Delito*. Título original: Strafrecht. Allgemeiner Teil, Band I: Grandlagen. Der Aufbau der Verbrechenslehre. Madrid: Civitas Ediciones, 1997.

SILVA, De Plácido e. ***Vocabulário Jurídico***. Atualizadores: Nagib Slaibi Filho e Gláucia Carvalho. Rio de Janeiro: 2009.

09.

O SUJEITO OBRIGADO NA LAVAGEM DE DINHEIRO E A NECESSIDADE DE MAIOR SALVAGUARDA ÀS COMUNICAÇÕES DE OPERAÇÕES SUSPEITAS: TENTATIVA DE APROXIMAÇÃO DOS COMUNICANTES DA LEI Nº 9.613/98 À PROTEÇÃO CONCEDIDA AO "INFORMANTE DO BEM" INTRODUZIDA PELA LEI Nº 13.864/2019

André Luís Callegari
Ariel Barazzetti Weber

O professor Nereu José Giacomolli, para além do prestígio e amizade pessoal, é um dos maiores expoentes no Direito Penal e Processual Penal brasileiro, sempre atento à leitura constitucional dos instrumentos normativos e preocupado com a garantia dos direitos individuais. Nas pesquisas para o presente artigo, eis que surge entrevista do professor, à época respeitado desembargador do Rio Grande do Sul, que exprime, de certo modo, a preocupação que agora dividimos acerca da racionalidade do sistema preventivo e repressivo ao delito, em trecho que tomamos a liberdade de reproduzir:

> Neste cenário, nenhum país, isoladamente, dará conta de prevenir ou mitigar estes crimes. Em função desta realidade, há necessidade de se discutir a solidariedade internacional na prevenção e na repressão da criminalidade organizada, transnacional, também denominada de criminalidade inteligente, por alguns. Ao mesmo tempo, se faz mister preservar os direitos fundamentais do cidadão. Ou seja, precisamos achar o ponto de equilíbrio entre o dever de combater o crime, que é uma prerrogativa de Estado, e a preservação das garantias individuais, para não cairmos num estado de exceção

Não há dúvidas quanto à influência externa de diversos atores na construção do *legal frame* brasileiro. Dentro do contexto da lei brasileira de repressão de lavagem de dinheiro, após as alterações promovidas em 2012 pela Lei nº 12.683, o ponto principal do artigo reside no que aqui denominaremos *gatekeepers* e, principalmente o *whistleblower*, mas que por aqui já foi chamado em outro diploma legal por informante do bem. O que será discutido é justamente a maneira de se fazer as coisas no Brasil, esse transplante que acontece, muitas vezes por meio de recortes legislativos sem qualquer respeito ao efeito global do tema inserido. Para tanto, o artigo busca colocar no radar jurídico a necessidade de um "diálogo" entre a Lei nº 13.608/18, fruto de instrumentos internacionais, e a Lei nº 9.613/98, no tocante à proteção aos sujeitos eleitos pelo legislador como responsáveis pela comunicação de operações suspeitas relacionadas ao delito de lavagem de capitais.

1. Os novos rumos da política criminal brasileira

A política criminal atual, muito influenciada por regramentos e orientações externas, busca ampliar o rol de pessoas que levem ao conhecimento das autoridades ilícitos penais ou administrativos, invertendo a lógica até pouco vigente. Institutos como a colaboração premiada, acordo de leniência e diversos outros mecanismos de denúncia previstos de maneira esparsa tornam evidente a tendência de aproximar o cidadão brasileiro a fiscal do Estado, oferecendo-se, em contrapartida, proteção e benefícios.

O Brasil, dentro dessa perspectiva, vem se inclinando, assim como vários outros países que se coadunam às tendências oriundas dos Estados Unidos, à política criminal baseada na prevenção situacional do delito. Diferentemente das demais teorias criminológicas, a teoria da prevenção situacional busca analisar os ambientes propícios à prática de ilícitos e, com base nessas informações, reduzir as oportunidades de consumação.[1] Dentro dessa perspectiva, o Estado busca conhecer o cálculo do custo/benefício do cometimento do ilícito e, assim, ampliar os riscos de determinados espaços, reduzindo, consequentemente, o incentivo na prática do delito.[2]

Esse cálculo e consequente intervenção Estatal, por sua vez, pode se dar de diversas formas, tendo a comunidade internacional optado pela criação de riscos à delinquência derivados da própria população. O delinquente teme o Estado porque esse transformou seus iguais – ou agentes desconectados do aparato estatal tradicional – em fiscais e, assim o fazendo, impossibilitou que o infrator tenha a certeza sobre quem poderá denunciá-lo. Se antes era possível a consumação de um delito se afastando de qualquer agente do Estado, agora essa certeza foi dissolvida à medida que diversos atores da sociedade civil passaram a ter deveres de reporte a órgãos de controle.

No caso dos delitos financeiros, e especificamente em relação à lavagem de dinheiro, verifica-se que, influenciado pelos organismos internacionais, e em razão da assinatura de tratados e acordos com países ou grupos de países, o Brasil tem alterado substancialmente a legislação, adequando-a às normativas lançadas. O que se observa é uma mudança da moldura legal de modo a criar mecanismos de controle e reduzir o espaço de oportunidade para a prática de delitos por meio de uma autorregulação regulada. Essa modalidade combina a regulação tradicional – edição de normas repressivas de caráter cogente – e a autorregulação pura (quando os limites, direitos e deveres advêm da própria sociedade ou sociedades empresariais). Essa mescla dá lugar à atividade reguladora estatal que instrumentaliza as normas e controles privados, de modo

[1] SEOANE PEDREIRA, Alejandro. ***La Prevención del Blanqueo de Capitales***. Navarra: Aranzadi, 2019. p. 26.

[2] SENTO-SE, João Trajano. Prevenção ao crime e teoria social. **Lua Nova**, São Paulo, n. 83, p. 9-40, 2011.

a colocá-los ao serviço dos órgãos de controle estatais[3]. Dessa maneira, em que pese o Estado não ser o protagonista da prevenção, é a ele que caberá a definição das bases mínimas, a fiscalização e, em última análise, é a ele que serão destinados os resultados obtidos.

É justamente dentro dessa nova ordem que o Brasil alterou substancialmente a lei de lavagem de dinheiro por meio da Lei nº 12.683, de 2012, principal expoente da autorregulação regulada que acabamos de mencionar. A alteração legislativa criou capítulo próprio intitulado "Das Pessoas Sujeitas ao Mecanismo de Controle", inserindo, nos capítulos seguintes, os deveres relacionados aos *gatekeepers* e *whistleblowers*. Essas pessoas – físicas e jurídicas – passaram a ser uma espécie de *longa manus* no controle e prevenção a atividades suspeitas relacionadas à lavagem de dinheiro, reduzindo, assim, o incentivo no cálculo econômico do crime. Contudo, com a imposição de custosas responsabilidades, a lei brasileira deixa a desejar no tocante às garantias e proteção a essas pessoas que, como veremos, atuam na linha de frente (*gatekeeper*) da prevenção à lavagem de capitais.

2. *Gatekeepers* e *whistleblowers*: aproximações terminológicas

Ainda que seja pouco mencionada na nossa doutrina, a figura do *gatekeeper* assume papel relevante no âmbito dessa guinada da política criminal brasileira. Em tradução literal, o substantivo *gatekeeper* corresponderia a "guardador de portão", em uma acepção que remete à ideia de controle da entrada a determinado ambiente. O conceito de *gatekeeper* pode ser brevemente resumido, para a finalidade deste artigo, como uma pessoa – física ou jurídica – que "ofereça um serviço ou venda um produto que seja necessário a um indivíduo que deseja entrar em um determinado mercado ou praticar determinada atividade econômica"[4].

O Estado elege, então, com base na necessidade local de redução do espaço para a prática de ilícitos relativos a um setor, determinadas pessoas sujeitas a

[3] BERMEJO, Mateo. ***Prevención y castigo del blanqueo de capitales***. Madrid: Marcial Pons, 2015. p. 94.

[4] HAMDANI, Assaf. ***Gatekeeper Liability***. Harvard: Harvard Law School John M. Olin Center for Law, 2003. (*Economics and Business Discussion Paper Series 77*). p. 10.

um rol de obrigações de coleta de informações e – por vezes – a um dever de comunicação. O termo *gatekeeper* passou a ser difundido no âmbito das legislações antilavagem após a reunião do G-8 ocorrida em Moscou no ano de 1999.[5] Segundo o documento[6] resultante de tal reunião, os países comprometeram-se a exigir ou aprimorar a exigência de relatórios de transações suspeitas dos *gatekeepers* para o sistema financeiro internacional, incluindo agentes de formação de empresas, contadores, auditores e advogados, bem como tornar punível a falha intencional em registrar as denúncias, conforme apropriado.

Aplicando-se ao contexto da lavagem de capitais, um *gatekeeper* corresponde a profissionais como advogados, notários, contadores, consultores de investimentos e prestadores de serviços relacionados a transações que envolvem a movimentação de dinheiro, guardando um papel específico na identificação, prevenção e denúncia de lavagem de dinheiro.[7]

No Brasil, foi a Lei nº 12.683/12 que introduziu os *gatekeepers* na legislação antilavagem, por aqui chamados de "pessoas sujeitas aos mecanismos de controle". Por meio dessa norma, o legislador pátrio optou por tornar obrigatórias diversas condutas relacionadas à identificação e reunião de diversas informações acerca dos agentes que estejam relacionados aos setores indicados pela lei. O cumprimento da lei, portanto, não está vinculado a um incentivo como ocorreu em outras jurisdições, mas sim a punições decorrentes do descumprimento.

O rol de *gatekeepers* é extenso e ambíguo, na medida em que não é específico em relação à denominação do profissional sujeito à obrigação, utilizando-se de termos como "consultor", deveras impreciso por contemplar diversos ofícios passíveis de enquadramento. São dezoito setores da economia que passam a ter que cumprir com as obrigações cominadas pela lei. A indeterminação das expressões termina por criar possibilidade de punição em relação a profissionais como advogados que atuam ou venham a atuar em processos penais referentes ao crime de lavagem, em contraposição a garantias constitucionais já enraizadas em nosso ordenamento.

5 CAMILLERI, Emanuel; CAMILLERI, Roxane. ***Accounting for Financial Instruments:*** *A Guide to Valuation and Risk Management*. New York: Routledge, 2017. p. 397.

6 Conferência Ministerial dos países do G-8 sobre o combate ao crime organizado transnacional (Moscou, 19–20 de Outubro, 1999). Disponível em: https://www.justice.gov/sites/default/files/ag/legacy/ 2004/06/09/99MoscowCommunique.pdf.

7 Disponível em: https://www.acams.org/aml-glossary/index-g/.

Por sua vez, a lista de obrigações impostas aos *gatekeepers* também é ampla, exigindo não só a coleta de variadas informações, mas também a necessidade de tratamento delas, o que demanda elevados custos com recursos humanos e ferramentas virtuais. Ocorre que, ao introduzir esses comandos, o legislador brasileiro, quiçá sem conhecimento do verdadeiro significado de *compliance*, traçou exigências genéricas e colocou a cargo do Conselho de Controle das Atividades Financeiras – Coaf[8] a edição de resoluções que complementassem a legislação.

Por outro lado, a palavra *whistleblower* pode ser traduzida literalmente como "*soprador de apito*", uma referência histórica aos antigos policiais ingleses, quando apitavam na presença ou proximidade de um possível delinquente, alertando os demais.[9] Em linhas gerais, a figura envolve a comunicação para a diretoria, empregador, órgãos de controle, de persecução penal e, em certas jurisdições, a comunicação por meio da imprensa, de atos contrários ao ordenamento jurídico ou contra as boas práticas empresariais ou da administração pública.[10] O conteúdo do ato praticado pelo que denominaremos doravante de denunciante é a divulgação de informações relacionadas à corrupção, atividades fraudulentas ou contrárias às normas vigentes praticadas dentro de organizações públicas ou privadas, geralmente se contrapondo ao interesse público.[11]

Um *whistleblower*, portanto, difere conceitualmente da figura do *gatekeeper*, já que este último é responsável por reunir documentação e cumprir certos requisitos legais, mantendo tais informações sigilosas e sem compartilhamento, enquanto o *whistleblower* leva informações sensíveis e relacionadas a condutas suspeitas ou irregulares às autoridades.[12] Inicialmente instituída

[8] A Lei nº 13.974, de 7 de janeiro de 2020, vinculou administrativamente o Coaf ao Banco Central do Brasil.

[9] RAGUÉS I VALLÈS, Ramon. ***Whistleblowing. Una aproximación desde el derecho penal.*** Madrid: Ed. Marcial Pons, 2013. p. 19.

[10] LATIMER, Paul; BROWN, A. J. *Whistleblower laws: Internacional Best Practises.* ***University of New South Wales – UNSW Law Journal***, v. 31, 2008. p. 768.

[11] TRANSPARÊNCIA INTERNACIONAL. ***International Principles For Whistleblower Legislation***. Berlim: Transparência Internacional, 2018.

[12] KOHN, Stephen M.; KOHN, Michael D.; COLAPINTO, David K. ***Whistleblower Law:*** *A Guide To Legal Protections For Corporate Employees.* Westport; Connecticut; London: Praeger, 2004. p. 5.

pelos Estados Unidos da América[13], onde figuras como "*garganta profunda*" – cuja identidade não foi conhecida por um longo tempo – do caso *Watergate* levaram inclusive à renúncia de um presidente da República, a expansão além-mar das políticas de incentivo e proteção aos denunciantes foi muito rápida. A Organização das Nações Unidas (ONU), muito influenciada pelos EUA, incluiu a figura do *whistleblower* e a necessidade de sua proteção na Convenção contra a Corrupção de 2003, promulgada no Brasil pelo Decreto nº 5.687, de 31 de janeiro de 2006[14].

3. *Whistleblower* na Lei nº 13.864/2019 – o informante do bem

O Brasil, até o início de 2020, não dispunha de uma norma específica que garantisse a proteção de *whistleblowers*, embora tenha promulgado ainda em 2006 a Convenção das Nações Unidas contra a Corrupção. Segundo tal dispositivo, cada país signatário consideraria "a possibilidade de incorporar em seu ordenamento jurídico interno medidas apropriadas para proporcionar proteção contra todo trato injusto às pessoas que denunciem ante as autoridades competentes, de boa-fé e com motivos razoáveis, quaisquer feitos relacionados com os delitos qualificados de acordo com a presente Convenção".

A mudança da política criminal e da visão em relação à prevenção de delitos que apontamos anteriormente deu-se, primeiramente, em razão da edição da Lei nº 12.850/13 e das consequências da utilização da colaboração premiada como meio de obtenção de prova. Independentemente do conteúdo e discussões acerca do abuso do instituto por meio dos colaboradores da Justiça, diversos esquemas *a priori* criminosos foram desmontados, recuperando-se bens e valores públicos desviados. Outro motivo que levou o Brasil à criação de uma norma que proteja os denunciantes foi sua firme intenção de adesão à Organização para a Cooperação e o Desenvolvimento Econômico (OCDE).

13 RAGUÉS I VALLÈS, Ramon. ***Whistleblowing. Una aproximación desde el derecho penal***. Madrid: Ed. Marcial Pons, 2013. p. 26.

14 BRASIL. **Decreto nº 5.687**. Promulga a Convenção das Nações Unidas contra a Corrupção, adotada pela Assembleia-Geral das Nações Unidas em 31 de outubro de 2003 e assinada pelo Brasil em 9 de dezembro de 2003.

A Organização exige uma série de adequações por parte dos países que manifestem o interesse de aderir aos seus códigos, e, no âmbito da OCDE, existem diversas normativas referentes à promoção e proteção dos *whistleblowers,* sendo um dos precursores na edição de *soft laws* para esse propósito. Em 2016, o organismo editou um novo documento, reforçando que "a proteção às retaliações contra *whistleblowers* é essencial para a promoção da integridade nos setores público e privado, encorajando a detecção de desvios de conduta"[15], dando início à fase de avaliação mútua da legislação interna dos países aderentes.

Pelos motivos já esposados, surgiu a necessidade de criar um dispositivo que se prestasse a essa função. Criou-se, aqui, a figura do "informante do bem" por meio da alteração promovida pela Lei nº 13.964/19, inserida na Lei nº 13.608, de 10 de janeiro de 2018. A previsão legal vem assim delineada em nossa legislação:

> Art. 4º-A. A União, os Estados, o Distrito Federal e os Municípios e suas autarquias e fundações, empresas públicas e sociedades de economia mista manterão unidade de ouvidoria ou correição, para assegurar a qualquer pessoa o direito de relatar informações sobre crimes contra a administração pública, ilícitos administrativos ou quaisquer ações ou omissões lesivas ao interesse público.
> Parágrafo único. Considerado razoável o relato pela unidade de ouvidoria ou correição e procedido o encaminhamento para apuração, ao informante serão asseguradas proteção integral contra retaliações e isenção de responsabilização civil ou penal em relação ao relato, exceto se o informante tiver apresentado, de modo consciente, informações ou provas falsas.
> Art. 4º-B. O informante terá direito à preservação de sua identidade, a qual apenas será revelada em caso de relevante interesse público ou interesse concreto para a apuração dos fatos.
> Parágrafo único. A revelação da identidade somente será efetivada mediante comunicação prévia ao informante e com sua concordância formal.

[15] OECD. ***Committing to Effective Whistleblower Protection***. Paris: OECD, 2016.

> Art. 4º-C. Além das medidas de proteção previstas na Lei nº 9.807, de 13 de julho de 1999, será assegurada ao informante proteção contra ações ou omissões praticadas em retaliação ao exercício do direito de relatar, tais como demissão arbitrária, alteração injustificada de funções ou atribuições, imposição de sanções, de prejuízos remuneratórios ou materiais de qualquer espécie, retirada de benefícios, diretos ou indiretos, ou negativa de fornecimento de referências profissionais positivas.
>
> § 1º A prática de ações ou omissões de retaliação ao informante configurará falta disciplinar grave e sujeitará o agente à demissão a bem do serviço público.
>
> § 2º O informante será ressarcido em dobro por eventuais danos materiais causados por ações ou omissões praticadas em retaliação, sem prejuízo de danos morais.
>
> § 3º Quando as informações disponibilizadas resultarem em recuperação de produto de crime contra a administração pública, poderá ser fixada recompensa em favor do informante em até 5% (cinco por cento) do valor recuperado.

Várias críticas são cabíveis à inovação em comento. A inserção da proteção se dá em instrumento que prevê a criação de disque-denúncia para as empresas de transportes terrestres que operam sob concessão e, em um dos artigos, estabelece a possibilidade de recompensa por informações relevantes para a prevenção, a repressão ou a apuração de crimes ou ilícitos administrativos. O assunto era de suficiente importância para que houvesse sido editada uma legislação específica e detalhada.

No tocante à terminologia, é possível que a utilização da expressão "do bem" sirva, na visão do legislador, a afastar a carga negativa do ato praticado pelo informante, espécie de delator sem a participação no fato denunciado. Para além das boas intenções, o vocábulo remete ao informante da práxis processual penal, podendo gerar até mesmo certa ambiguidade no sentido de ser considerado indivíduo que não presta compromisso nos termos do artigo 208 do Código de Processo Penal (CPP).

Inobstante qual seja a nomenclatura adotada, o texto legal peca pela sua má formulação e pela restrição extrema da proteção aos denunciantes. Ao exigir a criação de canais de denúncia por parte do Estado, a lei vincula a concessão do amparo previsto no Parágrafo Único do Art. 4º-A apenas aos relatos feitos por meio desses canais, já que caberá, pelo texto, à unidade de ouvidoria ou à de correição a avaliação da razoabilidade da denúncia. Como ficaria, então, a proteção àqueles que venham a relatar informações acerca de crimes contra a administração pública, ilícitos administrativos ou quaisquer ações ou omissões lesivas ao interesse público diretamente aos órgãos de investigação ou persecução penal?

Não há dúvida alguma que o incentivo extremo ao *whistleblower* poderia desaguar em um denuncionismo, principalmente se a lei houvesse incluído a previsão expressa, já em seu próprio texto, de recompensas financeiras. Entretanto, a concessão da proteção contra a retaliação, seja ela qual for, é a garantia mínima que o Estado deve conceder a um indivíduo que, interna ou externamente, denuncia a prática de algo que, a seu ver – e aqui reside a boa-fé – acredita ser contrário à lei ou ao interesse público.

A lei acertou ao inserir a proteção integral contra retaliações e isenção de responsabilização civil ou penal em relação ao relato, além daquelas previstas nos demais dispositivos, inclusive o acesso ao programa de proteção de testemunha. Por outro lado, proteger apenas aqueles que optem pelos canais internos levará à redução do escopo e consequente desencorajamento na denúncia de algumas condutas tidas por mais graves pelo denunciante, receoso de encaminhar seus relatos por alguma desconfiança ou temor em relação à própria unidade receptora de tais informações.

4. O dever de comunicação decorrente da lei de lavagem e os sujeitos obrigados: uma aproximação à figura do *whistleblower*

É justamente esse o paradoxo que se impõe às pessoas obrigadas pela legislação antilavagem brasileira: exige-se a atenção e denúncia de casos suspeitos ao Coaf ou reguladores, sem, contudo, oferecer expressiva proteção contra eventuais retaliações. Ao contrário do informante do bem, a pessoa obrigada está sujeita a sanções caso deixe de comunicar uma operação que considere suspeita. Protege-se atualmente o direito de denúncia, mas o Estado dá de ombros àqueles que selecionou para agirem como verdadeiros agentes de controle, os *gatekeepers*, assunto do qual já tratamos.

No Brasil, a proteção garantida aos *gatekeepers* da lei antilavagem está condicionada não somente à boa-fé, o que seria razoável, mas tal como no caso do informante do bem, ao formalismo do meio de comunicação em lei previsto. O diploma legal é claro, ainda, ao limitar o escopo dessa isenção de responsabilidade às esferas administrativa ou civil, silenciando sobre eventuais repercussões penais da comunicação, mesmo que feitas nos exatos termos da legislação vigente. Uma comunicação de atividade suspeita feita por um funcionário de uma empresa relacionada como pessoa obrigada também pode causar dissabores ou retaliações no seu ambiente de trabalho, outra proteção que não está prevista na legislação pátria. Mesmo o temor relacionado à privacidade não resta afastado pela Lei nº 9.613/98, que, paradoxalmente, exige o sigilo por parte do comunicante.

É bem verdade que, quando da alteração legislativa promovida pela Lei nº 12.683/12, o Brasil não prestava a devida atenção ao *whistleblower* e às possibilidades de prevenção delitiva derivadas da institucionalização da figura na seara penal. Não por outro motivo, as obrigações mencionadas em relação aos *gatekeepers* levaram um longo tempo até que fossem regulamentadas pelo Coaf. Entretanto, na atual conjuntura política e social, a proteção àqueles que informam atividades suspeitas que podem estar relacionados a organizações criminosas e delitos graves torna-se essencial, e a demonstração dessa necessidade é a proposta deste artigo.

Traçando-se um paralelo com os Estados Unidos da América, em relação às comunicações de atividades suspeitas por parte das instituições financeiras, existe a previsão do *Safe harbor* (Porto seguro).[16] Esta teoria é similar ao que encontramos no parágrafo 2º do art. 11 da Lei nº 9.613/1998, entretanto, a proteção garantida pelos americanos é muito mais ampla, abrangendo toda e qualquer lei ou regulamento, contra qualquer pessoa. Assim, àqueles que

[16] O Safe Harbor foi introduzido na legislação americana em 1992 no *Annunzio-Wylie Anti--Money Laundering Act*. Por essa disposição, protege-se aquele que comunica às autoridades governamentais alguma atividade considerada suspeita contra qualquer pessoa e qualquer lei, regulamento ou contrato. Há inclusive grande discussão jurisprudencial acerca da necessidade de boa-fé na comunicação, prevalecendo a interpretação de que tal característica não é exigível (casos como *Lee v. Bankers Trust Co.*, 166 F.3d 540, 544-45 [2d Cir. 1999]; *Gregory v. Bank One Corp.*, 200 *F.Supp.2d* 1000, 1003 [*S.D. Ind.* 2002]; *Stoutt v. Banco Popular de Puerto Rico*, 158 *F.Supp.2d* 167, 175 [D.P.R. 2001]. *Financial Crimes Enforcement Network – Fincen. Federal Bureau of Investigation*).

preenchem os relatórios é muito mais vantajoso fazê-lo, uma vez que estarão blindados contra eventuais processos judiciais.

Em que pese os sujeitos arrolados na lei de lavagem de capitais possuam o dever de comunicação, existe uma grande parcela de voluntariedade relacionada ao ato previsto na alínea b do inciso II do art. 11 da Lei 9.613/98, que dispõe sobre a difusão de atividades suspeitas ao Coaf. O próprio diploma legal atribui ao sujeito obrigado a avaliação de "operações que, nos termos de instruções emanadas das autoridades competentes, possam constituir-se em sérios indícios dos crimes previstos nesta Lei". Esse ponto assume grande importância dentro da esfera de compreensão do sujeito obrigado como denunciante (*whistleblower*). É que, para um setor da doutrina[17], a voluntariedade é determinante para o enquadramento de um relato dentro do conceito de *whistleblowing*. Não obstante, grande parte dos organismos internacionais não restringem a aplicação do conceito de *whistleblower* aos indivíduos que não possuam qualquer dever de comunicação. Nesse sentido, a Transparência Internacional defende uma definição abrangente nas legislações locais:

> É importante ter uma definição ampla e clara de denúncias que cubra o maior número possível de irregularidades. Limitar o escopo de informações para as quais os indivíduos serão protegidos dificulta a denúncia. De fato, se as pessoas não tiverem certeza absoluta de que o comportamento que desejam denunciar se enquadra nos critérios, permanecerão em silêncio, o que significa que organizações, autoridades e público permanecerão alheias a irregularidades que possam prejudicar seus interesses.

[17] Nesse sentido, Claudia Maria Dadico entende que "a necessária voluntariedade na atuação do informante/cidadão colaborador afasta a possibilidade de que sejam caracterizados como tal aquelas pessoas que, dentro de uma organização pública, detenham as atribuições específicas de controle, investigação ou denúncia, em razão de função, cargo ou emprego público" (DADICO, Cláudia Maria. **Tema 5: Diretos do Informante do bem / cidadão colaborador; estrutura dos órgãos públicos para recebimento de denúncias; colaboração do cidadão como meio de prova.** Disponível em: https://www2.camara.leg.br/atividade-legislativa/comissoes/grupos-de-trabalho/56a-legislatura/legislacao-penal-e-processual-penal/documentos/ audiencias-publicas/NotaTecnica.pdf.

Os autores do livro intitulado *International Handbook on Whistleblowing Research*[18], que conduziram uma longa e detalhada pesquisa acerca do tema no cenário internacional, mostram-se contrários à exigência do que chamam de voluntariedade plena:

> No extremo, a exigência de um padrão de voluntariedade pode ser difícil de ser alcançado. Por exemplo, as leis podem exigir que os cidadãos denunciem atividades suspeitas à polícia, o que pode implicar que a denúncia de crimes não seja considerada voluntária. Portanto, os cidadãos que iniciam esses relatórios podem não ser vistos como agindo voluntariamente. Mas há um grau de discricionariedade mesmo nesses casos.

O que os autores chamam de voluntariedade pura pode ser traduzido por aqui como espontaneidade. Dentro dessa situação, compreendemos que, para fins de caracterização de um *whistleblower,* não é necessário que o ato seja espontâneo, no sentido de que não exista qualquer influência externa no comportamento, mas sim voluntário, bastando, para tanto, a submissão da comunicação para que o indivíduo faça jus à proteção estatal, desde que de boa-fé.

Isso significa que as pessoas obrigadas pela Lei nº 9.613/98 são uma espécie de *whistleblower,* mesmo que primariamente sejam *gatekeepers.* A corroborar essa concepção, Lawrence Cunningham[19] defende a existência de um tipo de *whistleblower* que não seja voluntário, "aquele com deveres de comunicar publicamente alguma irregularidade descoberta. Esse tipo de *whistleblower* também é primariamente um *gatekeeper,* mas possui deveres adicionais específicos de comunicação". Diante do dever de comunicação, é bem verdade que não há lógica em garantir qualquer recompensa financeira ao rol de pessoas obrigadas, contudo, o maior incentivo na comunicação de irregularidades e suspeitas deverá ser justamente o oferecimento de proteção[20].

[18] BROWN, A. J.; LEWIS, D.; MOBERLY, R.; VANDEKERCKHOVE, W. ***International Handbook on Whistleblowing Research***. [*S.l.*]: Edward Elgar Publishing, 2014. p. 75-76.

[19] CUNNINGHAM, Lawrence A. ***Beyond Liability****: Rewarding Effective Gatekeepers.* 92 Minn. L. Rev. 323, 2007. p. 7.

[20] RAGUÉS I VALLÈS, Ramon. ***Whistleblowing. Una aproximación desde el derecho penal***. Madrid: Ed. Marcial Pons, 2013. p. 59.

Estabelecido, portanto, o entendimento no sentido de que as pessoas sujeitas a mecanismos de controle, quando do cumprimento da obrigação de comunicação prevista no art. 11 da Lei nº 9.613/98 atuam como *whistleblowers,* o Brasil, até mesmo para fins de cumprimento pleno de acordos dos quais é signatário, deve se preocupar em proteger tais indivíduos.

4. garantias aos comunicantes de operações suspeitas de lavagem de dinheiro: estabelecendo as bases inicias de uma reforma legislativa

A Lei nº 13.608/13, como demonstramos, à medida que traz um rol de garantias que se coadunam àquelas exigidas internacionalmente, limita demasiadamente o acesso a determinados canais, inconsistentes com os canais previstos pela legislação antilavagem. A nosso ver, torna-se necessária a inclusão das garantias previstas naquele diploma na Lei nº 9.613/98, promovendo-se a efetiva proteção daqueles que relatem operações suspeitas.

Para tanto, um primeiro ponto a ser alterado reside nas medidas de proteção estendidas aos denunciantes. Atualmente, como já referimos, a lei prevê apenas a isenção de responsabilidade civil e administrativa às comunicações de boa-fé. Ocorre que, mesmo que sigilosas as comunicações dirigidas ao Coaf[21], existe a possibilidade de alguma repercussão penal em face de que, de alguma forma, o sujeito indicado no relatório de atividade suspeita venha a tomar conhecimento da origem do denunciante do caso. Importante que seja inserida, nesse contexto, também a isenção criminal no parágrafo 2º do art. 11 da lei, de modo a proteger o *whistleblower* contra eventual queixa-crime ou *notitia criminis* decorrente da comunicação.

[21] Nessa linha, o Supremo Tribunal Federal, em exame de repercussão geral no Recurso Extraordinário (RE) 1055941, afirmou que: 1 – É constitucional o compartilhamento dos relatórios de inteligência financeira da UIF e da íntegra do procedimento fiscalizatório da Receita Federal do Brasil, que define o lançamento do tributo, com os órgãos de persecução penal, para fins criminais, sem a obrigatoriedade de prévia autorização judicial, devendo ser resguardado o sigilo das informações em procedimentos formalmente instaurados e sujeitos a posterior controle jurisdicional. 2 – O compartilhamento pela UIF e pela Receita Federal do Brasil, referente ao item anterior, deve ser feito unicamente por meio de comunicações formais, com garantia de sigilo, certificação do destinatário e estabelecimento de instrumentos efetivos de apuração e correção de eventuais desvios.

É claro que essa proteção não há de ser irrestrita, na medida em que uma comunicação com base em falsos fundamentos ou de má-fé deve ser igualmente punida. Ragués i Vallès[22], nesse sentido, também afirma a necessidade da imposição de certos limites às salvaguardas concedidas:

> *Tal protección, sin embargo, debe encontrar sus límites em los derechos de la persona denunciada: por ello, no cabe de ningún modo aceptar que quiera protegerse al denunciante hasta el punto de incentivar las denuncias anónimas o prometiendo una confidencialidad que dificulte el ejercicio del derecho de defensa o ponga en peligro otros derechos, como el honor.*

Diante desse aparente conflito, entendemos que seja necessária a complementação da lei antilavagem, fazendo inserir duras sanções administrativas e pecuniárias para o caso em que seja demonstrado, mediante prova documental inconteste, que os fatos mencionados no relatório não ocorreram ou diante de prova documental inequívoca da má-fé do comunicante. As menções aos vocábulos "inconteste" e "inequívoca" devem se fazer presentes, já que, do contrário, as sanções podem gerar um novo obstáculo àqueles que suspeitem, de boa-fé, de determinada atividade, mas que, diante da punição prevista, optem por não realizar a comunicação.

Não bastasse, é importante que se tenha em conta que, muitas vezes, é um empregado que preenche e submete uma comunicação ao Coaf. Algumas vezes, dependendo do grau de investimento para a criação de um cargo específico ou por uma decisão dos gestores, tal empregado não possui liberdade e independência no cumprimento de suas obrigações. É por isso que, tal como inserido na Lei nº 13.608/13, a lei de lavagem deve também prever a proteção contra ações ou omissões praticadas em retaliação ao exercício do direito de relatar, tais como demissão arbitrária, alteração injustificada de funções ou atribuições, imposição de sanções, de prejuízos remuneratórios ou materiais de qualquer espécie, retirada de benefícios, diretos ou indiretos, ou negativa de fornecimento de referências profissionais positivas.

[22] RAGUÉS I VALLÈS, Ramon. ***Whistleblowing. Una aproximación desde el derecho penal.*** Madrid: Ed. Marcial Pons, 2013. p. 82.

O Conselho Europeu[23] incentiva que seus membros não restrinjam excessivamente o que possa ser denunciado, os autores passíveis de denúncia e, também, os meios para a submissão de relatos. Nesse ponto, como já referimos, a Lei nº 9.613/98 reserva a proteção apenas às comunicações feitas pelos meios previstos na legislação, no caso, através do Siscoaf. Considerando-se que a comunicação geralmente envolve dados financeiros ou pessoais, é natural que seja respeitado o meio previsto em lei para o cumprimento do dever.

Entretanto, uma vez que é do interesse do Estado a prevenção do delito de lavagem, deveria ser considerada a extensão das garantias para os sujeitos que, uma vez proibidos de remeter a comunicação de operação suspeita, o façam perante um órgão de persecução penal ou de polícia. As divulgações por meio da imprensa, contudo, havendo meios oficiais disponíveis e considerando-se a sensibilidade e o sigilo das informações, não devem ser incentivadas pela legislação. A revelação direta à opinião pública, sem a prévia comunicação às autoridades, não se justifica, principalmente quando houver a quebra dos deveres de confidencialidade, que constituem verdadeiro limite ao direito – no caso, dever – de comunicação[24].

A Lei nº 9.613/98 prevê que a comunicação seja feita quando existirem sérios indícios de lavagem de dinheiro, que atualmente pode estar relacionada a qualquer infração penal, em especial a crimes graves e que envolvam organizações criminosas. Muitas vezes, em que pese a previsão expressa de sigilo, o envio da comunicação ao Coaf pode ser conhecido por outros funcionários do mesmo setor, o que amplia o risco de conhecimento por parte do sujeito relacionado. Assim, a tentativa de definição de novas garantias e limites ao dever de comunicação previsto na lavagem de dinheiro deve também encontrar respaldo na Lei nº 9.807/99, aplicando-se a lei – mesmo que não se trate inicialmente de vítima ou testemunha formal de um crime – para os casos de coação ou grave ameaça decorrentes da comunicação.

[23] CONSELHO EUROPEU. ***Protection of Whistleblowers***: *A Brief Guide for Implementing a National Framework*. Bruxelas: CE, 2015. p. 8.

[24] RAGUÉS I VALLÈS, Ramon. ***Whistleblowing. Una aproximación desde el derecho penal***. Madrid: Ed. Marcial Pons, 2013. p. 235.

Conclusões

O direito dos cidadãos brasileiros de denunciar eventuais irregularidades é uma extensão natural do direito à liberdade de expressão e está vinculado aos princípios de transparência e integridade. É inerente a um indivíduo o direito individual de proteção ao bem-estar de outro indivíduo e da sociedade em geral e, em alguns casos, um cidadão tem o dever de denunciar irregularidades. A ausência de proteção efetiva pode, portanto, representar um dilema para os denunciantes: é esperado que eles denunciem possíveis crimes de lavagem de dinheiro, corrupção e outras irregularidades, mas fazê-lo pode expô-los à retaliação.

O presente artigo buscou aproximar a figura do *whistleblower* aos sujeitos – ou às pessoas físicas relacionadas a uma empresa – aos quais a Lei nº 9.613/98 delegou uma função fiscalizatória preliminar. Ao se demonstrar que, em que pese decorrentes de um dever, as comunicações guardam certo grau de subjetividade e voluntariedade, o panorama até agora incorporado pela lei – baseado na previsão de inúmeras sanções por eventual descumprimento – deve ceder espaço ao incentivo por meio de maiores proteções a essa função.

Propondo um início de discussão acerca do tema, é possível a aplicação dos direitos e garantias previstas na Lei nº 13.608/18 aos comunicantes de operações suspeitas arrolados pela lei de lavagem de capitais. Diante da tendência global de fomento das denúncias como estratégia de política criminal, o Brasil deve revisitar o tema do *whistleblower*, levando a proteção já aprovada em lei para outros setores e impondo os devidos limites à fruição de tais garantias, de modo a incorporar a prática surgida no exterior de maneira efetiva, em consonância com o sistema legal doméstico. Uma lei que não encontra suporte na cultura local, inobstante a nobreza de sua intenção, está fadada à inaplicabilidade[25].

[25] SCHAFFER, Gregory. *Transnational Legal Process and State Change: Opportunities and Constraints*. ***Law & Social Inquiry***, v. 37, I. 2, p. 229-264, Spring 2012. p. 37.

Referências

BERMEJO, Mateo. ***Prevención y castigo del blanqueo de capitales***. Madrid: Marcial Pons, 2015.

BRASIL. **Decreto nº 5.687**. Promulga a Convenção das Nações Unidas contra a Corrupção, adotada pela Assembleia-Geral das Nações Unidas em 31 de outubro de 2003 e assinada pelo Brasil em 9 de dezembro de 2003.

BROWN, A. J.; LEWIS, D.; MOBERLY, R.; VANDEKERCKHOVE, W. ***International Handbook on Whistleblowing Research***. [*S.l.*]: Edward Elgar Publishing, 2014.

CAMILLERI, Emanuel; CAMILLERI, Roxane. ***Accounting for Financial Instruments****: A Guide to Valuation and Risk Management*. New York: Routledge, 2017.

CONSELHO EUROPEU. ***Protection of Whistleblowers****: A Brief Guide for Implementing a National Framework*. Bruxelas: CE, 2015.

CUNNINGHAM, Lawrence A. ***Beyond Liability****: Rewarding Effective Gatekeepers*. 92 Minn. L. Rev. 323, 2007.

DADICO, Cláudia Maria. **Tema 5: Diretos do Informante do bem / cidadão colaborador; estrutura dos órgãos públicos para recebimento de denúncias; colaboração do cidadão como meio de prova.** Disponível em: https://www2.camara.leg.br/atividade-legislativa/comissoes/grupos-de-trabalho/56a-legislatura/legislacao-penal-e--processual-penal/documentos/ audiencias-publicas/NotaTecnica.pdf.

HAMDANI, Assaf. ***Gatekeeper Liability***. Harvard: Harvard Law School John M. Olin Center for Law, 2003. (*Economics and Business Discussion Paper Series 77*).

KOHN, Stephen M.; KOHN, Michael D.; COLAPINTO, David K. ***Whistleblower Law****: A Guide To Legal Protections For Corporate Employees*. Westport; Connecticut; London: Praeger, 2004.

LATIMER, Paul; BROWN, A. J. ***Whistleblower laws****: Internacional Best Practises*. ***University of New South Wales – UNSW Law Journal***, v. 31, 2008.

OECD. ***Committing to Effective Whistleblower Protection***. Paris: OECD, 2016.

RAGUÉS I VALLÈS, Ramon. ***Whistleblowing.*** *Una aproximación desde el derecho penal*. Madrid: Ed. Marcial Pons, 2013.

SCHAFFER, Gregory. *Transnational Legal Process and State Change: Opportunities and Constraints*. ***Law & Social Inquiry***, v. 37, I. 2, p. 229-264, Spring 2012.

SENTO-SE, João Trajano. Prevenção ao crime e teoria social. **Lua Nova**, São Paulo, n. 83, p. 9-40, 2011.

SEOANE PEDREIRA, Alejandro. ***La Prevención del Blanqueo de Capitales***. Navarra: Aranzadi, 2019.

TRANSPARÊNCIA INTERNACIONAL. ***International Principles For Whistleblower Legislation***. Berlim: Transparência Internacional, 2018.

10.
CONFISCO DE BENS TRAVESTIDO DE EFEITO DA CONDENAÇÃO

Cezar Roberto Bitencourt

Considerações preliminares

Neste singelo trabalho, abordamos a alteração da Lei nº 13.964/19, que, dentre várias alterações no sistema penal brasileiro, acrescentou o art. 91-A ao Código Penal, criando disfarçadamente uma pena de confisco travestida de efeito da condenação. Na verdade, referido dispositivo "confisca" o patrimônio de eventual condenado, sem qualquer vínculo com o fato pelo qual foi condenado. Na realidade, verdadeiros efeitos da condenação são aqueles descritos no art. 91 do Código Penal, quais sejam, o proveito ou produto do crime, bem como os instrumentos utilizados em sua execução. Por isso, na nossa ótica, *a perda*, **como produto ou proveito do crime**, "dos bens correspondentes à diferença entre o valor do patrimônio do condenado e aquele que seja compatível com o seu rendimento lícito", não passava do odioso e inconstitucional confisco de bens, proscrito do moderno Direito Penal da culpabilidade.

1. Inconstitucionalidade do art. 91-A (art. 5º, XLV)

Vejamos o conteúdo integral desse dispositivo legal, *verbis*:

> Art. 91-A. Na hipótese de condenação por infrações às quais a lei comine pena máxima superior a 6 (seis) anos de reclusão, poderá ser decretada a perda, como produto ou proveito do crime, dos bens correspondentes à diferença entre o valor do patrimônio do condenado e aquele que seja compatível com o seu rendimento lícito.
> § 1º Para efeito da perda prevista no *caput* deste artigo, entende-se por patrimônio do condenado todos os bens:
> I – de sua titularidade, ou em relação aos quais ele tenha o domínio e o benefício direto ou indireto, na data da infração penal ou recebidos posteriormente; e
> II – transferidos a terceiros a título gratuito ou mediante contraprestação irrisória, a partir do início da atividade criminal.

E faz, a seguir, em seu parágrafo 1º e incisos, uma espécie *sui generis*, de "interpretação autêntica" do que deve ser entendido como "patrimônio do condenado", ou seja, não se trata, propriamente, de "produto ou proveito do crime", o que, se fosse verdadeiro, em nosso sistema jurídico-constitucional legitimaria tal *confisco*. Com efeito, o texto desse §1º do referido artigo 91-A destaca que: "Para efeito da perda prevista no *caput* deste artigo, entende-se por patrimônio do condenado todos os bens: de sua titularidade, ou em relação aos quais ele tenha o domínio e o benefício direto ou indireto, na data da infração penal ou recebidos posteriormente; e transferidos a terceiros a título gratuito ou mediante contraprestação irrisória, a partir do início da atividade criminal". Na primeira oportunidade, o legislador, lá no passado com a Lei nº 9.714/98, *sorrateiramente* criou duas *penas alternativas inconstitucionais*, uma delas aberrantemente inconstitucional, qual seja, a "perda de bens e valores", em, digamos, *doses homeopáticas*, assim tipo experimental, tateando, se pegar pegou, começando com penas alternativas. Nessa primeira experiência o legislador pareceu meio inseguro, procurando esconder-se, constrangido, por trás de *penas alternativas*, cujos danos, em tese, não seriam assim tão graves. Enfim, iniciou com medidas de *pequeno porte*, algo do tipo para não chamar muita atenção, procurando apenas ganhar terreno, perscrutando a fertilidade da área a operar, tipo um ladrão principiante, que começa inseguro, tateando, com os pequenos furtos para ir evoluindo etc.

Nessa oportunidade, isoladamente, *levanta*mos doutrinariamente *essa* acanhada *inconstitucionalidade* em uma monografia (*Penas alternativas*[1]*), no âmbito acadêmico,* abordando as então denominadas "novas penas alternativas". Agora, no entanto, com mais desenvoltura, parece que o legislador contemporâneo com a Lei nº 13.964/19, "perdeu a modéstia", parodiando, de certa forma, Nelson Rodrigues, criou uma *inconstitucionalidade absurdamente grave,* nunca dantes experimentada nesta maltratada República latino-americana. Na verdade, a pretexto de alterar alguns dispositivos do Código Penal, além de outros diplomas legais, o legislador desrespeita a carta constitucional, invade a privacidade dos cidadãos, viola garantias constitucionais, inclusive o sigilo bancário-fiscal e, sem causa justa, chafurda a vida pregressa, revolve as declarações de imposto de renda, cria o mais escancarado e ilegal "confisco de bens e valores" do cidadão, procurando acobertá-lo sob a denominação de "efeitos da condenação", *mesmo sem qualquer vínculo com determinada infração penal específica que porventura alguém possa ter sido condenado.* Em outros termos, usa eventual condenação por qualquer crime, como desculpa, para realizar as invasões e violações supra referidas, injustificadamente, inclusive incorrendo em *inconstitucionalidade* como estamos demonstrando.

Dito de outra forma, insere no âmbito do Direito Penal, que é formal, preventivo e garantista, matéria de *direito fiscal-tributário,* para "confiscar patrimônio individual" (inclusive patrimônio de terceiro), mesmo sem relação com eventual condenação por qualquer crime a pena superior a seis anos, atribuindo, ilícita e imoralmente, a denominação inverídica e falaciosa de "produto ou proveito" de crime, sem exigir qualquer vínculo ou relação com o crime da condenação. Nem a Receita Federal tem esse direito de, sem causa efetiva, vasculhar o passado, a privacidade e o patrimônio de qualquer cidadão, a pretexto de obrigá-lo a comprovar, aleatoriamente, o seu patrimônio, principalmente ante a inexistência de vínculo com alguma infração penal que, porventura, possa ser condenado.

Trata-se, na verdade, da odiosa "pena de confisco", que, de há muito, foi proscrita do Direito Penal moderno, inclusive com previsão expressa em textos constitucionais, para assegurar sua extirpação para sempre dos Estados democráticos de direito, como pretende ser a República Federativa do Brasil.

[1] BITENCOURT, Cezar Roberto. **Penas alternativas**. 5. ed. São Paulo: Editora Saraiva, 2017.

O legislador atual, provavelmente, *induzido a erro* por alguns, digamos, "mais letrados", aprova um autêntico "confisco de bens", com a seguinte locução, *verbis*: "poderá ser decretada a perda, como produto ou proveito do crime, dos bens correspondentes à diferença entre o valor do patrimônio do condenado e aquele que *seja compatível com o seu rendimento lícito*" (*caput* do art. 95-A). De notar-se que não se trata, como deveria, de *produto ou proveito do crime* como prevê, corretamente, o artigo anterior, o de nº 91 do mesmo diploma legal.

Sob essa disfarçada e eufemística expressão "perda de bens", a *liberal Constituição cidadã*, em verdadeiro retrocesso, criou a possibilidade dessa suposta pena que serve para *disfarçar verdadeiros confiscos de bens*, a exemplo do que ocorreu com este recente diploma legal, figura já extirpada das modernas constituições dos países ocidentais, de um modo geral. Os ilustres e democratas constituintes não tiveram a coragem de denominá-la corretamente: *pena de confisco*! O Código Penal brasileiro de 1940 não o consagrava e a própria Constituição de 1969 (art. 153, § 11) o proibia, restando somente, como *efeitos da condenação*, o "*confisco dos instrumentos e produtos do crime*" em determinadas circunstâncias. O próprio Carrara[2], a seu tempo, já afirmava que o "confisco de bens é desumano, impolítico e aberrante". Aliás, até a Constituição paraguaia de 1992, muito mais democrática que a nossa, em seu art. 20, proíbe o *confisco de bens* como sanção criminal.

Cumpre destacar que a Emenda Constitucional nº 1, de 17 de outubro de 1969 (Constituição de 1.969), no art. 153, § 11, destacava expressamente que: "*Não haverá pena de morte, de prisão perpétua, de banimento, ou confisco*". Veja-se que aquela Constituição dos denominados "anos de chumbo" não apenas consagrou a *proibição do confisco*, mas também o equiparou, em termos de danosidade social e importância, aos direitos e garantias fundamentais, a "*pena de morte, de prisão perpétua, de banimento*"! Essa garantia de "proibição ao confisco" integra-se ao consagrado *princípio da personalidade da pena* (que não pode passar da pessoa do condenado), igualmente assegurado na atual Constituição Federal (art. 5º, XLV), somando-se à garantia da *função social da propriedade* (art. 5, XXIII), todos princípios que se complementam e completam *a proibição da pena de confisco*, ainda que travestido em outros institutos jurídicos, *v.g.*,

[2] CARRARA, Francesco. ***Programa de derecho criminal***. Bogotá: Editora Temis, 1979. v. 2. p. 133.

"efeitos da condenação" ou "perda de bens", como fez o legislador contemporâneo. *A pena, repetindo, não pode passar da pessoa do condenado!*

A *função social da propriedade,* por sua vez, é reconhecida pela Constituição Federal, em seu artigo 5º, inciso XXIII, onde declara que "a propriedade atenderá a sua função social" e, no inciso anterior, garante o direito de propriedade (XXII). O constituinte brasileiro, pela importância que atribui a esses dois direitos-garantias, volta a reafirmá-los no art. 170, II e III, quando disciplina "os princípios da ordem econômica" nos seguintes termos: "A ordem econômica, fundada na valorização do trabalho humano e na livre iniciativa, tem por fim assegurar a todos existência digna, conforme os ditames da justiça social, observando", dentre outros, *os princípios da propriedade privada* (II) *e da função social da propriedade* (III). Prosseguindo nessa linha, no capítulo relativo "à política urbana", o constituinte igualmente insere o *princípio da função social da propriedade* concernente à propriedade urbana no artigo 182, § 2º, destacando que "a propriedade urbana cumpre sua função social quando atende às exigências expressas no plano diretor". O constituinte desincumbiu-se, igualmente, de disciplinar a função social da *política agrícola e fundiária*, no art. 186 e respectivos incisos da Carta Magna.

Da mesma forma, o constituinte, para assegurar a garantia da *função social da propriedade rural,* determinou no *caput* do artigo 184 que:

> Compete à União desapropriar por interesse social, para fins de reforma agrária, o imóvel rural que não esteja cumprindo sua função social, mediante prévia e justa indenização em títulos da dívida agrária, com cláusula de preservação do valor real, resgatáveis no prazo de até vinte anos, a partir do segundo ano de sua emissão, e cuja utilização será definida em lei.

O Código Civil, por sua vez, disciplinou o direito de usar, gozar e dispor da propriedade no art. 1.228, nos seguintes termos: "O proprietário tem a faculdade de usar, gozar e dispor da coisa, e o direito de reavê-la do poder de quem quer que injustamente a possua ou detenha". Em seu §1º complementa a obrigação de exercê-lo observando as finalidades econômicas e sociais, preservando a flora, a fauna, as belezas naturais, o equilíbrio ecológico e o patrimônio histórico e artístico, bem como evitar a poluição do ar e das águas. Em outros termos, a *função social da propriedade* está disciplinada de forma abrangente no ordenamento jurídico brasileiro, quer no âmbito constitucional, quer no âmbito infraconstitucional, sem, contudo, definir com segurança o que realmente significa esse poderoso princípio da "função social da propriedade", por vezes tão maltratado no meio sociojurídico.

A má utilização da terra e do espaço urbano gera violência e injustiça e, ao mesmo tempo, desatende a tão desejada *função social constitucional da propriedade.* O instituto da *desapropriação* para finalidade social, devidamente fundamentada, deve auxiliar e preencher o desiderato da justa utilização dos bens para tal finalidade. Mas não se pode, de forma alguma, fora das hipóteses previstas em lei, ver *a função social da propriedade como uma limitação ao direito desta.* A *função social,* a rigor, relaciona-se com a própria propriedade, no sentido de ela própria ser vista como operativa, utilitária e servindo em benefício da sociedade, mesmo que seja somente em benefício do próprio proprietário, que também é um *ser social* e merece ser atendido pela função social da propriedade, especialmente daquela que é sua.

O que desatende efetivamente essa *função social* é o abandono, o mau uso ou desuso da propriedade ou mesmo o seu uso para fins criminosos. Nesses casos, como ocorre, por exemplo, na hipótese de *crime de trabalho escravo* ou *tráfico de entorpecentes,* observando-se adequada e comprovadamente o uso da propriedade como meio para a prática do crime pode ser *sequestrada.*

Enfim, o constituinte brasileiro de 1988 tergiversou nesse tema e autorizou a "perda de bens", ou seja, não se omitiu e instituiu mais uma "fonte de arrecadação", despreocupando-se com o mau uso que o legislador convencional poderia fazer e está fazendo, ou seja, usando a locução "perda de bens" para realizar verdadeiros confiscos, sem causa, como acaba de fazer no art. 91-A, que ora examinamos. Nesses casos, considerando como "efeitos da condenação", por vezes, o legislador infraconstitucional descuida-se e ultrapassa o limite do permitido, do razoável e, não raramente, ultrapassa as barreiras do constitucionalmente autorizado, prejudicando os cidadãos contribuintes, desnecessariamente, caracterizando *verdadeiros confiscos,* ainda que com roupagem de legalidade.

2. Distinção entre "confisco-pena" e "confisco-efeito da condenação"

O produto de uma sanção penal – pena criminal de natureza pecuniária – *destina-se* ao *Fundo Penitenciário Nacional*, assim como, *v.g.*, o produto da pena de multa, ao contrário da "prestação pecuniária", que, já afirmamos repetidamente em nosso Tratado de Direito Penal ou mesmo em outras obras, tem *caráter indenizatório*. O *objeto* desse "confisco" deste art. 91-A, no entanto, não serão os *instrumentos* ou *produtos do crime*, como ocorre no confisco-efeito da condenação" constante do art. 91, propriamente, mas é o próprio *patrimônio do condenado* em qualquer crime com pena superior a seis anos, mesmo que não seja daqueles praticados contra a Administração Pública ou contra o sistema tributário nacional. Cuida-se, dito em bom português, de *locupletação indevida dos cofres públicos*, nesses casos, para não usar um termo mais forte, como dizia com muita propriedade Basileu Garcia, inconformado com a destinação do produto arrecadado com a pena pecuniária. Após afirmar que a pena de multa não sobrecarrega o Estado, mas, ao contrário, "abastece as arcas do Tesouro Nacional", sentencia: "percebe-se, porém, certa nota de imoralidade nesse enriquecimento do Estado às expensas do crime, que lhe compete prevenir, dir-se-ia que se locupleta invocando a sua própria ineficiência, para não mencionar a sua própria torpeza, conforme brocardo proibitivo". Daí – prossegue Basileu Garcia – "a impreterível necessidade de se canalizarem os proventos originários dessa fonte impura unicamente para as salvadoras funções de prevenção geral e especial, buscando com eles atenuar a criminalidade e sanar as chagas deixadas por esse flagelo no organismo social"[3].

Ademais, o objeto desse novo "confisco" previsto pelo art. 91-A *não é o produto ou proveito do crime*, o que seria mais do que razoável (como já prevê o artigo 91), além de inconstitucional, mas sim "os bens correspondentes à diferença entre o valor do patrimônio do condenado e aquele que seja compatível com o seu rendimento lícito", segundo valoração do Judiciário, portanto, *independentemente de qualquer vínculo ou relação com o crime pelo qual fora condenado*! Trata-se, repetindo, de absurdo e inconstitucional *confisco de bens* do cidadão, sem causa legítima. O que será isso, essa "perda de bens", *senão um autêntico,*

[3] GARCIA, Basileu. **Instituições de Direito Penal**. 6. ed. São Paulo: Ed. Max Limonad, 1982. v. 1. t. 2. p. 506.

odioso e vergonhoso confisco do patrimônio do cidadão sem justa causa, na medida em que não é *produto* e nem *proveito* do crime, posto que não condiciona a essa circunstância, apenas adota como motivação a condenação, por qualquer crime, a pena superior a seis anos?

Há duas distinções básicas entre "confisco-pena" e "confisco-efeito da condenação": 1ª) o *confisco-efeito* destina-se à *União*, como receita não tributária, enquanto o *confisco-pena* destina-se ao *Fundo Penitenciário Nacional*; 2ª) o objeto do *confisco-efeito* são os *instrumentos* e *produtos do crime* (inciso II do art. 91 do CP), enquanto o objeto do *confisco-pena* é o *patrimônio* pertencente ao condenado (art. 45, § 3º e agora 95-A do CP). Com efeito, a finalidade do *confisco-pena* não é, lamentavelmente, nem a *reparação do prejuízo causado* pela infração penal, nem a eliminação do *proveito obtido com crime*. Esses dois fatores – *prejuízo causado e proveito obtido com o crime* – servem apenas de parâmetro para o cálculo do *quantum* a confiscar. No entanto, a previsão constante do novel dispositivo (art. 91-A), ora combatido, não tem nenhum desses dois parâmetros para servir de baliza e, principalmente, de fundamento do quanto a confiscar e de quem confiscá-lo, daí a sua flagrante *inconstitucionalidade*, pois também pode servir para "aniquilar" a desafetos pessoais, do próprio regime político ou mesmo do criminoso, ou seja, do inimigo da lei, da ordem jurídica ou da sociedade.

2.1 Limites inexistentes no "confisco" previsto no art. 95-A

A "pena-confisco" da lei anterior (nº 9.714/98), pelo menos, tentando minimizar sua aberração e inconstitucionalidade, ao contrário desta lei atual, apresenta dois limites: 1º) *limitação do* quantum *a confiscar* — estabeleceu-se, como teto, o maior valor entre o *montante do prejuízo causado* ou *do proveito obtido* com a prática do crime; 2º) *limitação em razão da quantidade de pena aplicada* — esta sanção somente pode ser aplicada na hipótese de condenações que não ultrapassem o limite de quatro anos de prisão. E somente caberá essa pena de "perda de bens e valores" quando for possível a *substituição* da pena privativa de liberdade por pena restritiva de direitos, segundo a previsão desse art. 45 e seus parágrafos. Como se trata de sanção penal, não será admissível *interpretação extensiva*, quer para aplicá-la em condenação superior a quatro anos, quer para aplicá-la em condenação de até quatro anos que não satisfaça os requisitos legais da *substituição*.

Pois o "novo confisco" não tem nenhum parâmetro, seja da limitação do quanto a confiscar, seja quanto à natureza do produto a ser confiscado, posto que todo ele *não é vinculado à infração penal* pela qual o sujeito foi condenado (natureza, espécie ou gênero). Ademais, como proceder *à apuração do patrimônio lícito* ou separá-lo daquele que as autoridades repressoras *consideram mal havido*? E cujos cálculos e avaliações de patrimônios passados são sempre exasperados contra os cidadãos condenados, ou não, como tem sido constatado na práxis do sistema público brasileiro.

Logicamente, a apuração dessa suposta diferença tem que ser sob os auspícios do Poder Judiciário, mas seria feita uma instrução paralela à instrução criminal? Seria nos próprios autos ou seria em autos apartados? Haveria contraditório específico sobre essa parte patrimonial, com instrução específica paralela ao processo criminal, ou como se faria? Haveria necessidade indeclinável de perícia fiscal-contábil, no mínimo!

Necessariamente deverá ser apurado em autos apartados, com instrução e contraditório assegurados, além da existência indispensável de perícia indicada pelo próprio investigado enquanto não for declarada a sua inconstitucionalidade. Logicamente, porque essa apuração não poderá fugir do contraditório dentro do devido processo legal, no qual se permita a mais ampla e legítima defesa, fora do espectro da seara criminal, pois de crime não se trata e tampouco de produto dele, como deixa claro o dispositivo legal, mas do "patrimônio do condenado" (§ 1º), pelo simples fato de ter sido condenado em crime cuja pena máxima cominada seja superior a seis anos de reclusão. Inegavelmente, não poderá ser realizada dentro da própria ação penal que tem suas próprias regras e determinadas limitações. Precisa-se, ademais, permitir a celebração de acordo, da parte condenada, se o for, com a receita federal, ainda que representada pelo Ministério Público.

3. Natureza jurídica dessa expropriação sem causa material

Essa previsão legal configura, a rigor, verdadeira *expropriação abusiva*, ilegítima e *sem causa justa*, pelo Estado, de alguém condenado, por qualquer crime, mesmo que não lhe tenha rendido qualquer proveito econômico ou produzido nenhum prejuízo a ninguém! Demanda, necessariamente, se for superada eventual inconstitucionalidade, profunda reflexão dos *experts* nos próximos meses, quiçá anos para entenderem esse fenômeno ignóbil e inadmissível em um Estado constitucional e democrático de direito, pois configura verdadeira expropriação ilegal, decorrente de mera presunção legal, que, pelo menos, é *juris tantum*.

Legislação especial pode, relativamente ao confisco penal, dar-lhe destinação diversa do Fundo Penitenciário Nacional. O art. 243 da Constituição Federal, por exemplo, prevê a *expropriação de glebas de terras* destinadas ao cultivo de drogas, destinando-as ao assentamento de colonos sem-terra ou à *inconstitucional Medida Provisória nº 1.713/98* (hoje Lei nº 9.804/99), que alterou o art. 34 da antiga Lei nº 6.368/76 para permitir a apreensão e o leilão de bens relacionados com o tráfico de drogas. Mas, nesse caso, já haverá um crime grave, e a previsão legal refere-se ao produto desse crime, que, naturalmente, será alcançado pela previsão do art. 91 desse Código Penal, não sendo o caso do novo artigo que hora examinamos.

4. Uma indispensável instrução paralela sobre a origem dos bens

Nos parágrafos segundo a quinto do mesmo artigo, o legislador esboça uma tentativa de *criar* um certo "contraditório" para *apurar* a "perda-confisco" de *suposto* "produto ou proveito de crime". Segundo o texto legal, "dos bens correspondentes à diferença entre o valor do patrimônio do condenado e aquele que seja compatível com o seu rendimento lícito" (*caput* do art. 91-A), segundo a ótica do Ministério Público. O próprio legislador tenta explicar essa *suposição* nos dois incisos do § 1º do art. 95-A, no qual se afirma que "entende-se por patrimônio do condenado todos os bens: I – de sua titularidade, ou em relação aos quais ele tenha o domínio e o benefício direto ou indireto, na data da infração penal ou recebidos posteriormente; e II – transferidos a terceiros a título gratuito ou mediante contraprestação irrisória, a partir do início da atividade criminal".

Com essa locução "entende-se por patrimônio do condenado", constante do *caput*, o legislador institui uma *ficção*, uma *suposição*, faz uma interpretação considerando ser algo que, concretamente, não é real, não é verdadeiro, não ocorre. É equivocada a utilização da locução "entende-se por patrimônio do condenado" na medida em que o legislador faz uma *interpretação hipotética*, cria uma *presunção legal*, embora reconheça que necessitará de demonstração fático-concreta sobre o que seriam, efetivamente, esses "bens do condenado", dependente, logicamente, de procedimento instrutório exitoso. Mas o legislador, a despeito de tudo, "considera" antecipadamente como sendo patrimônio do condenado e, o mais grave, *presume* mal havido, ou seja, havido ilicitamente, sem prova de nada e sem vínculo com o crime, bastando tratar-se crime com *pena superior a seis anos de reclusão*. Para determinar esse "confisco", seria indispensável que resultasse desse crime produto ou proveito pelo agente, o que não ocorre pela previsão legal, tanto que determina uma revisão histórica do seu patrimônio anterior, sem nenhuma conexão com referida infração penal.

Por outro lado, o fato de o legislador *"entender" como se fosse produto ou proveito do crime* não os torna, concretamente, produto ou proveito de tal infração. Com efeito, quando o legislador utiliza-se de uma *linguagem comparativa*, de *suposição* ou puramente conceitual, como o fez no § 1º e seus dois incisos, além de não ser verdadeiramente o que o legislador *supõe ser*, representa a prova provada de que não é o que o legislador diz ser, ou seja, não é produto e nem proveito do crime. Não se pode determinar, convenhamos, *sequestro ou perda de bens* em favor do Estado ou de terceiros por mera *presunção legal*, mas deve, necessariamente, decorrer da própria infração penal produto ou proveito do crime, demonstrado pela investigação criminal que sustenta uma denúncia. Afinal, ser ou não ser patrimônio ilícito do agente necessita decorrer de infração penal comprovada e, em o sendo, não tem o legislador que "entender ou não entender" lícito ou ilícito por *presunção legal*, isto é, *presumir ilícito* tão somente pela quantidade de pena cominada a qualquer crime, mesmo sem proveito ou produto, mas deve ser decorrência do próprio crime. Convenhamos que a gravidade da pena cominada não é um critério adequado para o legislador concluir sobre a licitude ou ilicitude da totalidade ou parcialidade do patrimônio de alguém sem qualquer vínculo com referido crime para confiscá-lo.

E, inexplicavelmente, o mesmo fato delituoso, se tiver cominação de pena máxima não superior a seis anos, não será "considerada" ilícita parcela do *patrimônio do condenado* e não recairá sobre ele essa injustificável e injustificada *suspeita* sobre a origem do seu patrimônio. Afinal, que critério absurdo e despropositai é esse? O único fundamento, e ao mesmo tempo pressuposto, *iuri et de iuri*, é a pena cominada ser superior a seis anos de reclusão. Só! Sabidamente se trata de uma *construção engenhosa*, infundada, irracional e geradora de grande insegurança jurídica desse diploma legal, além de sua inconstitucionalidade. Portanto, é absolutamente equivocada essa "interpretação" *ex vi legis* do que seja *patrimônio ilícito* (ou lícito) do denunciado e, principalmente, em casos nos quais o crime não produza proveito para si ou dano material para alguém, cujo definidor seja, simplesmente, a pena máxima superior a seis anos de reclusão.

Ademais, a contrário senso, nos demais crimes com condenação não superior a seis anos, o patrimônio do condenado não será "considerado" ilícito, isto é, estará fora da "suspeita" do legislador?! Nesses casos, não haverá *suspeita* sobre a licitude do patrimônio do condenado? Por que, afinal, essa diferença de tratamento das pessoas, apenas pela quantidade de pena de eventual crime? Não seria melhor investigar primeiro, como sempre se fez, sem *presumir* antecipadamente, por lei, sobre a licitude ou ilicitude do patrimônio de eventual infrator? Ora, ocorrido os fatos, investiga-se, *sem presumir*, antecipadamente, a ilicitude de todo patrimônio para efeito da *perda* prevista no *caput* do artigo. Realizada a investigação devida, conclui-se: afinal, é ou não é patrimônio lícito do agente e, em o sendo, não tem que o legislador "entender ou não entender" ser seu patrimônio para efeito dessa *perda* (confisco), pois aqui não é questão do "ser ou não ser", como sugere a lendária dúvida *shakespeariana* no personagem de *Hamlet*. Ou é lícito o patrimônio, ou não, de acordo com a prova produzida, *sem presunção legal*, como exige o Direito Penal da culpabilidade em um Estado constitucional e democrático de direito. Sendo ilícito, apura-se, nesse caso, independente da quantidade de pena cominada, caberá a *perda de bens*, aliás, como previsto corretamente no artigo anterior, o 91 do Código Penal.

Por outro lado, o fato de ser patrimônio do acusado não legitima o legislador a autorizar o "seu confisco" travestido de "perda de bens" somente por responder por qualquer crime que tenha pena cominada superior a seis anos de reclusão. No entanto, é legítima a *perda* em favor da União do produto ou proveito do crime, ressalvado o direito do lesado ou do terceiro de boa-fé, em quaisquer crimes que resultarem comprovados. Com efeito, nesse sentido, o art. 91 desse mesmo Código Penal autoriza, corretamente, a perda em favor da

União do produto ou proveito do crime (art. 91, II, b), independentemente da quantidade da pena cominada, exatamente como deve ser e, por tais razões, o discutível art. 91-A não fazia falta em nosso ordenamento jurídico.

Chama atenção que em momento algum o texto legal vincula os bens do "condenado" ao crime do qual resulta a condenação, quer como *proveito*, quer como *produto* do crime, aspectos que, digamos, *legitimariam* a sua perda em favor do ente público ou de terceiro. E mais do que isso, o dispositivo legal ora questionado não se refere a *crimes contra a administração pública*, nem mesmo *lato sensu*, e tampouco a *crimes de resultado*, bastando que se trate, como diz o texto legal, de "condenação por infrações às quais a lei comine pena máxima superior a 6 (seis) anos de reclusão" (*caput* do art. 95-A). Onde está a referência ou inferência de que se trata de crime contra instituições públicas ou mesmo de crime com produção de resultado danoso a terceiro? Só uma coisa é certa: tratando-se de infração penal com previsão de pena superior a seis anos de reclusão, *presume*-se a ilicitude de parte do seu patrimônio, devendo-se realizar *investigação especial* sobre sua origem, mesmo sem qualquer produção ou repercussão material, como produto ou proveito do crime.

Enfim, tratar-se de *crime com cominação de pena superior a seis anos de reclusão* bastará para justificar, na visão do texto legal, a "perda", como *produto ou proveito do crime*, dos bens correspondentes à diferença entre o valor do patrimônio do condenado e aquele que seja compatível com o seu rendimento lícito" (*caput* do artigo), independentemente de qualquer vínculo do patrimônio com referido crime. Tanto que, se a pena for inferior a essa apenação, não ocorrerá referida *perda de bens* e tampouco sua investigação. Logo, teoricamente, para essas infrações com pena superior a seis anos, o dispositivo ora questionado estará revogando, tacitamente, a previsão constante da alínea "d" do inciso II do art. 91 desse Código.

Em outros termos, para concluir, pela previsão legal do questionado artigo 91-A, deverá o Ministério Público – sem qualquer outro fundamento e mesmo sem vínculo com referido crime – postular *a revisão patrimonial do acusado*, desde a data do crime imputado, e valorar abstratamente qual deveria ser o patrimônio lícito do indivíduo. Essa previsão legal abusiva, arbitrária e inconstitucional viola a privacidade fiscal-tributária, a proibição do confisco como pena, bem como o direito constitucional de propriedade. Pois o simples fato de a pena cominada ser superior a seis anos de reclusão autoriza a "suposta perda de bens". Autoriza a acusação obrigar eventual condenado, abusivamente, a revisar todas as suas declarações de renda, submeter-se a valorações espúrias para contrapor-se às afirmações abstratas do *parquet*, apenas por que responde por um crime qualquer, cuja pena cominada seja superior a seis anos, independentemente de qualquer repercussão material como produto ou proveito do crime.

Por outro lado, o fato de o legislador *considerar como se fosse produto ou proveito do crime* não os torna, concretamente, consequência ou resultado de tal infração. Com efeito, quando o legislador utiliza-se de uma linguagem comparativa, de suposição ou puramente conceitual, como o fez no § 1º e seus dois incisos, além de não ser verdadeiramente o que o legislador supõe ser, representa a prova provada de que não é o que o legislador diz ser, ou seja, não é produto e nem proveito do crime. Não se trata, convenhamos, de sequestro ou perda de bens em favor do Estado ou de terceiros.

5. Alguns confusos aspectos procedimentais nos casos "suspeitos"

Nos parágrafos 2º ao 5º do art. 95-A, o legislador estabelece alguns aspectos procedimentais confusos, obscuros, contraditórios e de difícil aplicação. Contudo, faz-se necessário buscar sistematizá-los para tentar dar-lhes aplicabilidade, qual seja, a instauração de uma investigação paralela especificamente sobre o patrimônio anterior do sujeito a ser denunciado. Nesse sentido, o § 3º determina que o Ministério Público, por ocasião da denúncia, deverá requerer, expressamente, a perda patrimonial prevista no *caput* do referido art. 95-A. Com efeito, esse parágrafo determina que a *perda* prevista nesse artigo deverá ser requerida expressamente pelo Ministério Público "por ocasião do oferecimento da denúncia", sem, contudo, indicar se poderá fazê-lo na mesma inicial ou se deverá peticionar em separado. A despeito dessa omissão, deve-se, a nosso juízo, peticionar em separado, por sua complexidade e para permitir a ampla defesa do investigado. Deverá o acusador instruir seu petitório com prova específica que houver sido produzida e requer, especificamente, nessa peça, a citação do acusado para se defender e produzir provas ou a contraprova. Por outro lado, deverá ser fixado, na decisão, qual o período retroativo a investigação poderá abranger, pois precisa ser delimitada, essa invasão fiscal não pode ser ilimitada no tempo, pois se trata de devassa, sem qualquer vínculo concreto com a infração penal em julgamento.

No entanto, é fundamental que o Ministério Público, nessa petição e paralelamente à denúncia, *demonstre a diferença apurada no patrimônio do denunciado*, especialmente "dos bens correspondentes à diferença entre o valor do patrimônio do condenado e aquele que seja compatível com o seu rendimento lícito", explicitando em *qual período tal diferença teria ocorrido*. Deverá, ademais, demonstrar, quando, onde e como o denunciado teria adquirido a *supostamente ilícita diferença* de bens, no passado, e em que consiste tal diferença – afinal, ele é o acusador, pois a defesa não pode ser obrigada a produzir provas negativas.

Logicamente, o denunciado, e aqui representado, deverá, para formalizar o contraditório, receber prazo específico, distinto e não simultâneo para contestar essa petição formalmente e produzir provas, inclusive pericial e fiscal-tributário, juntando com a sua contestação, em petição própria, para formar autos apartados. Considerando-se tudo, a demora que as perícias exigem, deve-lhe ser permitido a juntada do laudo pericial *a posteriori*. Acreditamos que, se o requerer, deverá ser designado, inclusive, audiência de instrução e julgamento sobre essa matéria, distinta das audiências relativas a instrução criminal. Não se pode ignorar que revisar todo um histórico de conquista patrimonial não será tarefa simples, demandando complexa investigação, inclusive para o próprio investigado.

Por fim, o *juízo da causa criminal* deverá julgar, concomitantemente, esse procedimento paralelo, ainda que, eventualmente, tenha que retardar a prolatação da sentença penal. Resultando em decisão condenatória, o magistrado na sentença, deverá – se for comprovada ilicitude de parte do patrimônio – declarar o valor da diferença apurada e especificar os bens (e respectivos valores) cuja *perda* for decretada (§ 4º). Porém, eventual condenação no processo criminal não implicará, automaticamente, a condenação relativamente ao patrimônio, ou seja, não haverá declaração da diferença apurada se, no caso, não tenha existido ou sido comprovada pela acusação.

Dito de outra forma, poderá haver condenação criminal pelo fato criminoso imputado, sem, contudo, ser constada ilicitude em parte do patrimônio. Logo, não havendo tal ilicitude não há razão nem fundamento para o juízo criminal declarar diferença apurada, pois ela não existiu. Com efeito, poder-se-á concluir, evidentemente, que não há diferença ilícita no patrimônio do denunciado. O inverso, no entanto, não é verdadeiro, isto é, sendo absolvido o investigado no processo criminal, não poderá resultar procedente a investigação patrimonial por lhe faltar o pressuposto da condenação criminal.

Por fim, o § 5º determina que: "Os instrumentos utilizados para a prática de crimes por organizações criminosas e milícias deverão ser declarados perdidos em favor da União ou do Estado, dependendo da Justiça onde tramita a ação penal, ainda que não ponham em perigo a segurança das pessoas, a moral ou a ordem pública, nem ofereçam sério risco de ser utilizados para o cometimento de novos crimes". Dispositivo basicamente sem novidade, ressalvado o aspecto que restringe essa *perda* aos crimes praticados "por organizações criminosas e milícias deverão ser declarados perdido", e a inclusão do Estado onde tramitar a ação penal como destinatário desses "instrumentos utilizados para prática do crime".

Referências

BITENCOURT, Cezar Roberto. **Penas alternativas**. 5. ed. São Paulo: Editora Saraiva, 2017.

CARRARA, Francesco. ***Programa de derecho criminal***. Bogotá: Editora Temis, 1979. v. 2.

GARCIA, Basileu. **Instituições de Direito Penal**. 6. ed. São Paulo: Ed. Max Limonad, 1982. v. 1. t. 2.

11.

LIMITES DO *WHISTLEBLOWING* – DENÚNCIA DE CRIMES CONTRA A ADMINISTRAÇÃO PÚBLICA, ILÍCITOS ADMINISTRATIVOS E AÇÕES LESIVAS AO INTERESSE PÚBLICO

MARCELO ALMEIDA RUIVO
ADRIANE DA FONSECA PIRES

1. Introdução ao contexto da criação legislativa (arts. 4º - a, b, c da Lei nº 13.608/2018)

O desafio de controle da corrupção em termos gerais tem se mostrado um problema para diversas ordens jurídicas ao redor do mundo.[1] O fenômeno da corrupção tende a ser de difícil investigação e processamento, razão pela qual se tem proposto reformas legislativas com mudanças no Direito Penal e processo penal.

O instituto da denúncia privada (*whistleblowing*) insere-se entre os meios de obtenção de prova, mobilizados para alcançar maior efetividade no controle da

[1] RUIVO, Marcelo Almeida. O fenômeno da corrupção como desafio às ciências criminais. **Revista Brasileira de Ciências Criminais**, São Paulo: Ed. RT, ano 25, v. 134. 2017. p. 17; RUIVO, Marcelo Almeida. O bem jurídico do crime de corrupção passiva no setor público. **Revista Portuguesa de Ciência Criminal**, Coimbra: Coimbra Editora, v. 25, p. 263-264, 2015.

criminalidade complexa e na implementação da boa governança corporativa.[2] Há relação de complementaridade entre o *whistleblowing* e os sistemas de *compliance*, especialmente pelos canais de denúncia integrarem o sistema, como um dos mecanismos para a comunicação de ações indevidas.[3] A oportunidade da realização de denúncias compõe o planejamento sistemático do *compliance*, prevendo "mais atores que garantam a eficácia dos controles da empresa".[4]

É exemplo da transferência de parte da responsabilidade de fiscalização e de controle de eventuais condutas desviantes dos agentes públicos para as próprias empresas, servidores públicos ou integrantes da sociedade civil.[5] Esse é o contexto político-criminal da introdução legislativa recente nas alterações na Lei nº 13.608/2018 (Lei do Disque-Denúncia), promovidas pelo art. 15 da Lei nº 13.964/2019. A promoção de denunciantes já fazia parte do art. 33 da Convenção ONU contra a corrupção, ratificada pelo Brasil e internalizada no Decreto nº 5.687/2006.[6]

A expressão "informante" (art. 4º-B, *caput*)[7] não é a mais apropriada para referir em português a figura do *whistleblower* da tradição jurídica do sistema do *Common Law*. Não se trata de mero informante que presta informações neutras, sem maiores repercussões na vida profissional e pessoal de terceiros.

[2] ORTIZ PRADILLO, Juan Carlos. ***Los delatores en el proceso penal:*** *recompensas, anonimato, protección y otras medidas para incentivar una colaboración eficaz con la Justicia*. Madri: Wolters Kluwer España, 2018. p. 30.

[3] Os programas de *criminal compliance* destinam-se a duas finalidades evitação e descobertas de crimes (TIEDEMANN, Klaus, ***Wirtschaftsstrafrecht***: *Einführung und Allgemeiner Teil mit wichtigen Rechtstexten*. 4 *aufl.* München: Vahlen, 2014. 6. nm. 11), que podem vir por meio de uma *Whistle Blowing hotline* externa à empresa (BRETTEL, Hauke; SCHNEIDER, Hendrik. ***Wirtschaftsstrafrecht***. 2 *aufl.* 2018, p. 271. nm. 600).

[4] NIETO MARTÍN, Adán. Prefácio. *Introducción*. *In:* SAAD-DINIZ, Eduardo. **Ética negocial e compliance:** entre a educação executiva e a interpretação judicial. São Paulo: Thomson Reuters Brasil, 2019. p. 08.

[5] SILVEIRA, Renato De Melo Jorge; SAAD-DINIZ, Eduardo. **Compliance, Direito Penal e Lei Anticorrupção**. São Paulo: Saraiva, 2015. p. 78.

[6] "Artigo 33 – Proteção aos denunciantes – Cada Estado Parte considerará a possibilidade de incorporar em seu ordenamento jurídico interno medidas apropriadas para proporcionar proteção contra todo trato injusto às pessoas que denunciem ante as autoridades competentes, de boa-fé e com motivos razoáveis, quaisquer feitos relacionados com os delitos qualificados de acordo com a presente Convenção."

[7] "Art. 4º-B. O informante terá direito à preservação de sua identidade, a qual apenas será revelada em caso de relevante interesse público ou interesse concreto para a apuração dos fatos."

Ao contrário, a introdução legislativa disciplina a denunciação de atos ilícitos com, até mesmo, a indicação dos supostos autores das condutas, que supostamente não viriam a ser conhecidos sem a denúncia. Portanto, é necessária a atenção do intérprete para evitar que a terminologia legal induza ao erro de que não haveria perigo de abusos na denúncia ou de repercussão abusiva do conteúdo da denúncia.

Diante desses desafios, o presente artigo busca identificar limites técnicos-científicos orientadores da interpretação da denúncia na forma prevista nos artigos 4º-A, 4º-B e 4º-C da Lei nº 13.608/2018, evitando abusos e violações de direitos.

2. Natureza jurídica da denúncia privada (*whistleblowing*)

O termo inglês *whistleblowing* significa literal e originariamente o "assopro do apito", ou seja, o aviso sonoro que alerta sobre a conduta negativa de terceiro.[8] No âmbito jurídico, entende-se por "*blow the whistle*" o ato de denunciar algo, sendo o *whistleblower* ("assoprador de apito") o denunciante de condutas de terceiros. A atual inserção na legislação brasileira denominou impropriamente o denunciante de "informante do bem", contrariando até mesmo o conceito legal que constava no Decreto nº 5.687/2006.

A definição da legislação brasileira de denunciante é excessivamente abrangente. Denunciante é a pessoa que relata às autoridades públicas condutas criminosas, ilícitos administrativos ou mesmo condutas contrárias ao interesse público. Ainda assim, meras irregularidades formais sem violação do interesse público não podem ser denunciadas, dado que o art. 4º, *caput*, indica como objeto da denúncia os "crimes contra a administração pública, ilícitos administrativos ou quaisquer ações ou omissões lesivas ao interesse público".[9]

[8] A origem do termo remonta aos policiais ingleses que faziam soar os seus apitos para a advertência em relação à presença de um delinquente (RAGUÉS I VALLÈS, Ramón. ***Whistleblowing:*** *una aproximación desde el Derecho penal*. Madrid – Barcelona: Marcial Pons, 2013. p. 19).

[9] Lei nº 13.608/2018 na redação dada pela Lei nº 13.964/2019: "Art. 4º-A. [...] para assegurar a qualquer pessoa o direito de relatar informações sobre crimes contra a administração pública, ilícitos administrativos ou quaisquer ações ou omissões lesivas ao interesse público".

O denunciante é uma espécie do gênero colaborador com a Justiça, que se diferencia do colaborador que participou da atividade delitiva (Lei nº 12.850/2013). Os interesses jurídicos do denunciante são a obtenção de recompensa e a contribuição para a preservação da ordem jurídica, diferentemente do colaborador com a Justiça que busca a minoração da pena ou perdão judicial de eventual responsabilidade penal a que estaria sujeito.

O instituto da denúncia é meio de obtenção de prova voltado à fonte de prova conhecida pelo denunciante, sendo um "modo de recolhimento e investigação de conteúdo criminalmente relevante"[10]. Por essa razão está subordinado aos princípios, regras e limites da teoria das provas,[11] destacando-se a legalidade, proporcionalidade, contraditório e ampla defesa, ainda que os dois últimos sejam diferidos, sob pena de inutilidade probatória.[12]

A natureza da denúncia produz consequências jurídicas relevantes, *v.g.*: (1) nem todo fato pode ser denunciado, somente aqueles ilícitos que têm capacidade de ferir o interesse público; (2) nem todo funcionário público com interesse em denunciar fato poderá ser reconhecido como informante, obtendo proteção e remuneração qualificada. Não se deve reconhecer essa qualidade quando a informação já tiver sido obtida por outro meio (*v.g.*, informação colhida em investigação sigilosa em curso) ou quando não tratar de conduta que viole interesse público.

3. Conceitos fundamentais

A efetivação do sistema de denúncia de crimes e condutas contra o interesse público em conformidade constitucional depende da realização do

[10] SOUSA, Susana Aires de. Ações encobertas (e outras figuras próximas) na investigação da criminalidade econômico-financeira. **Revista Julgar**, Coimbra: Almedina, n. 38, 2019. p. 32. Sobre meios de prova como "instrumentos por meio dos quais as fontes de provas são conduzidas ao processo": BADARÓ, Gustavo Henrique. ***Processo penal***. 4. ed. São Paulo: Revista dos Tribunais, 2016. p. 386-389. 010)julho de mmodity whistleblower incentives and protection, Section 992 Whistleblower protection Se. 21F.

[11] PACELLI, Eugênio. **Curso de processo penal**. 19. ed. São Paulo: Atlas, 2015. p. 338 e seq.

[12] GREVI, Vittorio; ILLUMINATI, Giulio. *Prove*. *In:* CONSO, Giovanni *et al*. ***Compendio di procedura penale***. 9. ed. Vicenza: Cedam, 2018. p. 317-318.

procedimento em observância aos seus limites jurídicos. O conhecimento específico dos conceitos fundamentais do texto legal demarca os limites de legitimidade jurídica da denúncia:

> **Art. 4º-A.** A União, os Estados, o Distrito Federal e os Municípios e suas autarquias e fundações, empresas públicas e sociedades de economia mista manterão unidade de ouvidoria ou correição, para assegurar a qualquer pessoa o direito de relatar informações sobre crimes contra a administração pública, ilícitos administrativos ou quaisquer ações ou omissões lesivas ao interesse público.
> **Parágrafo único.** Considerado razoável o relato pela unidade de ouvidoria ou correição e procedido o encaminhamento para apuração, ao informante serão asseguradas proteção integral contra retaliações e isenção de responsabilização civil ou penal em relação ao relato, exceto se o informante tiver apresentado, de modo consciente, informações ou provas falsas.
>
> **Art. 4º-B.** O informante terá direito à preservação de sua identidade, a qual apenas será revelada em caso de relevante interesse público ou interesse concreto para a apuração dos fatos.
> **Parágrafo único.** A revelação da identidade somente será efetivada mediante comunicação prévia ao informante e com sua concordância formal.
>
> **Art. 4º-C.** Além das medidas de proteção previstas na Lei nº 9.807, de 13 de julho de 1999, será assegurada ao informante proteção contra ações ou omissões praticadas em retaliação ao exercício do direito de relatar, tais como demissão arbitrária, alteração injustificada de funções ou atribuições, imposição de sanções, de prejuízos remuneratórios ou materiais de qualquer espécie, retirada de benefícios, diretos ou indiretos, ou negativa de fornecimento de referências profissionais positivas.
> **§ 1º** A prática de ações ou omissões de retaliação ao informante configurará falta disciplinar grave e sujeitará o agente à demissão a bem do serviço público.

§ 2º O informante será ressarcido em dobro por eventuais danos materiais causados por ações ou omissões praticadas em retaliação, sem prejuízo de danos morais.

§ 3º Quando as informações disponibilizadas resultarem em recuperação de produto de crime contra a administração pública, poderá ser fixada recompensa em favor do informante em até 5% (cinco por cento) do valor recuperado.

Destacam-se alguns conceitos fundamentais na estruturação do sistema que precisa definir (1) potenciais denunciantes e agentes impedidos da denúncia, (2) modelo de *whistleblowing*, (3) órgão de controle, (4) limites, objeto e finalidade da denúncia, (5) a atuação dos sujeitos denunciante e recebedor da denúncia no tratamento da informação, (6) proteção do denunciante contrarretaliações e (7) para a concessão de incentivos.

3.1. Potenciais denunciantes e agentes impedidos de serem denunciantes

Aparentemente, qualquer pessoa está em condições para ser *whistleblower*, pois o texto legal não exige qualidade específica do denunciante (art. 4º-A). Todavia há circunstâncias e requisitos restritivos que devem ser levados em consideração.

A legislação não excluiu expressamente as pessoas jurídicas de serem informantes, mas é necessário atentar a um impedimento pressuposto para não deturpar a finalidade de identificação de crimes e de seus responsáveis. Empresas poderiam fazer denunciações falsas ou abusivas, permanecendo imunes à responsabilização criminal, já que as pessoas jurídicas não respondem criminalmente pela denúncia falsa. Por exemplo, uma empresa sócia de um consórcio poderia denunciar falsamente práticas de funcionários de outras empresas concorrentes ou mesmo sua sócia neste consórcio.

Deve se ter cautela para evitar a utilização de denúncias abusivas como estratégia para o beneficiamento econômico, afastando concorrentes com informações inverídicas. Igualmente há o risco de que uma empresa denuncie inveridicamente condutas ilícitas de seus funcionários, como recurso interno dos proprietários ou diretores para ameaçar ou violar direitos de terceiros que concorrem pelos mesmos interesses na gestão da empresa.

Há duas razões contrárias à possibilidade de corporações se tornarem informantes de atos dos seus funcionários. Primeira, não está estabelecida no ordenamento jurídico brasileiro a responsabilização penal da pessoa jurídica pela denúncia abusiva, logo, a empresa não estaria sujeita à responsabilidade penal pelo cometimento intencional de crimes de denunciação caluniosa. Segunda, para evitar que a pessoa jurídica desloque a sua responsabilidade penal para o funcionário, nos casos em que existe responsabilidade penal das corporações como nos delitos ambientais. A empresa poderia, *v.g.*, imputar a responsabilidade a um empregado por determinado fato no intuito de isentar a sua responsabilização, pois a denúncia às autoridades públicas seria indicativo da eficiência de seus sistemas de controle e programas de *compliance*.[13]

A União Europeia editou Diretiva para disciplina ampla e uniforme do marco legal mínimo do *whistleblowing*, indo além das regulações prévias de setores específicos, *v.g.*, Diretiva 2013/30/UE (setor financeiro) e Diretiva 2013/30/UE (meio ambiente).[14] O legislador europeu limitou a possibilidade de ser denunciante protegido juridicamente apenas a pessoas naturais, no sentido de que é "uma pessoa física que comunica ou revela publicamente informação sobre infrações obtida em um contexto de suas atividades de trabalho" (item 7 do art. 5º da Diretiva 2019/1937, de 23 de outubro de 2019).[15] A uniformização proposta pela Diretiva busca o reforço do direito da União

[13] Nos Estados Unidos, Itália e Suíça, a manutenção do sistema de *compliance* pode ser vista como causa de diminuição da pena ou de exclusão da responsabilidade da pessoa jurídica (TIEDEMANN, ***Wirtschaftsstrafrecht***: *Einführung und Allgemeiner Teil mit wichtigen Rechtstexten*. 4 *aufl.* München: Vahlen, 2014. p. 6, nm. 11).

[14] BACHMAIER WINTER, Lorena. *Whistleblowing europeo y compliance: la Directiva EU de 2019 relativa a la protección de personas que reporten infracciones del Derecho de la Unión*. ***Diario La Ley***, *n. 9539*, 18 dez. 2019. p.1. Bachmaier destaca que mesmo os setores já regulamentados terão suas normativas complementadas pelo novo regramento (p. 2).

[15] "Art. 5º [...] 4) denúncia interna: a comunicação verbal ou por escrito de informação sobre infração dentro de una entidade jurídica dos setores privados ou público; 5) denúncia externa: a comunicação verbal ou por escrito de informação sobre infrações perante às autoridades competentes; [...] 7) denunciante: uma pessoa física que comunica ou revela publicamente informação sobre infrações obtida em um contexto de suas atividades de trabalho; [...] 9) contexto laboral: atividades de trabalho, presentes ou passadas, no setor público ou privado através das quais, independentemente da natureza dessas atividades, as pessoas podem obter informações sobre infrações e que nela possam sofrer represália se comunicarem dita informação [....]" (UNIÃO EUROPEIA. Parlamento Europeu. Conselho da União Europeia. Diretiva 2019/1937 UE. **Diário Oficial da União Europeia**, edição de 26 de novembro de 2019).

Europeia, superando a escassez de informantes que pode ser fato-chave para a infração ao direito europeu em prejuízo do interesse público.[16]

A condição de *whistleblower* não pode ser conferida a todo o tipo de denunciante na Europa, sendo reservada àqueles com certa vinculação atual ou anterior à organização.[17] Essa característica confere especificidade e distinção ao *whistleblower* diante de um denunciante em sentido amplo.[18]

O exercício de cargo ou função pública com *deveres específicos de denúncia* também impede o reconhecimento da condição de informante.[19] Os deveres podem decorrer das atribuições específicas de controle, investigação ou denúncia em razão de função, cargo ou emprego exercido. Esse tipo de dever é direcionado a duas principais categorias de sujeitos:[20] (1) possuidores de dever específico de investigação e (2) possuidores de dever de informação legalmente imposto. Os indivíduos do primeiro grupo possuem deveres típicos, atuando na investigação e persecução criminal, *v.g.*, dos cargos de Polícia, Ministério Público, Tribunais de Contas, auditores da Receita Federal e Estadual.[21]

Já o segundo grupo trata daqueles agentes que exercem, no âmbito de suas obrigações profissionais primárias, atividade próxima ao âmbito de perpetração do delito ou possuem qualificação com melhores condições para detecção

[16] BACHMAIER WINTER, Lorena. *Whistleblowing europeo y compliance: la Directiva EU de 2019 relativa a la protección de personas que reporten infracciones del Derecho de la Unión*. ***Diario La Ley***, n. 9539, 18 dez. 2019. p. 1.

[17] Ragués i Vallés, Ramon. ***Whistleblowing***: *una aproximácion desde el derecho penal*. Madrid: Ed. Marcial Pons, 2013. p. 20; SOUSA, Susana Aires de. Ações encobertas (e outras figuras próximas) na investigação da criminalidade econômico-financeira. **Revista Julgar,** Coimbra: Almedina n. 38, mai-ago 2019. p. 40.

[18] Ragués i Vallés, Ramon. ***Whistleblowing***: *una aproximácion desde el derecho penal*. Madrid: Ed. Marcial Pons, 2013. p. 20; SOUSA, Susana Aires de. Ações encobertas (e outras figuras próximas) na investigação da criminalidade econômico-financeira. **Revista Julgar**, Coimbra: Almedina, n. 38, mai-ago 2019. p. 40.

[19] Ragués i Vallés, Ramon. ***Whistleblowing***: *una aproximácion desde el derecho penal*. Madrid: Ed. Marcial Pons, 2013. p. 47.

[20] Ragués i Vallés, Ramon. ***Whistleblowing***: *una aproximácion desde el derecho penal*. Madrid: Ed. Marcial Pons, 2013. p. 48-49.

[21] Em relação ao Ministério Público, vide artigo 25 da Lei nº 8.625/1993 (Lei Orgânica Nacional do Ministério Público); LC nº 75/93; Resolução nº 13 do Conselho do Ministério Público Federal; Resolução 181 c/c 183 do CNMP e Orientação Conjunta nº 01 das 2ª e 5ª Câmaras do MPF. No que diz respeito à Polícia Federal, vide Portaria nº 155/2018, que aprova o Regimento Interno da Polícia Federal.

da irregularidade.[22] Nesse grupo se inserem as pessoas obrigadas com deveres de detecção e prestação de informes sobre operações financeiras suspeitas ao Coaf (art. 11 da Lei nº 9.613/98),[23] assim como os servidores da Administração Pública federal sujeitos ao regime jurídico da Lei Federal nº 8.112/90. Para esses servidores, há o dever expresso de reportar ou irregularidades conforme prevê o inciso VI do art. 116, modificado pelos arts. 43 e 44, da Lei Federal nº 12.527/2011.[24] Anteriormente à nova legislação, já havia previsão legal da possibilidade de participação do cidadão na apuração de ilícitos relacionados ao processo licitatório (art. 101 da Lei nº 8.666/93).[25]

Por fim, não existe a possibilidade de a vítima imediata assumir a qualidade de informante, pois se presume que tenha interesse pessoal em denunciar, o qual pode ser diverso do interesse público eventualmente ofendido.

[22] Ragués i Vallés, Ramon. ***Whistleblowing***: *una aproximácion desde el derecho penal.* Madrid: Ed. Marcial Pons, 2013. p. 50.

[23] "Art. 11. As pessoas referidas no art. 9º [das pessoas]: I – dispensarão especial atenção às operações que, nos termos de instruções emanadas das autoridades competentes, possam constituir-se em sérios indícios dos crimes previstos nesta Lei, ou com eles relacionar-se; II – deverão comunicar ao Coaf, abstendo-se de dar ciência de tal ato a qualquer pessoa, inclusive àquela à qual se refira a informação, no prazo de 24 (vinte e quatro) horas, a proposta ou realização: a) de todas as transações referidas no inciso II do art. 10, acompanhadas da identificação de que trata o inciso I do mencionado artigo; e b) das operações referidas no inciso I; III – deverão comunicar ao órgão regulador ou fiscalizador da sua atividade ou, na sua falta, ao Coaf, na periodicidade, forma e condições por eles estabelecidas, a não ocorrência de propostas, transações ou operações passíveis de serem comunicadas nos termos do inciso II. § 1º As autoridades competentes, nas instruções referidas no inciso I deste artigo, elaborarão relação de operações que, por suas características, no que se refere às partes envolvidas, valores, forma de realização, instrumentos utilizados, ou pela falta de fundamento econômico ou legal, possam configurar a hipótese nele prevista. §2º As comunicações de boa-fé, feitas na forma prevista neste artigo, não acarretarão responsabilidade civil ou administrativa. § 3º O Coaf disponibilizará as comunicações recebidas com base no inciso II do *caput* aos respectivos órgãos responsáveis pela regulação ou fiscalização das pessoas a que se refere o art. 9º."

[24] "Art. 116. São deveres do servidor: [...] VI - levar as irregularidades de que tiver ciência em razão do cargo ao conhecimento da autoridade superior ou, quando houver suspeita de envolvimento desta, ao conhecimento de outra autoridade competente para apuração; [...]."

[25] "Art. 101 - Qualquer pessoa poderá provocar, para os efeitos desta Lei, a iniciativa do Ministério Público, fornecendo-lhe, por escrito, informações sobre o fato e sua autoria, bem como as circunstâncias em que se deu a ocorrência. Parágrafo único. Quando a comunicação for verbal, mandará a autoridade reduzi-la a termo, assinado pelo apresentante e por duas testemunhas."

3.2. Modelo de denunciante externo

A lei brasileira adotou o modelo de denunciante externo, prevendo que as denúncias devem ser destinadas a órgãos de apuração externos à corporação ou à pessoa jurídica onde a prática ilícita supostamente se desenvolveu ou se desenvolveria.[26] No entanto, há traços do modelo de denunciante interno na previsão de apuração de denúncias no interior das denominadas unidades de ouvidorias ou correição, que deverão ser criadas e mantidas pelos órgãos públicos mencionados no art. 4º-A, *caput*, Lei nº 13.608/2018.[27]

A criação de ouvidorias ou de órgão de correição internos da Administração Pública direta e indireta aproxima-se sem identificar como o modelo interno, no qual as denúncias são direcionadas para canais internos próprios do programa de *compliance* corporativo empresarial.[28] O modelo do serviço público brasileiro segue sendo estruturalmente externo com a previsão de órgãos internos. O legislador brasileiro priorizou que a denúncia seja feita à Administração Pública ou a órgãos da Administração da Justiça.

O modelo de denunciante interno baseia-se no incentivo à comunicação de fatos no interior da corporação, devendo a própria entidade que recebe a denúncia fazer "cessar a prática da infração, sancioná-la, disciplinarmente, e adotar as medidas necessárias para prevenir futuras infrações similares".[29] Esse tipo de modelo interno é parte de práticas empresariais direcionadas a gerenciar o risco legal, reputacional ou de outra ordem a que as organizações

[26] Denúncias aos meios de comunicação ou ao público em geral via internet ou outros canais também são atos de *whistleblowing* externo (Ragués i Vallés, Ramon. ***Whistleblowing**: una aproximácion desde el derecho penal.* Madrid: Ed. Marcial Pons, 2013. p.147).

[27] "Art. 4º-A. A União, os Estados, o Distrito Federal e os Municípios e suas autarquias e fundações, empresas públicas e sociedades de economia mista manterão unidade de ouvidoria ou correição, para assegurar a qualquer pessoa o direito de relatar informações sobre crimes contra a administração pública, ilícitos administrativos ou quaisquer ações ou omissões lesivas ao interesse público."

[28] GOMES MARTÍN, Victor. *Compliance y derechos de los trabajadores. In:* HORTAL IBARRA, Juan Carlos; VALIENTE INVAÑEZ, Vicente (Coords.). ***Responsabilidad de la empresa y compliance**: programas de prevención, detección y reacción penal.* Buenos Aires: EB de F; Madrid: Edisofer, 2014. p. 429.

[29] GARCÍA-MORENO, Beatriz. ***Del alertador al whistleblower:** la regulación europea de los canales de denuncia.* 2019. Tese (Doutorado). Universidad de Castilla la Mancha (UCLM), Ciudad Real, 2019. p. 26.

empresariais estão expostas. Por essa razão é mais adequado para hipóteses em que há funcionário em contato direto com as atividades e com posição privilegiada para conhecer informações inacessíveis a terceiros e às autoridades públicas com poderes investigativos.

A identificação de riscos e práticas irregulares por parte do *whistleblower* otimiza os resultados da atividade fiscalizadora do Estado sobre as corporações,[30] especialmente nos ordenamentos que preveem ampla responsabilidade penal da pessoa jurídica, *v.g.*, EUA[31] e Espanha. Por exemplo, os Estados Unidos propuserem o *Sarbanes-Oxley Act* (*SOX*) após escândalos financeiros em 2002, obrigando todas as empresas com papéis na bolsa a adotarem sistema de denúncias internas.[32] Posteriormente, a *Dodd-Franck Act* de 2010 passou a incentivar trabalhadores do sistema financeiro a denunciarem ilícitos diretamente a agências governamentais, *v.g.*, a *Securities Exchange Comission* (SEC).[33]

O *whistleblowing* interno consolida-se em países estrangeiros como elemento decisivo na defesa para afastar ou reduzir a responsabilidade criminal

[30] GARCÍA-MORENO, Beatriz. ***Del alertador al whistleblower:*** *la regulación europea de los canales de denuncia.* 2019. Tese (Doutorado). Universidad de Castilla la Mancha (UCLM), Ciudad Real, 2019. p. 26-27.

[31] A *Sarbanes-Oxley Act* (*SOX*) foi proposta em 2002 após escândalos financeiros, obrigando todas as empresas com papéis na bolsa a adotarem sistema de denúncias internas (*Sarbanes-Oxley Act of 2002*, Pub. L. No. 107-204, 116 Stat. 745). Essa lei é um marco na regulamentação dos canais de denúncias (internos e externos) com a garantia do anonimato ou confidencialidade ao denunciante e outros meios de proteção. O canal de denúncia interno é priorizado no SOX com o intuito de facilitar a investigação imediata, a correção da conduta ilícita e a minimização de custos operacionais dentro da organização (DWORKIN, Terry Morehead; ARBOR, Ann. *SOX and Whistleblowing.* ***Michigan Law Review***, n. 8, p. 1.757-1.780, jun. 2007. p. 1.759).

[32] *Sarbanes-Oxley Act of 2002*, Pub. L. No. 107-204, 116 Stat. 745. Essa lei é um marco na regulamentação dos canais de denúncias (internos e externos) com a garantia do anonimato ou confidencialidade ao denunciante e outros meios de proteção. O canal de denúncia interno é priorizado no SOX com o intuito de facilitar a investigação imediata, a correção da conduta ilícita e a minimização de custos operacionais dentro da organização (DWORKIN, Terry Morehead; ARBOR, Ann. *SOX and Whistleblowing.* ***Michigan Law Review***. n. 8, p. 1.757-1.780, jun. 2007. p. 1759).

[33] Esse modelo externo é criticado pelo risco de esvaziamento do modelo interno de denúncia direcionada a prevenir fraudes corporativas (LEON BERINI, Arturo Gonzáles de. *El criminal compliance en la reforma norteamericana de la Dodd-Frank Act. In:* SILVA SÁNCHEZ, Jesús-María (dir.); MONTANER FERNÁNDEZ, Raquel (coord.). ***Criminalidad de empresa y compliance:*** *prevención y reacciones corporativas.* Barcelona: Atelier, 2013. p. 137).

imputada.[34] O regular funcionamento do canal de denúncias é um dos elementos de verificação da efetividade do programa de *compliance* em defesa da corporação. Mesmo que se saiba que esse sistema não está isento de inconvenientes decorrentes da ingerência das empresas na apuração de eventuais delitos.[35]

No Brasil, a responsabilidade penal da pessoa jurídica ainda se encontra restrita aos delitos ambientais, logo ainda não se pode aferir a efetividade desse incipiente modelo legislativo. A previsão de programa de *compliance* aparece apenas no inciso VIII do art. 7º da Lei nº 12.846/2013 (Lei Anticorrupção), entendido legalmente como mecanismo de integridade e incentivo à denúncia e um dos vetores para mensuração das sanções extrapenais às corporações.

A opção pelo modelo externo concretiza-se na inserção legal do denunciante na Lei nº 13.608/2018, que estabelece o serviço telefônico para o recebimento de denúncias (Disque-Denúncia), agora implantando o sistema de recompensa por informações que auxiliem nas investigações policiais. Caso a opção fosse pelo modelo interno de *whistleblowing*, a inserção em lei empresarial ou específica da matéria seria tecnicamente mais acertada.

A modalidade brasileira caracteriza-se pela amplitude conceitual que abarca a regulamentação do "*whistleblower* portador da *notitia criminis*",[36] com

[34] BLUMENBERG, Dirk; GARCÍA-MORENO, Beatriz. *Retos Prácticos de la implementación de programas de cumplimiento normativo In:* HORTAL IBARRA, Juan Carlos; VALENTE IVAÑEZ, Vicente (coords.). ***Responsabilidad de la empresa y compliance***: *programas de prevención, detección y reacción penal*. Buenos Aires: EB de F; Madrid: Edisofer, 2014. p. 289.

[35] Ramon Ragués aponta algumas incertezas sobre inconveniências desse sistema para as políticas públicas de prevenção de delitos: o fato de a empresa potencialmente responsável ser a primeira a conhecer da denúncia; a posição de privilégio da empresa potencializa a possibilidade de destruição de provas e ameaça a testemunhas e a delegação às corporações de atividades quase policiais com o risco de violação aos direitos dos violados (RAGUES I VALLES, Ramon. *El fomento de las denuncias como instrumento de política criminal contra la criminalidad corporativa: whistleblowing interno e externo, In:* HORTAL IBARRA, Juan Carlos; VALENTE IVAÑEZ, Vicente. ***Responsabilidad de la empresa y compliance***: *programas de prevención, detección y reacción penal*. Buenos Aires: EB de F; Madrid: Edisofer, 2014. p. 475).

[36] DADICO, Claudia Maria. **Análise do PL n. 882/2019. Nota Técnica**. Disponível em: https://www2.camara.leg.br/atividade-legislativa/comissoes/grupos-de-trabalho/56a-legislatura/legislacao-penal-e-processual-penal/documentos/audiencias-publicas/NotaTecnica.pdf. Acesso em: 26 jul. 2019. Segundo a Nota Técnica do IBCCRIM, "ao permitir que a mera *notitia criminis* possa ser utilizada como prova, o projeto faz tabula rasa do devido processo legal, onde as provas apresentadas são submetidas ao contraditório e as partes e o juízo podem

narrativa mínima dos fatos e possíveis autores, juntada de documentos ou de outros elementos. Em momento posterior, o *whistleblower* pode ser convocado pela autoridade para prestar esclarecimentos complementares.[37]

3.3. Criação de órgão de controle

A lei estabelece o dever de criar órgão de controle dentro de cada entidade, com dever de recebimento, admissibilidade e monitoramento das informações prestadas pelo denunciante. Atualmente encontram-se em tramitação projetos de lei sobre a indicação da autoridade responsável pelo encargo de receptor das denúncias. O PL nº 11.116/2018, em tramitação na Câmara dos Deputados, prevê a criação das chamadas unidades de recebimento de relatos para o tratamento dos relatos dos denunciantes dentro das instituições públicas.[38] Há exigências de qualificação e permanência dos servidores componentes dos órgãos de controle, como o mandato mínimo de dois anos, treinamento e experiência em investigações internas ou sindicâncias necessários para as tarefas de diligência e de monitoramento.[39]

A estrutura do órgão previsto na lei é mais complexa do que a habitual das ouvidorias, sendo imprópria tecnicamente essa denominação. O trabalho realizado nas ouvidorias não abrange um juízo de admissibilidade para a depuração refinada das informações recebidas. O recebimento da denúncia contendo informação significativa impulsiona o procedimento investigatório inicial,[40] que precisa ser estruturado para coletar eficientemente elementos que fundamentem o início da investigação. Isso inclui o tratamento de dados

formular perguntas às testemunhas" (INSTITUTO BRASILEIRO DE CIÊNCIAS CRIMINAIS. **Nota Técnica sobre o Pacote Anticrime**, 2019. p. 41).

37 DADICO, Claudia Maria. **Análise do PL n. 882/2019. Nota Técnica**. Disponível em: https://www2.camara.leg.br/atividade-legislativa/comissoes/grupos-de-trabalho/56a-legislatura/legislacao-penal-e-processual-penal/documentos/audiencias-publicas/NotaTecnica.pdf. Acesso em: 26 jul. 2019.

38 Projeto de Lei nº 11.116/2018 busca instituir o Programa Nacional de Proteção e Incentivo a Relatos de Suspeitas de Irregularidades no âmbito dos Poderes da União, dos Estados, do Distrito Federal e dos Municípios, com o fim de assegurar a participação da sociedade no relato de informações em defesa do interesse público.

39 Art. 9º do PL nº 11.116/2018

40 BLUMENBERG, Dirk; GARCÍA-MORENO, Beatriz. *Retos Prácticos de la implementación de programas de cumplimiento normativo. In:* HORTAL IBARRA, Juan Carlos; VALENTE IVAÑEZ,

pessoais do denunciante e do denunciado, a fim de evitar o comprometimento dos atos investigatórios.

O art. 4º da Lei Geral de proteção de dados (Lei nº 13.709/2018),[41] com início da vigência previsto para agosto de 2020,[42] exclui expressamente a possibilidade de seus métodos e técnicas serem aplicados a investigações penais, diante do caráter pré-judicial das denúncias.[43] Mesmo assim, a gestão da informação das denúncias é vital tanto na apuração de fatos denunciados[44] quanto na constituição de elemento de prova nas instâncias administrativas e judiciais.

A nova legislação também não previu sequer prazos de duração da investigação, causando insegurança jurídica sobre a duração do processamento, que poderá variar diante da complexidade do relato. É por isso que o estabelecimento prévio dos atos do ciclo da denúncia oferece previsibilidade, segurança e controle para o denunciante, bem como a melhor administração do conteúdo pelos órgãos de apuração.

O art. 4º e parágrafos do Decreto nº 10.153/2019[45] estabelece cinco diretrizes sobre o processamento das denúncias em nível federal: (1) o recebimento da denúncia deve ser feito por unidade de ouvidoria do órgão ou entidade responsável, (2) a garantia da recepção da denúncia exclusivamente

Vicente (Coords.). ***Responsabilidad de la empresa y compliance***: *programas de prevención, detección y reacción penal.* Buenos Aires: EB de F; Madrid: Edisofer, 2014. p. 293-294.

41 "Art. 4º - Esta Lei não se aplica ao tratamento de dados pessoais: [...] III - realizado para fins exclusivos de: [...] d) atividades de investigação e repressão de infrações penais; [...] § 1º O tratamento de dados pessoais previsto no inciso III será regido por legislação específica, que deverá prever medidas proporcionais e estritamente necessárias ao atendimento do interesse público, observados o devido processo legal, os princípios gerais de proteção e os direitos do titular previstos nesta lei."

42 A Lei nº 13.853/2019 cria a autoridade nacional de proteção de dados e adia o início da vigência da Lei nº 13.709/2018 (LGPD).

43 MONTIEL, Juan Pablo. *Sentido y alcance de las inestigaciones internas en la empresa. In:* HORTAL IBARRA, Juan Carlos; VALENTE IVAÑEZ, Vicente (Coords.). ***Responsabilidad de la empresa y compliance***: *programas de prevención, detección y reacción penal.* Buenos Aires: EB de F; Madrid: Edisofer, 2014. p. 498.

44 A presidência da Câmara dos Deputados criou uma comissão de juristas para elaborar proposta de lei sobre o uso de dados pessoais em investigação de infrações penais em 26/11/2019.

45 O **Decreto nº 10.153/2019** dispõe sobre as salvaguardas de proteção à identidade dos denunciantes de ilícitos e de irregularidades praticadas contra a Administração Pública federal, direta e indireta.

por meio desses órgãos, (3) a responsabilização do agente público que recusar ilegalmente denúncia em conformidade com o regramento do decreto, (4) a orientação dos agentes públicos sem função na ouvidoria para que direcionem o denunciante a procurar o Sistema de Ouvidoria do Poder Executivo federal e (5) na eventualidade de receber a denúncia, encaminhar imediatamente à unidade do Sistema de Ouvidoria do Poder Executivo federal adequada, preservada a publicidade da denúncia e da identidade do denunciante.[46]

O decreto determina que as denominadas *Unidades do Sistema de Ouvidoria do Poder Executivo Federal* garantam ao denunciante a escolha do melhor meio para formular a denúncia (inclusive oral), o acesso gratuito aos meios e canais oficiais de recebimento de denúncia e o conhecimento dos trâmites necessários para a realização de uma denúncia, observada a Lei de Acesso à Informação (Lei nº 12.527/2011).[47]

Cada unidade do Sistema de Ouvidoria deverá implantar procedimentos de recebimento, triagem e encaminhamento das denúncias para a proteção das informações recebidas, sem que exista detalhamento específico do procedimento no art. 9º do Decreto nº 10.153/2019. A falta de procedimento previamente estabelecido cria o risco de demasiada acolhida de denúncias,[48] sobrecarregando as autoridades para além das suas capacidades de adequado processamento.[49]

4. Finalidade e objeto da denúncia

A redação legal também não apresenta a melhor técnica legislativa na definição do objeto e da finalidade da denúncia. A finalidade é indicada no art. 4º-A, *caput*, como sendo "assegurar a qualquer pessoa o direito de relatar informações sobre crimes contra a administração pública, ilícitos administrativos ou quaisquer ações ou omissões lesivas ao interesse público".

[46] Art. 4º e parágrafos do Decreto nº 10.153/2019.

[47] Art. 5º e incisos do Decreto nº 10.153/2019.

[48] SAAD-DINIZ, Eduardo. **Ética negocial e compliance**: entre a educação executiva e a interpretação judicial. São Paulo: Thomson Reuters Brasil, 2019, p. 179.

[49] Ragués i Vallés, Ramon. ***Whistleblowing**: una aproximácion desde el derecho penal.* Madrid: Ed. Marcial Pons, 2013. p. 76.

A legislação procurou inicialmente limitar em termos penais o objeto do relato aos crimes contra a Administração Pública, todavia ampliou demasiadamente as possibilidades de relato às infrações não penais. Isto é, alargou as hipóteses de denúncia para ilícitos administrativos e ações ou omissões lesivas ao interesse público.

As informações prestadas devem ser sempre de interesse público, podendo acarretar prejuízos profissionais e de outros direitos individuais de terceiros indevidos. Logo, deve haver cuidado no estabelecimento de critérios de admissibilidade do relato. A admissão de denúncia de autor protegido por cláusula de anonimato ou confidencialidade, como fonte inicial de conhecimento com aparente credibilidade e verossimilhança, não supera a necessidade de comprovação da exatidão de seu conteúdo.[50] A proteção dos direitos fundamentais dos denunciados, justa ou injustamente, é a razão mais importante para o estabelecimento de critérios de verificação da plausibilidade dos relatos.

4.1. Crimes contra a Administração Pública

Os crimes contra a Administração Pública como objeto de denúncia são os delitos previstos no Título XI do Código Penal e em leis especiais. O Código Penal apresenta seis grupos de crimes: (1) crimes praticados por funcionário público contra a Administração em Geral (arts. 312 a 326 – *v.g.*, peculato, prevaricação, corrupção passiva, facilitação ao contrabando), (2) crimes praticados por particular contra a Administração em Geral (arts. 328 a 337-A – *v.g.*, tráfico de influência, corrupção ativa, descaminho), (3) crimes praticados por funcionário público contra a Administração Pública estrangeira (art. 337-B – corrupção ativa em transação comercial internacional e art. 337-C – tráfico de influência em transação comercial internacional), (4) crimes contra a Administração de Justiça (arts. 338 a 359 – *v.g.*, denunciação caluniosa, favorecimento pessoal) e (5) crimes contra as finanças públicas (arts. 359-A a 359-H – *v.g.*, contratação de operação de crédito, ordenação de despesa não autorizada), inseridos pela Lei de Responsabilidade Fiscal (Lei Complementar nº 101/2000).

[50] ORTIZ PRADILLO, Juan Carlos. ***Los delatores en el proceso penal:*** *recompensas, anonimato, protección y otras medidas para incentivar una colaboración eficaz con la Justicia*. Madri: Wolters Kluwer España, 2018. p. 84-85 e 88.

Há igualmente crimes próprios de funcionários públicos previstos na legislação penal especial, *v.g.*, crimes contra a ordem tributária, como o extravio de livro oficial, patrocínio, direto ou indireto, de interesse privado perante a administração fazendária, valendo-se da qualidade de funcionário público (art. 3º da Lei 8.137/90).

4.2. Ilícitos administrativos e condutas lesivas ao interesse público

O ilícito administrativo é a conduta lesiva ao interesse público com previsão expressa na legislação, dividindo-se em duas modalidades. O ilícito administrativo puro ou propriamente dito é a violação à regra estatutária (administrativa em sentido amplo).[51] O ilícito administrativo penal possui caráter dúplice por estar previsto em dispositivos estatutários e penais, sendo que se origina na esfera administrativa e transcende para a judicial.[52]

A Lei da Improbidade Administrativa (Lei Federal nº 8.429/92) dispõe sanções aos agentes públicos nos casos de enriquecimento ilícito no exercício de mandato, cargo, emprego ou função na Administração Pública direta, indireta ou fundacional. A lei define três modalidades de atos de improbidade administrativa: (1) os que importam enriquecimento ilícito (art. 9°), (2) aqueles que causam prejuízo ao erário (art. 10) e que decorrem de concessão ou aplicação indevida de benefício financeiro ou tributário (art. 10-A) e (3) os que atentam contra os princípios da Administração Pública (art. 11).[53] Entre os princípios da Administração Pública estão os deveres de honestidade, imparcialidade, legalidade e lealdade às instituições.

O objeto da denúncia é alargado com a possibilidade de reportar não apenas crimes e ilícitos administrativos, mas também aparentemente qualquer conduta ofensiva ao interesse público. A locução "ações ou omissões lesivas ao interesse público" é demasiadamente ampla e imprecisa. Diferentemente,

[51] CRETELLA JÚNIOR, José. Do Ilícito Administrativo. **Revista Forense**, Rio de Janeiro, n. 244, p. 135-159, 1973. p. 135.

[52] CRETELLA JÚNIOR, José. Do Ilícito Administrativo. **Revista Forense**, Rio de Janeiro, n. 244, p. 135-159, 1973. p. 135.

[53] MELLO, Celso Antônio Bandeira de. **Curso de Direito Administrativo.** 13. ed. São Paulo: Malheiros, 2001. p. 213.

o mencionado Projeto de Lei nº 11.116/2008 indica alíneas com diretrizes de caracterização da "suspeita de irregularidade" (art. 2º, § 1º).[54]

É duvidoso que denúncias sobre discriminação não criminosa, má prestação do serviço público ou de desperdícios de recursos públicos (*v.g.*, não apagar a luz ao sair dos ambientes, deixar computador e ares-condicionados ligados ao sair),[55] que não configurem crimes ou improbidade administrativa, possam ser objeto de *whistleblowing*. Trata-se de uma decorrência do modelo externo de *whistleblowing* adotado no Brasil, no qual o recebimento e processamento da denúncia é feito por pessoas afastadas da correção do exercício cotidiano das funções. Logo, só faz sentido relatar fatos mais graves, o que restringe o objeto da denúncia.

Ao contrário, no modelo interno de *whistleblowing*, o conteúdo reportado é mais amplo, no qual ocorre a proximidade de quem recebe a denúncia dos fatos cotidianos, prevendo a possibilidade de denúncia de infrações ao código de ética ou ao código de conduta da instituição pública ou privada.

O conceito de interesse público expressa o bem-estar geral, diferente dos interesses dos agentes de Estado,[56] sem que exista "norma de prevalência, relativa ou absoluta, do interesse público sobre o particular"

[54] "Art. 2º, § 1º – A crença do denunciante, fundada em motivos razoáveis, da ocorrência de ação ou omissão, passada, presente ou iminente, que, se confirmada: (I) configuraria descumprimento, público ou privado, de dever legal ou regulamentar; (II) atentaria contra: a) os princípios da administração pública, o patrimônio público, a probidade administrativa e a prestação de serviços públicos; b) os direitos e garantias fundamentais e demais direitos humanos, inclusive os decorrentes do disposto no art. 5º, § 2º, da Constituição Federal; c) a organização e o exercício dos direitos sociais, de nacionalidade e políticos, e as relações de trabalho; d) a ordem econômica e tributária e o sistema financeiro; e) o meio ambiente, a saúde pública, as relações de consumo e a livre concorrência; f) bens e direitos de valor artístico, estético, histórico, turístico e paisagístico, a ordem urbanística e o patrimônio cultural e social; g) o interesse público."

[55] Em sentido contrário, Dezem entende com uma amplitude maior, cabendo denunciação de qualquer "indevido desperdício de recursos públicos, quaisquer atos que coloquem em risco os direitos dos indivíduos do país" (DEZEM, Guilherme Madeira. Alterações na Lei do Disque-Denúncia (art. 15). *In:* DEZEM; Guilherme Madeira; SOUZA, Luciano Anderson de. **Comentários ao pacote anticrime (Lei 13.964/2019)**. São Paulo: Revista dos Tribunais, 2020. p. 2).

[56] ANDRADE E SILVA, Danielle. Interesse público: necessidade e possibilidade de sua definição no Direito Administrativo. *In:* **Direito Constitucional, Administrativo, Tributário e Filosofia do Direito**. Brasília: Esaf, 2000. p. 27 e 30. (Coleção Bureau Jurídico, v. II).

a priori.[57] Isso porque o interesse público também é composto por interesses particulares, o que impede uma descrição autônoma ou contraposta de ambos,[58] devendo ser apreciado no contexto específico.[59]

As motivações pessoais do *whistleblower* não devem ser analisadas para a admissão do seu relato, haja vista a dificuldade prática de diferenciação entre o interesse público e o interesse pessoal.[60] O importante é que o interesse público esteja presente. O interesse público no contexto do *whistleblowing* é realização da justiça e a prevenção de ataques a valores tutelados pelo Direito, possibilitando ou facilitando a investigação de fato ilícito penal ou extrapenal, irregular ou antiético. Isto é, o interesse de que as autoridades conheçam comportamentos ilícitos cometidos no interior de organização privada ou pública.[61] A necessidade dessa leitura decorre da coerência com o texto legal e o ordenamento jurídico brasileiro.

A denúncia deve conter "informação socialmente relevante no que respeita aos riscos gerados, a irregularidades ou a negligências cometidas no seio da organização (especialmente fatos com aparência delitiva)".[62] Fatos esses que o informante não pode estar envolvido, segundo opção legislativa brasileira.

[57] RUIVO, Marcelo. **Criminalidade Financeira**: Contribuição à Compreensão da Gestão Fraudulenta. Porto Alegre: Livraria do Advogado Ed, 2011. p. 34.

[58] ÁVILA, Humberto. Repensando o "Princípio da Supremacia do Interesse Público sobre o Particular" **Revista Trimestral de Direito Público**, São Paulo: Malheiros, n. 24, p. 159-180, 1998. p. 168-170 e 179-180.

[59] ANDRADE E SILVA, Danielle. Interesse público: necessidade e possibilidade de sua definição no Direito Administrativo. *In:* **Direito Constitucional, Administrativo, Tributário e Filosofia do Direito**. Brasília: Esaf, 2000. p. 27 e 30. (Coleção Bureau Jurídico, v. II).

[60] BACHMAIER WINTER, Lorena. *Whistleblowing europeo y compliance: la Directiva EU de 2019 relativa a la protección de personas que reporten infracciones del Derecho de la Unión.* ***Diario La Ley, n. 9539***, 2019. A autora menciona, ainda, que o Reino Unido, ao perceber que, na prática, o conceito de boa-fé do relato havia se convertido em um obstáculo para a proteção dos denunciantes, eliminou esse requisito na reforma legal de 2013, orientação seguida pela Diretiva 2019/1937 UE (p. 5).

[61] RAGUÉS I VALLÈS, Ramón. *¿Héroes o traidores? La protección de los informantes internos (whistleblowers) como estrategia político-criminal.* ***Dret - Revista para el Análisis del Derecho***, Barcelona, n. 03, p. 01-19, jul 2006. p. 07.

[62] BACHMAIER WINTER, Lorena; MARTÍNEZ SANTOS, Antonio. *El regimen jurídico--procesal del whistleblower: la influencia del derecho europeo. In:* GÓMEZ COLOMER, Jun-Luis (Dir.); MADRID BOQUÍN, Christa *M.* ***Tratado sobre Compliance Penal****: responsabilidad penal de las personas jurídicas y modelos de organización y gestión.* Valencia: Tirant lo Blanch, 2019. p. 503-549, p. 505.

Um relato razoável traz indícios mínimos e plausíveis de crime, improbidade, irregularidade e de seus autores. García-Moreno defende discutível critério subjetivo da crença razoável do denunciante na veracidade das informações denunciadas para avaliação da razoabilidade.[63] Em verdade, o importante é a verossimilhança do relato, liberando o juízo da razoabilidade da dependência na crença pessoal de um denunciante razoável.

5. Requisitos e limites da proteção do informante

A Convenção Interamericana contra a Corrupção da OEA de 1996 orienta a instituição de medidas capazes de assegurar eficácia de ações adotadas para prevenir, detectar, punir e erradicar a corrupção no exercício das funções públicas (item 8 do art. III do Decreto nº 4.410/2002).[64] A Convenção das Nações Unidas contra a Corrupção 2003 recomenda a incorporação de medidas para a proteção dos denunciantes de boa-fé (artigos 8, n. 4[65] e 33[66] do

[63] GARCIA MORENO, Beatriz. *Whistleblowing* e canais institucionais de denúncia, *In:* NIETO MARTÍN, Adán; SAAD-DINIZ, Eduardo; GOMES, Rafael Mendes (coord.). **Manual de cumprimento normativo e responsabilidade penal das pessoas jurídicas**. 2. ed. São Paulo: Tirant lo Blanch, 2019. p. 277.

[64] "Art. II (Propósitos) – Os propósitos desta Convenção são: 1. promover e fortalecer o desenvolvimento, por cada um dos Estados Partes, dos mecanismos necessários para prevenir, detectar, punir e erradicar a corrupção; e 2. promover, facilitar e regular a cooperação entre os Estados Partes a fim de assegurar a eficácia das medidas e ações adotadas para prevenir, detectar, punir e erradicar a corrupção no exercício das funções públicas, bem como os atos de corrupção especificamente vinculados a seu exercício. Art. III (Medidas Preventivas). Para os fins estabelecidos no artigo II desta Convenção, os Estados Partes convêm em considerar a aplicabilidade de medidas, em seus próprios sistemas institucionais destinadas a criar, manter e fortalecer: [...] 8. Sistemas para proteger funcionários públicos e cidadãos particulares que denunciarem de boa-fé atos de corrupção, inclusive a proteção de sua identidade, sem prejuízo da Constituição do Estado e dos princípios fundamentais de seu ordenamento jurídico interno."

[65] "Art. 8 – Códigos de conduta para funcionários públicos [...] 4. Cada Estado Parte também considerará, em conformidade com os princípios fundamentais de sua legislação interna, a possibilidade de estabelecer medidas e sistemas para facilitar que os funcionários públicos denunciem todo ato de corrupção às autoridade competentes quando tenham conhecimento deles no exercício de suas funções."

[66] "Art. 33 Proteção aos denunciantes – Cada Estado Parte considerará a possibilidade de incorporar em seu ordenamento jurídico interno medidas apropriadas para proporcionar

Decreto nº 5.687/2006). Merece destaque o papel das organizações como OCDE,[67] G20[68] e não governamentais como a Transparência Internacional (*International Principles for Whistleblower Legislation*)[69] e a *Blueprint for Free Speech* (*Whistleblower Protection Laws)*[70], que incentivam a elaboração de diretrizes e estudos a proteção aos *whistleblowers* nos setores público e privado.

As medidas que preveem a proteção de identidade do denunciante contra retaliações constituem-se estratégias,[71] ao lado da previsão de recompensas e do reforço dos deveres de denúncia para o estímulo à realização das denúncias.[72]

A lei brasileira não menciona expressa as hipóteses de desconhecimento da identidade do reportante (anonimato) ou de proteção estatal da identidade contra a revelação (confidencialidade),[73] dependendo da superveniência da legislação. A diferença entre o anonimato e a confidencialidade é material dizendo respeito ao valor probatório da informação.[74] O tratamento de dados do sujeito informante só se faz possível quando se trata de denúncias

proteção contra todo trato injusto às pessoas que denunciem ante as autoridades competentes, de boa-fé e com motivos razoáveis, quaisquer feitos relacionados com os delitos qualificados de acordo com a presente Convenção."

67 OCDE. **Committing to Effective Whistleblower Protection**. Publicado em março de 2016.

68 G20. Anti-Corruption Action Plan. **Protection of Whistleblowers**. Publicado em novembro de 2010. p. 8.

69 TRANSPARENCY INTERNATIONAL. ***International principles for whistleblowing legislation:*** *best pracices for laws to protect whistleblower and support whistleblowing in the public interest.* Transparência Internacional, 5 nov 2013.

70 BLUE PRINT FOR FREE SPEECH. ***Blue Print Principles of Whistleblower Protection.***

71 RAGUÉS I VALLÈS, Ramón. *¿Héroes o traidores? La protección de los informantes internos (whistleblowers) como estrategia político-criminal.* ***Dret – Revista para el Análisis del Derecho,*** Barcelona, n. 03, p. 1-19, 2006. p. 8-10.

72 Há legislações como o Código Penal Espanhol prevê o crime de omissão do dever de impedir delitos ou promover sua persecução no art. 450. RAGUÉS I VALLÈS, Ramón. *¿Héroes o traidores? La protección de los informantes internos (whistleblowers) como estrategia político-crimina.,* ***Dret - Revista para el Análisis del Derecho,*** Barcelona, n. 03, p. 1-19, 2006. p. 8-10.

73 ROCHA, Marcio Antônio. **Subsídios ao debate para a implantação de programas de *whistleblower* no Brasil**. Brasília: Ajufe, 2016. p. 32-33.

74 ORTIZ PRADILLO, Juan Carlos. ***Los delatores en el proceso penal:*** *recompensas, anonimato, protección y otras medidas para incentivar una colaboración eficaz con la Justicia.* Madrid: Wolters Kluwer España, 2018. p. 97.

confidenciais, baseadas "no pleno conhecimento, pelo Estado, da identidade do *whistleblower*".[75]

A "confidencialidade amolda-se melhor adaptada ao modelo de *compliance* fundado em valores como transparência e o diálogo e orientado em princípios éticos"[76], pois a regra da confidencialidade facilita o gerenciamento dos reportes e a verificação da cadeia de custódia da informação. As denúncias confidenciais possuem maior credibilidade do que as anônimas, porque nas confidenciais há um declarante responsável penal, administrativa e civilmente por eventual denúncia falsa.[77]

Há regramento de duvidosa constitucionalidade na falta de limite preestabelecido para a preservação da identidade do denunciante, sendo revelada apenas em caso de "relevante interesse público".[78] O anonimato e a confidencialidade sem limite temporal tem potencial de impedir o exercício do direito de defesa do denunciado.

O Decreto nº 10.153/2019 resguarda a confidencialidade, prevendo que o denunciante terá suas características de identificação preservadas: sigilo do nome, endereço e elementos capazes de identificá-lo. A confidencialidade começa no recebimento da denúncia, mantendo-se pela ouvidoria responsável por cem anos, com o controle de acesso dos agentes públicos e possibilidade de utilização de pseudônimo para o denunciante.[79] Ainda existe a possibilidade legal de o órgão de apuração requisitar informações sobre a identidade do denunciante quando indispensáveis à análise dos fatos da denúncia.[80]

O ordenamento jurídico brasileiro não permite que a manutenção do anonimato ou momento de identificação do *whistleblower* seja de livre escolha do denunciante ou da autoridade processante. Igualmente a informação reportada não é suficiente isoladamente para a condenação

[75] ROCHA, Marcio Antônio. **Subsídios ao debate para a implantação de programas de *whistleblower* no Brasil**. Ajufe, 2016. p. 32-33.

[76] NIETO MARTÍN, Adán. *Investigaciones internas, whistleblowing y cooperación: la lucha por la información en el proceso penal.* ***Diario La Ley***, n. 8120, p. 01-12, 05 jul. 2013. p. 04.

[77] NIETO MARTÍN, Adán. *Investigaciones internas, whistleblowing y cooperación: la lucha por la información en el proceso penal.* ***Diario La Ley***, n. 8120, p. 01-12, 05 jul. 2013. p. 04.

[78] Artigo 4º-B, *caput*, da Lei nº 13.608/2018 na redação dada pela Lei nº 13.964/2019.

[79] Art. 6º do Decreto nº 10.513/2019.

[80] Art. 7º do Decreto nº 10.513/2019.

criminal.[81] A revelação da identidade é imprescindível, sob pena de a denúncia não poder ser considerada meio de obtenção de prova válido.

A Constituição Federal veda o anonimato (art. 5º, IV), com base no espírito republicano e na correção, prevenção ou reparação judicial de "eventuais excessos que viessem a ofender o direito fundamental à honra, reputação e imagem dos envolvidos", conforme a jurisprudência do Supremo Tribunal Federal.[82] O Supremo Tribunal Federal já se manifestou em mais de uma oportunidade no sentido de permitir a não identificação do denunciante em sede de investigações preliminares,[83] portanto, vencida essa etapa, a identificação deve ser tornada pública, mesmo diante da confirmação da veracidade das declarações prestadas de boa-fé. Assim, a "extensão" do anonimato do *whistleblower,* além do tempo das diligências investigatórias,[84] *v.g.,* destinadas à perquirição da plausibilidade e da razoabilidade de seu conteúdo, tornará imprestáveis as informações do relato para fins processuais.

As garantias constitucionais do processo penal brasileiro exigem a compatibilização da proteção do informante com os princípios de exclusão da validade probatória de elementos de investigação que não garantam a publicidade, o contraditório e a ampla defesa.[85] A manutenção do sigilo quanto à identida-

[81] Nesse sentido, "o projeto parece querer criar um novo (e inconstitucional) meio de prova, dando status probatório ao que vulgarmente convencionou-se chamar de 'denúncia anônima'; a única restrição trazida pelo projeto vai no sentido de impedir que alguém seja condenado exclusivamente com base em uma 'denúncia anônima', permitindo ao juiz, contudo, que valore a informação apócrifa como prova, ainda que não exclusive" (INSTITUTO BRASILEIRO DE CIÊNCIAS CRIMINAIS – IBCCRIM. **Nota Técnica sobre o Pacote Anticrime**. 2019, p. 41. Disponível em: https://www.ibccrim.org.br/docs/2019/Nota_Tecnica_Pacote_Anticrime.pdf. Acesso em: 28 fev. 2020).

[82] STF, MS n. 24.369, Rel. Min. Celso de Mello, j. 10.10.2002

[83] STF, HC n. 98458, Rel. Min. Ayres Britto, Rel. p/ Acórdão Min. Celson de Mello, 2º T, j. 31/05/2011, DJe 29-10-2014 e STF, Inq. nº 1957, Rel. Min. Carlos Velloso, j. 11/05/2005, especialmente o voto do Min. Celso de Melo no julgamento deste inquérito.

[84] Decreto n. 10.153/2019: "Art. 8º O encaminhamento de denúncia com elementos de identificação do denunciante entre unidades do Sistema de Ouvidoria do Poder Executivo federal será precedido de solicitação de consentimento do denunciante, que se manifestará no prazo de vinte dias, contado da data da solicitação do consentimento realizada pela unidade de ouvidoria encaminhadora. Parágrafo único. Na hipótese de negativa ou de decurso do prazo previsto no ***caput***, a unidade de ouvidoria que tenha recebido originalmente a denúncia somente poderá encaminhá-la ou compartilhá-la após a sua pseudonimização".

[85] LOPES JÚNIOR, Aury Celso Lima; GLOECKNER, Ricardo Jacobsen. **Investigacão Preliminar no Processo Penal**. São Paulo: Saraiva, 2014 p. 207.

de do informante acarreta a inevitável ilicitude do relato e impossibilita sua utilização probatória posterior.[86]

As investigações que tenham produção de prova fruto da colaboração com a Justiça devem observar direitos de imagem dos suspeitos, caso contrário os elementos de prova não poderão ser valorados como prova, tendo em conta a coleta ilícita.[87]

O informante não é uma testemunha clássica no sentido de que voluntariamente busca as autoridades e tem interesse na responsabilização dos acusados, mesmo assim a valoração do depoimento deve seguir as regras atinentes à prova testemunhal.[88]

A nova legislação concede as medidas de proteção material e financeiras às testemunhas e aos familiares do denunciante (art. 7º da Lei nº 9.807/99). Sabe-se que as "repercussões do ato de informar podem até mesmo acarretar a suspensão temporária de suas atividades, o que deve ocorrer, por certo, sem prejuízo de seu salário".[89] A limitação temporal de no máximo dois anos (art. 11 da Lei nº 9.807/99 e orçamentária do Estado, devido ao teto de gastos da E.C nº 95/2016, arriscam diminuir a eficácia da proteção).

A previsão de indenização em dobro por danos materiais causados em retaliação, sem prejuízo de danos morais, insere-se no sistema de proteção integral ao informante (art. 4-C, §2º). Caso não exista maior detalhamento procedimental, será necessária a ação ordinária indenizatória cível para buscar o ressarcimento.

[86] INSTITUTO BRASILEIRO DE CIÊNCIAS CRIMINAIS (IBCCRIM). **Nota Técnica sobre o Pacote Anticrime**. 2019, p. 41. Disponível em: https://www.ibccrim.org.br/docs/2019/Nota_Tecnica_Pacote_Anticrime.pdf. Acesso em: 28 fev. 2020. p. 41.

[87] NIETO MARTÍN, Adán. *Introducción*. *In:* ARROYO ZAPATERO, L.; NIETO MARTÍN, A. (dirs.). ***El Derecho penal económico en la era compliance***. Valencia: Tirant lo Blanch, 2013. p. 26.

[88] Na seara penal, vide o art. 157 (vedação à prova ilícita) e arts. 202 a 225 do CPP (da prova testemunhal). No âmbito administrativo, vide arts. 155 a 157 da Lei n. 8.112/90 (Estatuto dos Servidores Públicos Civis da União) e 29 a 48 da Lei n. 9.784/99 (Lei Geral do Processo Administrativo).

[89] DADICO, Claudia Maria. **Análise do PL n. 882/2019. Nota Técnica**. Disponível em: https://www2.camara.leg.br/atividade-legislativa/comissoes/grupos-de-trabalho/56a-legislatura/legislacao-penal-e-processual-penal/documentos/audiencias-publicas/NotaTecnica.pdf. Acesso em: 26 jul. 2019.

6. Incentivo econômico (Programa de Recompensas)

A finalidade do sistema de incentivos econômicos aos *whistleblowers* é a promoção das denúncias em contextos difíceis, pois se acredita que a recompensa poderia encorajar potenciais denunciantes diante do perigo de represálias. Os perigos ao denunciante vão desde ameaças contra ele e sua família, perda de emprego, prejuízos e limitação à carreira – como impedimento de recolocação no mercado – e até mesmo a morte.

A legislação brasileira orientou-se pelo Direito positivo de outros países, mais especificamente dos Estados Unidos da América, onde existe a possibilidade de pagamento de percentuais de até 30% aos informantes, incidentes sobre o montante recuperado pelo Estado desde 1863 (*False Claims Act*).[90] Essa lei permite a qualquer cidadão propor ação judicial em nome do governo (*qui tam*) para apurar fraudes em contratações realizadas em desfavor do erário. O seu modelo de recompensa (*bounty model*) serviu de base para a elaboração de programas semelhantes, *v.g.*, programa de recompensa por denúncia de evasão fiscal de 2006 do Departamento do Tesouro dos Estados Unidos da América.[91] Esse tipo de processo é caracterizado pela circunstância de que persiste "a promessa de recompensa de uma percentagem do que o governo recupera, mesmo se for por acordo, pois a importância está na denúncia ser bem-sucedida".[92] O patamar de até 30% do valor recuperado nas multas que superem um milhão de dólares foi estabelecido posteriormente pela *Dodd-Franck Wall Street Reform and Consumer Protection Act*[93], em 2010.

[90] FELDMAN, Yuval; LOBEL, Orly. *The incentives matrix: the comparative effectiveness of rewards, liabilities, duties and protections for reporting illegality.* **Texas Law Review.** v. 88, n. 06, p. 1151-2011, maio 2010. p. 1168.

[91] GARCÍA-MORENO, Beatriz. ***Del alertador al whistleblower:*** *la regulación europea de los canales de denuncia.* 2019. Tese (Doutorado). Universidad de Castilla la Mancha (UCLM), Ciudad Real, 2019. p. 266.

[92] DOYLE, Charles. *Qui Tam: The False Claims Act and Related Federal Statutes.* Congressional Research Service, Washington DC, ago. 2009, p. 5. 142, *apud* MACEDO, Cassio Rocha. ***Whistleblowing*** **e Direito Penal:** análise de uma politica criminal de combate aos crimes econômicos fundada em agentes denunciantes. Dissertação (Mestrado). Disponível em: http://tede2.pucrs.br/tede2/bitstream/tede/8037/5/DIS_CASSIO_ROCHA_DE_MACEDO_COMPLETO.pdf. Acesso em: 20 dez 2019.

[93] ESTADOS UNIDOS DA AMÉRICA. *Dodd-Franck Wall Street Reform and Consumer Protection Act. Commodity whistleblower incentives and protection. Section 992 e Section 748.*

O percentual de recompensa previsto no Brasil não acompanhou a inspiração dos EUA, sendo significativamente mais baixo ao atingir no máximo de 5%. Veja-se que parece haver dúvida estatal sobre a importância do incentivo econômico em um contexto, no qual o valor da informação é capaz de oportunizar benefícios econômicos também ao erário.[94] Além disso, a lei limita o percentual de recompensa ao produto de crime contra a Administração Pública, deixando de prever percentual sobre o montante recuperado por ação de improbidade administrativa e demais ações indenizatórias ou sancionatórias.

Não há fundamento para a restrição da recompensa somente aos crimes contra a Administração Pública quando é permitida a denunciação de ilícitos penais e administrativos e condutas lesivas ao interesse público. O valor decorrente de ilicitude administrativa e o prejuízo estatal poderá ser maior no ilícito administrativo que em uma pequena corrupção. A lei também deixou de estabelecer critérios indicativos da graduação da recompensa, preservando a proporção com o valor recuperado. Essa situação ocorre na aplicação da pena de multa judicial ou da multa negociada no acordo de leniência ou de colaboração premiada. Assim, evita-se que seja irrisória ou excessiva em relação à importância do relato.

Os incentivos também podem trazer efeitos perniciosos, tais como o risco de que "o potencial denunciante renuncie a informar rapidamente e deixe transcorrer mais tempo, a fim de que seja aumentada a base de cálculo de sua recompensa".[95] Faz-se necessária a observância da proporcionalidade no estabelecimento de normas de incentivo mediante recompensa. A lei não estabeleceu o momento de recebimento da recompensa em relação ao trânsito em julgado e o juízo competente – criminal ou civil – para a fixação da recompensa. A falta de parâmetros mínimos sobre a fixação de recompensa e o processamento arriscam comprometer a sua efetividade.

[94] RAGUÉS I VALLÈS, Ramón. *¿Héroes o traidores? La protección de los informantes internos (whistleblowers) como estrategia político-criminal.* **Dret – Revista para el Análisis del Derecho**, Barcelona, n. 03, p. 1-19, 2006. p. 9.

[95] RAGUÉS I VALLÈS, Ramón. ***Whistleblowing:*** *una aproximación desde el Derecho penal.* Madrid, Barcelona: Marcial Pons, 2013. p. 58.

Conclusões

A introdução do *whistleblower* na legislação brasileira não foi acompanhada de exposição de motivos, aumentando a relevância do trabalho da ciência jurídica na delimitação do âmbito legítimo de aplicação da lei. Trata-se de um meio típico de obtenção de prova no processo penal, sem a indicação de critérios para definição do objeto e do rito claro acerca do procedimento de processamento da denúncia e da sua recompensa.

A razoabilidade contextual é o melhor critério para a admissão de relatos, verificando a existência de elementos mínimos de verossimilhança da informação denunciada. O critério da boa-fé do relato não foi utilizado para a sua admissibilidade pelo risco do perigo de excessivo subjetivismo e, mais do que tudo, porque a efetiva verificação da boa-fé não é possível de ser constatada no momento da declaração.

O objeto da denúncia pode ser crime, ilícito administrativo e irregularidades desde que importantes para a proteção do interesse público.

A denúncia confidencial deve ser priorizada em relação à denúncia anônima para a proteção do denunciante diante de represálias. A proteção da identidade do denunciante constitucionalmente válida é limitada somente ao período inicial necessário para a apuração preliminar do fato ilícito relatado, devendo sempre ser informada ao *whistleblower.*

Há poucas diretrizes legais sobre a determinação da recompensa, limitando-se a indicação em termos materiais dos crimes contra a Administração e o percentual de 5%. As lacunas sobre o momento processual e o juízo competente para a fixação da recompensa podem enfraquecer o incentivo e reduzir significativamente o potencial do instituto.

Referências

ANDRADE E SILVA, Danielle. *Interesse público: necessidade e possibilidade de sua definição no Direito Administrativo. In:* **Direito Constitucional, Administrativo, Tributário e Filosofia do Direito.** Brasília: ESAF, 2000. p. 21-31. (Coleção Bureau Jurídico, v. II).

AVILÁ, Humberto. Repensando o "princípio da supremacia do interesse público sobre o particular", ***Revista Trimestral de Direito Público***, São Paulo: Malheiros, n. 24, p. 159-180, 1998.

BACHMAIER WINTER, Lorena. *Whistleblowing europeo y compliance: la Directiva EU de 2019 relativa a la protección de personas que reporten infracciones del Derecho de la Unión.* ***Diario La Ley***, n. 9539, p.1-8, 18 dez. 2019.

BACHMAIER WINTER, Lorena; MARTÍNEZ SANTOS, Antonio. *El regimen jurídico-procesal del whistleblower: la influencia del derecho europeo. In:* GÓMEZ COLOMER, Jun-Luis (Dir.); MADRID BOQUÍN, Christa *M.* ***Tratado sobre Compliance Penal****: responsabilidad penal de las personas jurídicas y modelos de organización y gestión.* Valencia: Tirant lo Blanch, 2019.

BADARÓ, Gustavo Henrique. **Processo penal**. 4. Ed. São Paulo: Revista dos Tribunais, 2016.

BLUE PRINT FOR FREE SPEECH. ***Blue Print Principles of Whistleblower Protection***.

BLUMENBERG, Dirk; GARCÍA-MORENO, Beatriz. *Retos Prácticos de la implementación de programas de cumplimiento normative In:* HORTAL IBARRA, Juan Carlos; VALENTE IVAÑEZ, Vicente (coord.). ***Responsabilidad de la empresa y compliance****: programas de prevención, detección y reacción penal.* Buenos Aires: EB de F; Madrid: Edisofer, 2014. p. 272-300.

BRETTEL, Hauke; SCHNEIDER, Hendrik. *Wirtschaftsstrafrecht.* 2 aufl. 2018.

CRETELLA JÚNIOR, José. Do Ilícito Administrativo. **Revista Forense**, Rio de Janeiro, n. 244, p. 135-159, 1973.

DADICO, Claudia Maria. **Análise do PL n. 882/2019. Nota Técnica**. Disponível em: https://www2.camara.leg.br/atividade-legislativa/comissoes/grupos-de-trabalho/56a-legislatura/legislacao-penal-e-processual-penal/documentos/audiencias-publicas/NotaTecnica.pdf. Acesso em: 26 jul. 2019.

DEZEM, Guilherme Madeira. Alterações na Lei do Disque-Denúncia (art. 15). *In:* DEZEM, Guilherme Madeira; SOUZA, Luciano Anderson de. ***Comentários ao pacote anticrime (Lei 13.964/2019)***. São Paulo: Revista dos Tribunais, 2020.

DWORKIN, Terry Morehead; ARBOR, Ann. *SOX and Whistleblowing.* ***Michigan Law Review***, n. 8, p. 1757-1780, jun. 2007.

ESTADOS UNIDOS DA AMÉRICA. *Dodd-Franck Wall Street Reform and Consumer Protection Act.* Commodity whistleblower incentives and protection. Section 992 e Section 748.

FELDMAN, Yuval; LOBEL, Orly. *The incentives matrix: the comparative effectiveness of rewards, liabilities, duties and protections for reporting illegality.* ***Texas Law Review***, v. 88, n. 06, p. 1.151-2.011, maio 2010.

G20. *Anti-Corruption Action Plan*. ***Protection of Whistleblowers***. Publicado em novembro de 2010. p. 8.

GARCIA MORENO, Beatriz. *Whistleblowing* e canais institucionais de denúncia. *In:* NIETO MARTÍN, Adán; SAAD-DINIZ, Eduardo; GOMES, Rafael Mendes (coord.). **Manual de cumprimento normativo e responsabilidade penal das pessoas jurídicas**. 2. ed. São Paulo: Tirant lo Blanch, 2019. p. 259-292.

GARCÍA-MORENO, Beatriz. ***Del alertador al whistleblower:*** *la regulación europea de los canales de denuncia.* 2019. Tese (Doutorado). Universidad de Castilla la Mancha (UCLM), Ciudad Real, 2019.

GOMES MARTÍN, Victor. *Compliance y derechos de los trabajadores. In:* HORTAL IBARRA, Juan Carlos; VALIENTE INVAÑEZ, Vicente (coord.). ***Responsabilidad de la empresa y compliance:*** *programas de prevención, detección y reacción penal.* Buenos Aires: EB de F; Madrid: Edisofer, 2014. p. 421-458.

GREVI, Vittorio; ILLUMINATI, Giulio. *Prove. In:* CONSO, Giovanni *et al.* ***Compendio di procedura penale.*** 9. ed. Vicenza: Cedam, 2018. p. 301-384.

INSTITUTO BRASILEIRO DE CIÊNCIAS CRIMINAIS – IBCCRIM. **Nota Técnica sobre o Pacote Anticrime.** 2019, p. 41. Disponível em: https://www.ibccrim.org.br/docs/2019/Nota_Tecnica_Pacote_Anticrime.pdf. Acesso em: 28 fev. 2020.

LEON BERINI, Arturo Gonzáles de. *El criminal compliance en la reforma norteamericana de la Dodd-Frank Act. In:* SILVA SÁNCHEZ, Jesús-María; MONTANER FERNÁNDEZ, Raquel. ***Criminalidad de empresa y compliance:*** *prevención y reacciones corporativas.* Barcelona: Atelier. 2013, p. 131-142.

LOPES JÚNIOR, Aury Celso Lima; GLOECKNER, Ricardo Jacobsen. **Investigação Preliminar no Processo Penal.** São Paulo: Saraiva, 2014.

MACEDO, Cassio Rocha. ***Whistleblowing*** **e Direito Penal:** análise de uma política criminal de combate aos crimes econômicos fundada em agentes denunciantes. Dissertação (Mestrado). Disponível em: http://tede2.pucrs.br/tede2/bitstream/tede/8037/5/DIS_CASSIO_ROCHA_DE_MACEDO_COMPLETO.pdf. Acesso em: 20 dez. 2019.

MELLO, Celso Antônio Bandeira de. **Curso de Direito Administrativo.** 13. ed. São Paulo: Malheiros, 2001.

MONTIEL, Juan Pablo. *Sentido y alcance de las inestigaciones internas en la empresa. In:* HORTAL IBARRA, Juan Carlos; VALENTE IVAÑEZ, Vicente (coords.). ***Responsabilidad de la empresa y compliance****: programas de prevención, detección y reacción penal.* Buenos Aires: EB de F; Madrid: Edisofer, 2014. p. 487-515.

NIETO MARTÍN, Adán. *Investigaciones internas, whistleblowing y cooperación: la lucha por la información en el proceso penal.* ***Diario La Ley***, n. 8120, p. 1-12, 5 jul. 2013.

NIETO MARTÍN, Adán. ***Introducción.*** *In:* ARROYO ZAPATERO, L. y NIETO MARTÍN, A. (Dirs.). **El Derecho penal económico en la era compliance.** Valencia: Tirant lo Blanch, 2013.

NIETO MARTÍN, Adán. *Prefácio. Introducción. In:* SAAD-DINIZ, Eduardo. **Ética negocial e compliance:** entre a educação executiva e a interpretação judicial. São Paulo: Thomson Reuters Brasil, 2019.

OCDE. ***Committing to Effective Whistleblower Protection.*** Publicado em março de 2016.

ORTIZ PRADILLO, Juan Carlos. ***Los delatores en el processo penal:*** *recompensas, anonimato, protección y otras medidas para incentivar una colaboración eficaz con la Justicia.* Madri: Wolters Kluwer España, 2018.

PACELLI, Eugênio. **Curso de processo penal.** 19 ed. São Paulo: Atlas, 2015.

RAGUÉS I VALLÈS, Ramón. *¿Héroes o traidores? La protección de los informantes internos (whistleblowers) como estrategia político-criminal.* ***Dret – Revista para el Análisis del Derecho***, Barcelona, n. 03, p. 1-19, jul 2006.

RAGUÉS I VALLÈS, Ramón. ***Whistleblowing:*** *una aproximación desde el Derecho penal.* Madrid – Barcelona: Marcial Pons, 2013.

RAGUÉS I VALLÈS, Ramon. *El fomento de las denuncias como instrumento de política criminal contra la criminalidad corporativa: whistleblowing interno e externo. In:* HORTAL IBARRA, Juan Carlos; VALENTE IVAÑEZ, Vicente (Coords). ***Responsabilidad de la empresa y compliance**: programas de prevención, detección y reacción penal.* Buenos Aires: EB de F; Madrid: Edisofer, 2014. p. 459-486.

ROCHA, Marcio Antônio. **Subsídios ao debate para a implantação de programas de *whistleblower* no Brasil**. Brasília: Ajufe, 2016. p. 32-33.

RUIVO, Marcelo. **Criminalidade Financeira**: Contribuição à Compreensão da Gestão Fraudulenta. Porto Alegre: Livraria do Advogado Ed., 2011.

RUIVO, Marcelo. O bem jurídico do crime de corrupção passiva no setor público. **Revista Portuguesa de Ciência Criminal**, Coimbra: Coimbra editora, v. 25, p. 263-283, 2015.

RUIVO, Marcelo Almeida, O fenômeno da corrupção como desafio às ciências criminais. **Revista Brasileira de Ciências Criminais**, São Paulo: Ed. RT, v. 134. a. 25, p. 17-27, 2017.

SAAD-DINIZ, Eduardo. **Ética negocial e compliance**: entre a educação executiva e a interpretação judicial. São Paulo: Thomson Reuters Brasil, 2019.

SILVEIRA, Renato De Melo Jorge; SAAD-DINIZ, Eduardo. **Compliance, Direito Penal e Lei Anticorrupção**. São Paulo: Saraiva, 2015.

SOUSA, Susana Aires de. Ações encobertas (e outras figuras próximas) na investigação da criminalidade econômico-financeira **Revista Julgar,** n. 38, mai-ago 2019. Coimbra: Almedina, p. 31-44, 2019.

TIEDEMANN, Klaus. ***Wirtschaftsstrafrecht**: Einführung und Allgemeiner Teil mit wichtigen Rechtstexten.* 4 aufl. München: Vahlen, 2014.

TRANSPARENCY INTERNATIONAL. ***International principles for whistleblowing legislation:** best pracices for laws to protect whistleblower and support whistleblowing in the public interest.* Transparência Internacional, 5 nov 2013.

UNIÃO EUROPEIA. Parlamento Europeu. Conselho da União Europeia. Diretiva 2019/1937 UE. **Diário Oficial da União Europeia**, edição de 26 de novembro de 2019.

12.
A IDENTIDADE PRINCIPIOLÓGICA ENTRE O DIREITO TRIBUTÁRIO SANCIONADOR E O DIREITO PENAL TRIBUTÁRIO

Henrique Saibro

Introdução

Dentre o Direito Tributário Sancionador e o Direito Penal Tributário, seria possível haver um intercâmbio normativo em relação ao qual trate do aparato sancionador estatal? Haveria permissivo infraconstitucional, especificamente no Código Tributário Nacional (CTN), a autorizar essa troca normativa? Em caso positivo, quais princípios poderiam, ilustrativamente, serem comungados entre ambas as matérias?

Essa é a problematização que este breve estudo busca abordar, pretendendo-se, com isso, traçar os principais princípios que façam contato mútuo entre o Direito Tributário Sancionador e o Direito Penal Tributário, expondo uma possível identidade principiológica entre ambos os segmentos sancionadores.

Obteve-se como conclusão, ao final do artigo, que, sim, é possível falar-se em uma certa mutuação normativa entre o Direito Tributário Sancionador e o Direito Penal Tributário, cujo fenômeno encontra previsão inclusive no CTN (art. 108, III). Exemplificativamente, destacam-se os princípios da legalidade, da presunção da inocência, da irretroatividade e da retroatividade benigna, do devido processo legal e da insignificância.

1. Identidade principiológica

Por mais que do universo punitivo tributário extraiam-se normas peculiares ao Direito Tributário Sancionador, a doutrina majoritária entende pela indiferença ontológica entre os ilícitos tributários *stricto sensu* e os criminais.[1] E é justamente por conta dessa semelhança metafísica que se permite um intercâmbio de normas constitucionais que tratem da potestade punitiva – ressalvada a irresignação de parte da doutrina quanto ao câmbio normativo de dois regimes jurídicos diferentes[2], são matérias que se interpenetram.

Essa mutuação normativa possui guarida no próprio CTN, segundo o qual, no seu art. 108, III, dispõe que na ausência de disposição expressa, a autoridade competente para aplicar a legislação tributária utilizará sucessivamente "os princípios gerais de direito público", do qual o Direito Penal se encaixa.

Previamente ao exame dos principais princípios partilhados entre ambos os campos jurídicos, é importante explicar o porquê desse intercâmbio de normas. O Direito Penal – do qual o Direito Penal Tributário faz parte – desenvolveu-se lenta e solidamente ao longo dos séculos, alcançando maturidades normativa e dogmática ímpares, tendentes ao controle da potestade punitiva.

Isso não se pode dizer quanto ao Direito Administrativo Sancionador – em relação ao qual o Direito Tributário Sancionador se segmenta –, cuja história é relativamente recente. Por mais que lide, assim como o Direito Penal, com o exercício punitivo do Estado, é eloquente a "carência de ferramental jurídico apto à realização de tal desiderato neste campo"[3], pelo fato de a doutrina e a jurisprudência estarem ainda incipientes sobre o tema – basta verificar que

[1] Pela indiferença ontológica entre os ilícitos tributários *stricto sensu* e o criminal, entendem, ilustrativamente: GOLDSCHMIDT, Fabio Brun. **Teoria da Proibição de *Bis in Idem* no Direito Tributário**. São Paulo: Noeses, 2014. p. 353; COSTA JÚNIOR, Paulo José da; DENARI, Zelmo. **Infrações Tributárias e Delitos Fiscais**. 3. ed. São Paulo: Saraiva, 1998. p. 12; PADILHA, Maria Ângela Lopes Paulino. **As Sanções no Direito Tributário**. São Paulo: Noeses, 2015. p. 100; SCHOUERI, Luís Eduardo. **Direito Tributário**. 7. ed. São Paulo: Saraiva, 2017. p. 841.

[2] Sobre essa discordância, ver MASINA Gustavo. **Sanções Tributárias**: definições e limites. São Paulo: Malheiros, 2016. p. 60-61.

[3] GOLDSCHMIDT, Fabio Brun. **Teoria da Proibição de *Bis in Idem* no Direito Tributário.** São Paulo: Noeses, 2014. p. 352.

o Direito Administrativo Sancionador nem sequer é tomado, metodologicamente, como disciplina autônoma.

Como tal lacuna acaba gerando um terreno fértil ao abuso de direitos, o Direito Tributário Sancionador acaba bebendo da fonte – da farta fonte – normativa do Direito Penal, beneficiando-se aquele das construções sedimentadas por este ao longo dos anos para dar o mínimo de segurança ao contribuinte naquilo que não alterar a sua essência normativa; no que for, então, comunicável e compatível. Esse pensamento é muito difundido na Espanha, ao ponto de ter recebido a atenção dos tribunais espanhóis, como contemplado no teor do julgado abaixo (Ar. 3745; Ruiz Sánchez):

> [...] dado que o Direito Penal obteve um importante desenvolvimento doutrinário antes de que se formasse uma doutrina relativa ao poder sancionador da Administração, foram-se aplicando, nesta, os princípios essenciais construídos com fundamento nos critérios jurídico- penais[4].

Um sistema jurídico não pode sustentar-se apenas em regras, aplicado de forma exageradamente formalista, pois seria, na intelecção de Ávila[5], "demasiado rígido, pela ausência de válvulas de abertura para o amoldamento das soluções às particularidades dos casos concretos" – a mesma lógica vale para um sistema formado apenas em princípios, sob pena de ser demasiado flexível.

Sem querer adentrar profundamente sobre a matéria, evitando ir para além da delimitação do presente tema, Ávila descreve que há princípios de maior nível hierárquico (*sobreprincípios*), os quais prescrevem o âmbito e o modo de atuação estatal, como, por exemplo, o princípio do Estado de Direito, bem como existem princípios que conformam o conteúdo e os fins da atuação estatal (*subprincípios*) e, nesse ponto, se "os princípios dizem respeito a diferentes aspectos da atuação estatal, a relação entre eles não é de concorrência,

[4] Tradução nossa de: "[...] *dado que el Derecho Penal había obtenido un importante desarrollo doctrinal antes de que se formase una doctrina relativa a la potestad sancionadora de la Administración, se fueron aplicando a ésta los principios esenciales construidos con fundamento en los criterios jurídico-penales*" (NIETO, Alejandro. ***Derecho Administrativo Sancionador***. 2. ed. Madrid: Editorial Tecnos, S.A., 2000. p. 149).

[5] ÁVILA, Humberto. **Teoria dos Princípios**: da definição à aplicação dos princípios jurídicos. 17. ed. São Paulo: Malheiros, 2016. p. 148.

mas de complementação" – "eles não se 'ombreiam' uns aos outros, mas se 'imbricam'"[6]. Nessa premissa, levando em consideração que todos os princípios do Direito Penal interligados com o do Direito Administrativo Sancionador visam a regular aspectos da atuação estatal, especificamente quanto ao exercício punitivo do Estado, sendo, pois, normas de execução ou de concretização do Estado de Direito (sobreprincípio) – são instrumentais da atuação estatal –, a relação entre elas não é de concorrência, mas de subordinação ao sobreprincípio do Estado de Direito.

Portanto, quando a Constituição estatui regras ou princípios, é defeso ao intérprete relativizar esses comandos em nome da ponderação, sob pena de taxar os princípios como normas "descartáveis e, por isso, desprovidas de normatividade. Cabe-lhe, em vez disso, coerentemente respeitar a normatividade escolhida pela Constituição"[7].

Em face de tais colocações, conclui-se pela *função eficacial integrativa* dos princípios: mesmo que um elemento subjacente à finalidade a ser buscada não esteja previsto em determinado ordenamento jurídico, ainda assim um princípio irá garantir a sua teleologia: ilustrativamente, "se não há regra expressa que oportunize a defesa ou a abertura de prazo para manifestação – mas estas são necessárias –, com base direta no princípio do devido processo legal, elas deverão ser garantidas"[8].

A ideia de uma potestade punitiva única do Estado, contemplada de princípios voltados ao controle do aparato estatal, é muito bem recebida na doutrina espanhola. Trata-se de técnica que, segundo Nieto, reproduz simetricamente o supraconceito de ilícito comum, no qual engloba as variedades de ilícitos penais e administrativos, criando-se, então, um *Direito punitivo único*. Assim, atribuições, ilícitos, ordenamentos e direitos se integram "em um edifício único de surpreendente harmonia"[9].

[6] ÁVILA, Humberto. **Teoria dos Princípios**: da definição à aplicação dos princípios jurídicos. 17. ed. São Paulo: Malheiros, 2016. p. 152.

[7] ÁVILA, Humberto. **Teoria dos Princípios**: da definição à aplicação dos princípios jurídicos. 17. ed. São Paulo: Malheiros, 2016. p. 160.

[8] ÁVILA, Humberto. **Sistema Constitucional Tributário**. 4. ed. São Paulo: Saraiva, 2010. p. 45.

[9] NIETO, Alejandro. ***Derecho Administrativo Sancionador***. 2. ed. Madrid: Editorial Tecnos, S.A., 2000. p. 148.

No mesmo caminho teórico, Goldschmidt[10] aduz que não há razões para restringir a aplicação de princípios, técnicas e garantias desenvolvidas na esfera do Direito Penal a "todo o campo de manifestação do *jus puniendi* estatal, naquilo que não se revelem incompatíveis e incomunicáveis"; em tudo aquilo que não dispor sobre a privação de liberdade, os mesmos direitos estarão em risco (como, por exemplo, bens e a interdição temporária de direitos) e, "em consequência, os mesmos direitos e garantias individuais haverão de se ver respeitados".

Feitas tais considerações introdutórias, vejamos, então, os principais princípios comungados pelo Direito Tributário Sancionador e pelo Direito Penal Tributário. Ressalte-se que as indicações dos princípios que serão a seguir trabalhados possuem caráter exemplificativo.

1.1. Princípio da legalidade

Originário política e historicamente nos ideais da Revolução Francesa, o princípio da legalidade, arraigado na concepção do contrato social, surgiu para evitar os abusos do absolutismo, assim como um imperativo do Direito Penal liberal. Hoje, consiste num mecanismo orientador da lei penal em direção ao ideal da justiça material. Em síntese: visa a proteger e garantir os direitos fundamentais do cidadão.

Serve, portanto, de norte a todos os operadores jurídicos, os quais devem se ater à Constituição Federal como *topos* hermenêutico, independentemente da área da qual se exerce o Direito – não ao contrário; a Constituição não deve ser interpretada de acordo com os Códigos ou de acordo com as Súmulas (por mais que no *habitus* possa se identificar tal prática). Não por menos a assimilação de Mir Puig: a Lei Maior estabelece as bases para a sua política criminal e para o seu Direito Penal[11].

[10] GOLDSCHMIDT, Fabio Brun. **Teoria da Proibição de *Bis in Idem* no Direito Tributário.** São Paulo: Noeses, 2014. p. 356-357.

[11] PUIG, Santiago Mir. *Constitución, Derecho Penal y Globalización. In:* MARTÍN, Víctor Gómez (org.). ***Política Criminal y Reforma Penal.*** Montevideo: B de F, 2007. p. 04.

Especificamente sobre o presente tema, Marques da Silva[12] refere que, no Direito Penal português, "a observância dos princípios iluministas da legalidade, na componente clareza e precisão das normas, deixa muito a desejar neste ramo do direito penal [Direito Penal Tributário]". O autor cita, exemplificadamente, elementos de tipos penais de delitos fiscais, previstos na legislação portuguesa, os quais não primam pela clareza de seus conceitos: *documentos fiscalmente relevantes, outros meios fraudulentos, formalidade de despacho, acção da administração aduaneira, mercadorias de circulação condicionada destinadas a comércio, regime fiscal claramente mais favorável e situações de relações especiais.*

No viés tributário, ao CTN estabelecer, no art. 97, V, que somente a lei pode estabelecer "a cominação de penalidades para as ações ou omissões contrárias a seus dispositivos, ou para outras infrações nela definidas", está vinculando a infração tributária à legalidade constitucional do inciso I do art. 150 da CF. A despeito de o referido dispositivo falar apenas em tributo, Ávila reforça que "um ato administrativo é um ato subordinado cuja função consiste em dar fiel execução à lei (art. 84, IV, do CTN)"[13]. E a sanção tributária, como ato administrativo sancionatório que é, não pode ser aplicada, pois, à revelia da legalidade.

Portanto, a definição de infrações tributárias e a cominação de suas respectivas sanções devem obedecer ao princípio da estrita legalidade. Afinal, o seguimento da legalidade dentro do ordenamento jurídico tributário é um poderoso instrumento de segurança jurídica, dirigido a um número indeterminado de pessoas e de situações, contribuindo para o afastamento do elemento surpresa, decorrente da inexistência de norma escrita, bem como do decisionismo e das decisões *ad hoc*, além de favorecer a estabilidade do Direito.

Demais disso, o princípio da legalidade, no Direito Tributário, não se faz presente apenas no segmento sancionatório, senão na própria instituição de tributos (*nullum tributum sine lege*). Como preceitua Jarach[14], há um *corpus* de normas jurídicas destinadas a prever os fatos que dão lugar ao nascimento de

[12] SILVA, Germano Marques da. **Direito Penal Tributário**. Lisboa: Universidade Católica Editora, 2009. p. 77.

[13] ÁVILA, Humberto. **Sistema Constitucional Tributário**. 4. ed. São Paulo: Saraiva, 2010. p. 126.

[14] JARACH, Dino. ***El Hecho Imponible***: *teoria general del derecho tributario sustantivo*. 3. ed. Buenos Aires: Abeledo-Perrot, 2004. p. 27.

obrigações tributárias, sem as quais se torna ilegítima a cobrança do Estado ao contribuinte. Nesse sentido, Estelitta compara o fenômeno do fato gerador do Direito Tributário como equivalente à teoria do tipo do Direito Penal[15]. A diferença é que naquele se garante a propriedade; neste, a liberdade – mas ambos resguardam direitos fundamentais.

1.2. Princípio in dubio pro reo e/ou da presunção da inocência

A presunção da inocência está prevista no inciso LVII do art. 5º da Constituição Federal, dispondo que "ninguém será considerado culpado até o trânsito em julgado de sentença penal condenatória". A despeito de a expressão *in dubio pro reo* não estar expressamente prevista legalmente, tal princípio é, no escólio de Hassemer, o pilar fundamental do processo penal[16]. Estabelece-se que qualquer dúvida acerca da verdade de determinado caso ou de seus dados opera em favor do acusado, pois este só poderá ser condenado quando o Juízo carecer totalmente de dúvida sobre a veracidade dos fatos *sub judice*. Demais disso, extrai-se que o imputado não possui o dever de comprovar a sua inocência, senão que o Estado deve comprovar a sua culpabilidade.

O princípio *in dubio pro reo*, na concepção de Fenoll[17], nada mais é do que uma formulação antiga do atual direito fundamental da presunção da inocência. Aliás, o referido autor entende que ambos os aludidos princípios se igualam, carecendo de sentido qualquer tentativa de distinção conceitual.

Para Giacomolli, a presunção da inocência, quando estruturada no processo penal, garante que se siga "o signo da dignidade e dos direitos essenciais da pessoa humana, afastando-se das bases inquisitoriais, as quais partiam do pressuposto contrário, ou seja, da presunção de culpabilidade da pessoa"[18]. Extrai-se dessa premissa que não é o estado de inocência que necessita de provas no processo penal: na falta de meios de prova capazes de gerar um

[15] SALOMÃO, Heloisa Estellita. **A Tutela Penal e as Obrigações Tributárias na Constituição Federal**. São Paulo: Editora Revista dos Tribunais, 2001. p. 138.

[16] HASSEMER, Winfried. ***Fundamentos del Derecho Penal***. Barcelona: Bosch, Casa Editorial S.A., 1984. p. 208.

[17] FENOLL, Jordi Nieva. ***La Duda en el Proceso Penal***. Madrid: Marcial Pons, 2013. p. 62-63.

[18] GIACOMOLLI, Nereu José. **O devido processo penal**: abordagem conforme a Constituição Federal e o Pacto de São José da Costa Rica. São Paulo: Atlas, 2014. p. 95.

juízo de certeza ao julgador, não lhe resta outra deliberação senão a de cunho absolutório.

No tocante à matéria tributária, o art. 112 do CTN se aproxima do *in dubio pro reo*, prevendo que a lei que defina infrações e comine sanções deve ser interpretada "da maneira mais favorável ao acusado". Nesse sentido, embora a lei tributária "rejeite soluções apriorísticas, na matéria do Direito Tributário Sancionador a dúvida deve favorecer o acusado, exigindo-se, exclusivamente no que se refere às penalidades, a interpretação mais benéfica"[19]. Nessa linha, no sistema tributário há dispositivo codificado que veda ao intérprete recorrer à analogia para exigir tributo não previsto em lei, conforme a inteligência do parágrafo 1º do art. 108 do CTN. Entretanto, conquanto a lei impeça a analogia *in malam partem* para definir infrações ou cominar-lhes penalidades, ela não afasta a aplicação da analogia *in bonam partem*.

Lançando um olhar mais pragmático quanto à incidência da presunção da inocência no processo administrativo tributário, Coimbra Silva[20] defende que é realmente um princípio existente no Direito Tributário Sancionador, estando a Administração obrigada a comprovar os elementos materiais e objetivos da infração fiscal, mas o mesmo não se pode dizer quanto **(i)** à intenção ou dolo, "porquanto esses, via de regra, são irrelevantes à configuração da infração estritamente fiscal" e em relação a **(ii)** qualquer outro elemento subjetivo "pertinente à culpabilidade do infrator", mas não por conta de sua irrelevância, senão "em prestígio ao princípio da praticidade na repressão ao ilícito fiscal".

1.3. Princípio da irretroatividade e da retroatividade benigna

A proibição à retroatividade deriva, segundo Jescheck, do princípio da legalidade. Parte do pressuposto, em síntese, de que uma ação impune ao tempo de seu cometimento não pode ser considerada mais tarde punível; a mesma restrição vale para a sua posterior agravação penal[21]. Ambas as hipóteses são inconstitucionais.

[19] SCHOUERI, Luís Eduardo. **Direito Tributário**. 7. ed. São Paulo: Saraiva, 2017. p. 843.

[20] SILVA, Paulo Roberto Coimbra. **Direito Tributário Sancionador**. São Paulo: Quartier Latin, 2007. p. 343.

[21] JESCHECK, Hans-Heinrich. ***Tratado de Derecho Penal:*** *parte general*. 4. ed. Granada: Comares Editorial, 1993. p. 122-123

A irretroatividade funciona como um limite à liberdade decisória do legislador. Entretanto, a retroatividade normativa é permitida quando esta favorecer o imputado. Afinal, se no momento da sentença a conduta *sub judice* for menos merecedora de pena ou tenha sido abolida, não há o mínimo sentido insistir na punição, pois estaria baseada numa política criminal já defasada.

Para Hassemer, uma lei que pretenda ser aplicada a um caso que tenha ocorrido antes da sua vigência é um *fantasma do Estado policial*[22]. A proibição da retroatividade almeja que a persecução e a penalidade ao comportamento desviado sejam um processo parcimonioso e que se anuncie com antecedência; forte a tais pressupostos que se considera (ou não) um comportamento desviante.

Assim como no Direito Penal, a legislação tributária estabelece que a lei a ser aplicada em determinado caso deve ser aquela vigente à época da data do fato; é dizer, o sujeito passivo somente poderá ser punido, por regra, por força da lei vigente no momento da prática da infração.

Sem embargo, em matéria de penalidades no Direito Tributário, a retroatividade justifica-se quando ela for benéfica ao sujeito passivo – inteligência essa presente, também, no Direito Penal –, na prescrição das alíneas *a* a *c* do inciso II do art. 106 do CTN (além da previsão constitucional do inciso XL do art. 5º da CF). Dessa forma, de acordo com os referidos dispositivos, conclui-se que, se o fato deixar de ser tipificado como infração, nenhuma sanção deve ser cominada, bem como em se tratando de descumprimento de obrigação tributária ou de dever instrumental, a regra é a aplicação da penalidade menos severa prevista na lei nova – aplica-se, nesse caso, a lei posterior mais benéfica em vigor na data do fato.

Ainda sobre o art. 106 do CTN, deve ser mencionado que a retroatividade se aplica apenas no caso de ato não definitivamente julgado, ou seja, devidamente constituído o crédito tributário, através do lançamento definitivo, não há como excluir ou rever a importância decorrente da penalidade. Aqui uma diferença crucial para a retroatividade do Direito Penal, segundo a qual admite a incidência de lei posterior ao fato criminoso, desde que favoreça o agente, "ainda que decidido por sentença condenatória transitada em julgado"

[22] HASSEMER, Winfried. ***Fundamentos del Derecho Penal.*** Barcelona: Bosch, Casa Editorial S.A., 1984. p. 319.

(parágrafo único do art. 2º do CP). Entretanto, a expressão "ato não definitivamente julgado" utilizada no inciso II do art. 106 do CTN vem encontrando espaço importante para discussões na doutrina e na jurisprudência.

Em suma, entende-se que se o sujeito passivo pode continuar discutindo determinado tema fora do âmbito administrativo mesmo após o lançamento definitivo, isto é, se ele possui a possibilidade de levar a sua irresignação ao Poder Judiciário (através, por exemplo, da proposição de uma ação anulatória), a lei tributária penal mais benéfica poderá ser aproveitada pelo sujeito passivo até que haja decisão judicial final (e não apenas administrativa). Ademais, a Corte Superior vai ainda além: aplica-se o inciso II do art. 106 do CTN na execução fiscal não definitivamente encerrada, "considerando-se não encerrada a ação, para esse efeito, até a ultimação dos atos destinados à satisfação da prestação (arrematação, adjudicação ou remição)" – REsp 698.428/RS, Rel. Ministro Teori Albino Zavascki, Primeira Turma, julgado em 19/02/2008, publicado em 03/03/2008. Portanto, a lei mais benéfica pode ser aplicada a débito relativo à multa que está sendo discutido em sede judicial, desde que ainda em fase de execução (mesmo que já tenha havido sentença cognitiva contrária ao pedido do autor).

1.4. Princípio do devido processo legal

Como pontua Giacomolli[23], "o modelo constitucional é o processo devido", o qual também informa o "modo-de-ser" do processo penal e o "modo-de--atuar" dos agentes processuais, "desvelando um paradigma democrático e humanitário de processo". Isso significa dizer que a Carta Magna não irradia apenas uma força política – ultrapassa a concepção de mera orientação programática, enunciativa e descritiva –, senão normativa, contaminando "todo ordenamento jurídico, em razão de sua legitimidade na soberania popular e na democracia representativa e participativa". É daí que o processo devido, na sua previsão constitucional (art. 5º, LIV e LV), limita o poder estatal aos particulares, dando espaço ao Estado de Direito, irradiando consectários explícitos (ampla defesa) e implícitos (*in dubio pro reo*).

[23] GIACOMOLLI, Nereu José. **O devido processo penal**: abordagem conforme a Constituição Federal e o Pacto de São José da Costa Rica. São Paulo: Atlas, 2014. p. 78.

Ademais, a Carta Magna de 1988 delineou uma nova ordem jurídica, a qual proporcionou profundos reflexos no processo penal. Nas palavras de Giacomolli, esse "deixou de ser mero instrumento utilizado para condenar e aplicar as penas ou para absolver, na medida em que tutela direitos e garantias, conformadores do processo, tornando-os obrigatórios no espaço dinâmico do processo, cuja garantia compete ao terceiro imparcial"[24]. Desse modo, o *standard* de processo penal estruturado aos moldes da Constituição Federal "ultrapassa a funcionalidade instrumental de incidência do *ius puniendi*, meramente repressora; mas abarca a exigência de tutela dos princípios e garantias constitucionais"[25].

Assim, como a Constituição Federal assegura o devido processo legal aos litigantes, em processo judicial ou administrativo, e aos acusados em geral, é indiscutível a sua extensão ao Direito Tributário Sancionador. Todavia, pragmaticamente a praxe forense do contencioso administrativo demonstra que tal garantia não se mostra plena, especialmente quando se considera a existência de votos voltados à proteção dos interesses do Erário. Isso não significa afirmar, entretanto, que o Direito Tributário não consagra o *due process of law*, sobretudo em razão de a decisão administrativa, por mais *contaminada* que esteja, ainda poder ser revista judicialmente por iniciativa do sujeito passivo.

Como corolário lógico, o devido processo legal exige a observância aos atos de defesa, recepcionando, pois, a ampla defesa e o contraditório; significa dizer que, na imposição das sanções tributárias, é oportunizado ao sujeito passivo impugnar a reprimenda no âmbito administrativo, sendo a ele facultada a produção de provas e a exposição de argumentos de fato e de direito.

A ampla defesa e o contraditório aplicam-se a penalidades pecuniárias cujo procedimento é impositivo, ou seja, constitua auto de infração. Não se justifica a aplicação de tais princípios no âmbito da multa de mora constituída no lançamento por homologação – afinal, foi o próprio sujeito passivo quem reconheceu a existência do débito tributário.

[24] GIACOMOLLI, Nereu José. **O devido processo penal**: abordagem conforme a Constituição Federal e o Pacto de São José da Costa Rica. São Paulo: Atlas, 2014. p. 80.

[25] GIACOMOLLI, Nereu José. **O devido processo penal**: abordagem conforme a Constituição Federal e o Pacto de São José da Costa Rica. São Paulo: Atlas, 2014. p. 84.

1.5. Princípio da insignificância

Não há falar em crime sem ofensividade, isso é, sem ofensa a um bem jurídico-penal. Levando em consideração que toda incriminação enseja a restrição à liberdade de agir, tal limitação deve atender a pressupostos mínimos, como a tutela exclusiva de valores de nível constitucional. Assim é que, no escólio de D'Ávila, interesses insuscetíveis de configurar um bem jurídico-penal estariam excluídos "da possibilidade de constituir substrato suficiente para o surgimento de uma qualquer incriminação"[26]. Aliás, não basta, para a configuração de um ilícito típico no âmbito penal, a existência de um bem jurídico-penal sem a lesão, no caso concreto, de tal bem, seja através de um crime de dano ou de perigo. Sem tais pressupostos, o ilícito é insignificante ao Direito Penal (o que não significa dizer o mesmo quanto ao Direito Administrativo Sancionador).

Aparentemente, em regra, o Judiciário utiliza-se do critério quantitativo no que se refere à aplicação do princípio da insignificância nos crimes tributários, ou, noutro enfoque, para diferenciar ilícito tributário (administrativo) de crime tributário. Atualmente, consolidou-se o entendimento, na Terceira Seção do Superior Tribunal de Justiça, segundo o qual a suposta sonegação federal que não ultrapassar o patamar de R$ 20.000,00 (vinte mil reais) incide-se a insignificância, dada a inexpressividade da lesão jurídica ocasionada pela conduta – inclusive em relação ao crime de descaminho (HC 480.916/SP, Rel. Ministro Antonio Saldanha Palheiro, Sexta Turma, julgado em 11/06/2019, publicado em 21/06/2019).

Assim, em regra, condutas intencionalmente fraudulentas que acarretarem prejuízo à União igual ou inferior a R$ 20.000,00 (vinte mil reais) não são consideradas criminosas, mas ainda assim configuram ilícitos puramente tributários (administrativos). Tal interpretação da Corte é baseada no art. 20 da Lei nº 10.522/02, com as atualizações efetivadas pelas Portarias nºs 75 e 130 do Ministério da Fazenda, que dispõem que as execuções fiscais, cujos débitos inscritos em dívida ativa consolidarem valor igual ou inferior a R$ 20.000,00 (vinte mil reais), devem ser arquivadas. Noutras palavras, se a

[26] D'AVILA, Fabio Roberto. **Ofensividade em Direito Penal**: escritos sobre a teoria do crime como ofensa a bens jurídicos. Porto Alegre: Livraria do Advogado Editora, 2009. p. 96.

União, por razões políticas ou administrativas, entende que tal montante não é significativo ao ponto de ensejar uma execução fiscal, certamente também não terá relevância (em termos de ofensividade) no Direito Penal.

Seguindo esse mesmo toar, são os recentes julgados do Supremo Tribunal Federal, uma vez que também fixam, para fins de aplicação do princípio da insignificância, o montante de até R$ 20.000,00 (vinte mil reais) em caso de sonegação – HC 167189 AgR, Relator Min. Roberto Barroso, Primeira Turma, julgado em 31/05/2019, publicado em 17/06/2019. Aliás, há precedente do Pretório Excelso aplicando o dispositivo do inciso II do art. 1º da Portaria nº 75/2012 para supostos fatos delituosos ocorridos antes de sua vigência, com base na regra da retroatividade da lei mais benigna (HC 136843, Relator Min. Ricardo Lewandowski, Segunda Turma, julgado em 08/08/2017, publicado em 10/10/2017). Atualmente, a referida Portaria também serve de parâmetro quantitativo ao Tribunal Regional Federal da 4ª Região (ACR 5005296-84.2015.4.04.7002, Relator Leandro Paulsen, Oitava Turma, juntado aos autos em 25/04/2019).

De outra banda, a receptividade do princípio da insignificância no Direito Tributário vem ganhando atenção na doutrina. Entende-se que ele encontraria seu espaço de aplicação ao parágrafo 2º do art. 108 do CTN vedar a equidade para afastar a exigência de tributo, "o que implica, a *contrario sensu*, ser possível que dali resulte o afastamento de penalidade"[27]. Como exemplo da incidência do princípio da insignificância em sede de *infrações formais*, o referido autor entende como ausente a necessidade de punição quando a infração cometida pelo sujeito passivo não implicou prejuízo ao Estado, amoldando-se, hipoteticamente, ao caso no qual o contribuinte deixa de prestar certa informação, por intermédio de determinado formulário, mas acaba prestando a mesma informação, posteriormente, noutro formulário. No que tange a *infrações materiais*, o princípio da insignificância também poderia excluir a tipicidade, como há de ocorrer, segundo Silva, nos casos de não recolhimento de tributo cuja respectiva obrigação, por razões diversas, tenha sido posteriormente infirmada[28]:

[27] SCHOUERI, Luís Eduardo. **Direito Tributário.** 7. ed. São Paulo: Saraiva, 2017. p. 845.

[28] SILVA, Paulo Roberto Coimbra. **Direito Tributário Sancionador**. São Paulo: Quartier Latin, 2007. p. 304.

> uma empresa optante pela sistemática de apuração do lucro real deixa de recolher determinada parcela devida por estimativa de lucro que, num momento posterior, verificou-se inexistir em virtude de ulteriores prejuízos operacionais suportados no mesmo exercício.

Verifica-se no exemplo anterior que, comprovando-se, *a posteriori*, a inocorrência de fato gerador presumido – por força da apuração de prejuízo posterior no mesmo exercício fiscal –, não há falar em lesão ou prejuízo ao erário, não se justificando a imposição de qualquer penalidade. Em suma, o princípio da insignificância, calcado junto à equidade e à proporcionalidade, poderá afastar ou reduzir sanções de índole tributária.

Conclusões

Pelo que se depreendeu do estudo aqui realizado, é possível concluir por certa identidade normativa entre o Direito Penal Tributário e o Direito Tributário Sancionador, ambos comungando, *mutatis mutandis*, de princípios freadores do aparato estatal sancionador, muito por conta da concepção segundo a qual inexiste diferença ontológica entre ilícitos tributários *scricto sensu* e criminais.

Há hipóteses cujo Direito Tributário prevê no CTN, expressamente, regras que possuem profunda identidade com o Direito Penal, como, por exemplo, a vinculação da infração tributária à legalidade constitucional, conforme previsão do inciso V do art. 97 do CTN. Inevitável, nesse caso, traçar um paralelo ao princípio *nulla poena sine lege* (art. 1º do Código Penal).

Igualmente, o CTN dispõe, no art. 112, que a lei que defina infrações e comine sanções deve ser interpretada "da maneira mais favorável ao acusado", premissa essa cuja essência pouco se distancia do princípio da presunção da inocência em matéria penal, ressalvadas, por óbvio, diferenças cruciais entre ambas as matérias, uma vez que, por exemplo, em matéria fiscal dispensa-se, em regra, para a configuração da infração, o dolo do infrator – ao contrário do Direito Penal.

Ademais, o CTN prevê expressamente, no art. 106, II, *a* a *c*, a retroatividade da lei quando esta se mostrar mais benéfica ao sujeito passivo, cujo ato ainda não esteja definitivamente julgado, de modo que se determinada conduta deixar de ser tipificada como infração fiscal, aplica-se a lei posterior mais benéfica – inteligência presente também, ressalvadas suas diferenças, no Direito Penal (parágrafo único do art. 2º do CP).

Demais disso, uma vez que a Constituição Federal assegura o devido processo legal aos litigantes não só em processo judicial, senão, também, em processo administrativo, não há dúvida de que tal princípio é compartilhado entre o Direito Processual Penal e o Direito Tributário Sancionador.

Por outro lado, é plenamente possível, na inteligência do inciso III do art. 108 do CTN, que na ausência de disposição expressa no referido diploma, a autoridade competente aplique a legislação tributária se utilizando, sucessivamente, dos princípios gerais do direito público, abrindo espaço, portanto, à aplicação de normas atinentes ao Direito Penal. É o caso, por exemplo, do princípio da insignificância, que encontraria aplicação nos casos de infrações formais cometidas pelo sujeito passivo, as quais não impliquem prejuízo algum ao fisco, ou até mesmo em se tratando de infrações materiais, na hipótese de não recolhimento de tributo cuja respectiva obrigação, por razões diversas, tenha sido posteriormente infirmada.

Em suma, conclui-se pela clara existência de identidade principiológica entre o Direito Tributário Sancionador e o Direito Penal Tributário. Sem embargo, dessa afinidade normativa não se extrai que ambas as áreas não possuam as suas próprias peculiaridades, dispostas exclusivamente em cada regimento jurídico. Não por menos que o fundamento constitucional da infração tributária decorre do *ius tributandi*, cuja competência subjaz à própria competência tributária, ao passo que o crime tributário é fruto da potestade punitiva estatal, sendo matéria de competência exclusiva da União (inciso I do art. 22 da CF). Noutras palavras, os referidos segmentos do Direito possuem pontos de contato, os quais ensejam uma aproximação normativa; os seus pontos de diferenciação, entretanto, os distanciam profundamente, tornando o Direito Tributário Sancionador e o Direito Penal Tributário áreas com regimentos jurídicos essencialmente distintos.

Referências

ÁVILA, Humberto. **Sistema Constitucional Tributário**. 4. ed. São Paulo: Saraiva, 2010.

ÁVILA, Humberto. **Teoria dos Princípios**: da definição à aplicação dos princípios jurídicos. 17. ed. São Paulo: Malheiros, 2016.

COSTA JÚNIOR, Paulo José da; DENARI, Zelmo. **Infrações Tributárias e Delitos Fiscais**. 3. ed. São Paulo: Saraiva, 1998.

D'AVILA, Fabio Roberto. **Ofensividade em Direito Penal**: escritos sobre a teoria do crime como ofensa a bens jurídicos. Porto Alegre: Livraria do Advogado Editora, 2009.

FENOLL, Jordi Nieva. ***La Duda en el Proceso Penal***. Madrid: Marcial Pons, 2013.

GIACOMOLLI, Nereu José. **O devido processo penal**: abordagem conforme a Constituição Federal e o Pacto de São José da Costa Rica. São Paulo: Atlas, 2014.

GOLDSCHMIDT, Fabio Brun. **Teoria da Proibição de *Bis in Idem* no Direito Tributário**. São Paulo: Noeses, 2014.

HASSEMER, Winfried. ***Fundamentos del Derecho Penal***. Barcelona: Bosch, Casa Editorial S.A., 1984.

JARACH, Dino. ***El Hecho Imponible: teoria general del derecho tributario sustantivo***. 3. ed. Buenos Aires: Abeledo-Perrot, 2004.

JESCHECK, Hans-Heinrich. ***Tratado de Derecho Penal***: *parte general*. 4. ed. Granada: Comares Editorial, 1993.

MASINA Gustavo. **Sanções Tributárias**: definições e limites. São Paulo: Malheiros, 2016.

NIETO, Alejandro. ***Derecho Administrativo Sancionador***. 2. ed. Madrid: Editorial Tecnos, S.A., 2000.

PADILHA, Maria Ângela Lopes Paulino. **As Sanções no Direito Tributário**. São Paulo: Noeses, 2015.

PUIG, Santiago Mir. *Constitución, Derecho Penal y Globalización*. *In:* MARTÍN, Víctor Gómez (org.). ***Política Criminal y Reforma Penal***. Montevideo: B de F, 2007.

SALOMÃO, Heloisa Estellita. **A Tutela Penal e as Obrigações Tributárias na Constituição Federal**. São Paulo: Editora Revista dos Tribunais, 2001.

SCHOUERI, Luís Eduardo. **Direito Tributário**. 7. ed. São Paulo: Saraiva, 2017.

SILVA, Germano Marques da. **Direito Penal Tributário**. Lisboa: Universidade Católica Editora, 2009.

SILVA, Paulo Roberto Coimbra. **Direito Tributário Sancionador**. São Paulo: Quartier Latin, 2007.

13.
CRÍTICA CRIMINOLÓGICA, EM QUE TERMOS?

Augusto Jobim do Amaral

Na constante prática de "fazer ver aquilo que vemos"[1], quer dizer, de tornar visível aquilo que já aparece, mas que está tão intimamente ligado a nós mesmos que não percebemos, deveria guardar espaço privilegiado no debate criminológico, principalmente naquele que se dispõe a ser "crítico", dizer-se o que se entende primeiramente por crítica. Eis a postura fundamental que conduz nossa indagação: Nesses termos, o que significa *crítica*?[2]

[1] FOUCAULT, M. A Filosofia Analítica da Política. *In*: **Ética, Sexualidade, Política**. Ditos e Escritos V. Organização e seleção de textos Manoel Barros da Motta. 2. ed. Rio de Janeiro: Forense Universitária, 2006. p. 44.

[2] O desafio que nos interpela constantemente, em especial quando o assunto é a questão criminal, inarredavelmente é a capacidade de *transformar a crise em crítica*. Não esqueçamos que o ato de julgar, em grego, como lembra Agamben (AGAMBEN, G. **Pilatos e Jesus**. São Paulo: Boitempo; Florianópolis: Editora da UFSC, 2014. p. 33), "se denomina *krisis* (de *krino*, que etiminologicamente significa ´separar, de-cidir´)". Não obstante o significado jurídico, importante ressaltar que "convergem no termo tanto um significado médico (*krisis* como o momento decisivo na evolução de uma doença, quando o médico deve julgar se o doente morrerá ou sobreviverá) quanto teológico (o Juízo final: *en emerai kriseos,* ´no dia do juízo´, é a advertência que retorna mais vezes à boca de Jesus; em Paulo: *en emerai ote crinei,* ´no dia em que Deus julgará´ – *Rm.* 2,16)". No mesmo ano de 2013 em que este texto era publicado na Itália, Agamben profere em novembro uma famosa conferência em Atenas, "Por uma Teoria do Poder Destituinte" (tópico de mesmo nome que encerrará o livro do ano posterior *L´uso dei corpi* (AGAMBEN, G. ***L´uso dei corpi***. Vicenza: Neri Pozza Editore, 2014. p. 333 et seq.)

Uma conferência dada em Berkeley, no outono de 1983, crucial para o percurso foucaultiano, dedicada à Kant (em especial, ao texto clássico publicado na *Berlinische Monatschrift* de 1784, *"Was ist Aufklärung?"*), *"What is Enlightenment?"*[3], parece-me elementar para este ponto. O que Foucault faz reverberar é propriamente a pergunta que domina o pensamento, qual seja, a "questão da atualidade". Crítica, diga-se desde logo, é crítica do presente, é o trabalho do pensamento sobre o próprio pensamento.[4] Foucault verá em Kant o momento fundamental em que o próprio pensamento alcança interrogar sobre seu próprio significado. Emerge daí, assim, uma *atitude*, ou seja, a dobra do pensamento sobre sua própria atualidade, sua singularidade com o tempo no qual se inscreve, e que marca, para Kant, a modernidade não como período histórico. Para Foucault, lendo-o, trata-se de um *ethos*, de uma maneira de pensar e sentir, uma decisão, portanto, que conecta o pensamento

e "fechará" a série *Homo sacer*), a convite do Instituto Nicos Poulantzas e pela Juventude do Syriza, em que volta ao tema da *crise*, dentre outros assuntos com raro engajamento político, algo por vezes estranho à filosofia do autor (voltaremos nisso ainda neste livro). A *crise* aqui, precisamente para que não seja usada como forma permanente de governo, ou seja, como fator de instigação da emergência, precisa ser vista para além do seu significado jurídico de julgamento no Tribunal. Se, como vimos, convergem na história duas tradições semânticas que advêm do verbo *krino*, da teologia e da medicina – nesta denotando o momento crítico em que o médico deve decidir sobre vida e morte, e os dias decisivos dessas decisões são chamados *krisimoi* e, naquela, tratando do último julgamento proclamado por Cristo no fim dos tempos – em ambas, refere Agamben, o fundamental é a "ligação a um momento específico no tempo". Expressão que atualmente vê-se abolida, ou seja, na qual faz-se coincidir crise com normalidade, exatamente para que seja interrompida a necessária conexão da transformação da *crise em crítica*, e mesmo que sua produção quando possível seja banalizada ou inútil. Assim, "o processo contínuo de tomada de decisões", a imperativa tomada de postura crítica, a atitude-limite, acaba por não mais decidir absolutamente nada (Cf. AGAMBEN, G. **"Por uma Teoria do Poder Destituinte"**. 11 fevereiro 2014. Disponível em: https://5dias.wordpress.com/2014/02/11/por-uma-teoria-do-poder-destituinte-de-giorgio-agamben/. Acesso em: 12 fev. 2014). Essa é a pista, portanto, que percorremos.

[3] Apareceu pela primeira vez em RABINOW, P. (ed.). ***The Foucault Reader***. New York: Pantheon Books, 1984. A versão francesa apareceu em FOUCAULT, M.. *Dossier Kant et la modernité*. ***Magazine Littéraire***, n. 309, p. 61-74, abril de 1993. Foi reeditada em FOUCAULT, M... *Dits et écrits IV* (Paris: Gallimard, 1994), p. 562-578. Citaremos, para facilitar o acesso, a tradução em espanhol que reúne outras duas exposições de Foucault sobre o tema: FOUCAULT, M. *¿Qué es la Ilustración? In:* HIGUERA, Javier de la. ***Sobre la ilustración***. *Estudio preliminar de Javier de la Higuera*. 2. ed. Madrid: Tecnos, 2006. p. 71-97.

[4] FOUCAULT, M. **História da Sexualidade 2**: o uso dos prazeres. 6. ed. Rio de Janeiro: Graal, s/d. p. 13.

ao seu presente como *tarefa*[5]. Suma, o presente como tarefa do pensamento. E o que, pergunta Foucault, esta reflexão como problema político sobre o "hoje", como "motivo para uma tarefa filosófica particular", nos assinala? Primeiro, essa atitude, esse *ethos filosófico,* implica uma reativação constante de uma "crítica permanente do nosso ser histórico"[6]. Essa ética da investigação é que concede outro significado à crítica, agora como *atitude,* e não fidelidade a um sistema de doutrinas. Um estilo que nada tem de rechaço ou de negação simples, mas sim um "modo de relação reflexiva com o presente" mais bem afeita a uma "atitude-limite", uma "análise dos limites e a reflexão sobre eles"[7]. Um pensamento de fronteira, em tensão constante, disposto nos limiares (da criminologia e da política, mas que não se confunda com ela – correlata, mas diferenciada, veremos mais adiante). Eis o segundo ponto. Daqui se pode derivar e sustentar que a *Kritik* seja uma *atitude-limite em relação ao presente.*

Esse copertencimento do presente ao pensamento não se trata, como dissemos, de pura ablação do presente que confine a crítica a dizer como deveria ser o mundo ("filósofo-legislador") nem uma mera analítica das condições gerais do exercício do juízo. Trata-se de "crítica prática sob a forma de transgressão possível", que ponha como terceira questão positiva superar os "universais" – caso da punição, do Estado, do poder punitivo, como tradicionalmente vistos. De forma ainda mais direta, assumir a diferença. Diante do que nos é "dado como universal, necessário e obrigatório, [a questão é] em que medida é singular, contingente e devido a constrições arbitrárias?"[8]. A crítica, nessa toada, torna-se prática de desnaturalização das violências, por assim dizer. Procedimento de *événementialisation* ("acontecimentalizar"), dirá Foucault em certo momento[9]. Repita-se, nem um procedimento de aná-

[5] FOUCAULT, M. *¿Qué es la Ilustración? In*: HIGUERA, Javier de la. ***Sobre la ilustración***. *Estudio preliminar de Javier de la Higuera*. 2. ed. Madrid: Tecnos, 2006. p. 80-1.

[6] FOUCAULT, M. *¿Qué es la Ilustración? In*: HIGUERA, Javier de la. ***Sobre la ilustración***. *Estudio preliminar de Javier de la Higuera*. 2. ed. Madrid: Tecnos, 2006. p. 86.

[7] FOUCAULT, M. *¿Qué es la Ilustración? In*: HIGUERA, Javier de la. ***Sobre la ilustración***. *Estudio preliminar de Javier de la Higuera*. 2. ed. Madrid: Tecnos, 2006. p. 90-1.

[8] FOUCAULT, M. *¿Qué es la Ilustración? In*: HIGUERA, Javier de la. ***Sobre la ilustración***. *Estudio preliminar de Javier de la Higuera*. 2. ed. Madrid: Tecnos, 2006. p. 91.

[9] FOUCAULT, M. Mesa-redonda em 20 de Maio de 1978. *In*: MOTA, Manoel Barros da (org.). **Estratégia, poder-saber**. 2. ed. Rio de Janeiro: Forense Universitária, 2006. p. 339. (Ditos e Escritos IV).

lise preocupado em traçar os limites da experiência possível, nem aquele de examinar as estruturas formais da razão. Ao contrário, é produzir, ao nosso preciso interesse de *problematizar as práticas punitivas* – dispostas como peças inteiramente naturais, evidentes e indispensáveis – *rupturas,* mostrar que não eram tão necessárias assim. Produzir *rupturas com as evidências* que apoiam nossas práticas, neste caso punitivas. Para se perceber como se pune, fundamental é analisar os "regimes das práticas" punitivas. "Práticas" aqui no sentido que Foucault dá a elas, como "lugar de encadeamento do que se diz e do que se faz, das regras que se impõem e das razões que se dão, dos projetos e das evidências"[10]. Diante daquilo que se apresenta como homogêneo e universal, a "acontecimentalização" rompe a evidência em favor das matrizes de sua singularidade, dos processos múltiplos que o constitui, reencontrando a dinâmica instável dos jogos de força, suas estratégias e conexões que, em dado momento, "funcionará como evidência". Um exercício de coragem e ousadia, à medida que avança, decompõe a inteligibilidade dos processos de maneira multifacetada e traz cada vez mais um "poliformismo crescente" de elementos, relações e referências: "Pletora do lado das inteligibilidades. Falta do lado da necessidade", arremata Foucault[11].

Essa "desmultiplicação causal", como assinala, que, a sua vez, aniquila qualquer possibilidade de falar em universais – exorciza o fantasma do "Estado" e seu núcleo soberanista – coloca um estilo *experimental* de pensamento crítico.[12] A crítica, para Foucault, por nada metafísica ou transcendental, "é genealógica em sua finalidade e arqueológica em seu método. Arqueológica – e não transcendental – no sentido de que não buscará determinar as estruturas universais de todo conhecimento ou de toda a ação moral possível; mas ocupar-se dos discursos que articulam o que pensamos, dizemos e fazemos, como outros tantos acontecimentos históricos. E esta crítica será genealógica no sentido de que não deduzirá da forma do que somos o que nos é impossível

[10] FOUCAULT, M. Mesa-redonda em 20 de Maio de 1978. *In*: MOTA, Manoel Barros da (org.). **Estratégia, poder-saber**. 2. ed. Rio de Janeiro: Forense Universitária, 2006. p. 338. (Ditos e Escritos IV)

[11] FOUCAULT, M. Mesa-redonda em 20 de Maio de 1978. *In*: MOTA, Manoel Barros da (org.). **Estratégia, poder-saber**. 2. ed. Rio de Janeiro: Forense Universitária, 2006. p. 341. (Ditos e Escritos IV).

[12] FOUCAULT, M. Conversa com Michel Foucault. *In*: MOTA, Manoel Barros da (org.). **Repensar a Política.** Rio de Janeiro: Forense Universitária, 2010. p. 290. (Ditos e Escritos VI).

de fazer ou conhecer; mas que extrairá, da contingência que nos fez ser o que somos, a possibilidade de não ser, de não fazer, ou de não pensar, por mais tempo, o que somos, o que fazemos ou o que pensamos"[13].

Colocar-se à prova da realidade, portanto. E isso nada tem que ver com uma forma geral de pensamento que designaria, novamente, ao intelectual um papel de supervisor do universal. Como dissemos, nem profeta, nem legislador, nem pedagogo. Crítica não tem como objeto fórmulas prescritivas, está muito mais afeita à *clínica*, como referiu Deleuze[14] ou a uma "navegação do presente" como sabiamente lembra Chignola[15]. Crítica do presente, então, significa produzir diagnóstico da atualidade e deve, sobremaneira, atentar para a chantagem daqueles que tentam limitar, reduzir e parar o exercício da crítica com a hipocrisia do "não critiquem, vocês que não são capazes de fazer reforma". Em nenhum caso, esses "se devem ouvir", escreve Foucault. Segue: "Esses são ditos de gabinetes ministeriais. A crítica não deve ser premissa de um raciocínio que se concluiria por: eis aqui, portanto, o que lhes resta fazer. Ela deve ser um instrumento para aqueles que lutam, resistem e não querem mais as coisas como estão. Ela deve ser utilizada nos processos de conflitos, de enfrentamentos, de tentativas de recusa. Ela não tem de impor a lei à lei. Ela não é uma etapa em uma programação. Ela é um desafio em relação ao que é"[16]. Como referimos antes, perderam-se pelo meio dos blocos de sentido governamentais gerenciais, das capturas profissionais carreiristas ou das pesquisas de produtividade acadêmicas aqueles que, em algum momento, como intelectuais, fizeram-lhes furtar da crítica radical, melindrados a realizar uma criminologia de vulgata "realista", e que vejam neste tipo de crítica de uma *política da criminologia* apenas uma infrutífera infantilidade, irresponsabilidade ou dilantismo teórico. Se por responsabilidade for entendida chancelar o estado de coisas que se vive ou dar ares mais humanos a ele, sob uma lógica

[13] FOUCAULT, M. *¿Qué es la Ilustración? In:* HIGUERA, Javier de la. ***Sobre la ilustración***. *Estudio preliminar de Javier de la Higuera*. 2. ed. Madrid: Tecnos, 2006. p. 91-92.

[14] Cf. DELEUZE, G. **Crítica e Clínica**. São Paulo: Ed. 34, 1997.

[15] CHIGNOLA, S. ***Foucault Oltre Foucault***. *Una politica della filosofia*. Roma: DeriveApprodi, 2014. p. 14.

[16] FOUCAULT, M. Mesa-redonda em 20 de Maio de 1978. *In:* MOTA, Manoel Barros da (org.). **Estratégia, poder-saber**. 2. ed. Rio de Janeiro: Forense Universitária, 2006. (Ditos e Escritos IV). p. 349.

reformista que se aloja numa acomodada empiria, a intelectualidade criminológica, por assim dizer, tem o dever ético da *irresponsabilidade.*

A despeito disso, naturalmente, não raro, o argumento contra este tipo de *atitude crítica* de *tomar posição como contrapoder* – o terreno acadêmico da criminologia talvez esteja a maior prova disso – será disparado – por parte daqueles que apenas enxergam algo de crítico se útil, ou seja, sua pobreza de mundo reduz a potência de luta àquilo que consegue ser vinculado institucionalmente (seja na universidade, através das áreas técnicas, no máximo nas ciências sociais "aplicadas", mas desde que amparadas e subordinadas aos efeitos que tenham nos aparatos de Estado e em suas atividades correlatas, como a advocacia ou, ainda como crítica fraca de circulação manualística) – na direção do falso dilema "teoria/prática" ou, melhor ainda, da oposição entre crítica "ideal" e transformação "real".

A discussão é por demais clássica e, por exemplo, foi retomada por Foucault e Deleuze em 1972, no seio da discussão sobre os intelectuais e o poder. Da mesma maneira, a nosso turno, ainda permeia no âmbito das pesquisas em criminologia uma espécie de tentativa de hierarquização, sustentada por *formas de processo de totalização da prática*: ou se concebe a prática como aplicação, como consequência de uma teoria (os empirismos dos mais diversos quadrantes metodológicos são uma inclinação inegável), ou, do contrário, a prática como devendo inspirar uma teoria (o que vemos facilmente em alguns métodos "baseados em dados" que aparecem nas ciências sociais). Como escreve Deleuze, as relações teoria/prática são muito mais fragmentárias e parciais do que se vende. "A prática é um conjunto de relés de um ponto teórico a outro, e a teoria, um relé de uma prática a outra"[17].

Isso permite afirmar, desde logo, que da mesma forma que não há "*um* lugar da grande Recusa"[18], como repetidamente afirmou Foucault, não há uma posição privilegiada ou um local no qual tanto uma quanto a outra possam se dar de modo mais adequado antecipadamente. As relações de poder são situações estratégicas complexas (voltaremos ainda nisso à frente) que, dentre outras coisas, implodem o senso comum que pensa a universidade, por exemplo, em

[17] FOUCAULT, M. Os Intelectuais e o Poder. *In*: MOTA, Manoel Barros da (org.). **Estratégia, poder-saber**. 2. ed. Rio de Janeiro: Forense Universitária, 2006. (Ditos e Escritos IV). p. 37.
[18] FOUCAULT, M. **História da sexualidade 1**: a vontade de saber. São Paulo: Graal, 1988. p. 91.

especial as Humanidades, como espaço da teoria; e a prática, principalmente quando a questão é trabalhar criminologicamente atrelada a um aparelho estatal governamental. Todos os lugares são, a sua vez, teóricos e práticos. Teoria e prática são, portanto, potencializadoras uma da outra, revezam-se como que transmitindo o sinal que recebem da outra, amplificando-o. Devem funcionar como intensificadores mútuos. Sem esquecer, sobremaneira, o fundamental: estamos sempre falando de *ações*. Ambas são sempre ações: "ação de teoria, ação de prática nas relações de relé ou de rede", afirma Deleuze[19].

Daí a contribuição profunda para se perceber o papel do intelectual em sociedade. Sua *tomada de posição* não se dá "um pouco mais à frente", como um "agente da consciência" coletiva – no pensamento criminológico, frequentemente supõe-se, para aqueles que se colocam nas instâncias governamentais, a função de "levar os ensinamentos da academia", tanto quanto dos "práticos" se espera que procurem se "arejar", "atualizar" ou mesmo "se reciclar" na universidade. Trata-se, do contrário, de "lutar contra as formas de poder ali onde ele é, ao mesmo tempo, o objeto e o instrumento disso: na ordem do 'saber', da 'verdade', da 'consciência', do 'discurso'"[20].

Por isso, aquilo que se queira como uma *política da criminologia*, a seu modo, não deve ter o receio de dizer-se *teoria*. Todavia, uma teoria que não traduzirá qualquer prática, mas que será por si mesma uma prática. Sempre fragmentária, local, contingente, multiplicante e maleável pela conjuntura, dependendo do ponto que incida, mas sempre um *contrapoder*. Contra a sua manifestação mais delirante que é o poder punitivo, mostrado cinicamente como justificado. Por isso, dirá Foucault[21], que a luta contra o poder deve ser feita ali onde ele é mais insidioso e invisível. Abalá-lo é fazê-lo aparecer, torná-lo visível. Logo, o papel das resistências é fundamental (sobre o que trataremos mais adiante) como "catalisador químico", de modo a esclarecer as relações de poder[22].

19 FOUCAULT, M. Os Intelectuais e o Poder. *In*: MOTA, Manoel Barros da (org.). **Estratégia, poder-saber**. 2. ed. Rio de Janeiro: Forense Universitária, 2006. (Ditos e Escritos IV). p. 38.
20 FOUCAULT, M. Os Intelectuais e o Poder. *In*: MOTA, Manoel Barros da (org.). **Estratégia, poder-saber**. 2. ed. Rio de Janeiro: Forense Universitária, 2006. (Ditos e Escritos IV). p. 39.
21 FOUCAULT, M. Os Intelectuais e o Poder. *In*: MOTA, Manoel Barros da (org.). **Estratégia, poder-saber**. 2. ed. Rio de Janeiro: Forense Universitária, 2006. (Ditos e Escritos IV). p. 39.
22 Cf. FOUCAULT, M. O Sujeito e o Poder. *In*: DREYFUS, H. L. **Michel Foucault, uma trajetória filosófica**: para além do estruturalismo e da hermenêutica. Rio de Janeiro: Forense Universitária, 1995. p. 231-250.

Engajar-se na luta nesse viés, ali onde cada um se encontra e a partir de cada atividade, é o que permitirá fundir as resistências de todos aqueles sobre quem se exerce o poder. Pô-las para orbitar em constelação, "sob a condição de que sejam radicais, sem compromisso nem reformismo, sem tentativa para reordenar o mesmo poder fazendo, quando muito, uma mudança de titular"[23].

Se é de *teoria* que falamos, e ela, por natureza, é contra o poder, como afirma Deleuze no mesmo diálogo com Foucault – ademais de lembrar que a função do criminólogo, como de todo intelectual, não é aquela de mensageiro da verdade ou a luz que ilumina as consciências –, sua adesão *reformista* torna-se "boba e hipócrita". Tomada de postura crítica e reforma, a rigor, não condizem. Sabemos o quanto poderá soar estranho aos ouvidos juridificados que nasceram com a fixação desse único horizonte como inarredável, ainda mais quando em cena entra o poder punitivo, no mesmo instante em que as baterias serão disparadas contra os "utopistas" da sua abolição. Porém, lembra Deleuze: "Ou bem a reforma é elaborada por pessoas que se pretendem representativas e que professam falar pelos outros, em nome de outros, e isso é um arranjo do poder" –, deveria pensar nisso, quem sabe, um dia, alguma comissão legislativa formada por expertos para elaborar leis em matéria criminal – "uma distribuição de poder que se duplica por uma repressão aumentada" –, por isso, sempre o fracasso ou frustração anunciados daquilo que se esperava ou demandava – "ou bem é uma reforma reclamada, exigida por aqueles a quem ela concerne, e ela cessa de ser uma reforma: é uma ação revolucionária [...]"[24].

Importante frisar, ademais, de modo mais apurado, como emerge essa postura de relação entre filosofia e poder, ou melhor dizendo, a nosso juízo, entre o lugar de intervenção permanente de uma *política da criminologia* e a política (sempre entendida como representada, substantivada como atributo governamental). Sem dúvida, essa posição comporta uma *coragem de verdade*[25],

[23] FOUCAULT, M. Os Intelectuais e o Poder. *In:* MOTA, Manoel Barros da (org.). **Estratégia, poder-saber**. 2. ed. Rio de Janeiro: Forense Universitária, 2006. (Ditos e Escritos IV). p. 46.
[24] FOUCAULT, M. Os Intelectuais e o Poder. *In:* MOTA, Manoel Barros da (org.). **Estratégia, poder-saber**. 2. ed. Rio de Janeiro: Forense Universitária, 2006. (Ditos e Escritos IV). p. 40.
[25] Cf. FOUCAULT, M. **A coragem de verdade**: o governo de si e dos outros II: curso no Collège de France (1983-1984). São Paulo: Editora WMF Martins Fontes, 2011.

manifesta na direção de quem, de fato, exerce o poder[26]. Sua prova de verdade é definida por esse tipo de coragem, de pregnância, de implicação prática. Não é de realismo fictício que necessita a criminologia, disposto a ser apêndice de governo na busca de "caminhos efetivos", "politicamente relevantes" de uma "criminologia pública"[27], orientadas novamente a ser pronto substrato informativo para reformas. Do contrário, sua prova de realidade está *em atividade*, criminologia *en activité*[28] que não confunde relevância política com idolatria empírica ou adesão administrativa (inclusive *à la gauche*), uma realidade dos "dados", numa espécie de nova metafísica camuflada de falso materialismo.

A lucidez, para não se deslizar diante do cínico cânone do realismo político, passa por antever a armadilha de requisitar a inversão da posição entre governante e governado: "O que fazer então, críticos?", como vimos, não tardará em aparecer. Não é o governado quem deve dizer o que se deve fazer. Há uma assimetria informacional e posicional patente que bem sabe utilizar a *governance* das nossas democracias liberais atuais, e muito bem seguida por uma crítica convencional. Eis uma de suas estratégias principais de abafamento da crítica. Essa objeção, segundo a qual a crítica para ser deve se instalar na posição de quem governa, exatamente daquele que tem a verdadeira responsabilidade é o principal instrumento para que a inventividade, a potência criativa do governado, seja constrangida.

Como escreve Chignola: "O que o governado, como tal, deve fazer – admitindo que se possa falar de dever no terreno da criatividade que produz diretamente suas instituições – é assumir subjetivamente o direito de colocar aquelas 'questões de verdade', como Foucault as chama, que barrem a rotina burocrática e interrompam os circuitos da operatividade do governo. É uma tarefa que concerne à ética do trabalho intelectual – seu necessário posicionamento do lado da liberdade e não do poder; aquela posição que salva a filosofia da torsão ideológica que a traduz em teoria política, em saber do príncipe, vazia legislação ideal – e é a tarefa que incumbe a qualquer um que se ponha diante do governo, obrigando-o a justificar o sentido de sua ação e

[26] FOUCAULT, M. **O Governo de si e dos outros**: curso no Collège de France (1982-1983). São Paulo: Editora WMF Martins Fontes, 2010. p. 208.

[27] MATTHEWS, R. ***Realist Criminology***. New York: Palgrave Macmillan, 2014, p. 26.

[28] FOUCAULT, M. *El filósofo enmascarado*. *In*: ***Estética, ética y hemenéutica***. Barcelona/Buenos Aires/México: Paidós, 1999. Obras esenciales, v. III. p. 223.

as estratégias que persegue, obrigando-o, ao mesmo tempo, a reconhecê-lo como sujeito que a ele resiste"[29].

Não se trata, portanto, de troca de lugar com o governante. Uma *política da criminologia* não condiz com uma simples posição política, como lembrava Paul Veyne ao comentar a ética foucaultiana, quer dizer, não se presta a dar indicações a quem governa para fazer mais eficientes suas próprias decisões e, do lado dos governados, para fazê-las mais aceitáveis.[30] A crítica, em suma, deve eleger de que lado está. E isso significa ter a *coragem de verdade* de manter em tensão constante, em alta voltagem, sua relação com o governante. Se assim se define a posição do intelectual em oposição ao poder, contra o regime de normalidade do poder punitivo, para dizer em termos diretos aos nossos interesses mais próximos, é porque sua "pragmática" é de outra natureza. Ela se estabelece como *correlação* e *exterioridade*[31] ao plano político governamental. Sua condição como criminologia, tal como para a própria filosofia indicada por Foucault ("filosofia e política: relação necessária, mas coincidência impossível"[32]), é pôr-se diante do governo, conduzindo uma tensão permanente. A potência de uma *política da criminologia* é manter-se estrangeira, exilada do campo das ilusões e delírios governamentais, e das tentações que sequestrem sua rebeldia, quer pelo reconhecimento acadêmico, quer pelo sucesso financeiro profissional.

Repita-se: sua veridição não é da ordem do projeto ou da ideologia. Não deve, assim, alienar-se no discurso de quem governa. *Deve ser o rastilho de pólvora sempre capaz de detonar a tentativa de indiferenciação entre a política de governo com o Político.* Ademais, estsa forma de correlação – nada de superposição, captura ou organização linear entre uma teoria criminológica que só alcança concretude com a práxis política – delineia uma figura que Chignola aponta como fundamental: uma *elipse*. "Uma figura na qual cada um dos focos se mantém

[29] CHIGNOLA, S. ***Foucault Oltre Foucault***. *Una politica della filosofia*. Roma: DeriveApprodi, 2014. p. 108.

[30] Cf. VEYNE, P. **Foucault**: O pensamento, a pessoa. Lisboa: Edições Texto e Grafia, 2009.

[31] Em especial, ver a aula de 23 de fevereiro de 1983 – primeira e segunda horas: FOUCAULT, M. **O Governo de si e dos outros**: curso no Collège de France (1982-1983). São Paulo: Editora WMF Martins Fontes, 2010. p. 235-270.

[32] FOUCAULT, M. **O Governo de si e dos outros**: curso no Collège de France (1982-1983). São Paulo: Editora WMF Martins Fontes, 2010. p. 259.

frente ao outro, e no interior da qual se espacializa uma tensão"[33]. Uma *política da criminologia* encontra o estatuto de sua crítica, assim, no exercício de estabilizar um diferencial com relação ao poder punitivo, ser *filosofia das práticas de governo da punição* e *esteio da distância dos governados diante dos governantes.* Mas se liberdade – que nunca pode ser reduzida a um direito – é algo que diga respeito, propriamente, à capacidade de fazer[34], sem dúvida trata-se de traçar modalidades múltiplas de ser vivida como incansável potência. Pensar criticamente nunca deveria ter sido dizer que as coisas não são bem como são, tal como uma crítica "ideológica" rasteira. Muito ao contrário. A tarefa impostergável concerne em expulsar os modos de pensamento adquiridos que respaldam nossas familiaridades, que dão substrato às práticas que aceitamos: "fazer de sorte que o que aceitamos como indo de nós não tenha mais de nós"[35].

Necessário, portanto, uma vez mais sublinhar a estrondosa cumplicidade ou conivência generalizada com os aparatos de poder estatais que o estado da arte em criminologia[36], através de suas práticas, não raro nos apresenta –

[33] CHIGNOLA, S. ***Foucault Oltre Foucault***. *Una politica della filosofia*. Roma: DeriveApprodi, 2014. p. 100.

[34] Cf. especialmente a aula 9 de março de 1983: FOUCAULT, M. **O Governo de si e dos outros**: curso no Collège de France (1982-1983). São Paulo: Editora WMF Martins Fontes, 2010. p. 307 et seq.

[35] FOUCAULT, M. "É Importante Pensar?". *In:* MOTA, Manoel Barros da (org.). **Repensar a Política.** Rio de Janeiro: Forense Universitária, 2010. (Ditos e Escritos VI). p. 356.

[36] O espectro criminológico, até mesmo por sua contiguidade, mesmo que subordinada à área jurídica, não é um ponto fora da curva em comparação às relações jurídicas em geral estampadas por seus atores privilegiados, leiam-se, magistrados, promotores e advogados. Quando se pretende analisar o papel do intelectual jurídico, e destacadamente seu compromisso e postura diante da "questão criminal" (para usarmos um termo mais flexível e para não ficarmos adstritos aos "acadêmicos especialistas" da criminologia), atuando principalmente em posições de magistrado, Ministério Público e advocacia, novamente se reafirma, em larga escala, salvo honrosas exceções sempre presentes, o tom compromissário, conciliador e complacente. Em geral, há uma captura, que pode variar de teor, dependendo do privilégio alcançado pelo autor na cena jurídica. Historicamente, para ficarmos em poucas palavras, a magistratura brasileira sempre pareceu muito mais próxima de uma "nobreza togada" (ALMEIDA, F. N. R. de. **A Nobreza Togada: as elites jurídicas e a política da justiça no Brasil. 2010.** Tese [Doutorado em Ciência Política]. Programa de Pós-Graduação em Ciência Política da Universidade de São Paulo, São Paulo, 2010). Veja-se, em menor escala, mas não menos importante, o caso emblemático do TRF da 4ª Região e a sua "prosopografia familiar conservadora e corporativista instalada no sistema judicial brasileiro" (cf. OLIVEIRA, R. C. de. Genealogias Políticas do Judiciário. **NEP – Núcleo de Estudos Paranaenses da UFPR**, v. 4, n. 1, p. 317-330, 2018), distante das mazelas do dia a dia (VIANNA, L. W.; CARVALHO, M. A. R. de; MELO M. P.

C.; BURGOS, M. B. **Corpo e alma da magistratura brasileira**. 2. ed. Rio de Janeiro: Revan, 1997). Naturalmente, os laços da "grande família jurídica" no Brasil não dispensa a comunhão do Ministério Público, órgão sobre o qual não será necessária a menção a sua tamanha força política e ao seu protagonismo na persecução criminal, desde sempre como paladino de uma guerra contra a criminalidade, hoje atualizada no "combate à corrupção". Para além da inarredável unidade de desígnios, nunca é demais lembrar o alerta de Foucault: "os juízes só são visíveis de vermelho" (FOUCAULT, M. "O Limão e o Leite". *In*: MOTA, Manoel Barros da (org.). **Repensar a Política**. Rio de Janeiro: Forense Universitária, 2010. p. 290. [Ditos e Escritos VI]. p. 237). A justiça só interessará ao público em sua forma aguda, lá onde há crime, tribunal criminal, jogo a vida e da morte. Isso explica-se por ao menos um duplo movimento, um para frente e outro para trás: por um lado, deixa escapar todo um domínio, cada vez maior, de negócios que se regulam atrás de si (como as contendas no plano econômico) e, além do mais, desvia-se, profundamente, das funções "sociais" de cuidado cotidiano. Por certo que ela não deve se portar apenas como uma fortaleza (ainda que o acesso a ela possa por vezes isto representar), mas é irônico que ela seja flexível, permeável, transparente. Em seus terrenos é a organização da desordem que produz efeitos úteis. No mecanismo judiciário que vela por nós, a desordem produz a ordem. Sobretudo, de três maneiras fundamentais: produz "irregularidades aceitáveis" ao abrigo das quais nos achamos numa tolerância consentida por todos; produz "dissimetrias utilizáveis", assegurando a algumas vantagens que não têm outros, que as desconhecem ou não podem tê-las; enfim, sobremaneira, produz aquilo de mais alto valor nas civilizações como a nossa – a ordem social. Nessa chancela da ordem social, nessa justiça envelopada administrativamente, seria ingenuidade isolar a advocacia de qualquer cumplicidade. Mesmo em geral, retirado o volume de trabalhadores precários nessa área, aqueles supostamente mais imunes financeiramente são os que não demorarão em reforçar os laços da grande família jurídica brasileira. Até mesmo academicamente críticos não irão ruborescer quando num dia assentarão sua crítica lapidar aos quatro quadrantes aos Tribunais e, no momento seguinte, se vangloriarão do maior número de citações possíveis em seus julgados. O sucesso profissional, em geral, apenas tende a reforçar as curtas relações entre advocacia e Judiciário no Brasil. A flexibilização de direitos, da qual a enxurrada de práticas negociais e delatórias apenas é o capítulo mais recente, não deixa de expressar uma oportunidade de produção de certos privilegiados nesses contextos de profunda promiscuidade. Ainda haverá de surgir uma rigorosa pesquisa na direção de interrogar a enorme "coincidência" da recorrente presente nos mesmos grandes escritórios "especialistas" em grandes operações e seus laços profissionais, ou até mesmo familiares, de seus componentes com as instâncias judiciais (vale lembrar o exemplo pontual relatado em: BORGES, Rodolfo. Os laços da grande família jurídica do Brasil voltam à tona com a Lava Jato. **El País**, 26 de maio de 2017. Disponível em: https://brasil.elpais.com/brasil/2017/05/15/politica/1494855502_654494.html. Acesso em: 27 de maio de 2017). Ou, ainda, a não menos importante "indústria do compliance" e seu "mercado" surgido no Brasil não há muito tempo, indo para além da natural articulação entre procuradores e juízes punitivistas (cf. NASSIF, L. A relação promíscua entre a indústria do compliance e os procuradores nos EUA. GGN – o jornal de todos os Brasis, 28/04/2019. Disponível em: https://jornalggn.com.br/justica/a-relacao-promiscua-entre-a-industria-do-compliance-e-os-procuradores-nos-eua-por-luis-nassif/. Acesso em: 29 de abril de 2019).

e faz tempo, salvo raríssimas exceções, normalmente vindas de movimentos autônomos e antipunitivistas – e se compraz em legitimar o que já se sabe em vários níveis. Para dizer o menos, o sintoma mais bem diagnosticado nesses tipos de relações nada tranquilas na criminologia brasileira, apesar disso, é, em larga medida, uma postura de gerencialismo, estatalmente orgânica e intrinsecamente compromissada com suas demandas, mais ou menos arejadas consensualmente, ou seja, uma intelectualidade capitulada. Mesmo quando se pretende orientada criticamente, tal como acontece em alguma medida geralmente com a "classe" intelectual brasileira, verte-se a zonas de baixa intensidade, funcionando como amortizadora das tensões produzidas pelas relações de que também faz parte[37].

[37] Se quiséssemos escrever uma espécie de pequena reportagem de ideias da "disciplina criminológica brasileira na contemporaneidade e suas práticas", uma caricatura mal-acabada, quem sabe, desses fluxos de poder, poder-se-ia arriscar algumas séries de traços, sem esquecer, por certo, o preço das generalizações, das distorções, mas também a virtude que o desenho rabiscado pode ter em ressaltar algumas linhas interessantes – como se um rascunho fosse, sempre fácil de ser completado, atualizado e mesmo invalidado conjunturalmente. Mesmo assim, se me fosse dado o talento para isso, das linhas de forças sobre os saberes criminológicos no Brasil que poderíamos identificar, em geral, dois me parecem marcantes. Em suas práticas criminológicas, ao menos duas grandes cristalizações podem ser identificadas: uma de ordem jurídica (sediada no Direito, portanto) e outra advinda das Ciências Sociais "aplicadas" em sentido mais estrito, principalmente através da área da "segurança pública". Naturalmente, outra centena de variáveis, bifurcações e cruzamentos são possíveis. Lembremos, por exemplo, ainda dentro das Ciências Sociais, mais atreladas aos estudos anarquistas, algumas práticas abolicionistas autogestionadas que, em geral, destoam completamente de alguns que, no âmbito jurídico, a título de menção, mesmo que raros, ao se dizerem criminólogos e abolicionistas, não tardarão em aderir a programas restaurativos de justiça estatal, demandas negociais ou a outras iniciativas reformistas – em suma, práticas governamentais longe de qualquer autonomia do Estado.
Portanto, apenas fazemos este diagrama imaginário a título de problematização sobre um conjunto de forças e sua inércia. Assim, pode ser dito que, em larga medida, por primeiro, ainda persistem as "formas terminais" de hegemonia no campo jurídico quando o assunto é criminologia. A enunciação e a visibilidade nesse jogo tenso de relações são mais candentes no Direito, mesmo que subordinada cientificamente desde que os positivismos criminológicos do XIX forjaram a criminologia como ciência auxiliar ao Direito. Não será à toa que, inclusive, o que acaba por transbordar para as Ciências Sociais em geral, principalmente em termos da temática da "segurança pública", ganha, no Brasil, o nome de "sociologia da violência", mesmo que o conteúdo sobre a questão criminal permaneça na mesma sintonia. Se abstivéssemos de alçar o olhar sobre as práticas mais toscas – puramente multiplicadoras de violência extrema, exército de reserva de especialistas da ordem, bastante difundidas e chanceladas em vários domínios atualmente –, ainda assim remanesceria uma significativa

parcela de uma criminologia marcada sob a égide estatocêntrica, de "defesa social", atenta à limitação do poder punitivo. Para usarmos o termo generalizado, atrelada a um "garantismo penal": uma espécie de esforço minimalista de refundação do liberalismo sob novas bases povoa esse terreno.
Mesmo quando nos dirigimos ao seu chamado "criticismo", quiçá para alguns até "radical", a tradição criminológica não deixa de percorrer uma linha bastante constante deflagrada por uma metodologia orientada por um marxismo acadêmico ortodoxo, que impõe como princípio ordenador da vida os modos de produção e que continuará a ver o poder punitivo, a partir deles, como explicação reflexa mais ou menos dialética, ou seja, mais ou menos uma vaga superestrutura de classe. Sobretudo, vê-se de maneira irredutível o Estado como local do *Poder*, que deve ser tomado, pois detido por uma "classe dominante" – mesmo que, como lembra Foucault (numa conferência dada na Universidade da Bahia no verão de 1981), por um lado, Marx tenha frisado no Livro II, sobre "os processos de circulação do Capital" (Cf. MARX, K. ***El Capital**: Crítica de la Economía Política. Libro segundo. El proceso de circulación del capital.* Buenos Aires: Editorial Cartago, 1973), que não existe "um" poder, mas muitos, havendo um arquipélago de poderes diferentes não derivados de um poder central; e, por outro, que a frequente oposição de classe dominante *vs.* dominada, ou seja, um dualismo simplista nunca será encontrado em Marx. O que mais espanta, ademais, é a incapacidade de se perceber o quanto este tipo de lógica que deposita o *Poder* no Estado, que enxerga o poder como uma superestrutura jurídica, no fundo, não deixa de retomar o tema clássico do pensamento burguês, que imagina o poder essencialmente como um fato jurídico (FOUCAULT, M. "As Malhas do Poder". *In:* MOTTA, Manoel Barros da. **Segurança, Penalidade e Prisão**. Rio de Janeiro: Forense Universitária, 2012. (Ditos e Escritos VIII). p. 172, 175 e 188). Nem se fale, ainda, sobre a antropologia que subjaz (até como dado adquirido involuntário ou não refletido) todo esse criticismo e que coloca o *trabalho como essência do homem*, logo como a concretude mesma da classe dominada, ou seja, o *trabalho como essência concreta do homem e o desapossamento do fruto de seu trabalho como origem da alienação*. Bernard Harcourt, lendo o Curso de 1972-1973 de Michel Foucault, organizado por ele, frisa ser este um deslocamento importante de Foucault com relação a um certo marxismo acadêmico, segundo o qual o trabalho seria a essência do homem, como aparece nos "Manuscritos de 1844 (Economia política e filosofia)" de Marx (HARCOURT, B. Situação do Curso. *In:* FOUCAULT, M. **A Sociedade Punitiva (1972-1973)**. Edição estabelecida por Bernard E. Harcourt, sob a direção de François Ewald e Alessandro Fontana. São Paulo: Martins Fontes, 2015). Obviamente que tal limitação engessará qualquer análise da punição, neste criticismo radical à brasileira, em favor de uma leitura formal-economicista da correspondência entre a "forma-prisão da penalidade" com a "força-salário do trabalho" (FOUCAULT, M. "Resumo do Curso". *In:* **A Sociedade Punitiva (1972-1973)**. Edição estabelecida por Bernard E. Harcourt, sob a direção de François Ewald e Alessandro Fontana. São Paulo: Martins Fontes, 2015. p. 238) como chave-mestra do poder punitivo. Que ambas são formas "historicamente gêmeas" introduzidas por certa "quantidade de tempo num sistema de equivalências", dirá Foucault (FOUCAULT, M. ***A Sociedade Punitiva* (1972-1973)**. p. 65 e 78), disso se tem pouca dúvida – aliás, repetida quase como mantra depois, mesmo que a fonte da afirmação estivesse fragorosamente omitida em obras basilares como *Carcere e fabbrica*, de 1979, de Melossi e Pavarini (MELOSSI, D.; PAVARINI, M. *Cárcere e Fábrica: As origens do sistema penitenciário (séculos XVI-XIX)*. Tradução de Sérgio Lamarão.

Rio de Janeiro: Revan/ICC, 2006) (sempre se poderá desculpar, mesmo que destoe do rigor das fontes com que operaram os autores nos textos, pois o curso foucaultiano veio a ser publicado apenas em 2013, sem mencionar, ademais, a conturbada, para não dizer torta, recepção de Foucault na década de setenta pela Escola de Bologna, bem vinculada ao PCI) –, mas desde que bem compreendido que, o que sempre esteve em jogo para Foucault, era a transformação de tempo de vida em tempo de trabalho. A seu turno, o trabalho como essência do homem é um mito forjado, escreve Foucault, desenvolvendo tal argumento, como se sabe, pouco depois no Rio de Janeiro em seu famoso seminário *A verdade e as formas jurídicas*. Tempo e vida do homem não são por natureza trabalho, há toda uma energia explosiva, fluxos de desejos que precisaram ser transformados em força de trabalho oferecida ao mercado. Exatamente pensar o trabalho como essência concreta do homem já é fazer o jogo; é, desde logo, produto de certas práticas intimamente ligadas às relações capitalistas de produção, não derivada de uma "classe no poder" ou de um "aparato de Estado", mas uma "trama de poder político microscópica, capilar" (FOUCAULT, M. **A verdade e as formas jurídicas**. Rio de Janeiro: NAU, 2003. p. 166 et seq., cit. p. 125). Rica ironia de todo quadro que, em suma, conduzirá essa criminologia a uma teoria geral da penalidade, seja como "retribuição equivalente" ou como "garantia das relações sociais" mantidas por uma "ideologia dominante", tida ainda como materialista, mas sobremaneira lida linearmente desde o estreito esquadro de classe forjada pelo trabalho (como essência do homem) alienado.

Uma outra ordem, bem mais fragmentada, disciplinarmente inclusive, percorre o âmbito das ciências sociais aplicadas, em especial através do escopo "reformista" da tema da "segurança pública". De modo mais denso, a tradição mais estabelecida coloca-se desde os estudos de "sociologia da violência", que, em geral, saberão muito bem negociar com a barbárie e tentar humanizá-la, jamais deixando de expandir as redes de punição e segurança sobre as populações. Noutros termos, desde o tripé clássico da socialdemocracia ocidental pautado por "Direitos Humanos-Democracia-Segurança Pública", a criminalidade é posta como um desafio administrativo, em especial um problema de democratização das instituições de controle. Sobretudo, garante-se fôlego ao sistema penal através de uma estratégia que faz das tecnologias policiais e judiciais, principalmente, uma questão de monitoramento e qualidade democrática (cf. o fabuloso MARQUES, A. **Humanizar e expandir**: uma genealogia da segurança pública em São Paulo. São Paulo: IBCCRIM, 2018). Quase tudo, alimentado por uma torrente de empirismos – equivalente à "prática" para seus fins – de precária capacidade imaginativa, mas com significativo contingente de verbas de pesquisa (hoje em dia, naquilo que resta delas), que faz com que a coleta de dados seja a própria realidade ou alguma aproximação dela ou até mesmo forjem teorias. De outra parte, mas não muito distante e desconexa desta razão democrática e humanista, não se pode esquecer os "pragmatismos" que podem tomar mais ou menos o recorte da adesão governamental, mas que, em geral, investirão na legalidade estatal como estratégia de liberdade, no diálogo institucional, bem ao gosto da burguesia que um dia quiseram condenar. Neste ponto, seria o equivalente aos "garantismos penais" na seara jurídica, um liberalismo acanhado, medroso e temente do amparo do Estado. Mas lembremos que isso seria apenas um roteiro, uma cartografia à mão livre para uma reportagem de ideias, ainda não escrita. Nada mais.

"Crítica é tornar difícil os gestos mais simples"[38], para retomarmos o ponto crucial. Crítica criminológica que, em compensação, esqueça sua força possível de fazer pensar a questão da penalidade de modo diferente do que refletimos e que, ao mesmo tempo, disponha-se a aderir negocialmente ao poder punitivo já perdeu seu momento de realização. Doutro modo, a urgência e dificuldade de uma *política da criminologia* estão aí: *tornar visíveis as práticas da penalidade e do poder punitivo que teimam em se transformar perpetuamente e impedir outros modos de vida*. "Fazer da penalidade um lugar de reflexão incessante, de pesquisa, e de experiência, de transformação". A tarefa incansável e incessante, ou seja, o crivo ético e político de uma *política da criminologia* estará em jamais evitar desestabilizar o exercício da punição, fazer com que ele nunca "se sinta tão seguro de si próprio"[39].

Se a crítica, como vista, é um desafio ao que é dado, máquina de torções em locais incômodos, a teoria que se produz daí nada se parece como uma antecipação da práxis. De modo mais contundente, se a crítica ainda quiser fazer algo que não consista meramente em dizer que as coisas não são bem como são, que tenha a coragem, em termos criminológicos filosoficamente fundados, de *expor em que tipos de evidências, de modos de pensamento adquiridos e não refletidos repousam as práticas da penalidade que naturalizamos*. Trabalho de desbloqueio do pensamento, dado pela captura regida, em termos criminológicos, pelas práticas profissionais mais ou menos institucionalizadas. Nessas condições, a desmistificação das evidências que uma *política da criminologia*, por sua crítica radical, propõe é absolutamente indispensável, principalmente no contexto necropolítico tropical[40] em que vivemos faz tempo. Uma criminologia que fique na *mesma* sintonia, afirme-se apenas num *mesmo* modo de pensamento (inclusive sedizente crítico), que não interrogue a si *mesma* para além da preocupação de como se ajustar o *mesmo* pensamento à realidade das coisas, não passa de fugaz superficialidade técnico-governamental.

[38] FOUCAULT, M. É Importante Pensar? *In:* MOTA, Manoel Barros da (org.). **Repensar a Política.** Rio de Janeiro: Forense Universitária, 2010. (Ditos e Escritos VI). p. 356.

[39] FOUCAULT, M. Contra as Penas de Substituição. *In*: MOTA, Manoel Barros da (org.). **Repensar a Política.** Rio de Janeiro: Forense Universitária, 2010. (Ditos e Escritos VI). p. 361.

[40] Cf. PELBART, P. P. **Necropolítica Tropical**: Fragmentos de um pesadelo em curso. São Paulo: n-1 edições, outubro de 2018. (Série Pandemia).

Referências

AGAMBEN, G. **Pilatos e Jesus**. São Paulo: Boitempo; Florianópolis: Editora da UFSC, 2014.

AGAMBEN, G. ***L´uso dei corpi***. Vicenza: Neri Pozza Editore, 2014.

AGAMBEN, G. **Por uma Teoria do Poder Destituinte**. 11 fevereiro 2014. Disponível em: https://5dias.wordpress.com/2014/02/11/por-uma-teoria-do-poder-destituinte--de-giorgio-agamben/. Acesso em: 12 fev. 2014.

ALMEIDA, F. N. R. de. **A Nobreza Togada:** as elites jurídicas e a política da justiça no Brasil. 2010. Tese (Doutorado em Ciência Política). Programa de Pós-Graduação em Ciência Política da Universidade de São Paulo, São Paulo, 2010.

AMARAL, Augusto Jobim do. **Política da Criminologia**. São Paulo: Tirant lo Blanch, 2020.

BORGES, Rodolfo. Os laços da grande família jurídica do Brasil voltam à tona com a Lava Jato. ***El País***, 26 de maio de 2017. Disponível em: https://brasil.elpais.com/brasil/2017/05/15/politica/1494855502_654494.html. Acesso em: 27 maio 2017.

CHIGNOLA, S. ***Foucault Oltre Foucault***. *Una politica della filosofia*. Roma: DeriveApprodi, 2014.

DELEUZE, G. **Crítica e Clínica**. São Paulo: Ed. 34, 1997.

FOUCAULT, M. *Dossier* Kant et la modernité. ***Magazine Littéraire***, n. 309, p. 61-74, abril de 1993.

FOUCAULT, M.. ***Dits et écrits IV***. Paris: Gallimard, 1994.

FOUCAULT, M. **História da sexualidade 1**: a vontade de saber. São Paulo: Graal, 1988.

FOUCAULT, M. O Sujeito e o Poder. *In*: DREYFUS, H. L. **Michel Foucault, uma trajetória filosófica**: para além do estruturalismo e da hermenêutica. Rio de Janeiro: Forense Universitária, 1995.

FOUCAULT, M. **História da Sexualidade 2**: o uso dos prazeres. 6. ed. Rio de Janeiro: Graal, s/d.

FOUCAULT, M. **A verdade e as formas jurídicas**. Rio de Janeiro: NAU, 2003.

FOUCAULT, M. ¿Qué es la Ilustración? *In*: HIGUERA, Javier de la. ***Sobre la ilustración***. Estudio preliminar de Javier de la Higuera. 2. ed. Madrid: Tecnos, 2006.

FOUCAULT, M. A Filosofia Analítica da Política. *In*: **Ética, Sexualidade, Política**. Ditos e Escritos V. Organização e seleção de textos Manoel Barros da Motta. 2. ed. Rio de Janeiro: Forense Universitária, 2006.

FOUCAULT, M. Mesa-redonda em 20 de Maio de 1978. *In*: MOTA, Manoel Barros da (org.). **Estratégia, poder-saber**. 2. ed. Rio de Janeiro: Forense Universitária, 2006. (Ditos e Escritos IV).

FOUCAULT, M. **O Governo de si e dos outros**: curso no Collège de France (1982-1983). São Paulo: Editora WMF Martins Fontes, 2010.

FOUCAULT, M. **A coragem de verdade**: o governo de si e dos outros II: curso no Collège de France (1983-1984). São Paulo: Editora WMF Martins Fontes, 2011.

FOUCAULT, M. Conversa com Michel Foucault. *In*: MOTA, Manoel Barros da (org.). **Repensar a Política.** Rio de Janeiro: Forense Universitária, 2010. (Ditos e Escritos VI).

FOUCAULT, M. É Importante Pensar? *In*: MOTA, Manoel Barros da (org.). **Repensar a Política.** Rio de Janeiro: Forense Universitária, 2010. p. 290. (Ditos e Escritos VI).

FOUCAULT, M. Contra as Penas de Substituição. *In*: MOTA, Manoel Barros da (org.). **Repensar a Política.** Rio de Janeiro: Forense Universitária, 2010. (Ditos e Escritos VI).

FOUCAULT, M. As Malhas do Poder. *In*: MOTTA, Manoel Barros da. **Segurança, Penalidade e Prisão**. Rio de Janeiro: Forense Universitária, 2012. (Ditos e Escritos VIII).

FOUCAULT, M. *El filósofo enmascarado*. *In*: ***Estética, ética y hemenéutica.*** Barcelona/Buenos Aires/México: Paidós, 1999. Obras esenciales, v. III. p. 217-224.

HARCOURT, B. Situação do Curso. *In:* FOUCAULT, M. **A Sociedade Punitiva (1972-1973)**. Edição estabelecida por Bernard E. Harcourt, sob a direção de François Ewald e Alessandro Fontana. São Paulo: Martins Fontes, 2015.

MARQUES, A. **Humanizar e expandir**: uma genealogia da segurança pública em São Paulo. São Paulo: IBCCRIM, 2018.

MARX, K. ***El Capital:*** *Crítica de la Economía Política. Libro segundo. El proceso de circulación del capital.* Buenos Aires: Editorial Cartago, 1973.

MATTHEWS, R. ***Realist Criminology***. New York: Palgrave Macmillan, 2014.

MELOSSI, D.; PAVARINI, M. **Cárcere e Fábrica:** As origens do sistema penitenciário (séculos XVI-XIX). Rio de Janeiro: Revan/ICC, 2006.

NASSIF, L. A relação promíscua entre a indústria do compliance e os procuradores nos EUA. **GGN – o jornal de todos os Brasis,** 28/04/2019. Disponível em: https://jornalggn.com.br/justica/a-relacao-promiscua-entre-a-industria-do-compliance-e-os-procuradores-nos-eua-por-luis-nassif/. Acesso em: 29 abr. 2019.

OLIVEIRA, R. C. de. Genealogias Políticas do Judiciário. **NEP – Núcleo de Estudos Paranaenses da UFPR**, v. 4, n. 1, p. 317-330, 2018.

PELBART, P. P. **Necropolítica Tropical**: Fragmentos de um pesadelo em curso. São Paulo: n-1 edições, outubro de 2018. (Série Pandemia).

RABINOW, P. (ed.). ***The Foucault Reader***. New York: Pantheon Books, 1984.

VEYNE, P. **Foucault**: O pensamento, a pessoa. Lisboa: Edições Texto e Grafia, 2009.

VIANNA, L. W.; CARVALHO, M. A. R. de; MELO M. P. C.; BURGOS, M. B. **Corpo e alma da magistratura brasileira**. 2. ed. Rio de Janeiro: Revan, 1997.

14.
BREVE ENSAIO DE 1984 A 2020

Clarice Beatriz da Costa Söhngen

1. Considerações iniciais

No século XIX, a interpretação do Direito assumia exclusivamente a literalidade como primeira razão metodológica do sentido dos textos com base no formalismo jurídico vigente à época. De acordo com Savigny,[1] o processo de interpretação estava restrito ao sentido verdadeiro da lei. Assim, a hermenêutica jurídica era concebida como a expressão de um ideal de certeza e segurança jurídica, expressos por sentenças como espécie de silogismos.

Entretanto, o século XX inaugurou a criatividade do juiz no processo de intepretação, com base no realismo e pluralismo jurídicos, por exemplo, traduzidos por meio da concepção tópica do raciocínio jurídico apresentada pela Nova Retórica de Chaïm Perelman[2]. Esse avanço da hermenêutica jurídica representou sua ruptura com o positivismo lógico do século anterior a partir da potencialidade de criação do aplicador do Direito em detrimento do uso exclusivo do silogismo legal.

Desse modo, a retórica de Perelman resgata a intersubjetividade ao raciocínio jurídico, comprometido com as possibilidades de argumentação,

[1] SAVIGNY, Friedrich Karl Von. **Metodologia Jurídica**. Campinas, São Paulo: Edicamp, 2001.

[2] PERELMAN, Chaïm. **Lógica Jurídica**. São Paulo: Martins Fontes, 1998. p. 184.

em face de ponderações acerca dos diferentes pontos de referência inscritos na linguagem através dos signos, significados, significantes e seu contexto.

Do ponto de vista semântico-pragmático, na interpretação retórica, o raciocínio jurídico admite a porosidade do próprio ordenamento, que muitas vezes se apresenta lacunoso, ambíguo e vago. O desafio, portanto, dessa proposta é a assunção da plurivocidade do discurso jurídico, incluindo a literatura como um dos aportes possíveis na interpretação e aplicação do Direito a partir da obra de Orwell *1984*[3].

O protagonista da obra é Winston Smith, funcionário do Departamento de Documentação do Ministério da Verdade, um dos quatro ministérios que governam a fictícia Oceânia, um dos três grandes estados transcontinentais totalitários reunido pela ex-Inglaterra, as ex-Américas, a ex-Austrália e a Nova Zelândia e parte da África.[4]

O Ministério da Verdade é responsável por destruir informações, falsear a história e propagar a mentira. De acordo com Lynskey (2019), "*1984* continua sendo o livro ao qual nos voltamos quando a verdade é mutilada, a linguagem é distorcida e o poder violado"[5]. No debate entre Rorty e Conant (2005) sobre o tema, na visão de Conant, o totalitarismo fundamenta-se em uma noção de "mentira institucionalizada", que nega qualquer possibilidade de liberdade de pensamento para Orwell. [6]

Ainda é importante observar que mais do que identificar um diálogo polifônico, o que pode ser encontrado em *1984* são monólogos. "Quando algum

[3] Orwell, George. **1984**. São Paulo: Companhia das Letras, 2019.

[4] George Orwell publicou o livro em 1949 e narra a história após uma guerra global que eliminou as nações e criou três estados totalitários: a Oceânia, a Eurásia e Extasia. Os três estados disputam outros territórios, como o norte da África, o centro e o Sudeste da Ásia, além de todo o território da Antártica. Na Oceânia, governo mais poderoso dentre os três, o "Partido" totalitário garante sua força pela onipresença do "Grande Irmão", que ao país governa e a todos vigia através do Ministério da Verdade, Ministério do Amor, Ministério da Paz e Ministério da Fartura. "Guerra é paz, Liberdade é escravidão, Ignorância é força" é o lema do Partido.

[5] LYNSKEY, Dorian. ***The Ministry of Truth:*** *The Biography of George Orwell's 1984*. Nova York: Doubleday, 2019. p. 13.

[6] CONANT, James. Rorty and Orwell on Truth. *In*: GLEASON, Abbot; GOLDSMITH, Jack; NUSSBAUM, Martha C. (org.). ***On Nineteen Eighty-Four:*** *Orwell And Our Future*. Princeton University Press, 2005.

personagem fala ou quando Winston tece suas considerações ou lê *Teoria e prática do coletivismo oligárquico, quase tudo mais se cala*"[7].

Diante disso, é como alternativa observar que *1984* é tudo menos um livro sem vida.[8] Inclusive, é um livro que inaugura a "Novafala". A fala da ambiguidade do "duplipensamento".[9]

2. Um tempo de partida: a história e a linguagem na obra *1984*

Em 1949, George Orwell publica a obra *1984*[10], que retrata a sociedade ficcional de uma época posterior, ou seja, para além de seu tempo. Após 71 anos, a reflexão crítica provocada por essa história atravessa seu estado cronológico, com a forte denúncia da desrazão do estado de permanência dos acontecimentos e, ao mesmo tempo, inscreve as mesmas formas, ainda hoje vivenciadas, de um mesmo estado de violências.

Alguns podem advogar que se trata de predição, mas outros podem afirmar que a denúncia trata de um mesmo tempo – inclusive, ultrapassado pela permanência das coisas, que coisificam o homem até os dias de hoje.

Considerando o desenho atual do mundo globalizado do século XXI, o debate acerca da sociedade compreende especialmente o Direito em suas interfaces com as Ciências Sociais, a Psicologia, a História; enfim, com as humanidades. Esse debate, antes permeado por uma perspectiva totalitarista, aparece como ficcional como se tivesse sofrido seu deslocamento para o *status* do "óbvio" e, mais ainda, "verdadeiro".

Em uma dada concepção, fundada na hermenêutica tradicional e anunciada nas considerações iniciais deste artigo, a armadilha recorrente é a busca de uma interpretação que compreenda o todo de modo absoluto e redutível a um único sentido de verdade. Talvez assim a obra possa ser considerada um

[7] PEN, Marcelo. **1984**: George Orvell. São Paulo: Companhia das Letra, 2019. p. 29.

[8] PEN, Marcelo. 1984: George Orvell. São Paulo: Companhia das Letras, 2019. p. 29.

[9] A Novafala era o idioma oficial da Oceânia e fora concebido para atender às necessidades ideológicas do *Socing*, ou Socialismo Inglês. Em 1984, ainda não havia quem o empregasse como meio exclusivo comunicação, tanto oralmente como por escrito. Previa-se que a Novafala substituísse a Velhafala em 2050, aproximadamente, com todos os membros do Partido. Enquanto isso, o novo idioma era inserido aos poucos.

[10] ORWELL, George. **1984**. São Paulo: Companhia das Letras, 2019.

ensaio de não ficção disfarçado de ficção, uma vez que vários dos elementos apresentados são recorrentes e persistem devido aos "relatos da história".

Nesse sentido, Lyotard (1979)[11] denuncia que os relatos, ao questionarem a condição pós-moderna do tempo histórico a partir da afirmação de que "do ponto de vista de seus próprios critérios, revelam-se como fábulas" e, assim, se distanciam da verdade com um sentido único e provocam a ruptura com a verdade absoluta. O entendimento de Benjamin (1985) é de que o acesso ao passado não ocorre exatamente como foram os fatos, mas no ato de "apropriar-se de uma recordação como ela relampeja no momento do perigo"[12], pode ser um modo de interpretar como Winston, personagem principal do livro *1984*, relata em seu diário o gesto de uma mãe judia, em um bote com refugiados, envolvendo com os braços o filho pequeno, em uma tentativa de protegê-lo dos bombardeios.

Ainda em Benjamin,

> O cronista que narra os acontecimentos, sem distinguir entre os grandes e pequenos, leva em conta a verdade de que nada do que um dia aconteceu pode ser considerado perdido para a história. Sem dúvida, somente a humanidade redimida poderá apropriar-se totalmente de seu passado. Isso quer dizer que somente para a humanidade redimida o passado é citável, em cada um de seus momentos. Cada momento é *à l'orde du jour* – e esse dia é o do juízo final.[13]

É importante observar que a data definitiva do romance é 2050, um tempo futuro para este texto, mas atualizável em uma mesma história que se pretende ficcional sem realmente ser assim. A violência, o terror e o medo são relatados no texto por meio da solidão. Em *Origens do totalitarismo*, por exemplo, Hannah Arendt afirma que o terror se baseia na solidão e a distingue do isolamento, pois isolado, o personagem Winston encontra-se consigo mesmo sem perder

[11] LYOTARD, Jean-François. **A condição pós-moderna**. Rio de Janeiro: Editora José Olympio, 1979. p. 15.

[12] BENJAMIN, Walter. **Obras escolhidas: Magia e técnica, arte e política.** São Paulo: Brasiliense, 1985. p. 223.

[13] BENJAMIN, Walter. **Obras escolhidas: Magia e técnica, arte e política**. São Paulo: Brasiliense, 1985. p. 223.

contato com seus semelhantes, mas na solidão há o abandono de si mesmo.[14] Trata-se de uma questão linguística, em que os signos reinventam significados por meio das complexidades dos significantes.

Assim como Arendt, sua condição o levou ao exílio em várias vezes "o que lhe acentua a desconfiança, alguma paranoia e, também a um agudo senso de observação"[15]. O fenômeno da violência aliado à linguagem desvela suscetibilidades que a língua dos relatos não consegue mais insistir.

Então, um desafio linguístico é inaugurado na história relatada por Winston, como anteriormente foi anunciado: a "Novafala". Para além de 1984, a data definitiva do romance é 2050, quando a "Velhafala", o último elo com o passado, seria por fim suprimida:

> A conversão definitiva para a Novafala, a última fase do apagamento das mentes, nunca aconteceu. No entanto, falaria o narrador de um tempo seguro, posterior a 2050, ou o que é mais provável, anterior a isso, ainda que 'a história tenha sido reescrita, insinuando o avanço do projeto totalitário, mas observa que falhas do sistema permitiram a sobrevivência de fragmentos da literatura do passado, os quais no futuro [...] se tornariam ininteligíveis e intraduzíveis'.[16]

É importante observar a cisão criada pela linguagem entre os interlocutores, pois os falantes da Novafala pertencem a tempos diferentes. Assim, 2050 é uma data hipotética, uma vez que a sua prática em 2050 talvez não aconteça. A Novafala procura apreender o significado unívoco em detrimento da plurivocidade. Há uma diferença no modo como as opiniões são debatidas. Para além de um diálogo polifônico, muitas vezes em *1984* há monólogos.[17] A condição posterior do personagem principal ao exílio é recursiva e isso lhe desperta a desconfiança, mas o que lhe acentua a desconfiança, alguma paranoia e também um agudo senso de observação.[18]

[14] ARENDT, Hannah. **Origens do totalitarismo.** São Paulo: Companhia das Letra, 2006. p. 527-528.

[15] ORWELL, George. **1984**. São Paulo: Companhia das Letras, 2019. p. 33.

[16] PEN, Marcelo. **1984**: George Orwell. São Paulo: Companhia das Letras, 2019. p. 32.

[17] BAKTHIN, Mikhail. **Problemas da poética de Dostoiévski.** Rio de Janeiro: Forense, 2013.

[18] ORWELL, George. **1984.** São Paulo: Companhia das Letras, 2019. p. 33.

Cabe observar o encanto (frustração) do narrador com relação à Novafala, um cuidado que ultrapassa a fronteira do linguístico:

> Não há nada errado nisso, em princípio. Ele não sucumbe a seu apelo venenoso, pois dirige o interesse a outra parte: às relações oriundas da tarefa do tradutor, a qual, mais do que qualquer obstáculo, obriga o governo a postergar a instauração definitiva do terror para 2050 e, no fim, parece derrotá-lo. A derrota se dá não porque a tradução seja inviável [...] mas porque o próprio ato de traduzir corrói os alicerces do domínio total.[19]

No texto, o autor ainda pondera que o tradutor esteja sempre condenado como um personagem de Kafka.[20] E, paradoxalmente, a tradução em si acaba na condenação da univocidade, unívoca e absolutista do totalitarismo. Essa a tarefa de Winston.

3. Uma nova semiologia jusliterária e as formas de verdade

Considerando a plurivocidade dos significados provocados pelo texto de Orwell, as interpretações ainda promovem a abertura para uma nova semiologia literária a partir de perspectivas em diferentes áreas como o Direito, a Psicologia, as Ciências Sociais para além da história e da própria linguagem.

A obra de Orwell apresenta o ineditismo de uma escritura comprometida com a descrição da política do século XX, que paradoxalmente, requer sua constante atualização na busca pela verdade com base em diferentes relatos.

Na perspectiva do texto jurídico, há a necessidade da validação da interpretação, porque a palavra inscrita tem o poder vinculante. Desse modo, as

[19] PEN, Marcelo. **1984**: George Orwell. São Paulo: Companhia das Letras, 2019. p. 35.

[20] KAFKA, Franz. **O processo**. São Paulo – Porto Alegre: L&PM, 2008. p. 162. Após um ano e meio de seu processo judicial, o personagem principal da obra, Josef K., é morto; e sua condenação, presumida desde o início da obra, é executada: Segue passagem da obra relativa a esse fim: "mas um dos homens pôs-lhe as mãos no pescoço, enquanto o outro lhe espetava profundamente a faca no coração e aí a rodava duas vezes. Moribundo, K. viu ainda os dois homens muito perto do seu rosto, com as faces quase coladas, a observarem o desfecho".

formas jurídicas parecem reivindicar formas de verdade. Foucault (2002) entende que há duas histórias da verdade: uma história interna da verdade, a história de uma verdade que se corrige a partir de seus próprios princípios de regulação, que se faz com base na história das ciências; e uma história externa da verdade que se forma de vários lugares em nossas sociedades a partir de regras de jogo definidas através de subjetividades:

> As práticas judiciárias – a maneira pela qual, entre os homens, se arbitram os danos e as responsabilidades, o modo pelo qual, na história do Ocidente, se concebeu e se definiu a maneira como os homens podiam ser julgados em função dos erros que haviam cometido, a maneira como se impôs a determinados indivíduos a reparação de algumas de suas ações e a punição de outras, todas essas regras ou, se quiserem, todas essas práticas regulares, é claro, mas também modificadas sem cessar através da história – me parecem uma das formas pelas quais nossa sociedade definiu tipos de subjetividade, formas de saber e, por conseguinte, relações entre o homem e a verdade que merecem ser estudadas.[21]

Foucault apresenta a evolução das formas jurídicas, especialmente na área do Direito Penal, como lugar de origem de um determinado número de formas de verdade com base no entendimento de que certas formas de verdade podem ser definidas a partir da prática penal:

> Pois o que chamamos de *inquérito (enquete)* – inquérito tal como é e como foi praticado pelos filósofos do século XV ao século XVIII, e também por cientistas, fossem eles geógrafos, botânicos, zoólogos, economistas – é uma forma bem característica de verdade em nossas sociedades.

Cabe observar, ainda, que a partir de problemas jurídicos, judiciários, penais, formas de análise chamadas de exame, e não mais de inquérito, foram

[21] FOUCAULT, Michel. **A verdade e as formas jurídicas.** Rio de Janeiro: NAU Editora, 2002. p. 11.

inventadas no século XIX, as quais deram origem à Sociologia, à Patologia, à Psicopatologia, à Criminologia, à Psicanálise, que nascem imbricadas com a formação de um certo número de controles políticos e sociais no momento da formação da sociedade capitalista, no final do século XIX.[22]

Nesse contexto, em relação ao discurso da verdade, no interstício entre o que foi dito, o que poderá ser dito e o que poderia ser dito, a palavra é manipulada com as formas de verdade recorrentes tanto no discurso jurídico quanto no discurso literário. "Enquanto a literatura libera os possíveis, o direito codifica a realidade, a institui por uma rede de qualificações convencionadas, a encerra num sistema de obrigações e interdições."[23]

Na obra *1984* de Orwell, o que chama a atenção é a preocupação do autor "com o que denomina 'expressões prontas', frases feitas (*ready-made phrases*), que não apenas constroem uma sentença para quem escreve, mas até mesmo 'pensam o pensamento' para ele". Além disso, "mais do que a pobreza da língua, Orwell preocupava-se com a pobreza do pensamento que a língua padronizada, irrefletida causava, uma inquietação que revelaria sua face mais tenebrosa da Novafala".[24]

A Novafala corresponde ao idioma que substitui a Velhafala por meio de uma série de mecanismos linguísticos aplicados nessa nova linguagem, a fim de impedir qualquer ato de desobediência com base no entendimento de que a ideia leva à ação.

Assim, é válido destacar que

> [...] em toda sociedade a produção do discurso é simultaneamente controlada, selecionada, organizada e redistribuída por um certo número de procedimentos que têm por papel exorcizar-lhe os poderes e os perigos, refrear-lhe o acontecimento aleatório, disfarçar a sua pesada, temível materialidade.[25]

[22] FOUCAULT, Michel. **A verdade e as formas jurídicas.** Rio de Janeiro: NAU Editora, 2002. p. 12.

[23] OST, François. **Contar a lei**: as fontes do imaginário. São Leopoldo: Coleção *Diké* UNISINOS. p. 13.

[24] PEN, Marcelo. **1984**: George Orwell. São Paulo: Companhia das Letras, 2019. p. 31.

[25] FOUCAULT, Michel. **A ordem do discurso.** Paris: Gallimard Edições, 1971. p.2.

Esse novo idioma inaugurado no livro materializa a fala desvinculada do pensamento, assim como a articulação desvinculada da consciência e, portanto, da verdade.

No Departamento da Documentação no Ministério da Verdade, onde Winston trabalhava, havia um ditógrafo, um pequeno tubo pneumático para as mensagens escritas; à esquerda, um tubo de maior calibre para os jornais; e na parede lateral uma grande abertura retangular, protegida por uma grade de arame para o descarte de papéis:

> Aberturas similares se espalhavam aos milhares, ou dezenas de milhares, por todo o edifício, fazendo-se presentes não apenas em cada sala, mas também, a pequenos intervalos, em todos os corredores. Por algum motivo, tinham recebido o apelido de buracos da memória. Quando uma pessoa sabia que determinado documento precisava ser destruído, ou mesmo quando topava com um pedaço qualquer de papel usado, levantava automaticamente a tampa do buraco da memória mais próximo e o jogava ali dentro, e então o papel ia torvelilhando numa corrente de ar quente até cair em numa das fornalhas descomunais que permaneciam ocultas nos recessos do edifício.[26]

O processo contínuo de alteração era realizado em jornais, livros, periódicos, panfletos, cartazes, folhetos, filmes, trilhas sonoras, desenhos animados, fotos e em todo tipo de literatura que pudesse ter algum significado político ou ideológico. "Dia a dia e quase minuto a minuto o passado era atualizado."[27] Assim, era garantida a comprovação com evidências documentais de que todas as previsões do Partido eram acertadas:

> A história não passava de um palimpsesto, raspado e reescrito quantas vezes fosse necessário. Uma vez executado o serviço, era absolutamente impossível provar a ocorrência de qualquer tipo de falsificação. A maior seção do Departamento de Documentação, muito mais ampla do que aquela que Winston trabalhava, era composta de pessoas cuja única

[26] ORWELL, George. **1984**. São Paulo: Companhia das Letras, 2019. p. 81 e 82.

[27] ORWELL, George. **1984**. São Paulo: Companhia das Letras, 2019. p. 84.

> obrigação era localizar e recolher todos os exemplares de livros, jornais e outros documentos que tivessem sido substituídos e precisavam ser eliminados. Alguns números do *Times* – que devido a mudanças no alinhamento político ou em virtude de profecias equivocadas do Grande Irmão – podiam ter sido reescritos uma dúzia de vezes continuavam arquivados com sua data original de publicação sem que houvesse outro exemplar para contradizê-lo.[28]

Winston observa que quase todo o material com os quais trabalhavam não tinha nenhuma relação com o mundo real e menos ainda com a verdade.

4. Considerações finais

Diante do exposto neste breve ensaio, é importante tecer algumas considerações contextualizadas no ano de 2020, suportadas pelo estado da arte literária para possíveis interpretações dadas às urgências atuais.

George Orwell, assim, assumia que a opinião de que a arte não deveria ter a ver com a política é em si mesma uma atitude política. E, desse modo, foi assumido o fio condutor deste texto.

Indubitavelmente, isso impacta no modo como os acontecimentos atuais traduzem as evidências empíricas da vigilância tecnológica ou os eventos compartilhados em *fake news*, que a todo instante são acessadas, repassadas e recepcionadas como informações fidedignas. Cabe ainda inscrever sobre o modo como as diferentes mídias que se autoinfidelizam apresentam os acontecimentos como narrativas e, assim, visam a legitimar versões divergentes diante das quais a adesão popular se dá por simpatia ou ideologia.

Desse modo bom, o fantasma do totalitarismo deslocou-se para a sensação de que o óbvio, por sua vez, verdadeiro está preservado.

Neste cenário continuamos em 1984, em que a verdade é mutilada, a linguagem falseada e o poder mais do que violado é violento.

[28] ORWELL, George. **1984**. São Paulo: Companhia das Letras, 2019. p. 84.

5. Posfácio

Algumas considerações, em posfácio, clamam por desvelar a obscuridade em nossas interpretações político-jurídicas, em uma tentativa de estado de uma "nova semiologia jusliterária", com as devidas escusas às estruturas fixadas para produção de um texto científico e na reafirmação de aqui se trata de um "breve ensaio":

(a) Repensar a linguagem, colocar em questão os valores que impõe, avaliar a relação que a cultura estabeleceu com os códigos de comunicação, bem como as leis e princípios que estabeleceu para os enunciados é, para nós, uma questão política.[29]
(b) O mundo é diversamente interpretável, ele não tem sentido que lhe seja próprio, mas sentidos inúmeros, "perspectivismo".[30]
(c) Cada palavra torna-se imediatamente conceito pelo fato de, justamente, não servir a experiência original, única, absolutamente individualizada, à qual deve seu nascimento, isto é, como recordação, mas deve simultaneamente servir para inumeráveis experiências, mais ou menos análogas, ou seja, rigorosamente falando, nunca idênticas, e só pode convir a casos diferentes. Todo conceito nasce da identificação do não idêntico.[31]
(d) No momento, porém, em que o critério da autenticidade fracassa na produção artística, a totalidade da função social da arte é transformada. No lugar de sua fundação sobre o ritual, esta deve fundar-se em outra práxis, a saber: a política.[32]

Sendo ainda assim, o século XXI carece de novas retóricas perelmanianas, que promovam a alteridade e legitimem um espaço plural para diferentes

[29] MOSÉ, Viviane. **Nietzche e a grande política da linguagem.** Rio de Janeiro: Civilização Brasileira, 2005. p. 20.

[30] NIETZSCHE, Friedrich. ***Samtliche Werke, Kritische Studienausgabe.*** Berlim, 1980. p. 12.

[31] NIETZSCHE, Friedrich. **O livro do filósofo.** Porto Alegre: Editora Centauro, 2010.

[32] BENJAMIN, Walter. **A obra de arte na era de sua reprodução técnica.** Porto Alegre: L&PM, 2019. p. 62.

argumentos em respeito à diversidade para alcançarmos *quiçá* democraticamente um auditório universal.

Referências

ARENDT, Hannah. **Origens do totalitarismo.** São Paulo: Companhia das Letra, 2006.

BAKTHIN, Mikhail. **Problemas da poética de Dostoiévski.** Rio de Janeiro: Forense, 2013.

BENJAMIN, Walter. **A obra de arte na era de sua reprodução técnica**. Porto Alegre: L&PM, 2019.

BENJAMIN, Walter. **Obras escolhidas: Magia e técnica, arte e política.** São Paulo: Brasiliense, 1985.

CONANT, James. *Rorty and Orwell on Truth*. *In*: GLEASON, Abbot; GOLDSMITH, Jack; NUSSBAUM, Martha C. (org.). ***On Nineteen Eighty-Four***: *Orwell And Our Future*. Princeton/New Jersey: Princeton University Press, 2005.

FOUCAULT, Michel. **A ordem do discurso**. Paris: Gallimard Edições, 1971.

FOUCAULT, Michel. **A verdade e as formas jurídicas**. Rio de Janeiro: NAU Editora, 2002.

KAFKA, Franz. **O processo**. Porto Alegre; São Paulo: L&PM, 2008.

LYNSKEY, Dorian. ***The Ministry of Truth:*** *The Biography of George Orwell's 1984*. Nova York: Doubleday, 2019.

LYOTARD, Jean-François. **A condição pós-moderna.** Rio de Janeiro: Editora José Olympio, 1979.

MOSÉ, Viviane. **Nietzche e a grande política da linguagem.** Rio de Janeiro: Civilização Brasileira, 2005.

NIETZSCHE, Friedrich. ***Samtliche Werke, Kritische Studienausgabe***. Berlim, 1980.

NIETZSCHE, Friedrich. **O livro do filósofo.** Porto Alegre: Editora Centauro, 2010.

ORWELL, George. **1984.** São Paulo: Companhia das Letras, 2019.

OST, François. **Contar a lei**: as fontes do imaginário. São Leopoldo: Coleção Diké UNISINOS.

PEN, Marcelo. **1984: George Orwell.** São Paulo: Companhia das Letras, 2019.

PERELMAN, Chaïm. **Lógica Jurídica.** São Paulo: Martins Fontes, 1998.

SAVIGNY, Friedrich Karl Von. **Metodologia Jurídica.** Campinas, São Paulo: EDICAMP, 2001.

15.
O ILÍCITO-TÍPICO DE SONEGAÇÃO: INCOMPREENSÕES SOBRE O ILÍCITO PENAL EM ÂMBITO TRIBUTÁRIO

Fabio Roberto D'Avila
Marion Bach

1. Homenagem a Nereu Giacomolli

É já larga tradição nas letras jurídicas, dentro e fora do Brasil, a justa homenagem a grandes juristas, sempre que a maturidade, para além de contributos pontuais, revela um passado que, em maior ou menor medida, se confunde com a própria história da conformação de um sistema jurídico melhor e mais justo. Essa é, sem dúvida, a dimensão mais visível de uma homenagem no mundo do Direito. Mas não é a única.

Uma vida dedicada ao Direito transcende em muito a interlocução e a proposição de ideias. Espalha-se por milhares de estudantes, colegas e funcionários, que, ao longo dos anos, compartilham experiências, por vezes singelas, por vezes intensas. Confunde-se, pois, com a trajetória de muitos; projeta-se nas mais variadas e profundas dimensões da vida.

Só assim – somente tendo em conta o que tudo isso encerra – é possível fazer justiça à grandeza de espírito do homem, professor, amigo e colega Nereu Giacomolli. A quem, como tantos, somos eternos devedores pela generosa amizade e pelo convívio que engrandece e renova o magistério em nosso programa, encanta estudantes e nos dá sinais seguros de estarmos todos, professores e alunos, a caminhar pelo bom caminho.

Parabéns Prof. Doutor Nereu Giacomolli!

2. Elementos introdutórios

A *tipicidade* é um conceito essencial ao Direito Tributário e guarda relação com a fenomenologia da incidência. Escolheu-se a expressão *hipótese de incidência*, observa Becker, para designar o mesmo que outros autores denominam de "suporte fático", "*fattispecie*", "*hecho imponible*", "pressuposto do tributo" ou, ainda – e aqui com especial interesse –, "*Tatbestand*"[1].

É através da hipótese de incidência que "recorta o legislador eventos da vida real e lhes imputa a força de, relatados em linguagem competente, suscitar os comportamentos que entende valiosos"[2]. Leia-se: o legislador elege eventos da vida real que considera "tributariamente relevantes" e os descreve pormenorizadamente no texto legal.

> [...] Diremos que houve a subsunção, quando o fato (fato jurídico tributário constituído pela linguagem prescrita pelo direito positivo) guardar absoluta identidade com o desenho normativo da hipótese (hipótese tributária). Ao ganhar concretude o fato, instala-se, automática e infalivelmente, como diz Alfredo Augusto Becker, o laço abstrato pelo qual o sujeito ativo torna-se titular do direito subjetivo público de exigir a prestação, ao passo que o sujeito passivo ficará na contingência de cumpri-la[3].

É assim que a ideia de tipicidade no Direito Tributário concretiza o princípio da estrita legalidade, previsto no inciso I do art. 150 da Constituição

1 BECKER, Alfredo Augusto. **Teoria Geral do Direito Tributário**. 4. ed. São Paulo: Noeses, 2007. p. 336.

2 CARVALHO, Paulo de Barros. **Curso de direito tributário**. 25. ed. São Paulo: Saraiva, 2013. p. 254.

3 CARVALHO, Paulo de Barros. **Curso de direito tributário**. 25. ed. São Paulo: Saraiva, 2013. p. 254.

Federal. Referido dispositivo aduz que, sem prejuízo de outras garantias asseguradas ao contribuinte, é vedado à União, aos estados, ao Distrito Federal e aos municípios exigir ou aumentar tributo *sem que a lei o estabeleça*.

Logo, para que haja *obrigação tributária*, é indispensável que haja subsunção exata do fato concretamente ocorrido à descrição legal, ou seja, à hipótese de incidência tributária. Havendo o perfeito encaixe daquele nessa, nasce o *fato jurídico tributário*[4]. Para tanto, conforme estabelece parte da doutrina, é preciso observar *critérios*[5] da regra-matriz de incidência, que devem ser analisados e preenchidos. *A hipótese de incidência tributária* – como é chamada a descrição – é composta pelo *critério material*,[6] ou seja, pelo comportamento pessoal (conduta), pelo *critério temporal*[7], que, como o nome evidencia, trata das condições de tempo e, finalmente, pelo *critério espacial*[8], que, nitidamente, trata da condição de lugar.

Esse conjunto de critérios, porém, confere um certo acento formalista à tipicidade em âmbito tributário. Trata-se de elementos de natureza *destacadamente objetiva* – verbo e complemento, local e tempo –, sem maior espaço a referências de caráter substancial ou a elementos de ordem subjetiva, atinentes à intenção e/ou à culpa.[9] O ilícito tributário nasce, fundamentalmente,

4 VIEIRA, José Roberto. **A regra-matriz de incidência do IPI**: texto e contexto. Curitiba: Juruá, 1993. p. 62.

5 Tal nomenclatura apresenta variações na doutrina. Fabio Fanucchi, por exemplo, entende por "elementos" da regra-matriz de incidência. Geraldo Ataliba adota a noção de "aspectos" da regra-matriz de incidência. Já a nomenclatura que optamos por utilizar no presente estudo ("critérios"), é a sugerida por Paulo de Barros Carvalho e também a adotada por José Roberto Vieira.

6 CARVALHO, Paulo de Barros. **Curso de direito tributário.** 25. ed. São Paulo: Saraiva, 2013. p. 261.

7 O critério espacial possibilita o reconhecimento da condição que marca, no espaço, o acontecimento jurídico tributário, restringindo-o à determinada extensão do território. Importa esclarecer, entretanto, que tal critério não se superpõe ao recorte geográfico do âmbito territorial de validade ou eficácia da lei tributária (VIEIRA, José Roberto. **A regra-matriz de incidência do IPI**: texto e contexto. Curitiba: Juruá, 1993. p. 63).

8 VIEIRA, José Roberto. **A regra-matriz de incidência do IPI: texto e contexto**. Curitiba: Juruá, 1993. p. 63.

9 Isso não significa um completo descarte dos elementos subjetivos pelo Direito tributário. "Ainda que o princípio geral, no campo das infrações tributárias, seja o da responsabilidade objetiva, o legislador não está tolhido de criar figuras típicas de infrações subjetivas. São elas a sonegação, a fraude e o conluio" (CARVALHO, Paulo de Barros. **Curso de direito tributário.** 25. ed. São Paulo: Saraiva, 2013. p. 472). Tais elementos, contudo, *não são essenciais à*

diante de uma responsabilização de natureza objetiva. Daí não surpreender a percepção da infração tributária como "toda ação ou omissão que, direta ou indiretamente, represente o descumprimento dos deveres jurídicos estatuídos em leis fiscais[10]". Descumprimento esse que, vale registrar, pode advir do não pagamento de tributo devido ou, ainda, da não atenção a obrigações acessórias (deveres instrumentais ou formais)[11].

No âmbito do Direito Penal, por outro lado, as coisas se dão de forma muito diversa.

Conquanto a terminologia penal e tributária guarde, por vezes, alguma proximidade, a exemplo da própria *tipicidade*, os conceitos não encontram equivalência e refratam-se, em termos dogmáticos, de maneira particular. O *Tatbestand* em Direito Penal, *v.g.*, ainda que tomado em sua concepção *stricto sensu*, já não pode ser compreendida como simples *tipo legal*, na linha da sua conhecida concepção oitocentista (*gesetzlicher Tatbestand*). Pelo contrário. Consiste hoje em uma complexa elaboração normativa, teleologicamente orientada pelo seu conteúdo material, a assumir, por um lado, o papel central no reconhecimento e constituição do ilícito penal, e, por outro, simultaneamente, a posição de elemento de delimitação da própria legitimidade da intervenção jurídico-penal. O tipo *stricto sensu* é, por isso, o portador da própria *ratio* jurídico-penal, é, assim, sempre *ilícito-típico*.

Tais diferenças explicam, em grande medida, os recorrentes equívocos em torno do ilícito penal tributário. Não são raras, na prática penal, as tentativas de simples transposição conceitual, a resultar em acusações incapazes de

configuração do ilícito. Pelo contrário, são considerados exclusivamente quando do cálculo (ou, para melhor compreensão dos penalistas, da *dosimetria*) da sanção (multa), e não quando da análise de (existência de) tipicidade.

10 CARVALHO, Paulo de Barros. **Curso de direito tributário**. 25. ed. São Paulo: Saraiva, 2013. p. 470.

11 O Código Tributário Nacional define, no parágrafo 2º do art. 113, que obrigação acessória decorre da legislação tributária e tem por objeto as prestações, positivas ou negativas, nela previstas no interesse da arrecadação ou da fiscalização dos tributos. "Trata-se, na verdade, como tem anotado a doutrina, de prescrições de fazer e não fazer, diretamente estatuídas em lei, no interesse da Fazenda Pública, mais propriamente, no interesse da arrecadação ou da fiscalização." FERRAZ JUNIOR, Tércio Sampaio. Obrigação tributária acessória e limites de imposição: razoabilidade e neutralidade concorrencial do Estado. *In*: TORRES, Heleno Taveira (org.). **Teoria Geral da Obrigação Tributária**: estudos em homenagem ao Professor José Souto Maior Borges. São Paulo: Malheiros, 2005. p. 264.

expressar, ainda que minimamente, uma pretensão jurídico-penal legítima. O presente texto ocupa-se, pois, dessa precisa questão, *i.e.*, das incompreensões acerca do ilícito-típico penal tributário, com especial atenção ao artigo 1º da Lei nº 8.137/90, e suas especificidades. Busca-se em termos gerais, ao fim e ao cabo, a proposição de elementos para uma melhor delimitação do âmbito de incidência legítima do direito penal em âmbito tributário.

Para tanto, antes do necessário desenvolvimento teórico, passaremos a exposição de dois casos reais, com o fim de mera ilustração, os quais serão brevemente retomados ao final deste estudo.

3. Breve exposição dos casos de referência

Os dois casos eleitos como referência para o presente estudo tratam de Imposto sobre Circulação de Mercadorias e Serviços (ICMS). Importa registrar, porém, que as discussões que constituem o seu pano de fundo são bastante comuns e recorrentes na prática forense, não se limitando a essa modalidade de tributo.

(a) *Primeiro caso*: o Ministério Público entendeu por denunciar, como incurso no inciso II do art. 1º da Lei nº 8.137/90, o sócio-administrador de uma empresa que produz e comercializa produtos alimentícios, localizada no estado de Santa Catarina.

Segundo o órgão acusatório, em determinado período, o sócio-administrador teria promovido a redução de tributos devidos ao estado de Santa Catarina mediante inserções de indevidos créditos de ICMS em livro fiscal obrigatório.

Em verdade, o sócio-administrador atuou da seguinte maneira: para exercer a atividade comercial, adquiriu carcaças de boi ("boi casado") nos estados do Paraná e do Mato Grosso e, então, dividiu tais carcaças em pedaços menores para a comercialização. Em razão do princípio da não cumulatividade no ICMS, previsto no no inciso I do parágrafo 2º do art. 155 da Constituição Federal, o sócio-administrador se creditou dos valores – e estritamente dos valores – de ICMS destacados nas notas fiscais emitidas quando das compras das carcaças.

Para o Ministério Público, tais créditos foram considerados indevidos em razão do RICMS do estado de Santa Catarina não permitir o aproveitamento de crédito, ainda que destacado em documento fiscal, de operações oriundas de unidades da federação que tenham concedido benefícios fiscais unilaterais (sem aprovação no Conselho Fazendário – Confaz) – no caso, Paraná e Mato Grosso.

Em outras palavras, o órgão acusatório entendeu que acaso a interpretação do contribuinte não coincida com a interpretação do fisco, sendo as condutas eleitas pelo contribuinte guiadas pela primeira, nascerá o ilícito penal tributário. No mesmo sentido entendeu – ao menos em princípio – o Poder Judiciário. Tanto assim que, quando da análise inicial acerca da viabilidade da acusação, recebeu tal denúncia.

(b) *Segundo caso*: o Ministério Público entendeu por denunciar a sócia-administradora de uma empresa de transporte rodoviário, localizada no estado do Paraná, pela prática dos incisos I, II e IV do art. 1º da nº Lei 8.137/90, em razão da dolosa supressão de carga tributária relativa ao ICMS.

O Ministério Público afirmou que a denunciada teria agido mediante fraude e utilizado indevidamente créditos de ICMS para compensar débitos tributários mensais da empresa, causando prejuízo ao Estado do Paraná. Isso porque, não obstante o RICMS do Paraná (vigente à época) autorizasse – em razão do princípio constitucional da não cumulatividade – que empresas de transporte interestaduais e intermunicipais se apropriassem do crédito do imposto pago quando de operações envolvendo a aquisição de materiais rodantes e de manutenção da frota, bem como de mercadorias destinadas ao ativo permanente, também exigia e condicionava tal apropriação à elaboração de demonstrativo, por veículo automotor da frota, da efetiva utilização dos materiais e mercadorias.

No caso concreto em apreço, a sócia-administradora, segundo a denúncia, teria feito a utilização dos créditos de ICMS relativos às compras de materiais para a manutenção da frota de veículo, sem, contudo, haver elaborado os *relatórios* que o RICMS exigia, o que redundou na ocorrência do ilícito penal tributário.

4. O ilícito-típico no Direito Penal

4.1. O conceito de tipo (Tatbestand) em sentido estrito: elementos introdutórios

O tipo legal de crime (*praeceptum legis*), ou simplesmente tipo penal, consiste na *descrição do fato criminoso pela lei penal*, por meio da qual é delimitada a matéria de proibição. Pode ser adequadamente compreendido como parcial[12] concretização do princípio da legalidade, em atenção ao prescrito pelo art. 1.º do Código Penal: "não há crime sem lei anterior que o defina. Não há pena sem prévia cominação legal".

Essa precisa forma de conceber o tipo penal, ainda hoje de grande valia para a teoria do delito, remonta aos escritos de Ernst Beling, nomeadamente à sua *Doutrina do Crime* (*Die Lehre von Verbrechen*), de 1906. Antes dele, a noção de tipo (*Tatbestand*) era já conhecida, mas como conceito muito próximo ao de crime como um todo.[13] Beling, em contrapartida, propôs uma concepção bem mais estreita, não mais como sinônimo de crime, mas como um fundamental "momento do conceito de crime", a partir do qual a teoria do crime deveria ser construída.[14]

Estudos posteriores, contudo, passaram a desdobrar o conceito de tipo a partir da atribuição de conteúdos e funções diversos, levando a um afastamento do conceito unitário de Beling[15] e conduzindo a conceitos variados,

[12] É preciso ter em conta que *tipo legal* e *tipo de garantia* não são categorias coincidentes (*vide infra*).

[13] Em termos históricos – observam Stratenwerth e Kuhlen –, o conceito de tipo (*Tatbestand*) remete ao de *corpus delicti*, presente já na obra de Farinacius de 1581. Nessa altura, correspondia ao conjunto dos elementos exteriores de um concreto fato criminoso. Só a partir do século 18, o conceito de tipo passaria a representar o conjunto dos elementos constitutivos de um determinado crime (STRATENWERTH, Günter; KUHLEN, Lothar. ***Strafrecht****. Allgemeiner Teil I.* 5 aufl. Köln; Berlin; München: Carl Heymanns Verlag, 2004. p. 74). Ver também KINDHÄUSER, Urs. ***Strafrecht****. Allgemeiner Teil.* 3 aufl. Baden-Baden: Nomos, 2008. p. 65.

[14] BELING, Ernst. ***Die Lehre vom Verbrechen***. Tübingen: J.C.B. Mohr, 1906. p. 1.

[15] Ilustrativo mostra-se, nesse contexto, o conhecido escrito de Engisch, de 1954, acerca dos elementos normativos do tipo. Nele o autor já identificava, com precisão, cinco diferentes conceitos de tipo, organizados do mais amplo ao mais restrito: *(i) Tipo no sentido da teoria do direito,* atinente ao conjunto de todos os pressupostos materiais necessários à aplicação da pena, incluindo as condições objetivas de punibilidade e deixando de fora apenas as condições de procedibilidade (*Strafverfolgungsbedingungen*); *(ii) tipo de crime* (*Verbrechenstatbestand*), formado

como, a título exemplificativo, os denominados "tipo de ação", "tipo total", "tipo de erro", "tipo de culpabilidade", dentre outros.

É bem verdade que essa multiplicidade de conceitos envolvendo a noção de tipo, ainda que aspire a uma maior clareza e exatidão, não raramente dá margem ao seu exato oposto, dificultando o consenso terminológico e levando a equívocos no emprego das suas variadas acepções. Isso não impede de reconhecer, em contrapartida, que algumas distinções são absolutamente essenciais e delas não se pode prescindir.

Quanto a nós, e naquilo que interessa ao presente artigo, o problema coloca-se em relação ao conteúdo do denominado *tipo em sentido estrito*[16], é dizer, em relação ao *conceito de tipo* que deve ser tomado como *referência ao processo de subsunção*, a revelar a tipicidade ou atipicidade penal de um determinado fato.

A categoria de *tipo em sentido estrito* deve corresponder, em termos dogmáticos, à violação do preceito normativo que lhe subjaz, seja ele preceptivo ou

pelo conjunto de todos os elementos do crime ("gerais e especiais, positivos ou negativos, escritos ou não"), deixando de fora as condições de procedibilidade (*Strafverfolgungsbedingungen*) e as "condições externas de punibilidade", como, *v.g.*, a ausência de indulto, na medida em que elas não interferem na existência do crime em si; *(iii) tipo de garantia* (*Garantietatbestand*), a compreender todos os elementos do crime sob a perspectiva do princípio da legalidade (*nullum crimen sine lege*), dentre os quais elementos da ilicitude e da culpabilidade; *(iv) tipo-de-ilícito* (*Unrechtstatbestand*), constituído pelo conjunto dos elementos ("gerais ou especiais, positivos ou negativos, escritos ou não, objetivos ou subjetivos") que constituem o "conteúdo objetivo do ilícito" penal ("lesão a interesses, danosidade social, etc.") e que, nesta medida, apresenta-se como "*ratio essendi* da ilicitude" – o tipo-de-ilícito não compreende elementos da culpabilidade –; e, finalmente, o *(v) tipo legal* (*gesetzlicher Tatbestand*), correspondente ao "conceito reitor" (*Leitbild*) de Beling, nos termos já acima expostos. De todos é este último o conceito mais restrito. Não alcança os elementos da culpabilidade e, no que tange às causas de justificação, coloca-se na dependência de se aceitar ou não a controvertida teoria dos elementos negativos do tipo. ENGISCH, Karl. *Die normativen Tatbestandselemente im Strafrecht. In*: ***Festschrift für Edmund Mezger zum 70º Geburtstag***. München; Berlin: 1954. p. 130 et seq.

[16] Ver WESSELS, Johannes; BEULKE, Werner. ***Strafrecht***. *Allgemeiner* Teil. 30 aufl. C. F. Müller, 2000. p. 37; STRATENWERTH, Günter; KUHLEN, Lothar. ***Strafrecht***. *Allgemeiner Teil I*. 5 aufl. Köln; Berlin; München: Carl Heymanns Verlag, 2004. p. 75 et seq.; RENGIER, Rudolf. *Strafrecht*. **Allgemeiner Teil**. 5 aufl., München: Verlag C. H. Beck, 2013. p. 44. Em sentido semelhante, mas fazendo referência a tipo em *sentido técnico* (FUCHS, Helmut. ***Strafrecht***. *Allgemeiner Teil I. Grundlagen und Lehre von der Straftat*. 8 aufl. Wien: Springer, 2012. p. 90 s.) e a tipo *em sentido dogmático* (STEININGER, Einhard. ***Strafrecht***. *Allgemeiner Teil. Eine Einführung*. 2 aufl. Wien: Linde, 2013. p. 97).

proibitivo.[17] A bem da verdade, ele *é* a própria descrição legal dessa precisa violação e, portanto, *expressão legislativa da "negação de valores"*[18] *que a norma penal busca resguardar.* Fato que, se bem entendido, faz do tipo uma *formulação essencialmente normativa e teleologicamente orientada*; formulação que guarda na dimensão material a sua mais profunda *ratio.*

Vejamos isso um pouco mais de perto.

Em termos estritamente lógico-analíticos,[19] a tipicidade corresponde ao primeiro *juízo de valor* da estrutura analítica do crime. Contudo, o mesmo não ocorre sob uma perspectiva ontológica. Nesta, o tipo penal não é um *prius,* mas um *posterius*: é nada mais do que o resultado da intervenção legislativa sobre um estado de coisas já valorado negativamente e cujo (des)valor, para além de o preceder, lhe motiva e confere fundamento. O tipo é, pois, apenas o "portador da valoração jurídico-penal que o juízo da ilicitude exprime"[20].

Eis um ponto essencial. Ao tipificar o homicídio, o Estado não inaugura o desvalor do ato de matar. O que há é o *reconhecimento,* pelo Direito Penal, do prévio desvalor de tal comportamento, a partir de referenciais penais de natureza trans-sistemática, dentre os quais, muito particularmente, embora não só, *a ofensa a bens jurídico-penais.* Não de um qualquer desvalor, por certo, mas de um desvalor que se mostra intolerável, verdadeiramente insuportável para a vida em comunidade, pois só assim, diante dessa especial gravidade, poderá o Direito Penal elevá-los à mais alta categoria de ilicitude, a *penal,* o que se dá, por sua vez, única e exclusivamente a partir do *processo de tipificação.*[21]

[17] STRATENWERTH, Günter; KUHLEN, Lothar. ***Strafrecht.*** *Allgemeiner Teil I.* 5 aufl. Köln; Berlin; München: Carl Heymanns Verlag, 2004. p. 75.

[18] CORREIA, Eduardo. **Direito Criminal** – com a colaboração de Jorge de Figueiredo Dias, Coimbra: Coimbra Editora,1999. p. 273 et seq..

[19] Assim, FARIA COSTA, José de. **Noções fundamentais de direito penal**. Fragmenta *iuris poenalis.* 4. ed., Coimbra: Coimbra Editora, 2015. p. 217.

[20] CORREIA, Eduardo. **Direito Criminal**, – com a colaboração de Jorge de Figueiredo Dias, Coimbra: Coimbra Editora, 1999, p. 281; MEZGER, Edmund. ***Strafrecht.*** *Ein Lehrbuch.* 2 aufl. München; Leipzig: Duncker & Humblot, 1933. p. 176. Sobre a teoria do tipo-de-ilícito na doutrina portuguesa, ver HÜNERFELD, Peter. ***Strafrechtsdogmatik in Deutschland und Portugal.*** *Ein rechtsvergleichender Beitrag zur Verbrechenslehre und ihrer Entwicklung in einem europäischen Zusammenhang.* Baden-Baden, Nomos, 1981. p. 176 et seq.

[21] Ver D'AVILA, Fabio Roberto. **Ofensividade e crimes omissivos próprios.** Contributo à compreensão do crime como ofensa ao bem jurídico, Coimbra: Coimbra Editora, 2005. *passim*;

O tipo constitui, nessa medida, a porta de entrada da ilicitude no mundo penal, mas também, e principalmente, a expressão legislativa do ilícito material que o precede e fundamenta. É o resultado da difícil tarefa de traduzir em palavras o fragmento de realidade que se deseja proibir; daí a sua inerente complexidade.

Tipo e ilícito não se confundem.[22] Isso é certo. O que está aqui em destaque não é a *autonomia conceitual* de tais categorias, mas a profunda e imbricada relação de interdependência entre elas. E isso de tal modo que não pode haver ilícito penal sem tipicidade – todo ilícito penal é *ilícito-típico* –, como também não pode existir tipo desprovido de ilícito – todo tipo é *tipo-de-ilícito*. E aqui reside o que há de mais relevante. Nem um nem outro possui, isoladamente, autonomia em *termos materiais*. Tipicidade e ilicitude desfrutam do mesmo *fundamento* e do mesmo *sentido*, constituindo, em termos substanciais, uma unidade, uma única categoria sistemática: o ilícito-típico.[23]

4.2. Os núcleos de desvalor do ilícito-típico: o desvalor de ação e o desvalor de resultado

O conteúdo material do ilícito-típico penal é constituído por dois centros de desvalor indispensáveis e insubstituíveis: o *desvalor de ação* e o *desvalor de resultado*[24]. Juntos eles formam uma *unidade de sentido* que, conquanto tenha no desva-

e, do mesmo autor, **Ofensividade em direito penal**. Escritos sobre a teoria do crime como ofensa a bens jurídicos, Porto Alegre: Livraria do Advogado, 2009. *passim*.

[22] FARIA COSTA, José de. **Noções fundamentais de direito penal**. Fragmenta *iuris poenalis*. 4. ed. Coimbra: Coimbra Editora, 2015. p. 216.

[23] Com razão, Faria Costa ao afirmar que "a concepção de conduta punível é, pois, uma concepção bipartida, integrando, por um lado, o ilícito-típico – enquanto unidade de sentido em primeira linha objetivamente desvalioso – e, por outro, a culpa" (FARIA COSTA, José de. **Noções fundamentais de direito penal**. Fragmenta *iuris poenalis*. 4. ed. Coimbra: Coimbra Editora, 2015. p. 179). Também assim, no essencial, Figueiredo Dias: "a conclusão a retirar do que fica dito é a de que, num sistema teleológico funcional da doutrina do crime, não há lugar a uma construção que separe, em categorias autónomas, a tipicidade e a ilicitude. Categoria sistemática, com autonomia conferida por uma teleologia e uma função específica, é só a categoria do ilícito-típico ou do tipo-de-ilícito" (FIGUEIREDO DIAS, Jorge de. **Direito Penal**. Parte geral, 1. ed. brasileira, 2. ed. portuguesa. Coimbra: Coimbra Editora, 2007. p. 270).

[24] Ver JESCHECK, Hans Heinrich; WEIGEND, Thomas. ***Lehrbuch des Strafrechts***. AT, 1996, p. 238 et seq.; KÜHL, Kristian. *Strafrecht*. AT, 2017. p. 17 et seq.

lor de resultado o seu núcleo fundamental,[25] na medida em que consubstancia o referencial teleológico da norma, somente na presença e convergência de ambos (desvalor de ação e de resultado) pode alcançar dignidade penal e, assim, fundar o ilícito-típico.

O *desvalor de ação* deve abranger todos os diferentes aspectos da conduta em si, sejam eles subjetivos ou objetivos, de modo a expressá-la adequadamente em termos axiológicos. Compreende, por um lado, o *(i) desvalor subjetivo da conduta*, isto é, a vontade que preside a realização da conduta. O homicídio doloso é, por isso, mais grave que o culposo, muito embora o resultado da ação seja exatamente o mesmo. Por outro lado, tem-se o *(ii) desvalor objetivo da conduta em si*, compreensivo do *modo* e da *forma* através dos quais a ação é praticada. Ex.: sempre que o homicídio for cometido "à traição, de emboscada, ou mediante dissimulação ou outro recurso que dificulte ou torne impossível a defesa da vítima" (inciso IV do art. 121 do CP) ele se torna mais grave, dando azo à sua forma qualificada. Por fim, também os *(iii) elementos objetivos da autoria* exercem um relevante papel na formação do desvalor de ação.

[25] Conquanto haja certo consenso sobre a relevância de ambos os referenciais de desvalor (ação e resultado) na constituição do ilícito, não se pode dizer o mesmo acerca da sua indispensabilidade – *i.e.*, da possibilidade de haver um ilícito penal desprovido de desvalor de resultado ou de ação –, como também não da prevalência do desvalor de resultado sobre o desvalor da ação. A sua trajetória, em realidade, está fortemente marcada por avanços e retrocessos explicáveis, em grande medida, pelo fato de estar o ilícito penal diretamente imbricado com o fundamento, o sentido e a função que são assinalados ao direito penal. Welzel, *v.g.*, defendia uma compreensão na qual o desvalor de resultado deixava de ter o protagonismo de outrora, dando lugar ao desvalor de ação na posição de centro e fundamento do ilícito penal. Embora Welzel reconheça importância ao desvalor de resultado e acredite que a sua ocorrência pode ser evitada através da punição do desvalor de ação, a tarefa primária do Direito Penal não era, para ele, a proteção de bens jurídicos, mas sim a garantia da "real vigência (observância) dos valores do ato (*Aktwerte*) da consciência jurídica" (WELZEL, Hans. ***Das deutsche Strafrecht***. *Eine systematische Darstellung*. 11 aufl. Berlin: Walter de Gruyter, 1969. p. 1 et seq.). Em seu entender, "os valores do ato como a fidelidade, a obediência, o respeito à pessoa, etc., possuem maior fôlego e visão mais ampla que a mera proteção de bens" (WELZEL, Hans. ***Das deutsche Strafrecht***. *Eine systematische Darstellung*. 11 aufl. Berlin: Walter de Gruyter, 1969. p. 4), o que o leva a professar uma noção de ilícito centrada eminentemente no desvalor de ação, uma concepção na qual o resultado aparece como um elemento até mesmo dispensável em alguns casos: "o desvalor objetivo [a lesão ou perigo ao bem jurídico] pode faltar no caso concreto sem que desapareça o desvalor de ação como, por exemplo, ocorre na tentativa inidônea" (WELZEL, Hans. ***Das deutsche Strafrecht***. *Eine systematische Darstellung*. 11 aufl. Berlin: Walter de Gruyter, 1969. p. 62).

Ex.: a apropriação indébita apresenta-se mais reprovável quando o sujeito ativo é funcionário público, resultando inclusive em delito diverso (art. 312 do CP, peculato) daquele praticado por quem não possui esta qualificação (art. 168 do CP, apropriação indébita)[26].

A partir dessa concepção, coloca-se fora do desvalor de ação apenas a forma e a intensidade *com que a conduta atinge o objeto de proteção da norma*, âmbito próprio do desvalor de resultado. O *desvalor de resultado* é aqui *desvalor de ofensa*. Não se confunde com o resultado em uma perspectiva natural, entendido como modificação do mundo exterior, e tampouco com o objeto da ação. Trata-se do *desvalor expresso pela ofensa a bens jurídico-penais, pela lesão ou perigo de lesão ao objeto de tutela da norma*. Núcleo de desvalor que, ao exprimir, por meio das categorias penais que lhe são próprias (bem jurídico e ofensividade), a ruptura da relação originária de cuidado de perigo assume-se como *pedra angular do ilícito penal*, expressão da contrariedade não só à intencionalidade jurídico-normativa, mas à própria função do Direito Penal.[27]

Desvalor de ação e desvalor de resultado, portanto, uma vez adequadamente conjugados, tendo este último como referencial axiológico primeiro, dão forma ao âmbito de tutela do tipo e, assim, às balizas fortes do juízo de

[26] O arranjo sistemático ora proposto, contudo, não é pacífico. Não há dúvida de que, no desvalor de ação, encontra-se não só o dolo como também os elementos subjetivos do tipo (desvalor subjetivo da conduta). Mas o mesmo não pode ser dito no que tange à localização dos elementos referentes à forma ou ao modo de execução (desvalor objetivo da conduta), bem como dos elementos objetivos da autoria. O problema não se coloca, observa Roxin, se for aplicada a concepção por ele defendida do desvalor de ação como "unidade de sentido objetivo-subjetiva", uma vez que, sob essa perspectiva, até mesmo o resultado está incluído no desvalor de ação. Contudo, prossegue Roxin, se adotada uma concepção de desvalor de ação exclusivamente subjetiva, esses elementos teriam que ser incluídos no desvalor de resultado ou, então, em uma "terceira" categoria de desvalor. (ROXIN, Claus. *Strafrecht*, AT, 2006, p. 327 et seq.)

[27] Como se pode notar, partimos de uma concepção do ilícito-típico fundada na dimensão onto-antropológica de cuidado de perigo, proposta por Faria Costa (FARIA COSTA, José de. Ilícito típico, resultado e hermenêutica. Ou o retorno à limpidez do essencial. **Seminário internacional de direito penal** – Universidade Lusíada. Lisboa: Universidade Lusíada, março de 2000. p. 16 et seq.). É, pois, nesse horizonte compreensivo que concebemos o desvalor de resultado como categoria erigida a partir da violação dessa mesma relação originária. Daí tornar-se evidente que o desvalor de resultado não se esgota nos limites de um dano/violação. Deve, ao contrário, ser compreendido na riqueza de significação que expressa, isto é, no mais puro e límpido desvalor de cuidado.

tipicidade. Importa, agora, um voltar de olhos à factualidade penal específica do artigo 1º da Lei nº 8.137/90.

5. O ilícito-típico de sonegação de tributos (art. 1º da Lei nº 8.137/90) – Elementos constitutivos

5.1. A estrutura do tipo objetivo do art. 1º da Lei nº 8.137/90 – Fraude e técnica de tutela na constituição do ilícito-típico

O tipo legal do art. 1º da Lei nº 8.137/90 – tipo de base de ambos os casos de referência (*vide supra*) – conta com a seguinte redação:

> Art. 1º Constitui crime contra a ordem tributária suprimir ou reduzir tributo, ou contribuição social e qualquer acessório, mediante as seguintes condutas:
> I – omitir informação, ou prestar informação falsa às autoridades fazendárias;
> II – fraudar a fiscalização tributária, inserindo elementos inexatos, ou omitindo operação de qualquer natureza, em documento ou livro exigido pela lei fiscal;
> III – falsificar ou alterar nota fiscal, fatura, duplicata, nota de venda, ou qualquer outro documento relativo à operação tributável;
> IV – elaborar, distribuir, fornecer, emitir ou utilizar documento que saiba ou deva saber falso ou inexato;
> V – negar ou deixar de fornecer, quando obrigatório, nota fiscal ou documento equivalente, relativa a venda de mercadoria ou prestação de serviço, efetivamente realizada, ou fornecê-la em desacordo com a legislação.

Em termos objetivos, o crime de sonegação de tributos previsto no artigo 1º da Lei nº 8.137/90 é constituído por dois centros de desvalor, devidamente distribuídos nos núcleos que informam o desvalor geral do ilícito-típico (desvalor de ação e desvalor de resultado), os quais, uma vez conjugados, lhe conferem dignidade e legitimidade material. São eles *(i)* o *emprego de fraude*, a operar no desvalor de ação, e *(ii)* o *prejuízo ao erário público,* no desvalor de resultado.

As noções de *fraude* e *prejuízo ao erário,* portanto, não apenas orientam a constituição do crime em sua dimensão objetiva, mas são, em verdade, *elementos fundantes* da própria ilicitude material de natureza penal. Vale dizer: à luz da factualidade típica do art. 1º da Lei nº 8.137/90, na ausência de fraude ou de prejuízo ao erário público *não há crime* (*rectius*: atipicidade objetiva).[28] Constatação essa, aliás, que em nada surpreende. Como bem se sabe, a indispensável conjugação dos referidos elementos para a conformação do ilícito-típico objetivo desfruta de amplo consenso na literatura penal (e tributária) especializada.

A título de mera ilustração, tome-se a passagem de Leandro Paulsen:

> A diferença entre o simples inadimplemento de tributo e a sonegação é o *emprego de fraude.*[29] [...] O art. 1º define crimes materiais que, portanto, têm como condição objetiva de punibilidade o lançamento definitivo dos respectivos tributos (Súmula Vinculante nº 24).[30] [...] A conduta típica é *suprimir ou reduzir tributo* (contribuição social também é tributo) e qualquer acessório *mediante os meios fraudulentos* que o art. 1º arrola.[31]

No mesmo sentido, passagem de José Paulo Baltazar Júnior:

> O crime contra a ordem tributária pressupõe, além do *inadimplemento, alguma forma de fraude,* que poderá estar consubstanciada na omissão de alguma declaração, na falsificação material ou ideológica de documentos, no uso de documentos material ou ideologicamente falsos, na simulação etc. As condutas *fraudulentas* estão descritas nos incisos dos arts. 1º e 2º da Lei 8.137. Eis aí a distinção entre inadimplência e

[28] Nesse preciso sentido, Baltazar Júnior: "quer dizer, sem fraude e supressão ou omissão de tributos não há sonegação" (BALTAZAR JÚNIOR, José Paulo. **Crimes federais**, 11 ed. São Paulo: Saraiva, 2017. p. 815).

[29] PAULSEN, Leandro. **Crimes federais**. São Paulo: Saraiva, 2017. p. 359.

[30] PAULSEN, Leandro. **Crimes federais**. São Paulo: Saraiva, 2017. p. 360 s.

[31] PAULSEN, Leandro. **Crimes federais**. São Paulo: Saraiva, 2017. p. 361.

> sonegação: a *fraude*.[32] [...] O crime de sonegação de tributos em geral é composto pela *soma da supressão ou redução de tributo* com a *presença da fraude* prevista em, pelo menos, um dos incisos.[33]

E, finalmente, passagem de Cezar Roberto Bitencourt:

> A especificidade do objeto de proteção penal neste art. 1º justifica o teor dos comportamentos incriminados nos incisos I a V, pois eles representam, sob a ótica do Direito Tributário, o não cumprimento de exigências fiscais dirigidas a certificar o nascimento da obrigação tributária, e a facilitar o controle e arrecadação da importância devida com o tributo. Com efeito, as condutas elencadas possuem um significativo potencial ofensivo, na medida em que dificultam e/ou impedem a atividade arrecadadora do fisco, repercutindo, de maneira negativa nas funções desempenhadas pelos tributos. Mas, como veremos ao longo deste Capítulo, elas *somente serão penalmente relevantes* para efeito de subsunção no tipo do art. 1º quando impliquem na *redução ou supressão fraudulenta* de tributo ou acessório, ou, pelo menos, na sua tentativa.[34]

O mesmo entendimento pode ser encontrado na jurisprudência nacional, como bem revela, a título ilustrativo, o *Habeas Corpus* n. 135.426/SP, julgado em 26.02.2013 pela Quinta Turma do Superior Tribunal de Justiça, com relatoria do Min. Jorge Mussi; a Apelação Criminal n. 5008891-33.2011.404.7002/PR, julgada em 08.05.2014 pela 8ª Turma do Tribunal Regional Federal da 4ª Região, com relatoria do Des. João Pedro Gebran Neto; a Apelação Criminal n. 5001727-20.2012.4.04.7119/RS, julgada em 05.07.2017 pela 8ª Turma do Tribunal Regional Federal da 4ª Região, com relatoria do Des. Leandro Paulsen; a Apelação Criminal n. 0077012-72.2002.8.26.0050, julgada em 12.12.2017, pela 3ª Câmara de Direito Criminal do Tribunal de Justiça de São Paulo, relatoria do Des. Airton Vieira, dentre outros tantos julgados.

32 BALTAZAR JÚNIOR, José Paulo. **Crimes federais**. São Paulo: Saraiva, 2017. p. 797.

33 BALTAZAR JÚNIOR, José Paulo. **Crimes federais**. São Paulo: Saraiva, 2017. p. 805.

34 BITENCOURT, Cezar Roberto. **Tratado de direito penal econômico**. São Paulo: Saraiva, 2016. v. 1. p. 723 et seq.

Esse preciso quadro jurídico, entretanto, não poderia ser diferente. Em verdade, o que se tem aqui nada mais é do que a decorrência lógica e direta da tutela proposta pela Lei nº 8.137/90 em seu artigo 1º, isto é, de uma tutela que busca a sua autonomia material em relação à respectiva infração administrativa, a partir de um objeto de proteção pluriaxiológico, *in casu*, de um bem jurídico dotado de *duas dimensões*.

Conquanto possa haver alguma oscilação doutrinária acerca dos valores sob tutela no crime de sonegação de tributos (artigos 1º e 2º da Lei nº 8.137/90), é inegável que, na legislação brasileira, a ilicitude penal parte de um horizonte patrimonial, na linha de alguns ordenamentos penais, como, *v.g.*, o alemão (*§ 370 AO - Steuerhinterziehung*)[35], *sem, contudo, satisfazer-se com ele.* Há aqui mais de uma dimensão de tutela a conformar o bem jurídico, de modo a dotá-lo de dignidade jurídico-penal.

Não está aqui em disputa o fato de a *arrecadação tributária* constituir um interesse de exuberante proteção pelo ilícito-típico de sonegação de tributos ou, ao menos, expressão material (*concretização*) da dimensão patrimonial do bem jurídico tutelado.[36] Valor esse que, por sua natureza, revela na *não*

[35] Vide DÖRN, Harald. ***Steuerhinterziehung durch Unterlassen?*** Baden-Baden: Nomos, 2001. p. 15; KOHLMANN, Günter. ***Steuerstrafrecht mit Ordnungswidrigkeitenrecht und Verfahrensrecht***. *Kommentar zu den §§369 – 412 AO 1977.* 7.aufl. 29.° Lieferung (November 2001), Köln: Dr. Otto Schmidt, 1997, §370, Rdnr.9.4; JOECKS, Wolfgang. *In*: FRANZEN/GAST/JOECKS. ***Steuerstrafrecht mit Steuerordnungswidrigkeit und Verfahrensrecht***. *Kommentar. §§ 369-412 AO,§ 32 ZollVG.* 4 aufl. München: Beck'sche, 1996. p. 140.

[36] Heloisa Salomão, acompanhada de significativa doutrina, propõe a "arrecadação tributária" como efetivo bem jurídico tutelado. Segundo a autora, a arrecadação tributária é capaz não só de "captar as potencialidades estáticas e dinâmicas do valor atribuído constitucionalmente" ao sistema tributário, como de "exercer as funções de limite ao *ius puniendi* e de instrumento crítico do direito positivo" (SALOMÃO, Heloisa Estellita. **A tutela penal e as obrigações tributárias na Constituição Federal**. São Paulo: Revista dos Tribunais, 2001. p. 188, 207 e 221). Embora possamos acompanhar as razões e preocupações expressadas pela autora, não temos, todavia, tanta certeza acerca da suficiente ressonância axiológica da *arrecadação tributária* como valor em si mesma, a ponto de lhe propiciar a autonomia minimamente necessária para figurar como verdadeiro bem jurídico-penal. Daí optarmos pela sua referência nos estritos termos da concretização. Ainda no que tange à doutrina brasileira, podemos referir, a título de ilustração, a lição de Rui Stoco, segundo a qual o objeto jurídico, nos crimes contra a ordem tributária, consiste nos "interesses estatais ligados à arrecadação dos tributos devidos à Fazenda Pública", através dos quais são atendidas principalmente a fé pública e a Administração Pública. Salienta o autor que o "objeto imediato é a supressão ou redução de tributo, e o mediato é variável em cada uma das figuras" (STOCO, Rui. *In*: FRANCO/STOCO.

percepção dos respectivos valores pelo erário uma límpida forma de ofensa na modalidade de dano/violação.[37] Tal fato é, pois, ao nosso sentir, incontestável. Contudo, é igualmente verdade que o *mero resguardo patrimonial do erário público não é suficiente* para a constituição de um ilícito de natureza criminal. A simples inadimplência é matéria a ser regulada por ordens não penais, como a administrativa e a cível, mas não, dadas as suas particularidades formais e materiais, pelo ordenamento jurídico-penal. O ingresso no qualificado espaço da ilicitude criminal pressupõe a afetação de uma segunda dimensão de tutela, usualmente denominada de *verdade-transparência*, a decorrer da "segurança e [d]a fiabilidade do tráfico jurídico com documentos no domínio específico da prática fiscal"[38].

Em outras palavras, na legislação nacional, o bem jurídico sob tutela no crime de sonegação de tributos é conformado *pelo encontro de dois valores distintos*, um de natureza patrimonial, expresso/concretizado na arrecadação tributária, e outro, de natureza não patrimonial, consistente na noção de verdade-transparência. Ambos a demandar, por força do artigo 1º da Lei nº 8.137/90, uma efetiva ofensa de dano/violação. O primeiro, por decorrência da expressão *supressão ou redução de tributo*, e o segundo, em razão da *exigência de meio fraudulento*.

Código Penal e sua interpretação jurisprudencial. Parte geral, 7.ª ed., prefácio de Paulo José da Costa Júnior, São Paulo : Revista dos Tribunais, 2001. v. 1. p. 612.).

37 *Vide* NANNUCCI, Ubaldo. *Il delitto di omessa dichiarazione. In*: NANNUCCI, Ubaldo; D'AVIRRO, Antonio (org.). ***La riforma del diritto penale tributario*** *(D.lgs.10 marzo 2000 n.74)*. Padova: Cedam, 2000, p. 253 et seq.; ZANNOTI, Roberto. *Il delitto di omessa dichiarazione*. In: MUSCO, Enzo. ***Diritto penale tributario***. Milano: Giuffrè, 2002. p. 152 et seq.; TRAVERSI, Alessandro; GENNAI, Sara. ***I nuovi delitti tributari***. Milano: Giuffrè, 2000. p. 54; CADOPPI, Alberto. ***Il reato omissivo proprio***. *Profili introduttivi e politico-criminale*. Padova: Cedam, 1988. v. 1. p. 640 et seq.; BARTULLI, Armando. ***Condotta omissiva e accertamento del dolo nel reato di frode fiscale***. *Sc. pos.*, 1 (1962). p. 255; DELOGU, Tullio. *L'oggetto giuridico dei reati fiscali. In*: ***Studi in onore di Francesco Antolisei***. Milano, 1965. p. 421 et seq.; FRANCO/STOCO., **Código Penal e sua interpretação jurisprudencial.** Parte geral. 7. ed. São Paulo: Revista dos Tribunais, 2001. v. 1. p. 612 et seq.; SALOMÃO, Heloisa Estellita. **A tutela penal e as obrigações tributárias na Constituição Federal**. São Paulo: Revista dos Tribunais, 2001. p. 221.

38 FIGUEIREDO DIAS, Jorge de; COSTA ANDRADE, Manuel da. **O crime de fraude fiscal no novo direito penal tributário português**. Considerações sobre a factualidade típica e o concurso de infracções. *RBCCr*, 13 (1996). p. 63 e 66.

A articulação de ambas as dimensões conformadoras do objeto jurídico, como é usual em crimes dotados de objeto jurídico pluriaxiológico (*i.e.*, de objeto jurídico conformado por mais de um valor), pode dar origem a diferentes técnicas de tutela, por vezes na forma de crimes formais, outras, de crimes materiais. Esse é o caso, *v.g.*, do inciso I do artigo 2º da Lei nº 8.137/90, o qual, na linha do ordenamento jurídico português, dá vazão a um delito formal (quanto ao resultado naturalístico), centrado na dimensão verdade-transparência, a partir de uma estrutura de crime de resultado cortado.

O artigo 1º, contudo, é manifestamente um *crime material* (quanto ao resultado naturalístico) *e de dano* (no que se refere ao bem jurídico). Por consequência, tanto a fraude, quanto o dano ao erário mostram-se *absolutamente indispensáveis* para a consumação do crime. A fraude, porém, com um importante diferencial. Ela assume um papel central na conjugação de valores sob tutela. É justamente ela – como já observamos – o fator responsável pelo ingresso do dano ao erário na esfera de interesse jurídico-penal. É o meio fraudulento que torna o ilícito penal um *aliud* em relação ao simples inadimplemento administrativo, a permitir, por consequência, a sua pretendida autonomia em relação à ordem administrativo-tributária. De forma simples e direta: sem fraude não há sonegação.

No específico caso do artigo 1º da Lei nº 8.137/90, por meio da técnica de tutela empregada, optou-se por enumerar as hipóteses de fraude ao longo dos cinco incisos que compõem a figura típica. Isso significa dizer que todas as hipóteses ali discriminadas buscam expressar uma modalidade de fraude e devem, por isso, ser interpretadas a partir dessa precisa ideia. Tratando-se o *tipo legal (gesetzlicher Tatbestand)* de uma formulação positiva, teleologicamente orientada à tutela dos valores que lhe constituem e animam, somente assim, *i.e.*, por meio de uma hermenêutica teleologicamente comprometida, é possível delimitar o âmbito de incidência típica e, por consequência, resguardar a racionalidade do ilícito-típico. Logo, na ausência de artimanha, ardil, falso, malícia, não há que se falar em fraude e, desse modo, também não em realização do tipo. O mero equívoco de escrituração ou, ainda, a mera divergência com o entendimento adotado pelo fisco, não constitui, por essa razão, emprego de fraude, a afastar a realização objetiva do ilícito-típico.

Assim, é correto dizer, na dimensão objetiva do tipo de sonegação de tributos previsto pelos incisos I a V do art. 1º da Lei nº 8.137/90, que o *prejuízo ao erário* (no plano do *desvalor de resultado*) e a *fraude* (no plano do *desvalor de ação*) são elementos constitutivos do crime (genuínos elementos fundantes da própria ilicitude material de natureza penal), sendo que diante da ausência de fraude ou de prejuízo ao erário público *não há crime* por atipicidade objetiva.

5.2. A estrutura do tipo subjetivo do art. 1º da Lei nº 8.137/90

Se isso é assim em termos objetivos, em termos subjetivos, com ainda mais razão. Explica-se:

A noção de *fraude* ou *meio fraudulento* – que, como vimos, constitui elemento fundante do ilícito-típico do artigo 1º da Lei nº 8.137/90 – corresponde, em termos dogmáticos, a uma elementar reitora de natureza normativa que irá encontrar concretização nos comportamentos típicos elencados nos incisos do art. 1º. Daí que, como bem visto, por insuperável exigência dogmática, cada um deles deva ser compreendido nos estritos limites da sua elementar reitora, a fraude. Até aqui, contudo, não há novidade. Como já amplamente exposto, a exigência de fraude para a constituição do respectivo ilícito-típico encontra significativo consenso na jurisprudência e na doutrina especializada (*vide supra*). O particular está no fato de a própria noção de fraude, conquanto normativa, ser detentora de uma teleologia interna própria, *a qual convoca inapelavelmente a dimensão subjetiva do ilícito.*

Vejamos isso um pouco mais de perto.

É por todos sabido que, ao lado das elementares *descritivas*, o tipo legal (*gesetzlicher Tatbestand*) pode apresentar elementares de natureza *normativa* e *subjetiva*, ambas frutos de importantes desenvolvimentos neokantistas.[39]

[39] A descoberta dos elementos normativos do tipo é normalmente atribuída a Max Ernst Mayer. Em seus estudos, Mayer percebe no tipo legal a existência de elementos carentes de valoração e, assim, próprios da ilicitude; uma espécie de "corpo estranho" dentre os elementos descritivos do tipo, denominando-os, por essa razão, de "elementos impróprios da tipicidade" (MAYER, Max Ernst. ***Der allgemeine Teil des deutschen Strafrechts***. *Lehrbuch*. 2 aufl. Heidelberg: Carl Winters Universitätsbuchhandlung, 1923. p. 184). Observa que os *elementos próprios da ilicitude*, diferentes dos elementos da tipicidade, seriam não apenas indiciários da ilicitude (*ratio cognoscendi*), mas sim o seu próprio fundamento (*ratio essendi*), e que essa precisa característica se faria presente nos elementos normativos do tipo (MAYER, Max Ernst. ***Der allgemeine Teil des deutschen Strafrechts***. *Lehrbuch*. 2 aufl. Heidelberg: Carl Winters Universitätsbuchhandlung, 1923, p. 184 s.). À parte disso, na linha do que teria sido inicialmente observado por Fischer (*vide* MEZGER, Edmund. ***Strafrecht***. *Ein Lehrbuc*. 2 aufl.

As primeiras – *i.e.*, as elementares normativas – caracterizam-se por não serem acessíveis a partir da simples atividade sensorial. O seu conhecimento somente é alcançado por meio de um *juízo de valor*, cuja referência pode ser encontrada nas normas em geral, penais ou não, ou mesmo em outras dimensões axiológicas não jurídicas, como a cultura. Esse é o caso das elementares "alheia", no crime de furto (art. 155 do CP), "falsamente" no delito de calúnia (art. 138 do CP) ou "ilícita" no estelionato (art. 171 do CP). As segundas – *i.e.*, as elementares subjetivas - dizem respeito a determinadas intenções que não apenas marcam o direcionamento da conduta, mas são indispensáveis *para a correta compreensão e delimitação da matéria de proibição*. O exemplo mais comum é a elementar "para si ou para outrem" no tipo legal de furto (art. 155 do CP), sem a qual o tipo não se perfectibiliza.

A fraude, dizíamos, é exemplo claro de elementar normativa, dada a necessidade de um juízo de valor para ser conhecida. Contudo, diferente de outras elementares normativas que se encontram inteiramente restritas à dimensão objetiva do ilícito, a fraude só se constitui enquanto tal *se associada a uma específica intenção*: a intenção de enganar, de ludibriar. Na sua falta, um suposto falso, *v.g.*, pode revelar-se um equívoco de preenchimento; a omissão, um simples esquecimento. Isso porque a fraude nada mais é do que um *meio ardiloso*, um *meio de engano* (*rectius*: um *meio/artifício* que busca enganar) e, como *meio/caminho* para algo, pressupõe necessariamente um direcionamento, *in casu* um específico direcionamento: o engano, a indução em erro.

Trata-se, pois, de uma elementar *de natureza híbrida*, em que o juízo de valor próprio das elementares normativas deverá também projetar-se sobre o direcionamento psicológico da ação, avançando sobre aspectos próprios das elementares subjetivas, de modo a obter, dessa maneira, ao fim e ao cabo, o sentido social e jurídico-penal do fato.

Em termos práticos, tais características típicas levam a uma *sobrevalorização da dimensão subjetiva do ilícito-típico*. Embora o artigo 1º da Lei nº 8.137/90 seja

München; Leipzig: Duncker und Humblot, 1933. p. 168), autores como Mayer e Mezger passam a reconhecer na tipicidade também elementos de natureza psicológica, provenientes de uma dimensão interna do autor (MAYER, Max Ernst. ***Der allgemeine Teil des deutschen Strafrechts.*** *Lehrbuch.* 2 aufl. Heidelberg: Carl Winters Universitätsbuchhandlung. 1923, p. 7 et seq. e 185 et seq.; MEZGER, Edmund. ***Strafrecht.*** Ein Lehrbuch. 2 aufl. München; Leipzig: Duncker & Humblot, 1933. p. 168 et seq. e 190).

um crime manifestamente doloso, a ausência de representação da conduta fraudulenta e da vontade de realizá-la, mais do que afastar a imputação subjetiva por ausência de dolo, afasta a própria imputação objetiva, por não caracterização da fraude.

6. Notas conclusivas – De volta aos casos de referência

Uma vez chegado até aqui, importa agora retornar aos casos de referência.

No primeiro caso, como vimos, ao denunciado foi imputada a prática da conduta descrita no inciso II do art. 1º da Lei nº 8.137/90. A conduta típica descrita no *caput* do art. 1º da Lei 8.137/90, consiste em suprimir ou reduzir tributo sendo que, nos cinco incisos seguintes são destacadas as várias modalidades – fraudulentas, reitere-se –, pelas quais isso pode ocorrer. Nos termos da denúncia, o acusado teria *reduzido* tributo através da *inserção de indevidos créditos de ICMS* em livro fiscal obrigatório, ou seja, através da prática descrita no inciso II do art. 1º, qual seja, a inserção de *elementos inexatos* em livro exigido pela lei fiscal.

Ressalte-se, uma vez mais, que tal delito é um crime material (quanto ao resultado naturalístico) e de dano (no que refere ao bem jurídico). Consequentemente, tanto a fraude, quanto o dano ao erário *são elementos essenciais* à sua configuração. A fraude, também como já registrado, com papel central na constituição do ilícito, uma vez que é por meio dela – e apenas por meio dela – que o fato alcança efetiva dignidade penal.

Contudo, não é isso que se verifica no caso em tela. O denunciado em momento algum inseriu, no livro fiscal, informações que não correspondem à realidade. Pelo contrário. Inseriu *exatamente* o valor de crédito de ICMS destacado na nota fiscal. A irresignação limita-se ao fato de o estado de Santa Catarina considerar, com base em regulamentos infralegais, que o valor, embora guarde estrita correspondência com a realidade fática, *está indevidamente inserido*. Em outras palavras, sustenta a acusação que o não reconhecimento do direito à escrituração de crédito de ICMS pelo fisco equivale *ipso facto* a uma fraude; ou, ainda, que o fato de o contribuinte interpretar a legislação de modo divergente do que faz o fisco é necessariamente sinônimo de artimanha, ardil, falso, malícia.

Em um esforço de simplificação silógica, a pretensão ministerial pode ser assim resumida: a) se a pretensão (de creditamento) do contribuinte não foi reconhecida pelo fisco, é porque indevida; b) se é indevida, é consequentemente inexata/falsa; c) logo, se é inexata/falsa, é necessariamente fraudulenta.

Ora, uma tal compreensão das coisas – lamentavelmente recorrente em âmbito penal tributário – consiste no que há de mais límpido em termos de subversão lógica e metodológica dos parâmetros dogmáticos que informam (*rectius,* devem informar) a constituição do ilícito-típico. Não é disso que se trata o crime de sonegação.

Ainda que se possa defender a existência de tipicidade tributária, a ausência de fraude afasta a dimensão objetiva do ilícito-típico penal e, assim, por tudo já anteriormente avançado, também a sua indispensável dimensão subjetiva (ausência de dolo).

Isso sobre o primeiro caso. Sobre o segundo, é preciso ter em conta, mais uma vez, que o crime tributário em análise é uma elaboração normativa pluriaxiológica, conformada, pois, por mais de um bem jurídico. Vimos que os crimes tributários tutelam a *arrecadação tributária* (em um claro viés patrimonial) – o que está evidenciado na expressão legal de "supressão ou redução de tributo", constante do *caput* do art. 1º da Lei 8.137/90 –, mas tutelam também, simultaneamente, a noção de *verdade-transparência,* estampada na exigência legal das condutas fraudulentas descritas nos incisos do referido art. 1º. Só há crime tributário quando houver efetiva ofensa (dano ou perigo) aos bens arrecadação tributária *e* verdade-transparência.

Havendo ofensa apenas à arrecadação tributária, sem qualquer violação da verdade-transparência, a conduta pode ser reprimida administrativamente. Criminalmente, porém, é certo que não. Havendo, por outro lado, ofensa exclusiva à verdade-transparência, mas sem que isso represente um prejuízo (patrimonial) ao fisco, uma vez mais entra em cena a possibilidade de um ilícito-tributário restar configurado, mas jamais o ilícito-típico penal em questão.

No caso em análise, a sócia-administradora da empresa de transportes foi denunciada por haver se creditado dos valores de ICMS que constavam das notas fiscais dos materiais adquiridos para a manutenção da frota de veículos, sem, contudo, haver elaborado os relatórios que eram exigidos pelo RICMS vigente à época[40]. Trata-se, pois, de mero descumprimento de obrigação acessória (que guarda relação com o exercício da *fiscalização estatal*), desprovido de repercussão patrimonial. Não *houve, in casu, supressão ou redução de tributo*; ou, em palavras mais claras, não houve qualquer prejuízo (patrimonial) ao fisco. A sócia-administradora cuidou de se creditar *estritamente* dos créditos destacados em nota fiscal. Nem um centavo a mais e nem um centavo a menos. Valeu-se unicamente da garantia constitucional decorrente do princípio da não cumulatividade no que refere ao ICMS.

E se isso é assim, estamos, mais uma vez, diante de substrato fático capaz de consubstanciar um ilícito administrativo, mas não penal. Dada a ausência de ofensa ao objeto de tutela da norma (ofensa simultânea aos bens *patrimônio* e de *verdade-transparência*), não há que se falar em ilícito-típico de sonegação.

Tudo a demonstrar, como se vê, a necessidade de um maior cuidado para com as particularidades que constituem e conferem autonomia às ordens de regulação tributária e penal. Conquanto não se possa negar a importância de um constante diálogo entre o Direito Tributário e o Direito Penal – e isso é uma evidência –, é preciso ter em conta que a utilidade desse diálogo passa pelo reconhecimento mútuo das identidades que atribuem sentido a sua coexistência.

Referências

ÁLVAREZ ECHAGUE, Juan Manuel. ***La extinción de la acción penal tributaria***. Buenos Aires: Ad-Hoc, 2018.

BALTAZAR JÚNIOR, José Paulo. **Crimes federais**. 11. ed. São Paulo: Saraiva, 2017.

BARTULLI, Armando. ***Condotta omissiva e accertamento del dolo nel reato di frode fiscale***. *Sc. pos.*, 1 (1962).

BECKER, Alfredo Augusto. **Teoria Geral do Direito Tributário.** 4 ed. São Paulo: Noeses, 2007.

[40] Deixaremos de adentrar, no presente artigo – por razões temporais e metodológicas –, na discussão a respeito da (possibilidade de) *retroatividade do complemento da lei penal em branco*, quando há alteração benéfica e posterior das normas estabelecidas no RICMS. Porém, caso haja interesse por parte do leitor no aprofundamento desse ponto, registramos que o tema já foi tratado no livro *Norma penal em branco e outras técnicas de reenvio em Direito penal*, de Fábio André Guaragni e Marion Bach, publicado pela Editora Almedina, no ano de 2014.

BELING, Ernst. ***Die Lehre vom Verbrechen***. Tübingen: J.C.B. Mohr, 1906.

BITENCOURT, Cezar Roberto. **Tratado de direito penal econômico**. São Paulo: Saraiva, 2016. v. 1.

CADOPPI, Alberto. ***Il reato omissivo proprio***. *Profili introduttivi e politico-criminale*. Padova: Cedam, 1988. v. 1.

CARVALHO, Paulo de Barros. **Curso de direito tributário**. 25. ed. São Paulo: Saraiva, 2013.

CATANIA, Alejandro J. ***Régimen penal tributario***. *Estudio sobre la ley 24.769*. Buenos Aires: Editores del Puerto, 2005.

CORREIA, Eduardo. **Direito Criminal** – com a colaboração de Jorge de Figueiredo Dias, Coimbra: Coimbra Editora,1999.

D'AVILA, Fabio Roberto. **Ofensividade em direito penal**: escritos sobre a teoria do crime como ofensa a bens jurídicos. Porto Alegre: Livraria do Advogado Editora, 2009.

D'AVILA, Fabio Roberto. **Ofensividade e crimes omissivos próprios**. Contributo à compreensão do crime como ofensa ao bem jurídico. Coimbra: Coimbra Editora, 2005.

DELOGU, Tullio. *L'oggetto giuridico dei reati fiscal*. *In*: Indicar autor. ***Studi in onore di Francesco Antolisei***. Milano, 1965. v. 1.

DÖRN, Harald. ***Steuerhinterziehung durch Unterlassen?*** Baden-Baden: Nomos, 2001.

ENGISCH, Karl. *Die normativen Tatbestandselemente im Strafrecht*. *In*: ***Festschrift für Edmund Mezger zum 70º Geburtstag***. München; Berlin: 1954.

FARIA COSTA, José de. Ilícito típico, resultado e hermenêutica. Ou o retorno à limpidez do essencial. **Seminário internacional de direito penal** – Universidade Lusíada. Lisboa: Universidade Lusíada, março de 2000.

FARIA COSTA, José de. **Noções fundamentais de direito penal**. Fragmenta *iuris poenalis*. 4. ed. Coimbra: Coimbra Editora, 2015.

FERRAZ JUNIOR, Tércio Sampaio. Obrigação tributária acessória e limites de imposição: razoabilidade e neutralidade concorrencial do Estado. *In*: TORRES, Heleno Taveira (org.). **Teoria Geral da Obrigação Tributária**: estudos em homenagem ao Professor José Souto Maior Borges. São Paulo: Malheiros, 2005.

FIGUEIREDO DIAS, Jorge de. **Direito Penal**. Parte geral. 1. ed. brasileira, 2. ed. portuguesa, Coimbra: Coimbra Editora, 2007.

FIGUEIREDO DIAS, Jorge de; COSTA ANDRADE, Manuel da. **O crime de fraude fiscal no novo direito penal tributário português**. Considerações sobre a factualidade típica e o concurso de infracções. *RBCCr*, 13, 1996.

FUCHS, Helmut. ***Strafrecht***. *Allgemeiner Teil I. Grundlagen und Lehre von der Straftat*. 8 aufl. Wien: Springer, 2012.

GUARAGNI, Fábio André; BACH, Marion. **Norma penal em branco e outras técnicas de reenvio em Direito penal**. São Paulo: Almedina, 2014.

HÜNERFELD, Peter. ***Strafrechtsdogmatik in Deutschland und Portugal***. *Ein rechtsvergleichender Beitrag zur Verbrechenslehre und ihrer Entwicklung in einem europäischen Zusammenhang*. Baden-Baden, Nomos, 1981.

JESCHECK, Hans Heinrich; WEIGEND, Thomas. ***Lehrbuch des Strafrechts***. AT, 1996.

JOECKS, Wolfgang. *In*: FRANZEN/GAST/JOECKS –. ***Steuerstrafrecht mit Steuerordnungswidrigkeit und Verfahrensrecht***. *Kommentar. §§ 369-412 AO,§ 32 ZollVG*, 4 aufl. München: Beck'sche, 1996.

KINDHÄUSER, Urs. ***Strafrecht***. *Allgemeiner Teil*. 3 aufl. Baden-Baden: Nomos, 2008.

KOHLMANN, Günter. ***Steuerstrafrecht mit Ordnungswidrigkeitenrecht und Verfahrensrecht***. *Kommentar zu den §§369 – 412 AO 1977*. 7.aufl. 29.° Lieferung (November 2001), Köln: Dr. Otto Schmidt, 1997, §370, Rdnr.9.4.

KÜHL, Kristian. ***Strafrecht***. *Allgemeiner Teil*. 8 aufl. München: Franz Vahlen, 2017.

MAYER, Max Ernst. ***Der allgemeine Teil des deutschen Strafrechts***. *Lehrbuch*. 2 aufl. Heidelberg: Carl Winters Universitätsbuchhandlung, 1923.

MEZGER, Edmund. ***Strafrecht***. *Ein Lehrbuch*. 2 aufl. München; Leipzig: Duncker & Humblot, 1933.

NANNUCCI, Ubaldo. *Il delitto di omessa dichiarazione*. *In*: NANNUCCI, Ubaldo; D'AVIRRO, Antonio (org.). ***La riforma del diritto penale tributario*** *(D.lgs. 10 marzo 2000 n. 74)*. Padova: Cedam, 2000.

PAULSEN, Leandro. **Crimes federais**. São Paulo: Saraiva, 2017.

RENGIER, Rudolf. ***Strafrecht***. *Allgemeiner Teil*. 5 aufl. München: Verlag C. H. Beck, 2013.

ROXIN, Claus. ***Strafrecht***. *Allgemeiner Teil*. 4 aufl. München: C. H. Beck, 2006. v.1.

SALOMÃO, Heloisa Estellita. **A tutela penal e as obrigações tributárias na Constituição Federal**. São Paulo: Revista dos Tribunais, 2001.

STEININGER, Einhard. ***Strafrecht***. *Allgemeiner Teil. Eine Einführung*. 2 aufl. Wien: Linde, 2013.

STOCO, Rui. *In*: FRANCO/STOCO. **Código Penal e sua interpretação jurisprudencial**. Parte geral. 7. ed. São Paulo: Revista dos Tribunais, 2001. v. 1.

STRATENWERTH, Günter; KUHLEN, Lothar. ***Strafrecht***. *Allgemeiner Teil I*. 5 aufl. Köln; Berlin; München: Carl Heymanns Verlag, 2004.

TRAVERSI, Alessandro; GENNAI, Sara. ***I nuovi delitti tributari***. Milano: Giuffrè, 2000.

VIEIRA, José Roberto. **A regra-matriz de incidência do IPI**: texto e contexto. Curitiba: Juruá, 1993.

WELZEL, Hans. ***Das deutsche Strafrecht***. *Eine systematische Darstellung*. 11 aufl. Berlin: Walter de Gruyter, 1969.

WESSELS, Johannes; BEULKE, Werner. ***Strafrecht***. *Allgemeiner Teil*. 30 aufl. C. F. Müller, 2000.

ZANNOTI, Roberto. *Il delitto di omessa dichiarazione*. *In*: MUSCO, Enzo. ***Diritto penale tributario***. Milano: Giuffrè, 2002.

16.
REFLEXÕES SOBRE A RELAÇÃO "VIOLÊNCIA E CRIMINALIDADE"

JUAREZ TAVARES

Escrever em homenagem ao meu amigo NEREU GIACOMOLLI me conduz a refletir menos sobre dogmática penal e muito mais sobre as estruturas do poder. NEREU sempre foi um libertário, pontuou sua trajetória profissional na defesa da pessoa humana e se opôs a qualquer forma de violência. Por isso, resolvi dedicar-lhe essas reflexões sobre a relação entre violência e criminalidade.

1. O significado da violência

Dizia Walter Benjamin que uma crítica da violência pode circunscrever-se à análise de sua relação com o Direito e com a justiça[1]. Desses dois parâmetros delimitadores poderemos traçar o significado da violência em face de seu próprio conteúdo, bem como de sua função simbólica em uma sociedade que trabalha constantemente sob os efeitos de seu conceito.

Geralmente, quando se fala de violência e se procuram os elementos para caracterizá-la, com vistas ao seu controle ou à sua erradicação, o que se

[1] BENJAMÍN, Walter. ***Zur Kritik der Gewalt***. *Gesammelte Schriften*. Frankfurt am Main: Suhrkamp, 1999. p. 179 et seq. t. II-1.

pretende representar com este vocábulo é a forma violenta da criminalidade, da qual se têm ocupado ou tentam ocupar-se nossos meios massivos de comunicação e, por via de consequência, nossas autoridades e nossos políticos. A vinculação entre violência e criminalidade, no entanto, não constitui apenas o motivo das reportagens ou das atuações políticas, mas assenta o fundamento pelo qual tem batalhado, recentemente, uma parcela considerável da teoria científica ao traçar os elementos para a elaboração de seu conceito. Ainda que se considere que a forma violenta da criminalidade sempre mereceu, desde alguns séculos, um tratamento especial, o conceito de violência nunca esteve a ela tão atrelado quanto na atualidade, daí a necessidade de rediscutir esse conceito e os fundamentos utilizados na sua formulação. Trabalhando sobre a rediscussão do conceito de violência, podemos verificar que a maioria ou a quase totalidade das indagações sobre esse tema diz respeito, basicamente, aos modos de sua erradicação, e não ao seu significado. Não se quer definir a violência, o que se quer é combatê-la. Essa é a consequência evidente de sua identificação com a criminalidade, que está muito mais associada a um panorama utilitário imediato de bem-estar – daí a preocupação quanto aos efeitos de seu combate – do que propriamente a uma precisa definição de seus elementos.

A redução das características da violência a apenas uma de suas formas de aparecimento conduz, por sua vez, à utilização de certo modo arbitrário de justificação dos meios de seu controle, muitas vezes centrados em elementos puramente simbólicos, frutos de meras expressões linguísticas. Exemplo significativo desse processo pode-se encontrar no conceito e no tratamento dos crimes hediondos, que só são assim denominados em face dos efeitos que possam gerar na execução da pena, e cuja classificação como tal carece de qualquer base científica. Neste caso específico dos crimes hediondos, pode-se notar como a orientação do controle da violência por parte do Estado se processa, normalmente, com a simplificação simbólica de seu conceito, o qual só passa a adquirir significado em face das consequências penais que a ele se atrelam. Como o próprio conceito de hediondez, como tal, insere-se em uma categoria moral e não jurídica, o tratamento mais rigoroso, que se destina aos fatos assim classificados como crimes hediondos, não decorre, aqui, de uma necessidade prática, mas de um ato puramente político. À teoria científica, porém, não pode bastar uma simples expressão ou uma motivação política qualquer. Para assegurar a autonomia de seus enunciados em face dos interesses repressivos imediatos, a ela cabe delimitar, da maneira mais precisa possível, o objeto de sua indagação, única forma de evitar mal-entendidos e proporcionar uma crítica de seu próprio conteúdo. Essa é uma condição essencial, ademais, de uma teoria democrática do Direito. Caso se queira, assim, proceder a um aprofundamento crítico no tema da violência, convém alterar a orientação de suas indagações. Será que a violência deve se resumir a uma forma de criminalidade? Haverá violência sem criminalidade? A violência é atributo exclusivo do indivíduo? Afinal, o que é a violência? Esses parecem constituir os temas atuais da discussão.

Podemos iniciar o caminho de nossas respostas, retornando, mais uma vez, à expressão inicial de Walter Benjamin para dizer que, em um primeiro momento, a violência pode ser avaliada sob dois aspectos. O primeiro, associando-a ao fim de uma atividade; o segundo, avaliando-a de acordo com suas próprias características, independentemente do objetivo para o qual fora empregada. Essas duas formas de indagação, postas em evidência por Walter Benjamin, dizem respeito à velha discussão aristotélica, que se estende até nossos dias, passando pelas articulações da escolástica e do empirismo, sobre se uma atividade pode ser avaliada por si mesma como racional, segundo seus próprios elementos constitutivos ou se sua virtuosidade depende do fim a que se destina, isto é, se o fim determina a qualidade dos meios ou se os meios valem por si mesmos como um processo que se desenvolve sem um destino específico.

A violência em face do fim para o qual é empregada é própria do direito natural, que busca fundar a ordem jurídica e, consequentemente, todos os seus fatores sob uma ordem divina, de purificação e paz interior, somente alcançável com a submissão de tudo o quanto exista à qualidade desse objetivo. Na medida em que o fim seja justo ou correto, é irrelevante que o meio para o seu alcance seja violento ou pacífico.

O processo de justificação da violência, portanto, não se limita à avaliação procedida sobre seus próprios elementos, ainda que estes se constituam de atividades das mais tormentosas e cruéis. Diz-se, então, que os fins justos podem justificar meios injustos. Uma vez assentada a necessidade de se chegar a um fim justo, todos os meios são justificados, inclusive os meios violentos. Em face disso, é conhecida por todos a completa indiferença que o uso da violência, em todas as suas formas e modalidades, representava para o processo da inquisição, que se destinava, basicamente, a assegurar a ordem divina e seu prestígio, sem se preocupar em proporcionar às pessoas, em geral, e aos acusados, em particular, uma investigação correta e garantidora de seus direitos mais elementares. Assim como, no plano da natureza, os fenômenos nada mais são do que expressão de uma ordem natural indefectível, estruturada a perpetuar-se de conformidade com a orientação que lhe dera, inicialmente, a própria divindade, essa mesma ordem deve valer, igualmente, para todas as pessoas, cuja única justificação estaria calcada no procedimento de salvação de suas próprias almas. Se, ao mesmo tempo, se postula que as pessoas são dotadas de dignidade – esta, inclusive, pode ser a ideia central da filosofia escolástica –, isto só vale em face de seu destino subjetivo, absoluto e não para o corpo, objeto sensível e contingente. Nesse sentido, não é outra a consequência da contradição kantiana, nem sempre muito bem explicada e até certo modo incompreensível, entre a proteção racional da dignidade humana como fundamento do imperativo categórico em uma ordem alicerçada sobre a grandeza da pessoa, por um lado, e as suas consequências práticas, por outro lado, que davam lugar aos julgamentos sem qualquer utilidade e à imposição do talião, como medida de justiça ("ainda quando a sociedade civil se tivesse de dissolver por decisão unânime de todos os cidadãos, por exemplo, se o povo de uma ilha decidisse separar-se, dispersando-se por todo o mundo, se deveria, antes disso, enforcar o último assassino existente na prisão, a fim de que a cada um se faça justiça de conformidade com seu fato, e a culpa não recaia na responsabilidade do povo, por não haver insistido na sua punição")[2]. Ainda que na ideia kantiana não se justifique o emprego da violência por si mesma, a própria adoção da medida do talião, como consequência desse imperativo, demonstra desde logo que a ideia de violência não está ligada à pessoa do assassino, mas simplesmente à manutenção de um fim de justiça, para cuja consecução (no caso, com a aplicação da pena de morte ao assassino) é absolutamente indiferente à consideração de sua dignidade. A nossa tradição ocidental sempre enalteceu as virtudes da alma e as vicissitudes e a fraqueza da carne, encarada esta como um estorvo ao seu encontro com

[2] KANT, Immanuel. ***Die Metaphysik der Sitten***, *Werkausgabe*. Frankfurt am Main: Suhrkamp, 1977. p. 455. t. VIII.

Deus. Por mais monoteísta que possa parecer esta ideia, nela se faz presente, também, uma espécie de panteísmo, que encara a salvação como um processo de integração espiritual da parte com o todo, sem se importar com o destino de seu corpo nem com os sofrimentos reais que possa padecer. Não é outro, inclusive, o sentido kantiano de satisfação absoluta do critério de justiça. Afinal, para que serve o julgamento do último assassino, se a sociedade irá de qualquer modo se desagregar? O sofrimento com a imposição da pena, na verdade, só se torna compreensível se visto como um meio de purificação e superação de prazeres materiais do corpo, incompatíveis com a grandeza do destino da alma. No Estado monárquico, no qual a relação de poder se fazia diretamente entre o súdito e o soberano, sem qualquer regra legal e sem sua prévia e controlada participação[3], e no qual se confundiam a vontade de Estado e as crenças e pretensões da religião oficial, a disposição do corpo se projetava como um ato de sua obrigatória subordinação aos fins que ele mesmo fixava.

Uma vez realizada a transformação da estrutura do Estado, a partir das revoluções americana e francesa, sobre a base de um Direito positivado, produto de um acordo de vontades, alheio à especulação sobre o destino da consciência de cada um, a análise do significado da violência também se altera. No Estado liberal, a relação de poder já não se faz segundo a vontade do monarca, mas sob os fundamentos de uma ordem legal, abstrata e simbolicamente consensual. Se, agora, o que orienta a atividade não é a justiça dos fins, o importante passa a ser o próprio processo de produção dessa atividade. Disso resulta tomar-se a violência como meio em si mesmo, inerente à própria lógica objetiva dos acontecimentos e das instituições. Não importam mais os fins justos para justificarem os meios injustos. O meio se justifica pelo consenso, expresso na lei, que pode autorizar ou proibir seu emprego, delimitar seu alcance, questionar sobre sua validade, independentemente se daí possa tornar-se eficaz ou inútil a um fim extraterreno. O surgimento do direito positivo vem implicar, por seu turno, uma alteração na condição de pessoa. Essa não é, agora, uma consciência em si mesma, fundamentalmente uma alma ligada a um corpo contingente. É, antes de tudo, um corpo que produz e por cuja produção se lhe

[3] EVERS, Hans-Ulrich. ***Das besondere Gewaltverhältnis.*** Frankfurt am Main: Athenäum, 1972. p. 3.

reconhece uma autorresponsabilidade, tão estranha ao seu destino cósmico quanto este para o seu corpo. A violência, portanto, não pode encontrar uma justificação no fim a que se destine. Meios injustos serão meios injustos, ainda que os fins não o sejam. Quem determina essa sua qualidade não é a divindade é a própria lei, que regula os comportamentos de cada um e os caracteriza como justificáveis ou injustificáveis, conforme os limites impostos à liberdade de sua manifestação. A violência, desvinculada de fins espirituais, vem a ser uma oposição à liberdade, preceito primário de toda a existência humana, inerente a cada pessoa e condição da própria regulação jurídica.

Apesar de constituírem posições tão distantes, tanto em seu alcance quanto em seus fundamentos, esses dois significados da violência ainda não se separaram, porém, de maneira definitiva na sociedade atual. Por isso mesmo, a análise da violência deve implicar uma verdadeira reconstrução de seu conceito, a partir do qual se pode delimitar com precisão seu alcance e questionar sua própria legitimidade.

2. A extensão do conceito de violência

Não podemos compreender o significado da violência nem conceituá-la sem antes situar as diversas modalidades com que se apresenta. A violência, de qualquer modo, passou a ser o objeto preferencial de todas as indagações de política criminal, bem como de todas as conversas privadas ou programas públicos. Fala-se da violência com tamanha desenvoltura e familiaridade como se fosse um bicho de estimação ou um carrinho de brinquedo, ou como se ela exaurisse todas as nossas preocupações e ocupasse, na sua totalidade, os momentos de nossa breve existência. Essa familiaridade, ao mesmo tempo em que banaliza as questões relativas à violência, tomando-a como lugar-comum, tem contribuído, em face de sua absoluta superficialidade, para encobrir diversos elementos que deveriam povoar essas especulações e que são essenciais para dimensionar seu alcance.

Como dissemos logo no início, a grande virada teórica da sociedade contemporânea consistiu em ligar, de maneira indissolúvel, o conceito de violência ao de criminalidade. Violência e criminalidade passaram ser vistas como expressões praticamente sinônimas.

Mas a violência não é apenas a forma como a criminalidade se apresenta. A violência está em toda parte, tanto nas relações entre as pessoas, individualmente, quanto entre estas e o Estado, bem como nas relações entre as pessoas e o próprio mundo. Neste último aspecto, podemos ver como o homem trata, em geral, a própria natureza, destruindo seu solo, sua flora, sua fauna, pondo fim a inúmeras formas de vida, jamais recuperáveis em sua estrutura básica, alterando ambientes e paisagens, que nunca voltarão, fazendo do mundo um grande depósito de detritos. Por outro lado, ainda sobre a reprodução controlada de animais, a ninguém é desconhecida a violência que deflui da atividade dos frigoríficos, executando os animais com mecanismos contundentes. Nem mesmo se apagam facilmente da lembrança daqueles que já os vivenciaram os gritos desesperados dos ovinos ao serem sacrificados ou as expressões de medo das aves no abatedouro, ou os movimentos de angústia dos peixes para poderem respirar ao serem apanhados. Nessa relação simplista com a própria sobrevivência, não passa pela cabeça de cada pessoa que a destruição do corpo de um animal não se justifica pelo fim justo de saciar a fome. A antinomia – sobrevivência do corpo humano e morte do corpo animal – desaparece, portanto, em face do fim que se lhe atravessa o argumento de que o sacrifício, aqui, é justificável e, por isso, não pode se incluir no conceito de violência. Novamente, a banalização da atividade conduz à sua simplificação e, pois, à deturpação de sua qualidade.

Uma vez perdida a vinculação entre o Estado e o fim divino da ordem natural, a ele se lhe reconhece o monopólio da violência, porque será o único capaz de defini-la e, assim, estabelecer os casos de seu emprego. Mas a relação entre pessoa e Estado, tendo em vista o fim que este persegue, pode implicar uma desfiguração do conceito de violência. Se ao Estado se reconhece o monopólio de sua definição e de seu emprego, não importa mais sua justificação. Relevante é apenas a tarefa atinente a essa definição e à eficácia de seu emprego, ou seja, desloca-se a tarefa de uma perspectiva de justificação para uma definição centrada apenas nas relações interpessoais. Com a gradativa diminuição das guerras declaradas (independentemente, portanto, das eventuais interferências bélicas isoladas) e o fortalecimento do poder mediante um procedimento de aceitação consensual, feita sob a encomenda de uma opinião publicada ou da eficácia do processo eleitoral, o conceito de violência passa a circunscrever-se à atividade do indivíduo. Contudo, se o Estado exerce violência para manter a ordem e só nestas condições se lhe reconhece tal poder, isto não desnatura sua atividade como atividade violenta. Agora, como precisamente o Estado tem essa atividade violenta como justificada, induz a inverter o uso da linguagem para desfigurar seu conteúdo e retratar tal atividade como um ato de império ou poder de polícia. Essa transfiguração do conceito, por meio da escolha de novo vocábulo para designar o mesmo objeto, bem demonstra que a "*linguagem não é também, simplesmente um meio neutro de comunicação, não é uma rede telefônica*"[4]. O emprego de outro vocábulo para designar o mesmo objeto faz parte de uma estratégia de deslocar a análise da violência do seio da atividade estatal para o das relações interpessoais. Com isso, o Estado se preserva de uma crítica de legitimidade e segue mantendo sua estrutura. Opera-se, aqui, portanto, não apenas uma desfiguração do conceito de violência, mas principalmente um encobrimento de todos os processos violentos usados pelo Estado, segundo seus fins políticos. Como a linguagem não é simples meio de comunicação, e sim um instrumento ideológico com o qual se produz a metamorfose dos significados reais para significados simbólicos, será preciso buscar um conceito de violência que possa abarcar, também, aquelas atividades que, propositadamente, ficaram de fora do conceito tradicional.

3. A violência como conceito simbólico

A preocupação do Estado de evitar um juízo de legitimidade, ao encobrir os elementos latentes de suas atividades, descaracterizando-as do conceito de violência, tem como principal apoio o deslocamento deste conceito de seus objetos reais, em sua totalidade, para associá-lo, exclusivamente, à criminalidade. Produz-se, com isso, uma identificação entre violência e atividade criminosa, quer dizer, passa-se a particularizar o conceito de violência, desvinculando-o de outros setores e dos objetos aos quais ele teria de se referir.

Uma vez que ao conceito de violência só se incorpora uma parcela de seu significado, ou seja, que sua origem é vista unicamente na prática de atos individuais criminosos, e não nas suas relações institucionais, e se quer fazer desse

[4] FAYE, Jean-Pierre. Crítica da linguagem e análise de classe. *In*: **Elementos para uma análise do fascismo**. Amadora: Livraria Bertrand, 1977. p. 201.

significado parcial seu significado global, perde esse conceito sua verdadeira dimensão: de um conceito substancial se eleva à categoria de um conceito simbólico. Por outro lado, se, neste caso, o objeto parcial que costuma preencher, em toda sua extensão formal, o conceito de violência for a atividade criminosa, esta atividade é, também, elevada à categoria de modelo de violência e, assim, como seu conceito simbólico.[5] Uma vez unidos os conceitos de criminalidade e de violência, como representativos de única e mesma realidade e, pois, simbolizados por um mesmo significado, é cômodo ao poder estatal com ele defrontar-se. Bastará, primeiramente, que a esse conceito simbólico se faça corresponder, também, uma resposta simbólica, como a pena criminal e suas constantes alterações quantitativas; depois, que se criminalizem todos os comportamentos que lhe sejam inoportunos; finalmente, que se proceda à substituição da figura dos bens jurídicos pela ideia de função.

A utilização da pena criminal como única forma de fazer frente à violência emerge, assim, para o Estado atual como uma tarefa que se ajusta perfeitamente ao seu ideário. Tratando-se de uma tarefa que não busca, em princípio, qualquer melhoria material da pessoa afetada e das condições que deram causa ou facilitaram o conflito, preenche ela, exclusivamente, um efeito simbólico. Essa simbolização da resposta jurídica à prática de uma violência, em si mesmo simbolizada por um único vocábulo, faz com que o Estado não precise, na verdade, investir na melhoria dos presídios, nem se dedicar a resolver os conflitos que ali se realizam, nem desenvolver programas de atendimento aos meninos de rua, nem eliminar a pobreza e proporcionar a todos uma efetiva participação nas conquistas do mundo globalizado. O uso do instrumento simbólico, ao mesmo tempo em que desonera o Estado de tarefas assistenciais, mais intensifica o processo de exclusão social e fortalece a estrutura autoritária de poder. Portanto, o surgimento de facções criminosas nos presídios, a tortura, o absoluto abandono dos detentos, as mortes e a consagração de uma condição sub-humana de vida, dentro e fora deles, principalmente para quem tenha tido a desgraça de ser rotulado pelo sistema, faz parte dessa desfiguração da vida material e da sedimentação de uma resposta jurídica simbólica que serve para envernizar os textos e satisfazer a uma teoria abstrata da argumentação.

[5] CRAMER, Helga; STEINERT, Heinz. ***Straflust und Repression. Zur Kritik der populistischen Kriminologie.*** Münster: Westfälisches Dampfboot, 1998. p. 99.

Por seu turno, o fortalecimento da estrutura autoritária de poder conduz a uma generalizada incriminação de todas as condutas que não possam ser de utilidade ou que perturbem a ordem ditada pelo mundo globalizado. O processo de incriminação não é, entretanto, um processo direto. Para servir aos interesses do Estado e, com isso, dos grupos no poder, a incriminação passa, necessariamente, pelo menos por duas fases. Primeiramente, declara-se a conduta como ilícita. Veja-se, por exemplo, o caso do consumo de energia acima da meta estabelecida, que se converteu, em determinado momento da vida nacional ditado pela desorganização administrativa, de uma atividade lícita em atividade ilícita por ato do Poder Executivo, ou o caso dos professores das universidades federais em greve, que tiveram seus salários suspensos por ato judicial provocado também pelo Poder Executivo, sob o governo Fernando Henrique, portanto, em plena democracia, ao argumento de que se tratava de atividade ilegal (curioso é que se suspenderam também os salários daqueles que não estavam em greve, mas que pertenciam à mesma categoria dos grevistas, quer dizer, o ato ilícito não é fazer greve, mas pertencer à categoria dos grevistas). Em seguida, o que se vê normalmente é a declaração, por lei, de que a atividade ilícita é, ademais, perigosa, o que conduz a cominar-lhe uma pena criminal. A declaração formal de ilicitude de uma conduta, não importa os resultados que possa produzir (bons, maus ou irrelevantes), já se transforma em ato legitimado pelo próprio poder que o declara como ilícito. Essa forma de manifestação da política criminal sempre esteve presente na sociedade brasileira, algumas vezes intensificada e fortalecida por atos acessórios de repressão indiscriminada ou tortura dos opositores e outras vezes camuflada na ideia de proteção. Justamente, na construção desses elementos simbólicos da própria violência, fantasiada de proteção, é que se ampara o poder autoritário.

Complementa essa série de atos simbólicos de fortalecimento do poder autoritário a substituição da noção de bem jurídico como fundamento de toda e qualquer incriminação pela noção de função, transformando meras políticas estatais em objetos de proteção penal. Como as funções não possuem conteúdo substancial, são apenas símbolos de uma relação de utilidade, ao mesmo tempo em que se amplia a repressão, aumentam-se as dificuldades na delimitação das fronteiras do lícito, ou permitido e do ilícito, ou proibido e criminoso.

Não é difícil compreender, por isso, o aumento indiscriminado de legislação penal extravagante, que serve a todos os três propósitos simbólicos antes enumerados e fornece ao Estado o elemento ideológico de convencimento, capaz de demonstrar a dedicação dos políticos a favor dos interesses da coletividade e obter sua aceitação, ou consentimento, para suas políticas públicas.

4. Violência simbólica e doutrina penal

A simbolização da violência, através do modelo de criminalidade violenta, não transforma apenas o perfil das políticas estatais, mas se reflete, com bastante intensidade, na própria formulação das teorias penais.

Se, inicialmente, se partia de uma ordem objetiva, alicerçada na causalidade, como fundamento tanto da responsabilidade penal quanto da própria pena, e o crime como fenômeno objetivo estava condicionado à demonstração dessa causalidade, a isto correspondia uma estrutura de poder industrial ou formação social na qual o Estado perseguia um fim de proporcionar que essa ordem se mantivesse como tal e fosse legitimada à medida que se procedia à proteção dos elementos dessa produção industrial. Mais tarde, com a crescente substituição e, inclusive, deterioração das tarefas básicas do Estado e sua condução no sentido de fomentar o desenvolvimento das atividades financeiras, pôde-se notar, igualmente, a superação do modelo causal e sua gradativa substituição por modelos normativos e finalísticos. Tornam-se, então, caracterizadas, no âmbito da doutrina penal, as teorias causal, normativista e social do delito, que correspondem, juridicamente, àqueles perfis da política estatal dominante.

Na sociedade atual, cuja característica mais marcante pode ser o processo de comunicação, novamente se modifica a teoria penal, no sentido de tomar o delito como modelo simbólico de infração a uma ordem que se basta a si mesma, como estrutura normativa. O delito e a pena não são vistos, assim, respectivamente, como efetiva lesão de bens jurídicos e restrição de liberdade, delineadas normativamente. O delito passa a ter importância unicamente como fator de manutenção da ordem, à medida que sua incidência e, respectivamente, sua repressão (a pena) sirvam tanto para afirmar a existência da norma quanto para reafirmar a confiança na sua vigência. Aqui, vê-se caracterizada a teoria funcional do delito.

O coroamento de uma teoria funcional do delito, correspondente à intensificação do conceito simbólico de violência como fundamento de uma política criminal autoritária, tem lugar com a última e contundente proposição de Jakobs de distinguir dois âmbitos do Direito Penal: um Direito Penal do inimigo, no qual se compreenderiam todas as formas de criminalidade organizada e que estaria desprovido de preceitos de garantia, e um Direito Penal clássico, aplicável à chamada criminalidade tradicional e ao qual se regalariam todos os princípios liberais de proteção à pessoa do afetado.[6] Além de delimitar as formas de criminalidade, casuisticamente representativas do sujeito sobre o qual recairia o direito penal do inimigo, Jakobs assinala, ainda, como inimigo todo indivíduo que, "em qualquer caso, se tenha afastado do direito, de forma presumível e duradoura e que, portanto, não garanta, cognitivamente, a mínima segurança em seu comportamento pessoal e demonstre esse déficit através de sua conduta".[7] Com essa distinção arbitrária e absolutamente odiosa, o que se faz, na realidade, é eleger dentre algumas formas de criminalidade aquelas que mais provoquem estorvo ao processo de globalização e sobre elas executar uma política de contenção, exclusivamente, pela eficácia, sem se importar com as pessoas envolvidas. Se a pessoa envolvida será inimiga à medida que se tenha afastado de modo permanente do Direito e não possa assegurar um comportamento correto, não se está tão distante do velho conceito simbólico de "cegueira ou inimizade jurídica", da teoria sintomática de Mezger.[8]

Não importa, aqui, reexaminar o reincidente tema do Direito Penal do inimigo. Sua invocação nesse contexto indica apenas que toda a construção do inimigo social e político está vinculada à forma como se trata a violência estatal. Vista sob a óptica da relação entre pessoa e Estado, a violência, agora

[6] JAKOBS, Günther. *Das Selbstverständnis der Strafrechtswissenschaft vor den Herausforderungen der Gegenwart. In*: ***Die deutsche Strafrechtswissenschaft vor der Jahrtausendwende***. München: Beck, 2000. p. 47 et seq.

[7] JAKOBS, Günther. *Das Selbstverständnis der Strafrechtswissenschaft vor den Herausforderungen der Gegenwart. In*: ***Die deutsche Strafrechtswissenschaft vor der Jahrtausendwende***. München: Beck, 2000. p. 52, nota 6.

[8] MEZGER, Edmund. ***Rechtsirrtum und Rechtsblindheit***. *Probleme der Strafrechtserneuerung (Eduard Kohlrausch zum 70. Geburtstage)*. Berlin: de Gruyter, 1944. p. 180-198.

diluída também nessa dicotomia forçada do Direito Penal, irá se transformar em importante instrumento político de criminalização dos opositores a partir dos simples enunciados normativos, o que torna ainda mais complexos e diversificados os conceitos jurídicos, agora edificados abertamente como categorias discriminatórias. A violência, em qualquer de suas formas, manifestas ou camufladas, tem como consequência a destruição da democracia. Com seu emprego, expresso em todos os momentos por meio da criminalização sem objeto, o que se busca não é a paz, mas a pacificação pela submissão. O neutro controle funcional de comportamentos desviantes se manifesta pela sua forma de combate. Se a violência é, agora, escancaradamente própria do que se quer caracterizar como Estado de Direito, que deverá exercer sobre os maus seu poder arbitrário, aliás dentro de uma cartilha que se repete desde séculos passados como baluarte do Estado autoritário, a lei perde todo seu significado. A racionalização do chamado controle da violência se dilui na classificação das categorias de seus protagonistas, os fins continuam a justificar os meios e a culpabilidade funde, em uma produção perversa, reprovação e declaração política de inutilidade. E a pessoa, com todos seus embalos humanos e contingentes, continua sendo apenas um objeto do jogo no poder.

Referências

BENJAMIN, Walter. ***Zur Kritik der Gewalt***. *Gesammelte Schriften*. Frankfurt am Main: Suhrkamp, 1999. t. II-1.

CRAMER, Helga; STEINERT, Heinz. ***Straflust und Repression***. *Zur Kritik der populistischen Kriminologie*. Münster: Westfälisches Dampfboot, 1998.

EVERS, Hans-Ulrich. ***Das besondere Gewaltverhältnis***. Frankfurt am Main: Athenäum, 1972.

FAYE, Jean-Pierre. **Crítica da linguagem e análise de classe**. *In*: **Elementos para uma análise do fascismo.** Amadora: Livraria Bertrand, 1977.

JAKOBS, Günther. *Das Selbstverständnis der Strafrechtswissenschaft vor den Herausforderungen der Gegenwart*. *In*: ***Die deutsche Strafrechtswissenschaft vor der Jahrtausendwende***. München: Beck, 2000.

KANT, Immanuel. ***Die Metaphysik der Sitten***. *Werkausgabe*. Frankfurt am Main: Suhrkamp, 1977. t. VIII.

MEZGER, Edmund. **Rechtsirrtum und Rechtsblindheit**, *Probleme der Strafrechtserneuerung (Eduard Kohlrausch zum 70. Geburtstage)*. Berlin: de Gruyter, 1944.

17.

NATUREZA E CONTEÚDO DO DIREITO À SEGURANÇA: UMA APROXIMAÇÃO A PARTIR DA JURISPRUDÊNCIA DO TRIBUNAL CONSTITUCIONAL BRASILEIRO E DA CORTE INTERAMERICANA DE DIREITOS HUMANOS

André Machado Maya
Pietro Cardia Lorenzoni

Introdução

Vive-se um tempo de incerteza, insegurança e risco na sociedade contemporânea, conforme importantes juristas e sociólogos demonstram[1]. No campo do Direito Penal *lato sensu*, uma das consequências da transformação pela qual a

[1] Apenas para exemplificar: SILVA SÁNCHEZ, Jesús-Maria. ***La expansion del derecho penal.*** 2. ed. Madrid: Civitas, 2001; RIPOLLÉS, José Luiz Díez. *De la sociedade del riesgo a la seguridade ciudadana: um debate desenfocado.* ***Revista electrónica de ciência penal y criminologia***, 2005, núm. 07-01. P. 01:1-01:37, 2005; LEAL, Rogério Gesta. **A responsabilidade penal do patrimônio ilícito como ferramenta de enfrentamento da criminalidade** – instrumentos de direito material e processual. Porto Alegre: FMP, 2017; GIDDENS, Anthony. As consequências da modernidade. São Paulo: Editora Unesp, 1991; MAYA, André Machado. O processo penal na sociedade de risco: persecução entre os ideais de liberdade e segurança. **Revista de Direito Penal, Processo Penal e Constituição**, Brasília, v. 3, n. 1, p. 97-117, jan./jun. 2017.

sociedade atual passa é a demanda por segurança e o suposto conflito entre os direitos à segurança e à liberdade.

Trata-se, na visão de alguns autores[2], de colisão (ou tentativa de) de direitos fundamentais que elucida as transformações e as mudanças, muitas vezes demandadas pela própria sociedade, pelas quais o papel do Direito Penal e Processual Penal passa para se manter atualizado e efetivo, respondendo às exigências sociais e políticas. Com os recentes casos da Favela Nova Brasília e de Herzog, julgados pela Corte Interamericana de Direitos Humanos em 2017 e 2018, o direito à segurança novamente vem à tona e prepondera nas discussões sobre o assunto.

Diante da necessidade de reflexão e compreensão sobre o papel que esse direito ocupa no ordenamento jurídico brasileiro, investiga-se, neste artigo, se o direito à segurança é um direito fundamental e algumas consequências desta configuração. Para tanto, o artigo está dividido em três partes.

Na primeira parte, deve-se investigar sucintamente o papel dos direitos fundamentais e a relação destes com a dignidade da pessoa humana. Cumpre firmar que a exposição é feita sem qualquer pretensão de esgotar o tema, mas limitada a elencar bases úteis para o desenvolvimento do direito à segurança na segunda parte. Ao final, após análise de julgados do Supremo Tribunal Federal e da Corte Interamericana de Direito Humanos, propõe-se o reconhecimento da natureza fundamental do direito à segurança como previsto na Constituição Federal brasileira de 1988 (CF/1988).

1. Aproximação aos direitos fundamentais e à dignidade da pessoa humana

A concepção moderna de Estado e de indivíduo está intimamente vinculada à hegemonia dos regimes democráticos contemporâneos na cultura ocidental. A sociedade política é compreendida como produto artificial da vontade dos

[2] GLOECKNER, Ricardo Jacobsen. Alguns perigos do Constitucionalismo Contemporâneo no Processo Penal. **Revista Síntese Direito Penal e Processual Penal**, v. 13, n. 75, p. 34-53, ago./set. 2012; BALTAZAR JUNIOR, José Paulo. **Crime organizado e proibição de insuficiência**. Porto Alegre: Livraria do Advogado, 2010; e LEAL, Rogério Gesta. **Segurança pública e direito penal como *ultima ratio* na sociedade de riscos**. Porto Alegre: FMP, 2018.

indivíduos e, a partir desta compreensão, extrai-se uma visão individualista de sociedade e Estado.

Essa visão solidifica a ideia de que o indivíduo é um singular soberano, que entra em acordo com outros indivíduos igualmente soberanos para criar uma sociedade política (BOBBIO, 1997, p. 23). Trata-se da concepção de que o Estado é criado para o indivíduo, devendo garantir o livre desenvolvimento e exercício da dignidade deste.

Entende-se que essa soberania do indivíduo está relacionada com os fundamentos da sua dignidade. Assim, a consagrada ideia da dignidade da pessoa humana parte do pressuposto de que o homem, em virtude tão somente de sua condição humana e independentemente de qualquer outra circunstância, é titular de direitos que devem ser reconhecidos e respeitados por seus semelhantes e pelo Estado, consoante afirmado por Sarlet (2015, p. 47). É nesse sentido que, sendo o indivíduo formador do Estado detentor de dignidade, ele não pode ser considerado como servo ou instrumento do Estado, mas sim como um fim em si mesmo.

Então, o indivíduo é o próprio fim do Estado e sujeito legitimador da sua existência. Nesse sentido, a democracia é compreendida como um conjunto de regras de procedimento para a formação de decisões coletivas com a mais ampla participação possível dos interessados dotados de direitos (BOBBIO, 1997, p. 4). O Estado Democrático moderno, então, legitima o exercício do poder pelo respeito aos indivíduos que o formam.

Esses indivíduos possuem o poder de direta ou indiretamente escolher as normas que pautarão a sua convivência social; tendo esse poder, os diversos membros da sociedade devem ter o direito de participar do processo decisório das normas. Contudo, como indivíduos soberanos que são, o espectro normativo de criação das normas e da atuação do Estado é limitado pelos direitos fundamentais dos seus formadores (CANOTILHO, 2003, p. 291).

Esse espectro será definido pela Constituição, que protegerá direitos fundamentais e a dignidade da pessoa humana como fundamentos legitimadores da democracia. Em sentido semelhante, Ingo Sarlet afirma que:

> a Constituição, a despeito de seu caráter compromissário, confere unidade de sentido, de valor e de concordância prática ao sistema de direitos fundamentais, que, por sua vez, repousa na dignidade da

> pessoa humana, isto é, na concepção que faz da pessoa fundamento e fim da sociedade e do Estado, razão pela qual se chegou a afirmar que o princípio da dignidade humana atua como o "alfa e ômega" do sistema das liberdades constitucionais e, portanto, dos direitos fundamentais (SARLET, 2015, 95).

Nessa senda, Bobbio (1997, p. 20) entende que a atribuição de direitos de participação nas decisões coletivas a um elevado número de cidadãos e o respeito à regra da maioria não bastam para concretizar o conceito de democracia, visto que esta ainda necessita do respeito pela preservação do catálogo homogêneo de direitos e deveres fundamentais mais amplo que a mera participação nas decisões (RAWLS, 1997, p. 388). Esses direitos são a proteção do indivíduo contra as maiorias e/ou os desvios de poder do Estado (SARLET, 2007, p. 71).

Os direitos fundamentais, de forma mais precisa, consistem na sua maior parte na positivação dos direitos humanos, sendo estes entendidos como direitos universais, já que são: direitos que competem a todos os homens; morais, visto que extraem sua validez moral perante cada um dos seus titulares através de uma fundamentação racional, que é anterior e prescinde à positivação desses direitos; preferenciais, que significa a sua preferência e o direito dos seus titulares a sua positivação preferencial pelo Estado; fundamentais, uma vez que eles tratam de interesses e carências que podem e devem ser protegidos e fomentados pelo Direito e que a necessidade de seu respeito deixe-se fundamentar pelo Direito; e abstratos, porque sua limitação e restrição por outros direitos é característica intrínseca a eles (ALEXY, 2015, p. 45-49). Os direitos fundamentais são os direitos resultantes da codificação dos direitos humanos por uma Constituição, solucionando o problema da institucionalização (ALEXY, 2015, p. 49).

Destarte, obtém-se a devida legitimidade das decisões coletivas vinculantes, por intermédio dos direitos fundamentais e da dignidade da pessoa humana. Os direitos fundamentais, conforme lição de Ingo Sarlet (2007, p. 70), são concomitantemente pressuposto, garantia e instrumento da própria democracia. Ademais, acrescenta-se a essa noção a proteção e o reconhecimento jurídico da dignidade da pessoa humana como fundamento do Estado democrático de Direito brasileiro.

O dever do Estado de tratar os indivíduos como o verdadeiro fim da sociedade é reforçado quando a Constituição pátria estabelece a dignidade da pessoa humana como fundamento do nosso Estado, conforme o art. 1º e seus incisos da CF/1988. Assim, essa dignidade é precisamente a base e o critério norteador do Estado democrático de Direito em que nos encontramos. É justamente nesse sentido que assume particular relevância a constatação de que a dignidade da pessoa humana é simultaneamente limite e tarefa dos poderes estatais e da comunidade em geral (SARLET, 2015, p. 56).

Para uma melhor compreensão desse conceito, valemo-nos das propostas de Kant e Sarlet. Consoante Kant, a autonomia ética do ser humano é o próprio fundamento da dignidade do homem. Então, o homem deve existir sempre como um fim em si mesmo. Na leitura que Motta e Streck (2016, p. 114) fazem de Kant, a contraposição entre preço e dignidade auxilia na compreensão da dignidade da pessoa humana e do imperativo categórico. Assim, no reino dos fins, tudo tem um preço ou uma dignidade. Nessa senda, quando algo tem preço, ele pode ser substituído por outro de mesmo preço; por outro lado, a coisa que se acha acima de todo preço, e por isso não admite qualquer equivalência, compreende uma dignidade (KANT, 2002, p. 434).

No mesmo giro, quando Michael Sandel (2013, p. 154-155) analisa a proposta do Imperativo Categórico de Kant, ele afirma que a humanidade tem um valor absoluto como fim em si mesmo. E tal afirmação tem especial valor na compreensão do Estado democrático de Direito, visto que, conforme afirma Kant (2002, p. 428), "ser humano, e em geral todo ser racional, existe como um fim em si mesmo, e não meramente como meio que possa ser usado de forma arbitrária por essa ou aquela vontade, mas em todas as suas ações, seja aquela direcionada a si ou a outrem, deve sempre ser considerado como um fim"[3]. O indivíduo soberano que compõe o Estado deve ser o fim deste por possuir um valor intrínseco de dignidade.

Acompanhando as bases do pensamento kantiano, Ingo Sarlet entende que:

[3] Tradução nossa. No original: "*Now I say that the human being, and in general every rational being, exists as end in itself, not merely as means to the discretionary use of this or that will, but in all its actions, those directed toward itself as well as those directed toward other rational beings, it must always at the same time be considered as an end. All objects of inclinations have only a conditioned worth; for if the inclinations and the needs grounded on them did not exist, then their object would be without worth*".

> Dignidade da pessoa humana é a qualidade intrínseca e distintiva reconhecida em cada ser humano que o faz merecedor do mesmo respeito e consideração por parte do Estado e da comunidade, implicando, neste sentido, um complexo de direitos e deveres fundamentais que assegurem a pessoa tanto contra todo e qualquer ato de cunho degradante e desumano, como venham a lhe garantir as condições existenciais mínimas para uma vida saudável, além de propiciar e promover sua participação ativa e corresponsável nos destinos da própria existência e da vida em comunhão com os demais seres humanos, mediante o devido respeito aos demais seres que integram a rede da vida. (INGO SARLET, 2015, p. 71).

Assim, a dignidade da pessoa humana se relaciona intrinsecamente com a aplicação da teoria dos direitos fundamentais. Nessa senda, ela servirá como critério hermenêutico integrador da concretização dos direitos fundamentais. Tal função é definida com maestria por Ingo Sarlet, para quem:

> Do ponto de vista da sua dimensão objetiva impõe-se seja ressaltada a assim chamada função instrumental integradora e hermenêutica do princípio da dignidade da pessoa humana, na medida em que o mesmo serve de parâmetro par aplicação, interpretação e integração não apenas dos direitos fundamentais e das demais normas constitucionais, mas de todo o ordenamento jurídico. De modo todo especial, o princípio da dignidade da pessoa humana – como, de resto, os demais princípios fundamentais insculpidos em nossa Carta Magna – acaba por operar como critério material no âmbito especialmente de hierarquização que costuma ser levada a efeito na esfera do processo hermenêutico, notadamente quando se trata de uma interpretação sistemática. (SARLET, 2015, p. 103).

O pensamento de Sarlet sintetiza a função da dignidade da pessoa humana como instrumentalizadora e norteadora da solução de colisões de princípios e de aplicação do ordenamento jurídico. Com efeito, no próximo ponto parte-se das compreensões expostas para uma análise do direito à segurança no ordenamento jurídico brasileiro. Na terceira parte do artigo, as propostas de base descritas são relacionadas com a compreensão da fundamentalidade do direito à segurança.

2. Há um direito – fundamental – à segurança?

Os direitos fundamentais nascem com a Constituição, conforme assinalado anteriormente (ALEXY, 2015, p. 49), sendo esta a lei superior de uma sociedade que servirá de fundamentação formal e material para toda a legislação posterior. A lei superior tem por objetivo definir as regras formais e materiais do Estado e da estrutura política da sociedade e os direitos e garantias fundamentais dos indivíduos e da sociedade, que serão regras e princípios de harmonização para o convívio social (FELDENS, p. 37). Os direitos fundamentais terão uma função contramajoritária de proteção do indivíduo contra a atuação estatal e social autoritária, ou seja, os direitos fundamentais serão a garantia, num Estado democrático, de que as decisões da maioria (não importa o quão maioria sejam) não violarão direitos básicos dos cidadãos como vida, propriedade, liberdade, segurança e outros.

Esses direitos, como são direitos originados pela Constituição, são imediatamente exigíveis tanto de forma positiva quanto negativa, visto que os deveres do Estado para com os cidadãos não se exaurem em omissões, direitos de defesa, mas também compreendem prestações para que os cidadãos alcancem os direitos previstos na Carta Fundamental e desenvolvam de forma ampla a dignidade da pessoa humana. Logicamente, esses direitos não são absolutos, uma vez que eles admitem restrições, tendo em vista que o próprio caráter de harmonização social faz com que os diversos direitos fundamentais entrem em choque uns com os outros, razão pela qual são passíveis de limitação e restrição (ALEXY, 2017, p. 94). Contudo, a relativização de direitos fundamentais possui um limite, qual seja: o núcleo essencial do direito fundamental em questão, identificado pela sua parte elementar que, se ignorada, acaba com a própria existência do direito (FELDENS, p. 43).

Além disso, deve-se compreender a perspectiva histórica dos direitos fundamentais, uma vez que a Constituição Federal de 1988 baseia-se em uma tradição que foi evoluindo com o passar do tempo, notadamente, desde a primeira carta política brasileira – a Constituição Política do Império do *Brazil*.

É perceptível que o atual Título dos Direitos e Garantias Fundamentais disposto na Constituição Federal de 1988 possui raízes no catálogo de Direitos Políticos, Civis e Individuais dos Cidadãos, previsto nos artigos 178 e 179 da Constituição de 1824 e, posteriormente, desenvolvido pelas Constituições de 1891, 1934 e assim por diante.

Na análise do direito constitucional à segurança, percebe-se que o texto da Carta de 1824 referia-se ao direito à segurança individual, consoante *caput* do art. 179. A segurança individual, por sua vez, estava relacionada com diversos desdobramentos em garantias constitucionais de limitação do poder de punir do Estado, o que marcava uma clara perspectiva liberal, ou seja, de abstenção da ingerência do Estado nas liberdades individuais. Apenas a título de exemplo, os incisos VII, VIII, IX, X, XI, XVIII, XX, XXI e XXXV do art. 179[4].

[4] "Art. 179. A inviolabilidade dos Direitos Civis, e Politicos dos Cidadãos Brazileiros, que tem por base a liberdade, a segurança individual, e a propriedade, é garantida pela Constituição do Imperio, pela maneira seguinte: VII. Todo o Cidadão tem em sua casa um asylo inviolavel. De noite não se poderá entrar nella, senão por seu consentimento, ou para o defender de incendio, ou inundação; e de dia só será franqueada a sua entrada nos casos, e pela maneira, que a Lei determinar. VIII. Ninguem poderá ser preso sem culpa formada, excepto nos casos declarados na Lei; e nestes dentro de vinte e quatro horas contadas da entrada na prisão, sendo em Cidades, Villas, ou outras Povoações proximas aos logares da residencia do Juiz; e nos logares remotos dentro de um prazo razoavel, que a Lei marcará, atenta a extensão do territorio, o Juiz por uma Nota, por elle assignada, fará constar ao Réo o motivo da prisão, os nomes do seu accusador, e os das testemunhas, havendo-as. IX. Ainda com culpa formada, ninguem será conduzido á prisão, ou nella conservado estando já preso, se prestar fiança idonea, nos casos, que a Lei a admitte: e em geral nos crimes, que não tiverem maior pena, do que a de seis mezes de prisão, ou desterro para fóra da Comarca, poderá o Réo livrar-se solto. X. A' excepção de flagrante delicto, a prisão não póde ser executada, senão por ordem escripta da Autoridade legitima. Se esta fôr arbitraria, o Juiz, que a deu, e quem a tiver requerido serão punidos com as penas, que a Lei determinar. O que fica disposto acerca da prisão antes de culpa formada, não comprende as Ordenanças Militares, estabelecidas como necessarias á disciplina, e recrutamento do Exercito; nem os casos, que não são puramente criminaes, e em que a Lei determina todavia a prisão de alguma pessoa, por desobedecer aos mandados da Justiça, ou não cumprir alguma obrigação dentro de determinado prazo. XI. Ninguem será sentenciado, senão pela Autoridade competente, por virtude de Lei anterior, e na fórma por ella prescripta. XVIII. Organizar-se-ha quanto antes um Codigo Civil, e Criminal, fundado nas solidas bases da Justiça, e Equidade. XIX. Desde já ficam abolidos os açoites, a tortura, a marca de ferro quente, e todas as mais penas crueis. XX. Nenhuma pena passará da pessoa do delinquente. Por tanto não haverá em caso algum confiscação de bens, nem a infamia do Réo se transmittirá aos parentes em qualquer gráo, que seja. XXI. As Cadêas serão seguras, limpas, e bem arejadas, havendo diversas casas para separação dos Réos, conforme

Essas características relacionam-se com a influência inglesa na feitura da carta política imperial, que, por sua vez, buscou inspirações na Declaração de Direitos do Homem e do Cidadão da Revolução Francesa. Ainda, os incisos VII, VIII, IX, X, XXVII[5] apresentam marcante semelhança com a 4ª emenda à Constituição norte-americana[6], submetida em 25 de setembro de 1789 e inserida no âmbito jurídico em 15 de dezembro de 1791.

Segundo Cláudio Pereira de Souza Neto, a origem da norma constitucional relacionada à segurança da Constituição de 1824 vem da mencionada Declaração francesa. Vale lembrar, que a Declaração prevê no seu art. 2º que: "A finalidade de toda associação política é a conservação dos direitos naturais e imprescritíveis do homem. Esses direitos são a liberdade, a propriedade, a segurança e a resistência à opressão"[7]. Vale lembrar que um dos princípios orientadores da Declaração de 1789 era o de limitação e de controle das instituições políticas mediante a previsão de direitos dos cidadãos, o que fundamentou a previsão textual da fiscalização "dos atos do Poder Legislativo e Executivo, podendo ser a qualquer momento comparado com a finalidade de

suas circumstancias, e natureza dos seus crimes. XXXV. Nos casos de rebellião, ou invasão de inimigos, pedindo a segurança do Estado, que se dispensem por tempo determinado algumas das formalidades, que garantem a liberdade individual, poder-se-ha fazer por acto especial do Poder Legislativo. Não se achando porém a esse tempo reunida a Assembléa, e correndo a Patria perigo imminente, poderá o Governo exercer esta mesma providencia, como medida provisoria, e indispensavel, suspendendo-a immediatamente que cesse a necessidade urgente, que a motivou; devendo num, e outro caso remetter á Assembléa, logo que reunida fôr, uma relação motivada das prisões, e d'outras medidas de prevenção tomadas; e quaesquer Autoridades, que tiverem mandado proceder a ellas, serão responsaveis pelos abusos, que tiverem praticado a esse respeito."

5 "XXVII. O Segredo das Cartas é inviolavel. A Administração do Correio fica rigorosamente responsavel por qualquer infracção deste Artigo."

6 "*Amendment 4 – Search and Seizure. Ratified 12/15/1791. The right of the people to be secure in their persons, houses, papers, and effects, against unreasonable searches and seizures, shall not be violated, and no Warrants shall issue, but upon probable cause, supported by Oath or affirmation, and particularly describing the place to be searched, and the persons or things to be seized.*"
Tradução nossa: "O direito do povo a estar seguro em suas pessoas, casas, papéis e haveres contra busca e apreensão desarrazoada não poderá ser infringido; e nenhum mandado será expedido a não ser mediante causa provável fundamentada por juramento ou declaração, e com a descrição do local da busca e a indicação das pessoas ou coisas a serem apreendidas."

7 Tradução nossa. No original: "*Le but de toute association politique est la conservation des droits naturels et imprescriptibles de l'homme. Ces droits sont la liberte, la proprieté, la sûreté, et la résistance à l'opression.*

toda a instituição política, (os direitos naturais do homem) sejam por isso mais respeitados; a fim de que as reivindicações dos cidadãos, doravante fundadas em princípios simples e incontestáveis, se dirijam sempre à conservação da Constituição e à felicidade geral"[8].

A Constituição de 1891 manteve, no art. 72[9], as bases da Declaração de direitos políticos, civis e individuais da Carta política de 1824. Contudo, o artigo 178 foi transformado na Seção II do Título IV, denominando-se de declaração de direitos. Inovação textual marcante é o §1º[10] do art. 72, que dispôs sobre o princípio da legalidade – redação mantida até os dias atuais. A referência à segurança individual seguiu as bases da Carta imperial, dando notável prevalência para a perspectiva liberal do direito constitucional à segurança, promovendo uma continuidade com a preocupação francesa de controle do poder político.

A constituição de 1934 transformou a declaração de direitos no Título III, prevendo dois capítulos referentes aos direitos políticos e aos direitos e às garantias individuais. O art. 113[11] da Constituição da República dos Estados Unidos do Brasil manteve a previsão da segurança individual e a marcante perspectiva liberal da segurança, assentando a noção de segurança individual como segurança jurídica do indivíduo apta a proteger os cidadãos contra abusos e arbitrariedades do Estado.

A Constituição de 1937, oriunda de um contexto histórico autoritário, promoveu um processo de descontinuidade para com a Constituição de 1934. Características marcantes são a concentração de poderes no chefe do Executivo e a ausência de respeito institucional pelos limites ao poder previstos na

[8] *Tradução livre. No original: les actes du pouvoir législatif, et ceux du pouvoir exécutif, pouvant* être *à chaque instant comparés avec le but de toute institution politique, en soient plus respectés; afin que les réclamations des citoyens, fondées désormais sur des principes simples et incontestables, tournent toujours au maintien de la Constitution et au bonheur de tous"*.

[9] "A Constituição assegura a brasileiros e a estrangeiros residentes no paiz a inviolabilidade dos direitos concernentes á liberdade, á segurança individual e á propriedade nos termos seguintes: [...]."

[10] "1o Ninguem póde ser obrigado a fazer, ou deixar de fazer alguma coisa, sinão em virtude de lei."

[11] "Art. 113. A Constituição assegura a brasileiros e a estrangeiros residentes no paiz a inviolabilidade dos direitos concernentes á liberdade, á subsistencia, á segurança individual e á propriedade, nos termos seguintes: [...]."

carta fundamental. Segundo Francisco Campo[12], trata-se de um documento que nunca foi efetivamente posto à prova, uma vez que permaneceu suspenso desde o dia de sua outorga.

A Constituição de 1946, marcada pela semelhança com a Constituição de 1934, partia, consoante afirmado por Baleeiro, do princípio filosófico kantiano de que o Estado não é um fim em si mesmo, mas meio para o fim, que é o livre desenvolvimento do ser humano. Destarte, o Estado é o responsável por "fazer convergir seus esforços precipuamente para elevar material, física, moral e intelectualmente o homem" (BALEEIRO; SOBRINHO, 2012, p. 13).

A declaração de direitos, prevista na Carta Política de 1946, manteve a previsão do direito fundamental à segurança individual, honrando a tradição já assentada nas Constituições brasileiras. Contudo, o documento previu um amplo rol de direitos sociais, dispondo sobre diversas ações positivas do Estado como forma de proteção dos direitos humanos em clara perspectiva social dos direitos fundamentais – notadamente no art. 157[13], uma das bases para a atual disposição do art. 6º da Constituição Federal de 1988.

[12] CAMPOS, Francisco. A Constituição de 1937 e sua vigência. Rio de Janeiro. 3 de março de 1945. Correio da Manhã *In*: PORTO, Walter Costa. **1937**. 3. ed. Brasília: Senado Federal, Subsecretaria de Edições Técnicas, 2012. p. 31-40.

[13] "Art. 157. A legislação do trabalho e a da previdência social obedecerão aos seguintes preceitos, além de outros que visem à melhoria da condição dos trabalhadores: I – salário mínimo capaz de satisfazer, conforme as condições de cada região, as necessidades normais do trabalhador e de sua família; II – proibição de diferença de salário para um mesmo trabalho por motivo de idade, sexo, nacionalidade ou estado civil; III – salário do trabalho noturno superior ao do diurno; IV – participação obrigatória e direta do trabalhador nos lucros da emprêsa, nos têrmos e pela forma que a lei determinar; V – duração diária do trabalho não excedente a oito horas, exceto nos casos e condições previstos em lei; VI – repouso semanal remunerado, preferentemente aos domingos e, no limite das exigências técnicas das emprêsas, nos feriados civis e religiosos, de acôrdo com a tradição local; VII – férias anuais remuneradas; VIII – higiene e segurança do trabalho; IX – proibição de trabalho a menores de quatorze anos; em indústrias insalubres, a mulheres e a menores de dezoito anos; e de trabalho noturno a menores de dezoito anos, respeitadas, em qualquer caso, as condições estabelecidas em lei e as exceções admitidas pelo juiz competente; X – direito da gestante a descanso antes e depois do parto, sem prejuízo do emprêgo nem do salário; XI – fixação das percentagens de empregados brasileiros nos serviços públicos dados em concessão e nos estabelecimentos de determinados ramos do comércio e da indústria; XII – estabilidade, na emprêsa ou na exploração rural, e indenização ao trabalhador despedido, nos casos e nas condições que a lei estatuir; XIII – reconhecimento das convenções coletivas de trabalho; XIV – assistência sanitária, inclusive hospitalar e médica preventiva, ao trabalhador e à gestante; XV – assistência

Lembra-se que a Carta de 1946 estava inserida num contexto de pós-guerra. Após a Segunda Guerra Mundial, marcada pela tentativa de subjugação de povos considerados inferiores e pelo flagrante desrespeito à humanidade dos povos, "as consciências se abriram, enfim, para o fato de que a sobrevivência da humanidade exigia a colaboração de todos os povos, na reorganização das relações internacionais com base no respeito incondicional à dignidade humana" (COMPARATO, 2003, p. 128). Esse foi o pensamento norteador da Organização das Nações Unidas e de sua Declaração Universal de Direitos do Homem, que se relaciona com a função instrumentalizadora da dignidade da pessoa humana já apresentada e com o norte da carta política de 1946.

A valorização dos direitos sociais presente na Constituição de 1946 seguiu caminho semelhante aos propósitos da própria ONU também na valorização da perspectiva social dos direitos humanos. Ponto ilustrativo é o fato de um dos objetivos da Organização das Nações Unidas corresponder ao emprego de "um mecanismo internacional para promover o progresso econômico e social de todos os povos" (COMPARATO, 2003, p. 128), favorecendo níveis mais altos de vida, trabalho efetivo e condições de progresso e desenvolvimento. Outras Constituições, como a alemã e a italiana, ao redor do mundo também passaram por essa valorização dos direitos sociais, consoante o Direito Constitucional brasileiro, marcando importante ponto de transição da história constitucional pátria.

A Constituição brasileira de 1967 foi a responsável por transformar a referência textual tradicional do *caput* da declaração dos direitos e garantias individuais. Destarte, a previsão do direito à segurança individual passou para a disposição do direito à segurança, consoante art. 153[14] – além de manter o rol de direitos protegidos dos trabalhadores ainda como parte integrante do capítulo sobre a ordem econômica e social.

aos desempregados; XVI – previdência, mediante contribuição da União, do empregador e do empregado, em favor da maternidade e contra as conseqüências da doença, da velhice, da invalidez e da morte; XVII – obrigatoriedade da instituição do seguro pelo empregador contra os acidentes do trabalho."

[14] "Art. 153. A Constituição assegura aos brasileiros e aos estrangeiros residentes no País a inviolabilidade dos direitos concernentes à vida, à liberdade, à segurança e à propriedade, nos têrmos seguintes."

A Constituição de 1988 prevê o direito fundamental à segurança, conforme previsto na carta de 1967, no catálogo dos direitos e deveres individuais e coletivos assim como no rol dos direitos sociais. Sendo assim, o direito à segurança é caracterizado como um direito fundamental.

Tal assertiva, pelo menos no ordenamento jurídico brasileiro, é justificada pela previsão do *caput* tanto do art. 5º quanto do art. 6º da Constituição Federal de 1988. Ademais, a partir da compreensão de que os direitos fundamentais são os direitos promulgados pela Constituição que atendam às características de moralidade, fundamentalidade, preferencialidade e abstratividade,[15] como elencado por Alexy, parece plenamente correto, tanto de uma perspectiva material quanto formal, a caracterização do direito à segurança como direito fundamental.

Contudo, a definição do conteúdo e do núcleo desse direito fundamental é tarefa árdua. Assim, em razão da dificuldade e das diversas controvérsias referentes à compreensão do conteúdo, ou melhor dito, do espectro normativo abarcado pelo texto fundamental quando ele se refere à segurança, limitar-se-á a escrever um breve ensaio.

O conteúdo do direito fundamental à segurança geralmente é identificado como de natureza dúplice, pois a previsão do art. 5º refere-se à ideia de garantia individual e a disposição do art. 6º relaciona-se com a questão social – notadamente, nos termos do art. 144, com a segurança pública –, sendo esta direito e responsabilidade de todos com a finalidade de preservar a ordem pública e a incolumidade das pessoas e do patrimônio. Entretanto, um refinamento dessa conceituação é possível, na senda do feito por Mendes, Sarlet e Streck (2013).

Consoante lição de Souza Neto (2013, p. 486), o direito fundamental à segurança é multidimensional, especializando-se em diversas normas previstas explicita e implicitamente na Constituição Federal. As normas originadas do direito à segurança podem ser enquadradas em três categorias, segundo

15 Cumpre afirmar que nem todos os direitos fundamentais são direitos humanos, apesar de todo direito humano (poder) ser direito fundamental. Exemplo disso está no art. 7º da Constituição Federal, que prevê diversos direitos sociais dos trabalhadores como fundamentais, mas que não caracterizam direitos humanos, como o fundo de garantia do tempo de serviço e o décimo terceiro salário.

o autor, quais sejam: as dimensões de estabilidade, de previsibilidade e de ausência de perigos.

A primeira dimensão é relacionada com a estabilidade das relações jurídicas e suas principais garantias são o direito adquirido, o ato jurídico perfeito e a coisa julgada. Trata-se de normas de proteção e de produção de estabilidade jurídica, o que otimiza o direito à segurança. Tal efeito é perceptível na proteção do ato jurídico perfeito que impede lei nova de desconstituir os efeitos aos quais é apto a produzir, assim como na guarda da coisa julgada, impossibilitando a desconstituição de decisão já transitada em julgado. Isso faz com que as soluções adotadas pelo Estado não possam ser modificadas, salvo em situações excepcionais (SOUZA NETO, 2013, p. 487). A primeira dimensão está relacionada com a segurança individual, a confiança do indivíduo no Estado e a proteção do cidadão contra abusos e arbitrariedades dos detentores de poder. A primeira previsão constitucional a proteger o direito adquirido, o ato jurídico perfeito e a coisa julgada pertence ao art. 113[16] da Constituição Federal de 1934.

Essa dimensão é trabalhada na jurisprudência constitucional prática em diversos julgados[17]. Exemplo ilustrativo é o entendimento do Supremo Tribunal Federal pela impossibilidade de alterar a definição de início de cumprimento de pena privativa de liberdade após o trânsito em julgado do decreto condenatório, em prejuízo ao réu, quando o único a recorrer da sentença condenatória foi o próprio réu sob o risco de ofender a imutabilidade da coisa julgada.[18] Outro caso que ilustra as garantias de proteção à estabilidade das relações jurídicas é a impossibilidade do Tribunal de Contas da União anular aposentadoria julgada legal pelo mesmo tribunal cinco anos antes, também sob o risco de lesionar o direito líquido e certo protegido pelo direito fundamental à estabilidade das relações jurídicas como dimensão da própria segurança.[19]

[16] "Art. 113. 3) A lei não prejudicará o direito adquirido, o acto juridico perfeito e a coisa julgada."

[17] HC 95.295, Rel. Min. Cezar Peluso, julgamento em 18-11-2008, Segunda Turma, DJE de 5-12-2008; RE 594.350, Rel. Min. Celso de Mello, decisão monocrática, julgamento em 25-5-2010, DJE de 11-6-2010.

[18] HC 90.627, voto do Rel. Min. Joaquim Barbosa, julgamento em 3-6-2008, Segunda Turma, DJE de 6-3- 2009.

[19] MS 25.963, Rel. Min. Cezar Peluso, julgamento em 23-10-2008, Plenário, DJE de 21-11-2008.

A segunda dimensão da segurança está consubstanciada com a previsibilidade da atuação estatal. Nessa dimensão, imperam a proteção e a observância das regras do jogo democrático. Assim, a previsibilidade é garantida, principalmente, pela lei (incisos II, XXXIX, XXXVII e LIII do art. 5º da CF/1988). As garantias penais, limites ao poder máximo do Estado, acompanham o princípio da legalidade como barreiras a ações arbitrárias do Estado, promovendo a previsibilidade da atuação estatal. Cumpre firmar: uma ação não apenas previsível como limitada e comprometida com os valores democráticos da sociedade brasileira. Conforme mencionado por Souza Neto (2013, p. 488), "a previsibilidade da atuação estatal permite que os particulares estabeleçam responsavelmente seus planos de ação e saibam com antecedência quais serão as consequências de seus atos". Trata-se de dimensão amplamente protegida desde a primeira carta política brasileira.

A dimensão da previsibilidade também aparece em diversos precedentes jurisprudenciais[20]. Apenas como exemplo, citam-se dois casos. O primeiro é relacionado com a necessidade de lei formal que preveja o exame psicotécnico como requisito para o ingresso no serviço público, a depender, também, de objetividade e de publicidade dos atos em que o exame se desdobra como forma de proteção da previsibilidade da atuação estatal apta a otimizar a segurança dos cidadãos[21]. O segundo exemplo refere-se à impossibilidade de fundamentação da segregação cautelar exclusivamente em entrevista concedida à emissora de televisão sobre os fatos delituosos, visto que o exercício de garantias penais de defesa não pode justificar represálias arbitrárias do Estado, mais uma vez, sob o risco de lesionar a previsibilidade da atuação do Estado para com os indivíduos[22].

A terceira dimensão da segurança está vinculada com a perspectiva social do art. 6º da CF/1988. Defende-se que o critério definidor dessa dimensão é a finalidade de redução de riscos aos quais a sociedade como um todo e seus

[20] AI 711.570-AgR, Rel. Min. Cármen Lúcia, julgamento em 3-2-2009, Primeira Turma, DJE de 13-3-2009; AI 634.306-AgR, Rel. Min. Gilmar Mendes, Julgamento em 26-2-2008, Segunda Turma, DJE de 18-4-2008. Inq. 1.145, Rel. p/ o ac. Min. Gilmar Mendes, julgamento em 19-12-2006, Plenário, DJE de 4-4-2008.

[21] RE 417.019-AgR, Rel. Min. Sepúlveda Pertence, julgamento em 14-8-2007, Primeira Turma, DJ de 14-9- 2007.

[22] HC 95.116, voto do Rel. Min. Ayres Britto, julgamento em 3-2-2009, Primeira Turma, DJE de 6-3-2009.

cidadãos estão sujeitos. Nessa perspectiva, a redução de riscos está ligada a, pelo menos, três esferas, quais sejam: 1) segurança pública, prevista no art. 144, que tem por finalidade a proteção (ou redução de riscos) da incolumidade da ordem pública, das pessoas e do patrimônio; 2) o meio ambiente, previsto no art. 225, relacionado à proteção e minimização dos riscos que o desenvolvimento econômico traz para o meio ambiente e a qualidade de vida das pessoas; 3) a seguridade social, prevista nos arts. 194 a 203, com o foco de restringir os riscos que os cidadãos correm no convívio social de um sistema capitalista, promovendo saúde, assistência, previdência social e direitos trabalhistas.

A primeira esfera da terceira dimensão apresenta diversos exemplos na jurisdição da Corte Interamericana de Direitos Humanos, o que demonstra um aumento da preocupação da efetivação do direito fundamental à segurança numa perspectiva prestacional. Casos ilustrativos são Ximenes Lopes *versus* Brasil, Kawas Fernández *versus* Honduras, Castillo Páez *versus* Peru e o recente caso Favela Nova Brasília *versus* Brasil, todos julgados pela Corte Interamericana de Direitos Humanos. De outro giro, também há exemplos na Corte Europeia de Direitos Humanos, como os casos Talpis *versus* Itália, Cirino e Renne *versus* Itália e Denis Vasilyev *versus* Rússia.

No caso Castillo Paéz, a Corte determinou que "se leve a cabo as investigações necessárias para identificar, julgar e sancionar os culpados"[23]. No caso Favela Nova Brasília, decidiu-se que os Estados-partes são obrigados a oferecer recursos judiciais efetivos às vítimas de violações de direitos humanos e a conduzir investigações policiais e processos judiciais de forma imparcial, eficiente e eficaz. Essa obrigação positiva do Estado, conforme decisão do caso de 2017, está dentro do dever estatal de garantir o livre e pleno exercício dos direitos convencionais reconhecidos a toda pessoa que se encontre sob a jurisdição da Corte. Com efeito, o Brasil foi condenado no caso em comento, entre outras coisas, por não cumprir com seus deveres de eficiência e efetividade na persecução policial e no processo judicial, agravando os atos de violação a direitos humanos dos seus cidadãos.

Também a jurisprudência constitucional brasileira apresenta casos que compreendem a vinculação do direito fundamental à segurança do art. 6º com a questão da segurança pública. No Ag. Rg. no RE nº 559.646/PR e no

[23] Caso Castillo Páez *versus* Peru. Sentença de 3 de novembro de 1997, p. 2.

Ag. Rg, no RE nº 654.823/RS, o Supremo Tribunal Federal assinalou que o direito à segurança do art. 6º relaciona-se com o direito à segurança pública do art. 144 e que o Poder Judiciário pode determinar a implementação de políticas públicas relacionadas à segurança pública sem caracterizar violação do princípio da separação dos Poderes, visto que o tribunal constitucional tem competência para obrigar à Administração a adotar medidas assecuratórias de direitos fundamentais. O caso gaúcho, em específico, versava sobre a determinação judicial, por intermédio de ação civil pública, de implantação de atendimento de plantão ininterrupto pela Brigada Militar do Estado com base no direito fundamental à segurança.

Sobre a aplicação desse direito fundamental, a presença do direito à segurança, tanto entre os direitos clássicos de primeira geração quanto entre os direitos sociais de segunda geração, demonstra o espectro normativo de dupla perspectiva dessa norma. Em outras palavras, pela sua própria posição no capítulo I e no capítulo II dos direitos fundamentais previstos na nossa Magna Carta, extrai-se o âmbito negativo de abstenção de ingerências estatais como segurança do indivíduo, em uma perspectiva liberal forte nas duas primeiras dimensões, e o âmbito positivo de dever estatal de proteger o indivíduo de violações nos seus direitos, numa perspectiva prestacional do Estado forte na terceira dimensão apresentada.

Desse modo, desenvolvem-se concepções como a de Alessandro Baratta, que entende que o direito à segurança não funciona da mesma maneira que os direitos fundamentais, visto que seria um direito secundário e uma necessidade secundária (BARATTA, 2004, p. 200). Na senda do defendido por Baratta, a segurança não existiria por si, sua função seria a de proteger e garantir os outros direitos ditos primários como vida, liberdade, educação e propriedade. Destarte, a segurança serviria como um direito a ter direitos, quase como uma forma de certeza que aqueles direitos primários dos indivíduos serão tutelados.

Nesse caminho, Baratta (2004, p. 201) entende que o direito à segurança deve ser construído de forma normativa e não faticamente, visto que sua função seria meramente assecuratória de outros direitos, não existindo um âmbito prestacional do Estado à concretização positiva do direito à segurança. Com base nisso, o autor defende que o direito fundamental à segurança é uma construção constitucional falsa, já que supérflua, se significa o direito de todos os direitos para todos os indivíduos, ou ideológica, se implica a seleção de alguns direitos de um grupo privilegiado em detrimento de outros direitos de um grupo excluído (BARATTA, 2004, p. 202). Percebe-se que, no ordenamento jurídico brasileiro, a fundamentalidade do direito à segurança está amparada material e formalmente na Constituição Cidadã, que abrange um viés prestacional e fático desse direito.

Assim, as críticas de Baratta não podem ser importadas ao ordenamento jurídico brasileiro sem a necessária contextualização. Efetivamente, há de se entender que o direito fundamental à segurança indubitavelmente incorpora a função de proteger e garantir os outros direitos, além de abranger o direito à segurança jurídica. Quanto a isso, não parece haver dissenso entre a doutrina.

No entanto, retornando à análise da terceira dimensão do direito à segurança, segundo a compreensão jurisprudencial já posta no ordenamento jurídico, é papel positivo do Estado tanto a diminuição de riscos da segurança externa, relativa a ameaças vindas do estrangeiro, como da segurança interna, em relação a ameaças que estão dentro do território nacional (BALTAZAR, 2010, p. 187). Trata-se de proteção no sentido objetivo, ou seja, de riscos e perigos efetivos, e não de sentimento de insegurança, vista a notória dificuldade em impor deveres de tutela a sentimentos dos cidadãos. Contudo, não deve o Estado se abster de demonstrar de forma transparente o esclarecimento do medo, como afirma Baltazar (2010, p. 188): "é papel do Estado debelar ou esclarecer a população, a fim de afastar o perigo real ou esclarecer as suas dimensões verdadeiras".

Nessa senda que se compreende o direito fundamental à segurança como ínsito e imanente de um Estado democrático de Direito (FISCHER; PEREIRA, 2018 p. 32), pautado na dignidade da pessoa humana como simultaneamente limite e tarefa dos poderes estatais e da comunidade em geral (SARLET, 2015, p. 56). Então, o "direito fundamental à segurança não trata exclusivamente de segurança jurídica, mas de segurança de bens jurídicos, ou seja, de uma proteção que se dá não apenas no nível normativo, mas efetivo, de realidade contra agressões de terceiros" (BALTAZAR, 2010, p. 188), limitado no devido respeito à sua dimensão negativa e na dignidade da pessoa humana.

No plano convencional, referente à Convenção Interamericana de Direitos Humanos, o direito à segurança também possui importância destacada, abrangendo os mesmos âmbitos de aplicação do direito fundamental à segurança como positivado na CF/1988. Isso, pois a Convenção prevê a segurança tanto como dever quanto como direito da pessoa humana, conforme art. 7[24] e 32[25] da Convenção. Ademais, toda pessoa tem direito à sua segurança não apenas jurídica, mas também pessoal, devendo esta ser garantida de forma positiva pelo Estado, consoante art. 22[26] e 27[27] também da Carta Interamericana.

Conclusões

Diante de uma perspectiva constitucional histórica da positivação de direitos individuais e sociais e da análise da jurisprudência constitucional e convencional recente, compreende-se que o direito à segurança é um direito fundamental e convencional. Essa afirmação está assentada na análise desenvolvida neste ensaio e na tradição constitucional pátria.

O direito fundamental, formal e materialmente, à segurança possui âmbitos de aplicação diversos, compreendendo tanto uma perspectiva liberal de

[24] "1. Toda pessoa tem direito à liberdade e à segurança pessoais."

[25] "2. Os direitos de cada pessoa são limitados pelos direitos dos demais, pela segurança de todos e pelas justas exigências do bem comum, numa sociedade democrática."

[26] "3. O exercício dos direitos acima mencionados não pode ser restringido senão em virtude de lei, na medida indispensável, numa sociedade democrática, para prevenir infrações penais ou para proteger a segurança nacional, a segurança ou a ordem públicas, a moral ou a saúde públicas, ou os direitos e liberdades das demais pessoas."

[27] "Artigo 27. Suspensão de garantias: 1. Em caso de guerra, de perigo público, ou de outra emergência que ameace a independência ou segurança do Estado Parte, este poderá adotar disposições que, na medida e pelo tempo estritamente limitados às exigências da situação, suspendam as obrigações contraídas em virtude desta Convenção, desde que tais disposições não sejam incompatíveis com as demais obrigações que lhe impõe o Direito Internacional e não encerrem discriminação alguma fundada em motivos de raça, cor, sexo, idioma, religião ou origem social. 2. A disposição precedente não autoriza a suspensão dos direitos determinados seguintes artigos: 3 (Direito ao reconhecimento da personalidade jurídica); 4 (Direito à vida); 5 (Direito à integridade pessoal); 6 (Proibição da escravidão e servidão); 9 (Princípio da legalidade e da retroatividade); 12 (Liberdade de consciência e de religião); 17 (Proteção da família); 18 (Direito ao nome); 19 (Direitos da criança); 20 (Direito à nacionalidade) e 23 (Direitos políticos), nem das garantias indispensáveis para a proteção de tais direitos. 3. Todo Estado Parte que fizer uso do direito de suspensão deverá informar imediatamente os outros Estados Partes na presente Convenção, por intermédio do Secretário-Geral da Organização dos Estados Americanos, das disposições cuja aplicação haja suspendido, dos motivos determinantes da suspensão e da data em que haja dado por terminada tal suspensão."

não atuação do Estado quanto uma perspectiva social de prestação positiva do Estado. O seu conteúdo normativo abarca, pelo menos, três dimensões relacionadas com a estabilidade das relações jurídicas, a previsibilidade da atuação do Estado e a redução de riscos que os cidadãos correm no convívio social. Dentro da terceira dimensão está a segurança pública, conforme art. 144 da Constituição Federal. Do direito fundamental e convencional à segurança na sua terceira dimensão, extraem-se deveres de efetivação de tutela penal e processual penal.

Os deveres de tutela penal e processual penal são deveres que o Estado deve cumprir como forma de efetivar o direito fundamental à segurança. Isso, pois o Estado deve assegurar o livre desenvolvimento da personalidade e da dignidade da pessoa humana no convívio social. Para tanto, a sociedade política prevê e efetiva mecanismos de coibição de violações aos direitos fundamentais – independente de quem os faça, isto é, seja outro particular ou seja o próprio Estado.

Esses desdobramentos do direito fundamental à segurança já são aplicados pela jurisprudência constitucional e convencional. Contudo, o estudo das suas limitações e suas possibilidades ainda se faz necessário. Espera-se que o presente ensaio auxilie a traçar as bases para futuro estudo sobre os limites aos desdobramentos da terceira dimensão do direito fundamental à segurança.

Referências

ALEXY, Robert. **Constitucionalismo Discursivo**. 4. ed. Porto Alegre: Livraria do Advogado, 2015.

ALEXY, Robert. **Teoria dos Direitos Fundamentais**. 2. ed. São Paulo: Malheiros, 2017.

BALEEIRO, Aliomar. **1967**. 3. ed. Brasília: Senado Federal, Subsecretaria de Edições Técnicas, 2012.

BALTAZAR JUNIOR, José Paulo. **Crime organizado e proibição de insuficiência**. Porto Alegre: Livraria do Advogado, 2010.

BARATTA, Alessandro. *Seguridad*. *In*: ***Criminologia y sistema penal (compilación in memorian)***. Buenos Aires: Editorial BdeF, 2004.

BOBBIO, Norberto. **O futuro da democracia**: uma defesa das regras do jogo. Rio de Janeiro: Paz e terra, 1997.

CAMPOS, Francisco. A Constituição de 1937 e sua vigência. Rio de Janeiro. 3 de março de 1945. Correio da Manhã. *In*: PORTO, Walter Costa. **1937**. 3. ed. Brasília: Senado Federal, Subsecretaria de Edições Técnicas, 2012.

CANOTILHO, J.J. Gomes. **Direito Constitucional e teoria da constituição**. 7. ed. Coimbra: Almedina, 2003.

CANOTILHO, J.J. Gomes; SARLET, Ingo Wolfgang, STRECK, Lenio Luiz, MENDES, Gilmar Ferreira (org.). São Paulo: Saraiva: Almedina, 2013.

FELDENS, Luciano. **Direitos Fundamentais e Direito Penal** – a constituição penal. 2. ed. Porto Alegre: Livraria do Advogado, 2012.

FISCHER, Douglas; PEREIRA, Frederico Valdez. **As obrigações penais positivas**: segundo as Cortes Europeia e Interamericana de Direitos Humanos. Porto Alegre: Livraria do Advogado, 2018.

GIDDENS, Anthony. **As consequências da modernidade**. São Paulo: Editora Unesp, 1991.

GLOECKNER, Ricardo Jacobsen. Alguns perigos do Constitucionalismo Contemporâneo no Processo Penal. **Revista Síntese Direito Penal e Processual Penal**, v. 13, n. 75, p. 34-53, ago./set. 2012.

KANT, Immanuel. ***Groundwork for the metaphisics of morals***. New Haven: Yale University Press, 2002.

LEAL, Rogério Gesta. **A responsabilidade penal do patrimônio ilícito como ferramenta de enfrentamento da criminalidade**. Porto Alegre: FMP, 2017. Disponível em: http://www.fmp.edu.br/serviços/285/publicacoes/.

LEAL, Rogério Gesta. **Segurança Pública e direito penal como *ultima ratio* na sociedade de riscos**. Porto Alegre: FMP, 2017.

MAYA, André Machado. O processo penal na sociedade de risco: persecução entre os ideais de liberdade e segurança. **Revista de Direito Penal, Processo Penal e Constituição**, Brasília, v. 3, n. 1, p. 97-117, jan./jun. 2017.

PORTO, Walter Costa. **1937**. 3. ed. Brasília: Senado Federal, Subsecretaria de Edições Técnicas, 2012.

RAWLS, John. **Uma teoria da justiça**. São Paulo: Martins Fontes, 1997.

RIPOLLÉS, José Luiz Díez. *De la sociedade del riesgo a la seguridade ciudadana: um debate desenfocado*. ***Revista electrónica de ciência penal y criminologia***, n. 07-01, p. 01:1-01:37, 2005.

SANDEL, Michael. **Justiça**: o que é fazer a coisa certa. 10. ed. Rio de Janeiro: Civilização brasileira, 2013.

SARLET, Ingo Wolfgang. **A Eficácia dos direitos fundamentais**. 9. ed. Porto Alegre: Livraria do advogado, 2007.

SARLET, Ingo Wolfgang. **Dignidade (da pessoa) humana e direitos fundamentais na Constituição Federal de 1988**. 10. ed. Porto Alegre: Livraria do Advogado, 2015.

SILVA SÁNCHEZ, Jesús-Maria. ***La expansion del derecho penal***. 2. ed. Madrid: Civitas, 2001.

STRECK, Lenio Luiz; MOTTA, Francisco Borges. Para entender o novo código de processo civil: da dignidade da pessoa humana ao devido processo legal. **Revista Opinião Jurídica**, Fortaleza, ano 14, n. 19, p. 112-128, jul./dez. 2016.

18.
O COMPORTAMENTO TÍPICO NA CULPA PENAL MÉDICA

PAULO VINICIUS SPORLEDER DE SOUZA
MARCOS AFONSO JOHNER

1. Panorama do tipo culposo no Direito Positivo brasileiro

Sem se descurar da importância de um apanhado histórico e da necessária interligação ao processo de surgimento da sociedade de risco,[1] enquanto momento de (re)descobrimento da relevância de uma dogmática própria do crime culposo,[2] buscar-se-á realizar neste breve tópico uma análise do Direito Positivo brasileiro acerca de tal espécime delitiva. E o marco primeiro a levar-se em conta diz respeito à estrutura lógica do *caput* do art. 13 do Código Penal (CP), que se refere à relação de causalidade.

[1] Sobre a sociedade de risco, conforme, no essencial: BECK, Ulrich. **Sociedade de risco**: rumo a uma outra modernidade. São Paulo: Editora 34, 2010.

[2] (Re)descobrimento porque o estudo dos crimes culposos, ao decorrer do desenvolvimento da teoria do crime, permaneceu praticamente confinado numa zona quase marginal do sistema penal, ocupando, devido à sua condição de *quasi delictum*, uma posição secundária em relação aos delitos dolosos; nesse sentido, cf. FIORE, Carlos. ***Diritto Penale**, Parte Generale, I.* Torino: UTET, 2000. p. 244; MAURACH, Reinhart. ***Tratado de derecho penal***. Barcelona: Ediciones Ariel, 1962. p. 215-216; MUÑOZ CONDE, Francisco. ***Teoría general del delito***. Reimpressão da 2. ed. Santa Fé de Bogotá: Editorial Temis, 1999. p. 53.

O conteúdo semântico do mencionado dispositivo exige que, ao desvalor de resultado, conecte-se a ação típica,[3] tanto por um vínculo causal quanto por um nexo de imputação. Daí se extrai a necessidade inicial de elaborar-se um conceito de ação,[4] vinculado à tipicidade, com vistas a permitir a determinação do comportamento típico. Com efeito, se as normas incriminadoras impõem um dever, ora de abstenção, ora de ação,[5] e é neste dever que reside a determinação da conduta a ser omitida ou praticada, por imposição lógica se coloca o problema de verificar quando tal conduta poderá adjetivar-se de típica. Nessa esteira, conceitua-se a ação como todo o comportamento humano que realiza, dolosa ou culposamente, o tipo legal de crime.[6]

Quanto à necessidade do vínculo causal entre a ação e o resultado inexistem maiores dúvidas, até pelo expresso reclamo legal a que alude o art. 13 do CP.[7] Questão que pode apresentar maiores discussões é a do nexo de imputação do resultado, a demandar o empréstimo dos critérios de imputação objetiva. Problema esse que é, ao nosso sentir, apenas aparente. Em primeiro lugar, a exegese do art. 13 do CP estabelece que a causalidade é condição necessária, o que, em contrapartida, não significa que seja ela suficiente para a atribuição de responsabilidade penal.[8] Em segundo lugar, o parágrafo 1º

[3] Ter-se-ão por sinônimos os termos ação típica, conduta típica e comportamento típico.

[4] "[...] o que se pode concluir da interpretação do art. 13 é o seguinte: o código exige previamente a conceituação de ação, não havendo por parte do legislador qualquer impedimento nesse sentido, nem muito menos adoção do sistema causal-naturalista" (TAVARES, Juarez. **Teoria do crime culposo**. Florianópolis: Empório do Direito, 2016. p. 282), com a advertência de que o conceito de ação seguido neste trabalho diverge do adotado pelo autor.

[5] Cf. MAYNEZ, Eduardo García. ***Introducción al estudio del derecho***. México: Editorial Porrua, 2002. p. 7.

[6] Essa a proposta de D'AVILA, Fábio Roberto. A realização do tipo como pedra angular da teoria do crime. Elementos para o abandono do conceito pré-típico de ação e de suas funções. **Revista de Estudos Criminais**, São Paulo, n. 54, p. 135-163, julho/setembro de 2014. p. 136. Cf., também, FIGUEIREDO DIAS, Jorge de. **Direito penal**: parte geral. São Paulo: Revista dos Tribunais, 2007. p. 260. t. I.

[7] Lembrando que os critérios de imputação não substituem, tampouco eliminam a causalidade, fundamentalmente porque todos foram elaborados pressupondo a prévia comprovação do nexo causal; nesse sentido, cf. MARTINEZ ESCAMILLA, Margarita. ***La imputación objetiva del resultado***. Madrid: Edersa, 1992. p. 167.

[8] Nesse sentido, cf. GRECO, Luís. Imputação objetiva: uma introdução. *In*: ROXIN, Claus. **Funcionalismo e imputação objetiva no direito penal**. 3. ed. Rio de Janeiro: Renovar, 2002. p. 171.

do art. 13 do CP exprime a insuficiência da causalidade material para resolver os problemas de imputação, limitando a equivalência das condições por meio de considerações valorativas, a requerer uma segunda ordem de raciocínio para considerar o indivíduo responsável pelo resultado.[9] Portanto, se se pretende distinguir entre o acaso e o acontecimento – resultado – fruto de uma ação típica, torna-se cogente o processo de imputação.

Daí que do art. 13 do CP se extrai um triplo escalão para afirmar-se a tipicidade objetiva: a existência do comportamento típico, do vínculo causal entre este comportamento e o resultado e da imputação deste resultado enquanto decorrência da causação, causação esta entendida como a ação típica causal.[10] Desse modo, o nexo de imputação passa a ser um problema específico para determinar quando o autor pode ser punido pelo delito consumado,[11] em se tratando de crimes de resultado,[12] diga-se, naturalístico,[13] tendo em vista que todo crime demanda, por expressa previsão legal, um resultado de ofensa ao bem jurídico, seja na modalidade de dano, seja na modalidade de perigo.[14]

[9] Nesse sentido, cf. GRECO, Luís. Imputação objetiva: uma introdução. *In*: ROXIN, Claus. **Funcionalismo e imputação objetiva no Direito Penal**. 3. ed. Rio de Janeiro: Renovar, 2002. p. 172.

[10] Requisitos com os quais se estabelece a estrutura básica do crime culposo, mas sem perder de vista a advertência de Fiore – a qual, em que pese direcionada ao Direito italiano, entre nós é válida –, no sentido de que "a estrutura do fato culposo – em particular a sistematização dogmática dos elementos que o constituem – é, no entanto, ainda bastante problemática, nem recebe um contributo decisivo das respectivas definições legislativas" (FIORE, Carlos. ***Diritto Penale****, Parte Generale, I.* Torino: UTET, 2000. p. 244, tradução nossa).

[11] GRECO, Luís. Imputação objetiva: uma introdução. *In*: ROXIN, Claus. **Funcionalismo e imputação objetiva no direito penal**. 3. ed. Rio de Janeiro: Renovar, 2002. p. 133, ao dissertar sobre o pensamento de Frisch.

[12] No que se segue a divisão de FRISCH, Wolfgang. ***Comportamiento*** típico e ***imputación del resultado***. Madrid: Marcial Pons, 2004.

[13] Sobre os crimes culposos de mera conduta e de evento, cf. FIORE, Carlos. ***Diritto Penale****, Parte Generale, I.* Torino: UTET, 2000. p. 247 et seq.

[14] Consideração embasada pela análise de alguns dispositivos da Parte Geral, em especial, o art. 13 e o art. 18. Este último, ao tratar dos tipos de injusto doloso e culposo, assim dispõe: "Art. 18 – Diz-se o crime: I – doloso, quando o agente quis o resultado ou assumiu o risco de produzi-lo; II – culposo, quando o agente deu causa ao resultado por imprudência, negligência ou imperícia". A exigência da produção de um resultado é requisito indispensável para a própria configuração da tipicidade, resultado esse que há de ser entendido, como afirmado, no viés jurídico enquanto lesão ou perigo de lesão para o bem jurídico. Não é outra a orientação constante da Exposição de Motivos do Código Penal de 1940, que, mesmo após a Reforma de 1984, deve orientar o intérprete, tendo em vista que não houve mudança nas disposições

O segundo ponto de apoio legislativo está no inciso II do art. 18 do CP, que diz ser o crime culposo quando o agente deu causa ao resultado por imprudência, negligência ou imperícia, donde se dessume que o tipo do delito culposo é composto, em sintonia com o art. 13 do CP, de ação típica (previsibilidade objetiva e violação ao dever de cuidado), de nexo causal e de nexo de imputação do resultado. Além do mais, apesar de o dispositivo não mencionar, expressamente, "dever de cuidado", este se encontra implícito nas formas de imprudência, negligência e imperícia.[15]

A redação legal não traduz um conceito de culpa, tampouco diferencia a culpa consciente da culpa inconsciente; pelo contrário, apenas estabelece uma fórmula casuística.[16] Donde se segue que a técnica de tipificação culposa geralmente é genérica, no mais das vezes apenas enunciando "se o crime é culposo",[17] o que se deve à extrema – ou até impossível – dificuldade de prever todas as condutas passíveis de subsunção típica.[18] Destaque-se, ademais, que o Código Penal é partidário de um sistema *numerus clausus* de indicação das figuras culposas,[19] tendo em vista que, ao ser tipificado, um comportamento só é punível a título de dolo; trata-se do que se chama de excepcionalidade

legais respectivas. Leia-se o texto da Exposição de Motivos: "Com o vocábulo 'resultado', o citado artigo designa o efeito da ação ou omissão criminosa, isto é, o dano efetivo ou potencial, a lesão ou perigo de lesão de um bem ou interesse penalmente tutelado. O projeto acolhe o conceito de que 'não há crime sem resultado'. Não existe crime sem que ocorra, pelo menos, um perigo de dano; e sendo o perigo um 'trecho da realidade' (um estado de fato que contém as condições de superveniência de um efeito lesivo), não pode deixar de ser considerado, objetivamente, como resultado, pouco importando que, em tal caso, o resultado coincida ou se confunda cronologicamente [*sic*], com a ação ou omissão".

15 TAVARES, Juarez. **Teoria do crime culposo**. Florianópolis: Empório do Direito, 2016. p. 283.

16 NORONHA, Edgard Magalhães. **Do crime culposo**. 3. ed. São Paulo: Saraiva, 1974. p. 91.

17 Por isso que a todo tipo culposo corresponde um tipo doloso punido mais severamente, conforme observa MAURACH, Reinhart. ***Tratado de derecho penal***. Barcelona: Ediciones Ariel, 1962. p. 216.

18 Cf. FIORE, Carlos. ***Diritto Penale****, Parte Generale, I.* Torino: UTET, 2000. p. 245.

19 "Existem dois modelos legislativos para estabelecer as figuras culposas: o do *numerus clausus* e o do *numerus apertus*. No primeiro caso, as figuras culposas estão previstas em tipos penais especiais, enquanto que, no segundo, existe uma cláusula geral que estabelece a possibilidade de que todos os delitos dolosos sejam cometidos na forma culposa" (tradução nossa) (SILVESTRONI, Mariano H. ***Teoría constitucional del delito.*** Buenos Aires: Editores Del Puerto, 2004. p. 228-229).

do crime culposo, que encontra respaldo legal no parágrafo único do art. 18 do CP.[20]

Não se alheando à importância dos demais componentes estruturais – nexo de causalidade e imputação do resultado –, procurar-se-á, neste escrito, determinar de que forma o comportamento do agente poderá ser considerado típico, passando por aqueles critérios que consideramos adequados para a sua constatação, quais sejam o da previsibilidade e o da violação ao cuidado devido.

2. A previsibilidade do resultado

Nas linhas antecedentes já se deixou antever que o conceito de ação deve estar vinculado à tipicidade, enquanto realização, dolosa ou culposa, de um tipo legal de crime. No caso do tipo culposo, o comportamento típico encontra-se atrelado à previsibilidade do resultado e à violação ao dever objetivo de cuidado. Conquanto fosse possível utilizar a expressão "criação de risco juridicamente desaprovado", de acordo com a nomenclatura dada pela teoria da imputação objetiva, prefere-se manter o termo dever objetivo de cuidado[21], o que não impede a utilização de categorias desenvolvidas no âmbito da teoria da imputação objetiva, notadamente a do risco permitido.[22] Mas antes vamos tratar da previsibilidade do resultado.

[20] "Art. 18. [...] Parágrafo único. Salvo os casos expressos em lei, ninguém pode ser punido por fato previsto como crime, senão quando o pratica dolosamente."

[21] Na realidade, "a imputação objetiva e seus conceitos básicos nada mais são do que a teoria do crime culposo – só que com diverso nome e alcance. Diversos nomes: aquilo que anteriormente se chamava de violação do cuidado objetivo no seio da imputação objetiva ganha o nome de criação de um risco juridicamente desaprovado. [...]" (GRECO, Luís. Imputação objetiva: uma introdução. *In*: ROXIN, Claus. **Funcionalismo e imputação objetiva no direito penal**. 3. ed. Rio de Janeiro: Renovar, 2002. p. 44-45). Figueiredo Dias, por sua vez, considera inexistirem vantagens em substituir a violação ao dever objetivo de cuidado pela categoria da "criação de um risco juridicamente desaprovado" (FIGUEIREDO DIAS, Jorge de. **Direito penal**: parte geral. São Paulo: Revista dos Tribunais, 2007. p. 868. t. I).

[22] Sobre a relação entre o dever de cuidado e o risco permitido, cf. GARCIA, Iberê Anselmo. O risco permitido como critério de imputação do erro médico. **Revista Brasileira de Ciências Criminais**, São Paulo, n. 59, p. 37-89, março/abril de 2006. p. 52 et seq.

As normas de segurança elaboradas para a padronização de condutas num determinado contexto têm por objetivo evitar que dessas mesmas condutas decorram resultados lesivos a bens jurídicos. Destarte, o comportamento que observe as normas de segurança permite prognosticar que o desenvolvimento da atividade não gerará um efeito contrário àquele esperado pela ordem jurídica. Daí que a tipicidade da ação praticada pelo sujeito requer, num primeiro momento, a previsibilidade de que poderá advir um resultado ao se agir de certo modo.[23] Previsibilidade esta que há de situar-se como categoria relativa ao comportamento típico, pois se o resultado é um componente futuro, só se revelará previsível algo que poderá vir a acontecer, e a determinação desse juízo é apenas possível desde uma perspectiva *ex ante*, ou seja, no momento

[23] Com a ressalva de que a previsibilidade concreta – antecipação do resultado em uma determinada situação – fará estar diante de uma hipótese de dolo; nesse sentido, ver MALAMUD GOTI, Jaime. ***La estructura penal de la culpa***. Buenos Aires: Cooperadora de Derecho y Ciencias Sociales, 1976. p. 106, que, advirta-se, é crítico à previsibilidade enquanto critério reitor do injusto culposo, optando pelo seu abandono. Roxin também adverte que, ao fim e ao cabo, abstratamente qualquer fato é previsível (ROXIN, Claus. ***Política criminal y sistema del derecho penal***. 2. ed. Buenos Aires: Hammurabi, 2002. p. 71). Entrando em jogo, também, a revolução trazida pelo princípio da incerteza de Heisenberg, que sinalizou, já em 1926, o abandono do modelo determinista até então dominante, tendo implicações profundas para o modo como vemos o mundo (basta pensar que a mecânica quântica – reformulação da mecânica baseada no princípio da incerteza – fundamenta quase toda a ciência e a tecnologia modernas). Com efeito, a mecânica quântica acabou por introduzir um elemento inevitável de imprevisibilidade ou aleatoriedade à ciência, de tal forma que "ninguém pode prever eventos futuros com exatidão se não é capaz sequer de medir de forma precisa o atual estado do universo!" (HAWKING, Stephen. **Uma breve história do tempo**. Rio de Janeiro: Intrínseca, 2015. p. 77-78). E, rememorando Boaventura de Sousa Santos, todo o conhecimento científico-natural é científico-social; vale dizer, "a distinção dicotômica entre ciências naturais e ciências sociais deixou de ter sentido e utilidade. Esta distinção assenta numa concepção mecanicista da matéria e da natureza a que contrapõe, com pressuposta evidência, os conceitos de ser humano, cultura e sociedade" (SANTOS, Boaventura de Sousa. **Um discurso sobre as ciências.** 7. ed. Porto: Edições Afrontamento, 1995. p. 37). Considerações essas que fazem repensar não só a (des)necessidade de a previsibilidade ser tomada como um critério de aferição do comportamento típico nos crimes culposos, mas também a própria terminologia, talvez a substituindo por perigosidade da conduta, por exemplo, dado o emprego do critério da prognose póstuma objetiva; ou, como prefere Luís Greco, por criação de risco (GRECO, Luís. **Um panorama da teoria da imputação objetiva**. 3. ed. São Paulo: Editora Revista dos Tribunais, 2013. p. 35); ou, até mesmo, como uma forma de determinação do cuidado interno – dever de o sujeito reconhecer a perigosidade da conduta. Reflexões que, se nos fazem optar por um caminho, ao mesmo tempo se abrem para que muitos outros sejam vislumbrados na infindável espiral de possibilidades.

da prática da conduta.[24] Além do que, a seguir a lição de Rueda Martín, a determinação do cuidado devido exige como ponto de partida a previsibilidade, já que é preciso ter em conta todos os resultados previsíveis ao realizar-se uma ação, a cuja evitação o Direito se encarrega de estabelecer a diligência ou o cuidado a ser observado.[25]

A determinação da previsibilidade do resultado dá-se pelo critério da prognose póstuma objetiva, uma herança da teoria da causalidade adequada:[26] no processo mental de valoração, deve o juiz verificar se um observador objetivo, dotado dos conhecimentos especiais do autor concreto e situado no instante da prática da conduta, reputá-la-ia perigosa, no sentido de gerar uma real possibilidade de lesão ao bem jurídico.[27] Portanto, em se tratando de atividade médico-cirúrgica, o juiz deve substituir o sujeito ao qual se imputa a prática da infração por um observador objetivo (homem prudente), pertencente ao mesmo círculo social do autor; ou seja, levam-se em conta os conhecimentos de um médico prudente, agregando-se os conhecimentos especiais de que dispunha o sujeito ativo do crime: se o médico é especialista em certo campo da medicina (neurocirurgião, cardiologista, anestesiologista etc.), ele há de prognosticar com maior rigor a possibilidade de a conduta causar um resultado lesivo, pois se pode (e deve) esperar daquele que conhece elementos de perigo, desconhecidos pelos demais, que os considere na orientação da sua conduta.[28]

24 Sobre a importância da perspectiva *ex ante*, cf. MIR PUIG, Santiago. *La perspectiva "ex ante" en Derecho penal*. ***Anuario de derecho penal y ciencias penales***, tomo 36, n. 1, p. 5-22, 1983.

25 RUEDA MARTÍN, María Ángeles. *La concreción del deber objetivo de cuidado en el desarrollo de la actividad* médico-*quirúrgica curativa*. ***Indret: Revista para el Análisis del Derecho***, Barcelona, n. 4, outubro de 2009. p. 19-20. Em sentido parecido, HIRSCH, Hans Joachim. *Sobre lo injusto del delito imprudente*. ***Revista de Derecho Penal y Criminologia***, n. 16, p. 207-231, 2005. p. 216.

26 Tanto é que Welzel chegou a afirmar que o "critério de previsibilidade objetiva é idêntico ao da causalidade adequada" (WELZEL, Hans. **O novo sistema jurídico-penal**: uma introdução à doutrina da ação finalista. 4. ed. São Paulo: Editora Revista dos Tribunais, 2015. p. 98).

27 Sobre a prognose póstuma objetiva: GRECO, Luís. **Um panorama da teoria da imputação objetiva**. 3. ed. São Paulo: Editora Revista dos Tribunais, 2013. p. 35 et seq.; MARTINEZ ESCAMILLA, Margarita. ***La imputación objetiva del resultado***. Madrid: Edersa, 1992. p. 79 et seq.

28 FRISCH, Wolfgang. *La imputación objetiva: estado de la cuestión*. *In*: ROXIN; Claus et al. ***Sobre el estado de la teoría del delito***. Madrid: Civitas, 2000. p. 56. O que não significa uma subjetivização do tipo objetivo, tendo em conta que "conteúdos de consciência que não são elementares do tipo, mas que têm importância unicamente para o juízo de perigo ou para a distribuição da responsabilidade entre os diversos participantes, dizem respeito à imputação

A previsibilidade determina os níveis de intensidade da culpa, em consciente ou inconsciente. No primeiro caso – culpa consciente –, o agente prevê a possibilidade de ocorrência do resultado, mas confia na sua não realização, na convicção de que é capaz de dominar o curso causal; tome-se o exemplo do médico recém-formado que, a despeito de seu bom desempenho na faculdade, acredita poder realizar uma cirurgia de alta complexidade, da qual advém a morte do paciente, devida à imperícia profissional. No segundo caso – culpa inconsciente –, o resultado não é sequer previsto, mas ao agente é possível chegar ao conhecimento da perigosidade da conduta.

3. O dever de cuidado e o risco permitido

Complexa é a tarefa de determinação do cuidado devido, sobretudo em se tratando de atividades médicas, a exigir a sistematização de critérios precisos e consentâneos com o ordenamento jurídico em sua totalidade,[29] justamente com o escopo de demarcar, com o maior rigor possível, as zonas do lícito e do ilícito e, assim, permitir um processo de comunicação claro quanto ao conteúdo da atividade.[30] Isso porque a lesão ao dever objetivo de cuidado está umbilicalmente vinculada ao modo e à forma de execução da conduta, que, para adjetivar-se de típica, necessita passar por um filtro normativo a partir dos limites daquilo que é, ou não, juridicamente autorizado.[31] O que nos leva

ao tipo objetivo" (ROXIN, Claus. **Estudos de direito penal**. Rio de Janeiro: Renovar, 2006. p. 122).

[29] Pois, bem acentua Figueiredo Dias, a violação do cuidado devido quer designar "a violação de exigências de comportamento em geral obrigatórias cujo cumprimento o direito requer, na situação concreta respectiva, para evitar realizações não dolosas de um tipo objectivo de ilícito" (FIGUEIREDO DIAS, Jorge de. **Direito penal**: parte geral. São Paulo: Revista dos Tribunais, 2007. p. 870, sem o grifo do autor. t. I).

[30] TAVARES, Juarez. **Teoria do crime culposo**. Florianópolis: Empório do Direito, 2016, p. 41.

[31] Com a ressalva das possíveis incompatibilidades em relação ao texto, releva-se elucidativa a passagem em que Juarez Tavares assenta que "a base da estrutura do delito culposo, portanto, não se situa no conceito de conduta, mas na forma e no modo de sua imputação, quer dizer, a relevância penal de uma conduta para caracterizá-la como culposa irá depender menos de sua configuração natural e muito mais dos requisitos que a norma jurídica lhe empreste. Somente por meio da norma que fixe os limites do risco autorizado ou desautorizado, portanto, que

a estabelecer, obviamente que sem pretensão de exaustividade, parâmetros capazes de auxiliar na determinação do cuidado devido, como é o caso da categoria denominada risco permitido.

O Direito Penal tem a função de proteção de bens jurídicos.[32] E é por intermédio da identificação do bem jurídico tutelado que será possível verificar qual o grau de risco que ele – o bem jurídico – está disposto a suportar. Isso porque, paradoxalmente, ao limitar-se a prática de uma determinada atividade para a proteção de um valor digno de tutela,[33] permite-se que ela crie um risco até determinado nível, juridicamente tolerado; portanto, é o próprio limite que autoriza o risco em certa medida.[34] As atividades médico-cirúrgicas configuram exemplos claros: não se pode negar que uma cirurgia de alta complexidade comporta riscos à vida e à integridade corporal do paciente; contudo, desde que se a realize, em regra, de acordo com a *lex artis*, o risco permanecerá na zona do permitido, ainda que o paciente faleça ou sofra lesões corporais. Desse modo, o risco permitido é exatamente aquele que decorre de comportamentos tolerados, conquanto sejam arriscados.[35]

assinale os contornos do lícito e do ilícito, será possível afirmar-se que a conduta realizada conduz à produção de um resultado danoso, juridicamente relevante em face de haver lesado ou posto em perigo um bem jurídico" (TAVARES, Juarez. **Teoria do crime culposo**. Florianópolis: Empório do Direito, 2016. p. 34).

32 Sobre bem jurídico-penal, cf., dentre outros, D'AVILA, Fabio Roberto. Aproximações à teoria da exclusiva proteção de bens jurídicos no direito penal contemporâneo. **Revista Brasileira de Ciências Criminais**, São Paulo, n. 80, p. 7-33, setembro/outubro de 2009; SOUZA, Paulo Vinicius Sporleder de. **Bem jurídico-penal e engenharia genética humana**: contributo para a compreensão dos bens jurídicos supra-individuais (*sic*). São Paulo: Revista dos Tribunais, 2004.

33 Por valor digno de tutela leia-se bem jurídico-penal, pelo fato de o considerarmos como "*todo valor considerado digno de tutela penal*", compreendendo "pela expressão *todo valor* aqueles *objetos ideais* que revelados numa determinada realidade sociocultural são considerados aptos a satisfazer as necessidades humanas em dado contexto. [...] Ao compreender-se a paz social como um valor que se dilui e se desintegra em *unidades valiosas*, mais rigorosamente podemos então designar os bens jurídicos como *unidades sociais valiosas* e, portanto, *boas* para o indivíduo e para a sociedade" (SOUZA, Paulo Vinicius Sporleder de. **Bem jurídico-penal e engenharia genética humana**: contributo para a compreensão dos bens jurídicos supra-individuais (*sic*). São Paulo: Revista dos Tribunais, 2004. p. 139-141).

34 BECK, Ulrich. **Sociedade de risco**: rumo a uma outra modernidade. São Paulo: Editora 34, 2010. p. 78-79.

35 SANTOS, Humberto Souza. **Co-autoria em crime culposo e imputação objetiva**. Barueri: Manole, 2004. p. 120.

Em se tratando de crimes culposos, nos quais o objeto de proibição não está exaustivamente taxado no tipo penal, demanda-se uma atividade de valoração do intérprete, a fim de que consiga fechar a fórmula genérica prevista em lei. Dessa forma, revela-se a necessidade de recorrer-se a normas outras, de natureza não penal e reguladoras de determinada atividade, que auxiliarão a aferir o padrão de conduta exigível a partir do risco autorizado. Normas estas que binariamente se dividem em jurídicas e extrajurídicas, espécies englobadas no gênero normas de segurança.[36]

As normas jurídicas podem ser emanadas de autoridade legislativa ou executiva. As primeiras, pela sugestiva rubrica, referem-se às leis[37] elaboradas pelo Poder Legislativo,[38] destacando-se, aqui, a Lei nº 3.268/1957, que dispõe sobre os Conselhos de Medicina. É no art. 17 dessa lei, por exemplo, que se encontra a exigência de que "os médicos só poderão exercer legalmente a medicina, em qualquer de seus ramos ou especialidades, após o prévio registro de seus títulos, diplomas, certificados ou cartas no Ministério da Educação e Cultura e de sua inscrição no Conselho Regional de Medicina, sob cuja jurisdição se achar o local de sua atividade".

Por outro lado, as normas jurídicas executivas geralmente se revestem da natureza de Regulamento ou Decreto, ambos de competência privativa do presidente da República e expedidos para a fiel execução das leis (inciso IV do art. 84 da Constituição Federal brasileira de 1988 – CF/1988).[39] O Decreto

[36] Esta a nomenclatura – normas de segurança – dada por GRECO, Luís. **Um panorama da teoria da imputação objetiva**. 3. ed. São Paulo: Editora Revista dos Tribunais, 2013. p. 54.

[37] Para Ochoa, por exemplo, as leis são a fonte primária do que constitui o risco permitido e, portanto, a primeira que se deve consultar quando da análise do comportamento do profissional de saúde (OCHOA, Francisco Bernate. ***Imputación objetiva y responsabilidad penal médica***. Bogotá: Editorial Universidad del Rosario, 2010. p. 95).

[38] Não se esquecendo da possibilidade de existirem Decretos-Leis dispondo nesse sentido, acrescendo-se a ressalva de que não há, atualmente, previsão constitucional para que surjam novos diplomas nesse sentido.

[39] É certo que ninguém será obrigado a fazer ou deixar de fazer alguma coisa senão em virtude de lei (inciso II do art. 5º da CF), não se visualizando, na redação constitucional, menção a decretos ou regulamentos. Também é certo que os atos administrativos não podem inovar o ordenamento jurídico, criando direitos ou obrigações inexistentes em lei. No entanto, como a dinâmica da vida em sociedade é muitas vezes mais acelerada do que o Parlamento, não consegue o Poder Legislativo acompanhar as multifacetadas mudanças do ritmo societário. Daí porque os Regulamentos e os Decretos representam, enquanto ferramentas mais flexíveis e rápidas, uma forma bastante eficaz de a lei não se tornar anacrônica. Quanto a isso, leia-se

nº 44.045/1958, *verbi gratia*, regulamentou a Lei nº 3.268/1957, complementando o art. 17 deste diploma ao afirmar que "a efetivação real do registro do médico só existirá depois da sua inscrição nos assentamentos dos Conselhos Regionais de Medicina e também depois da expedição da Carteira Profissional" (art. 3º). Há, também, o Decreto nº 20.931/1932, que, por exemplo, impõe ao médico o dever de "escrever as receitas por extenso, legivelmente, em vernáculo, nelas indicando o uso interno ou externo dos medicamentos, o nome e a residência do doente, bem como a própria residência ou consultório" (alínea *b* do art. 15) e a vedação de "receitar sob forma secreta, como a de código ou número" (alínea *b* do art. 16).[40]

No âmbito das atividades médicas as normas extrajurídicas ou técnicas, também conhecidas como *lex artis* – expressões aqui tomadas como sinônimas –, são de especial relevância, já que representam o conjunto de regras gerais de caráter técnico ou de procedimentos, máximas da experiência e conhecimentos emitidos que a ciência médica considera como adequados em dado momento e em determinadas circunstâncias.[41] No âmbito das atividades médicas, destaque-se o Código de Ética Médica (CEM),[42] aprovado pela

a precisa lição de Celso Antônio Bandeira de Mello: "Nos termos do art. 5º, II, 'ninguém será obrigado a fazer ou deixar de fazer alguma coisa senão em virtude de lei'. Aí não se diz 'em virtude de' decreto, regulamento, resolução, portaria ou quejandos. Diz-se 'em virtude de lei'. Logo, a Administração não poderá proibir ou impor comportamento algum a terceiro, salvo se estiver previamente embasada em determinada lei que lhe faculte proibir ou impor algo a quem quer que seja. Vale dizer, não lhe é possível expedir regulamento, instrução, resolução, portaria ou seja lá que ato for para coartar a liberdade dos administrados, salvo se em lei já existir delineada a contenção ou imposição que o ato administrativo venha a minudenciar" (MELLO, Celso Antônio Bandeira de. **Curso de direito administrativo**. 27. ed. São Paulo: Malheiros, 2010. p. 102-103). Portanto, incumbe à lei conter o objeto de proibição e, ao ato administrativo, esmiuçá-lo e, com isso, delimitar as fronteiras do lícito e do ilícito.

[40] Os exemplos mencionados se encontram em TAVARES, Juarez. **Teoria do crime culposo**. Florianópolis: Empório do Direito, 2016. p. 366.

[41] RUEDA MARTÍN, María Ángeles. *La concreción del deber objetivo de cuidado en el desarrollo de la actividad* médico-*quirúrgica curativa*. ***Indret: Revista para el Análisis del Derecho***, Barcelona, n. 4, outubro de 2009. p. 19.

[42] Constituindo parte das regras técnicas, ao CEM não escapam algumas críticas, a exemplo da elaborada por Iberê Anselmo Garcia, ao frisar que tal documento "consiste em um conjunto de normas pouco específicas e por isso mesmo difícil de serem aplicadas a casos concretos. Nele encontram-se disposições anacrônicas de cunho pretensamente ético, ao lado de disposições inócuas. [...] Essas disposições que oscilam entre o paternalismo piedoso e o irrealismo não contribuem de forma efetiva ao balizamento da conduta do profissional"

Resolução nº 2.217/2018 do Conselho Federal de Medicina (CFM), documento que contém, conforme consta de seu preâmbulo, "as normas que devem ser seguidas pelos médicos no exercício de sua profissão, inclusive no exercício de atividades relativas ao ensino, à pesquisa e à administração de serviços de saúde, bem como no exercício de quaisquer outras atividades em que se utilize o conhecimento advindo do estudo da Medicina".

A integração da *lex artis* não deve limitar-se às regras ou *standards* de aceitação geral na especialidade praticada, exigindo a sua compatibilização com a liberdade do método a ser empregado pelo profissional médico, o que afeta a liberdade de técnica diagnóstica e de prescrição do tratamento, pois somente assim se possibilita o avanço científico no respectivo setor.[43] Desse modo, é natural que aconteçam erros ou falhas técnicas no desempenho da atividade, muitos dos quais se encontram acobertados pela margem autorizada do risco, desde que não se revelem, por exemplo, grosseiros.[44] Tais falhas supõem um defeito na aplicação de métodos, técnicas ou procedimentos nas distintas

(GARCIA, Iberê Anselmo. O risco permitido como critério de imputação do erro médico. ***Revista Brasileira de Ciências Criminais***, São Paulo, n. 59, p. 37-89, março/abril de 2006. p. 71).

[43] ROMEO CASABONA, Carlos María. *Evolución del tratamiento jurídico-penal de la imprudencia del personal* médico-*sanitario*. ***Revista Jurídica de Castilla y León***, Valladolid, n. 37, p. 211-251, agosto de 2007. p. 227-228. Sobre a liberdade de escolha do método e questões afins, cf. RUEDA MARTÍN, María Ángeles. *La concreción del deber objetivo de cuidado en el desarrollo de la actividad* médico-*quirúrgica curativa*. ***Indret: Revista para el Análisis del Derecho***, Barcelona, n. 4, outubro de 2009. p. 28-29, segundo a qual o médico deve optar pelo método que é, *ex ante*, menos lesivo ou objetivamente mais eficaz e adequado ao tratamento, dependendo de saberes ontológicos (dados conhecidos não só por um médico prudente, mas também pelo responsável pelo tratamento, considerando os seus especiais conhecimentos na área) e nomológicos (experiência comum da época sobre as técnicas terapêuticas, cirúrgicas, efeitos dos fármacos etc.).

[44] Já a Hungria se manifestava no sentido de reconhecer "[...] uma certa liberdade de iniciativa dos médicos e a necessidade de tolerância para com os erros devidos à própria imperfeição da ciência hipocrática. [...] O médico não tem carta branca, mas não pode comprimir a sua atividade dentro de dogmas intratáveis. Não é ele infalível, e desde que agiu racionalmente, obediente aos preceitos fundamentais da ciência, *ou ainda que desviando-se deles, mas por motivos plausíveis*, não deve ser chamado a contas pela justiça penal, se vem a ocorrer um evento funesto. [...] O médico que, por erro grosseiro, causa a morte do paciente, é um criminoso. Ninguém duvida da punibilidade do médico que, por ignorância, cloroformiza um cardíaco ou ministra ao doente uma dose excessiva de estricnina, ocasionando-lhe a morte" (HUNGRIA, Nelson. **Comentários ao Código Penal**. Rio de Janeiro: Forense, 1958. p. 205, grifo nosso. v. I. t. II.). Cf., ainda, GARCIA, Iberê Anselmo. O risco permitido como critério de imputação do erro médico. **Revista Brasileira de Ciências Criminais**, São Paulo, n. 59, p. 37-89, março/

fases de atuação do profissional (exploração, diagnóstico, indicação, realização do tratamento), sem que isso acarrete, automaticamente, na infração da *lex artis*.[45] Esta não é, afinal, nem imutável, nem única, o que evidencia a necessidade de conciliá-la com a liberdade de método e de abri-la a novas técnicas e procedimentos, ainda que estes não sejam cientificamente unânimes em um dado momento.[46]

Dessa forma, as normas jurídicas e as normas técnicas são editadas com vistas a fornecer as diretrizes gerais da atividade médica, estabelecendo padrões de conduta que toleram um nível básico de risco no respectivo desempenho, de modo que o importante para a determinação do que é ou não permitido não está, no caso em concreto, na (in)observância da norma em si, mas do risco básico típico que permanece ao observá-la. Assim as coisas, a violação de uma norma de segurança pode apresentar-se de acordo com a *lex artis*, justamente por não ultrapassar o risco básico da atividade, ao passo que, mesmo observando as cautelas normativas, o atuante pode vir a criar um risco não permitido.[47] Nessa hipótese, sem prejuízo da maior intensidade do risco a ser suportado, desde que haja o prévio consentimento do paciente[48] e desde que a atividade

abril de 2006. p. 80 et seq.; NORONHA, Edgard Magalhães. **Do crime culposo**. 3. ed. São Paulo: Saraiva, 1974. p. 98-99.

45 Oportuno realçar que "na determinação da conduta técnica correta ou desviante é fundamental o papel dos peritos médicos, já que, como visto, não está na competência do julgador aferir se a conduta do caso estava dentro da *lex artis* e assim, dentro do risco permitido. É o perito médico que poderá analisar de acordo com os princípios da *lex artis* a relevância do risco criado" (GARCIA, Iberê Anselmo. O risco permitido como critério de imputação do erro médico. **Revista Brasileira de Ciências Criminais**, São Paulo, n. 59, p. 37-89, março/abril de 2006. p. 69).

46 ROMEO CASABONA, Carlos María. *Evolución del tratamiento jurídico-penal de la imprudencia del personal* médico-*sanitario*. ***Revista Jurídica de Castilla y León***, Valladolid, n. 37, p. 211-251, agosto de 2007. p. 228-229.

47 FRISCH, Wolfgang. ***Comportamiento*** típico e ***imputación del resultado***. Madrid: Marcial Pons, 2004. p. 108. Com certa semelhança, utilizando-se do termo risco habitual, TAVARES, Juarez. **Teoria do crime culposo**. Florianópolis: Empório do Direito, 2016. p. 399. E, com fundamentação diversa, mas com resultados parecidos, FIORE, Carlos. ***Diritto Penale***, *Parte Generale, I*. Torino: UTET, 2000. p. 254.

48 O consentimento informado ou esclarecido consiste na "decisão voluntária, tomada após um processo informativo e deliberativo, visando à aceitação de uma determinada intervenção (tratamento ou experimentação), sabendo a sua natureza, suas consequências e seus riscos. Na realidade, o consentimento informado constitui a legitimação e o fundamento do ato médico, sobretudo em relação a pesquisas em seres humanos e a certos tratamentos invasivos

tenha sido exercida observando o risco básico subjacente à norma (adequação aos parâmetros éticos e científicos estabelecidos para a experimentação com seres humanos) inexistirá superação do risco autorizado.[49] Trata-se, de acordo com Juarez Tavares, de condutas que, pela experiência, costumam ser socialmente toleradas como margem de erro aceitável, de tal maneira que, tomando o exemplo do autor, não "poderá o médico ser responsabilizado pela morte de paciente em estado de câncer terminal, ao buscar, com seu consentimento, extirpar-lhe o tumor, ainda que a operação fosse manifestamente arriscada"[50]. E a razão para isso reside no fato de que, embora se tenha violado a norma técnica ou se afastado dos padrões dominantes para a sua execução, preponderam interesses sociais, a exemplo da finalidade profissional de minorar os sofrimentos do paciente[51] ou a liberdade no exercício de qualquer profissão, a indicar que a margem de erro das condutas praticadas em tais situações se inclui perfeitamente no risco aceitável ou no risco básico.[52]

(p. ex. intervenções médico-cirúrgicas), dificilmente ocorrendo em simples e corriqueiras clínicas" (SOUZA, Paulo Vinicius Sporleder de. O médico e o dever de informação: aspectos jurídico-penais. *In*: COSTA ANDRADE, Manuel da Costa; SOUSA, Susana Aires de; ANTUNES, Maria João (org.). **Estudos em homenagem ao Prof. Doutor Jorge de Figueiredo Dias**. Coimbra: Coimbra Ed., 2010. v. III. p. 639-652.). A propósito, é vedado ao médico "deixar de obter do paciente ou de seu representante legal o termo de consentimento livre e esclarecido para a realização de pesquisa envolvendo seres humanos, após as devidas explicações sobre a natureza e as consequências da pesquisa" (art. 101 do CEM). No Direito Positivo espanhol, o consentimento informado é definido como "a conformidade livre, voluntária e consciente de um paciente, manifestada no pleno uso de suas faculdades, depois de receber a informação adequada, para que tenha lugar uma atuação que afete a sua saúde" (art. 3º da Lei nº 41/2002, tradução nossa).

49 Cf. SOUZA, Paulo Vinicius Sporleder de. **Direito penal médico**. Porto Alegre: Livraria do Advogado, 2009, que, além disso, menciona a ponderação risco/benefício, que consiste num "critério ético-jurídico (objetivo) que obriga tanto o experimentado (sujeito de pesquisa) quanto o experimentador (médico/cientista) e limita o consentimento. Mais especificamente, dita valoração é uma exigência relativa aos deveres de cuidado que o médico deve observar, sob pena de ser responsabilizado penalmente" (p. 18-19).

50 TAVARES, Juarez. **Teoria do crime culposo**. Florianópolis: Empório do Direito, 2016. p. 399.

51 Inclusive configurando princípio fundamental, estatuído no CEM (Capítulo I, VI), o dever de o médico guardar absoluto respeito pelo ser humano e atuar sempre em seu benefício, jamais utilizando de seus conhecimentos para causar sofrimento físico ou moral.

52 TAVARES, Juarez. **Teoria do crime culposo**. Florianópolis: Empório do Direito, 2016. p. 399. Por isso que a violação às normas de segurança representa apenas um indício da não permissão do risco, pois o que é abstratamente perigoso pode não o ser no caso em concreto; assim, ROXIN, Claus. ***Derecho Penal - Parte General:*** *Tomo I. Fundamentos. La estructura*

4. O padrão de diligência exigido

A determinação do cuidado devido deve basear-se não só no dever objetivamente imposto, mas também na capacidade superior de direção da atividade pelo agente concreto. Isso significa que justamente se espera o emprego de sua especial capacidade, não havendo razões para que, numa operação de risco, por exemplo, o cirurgião especialmente capacitado esteja obrigado a valer-se, apenas, daquelas técnicas e habilidades que configuram o *standard* mínimo para a mediana cultura médica.[53] [54] Essa exigência encontra respaldo nos princípios fundamentais do CEM, donde consta que "o alvo de toda a atenção do médico é a saúde do ser humano, em benefício da qual deverá agir com o máximo de zelo e o melhor de sua capacidade profissional", além de competir "ao médico aprimorar continuamente seus conhecimentos e usar o melhor do progresso científico em benefício do paciente" (cap. 1, II e V). E, ademais, do próprio CP, que exige, interpretando-se *a contrario sensu* o inciso II do art. 18, uma ação perita daquele que se coloque a realizar o labor arriscado.[55] Desse modo, ao aperfeiçoar-se numa prática específica, estende-se

de la teoría del delito. Madrid: Civitas, 1997. p. 1002. Sobre a função indiciária, cf. FRISCH, Wolfgang. ***Comportamiento*** típico e ***imputación del resultado***. Madrid: Marcial Pons, 2004. p. 106; GRECO, Luís. **Um panorama da teoria da imputação objetiva**. 3. ed. São Paulo: Editora Revista dos Tribunais, 2013. p. 55; MUÑOZ CONDE, Francisco. ***Teoría general del delito***. Reimpressão da 2. ed. Santa Fé de Bogotá: Editorial Temis, 1999. p. 58; TERRAGNI, Marco Antonio. ***El delito culposo***. Buenos Aires: Rubinzal – Culzoni Editores, 1998. p. 75.

[53] STRATENWERTH, Günther. ***Derecho Penal***. *Parte General. El hecho punible*. Buenos Aires: Hammurabi, 2005. p. 505. Cf., também, MIR PUIG, Santiago. ***Derecho penal***: *parte general*. 9. ed. Barcelona: Editorial Reppertor, 2011. p. 300 et seq.

[54] Conclusão que pode, no entanto, comportar ressalvas. Pense-se no caso de o cirurgião especializado em determinado âmbito encontrar-se de plantão no hospital em que trabalha, surgindo um caso de urgência para atendimento (um sujeito que se acidentou e apresentou hemorragia, por exemplo) e demandando a imediata realização de cirurgia, justamente em âmbito diferente ao da especialização do plantonista. Além de não se descartar a possível ausência de materiais suficientes e necessários para o sucesso do procedimento cirúrgico, bem assim condições ótimas do local em que ele deve ser efetuado. O que exige, em cada caso, a observância das circunstâncias concretas do exercício da atividade. Com semelhanças, cf. FIORE, Carlos. ***Diritto Penale***, *Parte Generale, I*. Torino: UTET, 2000. p. 244 e 266; cf., também, VALLINI, Antonio. *La ricostruzione del nesso di causalità nell'atività médica*. *In*: CANESTRARI, Stefano *et al*. ***Medicina e diritto penale***. Pisa: Edizioni TDS, 2009. p. 151.

[55] Isso porque a imperícia consiste na "atuação inexperiente ou inidônea em uma tarefa que requer uma especial destreza. Uma exigência maior se formula a quem se dedica a um trabalho

ao médico a obrigação de empregar as suas especiais habilidades no exercício da atividade.

De outro lado, é preciso observar que a ausência de normas escritas, jurídicas ou não, que regulam a prática de determinada atividade acarreta numa maior dificuldade de concretização do risco permitido.[56] Nesse caso, incumbe um dever de informação[57] à pessoa que decidir praticar uma conduta cujo risco não lhe é possível valorar, e, caso não possa ou se a informação de nada adianta, deve abster-se de agir. Diante disso também se impõe um dever de omissão da atividade, notadamente em razão de insuficiência física ou falta de habilidade ou prática, devido às quais o agente não conseguirá fazer frente ao perigo que daí possa resultar.[58] Portanto, quando o paciente comunica ao

que carrega risco e que deve ser desenvolvida, portanto, com especial habilidade. Também desempenha uma questão de confiança: a que gera nos demais a crença de que o profissional ou a quem se supõe idôneo se valerá de todos os conhecimentos que o desempenho da atividade requer" (TERRAGNI, Marco Antonio. ***El delito culposo***. Buenos Aires: Rubinzal – Culzoni Editores, 1998. p. 72, tradução nossa). À definição a que chega o autor lhe favorece o sistema positivo de seu país – Argentina –, em específico, o art. 902 do respectivo Código Civil, o qual dispõe que: "quanto maior seja o dever de agir com prudência e pleno conhecimento das coisas, maior será a obrigação que resulta das consequências possíveis dos fatos" (tradução nossa). Muito embora a normativa tenha sido fixada em diploma de caráter não penal, trata-se de inegável norma de segurança jurídica a irradiar efeitos no campo do dever de cuidado.

56 FIGUEIREDO DIAS, Jorge de. **Direito penal***:* parte geral. São Paulo: Revista dos Tribunais, 2007. p. 876. t. I, mencionando que se torna indispensável, em situações tais, o recurso aos costumes profissionais comuns ao profissional prudente e, na falta destes, ao cuidado imposto pelo concreto comportamento socialmente adequado no tráfego.

57 Dever esse que não se confunde com o dever de informação do médico em relação ao paciente; trata-se, aqui, de um dever de o próprio agente informar-se das circunstâncias nas quais se desenvolverá a atividade que vier a praticar.

58 Juarez Tavares reconhece a abstenção da conduta perigosa como uma das formas de atendimento ao cuidado externo, de forma que "essa abstenção deve ser imediata e repentina e tomada sempre em vista, desde que o agente, com a atividade, não se encontre em condições efetivas de evitar o perigo", conferindo especial relevo, também, ao dever de prévia informação e preparação (TAVARES, Juarez. **Teoria do crime culposo**. Florianópolis: Empório do Direito, 2016. p. 320 et seq.). Também se referindo aos deveres de informação e de omissão, ainda que em breves linhas, CUESTA AGUADO, Paz Mercedes de la. ***Tipicidad y imputación objetiva***. Valencia: Tirant lo Blanch, 1995. p. 157-158; FIORE, Carlos. ***Diritto Penale****, Parte Generale, I.* Torino: UTET, 2000. p. 254-255; MONTT, Mario Garrido. ***Derecho penal****. Parte General.* 3. ed. Santiago: Editorial Jurídica de Chile, 2003. p. 169. t. II. Com mais detalhes e valendo-se da rubrica "negligência na assunção ou aceitação", FIGUEIREDO DIAS, Jorge de. **Direito penal***:* parte geral. São Paulo: Revista dos Tribunais, 2007. p. 879-881. t. I.

médico que tem "algo no coração", revela-se imprudente o comportamento de proceder a uma anestesia geral sem o exame prévio de um internista. Por igual razão, o médico que não está perfeitamente ciente do tratamento de uma doença (ou condição médica específica) deve informar-se na literatura científica especializada. Em síntese, quem não sabe de algo tem o dever de informar-se; quem não pode fazer algo não deve fazê-lo.[59] Daí resulta que as capacidades inferiores não fundamentam a exclusão do risco permitido.[60]

Conclusões

Nos arts. 13 e 18 do CP encontram-se alguns dos pontos de apoio legislativos hábeis a permitir o processo de análise dogmática do crime culposo, que, frise-se, só é punido excepcionalmente, dada a adoção do sistema *numerus clausus* pelo parágrafo único do art. 18 do CP. Da conjugação de ambos os dispositivos se extraem os elementos que compõem o tipo do delito culposo, quais sejam: o comportamento típico, o nexo de causalidade e a imputação do resultado.

O comportamento típico é basicamente determinado pela previsibilidade do resultado e pela violação do dever de cuidado. O primeiro elemento que o compõe – a previsibilidade do resultado – consiste num prognóstico de perigosidade da conduta de acordo com o critério da prognose póstuma objetiva: no processo mental de valoração, deve o juiz verificar se um observador

[59] Critérios estes retirados de ROXIN, Claus. ***Derecho Penal – Parte General****: Tomo I. Fundamentos. La estructura de la teoría del delito.* Madrid: Civitas, 1997. p. 1009-1010.

[60] Com o que não se está a utilizar como parâmetro, pois uma total individualização da capacidade do agente, devendo transportar-se a análise dessas capacidades inferiores para a culpabilidade. Poder-se-ia mencionar o exemplo do médico recém-formado que se coloca a realizar uma cirurgia de alta complexidade, da qual resulta, devido à sua imperícia, lesões corporais ou a morte do paciente. Se lhe era inexigível conduta diversa, então se deslocará o questionamento à culpabilidade. Nesse sentido, cf. FIGUEIREDO DIAS, Jorge de. **Direito penal**: parte geral. São Paulo: Revista dos Tribunais, 2007. p. 871 et seq. t. I; ROXIN, Claus. ***Derecho Penal – Parte General****: Tomo I. Fundamentos. La estructura de la teoría del delito.* Madrid: Civitas, 1997. p. 1.015; de certa forma, TOLEDO, Francisco de Assis. **Princípios básicos de direito penal**. 5. ed. São Paulo: Saraiva, 1994. p. 293, ao afirmar que, "na dúvida, impõe-se o dever de abstenção da conduta, pois quem, nesta área, se arrisca a se transformar em causador imputável de danos previsíveis age com imprudência e se torna, por isso mesmo, agente de um crime culposo, caso concretize a realização do tipo".

objetivo, dotado dos conhecimentos especiais do autor concreto e situado no instante da prática da conduta, reputá-la-ia perigosa, no sentido de gerar uma real possibilidade de lesão ao bem jurídico. Já o cuidado devido demanda uma maior normativização. Em primeiro lugar, deve-se considerar que o risco inerente à atividade médica é considerado autorizado e, portanto, somente nos casos de transgressão aos limites juridicamente impostos se afirmará que o profissional criou um risco desaprovado. O parâmetro inicial para determinar o risco permitido está nas normas de segurança. Estas podem ser jurídicas, emanadas pelo Poder Legislativo e/ou pelo Poder Executivo, ou extrajurídicas, quando elaboradas por órgãos técnicos.

Em se tratando de atividades médicas, as normas extrajurídicas, também chamadas de normas técnicas ou *lex artis*, apresentam especial relevância. Afinal, são elas que demonstram quais as boas práticas a serem adotadas no exercício da atividade. No Brasil, destaca-se, sobretudo, o Código de Ética Médica (CEM), aprovado pela Resolução nº 2.217/2018 do Conselho Federal de Medicina (CFM), que contém, em suma, as normas-padrões que devem ser seguidas pelos médicos no desempenho da profissão. Além disso, podem existir vários outros documentos editados pelo CFM para padronizar procedimentos específicos, como a prática do ato anestésico, regulada pela Resolução CFM nº 2.714/2017.

É importante ressaltar que a violação às normas de segurança não acarreta na automática reprovação do risco; pelo contrário, apenas constitui um indício de que a atividade se desalinhou dos padrões normativamente exigidos, tendo em vista que o abstratamente perigoso, na esteira do pensamento de Roxin, pode não vir a sê-lo no caso em concreto. Destarte, é preciso verificar se o agente ultrapassou os limites do risco básico que permanece ao observar a norma, valendo-se, aqui, da categoria proposta por Frisch. Portanto, é possível que uma atividade extremamente perigosa – a exemplo daquela que se valha de métodos ainda não unânimes na comunidade científica, mas desenvolvida de acordo com as exigências aceitas no momento e pressupondo o prévio consentimento – não represente um risco desaprovado, mesmo que dela decorra um resultado não querido (como as lesões ou a morte do paciente), havendo uma margem aceitável de erro.

No mais, há de se ter em conta que o médico deve aplicar as suas capacidades superiores no exercício da profissão; ou seja, dada a procura do profissional para efetuar procedimento de alta complexidade devido ao seu notório saber, dele se exige o emprego de toda a sua técnica e, no caso de se constatar que assim não procedeu – valendo-se das habilidades relativas a um cirurgião mediano, por exemplo –, é possível que tenha criado um risco desaprovado. De outro lado, em caso de capacidades inferiores – o médico não possui habilidade suficiente para realizar uma determinada cirurgia, por exemplo – é dever do profissional a omissão de realizar a conduta perigosa. Além disso, em não tendo a informação suficiente para realizar algum ato relativo à prática médica, cabe ao médico o dever de informar-se a respeito.

Referências

BECK, Ulrich. **Sociedade de risco:** rumo a uma outra modernidade. São Paulo: Editora 34, 2010.

CUESTA AGUADO, Paz Mercedes de la. ***Tipicidad y imputación objetiva.*** Valencia: Tirant lo Blanch, 1995.

D'AVILA, Fábio Roberto. A realização do tipo como pedra angular da teoria do crime. Elementos para o abandono do conceito pré-típico de ação e de suas funções. **Revista de Estudos Criminais**, São Paulo, n. 54, p. 135-163, julho/setembro de 2014.

D'AVILA, Fábio Roberto. Aproximações à teoria da exclusiva proteção de bens jurídicos no direito penal contemporâneo. **Revista Brasileira de Ciências Criminais**, São Paulo, n. 80, p. 7-33, setembro/outubro de 2009.

FIGUEIREDO DIAS, Jorge de. **Direito penal**: parte geral. São Paulo: Revista dos Tribunais, 2007. t. I.

FIORE, Carlos. ***Diritto Penale,*** *Parte Generale, I.* Torino: UTET, 2000.

FRISCH, Wolfgang. ***Comportamiento*** típico e ***imputación del resultado.*** Madrid: Marcial Pons, 2004.

FRISCH, Wolfgang. *La imputación objetiva: estado de la cuestión. In*: ROXIN; Claus *et al.* ***Sobre el estado de la teoría del delito.*** Madrid: Civitas, 2000.

GARCIA, Iberê Anselmo. O risco permitido como critério de imputação do erro médico. **Revista Brasileira de Ciências Criminais**, São Paulo, n. 59, p. 37-89, março/abril de 2006.

GRECO, Luís. Imputação objetiva: uma introdução. *In*: ROXIN, Claus. **Funcionalismo e imputação objetiva no Direito Penal**. 3. ed. Rio de Janeiro: Renovar, 2002.

GRECO, Luís. **Um panorama da teoria da imputação objetiva**. 3. ed. São Paulo: Editora Revista dos Tribunais, 2013.

HAWKING, Stephen. **Uma breve história do tempo**. Rio de Janeiro: Intrínseca, 2015.

HIRSCH, Hans Joachim. *Sobre lo injusto del delito imprudente.* ***Revista de derecho penal y criminologia***, n. 16, p. 207-231, 2005.

HUNGRIA, Nelson. **Comentários ao Código Penal**. Rio de Janeiro: Forense, 1958. v. I. t. II.

MALAMUD GOTI, Jaime. ***La estructura penal de la culpa***. Buenos Aires: Cooperadora de Derecho y Ciencias Sociales, 1976.

MARTINEZ ESCAMILLA, Margarita. ***La imputación objetiva del resultado***. Madrid: Edersa, 1992.

MAURACH, Reinhart. ***Tratado de derecho penal***. Barcelona: Ediciones Ariel, 1962.

MAYNEZ, Eduardo García. ***Introducción al estudio del derecho***. México: Editorial Porrua, 2002.

MELLO, Celso Antônio Bandeira de. **Curso de direito administrativo**. 27. ed. São Paulo: Malheiros, 2010.

MIR PUIG, Santiago. ***Derecho penal:*** *parte general*. 9. ed. Barcelona: Editorial Reppertor, 2011.

MIR PUIG, Santiago. *La perspectiva "ex ante" en Derecho penal*. ***Anuario de derecho penal y ciencias penales***, tomo 36, n. 1, p. 5-22, 1983.

MONTT, Mario Garrido. ***Derecho penal.*** *Parte General*. 3. ed. Santiago: Editorial Jurídica de Chile, 2003. t. II.

MUÑOZ CONDE, Francisco. ***Teoría general del delito***. Reimpressão da 2. ed. Santa Fé de Bogotá: Editorial Temis, 1999.

NORONHA, Edgard Magalhães. **Do crime culposo**. 3. ed. São Paulo: Saraiva, 1974.

OCHOA, Francisco Bernate. ***Imputación objetiva y responsabilidad penal médica***. Bogotá: Editorial Universidad del Rosario, 2010.

ROMEO CASABONA, Carlos María. *Evolución del tratamiento jurídico-penal de la imprudencia del personal* médico-*sanitario*. ***Revista Jurídica de Castilla y León***, Valladolid, n. 37, p. 211-251, agosto de 2007.

ROXIN, Claus. ***Derecho Penal – Parte General:*** *Tomo I. Fundamentos. La estructura de la teoría del delito*. Madrid: Civitas, 1997.

ROXIN, Claus. **Estudos de direito penal**. Rio de Janeiro: Renovar, 2006.

ROXIN, Claus. ***Política criminal y sistema del derecho penal***. 2. ed. Buenos Aires: Hammurabi, 2002.

RUEDA MARTÍN, María Ángeles. *La concreción del deber objetivo de cuidado en el desarrollo de la actividad* médico-*quirúrgica curativa*. ***Indret: Revista para el Análisis del Derecho***, Barcelona, n. 4, outubro de 2009.

SANTOS, Boaventura de Sousa. **Um discurso sobre as ciências**. 7. ed. Porto: Edições Afrontamento, 1995.

SANTOS, Humberto Souza. **Co-autoria em crime culposo e imputação objetiva**. Barueri: Manole, 2004.

SILVESTRONI, Mariano H. ***Teoría constitucional del delito***. Buenos Aires: Editores Del Puerto, 2004.

SOUZA, Paulo Vinicius Sporleder de. *Bem jurídico-penal e engenharia genética humana:* contributo para a compreensão dos bens jurídicos supra-individuais (*sic*). São Paulo: Revista dos Tribunais, 2004.

SOUZA, Paulo Vinicius Sporleder de. **Direito penal médico**. Porto Alegre: Livraria do Advogado, 2009.

SOUZA, Paulo Vinicius Sporleder de. O médico e o dever de informação: aspectos jurídico-penais. *In*: COSTA ANDRADE, Manuel da Costa; SOUSA, Susana Aires de; ANTUNES, Maria João (org.). **Estudos em homenagem ao Prof. Doutor Jorge de Figueiredo Dias**. Coimbra: Coimbra Ed., 2010. v. III. p. 639-652.

STRATENWERTH, Günther. ***Derecho Penal.*** *Parte General. El hecho punible.* Buenos Aires: Hammurabi, 2005.

TAVARES, Juarez. **Teoria do crime culposo**. Florianópolis: Empório do Direito, 2016.

TERRAGNI, Marco Antonio. ***El delito culposo***. Buenos Aires: Rubinzal – Culzoni Editores, 1998.

TOLEDO, Francisco de Assis. **Princípios básicos de direito penal**. 5. ed. São Paulo: Saraiva, 1994.

VALLINI, Antonio. *La ricostruzione del nesso di causalità nell'atività médica. In:* CANESTRARI, Stefano *et al.* ***Medicina e diritto penale***. Pisa: Edizioni TDS, 2009.

WELZEL, Hans. **O novo sistema jurídico-penal***:* uma introdução à doutrina da ação finalista. 4. ed. Tradução de Luiz Régis Prado. São Paulo: Editora Revista dos Tribunais, 2015.

19.
INCIDE O PRINCÍPIO DO *NE BIS IN IDEM* NA SUSPENSÃO DO DIREITO DE DIRIGIR COMINADA NOS ARTIGOS 165 E 306 DO CÓDIGO DE TRÂNSITO BRASILEIRO?

João Batista Marques Tovo
Letícia de Souza Furtado

Introdução

"Todo o poder emana do povo" e em seu nome é exercido. A declaração se repete nas constituições brasileiras desde a monarquia. A Carta política de 1824 dispunha: "Todos estes Poderes no Imperio do Brazil *são delegações da Nação*"[1]. O uso do vocábulo "nação" não ressignifica o enunciado; sob a perspectiva constitucional moderna, está nos membros de um território a única fonte do poder político – *inalienável e permanente.* O Estado exerce o poder nos limites dados pela Constituição, amparado na ideia de pacto social, por meio do qual os cidadãos lhe confiam o monopólio da mediação de seus interesses,

[1] Grafia conforme original. BRASIL, Constituição Política do Império do Brazil (1824), Título 3º - Dos Poderes, e Representação Nacional, Artigo 12. Disponível em: http://www.planalto.gov.br/ccivil_03/Constituicao/Constituicao24.htm. Acesso em: 8 mar. 2020.

com vistas à estabilidade comunitária.[2] Justifica-se não só, mas também pela necessidade de *racionalizar* e *dosar* respostas às tensões inerentes ao convívio, bem como *organizar* o espaço social, viabilizando o desenvolvimento individual e coletivo, respeitados os direitos – *e cobrados os correspondentes deveres* – angariados ao longo dos séculos, desde que alguns dos primeiros limites ao governante dos quais se tem notícia foram instituídos, na *Magna Charta Libertatum*, em 1215.

A *Virginia Declaration of Rights*, criada e ratificada em 1776 – *pouco antes de ser declarada a independência das treze colônias da Inglaterra na América do Norte* –, sempre referida como exemplo do que depois evoluiria para uma "ordem constitucional republicana dotada de constituição escrita"[3], já definia, na segunda seção, "que todo poder é inerente ao povo e, consequentemente, dele procede; que os magistrados são seus mandatários e seus servidores e, em qualquer momento, perante ele responsáveis"[4]. A *Déclaration des Droits de l'Homme et du Citoyen*, publicada em 1789, dispôs que "o princípio de toda a soberania reside, essencialmente, na nação", e "nenhuma operação, nenhum indivíduo pode exercer autoridade que dela não emane expressamente". E avançou: "A sociedade em que não esteja assegurada a garantia dos direitos nem estabelecida a separação dos poderes não tem Constituição".[5]

Muito tempo antes, Platão e Aristóteles sopraram ideias relativas à constituição do Estado e divisão do poder. Passados muitos séculos – *e somente da publicação de Espírito das Leis, de Montesquieu, e da Declaração de Direitos do Homem e do Cidadão vão-se mais de dois* –, cá estamos, sob a égide da tripartição

[2] NETO, Cláudio Pereira de Souza; SARMENTO, Daniel. **Direito constitucional**: teoria, história e métodos de trabalho. Belo Horizonte: Fórum, 2012. p. 244.

[3] SARLET, Ingo Wolfgang; MARINONI, Luiz Guilherme; MITIDIERO, Daniel. **Curso de Direito Constitucional**. 2. ed. São Paulo: Editora Revista dos Tribunais, 2013. p. 46-47.

[4] *"That all power is vested in, and consequently derived from, the people; that magistrates are their trustees and servants and at all times amenable to them."* ***THE Virginia Declaration of Rights***. Disponível em: https://www.archives.gov/founding-docs/virginia-declaration-of-rights. Acesso em: 8 mar. 2020.

[5] *"Art. 3. Le principe de toute Souveraineté réside essentiellement dans la Nation. Nul corps, nul individu ne peut exercer d'autorité qui n'en émane expressément. [...] Art. 16. Toute Société dans laquelle la garantie des Droits n'est pas assurée, ni la séparation des Pouvoirs déterminée, n'a point de Constitution."* ***DÉCLARATION des Droits de l'Homme et du Citoyen de 1789.*** Disponível em: https://www.legifrance.gouv.fr/Droit-francais/Constitution/Declaration-des-Droits-de-l-Homme-et-du-Citoyen-de-1789. Acesso em: 8 mar. 2020.

de poderes. Não à toa. O poder, como as paixões, pode levar à cegueira e ao desvio das finalidades precípuas da delegação. A tripartição evita concentração e riscos inerentes, além de assegurar melhor performance por especialização de funções distintas do poder político. Este, no entanto, *emana* ***todo*** *do povo* e, portanto, segue sendo *uno*[6]. É útil atribuí-lo em parte a agências diversas para ser exercido de maneira tão eficiente quanto possível, mas não se pode olvidar que os ramos descendem do mesmo tronco e devem cooperar na finalidade última e comum, sob pena de o Estado sucumbir.

Separar em partes o que é complexo, mas segue sendo único, é útil à estruturação do saber teórico abstraído da realidade e serve de método à subsequente reconstrução desta, por vezes a reunindo em novo significado. A expressão latina *e pluribus unum,* atribuída ao poeta Virgílio, significando *"de muitos, um"*, desvela uma constante nas criações humanas. Tais operações são imanentes à formação da cultura, sendo método científico fundamental e modelo no *design* de organizações sociais e construtos jurídicos. A tripartição é outra constante: vai desde a tradicional classificação tricotômica das espécies sob um gênero, por caracteres positivos, negativos e intermediários, positivo-negativos, até a dialética do processo *(actum trium personarum),* que se unifica pela síntese sentencial. A triangulação coincide com modelo biológico: encontro sexuado de dois indivíduos, concebendo outro, síntese da comunhão de opostos.

O que não pode ser olvidado é que a partição de uma unidade complexa, seja qual for a finalidade, deve ser ideal, *não real ou definitiva,* sob pena de negar-se a existência desta. Do conceito de *universo* para baixo, a partição em unidades significantes menores é quase infinita; e, para cima, hoje se cogita a existência de *multiversos.* Veja-se, a árvore do conhecimento jurídico é una, o que se revela no seu reconhecimento como um *sistema.* Em sua partição, os ramos mantêm *vasos comunicantes,* não podem ser havidos como *estanques.* Por certo, é uma visão sistêmica, organicista e antropocêntrica[7], *modo de ver o Mundo à sua semelhança, compreensível nessa moldura*, mas é o que temos. Institutos, princípios, dogmas e doutrinas de um ramo alimentam os de outro,

[6] Por todos: BULOS, Uadi Lammêgo. **Curso de Direito Constitucional**. 12. ed. São Paulo: Saraiva Educação, 2019. p. 517.

[7] "O homem é a medida de todas as coisas", máxima de sabedoria atribuída a Protágoras.

embora apropriados com cautela, sem ignorar as peculiaridades dos fatos e relações sociais que determinaram a ramificação. A semântica jurídica, como em qualquer conjunto que mereça ser designado como *sistema,* deve ser uniforme, e as antinomias, solvidas, para "dar cumprimento aos objetivos justificadores do Estado Democrático"[8].

1. O Direito não pode ser interpretado em tiras

Apesar da obviedade, não é raro encontrar operadores do Direito que negam a relevância da interpretação sistemática. Ela é indispensável, pois, como disse Eros Grau certa vez: "Não se interpreta o direito em tiras, aos pedaços [...] eu só posso trabalhar com o direito público se eu conhecer a Constituição. E com o direito privado também."[9] Calha citar antiga lição de Amilcar de Castro[10]:

> As divisões do direito em departamentos autônomos são expedientes metodológicos, destinados a estudá-lo e ensiná-lo, impostos pela limitação da inteligência; e dificilmente poderão ser abandonadas, não obstante recusá-las a doutrina moderna como originais. Na verdade, a ordem jurídica é sempre um sistema, e não amontoado de disposições desconexas: todas as normas jurídicas, escritas e não escritas, pelas quais se rege a vida de um povo, formam um conjunto organizado de regras particulares de direito positivo, dependentes entre si como partes solidárias DE UM TODO. (...omissis...) É erro, portanto, supor

[8] FREITAS, Juarez. **A interpretação sistemática do direito**. 5. ed. São Paulo: Malheiros, 2010. p. 56.

[9] FONTAINHA, Fernando de Castro; QUEIROZ, Rafael Mafei Rabelo; ACCA, Thiago dos Santos (org.). **História Oral do Supremo (1988-2013)**: Eros Grau. Rio de Janeiro: Escola de Direito do Rio de Janeiro da Fundação Getúlio Vargas, nov. 2015. v. 10. p. 52. Disponível em: https://bibliotecadigital.fgv.br/dspace/bitstream/handle/10438/14167/Hist%C3%B3ria%20Oral%20do%20Supremo%20-%20Volume%2010%20-%20Eros%20Grau.pdf?sequence=1&isAllowed=y. Acesso em: 7 mar. 2020.

[10] CASTRO, Amílcar de. A Natureza da Norma de Direito Internacional Privado. **Revista da Faculdade de Direito da UFMG**, Belo Horizonte, v. 2, 1950. Disponível em: https://www.direito.ufmg.br/revista/index.php/revista/article/view/498/467 Acesso em: 7 mar. 2020.

que as disposições legais sejam compartimentos estanques, pois antes devem ser comparadas a vasos comunicantes (...omissis...).

A tripartição serve à República, mas gera o risco de autofagia, que se evita por organicidade e finalidade comuns. Muitas foram as exortações feitas pelo constituinte à convergência dos poderes[11], basta lançar um olhar atento para a Lei das leis. Ao prever a tripartição de Poderes (art. 2º), está disposto que eles são, a um só tempo, *independentes* e *harmônicos.* O segundo comando, sobre o qual curiosamente a luz não costuma chegar, é o registro indelével de que, apesar da independência, os três, *como braços do mesmo Estado,* não podem subsistir isolados. Assim pois, ao fim e ao cabo, compartilham o destinatário do serviço que prestam, que é o mesmo que os legitimou ao exercício: o Povo, fonte de *todo o poder.* Podem competir no sistema de freios e contrapesos, mas é exigido **cooperar**, *porque buscam sempre o Bem Comum*[12].

Por vezes, tanto o Poder Executivo quanto o Judiciário têm legitimidade para **agir** punitivamente – *o segundo, claro, desde que provocado; e o Legislativo, eventualmente, no exercício de função atípica* – diante de violação de bem tão relevante que mereça *dupla camada* de zelo. Elevam-se, desse modo, as chances de efetiva resposta *por parte do Estado,* garantindo proteção eficiente. Assim, pois a ação repressiva do primeiro é pronta e a do segundo necessariamente lenta. Mas isso não autoriza que seja dada *resposta dupla e imune à conformação unificadora,* pois aplicável o princípio do ***ne bis in idem***. A cada um dos três *é conferido o poder de legislar, julgar e executar,* dentro dos limites necessários ao próprio funcionamento, mas respeitadas as competências e atribuições específicas. Em regra, a última palavra é do Judiciário, *com ressalva dos juízos de conveniência e oportunidade nos atos que sejam discricionários.* O Poder Executivo é autônomo para agir, *na forma da lei,* e o Poder Legislativo para legislar, *na forma da Constituição,* mas quem diz se *a regra do jogo foi seguida por um e outro é o Judiciário.* Este, por seu turno, jurisdiciona de forma exclusiva.

[11] É tema extremamente atual, diante da crise institucional pela qual passa o Estado brasileiro.

[12] Usamos a expressão aqui do modo mais amplo possível, na linha de J.J. Rousseau, pedindo licença aos teóricos que contestam essa ideia, *ainda muito presente em filosofia.*

2. Repressão punitiva penal e administrativa

O que interessa ao tema proposto é a interseção entre os Poderes Executivo e Judiciário, na repressão punitiva a condutas indesejáveis definidas como infrações penal e administrativa. Não há diferença essencial entre uma e outra, "a ilicitude jurídica é uma só, do mesmo modo que um só, na sua essência, é o dever jurídico", já alertava Hungria, em pequeno artigo no qual teceu críticas às distinções estabelecidas por James Goldschmidt.[13] Aliás, o *ato ilícito* não se resume a esses dois ramos do Direito público: ele permeia todo o sistema. Mas entre eles, o ponto de corte é a sanção escolhida para inibir sua prática, conforme política repressiva que leva em consideração critérios de necessidade, adequação e proporcionalidade. O legislador é livre para "escolher as vias mais adequadas, oportunas e idôneas para tutelar determinados tipos de patologias sociais"[14], mas não deve sobrepor respostas punitivas administrativas e penais sem que haja diferença essencial na conduta objeto da repressão ou na finalidade da medida, *o que violaria a proibição de excesso.*

Todavia, por vezes, não é bem traçada a zona de transição entre uma e outra. É frequente a dupla regulação do mesmo tema, *quiçá por não percebida a sobreposição,* atribuída legitimidade de repressão punitiva a mais de um Poder constituído, cumulando sanções administrativas e penais.[15] Como refere com algum sarcasmo Alejandro Nieto Garcia[16] – "[...] *suele ser con frecuencia más el resultado de una descoordinación que de una auténtica doble voluntad represora*". Não há como afirmar que seja *exatamente isso,* porque a dupla legitimidade de atuação justifica-se, muitas vezes, para evitar a inércia ou reduzir o retardo e a insuficiência na repressão da conduta indesejável, não raro convindo haja *pronta* resposta, *a que muito não se habilita o Poder Judiciário.* A sobreposição de

[13] HUNGRIA, Nelson. Ilícito Administrativo e Ilícito Penal. **Revista de Direito Administrativo**, Rio de Janeiro, v.1, n. 1, p. 24-31, 1945.

[14] OSÓRIO, Fábio Medina. **Direito Administrativo Sancionador**. 6. ed. São Paulo: Thomson Reuters Brasil, 2019. p. 138.

[15] Não há diferença significativa entre sanções administrativa e penal, *salvo no que diz respeito à privação de liberdade de locomoção, exclusivamente penal;* se bem que, para alguns, não se deu cabo da prisão administrativa, apenas se condicionou ela ser decretada por juiz (inciso LXI do art. 5º da CF).

[16] GARCÍA, Alejandro Nieto. ***Derecho Administrativo Sancionador***. 2. ed.. Madrid: Editorial Tecnos S.A., 2000. p. 408.

sanções idênticas chama incidência do princípio do *ne bis in idem* e, de certo modo, remete a uma ideia de *check and balance* em face do Poder Legislativo.

Harmonizar as respostas de duas agências é corolário da artificial tripartição de um Poder que, na realidade, é *uno*. Pode ocorrer que, pela especialidade de cada Poder, a norma legitimadora de um comine a sanção adequada sob viés específico, não abrangido pela norma legitimadora do outro, e assim a cumulação da reprimenda se justifique; *todavia*, quando se está diante de penas de *idêntica natureza* aplicadas pelo mesmo *ato ilícito* ou por um ato inteiramente subsumido em outro, fica bem evidenciado o *mesmo* propósito da sanção e a violação do *ne bis in idem*. A compensação, nesse caso, parece-nos impositiva. Alguns talvez digam que equivalha *"fazer morta a letra da lei"*. Sem razão. Ao contrário, é realizar interpretação conforme a Carta política, evitando assim "anulação de lei em razão de normas dúbias nela contidas, desde naturalmente que haja possibilidade de compatibilizá-las com a Constituição".[17] E há como fazê-lo.

3. O princípio do *ne bis in idem* e a necessária perspectiva transdisciplinar

O Estado brasileiro aderiu à Convenção Americana Sobre Direitos Humanos – *Pacto de San Jose da Costa Rica* – e ao Pacto Internacional sobre Direitos Civis e Políticos, e ambos tratam da proibição de *bis in idem* ao determinarem, respectivamente, que "o acusado absolvido por sentença passada em julgado não poderá ser submetido a novo processo pelos mesmos fatos" e "ninguém poderá ser processado ou punido por um delito pelo qual já foi absolvido ou condenado por sentença passada em julgado, em conformidade com a lei e os procedimentos penais de cada país". A inclusão do parágrafo 3º ao artigo 5º da Carta de 1988 pela Emenda Constitucional nº 45 trouxe a possibilidade de adoção do chamado *bloco de constitucionalidade:* os tratados e convenções internacionais sobre direitos humanos que passem pelo rito de aprovação das emendas constitucionais serão a elas equivalentes, integrando conjunto de normas a serem observadas no controle de constitucionalidade. Os que não

[17] BONAVIDES, Paulo. **Curso de direito constitucional**. 34. ed. São Paulo: Malheiros, 2019. p. 530.

forem aprovados nesses moldes não adquirem força constitucional; todavia, o Supremo Tribunal Federal (STF) já decidiu: eles possuem caráter infraconstitucional, mas supralegal, servindo de base a *controle de convencionalidade*[18], pois, de outra maneira, estaria em risco a eficácia da adesão do País a tratados e convenções internacionais. É dizer, a legislação infraconstitucional, indubitavelmente, submete-se ao princípio do *ne bis in idem*[19], que nem mesmo pode ser tido por inovação, sendo possível identificar sua essência, por exemplo, na Lei de *Habeas Corpus*, de 1679[20], ou em textos muito mais antigos, como os de Demóstenes, neste caso de cunho mais processual, vinculado à formação do conceito de *coisa julgada*[21].

A absorção dos tratados e convenções internacionais obviamente impacta e oxigena a ordem jurídica brasileira, tornando ainda mais proveitoso o Direito Comparado. Não é nossa pretensão, nesse artigo, realizar tal abordagem; todavia, é inevitável referir: o entendimento aqui sustentado vai ao encontro

[18] SARLET, Ingo Wolfgang; MARINONI, Luiz Guilherme; MITIDIERO, Daniel. **Curso de Direito Constitucional**. 2. ed. São Paulo: Editora Revista dos Tribunais, 2013. p. 1264.

[19] Também nesse sentido, Informativo n. 959 do STF, ARE 1175599: "[...] e acordo com a jurisprudência do Supremo Tribunal Federal (STF), assentou-se o status normativo supralegal aos tratados internacionais de direitos humanos, ou seja, abaixo da Constituição, mas acima das leis infraconstitucionais. Portanto, consagrou-se que o controle de convencionalidade pode ser realizado sobre as leis infraconstitucionais. Assim, o CP deve ser aplicado em conformidade com os direitos assegurados na Convenção Americana de Direitos Humanos e com o Pacto Internacional de Direitos Civis e Políticos. Em relação à proibição de dupla persecução penal, tais diplomas o fazem de forma expressa (CADH, art. 8.4; PIDCP, art. 14.7) (5). O STF já teve a oportunidade de se manifestar a respeito dessas regras, e, ao fazê-lo obstou o prosseguimento de processo penal quanto a fatos já julgados por jurisdição diversa (Ext 1.223). Assim, o exercício do controle de convencionalidade, tendo por paradigmas os dispositivos do art. 14.7, do Pacto Internacional sobre Direitos Civis e Políticos e do art. 8.4, da Convenção Americana de Direitos Humanos, determina a vedação à dupla persecução penal, ainda que em jurisdições de países distintos. Por sua vez, o art. 8º do CP deve ser lido em conformidade com os preceitos convencionais e a jurisprudência da Corte Interamericana de Direitos Humanos (CIDH), vedando-se a dupla persecução penal por idênticos fatos. [...]".

[20] "Quem tiver obtido providência de *habeas corpus não poderá voltar a ser capturado pelo mesmo fato sob pena de multa de 500 libras ao infrator.*" **A LEI de "Habeas Corpus" de 1679**. Disponível em: http://www.direitoshumanos.usp.br/index.php/Documentos-anteriores-%C3%A0-cria%C3%A7%C3%A3o-da-Sociedade-das-Na%C3%A7%C3%B5es-at%C3%A9-1919/a-lei-de-qhabeas-corpusq-1679.html· Acesso em: 7 mar. 2020.

[21] GOLDSCHMIDT, Fábio Brum. **Teoria da proibição de *bis in idem* no direito tributário e sancionador tributário**. São Paulo: Noeses, 2014. p. 1-4.

da *teoria da unidade do poder punitivo*, que vem sendo adotada pelos tribunais europeus[22][23] para sustentar a aplicabilidade de institutos do Direito Penal ao Direito Administrativo sancionador[24]. Percebe-se, o debate geralmente não parte de uma região neutra para exame coordenado do *ius puniendi* por parte do Estado, mas do Direito Administrativo, na tentativa de importar os institutos do Direito Penal, ou diz respeito à prejudicialidade ou não do poder punitivo administrativo ante as manifestações do Poder Judiciário sobre o mesmo fato. A abordagem doutrinária acerca do *bis in idem* curiosamente se dá, com predominância, no âmbito do Direito Administrativo sancionador. A doutrina penal e processual penal costuma dedicar breves linhas ou mencioná-lo de maneira esparsa, alertando pontualmente sua violação ou não em certas hipóteses traçadas. Nosso viés se diferencia por isso, não é propriamente interdisciplinar, mas *transdisciplinar – como a Constituição, aliás* –, propõe refletir sobre a unificação razoável de reprimendas das duas esferas, judicial e administrativa.

É frequente analisar o sistema jurídico de maneira fatiada. Exemplificamos com a legislação brasileira. Em abril de 2018, a Lei nº 13.655 – *Projeto de Lei nº 7.448/17* – incluiu no artigo 22 da LINDB (DL 4.657/1942) o parágrafo 3º, com o seguinte teor: "As sanções aplicadas ao agente serão levadas em conta na dosimetria das demais sanções de mesma natureza e relativas ao mesmo fato". O texto foi inserido por emenda que mencionava a necessidade de coibir o *bis in idem*, mas pretendia acrescentar a exigência de "explicitação de

22 OSÓRIO, Fábio Medina. **Direito Administrativo Sancionador**. 6. ed. São Paulo: Thomson Reuters Brasil, 2019. p. 118.

23 No Brasil, o ministro Teori Zavascki, voto vencido no AgReg na Petição n. 3.240/DF, de sua relatoria, julgado pelo Pleno do STF, com acórdão publicado em 2018 – *debatida a possibilidade de estender a prerrogativa de foro prevista na seara penal para a seara administrativa em casos de improbidade* –, mencionou a "Doutrina da unidade da pretensão punitiva *(ius puniendi)* do Estado", afirmando surgir como principais consequências, em citação direta a Fábio Medina Osório, "a aplicação de princípios comuns ao direito penal e ao direito administrativo sancionador, reformando-se, nesse passo, as garantias individuais". BRASIL. Supremo Tribunal Federal. AG.REG. na Petição 3.240 Distrito Federal. **Plenário.** 10/05/2018. Disponível em: http://portal.stf.jus.br/processos/downloadPeca.asp? id=315062116&ext=. pdf. Acesso em: 7 mar. 2020.

24 A respeito, recomendamos leitura da Sentencia 37/2012 do Tribunal Constitucional de España. ESPAÑA. *Tribunal Constitucional de España*. ***Sentencia 37/2012, de 19 de marzo***. Disponível em: http://hj.tribunalconstitucional.es/es-ES/Resolucion/Show/22797. Acesso em: 7 mar. 2020.

critérios – mínimos que sejam – para a dosimetria de sanções administrativas"[25]. Como se, mais uma vez, a questão merecesse atenção apenas no âmbito do Direito Administrativo sancionador. A manifesta limitação no intuito revelado pela emenda se corrige facilmente por todos os argumentos jurídicos já lançados, bem como pelo artigo 3º do Código de Processo Penal – "A lei processual penal admitirá interpretação extensiva e aplicação analógica, bem como o suplemento dos princípios gerais de direito", outra lembrança de que a interpretação deve buscar a unidade.

É compreensível a preocupação acentuada dos administrativistas, pois devem lidar com diversos órgãos controladores, *mas o administrado sente todas as reprimendas, penais ou administrativas, virem do mesmo Estado.* Ainda que sob a ótica de uma esfera só, a administrativa, o texto do §3º do artigo 22 da Lei de Introdução às Normas do Direito Brasileiro não agradou a todos, havendo quem o tenha percebido como chancela da violação ao princípio, haja vista determinar compensação, o que pressupõe pluralidade de decisões. Voltando ao *pas-de-deux* entre Direito Penal e Direito Administrativo, como já referido anteriormente, entendemos não haver afronta ao *bis in idem* se a natureza das sanções é diferente e a cumulação se justifica pela especialidade inerente ao poder que aplica a sanção ou pela existência de um *plus* em uma das normas, fazendo com que os fatos tipificados não sejam exatamente os mesmos. Exemplo dessa hipótese é a infração disciplinar cometida pelo preso que pratica homicídio nas dependências do presídio. O local de cometimento da conduta é o *plus* mencionado e, sem dúvida, justifica punição disciplinar independente, *o que não impede posterior harmonização quanto à existência do fato-crime.*

Considerando a *unidade* da ordem jurídica e do poder, o argumento de que a diferença da *relação* do transgressor com os órgãos legitimados a aplicar reprimendas justificaria dupla atuação e cumulatividade das medidas é semelhante e tão insustentável quanto a distinção entre ilícito penal e administrativo feita por James Goldschmidt e criticada por Hungria. Vista hoje, a invocação obsessiva e inflexível da independência das esferas soa mais como uma briga entre sádicos poderes – *não custa lembrar que foram instituídos também*

[25] JORDÃO, Eduardo. Art. 22 da LINDB - Acabou o romance: reforço do pragmatismo no direito público brasileiro. **Revista de Direito Administrativo**, Rio de Janeiro, Edição especial – Direito Público na Lei de Introdução às Normas de Direito Brasileiro – LINDB (Lei n. 13.655/2018), p. 63-92, nov. 2018.

para coibir vingança privada e limitar a atuação estatal –, quando se espera que o relacionamento seja harmônico e a atuação razoável. As agências punitivas *do Estado* devem manter a técnica e a imparcialidade, agir conforme comandos que transcendem sua esfera de atuação, não fazer fila para atirar pedras no cidadão a punir. Como verificar a proporcionalidade da resposta – *bem como adequação e necessidade* – se os legitimados concorrentemente a dá-la não se harmonizam? Como recorda Fábio Brum Goldschmidt[26], "o núcleo essencial da garantia contida na proibição de *bis in idem* reside em impedir o excesso punitivo".

O princípio da *independência das esferas administrativa e judiciária,* derivado da proclamada *independência dos Poderes,* no já referido artigo 2º da Constituição de 1988, deve ser interpretado à luz do próprio dispositivo, que o restringe pela imposta *harmonia,* e de toda a Constituição, *que o submete ao sistema de freios e contrapesos.* Fossem de fato independentes os três Poderes, não haveria apenas um Estado, uma nação e um povo, *mas três.* E os atos administrativos do Poder executivo seriam todos discricionários *e não reguláveis abstratamente pelo Poder Legislativo, nem escrutináveis concretamente pelo Poder Judiciário,* e vice-versa. O que o princípio enuncia é que os atos administrativos *não dependem, em regra, de atos jurisdicionais prévios,* embora estejam submetidos ao posterior escrutínio de legalidade, pelo princípio da indelegabilidade da jurisdição, *e que há um espaço de competência e discricionariedade intangível.* E a recíproca é verdadeira. Em outras palavras, *no que interessa ao tema,* diz-nos, sim, que as sanções administrativa e penal **não** *são interdependentes, mas de nenhum modo autorizam bis in idem.*

4. Divisão dos Poderes e necessidade de atuação harmônica

Os Poderes serem autônomos assegura não haver interdependência na prática do ato, *não a desarmonia ou divergência incompossível entre eles.* O exercício *independente de funções pelos Poderes não tem a finalidade de instaurar um cabo de guerra,* mas qualificar o desempenho em prol do bem comum. As ações, embora

[26] GOLDSCHMIDT, Fábio Brum. **Teoria da proibição de *bis in idem* no direito tributário e sancionador tributário.** São Paulo: Noeses, 2014. p. 441.

independentes e autônomas, devem convergir nessa direção, *ainda que divergentes em sua origem*. Todo ato administrativo deve ser harmônico *ou compatível* com o ato jurisdicional que lhe diga respeito. A regra de *harmonização é a não contradição*. Em havendo contradição entre as decisões sobre os atos punitivos desses dois Poderes, por óbvio, deve subsistir a decisão judicial, *excluído o ato administrativo do Mundo Jurídico, com reposição do status quo ante*. Se compossíveis, ainda que decisoriamente opostos, subsistirão ambos. É o mesmo princípio que orienta a harmonização de decisões em jurisdições especializadas diversas versando o mesmo fato e a mesma pessoa, pois a jurisdição também é una. Veja-se, a absolvição por insuficiência de prova na esfera criminal não afeta de modo algum a causa cível (nem o ato administrativo sancionador), mas a absolvição por haver prova da inexistência do fato ou de não ser o réu autor opera coisa julgada no cível e cancela qualquer sanção administrativa que dependa da base factual afirmada inexistente. De todo modo, a sanção administrativa pode ser aplicada de forma independente e desde logo, *apenas deve ser depois harmonizada, se necessário for*.

Em diferente medida, *mas pelas mesmas razões*, não pode haver sobreposição de idêntica sanção, administrativa e penal, pelo mesmo fato e contra a mesma pessoa, *o que não impede aplicação independente*, mas obriga sejam compensadas. E, alcançando o tema proposto aqui, não vejo como seja possível sustentar o cúmulo de sanções de igual natureza, *sem compensá*-las, quando se está diante de delito de embriaguez ao volante. A segurança do trânsito merece toda tutela possível, pois são alarmantes os números de mortes por ele causadas, e a Lei Seca por certo contribuiu para a redução do índice[27], mas a identidade de sanções, de objeto e sujeito, bem como a subsunção integral do ilícito administrativo ao ilícito penal evidenciam que a resposta estatal deve passar por unificação garantidora da razoabilidade. Não calha alegar que a infração administrativa é uma e a infração penal, outra, em razão do diverso nível de embriaguez, basta ver, a primeira conduta ilícita está compreendida por inteiro na segunda. Aliás, não por outro motivo, o paradigma para a métrica da sanção judicial deve ser o piso do prazo previsto para a sanção

[27] VILELA, Pedro Rafael. Brasil reduz mortes no trânsito, mas está longe da meta para 2020: Estados que fazem mais fiscalização conseguem reduzir uso de álcool. **Agência Brasil**, Brasília, 18/09/2018. Disponível em: http://agenciabrasil.ebc.com.br/geral/noticia/2018-09/brasil-reduz-mortes-no-transito-mas-esta-longe-da-meta-para-2020. Acesso em: 7 mar. 2020.

administrativa, *não se justificando fixar prazo inferior, antes pelo contrário,* mas autorizando a compensação.

5. Artigos 165 e 306 do Código de Trânsito Brasileiro e o *ne bis in idem*

A questão não foi, a nosso juízo, bem debatida até aqui. Veja-se. O Código de Trânsito Brasileiro (CTB), em estatuto único, prevê sanções administrativas e penais, escalonando-as pela gravidade do agir ilícito, *regulado duplamente,* ainda que em degrau. A finalidade é única: promover segurança no trânsito. Nesse caso, com muito mais razão, deve-se entender que, *ao subir um degrau,* o trato repressivo pretere a medida administrativa, *que não deve se sobrepor no caso de absoluta identidade.* É o que ocorre com a suspensão da habilitação, *prevista como sanção em vários ilícitos administrativos e como pena em vários ilícitos penais.* Quando o conjunto do ato ilícito administrativo estiver inteiramente subsumido no conjunto do ato ilícito penal, *e as sanções se confundirem, sendo dirigidas à mesma pessoa,* pensamos que seja indiscutível a ocorrência de sobreposição violadora do *ne bis in idem.*

Tal princípio, como já dito, não tolera sanção penal idêntica à administrativa, voltada contra a mesma pessoa e pelo mesmo fato *ou por fato que subsuma inteiramente o ilícito administrativo,* como é o caso do disposto nos artigos 165 e 306 do CTB. É interessante perceber: o tipo penal em questão sempre constituiu *crime de perigo,* anunciando consumação ainda em fase de ameaça. Na redação original, exigia-se perigo *concreto,* e, portanto, comprovação do risco real originado pelo agente; todavia, a Lei n. 11.705/08 alterou o dispositivo, o qual passou a prever crime de perigo *abstrato,* dessa forma assemelhando ainda mais sua descrição típica ao ilícito administrativo, que jamais reclamou expressamente risco palpável ao bem jurídico tutelado. Tudo indica que a dupla legitimação – *das esferas administrativa e penal* – visava coibir a conduta, *fosse como e por qual esfera fosse.* A condução embriagada, inclusive, afasta a possibilidade de composição dos danos civis e a exigência de representação, na lesão corporal culposa no trânsito, ainda que de natureza leve (artigo 291, §1º), nisso claramente reafirmada a gravidade da conduta e o intento estatal de prestar tutela certa e efetiva em casos tais.

As reprimendas aplicadas com base nos artigos 165 e 306 do CTB nos põem diante de uma hipótese de harmonização posterior das respostas punitivas, como antes referido. E harmonização deve haver inclusive quanto ao reconhecimento (ou não) da base factual *quando as decisões nas duas esferas não forem compossíveis*. Exatamente por esse motivo a sanção administrativa não pode subsistir se, em decorrência do mesmo fato, houver instauração de ação penal e nela o autuado resultar absolvido por comprovada inexistência do fato ou negativa de autoria. O princípio do *ne bis in idem*, aliás, é o mesmo que se oculta no artigo 42 do Código Penal[28] e, por analogia (artigo 4º da Lindb), impõe detrair da reprimenda definitiva o tempo de medidas cautelares – mesmo as de natureza expressamente administrativa –, como a prevista no artigo 294 do CTB. Nesse contexto, sustentar a não incidência do princípio do *non bis in idem* e, sob o pretexto da independência das esferas, impedir a compensação é um *nonsense*.

Referências

A LEI de "Habeas Corpus" de 1679. Disponível em: http://www.direitoshumanos.usp.br/index.php/Documentos-anteriores-%C3%A0-cria%C3%A7%C3%A3o-da-Sociedade-das-Na%C3%A7%C3%B5es-at%C3%A9-1919/a-lei-de-qhabeas-corpusq-1679.html. Acesso em: 7 mar. 2020.

BONAVIDES, Paulo. **Curso de direito constitucional**. 34. ed. São Paulo: Malheiros, 2019.

BRASIL. **Constituição Política do Império do Brazil (1824)**. Título 3º - Dos Poderes, e Representação Nacional, Artigo 12. Disponível em: http://www.planalto.gov.br/ccivil_03/Constituicao/Constituicao24.htm. Acesso em: 8 mar. 2020.

BRASIL. Supremo Tribunal Federal. **AG.REG. na Petição 3.240 Distrito Federal**. Plenário. 10/05/2018. Disponível em: http://portal.stf.jus.br/processos/downloadPeca.asp? id=315062116&ext=. pdf. Acesso em: 7 mar. 2020.

BULOS, Uadi Lammêgo. **Curso de Direito Constitucional**. 12. ed. São Paulo: Saraiva Educação, 2019.

CASTRO, Amílcar de. A Natureza da Norma de Direito Internacional Privado. **Revista da Faculdade de Direito da UFMG**, Belo Horizonte, v. 2, 1950. Disponível em: https://www.direito.ufmg.br/revista/index.php/revista/article/view/498/467. Acesso em: 7 mar. 2020.

[28] "Detração – Art. 42 - Computam-se, na pena privativa de liberdade e na medida de segurança, o tempo de prisão provisória, no Brasil ou no estrangeiro, o de prisão administrativa e o de internação em qualquer dos estabelecimentos referidos no artigo anterior."

DÉCLARATION des Droits de l'Homme et du Citoyen de 1789. Disponível em: https://www.legifrance.gouv.fr/Droit-francais/Constitution/Declaration-des-Droits-de-l--Homme-et-du-Citoyen-de-1789. Acesso em: 8 mar. 2020.

ESPAÑA. *Tribunal Constitucional de España.* ***Sentencia 37/2012, de 19 de marzo***. Disponível em: http://hj.tribunalconstitucional.es/es-ES/Resolucion/Show/22797. Acesso em: 7 mar. 2020.

FONTAINHA, Fernando de Castro; QUEIROZ, Rafael Mafei Rabelo; ACCA, Thiago dos Santos (org.). **História Oral do Supremo (1988-2013)**: Eros Grau. Rio de Janeiro: Escola de Direito do Rio de Janeiro da Fundação Getúlio Vargas, nov. 2015. p. 52. v. 10. Disponível em: https://bibliotecadigital.fgv.br/dspace/bitstream/handle/10438/14167/Hist%C3%B3ria%20Oral%20do%20Supremo%20-%20Volume%2010%20-%20Eros%20Grau.pdf?sequence=1&isAllowed=y. Acesso em: 7 mar. 2020.

FREITAS, Juarez. **A interpretação sistemática do direito**. 5. ed. São Paulo: Malheiros, 2010.

GARCÍA, Alejandro Nieto. ***Derecho Administrativo Sancionador***. 2. ed.. Madrid: Editorial Tecnos S.A., 2000.

GOLDSCHMIDT, Fábio Brum. **Teoria da proibição de *bis in idem* no direito tributário e sancionador tributário**. São Paulo: Noeses, 2014.

HUNGRIA, Nelson. Ilícito Administrativo e Ilícito Penal. **Revista de Direito Administrativo**, Rio de Janeiro, v.1, n. 1, p. 24-31, 1945.

JORDÃO, Eduardo. Art. 22 da LINDB - Acabou o romance: reforço do pragmatismo no direito público brasileiro. **Revista de Direito Administrativo**, Rio de Janeiro, Edição especial – Direito Público na Lei de Introdução às Normas de Direito Brasileiro – LINDB (Lei n. 13.655/2018), p. 63-92, nov. 2018.

NETO, Cláudio Pereira de Souza; SARMENTO, Daniel. **Direito constitucional**: teoria, história e métodos de trabalho. Belo Horizonte: Fórum, 2012.

OSÓRIO, Fábio Medina. **Direito Administrativo Sancionador**. 6. ed. São Paulo: Thomson Reuters Brasil, 2019.

SARLET, Ingo Wolfgang; MARINONI, Luiz Guilherme; MITIDIERO, Daniel. **Curso de Direito Constitucional**. 2. ed. São Paulo: Editora Revista dos Tribunais, 2013.

THE Virginia Declaration of Rights. Disponível em:
https://www.archives.gov/founding-docs/virginia-declaration-of-rights. Acesso em: 8 mar. 2020.

VILELA, Pedro Rafael. Brasil reduz mortes no trânsito, mas está longe da meta para 2020: Estados que fazem mais fiscalização conseguem reduzir uso de álcool. **Agência Brasil**, Brasília, 18/09/2018. Disponível em: http://agenciabrasil.ebc.com.br/geral/noticia/2018-09/brasil-reduz-mortes-no-transito-mas-esta-longe-da-meta-para-2020. Acesso em: 7 mar. 2020.

20.
PERDIMENTO E RENÚNCIA DE BENS[1]

Miguel Reale Júnior

I – Natureza e momento de efetivação do perdimento

A condenação penal produz, para além de seus efeitos diretos e imediatos – imposição da sanção criminal para o réu –, também efeitos acessórios ou secundários, podendo ser estes de natureza penal ou extrapenal. Os efeitos secundários de natureza penal encontram-se dispersos ao longo do Código Penal (CP), a exemplo da caracterização da reincidência ou da revogação facultativa, ou obrigatória do *sursis* anteriormente concedido.

Os efeitos secundários extrapenais da condenação são de natureza cível, administrativa ou política. Dividem-se em efeitos genéricos e específicos e se encontram, a partir da reforma legislativa promovida em 1984, previstos nos artigos 91 e 92 do Código Penal, reunidos sob o mesmo capítulo "efeitos da condenação".

Anteriormente à reforma de 1984, parte dos agora denominados "efeitos da condenação específicos" era disciplinada, desde a redação original do Código, nos artigos 67 e seguintes, sob a nomenclatura de "penas acessórias". Entre as então penas acessórias, estavam a perda de função pública, eletiva ou de

[1] Em homenagem ao magistrado e professor de Direito, cultor da dignidade da pessoa humana, Nereu José Giacomolli.

nomeação e as interdições de direitos, como a incapacidade, permanente ou temporária, para o exercício do pátrio poder ou da tutela e curatela.

Por não serem propriamente penas, mas consistirem em consequências mais amplas e genéricas do delito, foi a modificação legislativa acertada ao inseri-las sob o título **"efeitos da condenação"** ao lado da reparação dos danos e do perdimento, então previstos no art. 74 do CP, já sob essa nomenclatura.

Esses dois últimos – reparação dos danos causados pelo delito e perdimento dos instrumentos e dos produtos e proveitos do crime – são considerados **efeitos genéricos** da condenação e atualmente vêm previstos no artigo 91 do CP. São efeitos automáticos, é dizer, não precisam ser declaradamente motivados na sentença condenatória, embora devam ser expressamente mencionados.[2]

Já os efeitos extrapenais específicos, previstos no artigo seguinte, exigem, ao contrário, motivação própria e específica para serem aplicados, conforme dispõe o parágrafo único do artigo 92. Correspondem, em parte, às antigas penas acessórias.

O perdimento, que interessa à presente análise, tem natureza, pois, de efeito secundário automático da condenação. Consiste em uma sanção civil e não penal, pois não visa a punir o condenado, apenas viabilizar a recomposição do *status quo* existente antes do cometimento do delito. Também não é medida de segurança, modalidade esta antes existente, prevista no art. 100 do CP, agora revogado.

O instituto do perdimento encontra-se disciplinado nos seguintes termos:

> Art. 91 - São efeitos da condenação: (Redação dada pela Lei nº 7.209, de 11.7.1984)
>
> [...]
>
> II – a perda em favor da União, ressalvado o direito do lesado ou de terceiro de boa-fé: (Redação dada pela Lei nº 7.209, de 11.7.1984)

[2] Em nosso Código Penal Comentado, asseveramos que todos os efeitos, sejam eles genéricos ou específicos, devem vir expressamente declarados na sentença. A distinção entre ambos os efeitos reside tão somente no fato de que os genéricos dispensam motivação expressa, bastando a simples declaração no dispositivo da sentença condenatória, enquanto os específicos exigem motivação para a sua aplicação (REALE JÚNIOR, Miguel (org.). **Código Penal Comentado.** São Paulo: Saraiva, 2017. p. 254).

> a) dos instrumentos do crime, desde que consistam em coisas cujo fabrico, alienação, uso, porte ou detenção constitua fato ilícito;
> b) do produto do crime ou de qualquer bem ou valor que constitua proveito auferido pelo agente com a prática do fato criminoso.

De igual modo, o art. 7º da Lei nº 9.613/98 estatui que o perdimento de bens é Efeito da Condenação, alterando-se apenas a destinação dos bens, conforme será examinado mais além.

Com a sentença penal condenatória, reconhecedora da prática delituosa, nasce para o Estado o poder e o dever de confiscar os bens instrumentos do crime, quando seu uso, fabrico, alienação, porte ou detenção representem, *per se*, um ato ilícito. Visa-se, com isso, a prevenir que esses instrumentos sejam utilizados novamente para práticas delitivas, pelo condenado ou por outrem, bem como promover o reestabelecimento da ordem jurídica ao impedir, por exemplo, que se perpetue um delito de posse.

Outrossim, o condenado, como consequência da sentença penal condenatória, perde os bens produtos do crime, ou seja, aqueles obtidos diretamente com a sua prática, bem como as vantagens econômicas (proveitos) auferidas pelo agente com a utilização do produto direto.

Intenta-se, com o perdimento dos produtos e proveitos do crime, coibir o enriquecimento ilícito do condenado, frustrando o sucesso econômico do delito.[3] Com isso, afasta-se ou minimiza-se a atratividade exercida pelo crime, servindo como desincentivo à sua prática, uma vez que o pretenso autor sabe, de antemão, que não usufruirá dos bens obtidos com a atividade ilícita, caso condenado.

Destarte, o perdimento, conforme explana Raquel Rezende Silvestre, serve ao duplo propósito de, por um lado, evitar o enriquecimento ilícito, com o retorno do patrimônio do condenado ao estado anterior ao cometimento do crime, e, por outro, dar continuidade à finalidade preventiva geral positiva do

[3] REALE JÚNIOR, Miguel. **Instituições de Direito Penal**. 4. ed. Rio de Janeiro: Gen-Forense, 2012. p. 476. Nesse sentido, na doutrina espanhola, verifica-se ser a razão do perdimento de produtos e proveitos do crime o impedimento do locupletamento ilícito: "*El comiso de los efectos y ganancias del delito pretende evitar el enriquecimiento injusto del responsable, fundamento tradicional del comiso* [...]". (CONDE, Francisco Muñoz; ARÁN, Mercedes García. Derecho Penal – *Parte General*. 2. ed. Valencia: Tirant lo Blanch Libros, 1996. p. 621).

Direito Penal, ao desmotivar a prática de delitos pelos membros da sociedade e desincentivar a reincidência pelo condenado[4].

Sendo o confisco dos instrumentos ou produtos do crime efeito secundário ou acessório da condenação, tal só pode ser efetivado, naturalmente, com a existência de sentença penal condenatória definitiva.

Durante o curso do inquérito e do processo penal, os bens imóveis, adquiridos com os produtos ou proventos da infração, e os bens móveis ilícitos, quando não sujeitos à busca e apreensão, apenas poderão ser objeto da medida cautelar de sequestro – e nunca de perdimento. Tão somente após o trânsito em julgado da sentença penal condenatória, o juiz poderá determinar a avaliação e a venda dos bens em leilão e o recolhimento dos valores ao Tesouro Nacional, ressalvando-se o que couber ao lesado e a terceiro de boa-fé (*caput* e parágrafo único do art. 133 do CPP).

Nulla executio sine titulo, já lembrava Frederico Marques[5]: sem condenação e sem título executivo decorrente desta, não há como se operar os efeitos, sejam imediatos, sejam acessórios da sentença condenatória. Admitir-se efeito de condenação sem condenação seria mesmo um verdadeiro contrassenso.

Faz-se, portanto, necessário o título executivo judicial, consistente na sentença condenatória, para efetivar, em processo de execução, o perdimento dos bens.

II – Doutrina brasileira sobre perdimento

A doutrina brasileira é unânime em afirmar a natureza de efeito automático da condenação do perdimento, bem como em timbrar a exigência de sentença condenatória definitiva para efetivação do perdimento.

O perdimento, nas palavras de Aníbal Bruno[6], "pressupõe sempre uma sentença condenatória". Ainda segundo o doutrinador, "o confisco dos

[4] SILVESTRE, Raquel Rezende. **Perda de bens:** efeito da sentença criminal. Salvador: JusPodivm, 2018. p. 150 et seq.

[5] MARQUES, José Frederico. **Curso de Direito Penal**. São Paulo: Saraiva, 1956. v. III. p. 297.

[6] BRUNO, Aníbal. **Direito Penal** – parte geral. Rio - São Paulo: Forense, [19--]. p. 250-251. t. 3º – pena e medida de segurança.

instrumentos e dos produtos do crime [...] não é pena nem medida de segurança, mas efeito da condenação".

Nessa toada, Mirabete e Fabbrini são firmes em asseverar que "o confisco só ocorre com o trânsito em julgado da sentença condenatória: é inadmissível durante o andamento do processo"[7]. Também Paulo Busato, sobre os efeitos genéricos da sentença, nos quais se insere o perdimento, afirma que "existindo a condenação transitada em julgado, tornam-se eles exigíveis de plano"[8].

Bitencourt, por fim, igualmente anota que "o confisco, em nossa legislação atual, não é pena, mas simples efeito da condenação". "Declarada procedente a ação penal, surge a perda em favor da União dos *instrumenta et producta sceleris.*"[9]

III – Legislação e doutrina estrangeiras sobre perdimento

No Direito Penal italiano, verifica-se que o confisco de bens ilícitos também cumpre a uma finalidade preventiva de desincentivo à prática de novos delitos, conforme se observa na doutrina de Antolisei:

> *[La confisca] tende a prevenire la commissione di nuovi reati mediante l'espropriazione a favore dello Stato di cose che, come si legge nella Relazione al Progetto definitivo [n. 202], provenendo da fatti illeciti penali o in altra guisa collegandosi alla loro esecuzione, manterrebbero viva l'idea e l'attrattiva del reato.*[10]

No art. 240 do Código Penal italiano, dispõe-se que o perdimento dos produtos e proveitos do crime, denominado facultativo, só se opera com a sentença condenatória[11]: "*Nel caso di condanna, il giudice può ordinare la confisca*

[7] MIRABETE, Julio Fabbrini; FABBRINI, Renato N. **Manual de Direito Penal** – Parte Geral. 24 ed. São Paulo: Atlas, 2008. v. 01. p. 361.

[8] BUSATO, Paulo César. **Direito Penal** – parte geral. São Paulo: Atlas, 2013. p. 995.

[9] BITENCOURT, Cezar Roberto. Tratado de Direito Penal – Parte Geral. 16. ed. São Paulo: Saraiva, 2011. v. 01. p. 770.

[10] ANTOLISEI, Franceso. Manuale di Diritto Penale – *Parte Generale.* 5. ed. Milão: Giuffrè Editora. p. 603.

[11] GUARNERI, Giuseppe. Confisca. *In*: Enciplopedia del Diritto. p. 41. O confisco facultativo, no Direito Penal italiano, só se opera em caso de condenação e volta-se ao perdimento dos

delle cose che servirono o furono destinate a commettere il reato, e delle cose che ne sono il prodotto o il profitto".

No Direito espanhol, o confisco de bens ilícitos é tratado sob a nomenclatura de "*consecuecias accesorias*"[12]. São "*consecuencias [del delito], accesorias a la pena que se imponga a su responsable*"[13]. Sendo acessório à pena, o perdimento de bens depende de sentença condenatória, que reconheça a prática delitiva e imponha uma sanção ao seu autor.

Por fim, menciona-se Diretiva da União Europeia nº 2014/42, de abril de 2014, voltada a estabelecer regras mínimas sobre o congelamento e perdimento de bens produtos de crime entre os Estados-membros da União Europeia. Em seu artigo 4º, previu-se que a perda de bens ilícitos deve dar-se "sob reserva de uma condenação definitiva"[14]:

> 1. Os Estados-Membros tomam as medidas necessárias para permitir a perda, total ou parcial, dos instrumentos e produtos ou dos bens cujo valor corresponda a tais instrumentos ou produtos, **sob reserva de uma condenação definitiva por uma infração penal**, que também pode resultar de processo à revelia. (Grifo nosso).

Verifica-se, pois, que a despeito de eventuais diferenças no tratamento do perdimento entre os diversos ordenamentos jurídicos, é traço comum entre eles a necessidade de haver decisão condenatória definitiva para a efetivação da perda dos bens ilícitos.

instrumentos do crime, de seus produtos e proveitos. Já o confisco obrigatório dá-se tanto em casos de condenação quanto de absolvição e recai sobre bens que constituam o "preço" do delito, ou seja, valores prometidos a alguém para o cometimento de um crime, bem como aos bens cuja fabricação, uso, alienação, porte ou detenção constituam atos ilícitos (RANIERI, Silvio. Manuale di Diritto Penale – *Parte Generale*. 4. ed. Padova: Cedam, 1968. v. 01. p. 671.).

12 "TÍTULO VI: *De las consecuencias accesorias*
Artículo *127. Toda pena que se imponga por un delito doloso llevará consigo la pérdida de los efectos que de* él *provengan y de los bienes, medios o instrumentos con que se haya preparado o ejecutado, así como de las ganancias provenientes del delito, cualesquiera que sean las transformaciones que hubieren podido experimentar."*

13 CONDE, Francisco Muñoz; ARÁN, Mercedes García. Derecho Penal – *Parte General*. 2. ed. Valencia: Tirant lo Blanch Libros, 1996. p. 621.

14 Foi em vista dessa Diretiva da União Europeia que se alterou o art. 240 do Código Penal da Itália, estabelecendo-se o perdimento (confisca) como consequência da condenação e não mais como medida de segurança.

IV – Pressuposto e disciplina constitucional do perdimento

Na legislação e na doutrina brasileiras e estrangeiras, há diversa qualificação do perdimento de bens ao longo do tempo, ora visto como medida de segurança, como pena acessória ou como efeito da condenação. Há, contudo, como visto, um elemento em comum, requisito essencial para sua aplicação, qual seja, a de ser o perdimento decorrente de uma condenação firme, o que vem a constituir seu imprescindível pressuposto.

As consequências cíveis do delito têm origem na condenação, independentemente da qualificação jurídica que assuma no ordenamento. Esse pressuposto, da existência de condenação transitada em julgado, permite vir a perda a ser estendida além da pessoa do condenado, atingindo bens fruto do crime que teriam passado aos sucessores do condenado.

Como se vê, não se trata de pena, mas efeito da condenação, cuja eficácia, exatamente para alcançar terceiro inocente, depende da existência de uma condenação firme, transitada em julgado.

A disciplina constitucional é reveladora da natureza de efeito da condenação em relação à reparação do dano e ao perdimento de bens, conforme explicita o inciso XLV do art. 5º da Constituição:

> **XLV** – nenhuma pena passará da pessoa do condenado, podendo a obrigação de reparar o dano e a decretação do perdimento de bens ser, nos termos da lei, estendidas aos sucessores e contra eles executadas, até o limite do valor do patrimônio transferido.

Assim, podem a reparação do dano[15] e a decretação do perdimento[16] serem executadas, nos termos do inciso XLV do art. 5º, contra os sucessores,

[15] A reparação do dano, tal como o perdimento de bens, não constitui pena, mas indenização para restabelecer, restaurar o *status quo ante*, a situação existente antes da lesão decorrente do crime. É um ressarcimento de igual tamanho ao do dano causado, conforme explicita claramente o art. 944 do Código Civil: "Art. 944. A indenização mede-se pela extensão do dano. Parágrafo único. Se houver excessiva desproporção entre a gravidade da culpa e o dano, poderá o juiz reduzir, equitativamente, a indenização".

[16] O *perdimento de bens* refere-se ao efeito genérico da condenação, alínea b do inciso II do art. 91 do CP, efeito de caráter extrapenal, tal como o previsto no art. 7º da Lei nº 9.613/98, que não se confunde com a pena de *perda de bens,* referida no inciso seguinte do art. 5º da

apesar de constar do mesmo inciso que nenhuma pena passará da pessoa do condenado. Verifica-se, portanto, que o perdimento não é uma pena nem uma exceção ao acima disposto de não poder a pena alcançar terceiro, mas sim a comprovação de ser tão só um efeito da condenação, uma consequência da condenação, que constitui seu pressuposto.

Dessa forma, não se ofende o princípio da personalização da pena ao se estender aos sucessores a obrigação de responder pela execução, no plano patrimonial, de uma sentença condenatória do "*de cujus*" ou do doador do bem, pois vem a ser uma exigência fundada em sentença condenatória[17] transitada em julgado que gera efeitos, e não uma pena a mais. A finalidade desta extensão do perdimento de bens oriundos do crime aos sucessores do condenado visa a não permitir a fruição dos frutos adquiridos por via da prática delituosa devidamente certa e comprovada.

Destarte, é de fundo constitucional o pressuposto legitimador do perdimento de bens a derivar de condenação firme, não podendo impor-se antes deste momento consagrado na Constituição e na lei, ou seja, cabível tão somente após condenação transitada em julgado, mesmo que o réu ou o investigado anua em não discutir a incidência desta perda sobre determinados bens e a tal venha mesmo a se comprometer em acordo de colaboração premiada.

Só a condenação transitada em julgado pode justificar se vir a atingir direito de terceiro inocente, sucessor do condenado, pois, do contrário, se aplicável antes da condenação, não poderia ser seu efeito e teria sentido de uma pena e não de mera consequência do reconhecimento certo e seguro de ter havido um crime do qual determinados bens são oriundos.

Constituição e que diz respeito à sanção instituída pelos artigos 43, II, e 45, § 3º, do Código Penal. Por isso, o legislador constitucional contempla em diferentes incisos o perdimento de bens, como efeito da condenação, e a exemplificação das penas, no inciso seguinte, no qual menciona a pena de perda de bens. Nesse sentido, pondera Jamil Chaim Alvez que o perdimento, não sendo pena, pode passar da pessoa do delinquente (ALVEZ, Jamil Chaim. **Princípio da personalidade da pena e execução penal.** São Paulo: PUC-SP, 2010. Disponível em: https://www.pucsp.br/cienciascriminais/agenda/artigos.html. Acesso em: 14 jan. 2020).

[17] CARVALHO, Salo. Comentários ao art. 5º da Constituição. *In*: CANOTILHO, J.J. Gomes *et al.* (coord. científica). **Comentários à Constituição do Brasil**. 2. ed. São Paulo: SaraivaAlmedina: Série IDP, 2018. p. 810, que bem alerta: "Importante, portanto, que não se confundam as sanções penais de natureza pecuniária com os efeitos pecuniários decorrentes da sentença condenatória".

O que é efeito da condenação, condenação esta transitada em julgado, não a pode antecipar, como imposição do senso comum. A lógica o exige.

De outra parte, vem a se consagrar o dito popular: "o crime não compensa". Ganha, assim, efetividade a finalidade da pena como reforço da convicção dos destinatários na positividade dos valores penalmente protegidos, tendo a condenação o condão de reforçar os comandos incriminadores, em uma compreensão de prevenção geral positiva, ao se impedir o enriquecimento sem causa legítima graças ao perdimento dos bens decorrentes da prática delituosa. Reforçam-se as convicções jurídicas fundamentais quando as instituições funcionam, e a prática do delito não constitui uma decepção dessa expectativa ao se aplicar a norma penal.[18]

Essa confiança consolida-se por via dos Efeitos da Condenação. Se fosse autorizado pela lei fruir dos bens oriundos do crime, a confiança na ordem legal fragilizar-se-ia. O perdimento é e deve, portanto, ser consequência obrigatória da condenação que logicamente o precede, vindo, então, a exercer uma finalidade de prevenção geral positiva, de reafirmação do ordenamento.

Da mesma forma, como não é possível admitir-se a condenação sem o perdimento dos bens oriundos do crime, não é admissível a decretação do perdimento dos bens antes da condenação transitada em julgado.

V – Renúncia aos bens nos Acordos de Colaboração

Como já transcrito, estabeleceu-se no Contrato de Colaboração Premiada que haveria:

> IV. **o perdimento, na forma do art. 7º da Lei nº 9.613/98**, ainda que tenham sido convertidos, total ou parcialmente, em outros bens móveis ou imóveis, de todos os valores recebidos pelo COLABORADOR em quaisquer das seguintes situações, conforme descrito nos APENSOS deste Acordo:
>
> ....

[18] REALE Júnior, Miguel. **Instituições de Direito Penal**. 4 ed. Rio de Janeiro: Gens – Forense, 2013. p. 53.

> Parágrafo 4º O **COLABORADOR renuncia aos valores e bens, móveis e imóveis, citados no inciso 'IV'**, os quais encontram-se especificados nos APENSOS deste Acordo, mediante a assinatura em favor do MPF 'termo de renúncia', podendo o COLABORADOR optar pela entrega dos bens móveis e imóveis ou pelo depósito judicial do valor atualizado do bem.

Conforme acima assinalado, no art. 7º. da Lei nº 9.613/98, altera-se o disposto no art. 91 do Código Penal, referentemente ao destino dos bens objeto do decreto de perda. Assim, explicita-se:

> Art. 7º São efeitos da condenação, além dos previstos no Código Penal:
> I – a perda, em favor da União - e dos Estados, nos casos de competência da Justiça Estadual -, de todos os bens, direitos e valores relacionados, direta ou indiretamente, à prática dos crimes previstos nesta Lei, inclusive aqueles utilizados para prestar a fiança, ressalvado o direito do lesado ou de terceiro de boa-fé; (Redação dada pela Lei nº 12.683, de 2012)
> II – a interdição do exercício de cargo ou função pública de qualquer natureza e de diretor, de membro de conselho de administração ou de gerência das pessoas jurídicas referidas no art. 9º, pelo dobro do tempo da pena privativa de liberdade aplicada.
> § 1º **A União e os Estados, no âmbito de suas competências, regulamentarão a forma de destinação dos bens, direitos e valores cuja perda houver sido declarada, assegurada, quanto aos processos de competência da Justiça Federal, a sua utilização pelos órgãos federais encarregados da prevenção, do combate, da ação penal e do julgamento dos crimes previstos nesta Lei, e, quanto aos processos de competência da Justiça Estadual, a preferência dos órgãos locais com idêntica função.** (Grifo nosso).

No art. 91 do Código Penal destinam-se os bens objeto de perdimento primeiramente à União, caso não devam ser entregues à vítima, por exemplo em caso de furto, ou senão a terceiro de boa-fé[19]. O art. 7º da Lei nº 9.613/98 inova ao estatuir que os bens decretados perdidos poderão ir para a União ou para os estados.

No § 1º, prevê-se que a destinação, nos âmbitos da União e dos estados, será objeto de regulamentação, estabelecendo, todavia, no próprio parágrafo que "quanto aos processos de competência da Justiça Federal, a sua utilização pelos órgãos federais encarregados da prevenção, do combate, da ação penal e do julgamento dos crimes previstos nesta Lei".

Destarte, em diferença com o disposto no art. 91 do Código Penal, segundo o qual os bens objeto de perdimento destinam-se à União, o parágrafo 1º do art. 7º da Lei nº 9.613/98 dispõe que direitos e valores, relativos aos crimes previstos nesta lei, **"cuja perda houver sido declarada"** como efeito da condenação, podem ser outorgados aos órgãos federais encarregados da prevenção, do combate, da ação penal e do julgamento dos mesmos.

[19] Com a alteração recente decorrente do denominado Pacote Anticrime, foi acrescentado o art. 91-A. O teor do artigo 91 permanece o mesmo. Assim ficou estatuído no artigo 91-A:
"Art. **91-A**. No caso de condenação por infrações as quais a lei comine pena máxima superior a seis anos de reclusão, poderá ser decretada a perda, como produto ou proveito do crime, dos bens correspondentes à diferença entre o valor do patrimônio do condenado e aquele que seja compatível com o seu rendimento lícito.
§ 1º A decretação da perda prevista no caput fica condicionada à existência de elementos probatórios que indiquem conduta criminosa habitual, reiterada ou profissional do condenado ou a sua vinculação a organização criminosa.
§ 2º Para efeito do perdimento previsto neste artigo, entende-se por patrimônio do condenado todos os bens:
I – que estejam na sua titularidade, ou em relação aos quais ele tenha o domínio e o benefício direto ou indireto, na data da infração penal ou recebidos posteriormente; e
II – transferidos a terceiros a título gratuito ou mediante contraprestação irrisória, a partir do início da atividade criminal.
§ 3º O condenado terá a oportunidade de demonstrar a inexistência da incompatibilidade ou a procedência lícita do patrimônio".
Não se trata, portanto, de perdimento de bens, os quais são comprovadamente produtos ou oriundos da prática delituosa, mas sim de decretação de perda de bens em crimes cuja pena seja superior a seis anos e haja conduta criminosa habitual, reiterada ou profissional do condenado ou a sua vinculação a organização criminosa – redação essa tecnicamente sofrível –, ocorrendo valor do patrimônio incompatível com o rendimento lícito. Forma-se obrigatoriamente o contraditório para julgamento da licitude da origem do patrimônio, em questão de todo diversa do perdimento de bens que são decorrentes do crime, como seu produto ou proveito.

Pela disciplina contida no art. 7º da Lei nº 9.613/98, a perda remanesce como Efeito da Condenação, devendo ser declarada na sentença condenatória. O que difere do disposto no Código Penal é a destinação, que pode ser deferida aos órgãos federais aos quais se atribui a prevenção, o combate e a promoção seja da ação penal, seja do julgamento dos crimes de lavagem de dinheiro.

No Acordo de Colaboração Premiada, prevê-se, no parágrafo 4º da Cláusula 4ª, que o COLABORADOR renuncia aos valores e bens, móveis e imóveis, citados no inciso IV.

O sentido e a amplitude dessa renúncia, como não poderia deixar de ser, devem ser atribuídos pelo todo normativo, pelo conjunto de disposições previstas no acordo de colaboração, em interpretação lógica, sistemática e integrativa. O parágrafo deverá, pois, ser interpretado à luz do *caput*, ou seja, do texto da Cláusula 4ª e dos incisos que a integram.

Nesse sentido, Judith Martins-Costa[20] ensina que "o significado de um texto situado em um parágrafo reporta-se ao comando contido no *caput*, o qual complementa, como está em disposição de método definida pela lei".

Destarte, no Acordo de Colaboração, o parágrafo 4º vem a se referir, como ele próprio dispõe, ao inciso IV da Cláusula 4ª, que expressamente determina **o perdimento, na forma do art. 7º da Lei nº 9.613/98**, "[...] de todos os valores recebidos pelo COLABORADOR em quaisquer das seguintes situações [...]".

Isso significa dizer que o sentido da renúncia prevista no parágrafo 4º não pode contrariar ou negar o quanto previsto no inciso IV, integrante do *caput*, mas deve ser ele interpretado em harmonia com essa previsão. Nesse sentido, a renúncia não pode significar a imediata perda de bens do Colaborador, uma vez que o perdimento, como visto anteriormente, apenas pode ocorrer após o trânsito em julgado de sentença penal condenatória.

Questiona-se, diante desse cenário, qual o sentido da renúncia prevista em acordo de colaboração premiada, se não pode ser a imediata perda de bens?

Primeiramente, a renúncia prevista no parágrafo 4º do acordo não seria meramente abdicativa, mas haveria, sim, uma abdicação de direitos **em favor de outrem, uma verdadeira translação.** Prevê-se que o Colaborador deve

[20] MARTINS-COSTA, Judith. **A linguagem da responsabilidade civil.** Artigo inédito a constar do livro em Homenagem à Ministra Fátima Nancy Andrighi. [*S.l.*]: [*s.n.*], [202-].

renunciar aos bens ilícitos, "mediante a assinatura **em favor do MPF** [de] 'termo de renúncia'".

Não existe, todavia, renúncia translativa, mas tão somente abdicativa. É nesse sentido a lição de Pontes de Miranda:

> A renúncia é abdicativa, não, porém, translativa; se o fosse, confundir-se-ia com a alienação, a transferência. Alguém pode ter de receber a renúncia e aproveitar-lhe a si, ou a outrem, a renúncia; mas a renúncia, simplesmente abdicativa, como é, só indiretamente aproveita a outrem. Quem renuncia só perde, não transmite.[21]

Marcella Vaz, em dissertação sobre o tema, também nega o caráter translativo da renúncia: "não se deve configurar como renúncia o ato que funciona como meio para que determinado direito seja transferido de uma para outra pessoa. Nesses casos, verifica-se uma verdadeira alienação – gratuita ou onerosa – que, pelo seu caráter translativo, se diferencia da função meramente abdicativa que caracteriza a renúncia"[22].

Nos acordos de colaboração, a abdicação não é a finalidade precípua do ato, mas sim a transferência declarada de bens a terceiros, razão pela qual não se tem configurada a renúncia[23]. Não podendo ser considerada renúncia, por ter como função primordial a destinação de bens a terceiro, o que viria a ser a figura prevista no parágrafo 4º?

[21] PONTES DE MIRANDA, Francisco Cavalcanti. **Tratado de direito privado**. São Paulo: Revista dos Tribunais, 2012. t. 3. p. 216.

[22] VAZ, Marcela Campinho. **Renúncia de direitos**: limites e parâmetros de aplicação no Direito Civil. 2019. Dissertação (Mestrado em Direito Civil) – Faculdade de Direito da Universidade do Estado de Rio de Janeiro, Rio de Janeiro, 2019. p. 105.

[23] Nesse sentido, Macioce afirma que eventuais efeitos gerados pela renúncia a terceiros dão-se de forma indireta e reflexa, e nunca de forma declarada e direta: "*Per ammettendo dunque che la rinuncia possa produrre effetti per i terzi, tali effetti non si presentano in diretta relazione causale con la dichiarazione, ma ne costituiscono soltanto una conseguenza riflessa e mediata*" (MACIOCE, Francesco. Enciclopedia Del Diritto. Milão: Giuffrè, 1989. v. XL. p. 932). Seria a hipótese de renúncia à herança, em que, naturalmente e sem declaração expressa do renunciante, divide-se o quinhão renunciado entre os demais herdeiros. É essa uma consequência natural e reflexa da renúncia à herança.

Esse ato seria, em tese, uma doação, uma vez que há declarada intenção de transferência de bens a terceiro (*animus donandi*) e a aceitação dos direitos pelo destinatário (*animus accipiendi*)[24], descaracterizando-se, assim, a renúncia.

Sendo assim, poder-se-ia admitir, no presente caso, uma ocorrência de doação?

Não. Seria impossível, no presente caso, cogitar-se de uma hipótese de doação, porque, em primeiro lugar, haveria a antecipação da destinação de bens antes da decretação da perda pelo juiz de conhecimento, em uma sentença condenatória transitada em julgado, desviando-se os bens antes que a decisão judicial venha a impor o perdimento e o seu destino.

D'outro vértice, os bens objeto de transferência não integram livremente o patrimônio lícito do Colaborador. Assim, não são bens sobre os quais possua direito de propriedade pleno e indisponível e do qual poderia abrir mão. São bens ilícitos, sujeitos a perdimento após o trânsito em julgado, conforme determinação legal.

Em terceiro lugar, seria uma grave afronta ao princípio da moralidade cogitar-se possível o MPF receber como doação do Colaborador bens considerados ilícitos, oriundos de prática delituosa.

O Ministério Público Federal (MPF) só pode receber bens decorrentes da realização de crimes por determinação judicial – e não como donatário, em uma indevida antecipação ao juízo de conhecimento da ação penal, utilizando

[24] Marcella Vaz, citando Cavalcanti, explica que, caso haja declarada intenção de transferir direitos a outrem, descaracteriza-se a renúncia e configura-se uma doação: "se na hipótese em análise, o agente declarar no ato essa intenção liberal 'e aquele a quem o direito aproveitará, ciente dessa intenção, o aceita, o ato será fora de dúvida uma doação'" (VAZ, Marcela Campinho. **Renúncia de direitos**: limites e parâmetros de aplicação no Direito Civil. 2019. Dissertação [Mestrado em Direito Civil] – Faculdade de Direito da Universidade do Estado de Rio de Janeiro, Rio de Janeiro, 2019. p. 103).
No mesmo sentido, Manuel Coelho explica que se há intenção atributiva por parte do renunciante há uma doação: "ou existe, da parte do renunciante, uma intenção atributiva (neste caso, uma intenção donativa), então o que temos é uma doação realizada *directamente*, ou pelo menos uma *proposta de doação* [...]". Em outro trecho, o mesmo autor afirma "não será com certeza suficiente o *animus donandi* da parte do doador indireto – antes será também necessário o *animus accipiendi* (a título donativo ou de liberalidade) por parte do beneficiário". (COELHO, Francisco Manuel de Brito Pereira. A renúncia abdicativa no Direito Civil: algumas notas tendentes à definição do seu regime. *In*: FACULDADE DE DIREITO DA UNIVERSIDADE DE COIMBRA. **Boletim da Faculdade de Direito da Universidade de Coimbra**, Coimbra: Coimbra Editora, 1995. p. 47 e 53).

bens ilícitos apenas em vista de acordo com o autor dos fatos delituosos. Só uma sentença condenatória prévia, transitada em julgado, permite a fruição de bens de origem ilícita por parte do Ministério Público ou por parte da Polícia Federal, como órgão de combate à lavagem de dinheiro.

VI – Perdimento e renúncia de bens em acordo de colaboração à luz da Lei de Lavagem de Dinheiro

Como já assinalado, a referida "renúncia" prevista no parágrafo 4º da Cláusula 4ª do Acordo de Colaboração Premiada deve ser interpretada em consonância com o previsto no *caput,* que determina o perdimento de bens ilícitos do Colaborador, nos termos do art. 7º da Lei nº 9.613/98.

O referido artigo 7º, por sua vez, prevê ser **efeito da condenação** o perdimento de bens em favor da União e dos estados, complementando, em seu parágrafo primeiro, ser possível a destinação desses bens "a órgãos federais encarregados da prevenção, do combate, da ação penal e do julgamento de crimes previstos nesta Lei".

Portanto, a Lei nº 9.613/98 permitiu a destinação especial dos bens ilícitos a órgãos diversos, após a decretação de sua perda por sentença condenatória definitiva.

Tendo isso em vista, o Acordo de Colaboração Premiada, em seu parágrafo 4º da Cláusula 4ª, tratou de especificar o órgão federal ao qual se destinará os bens ilícitos do Colaborador, ao prever a assinatura de "termo de renúncia" em favor do MPF. Determinou-se, dessa maneira, que os bens, após serem perdidos em razão de sentença condenatória transitada em julgado, serão destinados ao Ministério Público Federal – e não à União.

Nesse sentido, justificam-se as previsões do perdimento e da "renúncia" em Acordo de Colaboração Premiada. Em primeiro lugar, a "renúncia" serve ao propósito de indicar uma destinação especial aos bens ilícitos, especificando o órgão federal que receberá esses valores, após a sentença condenatória definitiva.

Havendo sentença penal condenatória transitada em julgado, caberá, como efeito automático da condenação, o perdimento dos bens reconhecidos como ilícitos de efetiva propriedade dos colaboradores, sem necessidade de demonstração judicial da ilicitude desses bens. A partir de então, os bens serão destinados ao MPF, conforme estipulado no parágrafo 4º da Cláusula 4ª do Acordo de Colaboração Premiada.

Essa é a única interpretação possível do perdimento e da "renúncia" estabelecidas no Acordo de Colaboração Premiada, que guarda uma coerência interna com os demais dispositivos do próprio acordo, bem como garante uma coerência externa com as normas constitucionais e legais do ordenamento jurídico brasileiro.

Admitir-se o perdimento em favor do Ministério Público antes de uma sentença condenatória definitiva seria, portanto, uma afronta a todo o sistema normativo da matéria que, como se viu, possui uma lógica interna a ser respeitada, que vai desde o preceito constitucional até as cláusulas do Acordo de Colaboração.

VII – Renúncia e Acordo de Não Persecução

Segundo previsto na novel Lei nº 13.964/19, denominada Lei Anticrime, no art. 28-A, acerca do Acordo de Não Persecução, estabelece-se como condição, no inciso II, vir o réu a renunciar voluntariamente a bens e direitos indicados pelo Ministério Público como instrumentos, produto ou proveito do crime.

Não se edita, contudo, em favor de quem se deva renunciar, sendo meramente abdicativa e não translativa a previsão legal. E a renúncia não será efeito de condenação transitada em julgado, mas fruto de acordo no âmbito do previsto no novel art. 28-A. Como não há referência a perdimento de bem, tal como sucede nos Acordos de Colaboração, pode-se reconhecer que seja efetivamente uma **renúncia de bens** a serem atribuídos, por analogia ao art. 91 do Código Penal, à União.

Seria inaceitável que o Ministério Público, parte no Acordo, venha a estabelecer a si mesmo como destinatário dos bens ilícitos de que abre mão o réu, antes mesmo de sentença, para se livrar de uma condenação, devendo por exigência ética o bem objeto de renúncia ser destinado à União.

Referências

ALVEZ, Jamil Chaim. **Princípio da personalidade da pena e execução penal.** São Paulo: PUC-SP, 2010. Disponível em: https://www.pucsp.br/cienciascriminais/agenda/artigos.html. Acesso em: 14 jan. 2020.

ANTOLISEI, Franceso. Manuale di Diritto Penale – *Parte Generale.* 5. ed. Milão: Giuffrè Editora.

BITENCOURT, Cezar Roberto. Tratado de Direito Penal – Parte Geral. 16. ed. São Paulo: Saraiva, 2011. v. 01.

BRUNO, Aníbal. **Direito Penal** – parte geral. Rio; São Paulo: Forense, [19--]. t. 3º – pena e medida de segurança.

BUSATO, Paulo César. **Direito Penal** – parte geral. São Paulo: Atlas, 2013.

CARVALHO, Salo. Comentários ao art. 5º da Constituição. *In*: CANOTILHO, J.J. Gomes *et al.* (coord. científica). **Comentários à Constituição do Brasil**. 2. ed. São Paulo: Saraiva Jur: Almedina: Série IDP, 2018.

COELHO, Francisco Manuel de Brito Pereira. A renúncia abdicativa no Direito Civil: algumas notas tendentes à definição do seu regime. *In*: FACULDADE DE DIREITO DA UNIVERSIDADE DE COIMBRA. **Boletim da Faculdade de Direito da Universidade de Coimbra**, Coimbra: Coimbra Editora, 1995.

CONDE, Francisco Muñoz; ARÁN, Mercedes García. Derecho Penal – *Parte General.* 2. ed. Valencia: Tirant lo Blanch Libros, 1996.

GUARNERI, Giuseppe. Confisca. *In*: Enciplopedia del Diritto.

MACIOCE, Francesco. Enciclopedia Del Diritto. Milão: Giuffrè, 1989. v. XL

MARQUES, José Frederico. **Curso de Direito Penal**. São Paulo: Saraiva, 1956. v. III.

MARTINS-COSTA, Judith. **A linguagem da responsabilidade civil**. Artigo inédito a constar do livro em Homenagem à Ministra Fátima Nancy Andrighi. [*S.l.*]: [*s.n.*], [202-].

MIRABETE, Julio Fabbrini; FABBRINI, Renato N. **Manual de Direito Penal** – Parte Geral. 24· ed. São Paulo: Atlas, 2008. v. 01.

PONTES DE MIRANDA, Francisco Cavalcanti. **Tratado de direito privado**. São Paulo: Revista dos Tribunais, 2012. t. 3.

RANIERI, Silvio. Manuale di Diritto Penale – *Parte Generale.* 4. ed. Padova: CEDAM, 1968. v. 01.

REALE JÚNIOR, Miguel (org.). **Código Penal Comentado**. São Paulo: Saraiva, 2017.

REALE JÚNIOR, Miguel. **Instituições de Direito Penal**. 4. ed. Rio de Janeiro: Gen-Forense, 2012.

SILVESTRE, Raquel Rezende. **Perda de bens**: efeito da sentença criminal. Salvador: JusPodivm, 2018.

VAZ, Marcela Campinho. **Renúncia de direitos**: limites e parâmetros de aplicação no Direito Civil. 2019. Dissertação (Mestrado em Direito Civil) – Faculdade de Direito da Universidade do Estado de Rio de Janeiro, Rio de Janeiro, 2019.

21. ENTIDADES DO "TERCEIRO SETOR" E A QUALIFICAÇÃO DOS SEUS INTEGRANTES COMO FUNCIONÁRIOS PÚBLICOS PARA EFEITOS PENAIS: PARÂMETROS PARA A INTERPRETAÇÃO DO PARÁGRAFO 1º DO ART. 327, *PRIMEIRA PARTE*, DO CP[1]

HELOISA ESTELLITA
RAQUEL SCALCON

Introdução

Um particular que maneja verbas de origem pública e que realiza atividade de interesse social ou coletivo deve ser automaticamente qualificado como funcionário público por equiparação para efeitos penais? O desvio ou a apropriação de tal verba deve ser enquadrado no delito de peculato? Mais precisamente: quem gere uma entidade do terceiro setor (uma Organização Social, uma OSCIP etc.) e se apropria de verbas de origem pública provenientes de um contrato da entidade com o Estado cometeria peculato? Tal gestor ostentaria a qualidade de funcionário público (reclusão de 2 a 12 anos e multa) ou teríamos, no máximo, um delito de apropriação indébita (reclusão de 1 a

[1] **Agradecimento das autoras:** Um agradecimento especial a Felipe Campana pela leitura e pela revisão do texto.

4 anos e multa), dada a ausência de funcionário público para fins penais na hipótese narrada? Este artigo visa a refletir, com rigor analítico, sobre tais problemas a partir do caso "Instituto Candango de Solidariedade" (STF/HC 125.086 AgRg) e do caso "*Centro di accoglienza Regina Pacis*" (*Cassazione Penale*, Seção VI, 8/10/2013, nº 41579).

I. O caso "Candango" (Brasil): STF/HC 125.086 AgRg

O Instituto Candango de Solidariedade (ICS), do Distrito Federal, foi constituído e qualificado como Organização Social, nos termos do artigo 19 da Lei Distrital nº 2.415/99 (no âmbito federal – Lei nº 9.637/98). A partir disso, assinou contratos de gestão com o governo do DF, relacionados à área da saúde e da assistência social, na casa dos milhões de reais. A chamada "Operação Candango" teria revelado uma série de irregularidades, especialmente a apropriação dos valores por seus gestores, em detrimento da efetiva realização das atividades previstas no contrato.

Há muitas questões complexas no caso. Todavia, o debate judicial acabou se concentrado no enfrentamento da seguinte tese defensiva: os gestores do Instituto Candango de Solidariedade não poderiam ser denunciados pelo delito de peculato, pois não ostentavam a qualidade de funcionário público nem mesmo por equiparação. Isso porque certamente não se enquadravam nem no *caput*, nem no §1º do art. 327 do Código Penal[2] (CP). Como se percebe, a questão de fundo residia na *interpretação* que, afinal, seria conferida ao art. 327 do CP e, a partir disso, na eventual *subsunção* do fato narrado àquela regra.

Pois bem, o STF, por ocasião do julgamento do HC 125.086 AgRg, *definiu* – confirmando a interpretação do STJ[3] – que os gestores de organizações sociais

[2] Eis a redação do art. 327 do CP: "Considera-se funcionário público, para os efeitos penais, quem, embora transitoriamente ou sem remuneração, exerce cargo, emprego ou função pública. § 1º – Equipara-se a funcionário público quem exerce cargo, emprego ou função em entidade paraestatal, e quem trabalha para empresa prestadora de serviço contratada ou conveniada para a execução de atividade típica da Administração Pública. [...]".

[3] AgRg no HC 447.053/DF, Rel. Min. Maria Thereza de Assis Moura, 6ª Turma, public. no DJe em 01/06/2018.

seriam funcionários públicos por equiparação para efeitos penais, porque tais figuras estariam abrangidas pelo termo "entidade paraestatal" constante do parágrafo 1º do art. 327 do CP[4]. Tal posicionamento, todavia, não está isento de críticas. Muito ao contrário. Isso porque a expressão "paraestatal" é de tormentosa interpretação, uma vez que seu significado é historicamente controvertido.

Apesar da sua notória polissemia, pensa-se ser viável organizar em dois grandes conjuntos os seus significados mais relevantes: (i) sentido genético ou originário do termo "paraestatal" e (ii) sentido atual ou evolutivo do termo "paraestatal"[5]. Explica-se: a palavra "paraestatal", quando utilizada por ocasião da redação do Código Penal na década de 1940, possuía um sentido. Hoje, especialmente após a Constituição de 1988 e a Reforma Administrativa ocorrida entre 1995 e 1998 (especialmente com a EC 19/1998), possui outro. O sentido genético ou originário do termo "paraestatal" era muito próximo à noção de "administração pública indireta" (autarquias, sociedade de economia mista, empresa pública etc.), embora já englobasse as então novas figuras do "Sistema S" (Sesi, Senai etc.).

Disso são prova tanto acórdãos antigos quanto a doutrina que os amparava[6]. Interessante ainda observar que o debate quanto ao sentido do termo também tinha um contexto. Em meados do século passado, Hely Lopes Meirelles, um dos principais administrativistas da época, qualificava empresas públicas e sociedades de economia mista como paraestatais. E assim fazia para argumentar

[4] STF, HC 125086 AgR, Rel. Min. Celso de Mello, 2ª Turma, public. no DJe em 27/11/2018. Ver ainda, sobre o caso: HC 131672 AgR, Rel. Min. Rosa Weber, 1ª Turma, public. no DJe em 16/10/2018.

[5] O termo "genético" é empregado por Ávila (ÁVILA, Humberto Bergmann. Argumentação jurídica e a imunidade dos livros eletrônicos. *In*: TORRES, Ricardo Lobo. **Temas de interpretação do Direito Tributário.** Rio de Janeiro: Renovar, 2003. p. 131); Joseph Raz prefere a ideia de "intenção" (*intention*) dos *law-makers* (RAZ, Joseph. ***Between Authority and Interpretation****. On the Theory of Law and Practical Reason*. New York: Oxford University Press, 2009. p. 265 et seq.), enquanto Guastini fala em interpretação "originalista" (GUASTINI, Riccardo. ***Interpretare e argomentare.*** Milão: Dott. A. Giuffrè Editore, 2013. p. 100).

[6] Ilustrativamente, ver RE 35242, Rel. Min. Luiz Gallotti, 1ª Turma, public. no DJ em 29/05/1958; HC 44729, Rel. Min. Aliomar Baleeiro, 2ª Turma, public. no DJ 20/12/1967. Tal compreensão perdurou por um tempo no STF, mesmo no contexto da nova ordem constitucional, conforme se observa no RE 159228, Rel. Min. Celso de Mello, 1ª Turma, public. no DJ 27/10/1994.

que estavam desobrigadas a licitar, procedimento que seria obrigatório apenas para as entidades ditas estatais[7]. Embates como esse, naturalmente, impactaram o Código Penal e a interpretação do art. 327 ao longo dos anos.

Com a Constituição Federal de 1998 e sua mudança radical na estrutura da Administração Pública, insustentável prosseguir utilizando o termo "paraestatal" para indicar entidades que integram a estrutura estatal[8]. Daí a ideia, hoje predominante na doutrina administrativa, de que paraestatais são aquelas pessoas jurídicas sem fins lucrativos externas à Administração Pública Direta ou Indireta (ou seja, não integrantes do aparelho estatal), mas que com ela podem colaborar e dela podem receber recursos públicos para o desempenho de atividades de interesse público.[9] Como se percebe, há hoje uma grande proximidade entre o termo paraestatal e a noção de terceiro setor.

Todavia, não se pode ignorar que a Lei nº 8.666/93 apresenta um conceito legal de paraestatal. Coincidentemente, trata-se da Lei de Licitações, que outrora foi palco de inúmeros debates relativos ao significado da palavra paraestatal. Do que se pode presumir, o § 1º do art. 84 definiu paraestatal como "além das fundações, empresas públicas e sociedades de economia mista, as demais entidades sob controle, direto ou indireto, do Poder Público", recepcionando o seu sentido originário, e não o atualizado, com duas finalidades claras. A primeira é a de reforçar que tais entes da Administração Indireta estão,

[7] Cf. MEIRELLES, Hely Lopes. A licitação nas entidades paraestatais. **Revista de Direito Administrativo**, Rio de Janeiro, n. 132, p. 32-40, jan./jun. 1978. p. 35 et seq.; MEIRELLES, Hely Lopes. Autarquias e entidades paraestatais. *In*: SUNDFELD, Carlos Ari; DI PIETRO, Maria Sylvia Zanella (org.). **Doutrinas essenciais do direito administrativo**. Administração Pública indireta e regulação. São Paulo: Revista dos Tribunais, 2013. p. 159 et seq. Texto publicado originalmente em 1962.

[8] No ponto, Justen Filho vai além, afirmando que desde o Decreto-Lei nº 200/1967 já não fazia sentido considerar *paraestatais* as figuras da Administração Pública Indireta (JUSTEN FILHO, Marçal. **Curso de Direito Administrativo**. 13. ed. São Paulo: RT, 2018. p. 207).

[9] Nesse sentido, conferir MELLO, Celso Antônio Bandeira de. **Curso de Direito Administrativo**. 26. ed. São Paulo: Malheiros, 2009. p. 1058 et seq. e DI PIETRO, Maria Sylvia Zanella. Das entidades paraestatais e das entidades de colaboração. *In*: MODESTO, Paulo (coord.). **Nova organização administrativa brasileira***:* estudos sobre a proposta da Comissão de Especialistas constituída pelo Governo Federal para reforma da organização administrativa brasileira. Belo Horizonte: Fórum, 2009. p. 227 et seq. Já Justen Filho reserva o termo "paraestatal" apenas ao "Sistema S" (Sesi, Senai etc.), tratando as demais figuras com a expressão "terceiro setor" (JUSTEN FILHO, Marçal. **Curso de Direito Administrativo**. 13. ed. São Paulo: RT, 2018. p. 207 et seq. e 213 et seq.).

sim, submetidos às regras de licitações. A segunda, de positivar um conceito de sujeito ativo de crimes licitatórios que fosse muito próximo ao conceito de funcionário público para fins penais (art. 327 do CP). Isso conduziu à repetição, na Lei nº 8.666/93, do termo paraestatal, por ser ele o empregado pelo Código Penal. Esse breve resgate histórico permite melhor compreender as razões de uma lei pós-CF de 1988 valer-se de um termo com um sentido – ao que tudo indica – pré-constitucional.

Pois bem, qual dos sentidos possíveis – genético ou atual – deve prevalecer para fins de interpretar o termo "paraestatal" constante no § 1º do art. 327 do CP? Agarrar-se ao sentido genético parece inviável. Ao mesmo tempo, em se tratando de regras restritivas de direitos fundamentais (incriminadoras), o uso do argumento evolutivo precisa ser feito com enorme parcimônia, pois pode significar, na prática, uma nova, inesperada e expandida criminalização, ainda que sem mudança no texto da lei.[10] Feitas essas advertências, é preciso admitir que a nova ordem constitucional parece ter esvaziado o sentido anterior do termo paraestatal, e que toda a Administração Pública (Direta e Indireta), assim, estaria já englobada no *caput* do art. 327 do CP, sendo desnecessário o recurso ao § 1º do art. 327 do CP para tanto.

Se esse raciocínio é correto, o quase esvaziamento do sentido anterior de paraestatal exige a atualização do seu significado, sob pena de não cumprir mais qualquer papel no art. 327 do CP. Foi nesse sentido o movimento do Supremo Tribunal Federal (STF) no relevante julgamento do caso "Candango", ao definir que uma Organização Social seria, sim, ente paraestatal, com sua consequente subsunção na primeira parte do § 1º do art. 327 do CP. Ao assim proceder, a Corte abandonou o sentido genético em prol do sentido evolutivo, de tal modo que "entidades paraestatais" remeteriam, hoje, às entidades do terceiro setor, sobretudo ao "Sistema S", às Organizações Sociais e às Organizações da Sociedade Civil de Interesse Público. Não mais, pois,

[10] Isso porque norma jurídica (resultado da interpretação) e texto jurídico (objeto da interpretação) são conceitos distintos. Daí que interpretar é "construir a partir de algo" ou "reconstruir": o intérprete parte dos textos para extrair a norma, mas os próprios textos impõem limites ao intérprete, porque as palavras já possuem sentidos mínimos e máximos antes da interpretação. Não é possível, pois, validamente argumentar que "todos os recursos" é o mesmo que "apenas alguns recursos" (ÁVILA, Humberto Bergmann. **Teoria dos Princípios**. 17. ed. São Paulo: Malheiros, 2016. p. 51 et seq.).

às entidades da Administração Indireta (como queria o legislador à época da redação do Código Penal).

Não há dúvida de que o STF optou por atualizar o sentido do termo "paraestatal" também *no âmbito penal*, visto que nesse preciso setor (ainda que na contramão dos demais) ele ainda era entendido preponderantemente como sinônimo de "administração indireta" (sociedades de economia mista, empresas públicas etc.), não de "terceiro setor"[11]. As possíveis críticas ao posicionamento do STF são muitas, mas não iremos delas nos ocupar. Iremos simplesmente tomá-lo como uma premissa dada. Ou seja, vamos aceitar que uma Organização Social seria, sim, uma espécie de entidade *paraestatal*.

O que nos interessa ressaltar são os problemas que *permanecem* intactos apesar da aceitação de tal premissa, ou seja, as dúvidas quanto à qualificação como funcionário público realizada pelos tribunais, por exemplo, no caso "Candango" e nos que certamente lhe seguirão. A questão é que ainda que tal entidade do terceiro setor seja uma "paraestatal", disso não decorre automaticamente a qualificação de seus gestores como funcionários públicos para efeitos penais. Mais: ainda que uma Organização Social receba verbas de origem pública pela realização de atividade de interesse social e coletivo (saúde, assistência social etc.), disso também não decorre automaticamente a qualificação de seus gestores como funcionários públicos para efeitos penais. Em outras palavras, não é o fato de gerir uma Organização Social nem o de receber verbas de origem pública que torna alguém funcionário público no âmbito penal. Tais elementos até podem ser necessários, mas seguramente não são suficientes. Precisam, pois, ser reforçados por ulteriores *critérios materiais*. O caso "Regina Pacis", proveniente da experiência italiana, serve bem para ilustrar o argumento.[12] Passemos à sua análise.

[11] Ver nota de rodapé 7.

[12] O caso é examinado por MANES, Vittorio. ***Servizi Pubblici e Diritto Penale***. *L'impatto delle liberalizzazioni sullo statuto penale della pubblica amministrazione*. Torino: G. Giappichelli Editore, 2010. p. 143 et seq.

II. O Caso "Regina Pacis" (Itália): *Cassazione penale*, seção VI, 8/10/2013, nº 41579

A situação submetida a juízo neste caso teve como pano de fundo o fenômeno da imigração ilegal no sul da Itália. Diante do crescente número de embarcações que ali atracavam, eram necessários infindáveis centros de "*prima accoglienza*" (CPA). Tais CPAs tinham caráter preponderantemente assistencial, de alojamento e higiênico-sanitário pelo tempo estritamente necessário à identificação ou à expulsão do estrangeiro.

O problema examinado ocorreu no CPA "Regina Pacis", sediado na cidade de Lecce (Puglia), o qual adotava forma jurídica de Onlus (*organizzazione non lucrativa di utilità sociale*) com base em convenção estipulada com o Poder Público. Dada a incapacidade da Prefeitura diante da demanda de acolhimento, ela passou a atuar em colaboração com tal Onlus mediante convênio público. Em tal instrumento, o gestor do CPA se obrigava a fornecer hospitalidade aos imigrantes internos no centro, bem como outros serviços pontuais – lavanderia, higiene etc. –, obtendo como contraprestação um valor diário *per capita* predeterminado. O caso jogou luz no problema da qualificação jurídico-penal atribuível ao responsável pelo centro, especialmente pela "gestão" do valor recebido da Prefeitura, ou seja, de uma verba de origem *pública*. Em razão de inúmeras "retiradas" de valores da conta corrente do CPA, que foram utilizados para as mais diversas atividades – mas não para aquelas previstas no convênio –, o gestor do CPA acabou denunciado por peculato.

Os Tribunais italianos, todavia, não deram razão à acusação[13]. Simplesmente não reconheceram a qualificação do acusado como funcionário público para efeitos penais nem aceitaram o enquadramento da sua conduta no delito de peculato. Dito de outro modo, mesmo diante de uma entidade típica do

[13] A decisão do Tribunal de Lecce (Sez. Penale I), de 13 de março de 2006, não está disponível na íntegra em seu sítio. Contudo, Manes transcreve longos trechos em sua obra (MANES, Vittorio. ***Servizi Pubblici e Diritto Penale***. *L'impatto delle liberalizzazioni sullo statuto penale della pubblica amministrazione*. Torino: G. Giappichelli Editore, 2010. p. 145 et seq., especialmente notas de rodapé 56 a 61). A decisão definitiva foi proferida pela *Cassazione Penale, Sez. VI, 8 ottobre 2013 (ud. 5 giugno 2013), n. 41579*, que além de considerar o valor integrante do patrimônio do próprio centro, anulou a sentença sem reenvio por insubsistência do fato. Para um comentário à decisão, conferir em: <http://www.giurisprudenzapenale.com/2013/10/12/peculato-nel-caso-indebita-gestione-parte-dellappaltatore-somme-pubbliche-cass-pen-415792013>.

“terceiro setor” e de uma verba “com origem pública”, entendeu-se que o acusado não poderia ser sujeito ativo de crimes contra a Administração Pública praticados por funcionários públicos. E por quê? Pelo recurso a critérios materiais para o reconhecimento da condição de funcionário público, ponto a seguir enfrentado.

III. Um esboço de possíveis critérios materiais para a interpretação do parágrafo 1º do art. 327, *primeira parte,* do CP

Que fique desde logo claro: o fato de um particular atuar numa “paraestatal” e nela gerir verba de origem pública *não* o torna, automaticamente, funcionário público por equiparação. Uma suposta apropriação ou desvio da verba não é, necessariamente, peculato. Tais conclusões demandam a verificação da intensidade da *projeção publicística* sobre a soma transferida, isto é, da incidência de regras de *Direito público* sobre a sua utilização[14] [15]. Nesse sentido, o deslocamento patrimonial da esfera pública para a privada poderá se dar por diferentes razões, como, por exemplo, a título de *fomento* ou a título de *contraprestação por serviços prestados* (pagamento). No primeiro caso, o valor disponibilizado está marcado com intenso vínculo de destinação ou finalidade. No segundo caso, o valor disponibilizado é de *livre utilização,* porque já ingressa no patrimônio do privado, perdendo seu liame com a Administração Pública.

Justamente por isso, a doutrina italiana costuma falar em “figuras sintomáticas” que identificam a projeção altamente publicística sobre a verba transferida ao particular. Tais figuras sintomáticas funcionam, pois, como

[14] MANES, Vittorio. ***Servizi Pubblici e Diritto Penale***. *L'impatto delle liberalizzazioni sullo statuto penale della pubblica amministrazione.* Torino: G. Giappichelli Editore, 2010. p. 145 et seq.

[15] Sobre a importância da incidência de regras de direito público sobre a função desempenhada para a qualificação do sujeito como funcionário público, ver SCALCON, Raquel. O conceito penal de funcionário público no direito brasileiro e alemão: uma proposta de interpretação restritiva do termo emprego público em empresas estatais (artigo 327, *caput*, do CP). **Revista de Estudos Criminais**, São Paulo, n. 72, p. 111-145, 2019. p. 120 et seq. e RASSI, João Daniel. Administração Pública na acepção orgânica e o conceito penal de funcionário público – Contributo ao estudo do artigo 327 do Código Penal brasileiro. *In*: CRESPO, Marcelo Xavier de Freitas. **Crimes contra a administração pública**: aspectos polêmicos. São Paulo: Quartier Latin, 2010. p. 24.

"termômetros" de tal projeção. Eis alguns exemplos desses indicadores: (i) cláusula contratual que vincule o uso do valor a uma finalidade que pode ser de subvenção, fomento ou financiamento (manutenção de uma "vontade administrativa" sobre o uso da verba), (ii) dever de restituir resíduo da gestão (devolução do excesso transferido não utilizado no contrato), (iii) obrigações de meio (em lugar de controle de resultados via KPI previsto exaustivamente no contrato) etc.[16].

A ausência de tais elementos ou a sua baixa presença colocam dúvidas sobre a intensidade da projeção pública sobre a verba, bem como sobre a potencial qualificação do particular que a recebeu como funcionário público para fins penais. Importante perceber que, dada a atual complexidade da Administração Pública, é bastante provável que as situações concretas não se apresentem "puras". Dito de outro modo, dificilmente se estará diante de relações entre o Poder Público e as entidades do terceiro setor nas quais não haverá *nenhum* dos elementos acima listados ou nas quais haverá *todos* os elementos acima listados. Logo, a conclusão em favor ou contra uma eventual qualidade de funcionário público dos gestores e/ou empregados de uma OSCIP ou OS, por exemplo, exigirá necessariamente um juízo *caso a caso*, com o exame cuidadoso das cláusulas do contrato, de modo a verificar se a projeção pública (com a consequente incidência de regras de Direito público) sobre a verba é mais intensa do que a privada, ou vice-versa. Trata-se, pois, de um problema cuja resolução depende de um juízo de *grau/intensidade*, e não de *tudo/nada*.

Voltemos ao caso "Regina Pacis" a fim de testar os elementos anteriormente referidos para verificar a intensidade da projeção pública.[17] Contata-se que não havia no convênio um vínculo de destinação da verba transferida. Elas ingressavam no patrimônio da entidade a título de pagamento de serviços já realizados pelo centro (ou seja, a título de contraprestação). Tratava-se de um simples valor diário pago por estrangeiro, espécie de presunção do que seria gasto pelo centro, sem qualquer dever de comprovar *como* e *se* ele

[16] MANES, Vittorio. ***Servizi Pubblici e Diritto Penale.*** *L'impatto delle liberalizzazioni sullo statuto penale della pubblica amministrazione.* Torino: G. Giappichelli Editore, 2010. p. 145 et seq..

[17] Ver longos excertos da decisão do Tribunal de Lecce em que tais detalhes são explicados em MANES, Vittorio. ***Servizi Pubblici e Diritto Penale.*** *L'impatto delle liberalizzazioni sullo statuto penale della pubblica amministrazione.* Torino: G. Giappichelli Editore, 2010. p. 145 et seq., especialmente notas de rodapé 56 a 61.

realmente foi gasto. O único controle era entre o número de estrangeiros e o valor total transferido, a demonstrar uma clara relação sinalagmática (serviço e pagamento ou prestação e contraprestação). Por essas e por outras razões, considerou-se – a nosso ver, corretamente – que o gestor do centro "Regina Pacis" não poderia ser qualificado como funcionário público, bem como que sua conduta não era enquadrável no delito de peculato.

Quanto ao caso "Candango", os acórdãos do STF e do STJ não apresentavam informações *fáticas* suficientes para empregarmos, com segurança, os critérios materiais acima indicados. Todavia, chama a atenção o fato de que o argumento central de tais decisões, como já referido, residiu no enquadramento do Instituto Candango de Solidariedade (enquanto Organização Social) na expressão "entidade paraestatal" (CP, art. 327, §1º), ou seja, em um juízo predominantemente formal de subsunção, sem recurso significativo a outros critérios materiais.[18]

IV. O PLS 236/2012 e a positivação da qualidade de funcionário público ao "responsável de Organização da Sociedade Civil ou não governamental, no manejo de recursos públicos" (Projeto de novo CP, art. 292, §2º)

Ao que tudo indica, a atual controvérsia, no Direito brasileiro, quanto à qualidade de funcionário público do "gestor" de organização do terceiro setor que recebe verba pública pretende ser encerrada "de cima para baixo". Ou seja, não pelo recurso e desenvolvimento de parâmetros materiais que orientem o julgador, mas a partir da positivação "forçada" de tal entendimento

[18] O argumento sustentado neste artigo, no sentido de que não basta classificar uma entidade como "paraestatal" (CP, art. 327, §1º) para que seus gestores sejam consequentemente qualificados como funcionários públicos para efeitos penais, é reforçado pela jurisprudência do STJ. Em relevante precedente, tal Corte, embora tenha formalmente enquadrado uma das figura do Sistema "S" (especificamente o Senac/PI) na expressão "entidade paraestatal", afastou a qualidade de funcionários públicos de seus dirigentes, sob estes argumentos: (i) a verba supostamente desviada, embora de origem pública, havia perdido o caráter público quando do ingresso nos cofres da entidade e (ii) o Senac/PI não integra a Administração Pública Direta ou Indireta (STJ, RHC 90.847/PI, Rel. Ministro Reynaldo Soares da Fonseca, 5ª Turma, DJe 18/04/2018).

na legislação penal. Estão, todavia, enganados aqueles que buscam minguar o debate dessa forma.

A nova redação do conceito penal de funcionário público, proposta no PLS nº 236/2012[19], incorre no erro apontado no início deste artigo. Ela parte da premissa de que a condição de funcionário público decorre simplesmente do fato de o sujeito ser o "responsável" por uma entidade do terceiro setor que maneja verba de origem pública pela realização de atividade de interesse público. Todavia, como demonstrado no caso "Regina Pacis", essa qualificação somente se justificará *quando* e *se* houver uma intensa projeção pública sobre a verba transferida (manutenção de uma "vontade administrativa" no seu emprego), cujo deslocamento não pode estar amparado na ideia de contraprestação por um serviço realizado (pagamento).

Ademais, a nova redação também fracassa na definição do círculo de possíveis integrantes da entidade do terceiro setor que seriam qualificáveis como funcionários públicos. Isso porque o termo eleito pelo Projeto ("o responsável") foi empregado de maneira vaga, estando destituído de qualquer adjetivação (o responsável "legal", por exemplo). Mesmo que a palavra fosse, por exemplo, substituída por outro termo – como "dirigente" – o problema permaneceria, pois também esta expressão não está definida no ordenamento jurídico brasileiro.[20] De qualquer modo, parece possível presumir que houve

[19] Eis a proposta de nova redação pelo PLS nº 236/2012: "Art. 292. Considera-se servidor público quem, embora transitoriamente ou sem remuneração, exerce cargo, emprego, função pública ou mandato eletivo. §1º Equipara-se a servidor público quem exerce cargo, emprego ou função em autarquia, empresa pública e sociedade de economia mista e quem trabalha para empresa prestadora de serviço contratada, conveniada ou por qualquer outro meio responsável pela execução de atividade típica da administração pública ou dos poderes legislativo e judiciário. §2º Equipara-se também a servidor público o responsável de organização da sociedade civil ou não-governamental, no manejo de recursos públicos. §3º O conceito de servidor público aplica-se tanto ao sujeito ativo quanto ao sujeito passivo dos crimes". Para um panorama das alterações propostas pelo PLS nº 236/2012 relativamente aos crimes contra a Administração Pública, ver SOUZA, Luciano Anderson de. **Crimes contra a administração pública**. São Paulo: RT, 2018. p. 252 et seq.

[20] Ver, no ponto, ESTELLITA, Heloisa. **Responsabilidade penal de dirigentes de empresas por omissão**: estudo sobre a responsabilidade omissiva imprópria de dirigentes de sociedades anônimas, limitadas e encarregados de cumprimento por crimes praticados por membros da empresa. São Paulo: Marcial Pons, 2017. p. 35-36.

uma intencional *exclusão* dos empregados de tais entidades ou, ao menos, daqueles que não têm um poder total ou parcial sobre a sua organização.

Por fim, a nova redação não resolve o problema tratado neste artigo: a evidente incapacidade de o atual conceito penal de funcionário público orientar as condutas dos cidadãos, isto é, antecipar, com suficiente previsibilidade, aos sujeitos envolvidos a intensidade de sua potencial responsabilização penal. Por essa razão, uma preocupação com a efetiva ciência dos englobados pelo conceito penal de funcionário público – especialmente em casos nebulosos de equiparação – *é* tarefa de essencial e de urgente cumprimento pela doutrina e pela jurisprudência.

Conclusões

Ante o exposto, parece-nos que:

i) Um particular não se torna funcionário público para efeitos penais porque gere, atua ou trabalha em uma entidade do terceiro setor, isto é, em uma "paraestatal" (CP, art. 327, §1º);
ii) Um particular que gere, atua ou trabalha em uma entidade do terceiro setor ("paraestatal") não se torna funcionário público para efeitos penais porque ela recebeu verba de origem pública;
iii) Tal qualidade será tanto mais provável e argumentativamente mais sustentável quanto maior for a *projeção pública* sobre a verba transferida;
iv) Aspecto ainda relevante a definir é se a qualidade de funcionário público também dependerá – ou não – do poder que os potencialmente equiparados detêm sobre a sua organização (isto é, poderes organizacionais sobre a entidade do terceiro setor e sobre a gestão da verba)[21].

[21] Em razão dos limites do texto, este argumento não foi profundamente desenvolvido, mas remete ao conceito de administradores de fato ou de direito da entidade do terceiro setor, caracterizados justamente por esse poder parcial ou total sobre sua organização. Sobre o ponto, ver ESTELLITA, Heloisa. **Responsabilidade penal de dirigentes de empresas por omissão**: estudo sobre a responsabilidade omissiva imprópria de dirigentes de sociedades anônimas, limitadas e encarregados de cumprimento por crimes praticados por membros da empresa. São Paulo: Marcial Pons, 2017. p. 35.

Referências

ÁVILA, Humberto Bergmann. Argumentação jurídica e a imunidade dos livros eletrônicos. *In*: TORRES, Ricardo Lobo. **Temas de interpretação do Direito Tributário**. Rio de Janeiro: Renovar, 2003.

ÁVILA, Humberto Bergmann. **Teoria dos Princípios**. 17. ed. São Paulo: Malheiros, 2016.

DI PIETRO, Maria Sylvia Zanella. Das entidades paraestatais e das entidades de colaboração. *In*: MODESTO, Paulo (coord.). **Nova organização administrativa brasileira**: estudos sobre a proposta da Comissão de Especialistas constituída pelo Governo Federal para reforma da organização administrativa brasileira. Belo Horizonte: Fórum, 2009.

ESTELLITA, Heloisa. **Responsabilidade penal de dirigentes de empresas por omissão**: estudo sobre a responsabilidade omissiva imprópria de dirigentes de sociedades anônimas, limitadas e encarregados de cumprimento por crimes praticados por membros da empresa. São Paulo: Marcial Pons, 2017.

GUASTINI, Riccardo. ***Interpretare e argomentare***. Milão: Dott. A. Giuffrè Editore, 2013.

JUSTEN FILHO, Marçal. **Curso de Direito Administrativo**. 13. ed. São Paulo: RT, 2018.

MANES, Vittorio. ***Servizi Pubblici e Diritto Penale***. *L'impatto delle liberalizzazioni sullo statuto penale della pubblica amministrazione*. Torino: G. Giappichelli Editore, 2010.

MEIRELLES, Hely Lopes. A licitação nas entidades paraestatais. **Revista de Direito Administrativo**, Rio de Janeiro, n. 132, p. 32-40, jan./jun. 1978.

MEIRELLES, Hely Lopes. Autarquias e entidades paraestatais. *In*: SUNDFELD, Carlos Ari; DI PIETRO, Maria Sylvia Zanella (org.). **Doutrinas essenciais do direito administrativo.** Administração Pública indireta e regulação. São Paulo: Revista dos Tribunais, 2013.

MELLO, Celso Antônio Bandeira de. **Curso de Direito Administrativo**. 26. ed. São Paulo: Malheiros, 2009.

RASSI, João Daniel. Administração Pública na acepção orgânica e o conceito penal de funcionário público – Contributo ao estudo do artigo 327 do Código Penal brasileiro. *In*: CRESPO, Marcelo Xavier de Freitas. **Crimes contra a administração pública**: aspectos polêmicos. São Paulo: Quartier Latin, 2010.

RAZ, Joseph. ***Between Authority and Interpretation***. *On the Theory of Law and Practical Reason*. New York: Oxford University Press, 2009.

SCALCON, Raquel. O conceito penal de funcionário público no direito brasileiro e alemão: uma proposta de interpretação restritiva do termo emprego público em empresas estatais (artigo 327, *caput*, do CP). **Revista de Estudos Criminais**, São Paulo, n. 72, 2019.

SOUZA, Luciano Anderson de. **Crimes contra a administração pública**. São Paulo: RT, 2018.

22.

O QUE A POLÍTICA DE GUERRA ÀS DROGAS SUSTENTA? A HIPÓTESE DESCRIMINALIZADORA ANTE A VIOLÊNCIA INSTITUCIONAL GENOCIDA

Salo de Carvalho
Adrian Barbosa e Silva

> *"Da pele para dentro inicia minha exclusiva jurisdição. Apenas eu elejo aquilo que pode ou não cruzar esta fronteira. Sou um estado soberano e as fronteiras da minha pele são mais sagradas que os confins políticos de qualquer nação."*[1]

1. Em novembro de 2014, tropas da Marinha e do Exército, em conjunto com as Polícias Militar e Federal, ocuparam sete morros cariocas nos complexos do Dendê e da Mangueira. Conforme comunicado do Ministério do Exército, do Comando Militar do Leste e da Central de Comunicação Social e Defesa Civil, o objetivo da ação foi a "significativa redução do nível de violência, resultante do restabelecimento da presença do poder público na área e a consequente tranquilidade que a comunidade local voltará a desfrutar". Segundo o informe,

[1] Epígrafe do livro *Aprendiendo de las Drogas*, de Escohotado, aforisma atribuído a um autor anônimo (ESCOHOTADO, António. ***Aprendiendo de las Drogas***. Madrid: Anagrama, 2006. p. 04).

"nessas ações, conduzidas de forma meticulosa, estão sendo cumpridos todos os dispositivos legais, com o cuidado de que no curso das mesmas seja preservada a integridade física da população ordeira do local". Nesse sentido, a Coordenação da Operação "apela à população em geral para uma atitude de cooperação com as ações desenvolvidas, bem como a compreensão e a tolerância com os eventuais transtornos que venham a ser causados nas regiões envolvidas nas operações"[2].

Após 36 horas da primeira ofensiva na Mangueira, a coordenação conjunta referiu ter sido a ação plenamente exitosa, o que levou as Forças Armadas a afirmar a "libertação da favela". Segundo o porta-voz da operação, cel. Ivan Cardoso, a Mangueira tornara-se "uma área limpa do crime organizado", pois o "Exército fez o trabalho de pacificação [...]"[3]. Após a imprensa divulgar uma série de violações aos direitos dos moradores das comunidades (violências físicas, detenções ilegais, busca e apreensões sem autorização judicial), o general Câmara Senna, comandante da Operação, afirmou: "infelizmente alguns direitos constitucionais estão sendo prejudicados. Eu reconheço que está havendo um cerceamento das liberdades. Nós não somos um batalhão de assistentes sociais. É impossível evitar um ou outro excesso. É preciso às vezes ser duro, ríspido, na ponta da linha"[4].

As reportagens, as notas oficiais e as manifestações dos envolvidos na ocupação descrita acima poderiam ter sido extraídas das manchetes dos principais periódicos nacionais do ano passado (2017), quando foram noticiados abusos cometidos por agentes de segurança pública logo depois do início da intervenção militar no Rio de Janeiro, instituída pelo Decreto nº 9.288/18. No entanto, conforme o leitor perceberá nas referências, trata-se de relatos dos primeiros dias da *Operação Rio*, deflagrada em 2014, com o objetivo de controlar o tráfico de drogas e de pacificar as comunidades cariocas.

A pergunta que entendemos fundamental, neste momento em que o STF irá retomar o debate sobre a (in)constitucionalidade do art. 28 da Lei nº 11.343/06,

[2] CARVALHO, Salo. **A Política Criminal de Drogas no Brasil**: estudo criminológico e dogmático da Lei 11.343/06. 3. ed. Rio de Janeiro: Lumen Juris, 2006. p. 45-46.

[3] RODRIGUES, Fernando. Militares cobram ação do Estado nos morros. **Folha de São Paulo**, São Paulo, 21/11/1994, p. 8.

[4] RODRIGUES, Fernando. Direitos são 'prejudicados', afirma General a Vereadores. **Folha de São Paulo**, São Paulo, 23/11/1994, p. 5.

é relativa à funcionalidade da política de *war on drugs*: o que esse modelo de intervenção sustenta para que os seus fundamentos (discursos) e os seus métodos (ações) se mantenham inabalados após décadas de aparente fracasso?

O jornalista Mario Magalhães, ao analisar a intervenção em 2018, alertava que ninguém deveria se surpreender com os caminhos (e os resultados) da operação: "basta olhar para trás e observar a Operação Rio, desenvolvida nos dois derradeiros meses de 1994. Governos, circunstâncias e protocolos mudaram, mas não discursos, métodos e encenações"[5].

Se o saldo da guerra às drogas é negativo em relação aos seus objetivos declarados, visto que nenhuma pesquisa séria é capaz de demonstrar que a intervenção punitiva provoca redução da oferta e diminuição do consumo, é fundamental indagar qual a funcionalidade desta política? Qual o saldo positivo não revelado que mantém esse tipo de intervenção? E, em outra dimensão: o que essa política sustenta? Quais as funções reais dessa guerra às drogas que permitem a sua manutenção apesar da sua incontestável falência quanto aos objetivos declarados?

Na última década, aliados a inúmeras pesquisas, os próprios organismos internacionais têm recomendado uma mudança radical no rumo, enfatizando políticas públicas de prevenção em detrimento da obsessão repressiva: "desde 1988, quando foi estabelecida a Convenção das Nações Unidas contra o Tráfico Ilícito de Drogas Narcóticas, que criminalizou o comércio ilegal em escala global, países buscaram soluções na instituição de penas mais severas e na consolidação dos sistemas criminais. O cenário atual, porém, revela que a 'guerra às drogas', em especial no Ocidente geopolítico, não obteve resultados convincentes"[6]. Dentre as estratégias para mudança de paradigma, de substituição do enfoque político-criminal repressivo por políticas de saúde preventivas, a *descriminalização* ganha centralidade.[7]

[5] MAGALHÃES, Mario. Intervenção militar de 2018 reencena e radicaliza Operação Rio de 1994. ***The Intercept***, 21/02/2018. Disponível em: https://theintercept.com/2018/02/21/intervencao-militar-rio-de-janeiro-1994/ . Acesso em: 3 nov. 2020.

[6] ONU Brasil. 'Guerra às drogas': novas soluções anunciam fim da repressão ao consumo no Ocidente, destaca ONU. **Nações Unidas Brasil**, 5/11/2015. Disponível em: https://brasil.un.org/. Acesso em: 03 nov. 2020.

[7] ONU Brasil. ONU lança diretrizes internacionais para políticas de drogas baseadas em direitos humanos. **Nações Unidas Brasil**, 20/03/2019. Disponível em: https://brasil.un.org/. Acesso em: 3 nov. 2020.

2. Conforme destacado em outro momento, uma das marcas da tradução da política de guerra às drogas no Brasil foi a do controle militarizado orientado por uma tríplice dimensão ideológica: (a) defesa social, (b) lei e ordem e (c) segurança nacional.[8] Mas se a ideologia de defesa social e os movimentos *law and order* são marcadores comuns na política global, nenhuma análise séria da política criminal local pode ignorar a lógica militarista, legado de 1964, que orienta a ação das nossas instituições de segurança pública. O deslocamento dos sujeitos a serem combatidos, no período pós-redemocratização, reconfigurou a atuação das agências. A substituição, em um primeiro momento, do inimigo político (subversivo) pelo traficante, realinhou a política de segurança pública. No entanto, em um segundo momento, a expansão da racionalidade militarizada conduziu ao controle bélico sobre os territórios, notadamente as periferias dos grandes centros urbanos, caracterizando aquilo que Marielle Franco identificou como *militarização da favela*[9].

Sob a justificativa do combate aos narcotraficantes, foi consolidada uma política criminal sacrificialista baseada na ação militarizada das polícias, na qual se destaca o elemento racista da intervenção: "a continuidade de uma lógica racista de ocupação dos presídios por negros e pobres, adicionada do elemento de descartar uma parte da população ao direito da cidade, continua marcando a segurança pública [...]."[10]

A guerra às drogas é o carro-chefe da política criminal nacional e sustenta duas patologias que constituem o fluxo das ações das nossas agências punitivas: a letalidade da violência policial e a seletividade do encarceramento. O encarceramento situa-se em uma etapa posterior à do extermínio de grupos sociais. Por mais que seja trágico afirmar, os encarcerados no Brasil são aqueles "corpos matáveis" que sobreviveram ao massacre que ocorre cotidianamente nas periferias. Por isso a criminologia negra brasileira não hesita em afirmar, de forma muito precisa, tratar-se de um "genocídio perpetrado contra a

[8] CARVALHO, Salo. **A Política Criminal de Drogas no Brasil**: estudo criminológico e dogmático da Lei 11.343/06. 8 ed. São Paulo: Saraiva, 2016. p. 71-90.

[9] FRANCO, Marielle. **UPP – A Redução da Favela a Três Letras**: uma análise da Política de segurança pública do Estado do Rio de Janeiro. 2014. Dissertação (Mestrado em Administração) – Universidade Federal Fluminense, Niterói, 2014. p. 91-111.

[10] FRANCO, Marielle. **UPP – A Redução da Favela a Três Letras**: uma análise da Política de segurança pública do Estado do Rio de Janeiro. 2014. Dissertação (Mestrado em Administração) – Universidade Federal Fluminense, Niterói, 2014. p. 126.

juventude negra pelas forças oficiais de Segurança Pública"[11]. A prisão é a etapa final da intervenção iniciada pela ação letal da polícia. Uma política criminal regida pelo racismo sistêmico, estrutural. O diagnóstico de Vilma Reis é tão preciso quanto assustador: "quem não é preso, já foi morto"[12].

Segundo dados do Anuário Brasileiro de Segurança Pública, em 2017 foram registradas 63.895 mortes violentas intencionais: 55.900 classificadas como homicídios; 5.159 mortos em intervenções policiais (14 mortes por dia); 367 policiais mortos em operações (ao menos 1 morte por dia).[13] A taxa de homicídio de negros cresceu 23,1% no decênio 2006-2016. Neste contexto que interliga as disputas subterrâneas por mercados e o arbítrio policial, são vitimizados os três personagens arquetípicos da política de guerra às drogas: (a) os varejistas do comércio ilegal rotulados como inimigos; (b) os policiais das forças de combate estatal; e (c) a população civil moradora das áreas de conflito.[14]

3. A revisão da atual política de drogas é urgente porque a programação repressiva dinamizada pela Lei nº 11.343/06 é a força motriz da expansão da violência que se materializa no encarceramento em massa e no extermínio. E pensar na descriminalização do porte para consumo, a partir do reconhecimento da inconstitucionalidade do art. 28 da Lei nº 11.343/06, é o primeiro passo na direção de uma política que priorize a proteção da vida e a saúde das pessoas.

[11] PIRES, Thula. **Criminalização do Racismo**: entre a política de reconhecimento e meio de legitimação do controle social sobre os negros. Brasília: Brado Negro, 2016. p. 58.

[12] REIS, Vilma. Juristas Negros e Negras por Vida e Liberdade no Brasil. *In*: **Discursos Negros**: legislação penal, política criminal e racismo. Brasília: Brado Negro, 2015. p. 5.

[13] FBPS. **Anuário Brasileiro de Segurança Pública 2018**. São Paulo: FBSP, 2018. p. 6.

[14] SILVA, Adrian Barbosa e. *Droghe tra Carcere e Sangue: breve sguardo agli effetti reali dell'esperienza proibizionista brasiliana*. ***Studi sulla Questione Criminale*** 22/3/2019. Disponível em: https://studiquestionecriminale.wordpress.com/2019/03/22/droghe-tra-carcere-e-sangue-breve-sguardo-agli-effetti-reali-dellesperienza-proibizionista-brasiliana-di-adrian-barbosa-e-silva-universita-federale-del-para-brasil/. Acesso em: 3 nov. 2020. No mesmo sentido, SILVA, Adrian Barbosa e. Horizonte de Projeção da Criminologia Crítica na Política de Drogas no Brasil. *In*: ÁVILA, Gustavo N.; CARVALHO, Érika M. (org.). **10 anos da Lei de Drogas**: aspectos criminológicos, dogmáticos e político-criminais. Belo Horizonte: D'Plácido, 2016. p. 215-242.

Garland caracteriza o encarceramento em massa não apenas pelo aumento da população carcerária em relação ao seu padrão histórico, mas também pela concentração social dos efeitos da prisão.[15] Assim, a partir do momento em que o cárcere mecaniza estratégias de controle de determinados grupos, é possível afirmar a íntima conexão entre o volume da massa carcerária e o proibicionismo; entre o número de vítimas da ação letal das polícias na periferia e a política brasileira de guerra às drogas.

Especificamente em relação à seletividade do encarceramento, a experiência da Lei nº 11.343/06 demonstrou os efeitos perversos decorrentes (a) da ausência de critérios normativos objetivos para distinguir as situações de consumo e de comércio de drogas ilícitas e (b) do endurecimento das penas. A Lei de Drogas apresenta *vazios* e *dobras* de legalidade, que legitimam o aprisionamento massivo e permitem amplo poder criminalizador às agências da persecução criminal. São estruturas legais abertas, contraditórias ou complexas, que criam zonas dúbias imediatamente ocupadas pela lógica punitivista: das dobras de legalidade associadas à proliferação de condutas idênticas nos tipos penais dos arts. 28 e 33 aos vazios relacionados aos parâmetros instáveis para identificação da destinação para o consumo (art. 28, § 2º).

Não por outra razão, de 2005 a 2016, o número de presos no Brasil duplicou (de 361,4 para 726,7 mil) e os delitos relacionados às drogas foram responsáveis por 28% do encarceramento, conforme os dados do Depen.[16] Um processo de prisionalização que atinge a população negra (64%), jovem (55% entre 18 e 29 anos) e de baixa escolaridade (51% com ensino fundamental incompleto), mas que possui uma dimensão de gênero muito particular: 62% das presas respondem por delitos associados ao tráfico de drogas.[17]

Na perspectiva proposta por Vera Malaguti Batista, percebe-se, portanto, que o problema central que envolve o tema não diz respeito aos efeitos da droga em si, mas ao tipo de controle (punitivo) que é dado aos sujeitos alvo

[15] GARLAND, David. ***Mass imprisonment**: social causes and consequences*. London: Sage, 2001. p. 1-2.

[16] DEPEN. **Levantamento Nacional de Informações Penitenciárias**. Brasília: Ministério da Justiça, 2017. p. 9.

[17] DEPEN. **Levantamento Nacional de Informações Penitenciárias INFOPEN Mulheres**. 2. ed. Brasília: Ministério da Justiça, 2018. p. 53.

da política repressiva.[18] Assim, dada a complexidade fenomênica da questão, se o que realmente importasse na elaboração de políticas públicas fossem as evidências, os estudos de Howard Becker, nos Estados Unidos (*Outsiders*, 1961), e Gilberto Velho, no Brasil (*Desvio e Divergência*, 1974; *Nobres & Anjos*, 1998), seriam suficientes para comprovar que, ao contrário da perspectiva oficial que opera em direção à patologização dos usuários, não há causalidade entre o contato com substâncias psicoativas e a dependência. Na realidade, são diversas interações sociais, processos de aprendizado e relações hierárquicas e econômicas que envolvem o consumo de drogas. Exatamente por isso, "os tóxicos são utilizados e reprimidos de forma bastante diferenciada, basicamente em função de classe social, estrato ou grupo de *status* a que pertença o consumidor"[19].

4. O contexto de violência extrema que demarca o tema e as dinâmicas institucionais que a política de guerra às drogas sustenta (letalidade policial e seletividade prisional) não podem, portanto, ser dissociados do debate dogmático que a Suprema Corte enfrenta. Discutir a (in)constitucionalidade do art. 28 da Lei nº 11.343/06 e a consequente (des)criminalização judicial das suas condutas típicas, implica mergulhar na concretude dos efeitos históricos da política criminal de drogas, sob pena de a discussão judicial restar alienada da realidade que a envolve.

Os argumentos jurídicos derivados da interpretação dos princípios da lesividade e da intimidade, expressões ótimas da secularização do Direito Penal nos Estados democráticos, são razoáveis e eficazes para que a Suprema Corte realize a necessária filtragem constitucional da Lei de Drogas. A doutrina e a jurisprudência nacionais já fornecem, há décadas, argumentos irrefutáveis da ilegitimidade da intervenção penal na vida privada e a insustentabilidade jurídica da criminalização do consumo de drogas.[20] Não há traço mais evidente

[18] BATISTA, Vera Malaguti. As Tragédias dos Bairros onde Moram. ***Transversos: Revista de História***, n. 12, p. 157-158, 2018.

[19] VELHO, Gilberto. **Nobres & Anjos**: um estudo de tóxicos e hierarquia. 2. ed. São Paulo: FGV, 2008. p. 204.

[20] Nesse sentido, exemplificativamente, conferir CARVALHO, Salo. **A Política Criminal de Drogas no Brasil:** estudo criminológico e dogmático da Lei 11.343/06. 8 ed. São Paulo: Saraiva, 2016. p. 339-347; CARVALHO, Salo *et al.* #DescriminalizaSTF: um manifesto antiproibicionista ancorado no empírico. **Revista de Estudos Criminais**, n. 46, p. 135-155, 2012.

de paternalismo penal do que a proibição de que pessoas adultas decidam livremente as substâncias que ingerem. Não há elemento mais revelador de um poder político autoritário do que o não reconhecimento de que o indivíduo, da pele para dentro, constitui um território soberano.

Juarez Tavares demonstra exaustivamente como a criminalização do porte de drogas para consumo pessoal é estranha à estrutura de um Direito Penal do fato que autoriza a ingerência penal apenas nos casos em que a lesão de bem jurídico se evidencie como algo intolerável. Não por outra razão, as condutas de perigo abstrato, como são aquelas previstas no art. 28 da nº Lei 11.343/06, que não se pode concretamente dimensionar a alteração na realidade empírica, devem estar fora do horizonte do Direito Penal. No entanto, o autor não limita sua análise às incongruências internas que a criminalização do porte para consumo de drogas produz no sistema jurídico. Ciente das consequências concretas que o proibicionismo produz, argumenta que a guerra às drogas, "[...] além de não apresentar qualquer solução quanto ao seu comércio e consumo, só acarreta mais sofrimento às populações carentes, que são os objetos prioritários dessa política"[21]. Nesse ponto, Tavares realiza uma importante intersecção entre a Criminologia e o Direito Penal, demonstrando, a partir da política de drogas, a falácia da função preventiva do Direito Penal. A inexistência de verificabilidade empírica de que a ameaça penal impede o consumo igualmente desfaz o argumento legal da legitimidade da proibição de condutas de perigo presumido, isto é, de que a criminalização é necessária em razão da possibilidade de expansão do uso abusivo.

Os resultados negativos obtidos nas últimas décadas, decorrentes da adesão das agências do sistema penal brasileiro ao proibicionismo belicista, permitem perceber que as finalidades reais estão distantes do discurso de prevenção do uso abusivo e da dependência (funções declaradas). Em realidade, o que se percebe é o uso retórico da "tutela da saúde pública" como mecanismo de expansão do poder punitivo para reafirmar a "segurança pública", em uma conversão autoritária do próprio aparato estatal em bem jurídico. Um modelo de intervenção punitiva no qual o Estado não é um meio para alcançar os fins estabelecidos pela sociedade civil, mas é um fim em si mesmo.

[21] TAVARES, Juarez. **Fundamentos de Teoria do Delito.** Florianópolis: Tirant lo Blanch, 2018. p. 78.

Outrossim, além da necessidade de reconhecer a ilegitimidade da criminalização das condutas relacionadas ao consumo, é igualmente fundamental destacar a urgência de uma revisão radical em relação à criminalização da produção e do comércio de drogas. As recentes experiências internacionais do Colorado (EUA) e do Uruguai – para ficar apenas em dois exemplos – atestam a eficácia da regulamentação para reduzir a clandestinidade do mercado e as suas violências derivadas.

5. O que se depreende, portanto, é que, ao apostar no controle institucional ostensivo, fortemente militarizado, no qual as polícias se destacam por realizar não apenas o patrulhamento do território, mas o combate armado[22], as agências do Estado (a) abdicam de quaisquer esforços para minimizar os *problemas primários* relacionados ao consumo abusivo de drogas e (b) potencializam uma série de *problemas secundários* derivada da própria política de controle[23].

Em uma sociedade narcotizada pelo punitivismo, expor os custos humanos da política genocida de guerra às drogas provavelmente não sensibilize. Infelizmente os argumentos de cunho humanitário parecem não conseguir ultrapassar as múltiplas camadas de autoritarismo que, ao longo dos anos, cimentam essa política criminal delirante como um fenômeno da natureza. Neste cenário, é possível que somente o apelo ao utilitarismo possa reduzir as resistências. Se o discurso racional não comove, talvez a demonstração da irracionalidade dos custos econômicos desta "política criminal com derramamento de sangue" possa chamar as pessoas à realidade. Os gastos orçamentários da *war on drugs* são astronômicos e inversamente proporcionais aos ganhos sociais que são mínimos.

No ponto, o estudo sobre o impacto econômico da legalização das drogas no Brasil (controle-regulação do mercado), realizado por Luciana Teixeira, fornece importantes elementos ao antiproibicionismo. Segundo a autora, os efeitos imediatos da mudança no rumo da política de drogas seriam (a) geração de novos empregos; (b) aumento da arrecadação tributária; e (c) redução de

[22] SABODIO, Sebastian. *Conoscenza del Territorio tra Guerra e Controllo di Polizia*. ***Lo Squaderno: Explorations in Space and Society***, n. 39, 2016. p. 48.

[23] HULSMAN, Louk; VAN RANSBEEK, Hilde. *Evaluation Critique de la Politique des Drogues*. ***Déviance et Société***, v. 7, n. 3, 1983. p. 272.

gastos com sistema prisional, repressão policial e processamento judicial.[24] Em paralelo, o impacto na cadeia de ilicitude, sobretudo no tráfico de armas, provocaria (d) redução no nível extremo de violências, além de proporcionar (e) abertura de novas perspectivas de pesquisa com reflexos diretos para a saúde.

Se as pesquisas indicam inúmeras vantagens da descriminalização, opondo os custos sociais, econômicos e humanos do proibicionismo, a indagação inicial permanece em forma de alerta: o que a política de guerra às drogas sustenta?

Cabe ao Supremo, no julgamento da (in)constitucionalidade do art. 28 da Lei nº 11.343/06, explorar o questionamento e, quem sabe, indicar a mudança do paradigma bélico por um modelo humanista, constitucionalmente conformado, de valorização da vida e da saúde das pessoas.

Referências

BATISTA, Vera Malaguti. As Tragédias dos Bairros onde Moram. **Transversos: Revista de História**, n. 12, p. 157-158, 2018.

CARVALHO, Salo *et al.* #DescriminalizaSTF: um manifesto antiproibicionista ancorado no empírico. **Revista de Estudos Criminais**, n. 46, p. 135-155, 2012.

CARVALHO, Salo. **A Política Criminal de Drogas no Brasil**: estudo criminológico e dogmático da Lei 11.343/06. 3. ed. Rio de Janeiro: Lumen Juris, 2006.

CARVALHO, Salo. **A Política Criminal de Drogas no Brasil**: estudo criminológico e dogmático da Lei 11.343/06. 8 ed. São Paulo: Saraiva, 2016.

DEPEN. **Levantamento Nacional de Informações Penitenciárias INFOPEN Mulheres**. 2. ed. Brasília: Ministério da Justiça, 2018.

DEPEN. **Levantamento Nacional de Informações Penitenciárias.** Brasília: Ministério da Justiça, 2017.

ESCOHOTADO, António. ***Aprendiendo de las Drogas***. Madrid: Anagrama, 2006.

FBPS. **Anuário Brasileiro de Segurança Pública 2018**. São Paulo: FBSP, 2018.

[24] "Os maiores gastos com a política de repressão às drogas no Brasil, em 2014, foram com o sistema prisional. Os custos de manutenção dos presos por crimes de tráfico de drogas somaram mais de R$ 3,3 bilhões em 2014. Como não foram contabilizados os custos da fase policial e durante a instrução e o julgamento na esfera judicial, bem como custos privados da família do preso, entre outros, espera-se que o custo total do preso seja superior ao calculado neste estudo." (TEIXEIRA, Luciana da Silva. **Impacto Econômico da Legalização das Drogas no Brasil**. Brasília: Câmara dos Deputados, 2016. p. 51)

FRANCO, Marielle. **UPP – A Redução da Favela a Três Letras**: uma análise da Política de segurança pública do Estado do Rio de Janeiro. 2014. Dissertação (Mestrado em Administração) – Universidade Federal Fluminense, Niterói, 2014.

GARLAND, David. ***Mass imprisonment**: social causes and consequences*. London: Sage, 2001.

HULSMAN, Louk; VAN RANSBEEK, Hilde. *Evaluation Critique de la Politique des Drogues*. ***Déviance et Société***, v. 7, n. 3, p. 272, 1983.

MAGALHÃES, Mario. Intervenção militar de 2018 reencena e radicaliza Operação Rio de 1994. ***The Intercept***, 21/02/2018. Disponível em: https://theintercept.com/2018/02/21/intervencao-militar-rio-de-janeiro-1994/. Acesso em: 3 nov. 2020.

ONU Brasil. 'Guerra às drogas': novas soluções anunciam fim da repressão ao consumo no Ocidente, destaca ONU. **Nações Unidas Brasil**, 05/11/2015. Disponível em: https://brasil.un.org/. Acesso em: 3 nov. 2020.

ONU Brasil. ONU lança diretrizes internacionais para políticas de drogas baseadas em direitos humanos. **Nações Unidas Brasil**, 20/03/2019. Disponível em: https://brasil.un.org/. Acesso em: 3 nov. 2020.

PIRES, Thula. **Criminalização do Racismo**: entre a política de reconhecimento e meio de legitimação do controle social sobre os negros. Brasília: Brado Negro, 2016.

REIS, Vilma. Juristas Negros e Negras por Vida e Liberdade no Brasil. *In*: **Discursos Negros**: legislação penal, política criminal e racismo. Brasília: Brado Negro, 2015.

RODRIGUES, Fernando. Direitos são 'prejudicados', afirma General a Vereadores. **Folha de São Paulo**, 23/11/1994, p. 5.

RODRIGUES, Fernando. Militares cobram ação do Estado nos morros. **Folha de São Paulo**, 21/11/1994, p. 8.

SABODIO, Sebastian. *Conoscenza del Territorio tra Guerra e Controllo di Polizia*. ***Lo Squaderno: Explorations in Space and Society***, n. 39, p. 48, 2016.

SILVA, Adrian Barbosa e. *Droghe tra Carcere e Sangue: breve sguardo agli effetti reali dell'esperienza proibizionista brasiliana*. ***Studi sulla Questione Criminale***, 22/03/2019. Disponível em: https://studiquestionecriminale.wordpress.com/2019/03/22/droghe-tra-carcere-e--sangue-breve-sguardo-agli-effetti-reali-dellesperienza-proibizionista-brasiliana-di--adrian-barbosa-e-silva-universita-federale-del-para-brasil/. Acesso em: 3 nov. 2020.

SILVA, Adrian Barbosa e. Horizonte de Projeção da Criminologia Crítica na Política de Drogas no Brasil. *In*: ÁVILA, Gustavo N.; CARVALHO, Érika M. (org.). **10 anos da Lei de Drogas**: aspectos criminológicos, dogmáticos e político-criminais. Belo Horizonte: D'Plácido, 2016.

TAVARES, Juarez. **Fundamentos de Teoria do Delito**. Florianópolis: Tirant lo Blanch, 2018.

TEIXEIRA, Luciana da Silva. **Impacto Econômico da Legalização das Drogas no Brasil**. Brasília: Câmara dos Deputados, 2016.

VELHO, Gilberto. **Nobres & Anjos**: um estudo de tóxicos e hierarquia. 2. ed. São Paulo: FGV, 2008.

23.

ACORDO DE NÃO PERSECUÇÃO PENAL, PRIMEIRAS LEITURAS: PANORAMA, DIFICULDADES E ENFRENTAMENTO

FELIPE CARDOSO MOREIRA DE OLIVEIRA
RAFAEL BRAUDE CANTERJI

Introdução

A Lei nº 13.964[1], de 24 de dezembro de 2019, introduziu no Código de Processo Penal brasileiro o acordo de não persecução penal (ANPP). Tal novidade legislativa seguiu tendência de ampliação dos institutos penais consensuais que já se verificava na *praxis*, em especial em processos de atribuição do *parquet federal*, que os propunha com base nas Resoluções nºs 181/2017 e 183/2019 do Conselho Nacional do Ministério Público (CNMP), as quais, a despeito da ausência de lei a regular a matéria, ditavam, inclusive, regras de atuação para as autoridades Judiciárias[2].

[1] BRASIL. Disponível em: http://www.planalto.gov.br/ccivil_03/_ato2019-2022/2019/lei/L13964.htm. Acesso em: 3 nov. 2020.

[2] BRASIL. Disponível em: https://www.cnmp.mp.br/portal/images/Resolucoes/Resoluo-183.pdf. Acesso em: 3 nov. 2020. Referência aos parágrafos 5º e 6º da Resolução nº 183/2018 do CNMP, que assim dispõe:
"§ 5º Se o juiz considerar o acordo cabível e as condições adequadas e suficientes, devolverá os autos ao Ministério Público para sua implementação.

O ingresso do ANPP na legislação adjetiva brasileira teve origem no Projeto de Lei nº 10.372/2018, da Câmara dos Deputados, como produto do trabalho de uma comissão de juristas[3] presidida pelo ministro do Supremo Tribunal Federal Alexandre de Moraes, instituída em 10 de outubro de 2017, por ato da presidência daquela casa legislativa[4].

Em meio à tramitação do Projeto, em janeiro de 2019, o então ministro da Justiça Sérgio Moro encaminhou o Projeto de Lei nº 882/2019, batizado de Pacote Anticrime, que, no que concerne ao tema, previa o acordo de não persecução penal para as infrações penais com pena máxima não superior a 4 (quatro) anos.

Os projetos que inicialmente tramitaram em paralelo foram, juntamente com o Projeto de Lei nº 10.373/2018, apensados ao primeiro e desaguaram no Substitutivo do Projeto de Lei nº 10.372, da Relatoria do deputado Federal Lafayette de Andrada[5], aprovado pela Câmara e Senado e sancionado pela Presidência da República.

§ 6º Se o juiz considerar incabível o acordo, bem como inadequadas ou insuficientes as condições celebradas, fará remessa dos autos ao procurador-geral ou órgão superior interno responsável por sua apreciação, nos termos da legislação vigente, que poderá adotar as seguintes providências [...]". Disponível em: https://www.cnmp.mp.br/portal/images/Resolucoes/Resoluo-183.pdf. Acesso em: 15 maio 2020.

[3] Além do Ministro Alexandre de Moraes, compunham a Comissão os juristas: Cesar Mecchi Morales (desembargador do Tribunal de Justiça de São Paulo, doutor em Direito Constitucional e presidente do Conselho Nacional de Política Criminal e Penitenciária), Érica de Oliveira Hartmann (defensora Pública Federal, doutora em Direito Processual Penal), Gianpaolo Poggio Smanio (procurador-geral de Justiça do Estado de São Paulo, doutor em Direito Processual Penal), José Bonifácio Borges de Andrada (subprocurador-geral da República, ex-advogado-geral da União), Mônica Barroso Costa (promotora de Justiça do Estado da Bahia, mestre em Ciências Penais e Criminologia, integrante do CNPCP), Patrícia Vanzolini (advogada, doutora em Direito Penal), Renato da Costa Figueira (ex-presidente da OAB/RS, conselheiro federal da OAB) e Renato de Mello Jorge Silveira (advogado, professor Titular de Direito Penal na USP).

[4] É comum se atribuir a origem das alterações da legislação penal trazidas pela Lei nº 13.964 ao "Pacote Anticrime" do então ministro da Justiça e Segurança Pública Sérgio Moro, contudo, na tramitação do Projeto nº 882/2019, ele acabou sendo declarado prejudicado em face da aprovação em Plenário do Substitutivo ao Projeto de Lei nº 10.372, de 2018 (Disponível em: https://www.camara.leg.br/proposicoesWeb/fichadetramitacao?idProposicao=2192353).

[5] O Substitutivo do Projeto está disponível no site da Câmara dos Deputados, disponível em: https://www.camara.leg.br/proposicoesWeb/prop_mostrarintegra?codteor=1841955&filename=Tramitacao-PL+10372/2018. Acesso em: 16 maio 2020. E o Projeto de Lei nº 10.372/2018 disponível em: https://www.camara.leg.br/proposicoesWeb/prop_mostrarintegra;jsession

Cumpre ainda, ressaltar, que o conteúdo do texto legal, em vários dos dispositivos do Código de Processo Penal (CPP), é idêntico ao da Resolução nº 183/2018 do CNMP.

A importância do tema é enorme, tendo em vista que o acordo de não persecução penal é apto a abarcar um percentual altíssimo da quantidade de infrações penais. Assim, cumpre nos debruçarmos sobre esse instrumento para apresentarmos as nossas primeiras impressões sobre o tema.

1. Processo penal consensual

Muito embora seja possível encontrar na história da elaboração e construção da legislação brasileira um sopro de justiça penal consensual já no parágrafo 1º do art. 233 do Projeto de Lei nº 633/75[6], foi a partir de 1995, com a entrada em vigor da Lei nº 9.099, que o Direito Processual Penal brasileiro passou a conviver com medidas de justiça consensual positivadas e que se contrapuseram às concepções construídas doutrinariamente a partir do conjunto de normas extraídas do Código de 1941[7], como o princípio da obrigatoriedade da ação penal pública[8].

id=E68B0A86E5E3D5F8D40E88F0B2E24618.proposicoesWebExterno1?codteor=1718746&filename=Avulso+-PL+10372/2018. Acesso em: 16 maio 2020.

[6] Tal Projeto teve seu Anteprojeto elaborado pelo prof. José Frederico Marques e revisado, inicialmente, pelos professores Benjamin Moraes Filho e José Salgado Martins, e, posteriormente, pelo prof. Helio Tornaghi, além de seu próprio autor. Assim dispunha o Projeto no parágrafo 1º do art. 233: "Tratando-se de processo de ação penal pública, dar-se-á a perempção nos casos expressamente previstos neste Código, quando o réu, por aceitar a pena de multa imposta, desistir, tacitamente, de exercer os poderes e faculdades inerentes a seu direito de defesa, para que se extinga a relação processual". Disponível no site eletrônico da Câmara dos Deputados: http://imagem.camara.gov.br/Imagem/d/pdf/DCD13JUN1975SUP_A.pdf#page=1. Acesso em: 7 maio 2020.

[7] Cumpre recordar que antes do Código de Processo Penal de 1941 não existia uma legislação processual penal unitária na Federação, sendo elaborada pelos estados da Federação. Como ensina Gloeckner em *Autoritarismo e Processo Penal*, até a Constituição de 1934, que definiu a competência da União para legislar sobre matéria processual penal, vigia um sistema penal pluralista, cujas características, bases ideológicas e políticas de cada estado definia o andar e a forma do processo penal.

[8] Entendemos inadequado e constitucionalmente inadaptado o tratamento da obrigatoriedade da ação penal pública incondicionada como um princípio processual. Defendemos a posição

A partir de então, vários outros dispositivos legais positivaram o alargamento e a ampliação da justiça consensual no Brasil.

As nºs Leis 9.807/99[9] e 12.850/13[10], com as alterações também introduzidas pela Lei nºs 13.964/19[11], preveem a possibilidade de composição com o Ministério Público, com o fim de obter redução de pena, melhor regime de cumprimento ou, até mesmo, o perdão judicial em sentença penal condenatória em troca da confissão e do acesso a elementos de prova capazes de demonstrar a responsabilidade criminal de terceiros.

Diferentemente dessas, a transação penal (Lei nº 9.099) e o acordo de não persecução penal (art. 28-A do CPP) não se constituem em acordos que se vinculam a um juízo penal condenatório. Da mesma forma, a suspensão condicional do processo, do art. 89 da Lei nº 9.099. Em nenhum desses institutos

de que o princípio que rege a atuação do Ministério Público no processo penal brasileiro é o da legalidade, o que é possível extrair do disposto no inciso I do art. 98 da Constituição Federal, quando prevê a transação, o que será abordado no próximo tópico.

[9] BRASIL. Lei de Proteção a vítimas e testemunhas: Disponível em: http://www.planalto.gov.br/ccivil_03/leis/l9807.htm) . Acesso em: 3 nov. 2020. "Art. 13. Poderá o juiz, de ofício ou a requerimento das partes, conceder o perdão judicial e a consequente extinção da punibilidade ao acusado que, sendo primário, tenha colaborado efetiva e voluntariamente com a investigação e o processo criminal, desde que dessa colaboração tenha resultado: [...]
Art. 14. O indiciado ou acusado que colaborar voluntariamente com a investigação policial e o processo criminal na identificação dos demais coautores ou partícipes do crime, na localização da vítima com vida e na recuperação total ou parcial do produto do crime, no caso de condenação, terá pena reduzida de um a dois terços".

[10] "Art. 4º O juiz poderá, a requerimento das partes, conceder o perdão judicial, reduzir em até 2/3 (dois terços) a pena privativa de liberdade ou substituí-la por restritiva de direitos daquele que tenha colaborado efetiva e voluntariamente com a investigação e com o processo criminal, desde que dessa colaboração advenha um ou mais dos seguintes resultados: [...].§ 2º Considerando a relevância da colaboração prestada, o Ministério Público, a qualquer tempo, e o delegado de polícia, nos autos do inquérito policial, com a manifestação do Ministério Público, poderão requerer ou representar ao juiz pela concessão de perdão judicial ao colaborador, ainda que esse benefício não tenha sido previsto na proposta inicial, aplicando-se, no que couber, o art. 28 do Decreto-Lei nº 3.689, de 3 de outubro de 1941 (Código de Processo Penal)."

[11] Dentre outros dispositivos:
"Art. 3º-A. O acordo de colaboração premiada é negócio jurídico processual e meio de obtenção de prova, que pressupõe utilidade e interesse públicos.
Art. 3º-B. O recebimento da proposta para formalização de acordo de colaboração demarca o início das negociações e constitui também marco de confidencialidade, configurando violação de sigilo e quebra da confiança e da boa-fé a divulgação de tais tratativas iniciais ou de documento que as formalize, até o levantamento de sigilo por decisão judicial".

há juízo de culpabilidade em relação ao réu ou sentença que enfrente o mérito dos fatos imputados. Tanto na transação como no acordo, a prestação jurisdicional se dá por meio de uma sentença homologatória da composição que não gera reincidência, maus antecedentes ou qualquer outro efeito que não a impossibilidade de lançar mão de nova transação penal ou acordo de não persecução penal[12]. A suspensão condicional do processo, por sua vez, se dá com o recebimento da denúncia, após oferta de suspensão pelo titular da ação penal, e uma vez cumpridas as condições entabuladas, é declarada extinta a punibilidade do denunciado.

Independentemente das diferenças entre elas, tais leis foram, pouco a pouco, alterando o papel desempenhado pela advocacia, defensoria e Ministério Público, a exigir uma maior atuação fora do processo propriamente dito e criar espaços de interlocução e negociação.

2. Princípio da legalidade *vs.* oportunidade

Durante décadas reconheceu-se sem qualquer reparo, no processo penal brasileiro, em relação aos crimes de ação penal pública o princípio da obrigatoriedade, segundo o qual *é dever do Ministério Público oferecer denúncia quando há um ato aparentemente delitivo*[13]. Embora sem previsão expressa no Código de Processo Penal, foi dele erigido a partir do seu conjunto de normas e sustentado, de forma ao que consta uníssona, durante décadas pela doutrina brasileira. Obrigatoriedade essa que vedaria ao *parquet*, apesar da titularidade da ação penal pública, *qualquer juízo de discricionariedade* ou *qualquer liberdade de opção acerca da conveniência ou da oportunidade da iniciativa penal, quando constatada a presença da conduta delituosa e desde que satisfeitas as condições da ação penal*[14].

[12] A composição por transação penal impede a realização de nova transação penal ou acordo de não persecução pelo prazo de cinco anos. Não há previsão legal de que a existência de acordo de não persecução penal impeça uma futura transação penal.

[13] Brandão, Cláudio. Ontologia da Ação Penal. **Revista de Informação Legislativa**. p. 242. Disponível em: https://www2.senado.leg.br/bdsf/bitstream/handle/id/436/r140-24.pdf?sequence=4&isAllowed=y. Acesso em: 7 maio 2020.

[14] OLIVEIRA, Eugenio Pacelli de. **Curso de processo penal**. 16. ed. São Paulo: Atlas, 2012. p. 121.

A transação penal e o acordo de não persecução subvertem a regra de que o Ministério Público deverá oferecer denúncia diante de fatos que apresentem consistentes indícios de materialidade e autoria. A partir da entrada em vigor da Lei nº 13.964, é potencialmente maior a possibilidade de construção de consensos do que o oferecimento formal da acusação. A quantidade de tipos penais à disposição para a celebração de composições é maior do que para o oferecimento direto da denúncia.

Diante de tal situação, vemo-nos obrigados a traçar algumas linhas sobre o reforço do princípio da legalidade. Ao mesmo tempo em que não podemos conceber a obrigatoriedade da ação penal como um princípio do processo penal brasileiro, pós-1988, da mesma forma, a nós parece bastante incorreta a afirmação de que passamos a adotar o princípio da oportunidade no nosso sistema processual.

O princípio que rege o funcionamento do processo penal brasileiro é o da legalidade. Princípio assim trazido na lição de Jorge Figueiredo Dias[15]:

> A consagração do princípio da legalidade, em princípio e face ao que fica dito, de aplaudir; ele preserva um dos fundamentos essenciais do Estado de Direito, enquanto *põe a justiça penal a coberto de suspeitas e tentações de parcialidade e arbítrio.* Se fosse possível aos órgãos públicos encarregados do procedimento penal apreciar da conveniência do seu exercício e omiti-lo por inoportuno, avolumar-se-ia o perigo do aparecimento de influências externas, da ordem mais diversa, na administração da justiça penal e, mesmo quando tais influências não lograssem impor-se, o perigo de diminuir (ou desaparecer) a confiança da comunidade na incondicional objetividade daquela administração.

O Professor Nereu Giacomolli é preciso ao estabelecer que a oportunidade se encontra em contraposição teórica à legalidade processual. Para o nosso homenageado, um sistema processual se fundamenta na oportunidade quando os responsáveis pela persecução penal, diante de fatos com aparência de infração criminal, investigam ou não, denunciam ou não, e dispõem sobre fatos, sobre a classificação jurídica, sobre a pena e sobre quem sofrerá ou

[15] DIAS, Jorge de Figueiredo. **Direito processual penal**. Coimbra: Coimbra, 1984. p. 128.

não a *persecutio;* além disso, o Ministério Público poderia manter ou não uma acusação e sua forma procedimental[16].

As previsões do inciso I do art. 98 da Constituição, do art. 76 da Lei nº 9.099/95 e do art. 28-A do Código de Processo Penal não consagram de forma alguma o princípio de oportunidade, mas indicam a presença de requisitos e dispositivos que conduzem à conclusão de que impera o princípio da legalidade.

O entendimento firme do Superior Tribunal de Justiça de que a suspensão condicional do processo não é um direito subjetivo do acusado e tampouco uma liberalidade do Ministério Público, mas sim um poder-dever[17] do órgão acusatório, indica claramente que não se está diante de uma oportunidade, mas de uma clara exigência legal. Cumpre ao Ministério Público não optar por apresentar ou não a oferta da suspensão, mas sim oferecê-la toda vez que estiverem preenchidos os requisitos. É o que se espera numa perspectiva republicana de instituição tão importante para a efetivação da democracia.

Na lição de Giacomolli, *o poder de dispor sobre a dedução ou não de uma imputação, de propor ou não a suspensão condicional do processo, limita-se pelos pressupostos fáticos e jurídico-legais*[18]. A atuação do Ministério Público se limita ao legalmente estabelecido[19]. Lição perfeitamente aplicável ao acordo de não persecução penal.

3. O acordo de não persecução penal

Em meio a toda celeuma existente acerca da introdução ou não do *plea bargaining* no Brasil, o modelo consensual aprovado foi o acordo de não persecução penal, que podemos sintetizar nos seguintes termos: é uma composição realizada

[16] GIACOMOLLI, Nereu. **O devido processo penal**: abordagem conforme a Constituição Federal e o Pacto de São José da Costa Rica. São Paulo: Atlas, 2014. p. 278.

[17] Disponível em: http://www.stj.jus.br/internet_docs/jurisprudencia/jurisprudenciaemteses/Jurisprud%C3% AAncia%20em%20teses%2096%20-%20Juizados%20Especiais%20Criminais%20-%20II.pdf. Acesso em: 16 maio 2020.

[18] GIACOMOLLI, Nereu. **O devido processo penal**: abordagem conforme a Constituição Federal e o Pacto de São José da Costa Rica. São Paulo: Atlas, 2014. p. 279.

[19] GIACOMOLLI, Nereu. **O devido processo penal**: abordagem conforme a Constituição Federal e o Pacto de São José da Costa Rica. São Paulo: Atlas, 2014. p. 279.

entre o Ministério Público e o acusado, devidamente representado, na qual, diante da confissão, preenchidos determinados requisitos e cumpridas certas condições, não será oferecida denúncia e declarada extinta a punibilidade.

Em que pese o detalhamento dos requisitos e condições trazidos no CPP, não temos a menor dúvida de que se dependerá bastante da construção jurisprudencial para a superação de lacunas e construir a hermenêutica adequada das normas, assim como cremos que muito dela estará diretamente ligada à interpretação já construída pela jurisprudência em relação à transação penal e à própria suspensão condicional do processo.

Cumpre, finalmente, ingressarmos no cerne da presente análise: os requisitos exigidos para a realização do acordo de não persecução penal.

3.1. Requisitos previstos na Lei nº 13.964/2019

A partir da leitura do *caput* e parágrafos do artigo 28-A do Código de Processo Penal, introduzido pela Lei nº 13.964, identificam-se os requisitos para a oferta do acordo de não persecução penal.

Ainda que com brevidade, respeitados os limites do texto e sua característica de ser resultado de *primeiras leituras*, cumpre-nos comentar tais requisitos:

(i) Não ser caso de arquivamento do procedimento criminal

Antes mesmo da proposta de acordo de não persecução penal, é necessário que o Ministério Público faça a devida análise do preenchimento dos requisitos para oferta de denúncia. Eventual proposta referente a fato que não esteja amparado nas hipóteses previstas nos incisos II e III do art. 395 do Código de Processo Penal – preenchimento dos pressupostos processuais e das condições para o exercício da ação penal, além da existência de justa causa para o oferecimento da denúncia - constitui constrangimento ilegal.

Cabível, no ponto, analogicamente, a aplicação de procedimento defendido em relação à oferta de Transação Penal. Infrutífera a composição civil, é necessário o respeito à ordem cronológica prevista no artigo 76 da Lei nº 9.099/95[20].

[20] BRASIL. Disponível em: http://www.planalto.gov.br/ccivil_03/leis/l9099.htm. Acesso em: 3 nov. 2020. "Art. 76. Havendo representação ou tratando-se de crime de ação penal

Dessa forma, cumpre, primeiramente, ao agente do Ministério Público, em observância ao princípio da legalidade, analisar se o fato trazido ao seu conhecimento deve ser arquivado ou não, para, somente após, caso não o seja, propor a aplicação imediata de pena. O acordo de não persecução, assim como já fazia a Lei dos Juizados Especiais, portanto, exige do órgão do Ministério Público uma conduta comprometida com um Processo Penal Democrático. O desrespeito da ordem prevista no referido dispositivo legal geraria evidente constrangimento ilegal, uma vez que imporia apreciação prematura de proposta de acordo de não persecução em procedimento criminal por fato que não ensejaria o oferecimento de denúncia.

No que diz respeito à existência de suporte probatório mínimo para a transação penal, no que entendemos aplicável igualmente ao acordo de não persecução penal, há quase uma década o Superior Tribunal de Justiça mantém o seguinte entendimento: "4. Para que se dê início à persecução penal, ainda que na forma de proposta de transação penal, deve haver suporte probatório mínimo, uma vez que a responsabilidade penal não pode ser presumida, mas deve ser demonstrada. 5. Ordem concedida para extinguir a proposta de transação penal e trancar o procedimento investigatório criminal, por ausência de justa causa"[21].

(ii) Confissão formal e circunstanciada da prática da infração penal

Dois temas são objeto de atenção em relação ao segundo requisito do art. 28-A: momento para a confissão e no que ela consiste.

Mesmo que discordemos da previsão, uma vez que ela viola a presunção de inocência em caso de desfazimento futuro do acordo e consequente oferecimento da denúncia[22], não temos a menor dúvida acerca da necessidade da confissão para a formalização do ANPP, independentemente de qualquer manifestação anterior do acusado.

pública incondicionada, não sendo caso de arquivamento, o Ministério Público poderá propor a aplicação imediata de pena restritiva de direitos ou multas, a ser especificada na proposta."

[21] STJ. HC 226.512/RJ. Sexta Turma. Relator Min. Sebastião Reis Júnior. Julgado em 09.10.2012.

[22] BRASIL. Disponível em: http://www.planalto.gov.br/ccivil_03/decreto-lei/del3689.htm. Acesso em: 3 nov. 2020. "Art. 28-A. [...] § 10. Descumpridas quaisquer das condições estipuladas no acordo de não persecução penal, o Ministério Público deverá comunicar ao juízo, para fins de sua rescisão e posterior oferecimento de denúncia."

É importante salientar, contudo, que a confissão que se exige do investigado para a celebração do acordo pode ocorrer independentemente da verificação de silêncio ou da apresentação de versão dos fatos diversa da confissão na fase investigatória.

Tal ponderação tem relevância para que não se viole, sob nenhum argumento, o direito ao exercício da defesa pessoal do acusado no processo penal brasileiro.

A mudança de versão do acusado sobre os fatos é corolário do exercício do direito fundamental à ampla defesa, podendo ocorrer na fase processual em comparação ao que fora dito na investigação ou mesmo, como sói ocorrer no procedimento relativo aos processos de competência do Tribunal do Júri, em interrogatórios diversos já durante a instrução do processo.

Assim, a não confissão até que preenchido o requisito da pena mínima ser inferior a quatro anos, não poderá ser impedimento à oferta – hipótese que será mais adiante desenvolvida, relativa ao preenchimento do requisito apenas quando da apreciação judicial da imputação excessiva.

Ainda, consta que a confissão deve ser formal e circunstanciada. A partir do uso de tais adjetivos, concluímos que o legislador pretende que ela se dê perante o Ministério Público ou, até mesmo, diante da autoridade policial, em ato voltado para ouvir o investigado. Além disso, deve ele explicitar as circunstâncias em que o crime fora praticado.

Importante consignar que um acordo de não persecução penal não pode se confundir com um acordo de colaboração premiada, não sendo exigível do investigado que traga ao conhecimento do *parquet* detalhes sobre a participação de outras pessoas na prática delitiva.

O ANPP não é um instrumento investigatório. Não há nada no texto legal que possa levar a conclusão diversa, diferentemente do que se viu em relação às Leis nºs 9.807 e 12.850. O acordo de não persecução é uma forma de desobrigar a realização do processo, diante de um investigado que, cumpridor dos requisitos fixados, não responderá a um processo criminal e, ao final, terá extinta a sua punibilidade.

A própria veracidade da confissão não necessita ser demonstrada. Cumpre ao investigado assumir a prática do fato imputado (e não da classificação jurídica), com descrição coerente e compatível com o que se lhe atribui.

Por fim, justamente por estarmos diante de relevante decisão, deverá ser concedido razoável tempo à defesa para a apreciação da proposta. Não há obrigatoriedade de pronta resposta. A pretensão de se ter celeridade processual não pode ser fonte para atropelos processuais. O termo *acordo* parte do pressuposto que as partes concordem, cheguem a um bom termo para ambas, não sendo decisão e imposição acusatória. Ainda que em situação diversa, mas analógica, já houve manifestação do Poder Judiciário neste sentido:

> A despeito do silêncio da Lei Processual Penal quanto ao prazo mínimo de antecedência com o qual as partes devem ser intimadas para comparecer em juízo, é certo que, para que sejam efetivamente assegurados o contraditório e a ampla defesa, é indispensável que a intimação do acusado para comparecer em audiência seja feita com antecedência razoável, mormente em se tratando de ato designado para formalização de proposta de suspensão condicional do processo.[23]

(iii) Infração penal cometida sem violência ou grave ameaça

A exigência de aplicabilidade do ANPP apenas para as infrações penais praticadas sem violência ou grave ameaça é opção de política criminal. A vedação a tais formas de conduta segue linha de pensamento identificada desde a Lei nº 9.714/98, que alterou os artigos do Código Penal que tratavam da substituição da pena privativa de liberdade por restritiva de direitos, passando a autorizá-la quando a pena aplicada não fosse superior a quatro anos e o crime não fosse cometido mediante violência ou grave ameaça à pessoa[24].

[23] TJMT. Apelação Criminal n. 00027464020148110009329482018. Terceira Câmara Criminal. Relator Desembargador Gilberto Giraldelli. Julgado em 13.06.2018.

[24] BRASIL. Disponível em: http://www.planalto.gov.br/ccivil_03/leis/l9714.htm. Acesso em: 3 nov. 2020 ."Art. 44. As penas restritivas de direitos são autônomas e substituem as privativas de liberdade, quando: I – aplicada pena privativa de liberdade não superior a quatro anos e o crime não for cometido com violência ou grave ameaça à pessoa ou, qualquer que seja a pena aplicada, se o crime for culposo; II – o réu não for reincidente em crime doloso; III – a culpabilidade, os antecedentes, a conduta social e a personalidade do condenado, bem como os motivos e as circunstâncias indicarem que essa substituição seja suficiente."

Trata-se de um critério objetivo em que o legislador desconsidera o tipo e o grau de violência empregados na conduta. Há casos em que o potencial lesivo da violência ou da ameaça, mesmo que grave, é baixo, tanto que as penas atribuídas pelo legislador são mínimas e a ação penal depende, em algumas situações, de representação da vítima. Seja pelo fato de termos um desvalor da ação e/ou do resultado desprezíveis, mais adequado seria avaliar a compatibilidade do tipo penal com a instituição político-criminal do ANPP. Tais avaliações poderiam decorrer da própria pena cominada.

(iv) Pena mínima abstratamente prevista inferior a 4 (quatro) anos

Mesmo que a opção legislativa tenha sido expressiva e contemple grande número de tipos penais, entendemos que a opção quanto ao limite temporal em questão contrariou a harmonia do sistema no que tange às hipóteses de aplicação de medidas descarcerizadoras.

Desde o *sursis*, na parte geral de 1984, que previu a possibilidade de suspensão condicional da pena quando ela não fosse superior a dois anos, passando pela possibilidade de transação penal, na redação original da Lei nº 9.099/95 (pena máxima não superior a um ano) ou na alteração trazida pela Lei nº 11.613 (pena máxima não superior a dois anos), pela suspensão condicional do processo (crimes com pena mínima cominada igual ou inferior a um ano), assim como nas alterações trazidas pela Lei nº 9.714/98 (pena não superior a quatro anos), os dispositivos legais que traziam normas descarcerizadoras utilizaram o critério de inclusão do tempo limite. Tal técnica faz todo sentido, uma vez que ao se estabelecer um limite para a aplicação de uma regra jurídica, tal marco deve ser dotado de máxima certeza e clareza possível ao destinatário da norma.

Explicamos.

Até o presente momento, não temos em nosso ordenamento jurídico penas cujo mínimo cominado se situe em um período entre maior do que 3 (três) e menor do que 4 (quatro) anos de detenção ou reclusão – não há, por exemplo, nenhum delito com pena cominada de três anos e seis meses de pena privativa de liberdade. Dessa forma, o presente requisito, ressalvada a incidência *a priori* de causas de diminuição de pena (minorantes), em verdade tem aplicação limitada aos crimes cujas penas mínimas cominadas não ultrapassam três anos de privação de liberdade.

Por todos os exemplos anteriores, tanto do ponto de vista de política criminal como do de construção harmônica da legislação penal[25], mais adequada seria a aplicabilidade do ANPP para imputações referentes a infrações penais com penas mínimas inferiores ou iguais a quatro anos.

(v) Ser o acordo necessário e suficiente para reprovação e prevenção do crime

A amplitude da previsão trará necessidade de que o Ministério Público fundamente adequadamente a recusa em oferecer o acordo de não persecução penal. Não se trata de um requisito que exija fluxo de demonstração no sentido de ser o acordo suficiente e necessário para a prevenção e repressão do crime pelas partes. Exige-se fluxo contrário, no sentido da necessidade de justificar-se por que o acordo não é suficiente e necessário para a reprovação da infração penal.

Para tal conclusão, pelas características da exigência legal, ao que nos parece, a jurisprudência deverá adotar o mesmo critério interpretativo utilizado em relação ao inciso III do §2º do art. 76 da Lei nº 9.099[26].

[25] A falta de harmonia é explicável, uma vez que a redação do *caput* do art. 28-A é muitíssimo próxima a do art. 18 da Resolução nº 181/2017, do CNMP, alterada pela Resolução nº 183/2018. "Art. 18. Não sendo o caso de arquivamento, o Ministério Público poderá propor ao investigado acordo de não persecução penal quando, cominada pena mínima inferior a 4 (quatro) anos e o crime não for cometido com violência ou grave ameaça a pessoa, o investigado tiver confessado formal e circunstanciadamente a sua prática, mediante as seguintes condições, ajustadas cumulativa ou alternativamente: [...]". É possível que o legislador tenha se preocupado mais em utilizar os critérios sugeridos pelo Ministério Público do que com a harmonia do sistema legal brasileiro.

[26] "PROCESSUAL PENAL. *HABEAS CORPUS*. ART. 3º, I, E ART. 4º, A, AMBOS DA LEI N. 4.898/65. NULIDADE. DETERMINAÇÃO DE INDICIAMENTO APÓS O RECEBIMENTO DA DENÚNCIA. CONSTRANGIMENTO ILEGAL EVIDENCIADO. TRANSAÇÃO E SUSPENSÃO CONDICIONAL DO PROCESSO. RECUSA DO MINISTÉRIO PÚBLICO DEVIDAMENTE JUSTIFICADA. AUSÊNCIA DOS REQUISITOS LEGAIS. RECURSO PARCIALMENTE PROVIDO. I – Com o recebimento da denúncia, a princípio, não mais se justifica o indiciamento formal do acusado (precedentes). II – O recorrente foi denunciado pela suposta prática dos crimes previstos no art. 3º, i, e no art. 4º, a, ambos da Lei n. 4.898/65, sendo-lhe negado o benefício da transação e da suspensão condicional do processo. III – O Ministério Público, ao não ofertar os benefícios da Lei 9.099/95, deve fundamentar adequadamente a sua recusa. A recusa concretamente motivada não acarreta, por si, ilegalidade sob o aspecto formal (precedentes). Recurso ordinário parcialmente provido apenas para anular a determinação judicial de indiciamento do recorrente e

(vi) Não cabimento de transação penal

Nesse ponto, relevante referir que naqueles casos em que é cabível a transação penal, não pode o acusador decidir pela oferta de ANPP. Trata-se de previsão que pretende garantir ao imputado a prevalência de direito que mais o beneficia. A transação penal é mais benéfica pois não exige a reparação do dano ou restituição da coisa à vítima, a renúncia a bens e direitos indicados como instrumento, proveito ou produto do crime e, principalmente, por não estabelecer como condição para sua implementação a confissão do acusado, o que reduz, inclusive, efeitos cíveis da transação penal em relação ao ANPP

(vii) Investigado não reincidente e inexistência de elementos probatórios que indiquem conduta habitual, reiterada ou profissional, exceto se insignificantes as infrações penais pretéritas

Ainda que a previsão seja compatível com demais hipóteses "despenalizadoras", tem-se mais um exemplo da opção político-criminal que privilegia o "direito penal do autor" em detrimento ao "direito penal do fato". Quanto ao tema, assim define o professor ClausRoxin[27], citando Blockelmann:

> *Por* ***Derecho penal del hecho*** *se entiende una regulación legal, en virtud de la cual la punibilidad se vincula a una acción concreta descrita tipicamente (o a lo sumo a varias acciones de esse tipo) y la sanción representa sólo la respuesta al hecho individual, y no a toda la conducción de la vida del autor o a los peligros que en futuro se esperan del mismo. Frente a esto, se tratará de un* ***Derecho penal de autor*** *cuando la pena se vincule a la personalidad del autor y sea su associalidad y el grado de la misma lo que decida sobre la sanción. 'Lo que hace hace culpable aquí al autor no es ya que haya cometido un hecho, sino que sólo el que el autor sea 'tal' se convierte en objeto de censura legal'; 'alli donde entre los pressupuestos de la comminación penal se incluye algo distinto y más que el si y el cómo de una ación individual, y donde ese algo más debe buscarse en la peculiaridad humana del autos, estamos ente un sistema en que la pena se dirige al autor como tal'.*

todos os efeitos dela decorrentes." RHC 60445/SP. STJ. Quinta Turma. Relator Ministro Felix Fischer. DJe 13/05/2016.

[27] ROXIN, Claus. ***Derecho Penal – Parte General:*** *Tomo I. Fundamentos. La estructura de la Teoria del Delito.* 1. ed. 2. reimpressão. Madrid: Civitas Ediciones, 1997. p. 176 e 177.

Por tais razões, aliás, que a reincidência só persiste no Código Penal da Alemanha como um elemento de análise para a concessão do livramento condicional. Quanto à derrogação do § 48 do Código Penal Alemão, é o próprio Professor Roxin quem explica[28]:

> *Lo proprio sucede en la agravación de la pena por reincidencia del § 48 v a., que pese a todos los esfuerzos por darle una fundamentación distinta sólo se podía explicar partiendo de la admisión de una culpabilidad por la conducción de vida y por tanto inconciliable con el principio de la culpabilidad por hecho; pues bien, tal precepto fue derogado, bajo la presión de la crítica contra el mismo, por la 23ª StrÄg de 13-04-1986. Y de tal decisión legislativa cabe deducir que también hay que dar preferencia en los demás terrenos a las interpretaciones propias del Derecho penal del hecho frente a las interpretaciones eventualmente posibles en el sentido del Derecho penal del autor, en los casos en que estas últimas fundamentaran una pena más elevada.*

Vê-se, portanto, a reincidência como uma opção que não se coaduna com o Direito e o processo penal democráticos.

Além da reincidência, a lei traz a impossibilidade de realização do acordo diante de habitualidade, reiteração ou do agir profissional criminoso.

É importante salientar que a demonstração da habitualidade/reiteração/agir profissional deve ser precisa e **não se confundir com continuidade delitiva ou com a prática de delito que se prolongue no tempo** (crime permanente).

Na fundamentação, o órgão do Ministério Público deverá demonstrar, a partir da existência de outras condenações, sob pena de se atribuir a habitualidade a infrações penais que sequer ensejaram juízo definitivo de culpabilidade em relação ao acusado.

[28] ROXIN, Claus. ***Derecho Penal – Parte General**: Tomo I. Fundamentos. La estructura de la Teoria del Delito.* 1. ed. 2. reimpressão. Madrid: Civitas Ediciones, 1997. p. 186.

(viii) Não ter o agente realizado, nos cinco anos que precedem o cometimento da infração penal, transação penal, suspensão condicional de processo ou acordo de não persecução penal

A presente previsão traz a necessidade de ainda mais cautela à decisão de aceitar proposta de transação penal, assim como reforça a importância de se analisarem os requisitos para oferecimento de denúncia antes do oferecimento de transação penal.

O alerta aqui é importante. O aceite da transação penal não pode ser concebido como uma saída mais cômoda ao autor do fato em um processo de competência do Juizado Especial Criminal. A vedação do art. 28-A, § 2º, III, traz mais uma consequência decorrente da aceitação de tal oferta e que deve ser do conhecimento do investigado.

Quanto à impossibilidade de já ter aceito suspensão condicional do processo, trata-se de inovação legislativa, uma vez que, segundo a previsão legal de tal instrumento, sua aceitação não traz como consequência qualquer vedação a uma nova concessão. Agora, temos um óbice a um eventual acordo de não persecução penal futuro.

Por fim, o critério de 5 (cinco) anos adotado se enfileira de acordo com a regra-geral da produção de efeitos em prejuízo ao investigado/denunciado/réu, nas previsões características de Direito Penal do autor do direito material e processual penal brasileiro, construída a partir do limite dos efeitos da reincidência.

(ix) Inaplicabilidade aos casos de violência doméstica ou familiar[29] ou praticados contra mulheres por razões da condição do sexo feminino

A previsão é compatível com recentes alterações legislativas e políticas afirmativas de gênero. A proibição de aplicação da transação penal e da suspensão

[29] BRASIL: http://www.planalto.gov.br/ccivil_03/_ato2004-2006/2006/lei/l11340.htm. Acesso em: 3 nov. 2020. A Lei nº 11.340/06 define em que consiste a violência doméstica: "Art. 5º Para os efeitos desta Lei, configura violência doméstica e familiar contra a mulher qualquer ação ou omissão baseada no gênero que lhe cause morte, lesão, sofrimento físico, sexual ou psicológico e dano moral ou patrimonial: I – no âmbito da unidade doméstica, compreendida como o espaço de convívio permanente de pessoas, com ou sem vínculo familiar, inclusive as esporadicamente agregadas; II – no âmbito da família, compreendida como a comunidade formada por indivíduos que são ou se consideram aparentados, unidos por laços naturais, por afinidade ou por vontade expressa; III – em qualquer relação íntima de afeto, na qual o

condicional do processo aos crimes praticados com violência doméstica e familiar contra a mulher adveio do art. 41 da Lei Maria da Penha[30] e da interpretação consolidada do Superior Tribunal de Justiça, na Súmula 536, e do Supremo Tribunal Federal, no julgamento da Ação Declaratória de Constitucionalidade nº 19.

A vedação trazida não se refere aos crimes praticados com violência física ou grave ameaça, pois, como regra, em relação a tais casos já haveria impossibilidade de realização do acordo, pelo requisito analisado no item "iii".

Contudo, além da violência física e sexual, são formas de violência doméstica e familiar contra a mulher, conforme o art. 7º da Lei nº 11.340[31], a violência psicológica, a violência patrimonial e a violência moral.

agressor conviva ou tenha convivido com a ofendida, independentemente de coabitação. Parágrafo único. As relações pessoais enunciadas neste artigo independem de orientação sexual".

[30] BRASIL: http://www.planalto.gov.br/ccivil_03/_ato2004-2006/2006/lei/l11340.htm. Acesso em: 3 nov. 2020. Lei n.º 11.340/2006. "[...] Art. 41. Aos crimes praticados com violência doméstica e familiar contra a mulher, independentemente da pena prevista, não se aplica a Lei n.º 9.099, de 26 de setembro de 1995".

[31] BRASIL: http://www.planalto.gov.br/ccivil_03/_ato2004-2006/2006/lei/l11340.htm. Acesso em: 3 nov. 2020. "Art. 7º São formas de violência doméstica e familiar contra a mulher, entre outras:

I – a violência física, entendida como qualquer conduta que ofenda sua integridade ou saúde corporal; II – a violência psicológica, entendida como qualquer conduta que lhe cause dano emocional e diminuição da autoestima ou que lhe prejudique e perturbe o pleno desenvolvimento ou que vise degradar ou controlar suas ações, comportamentos, crenças e decisões, mediante ameaça, constrangimento, humilhação, manipulação, isolamento, vigilância constante, perseguição contumaz, insulto, chantagem, violação de sua intimidade, ridicularização, exploração e limitação do direito de ir e vir ou qualquer outro meio que lhe cause prejuízo à saúde psicológica e à autodeterminação; III – a violência sexual, entendida como qualquer conduta que a constranja a presenciar, a manter ou a participar de relação sexual não desejada, mediante intimidação, ameaça, coação ou uso da força; que a induza a comercializar ou a utilizar, de qualquer modo, a sua sexualidade, que a impeça de usar qualquer método contraceptivo ou que a force ao matrimônio, à gravidez, ao aborto ou à prostituição, mediante coação, chantagem, suborno ou manipulação; ou que limite ou anule o exercício de seus direitos sexuais e reprodutivos; IV – a violência patrimonial, entendida como qualquer conduta que configure retenção, subtração, destruição parcial ou total de seus objetos, instrumentos de trabalho, documentos pessoais, bens, valores e direitos ou recursos econômicos, incluindo os destinados a satisfazer suas necessidades; V – a violência moral, entendida como qualquer conduta que configure calúnia, difamação ou injúria."

Assim, a prática de qualquer crime em que se verifique alguma dessas três formas de violência doméstica e familiar contra a mulher impedirá a realização do acordo.

4. Problematizações necessárias em nome da isonomia e harmonia do funcionamento do sistema processual penal brasileiro

Cumpre, diante de todas as inquietações que surgem do tema, expor algumas problematizações que entendemos pertinentes e cujo posicionamento se exigirá do Poder Judiciário.

4.1. Inexistência de limite temporal absoluto para o acordo de não persecução penal

A leitura do *caput* do artigo 28-A do CPP traz a impressão de que o único momento oportuno para que seja firmado o acordo de não persecução penal é anteriormente ao oferecimento de denúncia. Somado a isso, o próprio conceito corrobora com essa ideia, uma vez que é firmado acordo para que não ocorra o processo, ou seja, não seja iniciada a persecução penal.

Pretendemos apresentar, neste tópico, algumas situações concretas que nos conduzem à interpretação diversa, concluindo ser cabível o acordo ainda que em momento posterior à própria instrução processual, tanto nos processos iniciados antes da entrada em vigor da lei como naqueles que tiveram início quando já era possível a realização do acordo.

Inicialmente, cabe referência aos processos em andamento. Nesses casos, preenchidos os requisitos legais, ainda que com denúncia recebida, entende-se que deve ser questionado o réu sobre interesse em promover o acordo de não persecução penal. Não caberia interpretação de que a irretroatividade da lei processual penal inviabilizaria a oferta. Trata-se de novo direito público subjetivo dos acusados que deve ter aplicação imediata ou, ainda, de imposição de análise quanto ao cabimento da oferta pelo Ministério Público, decorrente do princípio da legalidade. Tal circunstância ensejaria análise mesmo naqueles casos que estão em fase recursal. Pela pertinência temática, merece ser integralmente transcrita ementa de recente acórdão do Tribunal Regional da 4ª Região:

> APELAÇÃO CRIMINAL. PROCESSUAL PENAL. QUESTÃO DE ORDEM. ACORDO DE NÃO PERSECUÇÃO PENAL. ART. 28-A DO CÓDIGO DE PROCESSO PENAL. PACOTE ANTICRIME. NORMA DE ÍNDOLE MATERIAL. *NOVATIO LEGIS IN MELLIUS.* ATENUAÇÃO DAS CONSEQUÊNCIAS DA CONDUTA DELITIVA. APLICABILIDADE AOS EM PROCESSOS EM ANDAMENTO COM DENÚNCIA RECEBIDA ANTES DA VIGÊNCIA DA LEI No 13.964/2019. QUESTÃO DE ORDEM SOLVIDA.
>
> 1. O acordo de não persecução penal consiste em *novatio legis in mellius*, vez que a norma penal tem, também, natureza material ou híbrida mais benéfica, na medida que ameniza as consequências do delito, sendo aplicável às ações penais em andamento.
> 2. É possível a retroação da lei mais benigna, ainda que o processo se encontre em fase recursal (REsp. no 2004.00.34885-7, Min. Félix Fischer, STJ - 5a Turma).
> 3. Cabe aferir a possibilidade de acordo de não persecução penal aos processos em andamento (em primeiro ou segundo graus), quando a denúncia tiver sido ofertada antes da vigência do novo artigo 28-A, do CPP.
> 4. Descabe ao Tribunal examinar e homologar diretamente em grau recursal eventual acordo de não persecução penal, só se admitindo tal hipótese nos inquéritos e ações penais originárias.
> 5. É permitido ao Tribunal examinar, desde logo, a existência dos requisitos objetivos para eventual permissivo à formalização de acordo de não persecução penal, determinando, se for o caso, a suspensão da ação penal e da prescrição e a baixa em diligência ao primeiro grau para verificação da possibilidade do benefício legal.
> 6. Hipótese em que se afasta eventual invalidade da sentença pela lei posterior à sua prolação, mas cria-se instrumento pela via hermenêutica de efetividade da lei mais benéfica.

> 7. Constatada pela Corte Recursal a ausência dos requisitos objetivos para oferecimento da proposta de acordo de não persecução penal, admite-se o prosseguimento, desde logo, do processo no estado em que se encontrar.
> 8. Formalizado o acordo de não persecução penal em primeiro grau, a ação penal permanecerá suspensa, sem fluência da prescrição, até o encerramento do prazo convencionado, ou rescisão do acordo.
> 9. Não oferecido ou descumprido e rescindido o acordo, a ação penal retomará seu curso natural com nova remessa ao Tribunal para julgamento dos recursos voluntários.
> 10. Não sendo oferecido o acordo de não persecução penal, cabível recurso do réu ao órgão superior do Ministério Público, na forma do art. 28-A, § 14, do CPP.
> 11. O art. 28-A do Código de Processo Penal silencia quanto a eventual restrição de aplicabilidade do acordo de não persecução penal aos crimes praticados em concurso (seja material ou formal) e o concurso de crimes apenas se mostra relevante e intransponível para o oferecimento do acordo de não persecução penal quando o somatório das penas mínimas ou a pena concreta – no caso de sentença condenatória já proferida - for igual ou superior a 4 (quatro anos).
> 12. Questão de ordem solvida para determinar a suspensão do feito e da prescrição, para que seja remetido ao juízo de origem para verificação de eventual possibilidade de oferecimento do acordo de não persecução penal previsto no art. 28-A do Código Penal, introduzido pela Lei nº 13.964/2019.[32]

Agir de modo diverso poderia ensejar tratamento diferenciado injustificado e aleatório. Digamos que duas pessoas, "A" e "B", em situação similar, praticam infrações penais idênticas contra vítimas diferentes no mesmo dia. Realizada a investigação, o inquérito de "A" é distribuído, num mesmo dia, à Promotora "X" e o da "B", ao Promotor "Y". Suponhamos que a Promotora "X" seja mais diligente que o Promotor "Y" e, assim, oferece a denúncia no

[32] TRF4. Apelação Criminal n. 5004135-89.2018.4.04.7016. Oitava Turma. Relator Desembargador Federal João Pedro Gebran Neto. Julgado em 13.05.2020.

dia 21 de janeiro de 2020, tendo sido recebida pelo Juiz "W" no dia seguinte. O Promotor "Y", apenas resolve acessar o conteúdo do inquérito em 18 de maio de 2020, quando percebe ser cabível o ANPP e entra em contato com o defensor de "B" para propor ao acordo. O aleatório precisa ser limitado pela jurisprudência para que se administre a justiça de forma isonômica.

4.2 Excesso de acusação e erro

Outra questão que merece máxima relevância decorre das hipóteses de não cabimento do ANPP por haver excesso de acusação ou erro. Tais circunstâncias poderão apenas ser reconhecidas quando da sentença ou mesmo na fase recursal, seja por desclassificação da imputação, seja por parcial absolvição. Em qualquer das situações, passará, tanto na sentença quanto no acórdão, a ser preenchido o requisito objetivo da quantidade mínima de pena cominada para o crime, o que deverá fazer com que o Ministério Público oferte a proposta. Dessa forma, deve ser lido o instituto não apenas como um acordo para não persecução penal completa, mas também como para o não prosseguimento de persecução penal já existente.

O excesso da acusação, reconhecido pelo Poder Judiciário, não poderá trazer prejuízo ao réu ainda maior do que já trouxe no processo e inviabilizar que exerça direito público subjetivo. De outro modo, alterada a imputação a partir do reconhecimento pelo julgador, passa o Ministério Público a ter o dever de analisar o cabimento de oferta do acordo – passível de debate como deveria acontecer o procedimento para instruir o expediente do ANPP. Evitando que seja proferida decisão e encerre a jurisdição, deve o julgador, ao absolver parcialmente o acusado ou desclassificar a imputação, provocar o Ministério Público a avaliar a possibilidade de oferta do ANPP.

O tema apresentado acima não é novo, ainda que o instituto o seja. Situação similar já ocorre com a suspensão condicional do processo, que também tem entre um de seus requisitos a pena cominada no tipo penal imputado. Por isso, entendemos tratar-se de hipótese de interpretação análoga à dada pelo Superior Tribunal de Justiça na Súmula 337, segundo a qual *é cabível a suspensão condicional do processo na desclassificação do crime e na procedência parcial da pretensão punitiva*.

Por outro lado, ganha ainda mais importância a não protocolar apreciação de uma denúncia ofertada, seja no primeiro dos recebimentos, seja na análise dos argumentos trazidos quando apresentada Resposta à Acusação. No mesmo sentido, cuidadosa análise deverá ser feita no julgamento de *habeas corpus* impetrado para atacar decisão que recebe a denúncia e/ou deixar de rejeitá-la, ou absolver sumariamente o réu. Responder processo indevido é causa de constrangimento ilegal desde sempre. No caso específico, além disso, ensejaria efeito prático que é a inviabilização do acordo de não persecução penal.

Em qualquer das hipóteses, o fato de o réu não ter confessado a prática do crime imputado ao longo da instrução processual não pode ser fundamento da negativa do ANPP pelos motivos antes expostos quando tratamos dos requisitos para a oferta. Uma vez reconhecida a possibilidade de acordo em decorrência de excesso acusatório, deve-se possibilitar ao réu sua efetivação, independentemente da estratégia defensiva adotada ao longo do processo, porquanto o exercício regular de um direito constitucionalmente assegurado não pode ser, em qualquer hipótese, interpretado em seu desfavor.

Conclusões

O tema é daqueles que instiga por possibilitar estudos acadêmicos de efeitos práticos. Trata-se de oportunidade de transformação no processo penal brasileiro por meio do consenso, mas risco de banalização e aplicação apenas como instrumento de redução de volume de processos. A maturidade no estudo da matéria está produzindo outros textos, já encaminhados. Muitos interessantes temas não foram abordados no presente trabalho pelos limites existentes, e o serão futuramente. Destacamos o aprofundamento da via consensual no processo penal marcado pelo litígio, a aplicabilidade do ANPP nas ações penais privadas, a capacitação dos profissionais para se adaptarem à nova cultura processual, o cabimento do acordo em relação à parte das imputações, tanto quando houver confissão limitada a um crime quanto quando o concurso de delitos inviabilizar o acordo global, a exigências de reparação do dano como requisito para o acordo em processos em que imputados crimes tributários, a aplicabilidade do acordo aos crimes ambientais imputados à pessoa jurídica e tantos outros.

Para finalizar, não poderíamos deixar de tatuar no escrito a homenagem ao Professor Nereu Giacomolli. Gaúcho de Soledade, exerceu com brilho a magistratura por 28 anos, caracterizando o seu julgar com elevado humanismo, sensibilidade e percepção do outro, na busca pela decisão mais justa e correta. E assim o é no trato. Como Professor, representa a estabilidade do Programa de Pós-Graduação em Ciências Criminais da PUCRS, reproduzindo no trato para com os colegas e alunos a cordialidade e a disposição de esclarecer e buscar as melhores soluções. Como doutrinador, é um dos grandes pensadores do processo penal brasileiro, cujo reconhecimento extrapola fronteiras. Sentimo-nos muito orgulhosos por poder fazer parte desta homenagem.

E concluímos nas palavras dele, ao tratar da transação penal, mas que se estendem ao presente tema...

> [...] *é imprescindível à prestação da tutela jurisdicional efetiva, bem como ao gozo do amplo direito de defesa, que o autor do fato tenha ciência e compreenda todas as possibilidades que possui no processo penal, para que possa fazer sua opção* com capacidade cognitiva e intelectiva entre a aceitação da medida antecipada e o processo penal tradicional. A aceitação há de resultar de um ato voluntário, sem qualquer espécie de coação, indução ou outro vício que possa macular a vontade do autor do fato. Para tanto é imprescindível uma prévia discussão acerca das possibilidades à disposição, sem negação do processo.[33]

Referências

BRANDÃO, Cláudio. Ontologia da Ação Penal. **Revista de Informação Legislativa**. p. 242. Disponível em: <https://www2.senado.leg.br/bdsf/bitstream/handle/id/436/r140-24.pdf?sequence= 4&isAllowed=y>. Acesso em: 7 maio 2020.

BRASIL. Disponível em: http://www.planalto.gov.br/ccivil_03/_ato2004-2006/2006/lei/l11340.htm

BRASIL. Disponível em: http://www.planalto.gov.br/ccivil_03/_ato2019-2022/2019/lei/L13964.htm. Acesso em: 3 nov. 2020.

[33] GIACOMOLLI, Nereu. **O devido processo penal**: abordagem conforme a Constituição Federal e o Pacto de São José da Costa Rica. São Paulo: Atlas, 2014. p. 284.

BRASIL. Lei de Proteção a vítimas e testemunhas: Disponível em: http://www.planalto.gov.br/ccivil_03/leis/l9807.htm. Acesso em: 3 nov. 2020.

BRASIL. Disponível em: https://www.cnmp.mp.br/portal/images/Resolucoes/Resoluo-183.pdf. Acesso em: 3 nov. 2020.

BRASIL: http://www.planalto.gov.br/ccivil_03/_ato2004-2006/2006/lei/l11340.htm. Acesso em: 3 nov. 2020.

DIAS, Jorge de Figueiredo. **Direito processual penal**. Coimbra: Coimbra Editora, 1984.

GIACOMOLLI, Nereu. **O devido processo penal**: abordagem conforme a Constituição Federal e o Pacto de São José da Costa Rica. São Paulo: Atlas, 2014.

GIACOMOLLI, Nereu. **Reformas (?) do Processo Penal**: Considerações Críticas. Rio de Janeiro: Editora Lumen Juris, 2008.

GLOECKNER, Ricardo Jacobsen. **Autoritarismo e processo penal**: uma genealogia das ideias autoritárias no processo penal brasileiro. Florianópolis: Tirant lo Blanch, 2018.

OLIVEIRA, Eugenio Pacelli de. **Curso de processo penal**. 16. ed. São Paulo: Atlas, 2012.

PORCIÚNCULA, José Carlos. "Inconstitucionalidades e inconsistências dogmáticas do instituto da delação premiada (art. 4º da lei 12.850/13)" – **Arquivos da Resistência**: Ensaios e Anais do VII. Seminário Nacional do IBADPP 2018 [livro eletrônico] / Diana Furtado Caldas; Gabriela Lima Andrade; Lucas P. Carapiá Rios. Florianópolis: Tirant lo Blanch, 2019. Disponível em: https://issuu.com/tirantloblanch/docs/36c7bc3eb7ef107c212df2c94bd26678. Acesso em: 3 nov. 2020.

ROXIN, Claus. ***Derecho Penal – Parte General**: Tomo I. Fundamentos. La estructura de la Teoria del Delito*. 1. ed. 2. reimpressão. Madrid: Civitas Ediciones, 1997.

24.

A FUNÇÃO DE JULGAR: UMA LEITURA CONVENCIONAL E HUMANITÁRIA DO PROCESSO PENAL BRASILEIRO

Daniela Dora Eilberg
Laura Gigante Albuquerque

Introdução

Homenagear o Professor Nereu Giacomolli não é uma tarefa difícil: os anos em que tivemos o privilégio de ser orientadas e conviver com ele demonstraram a nobreza deste verdadeiro docente. Natural e merecido, portanto, todo nosso respeito e admiração. E não apenas ao Professor, mas à pessoa de Nereu. Indissociáveis, talvez, as duas figuras; mas é importante ressaltar o grande sujeito por trás do docente: íntegro, humilde, sensível e acolhedor, além de bem-humorado.

Para falar das contribuições desse grande processualista penal, não poderíamos olvidar da sua leitura constitucional e convencional do processo penal brasileiro e, principalmente, de sua postura enquanto magistrado – reconhecido nacionalmente por sua trajetória de profissionalismo, excelência e compromisso com um processo penal democrático. É dentro dessa perspectiva, que optamos por abordar a temática acerca da imparcialidade do magistrado no processo penal. A partir da obra *O Devido Processo Penal: abordagem conforme a Constituição Federal e o Pacto de São José da Costa Rica*, o Professor inaugurou uma perspectiva crítica do Direito Processual Penal brasileiro, resgatando a importância dos sistemas internacionais de direitos humanos para promover uma mudança de paradigma no sistema de Justiça criminal.

Assim, a partir de um olhar atento à relevância da posição do juiz como elemento fundante do processo penal, busca-se apresentar algumas reflexões sobre a efetiva adequação do processo penal brasileiro ao modelo acusatório e constitucional. No intuito de corroborar com apontamentos críticos, uma pesquisa de julgados de outros países e cortes internacionais foi realizada sobre os poderes de atuação de ofício do juiz no ordenamento jurídico-penal, a fim de alertamos à importância de uma figura que seja, de fato, imparcial. Por fim, ao analisar as mudanças promovidas recentemente na legislação processual penal, questiona-se se haverá alguma mudança real na lógica inquisitória do processo penal brasileiro.

1. Construção dogmática do caminho processual penal acusatório e democrático

A construção do processo penal se configurou conforme o modelo civil de *actus trium personarum* justamente para garantir que tal medida política processual dispensasse o juiz da iniciativa da persecução penal e garantisse sua imparcialidade[1] – ainda que, posteriormente, venha a ser criticada a transposição das categorias do processo civil ao penal. Os princípios que revestem um sistema processual penal democrático são o da *necessidade* – que demarca a necessária ruptura com o processo civil[2] – e que desdobram sua efetiva aplicação no campo penal por meio do *nulla poena et nulla culpa sine iuditio*, a evidenciar o monopólio da jurisdição penal ao Estado por meio dos ritos processuais cabíveis[3].

[1] GOLDSCHMIDT, James. ***Problemas jurídicos y políticos del proceso penal.*** *Conferencias dadas en la Universidad de Madrid en los meses de diciembre de 1934 y de enero, febrero y marzo de 1935.* Barcelona: Bosch, 1935.

[2] GOLDSCHMIDT, James. **Princípios Gerais do Processo Penal**. Belo Horizonte: Editora Lider, 2002. p. 27.

[3] LOPES JR., Aury. **Direito Processual Penal**. Rio de Janeiro: Editora Saraiva, 2015. p. 35

Merecem alusão, ainda, o *ne procedat iudex ex officio* – que consagra a inércia da jurisdição –, o *nullum iudicium sine accusatione* – que preconiza a separação entre acusador e julgador, não podendo existir processo sem acusação – e o *nemo iudex sine actore* – que, na lição de Geraldo Prado, indica que não é possível admitir a existência de processo condenatório sem iniciativa da parte autora, haja vista o fenômeno da jurisdição sem ação[4].

O que permeou o início da história da dogmática processual penal democrática passou a ser o sistema acusatório, em escala global, perdurando até, aproximadamente, o século XII. A posição do magistrado dentro do ideal acusatório comporta importância máxima: uma vez afastado o magistrado da iniciativa probatória, a imparcialidade poderá ser garantida, bem como o direito ao contraditório efetivo (com paridade de armas). Assim, a separação de funções entre juiz e partes é essencial para a efetivação dessa imparcialidade. Ferrajoli determinou, em termos teóricos, o conceito do chamado acusatório como "todo o sistema processual que concebe o juiz como um sujeito passivo rigidamente separado das partes e o juízo como uma contenda entre iguais iniciada pela acusação, a quem compete o ônus da prova, enfrentada a defesa em juízo contraditório e resolvida pelo juiz segundo sua livre convicção"[5].

Ao longo da história, o sistema inquisitório passou a substituir o processo penal acusatório, permanecendo enquanto regra até o final do século XVIII e XIX por meio do sustento promovido pela Revolução Francesa, em que novas problemáticas e falhas diante do ideal democrático social foram criticadas. Passou-se, então, a centralizar as funções na mão do juiz e atribuir a ele poderes de instrução. Ou seja, modifica-se a própria concepção do magistrado para um juiz-ator com iniciativa e gestão de prova e, consequentemente, sem imparcialidade.

No que diz respeito ao ordenamento jurídico brasileiro, como bem aponta Nereu Giacomolli, as marcas da raiz inquisitorial do Código de Processo Penal servem de respaldo à ação do magistrado de ofício, à assunção de funções de

4 "[...] acusação e ação penal não podem se confundir, haja vista o fenômeno da jurisdição sem ação; o certo é que o princípio acusatório funde acusação e ação penal, justamente por não admitir a existência de processo condenatório sem iniciativa da parte autora (nemo iudex sine actore)" (PRADO, Geraldo. **Sistema acusatório:** a conformidade constitucional das leis penais. 2. ed. Rio de Janeiro: Lumem Juris, 2001. p. 117).

5 FERRAJOLI, Luigi. ***Derecho y Razón***. 4. ed. Madrid: Editorial Trotta, 2000. p. 564.

acusação – com a possibilidade de requisitar a investigação ou reconhecer agravantes sem haver sua descrição ou sequer postulação e podendo condenar ainda que Estado-acusação tenha requerido absolvição[6]. Acrescenta, nesse sentido:

> O culto ao chefe, ao líder, guia infalível, lembra muito a genuflexão às súmulas, bem como as previsões regimentais de alguns tribunais de falar em pé quando se fala com um magistrado. O culto ao chefe, condutor, pastor, pacificador, ser superior, próximo dos deuses, nos leva a pensar sobre a apoteose mística da condução do processo e do que ocorre nas arenas do Tribunal do Júri.[7]

Em nosso país, portanto, há um tremendo contrassenso da legislação infraconstitucional. Enquanto a Constituição brasileira adotou o sistema acusatório, o Código de Processo Penal de 1941 segue contemplando a ideia de um sistema inquisitorial, principalmente em seus dispositivos 385 e 311, como bem alude Nereu José Giacomolli. Dentre as marcas inquisitoriais que Giacomolli cita estão: a ideologia da busca da verdade material no processo penal; a prevalência da potestade punitiva sobre o *status libertatis*; a presunção de culpa do sujeito, sem consideração de seu estado de inocência; a elevação do magistrado ao ápice da pirâmide, o protagonista, o condutor do sistema, do processo; transformação do sujeito, pelo processo, em objeto de prova; concluindo pelo perfil inquisitorial do Código de Processo Penal marcadamente no que tange à prova e à atuação do magistrado.

Nesse contexto, nunca é tarde para resgatar os ensinamentos goldschmidtianos de que a estrutura do processo penal representa justamente os elementos democráticos ou autoritários da Constituição de um país[8].

6 GIACOMOLLI, Nereu José. Algumas marcas inquisitoriais do Código de Processo Penal brasileiro e a resistência às reformas. **Revista Brasileira de Direito Processual Penal**, Porto Alegre, v. 1, n. 1, p. 143-165, 2015. Disponível em: http://dx.doi.org/10.22197/rbdpp.v1i1.8. Acesso em: 15 mar. 2020.

7 GIACOMOLLI, Nereu José. Algumas marcas inquisitoriais do Código de Processo Penal brasileiro e a resistência às reformas. **Revista Brasileira de Direito Processual Penal**, Porto Alegre, v. 1, n. 1, p. 143-165, 2015. p. 148. Disponível em: http://dx.doi.org/10.22197/rbdpp.v1i1.8. Acesso em: 15 mar. 2020.

8 GOLDSCHMIDT, James. ***Principios Generales del Proceso.*** *II Problemas Juridicos Y Politicos del Proceso Penal.* Buenos Aires: Ediciones Jurídicas Europa-America, 1961.

Ainda, conforme Badaró, "o modelo de relação processual penal é um reflexo da relação entre Estado e indivíduo ou, mais especificamente, entre autoridade e liberdade. O processo inquisitivo, com as características anteriormente apontadas, é incompatível com o Estado de Direito"[9].

Em termos majoritários, a doutrina fala em sistema contemporâneo misto, haja vista o estabelecimento da fase pré-processual (inquérito policial) como inquisitória e a fase processual como acusatória. Ocorre que autores como Nereu Giacomolli afirmam que os adjetivos fundadores dos sistemas processuais clássicos (inquisitório e acusatório) "nem sempre foram verificados na práxis judiciária como algo delimitado e hermético, motivo, também, do dissenso entre seus elementos e a delimitação do conteúdo deles"[10]. De mesma forma compreende Aury Lopes Jr., ao rechaçar a ideia "reducionista e ilusória"[11] de que existam sistemas puros, sendo todos essencialmente mistos e sua classificação estaria apenas suscetível à identificação do princípio formador do sistema. Refere, contudo, a existência de um sistema neoinquisitório no Brasil, em razão da gestão de provas estar nas mãos do juiz e existirem diversos dispositivos legais que balizam tal atuação. Gilberto Thums afirma que "o Brasil não tem nenhum sistema, porque ser misto corresponde a não existir nada definido, tudo é possível na área processual"[12].

2. A figura do magistrado no processo penal brasileiro

Conforme supramencionado, a imparcialidade do juiz está ligada à "parcialidade das partes"[13]. E essa imparcialidade está suscetível à atribuição dos poderes instrutórios ao magistrado. Ou seja, um devido afastamento do juiz

[9] BADARÓ, Gustavo Henrique. **Direito Processual Penal**. São Paulo: Editora Elsevier, 2008. p. 37.

[10] GIACOMOLLI, Nereu José. **O devido processo penal:** abordagem conforme a Constituição Federal e o Pacto de São José da Costa Rica. 2. ed. São Paulo: Editora Atlas, 2015. p. 83.

[11] LOPES JR., Aury. **Direito Processual Penal**. São Paulo: Editora Saraiva, 2015. p. 47.

[12] THUMS, Gilberto. **Sistemas Processuais Penais.** Tempo. Tecnologia. Dromologia. Garantismo. Rio de Janeiro: Editora Lumen Juris, 2006. p. 175.

[13] Nesse sentido, afirma Goldschmidt que "*la imparcialidad del juez es la resultante de las parcialidades de los abogados*". GOLDSCHMIDT, Werner. ***Introducción Filosófica al Derecho:*** *la teoría trialista del mundo jurídico y sus horizontes*. 7. ed. Buenos Aires: Editora Lexis Nexis, 2005. p. 321.

em relação à atividade investigatória e/ou instrutória também se faz imprescindível para a garantia do modelo acusatório.

Primeiramente, é preciso notar que há uma diferença entre o princípio da imparcialidade e da neutralidade que, erroneamente, são utilizados como sinônimos. Como bem apontado por Nereu Giacomolli, "é utópico pensar que as regras positivadas, a interpretação e seu estudo científico possam ser realizados à margem de valores sociais, de paradigmas, históricos, filosóficos e psicológicos, ou seja, de forma neutra"[14].

Assim, o que se busca na atuação do julgador é a imparcialidade. O magistrado deve ser um juiz-espectador, e não juiz-ator, para que não desenvolva o que Cordero denominou de "quadro mental paranoico"[15]. O devido processo legal depende diretamente da posição ocupada pelo magistrado em relação à gestão da prova: o juiz não deve buscar material probatório. Caso assim o fizesse, estaria agindo para confirmar sua própria versão e legitimar o próprio sistema e, portanto, a sua crença no imaginário[16], distanciando-se do ideal da expectativa do juiz garantidor.

Ante a batalha travada judicialmente, questiona-se a qual expectativa deve o magistrado corresponder. Isso porque a mera existência da figura do juiz não é suficiente para que se possa falar em jurisdição ou em garantia da imparcialidade. É preciso que esse juiz esteja esteticamente afastado, como menciona o Tribunal Europeu de Direitos Humanos ao determinar a necessidade da "aparência" da imparcialidade. A estética do afastamento seria a dimensão objetiva da imparcialidade, qual seja, a identificação de um juiz estruturalmente afastado. Por outro lado, a dimensão subjetiva da imparcialidade corresponde à ausência de prejulgamentos ou de uma convicção pessoal prévia do julgador acerca do objeto em julgamento.

Como a imparcialidade subjetiva do julgador é presumida, sendo extremamente difícil comprovar-se a sua quebra ou demonstrar dados concretos de um prejulgamento ou interesse no caso, a dimensão objetiva da imparcialidade

[14] GIACOMOLLI, Nereu José. **O devido processo penal:** abordagem conforme a Constituição Federal e o Pacto de São José da Costa Rica. 3. ed. São Paulo: Editora Atlas, 2016. p. 278.

[15] CORDERO, Franco. ***Guida alla procedura penale***. Torino: UTET, 1986. p. 51.

[16] MIRANDA COUTINHO, Jacinto Nelson de. **O papel do novo Juiz no Processo Penal**. Disponível em: http://emporiododireito.com.br/o-papel-do-novo-juiz-no-processo-penal-por-jacinto-nelson-de-miranda-coutinho/#_ftn61. Acesso em: 15 mar. 2020.

ganha especial relevância. Se a mera aparência de imparcialidade for abalada, gerando dúvida razoável acerca da parcialidade do julgador, resta justificado o seu afastamento, ainda que não haja comprovação de influência subjetiva na condução do processo ou no julgamento. É nesse sentido a jurisprudência do Tribunal Europeu de Direitos Humanos, em especial nos casos Piersack *vs.* Bélgica e De Cubber *vs.* Bélgica, ao preconizar que o magistrado que tenha atuado anteriormente no feito (seja como juiz que conduziu a investigação, seja ocupando outra função, como a de promotor de Justiça) não poderá participar do julgamento do caso[17]. Isso porque a dúvida razoável sobre a imparcialidade desse julgador é capaz de abalar a confiança e a segurança na própria justiça.

Da mesma forma, a Convenção Americana sobre Direitos Humanos prevê a garantia da imparcialidade no seu artigo 8.1, *in verbis*:

> Toda pessoa tem direito a ser ouvida, com as devidas garantias e dentro de um prazo razoável, por um juiz ou tribunal competente, independente e imparcial, estabelecido anteriormente por lei, na apuração de qualquer acusação penal formulada contra ela, ou para que se determinem seus direitos ou obrigações de natureza civil, trabalhista, fiscal ou de qualquer outra natureza.

No ordenamento jurídico brasileiro, embora não esteja expresso na Constituição Federal, sabe-se que os tratados internacionais sobre direitos humanos possuem validade normativa interna, devendo se reiterar mais uma vez o respeito à Convenção Americana, ratificada pelo Estado brasileiro em 1992. Ademais, em um Estado Democrático de Direito a imparcialidade é pressuposto de validade da própria jurisdição. Para Nereu Giacomolli, a função do princípio da imparcialidade é, essencialmente, evitar arbitrariedade, bem como a contaminação subjetiva do julgador, para possibilitar que haja um julgamento idôneo, sem julgamento prévio ou favorecimento a uma das partes. Apenas assim poderá o magistrado "outorgar confiança e segurança de um julgamento na qualidade de terceiro e não de parte, bem como evitar

[17] GIACOMOLLI, Nereu José. **O devido processo penal:** abordagem conforme a Constituição Federal e o Pacto de São José da Costa Rica. 3. ed. São Paulo: Editora Atlas, 2016. p. 278 e 288-289.

que seja proferido um julgamento com dúvida razoável acerca da parcialidade do julgador"[18].

Nada obstante, também no que tange à figura do magistrado, existe um certo descompasso entre o Código de Processo Penal e a Constituição Federal, mormente quando interpretada em conjunto com tratados e convenções internacionais, tal como já referido em relação ao sistema processual penal adotado pelo ordenamento jurídico-penal brasileiro.

Uma das regras processuais que se desvia da dimensão objetiva da imparcialidade, por exemplo, é aquela contida no artigo 83 do Código de Processo Penal, a qual determina a competência do magistrado pela prevenção. Na lição de Nereu Giacomolli, a regra da prevenção, em um processo penal conforme a Constituição Federal, deveria excluir a competência, e não afirmá-la, uma vez que as múltiplas e reiteradas decisões de um mesmo órgão ou julgador – mormente nos indeferimentos dos pedidos de liberdade na fase pré-processual – poderão gerar dúvida razoável acerca da imparcialidade desse magistrado para conduzir e julgar esse processo[19].

No mesmo sentido, André Maya refere que existe um paradoxo em esperar que o magistrado que atua na investigação preliminar possa oficiar com imparcialidade na posterior condução do processo e decisão de mérito sobre o caso.[20] Para decidir sobre a necessidade de prisão preventiva ou de uma medida como interceptação telefônica, por exemplo, a autoridade judicial precisa analisar detidamente os elementos constantes no caderno investigativo. Ainda, em sua decisão, o magistrado deverá necessariamente exarar o seu convencimento acerca desses elementos. Dessa forma, o posterior direcionamento do processo ao mesmo julgador, quando oferecida a denúncia, torna a sua atuação incompatível com a ideia de distanciamento necessário à manutenção da imparcialidade.[21]

18 GIACOMOLLI, Nereu José. **O devido processo penal:** abordagem conforme a Constituição Federal e o Pacto de São José da Costa Rica. 3. ed. São Paulo: Editora Atlas, 2016. p. 280.

19 GIACOMOLLI, Nereu José. **O devido processo penal:** abordagem conforme a Constituição Federal e o Pacto de São José da Costa Rica. 3. ed. São Paulo: Editora Atlas, 2016. p. 285.

20 MAYA, André Machado. **Imparcialidade e processo penal:** da prevenção da competência ao juiz de garantias. 2. ed. São Paulo: Editora Atlas, 2014. p. 196.

21 É exatamente por situações como essa que diversos autores e pesquisadores do processo penal vêm defendendo a necessidade de um juiz de garantias, como uma possibilidade de "redução de danos". No entanto, a tentativa de introdução do juiz de garantias no ordenamento

Outro dispositivo amplamente criticado é o artigo 156 do Código de Processo Penal, que autoriza um certo "ativismo judicial probatório" atrelado "ao mito da busca e do encontro da verdade"[22]. Os incisos I e II do artigo 156 outorgam ao magistrado poderes instrutórios: o inciso I autoriza o juiz a ordenar a produção de prova antecipada antes mesmo de iniciada a ação penal e sem requerimento prévio das partes; o inciso II, por sua vez, possibilita ao magistrado determinar, de ofício, a realização de diligências "para dirimir dúvidas" no curso da instrução processual.

Ora, se "a prova da alegação incumbirá a quem a fizer", como determina o *caput* do mesmo artigo 156, não cabe ao julgador produzir qualquer prova. É primordialmente a parte acusatória que carrega o encargo probatório no processo penal, considerando o princípio da presunção de inocência, estampado no inciso LVII do artigo 5º da Constituição Federal e no artigo 8.2 da Convenção Americana sobre Direitos Humanos. Assim, por ser atribuição das partes que desejem demonstrar a sua alegação, a atividade probatória é uma atividade eminentemente parcial.

Não há como vislumbrar-se um magistrado imparcial que determina, de ofício, a produção de provas, pois isso rompe completamente com o sistema acusatório e com a dimensão objetiva da imparcialidade. Caso o julgador se depare com "dúvidas" no curso da instrução processual, conforme prevê o inciso II do artigo 156, a sua única conclusão deve ser pela absolvição do acusado, em razão do princípio *in dubio pro reo* e do disposto no inciso VII do artigo 386, do Código de Processo Penal. Se mesmo chegando a um momento de dúvida esse magistrado opta por determinar a produção de novas provas, no lugar de prolatar a sentença absolutória, é quase certo que estará buscando elementos que possam corroborar uma condenação do acusado. Não há mais como garantir a imparcialidade e a confiabilidade da decisão que será prolatada por esse magistrado.

Embora os dispositivos mencionados se encontrem em desconformidade constitucional e convencional, isto é, contrariem dispositivos constitucionais

processual penal brasileiro, por meio da Lei nº 13.964/2019, encontra-se suspensa, por força da decisão cautelar proferida pelo ministro Luiz Fux nas Ações Diretas de Inconstitucionalidade nºs 6.298, 6.299, 6.300 e 6305.

[22] GIACOMOLLI, Nereu José. **O devido processo penal:** abordagem conforme a Constituição Federal e o Pacto de São José da Costa Rica. 3. ed. São Paulo: Editora Atlas, 2016. p. 284.

e tratados internacionais dos quais o Brasil é signatário, ambos encontram-se em plena vigência, sendo amplamente aplicados na jurisprudência dos nossos Tribunais superiores.

Por outro lado, merecem destaque as recentes alterações do Código de Processo Penal promovidas pela Lei nº 13.964, de 24 de dezembro de 2019. A primeira dessas mudanças legislativas é a criação da figura do juiz de garantias, "responsável pelo controle da legalidade da investigação criminal e pela salvaguarda dos direitos individuais". Essa inovação no nosso ordenamento processual representaria um grande avanço na tentativa de garantir a imparcialidade do juiz responsável pela fase de conhecimento do processo. No entanto, como já referido, os dispositivos que instituem e regulamentam a atuação do juiz de garantias encontram-se suspensos cautelarmente pelo Supremo Tribunal Federal, em razão de Ações Diretas de Inconstitucionalidade que buscam questionar algumas das alterações promovidas pela Lei nº 13.964/2019.

Outra modificação que merece destaque é a alteração do artigo 311 do Código de Processo Penal[23]. Com a nova redação do dispositivo[24], deixa de ser possível a decretação da prisão preventiva de ofício pelo magistrado. A redação anterior do artigo, que permitia o "ativismo judicial" também para decretar a prisão preventiva de ofício, representava uma afronta ao princípio da inércia da jurisdição, imprescindível para garantir a postura imparcial do julgador. Agora, para que haja a decretação da prisão preventiva, passa a ser necessária uma provocação do magistrado – pelo Ministério Público, querelante, assistente de acusação ou autoridade policial –, o que significa um pequeno avanço na direção de um processo penal acusatório e garantidor da imparcialidade judicial.

[23] Redação antiga: "Em qualquer fase da investigação policial ou do processo penal, caberá a prisão preventiva decretada pelo juiz, **de ofício**, se no curso da ação penal, ou a requerimento do Ministério Público, do querelante ou do assistente, ou por representação da autoridade policial".

[24] "Art. 311. Em qualquer fase da investigação policial ou do processo penal, caberá a prisão preventiva decretada pelo juiz, a requerimento do Ministério Público, do querelante ou do assistente, ou por representação da autoridade policial. (Redação dada pela Lei nº 13.964, de 2019)"

No entanto, questiona-se se a mera alteração na redação de alguns dispositivos do Código de Processo Penal será capaz de promover uma modificação real na cultura inquisitória presente na práxis judicial. Tais "estruturações e modificações processuais" referentes à liberdade e à prova, afinal, "revelam o grau da concretização [ou não] da presunção de inocência"[25]. Como apontado por Nereu Giacomolli, a absorção de toda essa mentalidade inquisitorial se deu "no ensino, na doutrina, na jurisprudência, na política criminal, contaminando as condutas dos sujeitos oficiais"[26]. Compreende-se, assim, que são necessárias reformas mais profundas para buscar-se a adesão a um devido processo penal, que seja – como leciona o Professor Nereu – adequado aos princípios constitucionais e convencionais.

Conclusões

(Re)pensar a figura do juiz no processo penal brasileiro não é tarefa fácil e, por óbvio, não se venceu a matéria neste artigo. No entanto, objetivou-se tratar de compreender como a figura do magistrado é elemento fundante no estudo do processo penal, uma vez essencial a sua imparcialidade como garantia de um processo justo, de matriz acusatória e democrática. Apenas quando configurado tal afastamento do juiz em relação à atividade instrutória é que se pode garantir minimamente a adoção de um modelo acusatório de processo.

A despeito dos avanços pontuais na legislação processual penal, existem importantes dispositivos do Código de Processo Penal que se encontram em dissonância com a Constituição Federal e com os princípios e normas humanitárias estampadas nas convenções internacionais. Isso ocorre porque o nosso Código data de 1941 e, apesar das reformas legislativas que se sucederam ao longo dos anos, ainda carrega em si a matriz inquisitória e autoritária de um Código inspirado no Código Rocco – oriundo do regime fascista italiano.

[25] GIACOMOLLI, Nereu José. **Prisão, liberdade e as cautelares alternativas ao cárcere.** São Paulo: Marcial Pons, 2013. p. 17.

[26] GIACOMOLLI, Nereu José. Algumas marcas inquisitoriais do Código de Processo Penal brasileiro e a resistência às reformas. **Revista Brasileira de Direito Processual Penal**, Porto Alegre, v. 1, n. 1, p. 143-165, 2015. p. 149. Disponível em: http://dx.doi.org/10.22197/rbdpp.v1i1.8. Acesso em: 15 mar. 2020.

Dessa forma, torna-se ainda mais valioso o trabalho docente e acadêmico do Professor Nereu, que ora homenageamos com sinceridade. Responsável por propor uma leitura constitucional e convencional do processo penal, Nereu Giacomolli promoveu um debate sobre o que caracteriza, de fato, o devido processo penal e permitiu enxergar a necessidade de realizar uma interpretação do Código de Processo Penal que vá além da mera literalidade da lei, uma interpretação verdadeiramente conformada com os princípios fundantes do processo e do próprio Estado Democrático de Direito.

Referências

BADARÓ, Gustavo Henrique. **Direito Processual Penal**. São Paulo: Editora Elsevier, 2008.

CORDERO, Franco. ***Guida alla procedura penale***. Torino: UTET, 1986.

FERRAJOLI, Luigi. ***Derecho y Razón***. 4. ed. Madrid: Editorial Trotta, 2004.

GIACOMOLLI, Nereu José. Algumas marcas inquisitoriais do Código de Processo Penal brasileiro e a resistência às reformas. **Revista Brasileira de Direito Processual Penal**, Porto Alegre, v. 1, n. 1, p. 143-165, 2015. Disponível em: http://dx.doi.org/10.22197/rbdpp.v1i1.8. Acesso em: 15 mar. 2020.

GIACOMOLLI, Nereu José. **O devido processo penal:** abordagem conforme a Constituição Federal e o Pacto de São José da Costa Rica. 3. ed. São Paulo: Editora Atlas, 2016.

GIACOMOLLI, Nereu José. **Prisão, liberdade e as cautelares alternativas ao cárcere**. São Paulo: Marcial Pons, 2013.

GOLDSCHMIDT, James. **Princípios Gerais do Processo Penal**. Belo Horizonte: Editora Líder, 2002.

GOLDSCHMIDT, James. ***Problemas jurídicos y políticos del proceso penal.*** *Conferencias dadas en la Universidad de Madrid en los meses de diciembre de 1934 y de enero, febrero y marzo de 1935.* Barcelona: Bosch, 1935.

GOLDSCHMIDT, James. ***Principios Generales del Proceso.*** *II Problemas Juridicos Y Politicos del Proceso Penal.* Buenos Aires: Ediciones Jurídicas Europa-America, 1961.

GOLDSCHMIDT, Werner. ***Introducción Filosófica al Derecho:*** *la teoría trialista del mundo jurídico y sus horizontes.* 7. ed. Buenos Aires: Editora Lexis Nexis, 2005.

LOPES JR., Aury. **Direito Processual Penal**. São Paulo: Editora Saraiva, 2015.

MAYA, André Machado. **Imparcialidade e processo penal:** da prevenção da competência ao juiz de garantias. 2. ed. São Paulo: Editora Atlas, 2014.

MIRANDA COUTINHO, Jacinto Nelson de. **O papel do novo Juiz no Processo Penal**. Disponível em:
http://emporiododireito.com.br/o-papel-do-novo-juiz-no-processo-penal-por-jacinto--nelson-de-miranda-coutinho/#_ftn61. Acesso em: 15 mar. 2020.

PRADO, Geraldo. **Sistema acusatório:** a conformidade constitucional das leis penais. 2. ed. Rio de Janeiro: Lumem Juris, 2001.

THUMS, Gilberto. **Sistemas Processuais Penais.** Tempo. Tecnologia. Dromologia. Garantismo. Rio de Janeiro: Editora Lumen Juris, 2006.

25.
O AUTORITARISMO PROCESSUAL PENAL BRASILEIRO NO SÉCULO XXI: PRIMEIRAS IMPRESSÕES

Ricardo Jacobsen Gloeckner

Introdução

Em obra passada tratei de assinalar as bases epistemológicas que permitiram o florescimento, a consolidação e a adaptação das principais categorias processuais penais autoritárias, herdadas da doutrina fascista em solo brasileiro[1]. A partir desse estudo foi possível constatar que o processo legiferante e o contexto sociopolítico brasileiro no período do Estado Novo foram muito parecidos com aqueles que se sucederam na Itália na década de 30 do século XX.

A construção das principais categorias processuais penais que serviram de ancoragem para o *Codice Rocco* não se deu através de verdadeiras inovações do pensamento fascista, que se caracterizou pelo sincretismo e pela superficialidade de seus pressupostos filosóficos. O fascismo enquanto razão política é vazio. Contudo, em que pese a sua vacuidade em termos de representação de um pensamento político dotado de um *corpus* articulado, a sua capacidade morfogenética de adaptação conduziu não apenas à justaposição de categorias

[1] Cf. GLOECKNER, Ricardo Jacobsen. **Autoritarismo e Processo Penal**: uma genealogia das ideias autoritárias no processo penal brasileiro. Florianópolis: Tyrant lo Blanch, 2018.

extraídas do liberalismo monárquico italiano, mas também foi capaz de se aliar aos movimentos modernistas, dando certa aparência de inovação ao movimento político.

No campo processual penal, as extensas críticas ao Código Finochiaro--Aprile – o Código tardo-liberal italiano de 1913 – preexistentes ao advento do fascismo e que lhe acusavam de um liberalismo anacrônico permitiram que o caminho da reforma, quando do advento do regime de Mussolini, já estivesse praticamente pavimentado. Os movimentos que demarcam as aproximações do processo penal com outros saberes como a criminologia, a ciência política e mesmo com a disciplina contígua do processo civil são plúrimos, não podendo ser reduzidos a uma espécie de progressiva autonomização do processo penal relativamente à sua *alma mater*, o Direito Processual Civil.

As mutações ocorridas no campo do Direito Processual Penal durante o fascismo podem ser compreendidas pela torsão autoritária atribuída às categorias liberais preexistentes, como acentua Sbriccoli[2]. Ou seja, em grande medida o pensamento liberal reacionário do início do século XX serviu como plataforma que, posteriormente, fecundou o processualismo fascista. Portanto, em síntese, o fascismo encontrou "prontas" as categorias processuais penais que seriam utilizadas para garantir os contornos epistêmicos que serviriam de base para o *Codice Rocco*. A instrumentalização das categorias processuais penais liberais-reacionárias do início do século XX se perfectibilizou com o "giro autoritário" a elas atribuído.

A orientação predominante no pensamento italiano da primeira metade do século XX era o denominado "tecnicismo jurídico", que como epistemologia dominante acabou por realizar dois movimentos: a) a pretensa neutralização de qualquer sentido político presente no processo penal e em suas categorias fundantes; b) o escamoteamento da ideologia da defesa social, mormente em sua faceta positivista, que penetrou profundamente no tecido normativo do *Codice Rocco*, especialmente através do uso indiscriminado das medidas de segurança, e que se encontrava presente no discurso do principal representante

[2] SBRICCOLI, Mario. *Le Mani nella Pasta e Gli Occhi al Cielo: la penalistica italiana negli anni del fascismo*. ***Quaderni Fiorentini per la Storia del Pensiero Giuridico Moderno***, Milano: Giuffrè, v. 28, t. II, 1999. p. 831. No mesmo sentido, CORDERO, Franco. ***Guida Alla Procedura Penale***. Torino: UTET, 1986. p. 99.

do tecnicismo jurídico daquele período, Vincenzo Manzini, como demonstra a sua prolusão turinesa[3].

Essa corrente de pensamento que predominou nos circuitos acadêmico e político italianos durante o regime fascista permitiu a elaboração de uma narrativa que se tornou bastante familiar: a colaboração dos juristas e intelectuais na elaboração dos códigos fascistas se deu no sentido de evitar o pior. Esta hipótese de trabalho denominada como "tese do freio" acabou, em sendo o relato fundamental e dominante de toda uma época, encobrindo os registros, as relações, atuações e articulações políticas dos intelectuais do período, salvaguardando biografias e mantendo incólumes determinadas orientações de estilo.

Assim as coisas, banido o elemento político do pensamento tecnicista e blindadas as suas tomadas de posição no procedimento codificatório fascista, se tornava fácil admitir que o produto do pensamento dos intelectuais da época – em especial no campo do Direito Processual Penal – estaria como que imunizado da contaminação política que havia, por exemplo, ocorrido na Alemanha. Essa metanarrativa comparatística entre o ordenamento processual penal italiano e o germânico foi, inclusive, a base que impediu uma completa abolição do *Codice Rocco*, cuja revogação plena somente adveio em 1989, com o novo Código de Processo Penal italiano.

No Brasil não foi diferente. A orientação tecnicista que imantava o pensamento jurídico durante a década da codificação processual penal deixava transparecer uma aura de neutralidade política aos institutos. Em que pese a notável similitude estrutural com o *Codice Rocco*, o atual Código de Processo Penal brasileiro não foi simplesmente uma "cópia" de seu modelo italiano, se por esta expressão entendermos uma simples transposição dos artigos, distribuídos através de livros e capítulos que deveriam seguir uma mesma ordem.

O projeto de Código de Processo Penal (CPP) brasileiro, encabeçado por Francisco Campos, herdou o antiliberalismo esclarecido de seu congênere italiano. Ademais, por se tratar de uma "obra técnica", e não o produto de deliberação parlamentar, esse código se dispunha a proceder a uma convergência de tradições: mantendo alguns recursos (como os embargos) e especialmente

[3] MANZINI, Vincenzo. *La Politica Criminale e il Problema della Lotta Contro la Delinquenza e la Malavita*. ***Rivista Penale***, v. XXXVII, n. 73, 1911.

destacando o inquérito policial como o epicentro da investigação preliminar, o autoritarismo italiano teceria em terras brasileiras concessões ao conservadorismo ibérico. Portanto, não se pode diagnosticar o atual Código de Processo Penal brasileiro como um simples modelo trasladado. Há inequivocamente, a convergência de um modelo autoritário de processo penal (o italiano) com certos institutos ibéricos de corte conservador. Todavia, seja como for, tampouco se pode discutir a paternidade política de um código haurido em pleno Estado Novo. Sob a carapuça da tecnicidade da legislação se escondiam as preferências políticas não apenas de Francisco Campos, o ministro da Justiça de Getúlio Vargas. Mas também aquelas de diversos juristas como Roberto Lyra, Nelson Hungria, Narcélio de Queiroz, Cândido Mendes de Almeida, Antônio Vieira Braga e Florêncio de Abreu.

O Código de Processo Penal brasileiro teve diversas sobrevidas. Num primeiro momento, através de falsificacionismos históricos, o código fora tratado como "inovador" ou mesmo como um código acusatório. Nesse ponto, expressiva a tomada de posição de Frederico Marques sobre a acusatoriedade do código: "o processo penal em vigor muito se assemelha ao processo acusatório do direito italiano intermédio. É assim, um processo de partes, de estrutura civilística, plenamente contraditório, com paridade de direitos entre as partes"[4].

A segunda razão para que o Código de Processo Penal adquirisse sobrevida pode ser explicada através da estratégia adotada para se aprovar as reformas de caráter processual penal. Diante de um quadro no qual foram frustradas diversas tentativas de reforma processual penal integral, como demonstram os sucessivos projetos de código (Projeto Frederico Marques, o Anteprojeto Novíssimo, o Projeto Sálvio de Figueiredo Teixeira, até a Comissão Grinover), sobressai a circunstância de que, através de múltiplas reformas parciais, se procurou reorganizar a matéria. Mais do que isso, as reformas parciais foram a estratégia política para, homeopaticamente, atualizar o Código de Processo Penal brasileiro, especialmente porque as tentativas de mudança *in totum* do diploma legislativo foram todas elas infrutíferas.

[4] MARQUES, José Frederico. Evolução Histórica do Processo Penal Brasileiro. **Investigações**, n. 07, 1949. p. 124.

Portanto, através de leis especiais e de alterações imediatas no *corpus* do Código de Processo Penal, praticamente se reformulou "um novo código". Entretanto, este "novo código" produzido pelas reformas parciais não deixou de ser uma repristinação do velho texto da comissão reacionária de juristas responsável pela elaboração do CPP de 1941. Apesar das reformas, o núcleo do sistema permaneceu intacto, mantendo a sua simetria com o *Codice Rocco*. Assim, os artigos que cuidavam das nulidades processuais penais foram todos mantidos em sua forma original (garantindo um sistema de absoluto amorfismo congênito[5]); os artigos que cuidam do inquérito policial foram alterados apenas para acrescentar novos itens, mantendo hígida a sua estrutura de investigação preliminar, não raras vezes porque é justamente ela, como que invocando o velho sistema napoleônico, que garante o resultado final do processo; apesar da reforma das prisões cautelares, inserindo-se medidas diversas da prisão, o que se teve como resultado foi a ampliação dos espaços de restrição à liberdade, ocupando as cautelares diversas o campo da liberdade plena (ou seja, aquele no qual o acusado respondia ao procedimento sem aplicação de medida cautelar de qualquer espécie). Como resultado, a alteração legislativa sobre as medidas cautelares não serviu para reduzir ou racionalizar o uso da prisão preventiva.

Além dessas características, não se pode perder de vista institutos como a noção de verdade real, do livre convencimento e do "princípio da liberdade das provas", que constituem um tríptico que garante ao magistrado a centralização plenipotenciária própria do sistema inquisitivo, acabando por ocupar a função das partes e garantir certa ilimitação na produção probatória. Por seu turno, o contraditório existente é uma categoria deformada, mitigado gravemente pela penetração dos elementos de informação colhidos na fase de investigação preliminar, não raras vezes servindo como elemento de constrangimento da prova testemunhal, através de um procedimento simplesmente ratificatório dos elementos coligidos no inquérito e consistente em forçar as testemunhas a reconhecer o que fora dito na fase investigativa. A presunção de inocência, por seu turno, continua afastada do registro do código, a não ser pela mera nominata contida no inciso VII do art. 387 do CPP, que indica

[5] Sobre a questão das nulidades no processo penal cf. GLOECKNER, Ricardo Jacobsen. **Nulidades no Processo Penal**. 3. ed. São Paulo: Saraiva, 2017.

a possibilidade de aplicação do *in dubio pro reo*, que não se confunde com a presunção de inocência. Ainda, o código admite a possibilidade de que o juiz "salve" uma acusação frustrada e tecnicamente imperfeita através da aplicação do instituto da *emendatio libelli* (art. 383 do CPP). Ademais, a possibilidade concedida pelo art. 156 do CPP de distribuir a carga da prova entre as partes (operacionalizando novamente a rejeição à presunção de inocência) e a própria possibilidade de supressão da publicidade dos julgamentos se alinham claramente ao modelo italiano elaborado no regime fascista. Todas essas estruturas foram mantidas apesar das múltiplas reformas, o que indica que as alterações foram, quando muito, de mera fachada. Como resultado, as categorias processuais penais autoritárias, de clara inspiração conservadora-reacionária, mantiveram-se, apesar das reformas, indenes. Eis, portanto, a sobrevida do Código de Processo Penal estadonovista em meio ao processo de democratização experimentado pelo Brasil.

Evidentemente, não foram apenas as tentativas "falhas" de implementação de um código de processo penal novo que garantiram as condições da sobrevida do espírito *Rocco* no Brasil. A doutrina processual penal também manteve postura fortemente acrítica sobre a estrutura processual, sua ideologia e, sobretudo, as incompatibilidades entre os institutos processuais e as exigências de reforma em sentido material ou substancial derivadas da ruptura política pós-1988. O advento da Constituição da República de 1988 foi incapaz de garantir um horizonte de mudança cultural com relação aos atores políticos e jurídicos. Além do mais, após a Constituição da República de 1988 tais categorias também sofreram um processo de "ressignificação"[6], capaz de oferecer novas tessituras que hoje compõem um horizonte nebuloso.

O processo de traslado de um conjunto de categorias, institutos, conceitos e práticas processuais penais altamente antidemocráticas foi ativada a partir do desenvolvimento de um "significante-reitor", o de "instrumentalidade do processo"[7], que lhes emprestaria um sentido enviesado, porém altamente eficiente. As transformações sígnicas das velhas práticas punitivas autoritárias se cristalizaram mediante o acento metajurídico depositado sobre a categoria de

[6] A noção de ressignificação pode ser encontrada em BUTLER, Judith. ***Gender Trouble**: feminism and the subversion of identity*. London: New York: Routledge, 1990.

[7] DINAMARCO, Cândido Rangel. **A Instrumentalidade do Processo**. 3. ed. São Paulo: Malheiros, 1993.

jurisdição. Vale dizer que a expansão das funções extrajurídicas a ser realizada pela jurisdição se consolidou a partir de uma premissa metodológica que apontava para a insuficiência e a clausura da jurisdição para outras funções relativas ao "poder nacional". Interessante notar-se que a noção sistematicamente desenvolvida por Dinamarco de instrumentalidade do processo e da jurisdição como poder passou incólume por mais de três décadas, sem que viesse à tona crítica capaz de colocar algum acento sobre as bases políticas sobre as quais se havia erigido o estudo. As noções empregadas pelo autor de *A Instrumentalidade do Processo* foram todas elas moldadas na "expressão política do poder nacional", nos exatos termos desenvolvidos pela Escola Superior de Guerra.

Nas palavras de Dinamarco,

> tais diretrizes estão expressas fundamentalmente na Carta Política e constituem o arcabouço central de toda a atividade estatal. Definem-se, mediante elas, as instituições **políticas** e o seu modo de ser e o modo como se harmonizam; traçam-se metas **econômicas** e estabelecem-se critérios para a coordenação da nação; opta-se por certos estilos de vida e de cultura, no planejamento **psicossocial** das instituições familiares, educacionais, religiosas; e finalmente, estabelecem-se os critérios para a segurança, mediante as diretrizes relacionadas à expressão **militar** do poder.[8]

Desse exame resta muito facilmente perceptível que: a) o autor usa de conceitos paralógicos àqueles desenvolvidos pela Escola Superior de Guerra para compreender a jurisdição como poder; b) as funções metajurídicas do processo (instrumentalidade) se coadunariam com a estrutura do poder nacional segundo a dicção da Escola Superior de Guerra.

Assim as coisas, essa concepção de processo (natureza instrumental) consistiu na aplicação das categorias estruturantes do poder nacional para a Escola Superior de Guerra. Nenhum problema adviria se não fosse a própria Escola Superior de Guerra o instituto acadêmico e ideológico que acenaria

[8] DINAMARCO, Cândido Rangel. Processo de Conhecimento e Liberdade. ***Revista da Faculdade de Direito da Universidade de São Paulo***, São Paulo, v. 80, 1985. p. 253.

para a formulação e consolidação no Brasil da doutrina da segurança nacional, subserviente ao regime ditatorial de 1964.

Pouco difícil notar-se que a concepção instrumental de processo se coloca como uma postura antidemocrática. Contudo, o envernizamento dado às categorias processuais desde a noção instrumental foi a responsável pelo processo de "ressignificação" de diversas categorias processuais penais, muitas vezes, especialmente após as edições pós-1988 da obra, como se fossem constitucionalmente aderentes.

Portanto, há dois elementos fundamentais que se devem levar em consideração para compreender a permanência das categorias processuais penais de matriz autoritária em pleno século XXI: o primeiro foi a estratégia utilizada para se "reformar" parcialmente um código, mantendo as principais categorias processuais penais herdadas do modelo italiano intactas. O segundo, e não menos importante, foi o processo lexicográfico de atribuição de um novo sentido a categorias juridicamente esclerosadas e politicamente comprometidas com sentimentos autoritários. Assim, a noção de instrumentalidade do processo elevou tais categorias a um novo patamar, aparentemente constitucional, oferecendo nova roupagem e proporcionando novos discursos em torno de velhas questões.

1. Uma contrarreforma "sem reforma" e o autoritarismo contemporâneo: sintomas antidemocráticos e a efervescência do "novo" autoritarismo

As sucessivas reformas processuais penais brasileiras nunca se prestaram a uma alteração profunda na estrutura autoritária do Código de Processo Penal. Contudo, chama a atenção um fato que causa ainda maior embaraço a quem se dedica ao exame das mutações político-legislativas no campo do Direito Processual Penal.

A história das reformas processuais penais é sempre um jogo de idas e vindas, de avanços e retrocessos. Assim, exemplificativamente, sucedeu na Itália com as contrarreformas dos anos 1990 ao Código de Processo Penal Italiano de 1989. Assiste razão a Binder quando informa que "não é crível um processo de reforma da justiça penal que não provoque uma contrarreforma em um prazo relativamente curto. Se isso não acontece é porque, na realidade, não se conseguiu introduzir nenhuma prática relevante contrária à tradicional inquisitorial"[9].

No Brasil, há recentes movimentos que indicam o cenário paradoxal de uma "contrarreforma sem reforma". Nesse sentido, é possível indicar-se o PLC nº 27/2017, conhecido como "Projeto das Dez Medidas Contra a Corrupção" e recentemente aprovado pelo Senado Federal. Em tal projeto, encampado pelo Ministério Público Federal, procurou-se, no campo processual penal, produzir reformas que reduzam ainda mais os "excessos garantísticos" trazidos pelo "código Rocco", como o caso do "ajuste nas nulidades". Mais recente ainda é a apresentação do patético "Projeto Anticrime", que em grande medida atribui causas de impunidade ao processo penal, postulando diversas medidas para novamente reduzir o "excesso de garantias".

O absoluto despreparo desses agentes políticos e a nulificação do conhecimento histórico que imanta tais projetos é realmente condizente com o horizonte da "contrarreforma sem reforma". Ou seja, em linhas muito gerais, o que se pretende com esses dois projetos é erradicar os parcos direitos processuais presentes no atual diploma processual penal. Contudo, esquecem-se tais atores políticos da base ideológica do diploma processual penal. Ausente uma reforma estrutural e mantidos os principais institutos herdados da codificação italiana de 1930, o que se tem é um cenário surrealista: quer-se restringir pouquíssimos direitos reconhecidos no diploma processual penal por serem eles motor de impunidade no Brasil! Em palavras mais simples, seria como ressoar uma afirmação equivalente ao fato de o código processual penal fascista ser muito garantidor. E, portanto, quer-se, através de tais reformas, alterar o "fascismo garantista" do Código de Processo Penal de 1941. Cômico não fosse trágico.

Em grande medida, o autoritarismo clássico se valia da epistemologia sociológica e filosófica como suas principais justificativas e discursos. Com precisão, acentua Ricardo Silva que o aparato ideológico que se desenvolveu na década de 1930, herdado sobretudo da sociologia, foi, na década de 1960 em diante, substituído pelo léxico economicista[10]. Assim, a reconfiguração do modelo de pensamento autoritário brasileiro passou pela ressignificação,

[9] BINDER, Alberto. **Fundamentos Para a Reforma da Justiça Penal.** Florianópolis: Empório do Direito, 2017. p. 43.

[10] SILVA, Ricardo. **A Ideologia do Estado Autoritário no Brasil.** Chapecó: Argos, 2004. p. 86.

cujos expoentes foram intelectuais localizados no campo da economia, como Eugenio Gudin e Roberto Campos.

Se, por um lado, então, tem-se um autoritarismo ressignificado pelo léxico economicista, seria de se esperar coisa diverso do campo processual penal? Como se reconfigura o autoritarismo processual penal, quais as suas linhas de contato e articulação com as velhas categorias autoritárias?

Em primeiro lugar, cumpre lembrar que as categorias do velho autoritarismo processual penal se mantêm. Não são substituídas ou derrogadas. Estão presentes de forma muito clara nas práticas punitivas, nos discursos de intelectuais e nas práticas forenses. Contudo, a essa dimensão jurídico-política do autoritarismo se soma outra, aparentemente dotada de uma epistemologia mais acurada e versátil. De forma ainda muito sutil e precária, seria possível sinalizar os seguintes traços desse novo discurso autoritário – e que insistimos: não derroga as velhas categorias.

O primeiro contexto no qual se pode perceber a forma autoritária das novas investidas antidemocráticas é o "desafio de combate à corrupção". Nesse campo, as legitimações de intervenção sobre direitos fundamentais se dão de forma clara. Contra a corrupção tudo é válido. No campo discursivo, duas subcategorias devem ser analisadas, pois contribuem de maneira contundente na legitimação dessas práticas: a) a primeira delas é a retórica do risco, que encontra na Escola de Chicago um importante referencial. E, dali, toda uma estratégia economicista que investe sobre as atividades dos atores processuais penais como agentes econômicos e racionais se desenvolve[11]; b) o efeito de reforço que tal discurso reverbera nos procedimentos de justiça penal consensual e nos casos abrigados pela Lei Anticorrupção, ou seja, os "acordos de leniência".

Um segundo elemento politicamente relevante para se auferir na passagem desse novo modo autoritário do processo penal é o papel das cortes constitucionais, especialmente com os reflexos na flexibilização do Direito e na construção de um Direito jurisprudencial "líquido". Trata-se do fenômeno identificado por Hirschl como "juristocracia"[12].

[11] Sobre uma leitura econômica do processo penal cf. ROSA, Alexandre Morais da. **Guia do Processo Penal Conforme a Teoria dos Jogos**. 5. ed. Florianópolis: Emais, 2019.

[12] Cf. HIRSCHL, Ran. ***Towards Juristocracy***: *the origins and consequences of the new constitutionalism*. Cambridge: Harvard University Press, 2007.

Um terceiro elemento que deve ser percebido na análise das novas formas autoritárias é o processo de "americanização" do Direito Processual, especialmente da importação de dois importantíssimos institutos: a) a Justiça Penal consensual; b) a relativização das provas ilícitas.

Um quarto elemento absolutamente relevante para se verificar o quadro mais amplo do novo autoritarismo é o recurso a um "direito à segurança", que tem servido para duas funções fundamentais: a) criar artificialmente uma ponderação de princípios inexistente, justificando "constitucionalmente" as restrições a direitos fundamentais dos investigados/acusados; b) a atuação política de *think tanks* anômalos que flertam com institutos conservadores, numa promiscuidade entre a coisa pública e a privada (pois tais atores, de regra, propugnam suas "teses" desde o exercício de função pública), como o discurso autodeclarado de "garantismo integral", capitaneado especialmente por algum setor da magistratura e do Ministério Público brasileiros. É fundamentalmente a "retórica do direito à segurança" que imanta tais discursos e que comporá uma nova faceta da ideologia da defesa social, ou seja, o discurso da defesa social agora é ressignificado pelo direito à segurança, alegadamente de matriz constitucional pelos seus partidários.

Um quinto elemento que pode ser diagnosticado é a nova retração do princípio da presunção de inocência. Não apenas pelo fato de que o próprio Supremo Tribunal Federal acabou por lhe retirar parcela considerável de eficácia ao admitir a "execução provisória da pena", mas sobretudo porque a própria lei de lavagem de dinheiro institui uma inversão do ônus da prova que jamais foi questionada por este órgão como inconstitucional. A sua aceitação, sobretudo, insere-se em um quadro mais amplo, no qual a lavagem de dinheiro aparece como um referente paradigmático no processo de expansão da americanização dos procedimentos, coordenando-se com a atuação destinada ao financiamento ao terrorismo (leis de segunda e de terceira geração). Mas não é só isso. Em paralelo, a partir de um pseudorracionalismo obtuso e em nome da eficiência da administração de justiça, desenvolvem-se teorias da prova cujo efeito mais direto é a redução dos *standards* probatórios em casos considerados de difícil comprovação (ou de causalidade complexa). Nesse sentido, exemplificativamente, a noção de "inferência da melhor explicação" utilizada de forma clara nos julgados oriundos da Operação Lava Jato propõe a substituição do *standard* mais rigoroso atinente à própria presunção de inocência enquanto norma de juízo (com seus paralelos em relação ao *standard* do "para além da dúvida razoável").

Um sexto e talvez o mais recente elemento seja a inspiração mítica da Operação Lava Jato na famosa *Mani Pullite*, o estrondoso fracasso conduzido pela Itália e tratado por agentes jurídico-políticos como um modelo de inspiração, mesmo que na Itália o projeto não consistisse em uma articulação com finalidades especialmente políticas. E, o que é mais sério, como do caso *Tangentopolis* em diante o fenômeno da corrupção não foi reduzido, senão agravado, especialmente através da destruição de partidos políticos tradicionais na Itália[13].

Esse cenário integralmente se retroalimenta com o fenômeno da expansão dos Poderes Judiciários (já identificada como um efeito inexorável do paradigma da instrumentalidade do processo) e com a própria epistemologia e sintaxes neoliberais, articulando um complexo judiciário-militar que admite claramente a penetrabilidade entre polícia e Judiciário.

Por fim, há também que se analisar as tentativas de mutação semântica a recair sobre as próprias categorias herdadas do autoritarismo italiano: a) além da manutenção do art. 156 do CPP – o ônus da prova incumbe a quem a alegar –, é possível constatar-se usos como "carga dinâmica da prova" ou, ainda, teses sobre o rebaixamento do *standard* de prova no processo penal[14], ou, ainda, "o dolo sem vontade", rebaixado à condição de mera probabilidade[15]; b) a prevalecer a alteração prevista no Projeto das Dez Medidas Contra a Corrupção, as nulidades processuais penais irão – como se fosse possível – sofrer mais um processo de relativização. Dessa vez não com a noção de prejuízo, mas com a preclusão "judicial" (*sic*) das nulidades absolutas[16]; c) as discussões em torno

[13] DELLA PORTA, Donatella; VANUCCI, Alberto. ***The Hidden Order of Corruption***: *an institutional approach*. Burlington: Ashgate, 2012.

[14] Como uma tentativa epistemologicamente frustrada mas politicamente bem-sucedida pode-se citar a "inferência da melhor explicação". DALLAGNOL, Deltan Martinazzo. **As Lógicas das Provas no Processo Penal**: prova direta, indícios e presunções. Porto Alegre: Livraria do Advogado, 2015.

[15] Cf. GOMES, Enéias Xavier. **Dolo sem Vontade Psicológica**: perspectivas de aplicação no Brasil. Belo Horizonte: D'Plácido, 2017.

[16] Caso aprovado, o art. 570-A do CPP passará a ter a seguinte redação: "As nulidades devem ser pronunciadas pelo juiz no seguinte prazo, sob pena de preclusão:
I – as da fase investigatória, denúncia ou referentes à citação, até a decisão que aprecia a resposta à acusação (art. 399);

da *emendatio libelli* se mantêm no mesmo nível de superficialidade e acriticidade; d) têm se incrementado as justificativas em nome do decisionismo, especialmente em referência à liberdade da prova, do livre convencimento e da verdade real, muito embora a "verdade real" tenha sido deixada de lado por intelectuais que recorrem a teorias epistemológicas mais sofisticadas para se chegar a resultados similares (especialmente as orientações de Michelle Taruffo, Ferrer Beltrán e Nieva Fenoll); e) o contraditório degenerado tende a se amplificar ainda mais com o uso cada vez mais corriqueiro de tecnologias que trazem como consequência o esvaziamento do contraditório na fase judicial; f) Como no exemplo trazido pelo Projeto Original das Dez Medidas Contra a Corrupção e pelo Projeto Anticrime, verificam-se novas propostas de incremento da prisão preventiva, como a prisão para recuperação de ativos e a prisão preventiva automática decorrente da conversão da prisão em flagrante; g) igual preocupação deve ser concedida ao incremento do uso da tortura no Brasil, o que significa que ela continua sendo utilizadíssima em nossas práticas punitivas; h) por fim, ainda quanto às categorias processuais penais clássicas, o movimento pela supressão de recursos e obstaculização do exame dos recursos extraordinários pelos tribunais superiores se constitui em premissa difundida.

O quadro não é nada promissor, pois como se pode perceber, no Brasil aparecem e coabitam um mesmo espaço duas dimensões claramente distintas do autoritarismo, que por um lado se retroalimentam e cuja nova forma é ainda mais intolerante e mais radical do que a primeira, apesar de seus compromissos declarados e a sua retórica não se apresentarem, à primeira vista, enquanto tais.

II – as ocorridas no período entre a decisão que aprecia a resposta à acusação e a audiência de instrução, logo após aberta a audiência;
III – as ocorridas posteriormente à pronúncia, logo depois de anunciado o julgamento e apregoadas as partes;
IV – as do julgamento em plenário, em audiência ou em sessão do juízo ou tribunal, logo depois de ocorrerem".

Referências

BINDER, Alberto. **Fundamentos Para a Reforma da Justiça Penal**. Florianópolis: Empório do Direito, 2017.

BUTLER, Judith. ***Gender Trouble***: *feminism and the subversion of identity*. London: New York: Routledge, 1990.

CORDERO, Franco. ***Guida Alla Procedura Penale***. Torino: UTET, 1986.

DALLAGNOL, Deltan Martinazzo. **As Lógicas das Provas no Processo Penal**: prova direta, indícios e presunções. Porto Alegre: Livraria do Advogado, 2015.

DELLA PORTA, Donatella; VANUCCI, Alberto. ***The Hidden Order of Corruption***: *an institutional approach*. Burlington: Ashgate, 2012.

DINAMARCO, Cândido Rangel. **A Instrumentalidade do Processo**. 3. ed. São Paulo: Malheiros, 1993.

DINAMARCO, Cândido Rangel. Processo de Conhecimento e Liberdade. ***Revista da Faculdade de Direito da Universidade de São Paulo***, São Paulo, v. 80, 1985.

GLOECKNER, Ricardo Jacobsen. **Nulidades no Processo Penal**. 3. ed. São Paulo: Saraiva, 2017.

GLOECKNER, Ricardo Jacobsen. **Autoritarismo e Processo Penal**: uma genealogia das ideias autoritárias no processo penal brasileiro. Florianópolis: Tyrant lo Blanch, 2018.

GOMES, Enéias Xavier. **Dolo sem Vontade Psicológica**: perspectivas de aplicação no Brasil. Belo Horizonte: D'Plácido, 2017.

HIRSCHL, Ran. ***Towards Juristocracy***: *the origins and consequences of the new constitutionalism*. Cambridge: Harvard University Press, 2007.

MANZINI, Vincenzo. *La Politica Criminale e il Problema della Lotta Contro la Delinquenza e la Malavita*. ***Rivista Penale***, v. XXXVII, n. 73, 1911.

MARQUES, José Frederico. Evolução Histórica do Processo Penal Brasileiro. **Investigações** n. 07, 1949.

ROSA, Alexandre Morais da. **Guia do Processo Penal conforme a Teoria dos Jogos**. 5. ed. Florianópolis: Emais, 2019.

SBRICCOLI, Mario. *Le Mani nella Pasta e Gli Occhi al Cielo: la penalistica italiana negli anni del fascismo*. ***Quaderni Fiorentini per la Storia del Pensiero Giuridico Moderno***, Milano: Giuffrè, v. 28, t. II, 1999.

SILVA, Ricardo. **A Ideologia do Estado Autoritário no Brasil**. Chapecó: Argos, 2004.

26.
CRIMES DE REPERCUSSÃO E FALSAS MEMÓRIAS: O ENFRENTAMENTO DAS DECISÕES JUDICIAIS CONFORME OS PROCEDIMENTOS PREVISTOS NO CÓDIGO DE PROCESSO PENAL BRASILEIRO

Ana Carolina Filippon Stein

Introdução

É sabido que falsas memórias podem ser criadas de forma externa, isto é, sem que o observador tenha estado presente na cena de um crime, por exemplo. Os delitos que causam comoção pública e, portanto, forte apelo midiático (pauta de mídia) adentram ao ambiente social através de notícias diárias sobre o fato, as quais perduram, por vezes, ainda que com sua ênfase reduzida, até o efetivo cumprimento de pena pelo autor do delito condenado.

Diante de tal contexto, e com vista à realidade processual penal brasileira (processo penal de matriz inquisitória), é que surge a necessidade de se questionar se dentro das disposições do Código de Processo Penal brasileiro, no tocante aos modelos de julgamento conferidos aos juízes de Direito e jurados, quais sejam o livre convencimento motivado e a íntima convicção, respectivamente, é possível estabelecer um filtro à contaminação por falsas memórias (?).

A relevância da presente temática se extrai do fato de que cada vez mais a persecução penal tem feito parte da pauta jornalística. A técnica processual que até então ficava restrita aos atores do processo, desde a investigação preliminar até o julgamento final, hoje é assunto tratado nos mais diversos ambientes sociais, debate que é subsidiado pelas informações passadas pela mídia (por vezes, não especializada).

Para buscar responder ao problema proposto, ao longo do trabalho perpassaremos pelos conceitos de falsas memórias, imparcialidade judicial, presunção de inocência e processo penal, extraídos da competente doutrina processual penal contemporânea brasileira acerca dos assuntos tratados. A fim de complementar os argumentos doutrinários, acrescentaremos dados de pesquisa documental realizada em materiais de imprensa envolvendo crimes com forte repercussão midiática.

O objetivo do trabalho não é esgotar o tema ou fixar posicionamentos. É tão somente estimular uma reflexão sobre as falsas memórias no âmbito do processo penal e suas consequências diante do devido processo e da presunção de inocência e, ao final, considerar se a adoção de um procedimento de matriz acusatória, pautado pela oralidade, no rito do júri, tem capacidade de minimizar a contaminação dos julgadores por falsas memórias quando perante um crime de forte apelo midiático.

1. Da formação das falsas memórias

O processo de formação das falsas memórias origina-se não só de forma interna no agente como *uma distorção endógena* (STEIN, 2010), quando as lembranças que aquele possui se criam de forma interna sem que nenhuma interferência externa se opere sobre ele, mas também através de um meio externo à pessoa, ainda que quem não presenciou diretamente o fato acabe por criar memórias sobre ele. Conforme explica Stein (2010)[1]: "no que tange às Falsas Memórias

[1] Isso significa dizer então que nossas memórias são passíveis de serem influenciadas pelas outras pessoas? Informações que recebemos depois do evento que vivenciamos podem interferir na nossa memória? As respostas para estas perguntas são afirmativas. Nossa memória é suscetível à distorção mediante sugestões de informações posteriores aos eventos. Além disso, outras pessoas, suas percepções e interpretações podem, sim, influenciar a forma como

sugeridas, elas advêm da sugestão de falsa informação externa ao sujeito, ocorrendo devido à aceitação de uma falsa informação posterior ao evento ocorrido e à subsequente incorporação na memória original".

Partindo, portanto, da premissa de que é possível criar uma falsa memória a partir de elementos externos à pessoa, sem que esta tenha efetivamente presenciado um fato, só tendo sido exposta a comentários e dados sobre o caso, é que a mente de um julgador (leigo ou não), como cidadão inserido no meio ambiente social, se mostra local fértil e permeável à construção de convicções, alimentadas pela diuturna exposição midiática de um crime cometido.

As falsas memórias espontâneas podem ser consideradas fatores de contaminação da prova processual e, *in casu*, fator de contaminação da memória do julgador. *No caso das falsas memórias, as pessoas realmente acreditam que aquilo aconteceu, o que é um problema potencial* (DI GESU, 2014)[2], que toca a todos os atores que atuarão na persecução penal.

Tanto o juiz de Direito quanto o jurado recebem a prova dos autos como parte da reconstrução histórica do delito ocorrido. No ambiente do processo, a história vai sendo contada por testemunhas, perícias e outros documentos, aptos a contribuir para a formação da convicção do julgador. Contudo, tal contexto estaria, em tese, a salvo de maiores contaminações se aos julgadores – membros da sociedade à qual estão submetidos e se mostram expectadores de notícias frequentes e diárias acerca de crimes, principalmente daqueles que causam maior comoção social – fosse exposto filtro eficaz a limitar tais contaminações, mormente em momentos decisórios.

A sociedade atual transita pela persecução penal desde seu início até seu efetivo final (cumprimento da pena) através do olhar jornalístico, por vezes repleto de conteúdo sensacionalista. Conforme ensinam Giacomolli e Maya (2010):

recordamos os fatos. (STEIN, Milnitsky Lilian *et al.* **Falsas Memórias**. Porto Alegre: Artmed, 2010. p. 25-26).

2 "No caso das falsas memórias, as pessoas realmente acreditam que aquilo aconteceu. O que é um problema potencial, principalmente para a polícia. Assim, enquanto a mentira ou simulação por pressão social tem base social, a falsa memória, sugerida ou espontânea, é um fenômeno de base mnemônica, mais precisamente uma lembrança".(DI GESU, Cristina. **Prova Penal e Falsas Memórias**. 2. edição. Porto Alegre: Livraria do Advogado, 2014. p. 137).

> A mídia acaba familiarizando a população com as investigações policiais, com as decisões acerca de buscas e apreensões, prisões cautelares, concessões de liminares e *habeas corpus*, entre outras, induzindo-a, sempre de forma parcial (apenas trechos são revelados), sem que se tenha conhecimento acerca da realidade que foi carreada ao processo, gerando um imenso grau de contaminação.[3]

O problema apresentado no trabalho busca encontrar, dentro do escopo legal, um mecanismo para desvincular (ainda que não totalmente, até porque isso não é possível) da mente do ator processual julgador todos os dados que ele já apreendeu através de mídias externas ao processo em julgamento. Entretanto, tal tarefa se apresenta com alto grau de dificuldade, uma vez que a mente humana é ambiente complexo. O ser humano é o fruto de seus mandatos educacionais e ambientais, constituído de suas ideias e ideais, os quais são pontos de partida para tomadas de decisões, sejam elas técnicas ou pessoais.

De acordo com Carnelutti (1965)[4], é preciso lembrar que primeiro se julga e depois se raciocina, e que as razões fundadas sobre as provas são meios para dar suporte às decisões judiciais, ou seja, o julgador primeiro cria um mapa mental de tudo o que assistiu nos autos (com a complementação das informações extra-autos fornecidas pela mídia, aqui absorvidas e cristalizadas de forma inconsciente), forma sua convicção e só depois buscará nas provas o embasamento para sua decisão. No mesmo sentido, afirma Carvalho (2012)[5]

[3] GIACOMOLLI, Nereu José; MAYA, André Machado (Orgs.). **Processo Penal Contemporâneo**. Porto Alegre: Nuria Fabris, 2010. p. 28;

[4] CARNELUTTI, Francesco. *Verità, dubbio e certezza*. ***Rivista di Diritto Processuale***, Padova: Cedam, v. XX, p. 4-9, 1965.

[5] CARVALHO, L. G. Grandinetti Castanho. Estado de Direito e Decisão Jurídica: As Dimensões Não-Jurídicas do ato de julgar. *In*: PRADO, Geraldo; MARTINS, Rui Cunha; CARVALHO, Luis Gustavo Grandinetti Castanho de. **Decisão Judicial**. A cultura jurídica brasileira na transição para a democracia. São Paulo: Marcial Pons, 2012. p. 125: "A colheita da prova e a análise do material fático, é, por excelência onde mais se instala esse itinerário psicológico inconsciente. [...] A reconstituição dos fatos leva à formação de imagens que, muitas vezes, remetem a outras imagens já experienciadas pelo julgador, atravessadas, portanto, de vivências conscientes e inconscientes [...] O problema assoma quando imagens inconscientes, tanto para o julgador como, obviamente, para as partes, se infiltram no processo psicológico de julgar, sub-repticiamente, e deformam desde a reconstrução da matéria fática, até sua avaliação". Nesse contexto, como manejar uma decisão, ou decisões, que será entregue aos juízes leigos, a

que é na colheita da prova e na análise do material fático que mais se instala o *itinerário psicológico inconsciente*.

As informações parciais e, por vezes, superficiais e com conteúdo de opinião acerca de delitos de forte comoção pública, que são divulgadas (quase que à exaustão, diuturnamente) ao público em geral, ambiente de onde saem os julgadores de Direito ou leigos, criam falsas memórias, as quais, ainda que de forma inconsciente, influenciarão no momento do julgamento. A interação da sociedade com o crime e o processo penal e, mormente da maneira como ocorre, ativa o alerta ao máximo, visto que garantias fundamentais são negadas e ou minimizadas àqueles que são submetidos à investigação e a posterior processo, ao preço de se satisfazer o populismo penal. A exemplificar, citamos Di Gesu (2014): "pelo conteúdo das matérias veiculadas na televisão, os réus dos delitos contra a vida, sem sombra de dúvidas, já foram condenados pelo Júri Popular, mesmo antes do término das investigações"[6].

Podemos imaginar um magistrado, de uma Comarca média, o qual assiste, em casa, à notícia de um crime praticado contra uma criança, com requintes de crueldade, e que, em tese, os agentes do fato seriam seus parentes mais próximos, aqueles que detêm o dever de guarda e cuidado, seu pai e sua madrasta. O magistrado, como pai que é e técnico em Direito, formará sua primeira impressão sobre o caso. Semanas depois, o caso é distribuído e passa a ser da competência de sua Vara o julgamento da causa. Como superar a primeira impressão formada em crime tão comovente e grave? Como observar e manejar com os princípios-pilares do processo penal – a presunção de inocência e a imparcialidade judicial?

De acordo com os ensinamentos de Rosa (2017)[7], é válido o ditado popular que diz que "a primeira impressão é a que fica". Em ambientes forenses, em

qual conta com a fundamentação de um juiz, atuante desde o início do processo, com contato direto com as partes, e que, por vezes decide abandonando provas não renovadas em juízo, sob o contraditório, à escolha dos atos de investigação, cujas partes são recortadas para irem de encontro à formação de sua convicção para, depois de tudo expresso e confrontado, "lavar as mãos" atribuindo a competência para julgamento aos jurados. Se aos juízes leigos cabe analisar todo o conjunto da persecução, ainda é necessário manter um segundo filtro à acusação (?).

6 DI GESU, Cristina. **Prova Penal e Falsas Memórias**. 2. ed. Porto Alegre: Livraria do Advogado, 2014. p.185.

7 "Muitas vezes a primeira impressão, tanto positiva quanto negativa, acaba se estendendo aos atos processuais. Se o acusado aparente ser honesto pode implicar uma série de adjetivos

processos expostos ao público, a primeira avaliação com relação às partes envolvidas e peculiaridades do fato podem acabar contaminando o resultado do processo, por conta da ocorrência do nominado "efeito halo".

O efeito halo aparece no âmbito processual penal uma vez que a persecução se dá via interação humana, por vezes sem que se tenha acesso a informações qualificadas das partes e fato, ficando o julgador suscetível a informações indiretas, prestadas por terceiros (ROSA, 2017)[8].

Entretanto, além da necessidade de superação da primeira impressão, em casos de repercussão midiática (crimes), os julgadores, sejam eles leigos ou não, precisarão ainda ultrapassar a força da dissonância cognitiva no momento de decidir. A dissonância cognitiva representa o desafio da cognição judicial imparcial, uma vez que os julgadores, assim como qualquer pessoa, buscam internamente manter coerência com suas crenças e comportamentos a cada nova informação advinda do exterior (ROSA, 2017).[9]

Diante do exposto, a imparcialidade que se espera do julgador no momento de decidir, no âmbito do processo penal, desafia o decisor a superar suas primeiras impressões (efeito halo), o confronto com suas crenças, opiniões e comportamentos (dissonância cognitiva) e, ainda, minimizar a impacto das notícias recorrentes acerca de fato que está sob seu julgamento, a fim de tentar identificar e afastar falsas memórias que porventura possam lhe permear o inconsciente, criando uma realidade que não se afirma nos fatos do processo.

positivos, enquanto que a impressão desonesta, negativos. Lembre-se de que nem todas as informações se dão pelo nível da consciência" (ROSA, Alexandre Morais da. **Guia do Processo Penal conforme a Teoria dos Jogos**. Florianópolis: Empório do Direito, 2017. p. 220-222).

[8] "O efeito halo opera pela expansão, contaminação de uma característica da pessoa às qualidades que se imagina tanto positiva quanto negativamente. E como o processo penal acontece por meio da interação humana, na imensa maioria das vezes, sem que tenhamos informações qualificadas sobre as pessoas que interagimos, em geral somos suscetíveis às informações indiretas" (ROSA, Alexandre Morais da. **Guia do Processo Penal conforme a Teoria dos Jogos**. Florianópolis: Empório do Direito, 2017. p. 220-222).

[9] "A força do novo argumento/informação, quando dissonante à cognição preexistente, faz com que haja maior pressão para se reduzir a dissonância introduzida, impondo ao sujeito que manipule (consciente ou inconscientemente) as razões para manutenção de sua crença, comportamento, opinião ou atitude" (ROSA, Alexandre Morais da. **Guia do Processo Penal conforme a Teoria dos Jogos**. Florianópolis: Empório do Direito, 2017. p. 200-205).

2. O ato de julgar: de juízes de Direito aos jurados

Como visto, o ato de julgar é complexo, mormente por depender de atividades ínsitas à mente humana, sobre a qual não possuímos ingerência completa. A carga de trabalho, o estresse diário, os compromissos, por vezes nos fazem adentrar em um modo automático de trabalho, em que buscar filtrar informações e confrontar crenças, ainda que em momento decisório, se mostra tarefa sequer questionada.

O momento de decidir, para um julgador, pode ser considerado o ápice de seu ofício, e diretrizes humanistas internacionais reclamam a sua imparcialidade e observância à presunção de inocência. Em um procedimento processual penal como é o brasileiro, o magistrado faz as vezes de inquisidor ao ser autorizado por lei a buscar provas com o fito de comprovar a sua convicção, o que propicia um ambiente para a cristalização e o não questionamento de falsas memórias internalizadas.[10]

Nesse contexto, entendemos que o fato do princípio-norte das decisões judiciais exigir do magistrado a fundamentação do seu livre convencimento pode significar um filtro às falsas memórias criadas por fatores externos ao processo. Uma vez que o julgador técnico precisa fundamentar com base nas provas produzidas nos autos, ainda que alguma leitura escape pelas entrelinhas, a justificativa de uma condenação através do caderno probatório incluso ao processo minimiza o impacto que suas opiniões, crenças, primeira impressão e falsa memória criada possam ter em sua decisão.

Ao contrário da exigência imposta aos juízes de Direito, qual seja, de fundamentar a decisão com base na prova produzida nos autos pelas partes, quando falamos em jurados a situação se mostra mais complexa. O julgador leigo é cidadão comum, por vezes sem conhecimento técnico acerca do mundo do Direito, mais permeável às informações noticiadas pela mídia acerca de crimes, e tem permissão legal para julgar por íntima convicção, sem qualquer necessidade de explicar seu voto. As mais severas críticas com relação ao rito do Júri residem na falta de uma fundamentação por parte dos jurados, a justificar sua decisão.

[10] BRASIL. **Código de Processo Penal**. Disponível em: http://www.planalto.gov.br/ccivil_03/decreto-lei/del3689.htm. Acesso em: 3 nov. 2020. art. 156.

As análises negativas com relação ao julgamento por íntima convicção que tocam aos jurados se mostram corretas, mormente se aceitarmos a criação de falsas memórias através de informações externas. O jurado, ao não precisar motivar a sua decisão, poderá chegar ao plenário de julgamento, com sua convicção já formada, e confirmar sua decisão com base nos elementos dos autos que a justifiquem, mesmo que estes sejam isolados e carentes de formação em contraditório.[11]

A formação de uma memória coletiva sobre um fato, isto é, "aquela elaborada no seio dos grupos sociais, produzindo tradições vivas" (GESU, 2014)[12], baseada em informações que tecnicamente são conflitantes ou inverídicas, que posteriormente poderão ser contraditadas ou anuladas ou, ainda, desconsideradas, acaba por gerar uma falsa memória que afetará o senso julgador de um jurado. *As falsas memórias podem ser formadas de maneira natural, através da falha na interpretação de uma informação ou ainda por uma falsa sugestão externa, acidental ou deliberada, apresentada ao indivíduo* (ÁVILA, 2013)[13].

A lei processual penal operou, com a reforma de 2008, mudanças que, de certa forma, serviram para minimizar a influência dos conteúdos externos recebidos pelos atores jurados, quando ao estabelecer, no art. 473 e parágrafos do CPP, que a prova testemunhal será colhida em plenário de julgamento, com a participação dos membros do conselho de sentença, os quais poderão formular perguntas tanto à vítima quanto às testemunhas, bem como requerer acareações, solicitar esclarecimentos aos peritos, reconhecimento de pessoas e coisas e solicitar a leitura de peças do processo.

[11] "[...] os jurados estão muito mais suscetíveis a pressões e influências políticas, econômicas, e principalmente midiática [...] eles não são juízes, senão que estão temporária e precariamente investidos, carecendo, por evidente, das necessárias garantias orgânicas – que suportam a independência. A falta de profissionalismo, de estrutura psicológica, aliados ao mais completo desconhecimento do processo e de processo, são graves inconvenientes do Tribunal do Júri. [...] o golpe fatal no júri está na absoluta falta de motivação do ato decisório. A motivação serve para o controle da racionalidade da decisão judicial. Trata-se de puro arbítrio, no mais absoluto predomínio do poder sobre a razão. A 'intima convicção', despida de qualquer fundamentação, permite a imensa monstruosidade jurídica de ser julgado a partir de qualquer elemento" (LOPES JR. Aury. Direito Processual Penal. 10. ed. São Paulo: Saraiva, 2013. p. 1060-1067).

[12] DI GESU, Cristina. **Prova Penal e Falsas Memórias**. 2. ed. Livraria do Advogado: Porto Alegre, 2014. p.122.

[13] ÁVILA, Gustavo Noronha de. **Falsas Memórias e Sistema Penal**. A prova testemunhal em xeque. Rio de Janeiro: Lumen Juris, 2013. p. 111.

Tal "instrução plena" (LOPES JR., 2013)[14], disponível aos jurados, poderia ser o filtro às falsas memórias criadas pelo conteúdo disponibilizado na imprensa ou, no pior dos cenários, o jurado buscaria, na produção da prova, fatos para amparar sua versão já preconcebida sobre o fato posto em julgamento. Os riscos são grandes de que a tese escolhida pelos julgadores leigos, após a formação das falsas memórias ainda no seu meio ambiente social, sirva de ponto de partida para a elaboração de seus questionamentos em plenário.

Contudo, reduz-se a esperança nessa proposta de enfrentamento da questão, quando diante do alerta de Choukr (2014)[15]: *o que ocorre quando o réu permanece em silêncio, não há vítima ou testemunhas a serem ouvidas ou, ainda, não há leitura de peças?* Nesses casos, o pretendido filtro às falsas memórias externas se mostraria inócuo.

A fiscalização por parte do Poder Judiciário, sobre o conteúdo que a mídia expõe à sociedade, em se tratando de crimes com forte apelo midiático, deve ser centrada nos abusos e excessos da atividade jornalística, mormente quando esta colide com a presunção de inocência. A relação entre a imprensa e a garantia constitucional envolve *um duplo sentido: no primeiro, importa analisar a exposição abusiva do imputado; e, em um segundo sentido, releva os efeitos que a mídia projeta na persecução penal, notadamente na decisão judicial.* (ZANOIDE DE MORAES, 2010)[16].

O Brasil tem se mostrado, ao longo dos últimos anos, terreno fértil para uma amostra sobre possíveis abusos por parte da imprensa, envolvendo crimes de repercussão. Segundo Zanoide de Moraes (2010)[17], para uma sociedade que se diz democrática, não se pode mais tolerar que processos ditos sigilosos sejam alcançados pela mídia antes mesmo de o juiz do caso ter acesso aos autos. Ainda, esta mesma sociedade não pode mais aceitar a sua própria manipulação, com o objetivo de influenciar decisões sob pressão, sob pena de estar criando um fato em que a inocência deixará de ser assunto a ser debatido.

[14] LOPES JR., Aury. **Direito Processual Penal**. 10. ed. São Paulo: Saraiva, 2013. p. 1041.

[15] CHOUKR, Fauzi Hassan. **Código de Processo Penal**. Comentários Consolidados e Critica Jurisprudencial. 6. ed. Rio de Janeiro: Lumen Juris, 2014. p. 953.

[16] ZANOIDE DE MORAES, Maurício. **Presunção de Inocência no Processo Penal Brasileiro**. Rio de Janeiro: Lumen Juris, 2010. p. 510.

[17] ZANOIDE DE MORAES, Maurício. **Presunção de inocência no Processo Penal Brasileiro**. Rio de Janeiro: Lumen Juris, 2010. p. 513.

O direito humano fundamental à presunção de inocência poderia se transformar no eficaz limitador aos abusos e excessos midiáticos em delitos de grande repercussão se tal garantia fosse reconhecida e respeitada pelos atores processuais. Ao se tomar por base a presunção de inocência como norma de tratamento, na qual o olhar a ser depositado sobre o acusado é o de inocência desde sempre, certo é que as notícias veiculadas devem transitar no limiar do respeito a sua honra, imagem e direito à intimidade.

Muitas vezes a imprensa não replica exatamente os fatos como lhes foram narrados. Ao contrário, em alguns casos, dependendo de quem os apresenta ou a ideologia do programa que os expõe, os fatos acabam sendo moldados, redesenhados para alcançar o potencial sensacionalista e, ao final, percentual significativo de audiência. *A "causa criminal" passa a ser uma mercancia por meio da qual as notícias se auto-alimentam em uma sucessão de versões dentro das quais o fato original perde a importância e elas passam a ser o fato* (ZANOIDE DE MORAES, 2010).

Exemplos pátrios notórios da criação de falsas memórias externas em cidadãos comuns e atores do processo podem ser visualizados no famoso Caso Escola Base (1994) e, também, nos julgamentos do Caso Nardoni (2008) e do Caso Goleiro Bruno (2009). No primeiro, a construção do caso pela mídia influenciou a investigação preliminar e culminou na destruição de vidas de pessoas inocentes, sendo que a retratação e indenização posterior por veículo de imprensa foi de extensão mínima se comparada com a exposição do fato. Nos outros dois *cases*, verificou-se que, tão logo iniciada a investigação policial, a mídia já contava com a versão dos fatos pronta, sem possibilitar que a defesa trabalhasse de forma isenta a versão dos réus (aqui, importante pautar, que se verdadeiras ou não, não é a questão, e sim o poder trazer sua versão aos autos e que ela fosse investigada e confrontada).

O estudo das falsas memórias criadas por fatores externos ao fato deve ser enfrentado no âmbito do processo penal, seja pela apreensão de conceitos e técnicas com relação à psicologia do testemunho, seja com relação ao comportamento dos atores processuais, técnicos ou leigos, se estes acabam afetados ou não pela exposição de notícias pela imprensa acerca de crimes. Devemos refletir com o fito de criar mecanismos mais eficientes de filtros, em momentos decisórios, para reforçar as garantias humanistas do processo penal, sob pena de seguirmos a sustentar um processo penal de matriz inquisitorial, com vistas tão somente a eliminar o inimigo réu do ambiente social.

Conclusões

Por todo o exposto, entendemos necessária a abertura de debates sobre a influência de falsas memórias em julgadores, em se tratando de crimes de forte repercussão midiática. A aproximação do estudo do processo penal com conceitos da psicologia se mostra imprescindível na busca do fortalecimento das garantias conferidas ao acusado exposto à persecução penal, mormente no que diz respeito à presunção de inocência e à imparcialidade judicial.

Cientes somos de que não há, sequer se espera, neutralidade por parte de um julgador. Mesmo sendo um ator técnico, o juiz de direito é um ser inserido na sociedade, com crenças, opiniões e ideais que se manifestam em seu ambiente profissional. Contudo, dentro do que se pretende com o princípio da imparcialidade judicial, é um magistrado distante das partes e com foco único em analisar as provas que lhe são trazidas pelas partes – acusação e defesa. Nesse contexto, entendemos que um processo penal que se submeta a um sistema acusatório, com a função de cada parte bem localizada no processo, no qual o juiz julga com as provas trazidas pela acusação e defesa, formaria um maior filtro às contaminações externas apreendidas da mídia, uma vez que o foco do julgamento cingir-se-á na análise do material probatório dos autos, sem possibilidade de o magistrado buscar provas para satisfazer a sua convicção. Este afastamento do magistrado, da produção de provas, que o sistema acusatório propõe nos parece limitar o impacto do meio ambiente social sobre o juiz de Direito, reforçando a sua imparcialidade ao decidir.

Nessa linha de raciocínio, parece-nos que um julgamento pautado pela oralidade, desde seu início – admissibilidade da acusação – até seu final, também teria a capacidade de refrear a contaminação por falsas memórias em casos de repercussão midiática. A oralidade, por ser mais dinâmica e exigir das partes um maior foco na apresentação e colheita de provas, pode fazer com que se distancie do conteúdo já ingerido através das notícias de imprensa acerca do crime repercutido.

Por fim, mesmo em se trabalhando com a lei processual penal brasileira entendemos que a fundamentação das decisões pelo magistrado, quando do exercício de confronto do caderno probatório com o seu convencimento, acaba por filtrar as falsas memórias que porventura tenham sido formadas. Entretanto, mesmo que pareça eficaz tal limitação, a lei, ao manter a possibilidade de o juiz buscar provas nos autos, colabora para a afirmação do que pode ser uma falsa memória criada de forma externa, uma vez que o juiz de Direito vai buscar elementos que não foram trazidos aos autos pelas partes, com a finalidade de satisfazer a sua convicção.

Com relação aos jurados, juízes leigos, para o enfrentamento da criação de falas memórias por notícias da mídia em crimes de repercussão, a lei oferece a realização de instrução em plenário de júri. Contudo, ao manter o modelo de julgamento por íntima convicção, sem aposição de justificativa, a memória criada, ainda que falsa, poderá provocar a confirmação de julgamento prévio em contraposição ao caso exposto em plenário.

Certo é que alimentamos os monstros que nos atacam. A criminalidade, a sensação de medo abstratamente concebida, as inseguranças sociais, não são outro reflexo que não o descaso com os princípios básicos de civilidade, o respeito aos direitos humanos que a todos tocam, proibindo qualquer tipo de estigmatização ou prejulgamentos. Talvez a reiterada cobrança, educação e respeito às regras do jogo, mormente em se tratando de crime e seu caminho para aplicação da pena – processo –, possa transformar o cenário, trazendo um melhor ambiente processual penal para todos.

O estudo das falsas memórias criadas por fatores externos ao fato delituoso (repercussão midiática de crime) e a posterior contaminação de seus participantes diretos, *in casu*, os juízes e os jurados, deve ser realizado buscando dar efetividade a mecanismos mais eficientes de filtragem de tais impactos, dentro do processo penal, visto que o prejuízo que decorre da superexposição midiática de um acusado só a ele atinge, só o *imputado perde em direitos e interesses,* até porque, no caso de ao final ser absolvido, sua inocência não será noticiada com a mesma ênfase e espaço com que as acusações contra a sua pessoa o foram, pelo simples fato de que *a inocência nunca é notícia* (ZANOIDE DE MORAES, 2010)[18].

[18] ZANOIDE DE MORAES, Maurício. **Presunção de inocência no Processo Penal Brasileiro**. Rio de Janeiro: Lumen Juris, 2010. p. 514.

Referências

ÁVILA, Gustavo Noronha de. **Falsas Memórias e Sistema Penal**. A prova testemunhal em xeque. Rio de Janeiro: Lumen Juris, 2013.

BRASIL. **Código de Processo Penal**. http://www.planalto.gov.br/ccivil_03/decreto-lei/del3689.htm. Acesso em: 3 nov. 2020.

CARNELUTTI, Francesco. **As Misérias do Processo Penal**. São Paulo: Servanda, 2012.

CARNELUTTI, Francesco. *Verità, dubbio e certezza*. ***Rivista di Diritto Processuale***, Padova: Cedam, v. XX, p. 4-9, 2010.

CARVALHO, L. G. Grandinetti Castanho. Estado de Direito e Decisão Jurídica: As Dimensões Não-Jurídicas do ato de julgar. *In*: PRADO, Geraldo; MARTINS, Rui Cunha; CARVALHO, Luis. Gustavo Grandinetti Castanho (org.). **Decisão Judicial**. A cultura jurídica brasileira na transição para a democracia. São Paulo: Marcial Pons, 2012.

CHOUKR, Fauzi Hassan. **Código de Processo Penal**. Comentários Consolidados e Critica Jurisprudencial. 6. ed. Rio de Janeiro: Lumen Juris, 2014.

DI GESU, Cristina. **Prova Penal e Falsas Memórias**. 2. ed. Porto Alegre: Livraria do Advogado, 2014.

GIACOMOLLI, Nereu José; MAYA, André Machado (org.). **Processo Penal Contemporâneo**. Porto Alegre: Nuria Fabris, 2010.

LOPES JR, Aury. **Direito Processual Penal**. 10. ed. São Paulo: Saraiva, 2013.

ROSA, Alexandre Morais da. **Guia do Processo Penal conforme a Teoria dos Jogos**. Florianópolis: Empório do Direito, 2017.

STEIN, Milnitsky Lilian *et al*. **Falsas Memórias**. Porto Alegre: Artmed: Porto Alegre, 2010.

ZANOIDE DE MORAES, Maurício. **Presunção de inocência no Processo Penal Brasileiro**. Rio de Janeiro: Lumen Juris, 2010.

27. LEVANDO A JUSTIÇA RESTAURATIVA A SÉRIO: ANÁLISE CRÍTICA DE JULGADOS DO TRIBUNAL DE JUSTIÇA DO RIO GRANDE DO SUL[1]

DANIEL ACHUTTI
RAFFAELLA PALLAMOLLA

Introdução

O tema da justiça restaurativa está cada vez mais presente na pauta do dia, sobretudo desde a aprovação, pelo Conselho Nacional de Justiça, da Resolução nº 225 de 2016, que dispõe sobre a política nacional de justiça restaurativa no âmbito do Poder Judiciário. Ainda que esse ato normativo não tenha força de lei, oferece aos magistrados noções mínimas à respeito do tema, seus princípios e procedimentos, e traz diretrizes sobre como desenvolver projetos de justiça restaurativa nos Tribunais de Justiça. Considerando-se que o tema não está legalmente regulado no país[2], a referida Resolução passa a ser o primeiro

[1] Artigo publicado originalmente na **REDES – Revista Eletrônica de Direito e Sociedade**, v. 5, n. 2, 2017, com acréscimos pontuais.

[2] No âmbito da justiça juvenil, a Lei nº 12.594 de 2012 (Lei do Sinase), no artigo 35, II e III, faz menção à autocomposição de conflitos e a práticas e medidas restaurativas. No entanto, essa lei limita-se a fazer referência à justiça restaurativa, sem efetivamente regulamentar de que forma deverá ser aplicada e sem trazer outros elementos sobre o tema (por exemplo, quais são os princípios básicos sobre os quais se assenta a justiça restaurativa).

instrumento normativo a fazer referência à justiça restaurativa[3] e daí decorre a sua importância.

Atualmente, pode-se dizer que 17 dos 24[4] Tribunais de Justiça do país possuem pelo menos um projeto de justiça restaurativa em andamento, voltados aos âmbitos da justiça juvenil (maioria) e da justiça criminal. Neste último caso, há projetos vinculados a varas de execução penal, varas criminais e juizados especiais criminais. Contudo, o desenvolvimento da justiça restaurativa nos Tribunais de Justiça está longe de ser uniforme e universal, e isso não se refere apenas à existência de projetos, mas também ao conhecimento dos magistrados e servidores sobre o tema.

De qualquer forma, é inegável que se está assistindo a um período de expansão da justiça restaurativa no âmbito do Poder Judiciário, fato que alarga a probabilidade de que o tema figure, cada vez mais, nas decisões judiciais. Com essa possibilidade, passa a ser fundamental que magistrados disponham de meios para abordar a matéria com o cuidado devido, sob pena de criação de distorções sobre os significados e propósitos da justiça restaurativa. O desafio não é pequeno, na medida em que o tema ainda é bastante desconhecido no âmbito jurídico (e não apenas no âmbito judicial), por isso a necessidade de analisar de que maneira os Tribunais o estão recebendo e abordando.

Nesse sentido, o que se pretende tratar neste breve texto é a forma como o Tribunal de Justiça do Rio Grande do Sul (TJRS) vem tratando a matéria, a partir de duas decisões proferidas recentemente por suas câmaras criminais. Importante referir que as decisões foram escolhidas a partir de um universo de doze acórdãos localizados por meio de busca simples pelo termo "justiça restaurativa" no *site* do TJRS.

[3] Antes da Resolução nº 225/2016, o CNJ já havia feito menção à justiça restaurativa na Emenda nº 1 à Resolução 125, de janeiro de 2013. No entanto, a menção foi posteriormente retirada quando da aprovação da Emenda nº 2 em março de 2016.

[4] Esses números foram retirados do Relatório de Metas Nacionais do Poder Judiciário do CNJ, do ano de 2016, o qual contém uma meta específica sobre justiça restaurativa, dirigida exclusivamente à justiça estadual. O enunciado da meta é simples: "Implementar projeto com equipe capacitada para oferecer práticas de Justiça Restaurativa, implantando ou qualificando pelo menos uma unidade para esse fim, até 31/12/2016". O referido documento está disponível em: http://www.cnj.jus.br/files/conteudo/arquivo/2017/05/64acb190bee63682ea4b7f7805f5acce.pdf.

Desses doze, um deles foi descartado por não ter relação com o tema. Também foram descartados outros dois acórdãos por terem sido proferidos por uma câmara cível, e apesar de envolverem casos da justiça juvenil (tema importante para a justiça restaurativa quando envolve atos infracionais), não interessam à análise específica deste texto (que envolve apenas julgados oriundos de câmaras criminais). Dos julgados restantes, três deles tratavam de questões atinentes à execução penal e seis foram proferidos em sede de apelação.

Para selecionar quais acórdãos seriam analisados foram utilizados dois critérios: (1) terem sido proferidos recentemente (últimos três anos); e (2) terem versado sobre processos ainda em andamento. Na medida em os critérios excluem acórdãos proferidos antes de 2015 e aqueles relativos à execução penal, restaram apenas dois, proferidos nos anos de 2015[5] e 2017[6].

I. Síntese dos julgados analisados

No primeiro julgado, trata-se de um caso em que a Quinta Câmara Criminal, por maioria, deu provimento à apelação da defesa para absolver o réu, nos termos do inciso VII do art. 386 do Código de Processo Penal[7], e foi determinado ainda que "o Juízo, na origem, encaminhe o caso para o CEJUSC ou Serviço de Justiça Restaurativa".

O acusado havia sido denunciado pela prática do crime de abandono material, previsto no art. 244 do Código Penal[8] e, ao final, restou condenado à pena de um ano e três meses de reclusão, em regime semiaberto, e pena

[5] Apelação criminal n. 70065770349. Quinta câmara criminal. Relatora: Cristina Pereira Gonzalez. Redatora: Genacéia da Silva Alberton. Julgado em 16/09/2015.

[6] Apelação criminal n. 70072957913. Sexta câmara criminal. Relator: Ícaro de Bem Carvalho Osório. Relatora: Bernadete Coutinho Friedrich. Julgado em 29/06/2017.

[7] "Art. 386. O juiz absolverá o réu, mencionando a causa na parte dispositiva, desde que reconheça: [...] VII – não existir prova suficiente para a condenação."

[8] "Art. 244. Deixar, sem justa causa, de prover a subsistência do cônjuge, ou de filho menor de 18 (dezoito) anos ou inapto para o trabalho, ou de ascendente inválido ou maior de 60 (sessenta) anos, não lhes proporcionando os recursos necessários ou faltando ao pagamento de pensão alimentícia judicialmente acordada, fixada ou majorada; deixar, sem justa causa, de socorrer descendente ou ascendente, gravemente enfermo: Pena – detenção, de 1 (um) a 4 (quatro) anos e multa, de uma a dez vezes o maior salário mínimo vigente no País."

pecuniária de um salário mínimo nacional, no valor unitário de 1/30 do salário mínimo vigente à época.

A defesa interpôs recurso, alegando que o não pagamento de pensão alimentícia era insuficiente para caracterizar o crime de abandono material, e que o fato de o acusado ter ficado preso por 60 dias em razão de ação cível de execução de pensão alimentícia havia prejudicado a possibilidade de obter recursos para arcar com o débito oriundo da pensão. Referiu, ainda, excesso na pena pecuniária, em razão da parca condição econômica do acusado.

A Relatora votou pela manutenção da condenação, em razão da comprovação da falta de adimplemento de pensão alimentícia, uma vez que tal situação permite a caracterização do delito de abandono material. A prisão civil oriunda do não pagamento de pensão não seria motivo, conforme o voto, para não adimplir com a sua obrigação. Refere, ainda, que sua alegação de que tinha a intenção de efetuar o pagamento assim que a mãe de seus filhos abrisse uma conta bancária não encontrava respaldo nos autos, de modo que o dolo do abandono restava caracterizado.

Em seu voto, a relatora concluiu ainda que não seria possível reduzir sua pena, por já estar no patamar mínimo quanto à pena-base e não restar caracterizada a confissão espontânea, e tampouco a pena pecuniária, uma vez que fixada no patamar mínimo. Todavia, concluiu pela possibilidade de substituição da pena corporal por pena restritiva de direitos, "na medida em que a vedação prevista no artigo 44, II, c/c o seu § 3º, do Código Penal, alcança apenas o reincidente específico, mostrando-se, ainda, socialmente recomendável a medida, à vista da anterior condenação, pelo delito de furto (fls. 121/122) e porque indicado que o réu continue em liberdade para poder trabalhar e cumprir com a sua obrigação alimentar".

Encaminhou o voto, portanto, para dar parcial provimento ao recurso defensivo, para substituir a pena privativa de liberdade por duas restritivas de direitos, consistentes em "prestação de serviços à comunidade, a ser estabelecida pelo juízo da execução, e prestação pecuniária de 01 (um) salário mínimo nacional em favor das vítimas, mantendo as demais disposições da sentença".

A revisora, por sua vez, em voto curto e direto, votou pela absolvição do acusado, e foi acompanhada do vogal.

Mencionou, em síntese, que, apesar de concordar com a negligência do acusado ao não demonstrar os motivos pelos quais deixou de pagar a pensão alimentícia, não vislumbrava motivos para que um caso como esse fosse decidido pelo sistema de justiça criminal, uma vez que "a condenação não trará nenhum benefício ao sistema familiar. Se o vínculo conjugal se rompe, o parental não. Essa seria matéria a ser solvida no âmbito da mediação familiar e não no processo criminal".

Referiu, ainda, que

> a simples sanção não vai gerar o sentimento de responsabilidade parental que merece ser reconhecida pelo acusado. De certa forma, muitas vezes, a negligência materna na busca de solução amigável à ausência de pagamento de pensão é uma forma, inconsciente, de alienação parental.
>
> Por entender que a matéria não deve ser objeto de demanda penal, mas merece ser solvida no âmbito da mediação familiar ou da restauração de vínculo (justiça restaurativa), voto pela absolvição do réu Paulo César Siqueira da Luz, com base no art. 386, inc. VII do Código de Processo Penal, com a determinação de que o juízo, na origem, encaminhe o caso para o CEJUSC ou Serviço de Justiça Restaurativa.

No segundo caso, tem-se novamente uma apelação criminal, cuja acusação envolvia o delito de furto qualificado pelo abuso de confiança. Em apertada síntese, a ré era acusada de ter subtraído um perfume e algumas peças de roupa da vítima, cuja avaliação apontou para o valor total de R$ 755,00 à época dos fatos (junho/2016). Ao antever a separação, a acusada aproveitou-se da ausência da vítima para subtrair os bens, que foram em parte restituídos ainda antes do oferecimento da denúncia.

A denúncia foi rejeitada pelo magistrado singular, com fundamento na falta de justa causa para o exercício da ação penal (inciso III do art. 395 do Código de Processo Penal[9]), em razão da aplicação do princípio da insignificância.

O Ministério Público, por sua vez, apelou da decisão, para que fosse determinado o recebimento da denúncia e prosseguimento do processo.

[9] "Art. 395. A denúncia ou queixa será rejeitada quando: [...] III - faltar justa causa para o exercício da ação penal."

Em seu voto, o relator opinou por dar provimento ao apelo ministerial, por entender que a situação "revela-se completamente incompatível com o conceito jurisprudencial e doutrinário de bagatela", diante do fato de que não seria possível aplicar o princípio da insignificância a um caso de furto em que o valor estimado (R$ 755,00) dos objetos subtraídos "representa **85,79%** do salário mínimo vigente à época do fato (R$ 880,00)" (grifos no original).

A revisora, por sua vez, apresentou voto divergente, pela manutenção da sentença recorrida, diante do reduzido valor dos objetos subtraídos e do fato de que parte deles havia sido restituído. Ressaltou, ainda, que

> a conduta se insere em um rompimento amoroso entretido entre o ofendido e a acusada, o que torna duvidosa a própria existência do *animus furandi*, constituindo conflito a ser solvido em âmbito diverso do direito penal. A conduta, assim, se revela inofensiva, não ostentando qualquer periculosidade, com grau de reprovabilidade deveras reduzido, o que, somado à inexpressividade da lesão jurídica ao bem tutelado pela norma penal, implica reconhecimento da sua atipicidade material com base no princípio da insignificância.

O vogal acompanhou a divergência, com voto favorável à manutenção da sentença recorrida. Reiterou os fundamentos da própria sentença e adicionou, ainda, os fundamentos empíricos que o levaram a concluir pelo improvimento do recurso ministerial.

Em síntese, apontou que, diante do final do relacionamento com a vítima, havia se apossado de algumas roupas, com a finalidade de "manter o seu amado consigo". Referiu, na sequência, que

> Embora o processo penal não se preste para sessões de psicanálise, é certo que o ***dominus litis*** é assessorado por corpo técnico de alta competência para diagnosticar que o episódio sob exame requisitava tutela extrajudicial rente aos princípios de Justiça Restaurativa ou, à sua falta, a métodos extrajudiciais de autocomposição de conflitos que evitem criminalizar deslizes insignificantes de pessoas socialmente reverentes, não as transformando em ***brands*** estereotipadas que, por

> falta de visão institucional sobre os conflitos de baixa lesividade, acabe jogando na sarjeta da criminalidade dos "prendam os de sempre" aquelas pessoas que sequer têm recursos financeiros para contratar advogados de alto coturno que conduzam uma delação premiada que lhes assegurará uma impunidade eterna em banheiras com torneiras de ouro. (Grifos no original).

Salientou, ainda, que restou claro que se tratava de situação de iminente rompimento de relacionamento amoroso e que o fato não apresentava relevância penal para ser levado a julgamento na esfera criminal, e registrou:

> Ora, ora, com todo o respeito, isto não é causa de pedir legítima para a instauração de ação penal pública incondicionada contra a ré. É óbvio que, dentre as dezenas de '*princípios da legalidade estrita*' que movem o Ministério Público, a causa de pedir no caso sob exame deveria ter sido objeto, no ***parquet*** – bem claro: dispõe de corpo técnico para desempenhar estas funções –, de **uma ação moldada em princípios de Justiça Restaurativa ou, no mínimo, de métodos de autocomposição de conflitos extrajudicias e extrapenais que não viabilizassem marcar a acusada, na testa, com um ferro em brasa de marcar criminosos na sociedade de massas.** (Grifos no original).

Salientou, ainda que após a restituição dos bens, o prejuízo à vítima alcançava a soma de R$ 470,00, o que representava o equivalente a 53% do salário mínimo vigente à época, e que os contornos do caso – envolvendo pessoa sem qualquer envolvimento com a justiça criminal e em situação de "desespero emocional" – tornavam desproporcional o uso do processo penal para responder à sua conduta. O reconhecimento da insignificância do fato, conforme o voto, deveria ser mantido, chamando a atenção para o caráter subsidiário e fragmentário do Direito Penal, que não deveria comportar "a instauração de ação penal para a apuração de fatos que não tragam consigo uma violação relevante a bem jurídico protegido penalmente".

II. Análise dos julgados

Chama a atenção nos dois casos que, em um primeiro momento, os dois órgãos julgadores apresentaram decisões para reconhecer a desnecessidade do uso do Direito Penal para administrar situações conflituosas de baixo potencial ofensivo, e que, de uma forma ou de outra, encaminhar o processo para um resultado condenatório traria mais problemas do que soluções, diante de sua reconhecida limitação para apresentar resultados positivos.

Além dessa questão, curioso verificar a forma como a justiça restaurativa é mencionada em ambos os casos. No primeiro, aparece como sugestão para lidar com a situação para, quem sabe, oportunizar o sentimento (no acusado) de sua responsabilidade parental – o que, conforme o raciocínio, não seria possível mediante a aplicação de uma sanção penal.

No segundo julgado, refere o vogal que o titular da ação penal – Ministério Público – possui equipe especializada para avaliação dos casos e que, para o conflito em questão, seria possível diagnosticar que não seria um caso a ser encaminhado para a justiça criminal, mas para a

> tutela extrajudicial rente aos princípios de Justiça Restaurativa ou, à sua falta, a métodos extrajudiciais de autocomposição de conflitos que evitem criminalizar deslizes insignificantes de pessoas socialmente reverentes, não as transformando em ***brands*** estereotipadas que, por falta de visão institucional sobre os conflitos de baixa lesividade, acabe jogando na sarjeta do criminalidade dos 'prendam os de sempre' aquelas pessoas que sequer têm recursos financeiros para contratar advogados de alto coturno que conduzam uma delação premiada que lhes assegurará uma impunidade eterna em banheiras com torneiras de ouro. (Grifos no original).

A visão consciente em ambos os julgados sobre as limitações evidentes do Direito Penal é, sem dúvida, um ponto de destaque. Tal reconhecimento – pouco comum em decisões judiciais – aponta para uma já antiga conclusão: é necessário pensar em *algo melhor do que o Direito Penal*. A aplicação irrefletida de uma pena, em especial se privativa de liberdade, aponta para resultados catastróficos se considerado o contexto do falido sistema prisional brasileiro.

O desdém do Estado brasileiro em relação ao tratamento de sua população prisional revela a forma como trata o gigantesco problema da violência urbana: ao dar pouca importância sobre a forma como trata seus presos, os sucessivos governos das últimas décadas (nas esferas federal e estadual) estão a agir como se não houvesse relação entre uma coisa e outra, e – pior ainda – como se não fossem responsáveis pelos corpos depositados nesses locais.

Tais atitudes revelam um agir – doloso e premeditado – típicos de um cidadão comum, que clama por reação violenta diante de um ato violento ou criminoso, em momento de racionalidade possivelmente comprometida, em que as emoções da realidade momentânea parecem impedir que perceba as consequências de suas conclusões.

A irracionalidade possível de atribuir a um cidadão que não reflete sobre as consequências de seus pensamentos e suas ações não pode(ria) contaminar políticas de Estado: por se tratar de situação que se arrasta há décadas, não é mais possível pensar que o tratamento degradante da população prisional seja outra coisa que não uma efetiva e continuada *política institucional* de descaracterização da dignidade humana de cada um dos apenados.

Desnecessário explicar qualquer resultado dessa política: para tanto, basta acessar o último relatório do Departamento Penitenciário Nacional, de 2014[10] e os recentes dados do Fórum Brasileiro de Segurança Pública, publicados em seu 11º Anuário[11].

O reconhecimento da falência do sistema penal, portanto, é ponto de destaque dos julgados e permitiu – ainda que tangencialmente – a menção à necessidade de buscar outras formas para lidar com os conflitos levados a julgamento. Nesse contexto, portanto, é mencionada a justiça restaurativa, reconhecida em ambos os casos como uma das formas possíveis de administrar conflitos criminais.

A despeito da lucidez das críticas suscitadas nas duas decisões ao sistema de justiça criminal, necessário refletir sobre ao menos três questões que saltam aos olhos: (1) o fato de os dois conflitos terem ficado sem qualquer resposta; (2) a associação da adequação da justiça restaurativa a casos de baixa lesividade

10 Disponível em: http://www.justica.gov.br/seus-direitos/politica-penal/infopen_dez14.pdf. Acesso em: 2 nov. 2017.

11 Disponível em: http://www.forumseguranca.org.br/atividades/anuario/. Acesso em: 2 nov. 2017.

(bagatelares); e (3) a casos envolvendo apenas conflitos interpessoais. Esses pontos serão abordados a seguir.

II.I. Conflitos sem solução

Em ambos os casos, o afastamento do sistema penal não se deu em razão do conflito já ter sido superado pelas partes, mas apenas em função do reconhecimento de que a aplicação do Direito Penal era ineficaz. Os julgados, portanto, deram fim aos casos sem se preocupar com o conflito em si.

Em um dos primeiros trabalhos acadêmicos a abordar uma forma restaurativa de administrar conflitos, intitulado *Conflicts as Property*[12], de autoria de Nils Christie (1977), o autor propunha a criação de um mecanismo apto a *devolver* os conflitos às partes, constituído por tribunais comunitários (*neighbourhood courts*), situados o mais proximamente possível das comunidades para ressaltar os valores locais. Esse modelo de justiça se caracterizaria por seu *foco centrado na vítima*, com procedimento próprio e escalonado, atendendo tanto os interesses das vítimas quanto dos acusados, sem descuidar da comunidade (ACHUTTI, 2016, p. 106-114). Esses tribunais locais "representariam uma mistura de elementos de tribunais civis e penais, mas com uma forte ênfase nos aspectos civis", previamente analisados por profissionais jurídicos para evitar punições indevidas (CHRISTIE, 1977, p. 10-11).

Em seu texto, o autor é claro ao referir justamente a necessidade de *devolver os conflitos às partes*, e isso não pode ser lido como algo diminuto em sua perspectiva, mas, pelo contrário, como um de seus pontos centrais: a devolução do conflito às partes implica, necessariamente, oferecer-lhes um ambiente seguro, racional e adequado para que possam, caso queiram, lidar com o problema de uma forma dialogada.[13]

Atualizando a proposta de Christie, a justiça restaurativa propõe o oferecimento de uma maneira de administrar conflitos que se diferencie da justiça criminal tradicional. Para tanto, conta com princípios *específicos* e *diferentes* daqueles nos quais se assenta o modelo de justiça criminal tradicional, além

[12] Tradução nossa: *Conflitos como propriedade*. Não há publicação em português.

[13] Para um aprofundamento sobre abertura para um modelo dialogado, conferir GIAMBERARDINO, André. O confisco do conflito na historiografia penal. **REDES – Revista Eletrônica de Direito e Sociedade**, v. 6, n. 2, 2018.

de propor a participação da vítima, do ofensor e da comunidade (quando cabível) na administração do conflito (PALLAMOLLA, 2009; ACHUTTI, 2016; CAPPI; PALLAMOLLA, 2017).

Diferentemente da justiça criminal, cujo foco está em responder ao conflito a partir de uma concepção dogmática sobre ele, ou seja, a partir da definição legal de crime (conduta típica, ilícita e culpável) – a qual levará, invariavelmente, a uma decisão absolutória ou condenatória tomada sempre por um terceiro que não possui relação com o conflito (juiz) –, a justiça restaurativa foca no *estabelecimento do diálogo entre os envolvidos no problema, na reparação do dano* (simbólica e/ou material) dele decorrente e na *responsabilização do ofensor de maneira não estigmatizante e excludente*. Para a justiça restaurativa importa, portanto, *o conflito em si* e o *dano por ele produzido*, não tendo lugar a lógica da justiça criminal tradicional centrada na punição.

Retornando à análise dos dois acórdãos, verifica-se que, apesar da menção à via restaurativa como a mais adequada para lidar com os problemas daqueles casos concretos, o encaminhamento dado pelo Judiciário *não assegurou que aqueles conflitos* (ou *situações problemáticas*, para lembrar Louk Hulsman[14]) *fossem efetivamente enfrentados*.

É verdade que o primeiro julgado determinou o encaminhamento do caso ao Cejusc[15] ou serviço de justiça restaurativa. No entanto, essa determinação judicial não tem o condão de garantir que o conflito será trabalhado em algum daqueles serviços, o que ocorre por dois motivos (que também se aplicam ao segundo julgado):

(a) Um dos princípios mais importantes da justiça restaurativa é o da *voluntariedade*. Isso significa que os protagonistas do conflito (sobretudo vítima e ofensor) precisarão assentir em participar de uma prática ou processo restaurativo (mediação vítima-ofensor, círculo ou conferência) para que ele tenha lugar. Dessa forma, é preciso perguntar: o que acontece na hipótese de alguma ou ambas as partes não concordarem em participar? A resposta é simples: a justiça restaurativa não

[14] Conferir, em especial: HULSMAN, Louk; CELIS, Jacqueline Bernat de. **Penas Perdidas**: O sistema penal em questão. 2. ed. Niterói: Luam, 1997.

[15] Cejusc: Centro Judiciário de Solução de Conflitos e Cidadania.

será aplicada e, consequentemente, *o conflito ficará sem resposta* (nem restaurativa, nem punitiva).

Na medida em que o Tribunal de Justiça já esgotou a sua jurisdição ao proferir decisão absolutória, em não vindo a ocorrer processo restaurativo, as partes restarão, possivelmente, insatisfeitas. Ainda que não se possa afirmar, sem qualquer sombra de dúvida, que o ofensor não sairá insatisfeito na medida em que foi absolvido criminalmente, é plausível supor que a vítima não se sentirá da mesma forma quanto à decisão judicial. O conflito entre eles foi posto em suspenso pelo processo penal e, possivelmente, continuará surtindo efeitos nas vidas dos envolvidos.

(b) Na medida em que o ofensor foi absolvido (em ambos os casos), é certo que o Estado não mais possui legitimidade jurídica para decidir o que será feito com aquele conflito. Nesse sentido, importante sublinhar o risco do encaminhamento dado pelo TJRS – especialmente com relação ao primeiro acórdão comentado, pois há que se considerar que as chances de que o ofensor aceite participar de um processo restaurativo depois de ter seu caso encerrado (com absolvição) na seara criminal serão provavelmente bastante reduzidas. No entanto, isso poderia ser evitado caso os julgadores tivessem optado por remeter o feito ao juízo *a quo* para cumprimento de diligência *antes de decidir* sobre o mérito da apelação.

II.II. Justiça restaurativa apenas para crimes bagatelares?

O segundo acórdão relatado aplicou o princípio da insignificância com base no valor do prejuízo causado à vítima e às particularidades do caso – um crime patrimonial, sem violência, cometido por pessoa primária, com bons antecedentes e que detinha com a vítima um vínculo afetivo que estaria na origem do conflito. A argumentação lançada no julgado leva à conclusão de que seria justamente nesse tipo de caso que o uso da justiça restaurativa mostrar-se-ia indicado. Contudo, esse raciocínio contém dois problemas: primeiro, o risco de se considerar a justiça restaurativa adequada apenas aos casos passíveis de aplicação do princípio da insignificância, ou seja, aos casos bagatelares; e segundo, apenas a crimes interpessoais.

Quanto ao primeiro ponto, como já salientado em outro momento, diante da inexistência de regulamentação legal a respeito da justiça restaurativa e do reduzido conhecimento sobre o tema, de maneira geral, pelos atores jurídicos (ACHUTTI; PALLAMOLLA, 2013), há sempre o

> risco de que sejam encaminhados à justiça restaurativa apenas casos de bagatela, visto que, como ensinam inúmeras experiências, quando não existem regras claras sobre quais casos são passíveis de encaminhamento, a tendência é que juízes, promotores públicos e a polícia encaminhem apenas casos de pouca relevância, buscando não reduzir seu campo de atuação. (PALLAMOLLA, 2009, p. 179).

Além disso, relacionar a possibilidade de utilização da justiça restaurativa à maior ou à menor gravidade do delito não é visto como adequado pela literatura especializada no tema, na medida em que se defende que a decisão pelo seu uso deve ser deixada, o quanto possível, nas mãos dos diretamente envolvidos no conflito. Sobre isso, Tony Marshall (1999) destaca que, apesar de que se diga muito que os crimes mais sérios, bem como aqueles cometidos por pessoas mais velhas ou reincidentes, não devem ser encaminhados à justiça restaurativa, não há nenhuma base sólida que sustente tais afirmativas. Assim, explica o autor que limitar o uso da justiça restaurativa pela gravidade do delito ou pelas características do ofensor pode ir de encontro aos interesses das vítimas e, de outro lado, limitar seu uso a crimes menos graves acarreta a redução do custo-eficácia (*cost-effectiveness*) da justiça restaurativa. Ainda de acordo com Marshall:

> há fortes razões para remover restrições quando as habilidades e recursos permitirem. O sucesso de medidas restaurativas depende mais de considerações pessoais, tais quais atitudes das partes, sentimentos, motivações e situações sociais, que características formais como idade ou o tipo de crime. (MARSHALL, 1999, p. 25).

Outro ponto importante é o risco de estender-se a rede de controle penal caso a justiça restaurativa fique adstrita a casos de baixa gravidade (LARRAURI, 2004). Sobre isso, alerta Larrauri (1997) que se a justiça restaurativa não for capaz de reduzir a utilização da pena de prisão em razão de ser aplicada apenas após a condenação ou durante a execução da pena ou, ainda, apenas a delitos apenados com multa, o risco de ampliação do controle penal é enorme. Por isso é que não se deve perder de vista que a justiça restaurativa tem mais a contribuir com a redução dos danos causados pela incidência da justiça penal tradicional e, especialmente, da prisão, se for aplicada logo no início do processo penal ou até mesmo antes dele.

O segundo ponto – que envolve o risco de se considerar as formas "consensuais" de administração de conflitos, quando utilizadas na esfera criminal, adequadas apenas aos conflitos interpessoais, ou seja, nos quais as partes já detinham alguma espécie de vínculo entre si – será abordado no próximo tópico.

II.III. Justiça restaurativa apenas para crimes interpessoais?

É inegável que a justiça restaurativa pode ser uma boa estratégia para *reinstaurar* o diálogo entre pessoas que tenham tido a comunicação entre si interrompida por conta de um conflito. No entanto, também é certo dizer que a justiça restaurativa possui grande potencial para *instaurar* o diálogo entre pessoas cujo único contato prévio tenha se dado justamente no momento do evento criminoso. Assim, nesses casos, o que a justiça restaurativa possibilitará é que uma comunicação ou interação violenta (crime) seja superada por uma comunicação não violenta, baseada no diálogo entre os implicados no conflito.

Para Tony Peters e Ivo Aertsen (1995), um dos efeitos mais importantes do processo de mediação é a destruição dos mitos com relação à vítima e ao ofensor, que decorre da participação ativa de ambos no processo restaurativo:

> *Ambas partes involucradas en la experiencia de mediación ven un tipo de 'justicia' en vez de, pasivamente, recibir 'justicia'. Desde este enfoque, ambas partes se sienten* más *responsables y abandonan los estereotipos tradicionales de su forma de pensar: 'el delincuente intratable' y la 'víctima que se aprovecha' se convierten en 'mitos' impracticables.* (PETERS; AERTSEN, 1995, p. 140).

Assim, ao contrário do modelo da justiça penal tradicional, que respalda e reproduz os mitos sobre o acusado por meio da seleção de informações dirigidas à acusação e à sentença, na mediação o enfoque está nas informações que possam aproximar as partes em conflito a fim de viabilizar que cheguem a um acordo (PETERS; AERTSEN, 1995, p. 141).

Conclusões

As breves reflexões aqui trazidas com base em dois recentes julgados do Tribunal de Justiça do Rio Grande do Sul são ilustrativas do atual momento da justiça restaurativa no Brasil: um tema em expansão, mas com pouca clareza quanto à sua direção e ao seu entendimento.

Cabe salientar que das duas decisões analisadas, apenas a segunda é posterior à Resolução nº 225/2016 do CNJ. Ainda assim, ela não faz menção à Resolução e até mesmo vai de encontro ao que propõe o CNJ em termos de política judiciária de justiça restaurativa, na medida em que a Resolução não aponta para a possibilidade de substituir a resposta penal por resposta nenhuma, como ocorreu no caso analisado. Isso parece apontar para a insuficiência da Resolução como instrumento normativo para regulamentar a aplicação da justiça restaurativa no âmbito do Poder Judiciário, que tende a crescer cada vez mais – ainda que não no sentido desejado por muitos daqueles que vêm se debruçando sobre o tema. Essa limitação também reforça a ideia da necessidade de se insistir no debate da inserção da justiça restaurativa na legislação penal e/ou processual penal.

Sobre esse último ponto, abordado em outros momentos (ACHUTTI, 2016; ACHUTTI; PALLAMOLLA, 2013; PALLAMOLLA, 2009), igualmente não há consenso. Todavia, pelo que se percebe de nossa cultura jurídica, talvez seja uma opção necessária, como forma de estabelecer *standards* de compreensão sobre o que é e sobre como pode ser aplicada e, igualmente, sobre o que não é e como não pode ser aplicada a justiça restaurativa.

Para André Giamberardino (2015, p. 205), legislar sobre o tema poderá ajudar a superar resistências políticas e ideológicas sobre ele. Já para Leonardo Sica,

> o marco legal contribuirá para encerrar a disputa pela paternidade da justiça [restaurativa] no Brasil[16] e neutralizar a preponderância institucional do Poder Judiciário ou de outros atores que relutam em ceder parte de seu poder de controle sobre a resolução dos conflitos. Também, permitirá o desenvolvimento plural dos projetos a partir de marcos normativos validados pelo parlamento, que é, enfim, a arena democrática preferencial do Estado de Direito. (SICA, 2017, p. 294).

O título proposto ao texto alude à famosa obra de Ronald Dworkin (*Levando os direitos a sério*) para fazer uma provocação: é preciso tratar *seriamente* a justiça restaurativa, conhecer as suas propostas, procedimentos e objetivos, a fim de não descuidar daqueles para os quais essa outra forma de administrar os conflitos vem sendo pensada e estruturada ao longo de, pelo menos, 40 anos: os protagonistas dos conflitos.

Referências

ACHUTTI, Daniel. **Justiça restaurativa e abolicionismo penal**. 2. ed. São Paulo: Saraiva, 2016.

ACHUTTI, Daniel; PALLAMOLLA, Raffaella. Justiça Restaurativa e a Cultura Jurídica Brasileira: análise crítica do Projeto de Lei n. 7.006/2006. **Revista de Estudos Criminais**, v. 11, 2013.

ACHUTTI, Daniel; PALLAMOLLA, Raffaella. Levando a justiça restaurativa a **sério: análise crítica de julgados do Tribunal de Justiça do Rio Grande do Sul. REDES – Revista Eletrônica de Direito e Sociedade**, v. 5, n. 2, 2017.

ANUÁRIO de Segurança Pública. Volume 11. Disponível em https://forumseguranca.org.br/wp-content/uploads/2019/01/ANUARIO_11_2017.pdf. Acesso em: 3 nov. 2020.

CAPPI, Riccardo; PALLAMOLLA, Raffaella. Justiça restaurativa: qual o grau das "novas lentes"? *In*: VALOIS, Luis Carlos; SANTANA. Selma; MATOS, Taysa; ESPIÑERA, Bruno (org.). **Justiça restaurativa.** Belo Horizonte: D'Plácido, 2017.

CHRISTIE, Nils. *Conflicts as property*. *In*: ***The British Journal of Criminology***, London, vol. 17, n. 1, p. 1-15, 1977.

[16] Sobre esta questão, conferir: PALLAMOLLA, Raffaella. A construção da justiça restaurativa no Brasil e o protagonismo do Poder Judiciário: permanências e inovações no campo da administração de conflitos. 2017. Tese (Doutorado em Ciências Sociais) – Pontifícia Universidade Católica do Rio Grande do Sul, Porto Alegre, 2017.

CONSELHO NACIONAL DE JUSTIÇA. **Relatório de Metas Nacionais do Poder Judiciário 2016**. [Brasília]: Conselho Nacional de Justiça, abril de 2017. Disponível em: https://www.cnj.jus.br/wp-content/uploads/2015/11/64acb190bee63682ea4b7f7805f5acce.pdf.

GIAMBERARDINO, André. **Crítica da pena e justiça restaurativa**: a censura para além da punição. Florianópolis: Empório do Direito, 2015.

GIAMBERARDINO, André. O confisco do conflito na historiografia penal. **REDES – Revista Eletrônica de Direito e Sociedade**, v. 6, n. 2, 2018.

HULSMAN, Louk; CELIS, Jacqueline Bernat de. **Penas Perdidas**: O sistema penal em questão. 2. ed. Niterói: Luam, 1997.

LARRAURI, Elena. *Tendencias actuales en la justicia restauradora*. *In*: ÁLVARES, Fernando Pérez (ed.). ***SERTA In memoriam Alexandri Baratta***. Salamanca: Universidad de Salamanca – Aquilafuente, 2004.

LARRAURI, Elena. *La reparación*. *In*: CID, José; LARRAURI, Elena (org.). ***Penas alternativas a la prisión***. Barcelona: Bosch, 1997.

MARSHALL, Tony F. *Restorative Justice: an overview*. ***Home Office Research Development and Statistics Directorate***, London, 1999.

PALLAMOLLA, Raffaella. **Justiça restaurativa**: da teoria à prática. São Paulo: IBCCRIM, 2009.

PALLAMOLLA, Raffaella. A construção da justiça restaurativa no Brasil e o protagonismo do Poder Judiciário: permanências e inovações no campo da administração de conflitos. 2017. Tese (Doutorado em Ciências Sociais) – Pontifícia Universidade Católica do Rio Grande do Sul, Porto Alegre, 2017.

PETERS, Tony; AERTSEN, Ivo. *Mediación para la reparación: presentación y discusión de un proyecto de investigación-accion*. ***Cuaderno del Instituto Vasco de Criminología San Sebastián***, informar local, n. 8 *Extraordinario*, iciembre 1995.

SICA, Leonardo. Justiça restaurativa no Código de Processo Penal? *In*: VALOIS, Luis Carlos *et al.* (org.). **Justiça restaurativa**. Belo Horizonte: D'Plácido, 2017.

28.
BREVES REFLEXÕES SOBRE A CADEIA DE CUSTÓDIA DA PROVA: A METODOLOGIA UTILIZADA NO EXAME PERICIAL COMO CRITÉRIO ESSENCIAL À ADMISSIBILIDADE DA PROVA PERICIAL

Alberto Milnickel Ruttke
Maria Eduarda Azambuja Amaral

Um agradecimento a Nereu José Giacomolli

Recebemos, com imensa alegria, o convite para participar desta obra em homenagem ao Prof. Dr. Nereu Giacomolli. Como eternos alunos do homenageado na Escola de Direito da PUCRS, passamos a entender a necessidade inegociável de observância da Constituição Federal para a construção de um processo penal fundado em premissas democráticas. Fica o registro do agradecimento por sempre ser fonte de conhecimento e pela inspiração no estudo do processo penal.

Introdução

Foram os valores racionais-positivistas, a partir dos séculos XVIII e XIX, que aproximaram a esfera jurídica das ciências duras[1]. Esse contato deu-se, primeiramente, com a utilização de conhecimentos médicos durante as investigações criminais. Nascia, assim, a medicina legal[2]. Mas foi com o aprimoramento dos métodos de investigação, principalmente a partir do século XX, que o auxílio científico-aplicado ao contexto jurídico-investigativo se deu de maneira mais efetiva. Com o advento de novos conhecimentos e do desenvolvimento de áreas técnicas como a física, a química, a biologia, a matemática, a toxicologia etc., emergiu a necessidade de criar uma nova disciplina de pesquisa a fim de analisar e interpretar os vestígios encontrados. A criminalística[3] surgiu

[1] Nas palavras de Gauer, "[...] basta pensarmos no século XVII, o qual se construiu a matriz das atuais ciências denominadas 'exatas' ou 'duras'. A geometria alcançou o papel de fornecedor de paradigmas para todo o conhecimento científico. Nos finais do século XIX a biologia passou a explicar para alguns darwinistas, como Tylor, Spencer, Webb, que a sociedade evoluía em fases sucessivas, ou seja, a história das sociedades também estava sujeita às leis da natureza, tendendo a seguir linhas de desenvolvimento semelhantes, independente da localização espaço-temporal. Logo, necessariamente, a sociedade passaria da selvageria à barbárie, e, enfim, à civilização. Há, no entanto, que se ter presente que as linguagens – palavras, conceitos – não possuem transparência suficiente para expressar o próprio ato criativo, portanto, a arte é imprescindível". GAUER, Ruth Maria Chittó. **A fundação da norma**: para além da racionalidade histórica. Porto Alegre: EDIPUCRS, 2011. p. 15.

[2] Para França, "Pelo visto, a Medicina Legal é uma disciplina eminentemente jurídica, mesmo que ela tenha seus subsídios trazidos da Medicina e das outras ciências biológicas e da tecnologia. Ela é uma disciplina jurídica porque foi criada e subsiste em face da existência da necessidade do Direito. E muito mais se realçará à medida que mais valorizem e mais exijam as ciências jurídico-sociais." FRANÇA, Genival Veloso de. **Medicina Legal**. 10. ed. Rio de Janeiro: Guanabara Koogan, 2016. p.1-2.

[3] A criminalística nasceu como sendo uma criminalística estática, sob a égide do *visum et repertum* (ver e repetir). Essa ideia surgiu no contexto do positivismo iluminista, em que tudo era respondido pela ciência, e a ciência seria o único meio para se alcançar a verdade. Entretanto, nesse momento era apenas uma criminalística que percebia o fato e o repetia, relatando aquilo que era óbvio e extraindo conclusões lógicas. Porém, o *modus operandi* da criminalística estática era fixado e delimitado pelos conhecimentos da ciência da natureza, ou seja, da ciência da matéria. Reduzia, assim, a interpretação. Com o passar do tempo e com o desenvolvimento científico, percebeu-se que o papel do perito ia muito além do apenas ver e repetir. Desse modo, a criminalística evoluiu de estática para dinâmica, agregando conteúdos subjetivos e adicionando um elemento interpretativo no contexto. Ou seja, o perito deixou apenas de ver e repetir e passou a utilizar a mente para analisar uma cadeia de causalidade

como uma ciência multidisciplinar e independente àquelas que a compõe[4]. Percebe-se, pois, que não é de hoje a utilização das Ciências Forenses[5] pela esfera jurídica, e mesmo assim pouco se discute acerca dos requisitos mínimos e dos critérios de admissibilidade da prova pericial.

As consequências são ainda maiores se analisadas a partir da quarta revolução industrial[6], que fora tão sensível aos operadores do Direito[7].

por onde o evento fora reconstituído, estabelecendo, muitas vezes, a dinâmica dos fatos. TOCCHETTO, Domingos; ESPÍNDULA, Alberi. **Criminalística:** procedimentos e metodologias. 4. ed. Campinas: Millennium Editora, 2019 p. 11-13.

4 STUMVOLL, Victor Paulo. **Criminalística**. 7. ed. Campinas: Millennium Editora, 2019, p. 1.

5 "As Ciências Forenses atuam no processo de geração e/ou transferência de conhecimento científico e tecnológico em cada um dos ramos das ciências naturais, com a finalidade de aplicação na análise de vestígios, visando responder questões científicas de interesse da Justiça. Qualquer ciência empregada para responder a questionamentos jurídicos ou passível de utilização para fins legais está inserida como um ramo das Ciências Forenses. É assim importante frisar que as Ciências Forenses são um grupo de diversas áreas que convergem em um mesmo fim. Não é uma ciência única e visa, em última instância, atender às demandas judiciais. Não se pode falar em uma estrutura ou método específico para as Ciências Forenses, visto que cada campo do conhecimento tem seus próprios métodos". VELHO, Jesus Antonio; GEISER, Gustavo Caminoto; ESPÍNDULA, Alberi. **Ciências forenses***:* uma introdução às principais áreas da criminalística moderna. 3. ed. Campinas: Millennium Editora, 2017 p. 3. Mais ainda, *Forensic science is the application of science to the criminal and civil laws that are enforced by police agencies in a criminal justice system.* SAFERSTEIN, Richard. ***Criminalistics:*** *an introduction to forensic science.* 11th ed. New Jersey: Pearson Education, 2015. p. 4.

6 SCHWAB, Klaus. **A quarta revolução industrial**. São Paulo: Edipro, 2016, p. 17

7 "Os progressos tecnológicos são uma realidade. Trazem uma série de facilidades em todas as áreas da vida das pessoas. Há cerca de duas décadas ninguém teria como prever a enorme difusão e aperfeiçoamento dos meios de comunicação. [...] Apesar de conter enormes virtudes, a celebração dos meios de comunicação trouxe dois fenômenos: a despersonificação e a desmaterialização. As relações passaram a ser impessoais. As comunicações são estabelecidas de forma veloz, entre sujeitos que jamais terão contato pessoal. Tais relações impessoais se estabelecem em ambiente virtual (internet). Por meio dela é possível desde a realização de reserva de um restaurante, até a celebração de um contrato com uma prestadora de serviço público. Mas evidentemente que os avanços tecnológicos não possuem apenas virtudes. A rápida difusão desses meios de comunicação trouxe consigo uma série de incertezas, especialmente quanto à segurança da transmissão das informações. É comum ouvirmos casos de interceptação indevida de informações trocadas por meio eletrônico (senhas bancárias, fotografias, etc.), o que pode causar sérios transtornos financeiros e pessoais aos envolvidos. Tais incertezas impactam diretamente na esfera jurídica. Há dúvidas em relação à integridade e à autoria de documentos firmados em meio eletrônico. As informações mantidas ou transmitidas por meio digital ainda geram desconfiança quanto á sua inalterabilidade e sigilo."

O processo penal, inevitavelmente, foi alvo de métodos ocultos[8] de investigação criminal, especialmente para a produção das chamadas provas irrepetíveis, incluindo novas tecnologias. As mudanças advindas da implementação de novos métodos de obtenção e de produção de prova despertam a atenção para a necessidade de observância de critérios técnicos e de metodologias específicas, visando a garantir a idoneidade das fontes de prova. O resultado das inovações tecnológicas era previsível no âmbito investigativo. Antônio Magalhães Gomes Filho bem advertiu que o extraordinário desenvolvimento científico e tecnológico ocorrido neste século propiciou, ao homem, "o acesso a conhecimentos cada vez mais especializados e seguros" e apresentou "significativas repercussões no campo da prova", inclusive, "a ponto de se afirmar que a perícia teria conquistado o reinado antes da confissão"[9].

O denominado "Pacote Anticrime" criou inúmeras diretrizes, visando a regulamentar a cadeia de custódia da prova pericial e a estabelecer critérios básicos para o rastreamento dos vestígios. Assim, o presente artigo objetiva tecer algumas notas sobre o tema relacionado à prova pericial, partindo da premissa de que a aceitação geral da comunidade científica *(general acceptance)* acerca da metodologia utilizada para a produção da prova científica é um critério necessário, mas não único e suficiente para a admissibilidade da prova científica. Busca-se instigar a discussão referente à metodologia aplicada na produção das provas periciais.

Necessário registrar que não se pretende exaurir as discussões sobre a temática, mas colocar em análise, pela e para a comunidade acadêmica, formas de aperfeiçoamento da justiça criminal, em especial à prova pericial, que a cada dia ganha maior relevo nas decisões judiciais.

AMARAL, Paulo Osternack. **Provas. Atipicidade, liberdade e instrumentalidade**. São Paulo: Editora Revista dos Tribunais, 2015. p. 155-156.

[8] "Existe, portanto, uma ligação entre processo penal e crime, que molda a configuração e aplicação prática daquele em função da evolução e características deste. Assim, a especial gravidade dos ilícitos criminais e a sofisticação do modo da sua execução, quando revelem a insuficiência dos meios existentes para lhes fazerem face, justificam a consagração e o recurso a novos métodos de investigação e de obtenção de prova também mais gravosos e sofisticados." RAMALHO, David Silva. **Métodos ocultos de investigação criminal em ambiente digital**. Coimbra: Editora Almedina, 2019. p. 204.

[9] GOMES FILHO, Antônio Magalhães. **Direito à prova no processo penal**. São Paulo: Revista dos Tribunais, 1997. p. 155.

1. Notas sobre o sistema probatório brasileiro

A história do processo penal é marcada por movimentos pendulares, ora prevalecendo ideais de segurança social e de eficiência repressiva, ora predominando pensamentos de proteção ao acusado, de afirmação e preservação de suas garantias[10]. O código de processo penal de 1941 nasceu de matrizes inquisitórias[11] e autoritárias[12]. A Constituição Federal buscou estruturar um sistema de princípios e garantias[13] que delimitam as atividades estatais, sejam

[10] FERNANDES, Antonio Scarance. **Processo penal constitucional**. 7. ed. rev., atual. e ampl. São Paulo: Editora Revista dos Tribunais, 2012. p. 23.

[11] Nereu Giacomolli também refere os traços inquisitórios: "O Código de Processo Penal, concebido na década de 1940, tem perfil essencialmente inquisitorial, marcadamente no que tange à prova e na atuação do magistrado. Alguns meios de prova e certos meios de busca da prova foram regulamentados e algumas leis esparsas regulam outros meios de busca de elementos probatórios, tais como as interceptações de comunicações, de dados informáticos e telemáticos, captação e interceptação ambiental, infiltração de agentes, por exemplo. A ausência de um regramento claro de toda a sistemática probatória, mormente dos meios de prova e dos limites impostos à sua admissibilidade, é um fenômeno típico do modelo inquisitorial de processo ou de um paradigma com forte tendência inquisitorial." GIACOMOLLI, Nereu José. Algumas marcas inquisitoriais do Código de Processo Penal brasileiro e a resistência às reformas. **Revista Brasileira de Direito Processual Penal**, Porto Alegre, v. 1, n. 1, p. 143-165, 2015. Disponível em: http://dx.doi.org/10.22197/rbdpp.v1i1.8. Acesso em:12 maio 2020.

[12] Ricardo Jacobsen Gloeckner, comentando a exposição de motivos e a inspiração do Código de Processo Penal de 1941, refere que "Desde essa doutrina, portanto, o objetivo do código de processo penal era conceber maior energia repressiva ao Estado, com a supressão de determinados direitos e garantias, que tornavam a resposta estatal morosa ou ineficaz. Até mesmo a expressão 'sentimentalismo mais ou menos equívoco' será inspirado em ROCCO, (que utiliza a frase "sentimentalismo aberrante")". GLOECKNER, Ricardo Jacobsen. **Autoritarismo e processo penal:** uma genealogia das ideias autoritárias no processo penal brasileiro. Florianópolis: Tirant Lo Blanch, 2018. v. 1. p. 384.

[13] *"Propongo uma definición teórica, puramente formal o estructural, de 'derechos fundamentales' todos aquellos derechos subjetivos que corresponden universalmente a 'todos' los seres humanos em cuanto dotados del status de personas, de ciudadanos o personas com capacidade de obrar; entendiendo por 'direcho subjetivo' cualquier expectativa positiva (de prestaciones) o negativa (de no sufri lesiones) adscrita a um sujeto por uma norma jurídica; y por 'status' la condición de um sujeto prevista asimismo por uma norma jurídica positiva como presupuesto de su idoneidade para ser titular de situaciones jurídicas y/o autor de los actos que son ejercícios de* éstas." Tradução nossa: "Proponho uma definição teórica, puramente formal ou estrutural, de 'direitos fundamentais' todos os direitos subjetivos que correspondem universalmente a 'todos' os seres humanos, dotados do *status* de pessoas, cidadãos ou pessoas capazes de agir; entender por 'direito subjetivo' qualquer expectativa positiva (de benefícios) ou negativa (de não sofrer ferimentos) associada a um sujeito por uma norma legal; e por 'status' a condição de um sujeito também fornecida por uma norma legal

elas prévias, posteriores ou concomitantes ao processo penal. De um lado, na evolução do relacionamento indivíduo-Estado, sentiu-se a necessidade do estabelecimento de normas que garantissem os direitos fundamentais do ser humano contra o forte poder estatal intervencionista[14]. Com a Constituição Federal de 1988 (CF/88), iniciou-se uma evolução jurídico-constitucional com o objetivo de consolidar os direitos humanos e fundamentais, realizando uma verdadeira filtragem em práticas autoritárias.

A gama de princípios advinda da Constituição Federal é o norte para a implementação de um sistema probatório com garantias procedimentais. Disso acarreta a aplicação de princípios constitucionais, como o princípio da lealdade, que se revela de extrema importância na medida em que eventual violação no momento de busca de prova é fundamento para a proibição de sua utilização[15]. O legislador deve criar e propor um sistema de provas que possibilite a igualdade de partes dentro do processo no que tange à atividade probatória[16], especialmente à prova cientifica, que é produzida na maioria das vezes sem contraditório[17].

Nesse aspecto, a aplicação e a imposição da pena devem ocorrer através de um dispositivo probatório, que seria a submissão e a exposição da tese acusatória à refutação para que resulte apoiada por provas e contraprovas[18].

positiva como pressuposto de sua aptidão para ser titular de situações jurídicas e/ou autor dos atos exercidos por eles." FERRAJOLI, Luigi. ***Derechos y garantias. La ley del mais débil.*** Madrid: Editorial Trotta, 2002. p. 37.

[14] FERNANDES, Antonio Scarance. **Processo penal constitucional**. 7. ed. rev., atual. e ampl. São Paulo: Editora Revista dos Tribunais, 2012. p. 23.

[15] VALENTE, Manuel Monteiro Guedes. **Teoria Geral do Direito Policial**. 4. ed. Coimbra: Almedina, 2014. p. 228.

[16] TUCCI, Rogério Lauria. **Direitos e Garantias individuais no Processo Penal Brasileiro**. 4. ed. São Paulo: Revista dos Tribunais, 2011. p. 172.

[17] "O exame da cadeia de custódia é extremamente importante, haja vista que, não raramente, um objeto de prova poderá e deverá circular entre várias instâncias examinatórias, trafegando por diferentes órgãos, inclusive de polícia judiciária ou inspeção sanitária, até aportar no processo através de relatórios descritivos e interpretativos. Tais elementos-prova serão normalmente produzidos à margem do contraditório, no seio de medidas cautelares inaudita altera parte, sujeitas a contraditório diferido." KNIJNIK, Danilo. **Prova pericial e seu controle no direito processual brasileiro**. São Paulo: Editora Revista dos Tribunais, 2017. p. 170-171.

[18] PRADO, Geraldo. **Prova penal e sistema de controles epistêmicos. A quebra da cadeia de custódia das provas obtidas por métodos ocultos**. São Paulo: Marcial Pons, 2014. p. 21.

Ou seja, trata-se de confirmar ou refutar uma hipótese fática a partir de um conjunto probatório complexo submetido ao debate, ao confronto entre acusação e defesa, sendo inviável, portanto, a utilização de "[...] quaisquer práticas probatórias capazes de sustentar o convencimento do juiz acerca da culpabilidade do suspeito e/ou acusado [...]"[19].

A evolução legislativa após a promulgação da CF/88 é marcada por políticas criminais de emergência, com ampliação da utilização de medidas de antecipação de tutela penal[20] e ausência total de *accountability*[21]. O PL nº 8.045/2010, que buscava reformar o Código de Processo Penal, tinha como disposição conceder ao perito autonomia para a escolha da metodologia de trabalho no momento da realização da perícia criminal. Em dezembro de 2019, foi aprovada a Lei nº 13.964/2020, trazendo avanços e modificações em todo sistema processual, inclusive na produção da prova científica.

2. A preservação das fontes de prova e a fiabilidade da prova: inquietações sobre as metodologias utilizadas nas provas periciais

A investigação preliminar, em linhas gerais, é a atividade realizada pela Polícia Judiciária, que visa à verificação de um delito e de sua autoria e objetiva a

[19] PRADO, Geraldo. **Prova penal e sistema de controles epistêmicos. A quebra da cadeia de custódia das provas obtidas por métodos ocultos.** São Paulo: Marcial Pons, 2014. p. 21.

[20] "Os impactos do cenário delineado anteriormente, no âmbito do direito processual penal, são destacados pela doutrina contemporânea especializada, notadamente no tocante à aceleração da resposta estatal pela via da antecipação da tutela penal, o que é facilmente identificado pelo incremento da utilização da prisão preventiva, por exemplo." MAYA, André Machado. O processo penal na sociedade de risco: a persecução penal no Brasil entre os ideais de liberdade e segurança. **Revista de Estudos Criminais**, Porto Alegre, n. 73, p. 197-218, abril/junho 2019. p. 200.

[21] "Um dos problemas centrais das reformas penais é o da absoluta ausência de *accountability*: não há transparência nas justificativas; não se medem resultados; não se prestam contas; não se analisam experiências anteriores para projetar ações futuras. Em síntese: inexiste responsabilidade político-criminal." CARVALHO, Salo de. A estrutura lógica e os fundamentos ideológicos do sistema de penas no Projeto de Lei Anticrime. **Revista da Faculdade de Direito UFPR,** Curitiba – PR, v. 64, n. 3, p. 161-192, set./dez. 2019. Disponível em: https://revistas.ufpr.br/direito/article/view/66656 e em DOI: http://dx.doi.org/10.5380/rfdufpr.v64i3.66656. Acesso em: 11 mar. 2020.

produção de elementos mínimos para o oferecimento da denúncia[22]. Ademais, serve de filtro processual para impedir acusações infundadas. Geralmente, é na fase de investigação que se produzem as provas antecipadas e irrepetíveis, como, por exemplo, a prova pericial. Ou seja, é no momento pré-processual que ocorre, normalmente, a atuação da perícia criminal. E isso há uma razão de ser. Quanto mais rápida for realizada a análise pericial, menor a probabilidade de contaminação e degradação da amostra, elevando a fiabilidade do resultado. Nesse ínterim, surge a necessidade de preservação da fonte de prova, com a respectiva documentação da cadeia de custódia da prova. A documentação se constitui a base da cadeia de custódia da prova. A doutrina brasileira enuncia tal preceito como sendo o princípio que garante que toda amostra deve ser documentada, desde seu nascimento no local de crime até sua análise e descrição final, de forma a se estabelecer um histórico completo e fiel de sua origem[23].

Há um verdadeiro imbricamento entre ciência e prova, pois o ritmo da evolução da ciência é diverso, e deveras acelerado, em relação ao do processo. A legislação processual penal vigente possui disposições específicas sobre a inadmissibilidade das provas ilícitas, bem delimitado no *caput*[24] do art. 157 do Código de Processo Penal. Com a promulgação da Lei nº 13.964/2019, estabeleceu-se conceitos, critérios e procedimentos para a verificação e preservação da cadeia de custódia. Coube aos arts. 158-A[25], 158-[26],

[22] Nereu Giacomolli refere que "o inquérito policial não se destina ao juiz, mas ao Ministério Público, quem dele extrai os elementos à imputação criminal. Sua funcionalidade principal acaba nesta etapa". GIACOMOLLI, Nereu José. Expectativas e propostas acerca do inquérito policial. **Revista da Ajuris**, v. 41, n. 134, p. 465-488, junho, 2014. Inicialmente o artigo foi publicando em trabalho apresentado no Instituto de Ciências Criminais, Departamento de Direito Penal Estrangeiro e Internacional na Georg-August Universität Göttingen, Alemanha, realizado nos dias 14 a 16 de abril de 2014.

[23] STUMVOLL, Victor Paulo. **Criminalística**. 7. ed. Campinas: Millennium Editora, 2019. p. 10.

[24] "Art. 157. São inadmissíveis, devendo ser desentranhadas do processo, as provas ilícitas, assim entendidas as obtidas em violação a normas constitucionais ou legais."

[25] "Art. 158-A. Considera-se cadeia de custódia o conjunto de todos os procedimentos utilizados para manter e documentar a história cronológica do vestígio coletado em locais ou em vítimas de crimes, para rastrear sua posse e manuseio a partir de seu reconhecimento até o descarte."

[26] "Art. 158-B. A cadeia de custódia compreende o rastreamento do vestígio nas seguintes etapas:

158-C[27], 158-D[28], 158-E[29] e 158-F[30], do mesmo diploma legal, a disposição acerca da cadeia de custódia da prova pericial.

I - reconhecimento: ato de distinguir um elemento como de potencial interesse para a produção da prova pericial;
II - isolamento: ato de evitar que se altere o estado das coisas, devendo isolar e preservar o ambiente imediato, mediato e relacionado aos vestígios e local de crime;
III - fixação: descrição detalhada do vestígio conforme se encontra no local de crime ou no corpo de delito, e a sua posição na área de exames, podendo ser ilustrada por fotografias, filmagens ou croqui, sendo indispensável a sua descrição no laudo pericial produzido pelo perito responsável pelo atendimento;
IV - coleta: ato de recolher o vestígio que será submetido à análise pericial, respeitando suas características e natureza
V - acondicionamento: procedimento por meio do qual cada vestígio coletado é embalado de forma individualizada, de acordo com suas características físicas, químicas e biológicas, para posterior análise, com anotação da data, hora e nome de quem realizou a coleta e o acondicionamento;
VI - transporte: ato de transferir o vestígio de um local para o outro, utilizando as condições adequadas (embalagens, veículos, temperatura, entre outras), de modo a garantir a manutenção de suas características originais, bem como o controle de sua posse;
VII - recebimento: ato formal de transferência da posse do vestígio, que deve ser documentado com, no mínimo, informações referentes ao número de procedimento e unidade de polícia judiciária relacionada, local de origem, nome de quem transportou o vestígio, código de rastreamento, natureza do exame, tipo do vestígio, protocolo, assinatura e identificação de quem o recebeu;
VIII - processamento: exame pericial em si, manipulação do vestígio de acordo com a metodologia adequada às suas características biológicas, físicas e químicas, a fim de se obter o resultado desejado, que deverá ser formalizado em laudo produzido por perito;
IX - armazenamento: procedimento referente à guarda, em condições adequadas, do material a ser processado, guardado para realização de contraperícia, descartado ou transportado, com vinculação ao número do laudo correspondente;
X - descarte: procedimento referente à liberação do vestígio, respeitando a legislação vigente e, quando pertinente, mediante autorização judicial."

27 "Art. 158-C. A coleta dos vestígios deverá ser realizada preferencialmente por perito oficial, que dará o encaminhamento necessário para a central de custódia, mesmo quando for necessária a realização de exames complementares.
§ 1º Todos vestígios coletados no decurso do inquérito ou processo devem ser tratados como descrito nesta Lei, ficando órgão central de perícia oficial de natureza criminal responsável por detalhar a forma do seu cumprimento.
§ 2º É proibida a entrada em locais isolados bem como a remoção de quaisquer vestígios de locais de crime antes da liberação por parte do perito responsável, sendo tipificada como fraude processual a sua realização.

28 Art. 158-D. O recipiente para acondicionamento do vestígio será determinado pela natureza do material.

A primeira inovação trazida pela legislação é a conceituação da cadeia de custódia como "o conjunto de todos os procedimentos utilizados para manter e documentar a história cronológica do vestígio coletado em locais ou em vítimas de crimes, para rastrear sua posse e manuseio a partir de seu reconhecimento até o seu descarte" e também o marco temporal de início "[...] com a preservação do local de crime ou com procedimentos policiais ou periciais nos quais seja detectada a existência de vestígio". Percebe-se, pois, que a cadeia de custódia não deve ser assegurada apenas pelo perito criminal, mas também por aqueles que estão realizando os procedimentos policiais. O presente estudo, entretanto, focar-se-á apenas no âmbito do trabalho

§ 1º Todos os recipientes deverão ser selados com lacres, com numeração individualizada, de forma a garantir a inviolabilidade e a idoneidade do vestígio durante o transporte.
§ 2º O recipiente deverá individualizar o vestígio, preservar suas características, impedir contaminação e vazamento, ter grau de resistência adequado e espaço para registro de informações sobre seu conteúdo.
§ 3º O recipiente só poderá ser aberto pelo perito que vai proceder à análise e, motivadamente, por pessoa autorizada.
§ 4º Após cada rompimento de lacre, deve se fazer constar na ficha de acompanhamento de vestígio o nome e a matrícula do responsável, a data, o local, a finalidade, bem como as informações referentes ao novo lacre utilizado.
§ 5º O lacre rompido deverá ser acondicionado no interior do novo recipiente."

[29] "Art. 158-E. Todos os Institutos de Criminalística deverão ter uma central de custódia destinada à guarda e controle dos vestígios, e sua gestão deve ser vinculada diretamente ao órgão central de perícia oficial de natureza criminal.
§ 1º Toda central de custódia deve possuir os serviços de protocolo, com local para conferência, recepção, devolução de materiais e documentos, possibilitando a seleção, a classificação e a distribuição de materiais, devendo ser um espaço seguro e apresentar condições ambientais que não interfiram nas características do vestígio.
§ 2º Na central de custódia, a entrada e a saída de vestígio deverão ser protocoladas, consignando-se informações sobre a ocorrência no inquérito que a eles se relacionam.
§ 3º Todas as pessoas que tiverem acesso ao vestígio armazenado deverão ser identificadas e deverão ser registradas a data e a hora do acesso.
§ 4º Por ocasião da tramitação do vestígio armazenado, todas as ações deverão ser registradas, consignando-se a identificação do responsável pela tramitação, a destinação, a data e horário da ação."

[30] "Art. 158-F. Após a realização da perícia, o material deverá ser devolvido à central de custódia, devendo nela permanecer. Parágrafo único. Caso a central de custódia não possua espaço ou condições de armazenar determinado material, deverá a autoridade policial ou judiciária determinar as condições de depósito do referido material em local diverso, mediante requerimento do diretor do órgão central de perícia oficial de natureza criminal."

pericial, o qual deve ser realizado em um ambiente devidamente isolado[31], o qual, se não for respeitado[32], compromete o conjunto de informações que eventualmente venham a ser obtidas dessa forma[33]. Busca-se, pois, evitar o fenômeno da "*break on the chain of custody*".[34]

Em breves apontamentos, o que se tem é a premência de preservação do caminho da fonte de prova, justamente para ter ciência de quão fiável e sem vícios estará o elemento de prova quando posto no processo. Isso é especialmente importante quando da produção de provas irrepetíveis e antecipadas (perícias, interceptações telefônicas e telemáticas etc.). Ademais, as disposições trazidas no "pacote anticrime" referem que o "processamento" trata-se do "exame pericial em si, manipulação do vestígio de acordo com a metodologia adequada às suas características biológicas, físicas e químicas, a fim de se obter o resultado desejado, que deverá ser formalizado em laudo produzido por perito". Isto é, toda a metodologia utilizada durante a perícia deve estar documentada e formalizada em laudo. Dada a necessidade de descrição da metodologia utilizada na perícia já era abarcada, previamente, pelos procedimentos operacionais de algumas das áreas de análise forense da Polícia Federal[35]. Assim, percebe-se que a descrição detalhada da metodologia utilizada no exame pericial é parte fundamental da cadeia de custódia da prova.

Percebe-se que as alterações foram extensas e louváveis, criando parâmetros que antes não existiam na legislação processual penal. Contudo, pouco se avançou na implementação de requisitos e imperativos que preconizem a

[31] Ver mais em VELHO, Jesus Antonio; COSTA, Karina Alves; DAMASCENO, Clayton Tadeu Mota. **Locais de Crime. Dos Vestígios à Dinâmica Criminosa.** Campinas: Millenium, 2013.

[32] Guilherme de Souza Nucci defende uma relativização sobre a disciplina da cadeia de custódia: "Embora mereça aplauso a inserção da cadeia de custódia em lei, é preciso ponderar que o Brasil dispõe de regiões bem diferentes, em matéria de concentração populacional e de renda. Há lugares em que a cadeia de custódia será desrespeitada por falta absoluta de condições materiais. Diante disso, não cabe adotar um formalismo radical neste campo". NUCCI, Guilherme de Souza. **Código de processo penal comentado.** 19. ed. Rio de Janeiro: Forense, 2020. p. 380.

[33] PRADO, Geraldo. **Prova penal e sistema de controles epistêmicos. A quebra da cadeia de custódia das provas obtidas por métodos ocultos.** São Paulo: Marcial Pons, 2014. p. 78.

[34] PRADO, Geraldo. **Prova penal e sistema de controles epistêmicos. A quebra da cadeia de custódia das provas obtidas por métodos ocultos.** São Paulo: Marcial Pons, 2014. p. 78.

[35] BRASIL. Secretaria Nacional de Segurança Pública. **Procedimento Operacional Padrão:** perícia criminal. Brasília: Ministério da Justiça, 2013.

necessidade de que o método aplicado pelo perito na elaboração da perícia seja reconhecido internacionalmente e aceito pela comunidade científica. Ou seja, para subsidiar a compreensão do resultado da perícia e das técnicas implementadas na elaboração, interessante seria, pela parte do perito, a exposição da metodologia aplicada para elaboração de determinada perícia e, sempre que possível, a comprovação de que dada análise está escorada em métodos aceitos pela comunidade científica internacional.

Diferentemente, o Código de Processo Civil de 2015 dispõe sobre a necessidade de indicação do método utilizado, "demonstrando ser predominantemente aceito pelos especialistas da área do conhecimento da qual se originou"[36]. No entanto, como referido, não há disposição similar na legislação processual penal. A bem da verdade, a referida necessidade de indicação do método a ser utilizado na realização da perícia e, que seja predominantemente aceito pelos especialistas da área, possui clara inspiração nos precedentes da Suprema Corte Norte Americana, que já teve a oportunidade de analisar esses aspectos no *case Daubert vs. Merrel Dow Pharmaceuticals, Inc.* O *case* versa sobre a metodologia aplicada pelo perito na elaboração da perícia, sendo que a prova científica somente seria admitida no processo judicial quando se verificasse uma "*general acceptance*"[37], ou seja, a aceitação geral "daquele método ou técnica no meio científico e acadêmico respectivo"[38].

A prova produzida pelos peritos arrolados pelos *Daubert* foi indeferida pelo juiz e pela Corte de Apelações, concluindo que "todos os depoimentos periciais propostos pelos autores haviam partido de uma posição que não gozava da aceitação geral da comunidade médica relevante, fazendo aplicação da regra *Frye*"[39]. Os *Daubert*, embora tenham perdido sua demanda, trouxeram um problema jurídico relevante, a partir do qual foi possível refletir sobre o

[36] "Art. 473. O laudo pericial deverá conter: I - a exposição do objeto da perícia; II - a análise técnica ou científica realizada pelo perito; III - a indicação do método utilizado, esclarecendo-o e demonstrando ser predominantemente aceito pelos especialistas da área do conhecimento da qual se originou;"

[37] AVELINO, Teixeira Murilo. **O controle judicial da prova técnica e científica**. Salvador: JusPodivm, 2018. p. 194.

[38] AVELINO, Teixeira Murilo. **O controle judicial da prova técnica e científica**. Salvador: JusPodivm, 2018. p. 194.

[39] KNIJNIK, Danilo. **Prova pericial e seu controle do direito processual brasileiro**. São Paulo: Revista dos Tribunais, 2017. p. 57.

possível *standard* do elemento probatório científico. Nesse caso, a Suprema Corte Norte-Americana[40] entendeu que para que uma prova científica seja admitida, ela deve, antes de qualquer coisa, basear-se em técnicas científicas conhecidas como "padrão-ouro", as quais são aceitas e reconhecidas na comunidade científica internacional, tendo confiável reprodutibilidade, eficácia e eficiência, bem como publicação aceita em periódicos científicos de relevante impacto[41].

Dois anos depois, a Suprema Corte Norte-Americana se deparou com o caso *Kumho Tire Co. vs. Carmichael*, em que se discutiu o nexo de causalidade entre um acidente automobilístico e os supostos defeitos no pneu do automóvel. Nesse caso, ocorreu uma relativização das diretrizes anteriormente fixadas no caso *Daubert vs. Merrel Dow Pharmaceuticals, Inc.*, afirmando ser "prescindível a sua aplicação em todos os casos onde se trate de admitir ou não as provas técnicas ou científicas, a depender do ramo do conhecimento especializado"[42]. Bem apontou Knijnik, que "somente cinco anos mais tarde, no caso *Kumho*, em 1999, a Suprema Corte deixaria ainda mais explícito o caráter aberto, flexível e exemplificativo dos critérios inicialmente sugeridos não a título de *checklist*, mas a título de critérios passíveis de discussão, com larga amplitude argumentativa"[43].

[40] Nas palavras de Giacomolli e Amaral, "dentre os requisitos mínimos definidos pela Suprema Corte, destacam- se: a prova deve reunir as técnicas e as teorias sobre as quais os testes foram analisados para que o ditame pericial possa ser admitido em juízo, ou seja, deve ser submetida a verificação empírica; deve ser realizado o teste de revisão conhecido como do duplo-cego, sendo este previamente publicado em uma revista internacional indexada de impacto relevante na comunidade científica; deve possuir uma pequena taxa de erro, ou seja, deve ser reprodutível; e, por fim, a metodologia deve ter sido admitida pela comunidade científica como uma técnica relevante". GIACOMOLLI, Nereu José; AMARAL, Maria Eduarda Azambuja. Possíveis intersecções entre neurociência e a prova pericial no processo penal: abordagem crítica. **Revista Brasileira de Ciências Criminais**, São Paulo, v. 27, n. 157, p. 247-284, julho 2019.

[41] GIACOMOLLI, Nereu José; AMARAL, Maria Eduarda Azambuja. Possíveis intersecções entre neurociência e a prova pericial no processo penal: abordagem crítica. **Revista Brasileira de Ciências Criminais**, São Paulo, v. 27, n. 157, p. 247-284, julho 2019.

[42] AVELINO, Teixeira Murilo. **O controle judicial da prova técnica e científica**. Salvador: JusPodivm, 2018. p. 201

[43] KNIJNIK, Danilo. **Prova pericial e seu controle no direito processual brasileiro**. São Paulo: Editora Revista dos Tribunais, 2017. p. 88.

Ambos os casos (*Daubert vs. Merrel Dow Pharmaceuticals, Inc.* e *Kumho Tire Co. vs. Carmichael)* se referem à metodologia utilizada pelos peritos na produção da prova. Entretanto, deve-se salientar que, embora os critérios *Daubert* sejam frequentemente aplicados em nível federal na Justiça norte-americana, eles não se tratam de padrões delimitados. Quer dizer, "a Suprema Corte reconheceu que os fatores de *Daubert* não são taxativos e podem ou não ser pertinentes para avaliar a confiabilidade, dependendo do assunto especializado em questão"[44].

Obviamente, com todas as ressalvas do sistema processual norte-americano, as perícias produzidas com a apresentação de metodologias que preservam as fontes de prova e garantem às partes a produção de contraprovas e a verificação da legalidade do procedimento utilizado pelo perito demonstram maior confiabilidade e segurança quando da admissibilidade e valoração. No Brasil, a Lei nº 13.964/2019 perdeu uma oportunidade de estabelecer diretrizes que garantam que a metodologia empregada para elaboração do exame pericial tenha aceitabilidade pela comunidade científica internacional.

A cadeia de custódia exige o estabelecimento de um procedimento regrado e formalizado, documentando toda cronologia existencial daquela fonte de prova, para permitir a posterior validação em juízo e o exercício do controle epistêmico.[45] Isso, na nossa concepção, sem a pretensão de esgotar o debate, também implica a adoção de metodologias adequadas e aceitas pela comunidade científica[46] internacional, que garantam a preservação da cadeia de custódia das fontes de prova. A atual disposição delega ao perito uma liberdade para a valoração e aplicação dos critérios que entenda ser mais adequado, sem se preocupar com a utilização de metodologias que sejam necessariamente

44 GIACOMOLLI, Nereu José; AMARAL, Maria Eduarda Azambuja. Possíveis intersecções entre neurociência e a prova pericial no processo penal: abordagem crítica. **Revista Brasileira de Ciências Criminais**, São Paulo, v. 27, n. 157, p. 247-284, julho 2019.

45 LOPES JÚNIOR, Aury. **Direito processual penal**. 15. ed. São Paulo: Saraiva. 2018. p. 412.

46 *"En otras palavras, es necessário – tanto em el contexto judicial como em otros contextos – tener estandares o criterios para estabelecer si se puede obtener información y datos fiables, en lugar de información falsa y no fiable. Cualquiera que sea el estandar o paradigma que se use para definir lo que entendemos por 'ciencia', debe racionalizarse y justificarse su aplicación, solo para poder descartar el conocimiento que pretenda ser tal pero que realmente carezca de aceptabilidad racional."* TARUFFO, Michele. La aplicación de estândares científicos a las ciências sociales y forenses. *In*: VÁZQUEZ, Carmen (ed.).**Estándares de prueba y prueba científica. Ensayos de epistemologia jurídica**. Madrid: Marcial Pons, 2013, p. 205 .

reconhecidas internacionalmente, desde que esteja de acordo com as características "biológicas, físicas e químicas".

O grande problema apontado por Badaró é relacionado ao ingresso da "nova prova científica"[47] no processo e a aceitação de tais conhecimentos, inclusive porque "não é qualquer conhecimento científico, mas apenas os conhecimentos científicos novos ou modernos, que exigem técnicas ou métodos de grande especialização, que se enquadram na chamada 'nova prova científica'"[48]. Todavia, o autor se mostra favorável à utilização de novos métodos, mesmo que carentes de aceitabilidade geral, alegando ser fundamental que o processo esteja aberto aos novos conhecimentos científicos e que "a utilização do conhecimento científico é um importante fator para permitir uma melhor reconstrução dos fatos e uma mais apropriada busca da verdade" sendo que "a necessidade de separar o bom e o mau conhecimento científico, bem como de distinguir o perito capacitado daquele despreparado, não podem ser obstáculos para tanto".[49]

É fato que o julgador não possui o conhecimento necessário para avaliar se a nova prova científica possui a aceitabilidade e a fiabilidade adequada para ingressar no processo, ou se esta é derivada de uma pseudociência.[50] O tema é complexo: de um lado a necessidade de produção da prova com métodos que tenham aceitabilidade, com o objetivo de dar segurança ao julgador para

47 BADARÓ, Gustavo Henrique. **Epistemologia judiciária e prova penal**. São Paulo: Thomson Reuters, 2019. p. 183.

48 BADARÓ, Gustavo Henrique. **Epistemologia judiciária e prova penal**. São Paulo: Thomson Reuters, 2019. p. 183.

49 BADARÓ, Gustavo Henrique. **Epistemologia judiciária e prova penal**. São Paulo: Thomson Reuters, 2019. p. 196.

50 Este critério também se deve ao fato de "[...] *los juecez, por lo general, carecen de los conocimientos científicos necesarios para evaluar la validez y fiabilidade de estas pruebas. Por eso dejar enteramente en sus manos la libre apreciación de este dato, sin estabelecer um stándar objetivo para guiar-los, puede conducir a rechazar pruebas cientificamente válidas que podrían haber ayudado al esclarecimento de la verdade em el processo, o – lo que es más probable – puede conducir a dar crédito a pruebas que son pura charlatanería pseudocientífica y que pueden convertirse em fundamento de decisiones judiciales erróneas. No se puede desconocerse la gran capacidade de persuasión e influencia que uma prueba cinetífica puede tener sobre la convicción judicial, com lo que si se admite su entrada em el processo sin ningún control se corre el riesgo de que, al final, la decisión venga determinada por pura y simple junk Science*". ABELLÁN, Marina Gascón. Prueba científica. Un mapa de retos. *In*: VÁZQUEZ, Carmen (ed.). ***Estándares de prueba y prueba científica***. *Ensayos de epistemologia jurídica*. Madrid: Marcial Pons, 2013. p. 191-192.

utilizar-se (ou não) daquela prova; do outro, esses novos elementos probatórios podem trazer ao julgador informações que levem à absolvição do réu, mesmo que a produção da prova ainda não tenha sido "aceita" pela comunidade científica. Ainda, "há descobertas científicas que levam anos, às vezes décadas, até serem comprovadas e acolhidas pela comunidade acadêmica"[51] e aguardar pela aceitabilidade inviabilizaria a utilização no processo.

A concessão às partes, acusação e defesa, de informações claras e precisas sobre as metodologias empregadas para a produção da prova científica vão ao encontro do que se pretende com um processo penal pautado na legalidade e nos princípios constitucionais da ampla defesa e do contraditório. Acredita-se que a utilização de metodologias reconhecidas internacionalmente é critério essencial de admissibilidade de prova pericial no contexto jurídico brasileiro. As consequências da produção de uma prova sem a preservação das suas fontes e com a utilização de metodologias inadequadas e/ou não acolhidas pela comunidade científica ocasionam uma grave violação à confiabilidade das informações levadas a julgamento. A inclusão de dispositivos legais que determinem a exposição da metodologia utilizada na elaboração da prova científica e, fundamentalmente, de que esta goze de aceitabilidade pela comunidade científica internacional, permite que seja assegurado, de maneira mais robusta e fidedigna, que o perito chegou até o resultado a partir de um *caminho* bem estabelecido e validado.

Conclusões

O sistema constitucional possui uma gama de princípios que garantem a solidez de um processo penal democrático, mas ainda reflete inúmeros traços inquisitórios. O sistema de garantias oriundo da Constituição Federal ameniza a falta de "acusatoriedade" do processo penal, principalmente a partir do estabelecimento do princípio da presunção de inocência, que eleva o *status* de inocente do acusado durante todo o *iter* processual.

[51] BADARÓ, Gustavo Henrique. **Epistemologia judiciária e prova penal**. São Paulo: Thomson Reuters, 2019. p. 182.

Não obstante esse sistema ainda autoritário, a eventual condenação do réu deverá estar embasada em uma prova confiável, produzida sob o contraditório. Por isso, faz-se imprescindível garantir, às partes, o acesso à descrição pormenorizada das metodologias empregadas na produção da prova, a fim de possibilitar a análise da legalidade do procedimento.

A reforma operada pela Lei nº 13.964/2019 inovou com a inclusão do importante instituto da cadeia de custódia da prova pericial no sistema processual. O presente estudo buscou trazer a lume alguns dos problemas relacionados com a perícia criminal e os novos métodos científicos que surgem com a evolução da ciência. O tema é altamente complexo, devendo ser debatido pela comunidade acadêmica.

A bem da verdade, o pacote anticrime perdeu uma possibilidade de discussão da matéria de maneira mais aprofundada. Embora necessária, a inclusão de "obrigatoriedade" para a elaboração de provas científicas a partir da utilização de metodologias aceitas pela comunidade científica internacional poderia trazer sérias consequências quando da admissão e valoração desta prova.

Por fim, o Código de Processo Penal avançou significativamente na criação e na elaboração de critérios e diretrizes, visando a preservar a cadeia de custódia da prova pericial e todas as fontes atreladas ao elemento constitutivo da prova. A ausência de confiabilidade nos elementos produzidos por determinada fonte de prova, principalmente se não descrita a metodologia utilizada, deverá ocasionar a não utilização do elemento de prova e o seu desentranhamento do processo. Dados desentranhados devem ocorrer de forma objetiva, sem a terceirização desta tarefa ao julgador, justamente por ocasionar a contaminação psíquica do magistrado.

Referências

ABELLÁN, Marina Gascón. *Prueba científica. Un mapa de retos. In*: VÁZQUEZ, Carmen (Ed.). ***Estándares de prueba y prueba científica.*** *Ensayos de epistemologia jurídica.* Madrid: Marcial Pons, 2013.

AMARAL, Paulo Osternack. **Provas. Atipicidade, liberdade e instrumentalidade**. São Paulo: Editora Revista dos Tribunais, 2015.

AVELINO, Teixeira Murilo. **O controle judicial da prova técnica e científica.** Salvador: JusPodivm, 2018.

BADARÓ, Gustavo Henrique. **Epistemologia judiciária e prova penal**. São Paulo: Thomson Reuters, 2019.

BRASIL. Secretaria Nacional de Segurança Pública. **Procedimento Operacional Padrão**: perícia criminal. Brasília: Ministério da Justiça, 2013.

CARVALHO, Salo de. A estrutura lógica e os fundamentos ideológicos do sistema de penas no Projeto de Lei Anticrime. **Revista da Faculdade de Direito UFPR**, Curitiba – PR, v. 64, n. 3, p. 161-192, set./dez. 2019. Disponível em: https://revistas.ufpr.br/direito/article/view/66656 e em DOI: http://dx.doi.org/10.5380/ rfdufpr.v64i3.66656. Acesso em: 11 mar. 2020.

FERNANDES, Antonio Scarance. **Processo penal constitucional**. 7. ed. rev., atual. e ampl. São Paulo: Editora Revista dos Tribunais, 2012.

FERRAJOLI, Luigi. ***Derechos y garantias. La ley del mais débil.*** Madrid: Editorial Trotta, 2002.

FRANÇA, Genival Veloso de. **Medicina Legal**. 10. ed. Rio de Janeiro: Guanabara Koogan, 2016.

GAUER, Ruth Maria Chittó. **A fundação da norma**: para além da racionalidade histórica. Porto Alegre: EDIPUCRS, 2011.

GIACOMOLLI, Nereu José; AMARAL, Maria Eduarda Azambuja. Possíveis intersecções entre neurociência e a prova pericial no processo penal: abordagem crítica. **Revista Brasileira de Ciências Criminais**, São Paulo, v. 27, n. 157, p. 247-284, julho 2019.

GIACOMOLLI, Nereu José. Algumas marcas inquisitoriais do Código de Processo Penal brasileiro e a resistência às reformas. **Revista Brasileira de Direito Processual Penal**, Porto Alegre, v. 1, n. 1, p. 143-165, 2015. Disponível em: http://dx.doi.org/10.22197/rbdpp.v1i1.8. Acesso em: 12 maio 2020.

GIACOMOLLI, Nereu José. Expectativas e propostas acerca do inquérito policial. **Revista da AJURIS**, v. 41, n. 134, p. 465-488, junho 2014.

GLOECKNER, Jacobsen Ricardo. **Autoritarismo e processo penal:** uma genealogia das ideias autoritárias no processo penal brasileiro. Florianópolis: Tirant Lo Blanch, 2018. v. 1.

GOMES FILHO, Antônio Magalhães. **Direito à prova no processo penal**. São Paulo: Revista dos Tribunais, 1997.

KNIJNIK, Danilo. **Prova pericial e seu controle do direito processual brasileiro**. São Paulo: Revista dos Tribunais, 2017.

LOPES JÚNIOR, Aury. **Direito processual penal**. 15. ed. São Paulo: Saraiva. 2018.

MAYA, André Machado. O processo penal na sociedade de risco: a persecução penal no Brasil entre os ideais de liberdade e segurança. **Revista de Estudos Criminais**, Porto Alegre, n. 73, p. 197-218, abril/junho 2019.

NUCCI, Guilherme de Souza. **Código de processo penal comentado**. 19. ed. Rio de Janeiro: Forense, 2020

PRADO, Geraldo. **Prova penal e sistema de controles epistêmicos. A quebra da cadeia de custódia das provas obtidas por métodos ocultos**. São Paulo: Marcial Pons, 2014.

RAMALHO, David Silva. **Métodos ocultos de investigação criminal em ambiente digital**. Coimbra: Editora Almedina, 2019.

SAFERSTEIN, Richard. ***Criminalistics:*** *an introduction to forensic science*. 11th ed. New Jersey: Pearson Education, 2015.

SCHWAB, Klaus. **A quarta revolução industrial**. São Paulo: Edipro, 2016.

STUMVOLL, Victor Paulo. **Criminalística**. 7. ed. Campinas: Millennium Editora, 2019.

TARUFFO, Michele. *La aplicación de estândares científicos a las ciências sociales y forenses*. *In*: VÁZQUEZ, Carmen (ed.). ***Estándares de prueba y prueba científica.*** *Ensayos de epistemologia jurídica*. Madrid: Marcial Pons, 2013.

TOCCHETTO, Domingos; ESPÍNDULA, Alberi. **Criminalística:** procedimentos e metodologias. 4. ed. Campinas: Millennium Editora, 2019.

TUCCI, Rogério Lauria. **Direitos e Garantias individuais no Processo Penal Brasileiro**. 4. ed. São Paulo: Revista dos Tribunais, 2011.

VALENTE, Manuel Monteiro Guedes. **Teoria Geral do Direito Policial**. 4. ed. Coimbra: Almedina, 2014.

VELHO, Jesus Antonio; GEISER, Gustavo Caminoto; ESPÍNDULA, Alberi. **Ciências forenses***:* uma introdução às principais áreas da criminalística moderna. 3. ed. Campinas: Millennium Editora, 2017.

VELHO, Jesus Antonio; COSTA, Karina Alves; DAMASCENO, Clayton Tadeu Mota. **Locais de Crime. Dos Vestígios à Dinâmica Criminosa.** Campinas: Millenium, 2013.

29.
ÔNUS DA PROVA E VEDAÇÕES PROBATÓRIAS

Miguel Tedesco Wedy

Introdução

Já lá se vão quase 20 anos daquela banca de mestrado em Ciências Criminais na PUCRS. Com o meu orientador, o Prof. Dr. Aury Lopes Júnior, o saudoso Professor Livre Docente Alberto Rufino de Souza e, também, o homenageado, o Professor Doutor Nereu Giacomolli, que retornara de Madri após o seu doutoramento. A profunda sensibilidade acadêmica do Professor Nereu já era conhecida. Denso e rigoroso, sem ser pedante e descortês. Dois traços muito claros de sua personalidade: a qualidade acadêmica e a fidalguia. Foi dos primeiros pesquisadores da Ciência Processual Penal no Brasil que viu a absoluta necessidade de estudar o Direito comparado e as normativas internacionais. Foi e é, portanto, um desbravador essencial na dura lida de humanização e qualificação da nossa desgastada ciência prática. É, pois, uma honra fazer parte desta homenagem.

Por isso, é preciso voltar ao tormentoso tema que diz respeito ao ônus da prova criminal. Como regra, os ordenamentos jurídicos de países democráticos estabelecem, como princípio fundamental, que o ônus da prova esteja sob o encargo da acusação, a partir de uma decorrência da presunção de inocência.[1]

[1] No caso do Brasil, o inciso LVII do art. 5º da Constituição Federal: "Ninguém será considerado culpado até o trânsito em julgado de sentença penal condenatória".

Essa é uma garantia de grande repercussão prática dentro de um processo penal legítimo. Uma garantia que vai repercutir diretamente sobre os direitos dos cidadãos, no instante em que impõe ao órgão acusador a comprovação de uma ação ou omissão típica, ilícita e culpável.

E isso se impõe num sistema que seja aberto, democrático, plural, proporcional, ponderado e eficiente. Não se pode aceitar que um sistema que privilegia a ideia de pessoa humana seja refratário a tal princípio. Esse sistema até poderia ser minimamente eficiente, numa perspectiva funcional mais extrema, mas não seria nunca um sistema legítimo, ainda mais à luz do ordenamento jurídico nacional e internacional.[2]

E o reflexo dessa questão repercute sobre a questão da liberdade do réu ou imputado, como se verá adiante, e ainda sobre a gestão e o ônus da prova criminal. E qual a razão disso? É que a ausência, a ilicitude ou a insuficiência das provas hão de levar o réu à absolvição. Portanto, essa questão repercute sobre o que é de extraordinário no homem: a sua liberdade.

Impõe-se, pois, rediscutir tais questões.

1.Ônus da prova

Não é raro que se ouça a afirmação de que o ônus da prova é questão que diz respeito apenas à acusação. E isso não está errado. Bem ao contrário, é uma decorrência clara do disposto no inciso LVII do art. 5º da Constituição Federal do Brasil. Se está presente a presunção de inocência ou de não culpabilidade como garantia fundamental[3], essa presunção deve valer quando se trata da questão da gestão da prova criminal.

[2] Do ponto de vista histórico, tal garantia remonta ao Direito romano e já vinha assegurada na Declaração da Virgínia (1776) e na Declaração dos Direitos do Homem (1789). Atualmente, além da previsão constitucional, vem também expressa na Convenção Americana Sobre Direitos Humanos (1966), na Convenção Europeia dos Direitos do Homem (1950) e na Declaração Universal dos Direitos Humanos (art. 11, inciso I). Um bom resumo em FERRAJOLI, Luigi. **Direito e razão**: teoria do garantismo penal. 2. ed. São Paulo: Revista dos Tribunais, 2006.

[3] Aqui não se adentrará na discussão acerca das diferenças entre presunção de inocência e não culpabilidade por uma questão de objetividade acadêmica, já que o artigo não pretende rediscutir tal questão.

Ocorre que, nos dias atuais, algumas construções típicas, especialmente aquelas de perigo abstrato, quando interpretadas em determinadas situações, acabam, na verdade, por inverter o *onus probandi*. Uma inversão que atenta, de forma evidente, contra a garantia da presunção de inocência e que também perverte a ideia do *in dubio pro reo*, também uma decorrência do disposto no inciso LVII do art. 5º da Constituição Federal.

Vejamos os exemplos do simples porte de arma sem a devida autorização, "o trazer consigo para consumo substância entorpecente" e, especialmente, a "embriaguez ao volante". Não raro o que se dá, especificamente, é o preenchimento em tese e formal do tipo penal. Um preenchimento de uma tipicidade formal. Não se perquire a significância, a ofensividade, a eficiência da conduta e tampouco a existência de um bem jurídico protegido ou o grau de ofensa contra o mesmo bem jurídico. Em tais situações, quando o operador do Direito assim raciocina, o que se está a fazer, de fato, é impor ao réu a carga de uma prova, ainda que a acusação não se tenha desincumbido de prova alguma, ainda que simplesmente tenha feito a descrição meramente formal de uma conduta típica. Trata-se, pois, de uma evidente inversão do *onus probandi* com a aniquilação do chamado *in dubio pro reo*.

Mas essa questão não se esgota aí. Ela também se reflete na questão da gestão da prova, na imparcialidade do julgador e na questão da verdade no âmbito do processo penal.

Por enquanto, porém, o que cabe é ressaltar que uma certa percepção de eficiência, não exatamente aquela que defendemos, tem se desenvolvido no âmbito do processo, especialmente para aumentar a carga de prova do réu e para estabelecer uma profusão de pequenas inversões processuais, a fim de privilegiar um certo "eficientismo processual".[4]

[4] A ideia matriz que sustentamos em matéria penal é a ideia onto-antropológica, estribada em Faria Costa (COSTA, José Francisco de Faria. **Noções fundamentais de direito penal**. Coimbra: Coimbra Editora, 2007 e COSTA, José Francisco de Faria. **O Perigo em direito penal.** Coimbra: Coimbra Editora, 1992), de que o Direito Penal possui um fundamento (a relação onto-antropológica de cuidado de perigo), uma função (a proteção dos bens jurídicos com relevância jurídico penal, apenas quando sofrem ataques de maior impactação) e uma finalidade (o alcançamento da justiça e da paz, com o respeito ao texto da lei e da Constituição). E que o equilíbrio entre tais vetores será responsável por estabelecer um Direito Penal eficiente. Isto é, a eficiência em matéria penal não se dá pela averiguação do número de condenações ou encarceramentos e nem pela diminuição da criminalidade, mas pela manutenção

E, assim, se impõe que asseveremos, a partir de nossa concepção, certos pontos que nos parecem transcendentais para essa matéria.

O primeiro ponto que se nos apresenta como fundamental é aquele que decorre da presunção de inocência e que impõe o ônus da prova apenas e tão somente para a acusação. Ora, se o réu é inocente, e assim estamos a presumir, o que deve ele provar? Nada. A ele não incumbe nenhum ônus probatório. Sua conduta pode ser absolutamente passiva no curso de um processo. Pode ele deixar apenas que a acusação se desincumba do dever de provar o que relatou na inicial da ação penal. É a acusação que deve provar a imputação formal. Não é o réu que deve provar a inocência em sentido contrário. [5]

E, se assim é, o que se pode depreender é que certas construções típicas, desapegadas das ideias de ofensividade, proporcionalidade, relevância e eficiência, acabam, na prática, por inverter o ônus processual de provar a acusação. Por isso, deve-se repelir toda construção de ilícito-típico que acaba por romper também com a presunção de inocência, quando emoldura o "*in dubio pro reo*".[6]

desse fundamento, dessa função e dessa finalidade, não apenas no âmbito legislativo, mas em cada caso concreto. Já na esfera processual, entendemos a necessidade de se afirmar uma ideia de hélice tríplice, entre garantias, eficiência e justiça, o que trará maior legitimidade ao sistema. Deve haver equilíbrio entre tais valores, com maior peso para as garantias, que devem ser respeitadas, com um processo acusatório que coloque a gestão das provas nas mãos das partes, garanta a imparcialidade, fortaleça (também em segunda instância) a oralidade, o contraditório, a ampla defesa, e garanta um julgamento em prazo razoável. Mais aprofundamentos em WEDY, Miguel Tedesco. **A Eficiência e sua repercussão no direito penal e no processo penal**. Porto Alegre: Elegantia Juris, 2016.

5 Nessa linha, LOPES JÚNIOR, Aury. **Direito processual penal e sua conformidade constitucional**. Rio de Janeiro: Lumen Juris, 2007. v. 1. p. 519.

6 Ainda, sobre o ônus da prova, leia-se Ferrajoli, ao referir ser esse ônus uma incumbência da acusação: "Sendo a inocência assistida pelo postulado de sua presunção até prova em contrário, é essa prova contrária, que deve ser fornecida por quem a nega formulando a acusação. Daí o corolário do ônus acusatório da prova expresso pelo nosso axioma A9 nulla accusatio sine probatione. Por outro lado, a rígida separação dos papéis entre os atores do processo, que como se viu nos parágrafos 10.7 e 39.3 forma a primeira característica do sistema acusatório, impede que tal ônus possa ser assumido por sujeitos que não da acusação: não pelo imputado, a quem compete o contraposto direito de contestação, e de modo algum pelo juiz, que tem ao invés a função de julgar livremente a credibilidade das verificações e das falsificações exibidas. Do mesmo modo que ao acusador são vedadas as funções judicantes, ao juiz devem ser em suma vedadas as funções postulantes, sendo inadmissível a confusão de papéis entre os dois sujeitos que caracteriza o contrário do processo misto, em que o Ministério Público

Mas é importante ver mais adiante. Isso em razão de que não desconsideramos que ao réu também incumbe se desvencilhar de certas cargas probatórias, se assim o desejar. Imagine-se a situação de uma acusação lastreada em vasto material probatório contra o réu, que indica a materialidade comprovada e a autoria do delito. Caso a defesa fique inerte, numa postura passiva, o réu poderá acabar por ser condenado. Por isso, a necessidade de a defesa se desincumbir de certas cargas de prova no curso da ação penal. No entanto, se assim não o fizer, acabará por perder a possibilidade de provar a inocência do réu ou de obter a absolvição por outro motivo, como a dúvida geradora da insuficiência de provas.

Isso não quer dizer uma inversão do ônus probatório. O que a acusação deve provar é o que consta da inicial. Se assim o fizer, o réu fatalmente será condenado, caso não traga elementos reais ou argumentativos que destruam ou fragilizem a acusação. E, aqui, por conseguinte, cabe reafirmar a posição de Aury Lopes Júnior, quando afirma que só a acusação possui carga probatória. Na verdade, o réu possui o direito de se desincumbir de uma "carga probatória", pois, se assim não o fizer, acabará por ser condenado, caso haja provas acusatórias suficientes em contrário. Ademais, a tese defensiva, via de regra e, por óbvio, não consta da inicial acusatória, devendo a acusação provar a "sua tese", aquela que está escrita na prefacial. Por isso, relevante é discutir a situação do réu ter ou não ter a necessidade de provar, por exemplo, uma excludente de ilicitude. Ora, tal causa excludente, via de regra, não consta da inicial. É trazida pelo réu, em sua defesa. Se assim é, deve ele carrear aos autos a prova de sua alegação, sob pena de trazer apenas alegações "ao vento", desabrigadas por completo de qualquer elemento ou argumento probatório, enfraquecendo a sua própria defesa. Ainda assim, não nos parece equivocada a afirmação de que, "se o réu aduzir a existência de uma causa excludente da ilicitude, cabe ao acusador provar que o fato é ilícito e que a causa não existe (através de prova positiva)"[7].

forma as provas e decide acerca da liberdade pessoal do imputado e o juiz, por sua vez, tem poderes de iniciativa em matéria probatória e desenvolve de fato a investigação com o auxílio da acusação". FERRAJOLI, Luigi. **Direito e razão**: teoria do garantismo penal. 2. ed. São Paulo: Revista dos Tribunais, 2006. p. 562.

7 LOPES JÚNIOR, Aury. **Direito processual penal e sua conformidade processual**. Rio de Janeiro: Lumen Juris: 2007. v. 1. p. 521.

Ora, é óbvio que é o acusador quem deve provar que o fato descrito na inicial é ilícito. Não há dúvida disso. O acusador, de qualquer forma, deverá provar que o fato é típico, ilícito e culpável. Se não o fizer, o réu será absolvido. Mas isso não significa que a defesa não tenha uma carga de carrear aos autos os elementos probatórios para coadjuvar a sua tese defensiva, que não constava da inicial. A acusação, por sua vez, possui o ônus de provar o que consta da inicial e nada mais, o que não é pouco, pois assim estará a confirmar a acusação. Confirmada a acusação de que o fato é típico, ilícito e culpável, o réu deverá ser condenado, caso haja, evidentemente, ofensividade, significância e eficiência da conduta. É bem verdade que, de forma judiciosa e correta, acerca do ônus da prova, Aury Lopes Júnior assevera que

> o que assim podemos conceber, como já explicamos ao tratar do pensamento de Goldschmidt, é uma assunção de riscos. A defesa assume riscos pela perda de uma chance probatória. Assim, quando facultado ao réu fazer prova de determinado fato por ele alegado e não há o aproveitamento dessa chance, assume a defesa o risco inerente à perda de uma chance, logo, assunção do risco de uma sentença desfavorável. Exemplo típico é o exercício do direito ao silêncio, calcado no *nemo tenetur se detegere*. Não gera um prejuízo processual, pois não existe uma carga. Contudo, potencializa o risco de uma sentença condenatória. Isso é inegável.[8]

Ainda assim, parece-nos que não se deve comparar o direito ao silêncio com aquela situação do réu que não fica em silêncio e que, em vez de refutar a tese acusatória por ausência de provas, por exemplo, acaba por alegar uma outra tese que excluiria a ilicitude. Uma tese que não constava, por óbvio, da prefacial e que carece absolutamente de provas. Mas é à acusação que incumbe provar, na verdade, exatamente o que consta da inicial. Assim, se a defesa não se desincumbir de trazer a prova de suas alegações, poderá acabar por ver repelida a sua tese, que carecia de provas.

[8] LOPES JÚNIOR, Aury. **Direito processual penal e sua conformidade processual**. Rio de Janeiro: Lumen Juris: 2007. v. 1. p. 519.

Essa questão é relevante quando se trata de eficiência penal. E isso se dá em razão da necessidade e possibilidade de se compatibilizar eficiência e garantias. Um processo penal eficiente deve preservar garantias fundamentais, como aquela decorrente da presunção de inocência e que impõe o ônus da prova da inicial para a acusação.

Inverter esse ônus e atribuí-lo à defesa seria perverter não apenas um pressuposto vital de um processo democrático, como também enveredar decisivamente por um processo penal inquisitorial e autoritário, contrário aquela garantia constitucional expressa no inciso LVII do art. 5º da Constituição Federal.

Da mesma forma, afirmar que a defesa não necessita absolutamente se desincumbir de provar o que alega comporia claramente um processo de formatação ineficiente, pois desapegado da ideia de proteção do bem jurídico, de justiça e de paz jurídica. Isso não significa que o fato de a defesa não provar totalmente o que alega acarrete, por si só, uma condenação criminal.

Não. A realidade é que a acusação é que possui o ônus de provar o que consta na inicial acusatória. A não confirmação do fato descrito na inicial, em razão da insuficiência de provas, de não se tratar de fato típico ou da existência de dúvidas sobre as excludentes de ilicitude ou de culpabilidade deve redundar, por certo, na absolvição do réu.

O equívoco de uma posição mais conservadora parece ser justamente o de que a dúvida acerca de uma excludente de ilicitude ou de culpabilidade deva ser interpretada contra o réu. Mas é claro que não. Havendo dúvida, não havendo a certeza da ilicitude ou da culpabilidade da conduta, o que se impõe é a absolvição.[9] O que estamos a afirmar é que a defesa possui uma carga probatória, não a de provar sua inocência, mas, quando necessário, ao menos

[9] Assim também para BADARÓ, Gustavo H. R. I. *Ônus da prova no processo penal*. São Paulo: Revista dos Tribunais, 2003. p. 310-311. Para Badaró, "demonstrada a existência da excludente, a sentença será absolutória, não sendo sequer necessário recorrer às regras sobre ônus da prova. Este interesse, contudo, não se confunde com o ônus de provar. Se o acusado, embora interessado em provar plenamente a ocorrência da excludente, não consegue levar ao juiz a certeza de sua ocorrência, mesmo assim, se surgir a dúvida sobre sua ocorrência – o que significa que o acusador não conseguiu desincumbir-se do seu ônus de provar plenamente a inocorrência da excludente -, a consequência será a absolvição. Em tal caso, fica claro, portanto, que o acusado tinha interesse em provar, por exemplo, a legítima defesa, mas isto não significa que tivesse o ônus de demonstrar a ocorrência da excludente de ilicitude" (p. 324).

deve carrear elementos ou argumentos que coloquem em dúvida a existência da ilicitude ou da culpabilidade.[10]

Tudo isso é verdade. O relevante é que a noção de eficiência, relacionada com a noção de garantias e de justiça, perpassa a questão do ônus da prova. Mas a questão da eficiência vai além disso, pois se imiscui também nas chamadas vedações probatórias. E mais: a eficiência repercute sobre a questão das vedações probatórias, pois apontará se o sistema tende mais para uma preservação de garantias ou, pelo contrário, tende mais para uma realização da justiça mais simbólica.

2. A inversão do ônus da prova e o seu impedimento como vedação probatória

De acordo com o que foi referido, toda a vez que se está diante de uma inversão do ônus da prova, em matéria de mérito, desequilibra-se o sistema, afeta-se a igualdade, perverte-se a ideia de processo justo. Por isso, a necessidade de se tentar compreender tais inversões como vedações probatórias. Na verdade, essa tentativa de realização de uma justiça mais simbólica, por intermédio de inversões do ônus probatório, está a descarnar as garantias processuais penais. Sob o manto enganador de um discurso eficientista, o que se vem fazendo, em não poucas partes, é a absoluta desconsideração das próprias vedações probatórias.[11]

[10] Com o mesmo entendimento sobre as excludentes de culpabilidade, BADARÓ, Gustavo H. R. I. *Ônus da prova no processo penal*. São Paulo: Revista dos Tribunais, 2003. p. 329. Também DIAS, Jorge de Figueiredo. Ônus de alegar e de provar no processo penal? **Revista de Legislação e de Jurisprudência, Faculdade de Direito da Universidade de Coimbra,** Coimbra, n. 155, p. 121-143, 1971. E, ainda, CORDERO, Franco. ***Procedura penale***. 7. ed. Milano: Giuffrè, 1983. p. 930.

[11] Relevante, sobre a origem da expressão "proibição probatória", o estudo de Kai Ambos, referindo que Ernst Beling, há mais de um século, elaborou o termo, descrevendo-o como aquela situação em que "existem limitações à busca e à averiguação da verdade na investigação operada no processo penal, isto em razão de interesses contrapostos de índole coletiva e individual. De modo que a fixação de tais limitações probatórias depende, principalmente, do *status* outorgado no ordenamento jurídico à posição do indivíduo perante o poder do Estado". AMBOS, Kai; LIMA, Marcellus Polastri. **O processo acusatório e a vedação probatória perante as realidades alemã e brasileira.** Porto Alegre: Livraria do Advogado,

Não desconhecemos que a doutrina distingue entre regras de produção e de proibição de prova. Segundo Figueiredo Dias, as regras de produção da prova configuram "meras prescrições ordenativas de produção da prova, cuja violação não poderia acarretar a proibição de valorar como prova (mas) unicamente a eventual responsabilidade [...] do seu autor". As proibições de prova constituem verdadeiros limites, obstáculos à descoberta da verdade, à determinação dos fatos que constituem objeto do processo, arrastando, em regra, a proibição de valoração da prova. Como exemplos, pode apontar-se a proibição de tema de prova, uma vez que determinados fatos não podem ser objeto de prova (art. 137º) e a proibição de determinados métodos de prova (artigo 126º).[12]

Também não desconsideramos que hoje são poucas as vozes a seguir a crença de Beling e Henkel, segundo a qual a identificação em concreto de uma proibição de produção de prova teria, necessariamente, como reverso, uma proibição de valoração da prova.[13]

Isso não significa, porém, que em nosso juízo não se possa construir uma noção de vedações probatórias que alinha e iguala, em certas situações mais duras, uma vedação de produção e valoração de provas. Esse retorno nos parece necessário no atual momento, ao menos em casos de certa peculiaridade.

2009. p. 81-82. De BELING, relevante a tradução de Kai Ambos e Oscar Julián Guerrero: *Las prohibiciones de prueba como límite a la averiguación de la verdad en el proceso penal. In*: AMBOS, Kai; GUERRERO, Oscar Julián. ***Las prohibiciones probatorias***. Bogotá: Temis, 2009. p. 3-56. No Brasil, leia-se a Constituição Federal, no seu art. 5º, III ("ninguém será submetido a tortura nem a tratamento desumano ou degradante"), LVI ("são inadmissíveis, no processo, as provas obtidas por meios ilícitos"), LVIII ("o civilmente identificado não será submetido a identificação criminal, salvo nas hipóteses previstas em lei"), LXIII ("o preso será informado de seus direitos, entre os quais o de permanecer calado, sendo-lhe assegurada a assistência da família e de advogado"). Em Portugal, por exemplo, o art. 32º da Constituição da República, no seu nº 6: "São nulas todas as provas obtidas mediante tortura, coacção, ofensa da integridade física ou moral da pessoa, abusiva intromissão na vida privada, no domicílio, na correspondência ou nas telecomunicações".

[12] SOUSA, Susana Aires de. *Agent Provocateur* e meios enganosos de prova. Algumas Reflexões. *In*: ***LIBER Discipulorum* para Jorge de Figueiredo Dias**. Coimbra: Coimbra Editora, 2003. p. 1212.

[13] ANDRADE, Manuel da Costa. **Sobre as proibições de prova em processo penal**. Coimbra: Coimbra Editora, 2006. p. 58.

Assim, nos parece que se impõe um reforço necessário e fundamental para garantir um agir eficiente e garantista do Estado, de forma a alcançar a justiça de forma elevada. Como adverte Costa Andrade:

> A exigência da superioridade ética do Estado (Eb. Schmitt), das suas mãos limpas (Radbruch) na veste de promotor da justiça penal, sem o que será pírrica toda a vitória alcançada na luta contra o crime, vem sendo recorrentemente glosada pelos autores. Nesta linha, aponta Hassemer a 'perda da dignidade e distância que o Estado a si mesmo se inflige', através da proibições de prova, que significa o encurtamento da diferença ética que deve subsistir entre a perseguição do crime e o próprio crime'. O Estado, prossegue o autor, 'expõe-se ao perigo da erosão daquela superioridade moral do processo penal que constitui a justificação das medidas coercivas que nele podem vir a ser aplicadas'.[14]

Em sentido convergente, também referido por Costa Andrade (2006), Otto considera que

> o aproveitamento de um meio de prova, obtido à custa da dignidade humana do arguido, para a sua condenação, 'contraria a ideia de direito a cuja realização o processo penal está preordenado. Quem, em ordem à realização da ideia de direito, tira vantagens da sua violação, perde credibilidade e sacrifica, por via disso, a eficácia na sua tentativa de emprestar vida e força real à ideia de direito'. O que fica dito ajudará a compreender a permeabilidade – de algum modo, a 'colonização' – da perseguição penal pelos sentidos e injunções que radicam na dignidade, na autonomia e nas liberdades do arguido. O que implica o reforço e a multiplicação das barreiras à procura da verdade, sc., das proibições de prova. Pode, assim, emergir proibições de prova que, mais do que impostas pela complexidade do ambiente (direitos fundamentais do arguido) representam limitações assumidas pelo próprio

[14] ANDRADE, Manuel da Costa. **Sobre as proibições de prova em processo penal**. Coimbra: Coimbra Editora, Reimpressão, 2006. p. 73-74.

sistema processual penal, a partir de sua abertura e reinterpretação autorreferente do significado normativo e pragmático dos direitos fundamentais.[15]

Trata-se, pois, como aponta Costa Andrade, de uma experiência próxima de Babel.[16]

Falemos claramente sobre o verdadeiro "pantanal" de pequenas e grandes ilegalidades processuais que todos os dias são praticadas e coadjuvadas pela jurisprudência e por parte da doutrina. Sobre aqueles ilícitos na produção e utilização de provas que o calo profissional tornou um "fato consumado", por intermédio de uma proliferação sem precedentes de uma ideia imponderada de proporcionalidade e que vai invertendo os ônus probatórios, seja em matéria de provas de mérito, sejam em cautelares pessoais e patrimoniais.

A noção de que a verdade não pode ser perseguida a qualquer preço cada vez mais se enfraquece com os "modernos" meios de investigação e com técnicas ultra-avançadas de violação da intimidade, a fim de se alcançar a justiça. Cada vez mais, fica robustecida uma ideia de invasão da intimidade e de antecipação da colheita dos materiais probatórios, ainda que embasados no anonimato e na perversão da ideia de pessoa humana.

E tal fato não é circunscrito a esse ou aquele país. Como salienta Costa Andrade, "durante muito tempo ter-se-á acreditado que o Juiz poderia figurar como barreira eficaz contra o recurso exagerado às medidas. Uma expectativa que, como de todos os lados hoje se reconhece, os factos acabaram por frustrar em toda a linha. Sem poupar nas palavras, hoje é corrente falar-se de 'capitulação dos tribunais'"[17].

[15] ANDRADE, Manuel da Costa. **Sobre as proibições de prova em processo penal**. Coimbra: Coimbra Editora, Reimpressão, 2006. p. 73-74.

[16] Como diz Costa Andrade, nessa temática, "falando todos do mesmo (proibições de prova), raros falam, afinal, da mesma coisa". ANDRADE, Manuel da Costa. **Sobre as proibições de prova em processo penal**. Coimbra: Coimbra Editora, Reimpressão, 2006. p. 19.

[17] ANDRADE, Manuel da Costa. Métodos ocultos de investigação (*plädoyer* para uma teoria geral). *In*: FRANCO, Alberto Silva *et al.* (org.). **Justiça penal portuguesa e brasileira**: tendências de reforma. Colóquio em homenagem ao Instituto Brasileiro de Ciências Criminais. São Paulo: Instituto Brasileiro de Ciências Criminais, 2008. p 115. Ainda segundo Costa Andrade, tratando-se dos meios ocultos de obtenção de prova, estudos empíricos de Asbrock demonstram que "a regra é o deferimento em praticamente 100% dos pedidos e, sobretudo, o

Conclusões

Por certo, como dissemos, não é fácil equilibrar justiça, eficiência e garantias. Porém, em nossa visão, o respeito pelas garantias trará maior segurança jurídica e, consequentemente, menor impunidade e mais justiça. Não que aquele conflito entre garantias e de anseio de justiça não se configure, mas sim que não se faça dele, como se tem visto, um argumento permanente e perene da prática judicial para solapar direitos individuais e coletivos.

Um direito eficiente não pode tolerar o apequenamento de fórmulas essenciais à democracia, sob pena de permitir e reconhecer, logo adiante, eventuais abusos que deverão ser corrigidos. Daí o motivo pelo qual há uma relação íntima entre as proibições de prova e o regime das nulidades. As últimas como sanção das primeiras.[18]

As vedações probatórias, por conseguinte, possuem um relevantíssimo papel, pois possibilitarão que a estabilidade das garantias seja mais encorpada. Há certas garantias que não resistem ao entrechoque cotidiano do princípio da proporcionalidade, acabando por ceder ante os interesses de persecução penal, anseios de justiça e pressões.

Impõe-se, assim, uma noção de vedações probatórias que não se furte de atentar para aquela hélice tríplice que antes referimos.[19] Assim, quanto mais

deferimento com generalizada remissão ou assunção passiva dos argumentos e fundamentação avançadas pelo Ministério Público" (p. 116).

[18] ANDRADE, Manuel da Costa. **Sobre as proibições de prova em processo penal**. Coimbra: Coimbra Editora, Reimpressão, 2006. p. 193-194.

[19] Segundo Kai Ambos, há certa órbita de direitos, nas quais "existem áreas que estão protegidas das possíveis ingerências estatais por parte do legislador, resultando, por consequência, que a apuração dos fatos delituosos, através de determinados meios probatórios, pode resultar inadmissível e proibida. O investigado ou imputado é sujeito ativo, e não um simples objeto de investigação do processo penal, sua liberdade de decisão e de ação é intangível e invulnerável, razão pela qual, de maneira alguma, pode ser objeto de desprezo ou de manipulação. A manipulação da vontade livre do investigado ou imputado, por exemplo, através da ameaça, coação, erro, ardil ou táticas similares, devem ser proibidas e, consequentemente, coibidas através de sanções. Em corolário, as proibições probatórias resultam de um componente individual e de outro coletivo: por um lado, servem para a garantia dos direitos fundamentais, protegendo o investigado ou imputado de utilização, contra si, de provas ilegalmente obtidas – no sentido amplo de proibição da imposição da responsabilidade criminal, através de tais provas – ainda que, não obstante, o reconhecimento desta utilidade, devido ao princípio da culpabilidade sempre podem tais provas ser utilizadas para fins de exculpação, ou de defesa; já,

garantia houver, mais seguro e estável será o sistema jurídico penal, de forma que mais certa será a justiça. Por via de consequência, esse sistema será mais eficiente, pois permitirá um alargamento de garantias, uma estabilidade maior, com um incremento da justiça.

Uma repercussão que deve começar pelo impedimento da inversão do ônus da prova, como se vê tantas vezes, não apenas no momento dos julgamentos e apreciação das provas, mas em decretos de prisões cautelares e de medidas patrimoniais, como já referido. Sem tal impedimento, o sistema perde a própria estabilidade, como hoje se vê, com um superencarceramento que decorre, em muitos aspectos, dessas inversões.

Alguns dirão que tal percepção seria inatingível. Porém, em nossa modesta visão, trata-se apenas de afirmar o texto constitucional e as normativas internacionais, tão bem trabalhadas pelo nosso homenageado.

Relembremos, pois, as suas palavras:

> Temos que ultrapassar a perspectiva de que o recolhimento à prisão é a única e primeira solução. Fomos forjados nessa perspectiva, e assim trabalhamos há anos. Por isso, é difícil mudar essa mentalidade e realidade. Mas temos que acreditar nas mudanças, trabalhar para que elas ocorram, em todos os sentidos. Já não é mais suficiente ter a consciência dos problemas, dos riscos e perigos, mas se faz mister submetê-los à provação, numa dupla perspectiva, de aproximação e distanciamento de suas teias internas e externas. Em suma, pensar, discutir, planejar e executar.[20]

Vamos seguir as pegadas de Nereu José Giacomolli, para que a Constituição se cumpra e a Justiça se faça.

por outro lado, se preserva – e aqui está o componente coletivo – a integridade constitucional, particularmente através da realização de um processo justo (*fair trial*)". AMBOS, Kai; LIMA, Marcellus Polastri. **O processo acusatório e a vedação probatória perante as realidades alemã e brasileira**. Porto Alegre: Livraria do Advogado, 2009. p. 82-83.

[20] GIACOMOLLI, Nereu José. *Entrevista ao Conjur,* 26 de junho de 2011. Disponível em: www.conjur.br.

Referências

AMBOS, Kai; LIMA, Marcellus Polastri. **O processo acusatório e a vedação probatória perante as realidades alemã e brasileira.** Porto Alegre: Livraria do Advogado, 2009.

ANDRADE, Manuel da Costa. Métodos ocultos de investigação (*plädoyer* para uma teoria geral). *In*: FRANCO, Alberto Silva *et al.* (org.). **Justiça penal portuguesa e brasileira**: tendências de reforma. Colóquio em homenagem ao Instituto Brasileiro de Ciências Criminais. São Paulo: Instituto Brasileiro de Ciências Criminais, 2008.

ANDRADE, Manuel da Costa. **Sobre as proibições de prova em processo penal**. Coimbra: Coimbra Editora, 2006.

BADARÓ, Gustavo H. R. I. *Ônus da prova no processo penal.* São Paulo: Revista dos Tribunais, 2003.

BELING. *Las prohibiciones de prueba como límite a la averiguación de la verdad en el proceso penal. In*: AMBOS, Kai; GUERRERO, Oscar Julián. ***Las prohibiciones probatorias***. Bogotá: Temis, 2009.

CORDERO, Franco. ***Procedura penale***. 7. ed. Milano: Giuffrè, 1983.

COSTA, José Francisco de Faria. **Noções fundamentais de direito penal**. Coimbra: Coimbra Editora, 2007.

COSTA, José Francisco de Faria. **O Perigo em direito penal**. Coimbra: Coimbra Editora, 1992.

DIAS, Jorge de Figueiredo. Ônus de alegar e de provar no processo penal? **Revista de Legislação e de Jurisprudência, Faculdade de Direito da Universidade de Coimbra**, Coimbra, n. 155, p. 121-143, 1971.

FERRAJOLI, Luigi. **Direito e razão**: teoria do garantismo penal. 2. ed. São Paulo: Revista dos Tribunais, 2006.

GIACOMOLLI, Nereu José. *Entrevista ao Conjur*, 26 de junho de 2011. Disponível em: www.conjur.br.

LOPES JÚNIOR, Aury. **Direito processual penal e sua conformidade constitucional**. Rio de Janeiro: Lumen Juris, 2007. v. 1.

SOUSA, Susana Aires de. *Agent Provocateur* e meios enganosos de prova. Algumas Reflexões. *In*: ***LIBER Discipulorum* para Jorge de Figueiredo Dias**. Coimbra: Coimbra Editora, 2003.

WEDY, Miguel Tedesco. **A Eficiência e sua repercussão no direito penal e no processo penal**. Porto Alegre: Elegantia Juris, 2016.

30.
A CISÃO DO JULGAMENTO EM PLENÁRIO: CONSIDERAÇÕES A PARTIR DA PLENITUDE DE DEFESA E DO CONTRADITÓRIO ENQUANTO BASES DE UM SISTEMA PROCESSUAL ACUSATÓRIO

Álvaro Roberto Antanavicius Fernandes

1. Delimitação do problema

Escrever um texto para integrar a obra em homenagem ao Professor Nereu José Giacomolli torna obrigatório um inicial resgate de sua trajetória profissional – como magistrado – e acadêmica. Lá, por anos, exerceu a magistratura na presidência do Tribunal do Júri de Porto Alegre. Aqui, por muito tempo debruçou-se na análise do devido processo penal e seus consectários.[1]

[1] Ver GIACOMOLLI, Nereu José. **O devido processo penal.** Abordagens conforme a Constituição Federal e o Pacto de São José da Costa Rica. São Paulo: Atlas, 2014. Em outra oportunidade, adverte Giacomolli: "A CF informa no art. 5º, LIV, que ninguém será privado de sua liberdade ou de seus bens sem o devido processo legal. Desse princípio/garantia fundamental emanam os demais princípios e garantias fundamentais do processo penal democrático. Porém, em razão da baixa valoração constitucional que perpassa as esferas de todos os poderes e setores nacionais, justifica-se a repetição e o laudatário. O processo legal e devido, a ser seguido, é o constitucionalmente válido. A atividade estatal na apuração das infrações criminais, prevista em lei ordinária, será observada sempre que não afrontar a Lei Maior. Qualquer incongruência há de ser amoldada à CF. Por isso é que o devido processo legal é o que tem

Isso considerado e olhando para o que de importante poderia escrever e trazer à consideração nesta oportunidade, a opção recaiu sobre a atual problemática da cisão do Tribunal do Júri. Feita tal introdução, ao trabalho.

Vivemos, atualmente, um período de reformas processuais penais na América Latina. Várias já foram implementadas (Chile, Uruguai e Guatemala são alguns exemplos), todas elas implantando um sistema processual acusatório. No Brasil, a Constituição Federal de 1988, pelo seu conjunto de disposições, instituiu igualmente o sistema processual de partes,[2] no que sabidamente não é acompanhada, todavia, pela legislação processual penal inferior, precisamente o Código de Processo Penal – editado este em período sabidamente autoritário. Buscando compatibilizar esse àquela, o art. 3º-A desse diploma, com a redação dada pela Lei nº 14.964, de 24 de dezembro de 2019, passou a estabelecer que "o processo penal terá estrutura acusatória, vedadas a iniciativa do juiz na fase de investigação e a substituição da atuação probatória do órgão de acusação". Ainda com o objetivo de atingir tal desiderato de conformação constitucional da legislação ordinária, tramita já há algum tempo um projeto para criação de um novo Código de Processo Penal.[3]

Paralelamente a tais iniciativas, ainda em momento anterior outras leis já trataram de "atualizar" a legislação para adaptá-la ao texto constitucional.

aderência constitucional" (GIACOMOLLI, Nereu José. **Juizados Especiais Criminais**: Lei 9.099/95 – Abordagem crítica. Porto Alegre: Livraria do Advogado, 2009. p. 43).

[2] A expressão é aqui empregada como sinônimo de sistema acusatório.

[3] Implementar as reformas processuais necessárias para compatibilização da legislação ordinária à Constituição Federal, deve-se dizer aqui, não é algo efetivamente fácil. Conforme assinala Jacinto Neves de Miranda Coutinho, "a maior resistência segue sendo, quem sabe, o desconhecimento dos fundamentos das reformas. Sem eles, tem-se poucas chances de se produzir algo de substância porque boa parte dos que opinam a respeito o fazem a partir do referido desconhecimento e, portanto, não se tem contribuído como necessário com um Parlamento pouco preparado para seu mister quando o assunto é tão complexo e exige mais que meros aportes políticos, quando não interesses meramente corporativos ou mesmo pessoais" (COUTINHO, Jacinto Nelson de Miranda. Para tentar entender uma refundação do CPP no Brasil na direção do sistema acusatório. *In*: SILVEIRA, Marco Aurélio Nunes; PAULA, Leonardo Costa de (org.). **Mentalidade Inquisitória e Processo Penal no Brasil**: Escritos em homenagem ao Prof. Dr. Jacinto Nelson de Miranda Coutinho. Curitiba: Observatório da Mentalidade Inquisitória, 2019. p. 23-24). Essa mesma dificuldade ou resistência, acrescentamos, transporta-se para a interpretação das novas normas legais teoricamente elaboradas conforme a Lei fundamental. Os operadores, por desconhecimento ou comodidade, tendem a aplicar a lei na forma que lhes parece mais conveniente, desprezando a supremacia constitucional.

O procedimento do júri, por exemplo, foi reformado pela Lei nº 11.689, de 9 de junho de 2008. Nessa reforma, um ponto importante, a partir da constatação de que está vigente, por força da Constituição Federal, um sistema acusatório (e seus necessários desdobramentos), diz respeito à questão da cisão do julgamento em plenário, para que os réus sejam eventualmente julgados em momentos diversos. É ela possível com substrato no novo regramento, dada a supressão do art. 461 em sua anterior redação? Seria ela possível a partir do texto constitucional – supondo-se a adoção do sistema acusatório e, em decorrência, do contraditório e da defesa plena – ao qual se deve conformar a legislação ordinária? Buscar a resposta para tais questões, procurando, assim, subsidiar a resolução de conflitos diariamente vivenciados, é a tarefa proposta para as linhas que seguem. Se o debate for instaurado, o objetivo terá sido atingido, tendo em vista que, mais do que respostas, aqui serão veiculados problemas teóricos com importantes reflexos práticos.

2. Questão prévia: a supressão do art. 461 do Código de Processo Penal, em sua anterior redação, mudou alguma coisa?

Introduzindo a discussão, uma ponderação inicial faz-se necessária para firmar um posicionamento para além do problema tal como inicialmente delimitado. Impunha o art. 461 do Código de Processo Penal, em sua redação anterior à vigência da Lei nº11.689, de 9 de junho de 2008, a cisão do julgamento em plenário quando no momento do sorteio dos jurados não houvesse coincidência quanto às recusas feitas pelos defensores de cada réu. Em isso ocorrendo, dever-se-ia prosseguir unicamente em relação àquele que houvesse aceito o sorteado, salvo se este, recusado por um réu e aceito por outro, fosse também recusado pela acusação.[4] Assim, cabia aos defensores optar por cindir, ou não, o julgamento a fim de resguardar a plena defesa ou em face a algum outro motivo conveniente (à defesa), restando ao acusador escolher qual réu deveria ser submetido a julgamento na solenidade.

[4] "Art. 461. Se os réus forem dois ou mais, poderão incumbir das recusas um só defensor; não convindo nisto e se não coincidirem as recusas, dar-se-á a separação dos julgamentos, prosseguindo-se somente no do réu que houver aceito o jurado, salvo se este, recusado por um réu e aceito por outro, for também recusado pela acusação."

O texto desse artigo, sabemos, não foi reproduzido pela lei da reforma, e a partir disso demora não houve para que os mais apressados – muitos deles imbuídos de um manifesto desejo de aceleração do tempo do processo e defensores de um processo penal da "eficiência" – passassem a afirmar que a reforma teria, por isso, o escopo de restringir ao máximo as possibilidades de cisão dos julgamentos, fixando a unidade como regra de forma a propiciar uma pretensa análise integral do caso pelo mesmo Conselho de Sentença, evitando-se eventuais julgamentos contraditórios.[5]

Nada mais equivocado, contudo. Em primeiro lugar, a mera não reprodução do artigo em sua redação anterior não constitui, em absoluto, qualquer óbice à manutenção da regra, que decorre da própria lógica do sistema (a qual irá orientar a interpretação e a aplicação das normas processuais penais). É, pois, elementar que sendo determinado jurado aceito por um dos defensores e pelo acusador, e recusado pelos demais defensores, deve-se realizar o julgamento daquele cujo defensor não efetuou a recusa, tendo esse o direito ao julgamento por aquele jurado que não pretendeu se afastar do Conselho de Sentença. O princípio do juiz natural, entendemos, para além de tornar inaceitável a prévia escolha de um magistrado para determinado caso, veda o afastamento ou exclusão indevida de julgador competente,[6] o que estaria indubitavelmente a ocorrer caso admitíssemos a exclusão de um jurado aceito por acusador e defensor (de um dos réus). Obsta, por outro lado, que se afaste, sem causa legítima (recusa de uma das partes, somente), o cidadão de seu direito a participar do júri na condição de jurado.[7]

Assim, já por isso, embora não reproduzida a norma no atual processo penal codificado, resta inequívoca a manutenção da regra de separação dos julgamentos a partir dos argumentos acima elencados. Eventual recusa de

[5] Tribunal de Justiça do Rio Grande do Sul, Correição Parcial nº70036853638, Rel. Des. Ivan Leomar Bruxel, DJe 02.07.2010.

[6] FILHO, Vicente Greco. **Tutela Constitucional das Liberdades**. São Paulo: Saraiva: 1989. p. 109.

[7] Conforme Nucci: "Formalmente, o júri pode ser considerado como um direito humano fundamental, consistente na participação do povo nos julgamentos proferidos pelo Poder Judiciário. Em outras palavras, o Tribunal do Júri figura como, praticamente, a única instituição a funcionar com regularidade, permitindo que qualquer cidadão tome parte nos assuntos de um dos Poderes da República."(NUCCI, Guilherme de Souza. **Tribunal do Júri**. São Paulo: Revista dos Tribunais, 2008. p. 40).

aplicação enseja a nulidade absoluta do julgamento por violação aos princípios constitucionais do devido processo legal e do juiz natural.[8]

3. A plenitude de defesa e o contraditório como princípios supremos do julgamento pelo Tribunal do Júri e as implicações disto no problema posto

Os argumentos articulados no item anterior justificam a posição externada. A cisão processual persiste, de todo modo, igualmente em decorrência dos princípios constitucionais da plenitude defensiva e do contraditório, seja para facultar a cisão, seja para torná-la obrigatória. O porquê dessa afirmação é a tarefa para os capítulos seguintes.

3.1. O art. 80 do Código de Processo Penal como permissivo para a cisão (facultativa ou obrigatória?) do julgamento em plenário: a parte final do dispositivo e a plenitude de defesa

A conexão (e igualmente a continência), caracterizada a partir das hipóteses previstas no art. 76 do Código de Processo Penal, importa, nos termos do art. 79 do mesmo diploma, na unidade de processamento e julgamento (com o fim de conferir decisões uniformes para um mesmo caso, basicamente), existentes, entretanto, exceções em que é obrigatória a separação dos processos (observar os incisos desse último dispositivo). O art. 80, de sua parte, estabelece casos (de cisão) teoricamente facultativa naquelas hipóteses ali elencadas, a saber: (a) infrações praticadas em circunstâncias de tempo ou de lugar diferentes; (b) excessivo número de acusados; (c) obstaculização do excesso de prazo da prisão provisória; ou (d) "outro motivo relevante" que faça com que o juiz venha a reputar "conveniente" a separação.

O art. 79 não demanda, aqui, maior análise, a qual deve recair sobre a efetiva natureza das hipóteses elencadas no art. 80, para perquirir: são

8 FERNANDES, Álvaro Antanavicius. Breves anotações acerca do julgamento em plenário. **Boletim do Instituto Brasileiro de Ciências Criminais**, São Paulo, n. 276, novembro de 2015.

invariavelmente facultativas? Num sentido afirmativo parece ser a posição de Maria Thereza Rocha de Assis Moura, para quem a *mens legis* do dispositivo estaria na necessidade de observância do princípio da razoável duração do processo e na obrigatória eficiência da prestação jurisdicional, evitando-se o tumulto na instrução probatória. Para tanto, diz, a lei confere ao juiz a discricionariedade na determinação de uma separação processual.[9]

O Superior Tribunal de Justiça, no julgamento do HC 455.818/RS, pronunciou-se sobre o tema, compartilhando dessa posição. Tratava-se, na hipótese, de pretendida cisão do julgamento pelo Tribunal do Júri ao argumento de que eram quatro acusados com quatro defensores distintos, o que permitiria a cada um o tempo de fala equivalente a 38 minutos somente para exercício de uma defesa plena, o que não seria, em tese, suficiente. Ao julgar a pretensão formulada pelo impetrante, assentou-se o entendimento "de que o desmembramento do julgamento dos acusados pelo Tribunal do Júri não é obrigatório, dependendo da demonstração de empecilho ao trâmite da causa, ou de prejuízo à Defesa". Acrescentou-se ser entendimento "deste Tribunal Superior que o art. 80 do Código de Processo Penal confere ao juiz a faculdade de determinar a separação dos processos – reunidos por força de conexão de crimes –, atendendo a razões de mera conveniência judicial". Finalmente, fez-se consignar que "o desmembramento do processo é uma faculdade do julgador, que, 'in casu', não verificou a conveniência da cisão processual por entender ausente o prejuízo à defesa em razão de a sua sustentação oral perante o Tribunal do Júri contar com trinta e oito minutos"[10].

Importa extrair daqui, como algo importante ao prosseguimento, o entendimento sedimentado no âmbito do Superior Tribunal de Justiça no sentido de que efetivamente se trata de uma faculdade do magistrado, medida adotada a partir de um juízo de conveniência da autoridade que preside o processo, ausente, como regra, qualquer efeito daí decorrente.

9 MOURA, Maria Thereza Rocha de Assis. *In*: GOMES FILHO, Antonio Magalhães; TORON, Alberto Zacharias; BADARÓ, Gustavo Henrique (coord.). **Código de Processo Penal Comentado**. São Paulo: Editora Revista dos Tribunais, 2018. p. 80.

10 No mesmo sentido, entendendo pela natureza discricionária da cisão: STJ, RHC 34.440/MG, 6ª Turma, Rel. Ministro ROGERIO SCHIETTI CRUZ, DJe 06.12.2016 e STJ, HC 163.605/RS, 5ª Turma, Ministra LAURITA VAZ, DJe 10.05.2012.

Registrada tal posição, com ela não se pode concordar, todavia. Ela somente se mostraria "admissível" (sem restrições) a partir de uma interpretação da Lei adjetiva em desconformidade com a Constituição Federal. Isso porque às partes, na verdade, pode afigurar-se legítimo postular a cisão diante da necessária observância de princípios constitucionais (com base na parte final do artigo, especialmente, mas não só), caso em que, uma vez negada aquela pelo juiz, efeitos inevitáveis haverão de se produzir. Tome-se, pois, o exemplo de um processo em que figuram no polo passivo dezenas de réus com demora excessiva, hipoteticamente, na perfectibilização das citações de todos eles para formular a seguinte pergunta: caso o juiz indefira, a partir da dita facultatividade, a separação dos processos para prosseguir com os já cientificados nada acontece? Claro que sim, afigurando-se evidente que se estará diante de um excesso de prazo configurador do constrangimento ilegal (Código de Processo Penal, art. 648, II). Outros exemplos são abordados no decorrer do texto, e que se enquadram na abertura conferida pela parte final do artigo, os quais bem demonstram que esta facultatividade (ou discricionariedade) não é (e nem poderia ser absoluta), senão que produz efeitos relevantes ante uma indevida omissão judicial.[11]

Assim, bastaria ao juiz consciente de seu papel de principal guardião dos direitos fundamentais do indivíduo a incidência de uma das hipóteses, outra similar (por que não as inicialmente expostas, pertinentes ao juiz natural e à complexidade do julgamento?) ou, ainda, o mero requerimento defensivo alegando justo motivo para que a providência restasse adotada – tempo reduzido para exposição das teses e decorrente mitigação do direito à plena defesa ou mesmo o elevado número de testemunhas de defesa, por exemplo. O princípio constitucional da plenitude defensiva (art. 5º, XXXVIII, "a") – expressão que, no dizer de Giacomolli "encerra a ideia de completude, de

[11] É importante, contudo, lembrar a lição de Polastri Lima ao referir, quanto à prevista "facultatividade" conferida ao magistrado por parte do legislador, não ser ela ilimitada (ou arbitrária), impondo-se sempre uma justificação sobre o "motivo relevante". O magistrado, assim, deve fundamentar idoneamente quanto decide de ofício, e igualmente quando indefere postulação formulada pelas partes processuais, sob pena de nulidade por afronta ao art. 93, IX, da Constituição Federal (LIMA, Marcellus Polastri. **Manual de Processo Penal.** Rio de Janeiro: Lúmen Júris, 2010. p. 309).

conduta aproximativa da perfeição"[12] – funcionaria, nesses casos, como um substrato bastante a justificar a adoção da providência, cabendo ao defensor optar, ou não, pelo julgamento em separado.[13] Nessa hipótese, restaria ao juiz, em regra, acolher o pleito para determinar que os julgamentos ocorram em momento diversos, na ordem legalmente estabelecida, desde que concretamente verificada a pertinência da pretensão.[14]

3.2. O necessário exercício do contraditório como circunstância ensejadora de uma cisão obrigatória

Observe-se, por outro lado, que casos existirão em que poderá haver violação do próprio contraditório judicial (Constituição Federal, art. 5º, LV). Ora, o processo em si mesmo consiste em um procedimento em contraditório,[15] de forma que, quando a ele nos referimos, devemos ter pressuposta a noção

[12] GIACOMOLLI, Nereu José. **Reformas (?) do Processo Penal**: Considerações Críticas. Rio de Janeiro: Lúmen Júris, 2008. p. 83. Prossegue ele, na mesma página: "Isto acontece porque o veredicto não advém de um juízo técnico, não é motivado e nem fundamentado. O juiz presidente do Tribunal do Júri há de garantir a plenitude defensiva, esclarecendo aos jurados sobre todos os pontos debatidos, explicar-lhes os quesitos e as consequências do 'sim' e do 'não' (efeitos condenatórios, absolutórios, da espécie de crime e dimensões da pena, em plenário e durante a votação".

[13] O requerimento deve partir da defesa, pois a esta cabe, a partir de uma estratégia predefinida, avaliar como se deve proceder para o exercício da plenitude defensiva, sendo tal princípio bastante para justificar a adoção da providência, nos termos facultados pelo apontado art. 80 do Código de Processo Penal.

[14] Conforme assinala Manuel Monteiro Guedes Valente, uma teoria da eficácia pode permitir a alguns pensar na realização de um imediato julgamento dos acusados. Para que perder tempo com longos processos nos tribunais em vez de optar-se pela efetivação de um julgamento sumário, é a pergunta por ele formulada em conhecida obra. A sedução desses julgamentos sem maiores garantias seria ainda mais conveniente no âmbito do Tribunal do Júri, evitando-se solenidade sucessivas num mesmo processo. Contudo, não pode ser assim. As pessoas, no âmbito de um processo penal democrático, não podem ser privadas de sua liberdade sem o devido processo legal – ou o processo justo equitativo, se for utilizada a expressão consagrada no âmbito da Convenção Americana de Direitos Humanos. (VALENTE, Manuel Monteiro Guedes. **Processo Penal**. Coimbra: Almedina, 2010. p. 21. t. I).

[15] FAZZALARI, Elio. **Instituições de Direito Processual**. Campinas: Bookseller, 2006. p. 118-119. Diz ele: "Existe, em resumo, o 'processo' quando em uma ou mais fases do *iter* de formação de um ato é contemplada a participação não só – e obviamente – do seu autor, mas também dos destinatários dos seus efeitos, em contraditório, de modo que eles possam

de que tratamos de um ritual em que estão aptos a participar, com eficácia dessa participação, todos aqueles que podem ser afetados pelo ato final. O contraditório é, assim, um dos seus atributos (do processo), sendo pressuposta a dialética substancial (efetiva, não meramente formal) como forma de buscar a verdade por meio de oposição e conciliação de contradições.

Suponha-se, exemplificativamente, a hipótese de colidência de defesas pessoais (ou mesmo de defesas técnicas) consistente em imputações recíprocas quanto à autoria do fato. Nesse caso, é elementar que a necessária observância do contraditório venha a tornar obrigatória a separação dos julgamentos. Basta, pois, verificar que, cabendo aos réus manifestar-se por suas defesas técnicas após o pronunciamento oral do Ministério Público, estará evidentemente prejudicado aquele que tiver de expor suas teses primeiramente. Isso porque se por um lado ser-lhe-á possível rebater as teses do acusador oficial, não lhe será, por outro, permitido contrapor argumentos do outro réu – ou acusador eventual, que apresente versão pessoal colidente e que por último se manifesta, por seu defensor. Em síntese, havendo dois réus com defesas conflitantes, aquele que por último se manifesta tem assegurado o contraditório. O primeiro a falar, não.

Conclusões

Tudo considerado, a melhor interpretação – feita em conformidade com a Constituição Federal – é no sentido de que a cisão dos julgamentos é, em

desenvolver atividades que o autor do ato deve determinar, e cujos resultados ele pode desatender, mas não ignorar.
A referência à estrutura dialética como a *ratio distinguendi* permite superar anteriores tentativas de definir o 'processo' como aquele conceito segundo o qual existe processo quando exista, em ato ou potência, um conflito de interesses, e aquele segundo o qual existe processo toda vez que que participe da formação do ato um sujeito portador de um interesse distinto daquele interesse do autor do ato nos quais os interesses e as suas possíveis combinações são dados metajurídicos. O conflito de interesses (ou o modo de valorar um interesse) poderá constituir a razão pela qual a norma faz com que se desenvolva uma atividade mediante processo, mas no máximo se pode falar em processo enquanto se constatem *ex positivo jure*, a estrutura e o desenvolvimento dialético acima ilustrado. Na ausência de tal estrutura, é vão indagar acerca de um atual ou eventual conflito de interesses: onde é ausente o contraditório – isto é, onde inexista a possibilidade, prevista pela norma, de que ele se realize – não existe processo".

havendo legítimo interesse da defesa, obrigatória, seja pela ausência de coincidência nas recusas – na forma da redação anterior do art. 461, conforme acima sustentado –, seja em decorrência da presença de uma das hipóteses nominadas no art. 80 (ou algum outro relevante motivo, conforme parte final do dispositivo), seja diante de formulação de pedido defensivo devidamente justificado.

Perceba-se, pois, para além da cisão aventada no momento das recusas, é de se ver que o art. 80 do Código de Processo Penal (ainda) estabelece, conforme já referido acima, uma "facultativa" (?) separação dos processos "quando as infrações tiverem sido praticadas em circunstâncias de tempo ou de lugar diferentes, ou, quando pelo excessivo número de acusados e para não lhes prolongar a prisão provisória, ou por outro motivo relevante, o juiz reputar conveniente a separação". Conforme referido ao longo do texto, existem, então, situações nominadas ensejadoras da possível cisão e, ainda, uma certa "abertura" para que o julgador, entendendo haver um motivo relevante, decida por separar o julgamento.

Tal "motivo relevante" pode ser invocado pela defesa, caso em que, efetivamente caracterizado (o motivo), se impõe considerar a cisão do julgamento como um efetivo direito subjetivo do acusado – na hipótese do júri, fazendo com que cada réu seja julgado por um Conselho de Sentença diverso, em distintas oportunidades. Pode-se dizer mesmo que se trata de um direito fundamental, já que guarda estrita relação com o princípio constitucional da plenitude de defesa. É, no caso, impossível ignorar que o ritual do júri, por suas peculiaridades, é revestido de uma (muito) maior complexidade relativamente a outros procedimentos, razão por que se deve permitir aos acusados, caso tenham interesse, expor individualmente aos julgadores suas ponderações pessoais e técnicas. A pluralidade de situações a serem analisadas muitas vezes pode vir a causar uma certa perplexidade ou gerar alguma confusão àquele que deve julgar, o que evidentemente se obstaculiza – ou se minimiza – com a separação dos julgamentos. Lembre-se, em que pesem divergências pairarem a respeito, o julgamento pelo júri consiste, para muitos, em garantia constitucional do indivíduo.[16] Se assim o é, evidente que não se

[16] Dentre outros, ver NASSIF, Aramis. **O novo júri brasileiro**. Porto Alegre: Livraria do Advogado, 2009. p. 23.

lhe pode tolher o direito de ver analisada minuciosa e individualmente sua situação processual.

Por outro lado, tal como colocado ao final do texto – há um capítulo específico destinado à tarefa –, a observância plena do princípio do contraditório pode acarretar a cisão obrigatória do julgamento. Não se ignora, importante referir, o imenso volume de trabalho que experimenta o Poder Judiciário – este certamente o grande móvel da supressão da norma do art. 461, em sua anterior redação –, de onde poderia haver o interesse (de quem?) nos julgamentos conjuntos e, em decorrência, mais céleres. A preocupação com julgamentos proferidos em um prazo razoável é, aliás, um imperativo que emana da Constituição Federal. Contudo, certo que a necessária solução deste problema (da morosidade e violação do direito a um processo sem dilações indevidas) não pode legitimar a mitigação do pleno exercício de defesa, e igualmente do contraditório, atropelando as garantias processuais mais elementares do acusado hipossuficiente, em especial porque em grande parte provocada pelo número excessivo de demandas penais infundadas. Lembre-se, aqui, que o processo penal é, sobretudo, instrumento de efetivação das garantias fundamentais, e não outra coisa.

Referências

COUTINHO, Jacinto Nelson de Miranda. *Para tentar entender uma refundação do CPP no Brasil na direção do sistema acusatório*. *In*: SILVEIRA, Marco Aurélio Nunes; PAULA, Leonardo Costa de (org.). **Mentalidade Inquisitória e Processo Penal no Brasil**: Escritos em homenagem ao Prof. Dr. Jacinto Nelson de Miranda Coutinho. Curitiba: Observatório da Mentalidade Inquisitória, 2019.

FAZZALARI, Elio. **Instituições de Direito Processual**. Campinas: Bookseller, 2006.

FERNANDES, Álvaro Antanavicius. Breves anotações acerca do julgamento em plenário. **Boletim do Instituto Brasileiro de Ciências Criminais**, São Paulo, n. 276, novembro de 2015.

FERNANDES, Álvaro Antanavicius. O procedimento do júri no Brasil: proposta de um novo modelo conforme o sistema processual de partes. *In*: GONZÁLES, Leonel (org.). **Desafiando a Inquisição**: ideias e propostas para a reforma processual penal no Brasil. Santiago: Centro de Estudios de Justicia de las Americas, 2017.

FILHO, Vicente Greco. **Tutela Constitucional das Liberdades**. São Paulo: Saraiva: 1989.

GIACOMOLLI, Nereu José. **Reformas (?) do Processo Penal**: Considerações Críticas. Rio de Janeiro: Lúmen Júris, 2008.

GIACOMOLLI, Nereu José. **Juizados Especiais Criminais**: Lei 9.099/95 – Abordagem crítica. Porto Alegre: Livraria do Advogado, 2009.

GIACOMOLLI, Nereu José. **O devido processo penal**. Abordagens conforme a Constituição Federal e o Pacto de São José da Costa Rica. São Paulo: Atlas, 2014.

JUNIOR, Aury Lopes. **Direito Processual Penal e sua conformidade constitucional**. Rio de Janeiro: Lúmen Juris, 2011.

LIMA, Marcellus Polastri. **Manual de Processo Penal**. Rio de Janeiro: Lúmen Júris, 2010.

MOURA, Maria Thereza Rocha de Assis. *In*: GOMES FILHO, Antonio Magalhães; TORON, Alberto Zacharias; BADARÓ, Gustavo Henrique (coord.). **Código de Processo Penal Comentado**. São Paulo: Editora Revista dos Tribunais, 2018.

NASSIF. Aramis. **O novo júri brasileiro**. Porto Alegre: Livraria do Advogado, 2009.

NUCCI, Guilherme de Souza. **Tribunal do Júri**. São Paulo: Revista dos Tribunais, 2008.

VALENTE, Manuel Monteiro Guedes. **Processo Penal**. Coimbra: Almedina, 2010. t.1.

31. ADOÇÃO DO *PLEA BARGAINING*: REMÉDIO OU VENENO?

Aury Lopes Junior

1. Uma breve homenagem ao amigo Nereu José Giacomolli

Era início de 1998 (talvez abril/maio) quando recebi uma ligação no meu celular, na Espanha, onde fazia o doutorado na *Universidad Complutense de Madrid*. Do outro lado, um juiz brasileiro que estava visitando Madrid em uma viagem a trabalho, em comitiva da universidade em que lecionava, e que tinha conseguido meu telefone através de um amigo comum. Recordo que a primeira impressão foi boa (efeito *halo*?), um cara simpático e acabou me convencendo a encontrá-lo para conversar sobre o doutorado. Marcamos na livraria Marcial Pons, ponto de encontro de quem estuda e gosta de livros, e um lugar icônico, pelo menos no final dos anos 1990. Então, conversamos como se velhos amigos fossemos e, ali, realmente nasceu uma grande amizade, que já dura mais de 20 anos. Nereu é uma pessoa encantadora, um cara do bem, no sentido mais literal e amplo da expressão

Conversamos muito, e nos dias seguintes lhe mostrei a universidade e expliquei a burocracia de inscrição, seleção, matrículas etc. Como os espanhóis são bastante reservados, fiz questão de lhe apresentar pessoalmente para alguns professores e também para nossa querida e saudosa Sara Aragoneses.

Estimulei para que fizesse a seleção e, certo de que seria admitido, dadas suas credenciais acadêmicas, estivesse em Madrid no final do ano. Não tinha conhecimento da sua situação familiar e pensei que viria sozinho, pelo menos no primeiro semestre, até estar instalado.

Nova surpresa. Recebo uma nova ligação em meio a um gelado mês de dezembro, auge do inverno *madrileño*. Nereu estava em um hotel no centro de Madrid, tinha vindo literalmente de "mala e cuia" e mais a família completa. Dei-me conta da (ir)responsabilidade do meu "empurrão" quando o vi com a Bia do lado e os filhos pequenos, Felipe e Carol, no colo. Para variar, estava sorrindo, faceiro. Fiquei chocado. Meu Deus, e agora? Com duas crianças pequenas! Como alugar apartamento, iniciar as aulas, dezenas de burocracias para resolver e com a responsabilidade de acomodar toda a família?

E lá se foi o casal e as crianças a caminhar no *Barrio del Pilar* em busca das placas de "Alquila". Não preciso dizer que ele deu conta de tudo, ingressou no doutorado e fez uma excelente tese sob orientação de Don Rafael Hinojosa Segóvia, marido de Sara, filha do meu orientador Pedro Aragoneses. Ficou tudo em família. Voltei para o Brasil em junho de 1999 e eles me levaram, com toda a minha mudança, para o aeroporto.

O tempo passou, continuamos convivendo quando ele voltou e, finalmente, o mundo deu mais uma volta. Nosso programa de Pós-Graduação em Ciências Criminais, após muitas discussões, resolveu migrar para o comitê do Direito (saindo do interdisciplinar, que nunca compreendeu nossa proposta), resultando no maior acerto desde a criação do programa. E, nessa mudança, amplia-se o quadro docente e Nereu ingressa no corpo de professores permanentes. Uma grande aquisição para a PUCRS que estreitou ainda mais nossos laços de amizade. Nereu é um grande jurista, pesquisador nato e excelente professor. Como magistrado, sempre foi extremamente técnico e vanguardista, sustentando no tribunal posições democráticas e comprometidas, constitucional e convencionalmente. Obviamente que isso lhe rendeu algum desgaste na ambiência conservadora do tribunal, mas nunca foi motivo de rendição ou adoção de postura burocrática. Seguiu, até o último dia, proferindo decisões irretocáveis, independentes e com invejável musculatura teórica. Não preciso dizer o quanto lhe admiro pessoal e profissionalmente, porque sabemos todos, sempre fiz questão de demonstrar, mas Nereu realmente é uma referência para todos no processo penal há muito tempo.

Os anos se passaram e Nereu conquistou seu espaço e todos na PUCRS com seu carisma, gentileza, dedicação e competência. Não foi nenhuma surpresa, portanto, quando iniciamos 2020 com ele coordenando o Programa de Pós-Graduação, Mestrado e Doutorado, em Ciências Criminais da PUCRS.

Tenho certeza de que será excelente para o Programa e um substituto a altura – algo impensável antes dele – da nossa Profa. Ruth Gauer. Nereu também é adepto do gauerismo e dará continuidade a nossa escola com o brilhantismo que a caracteriza e o caracteriza. Parabéns por essa homenagem parceiro, fico muito feliz por esse reconhecimento! É uma honra e um prazer ter você por perto, em todos os momentos, e já passamos por muitos!

2. A ampliação americanizada do espaço de consenso no processo penal

A ampliação dos espaços de consenso é uma tendência inexorável e necessária, diante do entulhamento da justiça criminal em todas as suas dimensões. Contudo é preciso compreender que nosso sistema jurídico (*civil law*) impõe limites que não permitem a importação de uma negociação tão ampla e ilimitada no que se refere à quantidade de pena – como a proposta pelo Projeto Moro, felizmente ainda não acolhida –, que se assemelha ao ***plea bargaining*** norte-americano (*common law*). Uma negociação dessa magnitude representa o fim do processo penal, na medida em que legitima em larguíssima escala a "aplicação de pena privativa de liberdade sem processo". Nos Estados Unidos, acordos assim superam 90% dos meios de resolução de casos penais, chegando a 97% nos casos federais e até 99% em Detroit. Significa dizer que 9 de cada 10 casos criminais são resolvidos com a aplicação de uma pena sem nenhum processo, sem contraditório e sem produção de provas.

O *plea bargaining* viola desde logo o pressuposto fundamental da jurisdição, pois a violência repressiva da pena não passa mais pelo controle jurisdicional efetivo e tampouco se submete aos limites da legalidade, senão que está nas mãos do Ministério Público (MP) e submetida à sua discricionariedade. Isso significa uma inequívoca incursão do Ministério Público em uma área que deveria ser dominada pelo tribunal, que erroneamente limita-se a homologar o resultado do acordo entre o acusado e o promotor. Não sem razão, afirma-se que o promotor é o juiz às portas do tribunal. É verdade que o Projeto tenta dar maior protagonismo para o juiz, inclusive permitindo que não homologue o acordo quando "as provas existentes no processo forem insuficientes para uma condenação criminal". Mas isso é simbólico e meramente sedante, pois não resolve o problema e serve como mero paliativo a uma (apenas uma) das críticas ao modelo de ampla negociação que pretende implantar.

3. Existe voluntariedade e "livre" consentimento nos acordos?

O ponto nevrálgico é: qual o espaço de negociação que nosso sistema admite e tolera, sem gravíssimo prejuízo para a qualidade da administração da Justiça? É preciso pensar esse limite a partir da compreensão da nossa realidade social e prisional e também dos erros que já cometemos com a banalização da transação penal (Lei nº 9.099/95). Se a transação penal já se mostrou uma perversa mercantilização do processo penal, no sentido mais depreciativo da expressão, imagine-se o imenso estrago que causará uma ampliação excessiva ou ilimitada desse espaço?

Também é uma ilusão pensar que existe uma "livre" negociação ou "consenso" real por parte de quem está sofrendo uma acusação e, não raras vezes, sofrendo uma prisão cautelar.

Schünemann[1] critica o suposto Princípio de Consenso, frequentemente invocado para legitimar o modelo negocial, taxando de "eufemismo", por trás do qual se ocultaria uma sujeição do acusado à medida de pena pretendida pelo acusador, enquanto resultado mínimo de quem é colocado em posição de submissão através de forte pressão por parte da justiça criminal sobre o acusado. É uma ficção, desde o ponto de vista prático, conclui. Não existe consenso ou voluntariedade, porque não existe igualdade de partes/armas. Existe uma submissão do réu a partir de uma visão de redução de danos (para evitar o "risco" do processo). Existe semelhança com um "contrato de adesão", em que não há liberdade plena e real igualdade para negociar, apenas de aceitar o que lhe é imposto.

[1] SCHÜNEMANN, Bernd. Um olhar crítico ao modelo processual penal norte-americano. *In*: GRECO, Luís (org.). **Estudos de direito penal, direito processual penal e filosofia do direito**. São Paulo: Marcial Pons, 2013. p. 257.

O *plea bargaining* no processo penal pode se constituir em um perverso intercâmbio, que transforma a acusação em um instrumento de pressão, capaz de gerar autoacusações falsas, testemunhos caluniosos por conveniência, obstrucionismo ou prevaricações sobre a defesa, desigualdade de tratamento e insegurança. O furor negociador da acusação pode levar à perversão burocrática, em que a parte passiva não disposta ao "acordo" vê o processo penal transformar-se em uma complexa e burocrática guerra. Tudo é mais difícil para quem não está disposto ao "negócio".

4. Acordo sem limite de pena. Pena privativa de liberdade sem processo?

Dessarte, a negociação precisa ser adotada com prudência, critérios e limites de pena a ser negociada. Não pode ser um modelo completamente aberto como o proposto.

Na **Itália**, cujo modelo *civil law* é similar ao brasileiro e que sempre serviu de orientação doutrinária, jurisprudencial e legislativa, o "*patteggiamento sulla pena*" (art. 444 e seguintes do Código de Processo Penal italiano) é uma negociação entre acusado e MP, que não permite negociação sobre a imputação (correlação) e que tem um limite demarcado: com a redução de 1/3 a pena não pode superar cinco anos. Esse é um limite muito próximo e que orientou a redação do art. 283 do Projeto de Código de Processo Penal (CPP) que tramita atualmente.

Na **Espanha**, a *Ley de Enjuiciamiento Criminal* prevê o instituto da "*conformidad*" nos arts. 695 e seguintes e, depois, nos arts. 787 e 801, em que o acusado se conforma com a pena pedida pelo Ministério Público, abreviando, assim, o procedimento e aceitando a imputação, desde que a pena privativa de liberdade não seja superior a seis anos. No processo penal **português**, existe o arquivamento em caso de dispensa da pena (art. 280 do CPP português) e o instituto da "suspensão provisória do processo" (art. 281), similar a nossa suspensão condicional do processo, para crimes punidos com pena não superior a cinco anos. Nesse caso, o processo ficará suspenso por um período máximo de dois anos ou de cinco anos (casos previstos no art. 281. 6 e 7) e, uma vez cumpridas as condições, será arquivado (art. 282). Esse é o espaço negocial. Figueiredo Dias[2] propõe uma ampliação, dentro do marco do art. 344 do CPP português e, portanto, **somente cabível para crimes cuja pena máxima não ultrapasse os cinco anos**, ficando na esfera dos crimes de pequena ou média gravidade.

O Projeto do CPP (PL 8045) define no seu art. 283 que a negociação será aplicável aos crimes cuja pena máxima cominada não ultrapasse oito anos, cabendo às partes pedirem aplicação da pena mínima.

A reforma levada a cabo em 2019, através da **Lei nº 13.964**, recepcionou o "acordo de não persecução penal" no seu art. 28-A, com a seguinte redação:

> Não sendo caso de arquivamento e tendo o investigado confessado formal e circunstancialmente a prática de infração penal sem violência ou grave ameaça e com pena mínima inferior a 4 (quatro) anos, o Ministério Público poderá propor acordo de não persecução penal, desde que necessário e suficiente para reprovação e prevenção do crime, mediante as seguintes condições ajustadas cumulativa e alternativamente.

Dessarte, a pergunta a ser feita durante todo esse debate é: se já temos a transação penal, a suspensão condicional do processo e agora o acordo de não persecução penal, será que precisamos ampliar ainda mais o espaço negocial? Nos parece óbvio que não.

5. O sacrifício da qualidade epistêmica do processo

A negociação é imposta antes da instrução, portanto, sem produção de provas. Isso leva a uma supervalorização do inquérito policial, que passa a ser soberano e a única prova existente, com os graves inconvenientes de que o inquérito é um modelo ultrapassado de investigação, é unilateral, inquisitório, sigiloso e despido de contraditório e defesa efetivos. Daí a preocupação acertada de

[2] DIAS, Jorge de Figueiredo. **Acordos sobre a sentença em processo penal – o "fim" do estado de direito ou um novo "principio"?** Porto, Portugal: Conselho Distrital do Porto, 2011.

Streck[3] em cobrar seriedade na aplicação do *plea*, a começar pelo dever de o Ministério Público ter um agir ético (e não estratégico, como sói ocorrer), de também investigar elementos de descargo e que possam auxiliar a defesa (e o esclarecimento do fato), e de trazer todos os elementos colhidos, de forma transparente, para o momento do acordo, evitando "blefes" e surpresas. Mas isso, com certeza, é sempre muito difícil de se efetivar.

Ademais, a negociação está centrada na "confissão", que volta a ser a *rainha das provas* no modelo negocial, como uma recusa a toda a evolução da epistemologia da prova e também do nível de exigência na formação da convicção dos julgadores. Nada de prova de qualidade, de *standard* probatório, de prova produzida em juízo, à luz do contraditório e que precisa ser robusta ou, pelo menos, *com* alto grau de certeza e convicção. Bastam os meros atos de investigação, realizados de forma inquisitória na fase pré-processual, sem (ou com muita restrição) de defesa e contraditório, seguidos de uma confissão. A rainha das provas voltou.

Atualmente, explica Langbein[4], nos Estados Unidos "nós coagimos o acusado contra quem encontramos uma causa provável a confessar a sua culpa. Para ter certeza, **nossos meios são muito mais elegantes; não usamos rodas, parafusos de polegar, botas espanholas para esmagar as suas pernas.** Mas como os europeus de séculos atrás, que empregavam essas máquinas, **nós fazemos o acusado pagar caro pelo seu direito à garantia constitucional do direito a um julgamento.** Nós o tratamos com uma sanção substancialmente aumentada se ele se beneficia de seu direito e é posteriormente condenado. Esse diferencial da sentença é o que torna o *plea bargaining* coercitivo. Há, claro, uma diferença entre ter os seus membros esmagados ou sofrer alguns anos a mais de prisão se você se recusar a confessar, **mas a diferença é de grau, não de espécie.** O *plea bargaining*, assim como a tortura, é coercitivo" (grifos nossos). A experiência da Lava Jato já mostrou o quanto a prisão cautelar é usada (e degenerada) como instrumento de coação para obter confissões

[3] Disponível em: https://www.conjur.com.br/2019-fev-21/senso-incomum-proposta-seria-plea-bargain-serio. Acesso em: 15 jul. 2020.

[4] LANGBEIN, John H. *Tortura e Plea Bargaining*. *In*: GLOECKNER, Ricardo Jacobsen. **Sistemas Processuais Penais**. Florianópolis, Ed. Empório do Direito, 2017. p. 141.

e colaborações.[5] A prática não será diferente quando adotado o *plea bargaining* à brasileira.

A negociação é ainda **perversa** na medida em que subverte a lógica punitiva: o verdadeiro culpado é beneficiado com a negociação e recebe uma pena inferior àquela que teria de cumprir se fosse julgado. Já o inocente, injustamente acusado e sobre o qual recaem apenas os elementos da fase inquisitória, é pressionado a fazer o acordo "para não correr o risco do processo e da condenação alta".

O panorama é ainda mais assustador quando, ao lado da acusação, está um juiz pouco disposto a levar o processo até o final, quiçá mais interessado que o próprio promotor em que aquilo acabe o mais rápido e com o menor trabalho possível. Quando as pautas estão cheias e o sistema passa a valorar mais o juiz pela sua produção quantitativa do que pela qualidade de suas decisões, o processo assume sua face mais nefasta e cruel. Sintoma disso é que, logo após o anúncio do Projeto Anticrime, mesmo despido de qualquer

[5] Como noticiou a revista Conjur, "o uso das prisões preventivas como forma de forçar os réus da operação 'lava jato' a colaborar com a investigação não é mais segredo. Em pelo menos quatro pareceres em Habeas Corpus, a Procuradoria Regional da República da 4ª Região defende a manutenção das prisões diante da "possibilidade real de o infrator colaborar com a apuração da infração penal" (CANÁRIO, Pedro. Em parecer, MPF defende prisões preventivas para forçar réus a confessar. **Revista Consultor Jurídico**, Brasília, 27 de novembro de 2014. Disponível em: https://www.conjur.com.br/2014-nov-27/parecer-mpf-defende-prisoes-preventivas-forcar-confissoes. Acesso em: 15 jul. 2020). Em parecer do MPF, pela manutenção da prisão preventiva, encontramos trechos sintomáticos do uso da prisão como instrumento de pressão para aceitação de acordos: "A conveniência da instrução criminal mostra-se presente não só na cautela de impedir que investigados destruam provas, o que é bastante provável no caso do paciente, mas também na possibilidade de a segregação influenciá-lo na vontade de colaborar na apuração de responsabilidade, o que tem se mostrado bastante fértil nos últimos tempos" (CANÁRIO, Pedro. Em parecer, MPF defende prisões preventivas para forçar réus a confessar. **Revista Consultor Jurídico**, Brasília, 27 de novembro de 2014. Disponível em: https://www.conjur.com.br/2014-nov-27/parecer-mpf-defende-prisoes-preventivas-forcar-confissoes. Acesso em: 15 jul. 2020). Também causou surpresa, mais pela clareza do que propriamente pelo conteúdo, a declaração do procurador Regional da República, dr. Manoel Pastana, de que "em crime de colarinho branco, onde existem rastros mas as pegadas não ficam, são necessárias pessoas envolvidas com o esquema para colaborar. E o passarinho pra cantar precisa estar preso" (CANÁRIO, Pedro. Em parecer, MPF defende prisões preventivas para forçar réus a confessar. **Revista Consultor Jurídico**, Brasília, 27 de novembro de 2014. Disponível em: https://www.conjur.com.br/2014-nov-27/parecer-mpf-defende-prisoes-preventivas-forcar-confissoes. Acesso em: 15 jul. 2020).

justificativa ou fundamentação, uma pesquisa da AMB (Associação dos Magistrados Brasileiros)[6] apontou que 90% dos juízes[7] apoiam o *plea bargaining*. Como recorda Langbein[8], nesse tema existe um adágio popular muito adequado: ***se a necessidade é a mãe da invenção, a preguiça é o pai.***

Em síntese, tudo dependerá do espírito aventureiro do acusado e de seu poder de barganha. É um modelo que subverte a lógica do sistema penal, na medida em que prejudica o inocente e beneficia o culpado, gerando uma distribuição seletiva e formalizada de impunidade.

O cenário é ainda mais grave quando pensamos na possibilidade de aplicação de pena sem prévio processo e, principalmente, sem prévia produção de prova com qualidade e controle epistêmico. As decisões serão proferidas sem nenhuma vinculação com a prova produzida e sequer há espaço para uma discussão acerca da epistemologia da prova, pois sequer haverá instrução, basta a confissão e o acordo. Será que é esse o processo penal que queremos para o século XXI?

6. Qual o impacto financeiro e carcerário da adoção do *plea bargaining*?

Por último, a alardeada eficiência do sistema e benefícios de redução e custos é ilusória. Façamos um cálculo rápido e superficial do impacto financeiro:

VAGAS FALTANTES: 359.058 vagas[9]

[6] 90% DOS JUÍZES apoiam *plea bargain* de Moro. **Estadão,** São Paulo, 11 de fevereiro de 2019. Blogs Fausto Macedo Repórter. Política. Disponível em: https://politica.estadao.com.br/blogs/fausto-macedo/90-dos-juizes-apoiam-plea-bargain-de-moro/. Acesso em: 15 jul. 2020.

[7] 80% DOS JUÍZES apoiam prisão em segunda instância, diz pesquisa da AMB. **Folha de S.Paulo,** 11.fev.2019. Painel. Disponível em: https://painel.blogfolha.uol.com.br/2019/02/11/80-dos-juizes-apoiam-prisao-em-segunda-instancia-diz-pesquisa-da-amb/. Acesso em: 15 jul. 2020.

[8] LANGBEIN, John H. *Tortura e Plea Bargaining*. *In*: GLOECKNER, Ricardo Jacobsen (org.). **Sistemas Processuais Penais.** Florianópolis: Ed. Empório do Direito, 2017. p. 146.

[9] ANDREOLLA, Ana Paula. 'Brasil caminha para se tornar refém do sistema prisional', diz Jungmann. **G1**, 20/07/2018. Política. Disponível em: https://g1.globo.com/politica/noticia/2018/07/20/brasil-caminha-para-se-tornar-refem-do-sistema-prisional-diz-jungmann.ghtml. Acesso em: 15 jul. 2020.

CUSTO MÊS/PRESO SEGUNDO CNJ: R$ 2.400,00[10]
CUSTO APROXIMADO DE CONSTRUÇÃO: 42.500,00 POR VAGA[11]
GASTO APROXIMADO COM A CONSTRUÇÃO DE PRESÍDIOS APENAS PARA SUPRIR A FALTA DE VAGAS: R$ 15.261.024.793,00 (QUINZE BILHÕES DE REAIS)
ACRÉSCIMO NO CUSTO MENSAL: R$ 861.739.200,00

Isso sem considerar o aumento (gigantesco e muito rápido) de demanda por novas vagas, à medida que os acordos forem sendo fechados e necessariamente executados.

Será que nosso medieval e inconstitucional sistema carcerário tem condições de assimilar o significativo aumento da população carcerária? Alguém fez um estudo sério sobre o impacto carcerário de um mecanismo dessa natureza?

7. A título de conclusão

Em apertada síntese, somos completamente contrários a adoção do *plea bargaining*, pelos seguintes fundamentos:

- pretende importar um instituto do sistema jurídico norte-americano incompatível com o sistema jurídico brasileiro e as regras que regem a ação penal pública (indisponibilidade e obrigatoriedade);
- não estabelece um limite máximo de pena negociável, criando a possibilidade de negociar qualquer pena e qualquer crime;
- viola a relação entre gravidade do fato-pena aplicada, que é a base de legitimação do Direito Penal e do processo penal;
- a adoção da negociação antes da instrução representa uma supervalorização daquilo que foi produzido de forma unilateral, inquisitorial,

[10] Disponível em: https://www.cnj.jus.br/carmen-lucia-diz-que-preso-custa-13-vezes-mais-do-que-um-estudante-no-brasil/. Acesso em: 15 jul. 2020.

[11] MACHADO, Leandro; MORI, Letícia. Brasil teria que construir quase um presídio por dia durante um ano para abrigar presos atuais. **BBC Brasil**, São Paulo, 8 dezembro 2017. Disponível em: https://www.bbc.com/portuguese/brasil-42274201. Acesso em: 15 jul. 2020.

sigilosa, sem contraditório e defesa no inquérito policial, retirando do direito de audiência e de produção de provas perante um juiz imparcial;

- é ilusória a "voluntariedade" do acusado ao negociar, na medida em que coagido pela ameaça de penas altíssimas, por excesso de acusação (*overcharging*) e, principalmente, pela ameaça da prisão cautelar, que será utilizada como instrumento de coação para obtenção de confissões e forçar a negociação;
- desconsidera o gigantesco impacto carcerário que irá gerar e também as críticas que o próprio sistema jurídico americano faz, pois hoje os Estados Unidos são a maior população carcerária do mundo (mais de 2 milhões e 200 mil presos) por conta do *plea bargaining*;
- constituiu o fim do processo penal demarcado pelo inciso LV do art. 5º da Constituição, pois permite, em larga escala e sem limites, a aplicação de pena sem prévio processo;
- essa medida gera um encarceramento em massa (basta ver que os Estados Unidos possuem a maior população carcerária do mundo) em um sistema carcerário caótico, medieval e extremamente deficitário de vagas;
- é uma economia ilusória, na medida em que a médio e a longo prazo terá um gigantesco impacto orçamentário, com a imprescindível construção e manutenção de novos presídios, além da resolução do déficit já existente.

Dessarte, é preciso considerar ainda a ampliação do espaço negocial já efetivada pela recente alteração legislativa que recepcionou o acordo de não persecução penal, tornando completamente injustificada a adoção do *plea bargaining* proposto pelo então ministro Sergio Moro.

Já temos um espaço negocial bastante amplo, adequado a nossa realidade. Tal proposta foi objeto de amplo debate com toda a comunidade jurídica e está amadurecida no espaço democrático, em contraste com o Pacote Moro, feito à *la carte* e conforme o gosto do proponente. Sem falar que é uma proposta que sofre de "solipsismo legislativo", na medida em que parte de um marco zero e desconsidera todos os projetos anteriores em tramitação.

Por fim, precisamos de um CPP inteiramente novo (e que está pronto no Congresso), e não de mais uma reforma pontual em nosso já retalhado e desfigurado Código de 1941.

Retomando o título do presente artigo, a diferença entre o remédio e o veneno não raras vezes está apenas na dosagem. À justiça negocial se aplica essa metáfora: se bem utilizada e na dose certa, pode salvar o sistema de Justiça; mas se abusamos dela, matamos o processo penal brasileiro.

Referências

80% DOS JUÍZES apoiam prisão em segunda instância, diz pesquisa da AMB. **Folha de S.Paulo**, 11.fev.2019. Painel. Disponível em: https://painel.blogfolha.uol.com.br/2019/02/11/80-dos-juizes-apoiam-prisao-em-segunda-instancia-diz-pesquisa-da-amb/. Acesso em: 15 jul. 2020.

90% DOS JUÍZES apoiam *plea bargain* de Moro. **Estadão**, São Paulo, 11 de fevereiro de 2019. Blogs Fausto Macedo Repórter. Política. Disponível em: https://politica.estadao.com.br/blogs/fausto-macedo/90-dos-juizes-apoiam-plea-bargain-de-moro/. Acesso em: 15 jul. 2020.

ANDREOLLA, Ana Paula. 'Brasil caminha para se tornar refém do sistema prisional', diz Jungmann. **G1**, 20/07/2018. Política. Disponível em: https://g1.globo.com/politica/noticia/2018/07/20/brasil-caminha-para-se-tornar-refem-do-sistema-prisional-diz-jungmann.ghtml. Acesso em: 15 jul. 2020.

CANÁRIO, Pedro. Em parecer, MPF defende prisões preventivas para forçar réus a confessar. **Revista Consultor Jurídico**, Brasília, 27 de novembro de 2014. Disponível em: https://www.conjur.com.br/2014-nov-27/parecer-mpf-defende-prisoes-preventivas-forcar-confissoes. Acesso em: 15 jul. 2020.

DIAS, Jorge de Figueiredo. **Acordos sobre a sentença em processo penal – o "fim" do estado de direito ou um novo "princípio"?** Porto, Portugal: Conselho Distrital do Porto, 2011.

LANGBEIN, John H. *Tortura e Plea Bargaining*. *In*: GLOECKNER, Ricardo Jacobsen (org.). **Sistemas Processuais Penais**. Florianópolis: Ed. Empório do Direito, 2017.

MACHADO, Leandro; MORI, Letícia. Brasil teria que construir quase um presídio por dia durante um ano para abrigar presos atuais. **BBC Brasil**, São Paulo, 8 dezembro 2017. Disponível em: https://www.bbc.com/portuguese/brasil-42274201. Acesso em: 15 jul. 2020.

SCHÜNEMANN, Bernd. Um olhar crítico ao modelo processual penal norte-americano. *In*: GRECO, Luís (org.). **Estudos de direito penal, direito processual penal e filosofia do direito**. São Paulo: Marcial Pons, 2013.

32.
ERA DIGITAL E O PROCESSO PENAL BRASILEIRO: BUSCA DE UMA NOVA GRAMÁTICA

Flaviane de Magalhães Barros
José Luis Bolzan de Morais

Antes de compartilhar com todos as questões do presente estudo, queremos deixar como o mais importante registro neste texto é que a razão que nos move a escrevê-lo é a homenagem ao amigo Professor Nereu Giacomolli.

> *Que tipo de mundo você quer?*
> *Vingança ou o império das leis? A escolha é simples?*
> (MCEWAN,Ian. **Máquinas como eu**. São Paulo: Companhia das Letras, 2019)

Introdução

A discussão que se propõe para o estudo aqui apresentado é uma reflexão ainda em andamento, portanto, não tem um caráter conclusivo e acabado sobre como o processo penal brasileiro deve agir e reagir à era digital. Não é um estudo futurista (daqueles que se propõem a estudar o futuro), tampouco é um estudo de futurologia, mas sim um estudo crítico acerca daquilo que a tecnologia tem a agregar no presente-futuro do processo penal, com diversas implicações que podem vir desde uma simplificação/transposição da escrituração pelo meio digital, como é o nosso processo eletrônico, até chegar às discussões sobre modelos de predição de personalidades criminosas para atuação preventiva, como imaginado no filme "*Minority Report*", ou ainda, da substituição da atuação humana no julgamento de casos penais.

Partimos da identificação de que existem estudos que se movimentam em direções opostas, como os net-céticos, os net-apocalípticos e um grupo de net-críticos[1], que é o lugar que ocupa o pensamento deduzido no presente estudo.

Assim, não se pode deixar, antes de qualquer outra análise, de buscar demonstrar que a era digital produz nos não iniciados na linguagem tecnológica não só uma sensação de estranhamento, mas uma sensação de verdade. Uma verdade aleiteica como propõe E. Sadin[2], de que tudo que se descobre a partir da tecnologia tem uma aura mítica de verdade. Talvez porque o *matematical turn* tenha criado uma noção de que os números e as expressões algorítmicas têm um conteúdo neutro, que permitiria formular conhecimentos mais isentos das paixões humanas e da nossa subjetividade interrelacional.

Essa falsa ideia decorre da dificuldade que temos de enxergar que algoritmos também têm padrões de enviesamento, que eles são formulados, a princípio, por uma inteligência humana com toda a sua subjetividade.

Por isso, o texto busca de uma forma simples criar uma ponte entre estes dois mundos de sentidos, o do Direito e o da tecnologia.

Buscando explicar o objetivo deste texto, vamos usar uma metáfora da culinária para apresentar a ideia. Esse movimento de construção de pontes é como uma tentativa de "desgourmetizar" a tecnologia.

O saber humano consegue formular técnicas para transformar o fazer, mas a técnica culinária não pode obscurecer a noção de que estamos ali produzindo alimento, algo que é essencial para a sobrevivência humana. É preciso entender a tecnologia como um produto da inteligência humana e a natural

[1] BOLZAN DE MORAIS, José Luis. O Estado de Direito confrontado pela revolução da internet. **Revista Eletrônica do Curso de Direito da UFSM**, Santa Maria, RS, v. 13, p. 876-903, 2018.

[2] SADIN, Éric. ***L'Intelligence artificielle ou l'enjeu du siècle***. *Anatomie d'un antihumanisme radical*. Paris: Échappé. 2018.

capacidade de criação e formulação de técnicas e conhecimentos. Criamos a técnica de congelamento de alimentos e produzimos, hoje, tecnologia por meio de equipamentos de congelamento rápido, cada um usando um método diferente para chegar a esse fim.

Há alguma diferença entre as outras vivências tecnológicas que temos, como o uso dirigido à culinária, para o que se projeta e o que já conhecemos da chamada Revolução 4.0? Talvez seja porque quando se retomou a discussão e o desenvolvimento da Inteligência Artificial (em inglês, *Artificial Intelligence – AI*) no mundo digital vislumbrou-se a um problema de fundo ético. É possível à máquina se independizar da inteligência humana que a criou? Ou seja, criar algo que não possa ser compreendido e controlado pelo humano?

Já se viu que a AI pode desenvolver por meio do aprendizado de máquina algo que não é compreendido pelo homem, como a experiência dos robôs Bob e Alice[3], da empresa Facebook, habilitados a promoverem acordos, que passaram a dialogar em uma linguagem própria, inacessível aos cientistas que os desenvolveram. Mas, nesse caso, foi possível desligá-los da tomada (metaforicamente), abandonar o projeto. O medo reside no fato de que máquinas produzindo sua própria energia de forma infinita não possam ser "desligadas", ou seja, controladas.

Só existe uma forma, portanto, de compreender os limites do uso da tecnologia digital no âmbito do fazer jurídico. Ou seja, como robôs poderiam substituir pessoas nos trabalhos jurídicos, na aplicação das normas? Esse passa a ser um problema de fundo na nossa discussão. Qual o limite ético e deontológico, bases das profissões jurídicas, que permitem ou não a atuação da tecnologia em substituição dos profissionais do Direito[4]. E em quanto tempo seria possível substituir a atividade humana por máquinas robotizadas?

[3] Sobre o *case* de Bob e Alice ver: WALKER, James. *Researchers shut down Al that invented its own language*. ***Digital Journal***, July 21, 2017. Disponível em: http://www.digitaljournal.com/tech-and-science/technology/a-step-closer-to-skynet-ai-invents-a-language-humans-can-t-r.ead/article/498142. Acesso em: 15 jul. 2020.

[4] Estaria correta a projeção da pesquisa de Arthur Igreja, da FGV Rio, que assistentes jurídicos serão substituídos por robôs a partir de 2020, mesmo que seja para atuar nas etapas iniciais de pesquisa, em escritórios de advocacia, por exemplo. Ver em: PATI, Camila. Estas profissões podem acabar até 2030 (ao menos para os humanos). Revista **Exame**, 21/12/2017. Carreira. Disponível em: https://exame.com/carreira/estas-profissoes-podem-acabar-ate-2030-ao-menos-para-os-humanos/. Acesso em: 15 jul. 2020.

Será que tudo que se desenvolve de tecnologia computacional se enquadra como inteligência artificial, rede neural com treinamento não supervisionado?

O termo AI (*Artificial Intelligence*) tem sido usado de uma forma hermética e generalizada, sem maiores esclarecimentos, e faz supor que todas as soluções tecnológicas são realizadas por meio de redes neurais com treinamento não supervisionado, ampliando-se ainda mais a sensação de aprisionamento da inteligência humana, de euforia e engano da inteligência artificial.

Aplicações da tecnologia no processo penal

O uso da tecnologia deve ser analisado com mais cuidado, já que nem tudo são robôs e nem tudo é AI. E mesmo quando for ela, pode ser útil ou não, pode ser que ela gere ganhos ou prejuízos, inclusive para os direitos fundamentais das pessoas afetadas pelo processo. Portanto, não se pode negar o espaço ou rechaçar o uso da tecnologia no processo jurisdicional *a priori*.

Poder-se-ia aqui descrever várias possibilidades de aplicação que cumpririam papel relevante e poderiam melhorar a situação do congestionamento do sistema de justiça criminal. Só para exemplificar, o desenvolvimento de sistemas de gestão prisional para viabilizar que o preso cumpra sua pena em um local próximo à família e às suas necessidades especiais poderiam ser relevantes. Outro aspecto, que não parece gerar problemas, seria o desenvolvimento de sistemas computacionais para gestão das pautas de audiência, que podem viabilizar a solução da aplicação do juiz das garantias (art. 3 A do Código de Processo Penal – CPP). Permitir a utilização de um sistema para reduzir as atividades do juiz-gestor seria um grande ganho de qualidade em termos de política judiciária, pois viabilizaria mais tempo para atuação judicial no seu afazer mais importante no processo, que é o julgamento dos casos penais.

A mudança ocorrida na reforma processual chilena, que abarcou uma revisão da estrutura de gestão do sistema de justiça[5], pode demonstrar que tais

[5] BARROS, Flaviane M.; MARQUES, Leonardo A. M. A atuação do juiz no contraditório dinâmico: uma análise comparativa entre o sistema processual penal adversarial chileno e o modelo constitucional de processo brasileiro. *In*: Leonel González. (org.). **Desafiando a Inquisição**: ideias e propostas para a Reforma Processual Penal no Brasil. Santiago Chile: Centro de Estudios de Justicia de las Américas, 2017. v. 1. p. 347-360.

soluções podem viabilizar uma refundação inclusive da matriz inquisitorial[6] e da revisão das relações de poder que podem quebrar alguns pontos da linha de montagem[7], identificada nas pesquisas das ciências sociais sobre o sistema de justiça criminal.

É por isso que toda a discussão possível sobre a aplicação de sistemas computacionais nessa revolução do mundo digital que vivenciamos exige uma fonte teórica *a priori*, que será a base para qualquer discussão inicial. Um marco para que seja possível traçar uma linha imaginária vinculada a um conteúdo ético e deontológico que permita dizer o limite, qual a fronteira que não se vai ultrapassar.

Por isso, precisamos discutir, em profundidade, uma ética para a questão do uso da tecnologia e quais são os limites que a humanidade entende como necessários para o prosseguir da vida humana no nosso planeta, levando em conta nosso lugar, inclusive a nossa relação com a natureza. Não é possível definir limites frágeis, decorrentes da sensação de verdade aleiteica[8] que a AI nos impõe, mas sim adentrar na compreensão da linguagem computacional para, assim, conseguir esclarecer quais são as possibilidades do avanço tecnológico e quais os limites éticos daquele momento histórico.

Nesse ponto, surge uma questão deontológica importante, a de que sistemas computacionais não podem substituir a atuação dos sujeitos processuais reconhecidos por meio das carreiras jurídicas definidas na Constituição da República de 1988, que são funções de Estado. Logo, não se podem aplicar soluções computacionais para realizar atos de julgar, acusar, defender ou mesmo investigar, pois há regras deontológicas definidas para cada uma das carreiras profissionais aqui postas. O debate é logicamente muito mais amplo, e está

[6] CHOUKR, F. Hassan. Permanências inquisitivas e refundação do processo penal: a gestão administrativa da persecução penal. *In*: COUTINHO, Jacinto Nelson de Miranda; PAULA, Leonardo Costa de; SILVEIRA, Marco Aurélio Nunes da (org.). **Mentalidade Inquisitória e processo penal no Brasil**. Florianópolis: Empório do Direito, 2017. v. 2. p. 65-78.

[7] SAPORI, Luis Flávio. A Justiça Criminal Brasileira como um sistema frouxamente articulado. *In*: SLAKMON, Catherine; MACHADO, Maíra Rocha; BOTTINI, Pierpaolo Cruz. (org.). **Novas direções na governança da justiça e da segurança**. Brasília: Artcor Gráfica e Editora, 2006. v. 01. p. 256. E também SAPORI, L.F. A administração da justiça criminal numa área metropolitana. **Revista Brasileira de Ciências Sociais**, São Paulo, nº 29, p. 143-157, 1995.

[8] SADIN, Éric. ***L'Intelligence artificielle ou l'enjeu du siècle***. *Anatomie d'un antihumanisme radical*. Paris: Échappé. 2018.

na pauta do dia de diversas profissões modernas, desde a medicina, passando pela contabilidade e terminando na engenharia.

Mas no que se refere às funções ligadas à atuação jurisdicional, não há, na Constituição da República de 1988, espaço para permitir interpretação de que é possível um juiz robô. A função de julgar é um saber humano pela nossa Constituição. Logo, a tecnologia, quando usada, somente poderia criar atalhos facilitadores, mas não retirar do juiz o seu mister de decidir o caso. O mesmo se pode dizer do Ministério Público e de sua atuação como acusador, da atuação da defesa ou mesmo do delegado de Polícia, quando do indiciamento. Há limites claramente evidenciados, e vamos indicar melhor, ao final do texto, que mesmo com os avanços tecnológicos em recursos de mineração de dados e inteligência artificial, o resultado do processamento de dados não consegue distinguir entre atos de boa-fé e má-fé, entre culpa e dolo.

Por outro lado, é possível o uso auxiliar e acessório de elementos de tecnologia para analisar dados, formular perfis de pessoas, agrupar casos semelhantes. Contudo, somente podem ser usados se houver justamente uma ponte entre a gramática jurídica e a digital. O profissional de uma das carreiras jurídicas precisa entender e avaliar o nível de assertividade, de variância e os possíveis enviesamentos que um sistema computacional que se propõe a auxiliá-lo na decisão ou na atuação possa carregar em sua formulação. E os demais sujeitos processuais que vão atuar argumentando a partir de dados e formulações apresentadas pelo sistema operacional precisam compreender também tais níveis de assertividade e variância, além dos enviesamentos possíveis.

Tome-se o exemplo do Compas[9], usado na Justiça criminal americana. Seus *scores* que definem uma pontuação para o sentenciado que busca o benefício do livramento condicional pode ser usado sem o devido processo, sem que uma análise inclusive da origem étnico-racial da pessoa afetada seja considerada. O uso legitimo do sistema operacional deveria vir não só com o critério de assertividade, ou variância do resultado, mas também com esclarecimentos de quais informações são inseridas na formulação dos dados de *input* e a sua modelagem. Tais dados deveriam ser auditados e disponibilizados para uma

[9] BRENNAN Tim; DIETERICH, William; BEATE Beate. *Evaluating the predictive validity of the COMPAS Risk and Needs Assessment System.* ***Criminal Justice and Behavior – CRIM JUSTICE BEHAV***, n. 36, p. 21-40, 2009.

verificação no âmbito do contraditório judicial[10]. Para isso, a referida ponte entre as duas gramáticas precisa ser feita para que o resultado apresentado pelo sistema computacional não seja compreendido como uma resposta irrefutável, um elemento de verdade. Ela, como qualquer prova pericial que exige conhecimentos científicos, tem seus limites.

O uso, assim, de alguns modelos de programação de máquina podem e devem ser discutidos previamente. É preciso também que os cientistas computacionais discutam seus limites éticos e que suas pesquisas sejam colocadas à prova e discutidas para que seja possível, por exemplo, criar mecanismos que limitem a opacidade dos modelos, viabilizando a necessária transparência para que as soluções computacionais sejam usadas pelos diversos campos de saberes.

Para demonstrar a necessidade de criar uma ponte entre a linguagem do direito e a linguagem da ciência da informação, o presente estudo pretende problematizar a referenciada "caixa preta" do aprendizado de máquina dos modelos computacionais de inteligência artificial não supervisionado. Essa análise servirá para discutir a parte final do estudo, qual seria o nível de opacidade de diversos sistemas operacionais, importando, assim, limites para a transparência e a viabilidade de auditagem de sistemas que podem ser usados no processo penal.

O que é a "caixa preta" da AI?

Para buscar criar a referida ponte entre as duas linguagens e os dois saberes aqui analisados, vamos buscar uma explicação do processo de aprendizado de máquina[11]. Mas dessa vez, a explicação não será realizada pela demonstração

[10] O Compas é um sistema operacional desenvolvido por uma empresa que detém o segredo da propriedade intelectual e não permite a abertura do seu código fonte.

[11] O relato sobre a parte de mineração de dado e inteligência artificial realizado no presente trabalho é uma tentativa pessoal dos autores de explicar, de uma forma mais acessível à comunidade jurídica, termos que são próprios de outra ciência. Optou-se por não seguir rigidamente as regras da ABNT, pois parte significativa do texto são anotações pessoais de aula feitas na disciplina "Descoberta de conhecimento e mineração de dados", do Programa de Pós-graduação em Informática da PUC Minas, ministrada pelo Prof. Dr. L. E. Zárate, a quem reconheço a importante ajuda e a possibilidade de interlocução com os discentes do curso.

de todas as fases do processo de mineração de dados, de suas fases iniciais até a fase final. Já discutimos e apresentamos essas questões em outro estudo[12], logo, a escolha aqui de não aprofundar nessa explicação decorre do recorte do problema proposto para este estudo.

Certo é que a maioria dos estudos ignora ou negligencia a explicação das fases de pré-processamento, o que é um grande erro, pois como a construção de um projeto de mineração de dados é um processo circular, sempre é necessário retornar à fase de pré-processamento em que se definem os elementos ou variáveis que serão analisados e todas as técnicas para redução, limpeza ou solução para existência de dados ausentes na base escolhida.

Apenas depois de realizada a fase de seleção de dados e de seu pré-processamento e modelagem é que se faz a escolha do método e do modelo de mineração de dados. Quando se escolhe o método é que se decide sobre que função algorítmica que se deve usar, podendo ser a classificação, a agrupação ou a regressão. Posteriormente, deve se decidir sobre o modelo, qual o algoritmo de mineração de dados será usado, qual melhor se adequa ao propósito da aplicação, podendo ser mais voltado à compreensão de um determinado fenômeno, modelo descritivo ou modelo de predição, que faz o mapeamento de uma variável e busca nas suas conclusões apresentar o valor provável de ocorrência futura da referida variável.

No modelo preditivo, se tem uma variável não definida, em que seu valor é desconhecido e o objetivo é determiná-la, utilizando-se da técnica do treinamento supervisionado. Por meio de variáveis independentes ou preditores, busca-se uma variável dependente, também chamada de resposta ou objetivo.

Por outro lado, o método descritivo é usado quando não se tem uma resposta estabelecida pela análise e modelagem dos dados disponíveis. No caso, trata-se de método que se utiliza da técnica de aprendizagem não supervisionada. O modelo vai se ajustando de acordo com os dados que são apresentados

Ver também: MAIMON, Oded; ROKACH, Lior. ***Introduction to Knowledge Discovery and Data Mining in Data mining and knowledge discovery handbook***. 2nd ed. London: Springer, 2010.

[12] BOLZAN DE MORAIS, José Luis; BARROS, Flaviane de Magalhães; Compartilhamento de dados e devido processo: como o uso da inteligência artificial pode implicar em uma verdade aleteica. *In*: **Inteligência Artificial e Direito Processual**: os impactos da virada tecnológica no Direito Processual. Salvador: Juspodivm, 2020.

no *input*, e recorre-se a argumentos heurísticos para avaliar a qualidade da resposta.

No método não supervisionado, pode-se usar algoritmos de clusterização ou regras de associação. A validação do modelo não supervisionado se faz pela apresentação de um novo conjunto de dados, diverso do utilizado pelo treinamento, buscando, assim, definir os níveis de assertividade da aplicação.

Tanto no modelo preditivo quanto no modelo descritivo há vários métodos que podem ser utilizados. Atualmente, a árvore de decisão e as redes neurais estão em voga como métodos úteis para a predição.

A árvore de decisão é um conjunto de condições organizadas por meio de uma estrutura hierárquica, que parte de uma variável inicial independente, criando-se subconjuntos de dados por meio de variáveis dependentes. A variável independente é a raiz, os subconjuntos subsequentes vão gerar galhos e folhas. Seu uso não é recente, pois é uma forma de tratar problemas de lógica, de estratégia, usado no conhecimento científico e filosófico desde há muito.

As divisões da variável independente em variáveis dependentes, que são definidas por critérios de partição, podem demonstrar que a escolha do critério de partição foi incorreta. Ou seja, construir uma boa árvore depende das escolhas certas dos critérios de partição que vão criar os galhos e folhas – quanto mais perto da base da árvore tiver um critério errôneo, mais incorreto serão os resultados da árvore, haverá subconjuntos pouco representativos da realidade, como ressalta Vergaray[13].

As redes neurais artificiais tendem a repetir a estrutura biológica de um neurônio, visando à aproximação universal e ao aprendizado. São técnicas computacionais que apresentam um modelo matemático inspirado nos neurônios. É um método de mineração para soluções de dados complexos, que imita a estrutura do neurônio por meio da formação de interconexões de unidades simples de processamento, denominado neurônio artificial.

As redes neurais são um conjunto de neurônios artificiais (pequenas unidades de processamento) que se organizam em camadas. A rede neural artificial tem normalmente uma camada de entrada, onde se localizam os neurônios artificiais de entrada e necessariamente tem uma camada de saída, em que o resultado se apresenta. Entre as duas camadas está a camada intermediária,

[13] VERGARAY, Alfredo Daza. ***Data mining**: minería de datos*. Lima: Marcombo, 2017.

responsável pela formação das interconexões que construíram os caminhos das sinapses e que serão responsáveis pela interação entre os neurônios artificiais, deduzida a partir de conexões ponderadas, que são definidas pelo peso que cada sinapse pode gerar e que se transmite ao neurônio artificial seguinte.

As redes possuem normalmente regras de treinamento que são responsáveis pelo processo de aprendizado. Como já ressaltado anteriormente, existem dois modelos de mineração, com aprendizado supervisionado e não supervisionado, também chamado auto-organização. Nas redes neurais não supervisionadas a regra de aprendizado está normalmente ligada a processos de competição ou de colaboração entre os neurônios artificiais, geradas, por vezes, por meio de estratégias de recompensa.

As redes neurais artificiais são reconhecidas pelos próprios cientistas como "caixas pretas", em especial, pela não possibilidade de conhecer os caminhos que os neurônios artificiais da camada intermediária ao longo do treinamento podem passar.

As caixas pretas são o óbice mais evidente da dificuldade ou dos limites para se adotar determinadas aplicações de aprendizado de máquina para o uso no processo jurisdicional, especialmente, com intuito de substituir a decisão humana em processo judicial, por uma decisão robotizada, que usa o método do aprendizado supervisionado.

Nessa parte do estudo, busca-se problematizar um pouco mais a questão, mas sem objetivar respostas finais ao problema, já que se trata de uma pesquisa em andamento. Ademais, os experimentos publicados em revistas cientificas sobre a reprodução por máquina de decisões judiciais ainda são limitados[14] e têm um nível de assertividade ainda muito baixo. Mesmo assim, a ciência do Direito não pode ignorar a questão ou deixar de lado o problema.

A "caixa-preta" não permitiria que se identificasse qual foi o caminho seguido pelo programa computacional da camada intermediária, logo se ele for substituir uma decisão judicial, haverá problemas evidentes para o estudo do processo penal pelo marco do modelo constitucional de processo[15]. Especialmente, a fundamentação da decisão e o respeito ao contraditório

[14] ALETRAS, Nikolaos *et al. Predicting judicial decisions of the European Court of Human Rights: a Natural Language Processing perspective.* ***PeerJ Computer Science,*** DOI 10.7717/peerj-cs.93, 2016.

[15] BARROS, Flaviane A atual crise do processo penal brasileiro, direitos fundamentais e garantias processuais. ***Duc in altum,*** v.10, n. 21, 5-33, 2018.

como influência, e não surpresa, serão atingidos, já que não se saberá como o argumento dado pelas partes foi analisado e relacionado no processo de formação de um resultado pela máquina.

Hipoteticamente, o treinamento de máquina e a solução não supervisionada somente seriam relevantes se todos os casos das amostras de treinamento fossem iguais (*input*), e os novos casos para os quais se busca um resultado de máquina (*output*) também o forem.

Contudo, casos juridicamente iguais é algo não admitido por parte relevante da filosofia do Direito, o que é corroborado pelos autores deste estudo[16]. E mais, seria necessário uma decisão prévia, provavelmente humana, de que o caso a ser submetido à análise da máquina é igual aos demais que estão no *input* da programação.

Ainda em termos de hipotéticas formulações, os referidos processos de aprendizagem de máquina seriam capazes de analisar questões fáticas? Ou o seu uso estaria limitado ao reconhecimento de questões de direito que seriam julgadas pelo sistema de amostragem, como se dá no Brasil atualmente no que se refere aos recursos para a jurisdição extraordinária? Haveria a possibilidade de o aprendizado de máquina ser viável para a análise de caso em que a prova dos elementos como dolo e culpa, nexo de causalidade, erro escusável ou inescusável, fosse deslocada do juiz para uma máquina. Não passaria a máquina a analisar o caso penal por um caráter probabilístico do tipo simplificado como, por exemplo, tomando como verdadeira e irrefutável que todo condutor de veículo que dirige a 200 km/h em uma rodovia brasileira assume o risco do resultado morte. Paramos aqui com essa problematização, pois ela exige um exercício forte de futurologia e de avanço tecnológico ainda não reconhecido pela comunidade científica.

Essas preocupações ainda estão muito limitadas nas pesquisas jurídicas, mas é possível avaliar, no momento atual do desenvolvimento do presente estudo, a problemática do nível de opacidade dos sistemas computacionais que usam modelos como árvores de decisão e redes neurais. A análise do nível de opacidade é, por ora, suficiente para justificar o não uso de modelos

16 BOLZAN DE MORAIS, Jose Luis; BRUM, Guilherme Valle. **Políticas Públicas e jurisdição constitucional**: entre direitos, deveres e desejos. Porto Alegre: Livraria do Advogado, 2016.

computacionais tipo "caixa-preta" no processo penal ou a necessidade de se criar caminhos para que seja possível verificar de forma transparente, como os dados são relacionados e como eles foram modelados.

A opacidade dos sistemas de inteligência artificial e seus limites

A discussão até aqui apresentada, de como as respostas (*output*) são dadas pelos sistemas operacionais que usam inteligência artificial, como elas são obtidas, como os dados são tratados internamente, levam à necessidade de análise da opacidade dos sistemas.

É claro até aqui que o aprendizado de máquina não é, até o presente nível tecnológico, igual ao dos seres humanos, já que ele está limitado ao tratamento dos dados que são ofertados. A sua capacidade de aprendizado, em especial, de redes neurais é a sua adaptabilidade, ou seja, a capacidade de alterar por meio de estímulos vindos do ambiente, gerando um novo comportamento da rede.

Logo, se em termos técnicos ela não alcança a qualidade e as possibilidades do conhecimento formulados pelo cérebro humano (inteligência natural), não se pode creditar às aplicações de inteligência artificial qualquer produção de conhecimento que, na sua origem, não tenha passado por escolhas e decisões de programadores.

Assim, a questão deve ser tratada no nível da opacidade do método e modelos de conhecimento de máquina. Esse é um ponto muito importante, pois será justamente a opacidade da aplicação que pode permitir que as respostas dadas por sistemas operacionais sejam difíceis de serem refutadas e de serem submetidas às garantias constitucionais, especialmente, do contraditório e ampla argumentação. Por outro lado, é a razão para ela ganhar a força de uma verdade aleiteica, como revelado por E. Sadin[17].

Segundo Burrell[18], existem três formas de opacidade: a primeira é a opacidade decorrente do sigilo corporativo ou estatal intencional, a segunda por

[17] SADIN, Éric. ***L'Intelligence artificielle ou l'enjeu du siècle***. *Anatomie d'un antihumanisme radical*. Paris: Échappé. 2018.

[18] BURRELL, Jenna. *How the machines thinks: Understanding opacity in machine learning algorithms*. ***Big data & society***, jan- jun 2016.

analfabetismo técnico (*tecnical illiteracy*) e a terceira é a opacidade que surge das características próprias dos algoritmos de *machine learning*, em virtude da sua aplicação em escala para viabilizar a sua utilização de forma útil.

A primeira razão da opacidade definida pela autora[19] é, por um lado, protegida pelas normas jurídicas, pois estão vinculadas a princípio ao direito autoral e à proteção da propriedade intelectual. É, por exemplo, o caso subjacente à discussão do programa computacional Compas[20], nos Estados Unidos da América. Já a escolha intencional de órgãos governamentais pode estar ligada à atuação de órgãos de controle com objetivos de investigação. Na legislação brasileira de acesso aos dados[21], esses dados podem ser classificados como sigilosos.

A segunda forma de opacidade decorre da habilidade para leitura e compreensão de um código computacional ser um conhecimento de especialista[22]. Existe uma clara falta de capacidade dos não iniciados em programação computacional de entenderem e atuarem de forma consciente as diversas aplicações dos algoritmos que estão disponíveis e de acesso livre.

Certamente, o não conhecimento técnico da lógica do pensamento computacional e do uso dos algoritmos cria uma utópica noção de validade e credibilidade, que constitui o caldo de cultura necessário para que toda a sociedade passe a aderir ao pensamento matemático como a aproximação a uma verdade[23].

[19] BURRELL, Jenna. *How the machines thinks: Understanding opacity in machine learning algorithms*. ***Big data & society***, jan- jun 2016.

[20] Sobre o sistema operacional do Compas, os pesquisadores da Universidade da Califórnia, coordenados por uma equipe de Anthony Flores, demonstrou problemas nas definições do modelo operacional: FLORES, Anthony; BECHTEL, Kristin; LOWENKAMP, Christopher. ***False Positives, False Negatives, and False Analyses:*** *A Rejoinder to "Machine Bias: There's Software Used Across the Country to Predict Future Criminals. And it's Biased Against Blacks"*. Federal probation. 2016, p. 80.

[21] Ver Lei 12.527/11, disponível em http://www.planalto.gov.br/ccivil_03/_ato2011-2014/2011/lei/l12527.htm. Acesso em: 15 jun. 2020.

[22] BURRELL, Jenna. *How the machines thinks: Understanding opacity in machine learning algorithms*. ***Big data & society***, jan- jun 2016.

[23] SADIN, Éric. ***L'Intelligence artificielle ou l'enjeu du siècle.*** *Anatomie d'un antihumanisme radical*. Paris: Échappé. 2018.

A terceira forma de opacidade apresentada pela autora[24] é aquela que decorre da diferença entre o modelo lógico utilizado no aprendizado de máquina e os estilos humanos de interpretação semântica. Ou seja, a opacidade está vinculada à noção de interpretabilidade das máquinas.

No caminho de indicar soluções para tais problemas de opacidade, um ponto central referenciado por Burrell[25], que analisou os algoritmos do *spam* do Google, está diretamente ligado à necessidade de toda a comunidade cientifica passar a se preocupar com a questão da transparência dos dados. Diversas soluções são apontadas, e algumas podem de forma clara auxiliar os operadores do Direito no caminho árduo de definir os limites e possibilidades de uso da AI nos processos judiciais e, em especial, no processo penal.

Dentre as soluções possíveis estão a atuação de consultor independente com garantia de confidencialidade do segredo tecnológico da propriedade intelectual do algoritmo e do *design* da aplicação que atestam a regularidade e a conformidade, passando por empresas e órgãos públicos que aceitam abrir seus códigos, até a sugestão do desenvolvimento de modelos de auditoria, com ou sem colaboração da empresa ou órgão público proprietário da aplicação e, por fim, a própria comunidade cientifica construir um código de boas práticas, com princípios éticos devidamente definidos[26].

Certamente, este é o momento certo de se discutir princípios ético-jurídicos como a transparência, a integridade e a segurança para o uso da AI em todas as áreas e setores em que o seu uso pode afetar os direitos fundamentais e a própria estrutura do Estado de Direito.

Nesse sentido, todo e qualquer uso tecnológico que possa ser incluído no sistema de justiça criminal, não só no processo penal, mas em todas as relações diretas e indiretas com todos os órgãos de persecução penal, de segurança

[24] BURRELL, Jenna. *How the machines thinks: Understanding opacity in machine learning algorithms.* ***Big data & society***, jan- jun 2016.

[25] BURRELL, Jenna. *How the machines thinks: Understanding opacity in machine learning algorithms.* ***Big data & society***, jan- jun 2016.

[26] Nesse sentido ver documento da Comissão Europeia para a eficácia da Justiça, denominado a "Carta ética europeia para a utilização da inteligência artificial nos sistemas judiciais e o seu desenvolvimento", adotada na 31ª reunião plenária, em 3 e 4 de dezembro de 2018. Disponível em: https://www.coe.int/en/web/artificial-intelligence/-/council-of-europe-adopts-first-european-ethical-charter-on-the-use-of-artificial-intelligence-in-judicial-systems. Acesso em: 15 jul. 2020.

pública e de controle deve concretamente ser passível de algum tipo de auditagem e de verificação de sua modelagem e nível de assertividade. Para isso, é relevante que se compreenda como o resultado de um determinado sistema operacional é gerado, quais variáveis e quais as estratégias foram definidas pelo programador na fase de modelagem. Não se pode aceitar um resultado de AI como correto, sem qualquer possibilidade de refutação.

É parte integrante do devido processo no Estado de Direito e no âmbito do processo penal, estando diretamente vinculado à garantia do contraditório e da ampla argumentação[27] que todo o resultado de um processamento por máquina seja verificável. Deve-se buscar usar programas que tenham a transparência, no mínimo, da fase prévia de modelagem ou que permitam ser de alguma forma auditados. Especialmente, quando a questão se relacionar à produção de evidências probatórias, é necessário, ainda, garantir a cadeia de custódia[28].

A pesquisa apresentada por Burrell, com o algoritmo de *spam* do Google, pode ajudar em muito a entender os limites do uso da AI no processo penal, especialmente na substituição do juiz ou do colegiado de juízes por uma máquina. Na pesquisa, demonstrou-se que algoritmos não conseguem se aproximar da semântica da linguagem natural. Logo, algoritmos não serão capazes de classificar uma determinada operação por critérios claros de boa-fé ou má-fé, não são capazes de identificar quando um dado deve ser interpretado como fraude e quando é apenas um erro na compreensão de formulários ou normas[29].

Assim, não se trata apenas do problema de não se saber o caminho da camada intermediária da rede neural e os critérios de organização de dados na fase do pré-processamento e da modelagem, é preciso também entender que os algoritmos não conseguem substituir a inteligência humana, especialmente quando se exige percepção de um número ilimitado de fatores e a conjugação deles. É preciso reconhecer que o aprendizado de máquina não tem ainda

[27] BARROS, Flaviane A atual crise do processo penal brasileiro, direitos fundamentais e garantias processuais. ***Duc in altum***, v. 10, n. 21, 5-33, 2018.

[28] PRADO, Geraldo. **A cadeia de custódia da prova no processo penal**. São Paulo: Marcial Pons, 2019. v. 1.

[29] BURRELL, Jenna. *How the machines thinks: Understanding opacity in machine learning algorithms*. ***Big data & society***, jan-jun 2016.

possibilidade de acessar o mundo da sensibilidade e da intencionalidade humana, impedindo que ele compreenda o mecanismo de decisão humana.

Conclusões

O momento é crucial para que se amplie o presente debate sobre o uso e a necessidade de transparência dos dados, bem como das limitações do conhecimento artificial algorítmico, em especial quando se busca julgar a intencionalidade das ações ou omissões humanas.

Não se busca aqui limitar ou vedar o desenvolvimento tecnológico necessário para que a humanidade continue a viver no globo terrestre. Busca-se criar um espaço propicio para a discussão séria e avalizada sobre a possibilidade ou não de uso das diversas técnicas computacionais de mineração de dados no sistema de justiça criminal, e no processo penal em especial.

Para isso, é necessário um esforço pessoal dos pesquisadores do Direito de nos aproximarmos da linguagem computacional e matemática. Sem a formulação de uma ponte de transferência de conhecimento entre esses dois saberes humanos, não será possível compreender ou discutir a opacidade do sistema e a necessidade de transparência, bem como os limites ético-jurídicos de algumas aplicações computacionais que se distanciam da realidade fenomênica e da sensibilidade humana.

Referências

ALETRAS, Nikolaos *et al. Predicting judicial decisions of the European Court of Human Rights: a Natural Language Processing perspective.* ***PeerJ Computer Science,*** DOI 10.7717/peerj-cs.93, 2016.

BARROS, Flaviane. A atual crise do processo penal brasileiro, direitos fundamentais e garantias processuais. ***Duc in altum,*** v.10, n.21, 5-33, 2018.

BARROS, Flaviane M.; MARQUES, Leonardo A. M. A atuação do juiz no contraditório dinâmico: uma análise comparativa entre o sistema processual penal adversarial chileno e o modelo constitucional de processo brasileiro. *In*: GONZÁLES, Leonel (org.). **Desafiando a Inquisição**: ideias e propostas para a Reforma Processual Penal no Brasil. Santiago, Chile: *Centro de Estudios de Justicia de las Américas*, 2017. v. 1. p. 347-360.

BOLZAN DE MORAIS, José Luis. O Estado de Direito confrontado pela revolução da internet! **Revista Eletrônica do Curso de Direito da UFSM**, Santa Maria, RS, v. 13, p. 876-903, 2018.

BOLZAN DE MORAIS, José Luis; BARROS, Flaviane de Magalhães. Compartilhamento de dados e devido processo: como o uso da inteligência artificial pode implicar em uma verdade aleteica. *In*: WOLKART, Eric Navarro; NUNES, Dierle; LUCON, Paulo Henrique dos Santos (org.). **Inteligência Artificial e Direito Processual**: os impactos da virada tecnológica no Direito Processual. Salvador: Juspodivm, 2020.

BOLZAN DE MORAIS, Jose Luis; BRUM, Guilherme Valle. P**olíticas Públicas e jurisdição constitucional**: entre direitos, deveres e desejos. Porto Alegre: Livraria do Advogado, 2016.

BRENNAN Tim; DIETERICH, William; BEATE Beate. *Evaluating the predictive validity of the COMPAS Risk and Needs Assessment System. Criminal Justice and Behavior.* ***Crim Justice Behav***, n. 36, p. 21-40, 2009.

BURRELL, Jenna. *How the machines thinks: Understanding opacity in machine learning algorithms.* ***Big data & society***, jan- jun, 2016.

CENTRO DE ESTUDIOS DE LA JUSTICIA DE LAS AMERICAS. Chile. Disponível em: https://cejamericas.org/ultimas-publicaciones-ceja/. Acesso em: 15 fevereiro. 2020.

CHOUKR, F. Hassan. Permanências inquisitivas e refundação do processo penal: a gestão administrativa da persecução penal. *In*: COUTINHO, Jacinto Nelson de Miranda; PAULA, Leonardo Costa de; SILVEIRA, Marco Aurélio Nunes da (org.). **Mentalidade Inquisitória e processo penal no Brasil**. Florianópolis: Empório do Direito, 2017. v. 2. p. 65-78.

FLORES, Anthony; BECHTEL, Kristin; LOWENKAMP, Christopher. ***False Positives, False Negatives, and False Analyses***: *A Rejoinder to "Machine Bias: There's Software Used Across the Country to Predict Future Criminals. And it's Biased Against Blacks"*. Federal probation. 2016.

MAIMON, Oded; ROKACH, Lior. ***Introduction to Knowledge Discovery and Data Mining in Data mining and knowledge discovery handbook***. 2nd ed. London: Springer, 2010.

PATI, Camila. Estas profissões podem acabar até 2030 (ao menos para os humanos). Revista **Exame**, 21/12/2017. Carreira. Disponível em: https://exame.com/carreira/estas-profissoes-podem-acabar-ate-2030-ao-menos-para-os-humanos/. Acesso em: 15 jul. 2020.

PRADO, Geraldo. **A cadeia de custódia da prova no processo penal**. São Paulo: Marcial Pons, 2019. v. 1.

SADIN, Éric. ***L'Intelligence artificielle ou l'enjeu du siècle***. *Anatomie d'un antihumanisme radical.* Paris: Échappé. 2018.

SADIN, Éric. ***La Vie Algorithmique***. *Critique de la raison numérique.* Paris: Échappée. 2015.

SAPORI, Luís Flávio. A administração da justiça criminal numa área metropolitana. **Revista Brasileira de Ciências Sociais**, São Paulo, nº 29, p. 143-157, 1995.

SAPORI, Luís Flávio. A Justiça Criminal Brasileira como um sistema frouxamente articulado. *In*: SLAKMON, Catherine; MACHADO, Maíra Rocha; BOTTINI, Pierpaolo Cruz (org.). **Novas direções na governança da justiça e da segurança**. Brasília: Artcor Gráfica e Editora, 2006. v. 01.

VERGARAY, Alfredo Daza. ***Data mining: minería de datos***. Lima: Marcombo, 2017.

WALKER, James. *Researchers shut down Al that invented its own language*. ***Digital Journal***, July 21, 2017. Disponível em: http://www.digitaljournal.com/tech-and-science/technology/a-step-closer-to-skynet-ai-invents-a-language-humans-can-t-r .ead/article/498142. Acesso em: 15 jul. 2020.

33.
SOCIEDADE DE RISCO E SEUS REFLEXOS CONTEMPORÂNEOS NO ORDENAMENTO JURÍDICO BRASILEIRO: PACOTE ANTICRIME

FERNANDA CORREA OSORIO
MATEUS MARTINS MACHADO
JÚLIA TORMEN FUSINATO

1. Considerações iniciais

De início, homenagear o Professor Nereu Giacomolli é reconhecer o brilhantismo da sua trajetória profissional e acadêmica, bem como sua importância para o mundo jurídico, com suas inestimáveis contribuições ao longo desses mais de 25 anos de docência. Nas próximas linhas, refletindo sobre um dos grandes temas de relevantes pesquisas do homenageado, o processo penal, buscaremos traçar um breve panorama sobre os reflexos da atual sociedade de risco no Direito Penal e, especialmente, na persecução penal.

A constante evolução social e as realidades vividas em cada período histórico dizem muito sobre o modo com que a sociedade trata o Direito e o processo penal. Embora, no Brasil, o debate a respeito dos reflexos da sociedade de risco no Direito Penal e no Processual Penal aconteça desde o início do século, a manutenção em sua análise se mostra ainda necessária, tendo em vista o aparecimento de novos riscos decorrentes, em especial, dos avanços tecnológicos, bem como o aumento sistêmico de riscos antigos, resultantes do constante desenvolvimento da sociedade pós-moderna ou pós-industrial.

Entende-se por Modernidade o período que teve início com a Revolução Industrial, nos séculos XVII e XVIII até princípios do século XX. O surgimento das indústrias e a alteração no modo de vida, fez com que essa sociedade voltasse sua atenção, prioritariamente, à distribuição de bens e riquezas. Entretanto, na nova conjuntura social pós-moderna, percebeu-se que essa dinâmica social, além de ter trazido consigo novas ameaças (riscos), ampliou a dimensão de outras que há muito se encontravam presentes, mas passavam despercebidas, e que ganham importância e notoriedade diante do desenvolvimento das forças produtivas e dos meios tecnológicos.

O sociólogo alemão Urlich Beck identifica como característica dessa nova formação social a constante criação de conceitos de riscos, que, diante da sua nova dimensão e incapacidade de controle, receberam a atenção e foco da sociedade. Essa mudança de foco pode ser vista, também, como uma das causas de transição da sociedade industrial para a sociedade de risco, no momento em que ocorre uma auto-observação da realidade moderna, surgindo a chamada modernização reflexiva.

Com o surgimento de novas realidades e a percepção social dos riscos, constatou-se uma mudança histórica de paradigma na persecução penal, descrita por Schünemann[1] como "*un cambio de tendencia, aproximándose más y más hacia la clase media, inclinándose también esta tendencia a la clase media alta e incluso en algunos casos acercándose a la clase alta*". Diante disso, o presente artigo busca descrever brevemente como essa conjuntura social do risco segue influenciando a persecução penal e o Direito Penal, em especial, no Brasil.

[1] SCHÜNEMANN, Bernd. *Sobre la crítica a la Teoría de la Prevención General Positiva*. *In*: SILVA SÁNCHEZ, Jesús M. (Ed.). ***Política Criminal y Nuevo Derecho Penal**: libro homenaje a Claus Roxin*. Barcelona: Editorial Bosch, 1997. p.51.

2. Sociedade de risco, expansão do Direito Penal e novas formas de persecução penal

A sociedade foi sempre uma sociedade de risco.[2] No entanto, no período pré-moderno os riscos, consistiam em perigos imprevisíveis e infortúnios, explicados pelas cosmologias religiosas. Com a Modernidade, esses perigos ganharam *status* de riscos passíveis de previsão e controle pelo projeto da Modernidade que valorizou a capacidade de explicar as indeterminações, a partir da construção da racionalidade cartesiana, trazendo segurança e confiança à população. Com a Pós-Modernidade e o desenvolvimento dos meios de produção e tecnológicos, os riscos se acentuam devido, sobretudo, à incapacidade metodológica da Modernidade de prevê-los e, principalmente, controlá-los. Assim, o sentimento de segurança, não mais suprido pela técnica cartesiana, abre espaço para a sensação de insegurança e intranquilidade sociais.[3]

Com o desenvolvimento dos meios de produção, novos potenciais destrutivos acabam sendo desencadeados, e, com a atenção da sociedade voltada para estas novas realidades, esses acabam definindo os rumos das discussões públicas. Observa-se, a partir disso, uma relevante alteração no panorama social, no momento em que uma sociedade que anteriormente "distribuía bens e riquezas" transforma-se em uma sociedade que "distribui riscos". Esta transição, autônoma e não intencional, ocasiona uma transformação social que se distancia das categorias e trajetórias habituais de pensamento e ação[4].

A dinâmica da reflexividade se dá no momento em que a sociedade percebe sua incapacidade de dar conta dos fenômenos que possuem estrita ligação com a racionalidade moderna, superando a forma linear de pensar, trazendo ao debate inúmeros questionamentos. Se em um primeiro momento os efeitos e as ameaças produzidos pela industrialização e pelo desenvolvimento técnico-econômico não se tornaram questões públicas, uma vez que ofuscados pelo encantamento das novidades da modernização e sua capacidade de controle

[2] GUIMARÃES, Cláudio Alberto Gabriel; REGO, Davi Uruçu. Funções Dogmáticas e Legitimidade dos Tipos Penais na Sociedade do Risco. **Revista do Minist. Públ. Est. MA**, São Luís, n. 15, p. 213-240, 2008. p. 215.

[3] CAVALCANTI, Eduardo Medeiros. **Crime e sociedade complexa**: uma abordagem interdisciplinar sobre o processo de criminalização. Campinas, SP: LNZ, 2005. p. 150-151.

[4] BECK, Ulrich. ***La Sociedad del Riesgo Global***. Madrid: Siglo Veintiuno, 2002. p.25.

e previsão, em um segundo momento o reconhecimento e a ampliação desses riscos fazem com que se tornem pauta de debates e conflitos políticos, recaindo sobre as instituições de controle e proteção da sociedade industrial questionamentos, "tanto por terem compactuado com a liberação desses riscos, como por não conseguirem controlar essas novas ameaças".[5]

Essa mudança é essencial quando se investiga o conceito de risco, "que repousa justamente na introdução de racionalidades sobre elas mesmas, causando uma fissura e ao mesmo tempo uma revitalização daquilo que até então restava como invisibilizado pelo discurso científico dominante"[6].

A consciência da existência desses novos riscos faz com que, na sociedade do risco, prepondere uma expectativa social de eliminação e de controle dos riscos, bem como na atribuição de responsabilidades aos causadores das situações de perigo, em busca emergencial de garantia da segurança pelo Estado.

A tese do sociólogo alemão Urlich Beck, como explicada por Rogério Leal, é de que os novos riscos que a sociedade enfrenta "não podem ser reduzidos a meras consequências colaterais dos déficits da Modernidade que o aparato institucional e burocrático do Estado busca controlar"[7], visto que decorrem do sucesso da Modernidade diante da criação de novas possibilidades.

O desenvolvimento tecnológico alcançado pela sociedade, e o seu constante avanço, desvelam as inúmeras possibilidades de que determinadas ações podem decorrer. Nas palavras de Gloeckner, "os riscos aumentam conforme o homem consiga descrevê-los e até mesmo lidar com eles. O conhecer os riscos é um processo de desvelamento no qual se passa a reconhecer 'novos riscos' que sempre estiveram ali"[8].

A identificação de que os riscos assumiram uma nova dimensão com a globalização, sendo possível sua visualização em tempo e lugar largamente distanciados da ação que os originou ou que para eles contribuiu, elevou a

[5] SILVA, Luciana Carneiro da. Perspectivas político-criminais sob o paradigma da sociedade mundial do risco. **Revista Liberdades**, São Paulo, n. 5, 85-115, 2010. p. 88.

[6] GLOECKNER, Ricardo Jacobsen. **Risco e Processo Penal**: Uma análise a partir dos direitos fundamentais do acusado. Bahia: JusPodivm. 2009. p. 110.

[7] LEAL, Rogério Gesta. Os Tensos Equilíbrios Sociais na Sociedade de Riscos: Reflexões Preliminares. Porto Alegre: FMP, 2015. p. 91.

[8] GLOECKNER, Ricardo Jacobsen. **Risco e Processo Penal**: Uma análise a partir dos direitos fundamentais do acusado. Bahia: JusPodivm. 2009. p. 113.

sensação de descontrole e insegurança na sociedade contemporânea, nas palavras de Luciana da Silva[9]:

> No quadro da dinâmica sociopolítica, destaca-se a questão de os novos riscos assumirem uma dimensão ainda mais explosiva, ensejando sensações de incerteza e de incontrolabilidade produzidas pelo desenvolvimento técnico-econômico. Sob este dramático cenário, a percepção pública dos riscos convolase facilmente em uma crescente demanda social por segurança, especialmente pelo viés normativo-penal.

Diante dessa nova demanda social, utilizou-se mais uma vez, na história do poder punitivo, a via penal como forma de satisfazer a necessidade social pela sensação, mesmo que ficta, de segurança, nesse caso, de controle através da prevenção ou, posteriormente, repressão da concretização dos possíveis riscos. Assim, observou-se o fenômeno da expansão do controle pela via penal, comprometendo seu caráter subsidiário, de intervenção mínima e de *ultima ratio*, com a crescente desvalorização e flexibilização de seus princípios reitores. Esta dinâmica de abandono de antigos conceitos e de aceitação da flexibilização de garantias e direitos fundamentais, a duras penas conquistados, sustenta-se nas profundas transformações ocorridas no último século, com a ascensão da tecnologia e dos inúmeros resultados dela proveniente.

O caráter subsidiário do Direito Penal clássico visa a proteger os bens jurídicos particularmente importantes. Considerando isso, necessário que, para que haja a possibilidade da sua expansão, seja identificada a aparição de novos bens jurídicos, de novos interesses ou de novas valorações dos interesses preexistentes que legitimem sua proteção através do Direito Penal.

Pode se dizer que as causas justificadoras da tendência expansionista do Direito Penal regida com base na ideia de risco são muito distintas umas das outras. Ripollés[10] descreve que o debate original sobre o Direito Penal na sociedade de risco parte da constatação de um conjunto de realidades sociais, que ele divide em três grandes grupos. O primeiro seria a generalização na

[9] SILVA, Luciana Carneiro da. Perspectivas político-criminais sob o paradigma da sociedade mundial do risco. **Revista Liberdades**, São Paulo, n. 5, 85-115, 2010. p. 113.

[10] RIPOLLÉS, José Luis Diéz. *De la sociedad del riesgo a la seguridad ciudadana: un debate desenfocado.* ***Revista electrónica de ciencia penal y criminología***, n. 07, p. 01-37, jan/2005.

sociedade moderna de novos riscos, resultantes das novas atividades humanas e provenientes das novas tecnologias, que tendem a afetar amplos coletivos. Tais riscos são de difícil antecipação e geralmente são baseados em falhas no conhecimento ou gerenciamento das novas capacidades técnicas.

A dificuldade para atribuir a responsabilidade por tais riscos a determinadas pessoas, individuais ou coletivas, é o segundo grupo identificado pelo autor. Para ele, a problemática previsão de suas aparições se soma com a realidade das atividades geradoras de riscos, que se entrecruzam entre si, de maneira que o controle dos riscos não somente escapa do domínio de um mesmo ente, como, na realidade, não fica claro na mão de quem está. Por último, identifica a difusão de um exagerado sentimento de insegurança na população, propulsionado pela intensa cobertura midiática e que parece não guardar exclusiva correspondência com tais riscos, devido à dificuldade dos cidadãos médios em compreender o acelerado avanço tecnológico e adequar sua vida a eles, e pela percepção social de que esta nova sociedade tecnológica gera notáveis transformações nas relações e valores sociais, ocasionando na redução da solidariedade coletiva.

Além dos três grandes grupos identificados por Ripollés, verifica-se, também, entre as razões da expansão, aquelas que são patológicas e, entre elas, como explica Cepeda[11], *"es preciso mencionar la politización del Derecho penal, es decir, el uso político de la idea de seguridad"*.

Com acerto, a autora identifica que, diante da simplificação e popularização do debate político criminal, o uso do argumento da criminalização como instrumento de propaganda política torna-se notório, difundindo o uso da ideia de segurança e pedagogia coletiva orientada pelas regras sociais. Esse discurso ganha força diante da anteriormente referida sensação de insegurança generalizada dos cidadãos e da repercussão midiática, potencializada pelos meios de comunicação.[12]

[11] CEPEDA, Ana Isabel Pérez. ***La seguridad como fundamento de la deriva del derecho penal postmoderno***. Madrid: Iustel, 2007. p. 310.

[12] Nas palavras de Cepeda: *"entre las razones de la expansión se incluyen también aquellas que son patológicas, y en ellas, como factor decisivo, es preciso mencionar la politización del Derecho penal, es decir, el uso político de la idea de seguridad. Desde esta perspectiva, la nueva expansión puede identificarse con una nueva actitud de la izquierda. Pero, sobre todo, obedece al desarme ideológico y científico que se ha llevado a cabo con la simplificación del discurso político criminal, orientando no a programas emancipatorios, sino a campañas electorales, dejándose llevar por demandas coyunturales mediáticas y populistas"*

A esse fator expansivo também pode se atribuir a identificação social que as vítimas (sujeito passivo) têm com os delitos. Essa identificação muito se atribui às associações ou ONGs, chamadas por Silva Sanchez[13] de "gestores atípicos da moral", que atuam sensibilizando a população sobre determinadas situações que até então encontravam-se despercebidas e pressionando os governos a tomarem atitudes diante dos novos cenários.

Essa sensibilização ocorre, por exemplo, com a percepção e consequente atribuição de maior valoração às realidades que antigamente eram abundantes e gradativamente vem se tornando escassas, como é o caso do meio ambiente; e o incremento de valor social e cultural a certos bens, que há tempos estão presentes, porém sem que se valorizassem os mesmos, como é o caso do patrimônio histórico-artístico.

O surgimento e a prática de novos instrumentos econômicos podem ser vistos como outros fatores que contribuem com a difusão desse fenômeno expansivo do Direito Penal, haja vista as alterações que ocasionam, "*con su incidencia en las formas de interrelación social, se encuentran en la base de nuevas manifestaciones delictivas de corte doloso y en el modo en que éstas se manifiestan*"[14]. Exemplo disso são as atividades exercidas pelas instituições econômicas de crédito ou de investimento.[15]

O fato é que, diante da complexidade das sociedades atuais e sua constante transformação, muitos são os fatores que influenciam no fenômeno da expansão do Direito Penal atualmente. No entanto, para o presente estudo o mais relevante não é a identificação da multiplicidade de causas, mas sim os reflexos e suas consequências, principalmente no âmbito do processo penal.

O desenvolvimento social e as mudanças por ele ocasionadas são vistos como elementos preponderantes de influência na mudança da política criminal e da teoria penal, que visam a adequar seu conteúdo às novas realidades

(CEPEDA, Ana Isabel Pérez. ***La seguridad como fundamento de la deriva del derecho penal postmoderno***. Madrid: Iustel, 2007. p. 310).

[13] SILVA SANCHEZ, José Maria. ***La expansión del Derecho penal.*** *Aspectos de la política criminal em las sociedades postindustriales*. 2. ed., revisada y ampliada. Madrid: Civitas, 2001. p. 66 et seq.

[14] CEPEDA, Ana Isabel Pérez. ***La seguridad como fundamento de la deriva del derecho penal postmoderno.*** Madrid: Iustel, 2007. p. 311.

[15] Nesse sentido, SILVA SANCHEZ, José Maria. ***La expansión del Derecho penal.*** *Aspectos de la política criminal em las sociedades postindustriales*. 2. ed., revisada y ampliada. Madrid: Civitas, 2001. p.25.

encontradas. Vislumbra-se na chamada sociedade de risco, que caracteriza as sociedades pós-industriais desenvolvidas, o novo e crescente interesse pelo risco. Por sua vez, o sociólogo Urlich Beck[16] expõe o paradigma desse novo modelo social, identificando como sinal mais relevante da modernidade reflexiva, ou pós-modernidade, a lógica da produção e distribuição de riscos.

A produção desses novos riscos que afetam toda uma coletividade pode ser considerada como artificial, visto que são decorrentes da atividade humana e vinculados às decisões das pessoas. Por certo, são consequências colaterais, consideradas inevitáveis, em decorrência das novas tecnologias, das atividades industriais e científicas, em diversos âmbitos sociais. Tais riscos, que até então eram passíveis de controle e previsibilidade no período industrial, com o alargamento da sua dimensão pela globalização pós-moderna, tornam-se de difícil antecipação e, geralmente, decorrem de falhas no conhecimento ou no manejo das novas capacidades técnicas, ensejando na supressão dos pilares básicos do cálculo de risco e de segurança.

Diante dos novos interesses e realidades sociais, podem ser identificadas diversas formas em que a política criminal visa a dar resposta aos anseios da sociedade de risco. Inicialmente, constata-se um notável incremento nas áreas de intervenção penal, visando a englobar os problemas das novas realidades presente na sociedade, cuja vulnerabilidade se potencializou. Essa tendência expansionista visa, sobretudo, a proteger os bens jurídicos coletivos ou supraindividuais[17] como o meio ambiente, a fabricação e distribuição de produtos e as novas tecnologias, além de ampliar a proteção penal para momentos anteriores ao dano e ao próprio perigo através da expansão na utilização dos delitos de perigo abstrato.

Embora seu uso devesse constituir exceção no Direito Penal brasileiro, os crimes de perigo abstrato, por anteciparem o momento da tutela penal,

[16] BECK, Ulrich. ***La Sociedad del Riesgo Global***. Madrid: Siglo Veintiuno, 2002.

[17] A autora Ana Isabel Pérez Cepeda define esses bens jurídicos supraindividuais, dividindo-os em dois grandes grupos: "a) *los bienes jurídicos intermedios, que se configuran como contextos previos de lesión de bienes jurídicos individuales, y que, por tanto, pueden reconducirse directamente a un bien jurídico personal; b) los bienes jurídicos institucionales, los cuales comprenden realidades sociales que no se perfilan como meros sectores de riesgo para intereses individuales, sino que son auténticos bienes públicos, instituciones esenciales para el desarrollo social basadas em la participación de sus integrantes, y que por ello, su lesión es autónoma*". (CEPEDA, Ana Isabel Pérez. ***La seguridad como fundamento de la deriva del derecho penal postmoderno***. Madrid: Iustel, 2007. p. 309).

foram utilizados "como estratégia preventiva jurídico-penal direcionada à proteção de bens jurídicos de conteúdo vago e de titularidade difusa ante os emergentes riscos tecnológicos"[18], facilitando a reação jurídico-penal ante as incertezas da sociedade de risco e o aparecimento de casos complexos e de grande extensão dela decorrentes.

O incremento do combate aos novos protagonistas da persecução penal conta com o apoio das maiorias sociais, que se identificam como vítimas desses novos delitos, e com o aval das organizações sociais surgidas nos últimos anos, como as organizações de consumidores e ecologistas, que, visando a defender os novos interesses sociais, propõem uma criminalização das atividades lesivas geradas pelos poderosos.

A preeminência da utilização da intervenção penal, considerada eficazmente superior e propulsionada pela crença na capacidade socializadora do Direito Penal em detrimento de outros mecanismos de controle social, medidas de políticas econômicas ou sociais ou intervenções de outros setores jurídicos, como o Direito Civil e o Direito Administrativo, são outras das características dessa política criminal. Por sua vez, Ana Isabel Cepeda identifica a existência da revitalização da crença na força formadora de costumes do Direito Penal, o denominado Direito Penal Social, "*entendido como el intento de orientar socialmente los comportamientos confiando en la fuerza conformadora de costumbres del Derecho penal*"[19].

No entanto, Silva Sanchez identifica essa priorização da criminalização de condutas como o produto de uma espécie de perversidade do aparato estatal, que buscaria no permanente recurso à legislação penal "*una aparente solución* fácil a los problemas sociales, desplazando al plano simbólico (esto es, al de la declaración de principios, que tranquiliza a la opinión pública) lo que debería resolverse en el nivel instrumental (de la protección efectiva)"[20].

No mesmo sentido Schünemann entende que "*el cambio de dirección de tendencia al Derecho penal de clase alta seria, ciertamente, un mero callejón sin salida,*

[18] SILVA, Luciana Carneiro da. Perspectivas político-criminais sob o paradigma da sociedade mundial do risco. **Revista Liberdades**, São Paulo, n. 5. 85-115, 2010. p. 103.

[19] CEPEDA, Ana Isabel Pérez. ***La seguridad como fundamento de la deriva del derecho penal postmoderno.*** Madrid: Iustel, 2007. p. 313.

[20] SILVA SANCHEZ, José Maria, ***La expansión del Derecho penal.*** *Aspectos de la política criminal em las sociedades postindustriales.* 2. ed., *revisada y ampliada.* Madrid: Civitas, 2001. p. 21.

donde a través de su ejecución solamente se querría tapar la impotencia de la clase política para solucionar los problemas propiamente sociales"[21].

Essa característica da "nova" política criminal, que busca, mais uma vez, através da legislação penal dar uma resposta fácil e rápida aos problemas sociais parece contradizer os princípios programáticos que orientam a atividade legislativa na esfera penal[22]. Questiona-se, assim, a eficácia do princípio da subsidiariedade do Direito Penal diante dos novos contornos sociais que se apresentaram na transição da sociedade moderna para a pós-moderna e seguem presentes até os dias atuais.

Verifica-se, também, a necessidade de acomodar os conteúdos do Direito Penal e do Processual Penal às dificuldades impostas pela persecução penal dessa criminalidade. As novas formas delitivas, os obstáculos para realizar a determinação dos riscos não permitidos e a trabalhosa individualização das responsabilidades ensejam a atualização dos instrumentos punitivos. Esta atualização reflete diretamente no sistema de imputação de responsabilidade e de garantias individuais vigentes, que passa a ser reconsiderado ou flexibilizado, visando desenvolver a efetividade da persecução penal.[23]

O afastamento dos ideais garantistas se baseia em algumas constatações básicas. Primeiramente, observa-se que o fenômeno da globalização direciona ao Direito Penal demandas fundamentalmente práticas, no sentido de requerer uma abordagem mais eficaz da criminalidade[24].

[21] SCHÜNEMANN, Bernd. *Sobre la crítica a la Teoría de la Prevención General Positiva*. *In*: SILVA SÁNCHEZ, Jesús M. (Ed.). ***Política Criminal y Nuevo Derecho Penal**: libro homenaje a Claus Roxin*. Barcelona: Editorial Bosch, 1997. p.51.

[22] Nesse sentindo, Ana Isabel Pérez Cepeda: "*Con carácter general, se puede afirmar que el fenómeno expansivo, como se decía al principio, no sólo se ha traducido en un incremento continuado de comportamientos que se elevan a la categoría de delito, sino que ha dado paso a un nuevo modelo de política criminal que parece contradecir los principios programáticos que deben orientar la actividad legislativa en el campo penal.*" (CEPEDA, Ana Isabel Pérez. La seguridad como fundamento de la deriva del derecho penal postmoderno. Madrid: Iustel, 2007. p. 313).

[23] Nesse sentido, Silva Sanchez: "*mi pronóstico es, en efecto, que el Derecho penal de la globalización económica y de la integración supranacional será un Derecho desde luego crecientemente unificado, también menos garantista, en el que se flexibilizarán las reglas de imputación en el que se relativizarán las garantías político-criminales, sustantivas y procesales*" (SILVA SANCHEZ, José Maria, ***La expansión del Derecho penal. Aspectos de la política criminal em las sociedades postindustriales***. 2. ed., *revisada y ampliada*. Madrid: Civitas, 2001).

[24] Silva Sanchez explica que: "Expressado de outra forma, a reflexão científica quanto a esse aspecto não surge como produto de uma aspiração intelectual de unidade ou de perfeição a

Por outro lado, a globalização viabilizou a expansão da delinquência econômica. Isso significa que a reflexão jurídico-penal tem, pela primeira vez, como objeto essencial de estudo delitos claramente diversos do paradigma clássico (o homicídio ou a delinquência patrimonial tradicional). Trata-se de delitos qualificados criminologicamente como crimes *of the powerful*, que, na maioria das vezes, têm uma regulação legal insuficientemente assentada e cuja dogmática se encontra parcialmente pendente de elaboração. No entanto, diante da necessidade em dar respostas à sociedade, tudo isso há de redundar em uma configuração desses sobre bases significativamente diversas daquelas do Direito Penal clássico.

Ao constatar a complexidade dos delitos provenientes dessa nova criminalidade, e buscando atender aos anseios sociais, os direitos e garantias fundamentais passam a ser flexibilizados, visando a dar efetividade e celeridade à persecução penal. Assim, passam a surgir novos mecanismos de investigação, novas formas de resolução de demandas e, sobretudo, legislações com tipos penais abertos, com vista a abarcar o maior número de ações que possam ser potencialmente lesivas.

Recentemente no Brasil, os reflexos dessa conjuntura social restaram demonstrados com a redação da Lei nº 13.964/19, popularmente conhecida como "Pacote Anticrime". Embora os crimes econômicos já estivessem presentes no ordenamento jurídico, foi com as grandes operações jurídico-políticas como Mensalão, Lava Jato e a grande divulgação da mídia que eles ganharam maior visibilidade e atenção da sociedade. Novamente, o descrédito nas instâncias de proteção, a dimensão das organizações criminosas, a identificação de sujeitos-agentes como vítimas e a insegurança, característicos da sociedade de risco, tomaram conta da população, que passou a exigir uma resposta imediata, convocando a esfera penal para isso.

Em correspondência aos anseios da sociedade, o Pacote Anticrime foi elaborado com base no discurso de combate à corrupção e às organizações criminosas, apresentadas e legitimadas pela população como os atuais riscos da sociedade pós-moderna brasileira.

valoração dos riscos ocorre na medida em que se percebe a extensão que eles podem tomar." (SILVA SANCHEZ, José Maria, ***La expansión del Derecho penal. Aspectos de la política criminal em las sociedades postindustriales***. 2. ed., *revisada y ampliada*. Madrid: Civitas, 2001).

O Projeto de Lei nº 1.864, de 2019, parte constitutiva do pacote de proposições apresentados pelo Poder Executivo federal, foi encaminhado ao Congresso Nacional sob o pretexto de que o Estado brasileiro nunca se viu tão acuado pela criminalidade, seja urbana ou rural, e que as vigentes legislações de repressão ao crime, em especial o organizado e o tocante ao combate à corrupção, não estão atendendo às demandas atuais.

Além do recrudescimento das sanções penais e de cumprimento de pena de diversos delitos, mantendo-se na lógica repressiva há anos comprovadamente fracassada, utilizou-se, também, como justificativa para a proposição da Lei Anticrime, a necessidade de implementação de novos mecanismos que garantam maior agilidade às ações penais e efetividade no cumprimento das penas, nos seguintes termos:

> É evidente que o Código de Processo Penal de 1941 e a legislação que a ele se seguiu não estão atendendo às necessidades atuais. Assim, as reformas que ora se propõem visam dar maior agilidade às ações penais e efetividade no cumprimento das penas, quando impostas. [...] Em poucas palavras, as reformas são necessárias para adequar o ordenamento jurídico a urna nova realidade. É imprescindível agilizar-se a tramitação das ações penais, a fim de que a resposta seja dada pelo Poder Judiciário em tempo razoável, evidenciando a existência de um Estado que seja, a um só tempo, eficiente e respeite a garantia constitucional do devido processo penal. Não será demais, aqui, lembrar que a segurança pública é, também, direito assegurado a todos pela Constituição Federal no art. 144.

Observa-se que as justificativas apresentadas no projeto de lei do Pacote Anticrime correspondem perfeitamente com os argumentos recorrentemente evocados para a contenção dos riscos na sociedade pós-moderna. Como exemplo do propósito do projeto em "dar maior agilidade às ações penais e efetividade no cumprimento das penas", têm-se o acordo de não persecução penal e o acordo de aplicação imediata de penas.

Sem o objetivo de adentrar minuciosamente nos ônus e bônus desses institutos, alguns questionamentos merecem atenção quanto a sua criação e utilização, principalmente, sob a perspectiva de resposta e controle aos considerados novos riscos da atual sociedade de risco.

Embora possa configurar como uma possibilidade de beneficiar o investigado, o acordo de não persecução penal está revestido, primordialmente, da vontade em garantir uma resposta célere à sociedade que demanda pela intervenção penal. Sem a necessidade de um (longo) processo penal e a obrigatoriedade da confissão do investigado da prática delituosa, configura-se em uma resposta rápida e efetiva aos anseios sociais de punibilidade e "justiça".

Além do acordo de não persecução penal, aprovado e atualmente previsto no artigo 28-A do Código de Processo Penal, merece atenção, mesmo sem ter sido aprovada pelo Congresso Nacional, a proposta que constituiria o artigo 395-A do mesmo diploma Processual Penal. O referido artigo previa a possibilidade de "após o recebimento da denúncia ou da queixa e até o início da instrução, o Ministério Público ou o querelante e o acusado, assistido por seu defensor, poderão requerer mediante acordo penal a aplicação imediata das penas", possuindo como alguns dos requisitos do acordo, além da confissão, "a expressa manifestação das partes no sentido de dispensar a produção de provas por elas indicadas e de renunciar ao direito de recorrer"; o acordo homologado seria considerado sentença condenatória.

Como mencionado, não se pretende neste momento a análise minuciosa dos institutos que buscam dar uma resposta rápida à sociedade, em especial no tocante ao combate à corrupção e às organizações criminosas, trazidas e/ou alteradas pela Lei Anticrime; sua complexidade requer um estudo aprofundado de seus contextos históricos, aplicações nos demais países e implicações no ordenamento jurídico brasileiro. O que se pretendeu demonstrar por meio de breves considerações, foi como a lógica que fundamentou a sociedade de risco no início do século se mantém atual e segue influenciando na forma de atuação e utilização do Direito Penal e do Processual Penal no Brasil.

Conclusões

Os avanços tecnológicos ocorridos no último século causaram uma grande alteração no panorama social. Se na sociedade moderna a atenção voltava-se para a distribuição de bens e riquezas, na sociedade pós-industrial os riscos trazidos e ampliados pela globalização tornam-se o centro do debate social. Embora a sociedade do risco tenha sido evidenciada ao final do século passado e início do XXI, parece-nos que alguns dos seus fundamentos e reflexões continuam presentes atualmente, uma vez que quanto mais avança a modernização da sociedade, mais e novos riscos tendem a aparecer.

A imprevisibilidade sobre o modo com que os riscos podem ser apresentar e a sua extensão, em razão da globalização da sua dimensão, influencia diretamente no agir social, que, percebendo não possuir controle sobre as novas realidades, passa a "distribuir riscos" nas atividades elencadas como potencialmente perigosas.

Na busca por uma resposta rápida às novas realidades, utilizou-se do Direito Penal como forma de controlar os hodiernos riscos e resgatar a sensação de segurança social. Sabe-se que a utilização do Direito Penal como resposta aos anseios da sociedade não é inovação da pós-modernidade, mesmo fundado em princípios como o da subsidiariedade e da intervenção mínima, esse mecanismo pode ser observado em diversos momentos da história do poder punitivo. Em sendo assim, esse cenário de alargamento do Direito penal e das formas de investigação continua se expandindo nos dias atuais. No Brasil contemporâneo, a atenção exacerbada dada aos delitos econômicos empresariais e às organizações criminosas gerou uma nova onda de risco para a sociedade demandar da esfera penal. Como forma de resposta, tem-se a entrada em vigor da Lei nº 13.964/19, em 2020, popularmente conhecida como Pacote Anticrime, que trouxe uma série de inovações na persecução penal com o objetivo de processar essa criminalidade, em geral, mais complexa, visando a maior efetividade e celeridade na resposta penal.

Parece-nos legítimo analisar essa nova conjuntura do ordenamento jurídico brasileiro a partir da sociedade de risco, questionando-se quais institutos dessa nova legislação foram incorporados apenas como resposta social aos "novos riscos" e quais garantem os princípios e garantias fundamentais alicerces do Direito e processo penal, sem esquecer, ainda, que medidas fora do âmbito penal devem ser pensadas e incentivadas como forma de manter a sensação de controle e segurança social.

Referências

BARATTA, Alessandro. *Seguridad*. ***Capítulo Criminológico***: *revista de las disciplinas del control social*, Maracaibo, v. 29, n. 2, 2001.

BARATTA, Alessandro; SILBERNAGL, Michel. *La Legislación de Emergencia y el Pensamiento Jurídico Garantista en el Proceso Penal*. ***Doctrina Penal***: *teoría y práctica en las Ciencias Penales*, Buenos Aires, v. 8, p. 559-580, 1985.

BAUMAN, Zygmunt. **O Mal-Estar da Pós-Modernidade**. Rio de Janeiro: Jorge Zahar, 1999.

BECK Urlich. *Retorno a la teoría de la sociedad del riesgo*. ***Boletín de la A.G.E***, [*S.l.*], n. 30, p. 9-20, 2000. Disponível em: http://age.ieg.csic.es/boletin/30/01.pdf.

BECK, Ulrich. ***La Sociedad del Riesgo Global***. Madrid: Siglo Veintiuno, 2002.

BECK, Ulrich. ***La sociedad del riesgo***: *Hacia una nueva modernidad*. Barcelona: Paidós, 1998.

BECK, Ulrich. ¿Qué es la Globalización? Falacias del globalismo, respuestas a la globalización. Barcelona: Paidós, 1998.

CAVALCANTI, Eduardo Medeiros. **Crime e sociedade complexa**: uma abordagem interdisciplinar sobre o processo de criminalização. Campinas, SP: LNZ, 2005.

CEPEDA, Ana Isabel Pérez. ***La seguridad como fundamento de la deriva del derecho penal postmoderno***. Madrid: Iustel, 2007.

COSTA, José de Faria. **Direito Penal e Globalização**. Coimbra: Coimbra Editora, 2010.

D'AVILA, Fabio Roberto. **Liberdade e Segurança em Direito Penal**. O problema da expansão da intervenção penal. Revista Eletrônica de Direito Penal. Ano. 1 Vol. 1 nº 1, 2013.

DI GIORGI, Raffaele. **O Risco na Sociedade Contemporânea**. São Paulo: Revista de Direito Sanitário, 2008.

FERRAJOLI, Luigi. ***Constitucionalismo principialista y constitucionalismo garantista***. Anais do IX Simpósio Nacional de Direito Constitucional: 2010, p. 95-113.

FERRAJOLI, Luigi. **Direito e Razão**: teoria do garantismo penal. 4. ed. rev. São Paulo: Editora Revista dos Tribunais, 2014.

FERRAJOLI, Luigi. ***Los fundamentos de los derechos fundamentales***. 4. ed. Madrid, Trotta, 2009.

GIDDENS, A. *et al*. ***Las Consecuencias Perversas de la Modernidad***: *Modernidad, contingencia y riesgo*. Barcelona: Anthropos, 1996.

GIDDENS, Anthony. **Mundo em descontrole**: O que a globalização está fazendo de nós. 6. ed. Rio de Janeiro: Record, 2007.

GLOECKNER, Ricardo Jacobsen. Alguns perigos do Constitucionalismo Contemporâneo no Processo Penal. **Revista Síntese Direito Penal e Processual Penal** Revista Síntese de Direito Penal e Processo Penal, v. 13, nº 75, Porto Alegre, Ago.-Set./2012, p. 34-53.

GLOECKNER, Ricardo Jacobsen. **Risco e Processo Penal**: Uma análise a partir dos direitos fundamentais do acusado. Bahia: JusPodivm, 2009.

GUIMARÃES, Cláudio Alberto Gabriel; REGO, Davi Uruçu. Funções Dogmáticas e Legitimidade dos Tipos Penais na Sociedade do Risco. **Revista do Minist. Públ. Est. MA**, São Luís, n. 15, p. 213-240, 2008.

LEAL, Rogério Gesta. **Os Tensos Equilíbrios Sociais na Sociedade de Riscos**: Reflexões Preliminares. Porto Alegre: FMP, 2015.

LEAL, Rogério Gesta. **Patologias corruptivas nas relações entre estado, administração pública e sociedade**: causas, consequências e tratamentos. Santa Cruz do Sul: Edunisc, 2013.

LUHMANN, Niklas. ***Sociologia del riesgo.*** México: Universidad Iberoamericana, 2006.

OLIVEIRA, Ana Carolina Carlos de. **Hassemer e o direito penal brasileiro**: direito de intervenção, sanção penal e administrativa. São Paulo: IBCCRIM, 2013.

RIPOLLÉS, José Luis Diéz. *De la sociedad del riesgo a la seguridad ciudadana: un debate desenfocado.* ***Revista electrónica de ciencia penal y criminologían***. 07, p. 01-37, 2005.

SANCTISN, Fausto Martin de. A Lei Anticorrupção e Lavagem de Dinheiro. **Revista dos Tribunais**, São Paulo, v. 947, n. 103, p. 213-236, set. 2014,

SARLET, Ingo Wolfgang. **A eficácia dos direitos fundamentais**: uma teoria geral dos direitos fundamentais na perspectiva constitucional. 11. ed. rev. e atual. Porto Alegre: Livraria do Advogado Editora, 2012.

SCHÜNEMANN, Bernd. *Sobre la crítica a la Teoría de la Prevención General Positiva*. *In*: SILVA SÁNCHEZ, Jesús M. (Ed.). ***Política Criminal y Nuevo Derecho Penal**: libro homenaje a Claus Roxin*. Barcelona: Editorial Bosch, 1997.

SILVA, Luciana Carneiro da. Perspectivas político-criminais sob o paradigma da sociedade mundial do risco. **Revista Liberdades**, n. 5, 2010.

SILVA SÁNCHEZ, Jesús-Maria. ***La expansión del derecho penal.*** *Aspectos de la política criminal em las sociedades postindustriales*. 2. ed. Madrid: Civitas, 2001.

VEGAS TORRES, Jaime. ***Presunción de Inocencia y prueba en el proceso penal.*** Madrid: La Ley, 1993.

ZAFFARONI, Eugenio Raúl. ***Crimen Organizado**: una categoría frustrada*. Bogotá: Leyer, 1996.

34.

A INTERPRETAÇÃO DOS ARTIGOS 479 E 478 DO CÓDIGO DE PROCESSO PENAL: OS DOCUMENTOS QUE PODEM SER JUNTADOS PELAS PARTES ANTES DO JULGAMENTO NO PLENÁRIO DO TRIBUNAL DO JÚRI[1]

Diógenes V. Hassan Ribeiro
Douglas Cunha Hassan Ribeiro

Introdução

Até poucos anos atrás, não era tema de discussão a juntada de documentos antes da sessão plenária do Tribunal do Júri. A matéria passou a tornar-se polêmica alguns anos após à edição da Lei nº 11.689, de 2008, que reformou o Código de Processo Penal, alterando a redação de vários artigos, entre os quais os artigos 478 e 479 do Código de Processo Penal. O artigo 478 vedou

[1] Texto apresentado em homenagem ao Prof. Nereu Giacomolli, estimado amigo e colega, exemplar magistrado e desembargador no Tribunal de Justiça. Impunha-se a minha participação pela admiração e pela amizade nutrida em relação ao Nereu, compartilhada há mais de duas décadas. Enquanto magistrado dedicou-se ao extremo na aplicação do Direito; como professor formou incontáveis bacharéis, mestres e diversos doutores em Direito. Sem dúvida, sua experiência de vida, seu currículo profissional e acadêmico, com inúmeras obras e artigos publicados, tornam natural o destaque desta merecida homenagem.

que as partes produzam alegações tendo como referências decisões judiciais, como argumentos de autoridade. Assim, não é possível usar a decisão de pronúncia, por exemplo, durante o debate, seja a defesa, seja a acusação, trazendo alusões ou conclusões de que constariam em tal decisão, como argumento de autoridade, que sinalizem o sentido da absolvição ou o sentido da condenação. É o caso, por exemplo, do acórdão do Recurso em Sentido Estrito da pronúncia, em que há voto vencido pela desclassificação ou pela absolvição sumária, por exemplo. Nenhuma das partes pode utilizar os votos respectivos, argumentado que estaria correto, expondo a argumentação, enfim, apresentando-o como argumento de autoridade.

Por outro lado, não é possível fazer uso de documentos probantes que não tenham sido acostados aos autos com, pelo menos, três dias de antecedência, com ciência à parte contrária. Paralelamente, discute-se, dada a má redação do texto do art. 479, se o prazo deve ser contado da data da sessão de julgamento ou se deve a parte contrária ter vista do documento com três dias de antecedência. Disso não iremos tratar aqui. O objeto do tema deste texto é o conteúdo dos documentos[2] probantes que podem ser juntados.

1. Jurisprudência sobre a interpretação dos artigos 479 e 478 do Código de Processo Penal

Serão objeto de análise decisões de Câmaras Criminais do Tribunal de Justiça do Rio Grande do Sul e decisões do Superior Tribunal de Justiça. Relativamente à possibilidade de juntar documentos que digam respeito a fatos diversos supostamente praticados pelo acusado, há várias decisões recentes das três câmaras criminais do Tribunal de Justiça com competência para a matéria.

Com efeito, podem ser citadas as decisões nas Correições Parciais de números 70083689638, 70083291856, 70083511956 e 700828111811, todas julgadas entre outubro de 2019 e janeiro de 2020 pela 1ª Câmara Criminal. Nas três primeiras decisões de primeiro grau, houve o indeferimento da juntada de documentos obtidos no Sistema Consultas Integradas e, diante da correição

[2] Importante observar que a expressão "documento" tem sentido técnico, ou seja, será tudo que tem o sentido de provar ou demonstrar um fato pertinente e relevante.

parcial ajuizada pelo Ministério Público, foi dado provimento a todas as correições, pelos argumentos de que "há interesse do Ministério Público e estaria justificada a manutenção das informações", inclusive porque, mesmo quando se tratassem de registros de atos infracionais, "fornecer subsídios para demonstração, perante o Tribunal do Júri, da viabilidade de, diante de condutas observadas preteritamente, ser capaz o acusado de ter praticado aquele que o levou a julgamento" (primeiro julgamento acima). Na terceira das decisões o resultado foi por maioria. Na última mencionada acima, também da 1ª Câmara Criminal, de maio passado, o resultado foi de indeferimento, mas a correição parcial foi ajuizada pela defesa e postulava a juntada de informações do Sistema Consultas Integradas[3] da vítima e das testemunhas do processo, pedido indeferido na origem.

Percebe-se, inicialmente, do conjunto dessas decisões que, em todas, o sentido foi de acolher as postulações do órgão estatal da acusação, pois as três primeiras foram acolhidas, enquanto a última, proposta pela defesa, foi desacolhida.

Nos mesmos termos, na Segunda Câmara Criminal foram julgadas diversas correições parciais, todas recentemente, entre abril de 2019 e fevereiro de 2020 (70083797597, 70083043216, 70082244864, 70082154196 e 70080970726). Em todos os julgamentos o resultado foi favorável ao órgão acusatório, constando no último acima o argumento de que "não se trata de

[3] O Sistema Consultas Integradas é um banco de informações que contém os dados pessoais de todos os indivíduos do Rio Grande do Sul que, em algum momento, obtiveram a Cédula de Identidade ou que tiveram algum registro policial. Todos os registros policiais posteriores são informados nesse banco de dados. Há dados mais atualizados, inclusive, sobre obtenção e renovação de habilitação para conduzir veículos e também sobre veículos automotores. Esse banco de dados é atualizado pela Secretaria de Justiça e Segurança e é normalmente acessado por todos que possuírem autorização. As consultas aos dados podem e são, eventualmente, auditadas, pois permanecem registrados os dados de quem realizar a consulta. Trata-se de um banco de dados muito útil, com links inclusive ao sistema prisional, quando é conhecida a história prisional do indivíduo preso ou que já tenha sido preso. Por vezes há alegações de que se trata de indivíduo perigoso, mas a consulta ao banco de dados revela o contrário e, noutras ocasiões, confirma eventual risco de periculosidade, com vistas a adoções de medidas cautelares de natureza urgente. É útil, desde que seja utilizado com razoabilidade e para fins lícitos e por pessoas devidamente autorizadas. Com certeza, não é útil para firmar convicções referentes a acusações de determinados fatos, portanto não vale minimamente como prova nem pode, por isso, influenciar julgamentos ou decisões, com exceção das de natureza urgente e cautelares.

uma lacuna legislativa, ou de situação em que se permita uma interpretação extensiva ou analógica, mas de um silêncio eloquente do legislador, ou seja, caso fosse a intenção do legislador vedar a utilização de tais documentos, certamente teria feito expressamente essa menção".

Quanto à nulidade do julgamento do Tribunal do Júri pela utilização dos documentos acostados que não se referem aos fatos da causa, tanto a Primeira Câmara Criminal como a Segunda têm o mesmo entendimento, guardadas algumas diferenças de argumentação, no sentido de não haver nulidade alguma. Trata-se do julgamento dos seguintes recursos da Primeira Câmara Criminal: 70083293019, 70081293110, 70080478811, 70080382930, 70080575129 e 70078288750. Na Segunda Câmara Criminal houve o julgamento recente dos seguintes recursos: 70083471912, 70078730991, 70083188151 e 70074050436. Nesses últimos casos, o foco das decisões é sobre nulidade por utilização de argumento de autoridade, considerando a menção a documentos diversos dos fatos em julgamento, não ocorrendo nulidade no ponto de vista dos julgadores.

A Segunda Vice-Presidência do Tribunal de Justiça do Rio Grande do Sul vem admitindo recursos a decisões contrárias a esse entendimento, inclusive deferindo efeito suspensivo a decisões que mantiveram o entendimento dos magistrados de primeiro grau que determinaram o desentranhamento de documentos espúrios aos fatos da causa específica. Serve de exemplo o Pedido de Efeito Suspensivo de nº 70083367649, cuja decisão foi proferida na data de 14 de fevereiro de 2020, pedido este realizado diante do julgamento da Correição Parcial nº 70083367649, da Terceira Câmara Criminal. Na ocasião, foram invocados, na decisão da Segunda Vice-Presidência, dois precedentes do Superior Tribunal de Justiça, ambos julgados em 2015 (AgRg no REsp 1552793-MG e AgRg no REsp 1403161-SP). Os argumentos defendidos nesses precedentes são o de que se trata de nulidade relativa e, portanto, dependem de demonstração do prejuízo e de que não há ilegalidade na juntada de documentos que obedeçam o prazo de três dias anterior e que versem sobre os fatos da causa ou sobre o passado do acusado.

2. Doutrina sobre a interpretação

A doutrina, ainda que tenhamos cometido o pecado de não aprofundar a pesquisa, não adentra como deveria e se impunha pelos naturais conhecimentos decorrentes de pesquisas acadêmicas ou da experiência profissional dos autores, em todos os aspectos pertinentes a esse grave e controvertido tema.

Na obra *Direito Processual Penal Esquematizado*, de coordenação de Pedro Lenza e de autoria de Alexandre Cebrian Araújo Reis e Victor Eduardo Rios Gonçalves (2016, p. 547-548), consta o entendimento de que o artigo 479 visa a evitar a produção de provas novas que surpreenda a parte contrária, ficando consignado que a parte contrária deve ter ciência dos documentos no prazo de três dias antes da sessão plenária. Os autores mencionam, ainda, que se trata de nulidade relativa, impondo-se, portanto, o ônus de demonstrar o prejuízo à parte contra a qual o documento foi produzido.

Na obra *Direito Processual Penal*, Aury Lopes Jr. (2013, p. 1041-1046) elogia a alteração legislativa de 2008 e menciona que não é possível ser objeto de leitura em plenário as peças mencionadas no art. 478, bem como as que não tiverem sido juntadas com a antecedência mínima de três dias úteis (p. 1041). Adiante na sua obra, naquela edição (não foram consultadas edições posteriores), registra o tema da surpresa, inclusive das manobras estratégicas que podem ser realizadas pela parte adversária, a despeito de ser indeferida a possibilidade de apresentar determinado documento, no sentido de deixar os jurados refletindo sobre algum fato ou documento que não lhe foi possível acostar aos autos e que, então, demonstraria a inocência ou a culpa do acusado. Mesmo que haja a consulta à parte contrária, e se não houver concordância, ou se houver, essa parte estará em desvantagem pela surpresa causada e pelas consequências da conduta do defensor ou acusador. Segundo o autor, caberia ao juiz, preparado que fosse, indeferir de plano a utilização do documento, sem deixar que a parte contrária sofresse os efeitos prejudiciais da discordância. Também expõe o entendimento de que seria possível dissolver o Conselho de Sentença e, então, possibilitar a produção do documento como prova.

Por sua vez, na obra *Manual de Processo Penal*, Renato Brasileiro de Lima (2017, p. 1413), anuncia entendimento de não ser taxativo o rol do art. 478 do Código de Processo Penal, citando como exemplo o decreto de prisão preventiva do acusado. Por outro lado, menciona decisão proferida pelo Supremo

Tribunal Federal (RHC 118.006 – 1ª Turma, j. 10.02.2015) no sentido da ausência de nulidade quando lida sentença condenatória de corréu proferida em julgamento anterior, especialmente porque não havia demonstração de uso da mencionada decisão como argumento de autoridade.

O homenageado, Nereu Giacomolli, publicou importante artigo acadêmico em que destaca uma proeminência do magistrado, uma elevação e um protagonismo essencial no processo penal (GIACOMOLLI, 2015). Nesse artigo, são marcadas as origens do Código de Processo Penal brasileiro, inspirado no chamado Código Rocco, da década de 30 do século passado, o Código Penal Italiano. Sobretudo, nesse estudo Nereu Giacomolli destaca que muito embora diversas alterações tenham ocorrido ao longo das décadas, especialmente nos últimos anos, a partir de 2008, ainda há resistências à alteração de interpretação e de aplicação da legislação. Exemplo disso ocorre com as alterações recentes ao Código de Processo Penal, promovidas pela Lei nº 13.964, de 24 de dezembro de 2019, para entrar em vigor em 24 de janeiro do corrente ano, lei resultante do famigerado pacote anticrime. O artigo 3º dessa lei introduziu o "juiz de garantias", antiga aspiração de grande parte da doutrina, dos advogados criminalistas, como reação ao excessivo protagonismo do magistrado no processo penal. Entretanto, houve grande resistência à entrada em vigor dessas alterações, tanto que ocorreu a suspensão de diversos artigos da lei por decisão do ministro Luiz Fux, do Supremo Tribunal Federal. Sem dúvida que as razões que motivaram essa legislação decorrem em muito da resistência geral mencionada por Nereu Giacomolli no artigo mencionado.

3. A garantia constitucional, formal e material, da plenitude de defesa no Tribunal do Júri

Temos compreendido o procedimento como uma garantia da imparcialidade, o maior atributo da magistratura[4]. Com efeito, se não é possível garantir que o magistrado e, no caso em análise, os jurados do Conselho de Sentença fiquem

[4] Essa compreensão é, efetivamente, uma compreensão absolutamente de nossa autoria, resultante da experiência profissional e das pesquisas acadêmicas. Com efeito, não conhecemos qualquer outro autor que mencione esse importante conceito: o procedimento como garantia da imparcialidade.

completamente liberados da sua história de vida, das suas ideologias, das suas idiossincrasias, enfim, dos seus preconceitos, somente o procedimento, que pode ser compreendido desde o devido processo legal, previsto desde a Magna *Charta Libertatum* que os barões no século XIII (precisamente em 1215) tentaram impor ao Rei João Sem Terra. A previsão está exposta no parágrafo, ou inciso, 39 desse primeiro texto constitucional do Reino Unido, que possui uma Constituição inorgânica, composta, assim, de forma fragmentada por diversos documentos que, ao longo do tempo, dão forma à Constituição Britânica. Portanto, seguir e observar os rigores do procedimento significa garantir a imparcialidade. Em outras palavras, se antes de ser produzida a defesa ou se antes de serem produzidas as provas e as alegações finais, com observância plena do contraditório, o magistrado já se convence da culpa ou da absolvição, não houve imparcialidade, uma vez que o procedimento foi comprometido, pois o magistrado antecipou a sua convicção, mesmo que ainda não a tenha externado publicamente.

Seguir o procedimento devido e legal deixa transparente as fases do processo, que podem ser controladas, pelas partes e seus representantes, assim como, em grau de recurso, possibilitar o controle das decisões proferidas.

Niklas Luhmann (1980, p. 45-46) revelou, com a genialidade que construiu a Teoria dos Sistemas Sociais Autopoiéticos, a propriedade do procedimento, que serve, então, segundo o jussociólogo alemão, que menciona uma estrutura e uma função do procedimento, sendo um dos componentes a incerteza da decisão. Diz esse incomparável jurista e sociólogo:

> Por um lado, há participantes altamente competentes ou honorários, que têm de ser motivados em muitos processos, de forma não especificamente cooperadora ou correspondente, através de remuneração, por exemplo. Para estes, a sinceridade da decisão torna-se uma obrigação, que tem de ser cumprida por meio do trabalho. Todos os outros participantes têm de ser induzidos através do próprio sistema específico do processo jurídico a uma cooperação justificativa da causa. Para isso, são essenciais os seguintes componentes: a certeza *de que será* tomada uma decisão; a incerteza *quanto à natureza desta*. É sobretudo a incerteza quanto ao resultado que é essencial ao procedimento. [...]

> Se não existir essa incerteza, então não ocorre um processo jurídico singular [...]. (LUHMANN, 1980, p. 45-46).

Mais adiante, na mesma obra, Niklas Luhmann esclarece que a força motriz é justamente a incerteza do resultado que, por sua vez, constitui "a força impulsionadora do procedimento, o fator efetivo de legitimação" (1980, p. 98). E é aqui, então, que há uma declaração enfática da independência e da imparcialidade do juiz que evita qualquer promessa de decisão e dissimula opções já tomadas.

No caso específico, a Constituição Federal erigiu como garantia fundamental o júri para os crimes dolosos contra a vida (alínea *d* do inciso XVIII do art. 5º). Na alínea *a* desse preceito constitucional está a garantia da plenitude de defesa.

Para além de outras considerações que também podem ser feitas, a juntada de documentos diversos aos fatos específicos e próprios da causa viola a plenitude de defesa. Com efeito, a defesa do réu em plenário do júri está preparada para tentar impugnar os fatos daquela determinada acusação formalizada na denúncia, que foi acolhida na pronúncia. E não deve estar preparada, nem seria necessário, para defender o acusado de outras acusações, que não têm relação com os fatos da causa, algumas, inclusive, que podem não ter gerado denúncias, outras que podem nem ter sido, ainda, julgadas, sendo que, com relação a estas, ainda seria mais flagrante a violação daquele preceito constitucional.

Examinando apenas o rito processual – o procedimento –, constata-se que, para o debate entre a acusação e a defesa em plenário, o art. 477 do Código de Processo Penal destina 90 minutos, 1 hora e 30 minutos, para cada parte, bem como de 1 hora para a réplica e tréplica, se houver. Havendo mais de um acusado, as partes terão, cada uma, 2 horas e 30 minutos e mais 2 horas para a réplica e tréplica, se houver.

Na suposição de haver apenas um réu, a acusação produz a sua argumentação por até 90 minutos e a defesa terá outro tanto para a impugnação da argumentação ou outras alegações relativas à acusação. Todavia, se além dos fatos que constarem na denúncia e na pronúncia o órgão da acusação estatal trouxer outros fatos sem relação com a causa, pertinentes a outras acusações antigas e recentes, que o réu tenha sofrido, certamente a plenitude de defesa estará seriamente prejudicada, pois não terá tempo suficiente para apresentar argumentação que atenda aos interesses de seu cliente com relação a todos os fatos mencionados. Pior ainda será se ao Ministério Público for permitido trazer quaisquer documentos sobre quaisquer situações sem a mínima relação com os fatos em julgamento, meras alusões a comportamentos que o réu tenha tido ou adotado no passado.

Nesse caso, é muito elevado o risco de os jurados serem influenciados por tais documentos e condenarem o réu mesmo sem provas com relação aos fatos pelos quais está sendo julgado.

Há diversos julgados da Terceira Câmara Criminal do Tribunal de Justiça coibindo tais práticas. Relaciono e transcrevo abaixo alguns:

> APELAÇÃO. TRIBUNAL DO JÚRI. HOMICÍDIO DUPLAMENTE QUALIFICADO. NULIDADE POSTERIOR À PRONÚNCIA. JUNTADA DE PEÇAS DE PROCESSOS CRIMINAIS QUE NÃO TEM RELAÇÃO AO FATO DA ACUSAÇÃO. REFERÊNCIA A TAIS DOCUMENTOS EM PLENÁRIO. VIOLAÇÃO AOS ARTIGOS 478 E 489 DO CÓDIGO DE PROCESSO PENAL. VIOLAÇÃO À PLENITUDE DE DEFESA ASSEGURADA CONSTITUCIONALMENTE. PRELIMINAR ACOLHIDA. Preliminar de nulidade posterior à pronúncia. Acolhimento. Insurgência defensiva em face da utilização, em Plenário, de denúncias e condenações juntadas aos autos provenientes de outros processos criminais em que o réu figurou como acusado. Peças processuais cujo conteúdo não tem qualquer relação ao fato da acusação. Violação ao artigo 478, inciso I, do Código de Processo Penal. A referência realizada pelo Parquet, em Plenário do Júri, acerca de uma condenação anterior do réu, em processo diverso, configura a utilização de argumento de autoridade, tendo em vista que tal documento foi produzido por membro do Judiciário. Restou demonstrado, no caso, o intuito acusatório de validar seus argumentos com base na palavra da autoridade. Nulidade pela utilização de argumento de autoridade. **Violação ao parágrafo único do artigo 479 do Código de Processo Penal. Ao dispor que é permitida a juntada aos autos, em até 3 dias úteis, de documentos "cujo conteúdo versar sobre a matéria de fato submetida à apreciação e julgamento dos jurados", o artigo 479 veda a juntada aos autos de documentos que**

não tenham relação com os fatos da acusação. Assim, a leitura de documentos cujos conteúdos versam sobre matéria de fato diversa daquela submetida a apreciação e julgamento dos jurados violou o artigo 479, parágrafo único, do CPP. Violação à plenitude de defesa, prevista no artigo 5º, inciso XXXVIII, alínea a) da Constituição Federal. A defesa do réu, em Plenário do Júri, está preparada para defender o réu do fato da acusação e não de fatos diversos. Referência excessiva pelo Parquet a um processo que não transitou em julgado e que não tem relação com o fato da acusação, viola diametralmente a presunção de inocência e a plenitude de defesa. Impositivo o acolhimento da preliminar de nulidade posterior à pronúncia. RECURSO PROVIDO. PRELIMINAR ACOLHIDA. MÉRITO PREJUDICADO. (Apelação Criminal, Nº *70081203879*, Terceira Câmara Criminal, Tribunal de Justiça do RS, Relator: Diogenes Vicente Hassan Ribeiro, Julgado em: 25-07-2019).

HABEAS CORPUS. TRIBUNAL DO JÚRI. DESENTRANHAMENTO DE DOCUMENTOS RELATIVOS A FATOS ESTRANHOS AO PROCESSO. JURISPRUDÊNCIA DO STJ E DESTA TERCEIRA CÂMARA CRIMINAL. 1. De acordo com julgados do Superior Tribunal de Justiça e desta Terceira Câmara Criminal, impõe-se o desentranhamento de documentos relativos a fatos estranhos ao processo em julgamento pelo Tribunal do Júri, evitando-se que sejam influenciados os Jurados, sob pena de aplicação do Direito Penal do Autor. ORDEM CONCEDIDA. LIMINAR RATIFICADA. (Habeas Corpus Nº 70077266484, Terceira Câmara Criminal, Tribunal de Justiça do RS, Relator: Ingo Wolfgang Sarlet, Julgado em 23/05/2018).

HABEAS CORPUS. TRIBUNAL DO JÚRI. DESENTRANHAMENTO DE DOCUMENTOS JUNTADOS REFERENTES A OUTROS ILÍCITOS PRATICADOS. NO CASO, A PREOCUPAÇÃO DA ACUSAÇÃO ESTÁ MUITO ALÉM DE ESCLARECER O CRIME NARRADO NA DENÚNCIA DESTES AUTOS OU, AINDA, DE POSSIVELMENTE AGRAVAR UM EVENTUAL APENAMENTO NO CASO DE CONDENAÇÃO. PRETENDE, COM A JUNTADA

DA DOCUMENTAÇÃO, TRAZER ELEMENTOS PARALELOS PARA ESTIGMATIZAR A PESSOA DO ACUSADO PELO SUPOSTO ENVOLVIMENTO DELE EM OUTROS ILÍCITOS. ASSIM, NA MEDIDA EM QUE EVIDENTE O PREJUÍZO AO ACUSADO, IMPOSITIVO O DESENTRANHAMENTO DOS DOCUMENTOS JUNTADOS PELA ACUSAÇÃO, BEM COMO A VEDAÇÃO AO ÓRGÃO MINISTERIAL DE PROCEDER À LEITURA DOS MESMOS EM PLENÁRIO. MANUTENÇÃO DA LIMINAR PROFERIDA NESTA IMPETRAÇÃO. LIMINAR RATIFICADA. ORDEM CONCEDIDA. (Habeas Corpus Nº 70078067089, Terceira Câmara Criminal, Tribunal de Justiça do RS, Relator: Sérgio Miguel Achutti Blattes, Julgado em 15/08/2018).

CORREIÇÃO PARCIAL. DESENTRANHAMENTO DE DOCUMENTOS. DEFERIMENTO.
Os documentos juntados aos autos pelo Ministério Público, consistentes em ocorrência policiais do acusado extraídas do Sistema Consultas Integradas, além de cópias de denúncias relativas a outros fatos, dizem respeito a fatos absolutamente diversos àqueles debatidos nos autos deste processo, os quais não podem, de qualquer modo, influenciar a decisão dos jurados. Julgados da Câmara.
Risco de violação do princípio da plenitude de defesa, pois o acusado se defender APENAS dos fatos da denúncia, não de outros fatos pelos quais eventualmente foi ou está sendo acusado. O tempo no debate em plenário para a defesa fica prejudicado se a defesa tiver de se manifestar sobre outros fatos aleatórios mencionados pela acusação e, assim, violado o princípio da ampla defesa.
Ministério Público que, ao acostar os documentos, não mencionou que tivessem qualquer relação com o caso concreto.
Desentranhamento determinado.
CORREIÇÃO PARCIAL PROCEDENTE. LIMINAR RATIFICADA. (Correição parcial nº 70083367649, Terceira Câmara Criminal, Tribunal de Justiça do RS, Relator: Diógenes V. Hassan Ribeiro, Julgado em 17/12/2019).

> CORREIÇÃO PARCIAL. HOMICÍDIO QUALIFICADO. JUNTADA DE INFORMAÇÕES. SISTEMA CONSULTAS INTEGRADAS. JUIZADO DA INFÂNCIA E JUVENTUDE. MANTIDO O INDEFERIMENTO. O pedido de juntada de informações obtidos do sistema de consultas integradas, incluídos os do Juizado da Infância e da Juventude, relativos a antecedentes judiciais do réu, por serem alheios aos fatos denunciados, permanecem indeferidos. Este Órgão Fracionário entende que documentos estranhos ao processo não podem, de qualquer modo, influenciar a decisão dos jurados. CORREIÇÃO PARCIAL IMPROCEDENTE. (Correição Parcial, Nº 70081225229, Terceira Câmara Criminal, Tribunal de Justiça do RS, Relator: Rinez da Trindade, Julgado em: 23-05-2019).

Trata-se, nesses termos, de abandonar a aplicação do conhecido "direito penal do autor", passando para a aplicação plena do "direito penal do fato". A propósito, Lenio Streck, em antiga obra, já chamava a atenção sobre esse grave problema:

> Na prática, porém, criou-se a distinção informal entre o 'direito penal do fato' e o 'direito penal do autor', com predominância deste último, ou seja, acusa-se e defende-se o indivíduo não pelo fato criminoso que cometeu, mas pelo que ele, efetivamente, representa na tessitura social, conforme já delineado no capítulo sexto, item 6.4. Esse tipo de procedimento é exercitado exatamente porque o Direito Penal e o Processual Penal estão inseridos em uma sociedade desigual, na qual, se o indivíduo tiver bons antecedentes, conduta ilibada, etc., enfim, se se enquadrar dentro dos chamados padrões de normalidade das camadas dominantes, terá maiores possibilidades de ser absolvido do que alguém tido ou classificado como desviante. (STRECK, 2001, p. 160).

É justamente isso que se pretende evitar, e o que, reitera-se, a legislação processual,bem interpretada evita: que o acusado responda por fatos passados na acusação de fatos específicos e futuros, o que contrasta com parâmetros de regularidade de aplicação da Constituição e da legislação. Sem dúvida, a matéria é muito simples de ser compreendida: ninguém pode ser eternamente acusado de fatos diversos e antigos, caso contrário, bastaria obter a folha de antecedentes de um suspeito e aplicar-lhe uma pena, não sendo necessário gastar tanto esforço em rituais e em trabalho inútil.

Conclusões

Pelo exposto, reafirma-se o entendimento de que o processo penal é um processo de partes e entre partes: uma formada pela acusação estatal organizada e pública; outra pela defesa, técnica, por meio de advogado devidamente inscrito nos quadros da Ordem dos Advogados do Brasil ou da Defensoria Pública; e pessoal, que o acusado faz por meio da sua versão produzida nos autos e no interrogatório. Essencialmente de partes. Em consequência, não é natural que o órgão jurisdicional tutele a acusação estatal ou que adote entendimentos que venham a, eventualmente, beneficiar o seu trabalho.

Por isso que o parágrafo único do art. 479 do Código de Processo Penal proíbe, inclusive, "a leitura de jornais ou qualquer outro escrito, bem como a exibição de vídeos, gravações, fotografias, laudos, quadros, croqui ou qualquer outro meio assemelhado, cujo conteúdo versar sobre a matéria de fato submetida à apreciação e julgamento dos jurados", que não tenham sido juntados aos autos com a antecedência mínima de três dias úteis. Ora, nem mesmo documentos **que versem sobre a causa** podem ser "trabalhados" pelas partes se não tiverem sido juntados aos autos com a antecedência mínima prevista. Em outras palavras, a legislação processual permite a juntada aos autos de documentos que versem sobre os fatos em julgamento, não permitindo a juntada de qualquer tipo de documento que não tenha pertinência ou relevância com os fatos do julgamento.

Por outro lado, juntar documentos aos autos que sejam relativos a fatos passados de que tenha sido acusado o réu, alguns que eventualmente nem foram objeto de acusação por meio de denúncia, outros que ainda não foram definitivamente julgados, viola a plenitude de defesa, dado que o réu deverá ter uma "superdefesa" em tempo exíguo, tendo de se defender de fatos para os quais nem sequer foi acusado nos autos.

Assim, a juntada de documentos que não versem sobre a causa, nos procedimentos da competência do Tribunal do Júri, viola a legislação (artigos 478 e 479 do Código de Processo Penal) e viola, ainda, a Constituição Federal (art. 5º, XXXVIII, alínea *a*).

Referências

GIACOMOLLI, Nereu José. Algumas marcas inquisitoriais do Código de Processo Penal brasileiro e a resistência às reformas. **Revista Brasileira de Direito Processual Penal**, Porto Alegre, v. 1, n. 1, p. 143-165, 2015. Disponível em: http://dx.doi.org/10.22197/rbdpp.v1i1.8. Acesso em: 15 jun. 2020.

LENZA, Pedro; REIS, Alexandre Cebrian Araújo; GONÇALVES, Victor Eduardo Rios. **Direito processual penal esquematizado**. São Paulo: Saraiva, 2016.

LIMA, Renato Brasileiro de. **Manual de processo penal**. Salvador: Editora Juspodium, 2017.

LOPES JR., Aury. **Direito processual penal**. São Paulo: Saraiva, 2013.

LUHMANN, Niklas. **Legitimação pelo procedimento**. Brasília: Editora Universidade de Brasília, 1980.

STRECK, Lenio Luiz. **Tribunal do júri**: símbolos e rituais. Porto Alegre: Livraria do Advogado Editora, 2001.

35.

O ACORDO DE NÃO PERSECUÇÃO PENAL NA LEI Nº 13.964/2019 E SUA APLICAÇÃO AOS PROCESSOS EM ANDAMENTO

Fabrício Dreyer de Ávila Pozzebon

Chiavelli Facenda Falavigno

Introdução

Há muito tempo se questiona o real papel do magistrado na interpretação e aplicação da lei penal e processual penal. Pode – ou deve – o magistrado extrapolar a literalidade, lançando mão de uma interpretação crítica da norma, ou cabe a ele manter-se em uma posição inercial, buscando apenas aproximar o texto legal – da melhor maneira possível – ao que corresponderia à vontade do legislador, o qual deteria a autorização democrática para criar o Direito? Quais os limites dessa aplicação pelo juiz e como se dá essa aplicação aos processos penais em andamento, especialmente aqueles que envolvem normas de caráter misto (penal e processual penal) e que podem, em tese, a partir da análise do caso concreto, beneficiar o agente?

De outra banda, insta salientar que uma forte política criminal de tendência utilitarista, cujo objetivo é o "acordo sem processo", não raramente com antecipação da imposição de pena, tem avançado sobre a esfera penal sem maior cuidado, com o atropelo de direitos e garantias conquistados após anos de evolução da sociedade humana civilizada. Essas mudanças, que não se identificam com um único sistema (inquisitório, acusatório ou misto), por vezes podem beneficiar ou, de regra, prejudicar o acusado.

Questiona-se então: no caso do acordo de não persecução penal vigente a partir da Lei nº 13.964/2019 – o intitulado Pacote Anticrime –, como se dará a sua aplicação judicial para os processos em andamento?

O presente trabalho tem por escopo, após um breve exame da ampliação dos espaços de consenso na seara processual penal e do intitulado acordo de não persecução penal, analisar a postura do magistrado, tendo em vista as modalidades de interpretação possíveis, a estrutura do ordenamento punitivo existente e a posição do juiz diante desse ordenamento, inserido em uma realidade social cada vez mais complexa. Finalmente, se trabalhará sobre casos concretos, objeto dos precedentes nº 5050146-21.2018.4.04.7100/RS, julgado pela 7ª Vara Federal da Justiça Federal de Porto Alegre, e do recurso Extraordinário com Agravo nº 1171.894/RS, do Supremo Tribunal Federal, que buscam, por meio da interpretação, aplicar essas novas disposições às ações penais em andamento.

Não se pode deixar de destacar que este trabalho é fruto de honroso convite para integrar a presente obra, escrita em homenagem a um dos mais brilhantes desembargadores do Tribunal de Justiça do Estado do Rio Grande do Sul, atual Coordenador do renomado Programa de Pós-Graduação em Ciências Criminais da Escola de Direito da PUCRS, Professor Doutor Nereu José Giacomolli. Exímio processualista, autor de várias obras de referência, o ora professor e advogado homenageado se destacou, ao longo da sua exitosa trajetória profissional, pela inovação e criatividade de suas decisões, auxiliando na construção de doutrina e jurisprudência de vanguarda, que consolidaram nacionalmente interpretações respeitosas às garantias penais e processuais penais, orientadas pela tábua axiológica da Constituição Federal.

1. O incremento do consenso penal e o acordo de não persecução

Com a ampliação dos espaços de consenso no Direito Processual Penal, resultado de uma política criminal de tendência utilitarista que vê nos atalhos procedimentais ou, mais especificamente, na redução da complexidade processual a solução para a suposta falta de celeridade e o excesso de ações penais, o Brasil se alinha, do seu modo, ao que vem mundialmente ocorrendo,[1] na esteira do *plea bargaining* norte-americano.[2]

Não que inexistam relevantes argumentos também favoráveis à denominada justiça negocial, como medida de caráter despenalizador e desburocratizante, acarretando, conforme o caso, "o retorno do agente à área de licitude" na resolução dos conflitos, a redução da morosidade judicial e a diminuição do inchaço penitenciário,[3] além da possibilidade de participação e satisfação da vítima, com a reparação do dano. Porém, cabe destacar os enormes problemas que o modelo encontrado pelo Brasil, com sua estrutura jurídica romano-germânica ou de *Civil Law*, vem enfrentando ao inserir essa forma de justiça no seu sistema processual penal.

É que o *plea bargaining*, como adverte Nereu Giacomolli, adentrou nos sistemas jurídicos continentais "[...] sem preparação, de ninguém e de inopino", aproximando o processo penal do sistema jurídico norte-americano[4] sem o devido exame e discussão, o que se deu, inclusive, quanto aos próprios institutos adotados nos ordenamentos jurídicos onde foram gestados, e nos que já os recepcionaram, como Itália e Portugal. Diferenças estruturais de matriz político-econômica e cultural, a funcionalidade global, os fatores metanormativos (tradição, ideologia, política, economia, realidade sociocultural), o pluralismo jurídico, bem como os problemas já encarados pelos ordenamentos onde incorporados e ampliados foram desconsiderados, colaborando

[1] Ver SCHÜNEMANN, Bernd. Um olhar crítico ao modelo processual penal norte-americano. *In*: GRECO, Luís (coord.). **Estudos de direito penal, direito processual penal e filosofia do direito**. Madr: Barcelona: Buenos Aires: São Paulo: Marcial Pons, 2013. p. 240-261. p. 240.

[2] Sobre as expressões *plea bargain* e *plea bargaining*, segundo Jacinto Coutinho, enquanto a primeira "[...] concentra-se tão só no acordo que se estabelece; ou *deal*; ou *contract*; ou *agreement*"; a segunda, "[...] é muito mais e, envolvendo toda a negociação para se chegar ao acordo e suas consequências, dá conta das pessoas, do objeto dos trâmites, naquilo que são seus fundamentos e os fundamentos dos seus fundamentos". COUTINHO, Jacinto Nelson de Miranda. *Plea bargaining* no projeto anticrime: crônica de um desastre anunciado. **Boletim do Instituto Brasileiro de Ciências Criminais**, São Paulo, a. 27, nº 317, Edição Especial, p. 2-5, abr. 2019. p. 2-3.

[3] REALE JR, Miguel; WUNDERLICH, Alexandre. Justiça negocial e o vazio do Projeto Anticrime. **Boletim do Instituto Brasileiro de Ciências Criminais**, São Paulo, a. 27, nº 318, Edição Especial, p. 6-8, maio 2019.

[4] GIACOMOLLI, Nereu José. **O devido processo penal**: uma abordagem conforme a Constituição Federal e o Pacto de San Jose da Costa Rica. São Paulo: Atlas, 2014. p. 271.

para desestruturar um sistema de garantias já consolidado, em prejuízo do processo penal e do acusado. Inclusive, criticando essa importação pela legislação brasileira de institutos alienígenas, para Miguel Reale Jr. e Alexandre Wunderlich, "a justiça negocial penal no Brasil nada evolui, pois não cria nenhum instrumento destinado a dar maior segurança jurídica ou aumentar o nível de garantias constitucionais nos diversos tipos de acordo"[5].

Nessa mesma linha, especificamente sobre os denominados acordos de não persecução e de aplicação imediata de pena, objeto do presente trabalho, René Ariel Dotti e Gustavo Britta Scandelari, ainda que reconheçam como vantagem a possibilidade de uma sanção menor do que a aplicada em caso de sentença de conhecimento, após a regular produção probatória, destacam as críticas tanto na literatura estadunidense como no Brasil a respeito de: a) casos envolvendo acusados pobres,[6] incapazes de arcar com os custos de uma assessoria jurídica qualificada de modo a obterem um acordo justo; b) possibilidade de imputações desproporcionais pela acusação para coagir a defesa a um mau acordo; e c) adoção de modelo que distancia o povo do Judiciário.[7] Destaca-se, ainda, o recente entendimento da excelsa Corte no sentido de suspender o juiz das garantias, que poderia melhorar este cenário.

Apesar dos elogios e das críticas, em apertada síntese, após ter sido, ainda que com variações, objeto do Projeto do novo Código de Processo Penal (art. 283 do PL nº 8.045/2010) e da Resolução nº 181, de 7 de agosto de 2017, do Conselho Nacional do Ministério Público (CNMP), que dispôs sobre instauração e tramitação do procedimento investigatório criminal a cargo do Ministério Público, que em seu Capítulo VII, art. 18, dispõe sobre o intitulado "acordo de não persecução penal", Resolução esta questionada por Ações

[5] REALE JR, Miguel; WUNDERLICH, Alexandre. Justiça negocial e o vazio do Projeto Anticrime. **Boletim do Instituto Brasileiro de Ciências Criminais**, São Paulo, a. 27, nº 318, Edição Especial, p. 6-8, maio 2019. p. 7-8.

[6] Que são, sabe-se, a costumeira clientela do violento sistema penal brasileiro.

[7] Conforme os autores, tais críticas "já são do conhecimento da Suprema Corte norte-americana, a qual tem recomendado cautela às autoridades. E tem mantido o seu uso" (DOTTI, René Ariel; SCANDELARI, Gustavo Britta. Acordos de não persecução penal e de aplicação imediata de pena: o *plea bargain* brasileiro. **Boletim do Instituto Brasileiro de Ciências Criminais**, São Paulo, a. 27, n. 317, Edição Especial, p. 5-7, abr. 2019. p. 5).

Diretas de Inconstitucionalidade,[8] foi aprovado no âmbito do denominado Pacote Anticrime, conferindo segurança jurídica ao instituto, por força da Lei nº 13.964/19, o art. 28-A do Código de Processo Penal (CPP). Tal dispositivo, mitigando os princípio da obrigatoriedade e da indisponibilidade da ação penal pública, prevê a possibilidade de negociação entre o Ministério Público e o suposto autor do fato, com necessidade de homologação judicial, na qual itens da acusação são objeto de barganha (redução do número de acusações, reduções da pena a ser imposta, aplicação de penas menos severas, por exemplo). Para tanto, o réu abre mão do processo penal e, por conseguinte, de suas garantias processuais, como o contraditório e a ampla defesa, a presunção de inocência e a garantia contra a autoincriminação.

Os requisitos essenciais previstos na lei para aplicação do instituto são: a) confissão formal e circunstanciada da prática de infração penal sem violência ou grave ameaça à pessoa; e b) pena mínima prevista no tipo penal inferior a 4 (quatro) anos.

Mas há, ainda, outras condições que podem ser ajustadas cumulativa e alternativamente, pautadas pelo subjetivo critério da necessidade e suficiência para reprovação e prevenção do crime, (mal) trazido, do *caput* do art. 59 do Código Penal (CP), que trata da fixação da pena: a) reparação do dano ou restituição da coisa à vítima, exceto na impossibilidade de fazê-lo; b) renúncia voluntária a bens e direitos indicados pelo Ministério Público como instrumentos, produto ou proveito do crime; c) pena de prestação de serviço à comunidade ou a entidades públicas por período correspondente à pena mínima cominada ao delito, diminuída de um a dois terços; d) pagamento de prestação pecuniária a entidade pública ou de interesse social, a ser indicada pelo juízo da execução, que tenha, preferencialmente, como função proteger bens jurídicos iguais ou semelhantes aos aparentemente lesados pelo delito; ou e) cumprir, por prazo determinado, outra condição indicada pelo Ministério Público, desde que proporcional e compatível com a infração penal imputada.

Mesmo que para aferição da pena mínima cominada ao delito a que se refere o ***caput*** desse artigo sejam consideradas as causas de aumento e diminuição aplicáveis ao caso concreto, o fato é que uma enorme gama de infrações

[8] ADI 5793 do Conselho Federal da OAB e ADI 5790 da Associação dos Magistrados Brasileiros (AMB).

penais, sem violência ou grave ameaça à pessoa, previstas no Código Penal e na legislação extravagante, assim como de ações penais, estarão sujeitas a essa modalidade de acordo, a demonstrar a dimensão dos reflexos desse dispositivo para o (não) processo penal brasileiro[9] e seus reflexos, positivos ou não.

Mas após essa brevíssima análise, como fica a aplicação do novo instituto do acordo de não persecução penal aos processos em andamento?

2. A interpretação da norma penal e processual penal

Para dar continuidade a essa investigação, é essencial que se façam alguns apontamentos.

Conforme Carlos Maximiliano, sabe-se que a hermenêutica é a ciência que estuda e sistematiza os processos aplicáveis para a determinação de sentido e alcance das expressões jurídicas. Trata-se, portanto, da teoria científica que estuda a interpretação. Segundo o mesmo autor, são dois os principais procedimentos interpretativos, quais sejam, o gramatical e o lógico.[10]

Pelo primeiro, que é também o mais antigo, busca-se encontrar o significado perfeito da palavra empregada, sendo necessário, portanto, conhecimento apurado do idioma, do espírito do autor do texto, do assunto tratado e sua origem histórica etc. Conforme já se apontou em outros estudos,[11] tal forma de interpretação hoje se torna não apenas difícil de se concretizar de forma plena – tendo em vista a constante mutação da própria linguagem e, no caso

[9] Conforme o § 2º do referido artigo: "O disposto no **caput** deste artigo não se aplica nas seguintes hipóteses: I – se for cabível transação penal de competência dos Juizados Especiais Criminais, nos termos da lei; II – se o investigado for reincidente ou se houver elementos probatórios que indiquem conduta criminal habitual, reiterada ou profissional, exceto se insignificantes as infrações penais pretéritas; III – ter sido o agente beneficiado nos 5 (cinco) anos anteriores ao cometimento da infração, em acordo de não persecução penal, transação penal ou suspensão condicional do processo; e IV – nos crimes praticados no âmbito de violência doméstica ou familiar, ou praticados contra a mulher por razões da condição de sexo feminino, em favor do agressor". Os termos, procedimento e consequências de aplicação do instituto encontram-se nos parágrafos 3º a 12º do mesmo artigo.

[10] MAXIMILIANO, Carlos. **Hermenêutica e aplicação do direito**. Rio de Janeiro: Forense, 2006. p. 87 et seq.

[11] FALAVIGNO, Chiavelli Facenda. **Interpretação judicial criativa *pro reo* em Direito Penal**. Porto Alegre: Nuria Fabris, 2015. p. 148.

penal, o uso corriqueiro dos chamados elementos normativos do tipo[12] e demais técnicas legislativas de reenvio[13] – como também bastante incompleta, pois limitada diante da interdisciplinaridade hoje constantemente demandada no estudo do Direito.

Por interpretação lógica, a sua vez, se entende o estudo do texto legal em si, sem o recurso a elementos exteriores, com a aplicação conjunta de regras tradicionais e precisas de lógica geral, buscando-se aferir o sentido último da normativa. Nesse caso, o pensamento deve prevalecer sobre a literalidade, ocorrendo o extremo oposto, ou seja, reduzindo-se a ciência viva do Direito a silogismos de rigidez excessiva.[14]

Por fim, faz-se necessária a referência aos estudos de Juarez Freitas, que propõe a chamada interpretação sistemática, que recorre ao estudo conjunto do dispositivo legal com outras normas que tratam do mesmo objeto, tendo por escopo a efetividade máxima de princípios dirigentes, os quais devem nortear a abrangência máxima ou estreita de dada norma no caso concreto.[15] Tais normas de orientação devem ser buscadas na Constituição Federal:

> A interpretação constitucional é processo tópico-sistemático, de maneira que resulta imperativo, no exame do caso, alcançar a solução de equilíbrio entre formalismo e pragmatismo, evitando-se soluções unilaterais e respeitando a Constituição em sua abertura dialógica e em seu caráter histórico não linear.[16]

[12] Mais sobre o tema em: BECHARA, Ana Elisa Liberatore Silva. **Valor, norma e injusto penal**: Considerações sobre os elementos normativos do tipo objetivo no Direito Penal contemporâneo. 2017. Tese (Titularidade). Universidade de São Paulo, São Paulo, 2017.

[13] Tratamos desse tema na obra FALAVIGNO, Chiavelli Facenda. **A deslegalização do direito penal**: leis penais em branco e demais formas de assessoriedade administrativa no ordenamento punitivo brasileiro. Florianópolis: EMAIS, 2020.

[14] FALAVIGNO, Chiavelli Facenda. **Interpretação judicial criativa *pro reo* em Direito Penal**. Porto Alegre: Nuria Fabris, 2015. p. 148.

[15] Como exemplo dessa interpretação sistemática, pode-se citar o julgado n. 70051305852, de relatoria de Nereu Giacomolli, homenageado nesta obra.

[16] FREITAS, Juarez. A melhor interpretação constitucional versus a única resposta correta. *In*: AFONSO DA SILVA, Virgílio (org). **Interpretação constitucional**. Teoria & Direito Público. São Paulo: Malheiros editores, 2005. p. 354.

Em se tratando de Direito Penal e Processual Penal, sabe-se que as normas expressas na Constituição vislumbram a efetividade máxima de garantias como a legalidade, a individualização da pena, a humanidade, o contraditório e a ampla defesa no devido processo legal etc. Nesse sentido, a análise do texto legislativo deve, sem dúvida, ser norteado por ditas regras.

Por fim, cabe mencionar que, em matéria de ciências criminais, as normas podem ter natureza penal, processual penal ou mista. Enquanto as normas penais devem ser aplicadas apenas para os fatos cometidos posteriormente à sua promulgação – à exceção da norma que torna mais benéfico o tratamento ao acusado, na chamada retroação *in bonam partem*[17] –, a norma processual deve, em regra, ser aplicada de forma imediata, inclusive a procedimentos em curso.

Já no caso das normas mistas, é necessária a análise caso a caso. Gustavo Badaró faz a ressalva de que tais normas, muitas vezes, em que pese sua forma processual, possuem conteúdo material, sobremaneira quando tratam de direitos e garantias pessoais constitucionalmente assegurados:

> Assim, quanto ao direito processual intertemporal, o intérprete deve, antes de mais nada, verificar se a norma, ainda que de natureza processual, exprime garantia ou direito constitucionalmente assegurado ao suposto infrator da lei penal. Para tais institutos, a regra de direito intertemporal devera ser a mesma aplicada às normas penais de conteúdo material, qual seja a da anterioridade da lei, vedada a retroatividade da *lex gravior.*[18]

Cabe destacar, nesse último caso, importantes precedentes do Superior Tribunal de Justiça, no sentido da exceção à irretroatividade das normas processuais penais (de incidência imediata aos processos penais em andamento), pela aplicação retroativa no caso de normas penais de natureza jurídica mista, especialmente, de institutos despenalizadores da Lei nº 9.099/95[19] (composição civil dos danos, transação penal e suspensão condicional do processo),

[17] ASSIS TOLEDO, Francisco. **Princípios básicos de direito penal**. 5 ed. São Paulo: Saraiva, 1994. p. 34.

[18] BADARÓ, Gustavo. **Processo penal**. 6. ed. São Paulo: RT, 2018. p. 109.

[19] No mesmo sentido quando se operou a mudança do momento do interrogatório, que passou a ser o último ato. Em muitos processos em curso, o réu foi reinterrogado.

nos casos de decisão desclassificatória da infração para de menor potencial ofensivo, inclusive quando reconhecida em sede de apelação,[20] aliás, na esteira da Súmula nº 337 da aludida Corte.

Em que pesem as disposições despenalizadoras da Lei nº 9.099/95 apresentem diversas diferenças em relação às previstas no acordo de não persecução penal (confissão, *quantum* de pena, dentre outras), inclusive, não se aplicando o instituto do acordo de não persecução aos casos de competência dos juizados especiais criminais, a análise aqui proposta, como já esclarecido alhures, é sobre a natureza jurídica mista do instituto e sua aplicação aos processos em andamento, até porque na forma do § 13 do art. 28-A do CPP, com o cumprimento integral do acordo de não persecução penal, "o juiz competente decretará a extinção da punibilidade", a reforçar a aludida natureza híbrida do instituto.

É sobre essas normas que se passará a expor na última parte deste trabalho.

3. Aplicação do acordo de não persecução penal aos processos em andamento

À luz do examinado nos tópicos anteriores e de modo a ilustrar a aplicação do instituto ora em exame aos processos penais em andamento, cabe, finalmente, trazer alguns parâmetros sobre a matéria, já reconhecidos em dois precedentes importantes.

O primeiro deles foi proferido na Ação Penal nº 5050146-21.2018.4.04.7100/RS, pela 7ª Vara Federal da Justiça Federal de Porto Alegre, que faz referência a outras duas decisões anteriores no mesmo sentido: à Ação Penal nº 5016870-42.2017.4.04.7000/PR, da 14ª Vara Criminal de Curitiba, e à Ação Penal nº 5053709-86.2019.4.04.7100/RS, da 22ª Vara Federal de Porto Alegre.

[20] *Ex vi*: STJ, HC nº 55064/SP, Rel. Min. Arnaldo Esteves Lima, 5ª Turma, j. 09/05/2006, DJe29/05/2006; HC nº 69.444/MS, Rel. Min. Gilson Dipp, 5ª Turma, j. em 10/05/2007, DJe 25/06/2007; HC nº 37.544/RJ, 5ª Turma, Rel. Min. Gilson Dipp, j. em 19/06/2007, DJe 05/11/2007; HC 162.807/SP, Rel. Min. Laurita Vaz, 5ª Turma, j. em 08/05/2012, DJe 21/05/2012; RHC 73.124/PR, Rel. Ministra Maria Thereza de Assis Moura, 6ª Turma, j. em 01/09/2016, DJe 12/09/2016.

Desses julgados cabe destacar, inicialmente, o reconhecimento judicial de que a nova Lei nº 13.964/2019 implicou uma reforma profunda para o sistema jurídico penal brasileiro, como ocorreu com a inclusão do já referido artigo 28-A ao Código de Processo Penal, que passou a reconhecer em lei ordinária, a viabilidade do acordo de não persecução penal, quando se tratar de infrações penais sem violência ou grave ameaça à pessoa e com pena mínima inferior a quatro anos.

Dentre as questões trazidas por ocasião da análise do instituto em testilha, ressalta-se sua aplicação às ações penais em andamento por ocasião da entrada em vigor da aludida lei, especialmente à luz do disposto nos parágrafos 12 e 13 do mencionado art. 28-A do CPP, ao estabelecerem que "a celebração e o cumprimento do acordo de não persecução penal não constarão de certidão de antecedentes criminais, exceto para os fins previstos no inciso III do § 2º deste artigo" e que "Cumprido integralmente o acordo de não persecução penal, o juízo competente decretará a extinção de punibilidade".

Ainda na esteira do referido entendimento, que refere o alinhamento – já tratado no primeiro tópico deste trabalho – à tendência mundial de ampliar os casos de justiça penal negocial, deve-se partir do pressuposto de que em se tratando de partes antagônicas, é da essência do instituto "que cada parte abra mão de uma parcela de sua posição processual em prol de uma solução mais célere e benéfica, se comparada com uma eventual futura sucumbência", estabelecendo que a confissão do(a)s indiciado(a)s/acusado(a)s, mais do que requisito prévio, é parte integrante do acordo, cabendo aos indiciado(a)s, no caso do Ministério Público manifestar interesse na celebração, sopesar com seus defensores sobre a conveniência.

Outro aspecto que chama atenção na decisão é a discussão sobre se é caso de ato discricionário do órgão do Ministério Público ou direito subjetivo do réu, uma vez que a lei prevê a possibilidade do investigado manifestar inconformidade com a iniciativa ministerial, competindo ao Judiciário examinar a tanto a voluntariedade das tratativas, como a adequação e abusividade de suas cláusulas, como já ocorre com a suspensão condicional do processo prevista na Lei nº 9.099/95. O entendimento foi no sentido de que, em se tratando de norma de natureza processual ou híbrida, deve ser desde logo observada e, no caso de ação penal já instaurada, de modo a evitar possível alegação de nulidade futura, bem como garantir ao réu os direitos que a legislação lhe resguarda, além de explicitar a possibilidade, ou não, de celebração do acordo, fosse oportunizado ao *dominus litis*, manifestar-se sobre tal viabilidade. O próprio Ministério Público Federal, segundo refere a decisão, divulgou através de sua 2ª Câmara de Coordenação e Revisão, intitulado "Roteiro Sintético ANPPs"[21], a possibilidade da suspensão de ações penais em andamento, pelo fato de a legislação em tela ter natureza mista e ser mais benéfica ao réu.

Restou decidido também que, diante da natureza do instituto e pela conformação legal do aludido art. 28-A, não deve haver intervenção do juízo na sua eventual propositura ou termos, apreciações sobre a possibilidade objetiva ou subjetiva de tal composição, salvo no momento do exame de sua homologação. Assim, em todos os processos em andamento ajuizados antes da vigência da lei, cumpre ser explicitado pelas partes a eventual possibilidade de acordo de não persecução penal, para o seguro prosseguimento do feito, convertendo o feito em diligências e intimando-as, de modo a conceder-lhes prazo para se manifestarem sobre eventuais diligências extra-autos, no sentido da celebração do acordo ou sua inviabilidade.

Quanto ao segundo precedente referido, o da excelsa Corte, em que pese a recentíssima decisão tenha sido proferida monocraticamente nos limites de Recurso Extraordinário com Agravo nº 1.171.894/RS, especificamente no caso de pedido de aplicação do acordo de não persecução penal a processo em andamento, o entendimento esposado foi no sentido de que observadas a dinâmica e organicidade do Direito, em especial, o Processual, é inviável a incidência da norma processual mais benéfica "quando já existente condenação, quer estando transitada em julgado, quer passível ainda de impugnação, mediante recurso", como já decidido anteriormente pelo Pleno do STF no *Habeas Corpus* nº 74.305, de 2011. E na hipótese concreta, quando da entrada em vigor do preceito, já havia sentença condenatória proferida contra a recorrente.

[21] Disponível em: http://www.mpf.mp.br/atuacao-tematica/ccr2/sobre/boas-praticas. Acesso em: 27 fev. 2020.

Conclusões

É inegável o avanço dos espaços de consenso na esfera penal brasileira, como bem demonstra a inserção do acordo de não persecução penal no nosso Código de Processo Penal, com seus argumentos favoráveis e contrários. Trata-se de mudança profunda e abrangente em nosso sistema, com reflexos jurídicos de várias ordens, dentre eles, aspectos interpretativos envolvendo sua aplicação.

A adoção de políticas criminais utilitaristas que veem o processo penal como algo a ser moldado na busca da eficiência, celeridade e redução de custos, sem a observância de direitos e garantias conquistados a duras penas, acarreta a redução da sua complexidade e a profunda alteração do rito. Procurar responder aos anseios de uma sociedade assolada pela violência, com promessas vãs de solução penal dos problemas, de forma isolada e prioritária, contribui para o sacrifício de direitos, garantias e de suas próprias categorias.

Ou seja, é praticamente uníssono na doutrina que qualquer perspectiva de melhora deveria ser iniciada pela redução da abrangência do Direito Penal, sobretudo se sabendo que, muitas vezes, o discurso midiático de segurança pública acaba por desvirtuar, na prática, a finalidade de leis que visavam inicialmente a reduzir o âmbito do controle penal, conforme se observou com as pouco aplicadas medidas cautelares alternativas da Lei nº 12.403, de 2011.

As inovações legislativas resultantes da Lei nº 13.964/2019 são muito recentes e, no decorrer do tempo, doutrina e jurisprudência se encarregarão de elucidar dúvidas e suprir lacunas interpretativas.

Caso a excelsa Corte venha a considerar tratar-se de norma penal de natureza jurídica mista e, portanto, retroativa, diante das disposições mais benéficas ao acusado, será mantida a limitação temporal de aplicação adotada? O fato de o pedido ter sido feito incidentalmente em sede de apelo extraordinário, mesmo diante dos termos do parágrafo único do art. 2º do Código Penal que estabelece a retroatividade da *lex mitior* ainda que havendo sentença condenatória transitada em julgado, haverá empecilho para tal reconhecimento? Sim ou não, por quais fundamentos? Não pode o discurso eficientista, de celeridade e de redução do uso da "máquina pública" para fins penais ser utilizado apenas para prejudicar acusados e reduzir garantias.

O principal objetivo do presente trabalho foi exatamente este, ou seja, o de trazer subsídios, ilustrados por precedentes judiciais, inclusive da excelsa

Corte, para reflexão acerca da aplicação da lei penal e processual penal a processos em andamento, em especial, no caso de acordo de não persecução penal. O fundamental é que a essência do sistema acusatório seja sempre respeitada, com olhos à valorização dos direitos e garantias do acusado e do investigado, de modo a harmonizar as modificações legais advindas com princípios e garantias ínsitos à ciência penal.

Perdem o Direito Processual Penal e o instituto do acordo de não persecução penal[22] quando os dispositivos referentes ao juiz das garantias, cuja aprovação configurou inegável avanço, são suspensos.[23] É necessário que o disposto no art. 3º-A, da nova lei, ao estabelecer que "o processo penal terá estrutura acusatória, vedadas a iniciativa do juiz na fase de investigação e a substituição da atuação probatória do órgão de acusação", não seja apenas letra morta (ou em coma), mas farol hermenêutico para quem aplica o Direito e o processo penal, tendo a tábua axiológica da Constituição Federal como porto seguro.

Referências

ASSIS TOLEDO, Francisco. **Princípios básicos de direito penal**. 5 ed. São Paulo: Saraiva, 1994.

BADARÓ, Gustavo. **Processo penal**. 6 ed. São Paulo: RT, 2018.

BECHARA, Ana Elisa Liberatore Silva. **Valor, norma e injusto penal**: Considerações sobre os elementos normativos do tipo objetivo no Direito Penal contemporâneo. 2017. Tese (Titularidade). Universidade de São Paulo, São Paulo, 2017.

COUTINHO, Jacinto Nelson de Miranda. *Plea bargaining* no projeto anticrime: crônica de um desastre anunciado. **Boletim do Instituto Brasileiro de Ciências Criminais**, São Paulo, a. 27, n. 317, Edição Especial, p. 2-5, abr. 2019.

22 "Art. 3º-B. O juiz das garantias é responsável pelo controle da legalidade da investigação criminal e pela salvaguarda dos direitos individuais cuja franquia tenha sido reservada à autorização prévia do Poder Judiciário, competindo-lhe especialmente: [...] XVII – decidir sobre a homologação de acordo de não persecução penal ou os de colaboração premiada, quando formalizados durante a investigação."

23 Atualmente suspenso por decisão cautelar do STF que, ao contemplar quatro ações diretas de inconstitucionalidade (ADI nº 6298, ADI nº 6.299, ADI nº 6.300 e ADI nº 6305), suspendeu a eficácia, dentre outros dispositivos, dos arts. 3º-A a 3º-F do Código de Processo Penal, na redação dada pela Lei nº 13.964/2019, que versa sobre o juiz das garantias, por inconstitucionalidade formal e material.

DIEZ RIPOLLÉS, José Luis. ***Delitos y penas en España***. Madrid: Catarata, 2015.

DOTTI, René Ariel; SCANDELARI, Gustavo Britta. Acordos de não persecução penal e de aplicação imediata de pena: o *plea bargain* brasileiro. **Boletim do Instituto Brasileiro de Ciências Criminais**, São Paulo, a. 27, n. 317, Edição Especial, p. 5-7, abr. 2019.

FALAVIGNO, Chiavelli Facenda. **A deslegalização do direito penal**: leis penais em branco e demais formas de assessoriedade administrativa no ordenamento punitivo brasileiro. Florianópolis: EMAIS, 2020.

FALAVIGNO, Chiavelli Facenda. **Interpretação judicial criativa *pro reo* em Direito Penal**. Porto Alegre: Nuria Fabris, 2015.

FREITAS, Juarez. A melhor interpretação constitucional *versus* a única resposta correta. *In*: AFONSO DA SILVA, Virgílio (org). **Interpretação constitucional**. Teoria & Direito Público. São Paulo: Malheiros editores, 2005.

GIACOMOLLI, Nereu José. **O devido processo penal**: uma abordagem conforme a Constituição Federal e o Pacto de San Jose da Costa Rica. São Paulo: Atlas, 2014.

MAXIMILIANO, Carlos. **Hermenêutica e aplicação do direito**. Rio de Janeiro: Forense, 2006.

POZZEBON, Fabrício Dreyer de Ávila; FALAVIGNO, Chiavelli Facenda. Ativismo judicial e direito penal do risco: novos desafios. **Arquivo Jurídico** – ISSN 2317-918X – Teresina-PI – v. 3, n. 1, p. 105-115, Jan./Jun. de 2016.

REALE JR, Miguel; WUNDERLICH, Alexandre. Justiça negocial e o vazio do Projeto Anticrime. **Boletim do Instituto Brasileiro de Ciências Criminais**, São Paulo, a. 27, n. 318, Edição Especial, p. 6-8, maio 2019.

SCHÜNEMANN, Bernd. Um olhar crítico ao modelo processual penal norte-americano. *In*: GRECO, Luís (coord.). **Estudos de direito penal, direito processual penal e filosofia do direito**. Madri/Barcelona/Buenos Aires/São Paulo: Marcial Pons, 2013. p. 240-261.

36.
A UTILIZAÇÃO DE PRÁTICAS DE JUSTIÇA RESTAURATIVA NO CURSO DO PROCESSO PENAL: AS EXPERIÊNCIAS DOS JUIZADOS DE VIOLÊNCIA DOMÉSTICA E FAMILIAR CONTRA A MULHER

Rodrigo Ghiringhelli de Azevedo
Michelle Karen Batista dos Santos

Introdução

A justiça restaurativa tem sido apresentada como um modelo radicalmente diferente de resolução de conflitos em relação ao sistema de justiça criminal tradicional. Mas o que de fato é justiça restaurativa? Responder essa pergunta é algo complexo, há indicativos de que o mais fácil é dizer o que não é a justiça restaurativa. Entretanto, é de suma importância apontar delineamentos conceituais para a compreensão das práticas, razão pela qual, apesar de reconhecida a dificuldade de definição, há um relativo consenso em torno do conceito de Tony Marshall, que a define como "um processo pelo qual as partes envolvidas em uma específica ofensa resolvem, coletivamente, como lidar com as consequências da ofensa e as suas implicações para o futuro" (MARSHALL, 1996, p. 37).

Tal modelo de justiça é orientado por princípios e valores como a imparcialidade do facilitador – terceiro interventor –, a confidencialidade, a voluntariedade das partes, a presunção de inocência, o empoderamento, a obediência aos limites máximos estabelecidos legalmente como sanções, a escuta respeitosa, a preocupação igualitária com todos os participantes, entre outros.

Os objetos da justiça restaurativa seriam, então, as consequências do crime e as relações sociais afetadas pela conduta, sendo o objetivo elaborar respostas que transformem as relações entre vítima, ofensor, comunidade e sistema de justiça. Porém, por ser um conceito aberto e fluído, suas concepções podem ser diversas, objetivando desde o encontro entre as partes, para decidirem sobre a melhor solução a ser dada para o conflito, até a reparação do dano e a transformação individual dos participantes, no que tange à forma como compreendem a si e se relacionam com os outros.

No Brasil, a justiça restaurativa surge nas primeiras décadas do século XXI e é oficialmente traduzida[1] pelo Poder Judiciário a partir do ano de 2005, dando origem a uma justiça restaurativa judicial, cuja trajetória é marcada por dois momentos: (i) a implantação – tendo por marco a parceria firmada entre o Ministério da Justiça e o Programa das Nações Unidas para o Desenvolvimento (PNUD), que resultou na implementação da justiça restaurativa através de três projetos-piloto[2] em 2005, e (ii) a institucionalização-expansão – que tem por marco a Resolução nº 125/2010, seguida da Resolução nº 225/2016, ambas do Conselho Nacional de Justiça (CNJ) e impulsionadoras do uso desses programas.

Em contínuo desenvolvimento e expansão, os programas brasileiros de justiça restaurativa contam com o protagonismo do Poder Judiciário e com o ideal de democratização da justiça de cima para baixo. As atividades são hegemonicamente conduzidas pela prática dos círculos de construção de

[1] Aqui se pensa tradução como implicação de um processo de importação cultural na configuração de racionalidades, programas e tecnologias, por diferentes "experts" locais que operam, com essas ferramentas importadas, transformando os discursos e as práticas existentes de seus próprios contextos nacionais (SOZZO, Máximo. *"Traduttore traditore": traducción, importación cultural e historia del presente de la criminologia em América Latina.* **Cuadernos de Doctrina y Jurisprudencia Penal,** Buenos Aires, Villela, año VII, n. 13, p. 353-431, 2001. p. 358).

[2] Os Projetos-piloto tiveram início em Porto Alegre e São Caetano do Sul, voltados para as condutas qualificadas como atos infracionais, e em Brasília, voltado para aquelas qualificadas como infrações de menor potencial ofensivo.

paz, sem uma base teórica sólida e crítica, além da formação dos facilitadores basearem-se em profissionalização voluntária.

Há ainda uma forte influência etnocêntrica, sobretudo euro-americana, numa dinâmica de construção do modelo de justiça mediante uma contínua recriação. Contudo, no Brasil, os limites são inúmeros, o que resulta em uma justiça restaurativa que serve de complemento ao sistema de justiça criminal tradicional, legitimando suas funções que são profundamente diversas dos princípios e valores teóricos que fundamentam a ideia de justiça restaurativa.

Diante disso, neste trabalho nos propomos a refletir sobre a aplicação de práticas de justiça restaurativa no curso do processo penal, no contexto específico dos Juizados de Violência Doméstica contra a Mulher. Competência que recepciona conflitos atravessados por relações de poder, marcados por dinâmicas culturais, sociais e econômicas.

Para isso, expusemos resultados preliminares de pesquisa empírica desenvolvida, para, ao final, problematizar os desafios da utilização de práticas experimentais de justiça restaurativa, no âmbito dos conflitos domésticos marcados por violência contra a mulher, de forma complementar ao sistema de justiça criminal tradicional. Assim, a partir de revisão bibliográfica e análise de documentos oficiais, desdobraram-se alguns riscos diante de um modelo de justiça que vem se consolidando, sem romper com a lógica do paradigma retributivo-punitivo dominante.

1. Justiça restaurativa, justiça criminal tradicional e violência doméstica: aproximações que marcam a experiência brasileira

Atualmente, existem programas de justiça restaurativa em 19 unidades da Federação brasileira, alguns em fase primária de implementação e outros já consolidados, estando vinculados à infância e à juventude ou aos Nupemecs e aos Nupecons[3]. Quanto às competências, há programas na seara da infância

[3] Ambos são Núcleos Permanentes de Métodos Consensuais de Solução de Conflito, possuindo atribuições elencadas na Resolução nº 125/10, do Conselho Nacional de Justiça, bem como no Provimento nº 2.348/16, do Conselho Superior da Magistratura, sendo suas principais atividades: instalação e monitoramento de Centros Judiciários de Solução de Conflitos e Cidadania (Cejusc); atualização permanente de servidores, conciliadores e mediadores nos

e da juventude, nos Juizados Especiais Criminais, nos Juizados de Violência (ou Paz) doméstica, no âmbito da execução das penas e medidas alternativas e socioeducativas e nos Juizados do Torcedor. Isso sem mencionar a inserção das práticas na Guarda Municipal, nas escolas e na rede de serviços públicos (CNJ, 2018a, p. 39-46).

Sendo nosso objetivo analisar a inserção e o desenvolvimento das práticas restaurativas no âmbito da violência doméstica, buscamos compreender o funcionamento de três dos seis programas de justiça restaurativa que estão em curso no País, especificamente na competência dos Juizados que recepcionam esses conflitos. Os seis programas estão distribuídos entre a Região Norte e a Região Sul, cada um funcionando de acordo com a autonomia do(a) magistrado(a) que detém a coordenação do respectivo Juizado, sendo práticas que foram inseridas em plena vigência da Lei nº 11.340/2006, mais conhecida como Lei Maria da Penha.

Nossa preocupação reside no formato de justiça restaurativa que pode se consolidar dentro do sistema de justiça criminal, no que tange aos conflitos de gênero marcados por violência doméstica contra a mulher. Isso porque a Lei nº 11.340/2006, mesmo não proibindo o uso dessas práticas, tem regido outras práticas no âmbito dos processos penais que são antagônicas ao modelo restaurativo, pois são, por vezes, reduzidas a políticas criminais de orientação unicamente retributiva (CNJ, 2018, p. 25-26). Assim, apesar de estudos demonstrarem que a proposta da Lei Maria da Penha não se consolidou como um meio efetivo de solução de conflitos domésticos para todas as vítimas (CELMER; TAVARES; SOUZA; CASTILLO, 2011; MELLO, 2015; MEDEIROS, 2015), a questão é que tal Lei também oferece inúmeros limites que dificultam a solidificação de outro paradigma de Justiça.

Entre esses limites está o afastamento das medidas despenalizadoras, consequência do afastamento da Lei nº 9.099/95, impossibilitando também o momento de conciliação, de maneira que a intervenção penal, amarrada à lógica retributiva-punitiva, não tem deixado alternativas para administração desses conflitos. Contudo, a justiça restaurativa conseguiu adentrar aos Juizados, e

métodos adequados de solução de conflitos; criação e manutenção de cadastro de mediadores e conciliadores; desenvolvimento de política judiciária de tratamento adequado dos conflitos de interesses, planejamento, implementação, manutenção e aperfeiçoamento de ações voltadas ao cumprimento da política pública e suas metas.

práticas estão sendo desenvolvidas e apresentadas como outra possibilidade de fazer justiça para as mulheres vítimas.

Assim, com a crise do sistema de justiça criminal e os resultados insatisfatórios da Lei nº 11.340/2006, e diante do estado da arte da justiça restaurativa no País, surgiu a indagação: Que justiça restaurativa se faz nos Juizados de violência doméstica e familiar contra a mulher no Brasil?

Algumas considerações surgem a partir da pesquisa[4] desenvolvida em três Juizados no Estado do Rio Grande do Sul. Os Projetos ali implementados são vinculados ao Programa "Justiça para o Século 21", que é articulado pela Associação dos Juízes do Rio Grande do Sul e tem assumido o objetivo de divulgar e aplicar as práticas da justiça restaurativa na resolução de conflitos, atuando de forma complementar ao sistema tradicional de justiça criminal (BRANCHER, 2008).

Almejando conhecer as práticas desenvolvidas no âmbito desses Juizados – denominados aqui de "1º Campo", "2º Campo" e "3º Campo" –, realizamos estudos de casos que se baseiam nas seguintes atividades de pesquisa: participação em cursos de formação de facilitadores; acompanhamento de audiências; verificação de Expedientes e Processos Criminais; participação em Grupos de fortalecimento de mulheres vítimas; acompanhamento de círculos conflitivos de justiça restaurativa, com a presença da vítima e do ofensor; acompanhamento do Grupo reflexivo de homens e entrevistas semiestruturadas com magistradas e facilitadoras das referidas práticas.

O que faremos agora é apresentar um panorama breve do que já foi possível aferir, ressaltando que as práticas aqui verificadas devem ser consideradas uma amostra local do que vem sendo aplicado no Brasil, tendo em vista que estão vinculadas a um Programa específico e são desenvolvidas a partir da autonomia de coordenação de cada magistrada responsável pelo respectivo Juizado.

[4] Tal pesquisa é objeto da dissertação de mestrado da pesquisadora Michelle Karen Batista dos Santos, sob orientação do Professor Rodrigo Ghiringhelli de Azevedo e com incentivo da Capes. A dissertação foi defendida em março de 2020 e aqui serão apresentados apenas dados parciais, preservando a identidade dos Juizados e das pessoas que concederam entrevistas para a consolidação dessa pesquisa.

1.1. Adentrando aos Juizados

"1º Campo" – O primeiro Juizado a ser apresentado objetiva com a justiça restaurativa qualificar os facilitadores em gênero para contornar riscos e prevenir novos crimes de violência doméstica contra a mulher. Sua atenção é voltada para questões de desigualdade e vulnerabilidade, de forma que o Projeto sirva para uma mudança cultural mais efetiva no âmbito das relações de gênero marcadas por opressões e violências.

Nesse Juizado não há Equipe Multidisciplinar, de forma que a atuação no Projeto se dá de forma voluntária por pessoas que estão fazendo Estágio nos Cursos de Formação em Justiça Restaurativa ou por Servidores que já fizeram o Curso e atuam nessas atividades em paralelo com suas outras atribuições.

A única prática desenvolvida é o círculo de construção de paz, que pode ser conflitivo, para resolução de conflitos específicos entre os sujeitos envolvidos, ou não conflitivo, para promover o diálogo em algum grupo. Essa prática foi disseminada no Brasil por Kay Pranis, instrutora norte-americana, e tem por característica a reunião de pessoas em formato de círculo, objetivando um momento de fala e escuta sobre emoções e a situação-problema vivenciada. Nessa prática, o facilitador, pessoa com nível superior sem exigência de curso, devidamente formada no curso ofertado pelo Tribunal do Rio Grande do Sul em parceria com a Escola Superior de Magistratura (Ajuris), conduz a atividade a partir do processo circular[5] que melhor se adéque à demanda do grupo.

[5] Os círculos podem ser usados em diversas situações e sua nomenclatura varia de acordo com a finalidade da prática no caso concreto – resolução de um conflito, construção de conexão com a comunidade, aprendizagem emocional e social, conversas difíceis, fortalecimento de equipe, envolvimento familiar, apoio intensivo etc. (PRANIS, Kay; WATSON, Carolyn Boyes. **No coração da esperança**. Guia de práticas circulares: o uso de círculos de construção da paz para desenvolver a inteligência emocional, promover a cura e construir relacionamentos saudáveis. Porto Alegre: Tribunal de Justiça do Estado do Rio Grande do Sul, Departamento de Artes Gráficas, 2011). Assim, podem se chamar "círculos de sentença", "círculos de celebração", "círculos de paz", entre outros, com os mais diversos propósitos (PALLAMOLLA, Raffaela da Porciuncula. **A construção da justiça restaurativa no Brasil e o protagonismo do Poder Judiciário**: permanências e inovações no campo da administração de conflitos. 2017. 286f. Tese (Doutorado em Ciências Sociais) – Programa de Pós-Graduação em Ciências Sociais, PUCRS. Porto Alegre, 2017. No prelo).

Essa metodologia é aplicada em determinados espaços dentro do Juizado; o primeiro deles é no Grupo Reflexivo de homens que praticaram violência contra a mulher. O encaminhamento desses homens se dá no deferimento de concessão de medidas protetivas pretendidas pela mulher vítima, em que o juízo, entre as demais proibições, determina que o homem agressor frequente o referido grupo. Nesse espaço, ocorrem palestras, oficinas e discussões sobre violência contra a mulher, sendo que eventualmente a equipe responsável utiliza a metodologia dos círculos não conflitivos para estimular a reflexão sobre a violência praticada.

A mesma metodologia é aplicada nos Círculos de Fortalecimento de mulheres vítimas, estas que são convidadas na Audiência de Acolhimento. Essa audiência ocorre em até 20 dias após a comunicação do fato e pedido da medida protetiva, tendo por finalidade tomar ciência da situação e fazer o encaminhamento das partes para os projetos existentes no âmbito do Judiciário e na rede de assistência. De acordo com o caso, nessa audiência a medida protetiva é mantida ou revogada, sendo a vítima consultada sobre o interesse em dar prosseguimento à investigação criminal e futuro processo penal. Como é um momento de escuta da vítima, estando ela em situação de vulnerabilidade emocional ou sendo de seu interesse, o magistrado a convida para participar dos Círculos de Fortalecimento. As datas são marcadas de acordo com a disponibilidade das mulheres, e adotam, em todos os encontros, a metodologia circular, sempre com a presença de um facilitador.

Esse espaço está previsto na Lei nº 11.340/2006 como medida de assistência à mulher vítima de violência, sendo que desde julho de 2015 foi escolhida a metodologia dos círculos para conduzir os encontros, momento em que o Juizado passou a desenvolver o Projeto de Justiça Restaurativa. Os círculos aplicados ali podem ser denominados de "Círculos de Apoio", pois seu propósito é prover apoio emocional às mulheres (PALLAMOLLA, 2017, p. 242) e servir de espaço que organiza pertencimento, conexão, empoderamento e compreensão entre as participantes.

O Juizado também oferece os Círculos Conflitivos. Não se trata de uma mediação, mas é um momento de encontro entre as pessoas envolvidas em uma situação de violência. Nesse espaço, a prática pode ocorrer em qualquer momento do processo, para qualquer situação, independente do relacionamento mantido e da gravidade do crime. O convite para participação pode ser feito em audiência, no balcão da secretária do Juizado ou pelo interesse das pessoas, tendo em vista que são disponibilizadas cartilhas sobre o Projeto.Encaminhado um círculo conflitivo, primeiramente é marcado um pré-círculo, quando as facilitadoras conversam com as partes separadamente, a fim de compreender as demandas individuais e facilitar a escolha pelo melhor tema para condução do encontro. Nesse momento também é informado que as partes podem convidar outras pessoas de confiança que também foram afetadas pelo conflito ou que possam ajudar na sua solução. Ainda, as facilitadoras explicam os termos do processo restaurativo, entregando documentos que devem ser assinados por todos os participantes. São eles: termo de voluntariedade e termo de concessão de divulgação dos resultados nos Núcleos Internos de Avaliação, com possibilidade de filmagem e gravação de áudios.

Realizado o pré-círculo, é marcado o Círculo, onde as partes se encontram para vivenciar o processo circular de resolução do conflito, sendo o auge desse momento a construção dos acordos para uma convivência pacífica. Estabelecido os acordos, passa-se por um momento de experiência, para que as pessoas possam colocar em prática aquilo que consensualmente estabeleceram. Após esse período, determinado a partir da demanda dos participantes, é marcado o pós-círculo, quando se encontram com as facilitadoras para a verificação do cumprimento dos acordos. Sendo considerado cumprido, dá-se por finalizado o processo circular, considerando ter havido sucesso na prática restaurativa. Não sendo cumprido, encerra o processo sem resultado satisfatório. A coordenação do Projeto compreende que a aplicação dessa prática restaurativa não é para reatar laços, mas para pacificar relações e garantir uma restauração emocional.

Tal procedimento é sigiloso e seu conteúdo não vai para o Processo Criminal, de forma que não tem reflexo nele. Contudo, tem-se verificado que Círculos Conflitivos que resultam em cumprimento do acordo impactam as Ações Privadas ou Condicionadas à Representação da vítima, pois após passar pelo processo, as vítimas decidem não seguir com a Ação Criminal, entendendo que seu conflito já foi solucionado de forma satisfatória. Contudo, são ínfimos os casos que chegam a esse procedimento: apenas dez a cada 2 mil.

Todos os espaços anteriormente mencionados desenvolvem práticas que são vinculadas ao Centro Judiciário de Solução de Conflitos e Cidadania (Cejusc), sendo realizados em sala própria. Contudo, há outro espaço que é vinculado à Central Integrada de Alternativas Penais (Ciap), viabilizado através de um convênio firmado entre o Poder Judiciário e a Superintendência de Serviços Penitenciários (Susepe). Trata-se da Central que acompanha o cumprimento das penas restritivas de direito dos apenados que têm pena inferior a quatro anos e preenchem uma série de requisitos, como não ser reincidente e nem ter cometido crime de grave ameaça. O objetivo do convênio é ressocializar e evitar superlotação das prisões, e uma das penas alternativas acompanhadas nessa Central, desde julho de 2019, é a participação em práticas de justiça restaurativa.

Esse espaço também se chama Grupo Reflexivo e para ele são encaminhados homens que cumprem pena restritiva de direito nas diversas competências, inclusive do Juizado de Violência Doméstica. As práticas são de círculos de construção de paz não conflitivos e ocorrem no respectivo foro, onde apenados devem comparecer obrigatoriamente e assinar o controle de presença a fim de que seja monitorado o cumprimento da pena. Segundo informações da magistrada, o Juizado, juntamente com o Ciap, tem construído um projeto piloto para solicitar a inclusão desse convênio no Programa "Justiça para o Século 21".

"2º Campo" – Nesse Juizado, o projeto de justiça restaurativa tem por base a concepção de que o sistema de justiça criminal tradicional não é suficiente para resolver conflitos que são marcados por violência doméstica e familiar contra a mulher. Assim, a rotina é desenvolvida sobre a premissa de que são necessárias outras práticas que ofereçam apoio, acolhimento, empoderamento e satisfação às mulheres vítimas, bem como práticas que proporcionem reflexão e transformação ao homem agressor.

A única prática desenvolvida, no âmbito desse Juizado, também são os Círculos de Construção de Paz, conflitivos e não conflitivos. Por não contarem com Equipe Multidisciplinar, quem conduz as práticas de justiça restaurativa são voluntários, servidores do Tribunal ou estagiários do Curso de Formação.

Os círculos não conflitivos são realizados no Grupo Reflexivo de homens e no Grupo de Apoio a mulheres, com os mesmos procedimentos de encaminhamento do Juizado mencionado anteriormente. A diferença é que no Grupo de homens as atividades e os encontros são bem definidos: ocorrem uma vez por semana, sendo que nos três primeiros encontros são palestras acerca das temáticas que envolvem violência doméstica contra a mulher e, no quarto e último encontro, é realizada a prática restaurativa. Já o Grupo de Mulheres ocorre uma vez por mês, adotando, em todos os encontros, a prática do círculo, contudo, nem sempre seguem estritamente o roteiro. Os encontros duram cerca de uma hora e não há a necessidade de estar vinculada a um processo criminal para participar. Mesmo assim há baixa adesão, de maneira que geralmente o grupo conta com a presença de cinco a dez mulheres.

A dinâmica também é diferente no que tange aos círculos conflitivos. Estes são realizados após a publicação da sentença, devendo estar presentes alguns requisitos: deve se tratar de crime de lesão corporal, sendo a Ação Penal Pública Incondicionada à Representação da vítima; o acusado deve confessar o crime no curso do processo e demonstrar arrependimento; o acusado não pode ser reincidente; a magistrada deve avaliar se as partes estão em equilíbrio de poder para não gerar processos de revitimização, sendo essa avaliação de risco feita subjetivamente; as partes devem estar mantendo um relacionamento afetivo entre si, e a condenação à pena privativa de liberdade não pode ser superior a dois anos.

Estando presentes os requisitos, o Juízo intima a vítima e o agressor para comparecerem no dia da publicação da sentença condenatória. Após a leitura do relatório e do dispositivo da sentença, o magistrado informa às partes da possibilidade de aplicação do instituto da suspensão condicional da pena, em que, durante a suspensão, o condenado ficará sujeito à observação e ao cumprimento das condições estabelecidas pelo juiz, de acordo com os artigos 77 e 78 do Código Penal (CP). Para tanto, investido no poder de especificar as condições para aplicação do *sursis*, a magistrada apresenta o projeto de justiça restaurativa, garantindo que se as partes participarem do procedimento, ao final, firmando e cumprindo os acordos, será extinta a pena privativa de liberdade. Ao contrário, caso "escolham" participar e não consigam firmar ou cumprir os acordos estabelecidos, a sentença condenatória será encaminhada para a execução criminal.

Caso aceitem participar das práticas restaurativas, o que ocorre na maioria dos casos, as partes são encaminhadas para o círculo conflitivo, no qual os procedimentos são os mesmos apresentados no 1ª Campo. Nesses círculos, a relação afetiva é o objeto da prática, sendo a finalidade prevenir novas violências, estabelecer acordos para manutenção de uma relação afetiva saudável e transformar os comportamentos que impulsionaram o conflito.

As práticas circulares restaurativas começaram a ser aplicadas em setembro de 2017 e, até o momento, já foram realizados 20 círculos conflitivos, sendo que dez obtiveram êxito, ou seja, as partes conseguiram firmar e cumprir os acordos, resultando na extinção da pena. Os demais casos, por não terem atingido resultados satisfatórios, foram encaminhados à Vara de Execução Criminal. O fato de não ter obtido êxito não significa que as partes não permaneceram juntas, apenas que não conseguiram firmar ou cumprir acordos para pacificação da relação.

Esses acordos são anexados no processo e geram reflexos na decisão de extinção da pena ou revogação da suspensão e, no caso de extinção, faz-se um monitoramento regular para verificar se os agressores voltaram a delinquir, de forma que a não reincidência é o que garante o sucesso do projeto.

"3º Campo" – A Coordenação desse Juizado afirma que não fazem justiça restaurativa, apenas aplicam práticas restaurativas em alguns espaços, sem obrigatoriedade. A única prática desenvolvida ali são os Círculos de Construção de Paz, que são facilitados por servidores do Juizado, que também não conta com uma Equipe Multidisciplinar para trabalhos mais específicos.

Contudo, esse Juizado desenvolve desde 2014 um projeto de enfrentamento à violência contra a mulher, visando à proteção das vítimas e à reeducação dos homens envolvidos em casos de agressão. Estando bem solidificado, o projeto conta com uma equipe estruturada e oferece formação em gênero para outras Comarcas. Assim, as práticas restaurativas acabaram inseridas dentro desse projeto, sendo oferecidos círculos não conflitivos nos Grupos Reflexivos de Gênero para homens e nos Grupos de Mulheres, seguindo o mesmo formato de encaminhamento dos outros Juizados.

O Grupo Reflexivo de Gênero existe desde 2011 e, ao todo, são 12 encontros, uma vez por semana, sendo que o primeiro é uma entrevista individual. Nesses encontros são desenvolvidas várias atividades, inclusive o círculo não conflitivo, com o objetivo de educar e reabilitar os agressores. A prática restaurativa não é uma regra, inclusive, mesmo quando ocorre, nem sempre se segue o roteiro do processo circular.

Já o Grupo de Mulheres é a peça-chave do projeto, pois tem se consolidado como um espaço potente de apoio, fortalecimento e emancipação. Os encontros ocorrem uma vez por semana e chegam a contar com mais de 20 mulheres, não necessariamente vinculadas a algum Processo Criminal. Nesse grupo também se aplica a prática do círculo não conflitivo, contudo, com o roteiro bem flexibilizado. Entretanto, é bem rara a utilização dessa metodologia, na maioria dos encontros são oferecidas palestras sobre os mais variados temas, oficinas de capacitação profissional, arteterapia, leitura coletiva, entre outras.

Assim, apesar de adotar práticas restaurativas, o Projeto desenvolvido nesse Juizado está sedimentando na importância da Lei Maria da Penha, considerando um avanço o impedimento das penas alternativas e o endurecimento penal para crimes dessa espécie. Dessa forma, estimula-se a busca pelos serviços do sistema tradicional e o entendimento de que as demais práticas são apenas o oferecimento de um serviço de assistência e apoio.

2. Problematizando riscos e desdobrando desafios

Como a justiça restaurativa brasileira remonta a um padrão judicial de operacionalização da metodologia autocompositiva que propõe, Sica (2007, p. 34), foi certeiro ao afirmar que os modelos punitivos e restaurativos só podem coexistir e se complementar. Por isso, a emergência de um modelo alternativo não está ligada rigorosamente à necessidade de abandono do vigente e adoção do novo, na verdade, ele se anuncia pela oportunidade – diante da crise de legitimidade discursiva do sistema de justiça criminal – de transformar a lógica repressiva e seletiva que marca a abordagem da questão criminal no país.

Entretanto, ao adentrar aos Juizados de Violência Doméstica contra a Mulher, foi possível verificar que a dinâmica brasileira de funcionamento da justiça restaurativa judicial em paralelo com o Processo Penal acaba por encobrir as muitas estruturas de dominação que constituem o paradigma punitivo orientador do sistema vigente, na medida em que se adota a justiça restaurativa para reavivar as finalidades da pena, como prevenção e reabilitação, através do mito da transformação instantânea quando se participa das práticas restaurativas. Procedimentos complementam a Justiça Penal tradicional, sem impacto direto no processo criminal, ou funcionam como pena alternativa.

Ainda, as práticas deixam de colocar no centro da Justiça os sujeitos envolvidos no conflito, em especial a vítima. Concedendo protagonismo ao próprio sistema de justiça vigente, já que se colocam as práticas restaurativas como serviço oferecido pelo Judiciário para auxiliar na superação do ocorrido, não necessariamente observando as necessidades reais da vítima, do ofensor e de seus apoiadores. Assim como nega alternativas possíveis, pois em todos os momentos se reafirma a necessidade de manutenção do paradigma punitivo, indicando os procedimentos mais complexos da justiça restaurativa para poucos e selecionados casos.

Outro ponto fundamental é que adotar alternativas reflete uma preocupação partilhada acerca da execução dos procedimentos do sistema de justiça criminal. Desde o atendimento oferecido pelas delegacias até a possibilidade de cumprimento de uma pena condenatória, postula-se por um conjunto de serviços que possam atuar com flexibilidade em cada caso concreto. Entretanto, a alta demanda considerada pela lógica da celeridade ainda é o principal obstáculo para a materialização de uma justiça que reivindica restauração e reparação, principalmente quando se entende que sua eficácia é dependente do processamento do conflito pela justiça penal tradicional, que igualmente vitimiza as mulheres.

No mais, o cenário expõe a concepção de quem atua com a justiça restaurativa dentro do Poder Judiciário: por serem atores que foram sensibilizados a conhecer esse modelo construído à brasileira, suas atuações são voltadas prioritariamente para a reunião de condições que proporcionem a convivência pacífica entre as pessoas. Em razão disso, do Judiciário à comunidade, idealiza-se um modelo que enfatiza a bondade do ser humano, a possibilidade da harmonia e a capacidade das pessoas em encontrar soluções, relativizando os riscos existentes na prática.

Por esse ângulo, ao conhecer as motivações é perceptível que não se tem como fim "emancipar o quadro rígido do processo" (GARAPON; GROS; PECH, 2001, p. 251), ao contrário, espera-se que a alternativa seja funcional ao sistema vigente. Começando a desenhar o rosto de uma justiça restaurativa que caminha de mãos dadas com a justiça penal tradicional, legitimando o discurso oficial da pena que retribui, previne e reabilita/ressocializa.

Os princípios e valores restaurativos, consequentemente, perdem força quando integrados às estruturas do paradigma punitivo, e ao contrário de reformar as razões que fundamentam a intervenção na questão criminal, eles acabam se tornando funcionais à racionalidade dominante. A esse respeito, essa justiça restaurativa é complementar no sentido de facilitar o cumprimento das promessas da justiça penal tradicional. É a dinâmica de reanimação do discurso que está em crise.

A questão é que essa operacionalização em conjunto, em que não existe autonomia da justiça restaurativa, aponta para um risco que já pode ser verificado no campo: o *bis in idem*, punir o ofensor mais de uma vez. Alguns Juizados têm adotado a prática restaurativa mediante o cumprimento de uma série de critérios, com aplicação após a sentença penal condenatória, condicionando o *sursis* ao cumprimento dos acordos realizados no procedimento restaurativo. Contudo, quando os sujeitos não conseguem finalizar positivamente o círculo, o réu é encaminhado para cumprir a pena originária resultante do processo criminal, ou seja, terá participado da justiça restaurativa, com indicação de reparação do dano através da mudança de comportamentos, e posteriormente, se for decidido pelo descumprimento do acordo, será apenado. Logo, terá participado de dois procedimentos, o punitivo e o restaurativo, sobrecarregando-o duplamente.

Ao oferecer a prática como um benefício ante uma pena restritiva de liberdade, subordinada ao critério da confissão do crime, soma-se uma dimensão coercitiva ao processo, endurecendo o sistema penal, tendo em vista que se induz a declaração de culpa no curso do processo criminal, produzindo efeitos condenatórios. E, em seguida, vale-se desse elemento para sugerir uma "pena" melhor, uma alternativa condicionante, aumentando, assim, as exigências para os acusados: impõe sobre eles a pena e as iniciativas restaurativas, em que esta figura como o mal menor, a oportunidade de ser uma pessoa diferente (igual as demais que acatam a ordem vigente).

No mais, como postula Giacomolli (2008, p. 270-272), só há diálogo se houver comunicação, esta que pressupõe entendimento. Por esse ângulo, se faz necessário que o acusado tenha por esclarecido o que está ocorrendo entre o processo penal e a justiça restaurativa: quais são suas possibilidades e quais são as consequências da aceitação ou da recusa da medida alternativa. Todavia, isso não tem sido observado nos projetos implementados nos Juizados, resultando na falta de compreensão dos sujeitos envolvidos acerca do que de fato é a suspensão condicional da execução da pena.

> A aceitação de sanções, ainda que sem a eficácia das penas advindas de um juízo condenatório, sem que o autor do fato saiba das possibilidades

> processuais com que conta, e sem saber da dimensão de sua atuação, é consequência do mimetismo de modelos totalmente incompatíveis com o sistema continental e acolhido, cegamento, com todos os vícios apresentados na origem. (GIACOMOLLI, 2008, p. 272).

O modelo à brasileira, dessa maneira, transforma-se facilmente em mais um instrumento que está à disposição da racionalidade dominante autoritária e inquisitorial, direcionando-se ao acusado ("criminoso"), e não à reparação do dano à vítima. O que significa dizer que, conforme a estrutura do programa e os critérios definidos para encaminhamento dos casos, a prática restaurativa assumirá características finalísticas da pena, como a retribuição ao delito, afastando-se dos objetivos restaurativos.

Nos Programas instalados nos Juizados de Violência Doméstica e Familiar contra a Mulher investigados, a justiça restaurativa é reservada ao lugar que lhe cabe nos limites do paradigma punitivo. Os modelos representados, com mais proximidades do que diferenças, não possuem independência normativa em relação à justiça penal tradicional, bem como não existe uma unificação efetiva entre os paradigmas de justiça, de modo que o paradigma punitivo continua atuando hegemonicamente e o paradigma restaurativo de maneira residual.

Nesse sentido, a expansão da implementação desse modelo de justiça e a experiência dos Juizados de Violência Doméstica contra a Mulher, permitem uma profunda reflexão sobre os desafios para a consolidação desses programas no Brasil. É primordial que o objetivo seja construir uma justiça restaurativa que inove positivamente o campo da administração de conflitos, e não que seja apenas um instrumento de continuidade de velhas lógicas e práticas (PALLAMOLLA, 2017). Para tanto, compreende-se que, apesar da possibilidade de perda de potencialidade diante do sistema de justiça criminal, há que se enfrentar a questão da regulamentação legal.

Regulamentar a justiça restaurativa é a forma direta de lidar com o legalismo característico da cultura jurídica brasileira (ACHUTTI, 2016), diante de um modelo que já está inserido no âmbito do Poder Judiciário. Seria o meio pelo qual se evitaria que a autonomia dos magistrados resulte em descaracterização do conceito e das práticas, de forma a criar diretrizes e regras que disciplinem o uso de programas. A regulamentação também pode servir de estimulo para o uso das metodologias e para quebrar tanto as resistências de agentes jurídicos, que muitas vezes rejeitam temas potencialmente inovadores, quanto dos magistrados adeptos que resistem a interferências externas (PALLAMOLLA, 2017, p. 270).

A autonomia dos núcleos de justiça restaurativa é outro ponto a ser observado. É imprescindível que esses espaços sejam instituídos a partir de uma nova linguagem. Seja no grupo de mulheres, seja no grupo de homens ou nas possibilidades de desenvolvimento de círculos conflitivos, há que se romper com a lógica dual vítima-agressor, passiva-ativo. Os serviços devem ser disponibilizados como meios de as pessoas se enxergarem como sujeitos das relações, não como manutenção da concepção de que mulheres são não sujeitos que gestionam relações afetivas, e que homens são naturalmente sujeitos dominadores que exercem poder de forma unilateral.

A justiça restaurativa também não pode ser um meio para retornar o conflito doméstico para o espaço privado; ao contrário, deve possibilitar que no espaço público seja minimizada a revitimização, a estigmatização do ofensor, as políticas com viés estritamente punitivo, a indiferença por parte dos atores jurídicos e a insatisfação com os resultados. Os programas devem buscar a integração, inclusive em nível institucional, para que seja possível criar uma rede permanente capaz de conferir visibilidade a outras práticas de acesso à justiça. Também, há que se definir quais são os objetivos de se desenvolver práticas restaurativas nos Juizados de Violência Doméstica, para que seja possível diminuir os riscos e enfrentar os desafios.

Avaliações técnicas e qualitativas são imprescindíveis, devendo ser realizadas com o intuito de melhorar o método empregado e conceber outros métodos, incentivando que, na ausência de normatização, os princípios e valores que constituem a justiça restaurativa sejam observados em totalidade. Igualmente, devem ser privilegiados programas que contem com capacitação e formação para além das práticas restaurativas, ou seja, com profunda atenção à natureza do conflito que se destina à intervenção, sendo requisito observar as questões de gênero, raça, classe e demais relações de poder que atravessam as vidas dos sujeitos, em especial das mulheres vítimas.

Outros aspectos merecem ser expostos, em relação ao perfil e execução dos programas: (i) devem ser transparentes e compartilhar métodos, custos e resultados; (ii) os serviços disponibilizados devem fazer parte de uma rede interdisciplinar de apoio; (iii) devem valorizar a participação de facilitadores que tenham experiência e preparo adequado para lidar com esse tipo de conflito; (iv) devem estimular a participação das universidades na avaliação dos programas; (v) devem garantir uma avaliação formal de risco para evitar a revitimização da mulher; (vi) devem conceder espaço de escuta aos homens agressores, contudo, tal procedimento não pode ser obrigatório; (vii) o encontro entre as partes não pode ser oferecido como pena alternativa ou como manutenção da relação, e, por fim, (vii) a inserção da comunidade não deve ser prioritária nas práticas, ao contrário, há que se fazer um trabalho de integração e conscientização, a fim de que a comunidade sirva de apoio, primordialmente, fora do espaço do judiciário.

A observação dos riscos pode levar a caminhos para a superação dos desafios. Caminho que deve ser trilhado de forma responsável e baseado nos aspectos que estão sendo levantados nas pesquisas acadêmicas. Como concluiu Pallamolla (2017, p. 273), é fundamental que "o campo jurídico se desacomode, e que tanto o Poder Judiciário quanto a academia se abram ao diálogo", de maneira que seja possível consolidar uma justiça restaurativa estruturada para ser um instrumento útil tanto para reduzir a atuação danosa do sistema de justiça criminal quanto para potencializar a resistência às opressões sistemáticas.

Conclusões

A Lei nº 11.340/2006 não proibiu o uso de práticas restaurativas no âmbito de sua competência, contudo, apresenta inúmeros limites para o desenvolvimento e a consolidação de programas restaurativos capazes de potencializar a democracia na gestão dos conflitos interpessoais. Esses limites, em conjunto com os riscos apresentados pela justiça restaurativa que é construída no país, concorrem para que não seja possível verificar a potencialidade desse modelo de justiça para além do fortalecimento das funções do sistema de justiça criminal tradicional.

Assim, mesmo com a regulamentação legal e a autonomia dos núcleos de justiça restaurativa, é possível que ainda não se faça justiça restaurativa nos Juizados de Violência Doméstica contra Mulher. Os limites legais e a necessidade do Estado de ofertar respostas às mulheres vítimas dentro de um sistema repressivo e punitivo impede a percepção da singularidade de cada caso, massificando os conflitos como se todas as relações fossem estruturadas da mesma forma.

Ainda, a não participação ativa das partes impede a tomada de decisão em conjunto, resultando na predominância da resolução ofertada pelo processo penal comum, que ao recepcionar a justiça restaurativa a marginaliza, sufocando-a. Assim, o uso desse sistema não é reduzido, ao contrário, é expandido, na medida em que as novas funções da justiça restaurativa o complementam.

Percebe-se, então, que não é adequado fazer experimentações de programas restaurativos no âmbito da violência doméstica, pois a não observação dos princípios e valores que orientam as práticas está produzindo efeitos que mais se alinham à lógica do sistema de justiça criminal, gerando riscos para os sujeitos envolvidos. Nada obstante, a manutenção desses Programas implica atenção aos desafios que precisam ser enfrentados para diminuir os riscos gerados, entre eles, o principal: o foco no agressor e na ordem jurídica violada. Contudo, é urgente que se volte a atenção para as vítimas, mulheres-sujeitos que atualmente encontram a justiça ao criar redes de acolhimento, fortalecimento e reconhecimento.

Referências

ACHUTTI, Daniel Silva. **Justiça restaurativa e abolicionismo penal**: contribuições para um novo modelo de administração de conflitos no Brasil. 2. ed. São Paulo: Saraiva, 2016.

AZEVEDO, Rodrigo Ghiringhelli de; SOUZA, Guilherme Augusto Dornelles de. Que "paz" é essa? Os significados do conflito na cultura jurídica brasileira e a justiça restaurativa no Brasil. *In*: POZZEBON, Fabrício Dreyer de Ávila; ÁVILA, Gustavo Noronha de (orgs.). **Crime e interdisciplinaridade** – Estudos em homenagem a Ruth Maria Chittó Gauer. Porto Alegre: EDIPUCRS, 2012.

BRANCHER, Leoberto. Apresentação: coordenação do Projeto Justiça para o Século 21. *In*: BRANCHER, Leoberto; SILVA, Susiâni (org.). **Justiça para o século 21**: Semeando Justiça e Pacificando Violências. Três anos de experiência da Justiça Restaurativa na Capital Gaúcha. Porto Alegre: Nova Prova, 2008.

CELMER, Elisa Girotti; TAVARES, Bruna; SOUZA, Marta; CASTILLO, Maurício. Sistema penal e relações de gênero: violência e conflitualidade nos juizados de violência doméstica e familiar contra a mulher na cidade do Rio Grande (RS/Brasil). *In*: AZEVEDO, Rodrigo Ghiringhelli de (org). **Relações de gênero e sistema penal.** Violências e conflitualidade nos Juizados de violência doméstica e familiar contra a mulher. Porto Alegre: EDIPUCRS, 2011.

CNJ – CONSELHO NACIONAL DE JUSTIÇA. **Relatório Analítico Propositivo.** Justiça pesquisa direitos e garantias fundamentais - entre as práticas retributivas e restaurativas: a Lei Maria da Penha e os avanços e desafios do Poder Judiciário. 2018. Disponível em: http://www.cnj.jus.br. Acesso em: 10 jan. 2020.

CNJ – CONSELHO NACIONAL DE JUSTIÇA. **Relatório Analítico Propositivo.** Justiça pesquisa direitos e garantias fundamentais – pilotando a justiça restaurativa: o papel do poder judiciário. 2018a. Disponível em: http://www.cnj.jus.br. Acesso em: 10 jan. 2020.

GARAPON, Antoine; GROS, Frédéric; PECH, Thierry. **Punir em democracia** – e a justiça será. Lisboa: Instituto Piaget, 2001.

GIACOMOLLI, Nereu José. O processo penal contemporâneo em face do consenso criminal: diálogos corrompidos e persistência no monólogo vertical. *In*: GAUER, Ruth Maria Chittó (org.). **Criminologia e sistemas jurídico-penais contemporâneos.** Porto Alegre: EDIPUCRS, 2008.

MARSHALL, Tony. *The evolution of Restorative Justice in Britain.* ***European Journal on Criminal Policy Research***, Heidelberg: Springer, v. 4, n. 4, 1996.

MEDEIROS, Carolina Salazar L'armée Queiroga de. **Reflexões sobre o punitivismo da Lei "Maria da Penha" com base em pesquisa empírica numa Vara de violência doméstica e familiar contra a mulher do Recife.** 2015. 158f. Dissertação (Mestrado em Direito) – Universidade Católica de Pernambuco, Recife, 2015.

MELLO, Marília Montenegro Pessoa de. **Lei Maria da Penha**: uma análise criminológico--crítica. Rio de Janeiro: Revan, 2015.

NADER, Laura. Harmonia coercitiva: a economia política dos modelos jurídicos. **Revista Brasileira de Ciências Sociais**, São Paulo, v. 9, n. 26, out. 1994.

ORGANIZAÇÃO DAS NAÇÕES UNIDAS - ONU. **Resolução 2002/12.** Dispõe sobre princípios básicos para utilização de programas de justiça restaurativa em matéria criminal. Disponível em: http://www.juridica.mppr.mp.br/arquivos/File/MPRestaurativoEA CulturadePaz/Material_de_Apoio/Resolucao_ONU_2002.pdf. Acesso em: 10 jan. 2020.

PALLAMOLLA, Raffaella da Porciuncula. **Justiça restaurativa**: da teoria à prática. São Paulo: IBCCRIM, 2009.

PALLAMOLLA, Raffaela da Porciuncula. **A construção da justiça restaurativa no Brasil e o protagonismo do Poder Judiciário**: permanências e inovações no campo da administração de conflitos. 2017. 286 f. Tese (Doutorado em Ciências Sociais) – Programa de Pós-Graduação em Ciências Sociais, PUCRS. Porto Alegre, 2017. No prelo.

PRANIS, Kay; WATSON, Carolyn Boyes. **No coração da esperança.** Guia de práticas circulares: o uso de círculos de construção da paz para desenvolver a inteligência emocional, promover a cura e construir relacionamentos saudáveis. Porto Alegre: Tribunal de Justiça do Estado do Rio Grande do Sul, Departamento de Artes Gráficas, 2011.

ROSENBLATT, F; MELLO, M. M.P. O uso da Justiça restaurativa em casos de violência de gênero contra a mulher: potencialidades e riscos. *In*: OLIVEIRA, L. *et al.* (org.). **Para além do Código de Hamurabi**: estudos sociojurídicos. Recife: ALID, 2015.

SICA, Leonardo. **Justiça restaurativa e mediação penal**: o novo modelo de justiça criminal e de gestão do crime. Rio de Janeiro: Editora Lumen Juris, 2007.

SOZZO, Máximo. *"Traduttore traditore": traducción, importación cultural e historia del presente de la criminologia em América Latina*. **Cuadernos de Doctrina y Jurisprudencia Penal**, Buenos Aires, Villela, año VII, n. 13, p. 353-431, 2001.

37. A FUNDAMENTAÇÃO DAS DECISÕES PENAIS E OS "AVANÇOS" TRAZIDOS COM O "PACOTE ANTICRIME"

Daniel Kessler de Oliveira
Diogo Machado de Carvalho

Introdução – breves palavras ao homenageado

É consabido que, amparados no célebre pensamento de Nelson Rodrigues, os brasileiros tendem a crer que "toda unanimidade é burra". Entretanto, "no processo penal com ele é...", poucas pessoas conseguem atingir um nível de (quase) louvável unanimidade. O Professor Nereu Giacomolli é uma destas. Nesses mais de dez anos de estudos das Ciências Criminais e de exercício profissional, seja na docência ou na advocacia, muitos foram os amigos e colegas que cruzaram nossa caminhada e nenhum deles jamais fora capaz de mencionar uma frase que viesse a depor contra a pessoa do, justamente, homenageado desta obra.

Tal situação se justifica pela sua entrega séria e dedicada aos estudos dos problemas atinentes ao processo penal, às contribuições doutrinárias brilhantes, aos suspiros democráticos transformados em jurisprudências quando de sua atuação como desembargador, mas principalmente pelo trato cordial, humilde, respeitoso e interessado para com qualquer aluno ou aluna.

Se *a obra do autor* é profunda e brilhante, *o autor da obra* é uma pessoa muito mais iluminada.

São profissionais assim que inspiram, que despertam interesses e cativam respeito por onde passam. Essa obra não é somente um reconhecimento em forma de agradecimento de muitos profissionais do Direito pelo que o Professor Nereu fez e, ainda faz, por cada um, mas é, também, uma comprovação de sua enorme contribuição para a perene luta pela democratização do processo penal.

As palavras e os ensinamentos do Professor Nereu estão presentes implícita ou explicitamente em cada linha desta obra e em tantas outras escritas Brasil afora, na defesa de um devido processo penal. A homenagem se justifica, em forma de agradecimento por todos aqueles que, na trincheira da defesa de um processo penal democrático, acreditam que é possível resistir e aspirar a novas mudanças, mesmo em momentos tão sombrios.

Com isso, mesmo em meio a toda tormenta autoritária que permeia nosso contexto social neste 2020, pretende-se uma reflexão de um ponto fundamental do processo penal: fundamentação das decisões judiciais, buscando avaliar os avanços que foram trazidos com as alterações implementadas pelo advento da Lei nº 13.964/2019, para avaliar se podemos, mesmo, comemorar as alterações ou se a comemoração se justifica apenas pelo fato de que aquilo que se esperava era qualquer coisa, menos uma mudança que implementasse maiores garantias.

1. O binômio "fundamentação-motivação das decisões judiciais" como princípio basilar do processo penal

Antes de mais nada, o maestro homenageado Nereu Giacomolli nos ensina que, conquanto não raras vezes tratados como sinônimos, os termos fundamentação e motivação possuem conteúdo diverso. Logo,

> por motivo se entende a causa ou a condição de uma escolha, a qual direciona a atividade para um fim específico, orientando a conduta humana, sem, no entanto, fornecer uma explicação ou justificação.

> O fundamento é a explicação ou a justificação racional da coisa da qual é causa; a razão do ser.[1]

Ou seja, a fundamentação da decisão penal pode, por exemplo, ser embasada somente em motivos de direito, apenas em motivos de fato ou em ambos. Portanto,

> motivar é dizer quais as bases fáticas e/ou de direito que permitem a fundamentação, ou seja, a explicação racional da decisão. Somente a motivação, sem uma fundamentação, uma explicação racional que possibilite o entendimento, que permita a sua compreensão, não satisfaz o conteúdo do art. 93, IX da CF.[2]

Apresentada tal diferenciação preliminar, devemos analisar de que forma tal princípio se materializa em um processo penal que almeja ser democrático. Dentre tantas classificações (e visando a não incidir em um pamprincipiologismo),[3] comungamos da visão de Aury Lopes Jr., que trabalha a partir de cinco fundamentais princípios no processo penal, quais sejam: princípio da jurisdicionalidade, princípio acusatório, princípio da presunção de inocência, princípio do contraditório e ampla defesa e princípio da fundamentação/motivação das decisões judiciais.[4]

Em que pese tal princípio figurar por último na classificação trazida pelo professor Aury Lopes Jr., por óbvio que longe está de ser menos importante. A sua relevância se demonstra em dois importantes aspectos: no controle racional da decisão judicial e no exercício do direito recursal. Em clássica

[1] GIACOMOLLI, Nereu. Aproximação à garantia da motivação das decisões criminais: aspectos jurisprudenciais. **Revista Ibero-Americana de Ciências Criminais,** Porto Alegre, v. 11, n. 01, p. 71-72, 2005.

[2] GIACOMOLLI, Nereu. **O Devido Processo Penal**: abordagem conforme a Constituição Federal e o Pacto de São José da Costa Rica. São Paulo: Atlas, 2014. p. 213.

[3] O cognominado pamprincipiologismo "é uma espécie de patologia especialmente ligada às práticas jurídicas brasileiras e que leva a um uso desmedido de *standards* argumentativos que, no mais das vezes, são articulados para driblar aquilo que ficou regrado pela produção democrática do direito, no âmbito da legislação (constitucionalmente adequada)" (STRECK, Lenio Luiz. Do pamprincipiologismo à concepção hipossuficiente de princípio. **Revista de Informação Legislativa,** Brasília, a. 49 n. 194, p. 7-21, abr./jun. 2012. p. 9).

[4] LOPES JR., Aury. **Direito processual penal.** 15. ed. São Paulo: Saraiva, 2018. p. 57-107

lição, Don Fermin Verlanga Huerta defende que "dar os motivos à sentença prova, ao menos, um sagrado respeito à virtude da justiça e uma submissão absoluta à lei; prova imparcialidade, prova estudo profundo e meditado sobre o processo e sobre o direito". Ademais, o dever de fundamentação/motivação vai ao encontro da publicidade, razão pela qual necessário ao exercício democrático: "dispensar o julgador de argumentar as decisões que profere sobre os bens, a vida e a honra dos cidadãos é autorizar-lhe tacitamente a exercer a arbitrariedade"[5].

Ainda, a relevância de tal princípio se evidencia na medida em que, para que se exerça um controle da eficácia do contraditório e do direito de defesa, bem como de que existe prova suficiente para sepultar a presunção de inocência, é fundamental que as decisões judiciais estejam suficientemente fundamentadas/motivadas, pois somente assim é possível avaliar se foi a racionalidade da decisão que predominou sobre o poder, premissa fundante de um processo penal democrático.[6]

A sentença, pela sua própria epistemologia da palavra, deriva de *sentire*. Por óbvio que afirmar isso não representa concordar que um julgador possa decidir um caso penal a partir de seu sentimento. É justamente por isso que a sentença judicial, enquanto ato jurídico, desvela-se na sua fundamentação e motivação. Em não sendo motivada, tampouco fundamentada, sentença não é.[7]

Enquanto formos julgados por seres humanos, teremos de lidar com todas as idiossincrasias inerentes à espécie. Nunca poderemos saber ao certo o que levou um magistrado a tomar determinada decisão, isto é, o que, em verdade, acabou por determinar o seu convencimento sobre o fato. Talvez a real decisão esteja submersa em seu inconsciente ou escondida intencionalmente em seus pré-juízos e preconceitos, pois como questiona Piero Calamandrei: "mas quantas vezes a fundamentação é a reprodução fiel do caminho que levou o juiz àquele ponto de chegada? Quantas vezes pode, ele próprio, saber os motivos

[5] VERLANGA HUERTA, Fermin. ***Procedimiento in materia criminal***: *Tratado que comprende todas las reglas procesivas de dicha materia respecto a la jurisdicción ordinaria*. Librerias Ríos: Madrid, 1842. p. 426. t. I.

[6] LOPES JR., Aury. **Introdução Crítica ao Processo Penal**. 4. ed. Rio de Janeiro: Lumen Iuris, 2006. p. 263.

[7] CARVALHO, Amilton Bueno de. **Eles, os juízes criminais, vistos por nós, os juízes criminais.** Rio de Janeiro: Lumen Juris, 2011. p. 06.

que o levaram a decidir assim?"[8]. Como bem assevera Alexandre Morais da Rosa, há que se deixar a psicanálise adentrar o processo penal, possibilitando o "encontro do um-juiz humano, portador de uma subjetividade que opera dentro da Instituição, para encontrar emoções, desejos, complexos, é um caminho à democratização do ato decisório".[9]

Por isso, como nunca será possível saber ao certo a razão da decisão, o binômio fundamentação-motivação se apresenta como a justificativa juridicamente válida que deverá ser apresentada pelo julgador, na linha trabalhada por Antoine Garapon, quando define que "bem julgar exige que se fundamentem as sentenças com seriedade, não só para fornecer uma argumentação juridicamente sólida, como também para enunciar aquela que realmente guiou o juiz"[10].

As influências de aspectos subjetivos, em sua grande maioria suprajurídicos, estranhos aos autos dos processos, é inevitável.[11] Porém, caberá ao julgador, de forma (pretensamente) racional, indicar de forma clara e motivada os elementos que, juridicamente, embasam a decisão por ele tomada.

Mas, Calamandrei segue com certa descrença quanto à real eficácia dessa motivação, por admitir a influência de fatores psicológicos ao julgador, e questiona: como poderemos ter como fiel uma fundamentação "que não reproduza os meandros subterrâneos destas correntes sentimentais, a cuja influência mágica, nenhum juiz, nem o mais severo, consegue fugir?"[12].

Todavia, a motivação é a justificativa juridicamente válida para a decisão. O julgador interpretará os fatos e os dispositivos jurídicos trazidos aos autos. Mas deverá proferir uma decisão de forma fundamentada. Portanto, a problemática da motivação da decisão judicial se insere, também, em um pantanoso

[8] CALAMANDREI, Piero. **Eles, os Juízes, Vistos por Nós, os Advogados.** Lisboa: Livraria Clássica, 1940. p. 143.

[9] ROSA, Alexandre Morais da. **A Teoria dos Jogos aplicada ao Processo Penal**. 2. ed. Lisboa: Rei dos Livros, 2015. p. 92.

[10] GARAPON, Antoine. **O Bem Julgar**: Ensaio sobre o ritual judiciário. Lisboa: Instituto Piaget, 1997. p. 320.

[11] A título ilustrativo, não custa relembrar o famoso caso gaúcho da "Sentença Paola Oliveira" (Processo Criminal nº 001/2.12.0089261-3), no qual o magistrado, ao prolatar sua derradeira decisão, fundamentou a condenação (obviamente!) em uma entrevista da referida atriz à revista *Marie Claire*.

[12] CALAMANDREI, Piero. **Eles, os Juízes, Vistos por Nós, os Advogados.** Lisboa: Livraria Clássica, 1940. p. 144.

terreno que precisa lidar com interpretação, com aspectos psicológicos e com a linguagem.

Os limites estreitos e a própria finalidade do presente artigo não permitem uma abordagem na profundidade exigida pela análise dos temas referidos anteriormente, limitando-se a uma superficial análise que, ao menos, convide a uma reflexão sobre tais problemáticas.

Isso porque falar de linguagem sem mergulhar nas tortuosas águas da filosofia e da hermenêutica é impossível. Então, buscaremos uma análise superficial da questão apenas para permitir uma compreensão sobre o principal problema a ser analisado por este breve estudo. A compreensão acerca da linguagem é vital para uma devida análise acerca da interpretação e aplicação dos textos, mormente os textos jurídicos, pois como bem sintetiza Lenio Streck, "não nos relacionamos diretamente com os objetos, mas com a linguagem, que é condição de possibilidade desse relacionamento; é pela linguagem que os objetos vêm a mão"[13].

Como cediço, a ciência do Direito, bem como a aplicação das normas jurídicas se reduzem a um exercício político de interpretação. Utilizando-se Ronald Dworkin, afirmamos que, se a própria realidade demanda interpretação, por óbvio, o Direito é uma questão interpretativa: "a prática jurídica é um exercício de interpretação não apenas quando os juristas interpretam documentos ou leis específicas, mas de modo geral. O Direito, assim concebido, é profunda e inteiramente político. Juristas e juízes não podem evitar a política no sentido amplo da teoria política."[14]

Os textos legais e, principalmente, suas aplicações aos casos concretos, assim, constituem-se de vaguezas, ambiguidades, de incertezas significativas. Isso não é novidade nem mesmo para a mais tradicional dogmática jurídica. Mas isso, como bem define Lenio Streck: "não pode significar que cada intérprete possa atribuir o sentido que mais lhe convierem. Daí a importância da hermenêutica" [15] [16].

[13] STRECK, Lenio Luiz. **O Que é Isto – decido conforme minha consciência?** 4. ed. rev. Porto Alegre: Livraria do Advogado, 2013. p. 17.

[14] DWORKIN, Ronald. **Uma questão de princípio**. São Paulo: Martins Fontes, 2001. p. 217.

[15] STRECK, Lênio Luiz. **Hermenêutica Jurídica e(m) Crise**: Uma Exploração Hermenêutica da Construção do Direito. 11. ed. rev. atual. e ampl. Porto Alegre: Livraria do Advogado, 2014. p. 358.

É o risco para o qual já nos alertava Hans Kelsen, para quem muitas vezes a fala acerca de uma lacuna do Direito não seria em decorrência de uma decisão ser logicamente impossível pela falta de disposições aplicáveis, e sim simplesmente porque a decisão possível ao julgador ou tribunal não se mostra devidamente descrita em lei. Daí que, onde se pretende ver uma lacuna, há tão somente uma divergência entre o Direito positivo e aquele outro "Direito", considerado melhor ou mais justo.[17]

É importante compreender como tais pontos se encontram totalmente interligados, na medida em que se fosse válido que o Magistrado não encontrasse claros limites a sua interpretação, não haveria razão de se buscar a fundamentação da decisão, uma vez que toda e qualquer decisão poderia ser tida como válida. A exigência de motivação é um limitador claro à interpretação exercida pelo julgador.

É importante relembrar, sempre, que um sistema de garantias visa à redução de espaço de arbítrios: o Direito como um sistema de proteção ao mais fraco. O problema que surge, no espaço judicial, é que se tem um intérprete, juiz na condição de controlador do próprio sistema de garantias, que visa a proteger o cidadão do arbítrio do próprio juiz.[18]

O decisionismo será sempre associado ao arbítrio, e não podemos conceber um processo minimamente democrático que se sustente com uma pecha decisionista. O julgador que rechaça formas, que desrespeita os limites, é o que pretende extrair da prova, do fato e até mesmo da lei apenas aquilo que serve para justificar o que ele já entende como resultado acertado para o caso em comento[19]. É o que desemboca no juiz definido por Franco Cordero, para quem "a análise introspectiva exercida por este juiz, rechaça vínculos

16 Hermenêutica significa, tradicionalmente, teoria ou arte da interpretação e compreensão de textos, cujo objetivo precípuo consiste em descrever como se dá o processo interpretativo-compreensivo. Cf. STRECK, Lênio Luiz. **Hermenêutica Jurídica e(m) Crise**: Uma Exploração Hermenêutica da Construção do Direito. 11. ed. rev. atual. e ampl. Porto Alegre: Livraria do Advogado, 2014. p. 261.

17 KELSEN, Hans. **Teoria Pura do Direito**. São Paulo: Martins Fontes, 2009.

18 CARVALHO, Amilton Bueno de. **Eles, os juízes criminais, vistos por nós, os juízes criminais**. Rio de janeiro: Lumen Juris, 2011. p. 44

19 OLIVEIRA, Daniel Kessler de. **A Atuação do Julgador no Processo Penal Constitucional**: O Juiz de Garantias como um Redutor de Danos da Fase de Investigação Preliminar. Rio de Janeiro: Lumen Juris, 2016. p. 57.

e formas, exigindo tempo prolongado, penumbras, palavras insinuantes, armadilhas, em um quadro fático indefinidamente variável"[20].

Obviamente que não se pretende crer na ingênua e, também, problemática redução do magistrado a um "boca-da-lei", pois a interpretação e um certo grau de *"criação"* do Direito sempre se farão presentes. Por isso, na linha daquilo que é trabalhado por Mauro Cappelletti, quando afirma que não há uma clara oposição entre interpretação e criação do Direito, importa em se fazer uma distinção para que não se labore em equívocos. De fato, há de se reconhecer que é intrínseco a toda interpretação um certo grau de criatividade, ou seja, um elemento de discricionariedade, de escolha, o que não pode se confundir com total liberdade dos intérpretes.[21]

Portanto, quanto mais se autorize e se defenda uma atuação protagonista da atuação jurisdicional, mais importante se faz a busca pela observância da motivação das decisões e, principalmente, o controle acerca desta motivação, ou seja, do que se constitui uma motivação juridicamente válida e constitucionalmente legítima.

Não é o foco do presente artigo e nem se justificaria o gasto de muitas linhas para que se possa ter claro o protagonismo exercido pelo magistrado em nossa sistemática. Uma crença na bondade e na infalibilidade do juiz redunda em uma percepção de superioridade daqueles investidos no cargo, o que despreza ou, no mínimo, reduz a importância da motivação das decisões. É aquilo que leciona Nereu Giacomolli:

> No processo penal, fruto da concepção de que o juiz é sujeito com poderes absolutos, o centro do universo processual, representante da ordem instituída, é que continua apesar da CF e dos Diplomas Internacionais, o julgador sendo o garantidor da ordem pública, ultrapassando os limites legais (art. 212, *v.g.*), não fundamentando as decisões (art. 93, IX, CF) e suprindo a atuação do Estado-acusação.[22]

[20] CORDERO, Franco. ***Procedimiento Penal***. Santa Fe de Bogotá: Editorial Temis, 2000. p. 24

[21] CAPPELLETTI, Mauro. **Juízes Legisladores?** Porto Alegre: Sergio Fabris Editora, 1993. p. 23.

[22] GIACOMOLLI, Nereu José. **O Devido Processo Penal**: abordagem conforme a Constituição Federal e o Pacto de São José da Costa Rica. São Paulo: Atlas, 2014. p. 14.

E prossegue o autor-homenageado referindo que a complexidade atual exige que se realizem questionamentos, que sejam superadas as "verdades", as "certezas" absolutas. Isso reflete, diretamente, no processo penal, um termômetro da garantia da aplicação das normas constitucionais, as quais não se sustentam mais na funcionalidade meramente registral e decisionista da situação processual.[23]

Portanto, todo o controle sobre limite da atuação jurisdicional e de sua função enquanto garantidor dos direitos fundamentais perpassa pela necessidade de efetivo controle da exteriorização das razões que o levaram a decidir, o que se verifica pela motivação. Portanto, apenas com a motivação é possível limitar a interferência de aspectos externos ao processo e, até mesmo, ao Direito, possibilitando um controle racional da decisão.

Além disso, o próprio direito ao recurso depende da fundamentação-motivação da decisão judicial, pois o que permitirá a conferência de um maior grau de legitimidade de um ato decisório e sua submissão a um outro grau jurisdicional são os fundamentos da decisão que se pretende reformar.

Com isso, resta evidente a fundamental importância da fundamentação-motivação das decisões judiciais para um processo penal democrático que atue em consonância com os ideais consagrados constitucionalmente. Entretanto, é preciso, como referido anteriormente, discutir o que seriam esses fundamentos e motivos válidos.

A ausência de fundamentação-motivação redunda em nulidade, mas e quando a essas forem insuficientes? Ou quando o magistrado apontar razões de decidir que não poderiam ter lhe conduzido aquela decisão?

São problemas vivenciados cotidianamente, mormente em uma sociedade extremamente acelerada, na qual o "*tempo*" se configura no bem jurídico de mais valia. Diante dessa velocidade, encontramos decisões que se limitam a copiar os argumentos de uma das partes (quase sempre da acusação!), acórdãos que se limitam a transcrever as razões do julgador de primeiro grau ou a singela invocação de precedentes, que em nada se relacionam com o caso.

Daí que, há tempos, percebeu-se que é preciso avançar na defesa da motivação da decisão judicial, indo para além da mera existência de fundamentação,

[23] GIACOMOLLI, Nereu José. **O Devido Processo Penal**: abordagem conforme a Constituição Federal e o Pacto de São José da Costa Rica. São Paulo: Atlas, 2014. p. 14.

chegando à busca pela sua efetiva existência em consonância com os contornos principiológicos que a definem.

Nesse contexto que, surpreendentemente, as recentes alterações legislativas que tratam do tema, deram um importante passo nessa direção, ao pretender estabelecer situações que não podem ser compreendidas como uma devida fundamentação judicial.

2. A Lei nº 13.964/19 e as "novas" exigências de fundamentação do *decisum* penal

A natalina Lei nº 13.964/2019, propagandeada como "Pacote Anticrime", trouxe um inegável presente (quiçá de grego) aos intérpretes do Direito Processual Penal brasileiro. Para além de uma miscelânea legislativa – que engloba alterações autoritárias com inovações democráticas, nos mais variados diplomas penais –, a referida legislação apresenta um rol exemplificativo daquilo que não pode ser constitucionalmente considerado como fundamentação válida. Como, não raras vezes, *o óbvio também precisa ser dito*, a positivação disposta no parágrafo 2º do art. 315 do CPP vem a (tentar) solucionar alguns problemas interpretativos gerados na práxis pretoriana tupiniquim. Conforme a novel normatização:

> Art. 315. A decisão que decretar, substituir ou denegar a prisão preventiva será sempre motivada e fundamentada.
> § 1º Na motivação da decretação da prisão preventiva ou de qualquer outra cautelar, o juiz deverá indicar concretamente a existência de fatos novos ou contemporâneos que justifiquem a aplicação da medida adotada.
> § 2º Não se considera fundamentada qualquer decisão judicial, seja ela interlocutória, sentença ou acórdão, que:
> I - limitar-se à indicação, à reprodução ou à paráfrase de ato normativo, sem explicar sua relação com a causa ou a questão decidida
> II - empregar conceitos jurídicos indeterminados, sem explicar o motivo concreto de sua incidência no caso;
> III - invocar motivos que se prestariam a justificar qualquer outra decisão

> IV - não enfrentar todos os argumentos deduzidos no processo capazes de, em tese, infirmar a conclusão adotada pelo julgador;
> V - limitar-se a invocar precedente ou enunciado de súmula, sem identificar seus fundamentos determinantes nem demonstrar que o caso sob julgamento se ajusta àqueles fundamentos.
> VI - deixar de seguir enunciado de súmula, jurisprudência ou precedente invocado pela parte, sem demonstrar a existência de distinção no caso em julgamento ou a superação do entendimento.

De imediato, verificamos que, ainda que topograficamente (mal) localizados no Capítulo da "Prisão Preventiva", os novos critérios de fundamentação penal vinculam toda e qualquer decisão judicial, valendo tanto para interlocutórias quanto para sentenças ou acórdãos. Verdade seja dita: "nada de novo no front"; a alteração processual penal apenas replica aquilo que o *Código Fux* (o propalado "Novo CPC") já trazia em seu art. 489, §1º.[24] Porém, como sempre lutamos para que *Cinderela* (a Ciência Processual Penal) cortasse os laços umbilicais com sua "irmã" mais bela e próspera (Ciência do Processo Civil),[25] inegável e salutar a positivação no CPP, não cabendo, aqui, questionar tal importação de um roteiro democrático de fundamentação.

[24] Art. 489. § 1º do CPC: "Não se considera fundamentada qualquer decisão judicial, seja ela interlocutória, sentença ou acórdão, que:
I - se limitar à indicação, à reprodução ou à paráfrase de ato normativo, sem explicar sua relação com a causa ou a questão decidida;
II - empregar conceitos jurídicos indeterminados, sem explicar o motivo concreto de sua incidência no caso;
III - invocar motivos que se prestariam a justificar qualquer outra decisão;
IV - não enfrentar todos os argumentos deduzidos no processo capazes de, em tese, infirmar a conclusão adotada pelo julgador;
V - se limitar a invocar precedente ou enunciado de súmula, sem identificar seus fundamentos determinantes nem demonstrar que o caso sob julgamento se ajusta àqueles fundamentos;
VI - deixar de seguir enunciado de súmula, jurisprudência ou precedente invocado pela parte, sem demonstrar a existência de distinção no caso em julgamento ou a superação do entendimento".

[25] CARNELUTTI, Francesco. ***Cuestiones sobre el Proceso Penal***. Buenos Aires: Libreria El Foro, 1961. p. 13.

Ademais, é evidente que o âmago da referida alteração tem por propósito evitar o emprego de uma "fundamentação abstrata" penal, na qual, comumente, o recurso a "lugares-comuns" conferia uma (pseudo) legitimidade à tônica retórica do *decisum*.[26] Como bem lembra Nereu Giacomolli, a concretização do princípio constitucional da fundamentação das decisões não se satisfaz com meros clichês (ou chavões) autoritários:

> a gravidade do crime ('o crime é grave'), a 'inquietação social', 'a credibilidade da Justiça', a 'sensação de impunidade', a 'necessidade de acautelar a credibilidade da Justiça', o 'clamor público', o 'estrépito da mídia', constantes em várias decisão que decretam a preventiva, não são elementos fáticos idôneos e constitucionalmente legítimos para motivar a constrição de liberdade.[27]

Da mesma forma, tolhida está a "hermenêutica preguiçosa", consubstanciada na nefasta prática de genericamente repetir textos normativos "pré--prontos" sem quaisquer pretensões de adentrar as minúcias e particularidades do caso concreto (por exemplo, "não se vislumbrando quaisquer das hipóteses do art. 395 do CPP, recebo a denúncia" ou "não estando presentes as hipóteses de absolvição sumária previstas no artigo 397 da Lei Processual Penal...", dentre tantos outros).

Além disso, em face da expressa exigência de concretude da fundamentação penal, não podemos (mais) admitir o "*Ctrl C* + *Ctrl V*" do *decisum*, no qual o magistrado "terceiriza" sua responsabilidade funcional, buscando nas exatas palavras de outra pessoa (MP, delegado, perito ou, até mesmo, um julgador de outra instância) a fundamentação-motivação de sua própria decisão. Essa prática, ainda que tão deletéria à própria principiologia constitucional, foi banalizada e, pior, amparada por incautos do Direito Processual Penal

[26] "São aquelas ideias gerais que se adaptam a qualquer discurso e servem, pois, de ingredientes já prontos para a argumentação [...]. Isto é, sendo ingredientes comuns a qualquer discurso, e eles constituem a *ossatura* de um texto, mas precisamente por seu caráter esquelético, obrigam o autor a preenchê-los com seu *sangue*, isto é, com variações do seu léxico específicas de cada situação" (PLEBE, Armando; EMANUELE, Pietro. **Manual de Retórica**. São Paulo: Martins Fontes, 1992. p. 141-142).

[27] GIACOMOLLI, Nereu José. **O Devido Processo Penal**: abordagem conforme a Constituição Federal e o Pacto de São José da Costa Rica. São Paulo: Atlas, 2014. p: 219.

brasileiro.[28] Como ensina Jacinto Nelson de Miranda Coutinho, com o manejo da linguagem, pode-se produzir a norma que se quiser.[29] Logo, no *Direito 4.0*, o "copia e cola" judicial ganhou requinte e sofisticação, sendo chamado de "técnica de fundamentação *per relationem*" (aliunde ou referencial). Com isso, legitima-se que o julgador faça da argumentação alheia a sua própria *ratio decidendi*. Vivenciamos a transformação do juiz "*bouche de la loi*" (como diria Montesquieu) no juiz "boca dos outros."

Todavia, após a inserção do §2º art. 315 do CPP, tal prática não encontra amparo nos já citados critérios de fundamentação adequada. Em um processo penal de caráter democrático, somente o exame concreto e analítico do caso *sub judice* tem o condão de salvaguardar o princípio constitucional da devida fundamentação. Para finalizar, como bem disse Nereu Giacomolli (*maestro* de todos e ora homenageado),

> o órgão decisor há de emitir seu próprio juízo, enunciar a motivação fática e jurídica, secundando ou não o que foi 'copiado e colado', sob pena de inexistência de fundamentação válida e, no caso de mera transcrição da sentença pelo acórdão, de burla ao duplo pronunciamento.[30]

[28] "Não há óbice a que se utilize de fundamentação *per relationem*, isto é, aquela que se caracteriza pela remissão que o ato judicial expressamente faz a outras manifestações ou peças processuais existentes nos autos, mesmo as produzidas pelas partes, pelo Ministério Público ou por autoridades públicas, cujo teor indique os fundamentos de fato e/ou de direito que justifiquem a decisão emanada do Poder Judiciário. Idêntica faculdade assiste aos órgãos colegiados dos Tribunais, por ocasião do julgamento de recursos" (AVENA, Norberto. **Processo Penal Esquematizado**. 11. ed. São Paulo: Método, 2019. p. 120).

[29] COUTINHO, Jacinto Nelson de Miranda. Dogmática Crítica e Limites da Lei: Ainda! In: CALLEGARI, André Luís (org.). **Política Criminal, Estado e Democracia**. Lumen Juris: Rio de Janeiro, 2007. p. 56.

[30] GIACOMOLLI, Nereu José. ***O Devido Processo Penal***: abordagem conforme a Constituição Federal e o Pacto de São José da Costa Rica. São Paulo: Atlas, 2014. p: 229.

Conclusões

Um vetusto Código de Processo Penal de índole fascista, uma Constituição Federal de inspiração democrática e, agora, um "Pacote Anticrime", que, em seu confuso texto, ora pende ao diuturno autoritarismo, ora vai ao encontro dos anseios mais liberais. Esse é o atual "estado da arte" da ciência processual penal, no qual a tentativa de *diálogo das fontes* se mostra uma tarefa hercúlea, sobretudo diante da perene hermenêutica que blinda a lei ordinária dos reflexos mais humanitários, para além de reforçar a base epistemológica inquisitória (verdadeiro obstáculo)[31] que ofusca a luz constitucional.

Contudo, amparados em gente como Nereu Giacomolli (que, há tempos, milita contra o "senso comum teórico" vigente), temos um dever ético de romper com tais amarras interpretativas e estabelecer, de vez, uma cultura democrática da ciência Processual Penal. Assim, a expressa previsão de critérios à fundamentação válida (§2º do art. 315 do CPP) exsurge como mais um importante passo na consolidação de um *devido processo penal*. Ao exigir que, em toda a decisão proferida, o julgador apresente justificativa fático-jurídica concreta (longe de qualquer abstração), a Lei nº 13.964/2016 consegue, efetivamente, "aperfeiçoar o processo penal" em conformidade com o princípio constitucional da fundamentação do *decisum*.

Certo que, por si sós, as reformas parciais do processo penal brasileiro nunca bastaram (vide as alterações textuais advindas de 2008 e de 2011). Como nos mostrou Nereu:

> reformar por reformar, modificar para satisfazer os movimentos da tolerância zero (menos para os eleitos ao banquete – tolerância máxima), da *law and order*, do direito penal do inimigo, para fortalecer e

[31] "Quando se procuram as condições psicológicas do progresso da ciência, logo se chega à convicção de que *é em termos de obstáculos que o problema do conhecimento científico deve ser colocado*. E não se trata de considerar obstáculos externos, como a complexidade e a fugacidade dos fenômenos, nem de incriminar a fragilidade dos sentidos e do espírito humano: é no âmago do próprio ato de conhecer que aparecem, por uma espécie de imperativo funcional, lentidões e conflitos. É aí que mostraremos causas de estagnação e até de regressão, detectaremos causas de inércia às quais daremos o nome de obstáculos epistemológicos" (BACHELARD, Gaston. **A formação do espírito científico**: contribuição para uma psicanálise do conhecimento. Rio de Janeiro: Contraponto, 1996. p. 17).

incrementar o Estado policialesco (punição pela investigação independentemente do contraditório e da jurisdição), sem conectividade com a Constituição Republicana, é dar uma aparência de novo à velha casa edificada na década de quarenta.[32]

Portanto, a questão processual penal é ainda mais profunda, uma vez que, para além do textual, urge modificarmos o cerne de uma cultura repressiva na qual a "práxis aplicativa" ostenta total ausência de compreensão da realidade democrática. Como inequívoco avanço humano, o processo penal constitucional não pode aceitar uma volta aos ideais de um passado autoritário (que, teima em se fazer presente). Como adverte Mário Quintana: "O que me impressiona à vista de um macaco não é que ele tenha sido nosso passado: é este pressentimento de que ele venha a ser nosso futuro".[33] Nós nos impressionamos igualmente à vista do *autoritarismo*. Eis a razão de, ao lado de Nereu, lutar...

Referências

AVENA, Norberto. **Processo Penal Esquematizado**. 11. ed. São Paulo: Método, 2019.

BACHELARD, Gaston. **A formação do espírito científico**: contribuição para uma psicanálise do conhecimento. Rio de Janeiro: Contraponto, 1996.

CALAMANDREI, Piero. **Eles, os Juízes, Vistos por Nós, os Advogados**. Lisboa: Livraria Clássica, 1940.

CAPPELLETTI, Mauro. **Juízes Legisladores?** Porto Alegre: Sergio Fabris Editora, 1993.

CARNELUTTI, Francesco. ***Cuestiones sobre el Proceso Penal***. Buenos Aires: Libreria El Foro, 1961.

CARVALHO, Amilton Bueno de. **Eles, os juízes criminais, vistos por nós, os juízes criminais.** Rio de Janeiro: Lumen Juris, 2011.

CORDERO, Franco. ***Procedimiento Penal***. Santa Fe de Bogotá: Editorial Temis, 2000.

COUTINHO, Jacinto Nelson de Miranda. Dogmática Crítica e Limites da Lei: Ainda! In: CALLEGARI, André Luís (org.). **Política Criminal, Estado e Democracia**. Lumen Juris: Rio de Janeiro, 2007.

DWORKIN, Ronald. **Uma questão de princípio**. São Paulo: Martins Fontes, 2001.

GARAPON, Antoine. **O Bem Julgar**: Ensaio sobre o ritual judiciário. Lisboa: Instituto Piaget, 1997.

[32] GIACOMOLLI, Nereu. **Reformas(?) do Processo Penal**: considerações críticas. Rio de Janeiro: Lumen Juris, 2008. p. 02.

[33] QUINTANA, Mário. *Do caderno h*. Porto Alegre: Globo, 1973. p. 22.

GIACOMOLLI, Nereu. **O Devido Processo Penal**: abordagem conforme a Constituição Federal e o Pacto de São José da Costa Rica. São Paulo: Atlas, 2014.

GIACOMOLLI, Nereu. **Reformas(?) do Processo Penal**: considerações críticas. Rio de Janeiro: Lumen Juris, 2008.

GIACOMOLLI, Nereu. Aproximação à garantia da motivação das decisões criminais: aspectos jurisprudenciais. **Revista Ibero-Americana de Ciências Criminais,** Porto Alegre, v. 11, n. 01, p. 71-72, 2005.

KELSEN, Hans. **Teoria Pura do Direito**. São Paulo: Martins Fontes, 2009.

LOPES JR., Aury. **Direito processual penal**. 15. ed. São Paulo: Saraiva, 2018.

LOPES JR., Aury. **Introdução Crítica ao Processo Penal**. 4. ed. Rio de Janeiro: Lumen Iuris, 2006.

OLIVEIRA, Daniel Kessler de. **A Atuação do Julgador no Processo Penal Constitucional**: O Juiz de Garantias como um Redutor de Danos da Fase de Investigação Preliminar. Rio de Janeiro: Lumen Juris, 2016.

PLEBE, Armando; EMANUELE, Pietro. **Manual de Retórica**. São Paulo: Martins Fontes, 1992.

QUINTANA, Mário. *Do caderno h*. Porto Alegre: Globo, 1973.

ROSA, Alexandre Morais da. **A Teoria dos Jogos aplicada ao Processo Penal**. 2. ed. Lisboa: Rei dos Livros, 2015.

STRECK, Lênio Luiz. **Hermenêutica Jurídica e(m) Crise**: Uma Exploração Hermenêutica da Construção do Direito. 11. ed. rev. atual. e ampl. Porto Alegre: Livraria do Advogado, 2014.

STRECK, Lenio Luiz. **O Que é Isto – decido conforme minha consciência?** 4. ed. rev. Porto Alegre: Livraria do Advogado, 2013.

VERLANGA HUERTA, Fermin. ***Procedimiento in materia criminal***: *Tratado que comprende todas las reglas procesivas de dicha materia respecto a la jurisdicción ordinaria*. Librerias Ríos: Madrid, 1842. p. 426.

38.

ENCONTROS DA POLÍCIA COM O INDIVÍDUO NA RUA E JUÍZO DE FUNDADA SUSPEITA: O CONTROLE JURISDICIONAL À LUZ DE TERRY V. OHIO (392 U.S. 1), SIBRON V. NEW YORK (392 U.S. 62), ADPF Nº 444, RE Nº 603.616/RO (MIN. GILMAR MENDES) E RESP Nº 1.574.681/RS (MIN. ROGÉRIO SCHIETTI CRUZ).

DANILO KNIJNIK

Introdução

Como se sabe, a lei não pode subtrair ao controle jurisdicional qualquer ato estatal ablativo de direitos fundamentais (inciso XXXV do art. 5º da Constituição Federal – CF). De outra parte, o contraditório deve orientar a prestação jurisdicional por inteiro (inciso LV do art. 5º da CF), mesmo em se tratando de atos insuscetíveis de prévio exame pelo Poder Judiciário. Assim, o princípio "incide, também, nos procedimentos em que previstas decisões *inaudita altera pars*, dado seu caráter de provisoriedade e a sequente possibilidade de defesa desta, com a mais ampla manifestação", caso em que a garantia será "diferida para momento ulterior"[1], reafirmando, dessa forma, o primado da revisão judicial, mesmo que *a posteriori*.[2]

Diferentemente da Berlim de Hitler, da Moscou de Stalin ou da Joanesburgo supremacista[3], às pessoas deve ser assegurado o direito e a liberdade de seguir seu destino no espaço público sem dar satisfações nem prestar contas a quem quer que seja[4]. O inciso LXI do art. 5º da CF e o art. 283 do Código de Processo Penal (CPP) garantem: "ninguém poderá ser preso", a não ser nos casos de "flagrante delito", "sentença condenatória transitada em julgado", "prisão temporária" ou "prisão preventiva". Todavia, a polícia, de ordinário, encontra-se com o indivíduo nas ruas, disso podendo resultar agravos – de menores a maiores – à liberdade individual, insuscetíveis de prévio controle jurisdicional e caracterizadas pela instantaneidade que não deixa de constituir solo fértil para o arbítrio. O indivíduo, por exemplo, poderá ver frustrado o direito de prosseguir, sendo forçado a sustar seu movimento para identificar-se[5], prestar informações ou até mesmo sofrer uma revista pessoal[6], não obstante seu "direito de ausência"[7].

1 TUCCI, Rogério Lauria. **Direitos e garantias individuais no processo penal brasileiro**. São Paulo: Saraiva, 1993. p. 221.

2 GOMES FILHO, Antônio Magalhães. **Direito à prova no processo penal**. São Paulo: RT, 1997. p. 139; MILLAR, Roberto Wyness. ***Los principios formativos del procedimento civil***. Buenos Aires: Ejea, 1927. p. 55.

3 United States Supreme Court. Florida v. Bostick, 501 U.S. 429 (1991). Florida v. Bostick. No. 89-1717. Argued Feb. 26, 1991. Decided June 20, 1991. Voto divergente do Justice Marshall.

4 United States Supreme Court. Florida v. Royer, 460 U.S. 491 (1983). Florida v. Royer. No. 80-2146. Argued October 12, 1982. Decided March 23, 1983, refere-se ao "direito de o indivíduo seguir o seu caminho".

5 Art. 68 da Lei das Contravenções Penais tipifica a conduta de "recusar à autoridade, quando por esta, justificadamente solicitados ou exigidos, dados ou indicações concernentes à própria identidade, estado, profissão, domicílio e residência". Não sendo *justificada* a abordagem, o delito não se tipifica.

6 WANDERLEY, Gisela Aguiar. Entre a lei processual e a praxe policial: características e consequências da desconcentração e do descontrole da busca pessoal. **Revista Brasileira de Ciências Criminais**, São Paulo, v. 128, p. 115-149, 2017, invoca "o direcionamento prioritário da repressão policial a indivíduos vulneráveis ao flagrante no espaço público urbano", defendendo que "ao não ser submetida às condições de validade exigidas pela lei processual, a busca pessoal, de um lado, insere-se em uma dinâmica de segregação e exclusão socioespacial, e, de outro, consolida-se como um crucial filtro de criminalização secundária realizado a partir de um recorte discriminatório".

Frank Remington refere que esses encontros inevitáveis apresentam dinâmica e objeto altamente diversificados[8]. "Variam de interações totalmente amigáveis – como a troca de gentilezas e informações reciprocamente úteis, até confrontos hostis entre pessoas armadas, envolvendo prisões, danos e mortes". Eles tanto podem ser consensuais quanto decorrentes do exercício da força física ou demonstração de autoridade. Segundo o autor, "alguns começam de maneira suficientemente amigável, mas tomam rumo diverso frente ao surgimento de um elemento inesperado na conversa". Ademais, normalmente são "iniciados pela Polícia por uma grande variedade de finalidades, algumas sem a pretensão de investigar um crime"[9]. Pense-se, *v.g.*, na solicitação para que o indivíduo se identifique perante a autoridade, apresente o registro de um veículo ou a habilitação para conduzi-lo, em *blitz* ou fora dela; pense-se na interpelação do sujeito parado sozinho, à noite e sem objetivo perceptível, em conhecido ponto de traficância; pense-se, ainda, no contato entre policial, acompanhado de um cão farejador, e o viajante no aeroporto; pense-se na revista pessoal em desfavor dos passageiros de um ônibus, na ordem de parada ao motorista com base em denúncia anônima, na pessoa que, ao avistar a guarnição policial, bate em retirada. São todos contatos que, no limite, podem redundar em flagrante delito, condenações criminais ou no dever estatal de indenizar em razão de abusos ou excessos.

Pois bem, "a partir da Constituição de 1988, foi consagrado o direito do réu de deixar de responder às perguntas sem ser prejudicado – direito ao

[7] Supremo Tribunal Federal. ADPF 444, Relator (a): Min. GILMAR MENDES, Tribunal Pleno, julgado em 14/06/2018, p. 29. Conforme o ministro Alexandre de Moraes, "a garantia individual de somente ser privado do direito de ir e vir nas hipóteses taxativamente estabelecidas na lei é uma das mais importantes previsões históricas".

[8] De forma geral, tais abordagens podem envolver "parada de indivíduos na rua; parada de veículos e convocação de pessoas para prestar depoimentos. São detenções tipicamente temporárias que levam de alguns minutos a algumas horas; por essa razão, diferem de uma prisão formal" (ABRAMS, Gerald H. ***Constitutional limitations on detentions for investigation***. 52 Iowa L. Ver. 1093 [1967], p. 1103).

[9] REMINGTON, Frank J. ***Law Relating to on the Street Detention, Questioning and Frisking of Suspected Persons and Police Arrest, Privileges in General,*** 51 J. Crim. L. Criminology & Police Sci. 386, 1960-1961. LAFAVE, Wayne R. ***Street Encounters and the Constitution:*** *Terry, Sibron, Peters, and Beyond*, 67 MICH. L. REV. 39, 1968, p. 61, cita as seguintes práticas: "confisco de armas [...], tentativa de prevenir e eliminar oportunidades de combate mútuo, [...] controle de consumo de bebidas, [...] tentativa de encontrar motoristas perigosos".

silêncio",[10] mas a abordagem policial representa uma ablação, ainda que leve, desse direito. Também foi consagrado "o direito à liberdade de locomoção de forma genérica, ao enunciar o direito à liberdade (art. 5º, caput) a ser restringido apenas sob observância do devido processo legal (art. 5º, LIV) e, de forma específica, ao estabelecer regras estritas sobre a prisão (art. 5º, LXI, LXV, LXVI, LXVII)", mas a sustação do movimento também importa em "interferência na liberdade de locomoção, ainda que por um período breve"[11].

Nesse contexto, resta examinar os instrumentos analíticos capazes de viabilizar o controle jurisdicional, necessariamente diferido (inciso XXXV do art. 5º da CF)[12], desses encontros ou, do contrário, renunciar definitivamente a qualquer controle objetivo e racional.

1. O encontro com a polícia: cerceamento temporário à liberdade de cada um seguir o seu caminho

Em 1967, a Suprema Corte americana (USSC) julgou *Terry v. Ohio*[13], tendo por objeto a questão de saber se uma abordagem policial investigatória, impondo brevíssima restrição à liberdade do indivíduo, estaria subordinada à 4ª Emenda, que exige *causa provável* – equivalente funcional à justa causa brasileira – ou se poderia ser realizada à míngua desse requisito. À época, o tema tinha baixa visibilidade[14], tal como ainda hoje em nosso meio[15].

[10] Supremo Tribunal Federal. ADPF 444, Relator (a): Min. GILMAR MENDES, Tribunal Pleno, julgado em 14/06/2018, p. 31.

[11] Supremo Tribunal Federal. ADPF 444, Relator (a): Min. GILMAR MENDES, Tribunal Pleno, julgado em 14/06/2018, p. 21.

[12] Gisela Aguiar Wanderley afirma que "a redução da arbitrariedade no poder de seleção, definição e coerção exercido pelas polícias passa, necessariamente, pelo escrutínio de suas práticas, seus procedimentos e seus objetivos, bem como pela reivindicação da incidência das garantias processuais já na fase policial da persecução penal" (WANDERLEY, Gisela Aguiar. Entre a lei processual e a praxe policial: características e consequências da desconcentração e do descontrole da busca pessoal. **Revista Brasileira de Ciências Criminais**, São Paulo, v. 128, p. 115-149, 2017).

[13] United States Supreme Court. Terry v. Ohio, 392 U.S. 1 (1968). Terry v. Ohio. No. 67. Argued December 12, 1967. Decided June 10, 1968.

[14] LAFAVE, Wayne R. ***Street Encounters and the Constitution:*** *Terry, Sibron, Peters, and Beyond*, 67 MICH. L. REV. 39, 1968. p. 42.

Analisando o encontro entre polícia, sem *causa provável*, e o cidadão na rua, a USSC formulou algumas conclusões: (a) sempre que a polícia aborda um indivíduo e, através de força física ou exercício ostensivo de autoridade, restringe sua liberdade, ocorre uma apreensão temporária dessa pessoa. Assim, conforme *Henry v. US*[16], "quando policiais interromperam dois homens e restringiram sua liberdade de movimento, a prisão, para os fins do caso, estava completa"; e, conforme *Brendlin v. California*[17], a apreensão temporária de um veículo e seus passageiros consuma-se quando ordenada sua parada, já não tendo os últimos liberdade de prosseguir. Em outras palavras,

> uma pessoa foi '*apreendida*', quando agentes, *pela força física ou demonstração de autoridade*, põem termo à liberdade de movimentação da pessoa [...]. E o critério para verificar quando isto ocorre consiste em definir, à luz das circunst*â*ncias, se uma pessoa razoável concluiria já não ter a liberdade de se afastar, declinar das solicitações da polícia ou, de outra forma, pôr fim ao encontro.[18]

Diante disso, *Terry* fixou uma segunda conclusão: (b) o exame das vestes de alguém, visando a encontrar armas ou corpo de delito, representa uma busca na pessoa (entre nós assim definida no art. 244 do CPP). Não obstante, prosseguem as conclusões de *Terry*: (c) uma breve e temporária intrusão na liberdade de movimentos da pessoa, com base em *fundada suspeita* de que um crime está em andamento, é procedimento legítimo. E prossegue a decisão: (d) a abordagem não pode ser realizada em bases arbitrárias, amparada em intuição ou palpite, sob pena de legitimar a seletividade; (e) é condição de

15 Conforme Gisela Aguiar Wanderley "há rotineiras atividades das polícias que têm sido ainda muito timidamente analisadas pela dogmática processual penal e, como consequência, têm passado ao largo do controle das próprias agências judiciais" (WANDERLEY, Gisela Aguiar. Entre a lei processual e a praxe policial: características e consequências da desconcentração e do descontrole da busca pessoal. **Revista Brasileira de Ciências Criminais**, São Paulo, v. 128, p. 115-149, 2017).

16 United States Supreme Court. Henry v. United States, 361 U.S. 98 (1959). Henry v. United States. No. 17. Argued October 20-21, 1959. Decided November 23, 1959.

17 United States Supreme Court. BRENDLIN v. CALIFORNIA (2007). No. 06-8120. Argued: April 23, 2007. Decided: June 18, 2007

18 United States Supreme Court. UNITED STATES v. MENDENHALL(1980). No. 78-1821. Argued: February 19, 1980. Decided: May 27, 1980

validade do ato que o agente policial aja com base em elementos racionais objetivamente articuláveis, capazes de justificar uma suspeita razoável de que um crime está em andamento e, quanto à revista, de que a pessoa possa estar armada; (f) esse juízo será objeto de uma "análise independente, destacada e neutra de um magistrado, que deverá avaliar a razoabilidade da revista pessoal à luz das circunstâncias específicas"; (g) "exigir qualquer coisa menos que isso significaria um convite a intrusões em direitos constitucionalmente protegidos com base em palpites não articulados"; (h) no controle jurisdicional *a posteriori*, "deve ser conferido o devido peso não à primitiva e rudimentar suspeita ou intuição, mas a inferências razoáveis e específicas que o policial estava legitimado a extrair das circunstâncias, à luz de sua experiência"[19].

Esse conjunto de postulados deu grande visibilidade ao tema, pautando o debate sobre a seletividade das abordagens policiais, o que ainda não ocorreu entre nós, não espantando a passividade com o fato de minorias serem prediletos alvos de ablações de direitos fundamentais nas ruas, ônibus, parques etc. Contudo, não deveria ser assim. A CF outorga a todos, indistintamente, o direito de movimentar-se na via pública (inciso LXI do art. 5º da CF; art. 283 do CPP). O art. 7º, item 2, do Pacto de San José da Costa Rica – PSJCR estabelece que "*ninguém* pode ser privado de sua liberdade física, salvo pelas causas e nas condições previamente fixadas pelas constituições políticas dos Estados-Partes ou pelas leis de acordo com elas promulgadas". E o art. 244 do CPP permite a revista pessoal, mas desde que presente "*fundada suspeita*", não havendo *carte blanche* para perseguir estereótipos fabricados.

Por outro lado, se restrições impostas por magistrados são passíveis de controle jurisdicional com todos os meios e recursos inerentes, nada justificaria regime diverso a restrições emanadas de agentes do Poder Executivo nas ruas[20]. Semelhante intepretação ofenderia o inciso XXXV do art. 5º CF. Ademais, se "a condução coercitiva possui caráter restritivo da liberdade"[21], não haveria como negar idêntico aspecto ao ato de impedir ou forçar o

[19] United States Supreme Court. Terry v. Ohio, 392 U.S. 1 (1968). Terry v. Ohio. No. 67. Argued December 12, 1967. Decided June 10, 1968.

[20] REsp 1574681/RS, 6ª Turma do STJ, Rel. Ministro Rogerio Schietti Cruz, DJe 30/05/2017.

[21] Supremo Tribunal Federal. ADPF 444, Relator (a): Min. GILMAR MENDES, Tribunal Pleno, julgado em 14/06/2018. p. 107.

movimento de alguém. Destarte, impõe-se depurar analiticamente o encontro entre polícia e indivíduo enquanto objeto de posterior controle jurisdicional pela autoridade judiciária.

2. Início, desenvolvimento, término do encontro

Nem toda abordagem culmina com a revista pessoal. Pelo contrário, ela pode muito bem exaurir-se no esclarecimento de alguma ambiguidade observada no comportamento do indivíduo ou numa limitada revista de sua bolsa[22]. Da mesma forma, nem toda abordagem necessariamente inicia com demonstração de autoridade ou força física, afinal pode ela bem transcorrer em bases consensuais. Sendo assim, é conveniente identificar ao menos três instâncias analíticas desse fenômeno: (i) **encontro** – iniciado por demonstração de autoridade, força física ou consenso; (ii) **desenvolvimento** – envolvendo perguntas[23], exibição de documentos[24], revistas com ou sem apreensões[25] etc.; (iii) **encerramento** – envolvendo liberação, termo circunstanciado[26] ou prisão em flagrante[27].

Quanto a isso, vale retomar o plexo de conclusões do acórdão *Terry*: (i) "se uma autoridade policial observa uma conduta não usual, concluindo racionalmente, à luz de sua experiência, que uma atividade criminosa está em andamento e que o indivíduo pode estar armado e ser perigoso; se, no curso da investigação desse comportamento, a autoridade policial identifica-se como tal, faz indagações razoáveis e, nesse estágio inicial, não dissipa o receio sobre sua segurança pessoal ou de terceiros, está ela legitimada, para proteção própria ou de terceiros, a realizar uma busca limitada e cuidadosa

22 Ap. 0004009-73.2008.8.26.0309, 6ª Câmara de Direito Público, j. 10/11/2014, Rel. Des. Maria Olívia Alves. O TJSP examinou o ingresso de policiais em ônibus, a partir de denúncia anônima, entendendo ilícita a prisão do passageiro que se recusou à revista, embora tendo consentido no exame de sua pasta.

23 Ver nota 4, supra.

24 Art. 68 da Lei das Contravenções Penais.

25 Art. 244 do CPP.

26 Art. 69 da Lei nº 9.099/95.

27 Art. 301 do CPP.

nas vestes do indivíduo, visando a encontrar armas"[28]. Trata-se, neste caso, de uma abordagem investigatória. Contudo, *Terry* acrescenta: nem todo encontro significará, *per se,* restrição à liberdade individual. Se a interação for consensual – operando no exercício da função regular de policiamento – contando com a adesão livre e espontânea do indivíduo[29], terá havido ato de colaboração regular.

Nesse sentido, *Florida v. Bostick*[30] analisa o ingresso de policiais em ônibus, instando aos passageiros que autorizem a revista de suas mochilas. Segundo o *decisum,* trata-se de interação no exercício da função regular de polícia e em base consensual, sem caracterizar abordagem investigatória. Surge, daí, a distinção entre abordagem investigatória e interação consensual, não atraindo ao menos *prima facie* a 4ª emenda nos EUA[31] ou o requisito do art. 244 do CPP. Porém, essa última limita-se a casos em que inequivocamente está assegurada a liberdade de o destinatário declinar do pedido. "Mesmo sem base para suspeitar de um indivíduo em particular, o policial está autorizado a lhe fazer indagações; pode *pedir* sua identidade; pode *solicitar* autorização para examinar sua mala, desde que não transmita a ideia de que o pedido é compulsório". Logo, "a verificação cabível consistirá em saber se uma pessoa razoável[32] julgaria estar livre para recusar tais pedidos, encerrando o assunto"[33]. Circunstâncias objetivas ditarão a qualificação jurídica do ato pelo

[28] United States Supreme Court. Terry v. Ohio, 392 U.S. 1 (1968). Terry v. Ohio. No. 67. Argued December 12, 1967. Decided June 10, 1968.

[29] Nesse caso, existirá apenas função regular de policiamento, entre nós prevista no art. 144 da CF.

[30] United States Supreme Court. Florida v. Bostick, 501 U.S. 429 (1991). Florida v. Bostick. No. 89-1717. Argued Feb. 26, 1991. Decided June 20, 1991.

[31] United States Supreme Court. Florida v. Bostick, 501 U.S. 429 (1991). Florida v. Bostick. No. 89-1717. Argued Feb. 26, 1991. Decided June 20, 1991. O acórdão invoca a seguinte passagem: "apenas quando o agente, por meio de força física ou demonstração de autoridade, restringe de alguma maneira a liberdade do cidadão, podemos concluir que ocorreu uma apreensão".

[32] Essa pessoa razoável ou homem médio consiste no indivíduo inocente: "o teste da pessoa razoável pressupõe pessoa inocente. [...]. A potencial intrusão da conduta de um policial deve ser julgada pelo ponto de vista de uma pessoa inocente na sua posição", United States Supreme Court. Florida v. Bostick, 501 U.S. 429 (1991). Florida v. Bostick. No. 89-1717. Argued Feb. 26, 1991. Decided June 20, 1991, 438.

[33] United States Supreme Court. Florida v. Bostick, 501 U.S. 429 (1991). Florida v. Bostick. No. 89-1717. Argued Feb. 26, 1991. Decided June 20, 1991, 436, Justice Marshall divergiu, sustentando cuidar-se de um ato intimidatório, intrusivo e seletivo.

magistrado[34], mas não será tarefa simples definir a natureza jurídica do acontecido[35]. Wayne LaFave, nesse sentido, adverte que o contato "algumas vezes envolve questionamentos limitados": "o indivíduo pode ser abordado por sua semelhança com alguém conhecido pelo nome, procurado por algum crime"; "o policial [...] pode fazer uma rápida conferência com o órgão central para determinar se existe algum mandado pendente contra ele"; "o suspeito tanto pode dar uma explicação satisfatória sobre seu comportamento para o agente policial, como dar justificativas que se somem à suspeita inicial e, então, em muitos casos, indicar situação que justifique uma prisão legítima"[36]. A natureza do encontro, assim, poderá sofrer metamorfose, passando de consensual à forçada, ou vice-versa. Grande *finesse* jurídica será exigida do magistrado nessa definição.

Se o início da abordagem – não se tratando de interação consensual – foi ilegítimo à míngua de razões objetivas racionalmente articuláveis *ab initio*, o desenvolvimento e o encerramento dessa estarão comprometidos. Se o agente efetua a abordagem, realiza questionamentos com base em intuição, preconceito ou arbítrio, eventuais respostas insatisfatórias, recusa do sujeito passivo em colaborar ou apreensão, *v.g.*, de drogas, não legitimarão qualquer resultado válido. O Supremo Tribunal Federal (STF), por exemplo, afastou a imputação de desobediência ao indivíduo que resistiu à busca pessoal pretendida com base no fato de trajar "*um blusão passível de encobrir algum tipo de arma*", pois "*dita suspeita não pode basear-se em parâmetros unicamente subjetivos,*

[34] A formalização dos *Miranda Warnings* tampouco será decisiva. Deve-se atentar para as circunstâncias objetivas do caso concreto, notadamente se a pessoa já não perdeu a liberdade de declinar. Três casos lidaram com essa situação: *Dunaway v. New York*, 442 U.S. 200; *Brown v. Illinois*, 442 U.S. 490; e *Davis v. Mississipi*, 394 U.S. 721.

[35] *Dunaway v. New York*, 442 U.S. 200 (1978) oferece detalhada análise da *voluntariedade* da interação, destacando a irrelevância dos termos formais adotados pelos agentes. Três policiais "convidaram' um cidadão a acompanhá-los na viatura até a delegacia, onde advertiram-no de seu direito ao silêncio (*Miranda Warnings*) e passaram a interrogá-lo. Citando *Brown v. Illinois*, 422 U.S. 490 e *Davis v. Mississipi*, 394 U.S. 721, a USCC entendeu que tal abordagem consistiu, ao contrário das aparências, numa detenção involuntária do indivíduo. E a ressalva ao direito ao silêncio não rompeu o nexo de causalidade entre depoimento e violação à liberdade, pois o primeiro não teria sido realizado exceto pela segunda. Diante disso, a USSC declarou a ilicitude do depoimento colhido pela polícia.

[36] LAFAVE, Wayne R. ***Street Encounters and the Constitution:*** *Terry, Sibron, Peters, and Beyond*, 67 MICH. L. REV. 39, 1968. p. 93.

discricionários do policial"[37]. Certo, bem ressalva o eminente Ministro Rogério Schietti Cruz, os "elementos objetivos, seguros e racionais" serão avaliados pelo juiz não "no conforto de nossos gabinetes", mas diante das "situações de risco" que exigem "tomada urgente de decisões"[38]. Idênticas observações podem ser encontradas em *US v. Wardlow*[39].

Por isso, a ocorrência deve ser cuidadosamente fragmentada pelo julgador em pelo menos três instâncias analíticas, identificando *início, desenvolvimento* e *término* do encontro, sendo o *início* de suma importância. Conforme *Byars v. US*[40], a busca deve ser analisada conforme o quadro imediatamente anterior à sua própria deflagração, sendo "irrelevante que tenha frutificado na revelação de provas de um crime. Uma busca realizada com violação da Constituição não se torna legítima pelo que traz à luz; essa doutrina nunca foi reconhecida por este Tribunal; nem pode ser tolerado por nosso sistema constitucional que provas de crime, descobertas por um agente federal ao realizar busca sem um mandado legítimo, possam ser utilizadas contra o sujeito passivo da diligência, se uma arguição foi tempestivamente formalizada". Nesse sentido, *US v. Di Re*[41] assentou que "uma busca e apreensão não se torna legal pelo que dela resulte; juridicamente, será boa ou ruim quando de seu início; sua natureza não se modificará conforme seus resultados".

Idêntica doutrina recebeu consagração culminante no Brasil em 2015 com o Tema 280, estabelecendo a cognição a ser exercida em contraditório diferido, tendo por objeto o universo *ex ante*[42] da diligência de ingresso em

[37] HC nº 81.305-4/GO, Rel. Min. Ilmar Galvão, j. 13/11/2001, 1ª Turma do STF.

[38] REsp 1.574.681/RS, Rel. Ministro Rogério Schietti Cruz, 6ª Turma, DJe 30/05/2017.

[39] S. Exa. invoca a "necessidade de tomada urgente de decisões no desempenho de suas relevantes funções, o que há de ser considerado quando, no conforto de nossos gabinetes, realizamos os juízes o controle posterior das ações policiais". *Illinois v. Wardlow*, 528 U.S. 119 (2000) ressalvou que "não podemos razoavelmente exigir certeza científica de juízes e agentes da lei quando nenhuma existe", devendo "a determinação da suspeita razoável ser feita com base em julgamentos de sentido comum e inferências sobre o comportamento humano".

[40] U.S. Supreme Court. Byars v. United States, 273 U.S. 28 (1927). Byars v. United States. No. 72. Argued November 29, 1926. Decided January 3, 1927.

[41] United States Supreme Court. United States v. Di Re, 332 U.S. 581 (1948). United States v. Di Re. No. 61. Argued October 17, 1947. Decided January 5, 1948.

[42] O *leading case* examina busca domiciliar sem mandado. Suas lições são aplicáveis às buscas pessoais, também sem mandado judicial. Nesse caso, o art. 244 do CPP exige "fundada suspeita". Em tese, pode-se aceitar alguma diferença conceitual entre "fundadas razões" e

domicílio nos crimes permanentes. Segundo o *decisum* – aplicável a *standards* semelhantes –, a "proteção contra a busca arbitrária exige que a diligência seja avaliada com base no que se sabia *antes de sua realização*, não depois". Nesse caso, "o fundamental é que se passa a ter a possibilidade de contestação de uma medida de busca e apreensão que deu resultados. Assegura-se à defesa a oportunidade de impugnar, em um processo contraditório, a existência e suficiência das razões para a medida. Ou seja, a validade da busca é testada com base no que se sabia antes de sua realização, não depois. A mudança cria espaço para formação de jurisprudência acerca dos limites da atuação policial, possibilitando o desenvolvimento e a concretização da garantia, a partir da avaliação jurisprudencial dos casos concretos", sendo que "a tese é um avanço para a concretização da garantia", "valorizando a proteção, na medida em que será exigida justa causa, controlável *a posteriori*, para a busca"[43] com base em "elementos objetivos, seguros e racionais", "a legitimar a ação dos agentes públicos diante da discricionariedade policial na identificação de situações suspeitas" para o *início* válido de uma abordagem[44] [45] [46].

Desde então, a jurisprudência brasileira tem efetivado esse controle jurisdicional à luz do universo cognitivo prévio ao *início* da abordagem, por isso que denúncia anônima não autoriza *revista íntima* sem que existam outros "elementos objetivos e racionais"[47]; da mesma forma, "não pode ser tida como

"fundada suspeita" (TOURINHO FILHO, Fernando da Costa. **Código de Processo Penal comentado**. 12. ed, São Paulo: Saraiva, 2009. p. 669-670. v. 1). Porém, persiste a exigência de um juízo objetivo racionalmente articulável.

43 RE 603.616/RO, Rel. Ministro Gilmar Mendes, j. 05/11/2015.

44 REsp 1.574.681/RS, Rel. Ministro Rogerio Schietti Cruz, j. 20/04/2017.

45 MS 23642, Rel. Ministro Néri da Silveira, Pleno, j. em 29/11/2000.

46 O RE 603.616/RO consignou, do ponto de vista metodológico, tendência de "formação de jurisprudência acerca dos limites da atuação policial", "a partir da avaliação jurisprudencial dos casos concretos". A história mostrará a importância desse precedente para o direito brasileiro.

47 "No caso, houve apenas denúncia anônima acerca de eventual traficância praticada pela ré, incapaz, portanto, de configurar, por si só, fundadas suspeitas a autorizar a realização de revista íntima. Se não havia fundadas suspeitas para a realização de revista na acusada, não há como se admitir que a mera constatação de situação de flagrância – localização, no interior da vagina, de substância entorpecente (45,2 gramas de maconha) –, posterior à revista, justifique a medida, sob pena de esvaziar-se o direito constitucional à intimidade, à honra e à imagem do indivíduo" (REsp 1.695.349, 6.ª Turma do STJ, Rel. Min. Rogério Schietti Machado Cruz. DJe 14/10/2019).

tal a atitude de quem, sem a prática de qualquer outro ato, se encontrava parado na rua"[48]. Por isso, nas sábias palavras do Ministro Rogério Schietti Cruz, "não se há admitir, portanto, que a mera constatação de situação de flagrância, *posterior ao ingresso,* justifique a medida", pois, "se o próprio juiz (um "terceiro neutro e desinteressado") só pode determinar a busca e apreensão durante o dia, e mesmo assim mediante decisão devidamente fundamentada, após prévia análise dos requisitos autorizadores da medida, não seria razoável conferir a um servidor da segurança pública total discricionariedade para, a partir de mera capacidade intuitiva, entrar de maneira forçada na residência de alguém e, então, verificar se nela há ou não alguma substância entorpecente"[49].

A propósito, o controle jurisdicional *a posteriori* poderá envolver um duplo juízo *ex ante.* Assim, se é certo que a ilicitude do *início* prejudicará os atos posteriores, não é menos certo que, estabelecida sua licitude, o *desenvolvimento* e o *encerramento* do encontro por si só não estarão legitimados. Ressalvada a hipótese em que a fundada suspeita assegure desde logo o *início* pela revista pessoal, caberá examinar o *desenvolvimento* da ação policial, verificando se a ablação da liberdade ocorrida se justifica pelo cenário *post factum* do início, mas *ex ante,* por exemplo, da revista pessoal. Nesse sentido, na mesma sessão em que julgou *Terry,* a USSC apreciou *Sibron v. Nova Iorque*[50], tendo por objeto abordagem policial, seguida de revista e prisão, com base no fato de o indivíduo ter passado horas conversando com viciados. *Sibron* entendeu ausente "o tipo de referência racional exigida", pois não exsurgia suspeita de prática criminosa. Mesmo "que o policial não possuísse causa provável para prisão, a apreensão e a busca, ainda assim, poderiam ter sido justificadas *se* houvesse embasamento suficiente para crer que *Sibron* estava armado e era perigoso". Porém, o policial "não obteve qualquer informação nova no intervalo **entre** o **início do encontro** [...], **a apreensão física e a busca**". Em outras palavras, o ato não foi suportado pelo cenário *post factum* do início

[48] ReCrim 71007376585, Turma Recursal Criminal, j. 9/4/2018, Rel. Des. Luiz Antônio Alves Capra, TJRS.

[49] REsp 1.574.681/RS, 6ª Turma do STJ, Rel. Ministro Rogerio Schietti Cruz, j. 20/04/2017, DJe 30/05/2017.

[50] United States Supreme Court. Terry v. Ohio, 392 U.S. 1 (1968). Terry v. Ohio. No. 67. Argued December 12, 1967. Decided June 10, 1968.

e *ex ante* da revista, havendo fundada suspeita para o **início** do encontro, mas não para a revista pessoal que se seguiu. A propósito, *Illinois v. Wardlow*[51] consignou que "algumas vezes, as inferências são totalmente consistentes com a presunção de inocência; algumas vezes, justificam investigação adicional; e algumas vezes, justificam parada imediata e revista pessoal". Assim, pode ser necessário realizar um duplo e mais sofisticado exame analítico. Tornando a *Sibron*, "um policial não está autorizado a apreender e realizar buscas em toda pessoa vista na rua, ou de quem pretenda fazer indagações. Antes de colocar as mãos na pessoa em busca de algo, ele deve possuir bases racionais, constitucionalmente adequadas, das quais racionalmente possa inferir que o indivíduo está armado e é perigoso"[52].

3. Casos-tipo examinados pela jurisprudência

No RE 603.616/RO, o eminente Ministro Gilmar Mendes previu que a metodologia proposta ensejaria A "*formação de jurisprudência acerca dos limites da atuação policial*"[53]. Dois anos após, o eminente Ministro Rogerio Schietti Cruz lançou bases materiais para o controle do ingresso em domicílio (REsp 1.574.681/RS e HC nº 471.925/SP)[54].

De forma limitada, passa-se ao exame de algumas situações-tipo já tematizadas[55]. Desde logo, conforme a matriz do RE 603.616/RO e RESP 1.574.681/RS, "**denúncias anônimas**" e "**afirmações de informantes policiais**"

[51] Supreme Court of the United States. ILLINOIS v. WARDLOW. No. 98-1036. Argued November 2, 1999. Decided January 12, 2000.

[52] United States Supreme Court. Terry v. Ohio, 392 U.S. 1 (1968). Terry v. Ohio. No. 67. Argued December 12, 1967. Decided June 10, 1968. Consta em *Terry* declaração de voto em sentido contrário, ou seja, defendendo que, havendo base para o início do encontro, é desnecessária base adicional para a revista pessoal: "uma vez que o encontro forçado estava justificado, decorreu automaticamente o direito de o oficial tomar medidas apropriadas para sua própria segurança".

[53] RE 603616, Rel. Min. Gilmar Mendes, Pleno, j. em 05/11/2015, p. 18.

[54] No HC 471.925/SP, j. 12/11/2019, mencionam-se "dados objetivos", "fatores outros que não os objetados coletados durante o ingresso da autoridade policial na residência", "elementos objetivos e racionais", em oposição à "intuição acerca de eventual crime".

[55] A USSC deferiu *certiorari* ao acórdão da Suprema Corte do Kansas, segundo o qual é insuficiente para promover a abordagem de trânsito o fato por si só de o veículo estar registrado

"não servem para demonstrar justa causa". Destarte, se desacompanhada de outras circunstâncias, denúncia anônima não satisfaz a fundada suspeita[56]. Nos EUA, a matéria rende controvérsias, mas em geral exige-se elemento externo de corroboração. *Florida v. J.L*[57] tratou da abordagem de um jovem negro que aguardava na parada de ônibus, com base em denúncia anônima sobre posse de armas, apenas informando características físicas, vestes e local. O Tribunal concluiu que "uma **denúncia anônima** de que alguém está portando arma de fogo, por si só, é insuficiente a justificar a abordagem e a revista da pessoa", pois "a suspeita [...] surgiu [...] de chamada de um local ignorado por parte de um informante ignorado", sendo que a descrição das vestes e local não fornece a "confiança necessária para justificar um *Terry stop*".

Outra situação consiste na **fuga do indivíduo que avista a guarnição policial**. Entre nós, "a mera fuga ante iminente abordagem policial não configura motivo idôneo para o ingresso em domicílio"[58]. Nas palavras do Ministro Schietti, "o indivíduo, ao avistar o patrulhamento policial, empreende fuga até sua residência (por motivos desconhecidos) e, em razão disso, é perseguido por policiais, sem, contudo, haver um contexto fático do qual se possa concluir (ou, ao menos, ter-se fundada suspeita), que no interior da residência também ocorre uma conduta criminosa", tornando "a questão da legitimidade da atuação policial, ao invadir o domicílio, extremamente controversa"[59]. A matéria

em nome de pessoa com habilitação suspensa. Em 4/11/2019 foi realizada sustentação oral. Em 11/3/2020, a questão estava pendente de julgamento.

[56] "Abordagem no pátio da casa. [...] Inexistência de fundadas razões para o ingresso na residência. [...] Denúncia anônima não registrada nos autos que, isoladamente, não justifica o ingresso domiciliar" (TJRS - ApCrim 70078566999 - 3ª Câmara Criminal - j. 26/9/2018, Rel. Des. Diógenes Vicente Hassan Ribeiro).

[57] FLORIDA v. J. L. CERTIORARI TO THE SUPREME COURT OF FLORIDA No. 98-1993. Argued February 29, 2000-Decided March 28, 2000.

[58] ApCrim 70077794485, 3ª Câmara Criminal, j. 20/2/2019, Rel. Des. Diógenes Vicente Hassan Ribeiro, TJRS.

[59] REsp. nº 1.574.681/RS. Vários manuais policiais consideram que desviar o olhar é o bastante. Júlio César Araújo, em ***Abordagem policial, conduta ética e legal***. Trabalho de conclusão de Curso – Centro de Estudos de Criminalidade e Segurança Pública/Crisp/UFMG/Senasp, Belo Horizonte, 2008, extrai definições muito discutíveis de manuais policiais: "Pessoa que desvia que desvia o olhar ou o seu itinerário, bruscamente quando reconhece ou avista um policial; b. condutor ou ocupantes de um veículo que olha(m) firmemente para frente na condição de rigidez, evitando olhar para os lados, para o policial ou para a viatura, que naturalmente chamam a atenção do público em geral; c. pessoa(s) que, ao ver(em) ou reconhecer(em) um

foi examinada em *Illinois v. Wardlow*[60], que, de um lado, reputou implausível a adoção de uma regra *per se*, mas concluiu que, sendo a fuga associada a outras circunstâncias objetivas articuláveis racionalmente, pode considerar-se implementada a fundada suspeita. Consta de declaração de voto a rejeição da "proposta de que a fuga seja necessariamente indicativa de alguma atividade criminosa em andamento"[61], bem como de que "a presença de um indivíduo numa área de alta criminalidade, por si só, é insuficiente para dar base a uma suspeita racional e particularizada de atividade criminal". Porém, se é verdade que "um indivíduo, quando interpelado, tem o direito de ignorar a polícia e seguir adiante nas suas coisas", "a fuga não provocada é justamente o oposto de seguir nas suas coisas". Então, embora "não seja necessariamente indicativa de atividade criminosa, *Terry* reconhece que as autoridades policiais podem deter indivíduos para resolver ambiguidades na sua conduta", afinal cuida-se de "uma intrusão mínima, apenas permitindo que o policial investigue brevemente". Porém, tal solução encerra grande risco de seletividade.

Questão tormentosa diz respeito à **postura refratária do indivíduo**, envolvendo recusa, pura e simples, a prestar esclarecimento, identificar-se ou de obedecer à ordem de parada. De fato, ninguém pode ser obrigado a dar contas de sua vida. Isso deve ser válido tanto perante um particular quanto perante uma autoridade despida de fundada suspeita. *Brown v. Texas*[62] entendeu, a propósito, que, se a autoridade carecia de suspeita articulável,

policial ou uma viatura, iniciam um processo de fuga [...]; d. pessoa(s) parada(s) defronte a estabelecimentos comerciais, bancários, escolas, filas etc., por tempo demasiado e sem motivo aparente; [...]; h. uso de vestes incompatíveis com o clima, possibilitando ocultar porte ilegal de armas ou objetos ilegais". Marlon Souza verificou sua "completa incompatibilidade com a CF de 1988 e com o CPP", Busca Pessoal *v. stop and frisk*; um breve exame da abordagem pessoal de rua no Brasil e nos EUA. **Revista Brasileira de Ciências Criminais**, São Paulo, v. 151/2019, p. 317-343, jan/2019.

60 ILLINOIS v. WARDLOW. CERTIORARI TO THE SUPREME COURT OF ILLINOIS. No. 98-1036. Argued November 2, 1999-Decided January 12, 2000.

61 Justice Steven, vencido, sendo acompanhado pelos Justices Souter, Ginsburg e Breyer, 528 U.S. *at* 126.

62 *Brown v. Texas*, 443 U.S. 47 (1979) decidiu que a recusa em se identificar é legítima, se a abordagem não está justificada com elementos objetivos. O título 8, § 38.02 (1974) do Código Penal do Texas continha dispositivo semelhante ao art. 68 da Lei das Contravenções Penais. A USSC concluiu que "prender o apelante e obrigá-lo a se identificar violou a 4ª Emenda, pois os policiais não tinham suspeita razoável para acreditar que ele estaria envolvido em alguma conduta criminosa, não podendo ser punido por recusar-se a se identificar".

o caminho seria a abordagem consensual que, se recusada pelo indivíduo, nem deveria iniciar. Se alguém é escolhido seletivamente, recusando-se a interagir, parece-nos que insistir com base na demonstração de autoridade ou força física violará o direito fundamental à liberdade, sendo que a recusa – já no plano das consequências do encontro e, portanto, fora do momento analítico relevante – não configurará fundada suspeita. Se, porém, o destinatário consente, as descobertas daí advindas serão lícitas, conforme *Florida v. Bostick*[63]. Por isso, se "os policiais tinham ido até o local dos fatos, para averiguar uma ocorrência de ameaça havida em manifestação anterior em frente ao sindicato", mas "a motivação para a abordagem do acusado foi a de que este *demonstrou estar incomodado* com a presença dos policiais, tendo desobedecido ordem de abordagem", bem concluiu o TJPR no sentido da "ausência da fundada suspeita exigida como requisito pelo art. 244 do CPP, notadamente porque não pode ser tida como tal a atitude de quem, etiquetado como suspeito-padrão, desenvolve um comportamento estranho pelo simples fato de avistar a equipe policial"[64]. Nesse sentido, *Florida v. Royer*[65] tratou da abordagem de um jovem ao embarcar em aeroporto, sendo levado para uma sala, onde se deu a busca pessoal com apreensão de drogas. A USSC entendeu que, "a partir desse momento, qualquer aspecto consensual desapareceu". E como não havia fundada suspeita para a diligência, esta foi declarada ilícita, a despeito da apreensão de drogas.

Nesse inesgotável universo, restam-nos brevíssimas considerações sobre **abordagens de trânsito**. Em *Delaware v. Prouse*[66], definiu-se que, "a menos

[63] United States Supreme Court. Florida v. Bostick, 501 U.S. 429 (1991). Florida v. Bostick. No. 89-1717. Argued Feb. 26, 1991. Decided June 20, 1991.

[64] Conforme o TJPR, "tendo em vista que no caso, inexistia suspeita da parte dos policiais militares de que o acusado estivesse na posse de arma proibida ou de objetos ou papéis que constituam corpo de delito (art. 244, CPP) de modo a estar justificada a sua abordagem, constata-se que não tratou o caso de não acatamento de ordem legal emanada de funcionário público, sendo atípica a conduta [...] Verifica-se que os policiais tinham ido até o local dos fatos para averiguar uma ocorrência de ameaça havida em uma manifestação anterior em frente ao sindicato, sendo que a motivação para a abordagem do acusado foi a que este demonstrou estar incomodado com a presença dos policiais, tendo desobedecido a ordem de abordagem [...]" (ApCrim 0007399-72.2016.8.16.0075 – 2ª Câm. Criminal – Rel. Des. Luís Xavier - DJe 9/10/2018).

[65] 400 U.S. 491.

[66] 440 U.S. 647.

que exista uma suspeita racional e articulável de que o motorista não está habilitado, o automóvel não está registrado, o veículo ou ocupantes estejam sujeitos à apreensão, a parada do veículo e do motorista, para verificar habilitação e registro, violam a 4ª emenda"[67]; *US v. Brignoni-Ponce*[68] decidiu que "patrulheiros podem parar veículos *apenas se detiverem conhecimento de fatos especificamente articuláveis* em paralelo a inferências razoáveis, justificando racionalmente a suspeita de que o veículo transporta estrangeiros ilegais". Diversamente, barreiras organizadas, *blitze* ou equivalentes funcionais (*v.g.*, postos de fiscalização) tornam legítimas *per se* as abordagens[69]. A jurisprudência brasileira, no ponto, carece de aprofundamento, mas já se decidiu que, "com sinaleira da moto queimada à noite", associado ao fato de se cuidar de "local comum à prática de furtos e roubos", a "ordem de parada" foi amparada por suspeita fundada[70]. Poderia até supor-se que, tendo os arts. 195 e 210 do Código de Trânsito Brasileiro (CTB) tipificado a infração administrativa de desobedecer ordem de parada, estaria assegurada a licitude da eventual apreensão, ante a flagrância da evasão. Ocorre que a abordagem antecede a consumação dessa infração, não sendo esta apta, portanto, a justificá-la, pois estranha ao universo *ex ante*. *Whren v. US*[71] discutiu a possibilidade de uma infração levíssima ser utilizada como pretexto para abordagem do motorista, concluindo que "a detenção de um motorista é razoável quando existe causa provável para acreditar que uma infração de trânsito ocorreu", ainda que leve.

[67] Segundo *Prouse*, "parar um veículo e deter o seu ocupante constitui apreensão no sentido da 4ª e 14ª emendas, mesmo que com finalidade limitada e bastante breve".

[68] U.S. Supreme Court. United States v. Brignoni-Ponce. No. 74-114. Argued February 18, 1975. Decided June 30, 1975.

[69] U.S. Supreme Court. Almeida-Sanchez v. United States, 413 U.S. 266 (1973). Almeida--Sanchez v. United States. No. 71-6278. Argued March 19 and 28, 1973. Decided June 21, 1973.

[70] ApCrim nº 0007638-02.2014.8.24.0018 - 5ª Câmara Criminal - j. 05/7/2019 – Relatora Des. Cinthia Beatriz Schaefer, TJSC. São criticáveis os fundamentos desta decisão. Primeiro, sustenta-se que "a prática é possível em razão do poder de polícia da administração pública", mas o cerceamento à liberdade reclama fundada suspeita. Segundo, "ao empreender fuga, os policiais perceberam que o réu estava praticando algum ato ilícito e foram em seu encalço", justificando a abordagem pela recusa e não pelo conhecimento *ex ante* detido pelos agentes.

[71] WHREN ET AL. v. UNITED STATES. CERTIORARI TO THE UNITED STATES COURT OF APPEALS FOR THE DISTRICT OF COLUMBIA CIRCUIT. No. 95-5841. Argued April 17, 1996-Decided June 10, 1996.

Como se vê, já são várias as situações-tipo sindicadas pela jurisprudência, sendo altamente desejável que esse repertório se incremente, outorgando maior segurança jurídica ao encontro entre polícia e indivíduo, mitigando o perigoso risco de seletividade.

4. declarações autoincriminatórias incidentais ao encontro

Nos limites deste brevíssimo estudo, rápidas palavras devem ser reservadas às declarações autoincriminatórias incidentais à abordagem, especialmente durante seu *desenvolvimento* – via de regra, introduzidas em juízo pelo depoimento dos policiais.

Tais proferimentos não são precedidos da advertência do direito ao silêncio, podendo inclusive consistir no atendimento a indagações dos próprios agentes. A USSC reserva os *Miranda warnings,* por exemplo, a interrogatórios formais, pelo que, na visão ainda predominante, mesmo nos EUA, eles seriam inaplicáveis aos *Terry stops*[72] [73]. No Brasil, porém, desde as ADPFs 395 e 444, parece insustentável legitimar a introdução em juízo dos atos comunicativos incidentais à abordagem, diferentemente dos performativos, pois os olhos dos policiais sobre o que se passa na via pública não violam direitos fundamentais. Nem por outra razão, o STF acolheu a Reclamação nº 33.711, entendendo existir "violação do direito ao silêncio e à não autoincriminação, estabelecidos nas decisões proferidas nas ADPFs 395 e 444, com a realização de interrogatório forçado, travestido de entrevista formalmente documentada *durante o cumprimento de mandado de busca e apreensão,* no qual não se oportunizou ao sujeito da diligência o direito à prévia consulta a seu advogado e nem se certificou, no referido auto, o direito ao silêncio e a não produzir provas contra si mesmo"[74]. O eminente Ministro Edson Fachin vislumbrou aí "metodologia, para dizer o mínimo, atípica e evidentemente descolada de qualquer fundamentação

[72] U.S. Supreme Court. Berkemer v. McCarty, 468 U.S. 420 (1984). Berkemer v. McCarty. No. 83-710. Argued April 18, 1984. Decided July 2, 1984.

[73] Na doutrina, aponta-se que *Terry* stops tornaram-se invasivas e, portanto, já estariam em conflito com *Miranda,* Mark A. Godsey, *When Terry Met Miranda: Two Constitutional Doctrines Collide,* 63 Fordham L. Rev. 715 (1994).

[74] Rcl 33711, Relator Min. Gilmar Mendes, 2ª Turma, j. em 11/06/2019.

que permita esse tipo de procedimento". E o Superior Tribunal de Justiça (STJ) rechaçou procedimentos análogos, pelo que, *mutatis mutandis*, outro não deveria ser o entendimento no caso de busca pessoal[75].

Conclusões

O encontro entre indivíduo e polícia nas ruas é um fenômeno de objeto e dinâmica variáveis, podendo envolver restrições de leves a intensas, breves a demoradas, a direitos fundamentais. Assim, sob pena de legitimar odiosa seletividade, é impositivo submetê-lo a categorias jurídicas de validade. Com efeito, existem "rotineiras atividades das polícias que têm sido ainda muito timidamente analisadas pela dogmática processual penal e, como consequência, têm passado ao largo do controle das próprias agências judiciais", sendo certo que os "princípios e normas processuais, então, devem limitar, condicionar e vincular o poder de coerção cotidiana e rotineiramente empreendido pelas agências policiais"[76].

Conforme o Ministro Luis Roberto Barroso, "em matéria de proteção dos direitos fundamentais, inclusive e, sobretudo, de minorias, os tribunais constitucionais podem e, em muitas situações, devem, a meu ver, atuar construtiva e criativamente, porque é assim que se protegem pelo mundo afora os direitos dos homossexuais, dos negros, das populações nativas [...]"[77]. O rigoroso controle jurisdicional do ato policial insere-se nessa perspectiva, sendo notável o avanço introduzido pelo RE nº 603.616/RO, de que foi relator Ministro Gilmar Mendes.

[75] HC 244.977/SC, Rel. Ministro Sebastião Reis Júnior, 6ª Turma, j. 25/09/2012, DJe 09/10/2012, repudiando "gravação realizada entre [o réu] e os policiais que efetuaram sua prisão, momento em que não foi informado da existência desse direito, assegurado na Constituição Federal", pois, a ser "utilizada para sustentar uma acusação", "redundaria em permitir um falso exercício de um direito constitucionalmente assegurado".

[76] WANDERLEY, Gisela Aguiar. Entre a lei processual e a praxe policial: características e consequências da desconcentração e do descontrole da busca pessoal. **Revista Brasileira de Ciências Criminais**, v. 128, p. 115-149, 2017. p. 2.

[77] Supremo Tribunal Federal. ADPF 444, Relator (a): Min. GILMAR MENDES, Tribunal Pleno, julgado em 14/06/2018, voto do Ministro Luis Roberto Barroso, p. 91.

Para tanto, metodologicamente, a cognição judicial deverá fragmentar analiticamente o ato em pelo menos três instâncias: **início, desenvolvimento** e **término**. Como ponto de partida, impõe-se analisar o universo cognitivo *ex ante* do *início*, conforme preconizado pelo *leading case*. O resultado do *início* da abordagem, como visto, é irrelevante e impertinente nessa análise primeira. Outrossim, legitimado o *início*, cabe prosseguir com o exame dos atos praticados no *desenvolvimento* a partir do cenário *post factum* do *início* e *ex ante*, por exemplo, de uma revista pessoal. O intérprete há de estar atento para natureza do encontro, pois um consenso inicialmente observado poderá desfigurar-se, dando origem a um outro nível analítico, agora realizado sob influxo da autoridade ou força física.

Toda a diligência deve ser apreciada em estrita conformidade com as garantias constitucionais do contraditório diferido (inciso LV do art. 5º da CF), da garantia ao silêncio (art. 5º, XLIII) e do princípio da liberdade (art. 5º, LXI; Decreto nº 678/92 – Pacto de São José da Costa Rica, art. 7º, 2), exigindo-se fundada suspeita (art. 244 do CPP), enquanto elemento objetivo, racionalmente articulável por parte do policial, cujo depoimento, nesse sentido, poderá constituir relevante elemento probatório.

O uso dessa metodologia haverá de fixar situações-tipo, como, *v.g.*, fuga diante de autoridade, recusa em cooperar, utilização de denúncia anônima, presença em locais de elevada criminalidade, abordagens de trânsito etc., mas é certo que dois equívocos frequentes deverão ser evitados: (a) realização do controle jurisdicional a partir do *desenvolvimento* ou *término* do encontro, com abstração do *início*; (b) redução da fundada suspeita a um juízo subjetivo inarticulável, no plano da intuição ou impressão subjetiva do agente. A ilicitude do *início* prejudicará os atos praticados nas etapas subsequentes, mas a licitude daquele não assegurará, por si só, a validade destes, impondo-se prosseguir no juízo analítico de forma a cobrir por inteiro a interação policial.

Espera-se que, assim procedendo, o aplicador do Direito possa contribuir para desestimular a indesejável seletividade na ação policial, assegurando maior aderência ao Estado de Direito.

Referências

ABRAMS, Gerald H. ***Constitutional limitations on detentions for investigation***. 52 Iowa L. Ver. 1093 , 1967.

ARAÚJO, Júlio César. **Abordagem policial, conduta ética e legal**. 2008. TCC (Trabalho de conclusão de Curso) – Centro de Estudos de Criminalidade e Segurança Pública/ Crisp/UFMG/Senasp, Belo Horizonte, 2008.

GOMES FILHO, Antônio Magalhães. **Direito à prova no processo penal**. São Paulo: RT, 1997.

LAFAVE, Wayne R. ***Street Encounters and the Constitution:*** *Terry, Sibron, Peters, and Beyond*, 67 MICH. L. REV. 39, 1968.

MILLAR, Roberto Wyness. ***Los princípios formativos del procedimento civil.*** Buenos Aires: Ejea, 1927.

REMINGTON, Frank J. ***Law Relating to on the Street Detention, Questioning and Frisking of Suspected Persons and Police Arrest, Privileges in General,*** 51 J. Crim. L. Criminology & Police Sci. 386, 1960-1961.

SOUZA, Marlon. Busca Pessoal *v. stop and frisk*; um breve exame da abordagem pessoal de rua no Brasil e nos EUA. **Revista Brasileira de Ciências Criminais**, São Paulo, v. 151/2019, p. 317-343, jan/2019.

TOURINHO FILHO, Fernando da Costa. **Código de Processo Penal comentado**. 12. ed, São Paulo: Saraiva, 2009. p. 669-670. v. 1.

TUCCI, Rogério Lauria. **Direitos e garantias individuais no processo penal brasileiro**. São Paulo: Saraiva, 1993.

WANDERLEY, Gisela Aguiar. Entre a lei processual e a praxe policial: características e consequências da desconcentração e do descontrole da busca pessoal. **Revista Brasileira de Ciências Criminais**, São Paulo, v. 128, p. 115-149, 2017.

39. O PRINCÍPIO ACUSATÓRIO COMO METAGARANTIA

Fabiano Clementel

1. Considerações iniciais

O presente texto é fruto de reflexões acerca do conteúdo da dissertação de mestrado intitulada *A ideologia no Processo Penal brasileiro a partir dos sistemas processuais penais*, em que tive a honra e o privilégio de ser orientado pelo nosso homenageado, Prof. Dr. Nereu José Giacomolli, nos anos de 2009 e 2010, pessoa por quem nutro profunda admiração e respeito, aliado ao sentimento de incomensurável gratidão. O professor Nereu, pela sua simplicidade, humanidade e comprometimento com as Ciências Criminais e com a vida humana, às quais dedicou e dedica muito tempo de sua vida, merece todo reconhecimento da comunidade jurídica.

Dito isso, importante destacar, desde logo, que este artigo tem como razão de ser os motivos que me levaram a pesquisar os sistemas processuais penais e a sua ideologia, fundamentalmente a busca pelo entendimento que subjaz às concretas mudanças legislativas, e que se encontram, na grande maioria das vezes, na face oculta do nosso processo legislativo, o qual é cediço, é fruto, no jogo democrático, dos anseios de mudanças ou mesmo de continuísmo, advindos dos diferentes seguimentos da sociedade, mas especialmente dos agentes que operam nas Ciências Criminais.

Pensar a ideologia que subjaz o modelo de justiça criminal, retratada pelo corpo legislativo em vigor, e refletir o pensado, de forma contínua, no pensamento jurídico-penal, revela-se importante vetor crítico de construção de um processo penal democrático, sobretudo justo e afinado com a tutela de direitos e garantias fundamentais. Esse foi e continua sendo a *locomotive* deste autor para e pelo estudo do processo penal.

O presente texto objetiva instigar a reflexão sobre o alcance prático da redação do art. 3º-A, do Código de Processo Penal (CPP), em que se estabelecem as balizas da estrutura acusatória do processo penal brasileiro, quais sejam: vedação da iniciativa do juiz na fase de investigação e a substituição da atuação probatória do órgão de acusação. Para tanto, de início revisam-se algumas concepções teóricas sobre os sistemas processuais penais, de modo expositivo e crítico, para, ao final, propor uma nova forma de compreensão da estrutura acusatória de processo, lastreada no princípio acusatório, o qual passa a ser compreendido como uma metagarantia, com função de orientar desde as estruturas processuais até o modo de atuar dos sujeitos que oficiam na justiça criminal.

2. Sistema processual penal de estrutura acusatória: uma necessária revisão teórica

Certa feita, Albert Camus nos disse que "[...] todas as noites e todas as manhãs, desde que o cão pegara aquela doença de pele, Salamano passava pomada nele. Mas, na sua opinião, a sua verdadeira doença era a velhice, e velhice não se cura"[1]. Analisando o histórico da legislação processual penal brasileira e de suas matrizes autoritárias, desde o Código de Processo Criminal do Império de 1832 até o último projeto de reforma global do CPP (PLS nº 156/2009), que na Câmara dos Deputados recebeu o nº 8.045/2010, pode-se concluir que nossa ideologia processual penal, velha e surrada, sempre foi e permanece sendo autoritária, em que pese o debate crítico, propulsor de novos ares democráticos, há muito presente, especialmente na academia.

1 CAMUS, Albert. **O estrangeiro.** 28. ed. – Rio de Janeiro: Record, 2007. p. 49.

Por alguma razão, o discurso e a produção acadêmica crítica, que, giza-se, também são ideológicos, mantiveram um distanciamento (in)voluntário da realidade social, isto é, não alcançaram os personagens que ocupam papéis sociais de exercício de poder, os quais estão, em boa parte, nas agências de criminalização primária e secundária[2], as quais compõem as diferentes instâncias de controle social formal[3]. Essas agências, pois, ainda mantêm o ranço do modelo inquisitorial, o qual foi muito bem delineado por Salo de Carvalho desde sua gestação até o exame da constância inquisitiva contemporânea[4].

Quiçá por essa resistência, a ideologia que matriciou nossa legislação processual penal não recebeu, ainda hoje, os fluxos democráticos dos tempos hodiernos, ignorando que os tempos atuais são outros, o que exige um esforço de superação/revolução – e não de cura, pois, como referido, velhice não se cura. No momento atual, exige-se superação da tradição autoritária confortante, visível na exposição de motivos[5] do Código de Processo Penal brasileiro e sobremaneira na atuação das agências de criminalização.

Não se nega, pelo contrário, se sustenta, como defende Golschmidt, que o processo penal de uma nação é o termômetro dos elementos corporativos e autoritários de sua Constituição, isto é, os princípios da política processual de uma nação não são outra coisa que segmentos de sua política estatal em geral.[6] Por isso, deve-se ter presente que, no Brasil de hoje, vive-se sob a égide

[2] ZAFFARONI, Eugênio Raúl. **Manual de direito penal brasileiro: parte geral.** 11. ed. São Paulo: Revista dos Tribunais, 2015. p. 70-83.

[3] No sentido trazido por SHECAIRA, Sérgio Salomão. **Criminologia.** 6. ed. São Paulo: Revista dos Tribunais, 2014, p. 256.

[4] CARVALHO, Salo de. **Antimanual de criminologia**. 5. ed. São Paulo: Saraiva, 2013. p. 133-169.

[5] Exposição de motivos do Código de Processo Penal (Decreto-Lei nº 3.689/1941). A reforma do processo penal vigente: "II. De par com a necessidade de coordenação sistemática das regras do processo penal num Código único para todo o Brasil, impunha-se o seu ajustamento ao objetivo de maior eficiência e energia da ação repressiva do Estado contra os que delinquem. As nossas vigentes leis de processo penal asseguram aos réus, ainda que colhidos em flagrante ou confundidos pela evidencia das provas, um tão extenso catálogo de garantias e favores, que a repressão se torna, necessariamente, defeituosa e retardatária, decorrendo daí um indireto estímulo à expansão da criminalidade. Urge que seja abolida a injustificável primazia do interesse do indivíduo sobre o da tutela social. Não se pode continuar a contemporizar com pseudodireitos individuais em prejuízo do bem comum".

[6] GOLDSCHMIDT, James. ***Principios generales del proceso:*** *problemas jurídicos e políticos del proceso penal*. Buenos Aires: Ediciones Jurídicas Europa – América (EJEA), 1961. p. 109-110. v. II.

de uma Constituição democrática, a qual enaltece a posição do ser humano como sujeito de direitos, dotado, pois, de dignidade, sendo esta, inclusive, um dos fundamentos da República Federativa do Brasil[7].

A Constituição atual destina um título específico para tratar dos direitos e garantias fundamentais (Título II), no qual se encontram positivados dispositivos de caráter processual e relacionados aos direitos de liberdade. Nesse sentido, como afirma Bacigalupo, o "[...] *el reconocimiento de derechos fundamentales procesales por un Estado es un criterio para medir el carácter autoritario o liberal (freiheitlich) de una sociedad*"[8].

Assim, a realidade brasileira não pode continuar a (con)viver com as lentes de um passado obscuro, sob pena de permanecer míope da conjuntura atual, que não é mais a da década de quarenta do século passado, tempo de gestação do atual CPP, em que as bases epistemológica e política estavam estruturadas na supremacia do *ius puniendi* sobre o direito de liberdade; na busca da verdade material a todo custo, inclusive com a atuação *ex officio*; nas bases inquisitoriais ofuscantes da Constituição, com alto teor de blindagem ordinária, protetiva das subestruturas (lei ordinária e atuação dos sujeitos processuais).[9]

Talvez o momento atual seja propício para se ter a esperança de que a inclusão do art. 3-A do CPP não fique apenas no plano da retórica, ou melhor, que não seja esvaziado de significado pelas manobras linguísticas que se tem vislumbrado em muitos espaços do mundo jurídico. Espera-se, profundamente, que essa alteração legislativa traga um real significado, que transcenda o plano da poesia diletante e romântica do projeto imaginado, mas nunca usufruído[10]; espera-se, pois, que a mudança seja percebida no plano prático.

Quando se fala em plano prático, quer-se dizer na ruptura com a tradição, pois é chegada a hora de se solidificar o sentido do processo penal de estrutura acusatória e de demonstrar que o processo penal brasileiro está, efetivamente, consentâneo com a Constituição republicana; na lição de Cordero, que ele

[7] "Art. 1º A República Federativa do Brasil, formada pela união indissolúvel dos Estados e Municípios e do Distrito Federal, constitui-se em Estado Democrático de Direito e tem como fundamentos: [...] III - a dignidade da pessoa humana".

[8] BACIGALUPO, Enrique. ***Justicia penal y derechos fundamentales.*** Madrid: Marcial Pons, 2002. p. 133.

[9] PRADO, Geraldo. Prefácio à obra GIACOMOLLI, Nereu José. **Reformas (?) do processo penal: considerações críticas**. Rio de Janeiro: Lumen Juris, 2008. p. xi.

[10] CARVALHO, Salo de. **Antimanual de criminologia.** 5. ed. São Paulo: Saraiva, 2013. p. 169.

"[...] è lo specchio degli orientamenti politici e delle strutture constituzionali"[11]. Esse é o momento de "nascer" o processo penal que queremos, de tutela efetiva de direitos e garantias fundamentais, motivo pelo qual delinear seus contornos teóricos torna-se tarefa indispensável.

Isso porque, recentemente, com a Lei nº 13.964/2019, o Código de Processo Penal brasileiro suportou algumas alterações, dentre as quais, como já mencionado, a inclusão do art. 3º-A. Reza esse disposto que "o processo penal terá estrutura acusatória, vedadas a iniciativa do juiz na fase de investigação e a substituição da atuação probatória do órgão de acusação".

Em verdade, esse artigo de lei, incluído pela Câmara dos Deputados no "Projeto Anticrime", de autoria do ex-ministro da Justiça, Sérgio Moro, tem sido ofuscado pelos debates em torno de outros institutos, como o Juiz de Garantias. Apesar disso, importante destacar que sua positivação na legislação representa um grande avanço, em que pese essa demanda legislativa já existisse, inclusive no Projeto de Reforma Global do CPP, que tramita na Câmara dos Deputados, no qual se destaca, na exposição de motivos, a razão pela qual o Brasil necessita de um novo processo penal.[12]

Nesse aspecto, acertada a posição de Rui Cunha Martins, que menciona a relevância ímpar, do ponto de vista do investigador, que tem a exposição de motivos de um texto legal. Conforme o autor, "[...] se trata de um texto redigido em manifesta ambiência renovadora e, sobretudo, porque nele ecoa uma natural tensão entre, por um lado, a opção por um rumo e uma lógica específicas e, por outro, a obrigatoriedade de atenção à dispersão de sensibilidades em presença"[13].

Nota-se, com efeito, que a exposição de motivos do Projeto de Reforma Global do CPP deixou muito claro o que se espera de um processo penal de estrutura acusatória, quando tece considerações sobre o papel do Juiz. A propósito, consta que "a formação do juízo acusatório, a busca de seus elementos de convicção, o esclarecimento e a investigação, enfim, da materialidade e da

[11] CORDERO, Franco. ***Ideologie del processo penale***. Varese: Giuffrè, 1966. p. 06.

[12] "Art. 4º. O processo penal terá estrutura acusatória, nos limites definidos neste código, vedadas a iniciativa do juiz na fase de investigação e a substituição da atuação probatória do órgão de acusação."

[13] MARTINS, Rui Cunha. **O ponto cego do direito**: *the brazilian lessons*. 2. ed. Rio de Janeiro: Lumen Juris, 2011. p. 187.

autoria do crime a ser objeto de persecução penal, nada tem que ver com a atividade típica da função jurisdicional".

Apesar de a estrutura acusatória estar expressamente positivada na novel legislação e de constar, na exposição de motivos do Projeto de Reforma Global do CPP, os fundamentos do legislador infraconstitucional para imposição de seu reconhecimento explícito, reputa-se oportuno discorrer sobre a compreensão dess0a estrutura acusatória, isto que, a partir de uma necessária revisão teórico-científica, em que se estabeleçam os pilares desta estrutura.

Para tanto, entendemos como fundamental superar a dicotomia entre sistemas acusatório e inquisitório. A proposta é de se implementar a concepção de que o princípio acusatório é uma metagarantia, pois influi na criação prática de outros direitos ou garantias, como a jurisdicionalidade, a acusação oficial, a imparcialidade, a inviolabilidade da defesa, a correlação, a gestão da prova, dentre outros. Trata-se, pois, de um pressuposto prévio e necessário para a implementação das demais garantias.

2.1 A superação da dicotomia sistema acusatório-sistema inquisitório

O Estado atual não se concebe apenas como Estado de Direito. No caso brasileiro, trata-se de um Estado constitucional e democrático de Direito, que é mais que um Estado de Direito, na medida em que foi introduzido o elemento democrático para travar o poder ante a necessidade de legitimação deste poder. Dessa feita, o poder agora tem legitimação no Direito, nos direitos fundamentais e no processo de legislação do sistema jurídico[14].

Por isso, entende-se que, antes da opção pelo sistema, a pergunta não é que tipo de procedimento queremos, mas que tipo de organização do Estado possuímos[15], pois é essa organização que permite a escolha científica possível, dentro da perspectiva de que, pela evolução dos direitos e garantias fundamentais, o modelo inquisitório é insustentável.

[14] GIACOMOLLI, Nereu. Atividade do Juiz Criminal frente à Constituição: deveres e limites em face do princípio acusatório. **Sistema penal e violência**. Rio de Janeiro: Lumen Juris, p. 209-230, 2006. p. 214.

[15] DAMASKA, Mirjan R. ***Las caras de la Justicia y el poder del Estado:*** *análisis comparado del proceso legal*. Santiago: Editorial Jurídica do Chile, 2000. p. 86.

Nessa senda, o modelo acusatório, ou um processo penal de estrutura acusatória, está sendo a opção do legislador brasileiro e vem como um dos pilares do sistema de garantias processuais posto pela Constituição de 1988. Disso não há dúvidas, até mesmo porque agora está expressamente previsto em lei!

Para compreender essa opção, todavia, é necessário ter presente o tipo de organização estatal brasileira. Com efeito, conhecendo previamente o tipo de organização poder-se-á chegar à chave do modelo acusatório, decorrente do princípio acusatório.

Para Geraldo Prado, a "chave" é constituída de elementos de análise da realidade que percebem o sistema penal como um sistema de poder. A natureza política do processo penal é responsável pelo tipo de técnica empregada nos tribunais. Sem compreender que as técnicas em direito são informadas por critérios ideológicos, corre-se o risco de se persistir acreditando em uma neutralidade axiológica dos instrumentos do poder punitivo, esvaziando o conteúdo das funções a serem exercidas pelos profissionais[16].

Sob o aspecto político, a Constituição Federal atual dispõe no *caput* do seu art. 1º que a República Federativa do Brasil constitui-se em Estado Democrático de Direito, tendo como fundamentos, dentre outros, a soberania e o princípio da dignidade da pessoa humana, *ex vi* dos incisos I e III do referido dispositivo. A função pública do Direito Penal e o *ius puniendi* estatal são parte do conceito de exigência punitiva, que só pode se fazer valer por meio do processo penal, mas que são corolários do poder de soberania.

Nesta cadeia, Goldschmidt[17] leciona que

[16] PRADO, Geraldo. **Sistema acusatório:** a conformidade constitucional das leis processuais penais. 4. ed. Rio de Janeiro: Lumen Juris, 2006. p. 60. Lembrando que o sistema penal é o conjunto das agências que operam a criminalização (primária e secundária) ou que convergem na sua produção. Ver, nesse sentido, ZAFFARONI, Eugênio Raúl *et al.* **Direito penal brasileiro.** Primeiro Volume: Teoria Geral do Direito Penal. 2. ed. Rio de Janeiro: Revan, 2003. p. 60.

[17] GOLDSCHMIDT, James. ***Problemas jurídicos y políticos del proceso penal:*** *conferencias dadas en la Universidad de Madrid en los meses de diciembre de 1934 y enero, febrero y marzo de 1935.* Barcelona: Bosch, 1935. p. 23-24. Tradução nossa: "Exigência punitiva e processo penal se consideram como construções técnicas artificiais, porque na verdade repugnam à essência do direito subjetivo de penar do Estado, o qual primordialmente é um poder de soberania, e por isto não se necessitaria invocar a proteção judicial para realizar-se. Que ao Estado, titular do direito de penar, se impôs a obrigação de seguir o caminho de um processo, é consequência dos postulados do Estado de Direito que estabeleceu correlativamente ao princípio '*nulla poena sine lege*', o da '*nulla poena sine judicio*'. O meio para fazer valer a exigência punitiva é a

> *Exigencia punitiva y proceso penal se consideran como construcciones técnicas artificiales, porque en verdad repugnan a la esencia del derecho subjetivo de penar del Estado, el cual primordialmente es un poder de soberanía, y por esto no se necesitaria invocar la protección judicial para realizarle. Que al Estado, titular del derecho de penar, se le há impuesto la obligación de seguir el camino de un proceso, es consecuencia de los postulados del Estado de derecho que han establecido correlativamente al principio 'nulla poena sine lege', el de 'nulla poena sine judicio'. El medio para hacer valer la exigencia punitiva es la acción penal, que corresponde ao Estado mismo [...] el Estado aparece en el proceso penal como titular de la jurisdicción.*

Assim, os instrumentos do poder punitivo (Direito Penal e processo penal essencialmente) estão vinculados às estruturas do poder político estatal em geral, as quais são estabelecidas no texto constitucional. Logo, são os modelos de organização do Estado que irão dimensionar as formas de aplicação desses instrumentos.

Os sistemas, tradicionalmente, decorrem dos princípios informadores dispositivo e inquisitivo. Esses princípios nasceram com a noção de indivíduo como membro da sociedade civil (indivíduo/sociedade civil), que logo se restringiu pela noção de autoridade, com a consolidação dos Estados absolutistas (autoridade/Estado Absolutista), e que renasce em forma distinta na noção de homem-sujeito, com a aparição do Estado de Direito (sujeito/Estado de Direito)[18].

Adverte Gomez Orbaneja[19] que a história do processo penal nos mostra um número limitado de princípios fundamentais ou configuradores que, sucedendo-se uns aos outros, foram inspirando os distintos sistemas. Tais princípios guardam íntima relação, por um lado, com a concepção contemporânea do

ação penal, que corresponde ao Estado mesmo [...] o Estado aparece no processo penal como titular da jurisdição".

[18] ALLIAUD, Alejandra Mercedes. *Princípio acusatorio. Estudio histórico-comparado de su gênesis y evolución. In*: HENDLER, Edmundo S. (comp.). ***Las Garantías Penales y Procesales:** un enfoque histórico-comparado.* 1. ed., 1. reimp. Buenos Aires: Editores del Puerto, 2004. p. 214.

[19] GOMEZ ORBANEJA, Emilio, QUEMADA, Vicente Herce. *Derecho procesal penal*. Madrid: [*s.n.*], 1981. p. 113.

Direito Penal; por outro, com os fatores políticos e sociais dominantes em cada momento. Dentre esses princípios fundamentais está o princípio acusatório.

Para Damaska, o Estado organiza o seu Poder Judiciário a partir dos elementos conceituais necessários à sua organização, que se referem aos atributos dos funcionários, às suas relações e à maneira pela qual são tomadas as suas decisões. Esses são os três aspectos do poder que, segundo o autor, influem na forma do processo legal[20]. A partir desses elementos é possível distinguir um sistema do outro.

No tocante ao aspecto processual, Damaska cria quatro tipos ideais ou tipologias que servem para analisar toda a classe de procedimentos. Primeiro distingue dois modos de organizar a autoridade estatal, ensinando que o Poder Judiciário está presente nesses dois modelos de Estado: o modelo hierárquico e o modelo paritário (coordenado); aquele ocidental, este anglo-americano.

Segundo o autor, no ideal hierárquico (organização judiciária continental) há uma profissionalização dos funcionários responsáveis, o ordenamento é estritamente hierárquico e existem normas técnicas para a tomada de decisões. No ideal paritário (aparato da justiça anglo-americano) há, ao contrário, funcionários leigos, uma distribuição horizontal de poder e a justiça é substantiva, isto é, "*el sentido común práctico y la prudencia se mezclen con normas éticas, políticas o religiosas*"[21].

Para Amodio[22]:

> *Mentre nel rito accusatorio dei Paesi di common law si possono scorgere facilmente le radici ideologiche di un individualismo di marca liberale che fa del processo il luogo in cui le parti si confrontano e si scontrano utilizzando le risorse*

[20] DAMASKA, Mirjan R. ***Las caras de la Justicia y el poder del Estado****: análisis comparado del proceso legal.* Santiago: Editorial Jurídica do Chile, 2000. p. 33.

[21] DAMASKA, Mirjan R. ***Las caras de la Justicia y el poder del Estado****: análisis comparado del proceso legal.* Santiago: Editorial Jurídica do Chile, 2000. p. 33-53.

[22] AMODIO, Ennio. ***Processo penale, diritto europeo e common law****: dal rito inquisitório al giusto processo.* Milano: Editore Giuffrè, 2003. p. 199. Tradução nossa: "Enquanto no rito acusatório dos países de *common law* podem ser visto facilmente as raízes ideológicas de um individualismo de marca liberal que faz do processo o lugar no qual as partes se confrontam e se degladiam utilizando-se dos recursos pessoais e econômicos que podem assegurar o sucesso na causa, a espinha dorsal do modelo inquisitório está calcada na ideologia autoritária, concebida como depositária de uma supremacia sob o plano cognitivo que relega a uma posição residual a contribuição do indivíduo".

> *personali ed economiche che possono assicurare il sucesso, il cardine del modello inquisitorio poggia sull'ideologia dell'autorità, concepita come depositaria di una supremazia sul piano conoscitivo che relega in posizione residuale l'apporto dell'individuo.*

Desenvolvidas as tipologias da autoridade judiciária, Damaska elabora, ainda, duas tipologias do procedimento, associadas, cada uma delas, com um determinado fim do Estado. Para a primeira, o Estado tem um papel reativo na sociedade no sentido de que se limita a prover um marco para que os cidadãos possam perseguir seus próprios ideais. Nessa tipologia, então, o procedimento seria um mecanismo para resolver conflitos entre os cidadãos. Na segunda dessas tipologias, o Estado tem um papel ativo na sociedade, no sentido de que sustenta a vida boa ou correta e a utiliza como base para um programa global de melhora material e moral de seus cidadãos. Nessa última tipologia, o procedimento é um mecanismo para implementar políticas públicas.

Máximo Langer[23], por sua vez, ao analisar o problema da dicotomia acusatório/inquisitório, apresenta seis níveis ou sentidos que lhes são atribuídos. Seguindo a classificação desse autor, os seis sentidos conceituais da dicotomia referida podem dividir-se em dois grandes grupos, o descritivo e o normativo. Para ele,

> *En el primer grupo, la dicotomia es usada para describir y analizar el plano del ser de los sistemas procesales. Es decir, para describir y entender qué ocurre en la realidad, en la empiria. En el segundo grupo, la dicotomia es utilizada para analizar problemas en el plano del deber ser. Es decir, para determinar la validez jurídica, o la conveniencia política o moral de determinadas normas o prácticas jurídicas.*[24]

[23] LANGER, Máximo. *La dicotomia acusatorio-inquisitivo y la importación de mecanismos procesales de la tradición jurídica anglosajona. Algunas reflexiones a partir del procedimiento abreviado. In*: HENDLER, Edmund S. (comp.). ***Las Garantias penales y procesales**: un enfoque histórico-comparado.* 1. ed., 1ª reimp. Buenos Aires: Editores del Puerto, 2004. p. 243.

[24] LANGER, Máximo. *La dicotomia acusatorio-inquisitivo y la importación de mecanismos procesales de la tradición jurídica anglosajona. Algunas reflexiones a partir del procedimiento abreviado. In*: HENDLER, Edmund S. (comp.). ***Las Garantias penales y procesales**: un enfoque histórico-comparado.* 1. ed., 1ª reimp. Buenos Aires: Editores del Puerto, 2004. Tradução nossa: "No primeiro grupo, a dicotomia é usada para descrever e analisar o plano do ser dos sistemas processuais. Isto é,

Lorena Winter[25], contudo, afirma que o termo acusatório tem sido mal aplicado, muitas vezes sendo identificado com o processo com todas as garantias do acusado ou, ainda, como equivalente ao ideal de justiça numa sociedade civilizada e respeitosa dos direitos fundamentais, criando, com efeito, uma distorção do debate na medida em que se aceita, *a priori*, um ponto de partida axiomático da noção de acusatório.

Apesar disso, Dasmaska[26]refere que

> [...] *en la actualidad no hay un concepto de los modos adversariales y no adversariales que pueda aplicarse 'neutralmente' en la línea que divide a las dos familias de derecho conformadas por tradiciones diferentes de organización del poder judicial: las formas procesales y contenciosas e inquisitorias están terriblemente enredadas, con incrustaciones jerárquicas y paritarias.*

Acertada, portanto, a afirmação de Jacinto Coutinho[27], para quem o problema é que, quando falta sincronia terminológica dos conceitos e referenciais semânticos, ou seja, quando não há uma mínima paz doutrinária, é do lugar

para descrever e entender o que ocorre na realidade, na empiria. No segundo grupo, a dicotomia é utilizada para analisar problemas no plano do dever ser. É dizer, para determinar a validade jurídica, ou a conveniência política ou moral de determinadas normas ou práticas jurídicas".

25 WINTER, Lorena Bachmaier. ***Acusatorio versus inquisitivo***. *Reflexiones acerca del proceso penal. In*: WINTER, Lorena Bachmaier (coord.). **Proceso penal y sistemas acusatorios**. Madrid: Marcial Pons, 2008. p. 12.

DAMASKA, Mirjan R. **Las caras de la Justicia y el poder del Estado: análisis comparado del proceso legal**. Santiago: Editorial Jurídica do Chile, 2000, p. 86.

WINTER, Lorena Bachmaier. ***Acusatorio versus inquisitivo***. *Reflexiones acerca del proceso penal. In*: WINTER, Lorena Bachmaier (coord.). **Proceso penal y sistemas acusatorios**. Madrid: Marcial Pons, 2008.

26 DAMASKA, Mirjan R. ***Las caras de la Justicia y el poder del Estado***: *análisis comparado del proceso legal*. Santiago: Editorial Jurídica do Chile, 2000. p. 123. Tradução nossa: "[...] na atualidade, não há um conceito dos modos *adversary* e *non adversary* que se possa aplicar de forma neutra na linha que divide as duas famílias de direito formadas por tradições diferentes de organização do poder judicial: as formas processuais contenciosas e inquisitórias estão terrivelmente embaraçadas, com incrustações (adornos) hierárquicos e paritários ou coordenados".

27 COUTINHO, Jacinto Nelson de Miranda. O projeto de justiça criminal do novo Governo do Brasil, p. 134. *In*: BONATO, Gilson (org.). **Processo penal: leituras constitucionais**. Rio de Janeiro: Lumen Juris, 2003.

do poder que acabam vindo, em *ultima ratio*, as normas, como expressão das regras contidas na lei.

Dessa feita, a discussão sobre quais elementos integram o sistema acusatório e o sistema inquisitório como tipos ideais de caráter descritivo deveria estar centrada na maior ou menor utilidade desses tipos puros para analisar e entender a dinâmica dos processos penais reais. Nota-se, realmente, que o modelo acusatório do Estado brasileiro diferencia-se, por exemplo, do modelo acusatório norte-americano, mas ambos denominam-se sistemas acusatórios. Com isso, a dicotomia perde o seu sentido.

Parafraseando Máximo Langer[28], ao se confundir o plano descritivo com o normativo, a discussão sobre a inclusão ou não de determinados elementos nesses tipos ideais passa por determinar se esses são ou não normativamente desejáveis. Diminui-se, assim, o potencial dessas ferramentas descritivas que poderiam ser de enorme utilidade para analisar as problemáticas que apresentam os sistemas legais. Adverte o autor que

> *El problema tal vez sea que, actualmente, en parte como consecuencia de este proceso de apropriación retórica, la dicotomia acusatorio-inquisitivo hace referencia a sentidos o análisis teóricos demasiado distintos y numerosos. Es por ello que, tal vez, lo mejor sería directamente abandonar la dicotomía o limitarla solamente a uno de estos sentidos conceptuales.*[29]

Percebe-se, com isso, que Máximo Langer propõe o abandono das categorias dicotômicas, substituindo-as por dois tipos ideais: o modelo da disputa e o modelo da investigação oficial, que, na sua visão, são úteis para analisar

[28] LANGER, Máximo. *La dicotomia acusatorio-inquisitivo y la importación de mecanismos procesales de la tradición jurídica anglosajona. Algunas reflexiones a partir del procedimiento abreviado. In*: HENDLER, Edmund S. (comp.). ***Las Garantias penales y procesales***: *un enfoque histórico-comparado.* 1. ed., 1ª reimp. Buenos Aires: Editores del Puerto, 2004.

[29] LANGER, Máximo. *La dicotomia acusatorio-inquisitivo y la importación de mecanismos procesales de la tradición jurídica anglosajona. Algunas reflexiones a partir del procedimiento abreviado. In*: HENDLER, Edmund S. (comp.). ***Las Garantias penales y procesales***: *un enfoque histórico-comparado.* 1. ed., 1ª reimp. Buenos Aires: Editores del Puerto, 2004. Tradução nossa: "O problema talvez seja que, atualmente, em parte como consequência deste processo de apropriação retórica, a dicotomia acusatório-inquisitório faz referência a sentidos ou análises teóricos muito distintos e numerosos. É por isso que, talvez, o melhor seria diretamente abandonar a dicotomia ou limitá-la somente a um destes sentidos conceituais".

algumas diferenças centrais entre as tradições jurídicas dos processos penais anglo-saxões, continental-europeus e latino-americanos. Até porque, cumpre ressaltar, consoante ensina Amodio[30], a dicotomia acusatório-inquisitório vem, na base, conduzida por um significado emotivo: o primeiro modelo é apresentado como lugar do garantismo; o segundo é marcado pela defesa social em detrimento do indivíduo.

Damaska percebe, na mesma linha, que os modelos de organização do poder do Estado relacionam-se com os tipos de processos. Propõe tipologias diversas das apresentadas por Máximo Langer: no lugar do modelo de disputa propõe o modelo de resolução de conflitos; no lugar do modelo de investigação oficial propõe o modelo de implementação de políticas. Apesar do dissenso conceitual, ambas as propostas têm um sentido comum: distinguir os sistemas processuais penais a partir do modelo de Estado, servindo, de algum modo, para explicar o contraste entre a administração da Justiça Criminal anglo-americana e continental-europeia. Em realidade, percebe-se que é a posição do indivíduo ante o Estado que determina o modelo de organização da Justiça.

Assim, Damaska conclui que a diferenciação entre o sistema acusatório e o sistema inquisitório – tratado por ele como *adversary* e *no adversary* –, num contexto global, ocorre apenas pelo contraste básico da oposição, qual seja

> *El modelo procesal 'adversarial' surge a partir de una contienda o disputa: se desarrolla como el compromiso de dos adversarios ante un juez relativamente pasivo, cuyo deber primordial es dictar un veredicto. El modo no-adversarial está estructurado como investigación oficial. Bajo el primer sistema los dos adversarios se hacen cargo de la acción judicial; bajo el segundo, la mayor parte de las acciones son llevadas a cabo por los funcionarios encargados de administrar justicia.*[31]

[30] AMODIO, Ennio. ***Processo penale, diritto europeo e common law****: dal rito inquisitório al giusto processo*. Milano: Editore Giuffrè, 2003. p. 195.

[31] DAMASKA, Mirjan R. ***Las caras de la Justicia y el poder del Estado****: análisis comparado del proceso legal*. Santiago: Editorial Jurídica do Chile, 2000. p. 13. Tradução nossa: "O modelo processual 'adversarial' surge a partir de uma contenda ou disputa: desenvolve-se como o compromisso de dois adversários ante um juiz relativamente passivo, cujo dever primordial é ditar um veredito. O modo 'não adversarial' está estruturado como investigação oficial. Sob o primeiro sistema os dois adversários ficam a cargo da ação judicial; sob o segundo, a maior parte das ações são levadas a cabo pelos funcionários encarregados de administrar a justiça".

Dessa forma, pode-se dizer que as propostas de novas tipologias, como as oferecidas por Máximo Langer: o modelo da disputa e o modelo da investigação oficial; e Damaska: o modelo de resolução de conflitos e o modelo de implementação de políticas, não são colidentes, podendo-se afirmar que partem da mesma premissa, qual seja: é a posição do indivíduo ante o Estado que determina o modelo a ser utilizado.

Tendo em vista essas considerações, no próximo ponto abordamos o que se pode compreender por estrutura acusatória na dimensão proposta por Damaska e Máximo Langer.

2.2 O princípio acusatório como metagarantia à estrutura acusatória do processo penal brasileiro

Pela organização estatal brasileira, é possível sustentar que o modelo hierárquico de organização da autoridade judiciária foi adotado no nosso país. Esse modelo percebe o processo como um mecanismo de implementação de políticas, em que o Estado atua (papel ativo) no sentido de buscar a vida boa ou correta das pessoas, utilizando o processo penal como base para um programa global de melhora material e moral de seus cidadãos, e como meio de defesa da ordem e das diretrizes por ele colocadas.

Nesse sentido, é utilizado um órgão oficial com a incumbência de proceder à investigação das condutas consideradas delituosas (modelo de investigação oficial). Esse órgão deve estar sujeito, do mesmo modo, às regras e aos princípios previa e legalmente estabelecidos, os quais sujeitam os indivíduos a eventual investigação, acusação oficial, processamento, condenação e execução de uma pena.

Essas limitações à investigação oficial são normas de caráter cogente, as quais decorrem dos princípios políticos e jurídicos da Constituição Federal brasileira, devendo, dessa forma, respeitar o sistema de garantias por ela adotado. Assim, o princípio acusatório é corolário da Carta Política e por, esta razão, impõe-se a sua observância.

Apesar dessa proposta, entendemos que o princípio dispositivo (acusatório) que orienta o modelo acusatório continua sendo o vetor hermenêutico ou princípio informador para a condução dos processos judiciais. Conforme salienta Mellado, "[...] *se el legislador opta por la primacía del principio acusatorio y el respeto a las estructuras de oficialidad y legalidad en el seno del proceso penal público, habrá que operar desde estas premisas*"[32]. Assim, o espaço de discussão cinge-se a manter intangível a autonomia conceitual e a respeitar a opção do legislador na liberdade de suas faculdades, atento ao sistema de garantias.

Com efeito, a proposta de Alejandra Alliaud[33] quiçá contribua de forma mais satisfatória para compreensão do que se está colocado nesta etapa. Vislumbra a autora o "princípio" acusatório como uma metagarantia. Nessa esteira, pode ser considerado um dos fundamentais princípios políticos da Constituição e que influi na criação prática de outros direitos ou garantias, devendo ser considerado como pressuposto prévio e necessário à implementação das demais garantias, como já mencionamos.

Compreendendo dessa forma, a organização do poder do Estado brasileiro segue o ideal hierárquico proposto por Damaska, e a opção do legislador brasileiro pela adoção do princípio acusatório, único compatível com a escolha político-jurídica do Brasil (Estado Democrático de Direito), deve servir como princípio informador de um modelo de processo penal justo, limpo e de estrutura acusatória. É dizer, apesar de estarem presentes características de sistemas inquisitórios – como a oficialidade –, essas características comunicam-se com o modelo de processo penal de estrutura acusatória, o que, por si só, justifica a superação da dicotomia.

Dessa feita, a utilização do princípio acusatório como uma metagarantia justifica-se na medida em que o processo, no modelo acusatório, dependerá sempre de uma acusação oficial para ter início, sendo que é a partir dessa acusação oficial que poderá ser desencadeada a produção da prova, a qual deverá ser gestionada pelas partes, mantendo-se, como orienta o art. 3-A, do CPP, vedadas a iniciativa do juiz na fase de investigação e a substituição da atuação probatória do órgão de acusação.

[32] MELLADO, José María Asencio. ***Principio acusatorio y derecho de defensa en el proceso penal.*** Madrid: Editorial Trivium, 1991. p. 10. Tradução nossa: "[...] se o legislador opta pela primazia do princípio acusatório e o respeito às estruturas da oficialidade e legalidade no seio do processo penal público, haverá que operar desde estas premissas".

[33] ALLIAUD, Alejandra Mercedes. *Princípio acusatorio. Estudio histórico-comparado de su gênesis y evolución. In*: HENDLER, Edmundo S. (comp.). ***Las Garantías Penales y Procesales**: un enfoque histórico-comparado.* 1. ed., 1. reimp. Buenos Aires: Editores del Puerto, 2004. p. 235-236.

Conclusões

Passados dez anos da pesquisa outrora realizada, permanece latente, como não poderia deixar de ser, aquela inquietação, que, em verdade, tornou-se uma verdadeira indignação, sobretudo porque nesses últimos dez anos foi possível perceber, na vida forense e acadêmica, o quanto estamos distantes, no Brasil, de um modelo de justiça criminal acusatório, justo e ético, para além da sua definição teórica.

Não há dúvida de que o nosso sistema de justiça criminal é arcaico e desatualizado, estando ainda muito distante da nossa realidade social hodierna, de uma sociedade complexa, acelerada e fluída, que exige respostas rápidas para problemas concretos.

Não podemos sequer dizer que tivemos um processo penal da pós-modernidade, pois a pós-modernidade passou sem que o processo penal pudesse percebê-la. Hoje vivemos numa nova modernidade; passamos da era do *pós* para a era do *hiper*, e o processo penal, nesse interstício, esteve adormecido profundamente no pesadelo autoritário, herdado da Era Vargas e das influências da Constituição Polaca e, como destaca Giacomolli, do processo penal italiano de 1930[34]. Trata-se agora não mais de sair do mundo da tradição para aceder à racionalidade moderna, e sim de modernizar a própria modernidade, racionalizar a racionalização[35].

O processo penal que se necessita e que o Brasil precisa é um processo penal racional, célere – no sentido de sua duração razoável[36] – e, acima de tudo, ético e justo, que revele uma prestação jurisdicional criminal de tutela efetiva para toda a sociedade[37]. O que se busca, pois, é um processo penal orquestrado pela estrutura acusatória, pensado a partir do seu núcleo fundante,

[34] GIACOMOLLI, Nereu José. **Reformas (?) do processo penal**: considerações críticas. Rio de Janeiro: Lumen Juris, 2008. p. 07.

[35] LIPOVETSKY, Gilles. **Os tempos hipermodernos.** São Paulo: Barcarolla, 2004. p. 56.

[36] No ponto, entende-se por prazo razoável aquela justiça sem retardo, por um lado, e sem ser sumária, de outro (CARVALHO, L. G. Grandinetti Castanho de. **Processo penal e constituição**: princípios constitucionais do processo penal. Rio de Janeiro: Lumen Juris, 2009, p. 237).

[37] Tutela jurisdicional efetiva no sentido trazido por MENDES, Gilmar Ferreira. **Curso de direito constitucional.** 11. ed. São Paulo: Saraiva, 2016. p. 401.

que é a gestão da prova[38], já que "em concreto nenhum modelo se apresenta historicamente no estado puro", conforme já salientou Bettiol[39].

Não basta, porém, sustentar que o processo penal de estrutura acusatória orienta-se pelo princípio dispositivo, ao passo que o processo penal de estrutura inquisitória orienta-se pelo princípio inquisitivo. É necessário ir além, ou seja, compreender o processo penal como aparelho ideológico e repressivo de Estado, mas sobretudo como instrumento garantidor, sem que isso represente qualquer paradoxo.

Por isso que, neste momento, a reflexão sobre se a inclusão do art. 3-A no CPP, em decorrência da Lei nº 13.964/2019, de 24.12.2019, "batizada" como Pacote Anticrime, é deveras fundamental. Perquirir se esse artigo de lei trará, de fato, uma mudança real e efetiva, não apenas no *modus operandi* dos atores da justiça criminal em *terra brasilis*, mas especialmente no modo de pensar desses agentes, sobremaneira na forma de atuação dos membros da magistratura, do Ministério Público, da advocacia criminal, das autoridades policiais, dentre outros, é o que deve nos mover.

A essa reflexão só o tempo será capaz de nos dar a resposta, mas cabe à academia, nesse singular, trazer à luz o alcance de significado da expressão "estrutura acusatória", mesmo que isso imponha a revogação de dispositivos legais ante a sua incompatibilidade com a novel legislação. Nosso compromisso deve ser, pois, com a afirmação do seu sentido conceitual para além da literalidade da lei, considerando a construção fundamentada de sentido decorrente da produção científico-acadêmica e jurisprudencial.

Referências

ALLIAUD, Alejandra Mercedes. *Princípio acusatorio. Estudio histórico-comparado de su gênesis y evolución. In*: HENDLER, Edmundo S. (comp.). ***Las Garantías Penales y Procesales**: un enfoque histórico-comparado.* 1. ed. 1. reimp. Buenos Aires: Editores del Puerto, 2004.

[38] Isso porque, como definiu com precisão LOPES JR., "não existe um princípio fundante misto", sendo, portanto, a gestão da prova "a espinha dorsal do processo penal" (LOPES JR., Aury. **Direito processual penal**. 9. ed. São Paulo: Saraiva, 2012. p. 134).

[39] BETTIOL, Giuseppe; BETTIOL, Rodolfo. **Instituições de direito e processo penal**. São Paulo: Pillares, 2008. p. 164.

AMODIO, Ennio. ***Processo penale, diritto europeo e common law***: *dal rito inquisitório al giusto processo*. Milano: Editore Giuffrè, 2003.

BACIGALUPO, Enrique. ***Justicia penal y derechos fundamentales***. Madrid: Marcial Pons, 2002.

BETTIOL, Giuseppe; BETTIOL, Rodolfo. **Instituições de direito e processo penal**. São Paulo: Pillares, 2008.

CAMUS, Albert. **O estrangeiro**. 28. ed. Rio de Janeiro: Record, 2007.

CARVALHO, L. G. Grandinetti Castanho de. **Processo penal e constituição**: princípios constitucionais do processo penal. Rio de Janeiro: Lumen Juris, 2009.

CARVALHO, Salo de. **Antimanual de criminologia.** 5. ed. São Paulo: Saraiva, 2013.

CORDERO, Franco. ***Ideologie del processo penale***. Varese: Giuffrè, 1966.

COUTINHO, Jacinto Nelson de Miranda. O projeto de justiça criminal do novo Governo do Brasil, p. 134. *In*: BONATO, Gilson (org.). **Processo penal:** leituras constitucionais. Rio de Janeiro: Lumen Juris, 2003.

DAMASKA, Mirjan R. ***Las caras de la Justicia y el poder del Estado:*** *análisis comparado del proceso legal*. Santiago: Editorial Jurídica do Chile, 2000.

GIACOMOLLI, Nereu. Atividade do Juiz Criminal frente à Constituição: deveres e limites em face do princípio acusatório. **Sistema penal e violência**, Rio de Janeiro: Lumen Juris, 2006. p. 209-230.

GIACOMOLLI, Nereu. **Reformas (?) do processo penal**: considerações críticas. Rio de Janeiro: Lumen Juris, 2008.

GOLDSCHMIDT, James. ***Principios generales del proceso***: *problemas jurídicos e políticos del proceso penal*. Buenos Aires: Ediciones Jurídicas Europa – América (EJEA), 1961. v. II.

GOLDSCHMIDT, James. ***Problemas jurídicos y políticos del proceso penal:*** *conferencias dadas en la Universidad de Madrid en los meses de diciembre de 1934 y enero, febrero y marzo de 1935*. Barcelona: BOSCH, 1935.

GOMEZ ORBANEJA, Emilio; QUEMADA, Vicente Herce. ***Derecho procesal penal***. Madrid: [*s.n.*], 1981.

LANGER, Máximo. *La dicotomia acusatorio-inquisitivo y la importación de mecanismos procesales de la tradición jurídica anglosajona. Algunas reflexiones a partir del procedimiento abreviado*. *In*: HENDLER, Edmund S. (comp.). ***Las Garantias penales y procesales***: *un enfoque histórico--comparado*. 1. ed., 1. reimp. Buenos Aires: Editores del Puerto, 2004.

LIPOVETSKY, Gilles. **Os tempos hipermodernos.** São Paulo: Barcarolla, 2004.

LOPES JR., Aury. **Direito processual penal.** 9. ed. São Paulo: Saraiva, 2012.

MARTINS, Rui Cunha. **O ponto cego do direito**: *the brazilian lessons*. 2. ed. Rio de Janeiro: Lumen Juris, 2011.

MELLADO, José María Asencio. ***Principio acusatorio y derecho de defensa en el proceso penal***. Madrid: Editorial Trivium, 1991.

MENDES, Gilmar Ferreira. **Curso de direito constitucional.** 11. ed. São Paulo: Saraiva, 2016.

PRADO, Geraldo. Prefácio à obra GIACOMOLLI, Nereu José. **Reformas (?) do processo penal**: considerações críticas. Rio de Janeiro: Lumen Juris, 2008.

PRADO, Geraldo. **Sistema acusatório:** a conformidade constitucional das leis processuais penais. 4. ed. Rio de Janeiro: Lumen Juris, 2006.

SHECAIRA, Sérgio Salomão. **Criminologia**. 6. ed. São Paulo: Revista dos Tribunais, 2014.

ZAFFARONI, Eugênio Raúl *et al.* **Direito penal brasileiro**. Primeiro Volume: Teoria Geral do Direito Penal. 2. ed. Rio de Janeiro: Revan, 2003.

ZAFFARONI, Eugênio Raúl; PIERANGELI, José Henrique. **Manual de direito penal brasileiro**: parte geral. 11. ed. São Paulo: Revista dos Tribunais, 2015.

WINTER, Lorena Bachmaier. ***Acusatorio versus inquisitivo***. *Reflexiones acerca del proceso penal*. *In*: WINTER, Lorena Bachmaier (coord.).**Proceso penal y sistemas acusatorios**. Madrid: Marcial Pons, 2008.

40.
COLABORAÇÃO PREMIADA E SOBREPOSIÇÃO SANCIONADORA

Luciano Feldens
Rubens Hofmeister Neto

I – Contexto e dimensão do problema: a cumulação sancionadora no microssistema anticorrupção brasileiro[1]

Imaginemos a seguinte situação: "A" e "B", sócios-administradores da sociedade empresária "X", tomam a iniciativa de revelar ao Ministério Público Federal (MPF) práticas criminosas recorrentes no âmbito do governo do estado do Rio Grande do Sul. Com vistas à celebração de um acordo de colaboração premiada, discriminam: (i) pagamentos a agente político com a finalidade de obter favorecimento em licitações realizadas com o aporte de recursos públicos federais; (ii) superfaturamento dos respectivos contratos administrativos, e (iii) remessa de valores ao exterior à margem do sistema financeiro nacional, com o subsequente depósito dos montantes em conta bancária titulada por *offshore*, operada por servidor público vinculado ao agente político.

Considerando a revelação de todo esquema delituoso, o MPF concorda em assinar o acordo mediante a pactuação de penas restritivas de direitos a serem cumpridas pelos colaboradores. Paralelamente, é firmado acordo de leniência

[1] Texto baseado em debate realizado no Tribunal Regional Federal da 4ª Região, em 2019.

entre a empresa "X" e o MPF, por meio do qual fica igualmente acordada, dentre outras, a obrigação de reparação integral do dano.

Os acordos vêm a ser homologados pela Justiça Federal no Rio Grande do Sul[2]. As investigações levam à identificação de mais de duas dezenas de envolvidos, os quais, após ostensiva operação policial, são denunciados pela prática dos crimes de organização criminosa (art. 2º da Lei nº 12.850/2013), corrupção passiva (art. 317 do Código Penal), peculato (art. 312 do Código Penal), fraude à licitação (art. 90 da Lei nº 8.666/93) e lavagem de dinheiro (art. 1º da Lei nº 9.613/98).

Tomando ciência dos fatos por meio da imprensa, o Ministério Público do Estado do Rio Grande do Sul, ao argumento de que alguns dos aditivos dos contratos decorrentes das licitações fraudadas foram custeados com recursos públicos de origem estadual, instaura, tanto em face de "A" e "B" como em face dos "delatados", procedimento investigatório criminal e inquérito civil destinados a apurar crimes de peculato e análogos atos de improbidade administrativa.

A seu turno, em face da contínua reverberação do fato, a Controladoria Geral da União abre procedimento da responsabilização administrativa, com base na Lei nº 12.846/2013, no que respeita a danos ocasionados ao erário federal. Nessa senda, o Tribunal de Contas da União igualmente resolve intervir em detrimento dos envolvidos, e da própria empresa signatária da leniência, a partir dos fatos por ela narrados.

Em paralelo, com base na Lei Estadual nº 15.228/2018 (análoga à Lei Federal nº 12.846/2013), a Procuradoria-Geral do Estado do RS deflagra procedimento para apuração de responsabilidade administrativa em face da sociedade empresária "X" pela prática dos atos lesivos à Administração Pública estadual, revelados por seus sócios-administradores.

Em resumo: a empresa "X" e seus dirigentes "A" e "B", imaginando haverem firmado com o MPF um acordo juridicamente seguro, passaram a sujeitar-se, por força dos próprios fatos que revelaram, a multas e sanções inesperadas. Em primeiro momento, o impacto dessa massiva intervenção de órgãos estatais diversos leva à drástica redução da atividade empresarial e, sequencialmente,

[2] O acordo de leniência, em específico, com a chancela da 5ª Câmara de Coordenação e Revisão do Ministério Público Federal.

à proibição de contratar com o poder público, com as consequências daí derivadas no âmbito da geração de renda e emprego.

Questões como essa são cada vez mais comuns à realidade jurídica brasileira. Sua análise tende a transitar pela contraposição dos seguintes argumentos: de um lado, no propósito de legitimar a concomitância da atuação dos órgãos sancionadores, independência das instâncias penal, civil e administrativa; competência concorrente dos órgãos e entidades integrantes da Administração Pública; independência funcional dos órgãos do Ministério Público; de outro, buscando racionalizá-la, vedação ao *bis in idem*; unidade do poder punitivo do Estado e segurança jurídica.

Enfim, em um ambiente sobre o qual ainda temos muito a apreender, o propósito deste texto exaure-se na apresentação desse problema real de sobreposição sancionadora de agências de Estado, seguido de algumas reflexões tendentes a evitar sua previsível consequência: o esvaziamento do instituto ante a desconfiança sobre a capacidade do Estado atuar coordenadamente e respeitar o quanto pactuado nos acordos do colaboração e leniência.

II – O caráter híbrido dos acordos de colaboração premiada: para além da regência penal

Por ocasião do Habeas Corpus 127.483/PR[3], analisando os acordos de colaboração premiada à luz da regência que lhes fora conferida pela Lei nº 12.850/2013, o Supremo Tribunal Federal (STF), a partir do voto do relator, ministro Dias Toffoli, classificou-os como negócios jurídicos processuais[4], assentando que sua perfectibilização, tal como os demais negócios jurídicos (isto é, aqueles regidos predominantemente pelo Direito Privado), passaria pela análise dos planos da existência[5], validade[6]

[3] O julgamento, destaca-se, ocorreu em data anterior às alterações promovidas pela Lei nº 13.964/2019.

[4] Não desconhecemos que, além de negócio jurídico, o instituto também foi classificado como meio de obtenção de prova. Neste espaço, entretanto, por questões de delimitação temática, tal característica não será problematizada.

[5] "O art. 6º, da Lei nº 12.850/13 estabelece os elementos de existência do acordo de colaboração premiada. Esse acordo deverá ser feito por escrito e conter: i) o relato da colaboração e seus possíveis resultados; ii) as condições da proposta do Ministério Público ou do delegado

e da eficácia[7]. Ao fundamentar sua compreensão, o ministro utilizou-se largamente da doutrina civilista de Antônio Junqueira de Azevedo, asseverando que, "[e]mbora essa doutrina se refira ao negócio jurídico privado, sua lição é inteiramente aplicável ao negócio jurídico processual da colaboração premiada".

O entendimento fixado pelo STF, como se sabe, acabou sendo incorporado pela Lei nº 13.964/2019, que, introduzindo o art. 3-A na Lei nº 12.850/2013, passou a conceituar o acordo de colaboração premiada como "negócio jurídico processual e meio de obtenção de prova". Efetivamente, ao incorporar expressões como "proposta", "negociações", "tratativas", "aceitação", "voluntariedade da manifestação de vontade", a Lei nº 12.850/2013 conferiu ao acordo de colaboração premiada contornos de um negócio jurídico cuja formação, vinculada à conjugação da vontade de partes contrapostas (imputado e Ministério Público ou delegado de Polícia), assume-se – em uma relação de gênero/espécie – como autêntico contrato.

Nesse reconfigurado panorama, há inclusive quem sustente estar-se diante de um novo sistema de administração da justiça criminal baseado em um modelo consensual, cujo princípio reitor seria o "devido processo consensual, estruturado sobre o princípio da autonomia da vontade (em especial no tocante aos aspectos do imputado) e o princípio da eficiência (no tocante à acusação), da lealdade e da boa-fé objetiva"[8]. De fato, nos Estados Unidos, o

de polícia; iii) a declaração de aceitação do colaborador e de seu defensor; e iv) as assinaturas do representante do Ministério Público ou do delegado de polícia, do colaborador e de seu defensor" (BRASIL. Supremo Tribunal Federal. Habeas Corpus n° 127.483, Relator(a): Min. Dias Toffoli, Tribunal Pleno. Brasília, julgado 27 ago. 2015. Publicado em 04 fev. 2016).

6 "Quanto ao plano subsequente da validade, o acordo de colaboração somente será válido se: i) a declaração de vontade do colaborador for a) resultante de um processo volitivo; b) querida com plena consciência da realidade; c) escolhida com liberdade e d) deliberada sem má-fé; e ii) o seu objeto for lícito, possível e determinado ou determinável" (BRASIL. Supremo Tribunal Federal. Habeas Corpus n° 127.483, Relator(a): Min. Dias Toffoli, Tribunal Pleno. Brasília, julgado 27 ago. 2015. Publicado em 04 fev. 2016).

7 "Finalmente, superados os planos da existência e da validade, chega-se ao plano da eficácia: o acordo existente e válido somente será eficaz se for submetido à homologação judicial (art. 4º, § 7º, da Lei nº 12.850/13)" (BRASIL. Supremo Tribunal Federal. Habeas Corpus n° 127.483, Relator(a): Min. Dias Toffoli, Tribunal Pleno. Brasília, julgado 27 ago. 2015. Publicado em 04 fev. 2016).

8 MENDONÇA, Andrey Borges de. Os benefícios possíveis na colaboração premiada: entre a legalidade e a autonomia da vontade. *In*: ASSIS MOURA, Maria Thereza de; BOTTINI,

elevado número de soluções processuais pautado no consenso entre as partes, com renúncia ao litígio (e ao Judiciário), já faz considerar tratar-se um modelo *administrativo* de justiça criminal.[9]

Seja como for, não parece que o Direito e o Processo Penal sejam campos reguladores exclusivos das questões, internas ou externas, afetas aos acordos de colaboração. Elementos fundamentais em torno da eficácia dos acordos podem – ou até devem – receber influxos adicionais de outros ramos, e não apenas diretrizes oriundas do Direito Público, como a vedação ao *bis in idem* e o respeito à segurança jurídica que nos legam o Direito Administrativo e o Direito Constitucional, mas também critérios e institutos provenientes do Direito Privado hão de somar-se e complementar-se no propósito de conferir aos acordos de colaboração premiada a mais efetiva e segura regência jurídica.

A título de exemplo, questões de relevo como (i) condições e efeitos da rescisão dos acordos à vista de omissões pontuais, (ii) consequências jurídicas do indeferimento da proposta de colaboração após seguidas rodadas de negociações, com a exposição de fatos e elementos de corroboração[10] e (iii) efeitos do acordo firmado perante outros órgãos e entidades públicos sancionadores encontram, todas elas, pontos de contato com o Direito Contratual. Para a

Pierpaolo Cruz (org.). **Colaboração premiada**. São Paulo: Editora Revista dos Tribunais, 2019. p. 69.

[9] Exemplificativamente, "*More than 90 percent of cases nationwide result in guilty pleas. In federal courts, guilty pleas are now upwards of 96 percent, an increase of some percentage in the last decade.* (Russell D. Covey, Fixed Justice: *Reforming Plea Bargaining with Plea Based Ceilings*, Tulane L. Rev. 1237, 1259 [2008].) *Reflecting on this reality nearly 20 years ago, current United States District Court Judge Gerard Lynch pointed out that ours is not an adversarial but an administrative model of justice. (Gerard E. Lynch, Our Administrative System of Criminal Justice, 66 Fordham L. Rev. 2117 (1998))*". YAROSHEFSKY, Ellen. ***Ethics and plea bargaining What's Discovery Got to Do With It?***. Disponível em: https://www.americanbar.org/content/dam/aba/publishing/criminal_justice_section_newsletter. Acesso em: 5 mar. 2020.

[10] Conforme trecho de notícia veiculada no site do Supremo Tribunal Federal, em 28/5/2019, a Corte confirmou não assistir ao imputado direito líquido e certo à celebração de acordo de colaboração premiada. De acordo com a reportagem, segundo a defesa, "foram realizadas 13 reuniões prévias em Brasília (DF) ao longo de 17 meses, três longas entrevistas com o réu e apresentado material descritivo de condutas tidas como criminosas que resultaram em 40 anexos, circunstâncias que geraram no réu a expectativa de que o acordo seria formalizado" (2ª TURMA decide que investigado não tem direito líquido e certo a acordo de colaboração premiada. **Notícias STF**. Disponível em: http://www.stf.jus.br/portal/cms/verNoticiaDetalhe.asp?Id Conteudo=412407. Acesso em 5 mar. 2020).

primeira delas (i), a *teoria do adimplemento substancial*, no propósito de mitigar a possibilidade de extinção do vínculo contratual em razão do inadimplemento de parcela ínfima das obrigações contraídas[11]. Para a segunda (ii), as hipóteses e desdobramentos da *responsabilidade pré-contratual*, notadamente em decorrência da quebra de expectativas legítimas criadas por ocasião das tratativas[12]. E para a terceira (iii), a releitura do princípio da relatividade dos efeitos contratuais[13], a proporcionar a noção de *oponibilidade dos efeitos externos do contrato a terceiros*.

Nesse cenário, parece-nos inevitável assumir que o espaço de consenso – em substituição ao litígio – no processo penal está a demandar abordagem

[11] "A figura do adimplemento substancial do contrato advém de construção do common law (com o nome de substancial performance), pela qual se entende deva ser rejeitada a resolução quando, apesar do incumprimento no tempo, modo ou forma devidos houve cumprimento parcial e este foi 'muito próximo' ao previsto no contrato como resultado devido" (MARTINS--COSTA, Judith. **A boa-fé no direito privado** – critérios para sua aplicação. São Paulo: Marcial Pons, 2015. p. 679). Ainda sobre esse conceito, a jurisprudência: "Inicialmente, releva acentuar que a teoria, sem previsão legal específica, desenvolvida como corolário dos princípios da boa-fé contratual e da função social dos contratos, preceitua a impossibilidade de o credor extinguir o contrato estabelecido entre as partes, em virtude de inadimplemento, do outro contratante/devedor, de parcela ínfima, em cotejo com a totalidade das obrigações assumidas e substancialmente quitadas" (BRASIL. Superior Tribunal de Justiça. REsp 1.622.555-MG, Relator(a):. Min. Marco Buzzi, Relator(a) para acórdão: Min. Marco Aurélio Bellizze, por maioria. Brasília, julgado em 22 fev. 2017. Publicado em 16 mar. 2017).

[12] "[...] também no sistema brasileiro a abertura das tratativas impõe aos que dela participam deveres especiais, de fonte legal (imediatamente ou por via do princípio da boa-fé) sem que se verifiquem deveres de prestação em sentido técnico" (MARTINS-COSTA, Judith. **A boa--fé no direito privado** – critérios para sua aplicação. São Paulo: Marcial Pons, 2015, p. 679). Também sobre responsabilidade pré-contratual, o entendimento jurisprudencial: "[...] deve-se reconhecer a responsabilidade pela reparação de danos originados na fase pré-contratual caso verificadas a ocorrência de consentimento prévio e mútuo no início das tratativas, a afronta à boa-fé objetiva com o rompimento ilegítimo destas, a existência de prejuízo e a relação de causalidade entre a ruptura das tratativas e o dano sofrido" (BRASIL. Superior Tribunal de Justiça. REsp 1.051.065-AM, Rel. Min. Ricardo Villas Bôas Cueva. Brasília, julgado em 21 fev. 2013. Publicado em 28 fev. 2013).

[13] "O tradicional princípio da relatividade dos efeitos do contrato (*res inter alios acta*), que figurou por séculos como um dos primados clássicos do Direito das Obrigações, merece hoje ser mitigado por meio da admissão de que os negócios entre as partes eventualmente podem interferir na esfera jurídica de terceiros 'de modo positivo ou negativo', bem assim, tem aptidão para dilatar sua eficácia e atingir pessoas alheias à relação inter partes" (BRASIL. Superior Tribunal de Justiça. REsp 468.062/CE, Relator(a): Min. Humberto Martins. Brasília, julgado em 11 nov. 2008. Publicado em 01 dez. 2008).

interdisciplinar no manejo do remodelado instituto, em ordem a proporcionar que as relações negociais entre Estado e particular se desenvolvam em ambiente juridicamente seguro.

III – A superposição de instâncias sancionadoras no microssistema anticorrupção: Estado Hidra de Lerna?

Por disposição constitucional expressa, tanto a divisão funcional do poder[14] (no que exigida atuação *harmônica* entre Executivo, Legislativo e Judiciário) como a repartição de competências comuns entre os entes federados[15] (no que exigida atuação *cooperativa* entre União, estados, Distrito Federal e municípios) hão de concretizar-se de forma *coerente e integrada* no propósito de atingir os objetivos de um Estado que se propõe ser reconhecido como *de Direito*. Situada nesse pano de fundo, a necessidade de atuação coerente e harmoniosa de órgãos e entidades públicos em face de pessoas físicas e jurídicas que tenham celebrado acordos de colaboração premiada e de leniência vem recebendo atenção do Poder Judiciário.

Nesse sentido, no âmbito da Ação Civil de Improbidade Administrativa nº 502595671.2016.4.04.7000/PR[16], ao indeferir insurgência da União contra o levantamento de constrição patrimonial em face de empresa que havia celebrado acordo de leniência com o MPF – o juiz federal Friedmann Anderson Wendpap escreveu importante página da prática judicial brasileira em prestígio à segurança jurídica:

> O Estado, seja concebido à luz de conceito sociológico, seja concebido à luz de conceito puramente jurídico, não pode se fragmentar

[14] "Art. 2º São Poderes da União, independentes e harmônicos entre si, o Legislativo, o Executivo e o Judiciário."

[15] "Art. 23. É competência comum da União, dos Estados, do Distrito Federal e dos Municípios: Parágrafo único. Lei complementar fixará normas para a cooperação entre a União e os Estados, o Distrito Federal e os Municípios, tendo em vista o equilíbrio do desenvolvimento e do bem-estar em âmbito nacional."

[16] BRASIL. Justiça Federal. Seção Judiciária Federal do Paraná, 1ª Vara Federal de Curitiba. Ação Civil de Improbidade Administrativa 502595671.2016.4.04.7000/PR. Juiz Federal: Friedmann Anderson Wendpap. Curitiba, julgado em 24 mar. 2017. Publicado em 24 mar. 2017.

> em múltiplos órgãos, cada qual simbolizando a idiossincrasia de seus agentes públicos. O Estado, ou melhor, a Administração Pública é una, e sua subdivisão, ainda que sob o prisma da independência funcional de seus agentes, deve levar em conta que o administrado não pode ficar à mercê de conflito de atribuições internas à pessoa política com quem mantém relações, quer de natureza contratual, quer de natureza legal.
>
> Nesse contexto, ao celebrar o acordo de leniência, o Ministério Público Federal age em prol do interesse primário e não secundário da Administração Pública, que, no caso, pertence à União. Assim, defendendo interesses em nome da pessoa política o que não se assimila à advocacia prestada a ente público , soa, no mínimo, contraditório a insurgência da AdvocaciaGeral da União contra o cumprimento do acordo, cujo fim precípuo é, justamente, facilitar o ressarcimento do dano.
>
> O Estado brasileiro sói ser a Hidra de Lerna e não o Leviatã de Hobbes. Os particulares expendem esforço hercúleo para lidar com as múltiplas e imprevisíveis cabeças que brotam infinitamente desse monstro. Porém, em alguns momentos o cotidiano esquizofrênico do nosso Estado deve ceder passo à racionalidade e a sua *ratio existendi* – prover segurança nas relações intersubjetivas – prevalecer altaneira. Ocasiões em que se faz história e não apenas tangese a rotina como devir enfadonho.

Na mesma linha, e avançando para, à vista da segurança jurídica e da proibição do *bis in idem*, entender que, em sede de acordos de leniência, o valor estabelecido a título de reparação integral dos danos causados pelas condutas narradas faz-se "oponível contra todos", o entendimento veiculado pela Terceira Turma do Tribunal Regional Federal da 4ª Região no âmbito do Agravo de Instrumento nº 5040116-47.2019.4.04.0000/PR[17]. Conforme a Desembargadora Federal Vânia Hack de Almeida:

[17] BRASIL. Tribunal Regional Federal da 4ª Região. Agravo de Instrumento 5040116-47.2019.4.04.0000. Relator(a): Vânia Hack de Almeida, Terceira Turma. Porto Alegre, julgado em 18 fev. 2020.

> [...] o acordo de leniência é uma espécie de colaboração premiada em que há abrandamento ou até exclusão de penas, em face da colaboração na apuração das infrações e atos de corrupção, justamente para viabilizar maior celeridade e extensão na quantificação do montante devido pelo infrator, *vis-a-vis* a lesão a que deu causa, ao tempo em que cria mecanismos de responsabilização de co-participantes, cúmplices normalmente impermeáveis aos sistemas clássicos de investigação e, por isso, ocultos. Esse o objetivo da norma e sua razão de ser, tendo por pano de fundo, obviamente, o inafastável interesse público.
> Além disso, especificamente sobre a questão da segurança jurídica e do acordo de colaboração, o Supremo Tribunal Federal, recentemente, 'considerou ser imprescindível chancelar a importância da preservação da segurança jurídica e da própria figura da colaboração premiada como instrumento relevante para coibir delitos, sobretudo contra o erário' (Pet. 7074 - Informativo 870).
> Tal acórdão consagrou, peremptoriamente, o entendimento lógico de que o que deve conduzir a persecução estatal é o interesse público e o fato de ser o acordo de leniência um instrumento de realização desse mesmo interesse, constituindo, por isso, meio de propiciar a própria realização e efetividade do direito.
> Acrescente-se, ainda que, se o acordo de leniência é ajustado com a observância dos requisitos legais (legitimidade inclusive) fixando um valor a título de ressarcimento integral do dano, esse documento será oponível contra todos. E os valores ali fixados presumem-se contemplar a integralidade do dano (seja ele material ou moral) não podendo ser exigido por outro órgão (bis in idem) ou sequer ser rediscutido a título de aferir-se se o valor é integral (SEGURANÇA JURÍDICA).

Com relação ao último julgado, não obstante a inequívoca adequação jurídica do raciocínio expressado, discordamos de uma de suas premissas. Sucede que, no caso concreto, em decisão anterior[18], a Corte havia determinado a

[18] BRASIL. Tribunal Regional Federal da 4ª Região. Agravo de Instrumento 5023972-66.2017.4.04.0000. Relator(a): Vânia Hack de Almeida, Terceira Turma. Porto Alegre, julgado em 24 ago. 2017.

necessidade de "re-ratificação", pela Controladoria-Geral da União, do acordo de leniência firmado entre a pessoa jurídica e o MPF, ao argumento de ser aquela a autoridade para tanto competente, "sob pena de [o acordo] não ensejar efeitos jurídicos válidos".

Especialmente nos casos envolvendo acordos firmados nos primeiros anos de vigência das Leis nºs 12.850/2013 e 12.846/2013 e nos quais não tenha havido ressalva quanto à cobrança adicional de valores, afigura-se ameaçadora à segurança jurídica, em sua vertente de proteção da confiança legítima[19], afirmar-se a necessidade de ratificação do negócio por outro órgão ou entidade público, com a posterior alteração dos critérios negociados.

Percebe-se, pois, que há nítida carência de coordenação entre os diversos órgãos sancionadores do Estado. E a questão que fica é a seguinte: o particular que, de boa-fé, procurou o Ministério Público e subscreveu um acordo homologado pela autoridade judicial competente, deve pagar por esse déficit organizacional? Ora, se a resposta for positiva, a questão passa a ser outra: até quando particulares estarão estimulados a promover acordos de colaboração, se a partir deles não conseguem, minimamente, projetar seu futuro?

IV – Cumulação sancionadora superveniente e o desequilíbrio na relação Estado-indivíduo: ameaça aos acordos de colaboração

Outro ponto que a realidade prática vem mostrando, sobretudo diante da regra da ampla publicidade adotada nas operações anticorrupção, diz com o patente desequilíbrio que adviria da imposição, ao particular (pessoa física ou jurídica), da obrigação de sair batendo à porta de órgãos públicos diversos (*v.g.*, CGU, CADE, TCU, PGE, CGE, PGM, CGM, Receita Federal)

[19] "O princípio da segurança jurídica, em um enfoque objetivo, veda a retroação da lei, tutelando o direito adquirido, o ato jurídico perfeito e a coisa julgada. **Em sua perspectiva subjetiva, a segurança jurídica protege a confiança legítima, procurando preservar fatos pretéritos de eventuais modificações na interpretação jurídica, bem como resguardando efeitos jurídicos de atos considerados inválidos por qualquer razão. Em última análise, o princípio da confiança legítima destina-se precipuamente a proteger expectativas legitimamente criadas em indivíduos por atos estatais**" (BRASIL. Supremo Tribunal Federal. ARE 861595 AgR, Relator(a): Min. Roberto Barroso, Primeira Turma. Brasília, julgado em 27 abr. 2018. Publicado em 22 mai. 2018).

em busca de adesão ao acordo de colaboração previamente firmado com o Ministério Público. Ora, nessa situação, teríamos o seguinte cenário: de um lado, o particular, fragilizado, pois tudo já revelou; de outro, o Estado, agora com nova fisionomia, sem qualquer apetite negocial, pois previamente ciente das informações que lhe serão municiadas.

Trata-se efetivamente de um problema, pois ao particular-colaborador não há alternativa viável. Se a peregrinação sucessiva aos diversos órgãos públicos não é o caminho, menos ainda o seria uma "negociação coletiva", abrangendo todos os órgãos potencialmente interessados. Afinal, a ninguém ocorrerá que o particular tenha a capacidade de reunir e sentar-se à mesa, concomitantemente, com um representante de cada agência estatal sancionadora para negociar acordos simultâneos... Sobretudo porque sequer parece adequado que tentasse fazê-lo, na medida em que os fatos a serem revelados envolvem práticas criminosas, cujo detalhamento demanda investigações sigilosas. Aliás, será que o Ministério Público toparia participar dessa negociação coletiva?

Diante desse desequilíbrio de forças – estranho ao ambiente negocial – não está descartada a hipótese de um ou mais órgãos públicos rejeitarem a oferta de acordo. Ou rejeitarem, enfim, a adesão a um prévio acordo firmado com o Ministério Público. Aliás, no âmbito do Ministério Público Federal, a Orientação Conjunta nº 1/2018 – elaborada pela 2ª e 5ª Câmaras de Coordenação e Revisão – chega ao ponto de expressamente admitir a possibilidade de membros do *Parquet* recusarem aderência a acordos já inclusive homologados, exigindo-lhes, apenas, que devolvam as "provas e informações" recebidas[20]. Nesse cenário, ao preferir a via litigiosa, o órgão público – leia-se: o Estado – acabará impondo ao particular um comportamento contraditório (defender-se de fatos pelos quais já prestou colaboração) e também a si próprio (buscar a sanção, na via litigiosa, de um agente colaborador).

[20] "23. No caso de os fatos narrados envolverem a atribuição de outros Membros do Ministério Público Federal (atuações em órgãos judiciais diversos), o Membro então oficiante deverá, observada a conveniência e especificidades do caso concreto, alternativamente:
[...]
23.3. firmar o acordo e submetê-lo, posteriormente à homologação, aos demais Procuradores naturais, que poderão aceitar e aderir aos respectivos termos, caso em que receberão todas as provas produzidas, ou recusá-los, com a devolução de todas as provas e informações ao colaborador, sob a perspectiva dos princípios da confiança e da boa-fé, que devem reger as tratativas, a pactuação e o compartilhamento da prova [...]."

No propósito de celebrar o acordo de colaboração premiada, o imputado deverá não apenas admitir sua participação em fatos ilícitos[21], mas também apresentar elementos probatórios aptos a corroborar a prática das infrações para as quais concorreu e relatou[22]. Em sequência, celebrada e homologada a avença, afora a ampla gama de deveres laterais a que estará sujeito em decorrência da boa-fé objetiva – deveres de informação, omissão de segredo, aviso, esclarecimento etc.[23] –, o colaborador haverá ainda de, em todos os depoimentos que prestar sobre os fatos relatados no acordo, renunciar ao direito de permanecer em silêncio e prestar o compromisso de dizer a verdade sobre o que lhe for indagado[24]. Nesse contexto, o ponto que precisamos enfrentar é o seguinte: por um mesmo conjunto de fatos, é lícito ao Estado, *com uma mão*, exigir do imputado, no tocante aos feitos abrangidos pelo acordo, postura colaborativa orientada por altos padrões éticos, e, *com outra*, no âmbito de procedimentos propostos por órgão público diverso daquele que celebrou o acordo, tratá-lo com postura litigante, buscando sua responsabilização e a imposição de sanções distintas e mais graves das que negociadas em acordo chancelado pelo Poder Judiciário?

Tomando como base o exemplo trazido na introdução deste artigo, indaga-se: quais as chances reais de defesa dos colaboradores "A" e "B" no âmbito dos procedimentos instaurados pelo MPE-RS ou, ainda, da sociedade empresária "X" no tocante aos procedimentos administrativos deflagrados pela CGU, pelo TCU e pela PGE-RS, se os fatos pelos quais haverão de responder foram lisamente admitidos nos acordos de colaboração e leniência firmados com o MPF? Decerto, mesmo que os respectivos acordos e seus elementos de corroboração não venham a ser compartilhados no âmbito das demandas subsequentes, é inequívoco que a condição de "delator" (de "A" e "B") e de "leniente" (da sociedade empresária "X") terão lugar e, ainda que implicitamente, orientarão a formação da convicção da autoridade judicial/administrativa a respeito dos fatos sob julgamento.

[21] § 3º do art. 3º-C da Lei nº 12.850/2013.

[22] § 4º do art. 3º-C da Lei nº 12.850/2013.

[23] TEPEDINO, Gustavo; BARBOZA, Heloisa Helena; BODIN DE MORAES, Maria Celina. **Código Civil interpretado conforme a Constituição da República**. 2. ed. Rio de Janeiro: Renovar, 2012. v. II. p. 19.

[24] § 14 do art. 4º da Lei nº 12.850/2013.

Portanto, seja como forma de evitar o comportamento contraditório do Estado no exercício de sua atuação sancionadora, seja para evitar que o colaborador seja submetido a processos/procedimentos no âmbito dos quais suas chances de defesa estarão praticamente reduzidas a zero, em manifesta ofensa aos incisos LIV e LV do art. 5º da CF, devemos efetivamente considerar sobre o reconhecimento da oponibilidade dos efeitos do acordo de colaboração em demandas sancionadoras paralelas, tendo-se por satisfeita a responsabilidade do colaborador/empresa leniente, pelos fatos em relação aos quais prestou efetiva colaboração.

V – Breve perspectiva de Direito comparado: o ambiente nos Estados Unidos

A sobreposição de sanções por parte de diferentes órgãos estatais debruçados sobre uma mesma situação fática chamou recentemente a atenção das autoridades norte-americanas, que conceberam a expressão metafórica *pilling on* (uma referência ao amontoamento de jogadores no futebol americano, tendente a neutralizar o adversário) como representativa dessa realidade, em que o Estado, por diferentes instituições, avança sobre o particular (empresa/indivíduo), sob diferentes títulos e perspectivas, embora relacionados ao mesmo fato.

Conforme expressamente indicado pelo *Deputy Attorney* Rod Rosenstein, a nova política do *Department of Justice* (DoJ) deve desencorajar o *pilling on*, mediante uma ação necessariamente coordenada do DoJ com as demais agências de *law enforcement* responsáveis pela imposição de penalidades:[25]

> [...] *It is important for us to be aggressive in pursuing wrongdoers. But we should discourage disproportionate enforcement of laws by multiple authorities. In football, the term "piling on" refers to a player jumping on a pile of other players after the opponent is already tackled.* ***Our new policy discourages***

[25] *DEPUTY Attorney General Rod Rosenstein Delivers Remarks to the New York City Bar White Collar Crime Institute* (09-May-2018). ***Justice News.*** Disponível em: https://www.justice.gov/opa/speech/ deputy-attorney-general-rod-rosenstein-delivers-remarks-new-york-city-bar-white-collar. Acesso em: 28 fev. 2020.

> ***"piling on" by instructing Department components to appropriately coordinate with one another and with other enforcement agencies in imposing multiple penalties on a company in relation to investigations of the same misconduct.***

Dentre os componentes dessa nova política estão a reafirmação do princípio de que as agências governamentais não devem ser movimentadas *contra* as empresas por propósitos não relacionados à investigação do possível crime, bem como a explícita orientação a procuradores do DoJ no sentido de se coordenarem com outras agências de *law enforcement* (federais, estaduais e locais) na resolução dos casos envolvendo a mesma conduta ilícita.[26]

VI – Conclusão: em busca de um ambiente negocial juridicamente seguro

A realidade fala por si e tem demonstrado a relevância dos acordos de colaboração premiada enquanto eficaz ferramenta voltada ao controle da criminalidade, notadamente a organizada. O ambiente colaborativo mostrou-se relevante, também, no contexto do denominado direito penal da empresa, do que nos conta a experiência da Operação Lava Jato e os acordos de leniência firmados com empresas. Precisamente por isso, o instituto da colaboração há de ser não apenas regulado, mas tutelado pelo Estado de forma juridicamente segura.

[26] *"The Four Key Components of the Policy – In his speech, DAG Rosenstein identified four key components of the new policy: The reaffirmation of the principle that 'the federal government's criminal enforcement authority should not be used against... company[ies] for purposes unrelated to the investigation and prosecution of a possible crime', including using 'the threat of criminal prosecution solely to persuade a company to pay a larger settlement in a civil case'; An explicit direction to different components of the DOJ to coordinate with one another when seeking to resolve cases involving the same misconduct in order to achieve an 'equitable' result; An invitation to DOJ attorneys that, when possible, they coordinate with other federal, state, local, and foreign enforcement authorities in resolving cases involving the same misconduct; and The identification of relevant factors (including the egregiousness of a company's misconduct; statutory mandates regarding penalties, fines, and/or forfeitures; the risk of unwarranted delay in achieving a final resolution; and the adequacy and timeliness of a company's disclosures and cooperation) for DOJ attorneys to consider when evaluating whether multiple penalties serve the interests of justice." THE DOJ's new 'piling on' police.* **Harvard Law School Forum on Corporate Governance** (24-May-2018). Disponível em: https://corpgov.law.harvard.edu/2018/05/24/the-dojs-new-piling-on-policy/. Acesso em: 10 mar. 2020.

O que a prática tem apontado, entretanto, é algo diverso: a partir da divulgação midiática de fatos revelados por força de acordos de colaboração e/ou leniência, surge uma diversidade de agências do Estado debruçando-se sobre o mesmo universo de fatos, atuando descompassadamente, cada qual invocando prerrogativas e estatutos próprios e pretextando autonomia sancionadora. Em consequência, multiplicam-se sanções diversas não contempladas no acordo originário e tampouco previstas pelo agente colaborador.

Ora, se o contrato não for seguro – ou seja, se por meio de sua utilização o indivíduo/empresa colaborador não conseguir projetar sua vida pessoal e econômica futura –, não será atrativo; se não for atrativo, tenderá ao esvaziamento; por conseguinte, minguará o canal de informações voluntariamente repassadas ao Estado para o exercício de sua atividade típica de controle da atividade criminosa. Não é difícil perceber a quem interessaria esse retrocesso.

É preciso, pois, reorganizar a ação sancionadora do Estado brasileiro[27]. Respeitar o que for pactuado. Em sede de acordos de colaboração premiada e leniência, a própria natureza sigilosa das negociações entabuladas entre as partes impossibilita que se chame à mesa todos os órgãos e entidades potencialmente dotados de atribuições sancionadoras concorrentes. E tal situação, sob a perspectiva do particular, traz como consequência a impossibilidade de dimensionar todos os possíveis desdobramentos *jurídicos e econômicos* advindos da celebração do negócio, o que deságua em inequívoca *insegurança jurídica*.

Nesse cenário, devemos caminhar no sentido da racionalização da atividade sancionadora. Sobretudo em situações envolvendo acordos de colaboração premiada celebrados com o Ministério Público e homologados pelo juízo competente, deve-se exigir que os demais órgãos de Estado (*v.g.*, CGU, TCU, CADE, PGE, CGE, PGM, CGM, Receita Federal ou mesmo órgãos diversos do MP, Federal ou Estadual): (i) respeitem integralmente o que pactuado nos

[27] A propósito, trecho da Orientação Conjunta nº 1/2020, elaborada pela 5ª Câmara de Coordenação e Revisão do Ministério Público Federal no propósito de disciplinar os "Termos de Adesões ou Subscrição de pessoas físicas em Acordos de Leniência celebrados pelo MPF": "[...] Não é possível admitir que Instituições de Estado, previstas na Constituição, criadas e regulamentadas por lei, que tenham atribuições relacionadas à prevenção e repressão de ilícitos que agridem a probidade administrativa, deixem de interagir, e atuem de forma isolada em campo no qual o predomínio de organizações criminosas (cf. Lei nº 12.850/2013) cresce de forma exponencial, exigindo esforço comum, organizado, ordenado e coordenado do Estado, na defesa dos valores constitucionais".

acordos de colaboração ou leniência; (ii) tomem em consideração, na aplicação de eventuais sanções ao agente colaborador, os valores recuperados ao erário por força do acordo de colaboração ou leniência; (iii) apresentem postura coordenada, evitando a duplicidade ou multiplicidade de sanções relacionadas ao mesmo contexto fático, prestigiando a previsibilidade e a confiança dos particulares na Administração, condições essenciais a que se encontre um ambiente negocial juridicamente mais seguro.

Referências

BRASIL. Tribunal Regional Federal da 4ª Região. Agravo de Instrumento 5040116-47.2019.4.04.0000. Relator(a): Vânia Hack de Almeida, Terceira Turma. Porto Alegre, julgado em 18 fev. 2020.

BRASIL. Supremo Tribunal Federal. ARE 861595 AgR, Relator(a): Min. Roberto Barroso, Primeira Turma. Brasília, julgado em 27 abr. 2018. Publicado em 22 mai. 2018.

BRASIL. Tribunal Regional Federal da 4ª Região. Agravo de Instrumento 5023972-66.2017.4.04.0000. Relator(a): Vânia Hack de Almeida, Terceira Turma. Porto Alegre, julgado em 24 ago. 2017.

BRASIL. Justiça Federal. Seção Judiciária Federal do Paraná, 1ª Vara Federal de Curitiba. Ação Civil de Improbidade Administrativa 502595671.2016.4.04.7000/PR. Juiz Federal: Friedmann Anderson Wendpap. Curitiba, julgado em 24 mar. 2017. Publicado em 24 mar. 2017.

BRASIL. Superior Tribunal de Justiça. REsp 1.622.555-MG, Relator(a):. Min. Marco Buzzi, Relator(a) para acórdão: Min. Marco Aurélio Bellizze, por maioria. Brasília, julgado em 22 fev. 2017. Publicado em 16 mar. 2017.

BRASIL. Supremo Tribunal Federal. Habeas Corpus n° 127.483, Relator(a): Min. Dias Toffoli, Tribunal Pleno. Brasília, julgado 27 ago. 2015. Publicado em 04 fev. 2016.

BRASIL. Superior Tribunal de Justiça. REsp 1.051.065-AM, Rel. Min. Ricardo Villas Bôas Cueva. Brasília, julgado em 21 fev. 2013. Publicado em 28 fev. 2013.

BRASIL. Superior Tribunal de Justiça. REsp 468.062/CE, Relator(a): Min. Humberto Martins. Brasília, julgado em 11 nov. 2008. Publicado em 01 dez. 2008.

DEPUTY Attorney General Rod Rosenstein Delivers Remarks to the New York City Bar White Collar Crime Institute (09-May-2018). ***Justice News.*** Disponível em: https://www.justice.gov/opa/speech/ deputy-attorney-general-rod-rosenstein-delivers-remarks-new-york--city-bar-white-collar. Acesso em: 28 fev. 2020.

MARTINS-COSTA, Judith. **A boa-fé no direito privado** – critérios para sua aplicação. São Paulo: Marcial Pons, 2015.

MENDONÇA, Andrey Borges de. Os benefícios possíveis na colaboração premiada: entre a legalidade e a autonomia da vontade. *In*: ASSIS MOURA, Maria Thereza de;

BOTTINI, Pierpaolo Cruz (org.). **Colaboração premiada**. São Paulo: Editora Revista dos Tribunais, 2019.

TEPEDINO, Gustavo; BARBOZA, Heloisa Helena; BODIN DE MORAES, Maria Celina. **Código Civil interpretado conforme a Constituição da República**. 2. ed. Rio de Janeiro: Renovar, 2012. v. II.

THE DOJ's new 'piling on' police. **Harvard Law School Forum on Corporate Governance** (24-May-2018). Disponível em: https://corpgov.law.harvard.edu/ 2018/05/24/the--dojs-new-piling-on-policy/. Acesso em: 10 mar. 2020.

YAROSHEFSKY, Ellen. ***Ethics and plea bargaining What's Discovery Got to Do With It?***. Disponível em: https://www.americanbar.org/content/dam/aba/publishing/criminal_justice_section_newsletter.

41.
O PAPEL GARANTIDOR DO SISTEMA INTERAMERICANO DE DIREITOS HUMANOS

Fauzi Hassan Choukr

1. Prévias palavras

O presente texto foi preparado por ocasião da justa homenagem ao estimado e eminente Prof. Dr. Nereu Giacomolli por ocasião da celebração da sua condição para mais de 25 anos como professor titular na graduação e em programas de pós-graduação na PUCRS e Universidade Autónoma de Lisboa, estas duas últimas onde leciona atualmente, além de inúmeras outras instituições renomadas, nas quais desenvolveu sua vida profissional.

Não seria necessário um marco temporal específico para homenagear o Prof. Nereu, posto que é o cotidiano na sua convivência que o torna digno do mais elevado respeito e admiração, bem como que mantém inalterados os traços de uma vida construída com respeito humano ímpar e raro talento intelectual para a pesquisa científica.

Não fosse por outras tantas manifestações acadêmicas, bastaria destacar seu esforço inegável para trazer à literatura processual penal a necessária observação aos compromissos internacionais, notadamente a Convenção Americana de Direitos Humanos ou, de forma mais ampla, a cultura do sistema interamericano de Direitos Humanos.

Nesse tema, uma particular convergência acadêmica com o Homenageado, que só reforça os laços pessoais: o necessário olhar para o cenário internacional, seus compromissos humanitários e seus reflexos obrigatórios no direito.

Por essa razão, a breve e insuficiente homenagem (re)tratará de considerações consolidadas ao longo dos últimos anos e busca minimamente espelhar as lições aprendidas com o eminente Prof. Dr. Nereu Giacomolli.

2. Tarefa de compreensão

O presente texto busca compreender alguns dos aspectos essenciais do sistema interamericano de Direitos Humanos a partir de dois grandes eixos: a formação de um sistema "garantista" no âmbito latino-americano, que encontra seu espaço de proteção nas atividades específicas da Corte Interamericana de Direitos Humanos e a projeção desse espaço protetivo para o direito interno brasileiro, em particular na estrutura do processo penal, que, carente de uma conversão profunda a um modelo adequado à tutela de direitos fundamentais de todos os envolvidos, reproduz cotidianamente práticas que lhe são antagônicas, reforçando um modelo estatal de violências práticas e simbólicas.

3. Humanização do Direito

No primeiro aspecto, tem-se a evolução histórica da própria compreensão de "garantismo", que no léxico político antepõe uma visão de separação dos direitos fundamentais do texto formal de uma constituição àquela outra que defendia a alocação desses direitos no interior dos textos constitucionais, dissenso representado, respectivamente, pelas posições de Constant e Rousseau até alcançar, numa longa e nem sempre linear evolução de conteúdo, uma de suas muitas formas de compreensão como a "[d]o nome da teoria liberal do direito penal, ou seja, do paradigma normativo – de matriz iluminista – do 'direito penal mínimo'".[1]

[1] A respeito, o fundamental texto de IPPOLITO, Dario. O garantismo de Luigi Ferrajoli. **Revista de Estudos Constitucionais, Hermenêutica e Teoria do Direito (RECHTD)**, 3(1),

Contudo, restringir "garantismo" à esfera do sistema penal não faz eco à complexidade do pensamento do autor Luigi Ferrajoli, que tem sua produção largamente identificada com o vocábulo e que constrói uma teoria do Direito na qual o ponto de partida – submissão ao primado da Constituição – se desenvolve de forma a separar o direito da moral (como decorrência direta da legalidade estrita) e, no campo hermenêutico, a evitar o emprego de ponderações à maneira de um constitucionalismo principiológico que leva à expansão do ativismo judicial como consequência lógica – e inevitável – de uma teoria do Direito e da Constituição banhada por decisionismos, fruto de ponderação e proporcionalismos.

Temos que é adequado concluir como possível a extensão do conceito de constitucionalismo apregoado por Ferrajoli ao movimento contemporâneo de supranacionalidade das fontes do Direito na construção de um modelo jurídico (interno e internacional) que tenha como eixo político de sua concepção a proteção aos direitos fundamentais/direitos humanos, de modo a que não se tornem apenas promessas vazias, mas que traduzam uma realidade concreta que possa superar a potencial apatia pela sua irrealidade/ineficácia.[2]

Isso porque essa *inter*nacionalidade, *trans*nacionalidade ou *supra*nacionalidade não precisam estar confinadas ao momento atual de uma determinada visão economicista das relações sociais, a qual, inegavelmente, solapa as bases de uma vida digna.

Nesse ponto, concorda-se com a afirmação que: "A globalização não é como se diz frequentemente hoje um fenômeno principalmente econômico. Na base da globalização há uma revolução técnica extremamente importante, que é a abolição da distância pelos progressos da comunicação"[3] e, embora todo esse avanço científico ainda esteja respaldando o que se denomina de "globalização perversa", nada impede que essas mesmas bases técnicas (venham a) servir a outros objetivos se forem postas ao serviço de outros fundamentos sociais e políticos, sendo possível, pois,

p. 34-41 janeiro-junho 2011. Nesse artigo encontra-se esclarecedora evolução do vocábulo e os caminhos que levaram à sua concepção atual.

[2] NEVES, Marcelo. A Força Simbólica dos Direitos Humanos. **Revista Eletrônica de Direito do Estado**, Salvador: Instituto de Direito Público da Bahia, n. 4, outubro/dezembro de 2005.

[3] BADIE, Bertrand. Estado-nação: um agente entre outros? **Label France**, n. 38, janeiro 2000.

> pensar na construção de um outro mundo, mediante uma globalização mais humana [...] Considerando o que atualmente se verifica no plano empírico [....] (e) da existência de uma verdadeira sociodiversidade, historicamente muito mais significativa que a própria biodiversidade. Junte-se a esses fatos a emergência de uma cultura popular que se serve dos meios técnicos antes exclusivos da cultura de massas, permitindo-lhe exercer sobre esta última uma verdadeira revanche ou vingança.

Assim, no plano teórico, o que verificamos é a possibilidade de produção de um novo discurso, de uma nova metanarrativa, um novo grande relato[4]. Particularmente nesta quadra histórica a face econômica haveria de ceder lugar ao viés humanista, podendo-se falar em verdadeira inversão de premissas; do mercado para o homem, do econômico para social, como forma de sustentar a manutenção do ideal de interação.

Aqui, é necessário aclarar também alguns conceitos e deixar evidente que, quando se fala em harmonização, não se fala em unificação. Harmonizar significa tomar as matrizes que são essenciais e culturalmente identificadas nos vários sistemas, porém respeitando as diversidades culturais internas de cada país.

Como já foi explicitado, "*L'harmonisation ne veut pas dire l'unification. Elle admet les différences et les ordonne... encore faut-il connaître les clés de ce mystérieux processus par lequel la singularité peut naître du pluralisme et de la complexité*"[5].

Essa harmonização, que se pretende legitima, alcança as raízes de sua justificação na adoção explícita dos valores fundamentais de dignidade da pessoa humana, dando coesão ao objeto harmonizado e, porque não, dotando-a da qualificação progressista.

Dessa forma, deve-se concordar quando Delmas-Marty afirma que, "*Pourtant, l'idée progresse de reconnaître aux droits de l'homme le rôle d'un 'droit des droits', l'expression marquant à la fois leur place nouvelle dans la théorie et la pratique des systèmes juridiques et leur vocation nouvelle, pas seulement de protestation mais aussi d'harmonisation des diverses systèmes*"[6], no que vem acompanhada por uma análise

4 SANTOS, Milton. **Por uma outra globalização.** 6. edição. São Paulo/ Rio de Janeiro: Editora Record, 2001. p. 21/22.

5 DELMAS-MARTY, Mireille. ***Pour un droit commun***. Paris, Seuil, 1994. p. 240-241.

6 Delmas-Marty, Mireille. ***Pour un droit commun***. Paris, Seuil, 1994. p. 9.

da obra de Habermas, para quem o sistema jurídico "*necesita de instituciones básicas capaces de legitimarlo. E ese é justamente o papel desempeñado pelos derechos fundamentales (derechos humanos) y por el principio de la soberanía popular, consolidados en las constituciones de los modernos estados de derecho*"[7].

E, nesse ponto, o constitucionalismo-garantista defendido por Ferrajoli nas bases apontadas, ao se deparar com o diálogo supranacional de textos abarcadores de direitos humanos pode ter algo de limitado na medida em que necessitará de abordagens mais "abertas" na tarefa hermenêutica, dada a natureza dos direitos incorporados.

Disso se pode depreender que, malgrado se concorde com as posturas garantistas na forma preconizada pelo autor, é difícil deixar de reconhecer que a dinâmica de construção dos direitos humanos na forma como compreendida nessa quadra das sociedades democráticas é mais dinâmica que aquela encontrada no Iluminismo que se poderia dizer "clássico", a exigir uma expansão que o neojuspositivismo pode não conseguir responder.

Recorde-se que as condições políticas após o fim da Guerra Fria propiciaram o surgimento de uma fase de expansão de compromissos internacionais voltados para a proteção dos "direitos humanos", que, malgrado a polissemia que lhes cerca, não se trata, reduzidamente, de uma noção "confusa, ilusória" e, possivelmente, "efeito de uma incultura, e de uma regressão da ciência jurídica"[8], mesmo porque, em nome dessa "incultura" vidas humanas são valorizadas e se tenta (re)construir, também no âmbito Judiciário[9], uma rede de mecanismos que vai muito além daquela estabelecida no período anterior ao da própria criação do tecido internacional que uniria nações em torno de uma organização, malgrado as condições políticas peculiares que a cada situação possam servir, ainda, de freio à plena efetividade desses direitos[10].

[7] MOREIRA, Luiz. **Fundamentação do direito em Habermas**. Belo Horizonte: Mandamentos & Fortlivros Eds., 1999. p. 49.

[8] E esse é somente o inicio da critica. VILLEY, Michel. **O direito e os direitos humanos**. São Paulo: Martins Fontes, 2007. p. 17.

[9] A propósito, _LUTZ, Ellen; SIKKINK, Kathryn. *The Justice Cascade: The Evolution and Impact of Foreign Human Rights Trials in Latin America*. ***Chicago Journal of International Law***, Chicago, n. 2 (1), p. 1-34, 2001.

[10] RATNER, Steven R.; ABRAMS, Jason S. *Accountability for Human Rights Atrocities.* ***International Law**: Beyond the Nuremberg Legacy*. New York: Oxford University Press, 1997.

Melhor, portanto, acompanhar Bobbio ao se referir ao marco inicial dessa "incultura", a dizer, a Declaração Universal, quando afirma que

> Com essa declaração, um sistema de valores é – pela primeira vez na história – universal, não em princípio, mas de fato, na medida em que o consenso sobre sua validade e sua capacidade para reger os destinos da comunidade futura de todos os homens foi explicitamente declarado. [...] Somente depois da Declaração Universal é que podemos ter a certeza histórica de que a humanidade – toda a humanidade – partilha alguns valores comuns; e podemos, finalmente, crer na universalidade dos valores, no único sentido em que tal crença é historicamente legítima, ou seja, no sentido em que universal significa não algo dado objetivamente, mas subjetivamente acolhido pelo universo dos homens.[11]

Compartilhamento de valores que, reconhecidos normativamente desde um plano exterior (mundial, regional ou comunitário), reproduzem-se no plano interno e, por tal razão, passa a ser concebido como "fundamental" um direito que, prioritariamente fora concebido como "humano".

Nesse ponto, o Brasil, como integrante do sistema interamericano de direitos humanos[12], assina e ratifica[13] a Convenção Interamericana de Direitos Humanos[14], bem como aceita a competência da corte interamericana de direitos humanos desde 1998[15]. Ao mesmo tempo, é signatário e ratificador do pacto de direitos civis e políticos de Nova Iorque[16], bem como adere às Convenções

[11] BOBBIO, Norberto. **A era dos direitos.** Rio de Janeiro: Campus, 1992. p. 28

[12] O sistema interamericano de proteção dos direitos humanos teve seu início formal com a Declaração Americana dos Direitos e Deveres do Homem, aprovada pela Nona Conferência Internacional Americana (Bogotá, Colômbia, 1948), durante a qual também foi criada a Organização dos Estados Americanos – OEA.

[13] Ratificada pelo Brasil em 25.9.1992.

[14] O sistema interamericano fortaleceu-se com a Convenção Interamericana, assinada em San José, Costa Rica, em 22 de novembro de 1969, tendo entrado em vigor em 18 de julho de 1978, nos termos do artigo 74, inciso 2 da Convenção, quando foi depositado o décimo primeiro instrumento de ratificação e registrado na ONU em 27 de agosto de 1979, sob o nº 17 955. No texto será designada também por CADH.

[15] Desde 10 de dezembro de 1998.

[16] Adotado pela Resolução n.º 2.200-A da Assembleia Geral das Nações Unidas, em 16 de dezembro de 1966. Aprovado pelo Decreto Legislativo n.º 226, de 12.12.1991. Ratificado pelo

de Genebra referentes ao denominado "direito internacional humanitário"[17] e, de resto, integra formalmente toda uma ordem internacional voltada para a defesa dos direitos humanos[18].

Particularmente sensível no que diz respeito à proteção dos direitos humanos, a estrutura normativa internacional mencionada se projeta para o direito interno não apenas nas dimensões de compatibilidade (texto internacional em cotejo com direito interno[19]), forma de sua inserção (texto internacional incorporado ao direito interno[20]) ou inserção vertical do texto internacional

Brasil em 24 de janeiro de 1992. Em vigor no Brasil em 24.4.1992. Promulgado pelo Decreto n.º 592, de 6.7.1992

[17] Adotada a 12 de Agosto de 1949 pela Conferência Diplomática destinada a Elaborar as Convenções Internacionais para a proteção das Vítimas da Guerra, que reuniu em Genebra de 21 de abril a 12 de agosto de 1949, com entrada em vigor na ordem internacional: 21 de outubro de 1950, tendo havido a adesão pelo Brasil em 29 de junho de 1957.

[18] Assim, por exemplo: Convenção sobre Asilo (assinada em 1928; ratificação ou adesão em 3 de setembro de 1929); Convenção sobre Asilo Político (assinada em 1933; ratificada em 23 de fevereiro de 1937); Convenção para a Prevenção e a Repressão do Crime de Genocídio (assinada em 1948 e ratificada em 4 de setembro de 1951; Convenção (n.º 98); Convenção Relativa ao Estatuto dos Refugiados (assinada em 1951 e ratificada em 13 de agosto de 1963); Convenção sobre Asilo Diplomático (assinada em 1954; ratificação ou adesão em 17 de setembro de 1957); Convênio Suplementar sobre a Abolição da Escravidão, do Tráfico de Escravos e das Instituições e Práticas Análogas à Escravidão (assinada em 1956; adesão em 6 de janeiro de 1966); Protocolo sobre o Estatuto dos Refugiados (1966; assinado em 1967; adesão em 7 de março de 1972); Convenção contra a Tortura e Outros Instrumentos ou Penas Cruéis Desumanas ou Degradantes (1984; assinada em 1984 e ratificada em 28 de setembro de 1989; Convenção Interamericana para Prevenir e Punir a Tortura (1965; assinada em 1985 e ratificada em 20 de julho de 1989).

[19] Ver, dentre outros, TRINDADE, Antonio Augusto Cançado. A interação entre direito internacional e o direito interno na proteção dos direitos humanos. **Arquivos do Ministério da Justiça**, Brasília, v. 46, n. 182, p. 27-54, jul./dez. 1993. No mesmo sentido, PIOVESAN, Flávia. **Direitos Humanos e o Direito Constitucional Internacional**. São Paulo: Max Limonad, 1996; BASTOS, Celso; MARTINS, GANDRA DA SILVA, Yves. **Comentários à Constituição do Brasil**. São Paulo: Saraiva, 1988-1989; ROCHA, Fernando Luiz Ximenez. A incorporação dos tratados e convenções internacionais de direitos humanos no direito brasileiro. **Revista de Informação Legislativa**, Brasília, a. 33, n. 130, p. 77-81, abril/jun. 1996.

[20] Veja-se a posição de CARVALHO RAMOS, André, que, juntamente com outros autores anotava a autoexecutoriedade dos tratados versados sobre direitos humanos e sua inserção em nível constitucional e, apoiado em vasta lição doutrinária, afirmava ter a Constituição de 1988 incorporado automaticamente as normas de tratados internacionais de direitos humanos ratificados pelo Brasil, mas em face das divergências com a jurisprudência (vide tópico supra) e da própria doutrina, sugeria a adoção de uma "terceira via", qual fosse, "a aceitação da compatibilidade das normas constitucionais com a normatividade internacional de proteção

(posição hierárquica em relação à Constituição e demais textos normativos), mas, de forma expressa, como condicionante do processo legislativo que, de um lado,

(i) não pode afrontar explicitamente a tessitura internacional e, de outro,

(ii) deve empreender a nova legislação com a maior conformação possível ao disposto nas normas internacionais visando a extrair-lhe a eficácia mais abrangente com o emprego de técnicas (processuais penais, para o caso do presente texto) que assegurem esse objetivo.

Mas para alcançar um "mínimo grau" de efetividade necessita-se, dentre outros aspectos, a projeção no plano interpretativo pela atuação do ator judicial, particularmente nesse ponto a figura do juiz e, com igual importância, do ator acadêmico no processo de aculturamento da comunidade profissional atuante.[21] E, se já não bastasse a dificuldade ínsita à construção de um saber jurídico (por via da dogmática jurídica) para os direitos "humanos", isso se acentua no cenário dos direitos "fundamentais".

Isso porque a afirmação daquilo que, para o campo jurídico se denomina de "direitos humanos" pressupõe uma forma de saber apta para o reconhecimento de mutações sociais contínuas, formadora de um espaço "aberto" que se completa – sempre momentaneamente – por demandas sociais que se modificam em velocidade diferente daquela que o saber jurídico tradicional (dogmático) sempre acolheu.

aos direitos humanos como presunção absoluta, em face dos princípios da Constituição de 1988". CARVALHO RAMOS, André. O Estatuto do Tribunal Penal Internacional e a Constituição Brasileira. *In*: CHOUKR, Fauzi Hassan; KAI, Ambos Kai (org.). **Tribunal Penal Internacional**. São Paulo: RT, 2000. p. 263-264.

[21] Por certo essa maximização interpretativa exige um ambiente cultural próprio para sua semeadura e colheita, a dizer, a formação juridical cumpre também aqui um (ou "o") papel primordial. A extensão do presente artigo não permite o devido aprofundamento e desdobramentos nesse sentido. Ver, para início de discussão, LOUREIRO, M. F. ; CHOUKR, F. H. . Ensino Jurídico, Críticas e Novas Propostas: Paisagem no Horizonte? *In*: RODRIGUES, Horácio Wanderlei; MEZZAROBA, Orides; MOTTA, Ivan Dias da (org.). **XXII Encontro Nacional do CONPEDI / UNICURITIBA – Tema: 25 anos da Constituição Cidadã:** Os Atores Sociais e a Concretização Sustentável dos Objetivos da República. Florianópolis: FUNJAB, 2013. p. 266-290.

Nesse ponto, a dogmática tradicional, de natureza "criptnormativa" (FERRAZ JR.) voltada para a reprodução da segurança por meio da construção de um saber capaz de "garantir expectativas" com variações controláveis e mínimas não parece se prestar suficientemente para o reconhecimento de tais direitos quando vistos "em ação", a dizer, postulados por forças sociais "em juízo"[22].

A dogmática somente tem algo a acrescer aos níveis de efetividade dos "direitos fundamentais" quando se encontra capaz de reconhecer que tais direitos fundam uma determinada ordem política fornecendo um mínimo estrutural (RAWLS) para a construção de uma ordem internacional e interna e que acabam por condicionar a própria razão de Estado, na figura construída por Delmas-Marty.

Assim, essa dogmática, "aberta" em suas bases faz eco à própria fundamentação desses direitos em contínua gestação e, num certo sentido, evolução. Nesse sentido, será muitas vezes a única capaz de gerar respostas minimamente satisfatórias para o reconhecimento, em juízo, de situações sociais normativamente carentes de regulação, posto que a velocidade social necessariamente não vem no mesmo ritmo que a produção de um saber específico predeterminado e condicionante para orientação do julgador.

Como decorrência, espera-se que esse saber forneça aptidões, capacidades e ferramentas conceituais ao intérprete jurídico para lidar com temas que estão, na sua essência, fora do campo jurídico e que, quando projetados para esse campo, exigem instrumentos mais refinados conceitualmente e operacionalmente que os fornecidos pela dogmática "tradicional". Esse é, no limite, o grande desafio da intelectualidade jurídica.

4. Absorção de estruturas

Projetando as observações anteriores àquilo que compõe a segunda parte da intervenção e recordando que as estruturas garantistas se projetam como

[22] E o mesmo poderia ser refletido para seu reconhecimento por outros espaços de poder institucionalizado, reflexão esta que escapa aos objetivos do presente texto, que se cinge a nuances do tema, focado especificamente em relação ao saber jurídico e sua exigibilidade judicial.

"técnica de tutela idônea" a minimizar a violência e a maximizar a liberdade, e sob o plano jurídico, como um sistema de vínculos impostos a função punitiva do Estado em garantia dos direitos dos cidadãos"[23], é no palco do sistema penal que de forma mais imediata elas podem se fazer sentir.

O campo processual penal é aquele em que estamos absolutamente defasados por termos optado manter a espinhal dorsal de um Código concebido nas estruturas politico-jurídica autoritárias, sendo certo que a reconstrução democrática haveria de impor a necessária reconstitucionalização do país e, por consequência, uma nova ordem infraconstitucional em todas as áreas do Direito, particularmente no sistema penal e, dentro deste, a ordenação processual penal.

Essa nova conformação não haveria, contudo, de limitar-se à adaptação da legislação à Constituição de 1988, mas igualmente aos tratados e convenções internacionais assinados pelo Brasil que têm regência na matéria[24] e, de maneira um tanto mais ampla, pela observância, nos limites da margem nacional de apreciação[25], das decisões dos tribunais internacionais, notadamente a Corte Interamericana de Direitos do Homem[26].

Dessa forma, o Brasil se coloca tardiamente na rota das reformas globais empreendidas pela imensa maioria dos países latino-americanos[27] que recons-

[23] FERRAJOLI, Luigi. **Direito e razão**: teoria do garantismo penal. 3. ed. São Paulo: Revista dos Tribunais, 2010.

[24] A esse respeito, Barroso, Luís Roberto. Constituição e tratados internacionais: alguns aspectos da relação entre direito internacional e direito interno. *In*: Menezes Direito, Carlos Alberto; Cançado Trindade, Antonio Augusto; Pereira, Antonio Celso Alves. **Novas perspectivas do direito internacional contemporâneo**: estudos em homenagem ao Professor Celso D. de Albuquerque Mello. Rio de Janeiro: Renovar, 2008. Ainda: Mazzuoli, Valerio de Oliveira. **Teoria geral do controle de convencionalidade no direito brasileiro**. RT 889/105.

[25] A esse respeito ver, por todos, DELMAS-MARTY, Mireille. ***Les forces imaginantes du droit*** - *Le relatif et l'universe*. Paris: Seuil, 2004.

[26] Sobre a observância de forma vinculante das decisões das cortes internacionais ao direito interno, CARVALHO RAMOS, André de. **Direitos Humanos em Juízo**. São Paulo: Max Limonad, 2001. v. 1. Ainda: Piovesan, Flávia. **Força integradora e catalizadora do sistema interamericano de proteção dos direitos humanos**: desafios para a pavimentação de um constitucionalismo regional RIASP 25/321.

[27] Para uma ampla visão do cenário reformista na América Latina, consultar AMBOS, Kai; CHOUKR, Fauzi Hassan. **A reforma do processo penal no Brasil e na América Latina**. São Paulo: Editora Método, 2001.

truíram suas bases politico-jurídicas no Estado de Direito[28], bem como em relação a alguns países paradigmáticos para a cultura processual brasileira, como Itália e Portugal, que, com maior ou menor velocidade, adaptaram por completo sua estrutura processual às bases constitucionais condizentes com a reforma política, assim como com os textos internacionais[29] diretamente aplicáveis ao tema[30] e buscaram dar, assim, vida prática – e não meramente retórica – à clássica concepção de ser o processo penal "o sismógrafo da constituição"[31], ao que devemos acrescer nesta quadra histórica, também o "sismógrafo dos textos internacionais de direitos humanos".

[28] Para uma análise critica dos projetos reformistas, inclusive quanto à importância nesse processo dos integrantes das carreiras jurídicas, bem como a critica à posição brasileira, consultar LANGER, Máximo. ***Revolución en el proceso penal latinoamericano****: difusión de ideas legales desde la periferia.* Disponível em: www.cejaamericas.org.

[29] A propósito veja-se CHIAVARIO, Mario. *Les mouvements de réforme du procès pénal et la protection des droits de l'homme en Italie.* ***Revue internationale de droit pénal / International Review of Penal Law***, 64(3-4), p. 1193-1211, 1993; CHIAVARIO, Mario. *Le procès pénal en Italie*, [S.n.t.], 1992. *In*: DELMAS-MARTY, Mireille (dir.). *Procès pénal et droits de l'homme; vers une conscience européenne: travaux du colloque organisé au Centre Georges-Pompidou/par la Bibliothèque publique d'information et le journal "Le Monde", 26 et 27 mars 1991*, Paris: P.U.F., 1992, 311 p., à *la* p. 81. (*collections; Les voies du droit*).

[30] Nesse ponto a seguinte observação: *"el Derecho procesal penal de los países latinoamericanos, observado como conjunto, ingresó, a partir de la década del'80, en un período de reformas totales, que, para el lector europeo, puede compararse con la transformación que sufrió el Derecho procesal penal de Europa continental durante el siglo XIX. No se trata, así, de modificaciones parciales a un sistema ya adquirido y vigente, sino, por lo contrario, de una modificación del sistema según otra concepción del proceso penal. Descrito sintéticamente, se puede decir que este proceso de reformas consiste en derogar los códigos antiguos, todavía tributarios de los últimos ejemplos de la Inquisición – recibida con la conquista y la colonización del continente -, para sancionar, en más o en menos, leyes procesales penales conformes al Estado de Derecho, con la aspiración de recibir en ellas la elaboración cumplida en la materia durante el siglo XX"*. MAIER, Julio B. J.; STRUENSEE, Eberhard. ***Las Reformas Procesales Penales en América Latina***. Buenos Aires: Ad-Hoc, 2000. p. 17.

[31] Expressão construída no direito comparado (ROXIN, Claus. ***Derecho Procesal Penal***. Buenos Aires: Editores Del Puerto, 2003. p.10, entre outros) e que recorrentemente surge em determinados segmentos da doutrina nacional ganhando, contemporaneamente, espaço na jurisprudência do STF. Nesse sentido: "7. A boa aplicação dos direitos fundamentais de caráter processual, principalmente a proteção judicial efetiva, permite distinguir o Estado de Direito do Estado Policial. O prestígio desses direitos configura também elemento essencial de realização do princípio da dignidade humana na ordem jurídica, impedindo que o homem seja convertido em objeto dos processos estatais. 8. Os direitos de caráter penal, processual e processual-penal cumprem papel fundamental na concretização do moderno Estado democrático de direito. 9. A aplicação escorreita ou não dessas garantias é que permite avaliar

No arco temporal que vai de 2009 até o presente momento convivem em assimetria uma tentativa de reforma global do Código de Processo Penal e inúmeras reformas pontuais, sendo a mais recente e destacada delas a Lei nº 13.964/2019, mal denominada de "pacote anticrime", no bojo da qual convivem tensões de adesão ao sistema interamericano (*v.g.*, controle temporal da prisão preventiva, regulação definitiva da "audiência de custódia", introdução do juiz de garantias, maior explicitação na racionalidade das decisões sobre a necessidade cautelar) e obtusas redações como a do "renovado" artigo 14 do CPP ou a insistência de uma inconstitucional "execução provisória" da pena no âmbito do Tribunal do Júri.

Este, portanto, o desafio proposto: o de enfrentar os compromissos internacionais humanizantes assumidos pelo Estado brasileiro e projetá-los não apenas normativamente, mas em essência, na cultura dos intervenientes do sistema jurídico. Tarefa que, como poucos, o Prof. Homenageado soube entender e traduzir em suas obras acadêmicas.

Referências

AMBOS, Kai; CHOUKR, Fauzi Hassan. **A reforma do processo penal no Brasil e na América Latina**. São Paulo: Editora Método, 2001.

BADIE, Bertrand. Estado-nação: um agente entre outros? **Label France**, n. 38, janeiro 2000.

a real observância dos elementos materiais do Estado de Direito e distinguir civilização de barbárie. A diferença entre um Estado totalitário e um Estado Democrático de Direito reside na forma de regulação da ordem jurídica interna e na ênfase dada à eficácia do instrumento processual penal da prisão preventiva. 10. O direito processual penal é o sismógrafo da Constituição, uma vez que nele reside a atualidade política da Carta Fundamental. O âmbito de proteção de direitos e garantias fundamentais recebe contornos de especial relevância em nosso sistema constitucional. 11. A idéia do Estado de Direito também imputa ao Poder Judiciário o papel de garante dos direitos fundamentais. É necessário ter muita cautela para que esse instrumento excepcional de constrição da liberdade não seja utilizado como pretexto para a massificação de prisões preventivas. Em nosso Estado de Direito, a prisão é uma medida excepcional e, por essa razão, não pode ser utilizada como meio generalizado de limitação das liberdades dos cidadãos. (STF. HC 91386 / BA - Relator(a): Min. GILMAR MENDES. Julgamento: 19/02/2008).

BARROSO, Luís Roberto. Constituição e tratados internacionais: alguns aspectos da relação entre direito internacional e direito interno. *In*: MENEZES DIREITO, Carlos Alberto; CANÇADO TRINDADE, Antonio Augusto; PEREIRA, Antonio Celso Alves. **Novas perspectivas do direito internacional contemporâneo**: estudos em homenagem ao Professor Celso D. de Albuquerque Mello. Rio de Janeiro: Renovar, 2008.

BOBBIO, Norberto. **A era dos direitos**. Rio de Janeiro: Campus, 1992.

CARVALHO RAMOS, André de. **Direitos Humanos em Juízo**. São Paulo: Max Limonad, 2001. v. 1.

CARVALHO RAMOS, André. O Estatuto do Tribunal Penal Internacional e a Constituição Brasileira. *In*: CHOUKR, Fauzi Hassan; KAI, Ambos Kai (org.). **Tribunal Penal Internacional**. São Paulo: RT, 2000.

CHIAVARIO, Mario. *Les mouvements de réforme du procès pénal et la protection des droits de l'homme en Italie*. ***Revue internationale de droit pénal / International Review of Penal Law***, 64(3-4), p. 1193-1211, 1993.

CHIAVARIO, Mario. *Le procès pénal en Italie*, [S.n.t.], 1992. *In*: DELMAS-MARTY, Mireille,(dir.). *Procès pénal et droits de l'homme; vers une conscience européenne: travaux du colloque organisé au Centre Georges-Pompidou/par la Bibliothèque publique d'information et le journal "Le Monde", 26 et 27 mars 1991*, Paris: P.U.F., 1992, 311 p., à la p. 81. (*collections; Les voies du droit*).

DELMAS-MARTY, Mireille. ***Les forces imaginantes du droit*** *– Le relatif et l'universe*. Paris: Seuil, 2004.

DELMAS-MARTY, Mireille. ***Pour un droit commun***. Paris, Seuil, 1994.

FERRAJOLI, Luigi. **Direito e razão**: teoria do garantismo penal. 3. ed. São Paulo: Revista dos Tribunais, 2010.

GANDRA DA SILVA, Yves. **Comentários à Constituição do Brasil**. São Paulo: Saraiva, 1988-1989.

IPPOLITO, Dario. O garantismo de Luigi Ferrajoli. **Revista de Estudos Constitucionais, Hermenêutica e Teoria do Direito (RECHTD)**, n. 3(1), p. 34-41 janeiro-junho 2011.

LANGER, Máximo. ***Revolución en el proceso penal latinoamericano***: *difusión de ideas legales desde la periferia*. Disponível em: www.cejaamericas.org.

LOUREIRO, M. F. ; CHOUKR, F. H.. Ensino Jurídico, Críticas e Novas Propostas: Paisagem no Horizonte? *In*: RODRIGUES, Horácio Wanderlei; MEZZAROBA, Orides; MOTTA, Ivan Dias da (org.). **XXII Encontro Nacional do CONPEDI / UNICURITIBA – Tema: 25 anos da Constituição Cidadã:** Os Atores Sociais e a Concretização Sustentável dos Objetivos da República. Florianópolis: FUNJAB, 2013. p. 266-290.

LUTZ, Ellen; SIKKINK, Kathryn. *The Justice Cascade: The Evolution and Impact of Foreign Human Rights Trials in Latin America*. ***Chicago Journal of International Law***, Chicago, n. 2 (1), p. 1-34, 2001.

MAIER, Julio B. J.; STRUENSEE, Eberhard. ***Las Reformas Procesales Penales en América Latina***. Buenos Aires: Ad-Hoc, 2000.

Mazzuoli, VALERIO DE OLIVEIRA. **Teoria geral do controle de convencionalidade no direito brasileiro**. RT 889/105.

MOREIRA, Luiz. **Fundamentação do direito em Habermas**. Belo Horizonte: Mandamentos & Fortlivros Eds., 1999.

NEVES, Marcelo. A Força Simbólica dos Direitos Humanos. **Revista Eletrônica de Direito do Estado,** Salvador: Instituto de Direito Público da Bahia, n. 4, outubro/dezembro de 2005.

Piovesan, Flávia. **Força integradora e catalizadora do sistema interamericano de proteção dos direitos humanos**: desafios para a pavimentação de um constitucionalismo regional. RIASP 25/321.

PIOVESAN, Flávia. **Direitos Humanos e o Direito Constitucional Internacional.** São Paulo: Max Limonad, 1996.

RATNER, Steven R.; ABRAMS, Jason S. *Accountability for Human Rights Atrocities.* ***International Law****: Beyond the Nuremberg Legacy*. New York: Oxford University Press, 1997.

42.

SOBRE ALGUMAS DAS ALTERAÇÕES MATERIAIS E PROCESSUAIS PENAIS IMPOSTAS PELAS LEIS Nº 13.964/2019 E 13.968/2019

Marcus Vinicius Boschi

Escrever este pequeno texto me proporciona uma ambivalência poucas vezes experimentada. De um lado, pela dificuldade do momento em que vivemos. Restrição de deslocamento, de acesso aos materiais de pesquisa pelo fechamento de bibliotecas, dificuldades nas entregas das publicações pelas editoras e livrarias, dentre outros. Isso tudo sem considerar, de outra banda, a jovialidade das diversas mudanças impostas pelas Leis nºs 13.964/2019 e 13.968/2019, que, por essa razão mesma, contam, até o momento, com parca doutrina e cujo acesso se dá nas condições já expostas. Não se desconsidere, também, o enorme leque de temas e institutos por elas abordados, desde a alteração de tipos penais até a estrutura da cadeia de custódia probatória. São tempos estranhos, distintos e difíceis, portanto, mas que, por isso mesmo, ficarão na lembrança de todos aqueles nascidos no pós-guerra.

Mas, de outro, essa oportunidade talvez seja a mais genuína e gratificante que eu possa ter experimentado no mundo acadêmico, porque, penso eu, não há melhor forma de homenagear um amigo e colega que há anos se dedica a um sério estudo da ciência criminal. Prestar homenagens a um cientista do Direito Criminal do quilate do Professor Nereu só se faz possível pelas linhas de seus amigos e fãs do seu trabalho... É com ideias, por mais singelas que sejam, como estas adiante alinhadas que se homenageia o trabalho, a contribuição e, sobretudo, o caráter daquele que se preocupa com ciência, e não com populismo de qualquer ordem.

Portanto, são temas novos, significativos, pouco debatidos e lançados em tempos política, jurídica e economicamente difíceis em nosso País, de maneira que "pode ser que não passe de um pouco de cobre e vidro o que tomo por ouro e diamantes", como disse Descartes, em seu conhecido *Discurso do Método.*

I - Dos aspectos materiais da Lei nº 13.968/2019

I.a. Da alteração de tipos penais

I.a.I Do crime de Homicídio

No âmbito do crime de homicídio, o legislador pretendeu incluir o inciso VIII ao parágrafo 2º, tornando qualificada a infração quando o agente, em busca da morte, fizesse o uso de arma de fogo de uso proibido ou restrito. Estaríamos diante de uma qualificadora cujo conteúdo poderia ser classificado como em branco, vez que a classificação das armas de fogo em de uso permitido, proibido e restrito é dada por normativas do Poder Executivo a partir da energia gerada pelo projétil na saída do cano, cabendo ao Exército apenas a declinação nominal dos calibres em Regulamento próprio.

A qualificadora, seria, portanto, de caráter objetivo e, acaso concorrente com a privilegiadora do §1º, daria ensejo à figura do homicídio qualificado-privilegiado.

Houve veto presidencial, todavia, ao fundamento, em síntese, de que os agentes de segurança pública ficariam expostos a maiores sanções porque o armamento utilizado é, em regra, de uso restrito. O veto presidencial – embora possa se calcar sobre aspectos jurídicos e/ou meramente "políticos", como se bem sabe – não andou bem, como também observou Guilherme de Souza Nucci. A uma, porque o agente da lei que mata com emprego de arma de uso restrito, ao fazê-lo ao amparo de legítima defesa, por exemplo, fica imune à punição. A duas, porque retirou a oportunidade de se impor uma maior punição ao crime organizado, que não só age contra terceiros, como também contra policiais e fazendo uso de armamento de uso restrito[1].

I.a.II. Do crime de Auxílio, induzimento, participação em suicídio ou automutilação

O tipo penal insculpido no artigo 122 do Código Penal (CP), na sua antiga redação, era daqueles que, como outros tantos, causava estranheza, na exata medida em que declinava verbos nucleares reveladores de conduta criminosa (instigar, induzir ou prestar auxílio), mas limitava a punição à ocorrência de lesão grave ou morte de parte da vítima. Era uma espécie de crime formal ou de mera conduta sem preceito secundário no caso de lesão leve ou inexistência mesma de lesão na vítima. Previa-se a conduta – mas a existência de resultado naturalístico específico funcionava como o gatilho da punição.

A nova sistemática e tipificação impostas ao dispositivo trouxeram mudanças salutares, ao nosso sentir, embora tenha havido incrementado da punição, por óbvio. A mudança é oportuna, porque a conduta de instigar alguém ou mesmo de induzir (que é, substancialmente, mais reprovável) não poderiam passar desapercebidas pelo sistema de Justiça criminal e serem merecedoras de sanção apenas e tão só nas hipóteses de ocorrência da lesão grave ou morte da vítima, desprezando-se outros resultados igualmente importantes.

A punição como figura institucional do Direito Penal não pode e não se limita à verificação única exclusivamente do bem jurídico protegido pela norma. Ao prever tipos penais, punindo condutas e fixando penas, o legislador não observa – ou, ao menos, não deveria observar – apenas o bem jurídico protegido, mesmo porque, embora seja um elemento de fundamental importância, é absolutamente mutável, subjetivo no mais das vezes e francamente deturpado. Há que se considerar, na mensuração da pena e na criação do tipo penal, por exemplo, a condição da vítima (e daí a razão da alínea "a" do artigo 217 do Código Penal ter se distanciado do artigo 213 do mesmo Código). Deve atentar, também, dentre outros elementos, para o seu autor (daí a razão

[1] NUCCI, Guilherme de Souza. **Pacote Anticrime Comentado**. Rio: Forense, 2020. p. 21-22.

penal pela qual o crime de estelionato praticado no âmbito dos atos de comércio difere das suas demais formas).

Enfim.

A punição não se limita e se circunscreve à verificação do bem jurídico em jogo. Esse é, talvez, dentro da dogmática penal, o primeiro e grande elemento a ser observado, com o que entendemos que toda e qualquer instigação, induzimento ou auxílio material ao suicídio ou à automutilação sejam merecedores de pena, independentemente da maior ou menor gravidade das lesões sofridas pela vítima.

E, a partir da Lei nº 13.968/2019, o crime passou a ser considerado como completo (com aplicabilidade dos preceitos primário e secundário) pela simples realização dos verbos nele constantes, independentemente da potência da lesão. Veja-se, a provar isso, que, em havendo lesão grave ou morte, a figura será qualificada. Extingue-se, portanto, a até então vigente figura em que a tipicidade era condicionada ao resultado lesão grave ou morte.

A novidade de maior relevo vem pela inclusão da automutilação da vítima que, ao ensejar lesão leve, determina a punição na forma do *caput*. A ocorrência da lesão grave, gravíssima ou mesmo de morte passam a funcionar como qualificadoras. Essa alteração, nas palavras de Guilherme Nucci, decorre da preocupação das autoridades com o fenômeno havido e conhecido como Baleia Azul, vez que, pelas redes sociais, as vítimas eram instigadas à mutilação ou mesmo à morte e, na primeira hipótese, não havia configuração típica vigente no Brasil.[2]

I.a.III. Do crime de roubo

A Lei nº 13.964/2019 incluiu a letra B ao parágrafo 2º do artigo 157 do CP para prever a aplicação da pena no dobro (portanto, majorante em patamar fixo) quando a violência ou grave ameaça da qual se vale o agente para a subtração for exercida com emprego de arma de fogo de uso restrito ou proibido e, ainda, o inciso VII ao parágrafo 2º para tratar do emprego de arma branca. Primeiramente, refira-se que essa figura (uso de arma) já fora contemplada como majorante e, inclusive, com maior amplitude, porque se previa no

2 NUCCI, Guilherme de Souza. **Pacote Anticrime Comentado.** Rio: Forense, 2020. p. 22.

artigo 157, §2º, I, a elevação de 1/3 a 1/2 quando a agente fizesse uso de arma, o que abarcava, inclusive, a arma branca, própria e imprópria.[3]

A Lei nº 13.654/2018, todavia, revogou esse dispositivo e imprimiu duas modificações ao artigo 157 do CP, nessa parte. Elevou a quantidade de majoração da pena para 2/3 – sendo, evidentemente, norma penal mais grave que, portanto, não deverá retroagir – e, ainda, restringiu a sua incidência à hipótese do uso de arma de fogo, excluindo a arma branca.

Dentro de um critério de proporcionalidade, entendemos como adequada a previsão da majorante do dobro, porque aquele que se vale de armamento de maior poder intimidatório e letalidade, naturalmente, ao menos em tese, se coloca em franca vantagem, não só em face da vítima, mas também em face de agentes de segurança pública. Aliás, essa particularidade não é nova, porque à época da redação antiga e que se previa a majorante em patamar variável (de 1/3 a 1/2), a jurisprudência era firme no sentido de que quanto maior a letalidade e capacidade ofensiva da arma, maior deveria ser a elevação da pena na terceira fase. Nesse sentido, precedentes diversos do Tribunal de Justiça do Rio Grande do Sul – e ilustrativo o julgado.[4]

[3] Arma branca em sentido próprio e toda e qualquer arma que não seja de fogo cuja concepção seja, originariamente, com o propósito de funcionar como elemento capaz de ferir, a exemplo da faca, canivete, facão, soco inglês, lâminas de toda a ordem, dentre outros. As impróprias, ao seu turno, não foram concebidas para a lesão, e sim para outros fins, mas que, em dadas situações, podem se usadas com essa finalidade, a exemplo de garrafa quebrada, pedaços de madeiras e barras de ferro, tijolos, pedras etc.

[4] **Ementa:** APELAÇÃO CRIMINAL. RECURSOS DEFENSIVOS. ARTIGO 157, § 2º, II, DO CÓDIGO PENAL. ROUBO MAJORADO PELO CONCURSO DE AGENTES. MÉRITO. Conjunto probatório colhido nos autos que certifica autoria e contorno delitivos. Réus confessos na subtração, presos logo após o fato criminoso, em posse das res furtivae e da faca usada na empreitada criminosa. Relatos firmes e coerentes do ofendido que vêm corroborados pelos ditos dos brigadianos autores da prisão. A condenação vai mantida. DESCLASSIFICAÇÃO. Comprovadas ameaça e violência na ação delitiva. Ofendido que reitera os acusados lhe prensaram contra parede e lhe mostraram uma faca, a qual foi apreendida com eles. Escusas dos apelantes sequer guardam coerência entre si, e não servem a desacreditar as declarações do ofendido. Não há falar em desclassificação para furto. MAJORANTE. Agir concursal que é evidenciado na prova dos autos, inclusive na confissão dos réus, que admitiram praticaram o crime juntos. A superioridade numérica não foi, per se, fator determinante à intimidação do ofendido, e não há bis in idem em face de sua incidência. APENAMENTO. Penas foram fixadas no mínimo possível, e não há reparos a fazer. Basilares fixadas acima do piso em face do desvalor dado às circunstâncias, em razão do emprego de faca na subtração. Uso de arma branca que aumenta o risco pessoal para a pessoa-alvo da prática do crime, merecendo maior

Dessa feita, no atual cenário, há três situações fáticas atinentes ao uso de arma em sentido amplo: a) quando branca, gera aumento de 1/3 da pena; b) quando de fogo e de uso permitido, o aumento de 2/3 e, por fim, c) quando de fogo e de uso restrito ou proibido, o aumento do dobro.

Cabe salientar de resto que, embora algum vacilo inicial, a jurisprudência sempre se posicionou pela *a*) desnecessidade de apreensão da arma utilizada no delito de roubo; *b*) desnecessidade da realização da perícia e, ainda, *c*) dispensa de prova do seu funcionamento,[5] orientação essa que permanece intacta ante as novas modificações, já que em nada atacaram o seu fundamento.

reprovabilidade, com o que vai mantida a desvaloração do vetor. Penas de multa fixadas no mínimo legal. Regime inicial de cumprimento segue sendo o semiaberto. A sentença segue inalterada. PRISÃO PREVENTIVA. Os réus estão presos por esse processo e assim devem permanecer, pois mantidos os fundamentos da decretação. RECURSOS DESPROVIDOS. (Apelação Criminal, Nº 70083652495, Sexta Câmara Criminal, Tribunal de Justiça do RS, Relator: João Batista Marques Tovo, Julgado em: 05-05-2020)

[5] APELAÇÃO CRIME. ROUBO MAJORADO PELO EMPREGO DE ARMA DE FOGO. O delito foi praticado pelo réu o qual, utilizando uma bicicleta, abordou a vítima que caminhava em via pública, retornando do colégio. Ao abordar a vítima, o réu apontou uma arma exigindo que entregasse o celular. Após a subtração do telefone, o réu fugiu na posse do bem, o qual não foi recuperado pela vítima. ABSOLVIÇÃO. Incabível a absolvição quando a prova colhida não deixa dúvida acerca da materialidade autoria do delito. NULIDADE DO RECONHECIMENTO FOTOGRÁFICO. O reconhecimento realizado na fase investigatória, ainda que não observadas as formalidades previstas no artigo 226 do Código de Processo Penal, não é nulo, diante de orientação majoritária da jurisprudência, no sentido de que referido dispositivo legal constitui mera recomendação. PALAVRA DA VÍTIMA. VALOR PROBANTE. Em crimes como o de roubo, a palavra da vítima é meio de prova da autoria quando coerente, segura e firme quanto à narrativa do fato e reconhecimento do acusado. A palavra da vítima que sequer conhecia o réu, não nutrindo por ele qualquer inimizade ou desentendimento, uniforme quanto à ocorrência do roubo e à autoria, acrescida do reconhecimento na fase judicial, é prova suficiente à condenação. EXCLUDENTE DE CULPABILIDADE. DROGADIÇÃO. Não acolhida. Somente a embriaguez ou drogadição completa, decorrente de caso fortuito ou força maior, é capaz de determinar a anulação da capacidade de discernimento do agente quanto ao caráter ilícito de sua conduta MAJORANTE DO EMPREGO DE ARMA DE FOGO. Mantida em virtude da posição jurisprudencial majoritária do STJ, observada no Recurso Especial nº 1.392.382, que entende dispensável a apreensão e perícia da arma para o reconhecimento da majorante. PENA DE RECLUSÃO. Redimensionada. Considerando a redução da pena-base em razão do afastamento dos vetores negativos da culpabilidade e antecedentes, a pena privativa de liberdade foi redimensionada para 05 (cinco) anos, 09 (nove) meses e 10 (dez) dias de reclusão. APELO PARCIALMENTE PROVIDO.(Apelação Criminal, Nº 70083761437, Sexta Câmara Criminal, Tribunal de Justiça do RS, Relator: Patrícia Fraga Martins, Julgado em: 05-05-2020).

I.a.IV. Das causas suspensivas da fluência do prazo prescricional

Deixando ao largo as diferenças e efeitos – processuais e materiais – entre as causas suspensivas e interruptivas da prescrição, que não interessam ao presente artigo, certo é que a lei nova mudou substancialmente a temática, colocando avanços que a doutrina, por certo, tomará como necessários ao combate à dita impunidade.

Pela sistemática anterior, à luz dos artigos 112, I, 116, c/c o 117, todos do Código Penal, tínhamos a situação na qual transitada em julgado a sentença para a acusação (porque o réu, por exemplo, foi condenado em primeiro grau e o Ministério Público (MP) ficou concorde com a quantidade de pena, regime etc.), dava-se início à prescrição da pretensão executória, embora o feito ainda estivesse e fase de conhecimento. Ou seja e dizendo de outro modo: ainda que a causa suportasse diversos recursos de parte da defesa e, portanto, ante o impedimento de cumprimento da pena antes do trânsito em julgado, o prazo para que o Estado exercitasse o dito de execução da pena que lhe fora conferido, *a priori*, pela sentença condenatória, há estaria fluindo.

Assim, publicada a sentença condenatória e, dias após, havendo o trânsito em julgado da causa para a acusação, dava-se início ao prazo de prescrição da pretensão executória. Com isso, não fica difícil perceber que, ao Estado, se conferia um direito e um dever ainda não passíveis de exercício, mas cujo tempo contra ele já conspirava.

A partir dessa nova realidade normativa, havendo oposição de embargos declaratórios, a prescrição ficará suspensa durante o prazo de julgamento dos embargos e se forem considerados como inadmissíveis. Se forem providos, a prescrição é considerada como fluída normalmente.

Dessa forma, é possível se escalonar no "tempo do processo" essa possibilidade, bem tratada por Guilherme de Souza Nucci[6], a saber:

a) publicada a sentença condenatória, interrompe-se a prescrição e, ante eventual oposição de embargos declaratórios, dito prazo prescricional não fluirá até o julgamento dos referidos embargos, acaso

[6] NUCCI, Guilherme de Souza. **Pacote Anticrime Comentado.** Rio: Forense, 2020. p. 18 et seq.

improvidos. Se providos, a prescrição será considerada como tendo fluído regularmente;

b) proferido acórdão pelos Tribunais locais e havendo oposição de embargos declaratórios, acaso improvidos, o tempo em que estiveram pendentes de julgamento não será considerado para fins de prescrição. Ambas as hipóteses dizem respeito ao manejo dos embargos declaratórios e estão relacionadas à primeira parte do inciso III do artigo 116 do CP

Todavia, uma terceira hipótese – que, na práxis jurídica, poderá ser tão ou mais relevante – está relacionada à suspensão da fluência do prazo de prescrição quando manejados os recursos Especial e/ou Extraordinário e se coloca neste formato:

c) contra o acórdão, acaso manejados recursos às instâncias extraordinárias. Nesse caso, enquanto não forem julgados esses recursos, o prazo prescricional não fluirá, desde que sejam considerados inadmissíveis.

Aqui, pensamos que alguns aspectos relevantes merecem maior ponderação, embora a temática não tenha recebido a chancela jurisprudencial em face da sua jovialidade.

A primeira delas diz respeito à expressão "inadmissíveis". Não nos parece claro o que pretendeu o legislador: se tratar de não conhecimento, que encerra questões afetas aos pressupostos recursais ou, se, diversamente, à inadmissibilidade de mérito, que pressupõe o conhecimento do recurso, mas o seu improvimento.

Assim, três situações daí poderiam advir: a) a primeira delas, com o conhecimento do recurso especial ou extraordinário, mas o seu improvimento. B) a segunda, o seu não conhecimento e, consequentemente, a impossibilidade de se adentrar ao seu mérito para provê-lo ou não. Se tomarmos a expressão "inadmissíveis" como sinônimo de não conhecimento, tem-se que, quando o recurso esbarrar em pressupostos recusais, não terá havido a fluência do prazo prescricional. Se, todavia, por inadmissíveis entendemos o improvimento do recurso, tendo sido ele conhecido, mas "denegado", dita denegação de mérito é que estaria ensejando a suspensão do prazo prescricional.

A segunda diz respeito diretamente à primeira, porque se a expressão – duvidosa e atécnica – posta pela lei venha a ser considerada como sinônimo de não conhecimento, caberia refletir se, já no âmbito das Presidências dos Tribunais recorridos (TJs e TRFs) a fluência da prescrição poderia ser diretamente afetada, porque cabe aos Tribunais recorridos processar e se manifestar sobre a admissibilidade dos recursos endereçados às instâncias extraordinárias, sendo o primeiro órgão do Poder Judiciário a deliberar sobre os pressupostos recursais.

A c) (terceira) diz respeito ao manejo dos dois recursos concomitantemente. Acaso aforados recursos Especial e Extraordinário – porque o acórdão permite o enfrentamento à luz dos artigos 102, III e 105, III da Constituição Federal de 1988 (CF/88), o primeiro terá preferência de julgamento e, apenas se improvido for é que ensejará a remessa dos autos ao Supremo Tribunal Federal (STF). Com isso, se tem que, aforado o REsp, acaso "não admitido" a prescrição não terá fluído entre a data da publicação do acórdão e a decisão do Superior Tribunal de Justiça (STJ), voltando a fluir a partir de então, até que, no STF, o competente recurso seja julgado e, então voltará, ou não, a fluir, conforme venha a ser a decisão lá proferida.

Seja de uma ou outra maneira, o certo é que a intenção do legislador foi bastante clara, ao nosso sentir: proporcionar uma mitigação à regra do inciso I do artigo 112 do Código Penal para determinar que, uma vez condenado o réu, de pouco ou quase nada adianta a ele buscar as instâncias extraordinárias com vistas à ocorrência da prescrição, porque o aforamento de Resp e Rext, quando inamissíveis, terão o condão de fazer com que dito lapso prescricional fique suspenso.

Apenas como forma de enfatizar, por ser lei nova mais gravosa, a sua incidência se dará apenas a crimes praticados após a sua vigência... e dada a jovialidade da norma, raríssimos devem ser por ela contemplados atualmente. Há que dar tempo para as manifestações dos Tribunais a seu respeito. Nesse sentido, cabe enfatizar a lição de Rogério Sanches Cunha[7].

I.a.V. Das questões relacionadas às penas e o seu cumprimento

A primeira modificação afeta a essa temática veio para sanar dúvidas doutrinárias sobre o tema, vez que não havia consenso a respeito do juízo competente

[7] CUNHA. Rogério Sanches. **Pacote anticrime**. Salvador: Jus Podium, 2020. p. 45.

para a cobrança da penalidade pecuniária, se o juízo cível ou se o criminal. Dessa forma, fixada a competência do juízo da execução penal para receber a ação de execução fiscal pelo não cumprimento da pena de multa, uma vez que a penalidade monetária, acaso não paga (não cumprida), não mais ensejará prisão, como outrora, ante a proibição do encarceramento para o pagamento de dívida. Embora considerada "dívida de valor", nos exatos termos da lei, seja quanto ao dispositivo revogado, seja quanto ao novo, permanece, ao nosso ver, a proibição de cobrança contra terceiros, porque tendo natureza penal deve respeitar o princípio constitucional da intranscendência afeto à punição..., de modo que, falecendo o condenado antes do término do pagamento e não deixando bens para suportar o saldo da pena, considera-se extinta a punibilidade pelo comprimento da sanção[8].

Mudança significativa e que parece ter ido ao encontro do anseio de boa parte da população brasileira diz respeito ao limite imposto pela lei para fins de cumprimento da pena, alterando-se dos já conhecidos 30 anos para, agora, 40, no que, vez mais, norma mais gravosa e inaplicável de modo retroativo. Essa modificação faz parte de uma política criminal adotada pelo País e que vem paulatinamente sendo implementada: uma certa relativização punitiva no que diz respeito aos delitos de menor monta para um incremento naqueles cujas penas são mais elevadas ou que o réu, por suas condições pessoais, não seja merecedor de benefícios normativos. Veja-se que, se de um lado, diversos tipos penais foram criados nos últimos anos e, alguns já existentes, alterados (a exemplo do furto e roubo de ou com o uso de explosivos), de outro, institutos buscam equilibrar esse recrudescimento, tais quais a possibilidade de substituição de pena privativa de liberdade, a suspensão condicional do processo e da própria pena, a transação penal e, recentemente, o acordo de não persecução criminal.

Essa mudança normativa pode ser encarada, de outra banda, também como uma adaptação à realidade brasileira, em que a expectativa de vida tem se elevado nas últimas décadas, o que possibilitaria, portanto, que condenados cumprissem, em regime prisional, tempo maior de elevadas condenações. Para evitar pena perpétua – embora seja pouco provável que um jovem condenado a cumprir 40 anos de reclusão saia com vida do sistema penitenciário –, o

[8] Inciso XLV do art. 5º da CF/88.

legislador manteve a regra de que, acaso diversas condenações somem tempo maior do que 40 anos, deverão elas ser unificadas para atendimento desse lapso.

Nada obstante a mudança, segue vigente a súmula 715, do STF, que informa que o cálculo do tempo necessário à progressão ou livramento condicional não toma em conta o prazo unificado, e sim o tempo total de condenação.

Atenção merece, ainda, a nova disciplina afeta ao tempo para a progressão de regime, que não mais é computado à razão de 1/6, 1/2 etc., mas sim por percentual de cumprimento, conforme determina o artigo 112 da Lei de Execução Penal. Ao lado disso, veja-se que a lei nova determinou à disciplina progressiva que atente à espécie de crime (hediondo, violência à pessoa ou grave ameaça, primariedade, resultado morte e envolvimento com milícia privada). Em alguns casos, a norma se apresenta como mais gravosa, a exemplo do inciso VIII, que exige o cumprimento de 70% da pena, o que, de uma condenação de 20 anos, significam 14 para a progressão.

Em outro aspecto, a fração de 16% é ligeiramente inferior à exigência mínima até então contemplada pela lei, que era de 1/6 da pena, com o que merece, em tese e apenas pelos fundamentos objetivos, aplicação imediata.

Todavia, há alerta a ser feito, uma vez que a lei nova se de um lado facilita, à primeira vista, a progressão, de outro impõe requisitos outros até então não previstos (violência e grave ameaça à pessoa), o que, nesse ponto, a tornaria, em parte mais gravosa, em parte mais benigna. Como ao magistrado está vedada a formação de *lex tertia*, agrupando apenas partes mais benéficas de ambas, entendemos que, no caso concreto, poderá ter aplicação apenas ultrativa.

II. Dos aspectos processuais da Lei nº 13.964/2019

II. a. Do Juiz de Garantias

A figura do chamado Juiz de Garantias não é nova, pois conhecida, de muito, de ordenamos jurídicos europeus e também latinos, a exemplo do que se passa no Chile[9] e Paraguai, razão pela qual nos surpreendeu, negativamente,

[9] Nesse sentido, conferir CARVALHO, Luis Gustavo Grandinetti Castanho de; MILANEZ, Bruno Augusto. **O Juiz de Garantias Brasileiro e o Juiz de Garantias Chileno**. Breve Olhar Comparativo. Disponível em: http://biblioteca.cejamericas.org/bitstream/handle/2015/5645/

a crítica local a essa inovação; talvez, muito mais pelo seu desconhecimento e implicações práticas do que por qualquer outra coisa. A figura do juiz de garantias está dentre aquelas que, como se diz, a exemplo da delação premiada, veio para "ficar", gostemos ou não, porque significa, dentro de uma estrutura acusatória, um avanço expressamente previsto, aliás, na alínea "a" do artigo 3º do Código de Processo Penal (CPP).

À luz dos artigos 3º e seguintes do CPP, ao juiz, no âmbito da investigação que se desenvolve, foi imposta uma nova conformação funcional, porque, substancialmente, caberá decidir sobre os pedidos de prisão, medidas cautelares patrimoniais, tudo sem considerar a sua expressa condição de guardião da legalidade do procedimento pré-processual e, sobretudo, afastado que foi da iniciativa probatória.

Dentro desse cenário, o que se mostra mais inovador, para além de outros aspectos, diz respeito justamente à existência de múltiplos julgadores atuando em um mesmo caso penal: um deles, no âmbito da investigação até a fase do recebimento da denúncia e o outro, a que chamamos de juiz do processo de conhecimento, dessa fase em diante.

Para preservar a ideia base do instituto, qual seja, a de não contaminação do juiz do processo por elementos de prova colhidos sem a presença do contraditório na fase preliminar – o sistema optou, após o recebimento da inicial, e nos termos do artigo 3º-C, §3º do CPP, pela necessidade de se desentranhar os autos da investigação, que ficarão acautelados em secretaria/cartório, ressalvadas as provas irrepetíveis e assegurado às partes a sua consulta a qualquer tempo, embora as diversas transcrições que possam ser feitas na decisão de recebimento da denúncia.

Alguns – equivocadamente, ao nosso sentir – passaram a sustentar a possibilidade de que as partes tomassem a providência de juntar à ação penal a cópia dos autos da investigação, vez que a proibição normativa de acostamento seria endereçada ao juiz, e não aos demais personagens.

Esse entendimento, respeitosamente, só pode ser fruto de uma resistência à mudança, num sentimento próprio de quem não se dobra à evolução – salvo quando diz respeito à criação de institutos penalizadores, que, então, passam

Juiz%20de%20garantias %20brasileiro%20e%20juiz%20de%20garantias%20chileno.pdf?sequence=1&isAllowed=y. Acesso em: 11 maio 2020.

a ser aplaudidos. Seria um paradoxo vedar o conhecimento, pelo juiz do processo, das provas colhidas na fase preliminar, mas permitir que as partes a ele trouxessem esses mesmos elementos já ofertados.

Outro aspecto que merecerá enfrentamento mais acurado da doutrina e da jurisprudência e, por certo, enfrentará vacilos num primeiro momento, diz respeito à possibilidade de transcrição, pelas partes, de depoimentos obtidos no curso da investigação criminal ante a impossibilidade de que o juiz tome contato direto com o material, notadamente quando a prova for relevante à defesa.

De outra banda, cabe trazer à baila, ainda, eventual insurgência que poderá se apresentar no tempo e relacionada à imediata aplicação da regra do desentranhamento às ações penais em curso, vez que norma processual submetida a vigência imediata pela máxima do *tempus regict actum*. Ao nosso sentir, acaso confirmada a constitucionalidade do instituto pelo STF, no âmbito das ADI nº 6.299, 6.300 e 6.298, todas os expedientes investigatórios que estivem acostados às ações penais deverão ser desentranhados, a depender, por suposto, a modulação a que será atribuída.

Por certo, haverá casos inúmeros em que as partes buscarão superar esse impedimento do desentranhamento da investigação, seja juntando cópias daquele material prévio, seja transcrevendo e repetindo depoimentos, *v.g.*, produzidos anteriormente e que lhe interessam. E, acaso assim ocorra, a tese da nulidade aflorará... Ainda assim, penso que o desrespeito à regra da extirpação física ficará muito obstacularizada pelo artigo 563 do CPP, especialmente se considerarmos a máxima já bastante consolidada de que os vícios da investigação não contaminam a própria ação penal.[10]

Essa inovação jurídica gerou enorme inconformismo em parte de setores significativos da Magistratura e Ministério Público brasileiros, porque, pelas manifestações havidas, sentiram-se com a "honra" funcional atacada. Juízes e representantes do Ministério Público, Brasil afora, tomaram como um afronta pessoal a regra, vez que bradaram contra ela por entenderem que sempre privilegiaram a imparcialidade e a autonomia nas decisões, vendo com

[10] A respeito do tema, defendendo a possibilidade de que as partes possam juntar, nos autos do processo e por força própria, elementos de prova a que a lei entendeu como repetíveis, com o que discordamos por mostrar-se como burla a *nens legis*, os sempre festejados Eugênio Pacelli e Douglas Fischer (PACELI, Eugênio; FISCHER, Douglas. **Comentários ao Código de Processo Penal e sua Jurisprudência**. 12. Edição. São Paulo: Atlas, 2020. p. 26).

desconfiança, portanto, a determinação da exclusão física da investigação dos autos da ação penal, cujo propósito é evitar, justamente, a contaminação subjetiva daquele que julga.

O reclamo está muito mais vinculado a um sentimento subjetivo de repulsa ao questionamento de que a uma ordem juridicamente objetiva. Parece-nos muito mais birra por eventual imparcialidade ser questionável do que inconformismo de ordem técnica. Esses personagem que bradam contra o juiz de garantias talvez até pudessem ter razão no discurso. Para isso, porém, seria necessário abandonar, todavia, o estudo do ativismo judicial no Brasil, que a cada dia se mostra maior e mais relevante[11].

Possivelmente, por falta de "costura" política, a lei, nesse ponto, não foi implementada desde logo, porque os Estados não detinham a estrutura funcional adequada, razão pela qual se requereu e foi deferido, pelo STF no âmbito das ADIs anteriormente citadas, a declaração da inconstitucionalidade do dispositivo, cuja eficácia foi suspensa, em um primeiro momento, por 180 dias e, depois, *sine die* e *ad referendum* do Plenário da Corte.

Há quem sustente, de outra banda, todavia, vício de iniciativa de parte da Lei, justamente nessa parte, uma vez que a proposta normativa deveria ter se originado no âmbito do Poder Judiciário, forte na alínea "d" do artigo 93 da CF/88.[12]

[11] Nesse particular, cabe referir a advertência bastante lúcida de Eugênio Pacelli e Douglas Fischer para quem "a despeito das limitações semânticas que o texto comporta, resta claro que a proibição da atuação probatória do juiz na fase do processo se refere àquela voltada para a produção da prova não requerida pelas partes, sendo-lhe vedado atuar em substituição ao órgão da acusação, que tem o ônus processual de provar tudo o quanto tenha alegado na denúncia. Assim, não poderá o juiz determinar a produção da prova, ainda quando importante ou mesmo essencial à descoberta dos fatos, se tais elementos estavam à disposição da acusação ou eram acessíveis ao seu conhecimento, pela natureza dos fatos e dos meios e fontes de prova conhecidos e possíveis.
Naturalmente, toda alteração de tradição tem que suportar críticas e enfrentar resistências nos setores mais atingidos. Desde o velho Código de Processo Penal, cuidando da investigação e, sobretudo, do processo, como verdadeiro presidente da construção da verdade processual. Aceitou, às vezes com gosto, o imenso peso que lhe pôs às costas a legislação codificada daqueles tempos, e agora parece enxergar no juiz das garantias um adversário de sua imparcialidade pessoal e de seus distanciamento funcional. O que é verdadeiramente equivocado" (PACELI, Eugênio; FISCHER, Douglas. **Comentários ao Código de Processo Penal e sua Jurisprudência**. 12. Edição. São Paulo: Atlas, 2020. p. 15).

[12] CUNHA, Rogério Sanches. **Pacote Anticrime**. Salvador: Jus Podium: 2020. p. 71.

II.a.II. Do inquérito policial e do acordo de não persecução penal

Mudança bastante relevante, embora processualmente singela, diz respeito ao arquivamento do inquérito policial. Outrora relegada a decisão judicial ao requerimento do Ministério Público, forte na redação antiga do artigo 28 do CPP, pela nova estrutura, absolutamente compatível com artigo 3º do CPP, a providência passa a ser de atribuição exclusiva do próprio MP. Assim, entendendo não ser o caso de denúncia ou de providências complementares, o órgão da acusação determinará o arquivamento do expediente policial ou mesmo interno, cuja eficácia dependerá da chancela do órgão Superior (no caso do Rio Grande do Sul, a exemplo do que ocorre com os inquéritos civis, o Conselho Superior do Ministério Público).

Essa mudança, embora procedimentalmente se revele singela e, no plano prático, sem maiores complexidades, ao nosso ver, significa a sedimentação de uma lógica que vem sendo implementada no País, agora com previsão infraconstitucional expressa: a do respeito ao sistema acusatório. A providência foi salutar, a exemplo da figura do juiz de garantias, porque reserva ao magistrado o espaço próprio da jurisdição, que é incompatível com a sua intromissão nos atos acusatórios e investigatórios, o que também deve ocorrer no que diz respeito aos atos defensivos. Não cabe ao magistrado reconhecer ou não a presença de elementos indiciários hábeis a sustentar o oferecimento de denúncia. A respeito dessa temática, sempre relevante o retorno, dentre outros, às lições de Geraldo Prado em seu clássico *Sistema Acusatório.*

Dentre os que, recentemente, dedicaram linhas ao tema, encontra-se o nosso homenageado, professor Nereu Giacomolli[13]. Cabe recordar, dentre outros tantos, ainda, o professor de todos, Claus Roxin, ao tratar do princípio da oficialidade no âmbito acusatório[14].

A nova redação dos artigos 3º e 28, ambos do CPP, ao nosso sentir, é um recado acusatório à matriz inquisitorial, que, felizmente, parece estar ruindo!

Para além desse aspecto, relevante, ainda, a nova disciplina persecutória, que ao criar o acordo de não persecução criminal – ao lado da já existente transação penal –, mitiga o princípio da obrigatoriedade acusatória. O instituto

[13] GIACOMOLLI, Nereu José. **O devido Processo Penal.** São Paulo: Atlas, 2014.

[14] ROXIN, Claus. ***Derecho Procesal Penal.*** Buenos Aires: Del Puerto, 2000. p. 77 et seq.

– que guarda similitudes com a *plea bargaining* americana, determina que, em dadas hipóteses, possa o Ministério Público deixar de oferecer denúncia, ainda que não haja incriminação de coautor ou partícipe, no que se difere, portanto, da delação premiada. Ficam excluídos da hipótese, em síntese, os criminosos habituais, mesmo que praticantes de crimes sem violência ou grave ameaça à pessoa – os reincidentes e aqueles já beneficiados, no passado, pela transação ou mesmo pela não persecução agora criada.

Aqui, dentre tantos aspectos que poderiam ser abordados, mas que importariam em ampliação demasiada deste pequeno texto, cabe referir ao menos dois deles, sendo um de ordem prática e outro, teórica.

Em atenção artigo 28-A do CPP, percebe-se que a aceitação do acordo de não persecução importa em uma elevada quantidade de condições a serem observadas pelo investigado, desde o cumprimento voluntário de pena até a renúncia de bens, prestação pecuniária e, ainda, o cumprimento de outras condições estabelecidas pelo Órgão de acusação. Obviamente, dele virão benefícios como, dentre outros, o cumprimento de tempo menor do que seria o de pena mínima em caso de condenação, a manutenção da primariedade etc. Todavia, consideramos que, no âmbito prático – hipótese que ainda pende de confirmação no curso do tempo –, poucos serão os acordos firmados, na medida em que em crimes de penas mais diminutas, em que a prescrição penal se verifica com mais facilidade, parca prova acusatória etc., a tendência é de que o acusado opte por responder ao processo jogando com esses elementos a seu favor.

De outra banda, a doutrina já discute, ainda que de maneira não tão volumosa por conta das dificuldades anteriormente referidas, qual a natureza jurídica dos efeitos do acordo, uma vez que se cogita de causa de extinção de punibilidade e cujo efeito deve ser retroativo, por óbvio. Assim, a temática em debate nos dias de hoje recai sobre a possibilidade, ou não, de oferta de acordo aos processos em andamento justamente por conta dessa anunciada natureza de seus efeitos[15].

[15] LOPES JÚNIOR, Aury Lopes; JOSITA, Higyna. **Questões polêmicas do acordo de não persecução penal**. Disponível em: https://www.conjur.com.br/2020-mar-06/limite-penal-questoes-polemicas-acordo-nao-persecucao-penal. Acesso em: 12 maio 2020.

A propósito do tema, inclusive, o Ministério Público Federal editou, em âmbito interno, orientação de que dito acordo poderá ser ofertado no curso de feitos criminais já em trâmite ante a sua natureza jurídica mista, o que, obviamente, é mais favorável às regras de indisponibilidade e obrigatoriedade da ação penal até então vigentes.[16]

No âmbito do Ministério Público do Estado do Rio Grande do Sul, todavia, a questão vem sendo tratada de forma distinta, vez que o Provimento nº 01/2020, emitido pela Procuradoria-Geral de Justiça, determina aos membros daquela Instituição a oferta de acordo para todos os fatos havidos antes do início da vigência da lei, desde que ainda não ofertada a denúncia, ressalvadas as vedações legais, por óbvio.

Por fim, enfatize-se, ainda, que diferentemente do que se deu com a transação penal e a suspensão condicional do processo, em que a lei de regência deixou de prever a natureza dos institutos – se direito do acusado ou faculdade do Ministério Público e, ainda, as consequências da não homologação da proposta –, a nova legislação estabeleceu, nos parágrafos 4º a 8º do artigo 28-A do CPP, que a oferta ou não do acordo é de liberalidade do acusador, cabendo ao magistrado o seu posterior controle quanto à legalidade e à adequação (se excessivamente onerosa ou benéfica ao acusado). Em não homologando o acordo por deficiência quantitativa ou qualitativa, os autos retornam ao MP para adequação. Em caso de discordância das partes, o acordo não será homologado e, por consequência, só restará a oferta de denúncia. Essa parece ser a dicção do §8º do artigo 28-A do CPP. Aqui, portanto, a temática recebeu tratamento levemente distinto daquela impressa à suspensão condicional do processo prevista no artigo 89 da Lei 9.090/95, que, por força da súmula 696 do STF, passou, ao fim e ao cabo, se ter oferta e disponibilidade do Ministério Público que poderá superar a discordância judicial e manter a negativa da oferta.

Enfim.

Muitíssimas outras temáticas poderiam ser abordadas por força da nova legislação que entra em vigor no País e, mesmo as que foram, poderiam receber aportes mais aprofundados, o que não fizemos por força da limitação

[16] MINISTÉRIO PÚBLICO FEDERAL. **Modelo de Acordo de Não Continuidade de Persecução Penal**. Disponível em: http://www.mpf.mp.br/atuacao-tematica/ccr2/sobre/boas-praticas/anpp-lei-13-964-de-24-de-dezembro-de-2019/modelo-9-nao-continuidade--da-persecucao-penal.pdf. Acesso em: 11 maio 2020.

de tamanho imposta ao texto... Mas esperamos que as aqui lançadas possam ser recebidas pelo amigo Nereu como uma sincera manifestação de respeito que por ele nutrimos.

Referências

CARVALHO, Luis Gustavo Grandinetti Castanho de; MILANEZ, Bruno Augusto. **O Juiz de Garantias Brasileiro e o Juiz de Garantias Chileno**. Breve Olhar Comparativo. Disponível em: http://biblioteca.cejamericas.org/bitstream/ handle/ 2015/5645/ Juiz%20de%20garantias%20brasileiro%20e%20juiz%20de%20garantias%20chileno.pdf?sequence=1&isAllowed=y. Acesso em: 11 maio 2020.

CUNHA. Rogério Sanches. **Pacote anticrime**. Salvador: Jus Podium, 2020.

GIACOMOLLI, Nereu José. **O devido Processo Penal.** São Paulo: Atlas, 2014.

LOPES JÚNIOR, Aury Lopes; JOSITA, Higyna. **Questões polêmicas do acordo de não persecução penal**. Disponível em: https://www.conjur.com.br/2020-mar-06/limite--penal-questoes-polemicas-acordo-nao-persecucao-penal. Acesso em: 12 maio 2020.

MINISTÉRIO PÚBLICO FEDERAL. **Modelo de Acordo de Não Continuidade de Persecução Penal**. Disponível em: http://www.mpf.mp.br/atuacao-tematica/ccr2/sobre/boas-praticas/anpp-lei-13-964-de-24-de-dezembro-de-2019/modelo-9-nao--continuidade-da-persecucao-penal.pdf.

NUCCI, Guilherme de Souza. **Pacote Anticrime Comentado**. Rio: Forense, 2020.

PACELI, Eugênio; FISCHER, Douglas. **Comentários ao Código de Processo Penal e sua Jurisprudência**. 12. Edição. São Paulo: Atlas, 2020.

ROXIN, Claus. ***Derecho Procesal Penal.*** Buenos Aires: Del Puerto, 2000.

43.

O CONTRIBUTO DO DIREITO INTERNACIONAL DE DIREITOS HUMANOS À DEFINIÇÃO DAS GARANTIAS DO DEVIDO PROCESSO EM MATÉRIA DE JUSTIÇA PENAL TRANSNACIONAL

Uma Comparação entre as Jurisprudências do Tribunal Europeu de Direitos do Homem e da Corte Interamericana de Direitos Humanos

STEFANO RUGGERI

Introdução

Fiquei muito agradecido pelo convite para participar nesta excelente obra em homenagem ao Prof. Nereu Giacomolli, convite que aceitei com enorme gosto. Não foi fácil encontrar um tema adequado para honrar o meu amigo e colega. Mas, repassando o seu magnífico livro sobre o devido processo penal[1] e analisando o marco geral deste projeto editorial, pensei que poderia aproveitar esta oportunidade para aprofundar um argumento muito delicado, ao qual dediquei alguns escritos recentes, ou seja, o contributo do direito internacional

[1] GIACOMOLLI, N.J. **O devido processo penal**. Abordagem conforme a Constituição Federal e o Pacto de São José da Costa Rica. São Paulo: Atlas, 2014.

de direitos humanos à definição dos *standards* de garantia do devido processo em matéria de justiça penal transnacional. E em consideração da abordagem da obra do Prof. Nereu e os mais prováveis destinatários deste estudo, decidi empreender uma comparação entre as jurisprudências do Tribunal europeu de direitos humanos e da Corte interamericana de direitos humanos.

Trata-se de um tema que, na minha opinião, tem uma relevância sistemática fundamental na atual evolução dos modelos de justiça penal, especialmente em determinadas áreas regionais, como a União europeia e o Mercosul, caracterizadas por um crescente nível de integração jurídica e um contínuo aumento de procedimentos penais com dimensão transnacional. Apesar da existência cada vez mais de investigações comparativas sobre as jurisprudências de Estrasburgo e San José de Costa Rica[2], contudo, é surpreendente observar que até hoje são relativamente poucos os estudos dedicados à evolução das jurisprudências internacionais no domínio dos direitos humanos no complexo âmbito da justiça penal transnacional, e ainda mais raras são as investigações de comparação jurídica sobre este argumento[3].

Se quiséssemos buscar as razões desta situação, não poderíamos limitar-nos a constatar a escassez de decisões relativas a assuntos penais com dimensão

[2] Cf., *ex multis*, ROMBOLI R.; RUGGERI, A. (coord.). ***Corte europea dei diritti dell'uomo e Corte interamericana dei diritti umani***: *modelli ed esperienze a confronto, XI Giornate italo--spagnolo-brasiliane di diritto costituzionale*. Torino: Giappichelli; Valencia: Tirant Lo Blanch.

[3] Um dos primeiros trabalhos de investigação sobre este tema em Europa foi TRECHSEL, S. *Grundrechtsschutz bei der internationalen Zusammenarbeit in Strafsachen*. *In*: ***Europäische Grundrechte-Zeitschrift***, 1987. p. 69 et seq. Em época mais recente, outros autores têm aprofundado o problema: entre eles: VAN HOEK, A.; LUCHTMANN, M. *The European Convention on Human Rights and Transnational Cooperation in Criminal Matters*. *In*: VAN HOEK, A. *et al.* (ed.). ***Multilevel Governance in Enforcement and Adjudication***. Antwerp: Intersentia, 2006. p. 25 et seq..; VOGLER, R. *Transnational Inquiries and the Protection of Human Rights in the Case-Law of the European Court of Human Rights*. *In*: RUGGERI, S. (ed.). ***Transnational inquiries and the protection of fundamental rights in criminal proceedings***. *A study in memory of Vittorio Grevi and Giovanni Tranchina*. Heidelberg *et al.*: Springer, 2013. p. 27 et seq. Na América Latina também foram realizados recentemente alguns importantes estudos, como DONDÉ MATUTE, J. *The Inter-American system of human rights and transnational inquiries*. *In*: Ruggeri S. (ed). ***Transnational inquiries,and the protection of fundamental rights in criminal proceedings***. *A study in memory of Vittorio Grevi and Giovanni Tranchina*. Heidelberg *et al.*: Springer, 2013. p. 41 et seq. Uma pesquisa de grande relevância na perspectiva da proteção de direitos fundamentais nos procedimentos de assistência judiciária internacional é ABADE, D. **Direitos fundamentais na cooperação jurídica internacional**. São Paulo: Saraiva, 2013.

transnacional que implicam a ativação de instrumentos de cooperação internacional. Com efeito, outros fatores relevantes devem ser considerados. Primeiramente, o tradicional modo de conceber os procedimentos de auxílio judiciário mútuo em termos de assistência administrativa – conforme o modelo, próprio da tradição alemã, da *Rechtshilfetheorie*[4] – levou o Tribunal europeu de direitos humanos há muito tempo a não reconhecer a aplicação integral das garantias do devido processo[5]. Além disso, não podemos subestimar que as Cortes internacionais dos direitos humanos tendem a abordar várias garantias fundamentais no marco de uma consideração sistemática do devido processo, o que levou, por exemplo, o Tribunal de Estrasburgo não só a reconhecer garantias não especificamente previstas por algumas Cartas de direitos do homem (por exemplo, o princípio do *nemo tenetur se detegere*, apesar de previsto pela Convenção europeia de direitos humanos) senão também a tolerar restrições de direitos fundamentais se as autoridades nacionais tiverem sido capazes de adotar mecanismos de compensação numa fase mais avançada do procedimento. Este último método, contudo, não encaixa de forma adequada às situações de carácter transnacional, nas quais cada país, através das autoridades competentes, pode ser considerado responsável tão somente de especificas atividades processuais que constituem uma pequena parte de um procedimento mais amplo, iniciado com a instauração de um inquérito penal em outro Estado. Se acolhermos uma concepção da cooperação internacional como parte de um procedimento internacional mais complexo, baseado na divisão de papeis e funções entre as autoridades de diversos países[6],

[4] A *Rechtshilfetheorie* difundiu-se em Alemanha particularmente durante a República de Weimar e, contrariamente à chamada *Rechtspflegetheorie*, acolhida especialmente em França, não concebe a cooperação internacional como uma forma de auxílio judiciário, e, em particular, de exercício de justiça penal no Estado cooperante (*Strafrechtspflege*), senão de auxílio dirigido ao cuidado das relações internacionais. Cf. GLESS, S. ***Beweisrechtsgrundsätze einer grenzüberschreitenden Strafverfolgung***. Baden-Baden: Nomos, 2006. p. 111 et seq.

[5] TEDH, *X c. Países Baixos*, dec. 6/7/1976, n. 7512/76. O Tribunal manteve esta abordagem até a última década, desconhecendo a aplicação dos princípios do devido processo à extradição com a argumentação que a pessoa procurada não pudesse ser considerada '*charged with na offence*' no Estado cooperante. Cf. TEDH, *Mamatkulov e Abdrurasulovic vs. Turquía*, sent. 6/2/2003, n. 46827/99 e 46951/99.

[6] A figura da chamada "*internationale Arbeitsteilung*" foi utilizada pela doutrina alemã em um marco de uma reconstrução da cooperação internacional em matéria penal inspirada nos direitos do homem. Cf. SCHOMBURG, W.; LAGODNY, O.; GLEß, S.; HACKNER, T.

daí se infere que nenhum Estado pode ser condenado por não aplicar medidas compensativas numa fase em que já o procedimento tenha saído da sua esfera de competência, e portanto por não adotar medidas que não recaem sob a sua jurisdição.

Contudo, precisamente uma concepção moderna da cooperação internacional – uma cooperação que na União europeia exalta os papeis das autoridades judiciárias nacionais e impõe uma divisão de competências na perspectiva da máxima proteção dos direitos fundamentais – leva a perguntar-se se, e em que medida, pode-se configurar a responsabilidade dos Países envolvidos em procedimentos de auxílio transnacional por não assegurar o respeito das garantias do devido processo no marco de um procedimento complexo com dimensão transnacional.

1. A obrigação de assegurar o respeito das garantias do devido processo em assuntos transnacionais. A abordagem sistemática das jurisprudências internacionais em matéria de direitos humanos

À primeira vista, esta pergunta deveria ter uma resposta negativa se mantivermos uma concepção "territorial" da obrigação dos Estados nacionais diante dos instrumentos internacionais dos direitos humanos aos quais aderem, uma concepção que tradicionalmente fundou-se na interpretação literal das cláusulas das Cartas internacionais de direitos humanos que impõem às Partes Contratantes o dever de reconhecer "a qualquer pessoa dependente da sua jurisdição os direitos e liberdades"[7] consagrados por elas[8]. Tratava-se, contudo, de uma interpretação injustificadamente restritiva; e pode ser interessante observar que já em 1973 a Comissão europeia de direitos humanos – chamada a analisar a questão se a Convenção europeia reconhecesse aos recorrentes o

Einleitung: Das international-arbeitsteilige Strafverfahren. In: SCHOMBURG, W.; LAGODNY, O.; GLEß, S.; HACKNER, T. (ed.). 5th ed. ***Internationale Rechtshilfe in Strafsachen***. 5th ed. C.H. Beck, Munich, 2012. p. 97 et seq.

[7] Art. 1 CEDH.

[8] VAN HOEK, A.; LUCHTMANN, M. *The European Convention on Human Rights and Transnational Cooperation in Criminal Matters. In*: VAN HOEK, A. *et al.* (ed.). ***Multilevel Governance in Enforcement and Adjudication***. Antwerp: Intersentia, 2006. p. 31 et seq.

direito ao contraditório também no caso em que uma prova testemunhal tivesse de ser recolhida no estrangeiro através de cartas rogatórias – propugnou a necessidade de uma visão da Convenção europeia não desligada de outros instrumentos de direito internacional[9]. No caso *X., Y. e Z. vs. Austria*, diante da argumentação do Governo austríaco, segundo a qual a Convenção europeia de direitos humanos não ampararia o direito de examinar testemunhas de acusação no exterior já que a Convenção europeia de auxílio judiciário de 1959 não previa um direito ao contraditório em caso de cartas rogatórias, a Comissão respondeu sublinhando a exigência de garantir a fundamental garantia do *right to confrontation* a toda pessoa acusada em matéria penal até mesmo em outro País.

Esta conclusão estabeleceu as fundações para uma abordagem sistemática das Cartas de direitos do homem no marco de outros instrumentos de direito internacional, e também reforçou uma concepção da cooperação internacional em termos de auxílio judiciário e não de uma assistência simplesmente administrativa a uma persecução penal estrangeira. Este enfoque revelava já uma visão muito moderna não só do direito probatório senão da justiça penal transnacional em geral, que exige a constante busca de um equilíbrio entre as necessidades dos Estados envolvidos e os desafios em matéria de direitos humanos justamente pela dimensão internacional dos casos em questão.

Afortunadamente tal visão não ficou isolada. Mais recentemente, também a Corte interamericana destacou a necessidade de uma concepção sistemática do Pacto de São José no âmbito geral do direito internacional. Na sua Opinião Consultiva n. 16/1999 (*O direito à informação sobre a assistência consular no âmbito das garantias do devido processo legal*), a Corte apontou que "ao interpretar um tratado, não só são levados em consideração os acordos e instrumentos formalmente relacionados com este [...], mas também o sistema dentro do qual se insere"[10]: uma orientação que "adquire particular relevância no Direito Internacional dos Direitos Humanos", já que "os tratados de direitos humanos são instrumentos vivos, cuja interpretação tem que acompanhar a evolução dos tempos e as condições atuais de vida"[11]. Isso levou a Corte a sublinhar a

[9] ComEDH, *X., Y. e Z. vs. Austria*, dec. 5/2/1973, n. 5049/71.

[10] CIDH, Opinião Consultiva n. 16/1999, § 113.

[11] *Ibid.*, § 114.

exigência de reinterpretar o âmbito de garantias fundamentais do devido processo à luz de outros instrumentos de direito internacional, com vista a assegurar aos estrangeiros detidos no exterior – especialmente se encontrarem-se "sujeitos a um procedimento penal, do qual dependem os seus bens jurídicos mais valiosos e, eventualmente, a sua própria vida" – o seu direito de se comunicar e solicitar a assistência das autoridades consulares do Estado de sua nacionalidade, as quais são condições essenciais para "preparar[em] adequadamente a sua defesa e contar com um julgamento justo"[12].

A Corte interamericana confirmou tal enfoque por via contenciosa, contribuindo assim a uma melhor compreensão da proteção que a Convenção americana fornece às garantias do devido processo em situações de caráter transnacional[13]. A doutrina também apoiou tal abordagem: conforme Javier Dondé Matute, é essencial uma "*progressive interpretation of human rights treaties, meaning that their content can change and expand in accordance with the needs of a particular place and time*", já que "*treaties are not isolated legal instruments; they form part of the corpus of international law, which regulates different topics when it is taken as a whole*"[14]. O Tribunal de Estrasburgo, diferentemente da Comissão europeia, nem sempre mostrou muita consideração pela exigência de uma abordagem sistemática das garantias convencionais: por exemplo, no complexo caso *Somogyi vs. Itália*, os juízes europeus focaram atenção na Convenção europeia e em seus Protocolos, ressaltando que não recaia na sua competência a interpretação ou revisão do cumprimento de outros instrumentos de direito internacional[15].

[12] CIDH, Opinião Consultiva n. 16/1999, § 114.

[13] CIDH, *Villagrán-Morales et al. vs. Guatemala*, sent. 19/11/1999, Series C n. 63, § 192 et seq.

[14] DONDÉ MATUTE, J. *The Inter-American system of human rights and transnational inquiries*. *In*: Ruggeri S. (ed). ***Transnational inquiries,and the protection of fundamental rights in criminal proceedings***. *A study in memory of Vittorio Grevi and Giovanni Tranchina*. Heidelberg *et al.*: Springer, 2013. p. 45.

[15] TEDH, *Somogyi vs. Itália*, sent. 18/5/2004, n. 67972/01, § 62.

2. A evolução das jurisprudências internacionais no caminho rumo à efetiva tutela das garantias de um processo equitativo em assuntos transnacionais

2.1. Obrigações preventivas e sucessivas. A doutrina do *flagrant denial of justice* e a gradual atenuação da lógica da *non-inquiry* mitigada

Dadas essas premissas, trata-se agora de averiguar em que medida o *international human rights law* ampara os direitos a um processo equitativo no âmbito da justiça penal transnacional. As jurisprudências internacionais têm contribuído consideravelmente a definir esta questão, oferecendo uma nova abordagem que ultrapassa a tradicional concepção territorial da sua jurisdição.

O Tribunal europeu de direitos humanos teve a oportunidade de responder a esta questão essencial ao final da década de 1980. Ao tratarem o caso *Soering vs. Reino Unido*, os juízes de Estrasburgo notaram que a decisão de extradição não só poderia violar o art. 3 CEDH por expor a pessoa procurada ao risco de torturas ou tratamentos desumanos e degradantes, senão também poderia acarretar a violação do direito a um processo equitativo[16]. O Tribunal, contudo, marcou uma distinção entre estas duas situações: a responsabilidade do Estado requerido seria plena relativamente à violação de direitos humanos[17], mas excepcional em relação a violações do devido processo, ou seja, somente se "*the fugitive has suffered or risks suffering a flagrant denial of a fair trial in the requesting country*"[18]. Em comparação com a complexa argumentação relativa à primeira questão, a resposta do Tribunal europeu sobre a responsabilidade do País requerido foi bastante lacônica perante as garantias do devido processo. Embora essa resposta possa parecer surpreendente, tendo em vista ter sido dada em relação à extradição, um dos âmbitos mais delicados da cooperação judiciária internacional, refletia uma abordagem em linha com a lógica de uma *non-inquiry* mitigada[19], ou seja, com a necessidade prática de conter a possibilidade de indagar sobre a maneira em que um processo penal for conduzido

[16] TEDH, *Soering vs. United Kingdom*, sent. 7/7/1989, n. 14038/88.

[17] TEDH, *Soering vs. United Kingdom*, sent. 7/7/1989, n. 14038/88, § 111.

[18] TEDH, *Soering vs. United Kingdom*, sent. 7/7/1989, n. 14038/88, § 113.

[19] ABADE, D. **Direitos fundamentais na cooperação jurídica internacional**. São Paulo: Saraiva, 2013. p. 91 et seq.

em outro Estado, sobretudo por se tratar de um risco relativo a uma conduta futura das autoridades competentes no País requerente.

Alguns anos depois, os juízes de Estrasburgo confirmaram essa abordagem, estendendo a obrigação das autoridades nacionais de indagarem a maneira em que foi conduzido um processo estrangeiro já concluído com sentença definitiva. Assim, a questão enfrentada na decisão *Drozd & Janousek* não se referia à prevenção de violações da Convenção senão à identificação de uma responsabilidade do Estado requerido pela execução de uma decisão emanada em outro País depois de um procedimento incompatível com a Convenção. Já observamos que a sentença *Drozd & Janousek* excluiu a existência de uma obrigação do País cooperante de comprovar o cumprimento dos *standards* de devido processo por parte do Estado requerente. Contudo, o Tribunal europeu aceitou acriticamente a doutrina do "*flagrant denial of justice*"[20], limitando assim a proteção das garantias do devido processo em matéria de cooperação internacional a situações excepcionais.

Não obstante a semelhança da formulação àquela do caso *Soering*, a sentença *Drozd & Janousek* deu um novo passo em frente, tratando de justificar a conclusão à luz da necessidade de reforçar a tutela dos direitos das pessoas envolvidas em procedimentos transnacionais[21]. Mas, evidentemente, tratou-se de uma tentativa de mistificar a simples exigência de assegurar uma eficiente cooperação internacional em matéria penal. Todavia, a diversidade da situação factual em comparação com o caso *Soering* – ou seja, a circunstância de o Estado requerido poder avaliar a condução de um processo estrangeiro já concluído – poderia ter levado o Tribunal europeu a adotar uma abordagem mais garantista. Na realidade, um exame comparado das duas decisões revela que o limite de um controle dos casos de *flagrant denial of justice* era ainda mais irracional e injustificado na sentença *Drozd & Janousek*. Além da dificuldade prática de estabelecer se e em que medida uma violação pode ser considerada flagrante, a mesma doutrina da violação flagrante carece de fundamentação

[20] TEDH, *Drozd & Janousek vs. França e Espanha*, sent. 26/6/1992, n. 12747/87, § 110.

[21] "*To require such a review of the manner in which a court not bound by the Convention had applied the principles enshrined in Article 6 would also thwart the current trend towards strengthening international cooperation in the administration of justice, a trend which is in principle in the interests of the persons concerned*". Cf. TEDH, *Drozd & Janousek vs. França e Espanha*, sent. 26/6/1992, n. 12747/87, § 110.

lógica desde a perspectiva de um sistema moderno de justiça penal[22]. De fato, a adoção de um modelo orientado à proteção das garantias individuais exclui a possibilidade de haver um válido motivo para limitar, assim, a proteção das garantias convencionais, especialmente quando, como no caso *Drozd & Janousek*, o processo estrangeiro já tem acabado.

Na verdade, a abordagem escolhida pelo Tribunal europeu em ambos os julgamentos pode se explicar por se tratar de investigar a maneira com que um processo penal tinha sido conduzido em um Estado não signatário da Convenção. Mas a preocupação o Tribunal de adotar uma *inquiry* mitigada por não poder estender os requisitos convencionais à Países terceiros, como observaremos, era provavelmente excessiva e fundada numa lógica equivocada. Em todo caso vale a pena ressaltar que a decisão *Drozd & Janousek*, excluindo que a Convenção possa impor seus "*standards on third States or territories*"[23], deixou aberta a porta para a questão de se os Estados contratantes têm a obrigação de remediar, e até de evitar, violações de devido processo em outro País signatário. Não obstante, a argumentação usada pelos juízes europeus parecia sustentar esta conclusão, pois impuseram também o dever de indagar plenamente a maneira com que tinha sido conduzido, ou poderia ser conduzido, o processo estrangeiro, o que acarretava na obrigação de negar a assistência procurada em todos os casos de violação dos direitos que garantem o processo equitativo. E poderíamos supor que foi pela influência de outro julgamento relativo a um caso de cooperação judiciária não em matéria penal[24] que o Tribunal europeu, a partir dos primeiros anos da última década, começou a suavizar a doutrina do *flagrant denial of justice*, reconhecendo a obrigação das autoridades competentes de todos os Estados contratantes de realizar um inquérito no sistema jurídico estrangeiro para prevenir violações convencionais.

Esta evolução da jurisprudência europeia sofreu um considerável abrandamento em relação à questão da responsabilidade de Países membros da União europeia pelo não cumprimento de *standards* estabelecidos pela normativa UE, equivalentes àqueles previstos pela Convenção europeia. O Tribunal de Estrasburgo teve a oportunidade de enfrentar essa questão no caso *Bosphorus*

[22] Em sentido análogo cf. KRÜßMANN, T. ***Transnationales Strafprozessrecht***. Baden-Baden: Nomos, 2009. p. 705.

[23] TEDH, *Drozd & Janousek vs. França e Espanha*, sent. 26/6/1992, n. 12747/87, § 110.

[24] TEDH, *Pellegrini vs. Itália*, sent. 10/7/2001, n. 30882/96.

Hava Yollari Turizmve Ticaret AnonimSirket vs. Irlanda, e sua resposta foi de que a Convenção permite um controle ilimitado das medidas de direito europeu adotadas pelos Estados-membros sempre que houver discrição em relação à sua implementação, enquanto na ausência de discrição seria possível só uma revisão limitada dessas medidas, consequentemente das garantias oferecidas pelo direito da União[25]. Esta solução justificava-se em vista do processo de integração europeia e das perspectivas de intervenção da União em matéria das garantias do devido processo, mas precisamente estas justificações suscitaram várias críticas baseadas no argumento de que nessa época a proteção dos direitos fundamentais na área EU não se encontrava suficientemente desenvolvida e tampouco existia uma confiança entre os Países membros a ponto de que tanto os Estados nacionais, quanto o Tribunal de Estrasburgo, estivessem autorizados a realizar um controle pleno e ilimitado[26].

Nos mesmos anos, contudo, assistiu-se a uma significativa atenuação das posições iniciais da jurisprudência de Estrasburgo em assuntos relativos a Países fora do âmbito regional da União europeia. Esta evolução pode ser observada na sentença *Ilaşcu e outros vs. Moldova e Russia*, em que foi abandonada a tradicional restrição do inquérito no direito estrangeiro aos casos de flagrantes violações do devido processo[27]. Nos mesmos anos, a sentença *Mamatkulov e Abdrurasulovic vs. Turquia*, ao ressaltar que neste caso podia haver "*reasons for doubting*" de que as pessoas procuradas teriam um devido processo em caso de entrega internacional[28], parecia confirmar a conclusão de não serem necessárias violações flagrantes, desde que não houvesse dúvidas sobre a existência de riscos de restrições a direitos fundamentais que garantem o processo equitativo. Na verdade, este caso levantava mais dúvidas por existirem

[25] TEDH, Bosphorus Hava Yollari Turizmve Ticaret AnonimSirket *vs.* Irlanda, sent. 30/6/2005, n. 45036/98.

[26] Neste sentido, ver VOGLER, R. *Transnational Inquiries and the Protection of Human Rights in the Case-Law of the European Court of Human Rights. In*: RUGGERI, S. (ed.). ***Transnational inquiries and the protection of fundamental rights in criminal proceedings****. A study in memory of Vittorio Grevi and Giovanni Tranchina.* Heidelberg *et al.*: Springer, 2013. p. 37, baseando-se num argumento de SANGER, A. *Force of circumstance: the European arrest warrant and human rights. In*: ***Democracy Secur 6***, 2010. p. 43.

[27] TEDH, Ilaşcu e outros *vs.* Moldova e Russia, sent. 8/7/2004, n. 48787/99.

[28] TEDH, *Mamatkulov e Abdrurasulovic vs. Turquia*, sent. 6/2/2003, n. 46827/99 e 46951/99, § 91.

– segundo afirmaram os juízes *Sir Nicolas Bratz, Bonello, and Hedigan* na sua opinião divergente – "*credible grounds*" do frequente uso de tortura para obter provas incriminatórias dos prisioneiros, mantidos em detenção sem a possibilidade da assistência de um advogado de confiança.

Apesar de o Tribunal não acolher este argumento na sentença *Mamatkulov e Abdrurasulovic vs. Turquia*, é significativo que, em ambos os casos, a atenção foi focada na questão da responsabilidade dos Estados contratantes por uma ação preventiva. Esta abordagem confirma a existência de um lado positivo e proativo das obrigações dos Países signatários diante da Convenção europeia, particularmente relevante em casos de cooperação internacional, embora às vezes implique a adoção de condutas negativas, como a decisão de não entregar a pessoa a um Estado estrangeiro.

A Corte interamericana também dedicou grande atenção à exigência de reforçar o lado proativo das obrigações que derivam do Pacto de São José, particularmente relevante no contexto da justiça penal transnacional em que a realização de uma eficiente cooperação internacional estabelece as condições necessárias para poder investigar apropriadamente e levar a cabo processos judiciais por crimes que detém uma dimensão transfronteiriça e através dos quais se perpetram, de forma muitas vezes organizada e sistemática, violações de direitos humanos. Com efeito, é claro que dilações e obstáculos nos procedimentos de assistência internacional podem pôr em perigo o êxito de uma investigação transnacional. É interessante observar que a Corte justificou a exigência de investigações eficientes de crimes com dimensão transnacional na perspectiva não só da tutela de interesses estatais, senão também da proteção dos direitos das vítimas e seus membros familiares. No caso *Goiburú e outros vs. Paraguai*, o reconhecimento da existência de "obrigações internacionais *erga omnes* contra a impunidade das graves violações aos direitos humanos" levou a Corte a declarar a responsabilidade do Paraguai por não ter cumprido seu "dever inescusável de ter solicitado, com a devida diligência e oportunidade, a extradição dos processados", um dever que não perde sua relevância pela "inexistência de tratados de extradição"[29].

Também vale a pena sublinhar que, na jurisprudência interamericana, a responsabilidade relativa à utilização eficiente de instrumentos de cooperação

[29] CIDH, *Goiburú e outros vs. Paraguai*, sent. 22/9/2006, Serie C No. 153, § 129 et seq.

internacional não recai só sobre o País requerente. Na mesma sentença *Goiburú e outros vs. Paraguai,* a Corte ressaltou que nenhum Estado "pode conceder proteção direta ou indireta aos processados por crimes contra os direitos humanos através da aplicação indevida de figuras legais que atentem contra as obrigações internacionais pertinentes", pois "o mecanismo de garantia coletiva estabelecido de acordo com a Convenção Americana, em conjunto com as obrigações internacionais regionais e universais na matéria, vinculam os Estados da região a colaborar de boa-fé nesse sentido, seja mediante a extradição ou o julgamento em seu território dos responsáveis pelos fatos do presente caso"[30]. É, portanto, indispensável evitar iniciativas isoladas e assegurar a mais ampla cooperação entre os Estados envolvidos na persecução de crimes com dimensão transnacional, apresentando-se "a necessidade de erradicar a impunidade [...] perante a comunidade internacional como um dever de cooperação interestatal para estes efeitos"[31].

Esta abordagem, reflexando o frequente *victim-oriented approach* de jurisprudência interamericana, parece bem alinhada com a formulação dos direitos do devido processo do Pacto de São José, que difere significativamente daquela de outras cartas internacionais de direitos humanos (entre elas a Convenção de Roma) por não reconhecer as garantias mínimas só à "pessoa acusada de delito" (como a presunção de inocência) senão a "toda pessoa" e, o que é ainda mais relevante, em condições de "plena igualdade"[32]. Também é interessante observar que em casos mais recentes a Corte, embora reiterando a existência do dever dos Estados contratantes de cumprir as obrigações internacionais em matéria de direitos humanos, parece se aproximar à lógica da *limited inquiry*, adotada pelo Tribunal europeu, na medida em que nos procedimentos de extradição exige o respeito de "determinadas garantias mínimas" do devido processo[33]: uma formulação bastante ambígua, que deixa espaço para uma atenuação dos ordinários padrões de proteção.

30 CIDH, *Goiburú e outros vs. Paraguai*, sent. 22/9/2006, Serie C No. 153, § 132.

31 *Ibid.*, § 131. No mesmo sentido cf. CIDH, *Anzualdo Castro vs. Perú*, dec. 22 setembro 2009, Serie C No. 202, § 125.

32 Art. 8 par. 2 CADH.

33 CIDH, *Wong Ho Wing vs. Perú*, sent. 30/6/2015, Serie C No. 297, § 208.

2.2. Em direção de uma responsabilidade de Países terceiros?

Uma questão delicada que surge da jurisprudência examinada é se o *human rights law* – especificamente no que se refere ao *international human rights law* – pode ser usado para enfrentar, e possivelmente até prevenir, violações do devido processo em Países terceiros, e, se assim for, qual responsabilidade recai sobre os Estados envolvidos nestes processos de cooperação internacional[34]. Como já notamos, a abordagem restritiva adotada pelo Tribunal europeu nas decisões *Soering* e *Drozd & Janousek* pode se explicar não só em consideração ao objetivo de limitar o inquérito no âmbito dos processos estrangeiros em geral, senão também porque em ambos os casos os juízes de Estrasburgo tiveram de enfrentar um problema de violação, ou perigo de violação, de garantias do devido processo em um Estado não signatário da Convenção. Em *Drozd & Janousek*, aliás, o Tribunal destacou claramente a inexistência de qualquer possibilidade da Convenção estender seus *standards* de garantia a Países ou territórios estrangeiros, e assim, corretamente, excluiu a responsabilidade da França por não ser *"obliged to verify whether the proceedings which resulted in the conviction were compatible with all the requirements of Article 6 of the Convention"*[35].

A tradicional concepção territorial das garantias convencionais contribuiu para o Tribunal escolher uma abordagem que, portanto, limitava à relação com Países terceiros o reconhecimento da obrigação de investigar o processo estrangeiro, embora de maneira atenuada, no que se referia aos direitos inerentes ao processo equitativo, deixando entender que uma solução diversa, como observamos, poderia ser adotada nas relações entre Estados signatários. Por outro lado, uma *limited inquiry* era inevitável pela simples razão de que na eventualidade de uma recusa de assistência, até nos casos excepcionais de *flagrant denial of justice* no País requerido, pressupõe que as autoridades competentes do Estado requerente tenham tido a possibilidade de conhecer a maneira como for conduzido o processo estrangeiro. Na verdade, o caráter flagrante da negação de justiça e a lógica de uma *inquiry* limitada constituem

[34] VOGLER, R. *Transnational Inquiries and the Protection of Human Rights in the Case-Law of the European Court of Human Rights*. *In*: RUGGERI, S. (ed.). ***Transnational inquiries and the protection of fundamental rights in criminal proceedings***. *A study in memory of Vittorio Grevi and Giovanni Tranchina*. Heidelberg *et al.*: Springer, 2013. p. 37.

[35] TEDH, Drozd & Janousek *vs*. França e Espanha, cit., § 110.

variáveis independentes, pois nas primeiras aplicações do Tribunal europeu o primeiro não concernia ao grau de manifestação, senão ao nível de gravidade da suposta violação, cuja apuração, em todo caso, requer um inquérito no direito estrangeiro que, nem a Convenção, nem a jurisprudência europeia, restringem a um grau superficial. Isso demonstra, mais uma vez, o quão infundada é a pretensão de delimitar a proteção das garantias do devido processo. Se as autoridades requeridas tiverem que investigar na condução do processo estrangeiro em todo caso, não existe qualquer razão válida para circunscrever o controle e recusar a assistência procurada aos casos de violações graves, da mesma forma em que não há motivo para submeter a admissibilidade em juízo de provas obtidas no exterior à condição de não serem violados somente os princípios fundamentais do Estado do processo[36]. O resultado destas posições é uma significativa redução dos *standards* de tutela das garantias do devido processo das pessoas envolvidas no processo penal.

Além dos desenvolvimentos ocorridos na jurisprudência de Estrasburgo, contudo, um exame aprofundado da matéria revela que o problema da extensão das obrigações convencionais a Países terceiros é efetivamente equivocado. É significativo que no referido caso *Pellegrini*, em que o Tribunal europeu abandonou a posição restritiva anterior, os juízes europeus, embora reconhecendo a existência de uma eficácia indireta das garantias convencionais, clarificaram que, quando se tratar de cooperação com Estados não signatários, a Convenção não pode estender seus efeitos a Países terceiros. Tal extensão é apenas aparente, já que o Tribunal europeu sempre se ocupou da conduta de um estado signatário; e é interessante observar que, através dos mencionados desenvolvimentos jurisprudenciais, realizou-se uma significativa evolução da tradicional concepção territorial da Convenção, que levou os juízes de Estrasburgo a reclamar a proteção das garantias processuais de todos aqueles que recaem sob a sua jurisdição. Com certeza, esta evolução está de acordo com a concepção personalista do direito internacional moderno, através da

[36] Esta abordagem tem caracterizado, a partir de uma importante sentença da Corte constitucional (sent. 379/1995), a evolução da jurisprudência italiana em matéria de cooperação judiciária internacional em relação à utilização de provas obtidas em processos estrangeiros. Cf. CAPRIOLI, F. *Report on Italy*. *In*: RUGGERI, S. (ed.). ***Transnational inquiries,and the protection of fundamental rights in criminal proceedings***. *A study in memory of Vittorio Grevi and Giovanni Tranchina*. Heidelberg *et al.*: Springer, 2013. p. 445 et seq.

qual a mesma ideia do caráter territorial das obrigações convencionais é alterada, estendendo-se das ações processuais que se realizam no território dos Estados contratantes às pessoas sujeitas à sua jurisdição. Nesta perspectiva, é perfeitamente natural que as obrigações convencionais tenham também um conteúdo proativo e preventivo, com vista a evitar violações em outros Países, mesmo tratando-se de Países terceiros.

3. Os complexos desafios do devido processo e a necessidade de uma ampla consideração das garantias convencionais à luz dos equilíbrios inerentes aos diferentes interesses em conflito em procedimentos transnacionais

3.1. O difícil caminho no fortalecimento das garantias informativas e participativas do acusado

3.1.1 Direito de informação e direito de ser ouvido da pessoa procurada no Estado requerido

Dadas essas premissas, é evidente que a particular vulnerabilidade das pessoas envolvidas em procedimentos com dimensão transnacional requer um significativo fortalecimento da proteção dos seus direitos também em matéria de devido processo[37]. As jurisprudências internacionais, contudo, nem sempre têm sabido enfrentar estes desafios de maneira coerente, embora a sua evolução demonstre uma atenção crescente à exigência de uma consideração global dos complexos balanceamentos entre todos os interesses em jogo.

Assim, examinando o caso *Caprino vs. Reino Unido,* ao final dos anos setenta, a Comissão europeia de direitos humanos concluiu que, em matéria de extradição, a pessoa procurada teria direito a ser informada sobre a instauração do procedimento de cooperação internacional, mas não necessariamente

[37] VOGLER, R. *Transnational Inquiries and the Protection of Human Rights in the Case-Law of the European Court of Human Rights. In*: RUGGERI, S. (ed.). ***Transnational inquiries and the protection of fundamental rights in criminal proceedings****. A study in memory of Vittorio Grevi and Giovanni Tranchina*. Heidelberg *et al.*: Springer, 2013. p. 38 et seq.

sobre os motivos pelos quais a extradição teria sido requerida[38]. A doutrina em parte aprovou tal abordagem argumentando que, apesar do art. 5 § 2 CEDH, os conteúdos e o grau da informação podiam ser limitados e adaptados às circunstâncias num caso de privação do direito à liberdade pessoal em vista de um procedimento de assistência internacional[39]. Mas é claro que esta interpretação termina diminuindo o valor do direito à informação que a Convenção europeia significativamente reconhece a toda pessoa privada da sua liberdade pessoal, enquanto justamente a particular situação de dificuldade que sofre a pessoa procurada em um procedimento de extradição impõe um reforço das suas garantias fundamentais[40]. Mais especificamente, o direito à informação – mesmo que possa ter conteúdos diferentes, em particular em vista de diversos controles judiciários que podem ser ativados em casos de arresto no contexto da extradição – não pode ser limitado a aspectos formais, já que, precisamente, o art. 5 § 4 CEDH requer um controle judiciário que abarque a legalidade do procedimento de extradição e do arresto que nele se ordenou[41].

É interessante notar que, já em meados dos anos oitenta, o Tribunal europeu adotou um enfoque mais garantista daquele da Comissão, reconhecendo que o exame judiciário promovido pela pessoa arrestada em um procedimento de extradição teria que satisfazer todos os requisitos do devido processo. Nesta base, no caso *Sanchez-Reisse vs. Suíça*, os juízes europeus declararam a responsabilidade da Suíça por não ter assegurado uma *adversarial procedure*[42]; e vale a pena sublinhar que o Tribunal chegou a garantir à pessoa arrestada o direito a ser ouvido pessoalmente, embora este reconhecimento fosse formulado de forma crítica[43] e fosse atenuado pelo argumento de não haver

[38] ComEDH, *Caprino vs. United Kingdom*, dec. 3/3/1978, n. 6871/75. Em sentido análogo cf. TEDH, *K. vs. Bélgica*, dec. 5/7/1984, n. 10819/84.

[39] TRECHSEL, S. ***Human rights in criminal proceedings***. Oxford: Oxford University Press, 2005. p. 459.

[40] RENZIKOWSKI, J. *Die nachträgliche Sicherungsverwahrung und die Europäische Menschenrechtskonvention*. **Juristische Rundschau**, 2004. p. 272.

[41] Parcialmente diferente a posição de TRECHSEL, S. *Grundrechtsschutz bei der internationalen Zusammenarbeit in Strafsachen*. *In*: ***Europäische Grundrechte-Zeitschrift***, 1987. p. 72.

[42] TEDH, *Sanchez-Reisse vs. Suíça*, sent. 21/10/1986, n. 9862/82.

[43] TRECHSEL, S. ***Human rights in criminal proceedings***. Oxford: Oxford University Press, 2005. p. 459.

"reason to believe that the applicant's presence convinced the Federal Court that he had to be released"[44].

A jurisprudência interamericana tem conferido sempre muita importância à exigência da pessoa arrestada ou detida comparecer pessoalmente perante o juiz ou tribunal competente para o *habeas corpus*[45], uma garantia que historicamente teve enorme relevância na América Latina, constituindo um instrumento fundamental para que se realize não só uma avaliação objetiva da legalidade das medidas de privação da liberdade, senão também um exame das condições da pessoa sujeita a tais medidas. A envergadura desta garantia pode ser observada especialmente em casos de desaparecimentos forçados e outras graves violações de direitos humanos. Por este meio, o *habeas corpus*, oferecendo uma ocasião muito importante para examinar a pessoa arrestada ou detida, constitui uma garantia essencial para enfrentar, ao mesmo tempo, questões relativas à violação do devido processo, do direito à liberdade pessoal e de outros direitos fundamentais, como o direito à vida e à integridade física[46]. E precisamente para prevenir tais perigos de violações convencionais, a Corte interamericana insiste na necessidade de facilitar o recurso ao *habeas corpus*, que tem de ser um remédio ágil e cumprir os requisitos do processo equitativo, o que faz dele uma garantia não só para a pessoa arrestada ou detida, senão também para seus familiares[47].

3.1.2 Cooperação internacional, divisão do trabalho e garantias individuais no complexo cenário jurídico europeu

3.1.2.1 O problema dos juízos *in absentia* nos procedimentos de entrega internacional na jurisprudência do Tribunal de Estrasburgo

Se agora alargássemos o âmbito de exame da perspectiva do Estado requerido a de todos os Países envolvidos na cooperação internacional, deveríamos passar a analisar as modalidades de proteção de garantias participativas do

[44] TEDH, Sanchez-Reisse vs. Suíça, cit., § 51.

[45] CIDH, *Chaparro Álvarez and Lapo Íñiguez vs. Ecuador*, sent. 21/11/2007, Serie C No. 170, § 135.

[46] CASAL, J.M. *Article 7. In*: STEINER; URIBE (ed.). ***Convención Americana sobre Derechos Humanos. Comentario***. Berlin: Konrad Adenauer Stiftung, 2014. p. 203 et seq.

[47] CIDH, *Anzualdo Castro vs. Perú*, sent. 22/9/2009, Series C No. 202, § 64.

devido processo, em relação às implicações do auxílio judiciário nos direitos da pessoa envolvida em procedimentos com dimensão transnacional. Esta perspectiva, portanto, exige uma consideração global dos procedimentos de assistência internacional, para a qual poderia resultar muito útil recorrer à construção do procedimento internacional baseado na divisão de trabalhos e competências (*international-arbeitsteiliges Verfahren*)[48], promovida especialmente pela doutrina alemã. Mas é precisamente neste contexto que podemos observar uma considerável dificuldade das jurisprudências internacionais na conservação dos ordinários *standards* convencionais reconhecidos em matéria de processos nacionais, o que levou a um considerável enfraquecimento dos níveis de proteção também na área regional da União europeia.

Um âmbito em que tais dificuldades resultam particularmente significativas concerne a relevância dos procedimentos *in absentia* no âmbito da extradição. Na Europa, a Convenção europeia de Extradição de 1957 não se ocupou do problema, que foi afrontado só no seu Segundo Protocolo Adicional, mais de vinte anos depois (1978), com uma solução de compromisso – a chamada *extradição condicionada* – que não excluía a possibilidade da entrega internacional da pessoa procurada em vista da execução de uma pena ou medida de detenção ordenada no contexto de um processo celebrado em revelia ou ausência do acusado. Sem dúvida esta abordagem teve muita relevância na evolução desta matéria; e é significativo notar que, bem antes que fosse transposta em larga medida pela Decisão-quadro sobre o mandado de detenção europeu no contexto da cooperação judiciária na área regional da União europeia[49], inspirou também a jurisprudência de Estrasburgo nos primeiros casos nos quais afrontou o problema dos procedimentos *in absentia* em matéria de justiça penal nacional. Já no *leading case Colozza vs. Itália,* o Tribunal europeu tinha consciência de que a instauração de um processo na ausência do arguido, às vezes, pode satisfazer a um interesse público, pois "*the impossibility of holding a trial by default may paralyse the conduct of criminal proceedings, in that it may lead, for example, to dispersal of the evidence, expiry of the time-limit*

[48] SCHOMBURG, W.; LAGODNY, O.; GLEß, S.; HACKNER, T. *Einleitung: Das international--arbeitsteilige Strafverfahren. In:* SCHOMBURG, W.; LAGODNY, O.; GLEß, S.; HACKNER, T. (ed.). ***Internationale Rechtshilfe in Strafsachen***. 5th ed. München: C.H. Beck, 2012. p. 2 et seq.

[49] Art. 5 n. 1 Decisão-quadro 2002/584/JAI.

for prosecution or a miscarriage of justice"[50]. Por isso os juízes europeus sempre se abstiveram de condenar a legitimidade em absoluto dos procedimentos *in absentia* e abriram-se à possibilidade de várias soluções restitutórias, como as de um novo julgamento (*retrial*) ou recurso impugnatório (*remedy*), nas situações em que for impossível a participação do acusado no processo penal.

Não obstante estas aberturas, a evolução da jurisprudência europeia mostra uma progressiva tendência à relativização dos requisitos dos remédios sucessivos, uma tendência que já na década seguinte tornou-se significativamente clara em assuntos de dimensão transnacional. Vale a pena recordar da decisão *Medenica vs. Suíça*[51], que tratou um caso de um médico praticante em Suíça contra quem foi instaurado um processo penal por fraude, ameaças e falsificação de documentos, o que causou grandes perdidas às instituições de previdência da Iugoslávia. Libertado sob fiança, o doutor Medenica emigrou aos EUA, onde trabalhou como oncologista, e, alegando precisamente uma ordem de restrição dos EUA, não pôde assistir ao seu processo na Suíça. Essa decisão tem muita importância para entender a evolução da jurisprudência de Estrasburgo e particularmente a abordagem adotada em matéria de assuntos transnacionais. O Tribunal europeu, com efeito, afastou-se do seu enfoque tradicional ao apontar que o direito do acusado de obter a revogação da sentença emitida *in absentia* ausência e um novo julgamento não tem valor absoluto, mas pode ser relevante só se a ausência não for voluntária e for justificada[52]. Com este enfoque, os juízes europeus sugeriram, assim, que recaia sobre o arguido o ônus de provar que as razões da ausência foram suficientemente válidas. Ainda mais significativamente, terminaram equiparando – num assunto transnacional – a situação de um acusado sem conhecimentos jurídicos (um médico) com aquela de acusados com conhecimentos legais, em relação aos quais o Tribunal já sublinhara a necessidade de desencorajar ausências injustificadas[53].

[50] TEDH, *Colozza vs. Itália*, sent. 12/2/1985, n. 9024/80, § 29.

[51] TEDH, *Medenica v Switzerland*, sent. 14/6/2001, n. 20491/92.

[52] BACHMAIER, Winter L. *New developments in EU law in the field of in absentia national proceedings. The Directive 2016/343/EU in the light of the ECtHR case law. In*: QUATTROCOLO, S.; RUGGERI, S. (ed.). ***Personal Participation in Criminal Proceedings***. *A Comparative Study of Participatory Safeguards and in absentia Trials in Europe*. Heidelberg *et al.*: Springer International Publishing, 2019. p. 650 et seq.

[53] TEDH, *Poitrimol vs. França*, sent. 23/11/1993, n. 14032/88, § 35.

Também é interessante notar que no caso *Medenica* o Tribunal destacou outra limitação ao direito a obter um novo julgamento – ou seja, a circunstância de o acusado estar representado em juízo por um advogado –, deixando de compreender, assim, que a assistência jurídica poderia compensar a ausência do arguido e assegurar um exercício efetivo do seu direito de defensa[54]. Tal questão foi enfrentada, alguns anos depois, na decisão *Battisti vs. France*, em que o Tribunal europeu teve outra oportunidade para examinar o problema de se, segundo a Convenção europeia, a existência de uma sentença emitida ao final de um procedimento *in absentia* poderia impedir uma cooperação internacional e que garantias o Estado requerido deveria assegurar à pessoa procurada. Os juízes de Estrasburgo declararam inadmissível o recurso apresentado pelo senhor Battisti contra a decisão do *Conseil d'Etat* e confirmaram, assim, que o procedimento italiano em revelia estava em consonância com as previsões convencionais sobre o devido processo, baseando-se principalmente na argumentação de que o recorrente tinha sido informado sobre o procedimento instaurado contra ele, na Itália, e tinha nomeado dois advogados da sua confiança[55]. Desta forma o Tribunal, enquanto abandonou a ideia de o

[54] Uma tendência a relativizar o direito ao novo julgamento pode se observar também em relação a outras garantias convencionais. Por exemplo, no complexo caso *Öcalan vs. Turquia* o Tribunal europeu teve que enfrentar o problema de uma extradição atípica, ou seja, do arresto de um fugitivo pelas autoridades de um Estado no território de outro (o recorrente foi arrestado por membros das forças de segurança turcas em um avião registrado na Turquia na área internacional do aeroporto de Nairobi), sem o consentimento deste e a sua entrega ao primeiro, e também vários problemas de compatibilidade com os princípios do devido processo no Estado de julgamento. Nesta importante decisão o Tribunal excluiu que a decisão de não recorrer à extradição e a circunstância que o fugitivo tiver sido transferido ao Estado do julgamento como resultado de uma diferente cooperação internacional, em si mesmos, podiam determinar a ilegalidade do arresto e uma violação ao art. 5, par. 1, da CEDH; mas significativamente acolheu a maior parte das queixas relativas a questões de devido processo. Em relação à questão da falta de independência e imparcialidade do Tribunal de Segurança Nacional que julgou o recorrente, é interessante observar que os juízes europeus – ainda que adotassem como solução preferencial a mesma utilizada em matéria de procedimentos *in absentia*, ou seja, o novo julgamento – não deram indicações sobre os conteúdos deste julgamento, mas limitaram-se a sublinhar que a escolha do remédio mais oportuno depende das circunstâncias do caso específico e dos termos da decisão do Tribunal europeu. Cf. TEDH, Grande Sessão, *Öcalan vs. Turquia*, sent. 12/5/2005, n. 46221/99, §§ 85 et seq., § 210.

[55] TEDH, *Battisti vs. França*, dec. 12/12/2006, n. 28796/05. Sobre esta decisão cf. GALGANI, B. (2013), *Extradition, Political Offence and the Discrimination Clause. In*: RUGGERI, S. (ed). ***Transnational inquiries,and the protection of fundamental rights in criminal proceedings.***

acusado ter de justificar sua ausência no processo, terminou dando relevância a uma situação alternativa da renúncia voluntária à participação pessoal, o que, precisamente em casos transnacionais, equilibraria a tutela do direito de defesa com os objetivos de cooperação internacional. Não se tratou, então, de uma simples aplicação da doutrina do *unequivocal waiver*, que não exclui uma renúncia implícita. Também é claro que a assistência legal não pode se considerar sempre apta a satisfazer o requisito dos "*minimum defence rights*", estabelecido pelo Protocolo de 1978. Com efeito, não se pode afirmar seriamente que a assistência de um advogado pode assegurar sempre uma defesa eficaz, se o acusado não tiver renunciado de maneira expressa (ou pelo menos inequívoca) a participar pessoalmente no juízo e não tiver sido devidamente informado sobre as consequências da nomeação de um advogado para efeitos do procedimento de entrega internacional.

Enquanto este acórdão parece evidenciar a clara tentativa do Tribunal europeu de responsabilizar o acusado cada vez mais por suas decisões, sobretudo por sua decisão de nomear um advogado de confiança, vale a pena notar que a jurisprudência de Estrasburgo não tem subestimado o valor da conduta das autoridades competentes em assuntos transnacionais. A questão foi afrontada em *F.C.B. vs. Itália*, onde o Tribunal analisou o problema do direito de participação pessoal do acusado residente em um Estado diferente do Pais do julgamento e mantido no cárcere ao tempo do processo. Significativamente, os juízes de Estrasburgo constataram uma violação do direito ao devido processo não só porque as autoridades italianas não tinham informado o acusado do julgamento em seu contra, senão também porque deixaram de responder ao pedido de auxílio internacional por parte das autoridades holandesas, mostrando interesse em envolver o acusado só para efeitos do cumprimento da pena imposta em sua ausência[56].

O caso *F.C.B.* teve seguimento diante do Tribunal europeu precisamente quando o senhor Cat Berro voltou para a Itália e foi detido para a execução dessa pena. Então, apresentou outro recurso, em que pôs duas interessantes questões: *a*) se o período de detenção em execução de uma pena imposta

A study in memory of Vittorio Grevi and Giovanni Tranchina. Heidelberg *et al.*: Springer, 2013. p. 174 et seq.

56 TEDH, *F.C.B. vs. Itália*, sent. 28 augusto 1991, n. 12151/86, §§ 23 et seqq. (part. § 33).

ao final de um julgamento declarado em violação da Convenção europeia pode ser considerado legítimo segundo o direito nacional, e *b*) se a execução de uma condenação legal segundo a legislação nacional, que sucessivamente foi declarada ilegítima segundo o sistema convencional, pode implicar na ulterior violação da Convenção, nos termos do art. 5, par. 1, da CEDH. Enquanto a primeira questão talvez não recaia no âmbito das competências do Tribunal, os juízes europeus nem sequer examinaram o mérito da segunda, mas declararam o recurso inadmissível, com o argumento de que no procedimento nacional não se tinham esgotado as vias de recurso judicial internas, pois o senhor Cat Berro tivera a possibilidade de pedir que lhe fosse relevado o efeito peremptório do prazo para interpor um recurso ordinário contra a decisão emanada em sua ausência. E, precisamente esta circunstância, levou o Tribunal a considerar impossível averiguar se tal pedido teria assegurado ao recorrente "*with a sufficient degree of legal certainty, the opportunity to go before a court and defend himself in a new set of proceedings*". Evidentemente, com esta ambígua afirmação, o Tribunal de Estrasburgo quis fazer uma avaliação hipotética sobre as consequências de uma iniciativa do recorrente. E pode ser interessante notar que a resposta do Tribunal chegou em 2008 e foi baseada em um novo quadro legal, tal como foi mudado pela Lei 60/2005 que converteu o Decreto-lei 17/2005 com o qual o legislador italiano emanou uma normativa urgente para adaptar as previsões internas em matéria de julgamentos em revelia às indicações do Tribunal de Estrasburgo que nesses anos levaram a outras condenações de Itália[57].

As sucessivas evoluções da jurisprudência europeia em relação a um desses casos confirmam a impressão de que as soluções adotadas também no caso *Cat Berro* foram inspiradas pela tentativa evidente de atenuar as tensões entre o Tribunal de Estrasburgo e a Itália nesta delicada matéria. Contudo, é também claro que a jurisprudência europeia tem abrandado sua abordagem em casos transnacionais, ao salientar a legalidade convencional dos procedimentos em revelia se um remédio sucessivo estiver disponível, independentemente da sua estrutura e da efetividade da garantia. Com efeito, no caso *Cat Berro,* os juízes de Estrasburgo declararam o recurso inadmissível sem investigar se a nova

[57] TEDH, *Somogyi vs. Itália*, sent. 18 maio 2004, n. 67972/01; TEDH, *Sejdovic vs. Itália*, I Cámara, sent. 10 novembro 2004, n. 56581/00.

normativa italiana que ampliou as possibilidades de ao acusado ser relevado o efeito peremptório do prazo para recurso ordinário podia lhe assegurar um novo julgamento do caso, ou seja, uma "*fresh determination of the merits of the charge*"[58], já que a reforma de 2005 manteve consideráveis limitações ao direito à prova em segunda instância[59].

3.1.2.2 A influência da abordagem do Tribunal europeu de direitos do homem sobre a evolução do direito da União europeia e das jurisprudências constitucionais dos Estados EU

Ora, podemos presumir que precisamente esta jurisprudência tenha tido uma influência considerável na evolução do direito da União europeia nesta delicada matéria, e, por este trâmite, na evolução das complexas relações que nos últimos anos têm-se desenvolvido entre o Tribunal de Justiça da União europeia e as jurisprudências constitucionais. É significativo que, nos mesmos anos em que o Tribunal de Estrasburgo examinou os mencionados assuntos transnacionais, as instituições da União emanaram uma importante Decisão-quadro com a qual emendaram a normativa sobre o mandado de detenção europeu, entre outros instrumentos legais[60]. O objetivo perseguido por tal Decisão-quadro era definir as condições de entrega internacional de uma pessoa procurada com um mandado de detenção europeu dirigido à execução de uma decisão expedida em sua ausência, reduzindo, assim, a discricionariedade das autoridades envolvidas na cooperação judiciária, especialmente da autoridade de execução.

Um exame atento deste instrumento normativo, contudo, revela claramente que o legislador europeu, em realidade, só quis estabelecer as situações nas quais a entrega internacional tem que ter lugar segundo a mais rígida lógica do reconhecimento mútuo. As instituições da União, em outras palavras, quiseram fixar as condições de legalidade supranacional de entregas internacionais entre Estados-Membros em casos de decisões emanadas *in absentia*, condições baseadas em presunções de conhecimento da existência do processo penal por parte da pessoa procurada ou de efetividade da sua defesa

[58] TEDH, *Colozza vs. Itália*, cit., § 29.

[59] NEGRI, D. *Commento all'art. 1 Decreto-legge 17/2005. In*: ***La Legislazione penale***, 2005. p. 268.

[60] Decisão-quadro 2009/299/JAI.

nesse julgamento ou no novo julgamento previsto pelo direito nacional. Mas, desta maneira, o direito EU acabou afastando-se ainda mais da abordagem seguida pelo tribunal de Estrasburgo em matéria de julgamentos nacionais *in absentia*[61]. Assim, a normativa de 2009 equiparou a informação pessoal do acusado sobre a existência do processo à informação conforme as regras nacionais de notificação das decisões judiciais, revelando, portanto, uma abordagem que, diferentemente da aquela da jurisprudência europeia, parecia mais preocupada em preservar o sistema do que em garantir uma tutela efetiva à pessoa procurada, o que certamente incluía não só uma notificação pessoal, senão também uma informação sobre as consequências da decisão de não participar pessoalmente no processo. E ainda mais formalistas pareciam as soluções relativas à garantia de um novo julgamento, já que as autoridades de execução estavam obrigadas a ceder a pessoa procurada simplesmente se o novo julgamento ou o recurso não tivesse sido solicitado.

Uma clara incidência da doutrina do caso *Battisti* sobre a evolução do direito UE parece evidenciada na atenuação do requisito, estabelecido pela constante jurisprudência europeia em matéria de processos nacionais *in absentia*, da renúncia inequívoca e voluntária ao direito de participação pessoal. Com efeito, além das outras condições, a Decisão-quadro 2009/299/JAI permitiu a entrega internacional também com a única justificação de que a pessoa procurada, tendo conhecimento do julgamento segundo as mencionadas regras, tiver conferido mandato a um defensor designado por si ou pelo Estado para a sua defesa em tribunal e for efetivamente representada por ele no julgamento[62]. Mas, novamente, é evidente que tais condições não substituem a exigência de uma renúncia efetiva e inequívoca, e, o que parece mais questionável, é que o legislador europeu não tenha se preocupado por oferecer à pessoa exposta aos graves riscos conseguintes sua entrega à autoridade de outro Pais garantias mais efetivas para lhe permitir tomar a decisão

[61] Nesse sentido, ver KLITSCH, S. *Der neue EU-Rahmenbeschluss zu Abwesenheitsverurteilungen – ein Appell zur Revision*. *In*: ***Zeitschrift für internationale Strafrechtsdogmatik***, 2009. p. 19 et seq. Uma opinião diferente pode ler-se em SIRACUSANO, F. *Nuove prospettive in materie di processo in absentia e procedure di consegna*. *In*: RAFARACI, T. (ed.). ***La cooperazione di polizia e giudiziaria in materia penale nell'Unione europea dopo il Trattato di Lisbona***. Milano: Giuffrè, 2011. p. 96 nt. 35.

[62] Art. 4-A par. 1 lit. b) Decisão-quadro 2002/584/JAI, mudado pelo art. 1 Decisão-quadro 2009/299/JAI.

mais adequada. Por exemplo, uma solução certamente melhor poderia ser condicionar a renúncia à participação pessoal – como se prevê em relação à renúncia ao direito à tradução de documentos[63] – ao requisito de que o interessado tenha previamente recebido aconselhamento jurídico, ou obtido, por outra via, pleno conhecimento das consequências da sua renúncia, o que parecem pressupostos básicos para a renúncia ser autenticamente inequívoca e voluntária[64].

Ora é interessante observar que precisamente a previsão da Decisão-quadro 2009/299/JAI deu lugar a uma das mais controvertidas decisões do Tribunal de Justiça em matéria de cooperação judiciária internacional, que marcou uma etapa fundamental na evolução das relações entre o direito da União europeia e o direito nacional, e especialmente o direito constitucional[65]. Com efeito, o Tribunal constitucional espanhol – chamado a resolver um recurso de *amparo* interposto contra a decisão da *Audiencia Nacional*, que autorizara a entrega do senhor Melloni – invocou a previsão sobre o chamado "direito à tutela jurisdicional efetiva", consagrado pelo art. 24 da Constituição espanhola, levantando diante do Tribunal de Justiça a questão de se a normativa da União impede as autoridades judiciais nacionais – precisamente no caso em que o acusado, tendo conhecimento do julgamento previsto, tenha conferido mandato a um defensor designado por si ou pelo Estado – de sujeitar a execução de um mandado de detenção europeu à condição de a condenação poder ser objeto de novo julgamento ou de recurso com vista a garantir os

[63] Art. 3 par. 8 Directiva 2010/64/UE.

[64] Nesse sentido, ver BÖSE, M. *Human Rights Violations and Mutual Trust: Recent Case Law on the European Arrest Warrant. In*: RUGGERI, S. (ed.). ***Human Rights in European Criminal Law****. New Developments in European Legislation and Case Law after the Lisbon Treaty*. Heidelberg: Springer, 2015. p. 142.

[65] TJE, Grande Secção, *Melloni vs. Ministerio Fiscal*, acórd. 26 fevereiro 2013, C-399/11. O julgamento tratou do caso de um cidadão italiano quem tinha sido processado na Itália, em revelia, e foi condenado a 10 anos de prisão por falência fraudulenta. Além, como o senhor Melloni encontrava-se na Espanha na época da execução do julgamento, as autoridades italianas emitiram um mandado de captura europeu, em razão de que o senhor Melloni tinha sido informado do seu processamento, já que precisamente o auto de abertura do julgamento foi notificado aos dois advogados que ele nomeara anteriormente. Mas o senhor Melloni alegou que, apesar de ter revogado, entretanto, a nomeação, a notificação foi enviada aos antigos advogados e que a normativa italiana em vigor naquele tempo não permitia ao acusado condenado em revelia interpor recurso se estivesse defendido por um advogado de confiança.

direitos de defesa da pessoa sobre a qual recai o mandado[66]. Os juízes constitucionais enfatizaram a necessidade deste requisito, sublinhando assim a exigência de conferir ao direito à participação pessoal um grau de proteção mais elevado daquele que lhe outorga o direito UE.

É bem conhecido que o Tribunal de justiça rejeitou esta solução e, com ela, a possibilidade de um Estado-membro derrogar o direito da União para satisfazer requisitos estabelecidos por seu direito constitucional, com a justificativa de que tal perspectiva poderia prejudicar o princípio da aplicação uniforme – e, a um nível mais profundo, o principio da supremacia – do direito da União nas matérias que entram em sua competência. Consequentemente, os juízes de Luxemburgo resolveram negativamente a questão de se o direito constitucional espanhol – e, em termos mais gerais, se o direito constitucional de qualquer Estado-membro – poderia garantir uma proteção superior àquela oferecida pela União, sem considerar, contudo, se as soluções introduzidas pela Decisão-quadro estiverem em linha com a jurisprudência de Estrasburgo, que requer às autoridades nacionais não só que assegurem que a pessoa procurada tenha conhecimento do julgamento (tendo em conta também a conduta da mesma pessoa)[67], senão também a sua eventual renuncia seja uma manifestação da sua "livre vontade, expressa ou implicitamente, mas de forma inequívoca, a esse direito"[68]. E, precisamente a não consideração destas questões levou o Tribunal de Luxemburgo a terminar afirmando a autossuficiência da normativa da União, sem ter em conta as circunstâncias factuais do caso em apreço e em desacordo com o explícito objetivo perseguido pelo legislador supranacional de alinhar as novas regras à abordagem do Tribunal de Estrasburgo. Com efeito, a solução promovida pelo acórdão *Melloni* era claramente que o cumprimento de qualquer das condições estabelecidas pela Decisão-quadro impunha a obrigação da autoridade de execução de ceder a pessoa procurada, de acordo com a mais rígida interpretação do princípio do reconhecimento mútuo. Mas também é claro que, com esta decisão, os juízes de Luxemburgo eludiram a segunda questão levantada pelo Tribunal

[66] A decisão da *Audiencia Nacional* estava baseada na normativa vigente nessa época (ou seja, a normativa de execução da Decisão-quadro 2002/584/JAI, mas o Tribunal constitucional rejeitou a argumentação de a Decisão-quadro de 2009 não ser aplicável *ratione temporis*.

[67] Considerando n. 8 da Decisão-quadro 2009/299/JAI.

[68] Considerando n. 1 da Decisão-quadro 2009/299/JAI.

constitucional, ou seja, se a Decisão-quadro for compatível com o direito de ação efetiva e o direito a um processo equitativo, assim como os direitos de defesa garantidos nos artigos 47 e 48 da Carta dos direitos fundamentais da União.

Tais observações bastariam a suscitar sérias dúvidas sobre o julgamento *Melloni*, que efetivamente causou debates acalorados da doutrina de numerosos Países, levantando críticas profundas desde a perspectiva do direito constitucional, direito penal, direito internacional e direito da União europeia[69]. E pode ser interessante notar que – além das questões relativas a incidência negativa da abordagem adotada pelo Tribunal europeu sobre o direito constitucional espanhol, conforme a doutrina da violação indireta de direitos fundamentais em assuntos transnacionais[70] – a resposta dos juízes de Luxemburgo no caso *Melloni* não reforçou, mas terminou enfraquecendo

[69] *Ex multis* cf. DE AMICIS, G. ***All'incrocio tra diritti fondamentali, mandato d'arresto europeo e decisioni contumaciali:*** *la Corte di Giustizia e il "caso Melloni". Un commento a margine della sentenza Melloni della Corte di Giustizia.* 2013. Disponível em: https://archiviodpc.dirittopenaleuomo.org/d/2340-all-incrocio-tra-diritti-fondamentali-mandato-d-arresto-europeo-e--decisioni-contumaciali-la-corte-d; AMALFITANO, C. ***Mandato d'arresto europeo: reciproco riconoscimento vs. diritti fondamentali?*** *Note a margine delle sentenze Radu e Melloni della Corte di Giustizia.* 2013. Disponível em: https://archiviodpc.dirittopenaleuomo.org/d/2402-mandato-d-arresto-europeo--reciproco-riconoscimento-vs-diritti-fondamentali; RUGGERI, A. *La Corte di giustizia e il bilanciamento mancato (a margine della sentenza Melloni).* ***Il diritto dell'Unione europea***, 2013. p. 399 et seq.; RUGGERI, A. ***La Corte di giustizia, il primato incondizionato del diritto dell'Unione e il suo mancato bilanciamento col valore della salvaguardia dei principi di struttura degli ordinamenti nazionali nel loro fare "sistema".*** *Nota minima a Corte giust., Grande Sez., 26 febbraio 2013, in causa C-399/11, Melloni c. Ministerio Fiscal.* 2013. Disponível em: https://www.diritticomparati.it/la-corte-di-giustizia-il-primato-incondizionato-del--diritto-dellunione-e-il-suo-mancato-bilanciament/; POLLICINO, O. ***Corte di giustizia e giudici nazionali:*** *il moto "ascendente", ovverosia l'incidenza delle "tradizioni costituzionali comuni" nella tutela apprestata ai diritti dalla Corte dell'Unione.* 2015. Disponível em: http://www.giurcost.org/studi/Pollicino2.pdf; BÖSE, M. *Human Rights Violations and Mutual Trust: Recent Case Law on the European Arrest Warrant. In*: RUGGERI, S. (ed.). ***Human Rights in European Criminal Law.*** *New Developments in European Legislation and Case Law after the Lisbon Treaty.* Heidelberg: Springer, 2015. p. 135 et seq.; BACHMAIER, Winter L. *Dealing with European Legal Diversity at the Luxembourg Court: Melloni and the Limits of European Pluralism. In*: COLSON, R.; FIELD, S. (ed.). ***EU criminal justice and the challenges of diversity.*** *Legal cultures in the area of freedom, security and justice.* Cambridge: Cambridge University Press, 2016. p. 160 et seq.

[70] Segundo tal doutrina, já expressa pelo Tribunal constitucional espanhol na STC 91/2000, a entrega de uma pessoa processada *in absentia* por graves crimes levaria a uma projeção externa da violação do direito constitucional à tutela jurisdicional efetiva.

o mesmo direito da União, promovendo uma interpretação débil e evidentemente insatisfatória até do direito primário[71], e especificamente do princípio da proteção mais ampla de direitos fundamentais, consagrado no art. 53 da Carta dos Direitos Fundamentais da União. Em verdade, a questão relativa a este ponto foi levantada de forma errônea ou, ao menos, equivocada, já que a proposta de interpretação sistemática desse artigo foi apresentada como um meio para conferir aos direitos fundamentais consagrados nos artigos 47 e 48 da Carta "um nível de proteção mais elevado do que aquele que decorre do direito da União Europeia, a fim de evitar uma interpretação que limite ou lese um direito fundamental reconhecido pela Constituição de [um] Estado--Membro"[72]. Mas é evidente que uma interpretação autorreferencial do sistema normativo da União só aparentemente consolidava a sua supremacia sobre o direito nacional, debilitando em realidade o mesmo direito supranacional de maneira não menos intensa daquela que concernia o direito constitucional do País envolvido. E também é claro que uma ampla valorização da identidade nacional – e, com ela, da identidade constitucional, segundo a previsão fundamental do art. 4, par. 2, do Tratado da União europeia, que não pode ser interpretada só em relação ao aparelho de Estado, senão também a todo o seu sistema de proteção de direitos fundamentais[73] – dos Estados-membros, assim como das tradições constitucionais comuns, reforçaria indubitavelmente – com um movimento ascendente[74] – o processo de integração europeia, conforme os objetivos estabelecidos nas reformas promovidas pelo Tratado de Lisboa.

[71] ÖSE, M. *Human Rights Violations and Mutual Trust: Recent Case Law on the European Arrest Warrant. In*: RUGGERI, S. (ed.). ***Human Rights in European Criminal Law****. New Developments in European Legislation and Case Law after the Lisbon Treaty*. Heidelberg: Springer, 2015. p. 142.

[72] TJE, Grande Secção, *Melloni vs. Ministerio Fiscal*, cit., § 26.

[73] Sobre a importância desta referência, que lamentavelmente não foi adequadamente considerado no julgamento *Melloni*, cf. RUGGERI, A. *"Dialogue" between European and national courts, in the pursuit of the strongest protection of fundamental rights (with specific regard to criminal and procedural law). In*: RUGGERI, S. (ed.). ***Human Rights in European Criminal Law****. New Developments in European Legislation and Case Law after the Lisbon Treaty*. Heidelberg: Springer, 2015. p. 23.

[74] POLLICINO, O. ***Corte di giustizia e giudici nazionali****: il moto "ascendente", ovverosia l'incidenza delle "tradizioni costituzionali comuni" nella tutela apprestata ai diritti dalla Corte dell'Unione*. 2015. Disponível em: http://www.giurcost.org/studi/Pollicino2.pdf. p. 253 et seq.

No que diz respeito ao mérito do caso *Melloni*, os juízes de Luxemburgo adotaram uma interpretação manifestamente formalista do requisito da nomeação de um advogado, que ignorava qualquer consideração relativa à necessidade de assegurar a efetividade da renúncia ao direito à participação pessoal, especialmente se o acusado não entender a língua do Estado de execução. A mensagem deixada por este julgamento, em outras palavras, foi que as autoridades nacionais deveriam se contentar com a circunstância objetiva de existir uma nomeação de um advogado quem efetivamente representou a pessoa procurada no juízo, sem considerar se tal circunstância refletia a sua decisão de renunciar à sua participação pessoal e, em caso afirmativo, se lhe foram asseguradas idôneas informativas garantias quando tomou tal decisão. E precisamente a falta de consideração de tais condições qualitativas reforça nossas dúvidas sobre a conformidade das soluções do julgamento *Melloni* com a abordagem seguida da jurisprudência de Estrasburgo nos casos nos quais enfrentou o problema dos procedimentos *in absentia* em matéria de justiça penal nacional.

Nesta perspectiva, poderíamos ler a reação do Tribunal constitucional espanhol a este acórdão prejudicial[75], uma reação que, à primeira vista, parecia confirmar que a decisão dos juízes de Luxemburgo logrou conseguir o seu objetivo, ou seja, a prevalência da normativa supranacional sobre o direito nacional conforme a lógica da adaptação unilateral e independentemente de especificas exigências derivadas do direito constitucional de um Estado-membro. Mas a argumentação utilizada na reposta no Tribunal constitucional em 2014, mostra claramente especial atenção à exigência de justificar a solução adotada precisamente à luz da jurisprudência de Estrasburgo. E assim, se é verdade que os juízes constitucionais excluíram – conforme o acórdão do Tribunal de Luxemburgo – a necessidade de um novo julgamento para salvar a *fairness* da entrega de uma pessoa processada em outro País *in absentia*, também é claro que chegaram a este resultado partindo do pressuposto de que a renúncia ao direito de participação pessoal tem de ser inequívoca, desde que ao acusado assegure-se a assistência jurídica de um advogado. Desta maneira, contudo, o Tribunal constitucional pôs em evidência a distância entre a decisão *Melloni* e a abordagem da jurisprudência europeia, e,

[75] STC 26/2014.

consequentemente, a sua incapacidade de assegurar o pleno cumprimento do objetivo – perseguido, como já observamos, em termos muito claros pela mesma Decisão-quadro de 2009 – de garantir os *standards* de proteção oferecidos pela Convenção europeia[76].

Poderíamos presumir, então, que a aparente submissão do Tribunal constitucional espanhol à resposta de Luxemburgo visava obter uma reação por parte de futura jurisprudência, justamente através da demonstração das deficiências de método do acórdão prejudicial, deficiências que ainda seguiam referindo-se à problemática relação com o direito constitucional. Significativamente, os juízes constitucionais, embora se afastassem da sua jurisprudência anterior, apontaram em 2014 o requisito de assegurar o pleno cumprimento do conteúdo essencial do direito ao devido processo em assuntos transnacionais para preservar o princípio constitucional da dignidade humana. E pode ser interessante notar que, quando no seguinte ano o Tribunal constitucional alemão foi chamado a examinar uma questão semelhante àquela que foi afrontada no caso *Melloni*, apelou-se precisamente à "inalienável identidade constitucional", tal como resultava do art. 79 par. 3 conjuntamente ao art. 1 par. 1 do *Grundgesetz* alemão, para justificar a não execução de um mandado de captura europeu, embora no caso em exame estivessem satisfeitas as condições previstas pelo direito da União em matéria de julgamentos *in absentia*[77]. E mesmo que o Tribunal constitucional alemão não tivesse requerido um acórdão prejudicial, a sua argumentação claramente retomou parte das observações críticas levantas pela resposta dos juízes constitucionais espanhóis em 2014.

Não podemos excluir, então, que a diferente solução adotada pelo Tribunal constitucional alemão não só visava arrogar-se o poder de controlar a equivalência dos *standards* de proteção de direitos fundamentais oferecida pelo direito da União àqueles estabelecidos pelo direito nacional[78], senão também

[76] Considerando n. 1 da Decisão-quadro 2009/299/JAI.

[77] BVerfG, dec. 15 dezembro 2015, Az. 2 BvR 2735/14. Sobre esta decisão cf. DEMETRIO, Crespo E.; SÁNZ, Hermida Á. *In Absentia Proceedings in the Framework of a Human-Rights--Oriented Criminal Law. The Perspective of Substantive Criminal Law. In*: QUATTROCOLO, S.; RUGGERI, S. (ed.). ***Personal Participation in Criminal Proceedings***. *A Comparative Study of Participatory Safeguards and in absentia Trials in Europe.* Heidelberg et al.: Springer International Publishing, 2019. p. 567 et seq.

[78] POLLICINO, O.; BASSINI, M. *Personal Participation and Trials In Absentia. A Comparative Constitutional Law Perspective. In*: QUATTROCOLO, S.; RUGGERI, S. (ed.). ***Personal***

provocar a aceitação de tal equivalência por parte do Tribunal de Justiça. Um exame preciso da jurisprudência de Luxemburgo demonstra a clara tendência a aproximar-se aos requisitos estabelecidos pelo direito constitucional dos Estados-membros nos últimos anos[79]. Contudo, ainda não há indicações claras sobre os *standards* de legalidade supranacional dos procedimentos de entrega internacional em casos de julgamentos *in absentia*. Isso não significa que a jurisprudência de Luxemburgo não haja evoluído desde a decisão *Melloni*. Em particular, parece interessante observar que em casos mais recentes o Tribunal de Justiça tem seguido uma linha metodológica orientada a reforçar as garantias informativas da pessoa envolvida em julgamentos *inaudito reo*[80] e até em casos de julgamento *in absentia*[81].

Participation in Criminal Proceedings*. A Comparative Study of Participatory Safeguards and in absentia Trials in Europe.* Heidelberg et al.: Springer International Publishing, 2019. p. 544.

[79] Bastaria comparar a rígida abordagem adotada pelo TJE no famoso acórdão *Taricco* (Grande Secção, *Taricco e outros*, acórd. 8 septembro 2015, C-105/14) com as soluções mais flexíveis do mesmo Tribunal em casos mais recentes. Cfr. TJE, Grande Secção, *Aranyosi and Căldăraru*, acórd. 5 abril 2016, C-404-15 & C-659/15; Grande Secção, *M.A.S. e M.B.*, acórd. 5 dezembro 2017, C-42/17. Sobre essa evolução, cf., *ex multis*, POLLICINO, O.; BASSINI, M. ***Defusing the Taricco Bomb through Fostering Constitutional Tolerance: All Roads Lead to Rome.*** 2017. Disponível em: https://verfassungsblog.de/defusing-the-taricco-bomb-through-fostering--constitutional-tolerance-all-roads-lead-to-rome/; BARGIS, M. ***Mandato di arresto europeo e diritti fondamentali: recenti itinerari "virtuosi" della Corte di Giustizia tra compromessi e nodi irrisolti.*** 2017. Disponível em: https://dpc-rivista-trimestrale.criminaljusticenetwork.eu/pdf/bargis_2_17.pdf; SCHNEI*DER, A. In Absentia Trials and Transborder Criminal Procedures. The Perspective of EU Law. In*: QUATTROCOLO, S.; RUGGERI, S. (ed.). ***Personal Participation in Criminal Proceedings****. A Comparative Study of Participatory Safeguards and in absentia Trials in Europe.* Heidelberg et al.: Springer International Publishing, 2019. p. 625 et seq.

[80] TJE, *Covaci*, acórd. 15 outubro 2015, C-216/14; TJE, *Sleutjes*, acórd. 12 outubro 2017, C-278/16; TJE, *Tranca, Reiter e Opria*, acórd. 22 março 2017, C-124/16, C-188/16 & C-213/16.

[81] Significativa a solução adotada no caso *Dworzecki*, em que, embora a Decisão-quadro de 2009 preveja como alternativa à informação pessoal a notificação com outros meios previstos pela lei, o Tribunal de Justiça confirmou a legitimidade da entrega internacional da pessoa procurada só se tiver sido informada oficialmente da instauração do processo de uma maneira idônea a assegurar o seu conhecimento do julgamento. Cfr. TJE, *Dworzecki*, acórd. 24 maio 2016, C-108/16 PPU. Ver SCHNEI*DER, A. In Absentia Trials and Transborder Criminal Procedures. The Perspective of EU Law. In*: QUATTROCOLO, S.; RUGGERI, S. (ed.). ***Personal Participation in Criminal Proceedings****. A Comparative Study of Participatory Safeguards and in absentia Trials in Europe.* Heidelberg et al.: Springer International Publishing, 2019. p. 613 et seq.

3.2. A tutela da vítima e a extensão das garantias do devido processo reconhecidas à pessoa acusada

A análise dos procedimentos de entrega internacional proporciona-nos um ponto de vista privilegiado para observar a capacidade das jurisprudências internacionais de explorar o incrível potencial das garantias do devido processo e de renová-las constantemente conforme os específicos desafios da justiça penal transnacional, indo mais além da *littera legis* e das próprias intenções dos elaboradores das cartas internacionais de direitos humanos. Instrumentos jurídicos como a extradição ou o mandado de captura europeu, apesar de possibilitar uma eficiente persecução penal de crimes com dimensão transnacional, podem incidir negativamente sobre os direitos fundamentais não só do acusado, mas também de outras pessoas envolvidas no julgamento penal, especialmente as vítimas e as partes lesadas. Em particular, os procedimentos de entrega internacional podem implicar graves restrições do direito à prova e do direito a obter uma investigação exaustiva de tais sujeitos, o que suscita a questão de se, e em que medida, as garantias do devido processo podem ser estendidas a pessoas distintas do arguido nos procedimentos penais que requerem a adoção de instrumentos de cooperação internacional.

Mas provavelmente nestes termos a questão é mal formulada, ao menos por duas razões. Primeiro, como já observamos, não há argumentos sérios para justificar uma restrição de todo o conjunto de direitos inerentes ao devido processo só à área da justiça penal nacional. Segundo, a importância central que as Cartas internacionais de direitos humanos reservam ao arguido não pode levar-nos a esquecer que o acusado não tem direito a ser ouvido equitativamente, e portanto a um processo que seja equitativo para ele, mas lhe foram reconhecidos direitos fundamentais no contexto de um processo que pode ser considerado equitativo na medida em que consegue assegurar o constante equilíbrio entre exigências e interesses diversos e às vezes antagonistas.

Um difícil banco de provas para testar a capacidade de conseguir tais equilíbrios na jurisprudência internacional foi o chamado *'Processo de justiça e paz'* promovido em Colômbia pela Lei 975/2005. Esta reforma legislativa marcou uma etapa fundamental para a resolução dos conflitos armados na Colômbia, pois deu lugar a um enorme processo de desmobilização de grupos paramilitares que levou à instauração de uma gigantesca ação legal. É verdade que aqueles que aceitaram a desmobilização foram submetidos a uma pena muito reduzida (oito anos de prisão), mas a reforma conseguiu o objetivo de julgar graves crimes contra a humanidade, oferecendo uma ocasião única não só para satisfazer o direito das vítimas e seus familiares à determinação dos feitos e à reparação, senão também para permitir a reinserção social dos membros de grupos paramilitares[82]. O problema surgiu quando vários chefes de tropas paramilitares foram extraditados para os Estados Unidos. A justificação oficial desta decisão era que a sua permanência na Colômbia teria lhes permitido cometer outros crimes, mas era claro que tal solução impedia também a persecução dos graves delitos relacionados com o narcotráfico e poderia pôr em perigo o pedido de justiça de centenas de colombianos. E foi justamente esta consideração que levou a Corte Suprema de Justiça de Colômbia a mudar a sua orientação anterior reconhecendo que a extradição em matéria de narcotráfico poderia comprometer a obrigação estatal de investigar e processar também gravíssimos delitos como genocídio, desaparecimentos forçados, e assim por diante[83].

A jurisprudência interamericana também foi chamada a examinar o *Processo de justiça e paz*, especialmente as implicações dessas extradições sobre a cognição dos feitos e a possibilidade de obter provas testemunhais. A este propósito, a Comissão interamericana de direitos humanos observou que, apesar das declarações do Governo colombiano, as autoridades estadunidenses puseram vários obstáculos aos pedidos de auxílio judiciário internacional, o que tornou quase impossível conseguir tais provas testemunhais, tanto que só um pedido foi acolhido[84]. E foi precisamente a consideração do prejuízo

[82] Julio-Estrada, A. *Transnational investigation of criminal procedure and the protection of victims of serious human rights violations in Latin American constitutional jurisprudence. In*: RUGGERI, S. (ed.). ***Transnational inquiries and the protection of fundamental rights in criminal proceedings.*** *A study in memory of Vittorio Grevi and Giovanni Tranchina.* Heidelberg *et al.*: Springer, 2013. p. 125 et seq.

[83] Julio-Estrada, A. *Transnational investigation of criminal procedure and the protection of victims of serious human rights violations in Latin American constitutional jurisprudence. In*: RUGGERI, S. (ed.). ***Transnational inquiries and the protection of fundamental rights in criminal proceedings***. *A study in memory of Vittorio Grevi and Giovanni Tranchina*. Heidelberg *et al.*: Springer, 2013. p. 128.

[84] DONDÉ MATUTE, J. *The Inter-American system of human rights and transnational inquiries. In*: RUGGERI, S. (ed). ***Transnational inquiries,and the protection of fundamental rights in criminal proceedings***. *A study in memory of Vittorio Grevi and Giovanni Tranchina.* Heidelberg *et al.*: Springer, 2013. p. 43.

dos direitos das vítimas à verdade, justiça e reparação que levou a Comissão interamericana a aplicar às vítimas de graves abusos de direitos humanos algumas importantes garantias participativas que tradicionalmente foram consideradas exclusivas do acusado, como direito de obter provas exculpatórias e o direito ao contraditório[85].

A Corte interamericana também monitorou o Processo de Justiça e Paz na Colômbia, e foi ainda mais exigente ao examinar a extradição de líderes de grupos paramilitares no caso *Ituango Massacres vs. Colômbia*. Os juízes de São José sublinharam claramente que a extradição, não obstante a sua relevância "*as an important instrument for the criminal prosecution of cases involving serious human rights violations*", não poderia constituir um meio para "*favor, seek or ensure impunity in said cases*"[86]. Daí que reconhecessem que, como consequência da extradição para os Estados Unidos, às vítimas foi impedido de "*having access to the proceedings and requiring a complete confession of the facts*"[87]. A Corte, contudo, evitou imputar a responsabilidade por este resultado só à falta de cooperação com os Estados Unidos, destacando que a mesma Lei de Justiça e Paz não permitia aos representantes legais das vítimas nem examinar as pessoas extraditadas, nem solicitar cópia integral dos interrogatórios preliminares e apresentar provas no procedimento[88]. A Corte então chegou à conclusão de que a legislação nacional não poderia impedir a um Estado contratante o cumprimento das suas obrigações que derivam da Convenção americana, especialmente da obrigação de efetuar inquéritos exaustivos para poder sancionar os autores de graves condutas em violação de direitos humanos[89]. Tal abordagem teve uma grande importância sistemática, pois permitiu à jurisprudência interamericana reconhecer o direito fundamental

[85] ComIDH, Annual Report 2009, Chapter IV, § 36. A Comissão observou que justamente o "scanty number of victims in the rooms where the voluntary statements were transmitted, due to difficulties in access or in receiving notice of the proceedings" dificultou a sua participação na obtenção das provas testemunhais. Cf. DONDÉ MATUTE, J. *The Inter-American system of human rights and transnational inquiries*. *In*: RUGGERI, S. (ed). ***Transnational inquiries, and the protection of fundamental rights in criminal proceedings***. *A study in memory of Vittorio Grevi and Giovanni Tranchina*. Heidelberg *et al.*: Springer, 2013. p. 43.

[86] CIDH, *Ituango Massacres vs. Colômbia*, Monitoring compliance with judgment, Court's Order of 7 July 2009, § 19.

[87] *Ibid.*, § 18.

[88] *Ibid.*

[89] *Ibid.*

das vítimas de graves violações de direitos humanos de se confrontar com os acusados, ou pelo menos de assistir aos seus interrogatórios, embora realizados no estrangeiro. Uma abordagem que a Corte confirmou em 2013 em relação ao mesmo caso *Ituango Massacres*, ao sublinhar que, apesar de todos os esforços para garantir o cumprimento da decisão de 2006, ainda era preciso assegurar às partes lesadas o direito de contribuir aos interrogatórios dos chefes de tropas paramilitares que foram extraditados[90].

Conclusões

Não existem dúvidas de que a justiça penal transnacional é um dos âmbitos que mais põe em perigo a solidez e sustentabilidade dos *standards* de proteção dos direitos inerentes ao devido processo. Enquanto as pessoas que se encontram envolvidas em procedimentos penais com uma dimensão internacional – ou inclusive a multíplices persecuções penais – sofrem dificuldades e riscos adicionais àqueles que existem em processos domésticos, também os Estados devem enfrentar complexos desafios que derivam de assuntos transnacionais, e, justamente por isso, muitas vezes tendem a relaxar os ordinários níveis de garantia e a aceitar compromissos também em relação a direitos fundamentais.

Não obstante a quantidade crescente de procedimentos transnacionais, especialmente em áreas regionais caracterizadas por uma intensa circulação de cidadãos entre os Estados e o aumento de atividades económicas com dimensão não exclusivamente nacional, a análise das jurisprudências internacionais do Tribunal de Estrasburgo e da Corte de São José ainda oferece um número bastante limitado de questões relativas a assuntos transnacionais em matéria de violações de devido processo. Infelizmente, também as soluções elaboradas pelas jurisprudências em matéria de direitos humanos revelam, em larga medida, uma tendência a suavizar importantes *standards* de garantia até em relação a direitos fundamentais (por exemplo, o direito à participação pessoal no processo), uma tendência que traz consigo consequências por sua vez muito relevantes, e, principalmente, o risco de enfraquecer novos modelos

[90] CIDH, *Ituango Massacres vs. Colômbia*, Monitoring compliance with judgment, Court's Order of 21 May 2013, § 16 ff.

de cooperação reforçada, como aquela que se tem estabelecido no âmbito entre Países da União europeia sobre a base do princípio do reconhecimento mútuo. Com certeza, não é fácil antever os resultados destas complexas evoluções, mas é interessante notar a atenção crescente que tem mostrado sobretudo a jurisprudência interamericana à exigência de alargar o âmbito, e até redefinir a dimensão, de alguns direitos fundamentais inerentes ao devido processo, estendendo-os a pessoas que também sofrem graves restrições como consequência da condução de processos penais com caráter transnacional, ou que requerem instrumentos de cooperação internacional, como as vítimas. Tais soluções parecem de grande relevância sistemática, estabelecendo as bases mais corretas para definir uma concepção de moderno processo penal transnacional desde uma perspectiva não exclusivamente centrada nos direitos fundamentais do acusado.

Referências

ABADE, D. **Direitos fundamentais na cooperação jurídica internacional**. São Paulo: Saraiva, 2013.

AMALFITANO, C. ***Mandato d'arresto europeo: reciproco riconoscimento vs. diritti fondamentali?*** *Note a margine delle sentenze Radu e Melloni della Corte di Giustizia*. 2013. Disponível em: https://archiviodpc.dirittopenaleuomo.org/d/2402-mandato-d-arresto--europeo--reciproco-riconoscimento-vs-diritti-fondamentali.

BACHMAIER, Winter L. *New developments in EU law in the field of in absentia national proceedings. The Directive 2016/343/EU in the light of the ECtHR case law. In*: QUATTROCOLO, S.; RUGGERI, S. (ed.). ***Personal Participation in Criminal Proceedings****. A Comparative Study of Participatory Safeguards and in absentia Trials in Europe*. Heidelberg et al.: Springer International Publishing, 2019.

BARGIS, M. ***Mandato di arresto europeo e diritti fondamentali: recenti itinerari "virtuosi" della Corte di Giustizia tra compromessi e nodi irrisolti***. 2017. Disponível em: https://dpc-rivista-trimestrale.criminaljusticenetwork.eu/pdf/bargis_2_17.pdf.

BÖSE, M. *Human Rights Violations and Mutual Trust: Recent Case Law on the European Arrest Warrant. In*: RUGGERI, S. (ed.). ***Human Rights in European Criminal Law****. New Developments in European Legislation and Case Law after the Lisbon Treaty*. Heidelberg: Springer, 2015.

CAPRIOLI, F. *Report on Italy. In*: RUGGERI, S. (ed.). ***Transnational inquiries,and the protection of fundamental rights in criminal proceedings****. A study in memory of Vittorio Grevi and Giovanni Tranchina*. Heidelberg *et al.*: Springer, 2013.

CASAL, J.M. *Article 7*. *In*: STEINER; URIBE (ed.). ***Convención Americana sobre Derechos Humanos. Comentario***. Berlin: Konrad Adenauer Stiftung, 2014.

DE AMICIS, G. ***All'incrocio tra diritti fondamentali, mandato d'arresto europeo e decisioni contumaciali***: *la Corte di Giustizia e il "caso Melloni"*. *Un commento a margine della sentenza Melloni della Corte di Giustizia*. 2013. Disponível em: https://archiviodpc.dirittopenaleuomo.org/d/2340-all-incrocio-tra-diritti-fondamentali-mandato-d-arresto-europeo-e-decisioni-contumaciali-la-corte-d.

DEMETRIO, Crespo E.; SÁNZ, Hermida Á. *In Absentia Proceedings in the Framework of a Human-Rights-Oriented Criminal Law. The Perspective of Substantive Criminal Law*. *In*: QUATTROCOLO, S.; RUGGERI, S. (ed.). ***Personal Participation in Criminal Proceedings***. *A Comparative Study of Participatory Safeguards and in absentia Trials in Europe*. Heidelberg et al.: Springer International Publishing, 2019.

DONDÉ MATUTE, J. *The Inter-American system of human rights and transnational inquiries*. *In*: RUGGERI, S. (ed). ***Transnational inquiries,and the protection of fundamental rights in criminal proceedings***. *A study in memory of Vittorio Grevi and Giovanni Tranchina*. Heidelberg *et al*.: Springer, 2013.

GIACOMOLLI, N.J. **O devido processo penal**. Abordagem conforme a Constituição Federal e o Pacto de São José da Costa Rica. São Paulo: Atlas, 2014.

GLESS, S. ***Beweisrechtsgrundsätze einer grenzüberschreitenden Strafverfolgung***. Baden--Baden: Nomos, 2006.

Julio-Estrada, A. *Transnational investigation of criminal procedure and the protection of victims of serious human rights violations in Latin American constitutional jurisprudence*. *In*: RUGGERI, S. (ed.). ***Transnational inquiries and the protection of fundamental rights in criminal proceedings***. *A study in memory of Vittorio Grevi and Giovanni Tranchina*. Heidelberg *et al*.: Springer, 2013.

KLITSCH, S. *Der neue EU-Rahmenbeschluss zu Abwesenheitsverurteilungen – ein Appell zur Revision*. *In*: ***Zeitschrift für internationale Strafrechtsdogmatik***, 2009.

KRÜßMANN, T. ***Transnationales Strafprozessrecht***. Baden-Baden: Nomos, 2009.

NEGRI, D. *Commento all'art. 1 Decreto-legge 17/2005*. *In*: ***La Legislazione penale***, 2005.

POLLICINO, O. ***Corte di giustizia e giudici nazionali***: *il moto "ascendente", ovverosia l'incidenza delle "tradizioni costituzionali comuni" nella tutela apprestata ai diritti dalla Corte dell'Unione*. 2015. Disponível em: http://www.giurcost.org/studi/Pollicino2.pdf.

POLLICINO, O.; BASSINI, M. ***Defusing the Taricco Bomb through Fostering Constitutional Tolerance: All Roads Lead to Rome***. 2017. Disponível em: https://verfassungsblog.de/defusing-the-taricco-bomb-through-fostering-constitutional-tolerance-all-roads--lead-to-rome/.

POLLICINO, O.; BASSINI, M. *Personal Participation and Trials In Absentia. A Comparative Constitutional Law Perspective*. *In*: QUATTROCOLO, S.; RUGGERI, S. (ed.). ***Personal Participation in Criminal Proceedings***. *A Comparative Study of Participatory Safeguards and in absentia Trials in Europe*. Heidelberg et al.: Springer International Publishing, 2019.

RENZIKOWSKI, J. *Die nachträgliche Sicherungsverwahrung und die Europäische Menschenrechtskonvention*. **Juristische Rundschau**, 2004.

ROMBOLI, R.; RUGGERI, A. (coord.). ***Corte europea dei diritti dell'uomo e Corte interamericana dei diritti umani****: modelli ed esperienze a confronto, XI Giornate italo-spagnolo-brasiliane di diritto costituzionale.* Torino: Giappichelli; Valencia: Tirant Lo Blanch.

RUGGERI, A. *La Corte di giustizia e il bilanciamento mancato (a margine della sentenza Melloni).* ***Il diritto dell'Unione europea***, 2013.

RUGGERI, A. ***La Corte di giustizia, il primato incondizionato del diritto dell'Unione e il suo mancato bilanciamento col valore della salvaguardia dei principi di struttura degli ordinamenti nazionali nel loro fare "sistema".*** *Nota minima a Corte giust., Grande Sez., 26 febbraio 2013, in causa C-399/11, Melloni c. Ministerio Fiscal.* 2013. Disponível em: https://www.diritticomparati.it/la-corte-di-giustizia-il-primato-incondizionato-del-diritto-dellunione-e-il-suo-mancato-bilanciament/.

SANGER, A. *Force of circumstance: the European arrest warrant and human rights. In*: ***Democracy Secur 6***, 2010.

SCHNEIDER, A. *In Absentia Trials and Transborder Criminal Procedures. The Perspective of EU Law. In*: QUATTROCOLO, S.; RUGGERI, S. (ed.). ***Personal Participation in Criminal Proceedings****. A Comparative Study of Participatory Safeguards and in absentia Trials in Europe.* Heidelberg et al.: Springer International Publishing, 2019.

SCHOMBURG, W.; LAGODNY, O.; GLEß, S.; HACKNER, T. *Einleitung: Das international-arbeitsteilige Strafverfahren. In*: SCHOMBURG, W.; LAGODNY, O.; GLEß, S.; HACKNER, T. (ed.). ***Internationale Rechtshilfe in Strafsachen***. 5th ed. C.H. Beck, Munich, 2012.

SIRACUSANO, F. *Nuove prospettive in materie di processo in absentia e procedure di consegna. In*: RAFARACI, T. (ed.). ***La cooperazione di polizia e giudiziaria in materia penale nell'Unione europea dopo il Trattato di Lisbona***. Milano: Giuffrè, 2011.

TRECHSEL, S. *Grundrechtsschutz bei der internationalen Zusammenarbeit in Strafsachen. In*: ***Europäische Grundrechte-Zeitschrift***, 1987.

TRECHSEL, S. ***Human rights in criminal proceedings***. Oxford: Oxford University Press, 2005.

VAN HOEK, A.; LUCHTMANN, M. *The European Convention on Human Rights and Transnational Cooperation in Criminal Matters. In*: VAN HOEK, A. *et al.* (ed.). ***Multilevel Governance in Enforcement and Adjudication***. Antwerp: Intersentia, 2006.

VOGLER, R. *Transnational Inquiries and the Protection of Human Rights in the Case-Law of the European Court of Human Rights. In*: RUGGERI, S. (ed.). ***Transnational inquiries and the protection of fundamental rights in criminal proceedings****. A study in memory of Vittorio Grevi and Giovanni Tranchina.* Heidelberg *et al.*: Springer, 2013.

44.
O "DILEMA DO INOCENTE" NO ACORDO DE NÃO PERSECUÇÃO PENAL

Felipe Faoro Bertoni

I. Agradecimento ao mestre

Foi com inexpressável honra que recebi o convite para participar da presente obra em homenagem ao Professor Dr. Nereu José Giacomolli, um dos grandes responsáveis pela minha escolha em seguir o caminho do estudo das Ciências Criminais. A vida me brindou com a grata oportunidade de ser aluno do Professor Nereu na graduação em Direito, no mestrado em Ciências Criminais e no doutorado em Ciências Criminais, todos os cursos feitos na Pontifícia Universidade Católica do Rio Grande do Sul. Sem medo de errar ou exagerar, afirmo que o Professor Nereu é um dos docentes que mais alia o ensino à humanidade. Sua capacidade técnica fica evidente em sua fala atenta e cuidadosa, sempre preocupado com os alunos.

Além de acompanhar o trabalho do Professor Nereu em sala de aula, também tive a honra de acompanhar de perto a sua atuação na Magistratura. Novamente falo sem medo de errar: foi uma trajetória brilhante. Extremamente técnica, humana e corajosa. O Juiz Nereu zelava pela observância das garantias fundamentais dos jurisdicionados, assim como o Professor Nereu zelava pelo aprendizado dos seus alunos.

Por fim, não posso deixar de consignar que, em todos os espaços de convivência que compartilhei com o Professor Nereu, sempre foi ele unanimidade positiva. Todas as pessoas de seu convívio nutriam por ele – além de grande admiração profissional pelo conhecimento, capacidade técnica e posição – também considerável estima por sua pessoa, sua personalidade cativante e forma cordial, atenciosa e respeitosa com que sempre tratava todos que cruzavam o seu caminho.

Por todos esses motivos é que me sinto extremamente honrado em participar desta merecidíssima homenagem ao Professor Nereu José Giacomolli, em quem tanto me espelho, tornando pública a minha admiração e o meu agradecimento por todos os ensinamentos.

II. Considerações iniciais

O presente artigo possui, como finalidade, estudar as principais características do acordo de não persecução penal, instituto recentemente inserido em nosso ordenamento jurídico. Dar-se-á ênfase aos principais pontos de tensão que podem advir do requisito da *confissão formal* para a celebração da avença, o que pode gerar, em alguns casos, o "dilema do inocente".

Trata-se o acordo de não persecução penal de novidade inserida no Código de Processo Penal (CPP) pelo nominado "Pacote Anticrime", consolidado pela Lei nº 13.964, de 24 de dezembro de 2019. A possibilidade de acordo entre acusação e investigado, para o não oferecimento da denúncia, consubstancia ampliação no leque de medidas consensuadas no âmbito do processo penal, sacramentando uma caminhada em direção a soluções de consenso que se iniciou em 1995, com a Lei nº 9.099 e os institutos da transação penal e da suspensão condicional do processo.

Em um primeiro momento, realizar-se-á breve digressão acerca da metamorfose pela qual vem passando nossa sistemática processual. De fato, verifica-se gradual relativização do princípio da obrigatoriedade da ação penal, bem como do desenlace processual como forma exclusiva de resolução de casos penais.

Em seguida, verificar-se-á como foi sistematizado o instituto do acordo de não persecução penal no CPP. No ponto, serão abordados os requisitos para celebração, os impedimentos e as principais balizas contidas na normativa de regência.

Por fim, identificar-se-ão alguns dos principais pontos de tensão que podem advir da exigência legal da confissão. Nesse sentido, pode-se formular os seguintes questionamentos: (*i*) *É possível que o acordo de não persecução penal se converta em um instrumento apto a causar abuso de poder, forçando a confissão de inocentes que receiem os riscos e custos do processo?* (*ii*) *É possível a celebração de acordo de não persecução penal diante de confissão qualificada?* São questões pertinentes que se pretende abordar no decorrer do presente artigo.

III. O inevitável caminhar para o "consenso" no sistema processual penal brasileiro

O sistema jurídico-penal brasileiro tem se enveredado, cada vez mais e cada vez mais rapidamente, para a adoção e implementação de medidas relativas ao que se convencionou chamar de "justiça negociada". Com isso, o moroso e tormentoso caminho do processo penal acaba sendo, em muitas ocasiões, substituído por – não menos tormentosos, mas certamente menos morosos – métodos consensuais de resolução de conflitos criminais.

Uma das primeiras expressões dessa "justiça negocial" ou "consensual" surgiu em nossa realidade jurisdicional com a Lei nº 9.099/1995 e os Juizados Especiais Criminais[1], especificamente com os institutos da composição civil, da transação penal e da suspensão condicional do processo. Essa primeira dimensão[2] de justiça negocial – com a qual vínhamos nos acostumando desde 1995 – está normalmente relacionada às infrações penais de menor potencial ofensivo[3].

[1] No ponto, não se pode deixar de referir que o Professor Nereu José Giacomolli tem um dos melhores e mais completos livros sobre a temática, o qual, sem dúvidas, é referência obrigatória para a apreciação da matéria: GIACOMOLLI, Nereu José. **Juizados Especiais Criminais:** Lei n. 9.099/95. 2. ed. Porto Alegre: Livraria do Advogado, 2002.

[2] A divisão entre justiça negociada de primeira e de segunda dimensão encontra-se celebrada em WUNDERLICH, Alexandre Lima. Colaboração premiada: o direito à impugnação de cláusulas e decisões judiciais atinentes aos acordos. *In*: BOTTINI, Pierpaolo Cruz; MOURA, Maria Thereza de Assis (coord.). **Colaboração premiada.** São Paulo: Editora Revista dos Tribunais, 2017.

[3] Não se ignora, evidentemente, a possibilidade de aplicação dos institutos em infrações penais que não sejam de menor potencial ofensivo, mas tendo em conta que os institutos

Contudo, mais recentemente desenvolveu-se a segunda dimensão da justiça negociada, mais direcionada à criminalidade econômica. Pode-se considerar como um dos principais marcos dessa nova orientação a edição da Lei nº 12.850, em 2013, a qual remodelou o instituto da colaboração premiada, sistematizando-o e estabelecendo parâmetros de aplicabilidade.

Essa modificação legislativa, em sintonia com a implementação de uma política criminal voltada ao "combate[4]" à criminalidade econômica – historicamente de difícil descobrimento e persecução e de elevada cifra oculta[5] –, alçou a colaboração premiada ao papel de protagonista do sistema jurídico penal, notadamente no que concerne à macrocriminalidade. Em pouco tempo, o emprego conferido à colaboração premiada estabeleceu um giro paradigmático na realidade penal e processual penal, inaugurando uma série de situações complexas para as quais nem o ordenamento jurídico[6] e nem a comunidade jurídica[7] estavam preparados.

Enquanto doutrina e jurisprudência tentam lançar luz aos principais pontos de tensão advindos da ampla e recorrente utilização da colaboração premiada, a Lei nº 13.964, no apagar das luzes de 2019, inseriu, em nosso

estão previstos na Lei nº 9.099/1995, é inegável a sua vinculação com as contravenções penais e os crimes cujo apenamento máximo não ultrapassem dois anos ante o que estabelece a legislação de regência.

[4] A adoção de expressões de natureza bélica, tais como "combate à criminalidade econômica" ou "guerra às drogas" enseja extrema preocupação, na medida em que revela a sua falta de preocupação com os limites dogmáticos e democráticos ordinariamente estabelecidos.

[5] Acerca da dificuldade de persecução e alta taxa de cifra oculta nos delitos econômicos, convém destacar a pesquisa de Ela Wiecko Volkmer de Castilho, *O Controle Penal nos Crimes contra o Sistema Financeiro Nacional*, a qual investigou o tema vinculado aos crimes contidos na Lei nº 7.492/1986. Segundo a pesquisa, em 1995, ou seja, cerca de nove anos após a publicação da Lei nº 7.492/1986, apenas 19 pessoas haviam sido condenadas pela prática de algum dos delitos contidos na normativa mencionada (CASTILLO, Ela Wiecko Volkmer. **O Sistema de Controle Penal nos Crimes contra o Sistema Financeiro Nacional**. São Paulo: Del Rey, 2001. p. 172).

[6] Há, de fato, flagrante carência legislativa para tutelar e resolver todas as situações que advieram dessa expansão do uso das formas de solução negociada.

[7] Apresentaram-se à comunidade jurídico-acadêmica situações completamente novas para as quais nem doutrina e nem jurisprudência estavam familiarizadas, ensejando intenso debate e construção de limites e parâmetros, os quais, saliente-se, ainda não estão suficientemente sedimentados em diversos pontos.

ordenamento jurídico, outro instituto de natureza consensual. Trata-se do acordo de não persecução penal, previsto no artigo 28-A do CPP.

IV. O acordo de não persecução penal

Seguindo a tendência da barganha no processo penal[8], a exemplo da composição civil, da transação penal, da suspensão condicional do processo e da colaboração premiada, o acordo de não persecução penal consiste na possibilidade de celebração de acordo entre investigado e Ministério Público para a não formalização da acusação. É preciso, para tanto, que haja o preenchimento de determinados requisitos e, caso sejam cumpridas integralmente as condições impostas, deve ser decretada a extinção da punibilidade.

O instituto está contemplado no artigo 28-A do CPP. Veja-se a redação do *caput* do dispositivo:

> não sendo caso de arquivamento e tendo o investigado confessado formal e circunstancialmente a prática de infração penal sem violência ou grave ameaça e com pena mínima inferior a 4 (quatro) anos, o Ministério Público poderá propor acordo de não persecução penal, desde que necessário e suficiente para reprovação e prevenção do crime, mediante as seguintes condições ajustadas cumulativa e alternativamente.

Para a melhor compreensão dos limites e do alcance do instituto, cumpre identificar os requisitos estabelecidos pelo regramento legal para o oferecimento do acordo de não persecução penal. A legislação estabeleceu os seguintes critérios:

(*i*) *Existência de justa causa para o exercício da ação penal.* O dispositivo legal de regência é claro ao afirmar que, *não sendo caso de arquivamento*, é possível

[8] Acerca do desenvolvimento dos espaços de consenso de barganha no processo penal, recomenda-se: VASCONCELLOS, Vinícius Gomes de. **Barganha e justiça criminal negocial:** análise das tendências de expansão de consenso no processo penal brasileiro. 2. ed. Belo Horizonte: Editora D'Plácido, 2018.

a celebração de acordo de não persecução penal. Logicamente, antes da verificação acerca da possibilidade de celebração do acordo, deve o órgão acusador verificar a existência – *ou não* – de justa causa para o exercício da ação penal. Inexistindo justa causa, deve-se determinar o arquivamento. Havendo, por outro lado, justa causa, aí sim, antes do oferecimento da denúncia, compete ao Ministério Público examinar a viabilidade da solução pactuada.

No ponto, é fundamental destacar a necessidade de se fazer valer concretamente esse requisito. A história recente da justiça negocial brasileira é alarmante e já demonstrou flagrante descaso com a necessidade de verificação da justa causa. No âmbito dos Juizados Especiais Criminais, apesar de o artigo 76 da Lei nº 9.099/1995[9] ser expresso ao condicionar a oferta da transação penal aos casos em que *não seria caso de arquivamento*, vigora a nefasta prática do oferecimento indiscriminado da transação penal, como se um favor fosse, antes mesmo de qualquer exame acerca da viabilidade acusatória. Essa sistemática converte o instituto em arma de coação psíquica contra o jurisdicionado que muitas vezes se sente coagido a aceitar a transação penal e resolver o conflito, poupando o trabalho de todos os operadores do Direito envolvidos e o seu próprio suplício de enfrentar o processo.

Tendo isso em vista, não é difícil antever a possibilidade de que a mesma problemática se apresente no acordo de persecução penal. Ou seja, de que o instituto se torne eficiente instrumento de coação psicológica para a resolução de casos penais com o menor esforço possível para os envolvidos, independentemente da existência de responsabilidade penal ou não[10]. Com efeito, em âmbito internacional, já se identificou a triste tendência de utilização de soluções consensuadas como forma de satisfação dos interesses dos atores processuais[11].

[9] Art. 76. Havendo representação ou tratando-se de crime de ação penal pública incondicionada, não sendo caso de arquivamento, o Ministério Público poderá propor a aplicação imediata de pena restritiva de direitos ou multas, a ser especificada na proposta.

[10] Sobre a experiência no Direito norte-americano, veja-se ALSCHULER, Albert W. Um sistema perfeito para condenar os inocentes. *In*: GLOECKNER, Ricardo Jacobsen (org.). ***Plea bargaining***. São Paulo: Tirant lo Blanch, 2019. p. 130-131.

[11] GÓMES COLOMER, Juan Luiz. ***El proceso penal adversarial:*** *una crítica constructiva sobre el llamado sistema acusatorio*. Mexico: Ubijus Editorial, 2012. p. 22-23.

(ii) *Confissão formal e circunstanciada.* A lei expressamente estabeleceu, como requisito para celebração do acordo, a confissão do fato de ter o investigado *confessado formal e circunstanciadamente a prática* da infração penal. Reside, aqui, o principal ponto de tensão do presente escrito e que será abordado em tópico próprio adiante. De qualquer forma, antecipam-se as questões problemáticas que merecerão estudo, atenção e debate no cenário jurídico acadêmico: *(i) É possível que o acordo de não persecução penal se converta em um instrumento apto a causar abuso de poder, forçando a confissão de inocentes que receiem os riscos e custos do processo? (ii) É possível a celebração de acordo de não persecução penal diante de confissão qualificada?* Esses pontos serão destacados a seguir.

(iii) *Infração penal sem violência ou grave ameaça.* A legislação de regência expressamente veda a celebração de acordo de não persecução penal em infrações penais carregadas de violência ou grave ameaça à pessoa. Esse critério demonstra a intenção do legislador em não expandir indiscriminadamente as soluções consensuadas com resposta estatal alternativa ao encarceramento para delitos envolvendo essas circunstâncias.

(iv) *Pena mínima inferior a 4 (quatro) anos.* O apenamento mínimo de 4 (quatro) anos deve levar em consideração as causas de aumento e diminuição de pena aplicáveis ao caso concreto, conforme define o parágrafo 1º do artigo 28-A do CPP.

Veja-se que esse critério estabeleceu grande alargamento nas hipóteses de resolução de conflitos criminais de forma negociada. Antes de 24 de dezembro de 2019, o encerramento do caso penal pela via do "consenso" era regulamentada, especialmente pela transação penal, insculpido no artigo 76 da Lei nº 9.099/1995, cabível para as infrações penais de menor potencial ofensivo[12], quais sejam, as contravenções penais e os crimes cuja pena *máxima* não supere 2 (dois) anos.

[12] Art. 61. Consideram-se infrações penais de menor potencial ofensivo, para os efeitos desta Lei, as contravenções penais e os crimes a que a lei comine pena máxima não superior a 2 (dois) anos, cumulada ou não com multa.

Ora, se antes era possível a não persecução do fato penal por acordo em casos com previsão de apenamento *máximo não superior a 2 (dois) anos*, agora essa solução é possível para os casos em que a pena *mínima seja inferior a 4 (quatro) anos*. Essa diretriz evidencia o caminhar para as soluções negociadas como forma de "desafogar" o sistema de Justiça criminal, buscando e ampliando soluções alternativas ao processo.

(v) Seja o acordo de não persecução penal necessário e suficiente para a reprovação e prevenção do crime. Trata-se de critério estritamente subjetivo, carregando consigo todos os riscos dessa nebulosidade.

Certo é que, ao sujeito investigado, deve ser, como regra, uma vez preenchidos os requisitos legais, conferida a possibilidade de celebração do acordo de não persecução penal. A negativa de oferecimento da solução consensuada deve ser devidamente justificada por escrito, possibilitando ao investigado o conhecimento acerca dos motivos que justificaram essa escolha. Na hipótese de recusa, por parte do Ministério Público, em propor o acordo de não persecução penal, o investigado poderá requerer a remessa dos autos a órgão superior do próprio *Parquet*, nos termos do parágrafo 14 do artigo 28-A do CPP.

Além dos requisitos gerais estabelecidos, a legislação expressamente previu vedações específicas no parágrafo 2º e seus incisos do artigo 28-A do CPP. Assim, não se admitirá a oferta de acordo de não persecução penal nos seguintes casos: *(i)* se for cabível transação penal de competência dos Juizados Especiais Criminais; *(ii)* se o investigado for reincidente ou se houver elementos probatórios que indiquem conduta criminal habitual, reiterada ou profissional, exceto se insignificantes as infrações penais pretéritas; *(iii)* se tiver o agente sido beneficiado nos 5 (cinco) anos anteriores ao cometimento da infração, em acordo de não persecução penal, transação penal ou suspensão condicional do processo; *(iv)* nos crimes praticados no âmbito de violência doméstica ou familiar, ou praticados contra a mulher por razões da condição do sexo feminino.

Uma vez preenchidos os requisitos para a celebração do acordo de não persecução penal e não se estando diante de hipótese de vedação, poderão as partes ajustar as avenças, observando o estabelecimento alternativo ou cumulativo de condições legalmente definidas. São elas: *(i)* reparação do dano ou restituição da coisa à vítima, salvo na impossibilidade de fazê-lo; *(ii)* a renúncia voluntária a bens e direitos indicados pelo Ministério Público como instrumentos, produto ou proveito do crime; *(iii)* a prestação de serviços à comunidade ou a entidades públicas por período correspondente à pena mínima cominada ao delito, diminuída de um a dois terços, em local a ser indicado pelo juízo da execução; *(iv)* prestação pecuniária à entidade pública ou de interesse social a ser indicada pelo juízo da execução; *(v)* cumprimento, por prazo determinado, de outra condição indicada pelo Ministério Público, desde que proporcional e compatível com a infração penal imputada.

No que diz respeito à formalização do acordo, deve ser ele celebrado por escrito e firmado pelo representante do Ministério Público, pelo investigado e por seu defensor, na esteira da determinação contida no § 3º do artigo 28-A do CPP. Para a homologação do acordo, deverá ser realizada audiência na qual o juiz deverá verificar os elementos de legalidade e voluntariedade, sendo esta constatada por meio de realização da oitiva do investigado, na presença do seu defensor, consoante § 4º do artigo 28-A do CPP.

Apesar de os termos e ajustes do acordo serem entabulados essencialmente entre as partes do negócio jurídico – Ministério Público e investigado –, a legislação concedeu, ao Magistrado responsável pela homologação, certo poder de intervenção na avença. Efetivamente, se o juiz considerar inadequadas, insuficientes ou abusivas as condições dispostas no acordo, devolverá os autos ao Ministério Público para que seja reformulada a proposta, com a concordância do investigado e seu defensor, nos termos do parágrafo 5º do artigo 28-A do CPP. Não ocorrendo a adequação do acordo, o juiz poderá recusar a homologação da proposta, com o encaminhamento dos autos ao Ministério Público para que analise a necessidade de complementação das investigações ou o oferecimento da denúncia, nos termos do § 8º do artigo 28-A do CPP. Por outro lado, havendo a homologação do acordo, os autos deverão ser encaminhados ao Ministério Público para que inicie a sua execução perante o juízo de execução penal, consoante determinação do § 6º do artigo 28-A do CPP.

O descumprimento de quaisquer das condições estipuladas no acordo deverá ser comunicado, pelo Ministério Público, ao juízo e poderá ensejar a rescisão do acordo com o posterior oferecimento de denúncia, segundo o que determina o § 9º do artigo 28-A do CPP. Importante destacar que o descumprimento de acordo de persecução penal pode ser usado, de conformidade com a dicção do § 11 do artigo 28-A do CPP, como justificativa para o não oferecimento de suspensão condicional do processo.

De outra banda, uma vez cumprido, na integralidade, o acordo de não persecução penal, deve o juízo decretar a extinção da punibilidade. Essa é a determinação do § 13 do artigo 28-A do CPP.

Em linhas gerais, esse é o regramento que regula o acordo de não persecução penal. Evidentemente, por se tratar de instituto novo, assim como sucedeu com os institutos introduzidos pela Lei nº 9.099/1995 e pela ampliação do espectro de utilização da colaboração premiada, com a Lei nº 12.850/2013, exsurgem, também em relação ao acordo de não persecução penal, diversos questionamentos e pontos de tensão que precisam ser enfrentados pela comunidade científico-jurídico-acadêmica. Um dos tópicos problemáticos mais relevantes e de maior sensibilidade é o critério da necessidade de realização de confissão formal para o oferecimento de acordo de não persecução penal e a sua possível repercussão em investigados inocentes.

V. O "dilema do inocente" no acordo de não persecução penal

A gênese do acordo de não persecução penal é fundada na possibilidade de se apresentar uma solução alternativa ao processo e ao encarceramento para determinados casos criminais. De fato, o principal objetivo do instituto é possibilitar que investigados detentores de responsabilidade penal tenham, em seu favor, a apresentação de uma solução menos gravosa apta a evitar o tramitar processual e a prisão. A iniciativa é válida e possivelmente seja medida adequada, proporcional e eficaz na maioria dos casos.

Contudo, é possível antever casos de uso equivocado do instituto. Nesse ponto, a empiria demonstra que se está diante de um sistema com características utilitárias e eficientistas. Além disso, a realidade demonstra que há pouquíssima preocupação com o filtro de verificação da justa causa. Tanto é assim que se podem contar nos dedos os casos de absolvição sumária após o oferecimento da denúncia e apresentação de resposta à acusação, mesmo em casos de posterior decisão absolutória por fundamentos jurídicos estritamente vinculados à matéria de Direito, absolutamente desprendidos de discussões fático-probatórias.

A ausência de concreta verificação da justa causa, aliada ao assoberbamento do Poder Judiciário, impele, em muitos casos, a adoção de soluções mais simples, céleres e econômicas, evitando a complexidade, os custos e o desgaste de enfrentar o tortuoso caminho do processo penal. A banalização desse procedimento ocorreu, infelizmente, com o instituto da transação penal e há grande risco de que ocorra com o acordo de não persecução penal. Nesse movimento, a busca pela verdade e pela efetiva verificação acerca da existência de responsabilidade penal acaba sendo obliterada pela confortável resolução alternativa do caso penal[13], com a concordância das partes envolvidas – Ministério Público, investigado e defesa – e chancelada pelo juiz.

Para tentar evitar injustiças, é imprescindível o estabelecimento de limites e critérios objetivos para o uso do acordo de não persecução penal. Por outro

[13] Nesse ponto, cabe destacar relevantíssima ponderação de Gustavo Henrique Badaró: "é necessário dar um passo atrás e questionar: há um único modelo ou sistema de Justiça Penal? No caso de uma resposta positiva, a próxima pergunta será: deve haver mais de um modelo de Justiça Penal? O primeiro questionamento é respondido negativamente. Não há como negar que, na realidade, há mais de um modelo de Justiça Penal: há um modelo clássico de Justiça Penal, segundo o qual ninguém será privado de sua liberdade sem o devido processo legal. Esse modelo costuma caracterizar o processo penal como um instrumento de legitimação do poder de punir estatal, a partir do funcionamento de um mecanismo cognitivo para a verificação factual da imputação formulada na acusação, com a aplicação da norma penal adequada e a sanção correspondente, no caso sua demonstração além de qualquer dúvida razoável. Tudo isso funcionando por meio de um processo que seja justo ou équo, isto é, que respeite as garantias do devido processo legal. O resultado do processo penal somente será justo e legítimo caso se assente em três premissas: uma correta atividade epistêmica e uma adequada atividade hermenêutica, desenvolvidas sob o devido processo legal. A qualificação de um modelo processual penal como sendo um modelo epistêmico ou não pressupõe a adoção de uma premissa fundamental: a importância da verdade para esse modelo. [...] Esse nos parece o modelo ideal. Mas, é de se reconhecer, dificilmente os sistemas judiciários darão conta de submeter toda e qualquer imputação penal a esse mecanismo, diante de suas limitações estruturais e também da necessidade de que todos os processos se desenvolvam em prazo razoável. Um modelo diverso, mais rápido e eficiente, embora com resultados muito duvidosos no plano da justiça da decisão, é o do denominado processo penal consensual. Nos métodos consensuais abre-se mão do processo (p. ex.: no caso da transação penal) ou, ao menos, da instrução criminal (na hipótese de suspensão condicional do processo), para aplicação da punição. Na chamada "Justiça Consensual" a imposição da pena não é fruto de uma prévia verificação dos fatos, mas de um acordo. Ao se conceber o processo essencialmente como um instrumento de resolução de conflitos que assumam a forma de controvérsia jurídica entre as partes, a finalidade da descoberta da verdade torna-se desnecessária" (BADARÓ, Gustavo Henrique. A colaboração premiada: meio de prova, meio de obtenção de prova ou um novo modelo de justiça penal não epistêmica? *In*: BOTTINI, Pierpaolo Cruz; MOURA, Maria Thereza de Assis (org.). **Colaboração premiada**. São Paulo: Editora Revista dos Tribunais, 2017. p. 137-142).

lado, também é importante compreender que, mesmo que haja tentativa de estabelecimento de requisitos, regras e freios para uma utilização adequada e racional do instituto, está ele inserido, repise-se, em um sistema de administração da Justiça flagrantemente assoberbado, alicerçado em uma lógica utilitarista e atento a um perene afã punitivista.

Todo esse contexto denota o risco de que, se não adequadamente manejado, converta-se o instituto em instrumento de abuso de poder. No ponto, é válido salientar que não se está a falar em "acordo" envolvendo partes igualitárias. Longe disso. Tem-se, de um lado, o Estado-Acusador, com todos os meios e recursos inerentes[14] à sua função; e, de outro, o investigado, figura essencialmente débil na estrutura processual penal.

Consoante já destacado, não se ignora que o uso do acordo de não persecução penal se constitui instrumento de relevante funcionalidade para o investigado que pretende retornar à legalidade, inclusive possibilitando que

[14] A literatura demonstra práticas censuráveis de negociação na jurisdição norte-americana, as quais buscam, em "casos fracos" (*weak evidence cases*), tentar forçar o acordo. Nesse sentido, "na presença dos casos com fraca força probatória (essencialmente nestes, mas também sempre que a defesa se mostre renitente em aderir à proposta da acusação) o M.P., não obtendo sucesso em persuadir a defesa das vantagens de determinado acordo, poderá socorrer-se de certas práticas censuráveis que, *grosso modo*, se reconduzem a formas de fraude e/ou ameaça. Nesta última modalidade, inclui-se, desde logo, a mais potente forma de constrangimento que ocorre nos casos em que o arguido, não aceitando a proposta do M.P., enfrenta a pena capital. Como inclui, ainda, a prática da sobre-imputação (*overcharging*), seja sobrecarregando a acusação com um maior número de imputações do que os indícios consentiriam (*horizontal overcharging*), seja imputando crime mais grave que o indiciado (*vertical overchargind*), em ambos os casos abrindo caminho à *charge bargaining*. Ou, ainda, a prática de anunciar que se recomendará ao juiz de julgamento uma sanção superior à que seria adequada (*ocerrecomendation*), abrindo assim caminho à *sentence bargaining*. Também com especial potencial de coerção, o aproveitamento, por parte do M.P., da situação do arguido sujeito a prisão preventiva, muitas vezes disponível para acordos draconianos em troca da liberdade. E, por fim, uma forma brutal de ameaça é a que abre caminho à já referida *package bargaining*, sobretudo em hipóteses em que entre os co-arguidos existem laços de afecto ou de parentesco que, no limite, poderão levar à declaração de culpa de um inocente tão só como meio de proporcionar a um culpado uma pena mais leve ou um qualquer acordo favorável. Um exemplo daquela primeira modalidade de fraude é a técnica do *bluffing*, em geral associada às técnicas antecedentes, pela qual o M.P. tentará dissimular as fracas possibilidades da acusação, nomeadamente empolando a força dos meios de prova que possui. Segundo Bibas, esta técnica é mais eficaz relativamente aos arguidos factualmente inocentes, que em geral estão menos predispostos à correrem riscos" (ALBERGARIA, Pedro Soares. **Plea bargaining:** aproximação à justiça negociada nos E.U.A. Coimbra, Almedina, 2007. p. 66-67).

assim proceda desde uma perspectiva redutora de danos. Todavia, não se pode deixar de cogitar do eventual risco de utilização desse instrumento para o sujeito que se vê inocente, mas sem forças, meios, condições e recursos para enfrentar um processo que, ao final, pode lhe cobrar um preço muito alto[15]. Aí reside o "*dilema do inocente*". Nesses casos, é importante cautela para que não se torne a liberdade uma mercadoria a ser negociada de forma indiscriminada no âmbito da Justiça criminal[16].

Para fins ilustrativos, veja-se a coação psicológica que pode se formar em situação envolvendo o instituto do acordo de não persecução penal. Imagine-se que determinado cidadão esteja sendo investigado pela suposta prática do delito de facilitação de contrabando ou descaminho, insculpido no artigo 318 do Código Penal, o qual possui previsão de apenamento de 3 (três) a 8 (oito) anos e multa. O primeiro ponto de tensão reside na necessidade de o responsável pela acusação realizar, *de fato*, uma apreciação correta acerca da existência de justa causa para o exercício da ação penal, e não simplesmente lançar mão do instituto sem enfrentamento crítico dos elementos informativos existentes, como sói ocorrer atualmente nas infrações penais de menor potencial ofensivo. Uma vez superado o problema, tendo sido constatada a

[15] Tangente ao ponto, pode-se referir à "Nota Técnica sobre Pacote Anticrime: comentários do Instituto Brasileiro de Ciências criminais (IBCCRIM) sobre o Pacote Anticrime (PL 882/2019 e PL 1.864/2019)" especificamente sobre o acordo de não persecução penal: "[...] o acordo de não persecução constitui uma versão piorada da transação penal, na medida em que reduz as garantias individuais ao limitar o poder do juiz (agente imparcial) e aumentar o poder do Ministério Público (parte processual) retirando essa corporação do controle realizado pelo Poder Judiciário. Nesse passo, a exigência de confissão contida na proposta em nada contribui para sua eficiência, além de vulnerar-lhe quanto à constitucionalidade. Na prática, ao exigir a confissão, o projeto faz com que o acusado abra mão do devido processo legal em caso de descumprimento ou revogação dos termos do acordo, dado o peso probatório que os juízes atribuem à confissão. Em outras palavras: é bem possível que alguém, receoso pela perspectiva de responder a um processo criminal que certamente durará anos, confesse falsamente para obter um acordo de não persecução penal. Posteriormente, não tendo condições de, por exemplo, pagar a prestação pecuniária que lhe foi exigida como parte do acordo, venha a ser formalmente processado sendo que sua confissão sobre o crime que não cometeu já se encontra nos autos. Vale mencionar que as principais críticas ao instituto nos EUA tratam justamente da ausência de controle pelo Judiciário da atuação do MP".

[16] GIACOMOLLI, Nereu. O processo penal contemporâneo em face do consenso criminal: diálogos corrompidos e persistência no monólogo vertical. *In*: GAUER, Ruth (org.). **Criminologia e Sistemas Jurídico-penais contemporâneos.** Porto Alegre: EDIPUCRS, 2008. p. 245-276.

presença de justa causa em face de investigado que se considera inocente, nova problemática se apresenta. O investigado – confiante em sua inocência, mas desconfiado do sistema de administração de justiça penal – coloca-se diante do seguinte dilema: celebrar o acordo de não persecução penal, sujeitando-se ao cumprimento de condições restritivas de direitos, mas preservando a sua liberdade; *ou* correr o risco de enfrentar um processo – muitas vezes longo e dispendioso –, o qual poderia, ao final, culminar com a sua prisão, inclusive no regime fechado, a depender da dosimetria da pena. Não é uma decisão fácil de se tomar[17].

Efetivamente, não são raros os casos de sujeitos que, mesmo se considerando inocentes, ao avaliar os custos e riscos do enfrentamento do processo optam por pagar o preço e encerrar o conflito[18]. Trata-se de legítima *Escolha de*

[17] Aliás, é possível mencionar aqui a influência de uma série de heurísticas e de vieses cognitivos para a decisão de aceitar ou não o acordo, o que conduziria a uma decisão, em alguma medida, não "racional". Sobre a matéria, recomenda-se HELM, Rebecca Katherine. ***Innocent until persuader to plead guilty***: *using cognitive psychology to examine plea bargaining's innocente problem.* 2017. 101 f. Tese (Doutorado) – Curso de Doctor Of Philosophy, Cornell University, New York, 2017.

[18] No ponto, acerca do "dilema do inocente", cabe salientar estudo feito com universitários de universidade no sudeste dos Estados Unidos. De forma extremamente resumida, o experimento consistiu no seguinte: os estudantes se inscreveram para participar do que acreditavam ser uma pesquisa sobre a verificação da *performance* na resolução de problemas em grupo contra resolução de problemas de forma individual. Ao chegar para realizar a pesquisa, o voluntário se deparava com outro "estudante" também fazendo o teste, mas que, na verdade, era membro da equipe que promovia a experiência. Os dois eram levados a uma sala onde recebiam instruções. Em um primeiro momento, foi-lhes dito que deveriam responder três problemas lógicos como um time. Posteriormente, recebiam outros três problemas adicionais, os quais deveriam ser respondidos de forma individual. Enquanto resolviam as questões individuais, o "estudante" participante da equipe que conduzia a experiência pedia auxílio ao verdadeiro voluntário para a resolução dos casos, em clara violação às regras estabelecidas pelo experimento. Ultrapassado o tempo determinado para a resolução dos casos, o assistente de pesquisa coleta os casos e, algum tempo depois, retorna afirmando que ocorreu um problema e que precisa falar com cada um dos estudantes individualmente. Nesse momento, o assistente se dirige ao voluntário e profere a seguinte frase: "você e o outro estudante possuem a mesma resposta errada na segunda e na terceira questões individuais. As chances de vocês dois chegarem a mesmo resposta errada é realmente muito pequena, menor do que 4%. Por isso, quando isso ocorre, nós devemos reportar isso para a professora responsável e ela pode considerar isso uma forma de desonestidade intelectual". Para se certificar de que o voluntário não pudesse afirmar que as suas respostas estavam corretas, formulou-se questões para as quais não havia resposta certa. Em seguida, a assistente da pesquisa informa ao estudante que isso já teria

Sofia: confessar fato pelo qual não assume a responsabilidade penal e cumprir medida restritiva de direito (mas não de liberdade) ou protestar pela inocência e assumir o risco de enfrentar um processo criminal, que, após anos de angústia e sofrimento, pode *(ou não)* conduzir à absolvição.

Esse dilema não é novo e já foi enfrentado pela realidade norte-americana[19], de onde nosso sistema de administração da Justiça criminal tem buscado, cada vez mais, inspiração. Na Justiça criminal dos Estados Unidos, na qual imperam as soluções consensuadas[20], existem as denominadas *Alford guilty pleas*, nas quais o sujeito voluntariamente se declara culpado (*plea guilty*), mas, ao mesmo tempo, afirma ser inocente.

A expressão tem origem no caso *North Carolina v. Alford*[21], julgado pela Suprema Corte dos Estados Unidos[22]. Henry Alford foi acusado de homicídio

ocorrido antes e que ele poderia confessar que trapaceou e perderia o valor que receberia como compensação para participação na pesquisa. Caso não aceitasse a oferta, a professora responsável pelo experimento levaria o fato ao conhecimento do *Academic Review Board* (ARB), composto por um grupo de dez a 12 professores da universidade, responsáveis por resolver questões como a que se apresentou. Caso fosse ele considerado "culpado", perderia a bolsa de estudos, o seu orientador acadêmico seria notificado e ele deveria comparecer em um curso de ética com duração de três horas semanais durante o semestre. Como resultado dessa pesquisa, 56,4% dos estudantes "inocentes" aceitaram o acordo oferecido pela assistente de pesquisa. Para maiores e mais completas informações sobre o estudo, veja-se: EDKINS, Vanessa A.; DERVAN, Lucian E. *The innocent defendant's dilemma: an innovative empirical study of plea bargaining's innocents problem*. **The Journal of Criminal Law & Criminology**, v. 103, n. 1, 2013 e EDKINS, Vanessa A.; DERVAN, Lucian E. *Pleading innocents: laboratory evidence of plea bargaining's innocence problem*. ***Current Research in Social Psychology***, 2013.

19 ALSCHULER, Albert W. Um sistema perfeito para condenar os inocentes. *In*: GLOECKNER, Ricardo Jacobsen (org.). ***Plea bargaining***. São Paulo: Tirant lo Blanch, 2019. p. 129.

20 Estima-se que mais de 95% das condenações na jurisdição norte-americana são embasadas em declarações de culpa e não julgamentos envolvendo instrução processual. Conforme EDKINS, Vanessa A.; DERVAN, Lucian E. *The innocent defendant's dilemma: an innovative empirical study of plea bargaining's innocents problem*. ***The Journal of Criminal Law & Criminology***, v. 103, n. 1, 2013. p. 17.

21 *North Carolina v. Alford, 400 U. S. 25 (1970)*.

22 Ver, também, pela pertinência e por demonstrar problemas e tensões nas declarações de culpa:
1) *Brady v. United States, 397 U.S. 742, 752–58 (1970)*. Robert Brady teria se declarado *not guilty* pela acusação de sequestro (crime potencialmente punido com a pena de morte), mas mudou sua declaração, aceitando *guilty plea*, ao saber que o corréu teria confessado e estaria disposto a depor contra Brady. Posteriormente, tentou reverter a sua declaração de culpa sob o argumento de ter sido ela voluntária, pois a ameaça de pena de morte teria coagido o coagido.

em primeiro grau, crime punido com a morte. No decorrer do julgamento, acordou em se declarar culpado com a condição de o acusador requerer a desclassificação para homicídio em segundo grau, com a imposição de pena de 30 anos. Assim, Alford – *afirmando que era inocente* – declarou-se culpado, justificando que o fazia por conta do medo de enfrentar a pena capital. Submetida essa forma de declaração de culpa à apreciação da Suprema Corte norte-americana, foi considerada válida, afirmando a Corte ser possível e voluntário o consentimento do acusado em se submeter à imposição de pena de prisão, mesmo protestando à sua inocência. No caso mencionado, asseverou o Tribunal que havia, em desfavor do acusado, *forte base fática* (*strong factual basis*)[23] que alicerçava a hipótese acusatória.

É possível que, para Henry Alford, a declaração de culpa, apesar do protesto de inocência, tenha sido a melhor solução para o caso. Em nossa realidade, é possível que o acordo de não persecução penal seja a melhor estratégia defensiva na imensa maioria das vezes. O problema surge quando o investigado é inocente.

A propósito, a concepção clássica de que a solução negociada espelha tanto os resultados do provável julgamento quanto os da provável sentença está sendo cada vez mais desafiada. De fato, uma miríade de fatores, tais como "imperfeições estruturais e vieses cognitivos podem influenciar as

A Suprema Corte rejeitou o pleito afirmando que a ameaça de imposição de pena de morte não é suficiente para retirar a voluntariedade do acordo no caso, pois teria sido ele aceito por sujeito plenamente ciente das consequências diretas da declaração de culpa. Além disso, mencionou que o acusado estava assistido por defensor técnico.
2) *Bordenkircher v. Hayes, 434 U.S. 357 (1978).* Paul Lewis Hayes foi acusado do delito de "falsificação" (*forgery*) referente a um cheque no valor de U$ 88,30. A previsão de apenamento para a infração penal era de dois a dez anos de prisão. Durante as negociações, o representante do Ministério Público ofereceu ao acusado um acordo de cinco anos de pena aduzindo que, caso ele não aceitasse, buscaria, pelo fato de Hayes possuir duas condenações anteriores, a condenação em face do *Kentucky Habitual Crime Act*, o que poderia ensejar a aplicação de prisão perpétua. Hayes rejeitou o acordo e, após julgamento, foi, de fato, condenado à prisão perpétua. A Suprema Corte entendeu que não houve qualquer irregularidade ou excesso na conduta da acusação, sendo perfeitamente válida a decisão. Afirmou o Tribunal que o Promotor tem interesse legítimo em dissuadir o acusado de enfrentar o processo.

[23] EDKINS, Vanessa A.; DERVAN, Lucian E. *The innocent defendant's dilemma: an innovative empirical study of plea bargaining's innocents problem.* ***The Journal of Criminal Law & Criminology***, v. 103, n. 1, p. 43-48, 2013.

negociações de maneira totalmente desconectadas de qualquer propósito penológico legítimo"[24].

Assim, em resposta ao primeiro questionamento formulado anteriormente – (*i*) *é possível que o acordo de não persecução penal se converta em um instrumento apto a causar abuso de poder, forçando a confissão de inocentes que receiem os riscos e custos do processo?* – acredita-se, infelizmente, que sim[25]. Isso, tendo em conta os seguintes motivos: (*a*) a realidade de aplicação indiscriminada do instituto da transação penal no âmbito de nosso sistema de Justiça criminal; (*b*) a relativa simplificação da resolução do caso penal conferida pelo acordo, alternativa muito mais célere, confortável e menos dispendiosa do que a alternativa do deslinde processual e (c) a cultura judiciária brasileira de não se atribuir efetiva relevância aos filtros processuais de verificação da justa causa e viabilidade acusatória (recebimento da denúncia e pronúncia, por exemplo).

É preciso esforço para que o instrumento cumpra a sua finalidade e, de fato, torne-se uma alternativa para o réu culpado, confesso, que quer retornar para a legalidade sem ter que enfrentar o encarceramento. Também é preciso esforço para que o acordo de não persecução penal não se torne uma forma de coação para a confissão de inocentes. Tendo isso em vista, é possível cogitar sobre algumas providências cautelosas, expostas a seguir.

Em primeiro plano, (*i*) é impositivo que se observe, *de fato*, com rigor e seriedade, a necessidade de exame acerca da existência de justa causa por parte do órgão acusador. Não deve ser o instituto utilizado de forma leviana, simplesmente para encerrar o caso penal.

24 BURKE, Alafair S. Paixão acusatória, viés cognitivo e *plea bargaining*. *In*: GLOECKNER, Ricardo Jacobsen (org.). ***Plea bargaining***. São Paulo: Tirant lo Blanch, 2019.

25 Há pertinente estudo sobre o ponto, que examina casos de "importação" de modelos de negociação para o que o artigo denomina de "sistemas de justiça criminal problemáticos" (Georgia e Bósnia e Herzegovina). A pesquisa constata que alguns dos efeitos não intencionais desse "transplante" do *plea bargaining* podem ser, dentre outros, violações dos direitos dos acusados e o encorajamento de confissões forçadas. Nesse sentido: "*countries introducing plea bargaining risk further entrenching bad practices unless the introduction is done with a full understanding of the most commonly violated defendants' rights, and with a realistic plan and procedures in place to ensure that those rights are not violated through the plea bargaining process*". *In*: ALKON, Cynthia. *Plea bargaining as a legal transplant: a good idea for troubled criminal justice systems?* ***Transnational Law & Contemporary Problems***, v. 19, 2010. p. 406.

Outrossim, (*ii*) também deve o juízo, quando da homologação do acordo, examinar se o caso apresentado possui justa causa[26] (*factual basis*[27]). Veja-se que o § 7º do artigo 28-A do CPP estabelece que "o juiz poderá recusar homologação à proposta que não atender aos requisitos legais". Assim, caso o Magistrado verifique que se trata de caso de arquivamento, pode recusar a homologação do acordo pelo não adimplemento do primeiro requisito constante do *caput* do artigo 28-A do CPP[28].

No que se refere ao segundo questionamento proposto, se (*ii*) *é possível a celebração de acordo de não persecução penal diante de confissão qualificada*, entende-se que sim. Se o sujeito confirma os fatos, mas alega em seu relato, por exemplo, alguma excludente de ilicitude, não se pode furtar dele o direito de ser beneficiado pelo acordo de não persecução penal. Analogicamente, cabe mencionar que o Superior Tribunal de Justiça editou a Súmula nº 545[29], consolidando posicionamento no sentido de que a confissão qualificada é apta a configurar a atenuante da confissão espontânea.

Com efeito, a exigência de *confissão formal e circunstancial* contida na legislação não contrasta com a possibilidade de o acordo ser celebrado em hipótese

[26] Em outro contexto, mas examinando problema semelhante, Brando Garrett assevera que "a exigência da base fática poderia ser elevada, talvez sob a garantia do devido processo, ou como matéria de política racional, para uma exigência não somente de forma, mas de substância real. Assim, se elevaria o custo do *plea bargaining*, mas se permitiria uma calibração da punição [...] de uma forma mais cuidadosa" (GARRETT, Brandon L. Por que *plea bargains* não são confissões. *In*: GLOECKNER, Ricardo Jacobsen (org.). ***Plea bargaining***. São Paulo: Tirant lo Blanch, 2019. p. 86).

[27] No que concerne à base fática, "refere-se à cautela do juízo de verificar, antes da aceitação da declaração de culpado, se há indícios suficientes da prática ilícita e sua autoria, a partir da observação de cada um dos elementos dos delitos imputados – para se convencer de que o acusado não está se declarando culpado quando é inocente" (CASTRO, Ana Lara Camargo de. ***Plea bargain*:** resolução penal pactuada nos Estados Unidos. Belo Horizonte: Editora D'Plácido, 2019. p. 80-81).

[28] Art. 28-A. *Não sendo caso de arquivamento* e tendo o investigado confessado formal e circunstancialmente a prática de infração penal sem violência ou grave ameaça e com pena mínima inferior a 4 (quatro) anos, o Ministério Público poderá propor acordo de não persecução penal, desde que necessário e suficiente para reprovação e prevenção do crime, mediante as seguintes condições ajustadas cumulativa e alternativamente.

[29] **Súmula 545** - Quando a confissão for utilizada para a formação do convencimento do julgador, o réu fará jus à atenuante prevista no art. 65, III, d, do Código Penal.

de confissão qualificada. O que se pode alterar, eventualmente, são os efeitos extrapenais da confissão[30].

Enfim, trata-se de aparato novo inserido em nosso ordenamento jurídico e em relação ao qual se deve debruçar a comunidade acadêmica. Muitos pontos merecem atenção e destaque, tendo o presente trabalho a pretensão de problematizar questões delicadas, sem oferecer, todavia, respostas prontas e acabadas. É necessário realizar o devido acompanhamento e fiscalização acerca da forma como a práxis forense vai lançar mão do acordo de não persecução penal.

Conclusões

Por derradeiro, convém sinalar que, apesar dos riscos e do necessário trabalho para o estabelecimento de limites, configurou-se a inserção do acordo de não persecução penal avanço relevante em nosso ordenamento jurídico, pois oferece ao investigado uma alternativa para a solução do conflito criminal, evitando-se, assim, o deslinde do processo e o eventual encarceramento. Tudo isso caminha na linha da busca de soluções alternativas dos conflitos criminais, os quais – desde há muito se percebe, não são resolvidos de forma eficaz pela pura e simples aplicação da pena privativa de liberdade.

O lado preocupante é a possibilidade de conversão do instituto em instrumento de coerção para a confissão de investigados que não sejam detentores de responsabilidade penal. Para tentar evitar essa prática deletéria, impõe-se que haja grande rigor por parte dos operadores do Direito e por parte da academia, no sentido de que se faça valer a exigência de exame prévio, por parte do acusador, acerca da existência de justa causa para o exercício da ação penal. Da mesma forma, o Magistrado, ao examinar o acordo celebrado, deve preocupar-se verdadeiramente em fiscalizar se os requisitos para a celebração do acordo estão presentes, notadamente o de *não ser caso de arquivamento.*

[30] Os efeitos extrapenais da confissão no acordo de não persecução penal constituem-se relevantíssimo tema de estudo. Contudo, em atenção aos limites formais e materiais do presente artigo, não se pretende, neste momento, aprofundar-se sobre o ponto.

É preciso resistir à tentação de utilizar o acordo de não persecução penal como forma de resolução confortável, acrítica e indiscriminada dos conflitos criminais que cheguem às instâncias formais de controle. Com efeito, deve-se reservar a celebração do pacto tão somente para os casos em que existam, efetivamente, dignidade e responsabilidade penal.

Referências

ALBERGARIA, Pedro Soares. ***Plea bargaining***: aproximação à justiça negociada nos E.U.A. Coimbra: Almedina, 2007.

ALKON, Cynthia. *Plea bargaining as a legal transplant: a good idea for troubled criminal justice systems?* ***Transnational Law & Contemporary Problems***, v. 19, 2010.

ALSCHULER, Albert W. Um sistema perfeito para condenar os inocentes. *In*: GLOECKNER, Ricardo Jacobsen (org.). ***Plea bargaining***. São Paulo: Tirant lo Blanch, 2019.

BADARÓ, Gustavo Henrique. A colaboração premiada: meio de prova, meio de obtenção de prova ou um novo modelo de justiça penal não epistêmica? *In*: BOTTINI, Pierpaolo Cruz; MOURA, Maria Thereza de Assis (org.). **Colaboração premiada**. São Paulo: Editora Revista dos Tribunais, 2017.

BURKE, Alafair S. Paixão acusatória, viés cognitivo e *plea bargaining*. *In*: GLOECKNER, Ricardo Jacobsen (org.). ***Plea bargaining***. São Paulo: Tirant lo Blanch, 2019.

CASTILLO, Ela Wiecko Volkmer. **O Sistema de Controle Penal nos Crimes contra o Sistema Financeiro Nacional**. São Paulo: Del Rey, 2001.

CASTRO, Ana Lara Camargo de. ***Plea bargain***: resolução penal pactuada nos Estados Unidos. Belo Horizonte: Editora D'Plácido, 2019.

EDKINS, Vanessa A.; DERVAN, Lucian E. *Pleading innocents: laboratory evidence of plea bargaining's innocence problem*. ***Current Research in Social Psychology***, 2013.

EDKINS, Vanessa A.; DERVAN, Lucian E. *The innocent defendant's dilemma: an innovative empirical study of plea bargaining's innocents problem*. ***The Journal of Criminal Law & Criminology***, v. 103, n. 1, p. 43-48, 2013.

GARRETT, Brandon L. Por que *plea bargains* não são confissões. *In*: GLOECKNER, Ricardo Jacobsen (org.). ***Plea bargaining***. São Paulo: Tirant lo Blanch, 2019.

GIACOMOLLI, Nereu José. **Juizados Especiais Criminais:** Lei n. 9.099/95. 2. ed. Porto Alegre: Livraria do Advogado, 2002.

GIACOMOLLI, Nereu. O processo penal contemporâneo em face do consenso criminal: diálogos corrompidos e persistência no monólogo vertical. *In*: GAUER, Ruth (org.). **Criminologia e Sistemas Jurídico-penais contemporâneos.** Porto Alegre: EDIPUCRS, 2008. p. 245-276.

GÓMES COLOMER, Juan Luiz. ***El proceso penal adversarial***: *una crítica constructive sobre el llamado sistema acusatorio*. Mexico: Ubijus Editorial, 2012.

HELM, Rebecca Katherine. ***Innocent until persuader to plead guilty:*** *using cognitive psychology to examine plea bargaining's innocente problem.* 2017. 101 f. Tese (Doutorado) – Curso de Doctor Of Philosophy, Cornell University, New York, 2017.

VASCONCELLOS, Vinícius Gomes de. **Barganha e justiça criminal negocial**: análise das tendências de expansão de consenso no processo penal brasileiro. 2. ed. Belo Horizonte: Editora D'Plácido, 2018.

WUNDERLICH, Alexandre Lima. Colaboração premiada: o direito à impugnação de cláusulas e decisões judiciais atinentes aos acordos. *In*: BOTTINI, Pierpaolo Cruz; MOURA, Maria Thereza de Assis (coord.). **Colaboração premiada**. São Paulo: Editora Revista dos Tribunais, 2017.

45.
DEVIDO PROCESSO PENAL CONVENCIONAL E AS GARANTIAS OBJETIVAS E SUBJETIVAS DA JURISDIÇÃO

Frederico Valdez Pereira

Introdução

As raízes histórico-culturais da fórmula do devido processo remontam ao modelo de processo e de administração da Justiça com ascendência no sistema de *common law*. Talvez um dos poucos pontos em comum no seu estudo nos países anglo-americanos é a ampla diversidade conceitual e a ausência de harmonia quanto ao conteúdo e ao alcance de significado da cláusula. Entre as principais razões dessa complexidade, está a característica de seu desenvolvimento, que se deu mediante elaborações constantes de jurisprudência e doutrina anglo-americanas ao longo de mais de sete séculos[1].

Progressivamente, com a afirmação de direitos e garantias processuais por tratados e convenções internacionais, ao que se somou a recepção constitucional desses postulados de legitimidade processual, o devido processo ingressou definitivamente no vocabulário jurídico dos países de influência europeia-continental. Na sequência, o acolhimento dessa concepção nos

[1] ESPARZA LEIBAR, Iñaki. ***El principio del proceso debido***. Barcelona: J.M. Bosch, 1995. p. 70.

sistemas regionais de salvaguarda dos direitos humanos ampliou ainda mais a importância das reflexões sobre o tema, assim como passou a exigir contínuos esforços de identificação e sistematização dos princípios e garantias que conformam a cláusula condicionante da justiça processual.

Um dos precursores desse estudo sistemático e meticuloso no Brasil foi o professor e, permito dizer, guia e amigo Nereu José Giacomolli. Na obra intitulada *O devido processo penal. Abordagem conforme a Constituição Federal e o pacto de São José da Costa Rica*, já mais do que referencial no tema, Giacomolli associou a cláusula do devido processo especificamente ao processo penal, conjugando os multiníveis normativos tanto do sistema Interamericano como do sistema do Tribunal Europeu dos Direitos Humanos (TEDH).

Realizou, assim, uma ampla catalogação crítica dos princípios e garantias do processo penal à luz dos influxos e diretrizes decorrentes desses grandes sistemas regionais, estimulando o diálogo recíproco e de interação entre a normatização supranacional e o ordenamento doméstico. A questão da relação entre os sistemas nacional e internacional de emanação de normas e a efetividade concreta dos direitos humanos no processo penal são, possivelmente, os grandes temas do momento, aqui e na Europa.

A constante evolução inerente à cláusula do devido processo exige que se siga continuamente refletindo sobre esses desafios, no esforço de qualificar a sistematização do conteúdo do devido processo penal convencional e de amplificar a realização de seus postulados. A consideração dos influxos do sistema interamericano, além de ser uma exigência, auxilia nessa importante tarefa dos estudiosos do processo penal. Nesse sentido é o exemplo do professor Giacomolli já há mais de 25 anos.

Assim, neste breve estudo, a primeira parte é dedicada a localizar a questão do controle de convencionalidade. Esse tema está subjacente e funciona como premissa na concepção do devido processo convencional, o qual passa a ser sinteticamente caracterizado no subitem consecutivo, específico sobre a conformidade convencional do processo penal.

Na terceira etapa, seguindo a intenção de sistematizar o conteúdo da cláusula, indica-se o agrupamento axiológico das garantias contidas no devido processo penal. Essa catalogação auxilia a reconhecer os valores tutelados pelo princípio de justiça processual, e impulsiona a efetivação do devido processo penal convencional.

1. O controle de convencionalidade

Passo fundamental para a compreensão do denominado devido processo penal convencional é identificar a sua conexão com o controle de convencionalidade a partir de uma relação de encadeamento necessário. A incorporação dos padrões internacionais de proteção dos direitos humanos pelos Estados nacionais trouxe consigo a exigência de filtragem convencional não apenas do conjunto da produção e aplicação legislativa interna, mas também de todos os atos e procedimentos administrativos e jurisdicionais[2]. A *ratio* dessa checagem é a busca de conformidade entre as manifestações internas dos poderes públicos e os parâmetros firmados no sistema supranacional, sempre com o fundamento de concretizar a proteção adequada dos direitos humanos.

Isso quer dizer que o dever alargado de observância dos parâmetros internacionais de tutela dos direitos humanos alcança o estado signatário da Convenção IDH em seu conjunto. De modo que não será suficiente, aos fins de conformidade supranacional, que as normas gerais e abstratas sejam compatíveis com o *corpus juris* convencional. É imperioso também que os atos e as situações concretamente geradas no plano doméstico, o que inclui os processos e procedimentos administrativos ou judiciais, estejam conformes às estipulações contidas nos tratados internacionais[3].

Assim, em relação específica ao tema de estudo, o controle de convencionalidade, ou a exigência de conformidade convencional que incide sobre o mecanismo processual penal, mais que permite, recomenda que se fale de um justo (devido) processo penal convencional. Ou seja, do protótipo de procedimento penal segundo a normativa convencional de proteção dos direitos humanos.

O conjunto dos direitos e garantias que conformam a multifacetada fórmula de equidade processual exige contínua atenção à leitura conferida a esses princípios pelas cortes supranacionais componentes do que se poderia denominar de sistema internacional de proteção dos direitos humanos. Imposição que já decorreria, logicamente, da premissa de que o direito ao justo

[2] GIACOMOLLI, Nereu. **O Devido Processo Penal**: abordagem conforme a Constituição Federal e o Pacto de São José da Costa Rica. 3. ed. São Paulo: Atlas, 2016. p. 29.

[3] Ver *mutatis mutandis,* voto concordante motivado do juiz Sergio García Ramírez à sentença do caso Tibi c. Equador, sentença de 7.9.2004, § 2.

ou équo processo se trata, em última análise, de um modelo de atuação processual elaborado progressivamente por influxos domésticos e internacionais.

1.1 A hierarquia das Convenções de direitos humanos

Para melhor compreensão da matéria envolvendo o controle de convencionalidade da atuação estatal perante os parâmetros fixados pelo sistema internacional dos direitos humanos, tema diretamente relacionado com o devido processo convencional, é oportuno antes verificar o *status* de incorporação das Convenções supranacionais no âmbito do Direito interno. A própria projeção do controle de convencionalidade e da interpretação convencionalmente orientada, fundamentos determinantes do modelo de processo penal convencional, depende e receberá influência do *status* normativo dos tratados de direitos humanos na esfera da ordem jurídica interna[4].

De início, é preciso esclarecer que não há necessária harmonia entre o modo pelo qual a Corte de San José compreende o controle de convencionalidade perante os Estados-partes e a percepção nacional, de cada um dos órgãos jurisdicionais de cúpula, a respeito da hierarquia das emanações supranacionais para fins de conformidade convencional interna.[5] Para confirmar essa constatação, basta referir a dissintonia entre a compreensão da Corte Interamericana de Direitos Humanos (Corte IDH) e o Supremo Tribunal Federal brasileiro. A primeira afirma que todo o direito nacional, incluindo as normas constitucionais, devem levar em consideração a Convenção Americana de Direitos Humanos (CADH), tal como interpretada pelos juízes interamericanos de San José[6]; já o segundo segue com entendimento diverso,

[4] Em sentido análogo, MARINONI, Luiz Guilherme. Controle de convencionalidade (na perspectiva do direito brasileiro). *In*: MARINONI, Luiz Guilherme; MAZZUOLI, Valerio de Oliveira. **Controle de convencionalidade**: um panorama latino-americano. Brasília: Gazeta Jurídica, 2013. p. 58; PIOVESAN, Flávia. Controle de convencionalidade direitos humanos e diálogo entre jurisdições. In: MARINONI, Luiz Guilherme; MAZZUOLI, Valerio de Oliveira. **Controle de convencionalidade**: um panorama latino-americano. Brasília: Gazeta Jurídica, 2013. p. 142.

[5] PIOVESAN, Flávia. Controle de convencionalidade direitos humanos e diálogo entre jurisdições. *In*: MARINONI, Luiz Guilherme; MAZZUOLI, Valerio de Oliveira. **Controle de convencionalidade**: um panorama latino-americano. Brasília: Gazeta Jurídica, 2013. p. 117 e 122.

[6] Ver, por exemplo, sentenças da Corte Interamericana: Radilla Pacheco c. México (Excepciones Preliminares, Fondo, Reparaciones y Costas), de 23/11/2009, série c, n. 209, §s 338-340;

no sentido da preponderância das normas constitucionais sobre as convenções internacionais de direitos humanos[7].

Deixando de lado as controvérsias que perpassam a questão da hierarquia das fontes internacionais perante as normas domésticas em tema de direitos humanos[8], importa deixar indicado aqui que a posição vigente no Direito pátrio, a partir da decisão de referência do Supremo Tribunal Federal (STF)[9], é de que os tratados de direitos humanos valem mais do que a legislação ordinária. Embora o valor superior dos tratados de direitos humanos perante a lei ordinária nacional tenha sido reconhecido por unanimidade pela Corte, relativamente ao *status* normativo dos referidos preceitos supranacionais perante a Constituição a decisão foi em sentido diverso.

Para além da situação expressamente disciplinada no parágrafo 3º do artigo 5º da Constituição da República Federativa do Brasil de 1988 (CF/88), na redação conferida pela Emenda Constitucional nº 45/2004 – que disciplina os tratados e convenções internacionais sobre direitos humanos que forem aprovados em dois turnos nas duas casas legislativas, sempre por maioria qualificada de três quintos, os quais terão valor de Emenda Constitucional –, todos os demais tratados de direitos humanos em vigor no Brasil ostentam

Gelman c. Uruguai (Fondo y Reparaciones), de 24/02/2011, série c., n. 221, §s 237-239. Na doutrina, ver: HITTERS, Juan Carlos. *Control de convencionalidad. Puede la Corte Interamericana de Derechos Humanos dejar sin efecto fallos de los Tribunales Superiores de los países? (El caso Fontevecchia vs. Argentina)*. **Pensamiento Constitucional**, Lima, n. 22, p. 109-141, 2017.

[7] Cf. CARDUCCI, Michele; MAZZUOLI, Valerio de Olilveira. **Teoria tridimensional das integrações supranacionais**: uma análise comparativa dos sistemas e modelos de integração da Europa e América Latina. Forense: Rio de Janeiro, 2014. p. 106 et seq.

[8] Na doutrina, para posições contrárias àquela assumida pelo STF, ver, por exemplo, GOMES, Luiz Flávio; MAZZUOLI, Valerio de Oliveira. **Comentários à Convenção Americana sobre Direitos Humanos**: pacto de San José da Costa Rica. 3. ed., rev., atual. e ampl. São Paulo: Revista dos Tribunais, 2010. p. 17 et seq.; MAZZUOLI, Valerio de Oliveira. **O controle jurisdicional da convencionalidade das leis**. 3. ed. São Paulo: Revista dos Tribunais, 2013. p. 31 et seq. Para uma análise sobre o problema da hierarquia dos tratados de direitos humanos, ver SARLET, Ingo Wolfang. Notas sobre as relações entre a Constituição Federal de 1988 e os tratados internacionais e direitos humanos na perspectiva do assim chamado controle de convencionalidade. *In*: MARINONI, Luiz Guilherme, MAZZUOLI, Valerio de Oliveira. **Controle de convencionalidade**: um panorama latino-americano. Brasília: Gazeta Jurídica, 2013. p. 87 et seq.

[9] Ver RE 349703, Rel. Min. Carlos Britto, Rel. p/ Acórdão Min. Gilmar Mendes, Pleno, DJe 05/06/2009; RE 466.343, Pleno, Rel. Min. Cezar Peluso, Repercussão Geral - Mérito DJe 05/06/2009.

categoria superior à lei, mas inferior às normas constitucionais. Inclusive em relação aos tratados e convenções de direitos humanos já em vigor antes da promulgação da EC nº 45/2004 mantêm a hierarquia diferenciada em comparação à legislação infraconstitucional, desde que sejam compatíveis formal e materialmente com as normas constitucionais[10].

O controle de convencionalidade, em resumo, é uma das principais consequências da superioridade hierárquica dos tratados de direitos humanos na comparação com as disposições legislativas internas. Toda a atuação dos poderes públicos estatais está submetida a um duplo controle de compatibilidade. As emanações estatais devem ser materialmente compatíveis não apenas com a norma constitucional, mas também com os tratados e convenções internacionais de direitos humanos vigentes no Brasil.

2. A exigência de conformidade convencional do processo penal

Embora o controle de convencionalidade seja mais frequentemente referido ao exame de conformidade da legislação nacional perante os preceitos internacionais de direitos humanos, há um aspecto de particular importância na abordagem, o qual se pretende que fique destacado nessa breve abordagem descritiva. É essencial para o entendimento do devido processo convencional a percepção de que não basta que as normas gerais e abstratas sejam compatíveis com o *corpus juris* convencional. Os atos e as situações concretamente geradas no plano doméstico, inclusive nos processos e procedimentos administrativos ou judiciais, devem também estar conformes às estipulações contidas nos tratados internacionais[11].

[10] Cf. BARROSO, Luís Roberto. Constituições e tratados internacionais: alguns aspectos da relação entre direito internacional e direito interno. *In*: MARINONI, Luiz Guilherme; MAZZUOLI, Valerio de Oliveira. **Controle de convencionalidade**: um panorama latino-americano. Brasília: Gazeta Jurídica, 2013. p. 179, o tratado incorporado na vigência da CF/88 e que seja incompatível constitucionalmente é inválido; os tratados incorporados antes do advento do texto constitucional que forem constitucionalmente incompatíveis serão considerados ineficazes.

[11] Ver, *mutatis mutandis*, voto concordante motivado do juiz Sergio García Ramírez à sentença do caso Tibi c. Equador, sentença de 7.9.2004, § 2.

A responsabilidade internacional do Estado contempla não apenas o processo de formação das normas legais, mas também a sua devida aplicação nos procedimentos internos, administrativos e judiciais[12]. Já na própria decisão de vanguarda no âmbito da Corte IDH que explicitou o controle de convencionalidade, houve uma atenção especial ao controle de conformidade convencional atinente aos atos e procedimentos conduzidos pelas autoridades da administração da Justiça[13], ou seja, a sindicabilidade da Corte de San José recaiu sobre o procedimento penal concretamente desempenhado no plano doméstico.

Tratando especificamente da conformidade supranacional do procedimento investigativo e do processo judicial na Guatemala que apuraram as circunstâncias da morte de Myrna Mack Chang, aferiu-se de modo concreto se os procedimentos nacionais cumpriram as exigências convencionais mínimas de proteção e reparação dos direitos humanos.[14] Vê-se, assim, que o precursor julgado da Corte Interamericana, no qual foram especificados o contorno, os atributos e os efeitos do controle de convencionalidade, tratou exatamente dos mecanismos administrativo e judicial para esclarecimento de delitos e aplicação da lei penal, de modo a verificar se respeitaram as exigências do sistema interamericano de proteção dos direitos humanos. Em última análise, examinou-se o acatamento nacional aos parâmetros do devido processo penal convencional.

Na matéria processual penal, o objeto de análise dos juízes de San José são, precipuamente, os procedimentos administrativo e judicial concretamente realizados; a finalidade é de perscrutar se houve no caso específico alguma ofensa a princípios convencionalmente garantidos a ponto de desmerecer a

12 Em sentido análogo, ACEVEDO BALCORTA, Jaime A. *Introducción al estudio de los derechos humanos. In*: VALDEZ AGUIRRE, Pedro; CHACÓN RODRÍGUEZ, José Luis. ***Reflexiones sobre los derechos humanos y el control de convencionalidad***. Chihuahua: Idea Editorial, 2014. p. 46.

13 Voto concordante motivado do juiz Sergio García Ramírez à sentença do caso Myrna Mack Chang c. Guatemala, de 25.11.2003, série C, nº 101, § 27. Para essa referência na doutrina, por ex., ver VALDEZ AGUIRRE, Pedro. *El control difuso de la convencionalidad y de la constitucionalidad por los jueces mexicanos. In*: VALDEZ AGUIRRE, Pedro; CHACÓN RODRÍGUEZ, José Luis. ***Reflexiones sobre los derechos humanos y el control de convencionalidad***. Chihuahua: Idea Editorial, 2014. p. 158. Sobre o controle de convencionalidade no Brasil, por ex., ver GIACOMOLLI, Nereu José. **O Devido Processo Penal**: abordagem conforme a Constituição Federal e o Pacto de São José da Costa Rica. 3. ed. São Paulo: Atlas, 2016. p. 29 et seq.

14 Voto concordante motivado do juiz Sergio García Ramírez, sentença citada, §s 2, 30, 35, 40.

imposição de equidade processual exigida pelas Convenções. A referência nessa aferição é o processo globalmente considerado, e não algum aspecto específico ou defeito destacado, de modo que a equidade e a justiça do processo serão aferidas no conjunto dos atos e das etapas realizadas em juízo[15].

No tema da aferição da conformidade convencional de atos e procedimentos internos com as diretrizes do devido processo convencional, é interessante exemplificar com o caso Escher e outros c. Brasil, julgado pela Corte de San José.[16] Trata-se de uma situação em que a Corte regional examinou os respectivos processos administrativo, civil e penal internos, para verificar sua compatibilização, como um todo, com os parâmetros traçados pelo sistema interamericano de proteção dos direitos humanos, no que levou em consideração, portanto, os parâmetros advindos da Corte IDH. Após perscrutar os atos e procedimentos internos, concluiu pela adequação das ações civis impulsionadas nacionalmente e pela ausência de conformidade convencional dos procedimentos e processos penais e administrativos[17].

2.1 O devido processo penal convencional

A concepção dos parâmetros do processo penal justo, afinado e orientado pelos princípios e valores incidentes na equação da dinâmica processual, deve levar em consideração não apenas as pautas normativas domésticas, restritas a um dado ordenamento jurídico. O foco deve se ampliar de modo a contemplar as convenções e demais fontes supranacionais que tratam sobre direitos humanos e jurisdição penal, em uma articulação embasada na ideia de diálogo entre fontes legislativas nacionais e internacionais.

A concepção do justo ou devido processo penal não tem como ponto de referência primário a tradição interna ou restrita a determinado ordenamento, tampouco afirma suas raízes na realidade jurídico-política nacional. Deve ser

[15] Na Corte EDH, por ex., caso Barberà Messegué y Jabardo c. Espanha [CG], n. 10590/83, de 6.12.1988, § 89.

[16] Caso Escher y otros c. Brasil (Excepciones Preliminares, Fondo, Reparaciones y Costas), sentença de 6/7/2009, série C, n. 200, § 195. Para um resumo do caso, ver PAIVA, Caio; HEEMANN, Thimotie Aragon. **Jurisprudência internacional de direitos humanos**. 2. ed. Belo Horizonte: CEI, 2017. p. 391-394.

[17] Caso Escher y otros c. Brasil, §s 194-214.

visto, antes de tudo, como uma formulação que articula referências dos sistemas interno e supranacional, incluindo as elaborações pretórias. Impõe-se, desse modo, levar em consideração as ideias de força e os impactos oriundos da jurisprudência das Cortes internacionais quanto à interpretação e à aplicação das convenções sobre jurisdição penal e direitos humanos.

As sensíveis modificações do processo penal nos últimos anos, com relevantes implicações não apenas nas suas fontes, mas influenciando de forma global sua inteira natureza e seus pilares, tem como fundamento determinante o refinamento dos direitos fundamentais. Nesse percurso, é reconhecido o papel vital das convenções de direitos humanos, sobretudo pelos seus eixos transformadores representados pelas respectivas jurisprudências da Cortes regionais de direitos no desempenho das suas tarefas de interpretar e amplificar as exigências em termos de direitos humanos e équo processo.

A esse quadro se acrescenta também técnica judicial com importantes efeitos na direção de impelir os Estados-membros a se perfilharem, genérica e abstratamente, aos entendimentos provenientes dessas cortes em matéria de devido processo e de tutela dos direitos humanos. No âmbito interamericano, trata-se da exigência de a jurisdição nacional interpretar o Direito interno em conformidade com as diretrizes consolidadas na jurisprudência da respectiva Corte de direitos humanos[18].

As fontes normativas internacionais provenientes do sistema interamericano de proteção dos direitos humanos, o que inclui a jurisprudência de San José, quando não diretamente aplicáveis, devem ser utilizadas como cânones interpretativos do Direito nacional, gerando uma obrigação aos juízes domésticos de aplicar o ordenamento jurídico pátrio de maneira conforme ao Direito supranacional[19].

[18] Segundo FERRER MAC-GREGOR, Eduardo. *Interpretación conforme y control difuso de convencionalidad. El nuevo paradigma para el juez mexicano.* ***Estudios constitucionales***, Santiago, ano 9. n. 2, p. 531-622, 2011. p. 535, o dever de todos os juízes domésticos de harmonizar a norma nacional com a CADH, seus protocolos e a jurisprudência convencional, cerne da interpretação conforme, é também uma forma de controle de convencionalidade.

[19] A respeito, ver voto fundamentado do juiz *ad* hoc da Corte IDH Eduardo Ferrer Mac-Gregor, no caso Cabrera García e Montiel Flores c. México, (Excepción Preliminar, Fondo, Reparaciones y Costas), de 26.11.2010, série C, nº 220, §s 35 et seq.

A crescente complexidade decorrente da "proteção multinível dos direitos humanos"[20] por certo exigiria o aprofundamento de questões apenas assinaladas nesta passagem, e de outras tantas. As indicações feitas permitem, ao menos, visualizar o nexo de aproximação entre o équo processo convencional e o justo processo penal interno, além de esboçar o estágio atual do intrincado problema do diálogo entre as Cortes.

Esse pano de fundo apenas esboçado é suficiente para perceber como a fórmula de síntese do devido processo penal não se caracteriza apenas por regras e princípios nacionais, tampouco se exaure na mera aglutinação das disposições singularmente enumeradas no artigo 8 da CADH. O significado do justo ou devido processo penal convencional compreende também o conjunto das normas e diretrizes jurisprudenciais especificamente orientadas a implementar o ideal almejado de justiça processual. Trata-se, portanto, de uma cláusula de compêndio apta a coordenar o conjunto de direitos e interesses relacionados à função jurisdicional, os quais estejam explicitamente reconhecidos pelas Cortes de direitos humanos[21].

A expressão do équo processo convencional, nos moldes em que aplicado e interpretado pelas cortes supranacionais, recomenda que se remetam ao referido preceito conglobante as demais diretrizes explicitamente reconhecidas e reafirmadas pela jurisprudência consolidada desses tribunais e que se relacionam de forma contígua e imanente à correta administração da Justiça[22]. Nesse particular, é sempre importante recordar a noção de que o

[20] Sobre a tutela multinível dos direitos humanos no âmbito europeu ver, por ex., CARDONE, Andrea. *voce Diritti fondamentali (tutela multilivello dei)*. *In*: ***Enciclopedia del diritto***. Milano: Giuffrè, 2011. p. 335-422. Annali IV; e no espaço Interamericano, ver, por ex., URENÃ, René. Proteção multinível de direitos humanos na América Latina? Oportunidades, desafios e riscos. *In*: BANDEIRA GALINDO, George Rodrigo; URENÃ, René; TORRES PÉREZ, Aida (coord.). **Proteção multinível, dos direitos humanos**. Manual. Barcelona: DHES - Rede de Direitos Humanos e Educação Superior, 2014. p. 15-47.

[21] Nas palavras do juiz *ad* hoc da Corte IDH Eduardo Ferrer Mac-Gregor, no voto fundamentado apresentado na decisão do caso Cabrera García e Montiel Flores c. México, cit., § 8: "*Si bien no existe de manera expresa referencia al "debido proceso" en la Convención Americana, el conjunto de derechos del propio Pacto y el desarrollo jurisprudencial de la Corte IDH, ha creado, en su conjunto, lo que podría denominarse el "debido proceso convencional", integrado por diversos derechos* [...]."

[22] Em analogia à ideia expressa por CECCHETTI, Marcello. ***voce Giusto processo,*** *a) diritto costituzionale*. *In*: ***Enciclopedia del diritto***, Milano, agg., v. V, p. 607, 2001, na referência ao justo ou devido processo, o paradigma do équo processo convencional deve ser interpretado

direito proveniente do sistema regional de proteção dos direitos humanos não é conferido apenas pelo texto da Convenção, mas também pela jurisprudência das Cortes[23].

Assim, o devido processo penal pode facilmente ser compreendido como uma fórmula em que se recompilam os princípios e diretrizes não apenas nacionais, mas também internacionais. Essas últimas são oriundas do sistema supranacional de proteção dos direitos humanos e se referem às características da jurisdição, tanto sob o perfil subjetivo como objetivo, e às qualidades que os procedimentos penais devem observar para estarem conformes aos parâmetros consolidados no sistema internacional de tutela dos direitos.

Em outras palavras, o paradigma internacional do équo processo, ou do devido processo penal convencional, expressa e condensa a ideia de justiça processual projetada pela jurisprudência da Corte Interamericana de Direitos Humanos. Essa noção abrange claramente diretrizes, imposições e preceitos que se direcionam, nitidamente, à tutela das garantias individuais dos submetidos ao procedimento e também à garantia da qualidade e da eficiência dos mecanismos utilizados na prestação jurisdicional. O devido processo penal convencional compreende, como não poderia deixar de ser, uma solicitação por eficiência e qualidade na jurisdição penal, conjunto de princípios e valores esses identificados como garantia objetiva da jurisdição.

3. Garantias subjetivas e garantias objetivas no justo (devido) processo penal convencional

Compilação abreviada das específicas garantias que conformam o método do équo processo nas experiências constitucionais consolidadas nos países de democracia clássica, identificadas, ao menos nas suas manifestações mais correntes, pela inviolabilidade da defesa, presunção de inocência,

como se contivesse uma referência ou alusão a todas as projeções estabilizadas nos tribunais supranacionais de aplicação de dispositivos convencionais que dizem respeito à justiça do processo penal.

23 IACOVIELLO, Francesco Mauro. *Il quarto grado di giurisdizione: la Corte europea dei diritti dell'uomo*. ***Cassazione Penale***, Milano, n. 2, p. 794-819, febbr. 2011. p. 808, o qual acrescenta que "*la Convenzione obbligante è quella che vive nell'interpretazione della Corte*".

contraditório entre partes em igualdade de condições, perante juiz independente e imparcial, pré-constituído por lei, as quais, reforçadas por importante ênfase doutrinária, sinalizavam preocupação mais acentuada com a proteção do imputado submetido à jurisdição penal. Portanto, com nítida tendência de aproximar o ideal do justo processo à efetivação dos direitos de defesa[24].

Identificava-se, inclusive, uma perspectiva tendencialmente diversa adotada pelas normas constitucionais nacionais em relação àquelas dos tratados internacionais sobre direitos humanos na especificação dos princípios inerentes ao processo penal: estes últimos mais voltados a enfocar os direitos subjetivos, enquanto que as constituições elencariam orientações objetivas também destinadas a regular a administração da Justiça penal[25].

Essa diferenciação entre os distintos, e complementares, enfoques subjetivo e objetivo das garantias processuais segue gerando acesos debates doutrinários. Por isso é crucial deixar realçada a questão dos perfis complementários das garantias processuais. Muitos dos princípios processuais arrolados com viés preponderante de normas orientadas à salvaguarda dos acusados ostentam, também, a propriedade de regras metodológicas ditadas ao esclarecimento dos fatos no juízo penal e ao correto funcionamento da atividade jurisdicional[26].

Os estudos de Justiça procedimental mais relevantes permitem evidenciar a presença de duas importantes categorias ou ordens de valores processuais

24 Constatação feita, por ex., por MARZADURI, Enrico. *Commento all'art. 1, l. cost. 23 novembre 1999 n. 2 – Inserimento dei principi del giusto processo nell'art. 111 della Costituzione.* ***Legislazione Penale***, 2000. p. 776. No mesmo sentido, GREVI, Vittorio. *Spunti problematici sul nuovo modello costituzionale di «giusto processo» penale (tra «ragionevole durata», diritti dell'imputato e garanzia del contradditorio.* ***Politica del diritto***, Bologna, n. 3, p. 423-450, sett. 2000. p. 430 et seq.

25 Conforme, entre muitos, NAPPI, Aniello. *La ragionevole durata del giusto processo.* ***Cassazione penale***, Milano, p. 1540-1545, 2002. p. 1540 et seq.; IACOVIELLO, Francesco Mauro. *Il quarto grado di giurisdizione: la Corte europea dei diritti dell'uomo.* ***Cassazione Penale***, Milano, n. 2, p. 794-819, febbr. 2011. p. 799.

26 Ver, em particular, GREVI, Vittorio. *Basta il solo «consenso dell'imputato» per utilizare come prova le investigazioni defensive nel giudizio abbreviato?* ***Cassazione penale***, Milano, n. 10, p. 3671-3683, ott. 2009. p. 3671 et seq.; AMODIO, Ennio. *Garanzie oggettive per la pubblica accusa? A proposito di indagini difensive e giudizio abbreviato nel quadro costituzionale.* ***Cassazione penale***, Milano, n. 1, p. 17-23, gen. 2010. p. 17 et seq.

que devem ser consideradas quando se trata de justo processo[27]. O primeiro grupo axiológico, tido como não instrumental, identifica qualidades e características inerentes ao próprio método, podendo fundamentar-se em razões dignitárias, de institucionalização social, heurísticas ou sociopsicológicas, mas sempre desvinculadas de considerações quanto à qualidade das decisões emanadas.

Já os valores processuais ditos instrumentais são aqueles associados com a qualidade substancial dos resultados emanados no processo, no que se inclui a importância da correção das decisões como objetivo apto a influenciar a concreta concepção de um mecanismo processual que promova "a identificação das questões relevantes, a coleta e apresentação eficaz de provas referentes a essas questões, o teste de confiabilidade quanto às provas, e sólido raciocínio na elaboração das conclusões"[28].

Nesse percurso de identificação de valores processuais e reflexão quanto a sua gênese e finalidade, fundamental será sempre buscar esclarecer o verdadeiro significado das garantias constitucionais do processo, expondo sua completa justificação e razão de ser. Somente assim será possível avançar na noção de que conceito de devido processo penal não pode ficar restrito à mera observância de regras processuais entendidas como direitos individuais de defesa daqueles submetidos ao processo.

Tal abordagem auxilia na compreensão adequada das garantias elementares do processo como verdadeiras imposições direcionadas a tutelar globalmente os interesses envolvidos no exercício da jurisdição penal. A categorização desses valores em dois grupos, conforme desenvolvido nos estudos mencionados anteriormente, auxilia a sistematizar a análise.

É com base nessa dualidade de significados das garantias do processo, portanto, das garantias alusivas ao exercício da função jurisdicional, que se identifica na doutrina uma duplicidade de perspectivas nos dispositivos

[27] Apenas a título ilustrativo dessa vasta doutrina, pode-se referir: RÖHL, F. Klaus; MACHURA, Stefan. ***Procedural justice***. Aldershot: Dartmouth, Ashgate, 1997; SOLUM, Lawrence B. *Procedural justice*. ***Southern California Law Review***, Los Angeles, vol. 78, n. 1, p. 181-321, nov. 2004; ALLISON, John R. *Ideology, prejudgment and process values*. ***New England Law Review***, Boston, vol. 28, n. 3, p. 657-743, 1994.

[28] ALLISON, John R. *Ideology, prejudgment and process values*. ***New England Law Review***, Boston, vol. 28, n. 3, p. 657-743, 1994. p. 673-674 (tradução nossa).

basilares que conformam a cláusula do devido processo. Assim, a compreensão dos princípios processuais elementares no sentido de cânones impositivos da correta atuação da jurisdição no processo, o que depende da correção no acertamento jurisdicional, é identificada pela qualificação de síntese "garantias objetivas".

No outro enfoque, a assimilação dos preceitos processuais como vínculos normativos direcionados à tutela individual daqueles submetidos ao mecanismo processual é resumidamente denominada pela locução "garantias subjetivas". De fato, conforme mencionado, trata-se de projeções complementares das garantias relacionadas ao instrumento de atuação da jurisdição, ou seja, das duas perspectivas possíveis quanto às garantias do justo processo: uma objetiva e a outra subjetiva[29].

Embora essa assimilação resulte clara nos estudos de Justiça processual, que assinalam a relação complementar entre esses dois sentidos das garantias do processo, sem que um possa desmerecer o outro, já foi referida anteriormente a existência de controvérsia doutrinária no tema. A tendência precípua dessa dissensão se manifesta por uma vertente que desprestigia a concepção objetiva em favor da subjetiva, com base em noção reducionista dos valores e garantias processuais, que se direcionariam apenas para a tutela individual.

Alguma tentativa de explicação dessa corrente doutrinária sustentada em restringimento do âmbito de proteção das garantias processuais não é difícil de visualizar. Além de uma forte ascendência do équo processo convencional na concepção interna do justo processo penal, soma-se a tendência de considerar determinados *standards* de justo tratamento no procedimento penal apenas como fins em si mesmos, totalmente desvinculados de sua ampla fundamentação normativa.

Principalmente a partir do momento em que esses preceitos processuais são estabelecidos em regras e princípios constitucionais impositivos, de observância estável e obrigatória em toda manifestação procedimental, há forte propensão, mesmo intuitiva, a desconsiderar sua essência e desmerecer sua

[29] Cf. CHIAVARIO, Mario. *voce Giusto processo: II) processo penale*. *In*: ***Enciclopedia Giuridica***. Roma: Treccani, 2001. p. 3. v. XVII; ILLUMINATI, Giulio. *Giudizio*. *In*: CONSO, Giovanni; GREVI, Vittorio; BARGIS, Marta. ***Compendio di procedura penale***. 8. ed. Milanofiori Assago: Wolters Kluwer, Cedam, 2016. p. 698.

completa gênese e razão de existência[30]. A partir dessa descontextualização, passam a ser encarados como dispositivos autônomos, autossuficientes, como que fundamentando justas expectativas e direitos individuais desligados por completo de qualquer outra finalidade além daquela expressa na norma positivada[31].

Assim é que esses cânones genéricos que condicionam o correto exercício da jurisdição pelo processo tornam-se, de modo geral, bases de legítimos direitos cujos titulares são as pessoas envolvidas na relação processual. Nessa condição, mais do que meras expectativas ou padrões de tratamento equitativo, tais cânones se qualificam como verdadeiros direitos processuais de defesa juridicamente exigíveis pelos indivíduos submetidos à atuação jurisdicional. É fácil verificar como essas regras procedimentais tendem a ser consideradas apenas sob essa perspectiva subjetiva, ou seja, passam a ser concebidas como garantias subjetivas normativamente postas a serviço dos interesses individuais, e, nesse aspecto, condicionantes autônomos da validade do instrumento processual.

No entanto, a predisposição ordinária, do senso comum, de visualizar tais padrões normativos de *fair treatment* como desvinculados dos resultados não justifica o equívoco cometido por alguns estudiosos de fundamentar análises teóricas de *procedural justice*, e aplicativas de devido processo, a partir desse reducionismo. Direitos de participação, exposição de provas e argumentos, equidade de oportunidades, imparcialidade judicial, fundamentação das decisões, tempo razoável, são inegáveis padrões de *fair treatment*. Mas evidentemente justificam-se, também, pela justiça dos resultados, portanto não podem ser desassociados dessa *ratio* normativa ampla, ao menos não pelo jurista[32].

Não se contesta que regras processuais constitucionais como as que estabelecem o direito de participação dos interessados e, mais amplamente, as projeções do contraditório, a imparcialidade judicial, a fundamentação das

[30] GALLIGAN D. J. ***Due process and fair procedures**: a study of administrative procedures.* Oxford: Claredon press, 1996. p. 64 e 91 et seq.; ERTOLINO, Giulia. ***Giusto processo civile e verità**: contributo allo studio della relazione tra garanzie processuali e accertamento dei fatti nel processo civile.* Torino: G. Giappichelli, 2010. p. 103.

[31] GALLIGAN D. J. ***Due process and fair procedures**: a study of administrative procedures.* Oxford: Claredon press, 1996. p. 94.

[32] Nesse sentido, GALLIGAN D. J. ***Due process and fair procedures**: a study of administrative procedures.* Oxford: Claredon press, 1996. p. 94.

decisões e, inclusive, a duração razoável do processo, juntamente com outros direitos e garantias do processo, possuem não apenas a função expressiva de valores processuais intrinsecamente relevantes, e por isso mesmo dignos de tutela reforçada pelo ordenamento jurídico, como vão além ao imporem padrões de justo tratamento individual e direitos de defesa que não se fundamentam meramente em, ou são independentes de, considerações relacionadas ao valor da qualidade dos resultados emanados nos procedimentos[33].

Mas não se pode negar, e o contrário seria um grande equívoco, que algumas dessas garantias do devido processo penal, além dessa feição subjetiva, decorrem também de preocupações instrumentais, relacionadas à qualidade no funcionamento da função judicial e à correção da resposta jurisdicional[34], como verdadeiras garantias objetivas do exercício da jurisdição[35].

Não é demais reiterar que a exposição da dualidade de sentidos objetivo e subjetivo de algumas das garantias elementares da fórmula do devido processo tem como premissa, digna de destaque, a relação de coexistência e complementariedade entre esses horizontes de tutela. Exatamente pela particular complexidade dos interesses envolvidos no processo penal[36], nenhuma das perspectivas de proteção pode excluir a outra.

Como cláusula de compêndio que é, a garantia do devido processo penal deve ser compreendida e projetar-se operativamente para a salvaguarda dos interesses, valores e objetivos inseridos na relação processual penal, os quais vêm esquematizados como garantias processuais objetivas e subjetivas para fins epistemológicos. Somente a partir dessa compreensão será possível alargar o espectro de salvaguarda do preceito constitucional e convencional de

33 Essa consideração é importante, para afastar possível noção de que as garantias processuais não teriam valor independente da busca de verdade. Mais amplamente sobre o ponto, ver TORRES CHEDRAUI, Ana María. ***Derechos humanos y búsqueda de la verdad en el proceso penal.*** Granada, Espanha: Editorial Comares, 2015. p. 15 et seq. e 26.

34 Ilustrativamente, sobre a correlação entre imparcialidade e justiça da decisão, ver, por ex., TARUFFO, Michele. ***La semplice verità.*** *Il giudice e la costruzione dei fatti.* [*S.l.*]: Laterza, 2009. p. 119-121; ALLISON, John R. *Ideology, prejudgment and process values.* ***New England Law Review***, Boston, vol. 28, n. 3, p. 657-743, 1994. p. 675; GALLIGAN D. J. ***Due process and fair procedures***: *a study of administrative procedures.* Oxford: Claredon press, 1996. p. 92.

35 Assim se manifesta FERRUA, Paolo. ***Il 'giusto processo'.*** 3. ed. Bologna: Zanichelli, 2012. p. 84.

36 CHIAVARIO, Mario. *voce Giusto processo: II) processo penale. In*: ***Enciclopedia Giuridica.*** Roma: Treccani, 2001. p. 3. v. XVII.

afirmação da justiça do processo, assegurando sua máxima projeção e elevando os atributos do devido processo penal a características necessariamente vinculativas da atividade jurisdicional, sempre na tentativa de tutelar os distintos e relevantes valores entremeados na relação processual.

Conclusões

É indispensável se acolher a noção ampla de que refletir sobre o processo penal e o sistema jurídico processual em geral depende de se assimilar todos os influxos e consequências decorrentes da interação entre fontes normativas provenientes dos níveis doméstico e internacional. A compreensão dos direitos e garantias que conformam a multifacetada fórmula do justo processo exige contínua atenção à leitura conferida a esses princípios pelas cortes supranacionais componentes do que se poderia denominar de sistema internacional de proteção dos direitos humanos, as quais têm a função primordial de interpretar e mesmo fomentar esses valores primordiais aos indivíduos e à coletividade

Essa necessidade já seria uma decorrência lógica da singela percepção de que a cláusula do devido processo, assim como o direito ao justo ou équo processo, trata-se, em última análise, de um modelo internacional de justiça[37], cuja gênese da hodierna versão, acolhida quase que genericamente pelos países de influência europeia-continental, remonta à afirmação das garantias internacionais do processo.

O percurso remoto se inicia com o desenvolvimento dos tradicionais conceitos acolhidos pelos ordenamentos jurídicos anglo-saxônicos, como são os casos do *fair trial* e do *due process of law*. Em seguida passa, quase que concomitantemente, pela inclusão do catálogo de direitos em normativas internacionais de direitos do homem e nas Constituições nacionais e deságua no modelo caracterizado por influxos normativos plúrimos. Nesse estágio de desenvolvimento, a caracterização do devido processo, inclusive no plano interno, depende de uma abordagem de interação entre normas provenientes de ambos os níveis: doméstico e internacional.

[37] A expressão é de COMOGLIO, Luigi Paolo. ***Etica e técnica del "giusto processo"***. Torino: G. Giappichelli Editore, 2004. p. 33.

A consideração dos grupos de valores que devem influenciar a elaboração dos sistemas processuais penais – e que, portanto, devem embasar a concepção de regras processuais concretamente orientadas à realização desses valores – auxilia na percepção da garantia do devido processo penal como uma cláusula de compêndio. A taxionomia desses valores em categorias identificadas como garantias objetivas e garantias subjetivas do processo contribui não só na sistematização do estudo do devido processo penal, como permite avanço nos esforços de identificar o conteúdo dessa garantia de atuação da jurisdição.

Quanto às garantias objetivas do devido processo, uma rápida análise da ampla jurisprudência da Corte Interamericana de Direitos Humanos na aferição da conformidade convencional de atos e procedimentos conduzidos pelas autoridades da administração da Justiça já permite constatar que a qualidade e a eficiência do procedimento penal são constantemente sindicalizados. A par do controle sobre o cumprimento dos direitos e garantias individuais dos investigados e acusados, a Corte de San José analisa concretamente se os padrões de correção qualitativa na condução do processo foram observados.

Em outras palavras, no crivo supranacional acerca da conformidade do procedimento penal doméstico ao devido processo penal convencional, a Corte IDH, contínua e circunstanciadamente, analisa o cumprimento dos parâmetros de efetividade na tentativa de esclarecimento dos delitos e de celeridade na condução dos atos. Há uma aferição da qualidade na realização do procedimento penal e da eficiência na prestação da função jurisdicional. Ainda que não se assuma tal entendimento jurisprudencial como reafirmativo da feição objetiva de garantias do devido processo penal convencional, deve ser recebido, no mínimo, como indicativo importante da concepção ora sustentada.

Referências

ACEVEDO BALCORTA, Jaime A. *Introducción al estudio de los derechos humanos. In*: VALDEZ AGUIRRE, Pedro; CHACÓN RODRÍGUEZ, José Luis. ***Reflexiones sobre los derechos humanos y el control de convencionalidad***. Chihuahua: Idea Editorial, 2014.

ALLISON, John R. *Ideology, prejudgment and process values*. ***New England Law Review***, Boston, vol. 28, n. 3, p. 657-743, 1994.

AMODIO, Ennio. *Garanzie oggettive per la pubblica accusa? A proposito di indagini difensive e giudizio abbreviato nel quadro costituzionale.* ***Cassazione penale***, Milano, n. 1, p. 17-23, gen. 2010.

BARROSO, Luís Roberto. Constituições e tratados internacionais: alguns aspectos da relação entre direito internacional e direito interno. *In*: MARINONI, Luiz Guilherme; MAZZUOLI, Valerio de Oliveira. **Controle de convencionalidade. Controle de convencionalidade**: um panorama latino-americano. Brasília: Gazeta Jurídica, 2013.

CARDONE, Andrea. *voce Diritti fondamentali (tutela multilivello dei)*. *In*: ***Enciclopedia del diritto***. Milano: Giuffrè, 2011. p. 335-422. Annali IV.

CARDUCCI, Michele; MAZZUOLI, Valerio de Olilveira. **Teoria tridimensional das integrações supranacionais**: uma análise comparativa dos sistemas e modelos de integração da Europa e América Latina. Forense: Rio de Janeiro, 2014.

CECCHETTI, Marcello. ***voce Giusto processo,*** *a) diritto costituzionale. In*: **Enciclopedia del diritto**, Milano, agg., v. V, p. 607, 2001.

CHACÓN RODRÍGUEZ, José Luis. ***Reflexiones sobre los derechos humanos y el control de convencionalidad***. Chihuahua: Idea Editorial, 2014.

CHIAVARIO, Mario. *voce Giusto processo: II) processo penale. In*: ***Encicclopedia Giuridica***. Roma: Treccani, 2001. p. 3. v. XVII.

COMOGLIO, Luigi Paolo. ***Etica e técnica del "giusto processo"***. Torino: G. Giappichelli Editore, 2004.

ERTOLINO, Giulia. ***Giusto processo civile e verità:*** *contributo allo studio della relazione tra garanzie processuali e accertamento dei fatti nel processo civile.* Torino: G. Giappichelli, 2010.

ESPARZA LEIBAR, Iñaki. ***El principio del proceso debido***. Barcelona: J.M. Bosch, 1995.

FERRER MAC-GREGOR, Eduardo. *Interpretación conforme y control difuso de convencionalidad. El nuevo paradigma para el juez mexicano.* ***Estudios constitucionales***, Santiago, ano 9. n. 2, p. 531-622, 2011.

FERRUA, Paolo. ***Il 'giusto processo'***. 3. ed. Bologna: Zanichelli, 2012.

GALLIGAN D. J. ***Due process and fair procedures:*** *a study of administrative procedures.* Oxford: Claredon press, 1996.

GIACOMOLLI, Nereu. **O Devido Processo Penal**: abordagem conforme a Constituição Federal e o Pacto de São José da Costa Rica. 3. ed. São Paulo: Atlas, 2016.

GOMES, Luiz Flávio; MAZZUOLI, Valerio de Oliveira. **Comentários à Convenção Americana sobre Direitos Humanos**: pacto de San José da Costa Rica. 3. ed., rev., atual. e ampl. São Paulo: Revista dos Tribunais, 2010.

GREVI, Vittorio. *Spunti problematici sul nuovo modello costituzionale di «giusto processo» penale (tra «ragionevole durata», diritti dell'imputato e garanzia del contraddittorio.* **Politica del diritto**, Bologna, n. 3, p. 423-450, sett. 2000.

GREVI, Vittorio. *Basta il solo «consenso dell'imputato» per utilizare come prova le investigazioni defensive nel giudizio abbreviato?* ***Cassazione penale***, Milano, n. 10, p. 3671-3683, ott. 2009.

HITTERS, Juan Carlos. *Control de convencionalidad. Puede la Corte Interamericana de Derechos Humanos dejar sin efecto fallos de los Tribunales Superiores de los países? (El caso Fontevecchia vs. Argentina).* ***Pensamiento Constitucional***, Lima, n. 22, p. 109-141, 2017.

IACOVIELLO, Francesco Mauro. *Il quarto grado di giurisdizione: la Corte europea dei diritti dell'uomo.* ***Cassazione Penale***, Milano, n. 2, p. 794-819, febbr. 2011.

ILLUMINATI, Giulio. *Giudizio*. *In*: CONSO, Giovanni; GREVI, Vittorio; BARGIS, Marta. ***Compendio di procedura penale***. 8. ed. Milanofiori Assago: Wolters Kluwer, Cedam, 2016.

MARINONI, Luiz Guilherme. Controle de convencionalidade (na perspectiva do direito brasileiro). *In*: MARINONI, Luiz Guilherme; MAZZUOLI, Valerio de Oliveira. **Controle de convencionalidade**: um panorama latino-americano. Brasília: Gazeta Jurídica, 2013.

MARZADURI, Enrico. *Commento all'art. 1, l. cost. 23 novembre 1999 n. 2 – Inserimento dei principi del giusto processo nell'art. 111 della Costituzione*. **Legislazione Penale**, 2000.

MAZZUOLI, Valerio de Oliveira. **O controle jurisdicional da convencionalidade das leis**. 3. ed. São Paulo: Revista dos Tribunais, 2013.

NAPPI, Aniello. *La ragionevole durata del giusto processo*. ***Cassazione penale***, Milano, p. 1540-1545, 2002.

PAIVA, Caio; HEEMANN, Thimotie Aragon. **Jurisprudência internacional de direitos humanos**. 2. ed. Belo Horizonte: CEI, 2017.

PIOVESAN, Flávia. Controle de convencionalidade direitos humanos e diálogo entre jurisdições. *In*: MARINONI, Luiz Guilherme; MAZZUOLI, Valerio de Oliveira. **Controle de convencionalidade**: um panorama latino-americano. Brasília: Gazeta Jurídica, 2013

RÖHL, F. Klaus; MACHURA, Stefan. ***Procedural justice***. Aldershot: Dartmouth, Ashgate, 1997.

SARLET, Ingo Wolfang. Notas sobre as relações entre a Constituição Federal de 1988 e os tratados internacionais e direitos humanos na perspectiva do assim chamado controle de convencionalidade. *In*: MARINONI, Luiz Guilherme, MAZZUOLI, Valerio de Oliveira. **Controle de convencionalidade**: um panorama latino-americano. Brasília: Gazeta Jurídica, 2013.

SOLUM, Lawrence B. *Procedural justice*. ***Southern California Law Review***, Los Angeles, vol. 78, n. 1, p. 181-321, nov. 2004

TARUFFO, Michele. ***La semplice verità***. *Il giudice e la costruzione dei fatti*. [*S.l.*]: Laterza, 2009.

TORRES CHEDRAUI, Ana María. ***Derechos humanos y búsqueda de la verdad en el proceso penal***. Granada, Espanha: Editorial Comares, 2015.

URENÃ, René. Proteção multinível de direitos humanos na América Latina? Oportunidades, desafios e riscos. *In*: BANDEIRA GALINDO, George Rodrigo; URENÃ, René; TORRES PÉREZ, Aida (coord.). **Proteção multinível, dos direitos humanos**. Manual. Barcelona: DHES - Rede de Direitos Humanos e Educação Superior, 2014.

VALDEZ AGUIRRE, Pedro. *El control difuso de la convencionalidad y de la constitucionalidad por los jueces mexicanos*. *In*: VALDEZ AGUIRRE, Pedro;

46.
O CONTROLE DA LEGALIDADE DA COLABORAÇÃO PREMIADA E A TIPICIDADE PROBATÓRIA

Geraldo Prado

Palavras iniciais

Com muita alegria aderi prontamente ao convite para participar da homenagem ao Professor Nereu José Giacomolli, amigo de longa data e jurista com merecida reputação de competência e sensibilidade que figura em qualquer lista séria dos melhores processualistas penais brasileiros.

Escolhi tratar do tema dos efeitos e consequências da atipicidade da colaboração premiada porque se trata de assunto visceralmente ligado à noção de devido processo legal tão cara ao homenageado.

Receba, Nereu, este modestíssimo escrito com expressão sincera da mais imensa admiração por ti, admiração que sem risco algum é compartilhada por tod@s @s estudios@s do Direito no Rio de Janeiro.

I. Tipicidade Probatória

Ao tratar do tema da tipicidade probatória, Luiz Guilherme Marinoni e Sérgio Cruz Arenhart mencionam o preceito do artigo 369 do Código de Processo

Civil (CPC), que habilita todos os meios de prova legais, ainda que não previstos no CPC, assim como os moralmente legítimos a demonstrar a existência de um fato, advertindo que não se deve com isso confundir "meios típicos" e "meios legais".

Nas palavras desses juristas, os meios moralmente legítimos não previstos em lei necessariamente devem guardar adequação com a ordem jurídica, o que à luz da regra citada lhes confere a condição de "meios legais", amparados que estão pelo preceito do artigo 369 do CPC.[1]

O fato de que não estejam expressamente "tipificados" e, pois, correspondam a determinado molde normativo não lhes confere a pecha de ilegais, tratando-se apenas de "provas atípicas".

Vale registrar a passagem:

> O fato de um meio de prova não estar expresso na lei nada tem a ver com a sua moralidade, pois o que define a possibilidade da utilização de uma prova é a sua conformação com o direito, e apenas nesse aspecto é que se pode aceitar que um meio moralmente ilegítimo seja considerado um meio de prova não conforme ao direito e, assim, ilegal.[2]

Os meios de prova atípicos, no entanto, colocam outro problema. A ideia da tipicidade, ressaltam os mencionados juristas, diz com a "necessidade" da prova e a "insegurança jurídica" da prova atípica, justificando rigoroso sistema de controle desta última para evitar que sejam tratadas como "provas atípicas" aquelas produzidas em violação do modelo normativo. Marinoni e Arenhart afirmam:

> Está claro que a preocupação do art. 369, ao aludir a meio moralmente legítimo, está ligada, a um só tempo, *à necessidade e à insegurança da prova atípica*. É que, se não há como negar a possibilidade do emprego de meios de prova não tipificados, existe a possibilidade de que a sua aplicação seja feita de forma abusiva.

[1] MARINONI, Luiz Guilherme; ARENHART, Sérgio Cruz. **Prova e Convicção.** 3. ed. rev., atual. e ampl. São Paulo: Editora Revista dos Tribunais, 2015. p. 294.

[2] MARINONI, Luiz Guilherme; ARENHART, Sérgio Cruz. **Prova e Convicção.** 3. ed. rev., atual. e ampl. São Paulo: Editora Revista dos Tribunais, 2015. p. 294.

> Diante disso, a única solução é pensar no controle da utilização da prova atípica. Assim, por exemplo, se o art. 447, § 1º afirma que o interdito por enfermidade não pode depor como testemunha, não é possível pedir o seu depoimento sob o rótulo de prova atípica. Ou seja, uma prova que não pode ser usada como típica, porque na sua formação violou uma norma (ou porque na sua produção vai violá-la), certamente não pode ser admitida como prova atípica, pena de estar servindo para encobrir a desconsideração de uma regra.[3]

Em outras palavras, a violação da tipicidade na obtenção, formação e produção de elementos probatórios é antijurídica, levando à inadmissibilidade da prova (quer se trate de meio de prova, quer cuide de meio de obtenção de prova), não se confundindo com a livre obtenção, formação e produção de elementos probatórios naqueles casos em que não existe prévia tipificação da prova (prova atípica).

É intuitivo que a violação da norma jurídica probatória deve gerar consequências. A consequência primeira será a sua "inadmissibilidade", que será tratada adiante.

Antes é necessário esclarecer que sendo o processo penal o método de punição das pessoas, é igualmente intuitivo compreender que na defesa da liberdade haja maior tolerância com a formação e produção da prova. Essa maior liberdade, no entanto, cederá diante de valores que *a priori* o legislador vier a considerar fundamentais, estabelecendo para si uma "reserva de lei" cujo rigor harmoniza-se com o imperativo de defesa da dignidade das pessoas.

A isso a doutrina denomina "reserva de lei proporcional". A tipicidade da prova penal neste caso ganha relevo e sua vulneração é causa de invalidade jurídica, porque os valores que o legislador pretendeu proteger correrão risco ou estarão sendo efetivamente lesionados na hipótese de desconsideração concreta da tipicidade do meio de prova ou do meio de obtenção de prova.

[3] MARINONI, Luiz Guilherme; ARENHART, Sérgio Cruz. **Prova e Convicção**. 3. ed. rev., atual. e ampl. São Paulo: Editora Revista dos Tribunais, 2015. p. 294.

Esses valores, como sublinhado, são de duas ordens. Por um lado, a segurança da informação – prova é informação[4] – que poderá ser afetada pela mais baixa qualidade do elemento probatório. Por outro, o patrimônio jurídico-constitucional de interesses das pessoas atingidas pelo ato probatório, servindo como ilustração o alvo de uma interceptação das comunicações telefônicas.

Exemplo clássico da incidência da "reserva de lei proporcional" no direito brasileiro nos é trazido pelo dissídio doutrinário e na jurisprudência, que culminou com a declaração pelo Supremo Tribunal Federal (STF) de que o Código Brasileiro das Telecomunicações não atendia à reserva de lei proporcional exigida para o fim de implementação da restrição à comunicação prevista no inc. XII do art. 5º da Constituição,[5] que em 1996 levou à promulgação da Lei nº 9.296, que estatuiu rigorosos requisitos para a sua admissibilidade.

O mesmo ocorreu com a colaboração premiada, que veio oscilando na sua parca disciplina normativa e disperso âmbito de incidência, desde antes da Lei dos Crimes Hediondos, até ser legalmente reconhecida como meio de obtenção de prova estritamente no caso dos crimes relacionados a organizações criminosas, como está expresso no *caput* do artigo 1º da Lei nº 12.850/2013.

II. A Tipicidade Probatória da Colaboração Premiada

A colaboração premiada consiste em modalidade de cooperação procedimental dirigida à obtenção de meios de prova ou à descoberta de fontes de prova e está inserida no contexto da denominada Justiça penal consensual.

Os juristas brasileiros, com efeito, não desconhecem a história recente da colaboração premiada em nosso ordenamento e, em geral, a situam no marco das práticas penais consensuais orientadas ao controle da criminalidade grave e organizada para distinguir de outras formas penais consensuais relacionadas

[4] Noção que compartilho com Paul Roberts e Adrian Zuckerman. ROBERTS, Paul; ZUCKERMAN, Adrian. ***Criminal Evidence***. 2nd ed. reprint. Oxford: Oxford University Press, 2012. p. 73.

[5] Sobre a história da regulamentação das interceptações telefônicas no Brasil, na qual é citado o acórdão paradigmático do STF: PRADO, Geraldo. **Limite às interceptações telefônicas e a jurisprudência do Superior Tribunal de Justiça**. 2. ed. (2ª tiragem). Rio de Janeiro: Lumen Juris, 2012.

à criminalidade de massas, que congestionam as agências de controle social na esfera da repressão penal (transação penal, suspensão condicional do processo etc.).[6]

Também é comum mencionarem a influência das Convenções de Palermo e de Mérida, que recomendam incentivo legal ao agente que prestar ajuda efetiva e concreta orientada a "privar *os grupos organizados* dos seus recursos ou do produto do crime"[7] (grifo nosso).

Convém sublinhar que, em alguma medida, naturalizou-se no Brasil o sentimento de que o modelo de obrigatoriedade da ação penal pública está fadado a ser substituído, a médio prazo, por regime eclético em cujo âmbito teriam lugar negócios jurídico-penais dissociados da ideia de que cada crime deve corresponder à necessária punição, conforme a culpabilidade do agente, em estrita observância à escala de penas cominada na lei incidente no caso concreto. [8]

[6] VASCONCELLOS, Vinicius Gomes de. **Barganha e justiça criminal negocial**: análise das tendências de expansão dos espaços de consenso no processo penal brasileiro. São Paulo: IBCCRIM, 2015; CARVALHO, Natália Oliveira de. **A delação premiada no Brasil**. Rio de janeiro: Lumen juris, 2009; PEREIRA, Frederico Valdez. **Delação premiada**: legitimidade e procedimento. Curitiba: Juruá, 2013; ANDREATO, Danilo. **Técnicas especiais de investigação**: premissas teóricas e limites constitucionais. Belo Horizonte: Arraes, 2013.

[7] ANDREATO, Danilo. *Técnicas especiais de investigação*: premissas teóricas e limites constitucionais. Belo Horizonte: Arraes, 2013. p. 76.

[8] Afastando-se da tradicional ideia da obrigatoriedade da ação penal pública, o Conselho Nacional do Ministério Público editou a Resolução nº 181/2017, que dispunha sobre instauração e tramitação do procedimento investigatório criminal a cargo do Ministério Público. Posteriormente, foi editada a Resolução nº 183/2018, que alterou disposições da Resolução anterior, destacando-se mudanças no artigo 18, no qual se adicionam requisitos para elegibilidade de proposta de acordo de não persecução penal, quais sejam a pena mínima cominada do crime imputado ao investigado ser inferior a quatro anos (*caput*) e o delito não ser hediondo ou equiparado e nos casos de incidência da Lei nº 11.340, de 7 de agosto de 2006 (§ 1º, V), dentre outras. Ainda, no mesmo artigo, se acrescenta o controle judicial sobre o acordo – considerando-o incabível ou com condições inadequadas, o juiz fará remessa dos autos ao procurador-geral ou órgão superior interno responsável por sua apreciação, para manter, reformular ou complementar o acordo, bem como oferecer denúncia (§ 6º e incisos). No ano seguinte, a Resolução nº 201/2019, em busca da adequação do Direito interno às disposições do Direito Internacional dos Direitos Humanos ante a decisão do caso Favela Nova Brasília *vs.* Brasil, da Corte Interamericana de Direitos Humanos somente acrescentou parágrafos aos artigos 17 e 19, naquele acrescentando disposições que asseguram papel mais proeminente da vítima na investigação e, neste, estabelecendo a determinação de que o membro do Ministério Público deverá diligenciar para a comunicação da vítima a respeito do seu pronunciamento

O fenômeno da popularidade da "colaboração premiada" – a "delação" caiu nas graças do público – pode desafiar muitas explicações no campo da sociologia, e não necessariamente apenas no campo da sociologia jurídica.

O certo, no entanto, é que esse fenômeno de popularidade parece ter contribuído para a consolidação de um tipo de atitude acrítica dos profissionais da área jurídica, que, salvo raras exceções, demitem-se de uma tarefa de análise mais profunda de aspectos teóricos que são fundamentais. A colaboração premiada situa-se em uma *encruzilhada epistêmica* que, no mínimo, estaria a recomendar muito cuidado em sua adoção e mais ainda no que concerne ao suposto valor heurístico das informações produzidas por e em decorrência das citadas colaborações.

Um elenco provisório e não exaustivo dos significativos problemas teóricos divisados inclui: a) a definição, *a priori*, do enquadramento do tema maior "prova penal" em modelos explicativos argumentativos,[9] narrativos[10] ou epistêmicos[11]; b) a distinção das atividades probatórias, separando aquelas relativas à aquisição das informações relevantes das concernentes à avaliação do material obtido – cada uma delas com suas próprias e sérias questões; c) a compreensão dos limites, nos dois níveis referidos, da aplicação do conhecimento probatório do coautor ou partícipe.[12]

na hipótese de arquivamento do procedimento investigatório criminal ou do inquérito policial, admitindo-se meio eletrônico para comunicação por opção do ofendido. Disponível em: https://www.cnmp.mp.br/portal/images/Resolucoes/Resoluo-181-1.pdf, https://www.cnmp.mp.br/portal/images/Resolucoes/Resoluo-183.pdf e https://www.cnmp.mp.br/portal/images/Resolucoes/Resoluo-n-201.pdf. Acesso em: 13 maio 2020. Finalmente, em 24 de dezembro de 2019 foi aprovada a Lei nº 13.964, que acrescentou o artigo 28-A ao Código de Processo Penal e disciplinou o acordo de não persecução penal.

[9] É a posição do Professor Paulo Sousa Mendes, da Universidade de Lisboa. MENDES, Paulo de Sousa. As proibições de prova no processo penal. *In*: PALMA, Maria Fernanda (coord.). **Jornadas de Direito Processual Penal e Direitos Fundamentais**. Lisboa: Almedina, 2004. p. 133 et seq.

[10] Destacadamente é como sustenta Raquel Taranilla. TARANILLA, Raquel. ***La Justicia Narrante***: *un estudio sobre el discurso de los hechos en el proceso penal*. Barcelona: Aranzadi, 2012.

[11] Clássica orientação do Professor Michele Taruffo. TARUFFO, Michele. **A prova**. São Paulo: Marcial Pons, 2014.

[12] SEIÇA, António Alberto Medina de. **O conhecimento probatório do co-arguido**. Coimbra: Coimbra Editora, 1999.

Cada uma das dimensões citadas torna-se ainda mais complexa quando se lhe acrescentam problemas de ancestralidade das tradições jurídicas e da genealogia de cada uma delas.

Com efeito, os acordos penais contemporâneos surgem de forma sistêmica no contexto da tradição jurídica anglo-americana, em particular nos Estados Unidos da América, e são transplantados para os ordenamentos jurídicos da tradição continental europeia, malgrado as comunidades do Velho Continente conhecessem há séculos práticas conciliatórias respeitantes aos conflitos penais, que em certa medida sempre fizeram parte de sua realidade.[13]

Ainda assim, em regra os acordos penais eram estranhos à organização e à administração primária do Sistema de Justiça Criminal no *Common Law* e sua integração se fez à custa do sacrifício de princípios estruturantes da Justiça penal norte-americana em particular.[14]

Considerando os problemas identificados à partida, nos ordenamentos jurídicos aos quais a negociação penal contemporaneamente está filiada, é válida a advertência de que a metódica do processo penal requisita alguns passos atrás, em termos de perspectiva analítica, para compreender as questões antes de respondê-las.

Como estão as coisas no campo da colaboração premiada, especialmente no Brasil, as respostas com frequência têm antecedido às perguntas.

Partindo, pois, do início, convém rastrear a genealogia dos acordos no processo penal contemporâneo, ainda que haja significativa diferença, por exemplo, entre o *plea bargaining* e a colaboração premiada.

A identificação do ponto de partida – pragmático – do *plea bargaining* justifica-se porque a "colaboração premiada" e demais modalidades de acordo penal inscrevem-se em um marco de vigência prática do princípio da oportunidade processual, em maior ou menor grau, compreendido este como o conjunto dos "mecanismos que têm por propósito a despenalização, direta ou indireta, ou a desjudicialização alternativa ou não".[15]

[13] FOUCAULT, Michel. **A verdade e as formas jurídicas**. Rio de Janeiro: NAU Editora, 2005.

[14] FISHER, George. ***Plea Bargaining's Triumph***: *a history of plea bargaining in America*. California: Stanford University Press, 2003. p. 91-97.

[15] LÓPEZ, Ricardo Molina. ***La conformidad en el proceso penal***: *análisis comparado de las legislaciones española y colombiana*. Bogotá: Ibáñez, 2012. p. 184-185.

Em teoria há muitos fundamentos para a obrigatoriedade da ação penal e a consequente indisponibilidade do conteúdo do processo, quer de forma parcial, quer em sua medida completa, que transitam, por exemplo, pela ideia de que sendo a ação penal obrigatória todas as pessoas serão tratadas da mesma maneira (isonomia). Sustenta-se, ainda, a obrigatoriedade porque, em tese, o direito de defesa seria irrenunciável ou caberia à Justiça criminal legitimar-se pelo grau de verdade que a sentença penal deve expressar.

Ainda assim, nos Estados Unidos da América, ao final do século XIX, destaca Fischer, o *plea bargaining* se tornou uma valiosa ferramenta não só para a acusação, mas para os juízes, que o cultivaram em detrimento de outras formas procedimentais, para o que concorreram o estatuto de penas capitais e a possibilidade de evitá-las com a confissão.[16]

O pragmatismo norte-americano daquele período, ditado pelas dificuldades da organização do júri para dar conta dos dilemas cada vez mais complexos, gerados por uma sociedade industrial em desenvolvimento e pela própria expansão do Direito Penal, configura somente uma das hipóteses aventadas por estudiosos dedicados ao tema.[17]

Em um trabalho de fôlego, no entanto, John Langbein, Renée Lerner e Bruce Smith vão descolar o *plea bargaining* da estrutura acusatória tradicional.[18]

Albert Alschuler e Andrew Deiss, professores da Universidade de Chicago, por seu turno, asseveram que durante muito tempo, mesmo no século XIX, nos Estados Unidos da América, os juízes resistiram a admitir a confissão – e a correspondente "barganha" – como mecanismo de exclusão do júri, dispensa do ônus da prova pela acusação e, de quebra, não aplicação da Sexta Emenda.[19]

[16] FISHER, George. ***Plea Bargaining's Triumph***: *a history of plea bargaining in America*. California: Stanford University Press, 2003, p. 91-97.

[17] LANGBEIN, John; LERNER, Renée Lettow; SMITH, Bruce P. ***History of the Common Law***: *the development of anglo-american legal institutions*. New York: Aspen Publishers, 2009. p. 709. QUIRÓS, Diego Zysman. ***Castigo y determinación de la pena en los Estados Unidos***: *un estudio sobre las United States Sentencing Guidelines*. Madrid: Marcial Pons, 2013. p. 153.

[18] LANGBEIN, John; LERNER, Renée Lettow; SMITH, Bruce P. ***History of the Common Law***: *the development of anglo-american legal institutions*. New York: Aspen Publishers, 2009.

[19] ALSCHULER, Albert; DEISS, Andrew. *Breve historia del jurado criminal en los Estados Unidos*. ***Cuadernos de Doctrina y Jurisprudencia penal***, Buenos Aires, Ad Hoc, ano VIII, n. 14,.

John Langbein também ressaltará que justamente esse foi o período em que a ciência jurídica norte-americana passou a se interessar e a tomar como objeto de análise o processo criminal.[20]

As condições de edificação da dogmática processual penal nos Estados Unidos da América são relevantes porque partiram do tratamento dispensado à prova penal.

Como ressaltou Mirjan Damaska, remontam a Starkie, em 1824, e Thayer, em 1898, os estudos acerca da disciplina da prova penal e sua relação com o júri, clássica base dos estudos que impulsionaram o Direito criminal norte-americano.[21]

A circunstância conhecida de o *plea bargaining* não fazer parte da tradição do *Common Law* levou, por isso mesmo, ao desenvolvimento de um importante esquema conceitual que caracteriza o processo penal norte-americano, em virtude do qual o dispositivo processual requisita hipoteticamente condições que sejam capazes de reduzir o arbítrio das soluções penais à semelhança das regras de orientação do júri.

Sublinha Gomes Colomer que a exigência básica do processo penal nos Estados Unidos da América consiste na adoção de um princípio de equidade, que se associa ao devido processo legal para conferir efetividade a este último.[22]

Os elementos do *fair trial* compatíveis com a modalidade do *plea bargaining* configuram condição de validade jurídica do acordo penal e estão dispostos em benefício da ideia nuclear da garantia de expectativas, que em nossa tradição pode ser reconduzida à noção de segurança jurídica.

[20] LANGBEIN, John LERNER, Renée Lettow; SMITH, Bruce P. ***History of the Common Law***: *the development of anglo-american legal institutions.* New York: Aspen Publishers, 2009. p. 709.

[21] "*Vid.* J. B. THAYER, *A Preliminary Treatise on Evidence at Common Law,* Boston, 1898, p. 266. *Variantes de este punto de vista, compartido por WIGMORE, también se expresaron mucho antes, tanto por académicos como por jueces. Para uno de los primeros comentarios judiciales vid., por ejemplo, el Caso Berkeley Peerage, 171 Eng. Rep., pp. 126, 135 (K. B. 1816). Y para una de las primeras opiniones académicas, véase Thomas Starkie, A Practical Treatise of the Law Evidence, Philadelphia, 1824, I: 45*" (DAMASKA, Mirjan R. ***El derecho probatorio a la deriva***. [*Evidence law adrift*]. Madrid: Marcial Pons, 2015. p. 20).

[22] COLOMER, Juan-Luis (coord.). ***Introducción al proceso penal federal de los Estados Unidos de Norteamérica***. Valencia: Tirant lo Blanch, 2013. p. 127.

Fair trial e *due process of law* resultam de uma longa e nem sempre linear construção jurídica norte-americana, fruto da doutrina e, em especial, do sistema de precedentes judiciais, responsável por fixar os parâmetros da proibição da dupla incriminação, da proteção contra a autoincriminação compulsória, do direito a ser informado da acusação e das provas e do próprio dispositivo da *Discovery*.[23]

No ponto, portanto, a diminuição dos riscos de um transplante jurídico que incorra em graves equívocos passa por adotar postura metodológica que assegure o denominado "diálogo interjurisdicional", inspirando a jurisprudência conforme as experiências extraídas de cada contexto jurídico, para realçar as identidades e diferenças.[24]

Maximo Langer, mais do que isso, sugere ainda a admissão de uma postura teórica de abandono da ideia de "transplante" de conceitos e institutos jurídicos, muito comum, mas que falha por não considerar as transformações que esses elementos sofrem ao ingressar em outra tradição cultural. Em seu lugar o professor da Universidade da Califórnia sugere acolher a categoria da "tradução" por meio "de um sistema de significados" que considere as linguagens adversarial e inquisitória próprias das respectivas culturas.[25]

O processo de "tradução" dos institutos jurídicos no campo da Justiça penal negocial leva a que não se possa desprezar que o maior alcance do princípio da oportunidade, no Direito norte-americano, ampara-se na legitimidade política do Ministério Público, em regra eleito, algo muito diferente do que ocorre no Brasil, onde a investidura dos membros do Ministério Público decorre de concurso público.

Releva levar em consideração a advertência de Maximo Langer de que a influência do sistema legal norte-americano, embora variável, produziu uma

[23] TARUFFO, Michele. ***El proceso civil adversarial en la experiencia americana***: *el modelo americano del proceso de connotación dispositiva*. Bogotá: Temis, 2008.

[24] Sobre os "diálogos interjurisdicionais": GROPPI, Tania; PONTHOREAU, Marie-Claire. *The methodology of the research: how to assess the reality of transjudicial communication? Introduction*. *In*: ***The use of foreign precedents by constitutional judges***. Oregon: Oxford and Portland, 2013; BOBEK, Michal. ***Comparative reasoning in European Supreme Courts***. New York: Oxford, 2013.

[25] LANGER, Maximo. ***From Legal Transplants to Legal Translations:*** *The Globalization of Plea Bargaining and the Americanization Thesis in Criminal Procedure*. Disponível em http://www.ibccrim.org.br/DPE2014/docs/flavio/langer.pdf. Acesso em: 21 set. 2015. p. 5.

"americanização" de institutos e instituições que na origem foram concebidos conforme o modelo inquisitório.[26]

Em realidade, nas várias "importações continentais" de práticas penais consensuais ocorre um processo de recriação do instituto do *plea bargaining*, cujas razões para "importação" obedeceram à lógica do seu funcionamento nos Estados Unidos da América, mas que na esfera da "nova cidadania" tais importações podem subverter as estruturas procedimentais do país importador" caso não se proceda à "tradução".

E a tradução, na hipótese da "colaboração premiada" prevista na Lei nº 12.850, de 2 de agosto de 2013, está sujeita a dificuldades maiores, a saber: a) não tem o mesmo âmbito normativo de um acordo sobre a pena, malgrado seja declaradamente uma modalidade de autoinculpação, que se distingue do *charge bargain* e do *sentence bargain*, porque adita comportamento processual *lato sensu* de cooperação nos termos do art. 4º;[27] b) aplica-se estritamente à investigação e processo criminal relacionado a organizações criminosas, criminalidade transnacional e organizações terroristas (artigo 1º do referido estatuto); c) em razão dos efeitos penais (perdão judicial, redução da pena privativa de liberdade ou restrição de direitos), reclama a reserva de lei. Aí há incompatibilidade com a discricionariedade judicial; d) por causa dos efeitos processuais, relativamente a terceiros, *tendo em vista tratar-se de meio de obtenção de prova, que, no caso brasileiro, sujeita-se à cláusula do devido processo legal e ao contraditório judicial.*

Com efeito, a colaboração premiada configura meio de obtenção de provas que depende da atitude autoinculpatória do colaborador. No nível das fontes de prova, o potencial probatório da colaboração dirá respeito à notícia da existência de meios de prova.

Convém relembrar, com apoio na doutrina portuguesa, em razão do parco tratamento que os meios de obtenção de provas merecem no Direito

[26] LANGER, Máximo. ***From Legal Transplants to Legal Translations:*** *The Globalization of Plea Bargaining and the Americanization Thesis in Criminal Procedure.* Disponível em http://www.ibccrim.org.br/DPE2014/docs/flavio/langer.pdf. Acesso em: 21 set. 2015. p. 1.

[27] "Lei 12.850/13. [...] Art. 4º O juiz poderá, a requerimento das partes, conceder o perdão judicial, reduzir em até 2/3 (dois terços) a pena privativa de liberdade ou substituí-la por restritiva de direitos daquele que tenha colaborado efetiva e voluntariamente com a investigação e com o processo criminal, desde que dessa colaboração advenha um ou mais dos seguintes resultados".

brasileiro,[28] que esses elementos probatórios não são demonstrativos da existência do crime e da autoria.[29]

> Os meios de obtenção de prova são instrumentos de que se servem as autoridades judiciárias para investigar e recolher meios de prova; não são instrumentos de demonstração do *thema probandi*, são instrumentos para recolher no processo esses instrumentos.[30]

O Direito português, até o momento, não regula a colaboração premiada. Ainda assim, sob o ângulo teórico e tomando em conta a racionalidade jurídica implicada na noção de "meio de obtenção de prova", quando são descobertos no contexto da colaboração premiada, os meios de obtenção de prova apoiam-se na suposição de que esta é juridicamente válida e, assim, o colaborador supõe agir com respaldo em uma imunidade processual que, em tese, justifica que abra mão da tutela contra a autoincriminação compulsória.[31]

Os meios de prova relacionam-se com os fatos penalmente relevantes que às partes incumbe provar:

[28] Sequer estão sistematizados em nosso Código de Processo Penal, apesar da reforma legislativa de 2008.

[29] Na Itália, por sua vez, o Código de Processo Penal distingue meios de prova e meios de obtenção de prova e elenca como meios de prova (*"mezzi di prova"*) a prova testemunhal, a oitiva das partes, as acareações, os reconhecimentos, as reconstituições judiciais, a perícia e a prova documental (arts. 194 a 243). Como meios de investigação de prova (*"mezzi di ricerca della prova"*) elenca as inspeções, as buscas, os sequestros e as interceptações telefônicas (arts. 244-271) (ITÁLIA. ***Codice di Procedura Penale***. Disponível em: http://www.altalex.com/documents/codici-altalex/2014/10/30/codice-di-procedura-penale. Acesso em: 15 maio 2018).

[30] JESUS, Francisco Marcolino de. **Os meios de obtenção da prova em processo penal**. Coimbra: Almedina, 2011. p. 139: "'Os meios de obtenção de prova são instrumentos de que se servem as autoridades judiciárias para investigar e recolher meios de prova; não são instrumentos de demonstração do *thema probandi*, são instrumentos para recolher no processo esses instrumentos' [MARQUES DA SILVA, Germano. Curso de Processo Penal, vol. II., Lisboa: Verbo, 1999. p. 189]. Enquanto que os meios de prova 'são os elementos de que o julgador se pode servir para forma a sua convicção sobre um facto', 'são fontes de que o juiz extrai os motivos de prova', os meios de obtenção da prova servem para obter aquelas coisas ou declarações que, por sua vez, servirão para demonstrar a realidade de um facto; trata-se da atividade de recolha dos meios de prova, sejam pessoais ou reais".

[31] RIVEROS BARRAGÁN, Juan David; ENCINALES, María A. *Las inmunidades procesales: violación del principio a la no autoincriminación? In*: GÓMEZ, Javier Celis (coord.). ***Realidades y tendencias del derecho en el siglo XXI***: *derecho procesal*. Bogotá: Temis, 2010. p. 447. t. V.

> Enquanto que os meios de prova 'são os elementos de que o julgador se pode servir para forma a sua convicção sobre um facto', 'são fontes de que o juiz extrai os motivos de prova', os meios de obtenção da prova servem para obter aquelas coisas ou declarações que, por sua vez, servirão para demonstrar a realidade de um facto; trata-se da atividade de recolha dos meios de prova, sejam pessoais ou reais.

Fixa-se aqui, porém, a ideia de que se "a *prova* – enquanto *atividade probatória* – é o *esforço metódico* através do qual são demonstrados os factos relevantes para a existência do crime, a punibilidade do arguido e a determinação da pena ou medida de segurança aplicáveis (art. 124º, nº 1, do Código de Processo Penal, doravante CPP português)", como corretamente sustenta o professor Sousa Mendes, da Universidade de Lisboa,[32] o peso inferencial de meios de obtenção de prova é significativamente menor e a demonstração orienta-se não à determinação da existência de fatos penalmente relevantes, mas à comprovação da existência de meios de prova.

É neste sentido – de que os meios de prova têm sua existência revelada pelos meios de obtenção de prova – que se compreende a noção de "prova de corroboração".

A chamada "prova de corroboração", em realidade, consiste no conjunto de elementos probatórios revelados pelos "meios de obtenção de prova", meios de obtenção entre os quais as declarações do colaborador, que demonstra indiciária ou diretamente os fatos penalmente relevantes que são a infração penal e a autoria.

O recurso a um meio de obtenção de prova mais frágil em termos de convencimento, mais problemático do ponto da qualidade e segurança da informação, termina por ser autorizado somente para aqueles casos em que, a critério do legislador – e aqui pesa a recomendação das Convenções de Mérida e Palermo –, a criminalidade é organizada e a dificuldade probatória para a acusação é desde o início maior.

[32] MENDES, Paulo de Sousa. As proibições de prova no processo penal. *In*: PALMA, Maria Fernanda (coord.). **Jornadas de Direito Processual Penal e Direitos Fundamentais**. Lisboa: Almedina, 2004. p. 133.

A "reserva de lei proporcional" no tocante à colaboração premiada tornou-se ainda mais visível à luz do novo e detalhado estatuto legal do instituto, imposto pela Lei nº 13.964/2019, que estabeleceu rigorosos procedimentos.

Há evidentemente aspectos extrínsecos à tipicidade probatória, relativa à colaboração premiada, que aderem à estrutura típica. É o caso, por exemplo, da competência para a sua homologação, que desrespeitada invalida a colaboração e a torna imprestável.

Nesse sentido, decidiu há pouco o STF, ao declarar a nulidade de atos processuais praticados a partir de colaboração homologada por juiz incompetente, a revelar a existência de investigação presidida com usurpação de função.[33]

Há aspectos da "tipicidade probatória" da colaboração premiada que, no entanto, são intrínsecos e decorrem da complexa configuração da norma jurídico-processual, resultado da delimitação do âmbito de incidência da norma, que é definido pelo art. 1º da Lei nº 12.850/2013.

Quanto aos requisitos, a colaboração premiada está disciplinada no Capítulo II do referido diploma. Sua aplicação exclusiva aos casos de organização criminosa, todavia, é pressuposto e decorre da restrição que o legislador deliberou impor à aplicação do instituto. Isso é incontroverso. Basta ver que o inciso I do § 4º do seu art. 4º veda a colaboração na hipótese de o pretendente à colaboração vir a ser "o líder da organização criminosa".

O controle de legalidade da colaboração premiada para fins de homologação da proposta não se restringe, portanto, ao que preceituam os incisos I e II do § 7º do mencionado art. 4º da Lei nº 12.850/2013, havendo de considerar também outros requisitos extrínsecos e intrínsecos e os pressupostos para a aplicação do instituto.

O juízo de admissibilidade da colaboração é o primeiro momento processual de aferição da sua legalidade.

[33] BRASIL. Supremo Tribunal Federal. Colaboração premiada: prerrogativa de foro e competência. 2ª turma. **Informativo STF**, Brasília, n. 895, 19 a 30 de março de 2018. Disponível em: http://www.stf.jus.br/arquivo/informativo/documento/informativo895.htm. Acesso em: 4 maio 2020.

III. Do Juízo de Admissibilidade da Colaboração Premiada

Marcelo Vinicius Vieira é autor de precioso ensaio que chama atenção para o fato de que o tema da admissibilidade da prova no Direito Processual Penal brasileiro tenha sido negligenciado por muito tempo.[34]

Muito embora a ênfase do artigo haja sido colocada no aspecto positivo do juízo de admissão da prova, como consectário lógico do direito de defesa e do poder de acusar, ao final o autor revela sua preocupação com o aspecto negativo e os limites do direito em questão.

É falsa a impressão de que todas as provas requeridas pelas partes devem ser admitidas, sublinha Marcelo V. Vieira. Há casos decididos *a priori* pelo legislador que "prescrevem limites ao direito à admissão da prova" com base em critérios epistemológicos, objetivando "evitar erros e incompreensões na determinação do valor de certas provas".[35]

O processo penal tende a operar com o par "válido e inválido" para descrever a relação respectivamente entre atos processuais típicos e atípicos e seus efeitos.

Certo, porém, que desde a década de 50 do século passado Eberhard Schmidt alertava para o fato de que, ao lado do par "válido e inválido", o Direito Processual Penal também operava com o par "admissível e inadmissível", que está relacionado ao modo de obtenção dos atos processuais e sua idoneidade.[36]

Entre nós a fórmula mais conhecida da "inadmissibilidade" é dada pelo teor do inciso LVI do artigo 5º da Constituição da República (CR), que considera inadmissíveis as provas obtidas por meios ilícitos.

Como observado, a inadmissibilidade não é uma consequência exclusiva da ilicitude probatória. As provas típicas não serão admissíveis se na formulação,

[34] VIEIRA, Marcelo Vinicius. Admissão probatória no processo penal: o direito à prova das partes e o juízo de admissibilidade. *In*: SALGADO, Daniel de Resende; KIRCHER, Luís Felipe Schneider; QUEIROZ, Ronaldo Pinheiro de (coord.). **Altos estudos sobre a prova no processo penal**. Salvador: Juspodivm, 2020. p. 574-596.

[35] VIEIRA, Marcelo Vinicius. Admissão probatória no processo penal: o direito à prova das partes e o juízo de admissibilidade. *In*: SALGADO, Daniel de Resende; KIRCHER, Luís Felipe Schneider; QUEIROZ, Ronaldo Pinheiro de (coord.). **Altos estudos sobre a prova no processo penal**. Salvador: Juspodivm, 2020. p. 588 e 591-592.

[36] SCHMIDT, Eberhard. ***Los fundamentos teóricos y constitucionales del derecho procesal penal***. Córdoba: Lerner, 2006. p. 139-140.

obtenção e/ou produção a tipicidade processual vier a ser violada, como ressaltou Marinoni.

Não faria sentido o legislador cogitar uma determinada tipicidade probatória, orientada por critérios de segurança epistemológica e jurídica, e assumir de bom grado que o ato probatório valerá apesar de praticado em desconformidade com o modelo legal.

Frise-se que a colaboração premiada exprime *a priori* uma redução intencional do *standard* de prova, que é excepcionalmente admitida pela lei como meio de obtenção de provas em casos de criminalidade organizada, em relação aos quais a dificuldade probatória inicial é bastante conhecida. Daí a necessidade de reserva de lei proporcional, compensando-se o rebaixamento do *standard* probatório com a limitação das hipóteses de cabimento da colaboração premiada.

No âmbito do *Common Law*, origem das práticas negociais penais, o controle de admissibilidade das provas tem longa tradição e fundamenta o sistema das *exclusionary rules*, tanto no que concerne ao que nosso ordenamento define como "provas ilícitas", como em relação àquelas provas carentes de fiabilidade. Sobre o tema dissertam John D. Jackson e Sarah J. Summers:

> Em cada uma das jurisdições há uma variedade de regras que proíbem o juiz de utilizar determinadas provas para fundamentar a condenação – seja pela natureza da própria prova, seja pela forma como foi obtida.[37]

Jackson e Summers iluminam a ideia por trás do controle de admissibilidade, aduzindo que a inadmissibilidade de uma prova implica algo mais que a proibição de emprego de meio de prova ou do meio de obtenção de prova. O juízo de inadmissibilidade pretende de forma especial que o destinatário da prova para o fim de decidir não tenha efetivo contato com o elemento probatório inidôneo.

[37] Tradução nossa. No original: "*In each of the jurisdictions there a variety of rules which prohibit the judge from using certain evidence to substantiate the conviction - either because of the nature of the evidence itself, or because of the way in which it was obtained*" (JACKSON, John D.; SUMMERS, Sarah J. ***The Internationalisation of Criminal Evidence***: *beyond the common law and civil law traditions*. New York, Cambridge: Cambridge University Press, 2012. p. 70).

O "não conhecimento", afirmam os autores, é da essência da *admissibility* e da *exclusion*, sendo imprescindível a exclusão para prevenir o efeito de contaminação psicológica que mesmo provas com baixo grau de sustentação empírica podem produzir.[38]

Por essa razão, o juiz responsável pelo juízo de admissibilidade, como destinatário da prova produzida em desconformidade com o tipo legal, exerce desde a etapa da investigação criminal a função de *gatekeeper*. A relevância que a etapa de investigação criminal assume na atualidade requisita do juiz responsável pelo juízo de admissibilidade da prova que a filtre tão pronto constate a sua ilegalidade, ressaltam Jackson e Summers.[39]

Paul Roberts e Adrian Zuckerman igualmente salientam o caráter fundamental do juízo de admissibilidade da prova, reafirmando a noção da "prova como informação", que deve estar dotada de qualidade epistêmica e respaldada pela sua legalidade.[40]

Em um regime jurídico-penal orientado pela presunção de inocência e pela legalidade estrita das intervenções que limitam o exercício de direitos fundamentais, a consequência da mais atenuada fiabilidade probatória da colaboração requisita que seja proporcional sua admissibilidade a casos de maior gravidade definidos em lei.

Nesse sentido, compreendem-se: *i*) o recurso à tipicidade probatória das colaborações premiadas, com a recente reformulação de seu estatuto legal para adaptar-se às exigências constitucionais correspondentes; *ii*) seja submetida ao filtro da "admissibilidade", sem o qual a colaboração não produz efeitos em relação a terceiros, muito embora possa beneficiar o colaborador dada a eficácia preclusiva da decisão de homologação; *iii*) esteja sob o signo da estrita

[38] JACKSON, John D.; SUMMERS, Sarah J. ***The Internationalisation of Criminal Evidence***: *beyond the common law and civil law traditions*. New York, Cambridge: Cambridge University Press, 2012. p. 72.

[39] Tradução nossa. No original: "*In each of the jurisdictions there a variety of rules which prohibit the judge from using certain evidence to substantiate the conviction – either because of the nature of the evidence itself, or because of the way in which it was obtained*" (JACKSON, John D.; SUMMERS, Sarah J. ***The Internationalisation of Criminal Evidence***: *beyond the common law and civil law traditions*. New York, Cambridge: Cambridge University Press, 2012. p. 75).

[40] ROBERTS, Paul; ZUCKERMAN, Adrian. ***Criminal Evidence***. 2. ed. reprint. Oxford: Oxford University Press, 2012. p. 73 e 96-97.

legalidade, que confere à regra a respeito de seu controle um tipo de cognição mais profundo que o da mera detecção da voluntariedade.

Conclusões

A colaboração premiada à partida carrega consigo o signo epistemológico (racional) da suspeição que acompanha a palavra do delator interessado em escapar dos rigores da punição,[41] justificando a adoção de procedimentos de verificação extrínsecos e intrínsecos, como adverte Paolo Tonini,[42] o que recomenda que seja adotada somente naqueles casos em que a experiência ordinária revelou serem de mais difícil elucidação.

A homologação de acordo de colaboração premiada que desconsidere seu pressuposto – o ajuste é válido estritamente para os casos definidos no art. 1º da Lei nº 12.850/2013 – e responda negativamente ao procedimento de verificação extrínseca e intrínseca,[43] não produz efeitos como meio de obtenção de prova em relação à pessoa delatada. Nesse sentido, o magistério de Vinicius Vasconcellos[44].

Como destacou o ministro Gilmar Mendes, no julgamento referido linhas atrás, a ilegalidade do acordo de colaboração é impedimento de geração de

[41] MENDONÇA, Andrey Borges de. A colaboração premiada e a criminalidade organizada: a confiabilidade das declarações do colaborador e seu valor probatório. *In*: SALGADO, Daniel de Resende; QUEIROZ, Ronaldo Pinheiro (org.). **A prova no enfrentamento à macrocriminalidade**. 3. ed. rev., atual. e ampl. Salvador: Juspodivm, 2019. p. 349; BITTAR, Walter B. O problema do conteúdo da valoração do depoimento dos delatores diante do conceito de justa causa para o regular exercício da ação penal. **Revista Brasileira de Direito Processual Penal**, Porto Alegre, v. 3, n. 1, p. 225-251, jan./abr. 2017. Disponível em: https://doi.org/10.22197/rbdpp.v3i1.41. Acesso em: 9 maio 2018. p. 244-245; BRASIL. Ministério Público Federal (2ª e 5ª Câmaras de Coordenação e Revisão – Combate à Corrupção). Orientação Conjunta n. 1/2018 – Acordos de Colaboração Premiada. Data: 23 de maio de 2018. Disponível em: http://www.mpf.mp.br/atuacao-tematica/ccr5/orientacoes/orientacao-conjunta-no-1-2018.pdf. Acesso em: 11 maio 2020.

[42] TONINI, Paolo. ***Manuale di Procedura Penale***. 13. ed. Milano: Giuffrè Editore, 2012. p. 305-306.

[43] Sobre o procedimento de verificação extrínseca e intrínseca TONINI, Paolo. *Manuale di Procedura Penale*. 13ª ed. Milano: Giuffrè Editore, 2012. p. 305-306.

[44] VASCONCELLOS, Vinicius Gomes de. **Colaboração premiada no processo penal**. São Paulo: Editora Revista dos Tribunais, 2017. p. 260.

seus efeitos no tocante aos delatados. E esse impedimento é de natureza absoluta, porque a atipicidade da prova implica sua exclusão, afetando aqueles atos inclusive da investigação criminal que estejam diretamente vinculados à delação/colaboração.[45]

Referências

ALSCHULER, Albert; DEISS, Andrew. *Breve historia del jurado criminal en los Estados Unidos*. ***Cuadernos de Doctrina y Jurisprudencia penal***, Buenos Aires, Ad Hoc, ano VIII, n. 14.

ANDREATO, Danilo. **Técnicas especiais de investigação**: premissas teóricas e limites constitucionais. Belo Horizonte: Arraes, 2013.

BITTAR, Walter B. O problema do conteúdo da valoração do depoimento dos delatores diante do conceito de justa causa para o regular exercício da ação penal. **Revista Brasileira de Direito Processual Penal**, Porto Alegre, v. 3, n. 1, p. 225-251, jan./abr. 2017. Disponível em: https://doi.org/10.22197/rbdpp.v3i1.41. Acesso em: 9 maio 2018.

BOBEK, Michal. ***Comparative reasoning in European Supreme Courts***. New York: Oxford, 2013.

BRASIL. Ministério Público Federal (2ª e 5ª Câmaras de Coordenação e Revisão – Combate à Corrupção). Orientação Conjunta n. 1/2018 – Acordos de Colaboração Premiada. Data: 23 de maio de 2018. Disponível em: http://www.mpf.mp.br/atuacao-tematica/ccr5/orientacoes/orientacao-conjunta-no-1-2018.pdf. Acesso em: 11 maio 2020.

BRASIL. Supremo Tribunal Federal. Colaboração premiada: prerrogativa de foro e competência. 2ª turma. **Informativo STF**, Brasília, n. 895, 19 a 30 de março de 2018. Disponível em: http://www.stf.jus.br/arquivo/informativo/documento/ informativo895.htm. Acesso em: 4 maio 2020.

CARVALHO, Natália Oliveira de. **A delação premiada no Brasil**. Rio de janeiro: Lumen Juris, 2009.

COLOMER, Juan-Luis (coord.). ***Introducción al proceso penal federal de los Estados Unidos de Norteamérica***. Valencia: Tirant lo Blanch, 2013.

DAMASKA, Mirjan R. ***El derecho probatorio a la deriva***. [*Evidence law adrift*]. Madrid: Marcial Pons, 2015.

FISHER, George. ***Plea Bargaining's Triumph***: *a history of plea bargaining in America*. California: Stanford University Press, 2003.

FOUCAULT, Michel. **A verdade e as formas jurídicas**. Rio de Janeiro: NAU Editora, 2005.

[45] BRASIL. Supremo Tribunal Federal. Colaboração premiada: prerrogativa de foro e competência. 2ª turma. **Informativo STF**, Brasília, n. 895, 19 a 30 de março de 2018. Disponível em: http://www.stf.jus.br/arquivo/informativo/documento/ informativo895.htm. Acesso em: 4 maio 2020.

GROPPI, Tania; PONTHOREAU, Marie-Claire. *The methodology of the research: how to assess the reality of transjudicial communication? Introduction. In*: ***The use of foreign precedents by constitutional judges***. Oregon: Oxford and Portland, 2013.

ITÁLIA. ***Codice di Procedura Penale***. Disponível em: http://www.altalex.com/documents/codici-altalex/2014/10/30/codice-di-procedura-penale. Acesso em: 15 maio 2018.

JACKSON, John D.; SUMMERS, Sarah J. ***The Internationalisation of Criminal Evidence***: *beyond the common law and civil law traditions*. New York, Cambridge: Cambridge University Press, 2012.

JESUS, Francisco Marcolino de. **Os meios de obtenção da prova em processo penal**. Coimbra: Almedina, 2011.

LANGBEIN, John; LERNER, Renée Lettow; SMITH, Bruce P. ***History of the Common Law***: *the development of anglo-american legal institutions*. New York: Aspen Publishers, 2009.

LANGER, Maximo. ***From Legal Transplants to Legal Translations:*** *The Globalization of Plea Bargaining and the Americanization Thesis in Criminal Procedure*. Disponível em: http://www.ibccrim.org.br/DPE2014/docs/flavio/ langer.pdf. Acesso em: 21 set. 2015.

LÓPEZ, Ricardo Molina. ***La conformidad en el proceso penal***: *análisis comparado de las legislaciones española y colombiana*. Bogotá: Ibáñez, 2012.

MARINONI, Luiz Guilherme; ARENHART, Sérgio Cruz. **Prova e Convicção**. 3. ed. rev., atual. e ampl. São Paulo: Editora Revista dos Tribunais, 2015.

MENDES, Paulo de Sousa. As proibições de prova no processo penal. *In*: PALMA, Maria Fernanda (coord.). **Jornadas de Direito Processual Penal e Direitos Fundamentais**. Lisboa: Almedina, 2004.

MENDONÇA, Andrey Borges de. A colaboração premiada e a criminalidade organizada: a confiabilidade das declarações do colaborador e seu valor probatório. *In*: SALGADO, Daniel de Resende; QUEIROZ, Ronaldo Pinheiro (org.). **A prova no enfrentamento à macrocriminalidade**. 3. ed. rev., atual. e ampl. Salvador: Juspodivm, 2019.

PEREIRA, Frederico Valdez. **Delação premiada**: legitimidade e procedimento. Curitiba: Juruá, 2013.

PRADO, Geraldo. **Limite às interceptações telefônicas e a jurisprudência do Superior Tribunal de Justiça**. 2. ed. (2ª tiragem). Rio de Janeiro: Lumen Juris, 2012.

QUIRÓS, Diego Zysman. ***Castigo y determinación de la pena en los Estados Unidos***: *un estudio sobre las United States Sentencing Guidelines*. Madrid: Marcial Pons, 2013.

RIVEROS BARRAGÁN, Juan David; ENCINALES, María A. *Las inmunidades procesales: violación del principio a la no autoincriminación? In*: GÓMEZ, Javier Celis (coord.). ***Realidades y tendencias del derecho en el siglo XXI***: *derecho procesal*. Bogotá: Temis, 2010. t. V.

ROBERTS, Paul; ZUCKERMAN, Adrian. ***Criminal Evidence***. 2nd ed. reprint. Oxford: Oxford University Press, 2012.

SCHMIDT, Eberhard. ***Los fundamentos teóricos y constitucionales del derecho procesal penal***. Córdoba: Lerner, 2006.

SEIÇA, António Alberto Medina de. **O conhecimento probatório do co-arguido**. Coimbra: Coimbra Editora, 1999.

TARANILLA, Raquel. ***La Justicia Narrante***: *un estudio sobre el discurso de los hechos en el proceso penal*. Barcelona: Aranzadi, 2012.

TARUFFO, Michele. **A prova**. São Paulo: Marcial Pons, 2014.

TARUFFO, Michele. ***El proceso civil adversarial en la experiencia americana***: *el modelo americano del proceso de connotación dispositiva*. Bogotá: Temis, 2008.

TONINI, Paolo. ***Manuale di Procedura Penale***. 13. ed. Milano: Giuffrè Editore, 2012.

VASCONCELLOS, Vinicius Gomes de. **Barganha e justiça criminal negocial**: análise das tendências de expansão dos espaços de consenso no processo penal brasileiro. São Paulo: IBCCRIM, 2015.

VASCONCELLOS, Vinicius Gomes de. **Colaboração premiada no processo penal**. São Paulo: Editora Revista dos Tribunais, 2017.

VIEIRA, Marcelo Vinicius. Admissão probatória no processo penal: o direito à prova das partes e o juízo de admissibilidade. *In*: SALGADO, Daniel de Resende; KIRCHER, Luís Felipe Schneider; QUEIROZ, Ronaldo Pinheiro de (coord.). **Altos estudos sobre a prova no processo penal**. Salvador: Juspodivm, 2020.

47.
CONFISCA ANTIMAFIA E ACCERTAMENTO PENALE NELL'ORDINAMENTO ITALIANO (*)

Bruna Capparelli

1. Premesse sistematiche

Nell'ambito delle diverse forme di confisca che hanno affiancato la figura originariamente prevista dal codice Rocco all'art. 240 c.p. italiano, un posto privilegiato spetta alla confisca c.d. di prevenzione, introdotta nell'ordinamento interno dalla legge n. 646 del 1982 (c.d. legge Rognoni-La Torre) ed attualmente regolata dall'art. 24 del d.l.gs. n. 159 del 2011, nel così detto "codice antimafia" (d'ora in poi: c.a).

Come la maggior parte delle altre forme di confisca, anche la misura patrimoniale in questione mira a colpire i proventi di attività criminose e i beni

(*) Il presente dattiloscritto è il prodotto scientifico risultante dagli studi sviluppati nell'ambito dal progetto di ricerca internazionale e interdisciplinare *Criminalità organizzata transnazionale* – Università Autonoma di Lisbona ed è destinato al volume VALENTE, Manuel Monteiro Guedes (coord.). ***Criminalidade organizada transnacional – II***. Coimbra: Almedina, 2020. p. 99-135.
In occasione della commemorazione dei suoi 25 anni di carriera, l'Autrice ha deciso di dedicare al prof. Nereu Giacomolli il presente studio.

che ne costituiscono il reimpiego. Ciò nonostante, a differenza di quanto accade per ogni altra forma di confisca, l'ablazione patrimoniale in questione si realizza lontano dal processo penale. L'organo che propone la misura è spesso – ancorché non necessariamente – il pubblico ministero; ma il relativo procedimento applicativo non è regolato dal codice di procedura penale, bensì dalle disposizioni dettate dal codice antimafia, che disegnano, nella loro laconicità, un processo molto lontano dalle garanzie caratteristiche della giurisdizione criminale: un processo essenzialmente cartolare, senza alcuna indicazione cogente circa la tipologia delle prove utilizzabili, e che contempla come ipotesi ordinaria l'inversione di una parte dell'onere probatorio sul soggetto potenziale destinatario della misura, chiamato a dimostrare positivamente l'origine lecita dei beni di cui lo Stato chiede la confisca[1]. Ma una confisca di proventi di reato non basata sulla condanna penale non può che sollevare un interrogativo di fondo circa la sua natura giuridica, e, conseguentemente, sulla sua legittimità costituzionale[2] e convenzionale.

Come è noto, nell'ordinamento italiano, le sue origini storiche ne hanno segnato il corrente inquadramento come misura di prevenzione[3]. Del resto, la disciplina della confisca in parola (e quella del sequestro che ne anticipa

[1] Il concetto è espresso più analiticamente in ORLANDI, R. *Procedimento di prevenzione e presunzione di innocenza*. ***Cassazione Penale***, Milano, v. 3, p. 958-972, 2019. p. 958 et seq.

[2] Cf., da ultimo, le decisioni n. 24 e 25 del 2019 contenenti parziali declaratorie di illegittimità costituzionale della misura in questione. In estrema sintesi: la **sentenza n. 24** ha dichiarato illegittima l'applicazione della misura di prevenzione personale della sorveglianza speciale, e di quelle patrimoniali del sequestro e della confisca, nei confronti delle persone, individuate dall'art. 1 lett. a) d.lgs. 159/2011 (in cui è confluito l'art. 1, n. 1 l. 1423/1956), che "" *debbano ritenersi, sulla base di elementi di fatto, abitualmente dedite a traffici delittuosi*"; la **sentenza n. 25** ha invece dichiarato parzialmente illegittimo l'art. 75, commi 1 e 2, d.lgs. 159/2011 nella parte in cui sanziona penalmente la violazione delle prescrizioni di "*vivere onestamente*" e di "*rispettare le leggi*" imposte con la misura personale della sorveglianza speciale. Mentre dunque la prima (n. 24) riguarda i **presupposti applicativi delle misure personali e patrimoniali** di prevenzione, la seconda (n. 25) concerne il **reato che punisce la violazione di prescrizioni imposte con la misura personale** della sorveglianza speciale di pubblica sicurezza. Le due pronunce, per quanto aventi oggetti differenti, sono imparentate in ragione del comune punto di partenza assunto dai rispettivi rimettenti, vale a dire la sentenza 23 febbraio 2017, de Tommaso c. Italia, della Grande Camera della Corte europea dei diritti dell'uomo e su cui i ritornerà abbondantemente *infra*.

[3] Cf. ELIA, L. ***Libertà personale e misure di prevenzione***. Milano: Giuffrè, 1962, e AMATO, G. ***Individuo e autorità nella disciplina della libertà personale***. Milano: Giuffrè, 1967, in particolare alle p. 499 et seq. In giurisprudenza, per la ricostruzione storica che ha caratterizzato la

gli effetti) fu inserita dalla legge Rognoni-La Torre nel corpo della legge antimafia n. 575 del 1975, che aveva esteso agli indiziati di appartenenza ad associazioni di tipo mafioso le misure di prevenzione personali già previste dalla legge n. 142 del 1956[4]; e nella loro primaria configurazione, sequestro e confisca antimafia potevano essere richiesti e disposti esclusivamente nel corso del procedimento per l'applicazione di una di tali misure di prevenzione personali[5]. Invero, il legislatore del 2008 interruppe il necessario nesso tra misura patrimoniale e personale[6]; ma quando, nel 2011, si procedette alla risistemazione organica delle leggi antimafia e delle misure di prevenzione, il sequestro e la confisca in esame furono espressamente rubricati, nel titolo II del codice antimafia, come "misure di prevenzione patrimoniali"[7].

Ciò nonostante, non di rado un simile inquadramento è avversato da una parte della dottrina, la quale ascrive invece alla confisca antimafia una natura schiettamente sanzionatoria, *id est* punitiva[8]. Si tratterebbe, peraltro, di una pena "del sospetto"[9], perché fondata su un accertamento solo indiziario, e dunque parziale e incompleto, della responsabilità per reati già commessi dalla persona colpita dalla misura. Una pena mascherata, comunque, che, come ogni pena degna di questo titolo, guarda al passato, anziché al futuro, come ci si attenderebbe da una misura di prevenzione.

complicata evoluzione legislativa di codeste misure nell'ordinamento italiano, di particolare rilievo appare la sent. Corte cost. n. 24 del 2019, cit., §§ da 9.1 a 9.4.

4 V. BRICOLA, F. *Forme di tutela* "ante delictum" *e profili costituzionali della prevenzione. In:* BRICOLA, F. ***Scritti di diritto penale.*** Milano: Giuffrè, [19--?]. v. I. p. 873 et seq.

5 Cf. la monografia di ILLUMINATI, G. ***La presunzione d'innocenza dell'imputato***. Bologna: Zanichelli, 1979, in particolare alle p. 31 et seq. e 96 et seq. e DE LUCA, G. *Custodia preventiva (dir. proc. pen.). In:* **Enc. Dir.** Giuffrè, 1962. v. XII. p. 588.

6 Specificatamente, con l'art. 10 del d.l. n. 92/2008, che aggiunse un co. 6-bis all'art. 2-bis della l. n. 575/1965, a tenore del quale "Le misure di prevenzione personali e patrimoniali possono essere richieste e applicate disgiuntamente".

7 Per un'attenta e saggia ricostruzione dell'evoluzione normativa, si rinvia a FINOCCHIARO, S. *La riforma del codice antimafia (e non solo): uno sguardo d'insieme alle modifiche appena introdotta.* ***Diritto Penale Contemporaneo – Rivista trimestrale,*** Milano, fasc. 10/2017, p. 251-260, 3 ottobre 2017. p. 251 et seq.

8 Per un'analisi comparata v. PIMENTEL, D. *Forfeitures and the Eight Amendment: Fines Clause as a Check on Government Seizures.* ***Harvard Law & Policy Review***, Cambridge, 2017. p. 541 s.

9 Nella stessa direzione v. ORLANDI, R. *Procedimento di prevenzione e presunzione di innocenza.* ***Cassazione Penale,*** Milano, v. 3, p. 958-972, 2019. p. 962 et seq.

Ma, si è detto *supra*, non si tratta di una disputa soltanto teorica o di un mero gioco di prestigio. Riconoscere alla confisca di prevenzione una natura sostanziale di pena significa, contemporaneamente, affermare che la sua previsione normativa e la sua applicazione nel caso concreto debbano sottostare alle garanzie che la Costituzione italiana e Convenzione europea dei diritti dell'uomo stabiliscono nella materia penale: principio di legalità penale in tutti i suoi corollari[10]; garanzie del 'giusto processo' in materia penale stabilite cumulativamente dagli artt. 111 Cost. e 6 CEDU; divieto di doppio procedimento per il medesimo fatto ai sensi dell'art. 4 prot. 7 CEDU; e così via. Ma stando così le cose, appare evidente come il castello delle misure di prevenzione patrimoniali in disamina rischierebbe di crollare letteralmente: invero, l'attuale disciplina della confisca "di prevenzione" non rispetta alcuna di tali garanzie[11], e dovrebbe pertanto essere giudicata incompatibile, tanto con la Costituzione quanto con la Convenzione europea.

D'altra parte, a questi propositi, la nota sentenza De Tommaso c. Italia pronunciata dalla Grande Camera della Corte EDU[12] suona come un campanello d'allarme: benché la citata sentenza avesse ad oggetto esclusivamente le misure di prevenzione personali, dichiarando l'incompatibilità con la Convenzione della configurazione normativa delle "fattispecie di pericolosità generica" di cui alle lettere a) e b) dell'art. 1 c.a.[13], ritenute non sufficientemente precise e pertanto inidonee a fornire una adeguata base legale, *ex* art. 2 prot. 4 CEDU[14], alla limitazione della libertà di circolazione che consegue all'applicazione di quelle misure, la Corte ha censurato per la prima

10 Invero, sulla scorta degli studi di M. Nobili, ancora estremamente attuali, è possibile affermare che il processo, da strumento diretto alla ricostruzione del fatto di reato secondo criteri epistemologici storicamente dati e nel rispetto dei diritti fondamentali, si piega sempre più verso altri obiettivi dettati dall'emergenza di turno: la lotta alla criminalità organizzata, la difesa della società, la repressione della devianza, l'eliminazione o la riduzione dell'allarme provocato dal delitto di cui l'imputato è accusato, e via così di urgenza in urgenza(*Principio di legalità, processo, diritto sostanziale* (1995), in Id., *Scenari e trasformazioni del processo penale*, Padova, 1998, p. 181 et seq.

11 Cf., ancora, ORLANDI, R. *Procedimento di prevenzione e presunzione di innocenza*. ***Cassazione Penale***, Milano, v. 3, p. 958-972, 2019. p. 962 et seq.

12 Corte Edu, Grande Camera, sent. 23 febbraio 2017, De Tommaso c. Italia.

13 Cf. sent. n. 24 del 2019, cit.

14 Cf. sent. Corte cost. n. 24 del 2019, cit.

volta dopo trentasette anni[15] non già questa o quella applicazione concreta delle misure di prevenzione, ma la loro stessa disciplina normativa, andando a scongiurare una delle norme che individuano i soggetti destinatari sia delle misure di prevenzione personali, sia di quelle patrimoniali. Seppur al momento queste ultime sono state risparmiate dalla Corte, è facile immaginare che, a fronte di un'analoga questione di indeterminatezza avente ad oggetto una confisca di prevenzione, i giudici della Corte EDU possano ritenere quelle medesime fattispecie di pericolosità generica inidonee a fornire un'adeguata base legale della limitazione del diritto di proprietà stabilita dalla misura ablativa, al cospetto questa volta dell'art. 1 prot. add. CEDU[16].

E non solo le fattispecie di pericolosità generica, ma l'intero impianto normativo delle misure di prevenzione disciplinate dal codice antimafia rischierebbe di precipitare ove la Corte EDU accogliesse in futuro le prospettazioni dottrinali di cui si diceva, e configurasse le misure di prevenzione italiane – personali e patrimoniali – come misure sostanzialmente punitive, come tali soggette non solo ai limiti derivanti dall'art. 2 prot. 4 o dall'1 prot. add. CEDU, ma anche, e in primo luogo, dall'insieme delle garanzie che assistono la materia penale: art. 6, art. 7, nonché artt. 2-4 prot. 7 CEDU[17].

2. Profili strutturali della "confisca di prevenzione" in Italia

Si sente dire spesso che il miglior modo per comprendere la struttura essenziale di un istituto giuridico è provare a spiegarlo a un interlocutore straniero, il quale, di fatto, sarà istintivamente portato a prestare poca attenzione

[15] E cioè dopo Corte EDU, sent. 6 novembre 1980, Guzzardi c. Italia, che giudicò incompatibile con l'art. 5 CEDU la misura di sicurezza personale, prevista dalla legislazione allora vigente, dell'obbligo di residenza presso un comune determinato.

[16] Cf. MAZZA, O. *Dalla confisca di prevenzione alla pena patrimoniale.* ***Rivista Archivio Penale***, 2, 2019. p. 1-6.

[17] Una simile prospettiva non pare imminente, ma il fatto che in questo senso si sia apertamente schierato, almeno, il giudice Pinto de Albuquerque nella propria opinione parzialmente dissenziente nella sentenza De Tommaso, dovrebbe costituire un altro significativo campanello d'allarme, altrettanto scomodo per i laudatores nostrani della situazione attuale.V. altresì, VIGANÒ, F. *La Corte di Strasburgo assesta un duro colpo alla disciplina italiana delle misure di prevenzione personali.* ***Diritto Penale Contemporaneo – Rivista trimestrale,*** Milano, fasc. 3/2017, p. 370-378, 2017. p. 370 et seq.

alle etichette e alle questioni di collocamento sistematico, inevitabilmente influenzate dalle coordinate storiche e culturali di ciascun ordinamento, e a concentrarsi invece sulla sostanza dell'istituto e sulla sua funzione reale nel sistema. Se ciò corrisponde a verità, in relazione alla confisca di prevenzione italiana, i tratti fondamentali possono essere riassunti nei termini seguenti:

(1) in primo luogo, si tratta di una misura ablativa del diritto di proprietà, che come ogni altra confisca comporta il trasferimento definitivo di beni appartenenti al soggetto colpito, o comunque dei quali egli abbia la disponibilità, allo Stato;

(2) in secondo luogo, la misura colpisce persone ed i beni di persone indiziate di avere già commesso attività criminose riconducibili a una delle numerose categorie individuate dalla legge (e, in particolare, dall'art. 4 del codice antimafia[18]);

(3) in terzo luogo, essa può estendersi a tutti i beni di cui il soggetto abbia la disponibilità diretta o indiretta *i*) che risultino sproporzionati al suo reddito dichiarato o alla sua attività economica, e dei quali egli non possa giustificare la legittima provenienza, o, in alternativa, *ii*) che "*risultino essere frutto di attività illecite o ne costituiscano il reimpiego*" (art. 24 c.a.);

(4) in quarto luogo, la misura può essere richiesta, alternativamente, dagli uffici del pubblico ministero o dagli organi di polizia, e viene adottata dal tribunale all'esito di un procedimento di natura non penale, che trova la sua scarna regolamentazione nello stesso codice antimafia.

Nondimeno, gli interlocutori stranieri non dovrebbero apparire particolarmente sorpresi dalla caratteristica sopra indicate al punto (3): il modello della confisca di prevenzione è nella sua essenza quello della confisca allargata, o dei "poteri estesi di confisca", che si diffonde sempre più anche negli ordinamenti vicini al nostro – basti pensare all'art. 127-*bis* del codice penale spagnolo –, e che è oggi oggetto di una specifica regolamentazione a livello

[18] Salvo che nel caso particolarissimo cui si riferisce l'art. 16 co. 1 lett. b) c.a.

europeo ai sensi della direttiva 2014/42/UE, il cui all'art. 5, come è noto, impone agli Stati membri di adottare "*le misure necessarie per poter procedere alla confisca, totale o parziale, dei beni che appartengono a una persona condannata per un reato suscettibile, di produrre, direttamente o indirettamente, un vantaggio economico, laddove l'autorità giudiziaria, in base alle circostanze del caso, compresi i fatti specifici e gli elementi di prova disponibili, come il fatto che il valore dei beni è sproporzionato rispetto al reddito legittimo della persona condannata, sia convinta che i beni in questione derivino da condotte criminose*".

Ciò che invece dovrebbe stupire quanto meno gli interlocutori che non provengono da un contesto anglosassone è piuttosto la combinazione tra le caratteristiche di cui ai punti (2) e (4)[19]: il fatto, cioè, che si tratti di una confisca che ha tra i suoi presupposti la commissione di reati da parte del soggetto che ne è colpito, e che tuttavia viene disposta al di fuori del processo penale, non presupponendo che il soggetto sia stato condannato penalmente per quei reati, o almeno per uno di essi (come avviene nel modello consolidato della confisca allargata, destinata di solito a colpire una persona "*condannata per un reato suscettibile di produrre un vantaggio economico*", secondo la formula utilizzata nella direttiva appena richiamata).

Del resto, nell'ordinamento italiano, proprio in ciò risiede l'essenziale differenza tra la confisca di prevenzione e la confisca allargata regolata dall'art. 12-*sexies* del d.l. n. 306 del 1992, conv. nella legge n. 356 del 1992[20], la quale pure colpisce la totalità dei beni di cui il soggetto sia titolare o abbia la disponibilità in valore sproporzionato rispetto al proprio reddito o alla propria attività economica, e dei quali egli non possa giustificare la legittima provenienza[21]. La confisca *ex* art. 12-*sexies*, infatti, è applicata dal giudice penale all'esito di un processo nel quale il titolare dei beni confiscati sia stato condannato per uno degli ormai numerosissimi reati presupposti indicati dallo stesso art. 12-*sexies*, e dunque costituisce misura che attua, oggi, l'obbligo europeo discendente dall'art. 5 della direttiva sopra menzionata; mentre la

[19] V., per esempio, PIMENTEL, D. *Forfeitures and the Eight Amendment: Fines Clause as a Check on Government Seizures*. ***Harvard Law & Policy Review***, Cambridge, 2017. p. 543 et seq.

[20] Cf. R. ORLANDI, R. *Procedimento di prevenzione e presunzione di innocenza*. ***Cassazione Penale***, Milano, v. 3, p. 958-972, 2019. p. 959 et seq.

[21] Cf. BRICOLA, F. *Forme di tutela* "ante delictum" *e profili costituzionali della prevenzione. In:* BRICOLA, F. ***Scritti di diritto penale***. Milano: Giuffrè, [19--?]. v. I. p. 873 et seq.

confisca di prevenzione colpisce gli stessi beni in presenza, sostanzialmente, dei medesimi requisiti, ma non presuppone la condanna dell'interessato, ed è disposta dal tribunale nell'ambito di un procedimento del tutto distinto rispetto alla logica del processo penale[22].

Sotto questo specifico profilo, la misura in parola si distingue nettamente dalle ipotesi di confisca senza condanna pure disciplinate dalla direttiva UE (all'art. 4 (2)), e già previste, per esempio, nel codice penale spagnolo (all'art. 127-*ter*) a seguito di una recente novella, che si riferiscono essenzialmente alle ipotesi in cui, essendo stato avviato un procedimento penale nei confronti di un soggetto, il processo non possa concludersi in ragione della morte, della malattia o della fuga dell'imputato, ma i fatti sui quali la confisca si basa risultino comunque provati[23]. Nella confisca di prevenzione italiana, invece, l'avvio di un procedimento penale nei confronti del titolare del bene non è in alcun modo un presupposto della misura. In concreto, certo, è possibile che contro il soggetto proposto si stiano svolgendo anche indagini o un processo penale; ma la circostanza è un mero *accidens* nell'economia del procedimento che conduce alla confisca: il quale si svolgerà lungo binari paralleli a quelli dell'indagine penale, coinvolgerà giudici diversi da quelli che potranno essere eventualmente chiamati a giudicare della sua responsabilità penale, e sarà alla fine insensibile alle sorti di quello stesso eventuale processo penale, ben potendo la confisca di prevenzione essere disposta anche in caso di assoluzione dalle accuse penali eventualmente formulate nei confronti del titolare dei beni[24].

Questa reciproca autonomia dei procedimenti (espressamente consacrata dall'art. 29 c. a.) non esclude, peraltro, che l'oggetto dell'accertamento sia, almeno in larga misura, comune; né deve far perdere di vista all'osservatore che ciò che può essere confiscato sub specie di misura di prevenzione resta, al tempo stesso, possibile oggetto di una confisca allargata ai sensi dell'art. 12-*sexies* nel caso in cui si pervenga a una condanna penale del titolare dei

[22] Cf. VIGANÒ, F. *La Corte di Strasburgo assesta un duro colpo alla disciplina italiana delle misure di prevenzione personali.* ***Diritto Penale Contemporaneo – Rivista trimestrale,*** Milano, fasc. 3/2017, p. 370-378, 2017. p. 372 et seq.

[23] V. ancora PIMENTEL, D. *Forfeitures and the Eight Amendment: Fines Clause as a Check on Government Seizures.* ***Harvard Law & Policy Review***, Cambridge, 2017. p. 543 et seq.

[24] Cf, analiticamente, KLEIN, S. R. *Civil In Rem Forfeiture and Double Jeopardy.* ***Iowa Law Review***, v. 82, 1996. p. 184 et seq.

beni[25]. Presupposto soggettivo della confisca di prevenzione è, infatti, che la sussistenza di evidenze – che il codice antimafia definisce ora "indizi", ora "elementi di fatto[26]" – relative a pregresse attività criminose del soggetto proposto[27]; attività criminose che, ovviamente, ben potrebbero dar luogo a corrispondenti procedimenti penali. Presupposti oggettivi della confisca di prevenzione sono d'altra parte – unitamente al presupposto alternativo rappresentato dalla valutazione del giudice che i beni da confiscare "risultino" essere frutto di quelle attività criminose – la sproporzione dei beni rispetto ai redditi dichiarati o all'attività economica del soggetto, e l'impossibilità per costui di giustificarne la legittima provenienza: esattamente gli stessi presupposti, dunque, che – in caso di condanna penale per quelle medesime attività criminose – ne giustificherebbero la confisca *ex* art. 12-*sexies*[28].

3. La natura giuridica della confisca antimafia

Tracciati così i tratti essenziali della confisca di prevenzione nell'ordinamento italiano, è ora possibile affrontare il tema della sua natura giuridica,

[25] Cf. CAPRIOLI, F. *Fatto e misure di prevenzione*. *In*: CANZIO, G. *et al*. ***Misure patrimoniali nel sistema penale: effettività e garanzie***. Milano: Giuffrè, 2016. p. 56 et seq.

[26] V., sul punto, sent. Corte cost. n. 24/2019, cit.

[27] V. art. 1, ora dichiarato parzialmente illegittimo dalla sent. n. 24 del 2019 corte cost., richiamato dall'art. 4 lett. c) c.a.: "traffici delittuosi", "attività delittuose" o semplicemente "reati"; art. 4 lett. a) c.a.: "appartenenza ad associazioni mafiose"; art. 4 lett. b) c.a.: "reati" previsti dall'art. 51, comma 3-*bis*, c.p.p. e "delitto di trasferimento fraudolento di valori" *ex* art. 12-*quinquies* del d.l. n. 306/1992; art. 4 lett. d) c.a.: "reati di terrorismo e contro la personalità dello Stato", nonché "epidemia, avvelenamento di acque, sequestro di persona semplice e estorsivo"; ecc.

[28] CAPRIOLI, F. *Fatto e misure di prevenzione*. *In*: CANZIO, G. *et al*. ***Misure patrimoniali nel sistema penale: effettività e garanzie***. Milano: Giuffrè, 2016. p. 57. Né potrà essere trascurato, nell'illustrazione della concreta funzione della confisca di prevenzione nell'ordinamento italiano, che il principale degli organi titolare del potere di richiesta della misura è il pubblico ministero: e cioè il medesimo organo titolare del potere di svolgere indagini su fatti costituenti reato e di esercitare la relativa azione penale. Di talché, non stupisce che, nella prassi, sia spesso una medesima indagine penale a generare sia una richiesta di misure di prevenzione (personali e patrimoniali), sia un corrispondente processo penale: i quali si svolgeranno formalmente lungo binari separati e autonomi, ma che si fonderanno in concreto su evidenze largamente comuni, ancorché sottoposte a differenti regimi di ammissibilità e di valutazione.

chiedendoci, in primo luogo, se sia condivisibile il suo inquadramento – sinora sempre espressamente avallato dalla giurisprudenza della Corte europea dei diritti dell'uomo[29], e da ultimo ribadito da una notissima sentenza delle Sezioni Unite[30] – tra le misure di prevenzione: inquadramento che, come visto *supra*[31], il legislatore compie oggi espressamente, collocando la disciplina della confisca in esame nel titolo II del codice antimafia, dedicato appunto alle "misure di prevenzione patrimoniali".

Come parimenti già sottolineato, detta classificazione è frutto della storia[32] normativa di queste misure[33], la cui regolamentazione fu inserita, nel 1982, nel medesimo corpus legislativo dedicato allora alle misure di prevenzione personali[34]. Inoltre, sino al 2008, l'applicazione nel caso concreto delle misure patrimoniali restò subordinata all'applicazione congiunta di una misura di prevenzione personale al medesimo soggetto colpito dalla confisca[35].

[29] A partire da Corte EDU, sent. 22 febbraio 1994, Raimondo c. Italia, § 43; dec. 5 luglio 2011, Arcuri c. Italia; dec. 16 marzo 2006, Bocellari e Rizza c. Italia (ove la Corte "*rappelle que les mesures de prévention prévues par les lois italiennes de 1956, 1965 et 1982 n'impliquent pas un jugement de culpabilité, mais visent à empêcher l'accomplissement d'actes criminels* [...]. *En outre, leur imposition n'est pas tributaire du prononcé préalable d'une condamnation pour une infraction pénale (voir, a contrario et sous l'angle de l'article 7 de la Convention, l'arrêt Welch c. Royaume-Uni du 9 février 1995 [...], §§ 28-29). Dès lors, elles ne sauraient se comparer à une peine. Dès lors, la procédure y relative ne porte pas sur le 'bien- fondé' d'une 'accusation en matière pénale'* [...]. *Les deuxième et troisième paragraphes de l'article 6, qui garantissent respectivement le principe de la présomption d'innocence et les droits des personnes accusées, ne trouvent donc pas à s'appliquer en l'espèce*"). Più recentemente, nello stesso senso, cf. Corte EDU, sent. 5 gennaio 2010, Bongiorno c. Italia, § 34; sent. 17 maggio 2011, Capitani e Campanella, § 37.

[30] Cass., Sez. Un., sent. 26 giugno 2014, n. 4880/15, Spinelli, p. 25, 29, con note, *ex multis*, di MAUGERI, A.M. *Una parola definitiva sulla natura della confisca di prevenzione? Dalle Sezioni Unite Spinelli alla sentenza Gogitidze della Corte EDU sul civil forfeiture.* ***Rivista Italiana di Diritto e Procedura Penale***, v. 58, n. 2, p. 942-1006, 2015 p. 942 et seq. e MAZZACUVA, F. *Le Sezioni Unite sulla natura della confisca di prevenzione: un'altra occasione persa per un chiarimento sulle reali finalità della misura.* ***Diritto Penale Contemporaneo – Rivista trimestrale,*** Milano, fasc. 4/2015, p. 231-245, 2015. p. 231 et seq.

[31] Cf. § 1, sulle premesse sistematiche.

[32] V. ancora sent. Corte cost. n. 24 del 2019, cit., §§ da 9.1 a 9.4.

[33] In dottrina, cf. NUVOLONE, P. *Misure di prevenzione e misure di sicurezza. In*: **Enc. Dir.** [*S.l.*]: Giuffrè, c. 1976. v. XXVI. p. 632 s.

[34] L. n. 646 del 1982, artt. 10 s., all'indomani dell'omicidio del generale Carlo Alberto Dalla Chiesa.

[35] D. l. n. 92 del 2008.

D'Altra parte, bandiera preventiva hanno anche le rationes che si assegnano abitualmente all'istituto: la confisca dei profitti illeciti derivati da attività criminose, e, in particolare, dei profitti delle mafie, il primo ed ancora essenziale target della misura nella sua vita concreta nella prassi, serve, contemporaneamente, a sottrarre ai criminali le risorse per realizzare nuove condotte delittuose, e a far scomparire dal circuito legale beni e capitali che distorcono la libera concorrenza, favorendo indebitamente chi disponga di denaro 'facile' rispetto ai concorrenti, costretti a ricorrere al mercato legale del credito[36].

Dunque, esse possono colpire un soggetto che, al momento della richiesta, e a fortiori al momento dell'applicazione della misura stessa, non è socialmente pericoloso: e cioè non manifesta alcun quadro sintomatico relativo alla probabilità di commissione di (nuovi) reati in futuro. Del resto, che i successivi commi dell'art. 18 consentono che la confisca sia richiesta e applicata anche nei confronti di beni appartenuti a un soggetto ormai morto, a condizione, beninteso, che egli rientrasse in vita una delle categorie soggettive indicate nell'art. 4 e che, dunque, risulti (ora) aver commesso (allora) una delle attività criminose analiticamente indicate nello stesso art. 4. Ma va da sé: da un morto non può scaturire alcun pericolo di realizzazione di nuovi reati; né la

[36] In questo senso, cf. per tutte Cass., Sez. Un., sent. 26 giugno 2014, Spinelli, cit., p. 4-5. Tuttavia, riconoscere una finalità preventiva alla misura ancora non ci dice nulla sulla sua natura: come tutti imparano fin dalle prime lezioni di diritto penale, anche la pena serve per prevenire la commissione di nuovi reati da parte del reo (prevenzione speciale) e da parte di terzi (prevenzione generale). Ciò che consente di distinguere le pene dalle misure dotate di natura *stricto sensu* preventiva, come le misure di sicurezza, è piuttosto la presenza, tra i requisiti costitutivi di queste ultime, dell'essenziale presupposto della pericolosità del soggetto cui tali misure debbono applicarsi, ossia della possibilità/probabilità che il soggetto in questione commetta ulteriori reati in futuro: possibilità o probabilità che le misure di natura preventiva mirano, per l'appunto, a neutralizzare. Un tale presupposto, richiesto dall'art. 6 co. 1 c.a. per l'applicazione della sorveglianza speciale di pubblica sicurezza, non è invece più richiesto, a far data almeno dal 2009, ai fini dell'applicazione delle misure di prevenzione patrimoniali, e della confisca in particolare. L'art. 18 co. 1 c.a. stabilisce non solo che le misure di prevenzione personali e patrimoniali possono essere richieste e applicate disgiuntamente; ma anche che le seconde possono essere applicate "*indipendentemente dalla pericolosità sociale del soggetto proposto per la loro applicazione al momento della richiesta della misura di prevenzione*" (l'inciso trova la sua origine nell'art. 2 co. 22 della l. n. 94/2009, che lo introdusse in chiusura del co. 6-bis dell'art. 2-ter della l. n. 575/1965, il quale già prevedeva – per effetto di una novella risalente all'anno precedente – il principio dell'applicazione disgiunta delle misure di prevenzione personali e patrimoniali).
In giurisprudenza, Cf. sent. corte cost. n. 24 del 2019, cit.

legge richiede – e questa osservazione è un po' meno banale – che gli "eredi", "aventi causa" o "successori a titolo universale o particolare" nei cui confronti l'art. 18 consente che il procedimento si svolga o prosegua, siano essi stessi persone socialmente pericolose[37].

Per questi motivi, non vale a salvare la natura preventiva della confisca ora in esame il requisito giurisprudenziale, argomentato in negativo dalla formulazione del primo comma dell'art. 18 ("*indipendentemente dalla pericolosità sociale del soggetto* [...] *al momento della richiesta*"), che subordina l'applicazione della misura all'accertamento della pericolosità del soggetto al momento dell'acquisizione del bene oggetto di confisca[38]. Sulla reale *ratio* e funzione di questo requisito di origine pretoria si tornerà *infra*[39]; ma già qui conviene evidenziare che una misura che mira alla prevenzione di nuovi reati non può, logicamente, fondarsi sulla prova di una pericolosità passata, oggi non più attuale. In una tale situazione, non c'è proprio più nulla da prevenire[40].

[37] D'altra parte, anche per la confisca in esame non può non valere la tradizionale obiezione mossa all'inquadramento legislativo della confisca *ex* art. 240 c.p. tra le misure di sicurezza, ossia tra le sanzioni successive al reato che dovrebbero caratterizzarsi, nell'ottica del legislatore storico, proprio per il loro carattere preventivo anziché repressivo, caratteristico quest'ultima della pena. Una misura che mira a prevenire reati, si è spesso obiettato, in tanto ha senso in quanto sia condizionata a evidenze di una pericolosità attuale del soggetto colpito; il che fa a pugni con la natura definitiva dell'ablazione patrimoniale che si realizza con qualsiasi confisca (per questa osservazione, in riferimento alla confisca di cui all'art. 240 c.p., v. anche ALESSANDRI, A. *Confisca*. ***Dig. disc. pen.***, III, 1994. p. 46), i cui effetti permangono anche quando la pericolosità del soggetto sia per sempre cessata, trasferendosi anzi sui suoi eredi innocenti.

[38] Cass., Sez. Un., sent. 26 giugno 2014, Spinelli, cit., p. 22 e 24 et seq.

[39] § 3.1.

[40] Queste ovvie osservazioni potrebbero essere tacciate di ingenuità: a dover essere neutralizzata, si obietterà (e spesso si è obiettato in passato), non è tanto la pericolosità attuale di questo o quel titolare dei beni, ma la pericolosità dei beni stessi, che, se lasciati in circolazione, saranno probabilmente utilizzati per commettere nuovi reati, e comunque per inquinare l'economia lecita e la libera concorrenza. Nondimeno, un non sequitur si cela dietro una simile obiezione. Né l'art. 24, né alcuna altra disposizione del codice antimafia richiede che sia accertata dal giudice la "pericolosità dei beni" oggetto di confisca; e poiché i beni in tanto possono divenire "pericolosi" in quanto vi sia qualcuno che li utilizzi in modo illecito, è giocoforza concludere che, non avendo il legislatore richiesto che sia dimostrata processualmente l'attuale propensione a commettere reati del soggetto cui i beni vengono confiscati, la misura ablativa può essere disposta anche in totale assenza di prova circa la probabilità o possibilità di un futuro uso illecito del bene da parte di chi ne abbia la disponibilità, o anche solo di un uso da parte di costui che possa determinare una qualche futura distorsione della libera concorrenza. Come nel caso della confisca di un immobile di pregio già appartenuto

Detto altrimenti: la prevenzione di futuri reati e/o di distorsioni dell'economia lecita e della libera concorrenza potranno pure costituire le rationes più significative della confisca in esame, nata e pensata come strumento di contrasto alla grande criminalità mafiosa dopo gli attentati dei primi anni ottanta; ma non si riflettono nei requisiti normativi cui, oggi, è subordinata l'applicazione della confisca medesima, i quali non fanno alcun riferimento alla necessità di neutralizzare situazioni di pericolo attuali, e di prevenire così la commissione di futuri reati[41].

a un truffatore o corruttore, ormai da anni deceduto, e utilizzato oggi quale abitazione dal figlio, persona rispettabilissima che non risulta in alcun modo aver seguito le orme paterne. Cf. ancora, per questa ovvia, ma a quanto pare non scontata, osservazione, ALESSANDRI, A. *Confisca*. ***Dig. disc. pen.***, III, 1994. p. 46; nello stesso senso, più recentemente, CAPRIOLI, F. *Fatto e misure di prevenzione*. *In*: CANZIO, G. *et al*. ***Misure patrimoniali nel sistema penale: effettività e garanzie***. Milano: Giuffrè, 2016. p. 52. Argomentano invece le Sezioni Unite nella sentenza Spinelli, più volte citate, che il requisito della pericolosità del soggetto colpito dalla misura al momento dell'acquisto del bene assicurerebbe che oggetto di confisca siano soltanto res intrinsecamente pericolose, per effetto delle modalità illecite del loro acquisto. La pericolosità di chi acquisti la cosa in modo illecito finirebbe, insomma, per tradursi in un "*attributo obiettivo o 'qualità' peculiare del bene, capace di incidere sulla sua condizione giuridica*"; di talché il bene "*presumibile frutto di metodo di acquisizione illecita*" diverrebbe "*oggettivamente pericoloso*", e dovrebbe pertanto essere "*rimosso, eo ipso, dal sistema di legale circolazione*" (p. 26). Non si comprende, tuttavia, detto argomento. Che l'ordinamento possa legittimamente negare tutela giuridica al rapporto che il soggetto costituisce con il bene mediante un'attività criminosa, appare senz'altro plausibile (cf. infra, § 5); ma per pervenire a tale obiettivo, non è affatto necessario sforzarsi di dimostrare l'indimostrabile, e cioè che la pericolosità di un soggetto possa, quasi magicamente (così, giustamente, MANGIONE, A. *La 'situazione spirituale' della confisca di prevenzione*. ***Rivista Italiana di Diritto e Procedura Penale***, v. 60, n. 2, p. 614-636, 2017. p. 623), trasferirsi sulla cosa acquistata sul reato, in maniera, anzi, da imprimere sulla cosa stessa un marchio indelebile di pericolosità, destinato non si sa perché a sopravvivere al venir meno della pericolosità del suo titolare o dei suoi eredi.

41 Alla medesima conclusione già perveniva, del resto, MANGIONE, A. ***La misura di prevenzione patrimoniale fra dogmatica e politica criminale***. [*S.l.*]: Cedam, 2001. p. 75 in un'epoca in cui l'applicazione delle misure di prevenzione patrimoniale era ancora necessariamente congiunta all'applicazione di una misura di prevenzione personale. Nel senso dell'insensatezza della qualificazione della confisca ex art. 24 c.a. operata dalle Sezioni Unite in Spinelli cf. anche, ora, MAUGERI, A.M. *Una parola definitiva sulla natura della confisca di prevenzione? Dalle Sezioni Unite Spinelli alla sentenza Gogitidze della Corte EDU sul civil forfeiture*. ***Rivista Italiana di Diritto e Procedura Penale***, v. 58, n. 2, p. 942-1006, 2015. p. 955 ("non ha senso parlare di pura finalità preventiva, intesa come prevenzione di futura attività criminale, rispetto ad una misura definitiva che può essere applicata a prescindere dall'attualità della prognosi di pericolosità, a chi non è più considerato pericoloso e magari ha investito i proventi del crimine in un'attività assolutamente lecita, o è morto o magari non è mai stato pericoloso") e MAZZACUVA, F. ***Le***

L'inquadramento legislativo della confisca in parola come "misura di prevenzione" è dunque il frutto di un'insopportabile finzione[42], che almeno a livello scientifico dovrebbe essere abbandonata, per evitare di perpetuare fraintendimenti attraverso l'uso spregiudicato delle etichette. Anziché di confisca "di prevenzione", converrà almeno parlare più semplicemente di confisca "prevista dall'art. 24 c.a.", lasciando così impregiudicata la questione della sua (reale) natura giuridica.

3.1. La confisca antimafia come pena straordinaria e gli equivoci in tema di indizi

Sgomberato però il campo dall'indebito inquadramento della confisca in disamina come misura di prevenzione, la strada parrebbe condurre verso una diversa possibile soluzione alla questione della sua natura giuridica: quella, cioè, di leggerla come una misura sostanzialmente punitiva, che in effetti reagisce a fatti di reato commessi in passato[43], sulla base però di una semiplena

pene nascoste. Torino: G. Giappichelli, [2017. p. 180, che parla in proposito di "artificio retorico privo di qualsiasi riscontro fattuale".

[42] Che la c.d. confisca 'antimafia' introdotta nel nostro ordinamento con la legge Rognoni--La Torre non potesse essere considerata come una vera e propria misura di prevenzione era da tempo chiaro, del resto, alla giurisprudenza italiana, quanto meno a partire dalla fondamentale pronuncia Cass., Sez. Un., 3 luglio 1996, n. 18, Simonelli. Di fronte all'imbarazzante questione se potesse essere considerata misura preventiva una confisca da pronunciarsi a carico di un soggetto deceduto nelle more del procedimento applicativo (rectius, a carico degli eredi di costui, estranei al procedimento di prevenzione), le Sezioni Unite testualmente affermarono: "*la devoluzione allo Stato dei beni confiscati* [...] *e le finalità indiscutibilmente 'ablative' dei corrispondenti provvedimenti, non consentono* [...] *di qualificare gli stessi, in senso tecnico-giuridico, quali misure di prevenzione, aggiunte a quelle, specificamente previste, quali 'personali': e ciò al di là delle formali espressioni adoperate dal legislatore. Trattasi, invero, ad avviso del Collegio, di improprietà lessicali, rispetto all'effettivo contenuto normativo, non idonee come tali a modificare la natura del provvedimento di confisca — di carattere sicuramente 'ablatorio' – in una 'misura di prevenzione' in senso tecnico ed a 'condizionare' pertanto l'interprete*". La misura fu allora inquadrata dalle Sezioni Unite, e poi dalla costante giurisprudenza successiva sino alla sentenza Spinelli, in un oscuro "tertium genus *costituito da una sanzione amministrativa, equiparabile (quanto al contenuto ed agli effetti) alla misura di sicurezza prevista dall'art. 240 cpv. c.p.*": *tertium genus*, dunque, distinto tanto dalla pena quanto dalla misura di prevenzione, ma riconducibile al più vasto insieme delle "sanzioni amministrative".

[43] Che l'applicazione delle misure di prevenzione richiedano necessariamente una "*verifica giurisdizionale incidentale* [...] *di comportamenti illeciti già realizzati*" è oggi generalmente

probatio, che si accontenta di indizi e non di prove[44]. Una misura, insomma, paragonabile a una 'pena del sospetto', o, nel linguaggio dei pratici medievali, a una *poena extraordinaria*[45], che risponderebbe alla vetusta logica secondo cui a un grado minore di prova deve corrispondere un grado minore di pena[46]. Dopo tutto, una simile 'pena' colpisce qui soltanto il patrimonio, e non la persona, come nel caso paradigmatico della pena detentiva.

riconosciuto, del resto, anche dai magistrati più sensibili che si occupano di questa materia, i quali concepiscono però tale accertamento come strettamente funzionale alla formulazione di un giudizio di pericolosità del proposto, sul quale si dovrebbe fondare l'applicazione della misura: non diversamente, insomma, da quanto accade nella valutazione incidentale di pericolosità prevista dell'art. 274 co. 1 lett. c c.p.p. (in questo senso, in particolare, MAGI, R. *Sul recupero di tassatività nelle misure di prevenzione personali. Tecniche sostenibili di accertamento della pericolosità.* ***Rivista Italiana di Diritto e Procedura Penale***, v. 60, n. 2, p. 490-504, 2017. p. 503). Un tale schema argomentativo, tuttavia, non può valere per la confisca *ex* art. 24 c.a., che, come si è visto nel paragrafo precedente, non contempla in alcun modo tra i propri presupposti la formulazione di prognosi circa la futura commissione di reati da parte del proposto, e che purtuttavia richiede espressamente la sussistenza di indizi relativi alla già avvenuta commissione di reati da parte di costui.

[44] CAPRIOLI, F. *Fatto e misure di prevenzione*. *In*: CANZIO, G. *et al.* ***Misure patrimoniali nel sistema penale: effettività e garanzie***. Milano: Giuffrè, 2016. p. 55.

[45] Così NOBILI, M. *Ritorno al medioevo? (note sul processo di prevenzione criminale)*. **Politica del diritto**, 1974. p. 419 et seq., e, recentemente ORLANDI, R. ORLANDI, R. *Procedimento di prevenzione e presunzione di innocenza.* ***Cassazione Penale***, Milano, v. 3, p. 958-972, 2019. nota n. 8.

[46] Così già ALESSANDRI, A. *Confisca*. ***Dig. disc. pen.***, III, 1994. p. 50 e, più recentemente, MAUGERI, A. M. ***Le moderne sanzioni patrimoniali tra funzionalità e garantismo***. Milano: Giuffrè, 2001. p. 526 e 528. Nel senso della natura sostanzialmente punitiva della confisca "di prevenzione" cf. altresì COMUCCI, P. *Il sequestro e la confisca nella legge "antimafia"*. ***Rivista Italiana di Diritto e Procedura Penale***, 1985. p. 100; MOCCIA, S. ***La perenne emergenza.*** *Tendenze autoritarie nel sistema penale.* II ed. [*S.l.*]: Edizioni Scientifiche Italiane, 1997. p. 76 et seq. (le misure di prevenzione costituirebbero "*fattispecie indiziarie di sospetto che fungono da sostitutivi di vere e proprie fattispecie criminose, risultate inapplicabili per carenza di necessari riscontri: una vera e propria truffa delle etichette*", e assieme una "*scorciatoia probatoria in rapporto all'accertamento di fatti di reato*"); MANGIONE, A. ***La misura di prevenzione patrimoniale fra dogmatica e politica criminale.*** [*S.l.*]: Cedam, 2001. p .31, 80 et seq. e p. 87; FONDAROLI, D. ***Le ipotesi speciali di confisca nel sistema penale***. *Ablazione patrimoniale, criminalità economica, responsabilità delle persone fisiche e giuridiche.* [*S.l.*]: Bononia University Press, 2007. p.179; PADOVANI, T. *Misure di sicurezza e misure di prevenzione.* [*S.l.*], Pisa University Press, 2014. p. 250, 321, 342 et seq.; MAIELLO, V. *Confisca, CEDU e Diritto dell'Unione tra questioni risolte ed altre ancora aperte.* ***Diritto Penale Contemporaneo – Rivista trimestrale,*** Milano, fasc. 3-4/2012, p. 43-57, 2012. p. 54.

Gli argomenti, già da tempo spesi da una parte della dottrina, sono noti[47]: i presupposti usualmente, ma artatamente, definiti "soggettivi" della misura, e cioè i presupposti descritti nell'art. 4 c.a., sono in realtà le fattispecie astratte, al cui riscontro probatorio nel caso concreto è subordinata l'applicazione della misura stessa; e tali fattispecie astratte, lungi dal costituire "fattispecie di pericolosità" come a volte si afferma, sono nella maggior parte dei casi esattamente corrispondenti a precise fattispecie di reato, puntualmente identificate dall'art. 4 c.a.: i reati di cui all'art. 51, comma 3-*bis* c.p.p.; i reati di terrorismo e contro la personalità dello Stato; il sequestro di persona semplice e aggravato; ecc. Altre volte tali fattispecie sono descritte in modo solo approssimativamente coincidente con una figura di reato[48]. Altre volte ancora, nelle ipotesi di cui all'art. 1 c.a., richiamato dall'art. 4 lett. c), le fattispecie in parola fanno generico riferimento alla commissione di una pluralità di reati. Sempre, però, tali fattispecie alludono alla previa commissione di reati da parte del soggetto colpito dalla misura.

La differenza essenziale tra le distinte fattispecie di cui all'art. 4 c.a. e le fattispecie criminose da esse più o meno precisamente richiamate non sta, dunque, nella tipologia del comportamento che deve essere provato perché il giudice possa applicare, rispettivamente, la confisca di cui all'art. 24 c.a. o la pena; ma sta, anzitutto, nel diverso *standard* probatorio che deve sorreggere il convincimento del giudice nella valutazione della prova delle circostanze di fatto richiamate dalle fattispecie che di volta in volta vengono in considerazione[49]. Perché possa essere applicata una pena occorre una prova "*al di là di*

[47] Cf., per tutti, VIGANÒ, F. *La Corte di Strasburgo assesta un duro colpo alla disciplina italiana delle misure di prevenzione personali*. ***Diritto Penale Contemporaneo – Rivista trimestrale,*** Milano, fasc. 3/2017, p. 370-378, 2017. p. 370 et seq.

[48] Per esempio, rispetto all'ipotesi di "appartenenza alle associazioni di cui all'art. 416-*bis* c.p.", clausola intesa dalla giurisprudenza in senso ampio e comprensivo tanto della partecipazione quanto del concorso esterno. V., ancora, VIGANÒ, F. *La Corte di Strasburgo assesta un duro colpo alla disciplina italiana delle misure di prevenzione personali*. ***Diritto Penale Contemporaneo – Rivista trimestrale,*** Milano, fasc. 3/2017, p. 370-378, 2017. p. 370 et seq., a cui si rinvia anche per i molteplici riferimenti giurisprudenziali.

[49] Cf. MAUGERI, A. M. ***Le moderne sanzioni patrimoniali tra funzionalità e garantismo***. Milano: Giuffrè, 2001. p. 526 e MANGIONE, A. ***La misura di prevenzione patrimoniale fra dogmatica e politica criminale***. [*S.l.*]: Cedam, 2001. p. 31 e p. 80 et seq. V. anche CAPRIOLI, F. *Fatto e misure di prevenzione*. *In*: CANZIO, G. *et al*. ***Misure patrimoniali nel sistema penale: effettività e garanzie***. Milano: Giuffrè, 2016. p. 58.

ogni ragionevole dubbio" delle circostanze di fatto che integrino la descrizione normativa della fattispecie di reato (art. 533 c.p.p.); perché possa essere disposta la confisca *ex* art. 24, sono invece sufficienti, in linea generale, "indizi" in grado di sorreggere il convincimento del giudice che il soggetto proposto abbia effettivamente commesso, in passato, i fatti di reato che l'autorità proponente gli attribuisce[50].

Parimenti diversa è la struttura del procedimento nel quale l'autorità proponente deve dimostrare la commissione dei reati da parte del soggetto proposto[51]. La diversità comincia già ad apprezzarsi nella mancanza di una formale imputazione relativa a tali reati, che non debbono necessariamente essere individuati nelle loro precise coordinate storiche (con puntuale indicazione dei tempi e dei luoghi di commissione delle condotte criminose, come si esige in qualsiasi imputazione in sede penale). La diversità si dipana poi lungo l'intero procedimento, in cui la dimostrazione dei reati commessi dal proposto è essenzialmente affidata a documenti scritti, rispetto alla cui valutazione il principio del libero convincimento del giudice non è soggetto ad alcuna delle limitazioni consacrate nel codice di procedura penale e, prima ancora, nell' art. 111 Cost. italiana[52]. Detta la diversità culmina nella diversa disciplina del ricorso per cassazione: qui confinato all'ipotesi di violazione di legge (art. 10 co. 3 c.a.), con esclusione di tutte le altre ipotesi previste, nel processo penale, dall'art. 606 c.p.p.[53].

Tuttavia, è il procedimento che muta, non l'oggetto della prova. Il *thema probandum*, quanto meno, la prima ed essenziale parte del *thema probandum*[54]: quello cioè riferito alla pregressa attività criminosa del soggetto, è nella sostanza il medesimo nel processo penale e nel procedimento di prevenzione. Vero è che in quest'ultimo esso ha un oggetto più generico, bastando qui evidenze, appunto, di una "attività" criminosa compiuta nel passato: senza necessario riferimento, dunque, alle specifiche coordinate temporali e spaziali

[50] Volendo, cf. CAPPARELLI, B. *Riflessioni sull'obbligo di motivare i provvedimenti* de libertate. ***Cass. pen.***, p. 222-227, 2014.

[51] Cf. FERRUA, P. *La prova nel processo penale.* Torino: G. Giappichelli, 2015. p. 47 et seq.

[52] V. CAPRIOLI, F. *Fatto e misure di prevenzione. In*: CANZIO, G. *et al.* ***Misure patrimoniali nel sistema penale: effettività e garanzie.*** Milano: Giuffrè, 2016. p. 59 et seq.

[53] Cf. ancora, FERRUA, P. *La prova nel processo penale.* Torino: G. Giappichelli, 2015. p. 56 et seq.

[54] Cf. CAPRIOLI, F. *Fatto e misure di prevenzione. In*: CANZIO, G. *et al.* ***Misure patrimoniali nel sistema penale: effettività e garanzie.*** Milano: Giuffrè, 2016. p. 59 et seq.

in cui una determinata condotta criminosa è stata compiuta[55]. Ma pur sempre di commissione di reati nel passato si discute, in entrambi i procedimenti.

E allora, non appare affatto peregrina la conclusione che la natura di una misura che presuppone un accertamento, sia pure sommario, di pregressi reati, senza richiedere invece alcuna prognosi sul futuro, sia in effetti quella di una sanzione per la commissione di quei reati: un male inflitto al loro autore, in termini di pregiudizio patrimoniale, del tutto analogo per natura a quello che caratterizza la pena pecuniaria e ogni altra forma di confisca pronunciata dal giudice penale sul medesimo presupposto della commissione, in passato, di uno o più reati[56]. Insomma, un'autentica pena[57]. Anche dopo la riforma attuata dalla legge n. 327 del 1988, una probatio minus plena restò sufficiente a collocare il soggetto sotto il radar del sistema della giustizia penale, con il suo arsenale di misure restrittive previste dalla legge del 1956[58].

Considerazioni, quelle del giudice Pinto[59], che a maggior ragione potrebbero valere per la confisca *ex* art. 24 c.a., che non è nemmeno subordinata

[55] Ma chiunque abbia esperienza di processi penali per criminalità organizzata sa che tali coordinate sono spesso evanescenti anche in quella sede: e basti pensare a certe genericissime imputazioni per concorso esterno, in cui ci si limita a indicare un lasso temporale di anni, o di decine di anni, in cui l'imputato avrebbe "sostenuto" l'attività della mafia, o sarebbe stato "stabilmente a sua disposizione".

[56] A una conclusione siffatta giunge del resto anche il giudice Pinto de Albuquerque in relazione alle misure di prevenzione personali nella propria, già citata, opinione parzialmente dissenziente in De Tommaso, con la quale i giudici Sajó e Vučinić concordano: le misure di prevenzione personali erano applicate sotto il vigore della legge del 1956 contro individui sospettati di avere commesso un reato prima della loro condanna, e persino in presenza di un'assoluzione per insufficienza o contraddittorietà della prova a loro carico. Nonostante la formale separazione tra procedimenti penali, regolati dal codice di procedura penale, e procedimenti per l'applicazione di misure di prevenzione, regolati dalla legge del 1956, le prove raccolte nei primi procedimenti potevano essere usate nei secondi a dimostrazione della necessità di misure preventive. Ciò ovviamente favoriva un uso strumentale delle misure di prevenzione al fine di "punire" comunque chi fosse stato assolto in sede penale. In simili circostanze, le misure di prevenzione altro non erano che pene criminali "di seconda classe", o "pene del sospetto".

[57] Così, ancora, MANGIONE, A. ***La misura di prevenzione patrimoniale fra dogmatica e politica criminale***. [*S.l.*]: Cedam, 2001. p. 394.

[58] Corte EDU, De Tommaso c. Italia, cit., opinione parzialmente dissenziente del giudice Pinto de Albuquerque, § 4.

[59] V. *supra* nota 56.

all'accertamento di alcun requisito di pericolosità attuale del soggetto che ne è colpita.

E tuttavia, su un punto bisogna essere chiari. Riconoscere la natura sostanzialmente penale della confisca *ex* art. 24 c.a., come ha fatto recentemente anche una nota sentenza della Cassazione[60], significherebbe necessariamente riconoscere la sua radicale incompatibilità con le garanzie che la Costituzione[61] e il diritto internazionale dei diritti umani sanciscono per la materia penale.

Il problema non concerne soltanto le garanzie sostanziali, oggetto del contendere in quella sentenza della Cassazione, in cui si discuteva della possibilità di applicare retroattivamente la confisca in parola, in particolare a soggetti indiziati di condotte delittuose che non erano ancora considerate, all'epoca di commissione dei fatti, quali presupposti idonei per l'applicazione della misura; garanzie alle quali dovrebbe aggiungersi, almeno, il principio della responsabilità penale personale (art. 27, primo comma, Cost.[62]), messo evidentemente in discussione dalla possibilità di applicare la confisca agli eredi o comunque

[60] Argomentando in particolare dal venir meno, per effetto dei 'pacchetti sicurezza' del 2008 e del 2009, del requisito della pericolosità attuale del proposto, con conseguente insostenibilità dell'assimilazione, in precedenza operata dalla giurisprudenza, tra confisca di prevenzione e misura di sicurezza: cf. Cass., sez. V., sent. 13 novembre 2012 (dep. 25 marzo 2013), n. 14044, Occhipinti, con nota di A. Maugeri, *La confisca misura di prevenzione ha natura "oggettivamente sanzionatoria" e si applica il principio di irretroattività: una sentenza "storica"?*, in Dir. pen. cont. – Riv. trim., fasc. 4/2013, p. 352 s. In senso critico su tale sentenza, cf. MENDITTO, F. *Le Sezioni Unite verso lo "statuto" della confisca di prevenzione: la natura giuridica, la retroattività e la correlazione temporale.* ***Diritto Penale Contemporaneo – Rivista trimestrale***, Milano, 26 maggio 2014. In precedenza, invero, almeno un'altra pronuncia della Cassazione aveva riconosciuto la natura sanzionatoria della particolare ipotesi di confisca di prevenzione per equivalente, parimenti introdotta con il pacchetto sicurezza del 2008 (Cass. Sez. I, sent. 28 febbraio 2012, n. 11768, Barilari). L'impostazione di queste pronunce è poi stata, come è noto, radicalmente smentita dalle Sezioni Unite nella sentenza Spinelli, più volte citata.

[61] Nel senso, in effetti, della radicale incompatibilità delle misure di prevenzione patrimoniali con il complesso delle garanzie sostanziali e processuali stabilite dalla Costituzione per la materia penale, e segnatamente con gli artt. 25 e 27 Cost., cf. MANGIONE, A. ***La misura di prevenzione patrimoniale fra dogmatica e politica criminale***. [*S.l.*]: Cedam, 2001. p.183 et seq. Alla stessa radicale conclusione giungono oggi CERESA-GASTALDO, M. *Misure di prevenzione e pericolosità sociale: l'incolmabile deficit di legalità della giurisdizione senza fatto.* ***Diritto Penale Contemporaneo – Rivista trimestrale***, Milano, 3 dicembre 2015. p. 8, e, parrebbe, MAZZACUVA, F. ***Le pene nascoste***. Torino: G. Giappichelli, [2017. p. 200.

[62] V. anche GREVI, V. *Libertà personale dell'imputato*, voce. ***Enc. dir.***, Giuffrè, 1974.

a terzi[63]. Il problema più grave riguarda piuttosto le garanzie procedurali che dovrebbero circondare l'accertamento di quei fatti e dei restanti presupposti della misura, che sono lontanissimi dagli *standard* che si richiedono in un vero e proprio processo penale.

L'attenzione della giurisprudenza, anche costituzionale, e dello stesso legislatore si è concentrata sinora su aspetti tutto sommato marginali, quale il problema della pubblicità del procedimento, che è oggi assicurata nei gradi di merito[64]. Ma le frizioni con il quadro di garanzie offerte dagli artt. 111 Cost e 6 CEDU iniziano dall'assenza di una chiara "accusa penale" contro la quale il soggetto possa difendersi: di una imputazione, cioè, di fatti precisi e chiaramente riconducibili a uno dei fatti di reato menzionati dall'art. 4 c.a., collocati in maniera sufficientemente univoca nel tempo e nello spazio[65]. Una imputazione, ancora, la cui fondatezza sia onere della parte istante dimostrare, attraverso prove, e non 'sospetti' o 'indizi', che consentano di superare la presunzione di non colpevolezza che dovrebbe assistere il soggetto nei cui confronti la misura è proposta (più semplicemente: l'imputato, in termini processualpenalistici)[66].

Quanto poi alle prove, evidenziare le lacune della disciplina vigente rispetto agli standard penalistici è, letteralmente, biasimevole. Limitiamoci alle garanzie costituzionali: l'art. 111, terzo comma, Cost. esige che chi sia accusato di un reato abbia la facoltà, davanti al giudice, di interrogare o di far

[63] Cf. ancora CAPRIOLI, F. *Fatto e misure di prevenzione*. *In*: CANZIO, G. *et al*. ***Misure patrimoniali nel sistema penale: effettività e garanzie***. Milano: Giuffrè, 2016. p. 58.

[64] La giurisprudenza di Strasburgo ha più volte ravvisato la violazione dell'art. 6 § 1 CEDU nella mancanza di pubblicità del procedimento di prevenzione: cf. ad es. Corte EDU, sent. 13 novembre 2007, Bocellari e Rizza c. Italia, § 39-41; sent. 8 luglio 2008, Perre c. Italia, § 23-28; sent. 5 gennaio 2010, Bongiorno c. Italia, 27-31. Sul punto è poi intervenuta la Consulta, che con la sent. n. 93/2010 ha dichiarato l'illegittimità costituzionale delle disposizioni in materia di procedimento di prevenzione nella parte in cui non consentono che, su istanza degli interessati, il procedimento per l'applicazione delle misure di prevenzione si svolga nelle forme dell'udienza pubblica. L'art. 7 co. 1 c.a. dispone, ora, che il procedimento si svolga in pubblico quando l'interessato ne faccia richiesta.

[65] Sulla distinzione tra imputazione penale e "proposta preventiva", cf. da ultimo le accorte considerazioni di ORLANDI, R. *La 'fattispecie di pericolosità'. Presupposti di applicazione delle misure e tipologie soggettive nella prospettiva processuale*. ***Rivista Italiana di Diritto e Procedura Penale***, v. 60, n. 2, p. 470-484, 2017. p. 476 et seq .

[66] Toni non molto dissimili erano rinvenibili già in ORLANDI, R. *Procedimento di prevenzione e presunzione di innocenza*. ***Cassazione Penale***, Milano, v. 3, p. 958-972, 2019. p. 958 et seq.

interrogare le persone che rendono dichiarazioni a suo carico, di ottenere la convocazione e l'interrogatorio di persone a sua difesa alle stesse condizioni dell'accusa e l'acquisizione di ogni altro mezzo di prova a suo favore; il quarto comma della stessa disposizione esclude che la colpevolezza dell'imputato possa essere provata sulla base di dichiarazioni rese da chi, per libera scelta, si è sempre volontariamente sottratto all'interrogatorio da parte dell'imputato o del suo difensore; il quinto comma disciplina i casi eccezionali in cui la formazione della prova non abbia luogo in contraddittorio, presupponendo come normale la formazione della prova in giudizio.

Nessuno di tali principi si applica al procedimento di prevenzione così come oggi configurato, in cui la prova si forma ovunque fuorché davanti al giudice, e si forma attraverso modalità che non contemplano affatto la partecipazione necessaria del soggetto nei cui confronti dovrà essere applicata la misura: il quale anzi rimarrà per lo più estraneo al procedimento di formazione della prova relativa alla sua pregressa attività criminosa, salvo che nell'ipotesi in cui tale prova sia tratta dai verbali di un procedimento penale in cui egli stesso abbia partecipato come imputato (difendendosi peraltro, in quella sede, da una precisa accusa, distinta rispetto a quella, più generica, su cui di solito si fonda la richiesta di confisca *ex* art. 24 c.a.). A fondare una confisca basteranno, così, dichiarazioni accusatorie di presunti correi ricevute dal pubblico ministero, da parte di chi si sia poi sottratto a qualsiasi controesame, e per di più in assenza dei riscontri che si esigerebbero, giusta il disposto dell'art. 192, terzo comma, c.p.p., per supportare anche solo una misura cautelare[67]. E, come sempre si sottolinea in questi casi, una confisca ben potrà essere disposta anche in caso di assoluzione dell'interessato dalla corrispondente accusa penale[68], perché gli standard probatori sono del tutto diversi: un ragionevole dubbio sulla colpevolezza basta e avanza, qui, per emettere la misura[69].

67 MAUGERI, A.M. *La legittimità della confisca di prevenzione come modello di "processo" al patrimonio tra tendenze espansive e sollecitazioni sovrannazionali.* **Rivista Italiana di Diritto e Procedura Penale**, v. 60, n. 2, p. 559-599, 2017. p. 574, e ivi per i necessari riferimenti giurisprudenziali.

68 Cf. ancora MAUGERI, A.M. *La legittimità della confisca di prevenzione come modello di "processo" al patrimonio tra tendenze espansive e sollecitazioni sovrannazionali.* **Rivista Italiana di Diritto e Procedura Penale**, v. 60, n. 2, p. 559-599, 2017. p. 574.

69 Anche senza proseguire oltre, interrogandoci ad esempio sulla sostenibilità al metro del *ne bis in idem* di un procedimento 'di prevenzione' parallelo o successivo al procedimento penale

3.2. La limitazione del diritto di proprietà e la proposizione da provare

Prima però di giungere a una tale conclusione, che travolgerebbe uno dei cardini su cui si è fondata la politica antimafia italiana negli ultimi trentacinque anni, converrebbe riflettere su una possibile strada alternativa, già da tempo sul tavolo degli esperti della materia, ma probabilmente ancora non esplorata sino in fondo in maniera organica dalla dottrina e tanto meno dalla giurisprudenza. Invero, la possibile strada alternativa sarebbe quella di pensare alla confisca dei profitti da reato al di fuori del processo penale non già come a una sanzione penale[70] mascherata per il reato, ma come a una mera limitazione del diritto di proprietà, legittimata direttamente dall'art. 42 Cost.[71] Una strada, come è noto, ampiamente percorsa anche da altri ordinamenti contemporanei, in particolare di tradizione anglosassone, che da tempo conoscono questa tipologia di ablazione patrimoniale, considerandola, appunto, come misura non penale, e per questo compatibile con i rispettivi principi costituzionali[72].

vertente sulle medesime condotte criminose, o ancora sulla compatibilità con la presunzione di innocenza dell'inversione probatoria che pone a carico del 'proposto' la prova della legittima provenienza dei beni, la sorte della misura parrebbe segnata, una volta che se ne smascheri la natura sostanzialmente penale, che si annida sotto l'etichetta (fasulla, come abbiamo visto) di misura preventiva: la confisca *ex* art. 24 dovrebbe essere dichiarata, al più presto, costituzionalmente (ancora prima che convenzionalmente) illegittima, ed eliminata con ignominia dal nostro sistema giuridico. Per considerazioni più approfondite di queste, cf. ORLANDI, R. *Il sistema di prevenzione tra esigenze di politica criminale e diritti fondamentali*. ***Criminalia***, 2015, 2016. p. 520.

70 Cf. ILLUMINATI, G. ***La presunzione d'innocenza dell'imputato***. Bologna: Zanichelli, 1979. p. 31 et seq.

71 Così già FIANDACA, G. *Misure di prevenzione (profili sostanziali)*. **Dig. disc. pen.**, VII, 1994. p. 114, ove si evoca altresì l'art. 41 Cost., che vieta all'iniziativa economica privata di svolgersi in modo da recar danno alla sicurezza, alla libertà e alla dignità umana. Lo stesso A. ha più recentemente rilanciato questa prospettiva, in forma problematica, in FIANDACA, G. *Le misure patrimoniali nelle fonti internazionali ed europee ed il sistema penale italiano*. *In*: ***MISURE patrimoniali nel sistema penale: effettività e garanzie***. Milano: Giuffrè, 2016. 16: le misure patrimoniali in questione potrebbero "trovare una base di legittimazione sostanziale proprio nei limiti che la stessa Costituzione pone all'esercizio dell'attività economica e al diritto di proprietà", ed armonizzarsi con l'obiettivo, individuato sul piano della "Costituzione economica", di "*prevenire l'infiltrazione criminale quale fattore di inquinamento del sistema economico e di distorsione del funzionamento del mercato*".

72 Cf. PIMENTEL, D. *Forfeitures and the Eight Amendment: Fines Clause as a Check on Government Seizures*. ***Harvard Law & Policy Review***, Cambridge, 2017. p. 543 et seq.

Punto di partenza dell'intero ragionamento è la seguente osservazione, in sé elementare: il reato non può essere considerato un modo legittimo di acquisto della proprietà[73]. Ne deriva che ben potrà l'ordinamento intervenire a dichiarare illecito l'acquisto del profitto derivante dalla commissione di un reato e, pertanto, spossessare il detentore del denaro o del bene nel quale quel profitto si sostanzia[74]. Nell'ipotesi in cui il reato abbia danneggiato un soggetto determinato, causandone un indebito depauperamento, il profitto dovrà essere restituito a costui; altrimenti, il profitto derivante dal reato, che l'autore del reato non avrà alcun diritto di trattenere, dovrà essere incamerato dallo Stato, il quale avrà poi il dovere di riutilizzarlo per finalità di interesse generale, conformemente al mandato costituzionale.

[73] Nel senso che il reato non possa considerato un valido titolo di acquisto della proprietà, cf. ora MAUGERI, A.M. *Confisca*. ***Enc. Dir.*** – Annali, VIII, 2015. p. 203 s. Sul punto, cf. peraltro le recentissime osservazioni di F. Mazzacuva, *Le pene nascoste,* cit., il quale obietta (alla nt. 183) che il diritto civile conosce situazioni in cui l'illiceità penale della condotta che conduce alla stipulazione di un contratto non determina necessariamente l'invalidità del contratto medesimo, e dunque la nullità dell'acquisizione del bene, che può rimanere perfettamente valida. L'obiezione meriterebbe, invero, un esame analitico, che i limiti del presente lavoro non consentono di svolgere. Basti qui rilevare, però, che la tesi da me sostenuta nel testo non postula necessariamente l'invalidità dell'acquisizione del bene già sulla base delle regole civilistiche oggi in vigore, ma prefigura piuttosto scenari normativi futuri, e conseguenti ricostruzioni dogmatiche ancora in parte da immaginare nei loro precisi contorni, nei quali le regole in materia di confisca dei proventi da reato vengano concepite come regole civilistiche sull'invalidità originaria dell'acquisto di denaro o beni tramite determinate attività criminose, che come tali si affianchino, segnatamente, alle regole già oggi previste dal codice civile in materia di nullità e annullabilità del contratto.

[74] A questa conclusione giungono del resto anche le Sezioni Unite nella più volte citata sentenza Spinelli, dopo avere faticosamente cercato di dimostrare la natura preventiva della confisca qui in esame, nel passaggio in cui, quasi en passant, affermano che non può ritenersi compatibile con la funzione sociale dei diritti all'iniziativa economica e alla proprietà privata "*l'acquisizione di beni contra legem, sicché nei confronti dell'ordinamento statuale non è mai opponibile un acquisto inficiato da illecite modalità* " (p. 34). In senso analogo, cf. anche le osservazioni di un autore che pure sostiene, in linea di principio, la natura meramente preventiva della misura quale MENDITTO, F. *La sentenza De Tommaso c. Italia: verso la piena modernizzazione e la compatibilità convenzionale del sistema della prevenzione.* ***Diritto Penale Contemporaneo – Rivista trimestrale,*** Milano, fasc. 4/2017, p. 127-174, 2017. p. 173, il quale propone una "*revisione organica di un istituto la cui ratio consiste non solo nel contenere la pericolosità della persona privandola dei beni con cui potrebbe delinquere, ma anche nell'eliminare dal circuito economico patrimoni acquisiti illecitamente (ovvero 'geneticamente illeciti') che inquinano l'economia legale*" (corsivo nostro).

L'intera argomentazione riposa naturalmente sull'assunto che l'ablazione dei beni o del denaro che costituiscono il profitto del non debba essere considerata come una pena per il reato medesimo, bensì semplicemente come una misura ripristinatoria[75]: una misura, più in particolare, mirante a far venir meno uno status di possesso illegittimo, potremmo anche dire: di 'arricchimento senza causa', dei beni o del denaro da chi ne abbia attualmente la disponibilità. Una misura, dunque, che non infligge un male, la perdita di un diritto, come è caratteristico di ogni sanzione punitiva, ma che semplicemente toglie al soggetto qualcosa che in origine egli non aveva diritto di acquisire, né ora di trattenere[76].

[75] Per un'autorevole presa di posizione in questo senso, con riferimento specifico alla confisca prevista a carico dell'ente dall'art. 19 d.lgs. 231/2001, cf. ROMANO, M. *Confisca, responsabilità degli enti, reati tributari*. ***Rivista Italiana di Diritto e Procedura Penale***, 4/2015, p. 1674 et seq., 2015. p. 1683: la confisca potrà pure essere considerata "sanzione", "*nel significato di reazione dell'ordinamento alla violazione di una norma che prevede l'illecito*", ma non già autentica "pena", quanto meno sino a che si intenda come pena (e si declini concretamente nell'applicazione giurisprudenziale) una misura che non possa "espandersi oltre quanto il reato ha concretamente apportato e dunque peggiorare la situazione patrimoniale dell'ente anteriore all'illecito": conseguenza, quest'ultima, che caratterizza invece la pena pecuniaria. Lo stesso A. segnala peraltro (cf. nota 20, ibidem), sulla scorta di quanto affermato dalla dottrina tedesca, che la conclusione dovrebbe necessariamente mutare qualora si riconoscesse l'attitudine della confisca a colpire beni per un ammontare superiore all'incremento patrimoniale apportato dal reato. Sulla necessità di attenersi, de lege lata, al 'principio del netto' nell'applicazione di ogni forma di confisca, in assenza di espresse indicazioni legislative in senso contrario, cf. le condivisibili e sempre attuali considerazioni di ALESSANDRI, A. *Criminalità economica e confisca del profitto*. *In*: DOLCINI, E.; PALIERO, C. ***Studi in onore di Giorgio Marinucci***. Milano: Giuffrè, 2006. v. III. p. 2146 s., spec. 2154 s. La giurisprudenza è peraltro, proprio in materia di confisca a carico dell'ente, attualmente orientata nel senso del 'principio del lordo', sia pure nel contesto di una soluzione di compromesso e di scarsa plausibilità logica, sulla quale in questa sede non è possibile soffermarsi: cf. Cass. pen., Sez. Un., 27 marzo 2008, n. 26654, sulla quale cf. per tutti le acute considerazioni critiche di MONGILLO, V. *La confisca del profitto nei confronti dell'ente in cerca d'identità: luci e ombre della recente pronuncia delle Sezioni Unite*. ***Rivista Italiana di Diritto e Procedura Penale***, n. 4, dicembre 2008. p.1758 et seq.

[76] Per una prospettiva analoga, cf. MAUGERI, A. M. ***Le moderne sanzioni patrimoniali tra funzionalità e garantismo***. Milano: Giuffrè, 2001. p. 517 (in relazione però, in generale, alla confisca "penale" del prodotto o del profitto del reato): la confisca "rispond[e] ad una finalità di compensazione dell'ordine economico violato, riportando la situazione patrimoniale del reo nelle condizioni in cui si trovava prima della consumazione del reato [...]. La sottrazione dei beni rubati non comporta, infatti, per il reo una diminuzione del suo patrimonio e quindi non presenta carattere afflittivo, ma piuttosto compensatorio, in quanto si tratta di cose illecitamente acquisite, che non gli spettano legittimamente".

In quanto misura essenzialmente ripristinatoria, la misura ablativa non possiederà nemmeno alcun particolare contenuto di stigma, lasciando impregiudicata la possibilità di un procedimento penale, e di un'autentica sanzione punitiva nei termini di una privazione di un diritto, patrimoniale o personale, di cui il condannato era effettivamente titolare, per la condotta criminosa che ne costituisce il presupposto, senza alcuna violazione del diritto al *ne bis in idem*[77].

Sulla base di un simile schema concettuale vengono in effetti abitualmente legittimate, in ordinamenti diversi da quello italiano, misure ablative del profitto di reati adottate in esito a procedimenti non penali, e che non presuppongono la condanna penale del soggetto colpito dalla misura. L'esempio più noto è rappresentato dal modello statunitense della civil forfeiture, o confisca in rem[78].

Sulla base della medesima logica, la Corte EDU ha recentemente riconosciuto la legittimità di una confisca senza condanna prevista nell'ordinamento georgiano, mirante a colpire patrimoni illecitamente accumulati da parte di pubblici ufficiali o ex ufficiali tramite una lista di gravi reati, comprendenti la corruzione, il riciclaggio, il peculato, l'evasione fiscale[79]. Tale confisca, disciplinata da una legge del 2004, presuppone l'avvio di un procedimento penale contro l'interessato per uno di tali reati, ma si svolge poi lungo un

[77] Entro queste coordinate, la misura ben potrà essere adottata nel quadro di un procedimento non penale, e come tale non necessariamente assistito dalle garanzie che la Costituzione e il diritto internazionale dei diritti umani riservano alla materia penale. Le garanzie rilevanti dovranno essere, piuttosto, quelle discendenti dalla logica della legalità che assiste anche il diritto di proprietà (artt. 42 Cost. e 1 prot. add. Cedu), nonché dal diritto di difesa (art. 24 Cost.) e dal diritto al 'giusto processo' in materia civile e amministrativa (art. 111, commi 1-2 e 6, art. 6 Cedu nel suo volet civil): garanzie, queste ultime, compatibili con standard probatori inferiori a quelli richiesti per la condanna penale, con conseguente ammissibilità, ad es., di inversioni dell'onere probatorio, o di diverse regole di ammissibilità e di valutazione delle prove.

[78] Per estese analisi, ancorché ormai non aggiornate, della civil forfeiture nella legislazione federale statunitense, cf. FORNARI, L. ***Criminalità del profitto e tecniche sanzionatorie. Confisca e sanzioni pecuniarie nel diritto penale "Moderno"***. *[S.l.]*, Cedam, 1997. p. 153 et seq., e MAUGERI, A. M. ***Le moderne sanzioni patrimoniali tra funzionalità e garantismo***. Milano: Giuffrè, 2001. p. 279 s. e p. 471 s.

[79] Corte EDU, sent.12 maggio 2015, Gogitidze c. Georgia, su cui cf. ampiamente MAUGERI, A.M. *Una parola definitiva sulla natura della confisca di prevenzione? Dalle Sezioni Unite Spinelli alla sentenza Gogitidze della Corte EDU sul civil forfeiture*. ***Rivista Italiana di Diritto e Procedura Penale***, v. 58, n. 2, p. 942-1006, 2015. p. 960 et seq.

binario procedurale completamente distinto, celebrato di fronte a un giudice civile; e la sua applicazione, per l'appunto, non è condizionata alla condanna penale dell'interessato per alcun reato. La confisca in parola è invece disposta allorché la pubblica accusa abbia fornito una prova documentale sufficiente della commissione di reati da parte del pubblico ufficiale, e costui non riesca a dimostrare la legittima provenienza dei beni o del denaro dei quali siano trovati in possesso.

La Corte EDU respinge all'unanimità le censure del ricorrente, già proposte senza esito avanti alla Corte costituzionale georgiana, qualificando come misura civile in rem, e non già come sanzione penale, la confisca in questione. Da tale qualificazione deriva immediatamente l'inapplicabilità tanto dell'art. 6 Cedu (comprensivo della presunzione di innocenza), quanto dell'art. 7 Cedu sotto il profilo del divieto di applicazione retroattiva della misura. La Corte respinge d'altra parte anche le restanti allegazioni di violazione dei principi del fair process in materia civile e del diritto di proprietà di cui all' art. 1 prot. add. Cedu. A tale risultato la Corte perviene non soltanto richiamando la sua precedente giurisprudenza sulle confische in assenza di condanna, formatasi soprattutto in relazione alle misure di prevenzione patrimoniali italiane e alle azioni in rem previste dall'ordinamento inglese; ma anche, ed è questo probabilmente il profilo di maggiore interesse della sentenza, richiamando i numerosi documenti internazionali adottati dalle Nazioni Unite, dal Consiglio d'Europa, dalla Financial Task Force contro il riciclaggio e dall'Ocse, che da venticinque anni a questa parte raccomandano agli Stati di considerare la possibilità di adottare, quali strumenti di contrasto a gravi reati come la corruzione, il riciclaggio e il traffico di stupefacenti, forme di confisca 'civile' dei proventi da reato non basate sulla condanna, che prevedano forme di inversione dell'onere probatorio sull'origine legittima dei beni, che si applichino anche sui beni derivati dalle trasformazioni degli originari proventi, e che possano colpire anche i beni acquistati in mala fede da terzi[80].

La Corte EDU fornisce in tal modo il proprio avallo a questo trend internazionale, al quale molti paesi dell'est europeo si sono già senza esitazione allineati, consacrando il principio della legittimità dell'adozione di simili misure qualificate sin dall'origine come non penali; misure che, sottolinea

[80] Cf. il § 105 della sentenza, anche per tutte i puntuali riferimenti.

la Corte, mirano, anziché a punire l'autore del reato per le proprie condotte passate, ad assicurare la "*restituzione dei beni illegittimamente acquisiti al loro legittimo precedente proprietario o, in mancanza, allo Stato*", oltre che a "*lanciare ai potenziali futuri delinquenti il messaggio che i loro atti illeciti, anche laddove fossero risparmiati dalla giurisdizione penale, non potranno comunque assicurare a se stessi o ai propri familiari alcun vantaggio patrimoniale*"[81].

Potrebbe un simile schema concettuale, e la qualificazione che ne sta alla base, nei termini di misura che reagisce a un vizio genetico della proprietà, essere adottata anche per la confisca *ex* art. 24 c.a.?

Un esame appena attento della disciplina dell'istituto, così come poc'anzi ricostruita, sembra senz'altro suggerire una risposta affermativa[82].

Lo schema essenziale di operatività della misura è, dunque, sovrapponibile a quello delle confische civili, ben note al diritto comparato e ormai alla stessa giurisprudenza della Corte EDU, con le quali la nostra confisca condivide la funzione essenziale di sottrarre al reo l'arricchimento indebito realizzato attraverso la commissione del reato[83]: la funzione cioè di sottrargli una proprietà che non gli spetta, perché acquisita attraverso la commissione di reati, e dunque attraverso una modalità che già il diritto civile può legittimamente rifiutarsi di tutelare, in piena corrispondenza con i principi costituzionali che

[81] Cf. il § 102 della sentenza.

[82] Tutta l'attività conoscitiva del giudice disegnata dall'art. 24 è rivolta, in buona sostanza, all'accertamento di un unico fondamentale *thema probandum*, rappresentato dall'origine illecita del bene da confiscare; e, più precisamente, dalla sua provenienza da uno dei delitti richiamati dall'art. 4. D'altra parte, accertare infatti la "pericolosità sociale" del proposto al momento dell'acquisizione del bene, come richiedono ora le Sezioni Unite in Spinelli, altro non significa se non dimostrare, sulla base dei consueti "indizi", ancorché gravi, precisi e concordanti, la commissione in quel momento da parte di costui di attività criminose. E l'accertamento della sproporzione del bene rispetto alle capacità reddituali legittime del proposto, combinato con l'impossibilità di costui di giustificarne l'origine lecita, altro non è se non uno schema presuntivo, confezionato dal legislatore, basato su una presunzione relativa (vincibile da prova contraria dell'interessato) per dimostrare che il bene derivi da attività illecite (verosimilmente quelle stesse che il soggetto risulta aver compiuto al momento della sua acquisizione): ossia per dimostrare, ancora, ciò che il giudice ha, in via alternativa, la possibilità di ritenere provato in esito a un diverso percorso argomentativo, giungendo direttamente alla conclusione che comunque "risulti" l'origine illecita del bene.

[83] V. anche VIGANÒ, F. *La Corte di Strasburgo assesta un duro colpo alla disciplina italiana delle misure di prevenzione personali*. ***Diritto Penale Contemporaneo – Rivista trimestrale,*** Milano, fasc. 3/2017, p. 370-378, 2017. p. 370 et seq.

riconoscono e al tempo stesso limitano il diritto di proprietà (e il connesso diritto di iniziativa economica).

4. Prospettive

Molto probabilmente, neppure la soluzione da ultimo indicata varrebbe a risolvere le molteplici incongruità e i profili di illegittimità costituzionale e convenzionale della vigente disciplina della confisca *ex* art. 24 c.a. Ma negare il carattere di sanzione penale "nascosta" della confisca in esame non lascerebbe affatto scevra la misura di ogni tutela di carattere costituzionale e convenzionale: le garanzie applicabili diverrebbero semplicemente quelle che assistono il diritto di proprietà tutelato dagli artt. 42 Cost. e 1 prot. add. CEDU, nonché, sul piano processuale, quelle offerte dall'art. 6 CEDU in materia civile. Garanzie, del resto, per diversi profili, non poi così distanti da quelle che vigono ora in materia penale.

Non potendo compiere in questa sede una rassegna esaustiva dei diversi aspetti di frizione della disciplina attuale rispetto alle summenzionate garanzie, basti qui ricordare alcuni nodi cruciali che il legislatore dovrebbe sciogliere, a dimostrazione della necessità di intraprendere al più presto un percorso di studio sulle linee auspicabili di riforma legislativa, capace di ridelineare un razionale sistema della confisca 'civile' dei proventi da reato.

(**1**) Punto di partenza del ragionamento non può che essere la ragionevole individuazione dei reati presupposto, ossia dei reati che il soggetto deve risultare aver compiuto affinché possa essere travolto da un provvedimento di confisca. Come è noto, tutte le legislazioni che prevedono forme di confisca 'civile' dei proventi di reato confinano tale misura ai casi in cui l'interessato risulti aver compiuto reati gravi, che tipicamente producono ricchezza illecita[84]. Nessun legislatore ragionevole penserebbe mai di applicare la confisca in questione a un soggetto autore di risse o di violenze sessuali, ancorché seriali, per l'ovvia ragione che questi reati non sono produttivi di alcun

[84] Cf. ancora ORLANDI, R. *Procedimento di prevenzione e presunzione di innocenza*. ***Cassazione Penale***, Milano, v. 3, p. 958-972, 2019. p. 544 et seq.

profitto illecito. Ciò nonostante, la situazione normativa italiana è per molti versi incongruente rispetto a questo elementare principio. Il vizio storico della confisca oggi disciplinata dall'art. 24 c.a. sta nel suo artificioso nesso con le misure di prevenzione personali, che rispondono però a una logica completamente distinta[85].

La dissociazione oggi normativamente stabilita tra i relativi procedimenti applicativi, non deve tuttavia trarre in inganno: i soggetti nei cui confronti può essere applicata una confisca *ex* art. 24 sono quegli stessi nei cui confronti può disporsi una misura di prevenzione personale, e cioè gli appartenenti alle categorie elencate nell'art. 4. Nondimeno, facciamo notare come in questo elenco figurino soggetti indiziati di delitti contro la personalità dello Stato o di terrorismo, del delitto di ricostituzione del partito fascista, dei delitti in materia di possesso di armi, e addirittura di reati violenti connessi a manifestazioni sportive: tutte figure criminose, beninteso, di elevata gravità, ma che di solito non producono alcun profitto illecito. A ben vedere, d'altra parte, le incongruenze sono state addirittura aggravate dalla recentissima riforma del codice antimafia di cui alla legge 161 del 2017, per effetto della quale la confisca *ex* art. 24 risulta oggi applicabile anche ad autori di assistenza agli associati[86], di atti preparatori o esecutivi di incendi, nonché di atti persecutori: reati, tutti, per i quali sarà pure ragionevole intervenire con la sorveglianza speciale di pubblica sicurezza nei confronti degli interessati (ma non certo con la confisca[87]).

D'altra parte, il problema non concerne solo la necessità di una riformulazione autonoma dell'elenco dei reati presupposto, rispetto a quelli cui si riferiscono le "fattispecie di pericolosità" presupposto delle misure di prevenzione (personali)[88]. Le esigenze di legalità, che devono essere rispettate anche nella previsione di misure ablative del diritto di proprietà, impongono che la base legale delle misure medesime, e dunque la descrizione normativa dei

[85] Cf. ORLANDI, R. *Procedimento di prevenzione e presunzione di innocenza*. ***Cassazione Penale***, Milano, v. 3, p. 958-972, 2019. p. 962 et seq.

[86] Come tali, dunque, non membri di associazioni mafiose.

[87] Di quali profitti??

[88] Ampiamente sul punto VIGANÒ, F. *La Corte di Strasburgo assesta un duro colpo alla disciplina italiana delle misure di prevenzione personali*. ***Diritto Penale Contemporaneo – Rivista trimestrale***, Milano, fasc. 3/2017, p. 370-378, 2017. p. 370 et seq.

presupposti ai quali le misure sono condizionate, sia sufficientemente precisa, in modo da rendere prevedibile per l'interessato l'applicazione della misura stessa[89]. Tale essenziale requisito, come è noto, è stato ritenuto violato dalla Corte EDU, in relazione alle parallele esigenze di tutela del diritto alla libertà di circolazione di cui all'art. 2 prot. 4 Cedu, chiamato in causa dalle misure di prevenzione personali, dalla descrizione normativa delle c.d. "fattispecie di pericolosità generica" di cui all'art. 1 lett. a) e b) c.a., richiamate dall'art. 4 lett. c), sulle quali ben possono fondarsi, e nella prassi spesso si fondano, anche provvedimenti di confisca[90].

I concetti di "traffici delittuosi" (art. 1, lett. a) e di "attività delittuose" (art. 1, lett. b) sono, in effetti, del tutto indeterminati, risolvendosi in definitiva nel richiamo alla totalità delle leggi penali (intra ed extra codicem) vigenti nel nostro ordinamento[91]. Né molto più preciso appare il richiamo dell'art. 1 lett. c) alla totalità dei "*reati che offendono o mettono in pericolo l'integrità fisica o morale dei minorenni, la sanità, la sicurezza o la tranquillità pubblica*", che non individua in modo preciso alcuna classe di reati, lasciando così mano libera all'interprete nell'individuazione dei presupposti della misura.

(**2**) Una misura che miri all'ablazione dei beni derivati da determinate tipologie di delitto dovrebbe poi contemplare espressamente tra i suoi requisiti quello dell'origine delittuosa dei beni da confiscare. Incredibilmente, la disciplina italiana non è costruita in maniera coerente attorno a questo requisito, che pure costituisce la vera ratio dell'istituto in disanima. Come è noto, secondo la regolamentazione attuale, non vi è nesso necessario tra i reati

[89] Pur nella prospettiva, qui criticata, della natura sostanzialmente punitiva della confisca *ex* art. 24 c.a., lamenta condivisibilmente l'intollerabile evanescenza delle fattispecie sostanziali il cui riscontro legittima l'applicazione della misura CAPRIOLI, F. *Fatto e misure di prevenzione. In*: CANZIO, G. *et al.* ***Misure patrimoniali nel sistema penale: effettività e garanzie***. Milano: Giuffrè, 2016. p. 60 s., il quale evidenzia altresì come nessun recupero di garanzie sul piano processuale potrebbe mai sanare la violazione dei diritti di difesa insita nella necessità di doversi difendere da un mero sospetto (sia pure "oggettivamente suffragato") della commissione di un reato, ovvero da meri indizi di "contiguità funzionale" agli interessi di un'associazione mafiosa.

[90] V. CAPRIOLI, F. *Fatto e misure di prevenzione. In*: CANZIO, G. *et al.* ***Misure patrimoniali nel sistema penale: effettività e garanzie***. Milano: Giuffrè, 2016. p. 60 et seq. e corte cost. n. 24 del 2019, cit.

[91] Cf. Corte cost. n. 24 del 2019, cit.

che il soggetto deve risultare aver commesso e i beni che l'autorità proponente intende confiscare. Una volta dimostrato, per esempio, che Caio abbia commesso compiuto atti di violenza in occasione di manifestazioni sportive, o ancora, in seguito all'ultima riforma del codice antimafia, che abbia compiuto atti persecutori nei confronti dell'ex fidanzata, tutti i suoi beni che risultino sproporzionati ai suoi redditi legittimi e dei quali non riesca a giustificare la legittima provenienza potranno essere confiscati; e ciò all'unica condizione, posta dalle Sezioni Unite in Spinelli, che i beni in questione siano stati acquistati all'epoca in cui egli risultava "socialmente pericoloso". Stando così le cose, poco importa, dunque, se i beni siano stati da lui acquisiti con il frutto del lavoro 'in nero' svolto per un familiare, senza alcuna relazione con quei reati.

Nemmeno il requisito alternativo che condiziona la confisca alla circostanza che i beni "*risultino essere frutto di attività illecite o ne costituiscano il reimpiego*" assicura, d'altra parte, il nesso in parola. Le attività cui allude la norma sono generiche attività "illecite", non necessariamente costitutive di reato, e non necessariamente costitutive di quei reati che costituiscono il presupposto per l'applicazione della misura[92].

Un legislatore razionale dovrebbe invece, come effettuano i legislatori stranieri nel disciplinare le actiones in rem previste nei rispettivi ordinamenti[93], richiedere espressamente che il bene derivi da attività criminose riconducibili al paradigma di uno o più dei reati presupposto, ovvero costituisca il reimpiego delle utilità derivate da quelle attività criminose; evitando così di colpire beni che derivino, in particolare, da attività lavorative 'in nero', rispetto alle quali la normativa attuale consente tra l'altro di confiscare l'intero ricavo non dichiarato, con un incongruo risultato di natura sanzionatorio/punitiva nei confronti di chi risulti aver commesso, in qualunque momento del passato, uno dei reati indicati dall'art. 4.

[92] Giunge a conclusioni analoghe VIGANÒ, F. *La Corte di Strasburgo assesta un duro colpo alla disciplina italiana delle misure di prevenzione personali.* ***Diritto Penale Contemporaneo – Rivista trimestrale,*** Milano, fasc. 3/2017, p. 370-378, 2017. p. 372 s., a cui si rinvia per uno studio più approfondito ed estremamente rigoroso sul piano dogmatico.

[93] V., tra i molti, PIMENTEL, D. *Forfeitures and the Eight Amendment: Fines Clause as a Check on Government Seizures.* ***Harvard Law & Policy Review,*** Cambridge, 2017. p. 544 et seq.

(3) Una questione cruciale che dovrebbe essere affrontata dal legislatore, e risolta in modo espresso, concerne poi lo standard probatorio applicabile nell'accertamento della derivazione causale dei beni da confiscare rispetto ai reati presupposto[94]. Come si ricorderà, per il sistema di law enforcement, il pregio di una confisca 'civile' dei proventi di reato rispetto all'ordinaria confisca disposta dal giudice penale in seguito a una condanna risiede proprio nella possibilità di applicare la misura in presenza di una prova meno rigorosa rispetto a quella che si pretende in sede penale. Trattandosi di una misura di natura non punitiva, e dunque non penale, la presunzione di innocenza e il corollario che spesso se ne trae, relativo alla necessità di una prova oltre ogni ragionevole dubbio dei presupposti fattuali su cui riposa l'affermazione di responsabilità penale dell'imputato, non saranno applicabili[95]; con conseguente legittimità sia di standard probatori inferiori a quelli richiesti in sede penale, sia di distribuzioni dell'onere probatorio tra l'autorità istante e il soggetto proposto per l'applicazione della misura.

Ma sul punto, che è davvero cruciale, occorre chiarezza da parte del legislatore.

La normativa attuale parla, confusamente, ora di "indizi" ora di "elementi di fatto[96]" con riferimento alla prova dei reati presupposti; mentre, con riferimento ai beni da confiscare, richiede che essi "risultino" di origine illecita o ne costituiscano il reimpiego, indicando poi al giudice una possibile via, fondata sul binomio "sproporzione", da provarsi da parte dell'autorità richiedente, più "mancata giustificazione" dell'origine illecita da parte del proposto, per giungere in via presuntiva a quella stessa conclusione[97].

Una soluzione assai più lineare potrebbe essere quella di enunciare direttamente il *thema probandum*, e cioè la derivazione dei beni da confiscare da uno o più dei reati che il legislatore riterrà di elencare, e di indicare in maniera chiara il relativo standard probatorio, che potrebbe essere semplicemente

[94] V. CAPRIOLI, F. *Fatto e misure di prevenzione*. *In*: CANZIO, G. *et al*. ***Misure patrimoniali nel sistema penale: effettività e garanzie***. Milano: Giuffrè, 2016. p. 60et seq. Cf., altresì, O. Mazza, *Dalla confisca di prevenzione*, cit., p. 1-6.

[95] Ampiamente sul tema R. Orlandi, *Procedimento di prevenzione*, cit., p. 962 s.

[96] Cf. sent. Corte cost. n. 24 del 2019, cit.

[97] Lo denunciava già CAPRIOLI, F. *Fatto e misure di prevenzione*. *In*: CANZIO, G. *et al*. ***Misure patrimoniali nel sistema penale: effettività e garanzie***. Milano: Giuffrè, 2016. p. 61 et seq.

quello del "totale convincimento" del giudice: espressione con la quale il legislatore alluderebbe all'esigenza che l'ipotesi della derivazione dei beni da quei reati appaia certamente più plausibile dell'ipotesi alternativa, sulla base delle evidenze acquisite in giudizio su iniziativa di entrambe le parti. Uno standard, dunque, civilistico, anche se più elevato della mera preponderance of evidence.

Che poi la prova relativa debba basarsi su "elementi di fatto"[98] appare tanto evidente da non meritare alcuna menzione da parte del legislatore. Quanto all'espressione "indizi", essa andrebbe evitata per il suo carattere semanticamente equivoco, e pertanto foriero di pericolosi fraintendimenti[99]. Da un lato, infatti, l'espressione "indizio" allude a una particolare tipologia di evidenze, relativa a fatti diversi da quello che si tratta di provare, ma che consentono di risalire ad esso, unitamente ad altri elementi di prova, attraverso un ragionamento inferenziale[100]. In questa accezione, "indizio" si contrappone a "prova diretta", ed è oggetto di apposita regolamentazione da parte tanto del codice di procedura civile quanto del codice di procedura penale, entrambi enuncianti i requisiti della gravità, della precisione e della concordanza[101] affinché gli indizi possano essere costituire "prova" nel processo[102]: requisiti che, all'evidenza, non possono non valere anche nel procedimento per l'applicazione di una confisca 'civile'. Sotto questo profilo, però, non avrebbe alcun senso consentire l'ingresso, nel procedimento per l'applicazione della confisca, solo a "indizi" e non a "prove dirette" dei presupposti della misura.

Del resto, l'espressione "indizi", qualificata ora dall'aggettivo "gravi", ora dall'aggettivo "sufficienti", è utilizzata altresì in norme processuali che disciplinano misure cautelari o investigative. In quelle sedi, l'espressione allude a soglie probatorie inferiori a quelle necessarie per la condanna, riferite però a un quadro di evidenze ancora fluido e tuttora in formazione, rispetto a cui il giudizio sugli indizi (gravi o sufficienti che siano) avrà natura prognostica

[98] E non, per esempio, su mere "voci" o "sospetti. Cf. sent. Corte cost. n. 24 del 2019, cit.

[99] Cf. ORLANDI, R. *Procedimento di prevenzione e presunzione di innocenza*. ***Cassazione Penale***, Milano, v. 3, p. 958-972, 2019. p. 964 et seq.

[100] Cf. FERRUA, P. ***Il "giusto processo"***. 3a ed. Bologna: Zanichelli, 2012. p. 24 et seq.

[101] Artt. 192 co. 2 c.p.p. e 2729 c.c.

[102] Cf. FERRUA, P. ***La prova nel processo penale***. Torino: G. Giappichelli, 2015. p. 47 et seq.

rispetto all'idoneità di quelle stesse evidenze a trasformarsi in prova piena[103] della responsabilità dell'imputato nel quadro di un futuro ipotetico dibattimento[104]. Del tutto diversa è la posizione del giudice della confisca, che si trova a dover decidere, in esito al giudizio, sulla base di un quadro probatorio ormai definitivo e cristallizzato[105].

Parlare qui, come accade oggi rispetto a molte ipotesi disciplinate dall'art. 4 c.a., genericamente di "indizi", oltre tutto senza nemmeno alcuna specificazione sulla loro connotazione in termini di gravità o sufficienza, non solo lascia del tutto indeterminato lo standard della prova al quale il giudice dovrà attenersi, ma crea un improprio parallelismo con gli standard che vigono in materia di misure cautelari e di investigazione, finalizzati all'adozione di misure provvisorie, in un procedimento nel quale si discute invece dell'applicazione di una misura definitiva come, appunto, la confisca: per la quale è invece logico richiedere una (compiuta) prova, piuttosto che meri "indizi".

Meglio, allora, utilizzare senza alcun timore il linguaggio del convincimento giudiziale, nell'ambito però di un procedimento che, proprio per la sua natura civile, presupporrà naturalmente l'adozione di uno standard civile, e non penale.

Piuttosto, un problema che un legislatore razionale non dovrebbe eludere è quello della qualità delle prove che il giudice potrà porre a base del proprio convincimento[106]. Pur dovendo senz'altro escludersi che, in un procedimento non penale, vigano i principi e le regole che gli artt. 11, commi 3-5, Cost. e 6

[103] V. ILLUMINATI, G. *L'armonizzazione della prova penale nell'Unione europea*. *In*: ILLUMINATI, G. (ed.). ***Prova penale e Unione europea*** Bologna: Bononia University Press, 2009. p. 9 et seq.

[104] Cf. ILLUMINATI, G. *Presupposti e criteri di scelta delle misure cautelari*. *In*: CONSO, G. ***Il diritto processuale penale nella giurisprudenza costituzionale***. Napoli: Edizioni Scientifiche Italiane, 2007, p. 393 et seq.

[105] Sul punto cf. FERRUA, P. *Presunzione di non colpevolezza e definitività della condanna penale*. ***Studi sul processo penale – Anamorfosi del processo accusatorio***. Torino: G. Giappichelli, 1992. v. II. p. 119 s.

[106] Sulla sconfortante situazione attuale, in cui "*ogni informazione è buona per costruire la fattispecie giudiziaria di prevenzione, considerato che la legge non pone limiti espliciti al riguardo*" (con conseguente ammissibilità di fonti derivanti dall'attività della polizia di prevenzione, delle agenzie di intelligence, oltre che da materiali provenienti da procedimenti penali) cf. ORLANDI, R. *La 'fattispecie di pericolosità'. Presupposti di applicazione delle misure e tipologie soggettive nella prospettiva processuale*. ***Rivista Italiana di Diritto e Procedura Penale***, v. 60, n. 2, p. 470-484, 2017. p. 474 et seq.

Cedu dettano per i processi penali, apparirebbe comunque raccomandabile, che le fondamentali regole di ammissibilità e di valutazione della prova che vincolano anche i giudici delle misure cautelari[107] debbano valere anche ai fini del procedimento applicativo della confisca, che si caratterizza rispetto ad esse per la sua definitività[108].

L'oggetto della prova non potrà però che essere definito in termini più generici rispetto a quanto accadrebbe in un processo penale, a meno che non si voglia negare alla misura qualsiasi valore aggiunto rispetto ad una confisca adottabile anche nel quadro di un procedimento 'penale'[109]. Il thema probandum dovrebbe, in effetti, essere identificato nella mera derivazione del bene da un'attività criminosa (riconducibile ad una delle tipologie di reato elencate dalla legge) compiuta dal soggetto in un determinato lasso temporale, e non necessariamente in uno specifico fatto di reato, che potrebbe formare oggetto di un parallelo processo penale. Il denaro o il bene potrà, dunque, essere confiscato anche se non se ne provi l'origine da una specifica cessione di stupefacenti, avvenuta in una data e in un luogo preciso, ma soltanto l'origine dall'attività di spaccio di stupefacenti che il soggetto proposto risulterà aver compiuto in un certo tempo: attività dimostrata dalle prove raccolte e/o utilizzate in procedimenti penali aventi ad oggetto specifici fatti di traffico da lui realizzati[110].

[107] Primi fra tutti quelli di cui all'art. 192 c.p.p.

[108] Se, per esempio, la regola dei 'riscontri' alla chiamate in correità di cui all'art. 192, terzo comma, c.p.p. ha un preciso fondamento epistemico, volta com'è a controbilanciare l'intrinseca scarsa affidabilità di questo tipo di dichiarazioni, non sembra esserci alcuna ragione plausibile per affermarne l'applicabilità ai fini dell'adozione di un provvedimento di arresti domiciliari o di obbligo di firma e negarne, invece, l'applicabilità in materia di confisca di un immobile: il rischio che la misura colpisca un innocente è, se possibile, ancor più da evitare nella seconda ipotesi che non nella prima.

[109] V. F. Caprioli, *Fatto e misure di prevenzione,* cit., p. 64 s.

[110] Tale prova potrebbe, infine, essere raggiunta anche attraverso un ragionamento presuntivo come quello oggi disciplinato dall'art. 24 c.a.: una volta provata l'attività criminosa nel tempo in cui il bene è stato acquistato, e una volta dimostrata la sproporzione tra il bene medesimo e i redditi legittimi del proposto all'epoca, sarà onere del proposto falsificare la (naturale) inferenza relativa all'origine del denaro da quell'attività criminosa, attraverso la produzione di prove idonee a dimostrare la diversa origine di quel denaro (non necessariamente lecita, ma comunque non riconducibile alla commissione di reati presupposto della misura). Cf. FERRUA, P. ***La prova nel processo penale***. Torino: G. Giappichelli, 2015. p. 53 et seq.

(**4**) Infine, riconoscere natura civile alla confisca in parola serve a identificare il quadro di garanzie costituzionali e convenzionali applicabili, ma non implica affatto che il relativo procedimento applicativo debba seguire le regole dettate dal codice di procedura civile. Ben potrà allora il legislatore disciplinare un procedimento ad hoc, con regole e principi propri, che tengano in debito conto la peculiarità rappresentata dalla presenza di una parte pubblica istante, dotata tra l'altro di poteri di indagine in grado di incidere significativamente sulla sfera giuridica del soggetto proposto, nonché la specificità del thema probandum, che comprende anche la commissione di reati da parte di costui[111].

Molti altri profili dovrebbero essere focalizzati e studiati, in un percorso che possa condurre a una riforma legislativa organica della confisca dei proventi illeciti da reato, coerentemente costruita attorno all'idea di un procedimento di ablazione patrimoniale di natura civile: a cominciare dalla questione relativa all'opportunità di individuare un termine di prescrizione dell'azione, decorrente dal tempo dell'acquisizione del bene, al duplice fine di evitare di addossare al suo proprietario un onere probatorio eccessivamente gravoso nella ricostruzione della sua origine lecita[112], e di riconoscere, in coerenza con

[111] Anche in una prospettiva di riforma secondo le direttrici qui indicate, potrebbe allora trovare conferma la scelta, appena compiuta dal legislatore in sede di riforma del codice antimafia, di istituire sezioni o collegi specializzati in ciascun tribunale del capoluogo distrettuale competenti per i procedimenti in materia di sequestro e confisca "non penali" ("di prevenzione", secondo la terminologia attuale; "civili", secondo la prospettiva qui tracciata), e nei quali dovrà essere garantita la presenza di giudici esperti tanto in materia penale quanto in materia civile, fallimentare e societaria (cf. il nuovo co.2-*sexies* dell'art.-7-*bis* dell'ordinamento giudiziario di cui al r.d. 30 gennaio 1041, n. 12 e successive modificazioni, come novellato dall'art. 33 della l. 161/2017. In dottrina, v. VIGANÒ, F. *La Corte di Strasburgo assesta un duro colpo alla disciplina italiana delle misure di prevenzione personali.* ***Diritto Penale Contemporaneo – Rivista trimestrale,*** Milano, fasc. 3/2017, p. 370-378, 2017. p. 370 et seq.). Un "tribunale della confisca", insomma, destinato a gestire procedimenti in una materia i cui profili civilistici e di tutela dei terzi si intrecciano con le questioni penalistiche che inevitabilmente si porranno nell'accertamento dei reati presupposto. Per FIANDACA, G. *Misure di prevenzione (profili sostanziali).* ***Dig. disc. pen.***, VII, 1994. p. 120, si trattava già allora di "un sistema di intervento parallelo e più duttile, da utilizzare come una sorta di 'scorciatoia' per sfuggire alle strettoie probatorie del normale processo penale".

[112] L'argomento è utilizzato dalla stessa Corte EDU in un recente caso (sent. 3 marzo 2015, Dimitrovi c. Bulgaria, par. 46) in cui è stata ravvisata la violazione dell'art. 1 prot. add. CEDU in relazione all'applicazione di una confisca senza condanna avente oggetto beni di sospetta origine illecita, senza alcuna limitazione temporale circa il momento della loro acquisizione.

le regole e i principi generali del diritto civile, l'efficacia sanante del tempo anche rispetto all'acquisizione illecita del bene. Ma i limiti di questo contributo non consentono di proseguire oltre in questo percorso.

Conclusioni

Una chiara presa di posizione sulla natura della confisca *ex* art. 24 c.a. è ormai un compito ineludibile per la dottrina italiana. Non solo in relazione all'esigenza di dare finalmente un nome a questo istituto, una volta che sia divenuta chiara l'insostenibilità della sua qualificazione come "confisca di prevenzione" (e si sia definitivamente interiorizzata la consapevolezza che non si tratti ormai più, soltanto, di una confisca "antimafia"); ma anche, e soprattutto, per impostare in modo coerente, e scientificamente più consapevole, il problema dell'individuazione dello statuto di garanzie, costituzionali e convenzionali, applicabili a un istituto assistito da un successo crescente nella prassi, e sul quale punta sempre più la politica criminale italiana.

Dalle considerazioni che precedono dovrebbe essere emerso che la questione fondamentale che si pone oggi al legislatore e ai giudici italiani è se davvero la confisca *ex* art. 24 c.a. debba essere considerata una "pena del sospetto", come sostiene una parte importante della dottrina italiana. Se così fosse, la sua sorte sarebbe segnata: una pena senza condanna, e senza processo penale degno di questo nome, non potrebbe avere alcun diritto di cittadinanza nel nostro ordinamento, al cospetto dei principi che la Costituzione e il diritto internazionale dei diritti umani riservano alla materia penale[113].

Sulla sentenza, cf. anche MAUGERI, A.M. *La tutela della proprietà nella C.E.D.U. e la giurisprudenza della Corte europea in materia di confisca*. *In*: MONTAGNA, M. (ed.). ***Sequestro e confisca***. Torino: G. Giappichelli, 2017. p. 49.

[113] Una conclusione di questo tipo, tuttavia, non è inevitabile. Come efficacemente ha ricapitolato la sentenza Gogitidze della Corte EDU, *supra* menzionata, negli ultimi decenni si sono moltiplicati gli strumenti internazionali che raccomandano agli Stati di considerare la possibilità di prevedere forme di confisca dei proventi illeciti derivanti da gravi reati pur in assenza di condanna (e di processo penale), anche attraverso inversioni parziali dell'onere probatorio; e molti Stati hanno in effetti introdotto *ex novo* o notevolmente rafforzato forme di confische civili dei proventi di tali reati già esistenti nelle rispettive tradizioni giuridiche (cf. PIMENTEL, D. *Forfeitures and the Eight Amendment: Fines Clause as a Check on Government Seizures*. ***Harvard Law & Policy Review***, Cambridge, 2017. p. 544 et seq.). In questo contesto

Referências

ALESSANDRI, A. *Confisca*. ***Dig. disc. pen.***, III, 1994.

ALESSANDRI, A. *Criminalità economica e confisca del profitto*. *In*: DOLCINI, E.; PALIERO, C. ***Studi in onore di Giorgio Marinucci***. Milano: Giuffrè, 2006. v. III.

AMATO, G. ***Individuo e autorità nella disciplina della libertà personale***. Milano: Giuffrè, 1967.

BRICOLA, F. *Forme di tutela* "ante delictum" *e profili costituzionali della prevenzione*. *In:* BRICOLA, F. ***Scritti di diritto penale***. Milano: Giuffrè, [19--?]. v. I.

CAPPARELLI, B. *Riflessioni sull'obbligo di motivare i provvedimenti* de libertate. ***Cass. pen.***, p. 222-227, 2014.

CAPRIOLI, F. *Fatto e misure di prevenzione*. *In*: CANZIO, G. *et al*. ***Misure patrimoniali nel sistema penale: effettività e garanzie***. Milano: Giuffrè, 2016.

CERESA-GASTALDO, M. *Misure di prevenzione e pericolosità sociale: l'incolmabile deficit di legalità della giurisdizione senza fatto*. ***Diritto Penale Contemporaneo – Rivista trimestrale***, Milano, 3 dicembre 2015.

COMUCCI, P. *Il sequestro e la confisca nella legge "antimafia"*. ***Rivista Italiana di Diritto e Procedura Penale***, 1985.

D'ASCOLA, V. N. *Il progressivo sdoppiamento della confisca come risposta dell'ordinamento al fatto-reato e come strumento di controllo delle manifestazioni sintomatiche di pericolosità "patrimoniale"*..*In*: BARGI, A.; CISTERNA, A. ***La giustizia penale patrimoniale.*** Torino: Utet Giuridica, 2011.

DE LUCA, G. *Custodia preventiva (dir. proc. pen.)*. *In*: ***Enc. Dir.*** Giuffrè, 1962. v. XII.

ELIA, L. ***Libertà personale e misure di prevenzione***. Milano: Giuffrè, 1962.

FERRUA, P. *Presunzione di non colpevolezza e definitività della condanna penale*. ***Studi sul processo penale – Anamorfosi del processo accusatorio***. Torino: G. Giappichelli, 1992. v. II.

FERRUA, P. ***Il "giusto processo"***. 3a ed. Bologna: Zanichelli, 2012.

FERRUA, P. ***La prova nel processo penale***. Torino: G. Giappichelli, 2015.

FIANDACA, G. *Misure di prevenzione (profili sostanziali)*. ***Dig. disc. pen.***, VII, 1994.

FIANDACA, G. *Le misure patrimoniali nelle fonti internazionali ed europee ed il sistema penale italiano*. *In*: ***MISURE patrimoniali nel sistema penale: effettività e garanzie***. Milano: Giuffrè, 2016.

internazionale già si inserisce da tempo la confisca "di prevenzione" italiana, che, parimenti opera, dal punto di vista funzionale, come uno strumento di ablazione dei profitti illeciti derivanti da gravi reati, che si svolge al di fuori del processo penale e non è condizionato alla condanna penale dell'interessato. Uno strumento, tuttavia, che è ancora in cerca di uno statuto di garanzia, che l'etichetta fasulla di misura di prevenzione non riesce ad assicurargli. Cf. D'ASCOLA, V. N. *Il progressivo sdoppiamento della confisca come risposta dell'ordinamento al fatto-reato e come strumento di controllo delle manifestazioni sintomatiche di pericolosità "patrimoniale"*..*In*: BARGI, A.; CISTERNA, A. ***La giustizia penale patrimoniale.*** Torino: Utet Giuridica, 2011. t. I. p. 131-132.

FINOCCHIARO, S. *La riforma del codice antimafia (e non solo): uno sguardo d'insieme alle modifiche appena introdotta.* ***Diritto Penale Contemporaneo – Rivista trimestrale***, Milano, fasc. 10/2017, p. 251-260, 3 ottobre 2017.

FONDAROLI, D. ***Le ipotesi speciali di confisca nel sistema penale***. *Ablazione patrimoniale, criminalità economica, responsabilità delle persone fisiche e giuridiche*. [*S.l.*]: Bononia University Press, 2007.

FORNARI, L. ***Criminalità del profitto e tecniche sanzionatorie. Confisca e sanzioni pecuniarie nel diritto penale "Moderno".*** [*S.l.]*, Cedam, 1997.

GREVI, V. *Libertà personale dell'imputato*, voce. ***Enc. dir.***, Giuffrè, 1974.

ILLUMINATI, G. ***La presunzione d'innocenza dell'imputato***. Bologna: Zanichelli, 1979.

ILLUMINATI, G. *Presupposti e criteri di scelta delle misure cautelari. In*: CONSO, G. ***Il diritto processuale penale nella giurisprudenza costituzionale***. Napoli: Edizioni Scientifiche Italiane, 2007.

ILLUMINATI, G. *L'armonizzazione della prova penale nell'Unione europea. In*: ILLUMINATI, G. (ed.). ***Prova penale e Unione europea*** Bologna: Bononia University Press, 2009.

KLEIN, S. R. *Civil In Rem Forfeiture and Double Jeopardy*. ***Iowa Law Review***, v. 82, 1996.

MAGI, R. *Sul recupero di tassatività nelle misure di prevenzione personali. Tecniche sostenibili di accertamento della pericolosità*. ***Rivista Italiana di Diritto e Procedura Penale***, v. 60, n. 2, p. 490-504, 2017.

MAIELLO, V. *Confisca, CEDU e Diritto dell'Unione tra questioni risolte ed altre ancora aperte*. ***Diritto Penale Contemporaneo – Rivista trimestrale,*** Milano, fasc. 3-4/2012, p. 43-57, 2012.

MANGIONE, A. ***La misura di prevenzione patrimoniale fra dogmatica e politica criminale***. [*S.l.*]: Cedam, 2001.

MANGIONE, A. *La 'situazione spirituale' della confisca di prevenzione*. ***Rivista Italiana di Diritto e Procedura Penale***, v. 60, n. 2, p. 614-636, 2017.

MAUGERI, A. M. ***Le moderne sanzioni patrimoniali tra funzionalità e garantismo***. Milano: Giuffrè, 2001.

MAUGERI, A.M. *Una parola definitiva sulla natura della confisca di prevenzione? Dalle Sezioni Unite Spinelli alla sentenza Gogitidze della Corte EDU sul civil forfeiture*. ***Rivista Italiana di Diritto e Procedura Penale***, v. 58, n. 2, p. 942-1006, 2015.

MAUGERI, A.M. *Confisca*. ***Enc. Dir.*** – Annali, VIII, 2015.

MAUGERI, A.M. *La legittimità della confisca di prevenzione come modello di "processo" al patrimonio tra tendenze espansive e sollecitazioni sovrannazionali*. ***Rivista Italiana di Diritto e Procedura Penale***, v. 60, n. 2, p. 559-599, 2017.

MAUGERI, A.M. *La tutela della proprietà nella C.E.D.U. e la giurisprudenza della Corte europea in materia di confisca. In*: MONTAGNA, M. (ed.). ***Sequestro e confisca***. Torino: G. Giappichelli, 2017.

MAZZA, O. *Dalla confisca di prevenzione alla pena patrimoniale*. ***Rivista Archivio Penale***, 2, 2019.

MAZZACUVA, F. *Le Sezioni Unite sulla natura della confisca di prevenzione: un'altra occasione persa per un chiarimento sulle reali finalità della misura*. ***Diritto Penale Contemporaneo – Rivista trimestrale***, Milano, fasc. 4/2015, p. 231-245, 2015.

MAZZACUVA, F. ***Le pene nascoste***. Torino: G. Giappichelli, [2017.

MENDITTO, F. *Le Sezioni Unite verso lo "statuto" della confisca di prevenzione: la natura giuridica, la retroattività e la correlazione temporale.* ***Diritto Penale Contemporaneo – Rivista trimestrale***, Milano, 26 maggio 2014.

MENDITTO, F. *La sentenza De Tommaso c. Italia: verso la piena modernizzazione e la compatibilità convenzionale del sistema della prevenzione.* ***Diritto Penale Contemporaneo – Rivista trimestrale,*** Milano, fasc. 4/2017, p. 127-174, 2017.

MOCCIA, S. ***La perenne emergenza.*** *Tendenze autoritarie nel sistema penale.* II ed. [*S.l.*]: Edizioni Scientifiche Italiane, 1997.

MONGILLO, V. *La confisca del profitto nei confronti dell'ente in cerca d'identità: luci e ombre della recente pronuncia delle Sezioni Unite.* ***Rivista Italiana di Diritto e Procedura Penale***, n. 4, dicembre 2008.

NOBILI, M. *Ritorno al medioevo? (note sul processo di prevenzione criminale).* ***Politica del diritto***, 1974.

NUVOLONE, P. *Misure di prevenzione e misure di sicurezza. In*: ***Enc. Dir.***, [*S.l.*]: Giuffrè, c. 1976. v. XXVI.

ORLANDI, R. *Il sistema di prevenzione tra esigenze di politica criminale e diritti fondamentali.* ***Criminalia***, 2015, 2016.

ORLANDI, R. *La 'fattispecie di pericolosità'. Presupposti di applicazione delle misure e tipologie soggettive nella prospettiva processuale.* ***Rivista Italiana di Diritto e Procedura Penale***, v. 60, n. 2, p. 470-484, 2017.

ORLANDI, R. *Procedimento di prevenzione e presunzione di innocenza.* ***Cassazione Penale***, Milano, v. 3, p. 958-972, 2019.

PADOVANI, T. *Misure di sicurezza e misure di prevenzione.* [*S.l.*], Pisa University Press, 2014.

PIMENTEL, D. *Forfeitures and the Eight Amendment: Fines Clause as a Check on Government Seizures.* ***Harvard Law & Policy Review***, Cambridge, 2017.

ROMANO, M. *Confisca, responsabilità degli enti, reati tributari.* ***Rivista Italiana di Diritto e Procedura Penale***, 4/2015, p. 1674 et seq., 2015

VALENTE, Manuel Monteiro Guedes (ed.). ***Criminalidade organizada transnacional – II***. Coimbra: Almedina, 2020. p. 99-135.

VIGANÒ, F. *La Corte di Strasburgo assesta un duro colpo alla disciplina italiana delle misure di prevenzione personali.* ***Diritto Penale Contemporaneo – Rivista trimestrale,*** Milano, fasc. 3/2017, p. 370-378, 2017.

48.
PROVA DIGITALE E AMMISSIBILITÀ

Giulio Illuminati

1. Nozione di prova digitale

Di solito si intende per prova digitale un'informazione di rilevanza processuale che deriva da un dato elaborato, conservato o trasmesso da un *computer* o da un sistema informatico[1]. In realtà, stando alla lettera della definizione, il significato è molto più ampio: digitale è ogni dato codificato in forma numerica secondo il sistema binario, in modo che sia leggibile da un dispositivo elettronico perché rappresentato da due impulsi elettrici di diversa intensità: acceso/spento, cioè zero e uno[2].

In questo senso, prove digitali possono essere rappresentate anche da cose di uso comune che siano espresse in formato numerico: per esempio, fotografie

[1] CASEY, E. ***Digital Evidence and Computer Crime. Forensic Science, Computers and the Internet***. 2 ed. [*S.l.*]: Elsevier, 2004. p. 12. In questi termini, ad esempio, la definizione contenuta nella *Convenzione del Consiglio d'Europa sulla criminalità informatica* (Budapest, 23 ottobre 2001), che all'art. 1 fa riferimento a "qualunque presentazione di fatti, informazioni o concetti in forma suscettibile di essere utilizzata in un sistema computerizzato, incluso un programma in grado di consentire ad un sistema computerizzato di svolgere una funzione". V. anche Di Paolo, G. *Prova informatica (dir. proc. pen.)*. *In*: ***Enc. dir.***, anno VI, Giuffrè, 2013. p. 736 et seq.

[2] Vedi DANIELE, M. *La prova digitale nel processo penale*. *In*: ***Rivista di Diritto. Processuale***, [*S.l.*], n. 2. Marzo-Aprible 2011. p. 284 et seq.; PITTIRUTI, M. ***Digital evidence e procedimento penale***. Torino: G. Giappichelli, 2017. p. 9.

digitali, registrazioni video o audio, *scanner* e *telefax*, *output* di una stampante (oltre che, naturalmente, *files* informatici, posta elettronica, messaggi istantanei, registro della navigazione su *internet*).

Caratteri comuni delle prove digitali[3] sono:

- l'immaterialità

  Ad essere precisi una base fisica esiste, ed è rappresentata dagli impulsi elettrici che formano i numeri, ma la percezione è possibile solo se mediata da un dispositivo in grado di interpretare il loro significato. Ciò talvolta ha portato a confondere il contenitore con il contenuto[4]: per esempio il disco rigido di un *personal computer* con i dati da acquisire: il sequestro di un disco rigido è solo funzionale alla sua analisi per reperire i dati rilevanti.

- la volatilità

  Si tratta di dati che se non correttamente acquisiti e conservati possono andare irrimediabilmente perduti. Ciò significa che possono essere facilmente cancellati o alterati, e che sono necessarie particolari cautele per renderli immodificabili una volta acquisiti Un'immagine in formato *.jpg* comprende circa un milione di *bit*, e la modifica di uno solo di essi può comportare un mutamento irreversibile[5].

- la riproducibilità

  La traduzione in forma intellegibile del dato digitale, essendo un dato numerico, può essere replicata senza limiti. Viene meno, così, la distinzione fra originale e copia, e l'originale potrebbe anche essere non più disponibile. Le *Federal Rules of Evidence* statunitensi hanno espressamente previsto un'eccezione al principio della "*best evidence*" (secondo cui è sempre necessario acquisire l'originale, a meno che non

[3] Sulle caratteristiche della prova digitale vedi, diffusamente, SIGNORATO, S. ***Le indagini digitali***. Torino: G. Giappichelli, 2018. p. 3 et seq. e p. 121 et seq.

[4] DANIELE, M. *La prova digitale nel processo penale*. *In*: **Rivista di Diritto. Processuale**, [*S.l.*], n. 2, Marzo-Aprible 2011. p. 284; SIGNORATO, S. ***Le indagini digitali***. Torino: G. Giappichelli, 2018. p. 123.

[5] PITTIRUTI, M. ***Digital evidence e procedimento penale***. Torino: G. Giappichelli, 2017. p. 11.

sia impossibile), affermando che quando si tratta di dati archiviati in un *computer*, ogni riproduzione accurata è un "originale"[6]. Ne segue anche la possibilità di condividere i dati digitali, per esempio mettendoli a disposizione delle parti senza necessità di spostarli materialmente, o assicurandoli al processo senza bisogno di toglierne il possesso al titolare.

2. La prova digitale come documento

La prova digitale può essere considerata prova documentale. Prendendo in prestito la definizione usata dal codice italiano, che può essere generalizzata, le prove documentali sono "scritti o altri documenti che rappresentano fatti, persone o cose mediante la fotografia, la cinematografia, la fonografia o qualsiasi altro mezzo"[7].

Poiché quello che rileva è la capacità rappresentativa, anche la prova digitale va classificata come documento. Il documento peraltro sarebbe il dato immateriale rappresentativo, che deve essere tradotto in forma intellegibile mediante una stampa (uno scritto o un'immagine) o una riproduzione audio o video.

Rispetto al documento scritto tradizionale, tuttavia, manca la sottoscrizione autografa, che ne attesti la paternità (salvi i casi di firma digitale o altre forme di certificazione indiretta). Rispetto al documento scritto (o ad un'immagine analogica in unico originale, come ad esempio il negativo di una fotografia) è relativamente facile alterarne il contenuto o la provenienza senza lasciare tracce materiali.

Si tratta perciò sempre di una prova indiretta (prova critica, o se si preferisce *circumstantial evidence*) che richiede un procedimento logico inferenziale per poterla connettere ad un autore o ad una conclusione sul fatto[8].

6 *Fed. R. Evid.* 1001(3).

7 Art. 234 c.p.p.

8 Anche quando si tratti di corpo del reato (ad esempio, un'immagine pedopornografica, che in ogni caso richiede un'inferenza logica per essere collegata alla commissione del reato). In senso contrario PITTIRUTI, M. ***Digital evidence e procedimento penale***. Torino: G. Giappichelli, 2017. p. 8 et seq., il quale peraltro sembra propendere per la classificazione della prova

Tanto più che in molti casi la prova è rappresentata da una stringa di caratteri alfanumerici che deve a sua volta essere interpretata da un esperto (si pensi alla cosiddetta prova del DNA). Esperto che può essere necessario impiegare anche per dimostrare, all'occorrenza, l'affidabilità della metodologia utilizzata per ottenere la prova digitale.

La giurisprudenza USA ha respinto l'argomento secondo cui la prova digitale è intrinsecamente inaffidabile perché suscettibile di manipolazioni[9]. La mera possibilità che sia stata modificata o alterata non è un motivo sufficiente per escluderla, fermo restando il giudizio caso per caso sull'attendibilità e sul valore dimostrativo della prova.

In ogni caso la prova digitale apre scenari inediti, sia per le caratteristiche strutturali, sia per le enormi potenzialità che offre alle indagini. Ormai la maggior parte degli atti di indagine presenta una componente digitale[10].

Si può notare come sia l'intero sistema processuale penale ad essere coinvolto da questa mutazione, dal momento che la prova dichiarativa (in particolare la testimonianza), su cui sono costruiti i principi fondamentali del giusto processo, a partire dal diritto al contraddittorio (*right to confrontation*), sta sempre più perdendo la sua centralità in favore della prova digitale e della prova scientifica (che spesso si presenta come dato digitale).

Non tutte le legislazioni, tuttavia, si sono tempestivamente adeguate, sia sotto il profilo di una disciplina specifica, sia sotto il profilo delle nuove garanzie che occorre riconoscere agli individui. Come spesso accade, nella prassi giudiziaria si fa ricorso alle regole previste per gli istituti già noti e assimilabili (perquisizioni, sequestri, intercettazioni), con i necessari adattamenti, che però spesso lasciano lacune e problemi irrisolti.

digitale fra i documenti (23 s.), che andrebbero sempre considerati prova indiretta, salvo che contengano dichiarazioni di una persona determinata.

9 Vedi ad esempio U.S. District Court, District of Columbia, *United States v. Safavian*, 435 F. Supp. 2d 36, 41 (D.D.C. 2006).

10 Vedi CESARI, C. *L'impatto delle nuove tecnologie sulla giustizia penale – un orizzonte denso di incognite*. ***Revista Brasileira de Direito Processual Penal***, Ibrasp, São Paulo, v. 5, n. 3, p. 1167-1188, set./dez. 2019. 1167 et seq.

3. Indagini digitali e diritti fondamentali

La digitalizzazione è dunque un processo tecnologico per mezzo del quale si producono, si conservano o si trasmettono informazioni di ogni genere. Tali informazioni possono essere acquisite al processo, una volta trasferite su idonei supporti, come prova documentale. Le indagini digitali ed informatiche (l'informatica si basa sul linguaggio digitale) sono particolarmente efficaci e rilevanti: in origine per contrastare la criminalità informatica, ma attualmente per ogni genere di reati comuni.

Fra le indagini digitali è necessario distinguere quelle che invadono la vita privata e familiare (tutelata a livello internazionale dall'art. 8 della Convenzione europea sui diritti dell'uomo, dall'art. 17 del Patto internazionale sui diritti civili e politici; nonché dall'art. 7 della Carta dei diritti UE, che all'art. 8 contiene un espresso riferimento alla protezione dei dati personali). Le prove così acquisite rappresentano con buona ragione una categoria a parte.

È evidente la differenza tra una foto (digitale) in un luogo aperto al pubblico, e l'acquisizione in tempo reale delle immagini contenute in un *computer* o in uno *smartphone*. È evidente la differenza tra un pedinamento con i metodi tradizionali e il monitoraggio continuo tramite GPS.

A quest'ultimo approdo è giunta anche la Corte Suprema USA, applicando il IV Emendamento della Costituzione all'installazione di un trasmettitore *GPS* nell'automobile appartenente all'indagato[11]. Di fatto era stata riscontrata una violazione del diritto di proprietà, concludendosi che attaccare un apparecchio al veicolo costituiva una perquisizione per la quale era richiesto un mandato del giudice. Tuttavia nelle opinioni concorrenti si sottolineava che l'uso del *GPS*, grazie alla sua estrema facilità rispetto ad un pedinamento, consente alla polizia il controllo dei movimenti di una persona per lunghi periodi di tempo, in modi che in precedenza sarebbero stati impossibili (se non a costi molto elevati). Perciò il tracciamento rivela una grande quantità di informazioni private sulla persona, e così il monitoraggio continuo e di lunga durata rappresenta una violazione della "ragionevole aspettativa

[11] U.S.S.C., *United States v. Jones*, 565 U.S. 400 (2012).

di *privacy*", conformemente alla massima enunciata nel 1967 nel caso *Katz*, secondo cui il IV Emendamento "protegge le persone, non i luoghi" [12].

E sappiamo come mediante i *malware* noti come *trojan virus* è possibile prendere possesso anche a distanza di un terminale informatico, non solo per esaminarne il contenuto o intercettare le comunicazioni trasmesse via *internet*, ma anche per effettuare registrazioni audio/video, monitorare la navigazione su *internet*, acquisire le *password* digitate sulla tastiera, controllare la messaggistica istantanea (e ciò anche senza considerare la possibilità di abusi, dato che per mezzo di questi *software* sarebbe facilmente possibile anche inserire o cancellare *files* o modificare il registro della navigazione su *internet*).

Anche in questo caso il discrimine dovrebbe essere rappresentato da quello che la Corte suprema USA, come si è visto, ha definito "ragionevole aspettativa di *privacy*", cioè l'aspettativa socialmente accettabile[13], e perciò l'interferenza dovrebbe essere soggetta regole tassative e al controllo dell'autorità giudiziaria.

La Corte costituzionale tedesca, come è noto, ha riconosciuto il diritto alla garanzia della segretezza e integrità dei sistemi informatici[14], e ha precisato (da ultimo nel 2016)[15] che occorre determinare il livello dell'interferenza in relazione alla natura dei dati, alla loro quantità - anche in dipendenza dalla durata della misura adottata – e alle potenzialità dello strumento tecnico utilizzato. Le misure di sorveglianza elettronica devono rispettare il principio di proporzionalità e i requisiti di trasparenza, tutela legale e supervisione dell'autorità giudiziaria.

Inoltre la Corte ha stabilito che anche nei casi in cui la sorveglianza elettronica può essere legittimamente disposta con un provvedimento motivato del giudice, la legge deve prevedere cautele per proteggere il nucleo essenziale della vita privata, riguardante la possibilità di esprimere sentimenti, considerazioni, punti di vista ed esperienze personali senza timore che l'autorità

[12] U.S.S.C., *Katz v. United States*, 389 U.S. 347 (1967).

[13] *Katz v. United States*, cit. *supra*, nt. 12. In argomento vedi THAMAN, S.C. *The Impact of Information and Communications Technology on US Criminal Procedure. In*: SIEBER, U.; MITSILEGAS, V.; MYLONOPOULOS, C.; BILLIS, E.; KNUST, N. (ed.). ***Alternative Systems of Crime Control.*** *National, Transnational, and International Dimensions*. Berlin: Duncker & Humboldt, 2018. p. 218 et seq.

[14] BVerfG, 27 febbraio 2006.

[15] BVerfG, 21 giugno 2016.

pubblica possa avervi accesso. Il principio deriva dalla garanzia costituzionale della dignità umana e dello sviluppo della personalità individuale, che può essere messa in pericolo se la sfera individuale interna non è preservata.

Si usa parlare di "neutralità tecnica"[16] delle norme di garanzia, poiché non conterebbero le modalità dell'interferenza, ma la natura del diritto tutelato. Io credo che occorra tener conto anche delle possibili violazioni derivanti dall'impiego di un determinato strumento, indipendentemente dall'obiettivo legittimamente perseguito, perché l'adozione di un dispositivo che ha potenzialità particolarmente invasive deve essere limitata al massimo.

La Corte suprema USA ha applicato le garanzie del IV Emendamento alla sorveglianza elettronica da parte della polizia, richiedendo un mandato del giudice basato sulla "*probable cause*". Recentemente la protezione è stata estesa alla raccolta di dati per ricostruire retroattivamente i movimenti individuali tramite l'accesso alla documentazione concernente la localizzazione del telefono cellulare. Infatti il cellulare segue il suo possessore ovunque, rivelando anche informazioni sensibili che altrimenti non sarebbero conosciute[17].

La stessa logica era stata seguita nel caso *Riley*[18], con riferimento alla perquisizione di uno *smartphone* da parte della polizia, in occasione dell'arresto: lo *smartphone*, ormai diventato "una caratteristica dell'anatomia umana" differisce infatti da qualunque altro oggetto portato sulla persona, per l'immensa capacità di archiviazione di dati e informazioni.

Applicando la dottrina tradizionale di *Weeks* e di *Mapp*[19], ne deriva una regola di esclusione delle prove illegittimamente acquisite.

[16] Si esprime in questi termini la *Direttiva (UE) 2016/680 del Parlamento europeo e del Consiglio*, sul trattamento dei dati personali ai fini di prevenzione e accertamento dei reati, "*considerando*" n. 18, secondo cui "la protezione delle persone fisiche dovrebbe essere neutrale sotto il profilo tecnologico e non dovrebbe dipendere dalle tecniche impiegate".

[17] U.S.S.C., *Carpenter vs. United States*, No. 16-402, 585 U.S. ____ (2018). Vedi FANCHIOTTI, V. *Prova e geolocalizzazione – Carpenter v. U.S.: si amplia la tutela contro la global police surveillance*. ***Giur. it.***, n. 10, 2018. p. 2262 et seq.

[18] U.S.S.C., *Riley v. California*, 573 U.S. 373 (2014). Vedi THAMAN, S.C. *The Impact of Information and Communications Technology on US Criminal Procedure. In*: SIEBER, U.; MITSILEGAS, V.; MYLONOPOULOS, C.; BILLIS, E.; KNUST, N. (ed.). ***Alternative Systems of Crime Control.*** *National, Transnational, and International Dimensions*. Berlin: Duncker & Humboldt, 2018. p. 230.

[19] U.S.S.C., *Weeks v. United States*, 232 U.S. 383 (1914); U.S.S.C., *Mapp v. Ohio*, 367 U.S. 643 (1961).

In base all'art. 8 della Convenzione europea, la Corte europea dei diritti dell'uomo fin dagli anni ottanta ha elencato le condizioni che legittimano la sorveglianza elettronica. L'intercettazione e conservazione dei dati di traffico delle comunicazioni rappresenta un'interferenza nella vita privata e nella corrispondenza. Pertanto deve essere prevista da una legge (intesa in senso ampio, comprendente anche i regolamenti amministrativi e la giurisprudenza), che sia chiara, dettagliata ed accessibile ai cittadini e che consenta di prevedere le conseguenze della sua applicazione. La legge deve indicare i presupposti e le garanzie procedurali, come la definizione dei soggetti, la natura dei reati, i limiti di durata, lo scopo legittimo, nonché prevedere la supervisione di un'autorità indipendente. Le misure debbono essere conformi al principio di ragionevolezza (idoneità rispetto allo scopo), di necessità (mancanza di mezzi meno invasivi) e di proporzionalità in senso stretto (rispetto alla gravità del reato)[20].

A livello dell'Unione europea il principio di proporzionalità (art. 52 § 1 Carta dei diritti fondamentali), declinato secondo i tre criteri enunciati dalla Corte europea dei diritti dell'uomo, è stato richiamato anche dalla Corte di giustizia dell'Unione europea, in relazione agli art. 7 e 8 della Carta dei diritti fondamentali, per la conservazione, da parte dei gestori, dei dati esterni delle comunicazioni[21]. Le limitazioni alla protezione dei dati personali (riconosciuta espressamente dal citato art. 8) sono consentite solo in quanto strettamente necessarie, e le persone i cui dati sono conservati debbono avere garanzie sufficienti contro il rischio di abusi. Il diritto di ricevere e trasmettere informazioni senza interferenze (art. 11 Carta) è applicabile anche alle comunicazioni elettroniche, e l'accesso ai dati deve essere soggetto a previa autorizzazione del giudice o di un'autorità indipendente.

In ogni caso, la giurisprudenza delle due Corti europee non precisa le conseguenze della violazione dei principi menzionati sull'ammissibilità della prova digitale, e in conclusione la soluzione dipende solo dalla legislazione nazionale.

[20] Fra le decisioni più recenti si possono citare Corte eur., *Zakharov v. Russia,* 4 dicembre 2015, sul controllo del telefono cellulare; Corte eur., *Olegnik v. Russia,* 21 giugno 2016, sulle registrazioni di un agente sotto copertura; Corte eur., *Ben Faiza v. Francia,* 8 febbraio 2018, sulla geolocalizzazione.

[21] C. giust. UE, *Digital Rights Ireland Ltd ed a.*, 8 aprile 2014 (C-293/12); C. giust. UE, *Tele2 Sverige AB ed a.*, 21 dicembre 2016 (C-302/15).

4. Perquisizioni informatiche

Per quanto riguarda la perquisizione di un *computer*, di solito essa viene assoggettata a regole analoghe a quelle della perquisizione locale[22]. È necessario un mandato dell'autorità giudiziaria che indichi il luogo da perquisire e le cose da sequestrare.

Il sistema italiano è al limite, quanto al rispetto delle garanzie prescritte dalle Corti europee, dal momento che il pubblico ministero è considerato autorità giudiziaria ed è un organo indipendente, ma è il portatore dell'accusa è il titolare delle indagini, quindi non ha il carattere di terzietà del giudice.

Il problema maggiore, data la grande quantità di dati contenuta in un sistema informatico, è garantire che la perquisizione non abbia semplici funzioni esplorative, alla ricerca di notizie di reato. Sarebbe in tal caso violato il divieto di mandati generali (*general warrants*), come quello che si desume dal IV Emendamento della Costituzione USA, ma che è ugualmente desumibile dal principio di proporzionalità come riconosciuto dalla giurisprudenza europea.

La polizia, di regola, può procedere di propria iniziativa in casi di urgenza (si tratta solitamente di dati che possono andare facilmente perduti). È difficile però individuare a priori i dati rilevanti o il corpo del reato, anche in presenza di un mandato del giudice, per la cui esecuzione sarebbe richiesta un'analisi preliminare di tutti i *files* senza aprirli. Ma non esistono *software* che siano in grado di distinguere i *files* a seconda del loro contenuto.

Di fatto, si procede di solito al sequestro (o meglio, alla clonazione) dell'intero disco rigido, per poi analizzarlo e acquisire i *files* rilevanti. La caratteristica atipica è che qui il sequestro precede la perquisizione, svolta successivamente, e che dovrebbe essere eseguita da personale tecnicamente qualificato e con la partecipazione della difesa.

Ci si è domandati, fra l'altro, se sia possibile costringere l'interessato a rivelare la *password* del sistema, quando la polizia non riesce a superarla.

22 Mediante l'impiego di un *trojan virus* la perquisizione può anche essere eseguita *online*: in assenza di una disciplina specifica ciò crea ulteriori problemi di inquadramento giuridico dell'istituto: vedi IOVENE, F. *Le c.d. perquisizioni online tra nuovi diritti fondamentali ed esigenze di accertamento penale*. ***Diritto Penale Contemporaneo – Rivista trimestrale,*** Milano, p. 329-342, 3-4 2014. p. 329; THAMAN, S.C. *Country Report: United States of America*. ***Revue Électronique de l'AIDP***, RA-14:34, 2014.

In questi casi dovrebbe operare la garanzia contro l'autoincriminazione. Nella giurisprudenza USA si dubita dell'applicabilità del V Emendamento, quando gli inquirenti siano già a conoscenza di *files* incriminanti contenuti nel *computer*, e rivelare la *password* non fornirebbe informazioni di cui l'autorità inquirente non è già in possesso. Dopo *Carpenter*[23], una corte federale ha negato il *warrant* richiesto dal *prosecutor* a tale scopo, affermando che il governo non può costringere una persona ad utilizzare le proprie caratteristiche biometriche (nel caso, l'impronta digitale, con la pressione di un dito) per sbloccare un apparecchio elettronico[24].

5. L'autenticità della prova digitale

Considerata la volatilità del documento digitale e la facilità con la quale può essere modificato o cancellato, anche involontariamente, è indispensabile adottare tutte le cautele per assicurare la corrispondenza tra il dato acquisito e quello contenuto nel sistema. Bisogna tener presente che intervenire sul sistema a scopo di osservazione o analisi può causare modifiche o perdita di dati. Ciò a maggior ragione in caso di accensione o spegnimento dell'apparecchio, che può causare la perdita di ciò che è contenuto nella memoria temporanea.

È dunque necessario documentare dettagliatamente con un verbale e con una videoregistrazione tutte le operazioni compiute e tutti i passaggi successivi garantendo la continuità di quella che viene definita "catena di custodia".

Per congelare lo stato esistente, di solito si procede alla clonazione della memoria, preceduta dall'impiego del cosiddetto *write blocker*, che ne impedisce la modifica. La copia viene effettuata con la tecnica del *bit stream imaging*, cioè settore per settore e *bit* per *bit*, su un supporto non modificabile. Si calcola poi, mediante un apposito algoritmo, il valore *hash*, che traduce i dati in una stringa alfanumerica che rimane costante e il cui valore risulta diverso al mutare anche di un solo *bit*[25]. Occorre poi assicurare adeguati *standard* per la

[23] *Carpenter v. United States*, cit. *supra*, nt. 17.

[24] U.S. District Court for the Northern District of California, *USA v. Search, (4:19-mj-70053-KAW)*, 10 gennaio 2019.

[25] Sulle modalità di acquisizione dei dati vedi, per tutti, SIGNORATO, S. ***Le indagini digitali***. Torino: G. Giappichelli, 2018. p. 223 et seq.

conservazione del supporto materiale, dato che fattori esterni (esposizione al calore, onde elettromagnetiche) possono causare la perdita dei dati.

A questo punto l'apparecchio può anche essere restituito, perché gli eventuali interventi successivi su di esso diventano irrilevanti. È opportuno anche estrarre almeno due copie identiche, in modo che sia possibile usarne una come copia di lavoro senza il timore di danneggiarla. È possibile anche apporre un "sigillo digitale", che consiste nella criptazione dei dati acquisiti, che diventano illeggibili e immodificabili senza la chiave di decrittazione.

Spetta alla parte che propone la prova dimostrarne l'autenticità. Questo può avvenire dimostrando l'affidabilità del *software* utilizzato per la copia, ovvero certificando la correttezza della catena di custodia o del valore *hash*.

Esistono delle procedure raccomandate per la creazione e la conservazione della cosiddetta "copia forense", ma nella maggior parte dei casi non sono tradotte in norme di legge, e quindi non hanno efficacia vincolante, fermandosi al livello di "buone pratiche". Le fonti sono molto diverse, a partire dalle *Guidelines ISO/IEC 27037:2012 for identification, collection, acquisition and preservation of digital evidence.*

Molti sono i manuali operativi per la polizia e la pubblica accusa: per fare solo qualche esempio, il manuale per gli *US Attorneys*: *Searching and seizing computers and obtaining electronic evidence in criminal investigation* (2009); la *Good practice guide for digital investigation*, della *Association of chief police officers* (Regno Unito, 2012); le *Guidelines on digital forensic procedures for OLAF staff* (UE, 2016).

Solo in alcuni ordinamenti la catena di custodia è dettagliatamente disciplinata dalla legge: come ad esempio nel codice del procedimento penale colombiano (art. 254 e seguenti); nel codice federale messicano (art. 123 *bis* e seguenti); nel codice processuale penale venezuelano (art. 187, che rinvia al manuale unico in materia di catena di custodia)[26].

Secondo alcuni autori, non è opportuno formalizzare con una normativa specifica un metodo di raccolta delle prove digitali, dato che la continua evoluzione della tecnica potrebbe rapidamente rendere la procedura obsoleta[27].

[26] BARTOLI, L. *La catena di custodia del materiale informatico: soluzioni a confronto*, 2016. ***Anales** [...]. Bologna: Facultad de Derecho,* diciembre 2016. p. 145-162. p. 147 nt. 8 e p. 160.

[27] DANIELE, M. *La prova digitale nel processo penale*. ***Rivista di Diritto Processuale***, n. 2, Marzo-Aprible 2011. p. 293; BARTOLI, L. *La catena di custodia del materiale informatico: soluzioni a confronto*, 2016. ***Anales** [...]. Bologna: Facultad de Derecho,* diciembre 2016. p. 145-162. p. 159.

Sarebbe quindi preferibile un approccio caso per caso, in relazione al tipo e alle caratteristiche dello strumento da utilizzare e della prova da acquisire.

In conclusione, a meno che l'esclusione della prova non sia espressamente prevista dalla legge, l'eventuale violazione delle buone pratiche incide solamente sulla valutazione della prova, non sull'ammissibilità. La difesa potrà contestare in giudizio l'attendibilità del risultato, ma il controllo non appare agevole, soprattutto quando non sia stata posta in condizione di partecipare all'acquisizione. In ogni caso, il giudizio sul valore probatorio spetta al giudice del fatto, e non rileva ai fini dell'ammissione della prova.

6. Prove generate dal *computer*

Abbiamo esaminato finora la prova digitale come mezzo rapido ed efficace per raccogliere e documentare le informazioni disponibili e rilevanti, informazioni che in fin de conti non si discostano da quelle acquisibili con i mezzi di prova tradizionali, anche se ne è molto più evidente l'incidenza sui diritti fondamentali.

In prospettiva, però, sarà sempre più necessario confrontarsi con un nuovo aspetto della digitalizzazione, di cui già si vedono le prime applicazioni: vale a dire le prove generate dal *computer*[28], sulla base di dati che sarebbe impossibile gestire con le normali risorse umane. La digitalizzazione, ormai pervasiva nella nostra società, consente di immagazzinare milioni di dati, pubblici o privati, dai quali, mediante appositi *software*, si possono ricavare informazioni sulla vita, le caratteristiche, le abitudini, le frequentazioni di una persona; si può valutare il livello di pericolosità di un soggetto; si può ricostruire il profilo del possibile autore di un delitto.

Operazioni di questo genere sono largamente utilizzate a scopo di prevenzione, ma sempre più spesso la distinzione tra attività di prevenzione e attività di accertamento dei reati tende a sfumare, con la conseguenza che i risultati ottenuti finiscono, direttamente o indirettamente, con l'entrare nel processo

28 QUATTROCOLO, S. *Equita' del processo penale e automated evidence alla luce della Convenzione europea dei diritti dell'uomo*. ***Revista Italo-Española de Derecho Procesal***, 2018. p. 2, p. 11 et seq.; QUATTROCOLO, S. *An Introduction to AI and Criminal Justice in Europe*. ***Revista Brasileira de Direito Processual Penal***, v. 5, n. 3, p. 1519-1554, set.-dez. 2019. p. 1519 et seq.

penale[29]. Qui non è più soltanto un problema di tutela della *privacy*, perché – anche qualora l'interferenza fosse autorizzata da un giudice – vengono ad essere messe in discussione la correttezza dell'accertamento e la tutela del diritto di difesa. Le informazioni così elaborate non dovrebbero mai essere ammesse come prova nel processo[30].

Ma anche quando si tratti di legittimi atti investigativi, rimane il problema del controllo sull'algoritmo che genera i risultati da ammettere come prova. Il rischio è quello di cadere in quella che è stata definita "deriva tecnicista", che porti a considerare infallibile l'informatica come mezzo di accertamento[31]. Al contrario, col progredire delle prestazioni della cosiddetta intelligenza artificiale, sempre più vicina al ragionamento umano, aumenterà corrispondentemente e inevitabilmente anche il numero dei possibili errori[32].

Il controllo sull'attendibilità del *software* utilizzato per generare la prova incontra diverse difficoltà (senza contare la necessità dell'assistenza di un esperto, che non sempre la difesa è in condizione di potersi permettere, a fronte delle risorse di cui dispone la pubblica accusa). Anzitutto l'accesso ai codici sorgente del programma non è sempre possibile, se - come spesso accade – il *software* è fornito da ditte private. In secondo luogo rappresenta un ostacolo la capacità di autoapprendimento del sistema, con la conseguenza che l'algoritmo utilizzato in un singolo caso non sarà più lo stesso successivamente, al momento della verifica. Il controllo potrà dunque aver luogo solamente a posteriori, e molto spesso sarà semplicemente basato su una regola di esperienza desunta dall'affidabilità comunemente riconosciuta e dai risultati ottenuti in casi analoghi, che non sembra una garanzia soddisfacente.

Ha avuto recentemente una certa risonanza mediatica[33] l'acquisizione, per ordine di un giudice, in Florida, delle registrazioni di Alexa, assistente *online*

[29] SIGNORATO, S. ***Le indagini digitali***. Torino: G. Giappichelli, 2018. p. 318 et seq.; SIGNORATO, S. *Types and Features of Cyber Investigations in a Globalized World*. ***Diritto Penale Contemporaneo – Rivista trimestrale***, Milano, p. 190-200, 3-2016. p. 193.

[30] WINTER, L. BACHMAIER. *Section III – Criminal Procedure. Information Society and Penal Law*. ***Revue Internationale de Droit Penal***, v. 85, n. 1-2, p. 75-127, 2014. p. 1 e 78.

[31] Vedi sul punto LUPÀRIA, L. *La disciplina processuale e le garanzie difensive*. *In*: LUPÀRIA, L.; ZICCARDI, G. ***Investigazione penale e tecnologia informatica***. Milano: Giuffrè, 2007. p. 134 et seq.

[32] SIGNORATO, S. ***Le indagini digitali***. Torino: G. Giappichelli, 2018. p. 101.

[33] *The Guardian*, 1° novembre 2019.

di Amazon, che si ritenevano effettuate sulla scena del delitto. I media hanno parlato in maniera suggestiva di "testimonianza" di Alexa, anche se non è la prima volta che questo accade. Naturalmente non si tratta affatto di testimonianza, ma di acquisizione di una prova documentale indiretta: tuttavia si aprono scenari molto interessanti da studiare. Personalmente, quello che mi preoccupa di più non è tanto la testimonianza di Alexa, quanto apprendere (ma non è una sorpresa) che Amazon, e chissà quanti altri, registrano a nostra insaputa le mie parole attraverso i dispositivi elettronici che usiamo comunemente.

Referências

BARTOLI, L. *La catena di custodia del materiale informatico: soluzioni a confronto*, 2016. ***Anales [...]. Bologna: Facultad de Derecho,*** diciembre 2016. p. 145-162.

CASEY, E. ***Digital Evidence and Computer Crime. Forensic Science, Computers and the Internet***. 2. ed. [*S.l.*]: Elsevier, 2004.

CESARI, C. *L'impatto delle nuove tecnologie sulla giustizia penale – un orizzonte denso di incognite.* **Revista Brasileira de Direito Processual Penal,** Ibrasp, São Paulo, v. 5, n. 3, p. 1167-1188, set./dez. 2019.

DANIELE, M. *La prova digitale nel processo penale.* **Rivista di Diritto Processuale,** n. 2, Marzo-Aprible 2011.

DI PAOLO, G. *Prova informatica (dir. proc. pen.). In*: ***Enc. dir.,*** anno VI, Giuffrè, 2013.

FANCHIOTTI, V. *Prova e geolocalizzazione – Carpenter v. U.S.: si amplia la tutela contro la global police surveillance.* ***Giur. it.,*** n. 10, 2018.

IOVENE, F. *Le c.d. perquisizioni online tra nuovi diritti fondamentali ed esigenze di accertamento penale.* ***Diritto Penale Contemporaneo – Rivista trimestrale,*** Milano, p. 329-342, 3-4 2014.

LUPÀRIA, L. *La disciplina processuale e le garanzie difensive. In*: LUPÀRIA, L.; ZICCARDI, G. ***Investigazione penale e tecnologia informatica***. Milano: Giuffrè, 2007.

PITTIRUTI, M. ***Digital evidence e procedimento penale***. Torino: G. Giappichelli, 2017.

QUATTROCOLO, S. *Equita' del processo penale e automated evidence alla luce della Convenzione europea dei diritti dell'uomo.* **Revista Italo-Española de Derecho Procesal**, 2018.

QUATTROCOLO, S. *An Introduction to AI and Criminal Justice in Europe*. **Revista Brasileira de Direito Processual Penal**, v. 5, n. 3, p. 1519-1554, set.-dez. 2019.

SIGNORATO, S. *Types and Features of Cyber Investigations in a Globalized World.* ***Diritto Penale Contemporaneo – Rivista trimestrale,*** Milano, p. 190-200, 3-2016.

SIGNORATO, S. ***Le indagini digitali***. Torino: G. Giappichelli, 2018.

THAMAN, S.C. *Country Report: United States of America.* ***Revue Électronique de l'AIDP***, RA-14:34, 2014.

THAMAN, S.C. *The Impact of Information and Communications Technology on US Criminal Procedure. In*: SIEBER, U.; MITSILEGAS, V.; MYLONOPOULOS, C.; BILLIS, E.; KNUST, N. (ed.). ***Alternative Systems of Crime Control.*** *National, Transnational, and International Dimensions.* Berlin: Duncker & Humboldt, 2018.

WINTER, L. B. *Section III – Criminal Procedure. Information Society and Penal Law. Revue Internationale de Droit Penal*, v. 85, n. 1-2, p. 75-127, 2014.

49. A INVIOLABILIDADE DO DOMICÍLIO E SEUS LIMITES: O CASO DO FLAGRANTE DELITO

INGO WOLFGANG SARLET
JAYME WEINGARTNER NETO

Introdução

A conhecida imagem de que a casa de alguém é o seu castelo (*my home is my castle*, como de há muito dizem ingleses e americanos) dá conta da importância da inviolabilidade do domicílio para a dignidade e o livre desenvolvimento da pessoa humana. Com efeito, a íntima conexão da garantia da inviolabilidade do domicílio com a esfera da vida privada e familiar lhe assegura um lugar de honra na esfera dos assim chamados direitos da integridade pessoal. Já por tal razão não é de surpreender que a proteção do domicílio foi, ainda que nem sempre da mesma forma e na amplitude atual, um dos primeiros direitos assegurados no plano das declarações de direitos e dos primeiros catálogos constitucionais.

A proteção contra ordens gerais de buscas domiciliares já constava da Declaração dos Direitos do Homem da Virgínia, de 1776 (artigo X), e na Constituição americana (4.ª Emenda à Constituição de 1791). Por outro lado, embora a Declaração dos Direitos do Homem e do Cidadão, de 1789, não contivesse garantia do domicílio ou equivalente, a primeira Constituição da França, de 1791, já contemplava uma prescrição de acordo com a qual as forças militares e policiais apenas poderiam adentrar na casa de algum cidadão mediante ordem expedida pela autoridade civil competente (Título Primeiro).

A certidão de nascimento de uma expressa garantia da inviolabilidade do domicílio, tal como difundida pelas constituições da atualidade, teria sido passada pela Constituição belga de 1831, que, no seu art. 10, solenemente declarava que "*le domicile est inviolable*",[1] muito embora, ainda que sem referência ao termo domicílio, tal proteção já tenha sido prevista na Carta Imperial brasileira de 1824, onde se falava na casa como asilo inviolável do indivíduo. De lá para cá o direito à inviolabilidade do domicílio passou a ser presença constante nos catálogos constitucionais de direitos fundamentais e mesmo do Direito internacional dos direitos humanos, que aqui não serão objeto de detalhado inventário.

O que cabe enfatizar, a título introdutório, é que também na tradição constitucional brasileira, como se verá logo adiante, o direito fundamental à inviolabilidade do domicílio ocupa lugar de destaque entre os direitos fundamentais que dizem respeito à proteção da vida pessoal e familiar de um modo geral, guardando, de resto, íntima conexão com outros direitos fundamentais, como é o caso da proibição do aproveitamento de provas ilícitas.

Esse, aliás, o mote do presente texto, no qual se busca, a partir do caso particular do flagrante delito, objeto, por sua vez, de densificação legislativa e jurisprudencial, examinar, à luz de caso concreto apreciado em Juízo, mas com incidência relativamente frequente, a extensão do âmbito de proteção do direito fundamental (inviolabilidade do domicílio) e os limites de atuação da autoridade policial, pena de contaminar de nulidade a prova obtida mediante a intervenção no âmbito de proteção do direito fundamental. Para tanto, inicia-se com uma breve análise da inviolabilidade do domicílio na sua condição de direito fundamental, para, na sequência, enfrentar o caso do flagrante delito e sua interpretação jurisprudencial.

Antes, contudo, é o momento de consignar a nossa alegria em poder participar da justa e merecida homenagem que se rende, mediante a publicação desta obra, ao Desembargador aposentado do TJRS e Professor da Escola de

[1] HUFEN, Friedhelm. ***Staatsrecht II – Grundrechte***. München: C.H. Beck, 2007. p. 240.

Direito da PUCRS, onde agora assumiu o honroso cargo de Coordenador do Programa de Pós-Graduação em Ciências Criminais, Nereu José Giacomolli, cuja trajetória como Magistrado e obra acadêmica foram e tem sido marcadas pela competência, seriedade, equilíbrio e um firme compromisso com o marco normativo constitucional e convencional.

Além disso, é de se destacar uma circunstância muito particular que ainda nos traz maior emoção neste momento. É que o homenageado, quando Desembargador do TJRS, atuou na 3ª Câmara Criminal, ocasião na qual o autor Jayme Weingartner Neto também estava lotado naquele colegiado, ao passo que o autor Ingo Sarlet, promovido a Desembargador do TJRS em 2015, teve o privilégio de compor a mesma Câmara até a sua aposentadoria, em março de 2019.

1. A inviolabilidade do domicílio como direito fundamental na Constituição Federal de 1988

No que diz com a evolução constitucional brasileira, já na Carta Imperial de 1824 (como referido) havia previsão, na esfera dos direitos civis e políticos dos brasileiros (art. 179, VII), que "todo o Cidadão tem em sua casa um asylo inviolavel. De noite não se poderá entrar nella, senão por seu consentimento, ou para o defender de incendio, ou inundação; e de dia só será franqueada a sua entrada nos casos, e pela maneira, que a Lei determinar". Na primeira constituição republicana, de 1891, repetiram-se, em linhas gerais, os termos da Carta de 1824, pois, de acordo com o parágrafo 11 do art. 72 da Constituição de 1891, "a casa é o asilo inviolável do indivíduo; ninguém pode aí penetrar, de noite, sem consentimento do morador, senão para acudir as vítimas de crimes, ou desastres, nem de dia senão nos casos e pela forma prescritos na lei". O mesmo sucedeu com a Constituição de 1934, art. 113, n. 16, de acordo com o qual "a casa é o asilo inviolável do indivíduo. Nela ninguém poderá penetrar, de noite, sem consentimento do morador, senão para acudir a vítimas de crimes ou desastres, nem de dia, senão nos casos e pela forma prescritos na lei".

Tal situação, contudo, mudou significativamente com o advento da Constituição do Estado Novo, de 1937, cujo art. 122, n. 6, embora tenha assegurado a inviolabilidade do domicílio (juntamente com o sigilo da correspondência), o fez de modo genérico, sem proibir o ingresso durante o período noturno e deixando para o legislador regulamentar as hipóteses que autorizavam a intervenção no direito mesmo sem o consentimento do seu titular. Com efeito, de acordo com o referido dispositivo, assegura-se "a inviolabilidade do domicílio e de correspondência, salvas as exceções expressas em lei". Com a redemocratização, a proteção do domicílio novamente foi objeto de reforço, de tal sorte que a Constituição de 1946, a exemplo da tradição anterior a 1937, no seu art. 141, § 15, dispôs que "a casa é o asilo inviolável do indivíduo. Ninguém poderá nela penetrar à noite, sem consentimento do morador, a não ser para acudir a vítimas de crime ou desastre, nem durante o dia, fora dos casos e pela forma que a lei estabelecer". Mesmo elaboradas na época do regime militar, a Constituição de 1967 (art. 150, § 10) e a Emenda n. 1 de 1969 (art. 153, § 10) mantiveram em geral os termos da proteção assegurada pela Carta de 1946, pois ambos os dispositivos referidos (1967 e 1969) dispunham que "a casa é o asilo inviolável do indivíduo; ninguém pode penetrar nela, à noite, sem consentimento do morador, a não ser em caso de crime ou desastre, nem durante o dia, fora dos casos e na forma que a lei estabelecer". Que a previsão constitucional, como costuma ocorrer em períodos de exceção, nem sempre foi levada a sério pelas autoridades policiais, judiciárias e administrativas é outro aspecto, que aqui não há como desenvolver.

No que toca ao conteúdo e limites do direito à inviolabilidade do domicílio na Constituição Federal vale destacar que a evolução da proteção do domicílio na esfera do Direito Constitucional e Comparado acabou influenciando significativamente o constituinte de 1988. De acordo com o inciso XI do art. 5.º da CF, "a casa é asilo inviolável do indivíduo, ninguém nela podendo penetrar sem consentimento do morador, salvo em caso de flagrante delito ou desastre, ou para prestar socorro, ou, durante o dia, por determinação judicial". Muito embora a Constituição Federal não tenha utilizado a expressão domicílio, substituindo-a por "casa", os termos hão de ser tomados como equivalentes, pois a proteção do domicílio, em que pese alguma variação encontrada no Direito Comparado no que diz com sua amplitude e eventuais pressupostos para sua restrição, é tomada em sentido amplo e não guarda relação necessária com a propriedade, mas, sim, com a posse para efeitos de residência e, a depender das circunstâncias, até mesmo não de forma exclusiva para fins residenciais.

Dentre os diversos problemas interpretativos que se colocam à vista da fórmula adotada pela Constituição Federal de 1988 se situam basicamente os seguintes: (a) qual o conceito de domicílio para efeito da proteção constitucional; (b) quais os titulares e destinatários do direito; (c) quais os seus limites e restrições, incluída aqui (pois não se trata apenas disso) a compreensão adequada das exceções previstas pela própria Constituição Federal, quais sejam o consentimento do morador, em caso de desastre ou flagrante delito, para prestação de socorro ou – durante o dia (?) – por ordem judicial.[2]

Quanto ao primeiro ponto (a), ou seja, qual o conceito de domicílio para efeitos da delimitação da proteção com base no inciso XI do art. 5.º da CF, há que retomar a vinculação da inviolabilidade do domicílio com a proteção da vida privada e garantia do livre desenvolvimento da personalidade. A inviolabilidade do domicílio constitui direito fundamental atribuído às pessoas em consideração à sua dignidade e com o intuito de lhes assegurar um espaço elementar para o livre desenvolvimento de sua personalidade, além de garantir o seu direito de serem deixadas em paz, de tal sorte que a proteção não diz respeito ao direito de posse ou propriedade, mas com a esfera espacial na qual se desenrola e desenvolve a vida privada.[3] Por tal razão, o direito do domicílio, isto é, a garantia de sua inviolabilidade, não implica um direito ao domicílio.[4]

Tal noção corresponde, em termos gerais, ao entendimento dominante na esfera tanto do Direito internacional dos direitos humanos quanto ao que se pratica no Direito Constitucional Comparado, pelo menos, cuidando-se de autênticos Estados Democráticos de Direito. Assim, apenas em caráter ilustrativo, a doutrina e a jurisprudência constitucional espanhola afirmam a existência de um nexo indissolúvel entre a inviolabilidade do domicílio e o direito à intimidade, que implica, em princípio, um conceito constitucional mais ampliado de domicílio que o convencional conceito jurídico-privado ou

[2] Tomamos como referência, considerando a similitude dos problemas relativos à interpretação do alcance da inviolabilidade do domicílio no Direito Comparado, os desafios apontados por ROYO, Javier Pérez. ***Curso de derecho constitucional***. 12.ed. Madrid/Barcelona/Buenos Aires: Marcial Pons, 2010. p. 313.

[3] KLOEPFER, Michael. ***Verfassungsrecht II***. *Band I*. München: C.H. Beck, 2011. p. 377, com base em precedentes do Tribunal Constitucional Federal da Alemanha, designadamente *BVerfGE* 51, 97 (110) e 89, 1 (12).

[4] Cf. a correta ponderação de MICHAEL, Lothar; MORLOK, Martin. ***Grundrechte***. Baden--Baden: Nomos, 2008. p. 195.

mesmo jurídico-administrativo,[5] o que também se constata no caso do Direito português e alemão, sempre a privilegiar um conceito amplo de domicílio e destacando sua conexão com a garantia da dignidade humana e de um espaço indevassável para a fruição da vida privada.[6]

No Brasil, ainda mais em face dos abusos praticados especialmente (mas lamentavelmente não só) nos períodos autoritários que antecederam a Constituição Federal, não haveria de ser diferente, e a expressão "casa", utilizada como substitutiva de "domicílio", tem sido compreendida, tanto pela doutrina quanto pela jurisprudência do Supremo Tribunal Federal (STF), em sentido amplo, como compreendendo o espaço físico onde o indivíduo deve poder fruir de sua privacidade nas suas diversas manifestações.[7] Assim, a casa (domicílio) que constitui o objeto de proteção da garantia da inviolabilidade consagrada pelo inciso XI do art. 5.º da CF é todo aquele espaço (local) delimitado e separado que alguém ocupa com exclusividade, seja para fins de residência, seja para fins profissionais, de modo que mesmo um quarto de hotel, o escritório, qualquer dependência de casa mais ampla, desde que utilizada para fins pessoais (aposento de habitação coletiva), são considerados abrangidos pela proteção constitucional.[8] O caráter temporário e mesmo pro-

[5] Cf., na doutrina – sempre com referência a decisões do Tribunal Constitucional –, entre outros, ROYO, Javier Pérez. ***Curso de derecho constitucional.*** 12.ed. Madrid/Barcelona/Buenos Aires: Marcial Pons, 2010. p. 313; DÍEZ-PICAZO, Luís María. ***Sistema de derechos fundamentales.*** 2. ed. Madrid: Civitas, 2005. p. 304-305 e p. 308 et seq.; bem como CALLEJÓN, Maria Luisa Balaguer. *Derechos individuales (II). In*: CALLEJÓN, Francisco Balaguer (coord.). ***Manual de derecho constitucional.*** Madrid: Tecnos, 2010. v. 2. p. 179 et seq.

[6] Para o caso de Portugal, ver, por todos, MIRANDA, Jorge; MEDEIROS, Rui. **Constituição portuguesa anotada**. Coimbra: Coimbra Ed., 2006. p. 37. t. I; e CANOTILHO, J. J. Gomes; MOREIRA, Vital. **Constituição da República Portuguesa anotada.** 4. ed. Coimbra: Coimbra Ed., 1991. p. 539-540. Da farta doutrina alemã, destaquem-se, dentre tantos, HUFEN, Friedhelm. ***Staatsrecht II – Grundrechte.*** München: C.H. Beck, 2007. p. 241 et seq.; MICHAEL, Lothar; MORLOK, Martin. ***Grundrechte.*** Baden-Baden: Nomos, 2008. p. 195-96; KLOEPFER, Michael. ***Verfassungsrecht II.*** *Band I.* München: C.H. Beck, 2011. p. 377-78; PIEROTH, Bodo; SCHLINK, Bernhard. ***Staatsrecht II – Grundrechte*** 20 aufl. Heidelberg: C.F. Muller, 2004. p. 231-232.

[7] Nesse sentido, por exemplo, a proposição de FERNANDES, Bernardo Gonçalves. *Curso de direito constitucional.* 2. ed. Rio de Janeiro: Lumen Juris, 2010, p. 316-317.

[8] Cf., no âmbito da produção monográfica especializada, ver, por todos, GROTTI, Dinorá Adelaide Musetti. **Inviolabilidade do domicílio na Constituição.** São Paulo: Malheiros, 1993. p. 76 et seq. No que diz respeito à manualística, ver, dentre tantos: TAVARES, André Ramos. **Curso de direito constitucional**. 8. ed. São Paulo: Saraiva, 2010. p. 677 et seq.; CUNHA

visório da ocupação, desde que preservada a exclusividade no sentido de sua privacidade, não afasta a proteção constitucional, pois esta, como já frisado, busca em primeira linha assegurar o direito à vida privada.[9]

O STF também tem adotado um conceito amplo de casa (domicílio), nele incluindo qualquer compartimento habitado, mesmo que integrando habitação coletiva (pensão, hotel etc.), e qualquer compartimento privado onde alguém exerce profissão ou qualquer outra atividade pessoal,[10] com direito próprio e de maneira exclusiva, ainda que não o seja em caráter definitivo ou

JÚNIOR, Dirlei da. **Curso de direito constitucional**. 4. ed. Salvador: Juspodivm, 2008. p. 687; MENDES, Gilmar Ferreira; BRANCO, Paulo Gustavo G. **Curso de direito constitucional**. 3. ed. São Paulo: Saraiva, 2008. p. 326-327; SILVA, José Afonso da. **Comentário contextual à Constituição**. 2. ed. São Paulo: Malheiros, 2006. p. 102-103; CARVALHO, Kildare Gonçalves. **Direito constitucional**: teoria do estado e da constituição – Direito constitucional positivo. 10. ed. Belo Horizonte: Del Rey, 2004. p. 778-779; ARAÚJO, Luiz Alberto David; NUNES JUNIOR, Vidal Serrano. **Curso de direito constitucional**. São Paulo: Verbartim, 2010. p. 187-88; NOVELINO, Marcelo. **Direito constitucional**. São Paulo: Método, [19--?]. p. 290; PIVA, Otávio. **Comentários ao art. 5.º da Constituição Federal de 1988 e teoria dos direitos fundamentais**. 3. ed. São Paulo: Método, 2009. p. 82-83; LENZA, Pedro. **Direito constitucional esquematizado**. 12. ed. São Paulo: Saraiva, 2010. p. 602-603; FERRARI, Regina Maria Macedo Nery. **Direito constitucional**. São Paulo: Editora RT, 2011. p. 611-612.

[9] Cf., por todos, GROTTI, Dinorá Adelaide Musetti. **Inviolabilidade do domicílio na Constituição**. São Paulo: Malheiros, 1993. p. 75-76.

[10] Cf., por todos, o RE 251.445-4/GO, j. 21.06.2000, rel. Min. Celso de Mello, de cuja ementa se transcreve a parte que segue: "Para os fins da proteção constitucional a que se refere o art. 5.º, XI, da Carta Política, o conceito normativo de 'casa' revela-se abrangente e, por estender-se a qualquer compartimento privado onde alguém exerce profissão ou atividade (CP, art. 150, § 4.º, III), compreende os consultórios profissionais dos cirurgiões-dentistas. Nenhum agente público pode ingressar no recinto de consultório odontológico, reservado ao exercício da atividade profissional de cirurgião-dentista, sem consentimento deste, exceto nas situações taxativamente previstas na Constituição (art. 5.º, XI). A imprescindibilidade da exibição de mandado judicial revelar-se-á providência inafastável, sempre que houver necessidade, durante o período diurno, de proceder-se, no interior do consultório odontológico, a qualquer tipo de perícia ou à apreensão de quaisquer objetos que possam interessar ao Poder Público, sob pena de absoluta ineficácia jurídica da diligência probatória que vier a ser executada em tal local". Em sentido similar, ver o RHC 90.376/RJ, rel. Min. Celso de Mello, j. 02.04.2007, onde se tratava de quarto de hotel ainda ocupado. De acordo com trecho extraído da decisão "[...] para os fins da proteção jurídica a que se refere o art. 5.º, XI, da Constituição da República, o conceito normativo de 'casa' revela-se abrangente e, por estender-se a qualquer aposento de habitação coletiva, desde que ocupado (CP, art. 150, § 4.º, II), compreende, observada essa específica limitação espacial, os quartos de hotel".

habitual[11]. Assim, é possível afirmar que também no Direito Constitucional brasileiro trata-se de um conceito funcional de domicílio (casa), que serve a uma dupla finalidade de proteção: (a) como espaço de fruição da esfera privada, o domicílio abrange não apenas habitações fixas, mas também espaços móveis, que servem ao recolhimento à privacidade, como uma barraca num acampamento, um barco ou um *trailer*; (b) a noção de domicílio também protege um espaço livre de intervenção que diz respeito à ocupação (mediante exclusão de terceiros e da autoridade estatal) para o exercício de atividades profissionais ou outras atividades lícitas.[12]

Por outro lado, o fato de escritórios profissionais serem abrangidos pela proteção da inviolabilidade do domicílio não faz com que tal garantia – a despeito da conexão existente – se confunda com a preservação do sigilo profissional, tutelada por outra norma de direito fundamental (inciso XIV do art. 5.º da CF), o que, por sua vez, traz consequências relevantes no que diz respeito às peculiaridades das autorizações judiciais para a realização de buscas e apreensões, entre outros aspectos, mas que aqui não serão desenvolvidos.[13]

Titulares (portanto, sujeitos do direito) da garantia da inviolabilidade (b) são, em princípio, tanto as pessoas físicas (nacionais e estrangeiros) quanto as pessoas jurídicas, visto que se cuida de direito compatível com a

[11] Cf. MS 23.595, rel. Min. Celso de Mello, j. 17.12.1999.

[12] Cf. MICHAEL, Lothar; MORLOK, Martin. ***Grundrechte***. Baden-Baden: Nomos, 2008. p. 195-196.

[13] Nesse sentido, colaciona-se trecho extraído de decisão do STF: "O sigilo profissional constitucionalmente determinado não exclui a possibilidade de cumprimento de mandado de busca e apreensão em escritório de advocacia. O local de trabalho do advogado, desde que este seja investigado, pode ser alvo de busca e apreensão, observando-se os limites impostos pela autoridade judicial. Tratando-se de local onde existem documentos que dizem respeito a outros sujeitos não investigados, é indispensável a especificação do âmbito de abrangência da medida, que não poderá ser executada sobre a esfera de direitos de não investigados. Equívoco quanto à indicação do escritório profissional do paciente, como seu endereço residencial, deve ser prontamente comunicado ao magistrado para adequação da ordem em relação às cautelas necessárias, sob pena de tornar nulas as provas oriundas da medida e todas as outras exclusivamente dela decorrentes. Ordem concedida para declarar a nulidade das provas oriundas da busca e apreensão no escritório de advocacia do paciente, devendo o material colhido ser desentranhado dos autos do Inq 544 em curso no STJ e devolvido ao paciente, sem que tais provas, bem assim quaisquer das informações oriundas da execução da medida, possam ser usadas em relação ao paciente ou a qualquer outro investigado, nesta ou em outra investigação" (HC 91.610, j. 08.06.2010, rel. Min. Gilmar Mendes).

sua condição.[14] No caso das pessoas físicas, a titularidade estende-se a todos os membros da família que residem no local, assim como, em geral, toda e qualquer pessoa que habita ou exerce sua atividade no local, alcançando até mesmo presos e internados nos limites de seu local de internação, ressalvadas eventuais intervenções previstas em lei[15].

Importa destacar que a titularidade do direito à inviolabilidade do domicílio não depende da condição de proprietário, pois basta a posse provisória, como no caso do quarto de hotel, da barraca instalada num *camping* etc. Por outro lado, existem casos de titularidade compartida (múltipla), pois todos os residentes de determinada casa estão, em princípio, aptos a autorizar o ingresso de terceiros sendo maiores e capazes, de tal sorte que, em caso de conflito, a palavra final sobre a autorização do ingresso na casa cabe ao respectivo chefe da casa (tanto o homem quanto a mulher) ou representante legal da entidade, cabendo aos dependentes e subordinados a garantia da inviolabilidade das dependências que lhes são destinadas, ressalvado o direito do chefe da casa ou superior de negar o ingresso de terceiros na residência ou estabelecimento.[16]

No que toca às pessoas jurídicas, impõe-se um registro adicional. Considerando que em primeira linha a proteção do domicílio busca assegurar o direito à privacidade, no caso das pessoas jurídicas a inviolabilidade alcança apenas os espaços físicos indispensáveis ao desenvolvimento das atividades essenciais da pessoa jurídica sem estar sujeita a intromissões de terceiros, portanto apenas os espaços físicos onde se situam os centros de direção da sociedade e onde são guardados documentos e outros bens que são afastados do conhecimento de outras pessoas físicas e jurídicas.[17]

[14] Cf., por todos, MENDES, Gilmar Ferreira; BRANCO, Paulo Gustavo G. **Curso de direito constitucional**. 3. ed. São Paulo: Saraiva, 2008. p. 328.

[15] Cf., por todos, CANOTILHO, J. J. Gomes; MOREIRA, Vital. **Constituição da República Portuguesa anotada**. 4. ed. Coimbra: Coimbra Ed., 1991. p. 541.

[16] Cf., por todos, MENDES, Gilmar Ferreira; BRANCO, Paulo Gustavo G. **Curso de direito constitucional**. 3. ed. São Paulo: Saraiva, 2008. p. 328.

[17] Cf., por todos, CALLEJÓN, Maria Luisa Balaguer. *Derechos individuales (II)*. *In*: CALLEJÓN, Francisco Balaguer (coord.). ***Manual de derecho constitucional***. Madrid: Tecnos, 2010. p. 179. v. 2. Revelando maior reserva, ver CANOTILHO, J. J. Gomes; MOREIRA, Vital. **Constituição da República Portuguesa anotada**. 4. ed. Coimbra: Coimbra Ed., 1991. p. 540, ao ponderarem ser duvidoso que a proteção da sede das pessoas jurídicas ainda possa ser enquadrada

De qualquer sorte, parece adequado que uma noção necessariamente ampliada de casa (domicílio), destinada a assegurar níveis mais eficazes de proteção, inclua as pessoas jurídicas, dadas as circunstâncias, no rol dos titulares do direito. No que concerne aos destinatários, muito embora se cuide, em primeira linha, de norma que busca proteger o indivíduo da ação estatal, também os particulares são abrangidos pelo elenco dos vinculados pelo direito fundamental, sendo-lhes vedado o ingresso na casa sem o consentimento do titular, possuidor ou ocupante, sem prejuízo da criminalização de tal conduta, representada pelo delito de violação do domicílio, além da possibilidade de uso do desforço próprio e ações civis para afastar o intruso.

No que diz com as intervenções no âmbito de proteção da inviolabilidade do domicílio (c), este não é apenas violado quando se ingressa na moradia ou escritório de alguém sem o seu consentimento, mas também quando se cuida de invasão promovida mediante a utilização de recursos tecnológicos, como o caso da escuta ambiental ou mesmo filmagens com as quais se acessam as conversas e a vida privada dos moradores, excluindo-se, todavia, perturbações provocadas por poluição sonora ou de outra natureza ou quando se tiram fotografias da casa e se controla o ingresso dos moradores e visitantes, visto que tais situações são cobertas por outros direitos fundamentais.[18]

Por outro lado, uma intervenção no âmbito de proteção é desde logo afastada na hipótese em que o ingresso no domicílio (moradia ou escritório) se deu com o livre consentimento do respectivo titular ou mesmo nas hipóteses de alienação do imóvel ou rescisão do contrato de locação ou arrendamento, se for o caso. De qualquer modo, presente o livre e pessoal consentimento do titular do direito, não há que falar em violação do domicílio independentemente de o ingresso ocorrer no horário diurno ou noturno. O consentimento, além disso, não necessita ser expresso (podendo, portanto, ser tácito) nem por escrito, mas há de ser prévio e inequívoco.[19] Já pelo fato de ser exigido o consentimento livre e prévio do titular do direito, eventual recusa em permitir

no âmbito de proteção da inviolabilidade do domicílio, precisamente por não estar em causa a esfera da intimidade pessoal e familiar.

[18] Cf. CANOTILHO, J. J. Gomes; MOREIRA, Vital. **Constituição da República Portuguesa anotada.** 4. ed. Coimbra: Coimbra Ed., 1991. p. 540.

[19] Cf., por todos, ROYO, Javier Pérez. ***Curso de derecho constitucional.*** 2.ed. Madrid/Barcelona/Buenos Aires: Marcial Pons, 2010. p. 314.

o ingresso de autoridade estatal (policial ou administrativa), a não ser no caso das hipóteses excepcionais previstas no inciso XI do art. 5.º da CF (flagrante delito, desastre, prestação de socorro ou ordem judicial), afasta a configuração do delito de resistência ou desobediência.[20]

Além das hipóteses em que se verifica o prévio e livre consentimento do titular, apenas é possível ingressar no domicílio (casa, escritório ou equivalente) nos casos expressamente previstos pela Constituição Federal, quais sejam flagrante delito, desastre, prestação de socorro ou, durante o dia, mediante ordem judicial.

Ao passo que as hipóteses de flagrante delito estão definidas na legislação (o ingresso no domicílio se legitima apenas quando e se configurada a figura do flagrante) – e serão tratadas especificamente a seguir, inclusive na sua relação com a ordem judicial de busca domiciliar –, as hipóteses de desastre e prestação de socorro são de definição mais difícil, não havendo parâmetro normativo fechado para sua devida compreensão e aplicação. É certo que por *desastre* se deve ter acontecimento (acidente humano ou natural) que efetivamente coloque em risco a vida e saúde de quem se encontra na casa, sendo o ingresso a única forma de evitar o dano. Algo semelhante se passa no caso da *prestação de socorro*, em que a entrada no domicílio apenas se justifica quando alguém no seu interior está correndo sério risco e não haja como obter a autorização prévia.[21] Em tais situações, importa frisar, o ingresso no domicílio poderá ocorrer também no período da noite.[22]

Além das hipóteses referidas, a CF apenas permite uma intervenção do direito na inviolabilidade do domicílio mediante ordem judicial, restringindo tal possibilidade ao período diurno. Cuida-se, portanto, de uma reserva

[20] Nesse sentido, v., da jurisprudência do STF, o RE 460.880/RS, j. 25.09.2007, rel. Min. Marco Aurélio, de cuja ementa se transcreve o trecho que segue: "Domicílio – Inviolabilidade noturna – Crime de resistência – Ausência de configuração. A garantia constitucional do inciso XI do art. 5.º da Carta da República, a preservar a inviolabilidade do domicílio durante o período noturno, alcança também ordem judicial, não cabendo cogitar de crime de resistência". Na doutrina, ver, no mesmo sentido, MORAES, Alexandre de. **Direitos humanos fundamentais** – Teoria geral. São Paulo: Atlas, 1997. p. 147.

[21] Cf., por todos, MENDES, Gilmar Ferreira; BRANCO, Paulo Gustavo G. **Curso de direito constitucional**. 3. ed. São Paulo: Saraiva, 2008. p. 329.

[22] Cf. CANOTILHO, J. J. Gomes; MOREIRA, Vital. **Constituição da República Portuguesa anotada**. 4. ed. Coimbra: Coimbra Ed., 1991. p. 543.

absoluta de jurisdição que impede seja atribuída a qualquer outra autoridade pública a possibilidade de determinar o ingresso na esfera domiciliar, o que, por sua vez, corresponde ao entendimento dominante na seara da doutrina e na jurisprudência do STF,[23] de modo que outras hipóteses, ainda que previstas em lei, que permitam o ingresso no domicílio (mesmo quando se trata de agentes sanitários) ou não foram recepcionadas pela Constituição Federal – sendo anteriores –, ou serão inconstitucionais.[24] Por outro lado, vale ressaltar que a CF não limitou a determinação judicial de quebra da inviolabilidade de domicílio aos processos criminais, de tal sorte que também para outros fins o Poder Judiciário, desde que mediante decisão fundamentada, poderá determinar a entrada no domicílio[25].

Tendo em conta que a própria CF restringe inclusive a atuação do Poder Judiciário no que diz com a autorização da quebra da inviolabilidade do domicílio, assume relevo a discussão em torno de qual o período que pode ser considerado como diurno. Quanto a tal aspecto, contudo, doutrina e jurisprudência não oferecem resposta unânime, havendo quem diga que o ingresso por ordem judicial somente poderá ocorrer entre as 6 e 18 horas[26], ao passo que para outros se trata do período entre o nascer e o pôr do sol[27]. Em caráter alternativo, argumenta-se que o período diurno não poderá ultrapassar doze horas (metade do total de horas que compõem um dia) ainda que exista luminosidade, evitando-se a insegurança (e as arbitrariedades que daí podem

[23] Cf., por exemplo, o MS 23.642/DF, j. 29.11.2000, rel. Min. Néri da Silveira, no qual se afastou até mesmo a legitimidade de comissão parlamentar de inquérito para determinar a busca domiciliar.

[24] Cf., por todos, MENDES, Gilmar Ferreira; BRANCO, Paulo Gustavo Gonet. **Curso de direito constitucional**. 3. ed. São Paulo: Saraiva, 2008. p. 329.

[25] Nesse sentido, ver MARMELSTEIN, George. **Curso de direitos fundamentais**. São Paulo: Atlas, [20--?]. p. 133.

[26] Esta a posição, entre outros, de CUNHA JÚNIOR, Dirley da. **Curso de direito constitucional**. 4. ed. Salvador: Juspodivm, 2008. p. 689, e SILVA, José Afonso da. **Comentário contextual à Constituição**. 2. ed. São Paulo: Malheiros, 2006. p. 103; FERRARI, Regina Maria Macedo Nery. **Direito constitucional**. São Paulo: Editora RT, 2011. p. 613; bem como AGRA, Walber de Moura. **Curso de direito constitucional**. Rio de Janeiro: Forense, 2006. p. 135.

[27] Cf. GROTTI, Dinorá Adelaide Musetti. *Inviolabilidade do domicílio na Constituição*, p. 114; MENDES, Gilmar Ferreira; BRANCO, Paulo Gustavo G. **Curso de direito constitucional**. 3. ed. São Paulo: Saraiva, 2008. p. 329; e NOVELINO, Marcelo. **Direito constitucional**. São Paulo: Método, [19--?]. p. 289.

decorrer[28]) de um controle baseado no critério da luminosidade solar, portanto, do nascer e do pôr do sol.[29] Tendo em conta o critério da máxima proteção do direito e da segurança jurídica que, de resto, constitui direito fundamental autônomo, a adoção do critério das 6 às 18 horas (de resto, adequada às variações provocadas pelo assim chamado horário de verão ou fuso horário) ou outro parâmetro uniforme que a lei venha a estabelecer, desde que preservado o espírito da CF de que o ingresso deve ocorrer durante o dia, se revela como o mais adequado.

Mas o próprio Poder Judiciário tem revelado preocupação quanto ao rigor procedimental que deve atender mesmo aos casos nos quais o ingresso domiciliar se dá com base em decisão judicial. Nesse sentido, transcrevem-se trechos de decisão do STF que bem expressam a preocupação que, de modo geral, tem sido veiculada em outros julgados:

> De que vale declarar a Constituição que 'a casa é asilo inviolável do indivíduo' (art. 5.º, XI) se moradias são invadidas por policiais munidos de mandados que consubstanciem verdadeiras cartas brancas, mandados com poderes de a tudo devassar, só porque o habitante é suspeito de um crime? Mandados expedidos sem justa causa, isto é, sem especificar o que se deve buscar e sem que a decisão que determina sua expedição seja precedida de perquirição quanto à possibilidade de adoção de meio menos gravoso para chegar-se ao mesmo fim. A polícia é autorizada, largamente, a apreender tudo quanto possa vir a consubstanciar prova de qualquer crime, objeto ou não da investigação. Eis aí o que se pode chamar de autêntica 'devassa'. Esses mandados ordinariamente autorizam a apreensão de computadores, nos quais fica indelevelmente gravado tudo quanto respeite à intimidade das pessoas e possa vir a ser, quando e se oportuno, no futuro, usado contra quem se pretenda atingir. (HC 95.009, j. 06.11.2008, rel. Min. Eros Grau).

[28] Cf. as ponderações de AGRA, Walber de Moura. **Curso de direito constitucional**. Rio de Janeiro: Forense, 2006. p. 135.

[29] Cf., entre outros, TAVARES, André Ramos. **Curso de direito constitucional**. 8. ed. São Paulo: Saraiva, 2010. p. 681; ARAÚJO, Luiz Alberto David; NUNES JUNIOR, Vidal Serrano. **Curso de direito constitucional**. São Paulo: Verbartim, 2010. p. 188-189.

Importante consequência resultante do desatendimento dos critérios estabelecidos pela CF é que prova obtida em situação que configure violação do domicílio tem sido considerada como irremediavelmente contaminada e ilícita (ponto a ser desenvolvido no próximo item), não podendo ser utilizada, ainda que o Poder Público não tenha participado do ato da invasão.[30] Todavia, muito embora esse seja o entendimento dominante, há que registrar a existência de caso apreciado pelo STF em que, na hipótese de ingresso durante o período noturno e de instalação de instrumento de captação acústica em escritório de advocacia, com o intuito de obter prova de crime atribuído ao próprio titular do escritório (portanto, titular do direito à inviolabilidade do domicílio), acabou – mediante recurso aos critérios da concordância prática e da proporcionalidade – sendo autorizada a utilização da prova obtida. Tal precedente – somado à falta de uma expressa reserva legal no texto do inciso XI do art. 5.º da CF – alimenta a discussão sobre a possibilidade de restrições não expressamente autorizadas no âmbito de proteção da garantia da inviolabilidade do domicílio, a exemplo do que ocorre no caso dos direitos a privacidade, intimidade, honra e imagem, temática que aqui não iremos desenvolver.

Assentadas as bases da tutela constitucional da inviolabilidade do domicílio, passamos, no próximo segmento, a focar as hipóteses de flagrante delito, nomeadamente em caso de crimes permanentes, na busca de critérios para solução constitucionalmente adequada, capaz de harmonizar as necessidades de persecução penal com as exigências de preservar-se o direito fundamental envolvido. E com olhos numa constelação fática bastante invocada na jurisprudência brasileira.

[30] Nesse sentido, v. os precedentes em RE 251.445/GO, rel. Min. Celso de Mello, j. 21.06.2000; HC 82.788/RJ, j. 12.04.2005, rel. Min. Celso de Mello; e RHC 90.376/RJ, j. 03.04.2007, rel. Min. Celso de Mello.

2. A situação de flagrante como intervenção restritiva do âmbito de proteção da garantia da inviolabilidade do domicílio – uma proposta de controle judicial constitucionalmente adequado no âmbito do processo penal

Na práxis do processo penal brasileiro não é incomum que, diante de crimes graves como o tráfico de drogas (hediondo por equiparação) e a posse (em geral), mas também o porte (nalgumas figuras típicas) de arma de fogo de uso permitido ou restrito, ocorram prisões em flagrante quando tais delitos estariam ocorrendo no espaço domiciliar do sujeito ativo.[31] Amiúde, em tais casos, a defesa postula, em preliminar, o reconhecimento da ilicitude das provas obtidas e, em consequência, a declaração da nulidade nos termos do artigo 157 do Código de Processo Penal, pois a apreensão de drogas ou armas teria se dado no domicílio do réu sem autorização judicial e ausente situação de flagrância. Uma resposta jurisprudencial usual, e até onde podemos identificar majoritária, afasta tal alegação, considerando que o tráfico de drogas ou a posse de arma configuram crime permanente,[32] pelo que o ingresso dos policiais no interior do imóvel sem a devida autorização estaria juridicamente justificado, quando evidenciado o estado de flagrância[33]. Vale dizer, a (efetiva) falta de mandado judicial para o ingresso na residência não invalidaria a prova obtida, pois o réu estava em situação de flagrante delito, hipótese autorizada pelo inciso XI do art. 5º da Constituição Federal. Citam-se, inclusive, precedentes do STF (HC 86.082-6) e do STJ (HC 188.195) em abono da tese, que serão comentados adiante.

[31] Confira-se, por exemplo, Apelação Crime nº 70052586211, Terceira Câmara Criminal, Tribunal de Justiça do RS, Rel. Jayme Weingartner Neto, julgado em 09/01/2013.

[32] "Aqui, é importante esclarecer que, pela forma de consumação, os tipos costumam ser distinguidos em instantâneos e permanentes. Chama-se delito instantâneo aquele que tem apenas um momento consumativo, e permanente, o que tem um estado consumativo, isto é, em que a consumação se prolonga no tempo, como sucede com o sequestro. Não é o resultado que se protrai, mas a própria consumação" (ZAFFARONI, Eugenio Raul. **Manual de direito penal brasileiro**: parte geral. 4. ed. rev. São Paulo: Revista do Tribunais, 2002. p. 702).

[33] O que decorre, também, da singela disposição do art. 303 do Código de Processo Penal, *verbis*: "Nas infrações permanentes, entende-se o agente em flagrante delito enquanto não cessar a permanência".

Cremos, todavia, que o critério capaz de deslindar a polêmica é, por óbvio, a verificação da *situação fática que autoriza a severa restrição de um direito fundamental* – a inviolabilidade do domicílio –, que se opera no exercício do poder de polícia, ainda que de boa-fé. Se o contexto probatório não permitir ultrapassar o filtro constitucional/processual penal, então vão comprometidas as provas da materialidade dos delitos de tráfico, receptação e porte ilegal de arma, por exemplo.

Adiantamos, em estilo sumular, o parâmetro: sem desconsiderar a natureza permanente do delito de tráfico de drogas (para ilustrar), as *circunstâncias da abordagem do caso concreto devem evidenciar "ex ante" situação de flagrância a autorizar o ingresso na residência do réu*, durante o dia e, mais ainda, à noite, sem permissão e sem mandado de busca a apreensão.

Explicamo-nos. A Constituição Federal, já visto, não proíbe a entrada em casa alheia, ainda que à noite, para fazer cessar prática delitiva em caso de flagrante – ou desastre, ou para prestar socorro, tudo isso sem determinação judicial (inciso LXI do artigo 5º da CF). O crime de tráfico de drogas (adotemos este suporte fático) é permanente, podendo a prisão em flagrante ocorrer, inclusive no período noturno, independentemente da expedição de mandado judicial, determinação judicial – que, aliás, só pode ser cumprida durante o dia.

Para além da paráfrase do inciso XI do art. 5º da CF, é de recuperar que a regra é a inviolabilidade (a casa como asilo do indivíduo), restringindo-se a tutela constitucional naqueles casos elencados no próprio dispositivo, que funcionam, então, como elementos excepcionais, como tais devendo ser interpretados e aplicados, sempre em harmonia com o programa normativo, que é de proteção do indivíduo. Vale dizer que, se há limites ao direito fundamental em tela, e há, também há limites para tais limites, de maneira que não reste esvaziado o conteúdo garantista do preceito.[34]

O ambiente vital, que confere horizonte de sentido à ordem jurídica em análise, é o Estado Democrático de Direito, que procura conciliar os dois corações do atual Estado Constitucional, o princípio majoritário (governo da

[34] Pra uma noção conceitual da categoria conhecida como *limites aos limites dos direitos fundamentais*, vide SARLET, Ingo Wolfgang. *A eficácia dos direitos fundamentais*. 10. ed. rev. atual. e ampl. Porto Alegre: Livraria do Advogado, 2009. p. 394-404.

maioria, com soberania popular) e a proteção aos direitos e garantias fundamentais, inclusive da minoria. Em traço largo, afirmados constitucionalmente os direitos fundamentais, limitá-los e restringi-los é tarefa cometida, *a priori*, ao legislador e, na dinâmica social, ao Poder Judiciário – em ambos os casos, mediante atenção aos critérios da proporcionalidade –, não sendo demais lembrar que a dogmática da proibição de excesso decorre da necessidade de estabelecer parâmetros racionais de controle ao exercício do poder de polícia administrativo, questão datada e localizada nos estados germânicos ao longo do século XIX. Daí a noção de *reserva de jurisdição para restrição de direitos fundamentais*, nomeadamente as intervenções restritivas do processo penal. A privação da liberdade, a mais intensa intervenção estatal, em face da presunção de inocência, pressupõe trânsito em julgado de sentença condenatória. As exceções, prisão temporária e preventiva, passam, sempre, pelo prévio crivo jurisdicional. O flagrante, pela óbvia inviabilidade de controle anterior – verificado o *perigo na demora*, por qualquer do povo e mormente pelos agentes estatais no exercício do poder de polícia –, é imediatamente submetido ao juiz.

No que concerne ao caso, *recolher prova*, investigar por meio de escuta telefônica e busca domiciliar, por exemplo, traduz evidente *ingerência em direitos fundamentais*. Já se vão formando algumas ideias-força, fruto de relativa convergência doutrinária[35] e de precedentes judiciais (especialmente alemães), aplicáveis à *atividade jurisdicional de ingerência*: (i) a competência, em regra, é do juiz, sendo excepcionalmente cometida aos órgãos de investigação (e mais ainda, acrescentamos, aos órgãos de policiamento ostensivo); (ii) a regra é a intervenção judicial prévia, sendo excepcional a intervenção judicial após o início da execução da medida; e (iii) "Importando uma transferência excepcional de competência, em que a garantia da protecção judicial do direito cede perante o imperativo policial de urgência para a investigação e, desempenhando a reserva de competência atribuída ao juiz uma função de protecção dos direitos fundamentais, o conceito de perigo na demora exige interpretação restritiva, devendo a sua aplicação ser controlada pelo tribunal, com apelo aos

[35] Seguimos a síntese conclusiva de MATA-MOUROS, Maria de Fátima. **Juiz das liberdades**: desconstrução de um mito do processo penal. Coimbra: Almedina, 2011. p. 433-451.

princípios e técnicas já desenvolvidos no direito administrativo (e em especial no direito policial) relativamente aos conceitos indeterminados".

Trata-se de *densificar critérios* que devem reger a atividade policial (certamente submetida à proporcionalidade e num primeiro momento postos pelo legislador) e no sentido de *objetivar o controle judicial*, idealmente prévio, às vezes *a posteriori, de atuação do Estado-Polícia*, sobrecarregado, em nossa sensibilidade, entre deveres de atuação e prevenção na segurança pública, de um lado; e de produção de provas hábeis a instruir a persecução penal, por outro, já que é inteiramente legítima e decorre de um dever geral de proteção a perseguição penal dos delinquentes no interesse da comunidade.

Assim que a *inadmissibilidade de provas ilícitas*, que devem ser desentranhadas do processo, na esteira do art. 157 do Código de Processo Penal (CPP), é concreto desafio ao *controle judicial posterior apto a expurgar as provas produzidas com violação ou restrição desproporcional a direitos fundamentais*. Vale dizer, só devem subsistir, a amparar o provimento jurisdicional, provas produzidas de acordo com as regras do jogo. À látera e empiricamente, pensamos que a efetividade do sistema penal passa muito pelo aperfeiçoamento da colheita da prova, por razões de eficiência e justiça.

No escopo de encontrar diretrizes materiais para aferição do caso concreto, que permitam coerência dogmática, e cientes de que se opera, muitas vezes, com casos difíceis – e no propósito de diálogo com a jurisprudência e os órgãos de segurança pública, avançamos. Se a intervenção do juiz, em regra, deve ser prévia à restrição, cabe-lhe igualmente "o controle da verificação dos pressupostos da situação de perigo na demora no caso de intervenção dos órgãos de investigação em sua substituição". E há duplo risco de frustração da reserva do juiz de ingerência: (a) transformar a exceção (controle posterior) em regra; (b) emprestar excessiva ambiguidade e vagueza aos parâmetros legais que autorizam as intervenções.

Destacam-se, ainda, quatro tópicos para deslindar os casos que se encaixem na constelação fática em apreço: (i) "Os princípios da subsidiariedade e proporcionalidade, em conjugação com o princípio da legalidade, obrigam o juiz a indicar os concretos fundamentos com que justifica a autorização da medida restritiva de direitos, isto é, com base em que *concreta suspeita (factos indiciados e delimitação temporal dos mesmos)* se impõe a medida de investigação restritiva do direito. Não basta a invocação da norma legal, tão-pouco a mera repetição das palavras da lei."; (ii) "O conceito de *perigo na demora* deve ser interpretado de modo restritivo. Os órgãos de investigação apenas devem poder agir se, efectivamente, se verificar perigo na demora. A *situação de perigo* terá, portanto, de ser *demonstrada com base em factos concretos.*"; (iii) "A decisão judicial de *validação* de uma medida restritiva de direitos deve assegurar os *mesmos padrões de exigência* impostos à medida de *autorização* [...]"; (iv) "A verificação de perigo na demora tem de ser *judicialmente sindicável*".[36]

Escorados em tal gramática, é de voltar os olhos para as tensões fáticas. Em síntese, a inviolabilidade do domicílio é a regra; excepcionalmente, diante de "fundadas razões" (fatos indiciados e delimitados temporalmente), o juiz, previamente, determinará a busca domiciliar, que deve ser feita de dia; ainda mais excepcionalmente, diante do perigo na demora, agente estatal no exercício do poder de polícia, à noite, poderá ingressar na casa de alguém, quando se depare com flagrante delito – nesta última hipótese, a situação deve demonstrar-se com base em fatos concretos, só devendo validar-se a busca domiciliar correlata (que não é consectário necessário do flagrante) quando pudesse ser autorizada, naquelas circunstâncias específicas (avaliadas *ex ante*), pelo juiz.

Sempre, contudo, que os elementos presentes nos autos não forem suficientes para comprovar a ocorrência de situação de flagrante perceptível do ponto de vista dos policiais, que se encontravam fora da residência do réu, então a conclusão só pode ser pela ilicitude da prova material eventualmente colhida. Reiteramos que o respectivo juízo cognitivo, para ser racional e controlável, só pode aceitar-se *ex ante*. Tampouco se cogita da licitude da diligência policial para realizar busca domiciliar, nos termos da alínea "a" do § 1º do artigo 240 do Código de Processo Penal,[37] pois teria que ser previamente determinada pelo juiz.

Figure-se o seguinte contexto fático: são usuais declarações policiais no sentido de que havia denúncias (não identificadas, são anônimas, rumores – o que enfraquece o teor informativo, mormente quando não circunstanciadas) acerca de eventual traficância perpetrada pelo réu e que, no momento da

[36] MATA-MOUROS. **Juiz das liberdades**: desconstrução de um mito do processo penal. Coimbra: Almedina, 2011. p. 449-50 (grifo nosso).

[37] Alínea "a" do §1º do art. 240, do CPP. A busca será domiciliar ou pessoal. § 1º Proceder-se-á à busca domiciliar, quando fundadas razões a autorizarem, para: a) prender criminosos.

prisão, estavam em patrulhamento, presume-se que de rotina, quando avistaram o réu em frente à casa onde ele morava (sabiam que era seu domicílio). Quando tentaram abordá-lo, ele correu e entrou na casa. Foi perseguido e contido já dentro da residência, ocasião em que, na revista pessoal, foram encontradas, em seu bolso, 54 petecas de cocaína. Nas buscas no interior da residência, que os policiais atestam que teriam sido autorizadas pelo acusado e sua mãe, foi apreendido o restante da droga (5 porções de maconha, pesando aproximadamente 90 g; 1 porção de crack, pesando 125 g; 4 porções de cocaína e 26 petecas de cocaína, as quais juntamente com as outras 54 encontradas com o réu pesavam um total de 180 g). Também foi encontrada uma balança de precisão, 21 aparelhos celulares, a quantia de R$ 1.325,00 e uma espingarda calibre 12, arma que se verificou ser objeto de furto.

O que se tem, então, do teor das próprias declarações dos policiais, é que o réu estava em frente à sua casa, quando os agentes estatais decidiram abordá-lo. Os policiais mencionam apenas ter informações sobre eventual tráfico perpetrado pelo réu. Não há referência à prévia investigação, monitoramento ou campanas no local. Acerca da tentativa de abordagem, não há menção à qualquer atitude suspeita, externalizada em atos concretos, movimentação típica de comercialização de drogas, ato suspeito de entrega sub-reptícia de substância a terceiro. Não se tratava de averiguação de denúncia atual acerca da ocorrência de tráfico naquele momento (a significar ausência de fato indiciado e delimitação temporal). Apenas avistaram o réu e, quando tentaram abordá-lo, este adentrou a sua residência (repare-se que a concentração fático-temporal, tudo se passando muito próximo e rápido na dinâmica da vida real, torna nebulosa até a cararterização de "fuga"). A situação, portanto, revela *mera suspeita*. O fato ocorreu durante à noite, por volta das 23 horas. O magistrado, diante da reserva de ingerência, não poderia determinar busca domiciliar naquele horário e não teria fundadas razões para deferi-la. Com base nesse substrato fático, aliás, costumam aportar duas versões: temos, em princípio (e claro que a depender da prova), como pontualmente menos verossímil (do que a negativa do réu) a narrativa dos agentes policiais de que obtiveram autorização dos moradores para a busca domiciliar, tanto por colidir com as regras da experiência, mormente instalada situação aguda de conflito, quanto por ser controvertida se vontade eventualmente externada não estaria viciada (paciente de busca pessoal, dominado, preso, sob intensa pressão). Seja como for, a pretendida autorização seria irrelevante, pois a diligência já estava maculada pela violação do domicílio, antecedente necessário para a busca pessoal.

Esse tipo de diligência policial, conjectura-se, origina-se possivelmente de *premissa inaceitável* em nosso sistema constitucional, o *direito penal do autor* (o réu encontrava-se parado, estático, em frente à sua casa), cujo mecanismo, simplificadamente, parte de informes pretéritos, no mais das vezes anônimos, que assentam a etiqueta de que o indivíduo "é" traficante. A seguir, quando aleatoriamente a polícia depara-se com "o" traficante, vislumbra "atitude" suspeita, que autorizaria, neste contexto, busca pessoal. Às vezes, apreende drogas com "o" suspeito. Quando a quantidade e as particularidades não são notórias em si, amiúde "o" traficante transmuda-se em, no máximo, "o" usuário – na baliza do Poder Judiciário. Efeitos colaterais: a dúvida instala-se com demasiada facilidade, pela ausência de outros elementos de convicção (que não "o" conhecimento incontrastável dos policiais), gerando as naturais desclassificações e absolvições; e nas largas malhas da dúvida, é certo que muitos traficantes encontram guarida. O sistema, assim, permite-se conviver com injustiças e ineficiência.

Observamos que o marco constitucional-legal aponta via diversa, tendo como *pedra angular o direito penal do fato*. Assim, não a atitude suspeita, mas apenas "*fundada suspeita* de que alguém oculte consigo arma proibida ou objetos mencionados" *autoriza busca pessoal*, na exata dicção do § 2º do art. 240 do CPP. Implicando *séria restrição da intimidade*, direito fundamental (CF, art. 5º, inciso X), a rigor deveria, no plano ideal, também ser precedida de mandado judicial, mas o perigo na demora, a autorizar a diligência policial, já vai considerado pelo legislador no art. 244, nos casos de prisão, ou de (repete-se a locução) "fundada suspeita" de que esteja na posse de arma ou de outro corpo de delito, ou quando a medida for desdobramento de busca domiciliar.

Suspeita, para ser fundada, é intuitivo, *precisa fundar-se*, amparar-se em *elementos objetivos* – sem descurar nuances subjetivas, desde que *externalizáveis* (daí o Direito Penal do fato) –, ainda que indiciados. O foco, nessa hipótese, não seria "o" traficante, mas *condutas e atos minimamente circunstanciados* e que, na experiência policial, no *id quod plerumque fit*, ou até mesmo na intuição sagaz do agente estatal, constituem *motivação idônea*, é dizer, *racional*, para a *ingerência em direito fundamental.* Ademais, o pressuposto para a busca pessoal autônoma sem mandado, naturalmente, é que o sujeito objeto da medida esteja em via pública, salvo prisão e desdobramento de busca domiciliar, bem como, naturalmente, fuga da abordagem, o que pode substanciar "fundada suspeita".

Quanto à *busca domiciliar*, a exigência é robustecida, lógica e axiologicamente, somente sendo deferida quando *fundadas razões* a autorizem e para as *finalidades elencadas* nas alíneas "a" a "h" do citado art. 240 do CPP. A motivação, agora, a par de idônea e racional, é necessariamente concreta e com grau apertado de fundamentação. Por outro lado, salvo situação muito peculiar, cujo ônus demonstrativo é de quem a alegar, de uma busca pessoal (ainda que exitosa) não se passa, num salto pelos direitos e garantias fundamentais, a uma busca domiciliar.

Num terceiro patamar de intervenção, considerando o gravame, assomam os casos de *flagrante delito*, em que a *urgência*, o perigo na demora, faz com que o sistema constitucional delegue a *qualquer do povo a possibilidade de restringir o direito fundamental de inviolabilidade do domicílio.* Se a premência e a emoção da vida real nem sempre permitem juízo prudente e ponderação cautelosa, o *mínimo que se exige*, sob pena de esvaziar a garantia, é que a *situação de flagrante seja percebida "ex ante" pelo agente que vai operar a ingerência constitucionalmente autorizada.* Do contrário, o que se tem são fundadas razões (para solicitar mandado de busca domiciliar) ou mera suspeita (a indicar que se deve aprofundar a investigação). Em nenhum dos casos, todavia, o sistema constitucional autoriza a violação do domicílio.

A descoberta *a posteriori* de uma situação de flagrante, com o devido respeito aos que pensam diversamente, é mero *acaso*, mas *não cremos que o Estado Democrático de Direito jogue dados com seus cidadãos.* Não percebida a situação de flagrante, visto que o executor da ingerência não consegue justificar racionalmente porque sua crença era pelo menos verossímil, *não há como sindicar a proporcionalidade da medida* – na ausência de circunstâncias minimamente externalizadas que permitam aferição intersubjetiva. A entrada em casa alheia, nessa situação, torna-se, *ipso facto*, *irracional* e, portanto, *desborda das regras do jogo.* E não pode, o aleatório subsequente (eventual apreensão de drogas, ou de armas, por exemplo), determinar a licitude de *provas produzidas durante intervenção que, à partida, não se amparava em permissivo constitucional.*

Nem é justo para com o agente policial, gize-se, colocá-lo, pressionado pela mídia e pela sociedade, na disjuntiva do tudo ou nada: há de arriscar-se no escuro (muitas vezes literalmente, pois na calada da noite); se encontrar algo, honra ao mérito; se infrutífera a busca, sujeita-se a responder por ilícita violação de domicílio. Aventamos, todavia e noutra linha, que se estiver de boa-fé e na prossecução de legítimo interesse público, na *percepção*, ainda que errônea, de um *caso de flagrante*, então a *sistemática do erro é suficiente para dar conta do problema*, cabível, sindicadas as circunstâncias, que a sociedade assuma o risco (que sempre pode ser indenizado, no cível, ao morador inocente).[38]

Portanto, no contexto fático figurado, em que pese a boa-fé dos policiais, *não há elementos objetivos e racionais a caracterizar, "ex ante", situação de flagrância, na perspectiva do quem está fora da residência*. Daí porque, em sendo a casa o asilo inviolável do indivíduo, nos termos do inciso XI do art. 5º da CF, *desautorizada estava a invasão da casa/domicílio* por qualquer um, aí incluídos os policiais, cujo ingresso, repetimos, autoriza-se apenas nas exceções permitidas pelo preceito constitucional (flagrante delito, desastre, prestação de socorro e cumprimento, durante o dia, de mandado judicial).

Nesse diapasão, a prova colhida sem observância da garantia da inviolabilidade do domicílio é ilícita, não porque ausente mandado de busca e apreensão, mas sim porque ausentes, no momento da diligência, mínimos elementos indiciários da ocorrência do delito cujo estado flagrancial se protrai no tempo em face da natureza permanente e, assim, autoriza o ingresso na residência sem que se fale em ilicitude das provas obtidas ou em violação de domicílio. Acresce que, sendo o perigo na demora vetor decisivo para que o flagrante autorize a entrada no domicílio, nos crimes permanentes (nomeadamente na figura estática de manter em depósito drogas), a intensidade dessa razão diminui, já que, em tese, viável socorrer-se de mandado judicial,

[38] Certo que noutra intencionalidade e em horizonte diverso (liberdade de expressão e crimes contra a honra/privacidade), o coautor Jayme desenvolveu o instituto da *prossecução de interesses legítimos* – e cremos que alguma analogia é viável – causa de justificação que o direito penal português foi buscar na Alemanha e que se enquadra na categoria dogmática das causas de exclusão da ilicitude, assente no princípio do *risco permitido* integrado com a *ponderação de interesses* (WEINGARTNER NETO, Jayme. **Honra, privacidade e liberdade de imprensa**: uma pauta de justificação penal. Porto Alegre: Livraria do Advogado, 2002. passim). Quanto à dimensão cível, confira-se: Reexame Necessário Nº 70042897314, Quinta Câmara Cível, Tribunal de Justiça do RS, Relator: Isabel Dias Almeida, Julgado em 22/06/2011.

diferente da intervenção para evitar-se a consumação de um delito instantâneo, como um homicídio, ou de desmesurada indignidade, como a tortura, por exemplo.

De novo, à exaustão. A mera informação de que o réu é traficante gravita na esfera das suposições. É estática e não passa de etiqueta acoplada ao ser humano. Dizer que nos crimes de natureza permanente, tal qual o tráfico de drogas, o estado de flagrante se mantém, o que é dogmaticamente correto, *não significa dizer que vaga suspeita de prática de crime de tráfico de entorpecentes coloca o suspeito em estado de flagrância e, assim, afasta o direito à inviolabilidade do domicílio* – parece-nos solar o vício lógico do *non sequitur*. Diversamente, a situação de flagrante, mesmo de um crime permanente, é dinâmica, e demanda, para sua mínima caracterização, amparo em fatos concretos e atuais, que hão de ser, ao menos, passíveis de exteriorização e individuação.

A informação acerca de eventual traficância praticada pelo réu, embora possa autorizar a abordagem policial na via pública para averiguação (caracterizando-se fundada suspeita), não é, por si só, indicativo suficiente da prática do delito a caracterizar a situação de flagrância que tornaria lícito o ingresso no interior do domicílio, sem consentimento do morador e sem mandado judicial.

Não se está aqui a presumir a ocorrência de abuso, arbitrariedade ou mesmo má-fé na atuação policial, uma vez que, na multifacetada vida real, em especial em face de algumas atitudes narradas pelos agentes estatais (sujeito que se esquiva da abordagem, por exemplo), é muitas vezes tênue a distinção dos limites circunstanciais entre a legitimidade da ação e a afetação do direito à inviolabilidade do domicílio. Mesmo porque o fato externo, em si, é gríseo (pode-se figurar que, próximo ao portão, por prudência, o cidadão recolhe-se ao recesso do lar, com dois ou três passos, diante da aproximação de patrulha policial, para evitar confusão ou bala perdida, ou mesmo a reiteração de incômodas e às vezes humilhantes abordagens).

Não se pretende, de forma alguma, nunca é demais deixar claro, enfraquecer a atuação policial. Nessa senda, agregamos duas considerações: primeiro, desimporta a etiqueta verbal, pois é repetida a fórmula, em depoimentos judiciais, de que o sujeito estava em *atitude suspeita*, quando, no mais das vezes, o conceito é de *fundada suspeita*, que deflui perfeitamente do contexto da abordagem (cabe, é claro, às partes do processo penal, acusação e defesa, controverterem eventualmente tal circunstância, de modo a esclarecê-la); segundo, a *percepção da situação de flagrante é suficiente para desencadear uma série de atividades policiais* dinâmicas, inclusive nos desdobramentos usuais de perseguição em caso de fuga.[39]

Resta, ainda, verificar se a solução preconizada colidiria com os precedentes dos tribunais superiores. Respondemos negativamente, parecendo-nos, em vez disso, que se coaduna com tal jurisprudência. Para demonstração da correção da resposta, iniciamos pelo paradigma do STF. No caso, trata-se do Recurso Ordinário em *Habeas Corpus* 86.082-6, Rio Grande do Sul, Segunda Turma, Relatora Min. Ellen Gracie, julgado em 5/8/2008, unânime. Em suma, a alegação de prova ilícita (denúncia anônima e prova colhida sem observância da garantia da inviolabilidade do domicílio) foi afastada em face do estado de flagrância decorrente do crime permanente (tráfico de substância entorpecente). Da simples leitura da ementa percebe-se que o flagrante resultou de *diligências policiais após denúncia anônima*, com "elementos indiciários acerca da prática de ilícito penal", sendo que revolver o substrato fático-probatório era inviável em sede de *habeas corpus*.

Do voto da eminente relatora, extrai-se que as *investigações* começaram com uma denúncia anônima (ligação de telefone celular dando conta de que um avião com grande quantidade de maconha acidentara-se ao aterrar numa fazenda das proximidades), em função da qual os policiais formaram uma equipe com dois veículos e, no caminho, cruzaram com uma camionete tripulada por dois suspeitos, que, em fuga, jogaram fora um pedaço da fuselagem de um avião. Ao chegarem à fazenda, encontraram o avião e 470 kg de maconha

[39] "Relativamente ao *flagrante* como escusa permissiva da invasão domiciliar desautorizada, é preciso ter em mente que este se classifica em *próprio, impróprio* e *presumido*. [... discorre sobre as hipóteses do artigo 302, incisos I, II, III e IV, do CPP] Pois bem, para fins de ser realizada a busca domiciliar sem ordem judicial, basta que se considere o agente em situação de flagrância, não importando qual a modalidade de flagrante tenha se operado na espécie concreta, visto não fazer a Constituição Federal nenhuma ressalva a respeito." (AVENA, *op. cit.*, p. 628). No mesmo sentido: "A Constituição estabelece exceções à inviolabilidade, que não é absoluta. A qualquer momento é lícito o ingresso no domicílio alheio em caso de flagrante delito, conceito que cabe ao legislador definir. A polícia, dando perseguição ao agente que acabou de cometer um crime, e que se homiziou na sua casa, pode adentrá-la. Quebrado o flagrante, contudo, a invasão é proibida". (BRANCO, Paulo Gustavo Gonet. Direitos Fundamentais em espécie. *In*: MENDES, Gilmar; COELHO, Inocêncio Mártires; BRANCO, Paulo Gustavo Gonet (org.). **Curso de Direito Constitucional**. 5. ed. São Paulo: Saraiva, 2010. p. 483).

escondida no mato, coberta por lona preta. Nos autos, ainda, informação da polícia civil de "uma ligação anônima" que referia, na localidade de Pindayassu, ter visualizado diversas vezes uma aeronave pousar numa das granjas, fora da temporada de plantio e pulverização de arroz, indicando alguma atividade ilícita. Nesse contexto, o STF considerou que os dados repassados ao policial civil (oriundos de denúncia anônima)

> ensejaram a realização de diligência policial, sendo que no trajeto ao local indicado *sobrevieram elementos indiciários acerca da prática de ilícito penal.* [...] Há elementos que apontam, no caso concreto, para a situação de flagrância [...] a autorizar que os policiais possam adentrar o domicílio das pessoas suspeitas sem necessidade de ordem judicial para o fim de reprimir e fazer cessar a prática delituosa.

Como se vê, verifica-se uma distância oceânica dos casos de mera suspeita a desencadear a violação do domicílio, sendo o único elemento comum o conceito dogmático de crime permanente a revestir o tráfico (nalgumas modalidades do tipo de conduta múltipla previsto no art. 33 da Lei de Drogas). Fica claro, então, como afirmamos antes, que a natureza de crime permanente não autoriza flagrante sem que se perceba, via elementos concretos (ainda que indiciários), mercê de diligências policiais (ou até do acaso), a situação de flagrância.

Destacamos, a seguir, decisão do STJ no *Habeas Corpus* nº 188.195 – DF, Relator Min. Jorge Mussi, Quinta Turma, julgado em 28/10/2011. No caso, os policiais adentraram na residência do réu sem mandado judicial e apreenderam 314 latas metálicas de *merla* (um composto do alcalóide cocaína), substância que era mantida em depósito e que perfazia um total de mais de 9 kg de massa bruta, além de outras porções de crack e de outra forma compactada do alcalóide. Refere o voto do relator que o Tribunal *a quo*, ao rejeitar a preliminar que buscava o reconhecimento de que a prova era ilícita, destacara as *circunstâncias da situação de flagrante.* Provocados por denúncia anônima, dirigiram-se os policiais ao local da apontada traficância, "e, ao avistarem por debaixo do portão da casa uma lata com formato igual àquela utilizada para guardar merla, adentraram na residência [...] os policiais avistaram, por baixo do portão, em uma fresta, em cima da caixa de gordura, uma lata semelhante à usada para guardar merla". Daí a conclusão, ratificada pelo STJ, de que não houve irregularidade/ilegalidade

> na conduta dos policiais que tinham o dever de verificar a veracidade da denúncia, e, diante de fortes indícios da prática do crime no interior da residência do réu, realizaram o flagrante. Desta feita, a diligência realizada foi apenas uma das etapas da apreensão de droga, precedida inicialmente pela denúncia anônima que culminou por ser devidamente confirmada.

Mais uma vez, mercê de diligência policial, colheu-se indício visual da existência de drogas, sempre *ex ante* ao ingresso no domicílio, ou seja, a situação de flagrante foi percebida pelos agentes policiais, da perspectiva de quem está fora da casa.

3. Precedentes

Referem-se, pela similitude, dois precedentes da Justiça gaúcha, da relatoria do eminente Desembargador Nereu José Giacomolli, ora homenageado: Apelação crime nº 70042588988, Terceira Câmara Criminal, Tribunal de Justiça do RS, Julgado em 10/11/2011 e Apelação crime nº 70049459191, Terceira Câmara Criminal, Tribunal de Justiça do RS, Julgado em 04/10/2012. Citam-se trechos das respectivas ementas:

> A autorização constitucional de ingresso em domicílio alheio nos casos de flagrante delito depende da existência de indícios concretos da prática do crime no local e no exato instante. Ausentes esses indícios, o ingresso no local depende de autorização judicial. Ausência de indícios concretos e convergentes de que o quarto do hotel era um ponto de tráfico, ou mesmo da existência de drogas no local. Abordagem do acusado na rua. Ausente qualquer justificativa para o ingresso desautorizado dos policiais no domicílio do réu. Ilicitude que contamina o restante do contexto probatório.

Ainda, no ano seguinte, precedente do Tribunal de Justiça. Relator: Jayme Weingartner Neto, julgado em: 23-05-2013, com participação do Des. Nereu José Giacomolli:

> APELAÇÃO CRIME. TRÁFICO DE DROGAS. VIOLAÇÃO DE DOMICÍLIO. ILICITUDE DA PROVA MATERIAL. ABSOLVIÇÃO. A inviolabilidade do domicílio é a regra (CF, art. 5°, inc. XI); excepcionalmente, diante de "fundadas razões" (fatos indiciados e delimitados temporalmente), nos termos do § 1º do art. 240 do CPP, o juiz, previamente, determinará a busca domiciliar, que deve ser feita de dia; ainda mais excepcionalmente, diante do perigo na demora, agente estatal no exercício do poder de polícia, à noite, poderá ingressar na casa de alguém, quando se depare com flagrante delito. O mínimo que se exige, pena de esvaziar a garantia, é que a situação de flagrante seja percebida 'ex ante' pelo agente que vai operar a ingerência constitucionalmente autorizada. Dizer que nos crimes de natureza permanente, tal qual o tráfico de drogas, o estado de flagrante se mantém, o que é dogmaticamente correto, não significa dizer que vaga suspeita de prática de crime de tráfico de entorpecentes coloca o suspeito em estado de flagrância e, assim, afasta o direito à inviolabilidade do domicílio. Não percebida a situação de flagrante, visto que o executor da ingerência não consegue justificar racionalmente porque sua crença era pelo menos verossímil, não há como sindicar a proporcionalidade da medida - na ausência de circunstâncias minimamente externalizadas que permitam aferição intersubjetiva. No caso, o réu estava no pátio da casa dele, quando os agentes estatais decidiram abordá-lo. Os policiais mencionam apenas ter informações sobre eventual tráfico perpetrado pelo réu. Não há referência à prévia investigação, monitoramento ou campanas no local. Acerca da tentativa de abordagem, não há menção à qualquer atitude suspeita, externalizada em atos concretos, movimentação típica de comercialização de drogas, ato suspeito de entrega sub-reptícia de substância a terceiro. Apenas avistaram o réu, dentro do pátio, e resolveram abordá-lo. A entrada em casa alheia, nesta situação, torna-se, ipso facto, irracional e, portanto, desborda das regras do jogo. E não pode, o aleatório subsequente (eventual apreensão de drogas, ou

de armas, por exemplo), determinar a licitude de provas produzidas durante intervenção que, à partida, não se amparava em permissivo constitucional. Viciadas tais provas, derivadas da ilicitude do ingresso, resta impositiva a absolvição do réu. RECURSO PROVIDO. (Apelação Crime, Nº 70053711297, Terceira Câmara Criminal, Tribunal de Justiça do RS, Relator: Jayme Weingartner Neto, Julgado em: 23-05-2013).

O STF, no RE nº 603616, apreciando o tema 280 da sistemática da repercussão geral, em 05/22/2015 firmou orientação no sentido de que "**não será a constatação de situação de flagrância, posterior ao ingresso, que justificará a medida. Os agentes estatais devem demonstrar que havia elementos mínimos a caracterizar fundadas razões (justa causa) para a medida**". Assentado que a melhor interpretação é sempre a sistemática, **inviável, na linha da fundamentação do STF,** aventar que a **simples natureza de crime permanente** (de algumas modalidades de tráfico) **autoriza**, sem qualquer outra consideração, o **ingresso dos policiais no domicílio.**

EMENTA:

Recurso extraordinário representativo da controvérsia. Repercussão geral. 2. Inviolabilidade de domicílio – art. 5º, XI, da CF. Busca e apreensão domiciliar sem mandado judicial em caso de crime permanente. Possibilidade. A Constituição dispensa o mandado judicial para ingresso forçado em residência em caso de flagrante delito. No crime permanente, a situação de flagrância se protrai no tempo. 3. Período noturno. A cláusula que limita o ingresso ao período do dia é aplicável apenas aos casos em que a busca é determinada por ordem judicial. Nos demais casos – flagrante delito, desastre ou para prestar socorro – a Constituição não faz exigência quanto ao período do dia. 4. Controle judicial a posteriori. Necessidade de preservação da inviolabilidade domiciliar. Interpretação da Constituição. Proteção contra ingerências arbitrárias no domicílio. Muito embora o flagrante delito legitime o ingresso forçado em casa sem determinação judicial, a medida deve ser controlada judicialmente. A inexistência de controle judicial, ainda que posterior à execução da medida, esvaziaria o núcleo fundamental da garantia contra a inviolabilidade da casa (art. 5, XI, da CF) e deixaria

> de proteger contra ingerências arbitrárias no domicílio (Pacto de São José da Costa Rica, artigo 11, 2, e Pacto Internacional sobre Direitos Civis e Políticos, artigo 17, 1). O controle judicial a posteriori decorre tanto da interpretação da Constituição, quanto da aplicação da proteção consagrada em tratados internacionais sobre direitos humanos incorporados ao ordenamento jurídico. Normas internacionais de caráter judicial que se incorporam à cláusula do devido processo legal. 5. Justa causa. A entrada forçada em domicílio, sem uma justificativa prévia conforme o direito, é arbitrária. Não será a constatação de situação de flagrância, posterior ao ingresso, que justificará a medida. Os agentes estatais devem demonstrar que havia elementos mínimos a caracterizar fundadas razões (justa causa) para a medida. 6. Fixada a interpretação de que a entrada forçada em domicílio sem mandado judicial só é lícita, mesmo em período noturno, quando amparada em fundadas razões, devidamente justificadas a posteriori, que indiquem que dentro da casa ocorre situação de flagrante delito, sob pena de responsabilidade disciplinar, civil e penal do agente ou da autoridade e de nulidade dos atos praticados. 7. Caso concreto. Existência de fundadas razões para suspeitar de flagrante de tráfico de drogas. Negativa de provimento ao recurso. (Rel. Min. Gilmar Mendes, j. em 05/11/2015).

Evidente que, na identificação e distinção das diversas constelações fáticas hábeis a sustentar a percepção externa da situação de flagrância (fundadas razões), há amplo espaço para a densificação doutrinária e jurisprudencial.

Reconhece-se que a questão é tormentosa; em muitas situações fáticas, de grande relevância institucional e, claro, endoprocessual. Mais, significa, uma vez reconhecida, em prol da garantia, desconsiderar uma evidência real de fatos graves que se desvelou (drogas, no caso). Ainda assim, parece a melhor solução. O Poder Judiciário vela pelas regras básicas do jogo e, passar por cima da violação diante da constatação, posterior, à revelia de prévia autorização judicial, de que, sim, consumava-se crime permanente:

(i) é esvaziar a garantia;
(ii) acaba por premiar a aventura, quando não o desmando policial;
(iii) endossa a inércia de um sistema de segurança ineficiente;

(iv) e torna, a sociedade como um todo, em tempos de cólera, ainda mais insegura, à mercê da urgência policial do momento.

Nesse contexto, em decisão unânime de 20/4/2017, a Sexta Turma do STJ negou provimento ao REsp interposto pelo Ministério Público contra Acórdão de Câmara Criminal do TJRS que reconhecia a invasão de domicílio e absolvia da acusação de tráfico em situação similar (REsp 1574681/RS, Rel. Ministro Rogerio Schietti Cruz, julgado em 20/04/2017, DJe 30/05/2017). Confira-se trecho da ementa:

> RECURSO ESPECIAL. TRÁFICO DE DROGAS. FLAGRANTE. DOMICÍLIO COMO EXPRESSÃO DO DIREITO À INTIMIDADE. ASILO INVIOLÁVEL. EXCEÇÕES CONSTITUCIONAIS. INTERPRETAÇÃO RESTRITIVA. INVASÃO DE DOMICÍLIO PELA POLÍCIA. NECESSIDADE DE JUSTA CAUSA. NULIDADE DAS PROVAS OBTIDAS. TEORIA DOS FRUTOS DA ÁRVORE ENVENENADA. ABSOLVIÇÃO DO AGENTE. RECURSO NÃO PROVIDO. [...]
>
> 10. Se é verdade que o art. 5º, XI, da Constituição Federal, num primeiro momento, parece exigir a emergência da situação para autorizar o ingresso em domicílio alheio sem prévia autorização judicial – ao elencar hipóteses excepcionais como o flagrante delito, casos de desastre ou prestação de socorro –, também é certo que nem todo crime permanente denota essa emergência.
>
> 11. Na hipótese sob exame, o acusado estava em local supostamente conhecido como ponto de venda de drogas, quando, ao avistar a guarnição de policiais, refugiou-se dentro de sua casa, sendo certo que, após revista em seu domicílio, foram encontradas substâncias entorpecentes (18 pedras de crack). Havia, consoante se demonstrou, suspeitas vagas sobre eventual tráfico de drogas perpetrado pelo réu, em razão, única e exclusivamente, do local em que ele estava no momento em que policiais militares realizavam patrulhamento de rotina e em virtude de seu comportamento de correr para sua residência, conduta que pode explicar-se por diversos motivos, não necessariamente o de que o suspeito cometia, no momento, ação caracterizadora de mercancia ilícita de drogas.

> 12. A mera intuição acerca de eventual traficância praticada pelo recorrido, embora pudesse autorizar abordagem policial, em via pública, para averiguação, não configura, por si só, justa causa a autorizar o ingresso em seu domicílio, sem o consentimento do morador – que deve ser mínima e seguramente comprovado – e sem determinação judicial.
> 13. Ante a ausência de normatização que oriente e regule o ingresso em domicílio alheio, nas hipóteses excepcionais previstas no Texto Maior, há de se aceitar com muita reserva a usual afirmação – como ocorreu na espécie – de que o morador anuiu livremente ao ingresso dos policiais para a busca domiciliar, máxime quando a diligência não é acompanhada de qualquer preocupação em documentar e tornar imune a dúvidas a voluntariedade do consentimento.
> 14. Em que pese eventual boa-fé dos policiais militares, não havia elementos objetivos, seguros e racionais, que justificassem a invasão de domicílio. Assim, como decorrência da Doutrina dos Frutos da Árvore Envenenada (ou venenosa, visto que decorre da fruits of the poisonous tree doctrine, de origem norte-americana), consagrada no art. 5º, LVI, da nossa Constituição da República, é nula a prova derivada de conduta ilícita – no caso, a apreensão, após invasão desautorizada do domicílio do recorrido, de 18 pedras de crack –, pois evidente o nexo causal entre uma e outra conduta, ou seja, entre a invasão de domicílio (permeada de ilicitude) e a apreensão de drogas.
> 15. Recurso especial não provido, para manter a absolvição do recorrido. (REsp 1574681/RS, Rel. Ministro ROGERIO SCHIETTI CRUZ, SEXTA TURMA, julgado em 20/04/2017, DJe 30/05/2017).

Acrescento, em reforço, decisão da Quinta Turma, de 18/2/2020, rel. min. Ribeiro Dantas, sinalizando alinhamento com a Sexta, na qual, no Recurso em *Habeas Corpus* 89.853/SP, que retornou do STF para possível aplicação do Tema 280/STF[40], deu provimento ao recurso declarando ilícita as provas

[40] Trata-se de recurso em *habeas corpus* interposto contra acórdão do Tribunal de Justiça do estado de São Paulo. A defesa buscava o trancamento da ação penal por ilicitude das provas dada suposta violação e domicílio. A Quinta Turma, em 6/3/2018, negou provimento ao recurso. Interposto Recurso extraordinário, não foi admitido. Com a interposição e agravo, os

derivadas do flagrante, bem como determinou o trancamento da ação penal "desde que não existam outras provas".

Confira-se a ementa:

> RECURSO EM HABEAS CORPUS. TRÁFICO DE DROGAS. FLAGRANTE. VIOLAÇÃO DE DOMICÍLIO. TEMA 280/STF. FUGA ISOLADA DO SUSPEITO. AUSÊNCIA DE JUSTA CAUSA. NULIDADE DE PROVAS CONFIGURADA. CONSTRANGIMENTO ILEGAL EVIDENCIADO.
> 1. No RE nº 603.616/Tema 280/STF, a Suprema Corte asseverou que a flagrância posterior, sem demonstração de justa causa, não legitima o ingresso dos agentes do Estado em domicílio sem autorização judicial e fora das hipóteses constitucionalmente previstas (art. 5º, XI, da CF).
> 2. Apesar de se verificar precedentes desta Quinta Turma em sentido contrário, entende-se mais adequado com a jurisprudência do Supremo Tribunal Federal o entendimento que exige a prévia realização de diligências policiais para verificar a veracidade das informações recebidas (ex: 'campana que ateste movimentação atípica na residência').
> 4. Recurso em habeas corpus provido para que sejam declaradas ilícitas as provas derivadas do flagrante na ação penal nº 0006327-46.2015.8.26.0224, em trâmite no Juízo da 4ª Vara Criminal da Comarca de Guarulhos/SP. (RHC 89853/SP, Quinta Turma, J. em 18/02/2020, publ. Em 02/03/2020).

Conclusões

De todo o exposto, resulta que, em termos gerais, o direito à inviolabilidade do domicílio, por conta de determinadas práticas policiais descritas quando do exame dos casos concretos noticiados, de modo especial quando se busca justificar e legitimar juridicamente a restrição do direito fundamental por conta de uma perseguição motivada por mera conduta ou atitude suspeita,

autos foram remetidos ao STF, ocasião em que o Min. Edson Fachin determinou o retorno do feito para aplicação do Tema 280/STF.

é inconciliável com a imposição constitucional de interpretação restritiva das intervenções restritivas em direitos fundamentais. No caso da inviolabilidade do domicílio, como já demonstrado, as exceções são as previstas expressamente pela CF. A utilização da hipótese de flagrante delito como "porteira aberta" para ingerências manifestamente abusivas, para além de inconsistentes com os critérios da proporcionalidade, tal como já vem decidindo os nossos Tribunais Superiores, sempre à vista das circunstâncias do caso concreto, é de ser censurada, sob pena de transformar a exceção em regra e limitar o direito fundamental a uma mera previsão formal no texto constitucional. É nossa esperança de que o presente artigo possa contribuir para o deslinde de tal problema e para avançar uma dogmática constitucionalmente conforme o tocante à teoria e à prática da inviolabilidade do domicílio no Direito brasileiro. No caso do nosso ilustre homenageado, a sua trajetória acadêmica e jurisdicional já tem sido referencial para tal desiderato.

Referências

AGRA, Walber de Moura. **Curso de direito constitucional**. Rio de Janeiro: Forense, 2006.

ARAÚJO, Luiz Alberto David; NUNES JUNIOR, Vidal Serrano. **Curso de direito constitucional**. São Paulo: Verbartim, 2010.

BRANCO, Paulo Gustavo Gonet. Direitos Fundamentais em espécie. *In*: MENDES, Gilmar; COELHO, Inocêncio Mártires; BRANCO, Paulo Gustavo Gonet (org.). **Curso de Direito Constitucional**. 5. ed. São Paulo: Saraiva, 2010.

CALLEJÓN, Maria Luisa Balaguer. *Derechos individuales (II)*. *In*: CALLEJÓN, Francisco Balaguer (coord.). ***Manual de derecho constitucional***. Madrid: Tecnos, 2010. v. 2.

CANOTILHO, J. J. Gomes; MOREIRA, Vital. **Constituição da República Portuguesa anotada**. 4. ed. Coimbra: Coimbra Ed., 1991.

CARVALHO, Kildare Gonçalves. **Direito constitucional**: teoria do estado e da constituição – Direito constitucional positivo. 10. ed. Belo Horizonte: Del Rey, 2004.

CUNHA JÚNIOR, Dirlei da. **Curso de direito constitucional**. 4. ed. Salvador: Juspodivm, 2008.

DÍEZ-PICAZO, Luís María. ***Sistema de derechos fundamentales***. 2. ed. Madrid: Civitas, 2005.

FERRARI, Regina Maria Macedo Nery. **Direito constitucional**. São Paulo: Editora RT, 2011.

GROTTI, Dinorá Adelaide Musetti. **Inviolabilidade do domicílio na Constituição**. São Paulo: Malheiros, 1993.

HUFEN, Friedhelm. ***Staatsrecht II – Grundrechte***. München: C.H. Beck, 2007.

KLOEPFER, Michael. ***Verfassungsrecht II****. Band I.* München: C.H. Beck, 2011.

LENZA, Pedro. **Direito constitucional esquematizado**. 12. ed. São Paulo: Saraiva, 2010.

MARMELSTEIN, George. **Curso de direitos fundamentais**. São Paulo: Atlas, [20--?].

MATA-MOUROS, Maria de Fátima. **Juiz das liberdades**: desconstrução de um mito do processo penal. Coimbra: Almedina, 2011.

MENDES, Gilmar Ferreira; BRANCO, Paulo Gustavo G. **Curso de direito constitucional**. 3. ed. São Paulo: Saraiva, 2008.

MICHAEL, Lothar; MORLOK, Martin. ***Grundrechte***. Baden-Baden: Nomos, 2008.

MIRANDA, Jorge; MEDEIROS, Rui. **Constituição portuguesa anotada**. Coimbra: Coimbra Ed., 2006. t. I.

MORAES, Alexandre de. **Direitos humanos fundamentais** – Teoria geral. São Paulo: Atlas, 1997.

NOVELINO, Marcelo. **Direito constitucional**. São Paulo: Método, [19--?].

PIEROTH, Bodo; SCHLINK, Bernhard. ***Staatsrecht II – Grundrechte*** 20 aufl. Heidelberg: C.F. Muller, 2004.

PIVA, Otávio. **Comentários ao art. 5.º da Constituição Federal de 1988 e teoria dos direitos fundamentais**. 3. ed. São Paulo: Método, 2009.

ROYO, Javier Pérez. ***Curso de derecho constitucional***. 12.ed. Madrid/Barcelona/Buenos Aires: Marcial Pons, 2010.

SARLET, Ingo Wolfgang. *A eficácia dos direitos fundamentais*. 10. ed. rev. atual. e ampl. Porto Alegre: Livraria do Advogado, 2009.

SILVA, José Afonso da. **Comentário contextual à Constituição**. 2. ed. São Paulo: Malheiros, 2006.

TAVARES, André Ramos. **Curso de direito constitucional**. 8. ed. São Paulo: Saraiva, 2010.

WEINGARTNER NETO, Jayme. **Honra, privacidade e liberdade de imprensa**: uma pauta de justificação penal. Porto Alegre: Livraria do Advogado, 2002.

ZAFFARONI, Eugenio Raul. **Manual de direito penal brasileiro**: parte geral. 4. ed. rev. São Paulo: Revista do Tribunais, 2002.

50.
PARA ENTENDER O CASO *GOMES LUND E OUTROS V. BRASIL* E SUAS CONSEQUÊNCIAS[1]

Jacinto Nelson de Miranda Coutinho

Introdução: começando pela conclusão

A melhor forma de introduzir a discussão sobre o famoso caso *Gomes Lund e outros v. Brasil* (também chamado de caso "Guerrilha do Araguaia"), aqui

[1] Texto parcialmente apresentado no *Laboratorio aplicativo in tema di Giustizia di transizione*, na *Facoltà di Giurisprudenza, Università degli Studi di Trento*, em 24 de setembro de 2019. Com ele, gostaria de fazer uma homenagem ao querido amigo e Professor Doutor Nereu José Giacomolli. Quando nosso amigo comum Gabriele Fornasari me convidou para falar em Trento sobre tal tema, logo pensei no estimado Nereu, que havia escrito sobre ele. Conheci o Professor Gabriele Fornasari por intermédio de uma grande amiga, a Professora Teresa Pasquino, também prestigiada professora em Trento. Lá, porém, descobri que Nereu (descendente de uma família *trentina*) tinha um largo vínculo com o Professor Fornasari e a *Facoltà*; e passamos dois dias entre palestra, comidas e taças de vinho falando de Nereu, sempre com grande respeito e carinho. Nereu sempre foi lembrado assim, com respeito e carinho, em qualquer canto do mundo. Afinal, é um estudioso e, como juiz, percorreu o Rio Grande do Sul para, no final da carreira, chegar ao Tribunal de Justiça, no qual se consagrou como Desembargador. Aposentado, pode se dedicar mais ao magistério do Processo Penal na PUCRS onde, hoje, é um dos Coordenadores do Programa de Pós-graduação em Ciências Criminais, certamente o mais prestigiado, no campo criminal, do Brasil. Nereu, aqui ou acolá, foi sempre o mesmo: inteligente, perspicaz, sério, honesto e... humano. Enfim, uma daquelas pessoas que a gente lembra sempre com carinho. Também por isso é uma honra poder lhe dedicar um texto como o presente, ainda que singelo.

tomado como o conjunto dos processos levados a efeito perante o Supremo Tribunal Federal – STF (do Brasil) e a Corte Interamericana de Direitos Humanos (CIDH), com sede em San José da Costa Rica, é apresentar aquela que parece ser – ou é – a principal consequência: **o confronto entre o resultado dos referidos processos e a não submissão do Brasil à decisão da CIDH**[2] não permitiu que até o presente momento se fizesse o luto das mortes ocorridas, **com as consequências daí decorrentes.**

A **falta do luto** é, portanto, **a principal consequência; e dela decorrem tantas outras que têm marcado a trajetória de um País que quer, pela maioria do seu povo, crescer; que quer ser democrático, mas esbarra em barreiras quase instransponíveis, dentre elas aquela que diz respeito ao fato de não se ter acertado as contas com um passado feito de mortes injustificáveis e injustificadas.**

Ora, como sabem todos, o **luto**, conforme demonstrou a psicanálise – e Freud em particular[3] –, acontece influenciado pela realidade, que cobra com veemência que o sujeito se afaste do objeto, porque já inexistente. Eis por que aparece como um modo de afastamento, de **distanciamento do objeto**, na hipótese, perdido para sempre. **Se ele não é feito, resta a falta do objeto como uma ferida aberta**, uma chaga; e ela vai carregada pelo vivente, apresentando-se sempre para atrapalhar uma vida, quem sabe, normal. Ansiedade,

[2] Conforme Nereu José Giacomolli e Daniela Dora Eilberg, "Não há investigação empírica acerca dos motivos pelos quais os magistrados (...) não utilizam as decisões das Cortes Internacionais e nem incluem, no processo de racionalização da motivação fática com a jurídica, a normatividade internacional e as opiniões consultivas (jurisdição consultiva)". Ainda que se não entenda haver uma perspectiva verticalizada, mas sim horizontalizada, no mundo globalizado, há que se "densificar e preservar os intercâmbios mútuos entre os sistemas jurídicos, numa espécie de fertilização cruzada (SALDANHA, 2009, p. 123), mormente no que diz respeito às decisões das Cortes Internacionais de Direitos Humanos e suas repercussões no âmbito doméstico". (GIACOMOLLI, Nereu José; EILBERG, Daniela Dora. Possíveis diálogos à proteção de garantias criminais: paralelo entre a jurisprudência doméstica brasileira e os estandartes fixados pela CIDH sobre o direito ao recurso. *In*: BARROS, Flaviane de Magalhães (coord.). Convencionalidade e sistema de justiça. Florianópolis: EMais, 2018, p. 69-71).

[3] FREUD, Sigmund. Luto e melancolia (1917 [1915]). *In*: FREUD, Sigmund. **Obras completas.** Rio de Janeiro: Imago, 1969. p. 275-291. v. XIV; FREUD, S. Inibições, sintomas e ansiedade (1926 [1925]). *In*: FREUD, Sigmund. **Obras completas.** Rio de Janeiro: Imago, 1969. p. 197-198. v. XX: "Conhecemos ainda outra reação emocional à perda de um objeto, que é o luto. [...] O luto ocorre sob a influência do teste de realidade, pois a segunda função exige categoricamente da pessoa desolada que ela própria deva separar-se do objeto, visto que ele não mais existe".

angústia, melancolia e outras podem ter, nesse lugar da falta do luto, uma aparição significativa. Se isso é certo, o mesmo não se pode dizer dessa situação no âmbito do coletivo; mas não se pode descartar, ou seja, não se pode dizer que no conjunto dos sujeitos (individualmente tomados: onde a psicanálise seguramente se coloca e se sustenta) isso não apareça. Ao contrário.

A situação do Brasil pode ser analisada, em face do caso *Gomes Lund v. Brasil*, a partir de tal referencial da **falta de luto**. Afinal, **sempre que a questão da falta de prestação de contas com as mortes do regime militar se coloca na sociedade brasileira, vem à tona experiências que se não sabe por quê, mas que expressam sentimentos de ódio**[4] **e resistência, como se a situação forjasse – mais uma vez – um conflito sobre a necessidade, ou não, de se punir os responsáveis ou, pelo menos, que tenham eles um julgamento adequado**. Sem dúvida, quem tem contato com esse conflito **não consegue ser indiferente a ele**. Afinal, se fosse indiferente, tudo poderia estar resolvido, justo em razão dela, **a indiferença**, ser a face com a qual se apresenta um problema que, como tal, já não existe mais, embora possa estar na lembrança como se fosse um amor que "acabou": estava lá, mas não importa. Na prática, não é assim.

Em meados de 2019, o presidente da República, Jair Messias Bolsonaro, mostrando mais uma vez aquilo que ele é e sempre foi (e nisso foi honesto, porque nunca escondeu nada, mesmo na campanha presidencial), atacou o presidente da Ordem dos Advogados do Brasil, Felipe Santa Cruz, em razão de o pai dele (pai do presidente da OAB)[5] ter sido um preso político que,

[4] Sobre o tema referente ao ódio são basilares as lições de DIAS, Mauro Mendes. **Os ódios**: clínica e política do psicanalista. São Paulo: Iluminuras, 2012. Para os dias atuais, vale uma passagem do capítulo sobre a "Positividade do Ódio", mais particularmente na p. 100: "Uma outra modalidade de recusa do ódio comparece através da racionalização dele, entendendo que essa racionalização é a colocação em exercício de uma empáfia. Tudo se passa como se o entendimento das causas permitisse dissolver seus efeitos".

[5] SOUZA, André de; ALMEIDA, Amanda. Bolsonaro: 'Se o presidente da OAB quiser saber como é que o pai dele desapareceu, eu conto para ele'. **Jornal O Globo**. Brasília. Publicado em: 29 jul. 2019. Disponível em: https://oglobo.globo.com/brasil/bolsonaro-se-presidente-da-oab-quiser-saber-como-que-pai-dele-desapareceu-eu-conto-para-ele-23839835. Acesso em: 1 set. 2019: "Ao comentar as investigações sobre seu agressor Adélio Bispo de Oliveira, nesta segunda-feira, o presidente Jair Bolsonaro voltou a atacar o presidente da Ordem dos Advogados do Brasil (OAB), Felipe Santa Cruz, com acusações de que seu pai, Fernando Santa Cruz, desaparecido durante a ditadura militar, fazia parte do grupo "mais sanguinário"

aprisionado pelo regime militar, desapareceu; e dele nunca mais se soube nada certo. O caso teve grande repercussão nacional[6] e gerou, logo, grandes polêmicas, com ataques dos defensores do governo e dos contrários a ele.

Mostrou, ao que aqui interessa, que **a chaga da falta do luto continua aberta** e, por ela, **alimenta-se o ódio e o sofrimento.**

do movimento Ação Popular. Bolsonaro questionou a ação da OAB durante o processo para apurar o atentado sofrido em Juiz de Fora (MG), no ano passado, e afirmou que se o presidente da entidade quiser saber sobre a 'verdadeira história' do que aconteceu com seu pai, ele pode contar o que ocorreu".

6 "O presidente do Conselho Federal da OAB, Felipe Santa Cruz, ajuizou petição no Supremo Tribunal Federal para que o presidente Jair Bolsonaro se explique. No início da semana, Bolsonaro disse que, se Santa Cruz quisesse saber o que aconteceu com o pai, morto pela ditadura, que perguntasse. O pedido foi distribuído ao ministro Luís Roberto Barroso. Na petição, Santa Cruz faz cinco questionamentos a Bolsonaro: 1) se efetivamente tem conhecimento das circunstâncias, dos locais, dos fatos e dos nomes das pessoas que causaram o desaparecimento forçado e assassinato do Sr. Fernando Augusto de Santa Cruz Oliveira; 2) em caso positivo, quais informações o Requerido detém, como as obteve e como as comprova; 3) se sabe e pode nominar os autores do crime e onde está o corpo do Sr. Fernando Augusto de Santa Cruz Oliveira; 4) ainda, em caso afirmativo, a razão por não ter denunciado ou mandado apurar a conduta criminosa revelada; e 5) se afirmou aos órgãos de comunicação social e a sites que o falecido Sr. Fernando Augusto de Santa Cruz Oliveira teria sido assassinado não por militares, mas por seus companheiros de ideias libertárias (Ação Popular)" (COELHO, Gabriela. **Presidente da OAB vai ao STF contra declaração de Jair Bolsonaro**. CONJUR. Publicado em: 31 jul. 2019. Disponível em: https://www.conjur.com.br/2019-jul-31/presidente-oab-stf-declaracao-jair-bolsonaro. Acesso em: 1 set. 2019).
Também: ÁLVARES, Andrea. Presidente da OAB diz que perdoaria Bolsonaro se ele admitisse 'de forma humana que falou demais. **Huffposrbrasil**. Publicado em: 03 ago. 2019. Disponível em: https://www.huffpostbrasil.com/entry/presidente-oab-bolsonaro_br_5d44d902e4b0ca604e324045. Acesso em: 1 set. 2019: "Atacado pessoalmente pelo presidente Jair Bolsonaro, o presidente da OAB (Ordem dos Advogados do Brasil), Felipe Santa Cruz, afirmou ao HuffPost que aceitaria um recuo do chefe do Executivo, como um 'gesto de grandeza', se ele admitisse 'de forma humana que falou demais'. 'Eu quero tratar do futuro do País. Represento mais de um milhão de advogados. Se o presidente se retratar, aceitar dizer a verdade, com um grande gesto de grandeza que pacificasse o País, eu o perdoaria'".
E: AMORIM, Felipe. 'Caso encerrado', diz presidente da OAB após resposta de Bolsonaro ao STF. **UOL NOTÍCIAS**. Publicado em: 26 set. 2019. Disponível em: <https://noticias.uol.com.br/politica/ultimas-noticias/2019/08/26/caso-encerrado-diz-presidente-da-oab-apos-resposta-de-bolsonaro-ao-stf.htm>. Acesso em: 1 set. 2019: "O presidente da OAB (Ordem dos Advogados do Brasil), Felipe Santa Cruz, afirmou que a ação no STF (Supremo Tribunal Federal) contra o presidente Jair Bolsonaro (PSL) é 'assunto encerrado'. Santa Cruz fez a afirmação após saber da decisão de hoje do ministro do STF Luís Roberto Barroso de extinguir o processo da interpelação judicial contra o presidente, após Bolsonaro apresentar resposta no processo na semana passada".

Uma sociedade dividida e com um grau intolerável de conflitos marcados pelo ódio (tudo ao contrário do que sempre foi o Brasil e a benquerença do seu povo, muitas vezes marcada por uma solidariedade inusitada), parece um paiol de pólvora pronto para explodir, quem sabe em uma guerra fratricida para a qual não haveria nenhuma justificativa, a não ser o gozo (como conceito lacaniano) próprio pela morte.

A situação não é simples e, portanto, é preciso mergulhar nas suas entranhas para tentar entender como se pode dela sair. Tem-se presente, porém, que a **falta do luto**, sem medo de errar, é uma das causas. E isso se deve à incorreta decisão do STF no *caso Gomes Lund*.

1.Um pouco dos processos e suas decisões

1.1 O processo perante o Supremo Tribunal Federal

Perante o Supremo Tribunal Federal, o Conselho Federal da Ordem dos Advogados do Brasil (OAB) propôs uma **Arguição de Descumprimento de Preceito Fundamental (ADPF)**, com base nos artigos 102, § 1º e 103, inciso VII, da Constituição da República, combinados com o artigo 1º, parágrafo único, inciso I, e artigo 2º, inciso I, da Lei nº 9.882/99, com a pretensão de ter "a procedência do pedido de mérito, para que esse Colendo Tribunal dê à Lei nº 6.683, de 28 de agosto de 1979, uma **interpretação conforme à Constituição, de modo a declarar, à luz do seus preceitos fundamentais, que a anistia concedida pela citada lei aos crimes políticos ou conexos não se estende aos crimes comuns praticados pelos agentes da repressão contra opositores políticos, durante o regime militar (1964/1985)**". Os autos do processo ganharam o nº 153. O fundamento para tanto era o *caput* do artigo 5º da Constituição de República (que trata do princípio da isonomia), o inciso XXXIX do artigo 5º da CR (que trata do princípio da legalidade), o inciso XXXIII do artigo 5º da CR (que trata do direito a receber informações dos órgãos públicos e de não ocultar a verdade), o parágrafo único do artigo 1º da CR (que trata do princípio democrático), bem com os incisos I e IV do artigo 3º da CR (que trata do princípio republicano) e o inciso III do artigo 1º da CR (que trata da dignidade da pessoa humana).

O Tribunal Pleno, com nove dos 11 (onze) ministros que compunham o STF (ausentes os ministros Joaquim Barbosa, licenciado, e Dias Toffoli, impedido), presidido pelo Ministro Cezar Peluso, julgou a ADPF nº 153 em 28 e 29 de abril de 2010 e, por maioria (vencidos os ministros Ayres Brito e Ricardo Lewandowski, que votam pela procedência), **decidiu pela improcedência do pedido**. Votaram com o relator, ministro Eros Grau, os ministros Celso de Mello, Marco Aurélio, Ellen Gracie, Gilmar Mendes, Carmen Lúcia e o presidente Cezar Peluso. Em suma, entendeu-se pela legalidade, ou seja, que a Lei de Anistia havia estendido "a conexão aos crimes praticados pelos agentes do Estado contra os que lutavam contra o Estado de exceção"; portanto, que a anistia era ampla e geral, atingindo os ilícitos cometidos pelos agentes do regime militar durante a repressão política e, assim, não se restringiam apenas aos opositores.

O relator foi o ministro Eros Roberto Grau, hoje aposentado. Homem inteligentíssimo, é professor titular de Direito Econômico na Faculdade de Direito da Universidade de São Paulo (USP) e, reconhecidamente, ligado aos movimentos de esquerda. Conduzido ao STF pelo presidente Luís Inácio Lula da Silva, dele se esperava que viesse à luz um voto em conformidade com as decisões precedentes da Corte Interamericana de Direitos Humanos (CIDH), todas então já conhecidas e discutidas, assim como apresentadas com a inicial da Ordem dos Advogados do Brasil: "Vale registrar que a Corte Americana de Direitos Humanos, cuja jurisdição foi reconhecida pelo Brasil no Decreto Legislativo nº 89, de dezembro de 1998, já decidiu, em pelo menos 5 (cinco) casos, que é nula e de nenhum efeito a auto-anistia criminal decretada por governantes"[7]. Ao contrário, o voto – e a decisão que o seguiu – estampa,

[7] Foram citados os casos decididos na CIDH: Caso *Loayza Tamayo v. Peru.* sentença de 27 de novembro de 1998, disponível em: http://www.corteidh.or.cr/docs/casos/votos/vsc_cancadoabreu_42esp.doc; Caso *Barrios Altos v. Peru,* Fondo, sentença de 14 de março de 200, disponível em: http://www.corteidh.or.cr/docs/casos/artículos/Serie_75_esp.doc: Caso *Barrios Altos. Interpretación de la Sentença de Fondo (art. 67 Convención Americana sobre Derechos Humanos,* sentença de 3 de setembro de 2001, disponível em: http://www.corteidh.or.cr/docs/casos/articulos/Seriec_124_esp.doc; Caso *de la Comunidad Moiwana,* sentença de 15 de setembro de 2005, disponível em: http://www.corteidh.or.cr/ docs/casos/articulos/seriec_124_esp.doc; Caso *Almonacid Areliano y otros v. Chile. Excepciones Preliminares. Fondo. Reparaciones y Costas,* sentença de 26 de setembro de 2006, disponível em: http://www.corteidh.or.cr/docs/casos/articulos/seriec_154 esp.doc.

por vários aspectos, o **acordo político** que se fez para permitir que a Lei de Anistia fosse promulgada (Lei nº 6.683, de 28.08.1979) ainda durante o regime militar e, assim, houvesse "paz" em relação ao problema, o qual, segundo os prognósticos, tenderia a ficar esquecido com o tempo e engolido na retomada da democracia. Era um terrível engano.

Segundo se comentou na época (não esquecer que era 2010, portanto, muito distante do regime militar), **teriam tido influência decisiva na decisão** a posição dos comandantes militares (já naquela altura todos diferentes dos antigos e que teriam levado a efeito a repressão política), que não queriam expor os seus a um desgaste que parecia desnecessário e improdutivo para o país, assim como a Confederação dos Bispos do Brasil – CNBB, entidade extremamente respeitada e que, então, falava em pacificação e sua estabilidade. Eram, porém, rumores.

A decisão deve ser vista por si mesma e, para tanto, deve-se ter presente a sua Ementa, a qual a apresenta de forma exemplar:

> EMENTA: LEI N. 6.683/79, A CHAMADA "LEI DE ANISTIA". ARTIGO 5º, CAPUT, III E XXXIII DA CONSTITUIÇÃO DO BRASIL; PRINCÍPIO DEMOCRÁTICO E PRINCÍPIO REPUBLICANO: NÃO VIOLAÇÃO. CIRCUNSTÂNCIAS HISTÓRICAS. DIGNIDADE DA PESSOA HUMANA E TIRANIA DOS VALORES. INTERPRETAÇÃO DO DIREITO E DISTINÇÃO ENTRE TEXTO NORMATIVO E NORMA JURÍDICA. CRIMES CONEXOS DEFINIDOS PELA LEI N. 6.683/79. CARÁTER BILATERAL DA ANISTIA, AMPLA E GERAL. JURISPRUDÊNCIA DO SUPREMO TRIBUNAL FEDERAL NA SUCESSÃO DAS FREQUENTES ANISTIAS CONCEDIDAS, NO BRASIL, DESDE A REPÚBLICA. INTERPRETAÇÃO DO DIREITO E LEIS-MEDIDA. CONVENÇÃO DAS NAÇÕES UNIDAS CONTRA A TORTURA E OUTROS TRATAMENTOS OU PENAS CRUÉIS, DESUMANOS OU DEGRADANTES E LEI N. 9.455, DE 7 DE ABRIL DE 1997, QUE DEFINE O CRIME DE TORTURA. ARTIGO 5º, XLIII DA CONSTITUIÇÃO DO BRASIL. INTERPRETAÇÃO E REVISÃO DA LEI DA ANISTIA. EMENDA CONSTITUCIONAL N. 26, DE 27 DE NOVEMBRO DE 1985, PODER CONSTITUINTE E 'AUTO-ANISTIA'. INTEGRAÇÃO DA ANISTIA DA LEI DE 1979

NA NOVA ORDEM CONSTITUCIONAL. ACESSO A DOCUMENTOS HISTÓRICOS COMO FORMA DE EXERCÍCIO DO DIREITO FUNDAMENTAL À VERDADE. 1. Texto normativo e norma jurídica, dimensão textual e dimensão normativa do fenômeno jurídico. O intérprete produz a norma a partir dos textos e da realidade. A interpretação do direito tem caráter constitutivo e consiste na produção, pelo intérprete, a partir de textos normativos e da realidade, de normas jurídicas a serem aplicadas à solução de determinado caso, solução operada mediante a definição de uma norma de decisão. A interpretação/aplicação do direito opera a sua inserção na realidade; realiza a mediação entre o caráter geral do texto normativo e sua aplicação particular; em outros termos, ainda: opera a sua inserção no mundo da vida. 2. O argumento descolado da dignidade da pessoa humana para afirmar a invalidade da conexão criminal que aproveitaria aos agentes políticos que praticaram crimes comuns contra opositores políticos, presos ou não, durante o regime militar, não prospera. 3. Conceito e definição de 'crime político' pela Lei n. 6.683/79. São crimes conexos aos crimes políticos 'os crimes de qualquer natureza relacionados com os crimes políticos ou praticados por motivação política'; podem ser de 'qualquer natureza', mas [i] hão de terem estado relacionados com os crimes políticos ou [ii] hão de terem sido praticados por motivação política; são crimes outros que não políticos; são crimes comuns, porém [i] relacionados com os crimes políticos ou [ii] praticados por motivação política. A expressão crimes conexos a crimes políticos conota sentido a ser sindicado no momento histórico da sanção da lei. A chamada Lei de anistia diz com uma conexão sui generis, própria ao momento histórico da transição para a democracia. Ignora, no contexto da Lei n. 6.683/79, o sentido ou os sentidos correntes, na doutrina, da chamada conexão criminal; refere o que 'se procurou', segundo a inicial, vale dizer, estender a anistia criminal de natureza política aos agentes do Estado encarregados da repressão. 4. A lei estendeu a conexão aos crimes praticados pelos agentes do Estado contra os que lutavam contra o Estado de exceção; daí o caráter bilateral da anistia, ampla e geral, que somente não foi irrestrita porque não abrangia os já condenados --- e com sentença transitada em julgado, qual o Supremo assentou --- pela prática de crimes de terrorismo, assalto, sequestro e atentado pessoal. 5. O significado válido dos textos é variável no tempo e no espaço, histórica e culturalmente. A interpretação do direito não é mera dedução dele, mas sim processo de contínua adaptação de seus textos normativos à realidade e seus conflitos. Mas essa afirmação aplica-se exclusivamente à interpretação das leis dotadas de generalidade e abstração, leis que constituem preceito primário, no sentido de que se impõem por força própria, autônoma. Não àquelas, designadas leis-medida (Massnahmegesetze), que disciplinam diretamente determinados interesses, mostrando-se imediatas e concretas, e consubstanciam, em si mesmas, um ato administrativo especial. No caso das leis-medida interpreta-se, em conjunto com o seu texto, a realidade no e do momento histórico no qual ela foi editada, não a realidade atual. É a realidade histórico-social da migração da ditadura para a democracia política, da transição conciliada de 1979, que há de ser ponderada para que possamos discernir o significado da expressão crimes conexos na Lei n. 6.683. É da anistia de então que estamos a cogitar, não da anistia tal e qual uns e outros hoje a concebem, senão qual foi na época conquistada. Exatamente aquela na qual, como afirma inicial, 'se procurou' [sic] estender a anistia criminal de natureza política aos agentes do Estado encarregados da repressão. A chamada Lei da anistia veicula uma decisão política assumida naquele momento --- o momento da transição conciliada de 1979. A Lei n. 6.683 é uma lei-medida, não uma regra para o futuro, dotada de abstração e generalidade. Há de ser interpretada a partir da realidade no momento em que foi conquistada. 6. A Lei n. 6.683/79 precede a Convenção das Nações Unidas contra a Tortura e Outros Tratamentos ou Penas Cruéis, Desumanos ou Degradantes --- adotada pela Assembleia Geral em 10 de dezembro de 1984, vigorando desde 26 de junho de 1987 --- e a Lei n. 9.455, de 7 de abril de 1997, que define o crime de tortura; e o preceito veiculado pelo artigo 5º, XLIII da Constituição --- que declara insuscetíveis de graça e anistia a prática da tortura, entre outros crimes --- não alcança, por impossibilidade lógica, anistias anteriormente a sua vigência consumadas. A Constituição não afeta leis-medida que a tenham precedido. 7. No Estado democrático de direito o Poder Judiciário não está autorizado a alterar, a dar outra redação, diversa da nele contemplada, a texto normativo. Pode, a partir dele, produzir distintas normas. Mas nem mesmo o Supremo Tribunal Federal está autorizado a rescrever leis de anistia. 8. Revisão de lei de anistia, se mudanças do tempo e da sociedade a impuserem, haverá --- ou não --- de ser feita pelo Poder Legislativo, não pelo Poder Judiciário. 9. A anistia da lei de 1979 foi reafirmada, no texto da EC 26/85, pelo Poder Constituinte da Constituição de 1988. Daí não ter sentido questionar-se se a anistia, tal como definida pela lei, foi ou não recebida pela Constituição de 1988; a nova Constituição a [re]instaurou em seu ato originário. A Emenda Constitucional n. 26/85 inaugura uma nova ordem constitucional, consubstanciando a ruptura da ordem constitucional que decaiu plenamente no advento da Constituição de 5 de outubro de 1988; consubstancia, nesse sentido, a revolução branca que a esta confere legitimidade. A reafirmação da anistia da lei de 1979 está integrada na nova ordem, compõe-se na origem da nova norma fundamental. De todo modo, se não tivermos o preceito da lei de 1979 como ab-rogado pela nova ordem constitucional, estará a coexistir com o § 1º do artigo 4º da EC 26/85, existirá a par dele [dicção do § 2º do artigo 2º da Lei de Introdução ao Código Civil]. O debate a esse respeito seria, todavia, despiciendo. A uma por que foi mera lei-medida, dotada de efeitos concretos, já exauridos; é lei apenas em sentido formal, não o sendo, contudo, em sentido material. A duas por que o texto de hierarquia constitucional prevalece sobre o infraconstitucional quando ambos coexistam. Afirmada a integração da anistia de 1979 na nova ordem constitucional, sua adequação à Constituição de 1988 resulta inquestionável. A nova ordem compreende não apenas o texto da Constituição nova, mas também a norma-origem. No bojo dessa totalidade --- totalidade que o novo sistema normativo é --- tem-se que '[é] concedida, igualmente, anistia aos autores de crimes políticos ou conexos' praticados no período compreendido entre 02 de setembro de 1961 e 15 de agosto de 1979. Não se pode divisar antinomia de qualquer grandeza entre o preceito veiculado pelo § 1º do artigo 4º da EC 26/85 e a Constituição de 1988. 10. Impõe-se o desembaraço dos mecanismos que ainda dificultam o conhecimento do quanto ocorreu no Brasil durante as décadas sombrias da ditadura.

1.2 O processo perante a Corte Interamericana de Direitos Humanos (CIDH)[8]

Como se viu, a decisão do STF ocorreu em 28-29 de abril de 2010, tempo em que estava para ser decido o caso *Gomes Lund e outros v. Brasil* (também conhecido como o caso da "Guerrilha do Araguaia") na Corte Interamericana de Direitos Humanos (CIDH), o que acabou acontecendo em 24 de novembro de 2010, em San José da Costa Rica. Resta evidente, desde logo, que se deveria ter esperado a decisão da CIDH para, em conformidade com ela, melhor apreciar, no Brasil, a matéria. Tudo leva a crer, contudo, que era justamente isso que não se queria, cientes todos da posição daquela CIDH sobre o tema, a qual acabou sufragada na sua decisão.

Portanto, concomitantemente à tramitação da ADPF e nos termos da decisão da CIDH: "Em 26 de março de 2009, em conformidade com o disposto nos artigos 51 e 61 da Convenção Americana, a Comissão Interamericana de Direitos Humanos (doravante 'Comissão Interamericana' ou 'Comissão') submeteu à Corte uma demanda contra a República Federativa do Brasil (doravante 'o Estado', 'Brasil' ou 'a União'), que se originou na petição apresentada, em 7 de agosto de 1995, pelo Centro pela Justiça e o Direito Internacional (CEJIL) e pela *Human Rights Watch/Americas,* em nome de pessoas desaparecidas no contexto da Guerrilha do Araguaia (doravante também denominada 'Guerrilha') e seus familiares".

Em razão do Relatório de Admissibilidade nº 33/01 (de 6 de março de 2001), da Comissão, aprovado pelo Relatório de Mérito nº 91/08 (31 de outubro de 2008), com recomendações ao Brasil, não deu ele (o Brasil) uma "implementação satisfatória", embora tenha sido devidamente notificado e, por duas vezes, tenha-se prorrogado o prazo concedido. Em face de tal situação é que a Comissão decidiu submeter o caso à jurisdição da Corte.

[8] Ver GIACOMOLLI, Nereu José. **O devido processo penal**: abordagem conforme a Constituição Federal e o Pacto de São José da Costa Rica. 2. ed. rev. e ampl. São Paulo: Atlas, 2015. p. 64 et seq.

Com a demanda pretendeu-se a "responsabilidade [do Estado] pela detenção arbitrária, tortura e desaparecimento forçado de 70 pessoas, entre membros do Partido Comunista do Brasil [...] e camponeses da região, [...] resultado de operações do Exército brasileiro empreendidas entre 1972 e 1975 com o objetivo de erradicar a Guerrilha do Araguaia, no contexto da ditadura militar do Brasil (1964–1985)". A Comissão também submeteu o caso à Corte porque,

> em virtude da Lei nº 6.683/79 [...], o Estado não realizou uma investigação penal com a finalidade de julgar e punir as pessoas responsáveis pelo desaparecimento forçado de 70 vítimas e a execução extrajudicial de Maria Lúcia Petit da Silva [...]; porque os recursos judiciais de natureza civil, com vistas a obter informações sobre os fatos, não foram efetivos para assegurar aos familiares dos desaparecidos e da pessoa executada o acesso a informação sobre a Guerrilha do Araguaia; porque as medidas legislativas e administrativas adotadas pelo Estado restringiram indevidamente o direito de acesso à informação pelos familiares; e porque o desaparecimento das vítimas, a execução de Maria Lúcia Petit da Silva, a impunidade dos responsáveis e a falta de acesso à justiça, à verdade e à informação afetaram negativamente a integridade pessoal dos familiares dos desaparecidos e da pessoa executada.

A Comissão solicitou ao Tribunal que declare que o Estado é responsável pela violação dos direitos estabelecidos nos artigos 3 (direito ao reconhecimento da personalidade jurídica), 4 (direito à vida), 5 (direito à integridade pessoal), 7 (direito à liberdade pessoal), 8 (garantias judiciais), 13 (liberdade de pensamento e expressão) e 25 (proteção judicial) da Convenção Americana sobre Direitos Humanos, em conexão com as obrigações previstas nos artigos 1.1 (obrigação geral de respeito e garantia dos direitos humanos) e 2 (dever de adotar disposições de direito interno) da mesma Convenção. Finalmente, solicitou à Corte que ordene ao Estado a adoção de determinadas medidas de reparação.

O Brasil, da sua parte, manifestou-se perante Corte e, ainda segundo a CIDH:

Em 31 de outubro de 2009, o Estado apresentou um escrito no qual interpôs três exceções preliminares, contestou a demanda e formulou observações sobre o escrito de solicitações e argumentos (doravante denominado 'contestação da demanda'). O Estado solicitou ao Tribunal que considere fundamentadas as exceções preliminares e, por conseguinte: a) reconheça a incompetência *ratione temporis* para examinar as supostas violações ocorridas antes do reconhecimento da jurisdição contenciosa da Corte pelo Brasil; b) declare-se incompetente, em virtude da falta de esgotamento dos recursos internos; e c) arquive de imediato o presente caso, ante a manifesta falta de interesse processual dos representantes. Subsidiariamente, quanto ao mérito, o Brasil solicitou ao Tribunal que reconheça 'todas as ações empreendidas no âmbito interno' e 'julgue improcedentes os pedidos [da Comissão e dos representantes], uma vez que está sendo construída no país uma solução, compatível com suas particularidades, para a consolidação definitiva da reconciliação nacional'.

Para fazer a conexão dos dois processos (aquele do STF e aquele da CIDH), basta ver o contido nos itens 43 e 44 da decisão da CIDH, nos quais não só se apresenta como a questão levada ao STF foi relatada em San José, mas também como foi requerido à Corte, depois de proferida a decisão de Brasília, um novo pedido, agora referente à falta de competência em razão da *proibição da quarta instância,* em vista do esgotamento dos recursos internos:

43. Em sua contestação à demanda, dentro de suas alegações relacionadas com a falta de esgotamento dos recursos internos, o Estado sustentou que lhe 'deve ser facultada [...] a oportunidade de debater e deliberar democraticamente o tema relacionado ao objeto da [...] demanda no âmbito de seu ordenamento jurídico interno. [...]. Em especial, é preciso dar tempo para que [...] o Supremo Tribunal Federal se pronuncie definitivamente acerca das questões jurídicas pendentes do governo militar'. Em particular, manifestou que, em outubro de 2008, a Ordem dos Advogados do Brasil interpôs uma ação de Arguição de Descumprimento de Preceito Fundamental mediante a qual solicitou ao Supremo Tribunal Federal que confira à Lei de Anistia uma

> interpretação conforme com a Constituição de modo que declare que a anistia concedida por essa lei aos crimes políticos ou conexos não se estende aos crimes comuns praticados pelos agentes de repressão contra opositores políticos, durante o regime militar. 44. Posteriormente à contestação da demanda, o Brasil informou que, em 29 de abril de 2010, o Supremo Tribunal Federal 'declarou improcedente, por sete votos a dois, [a Arguição de Descumprimento nº 153]', ao considerar que 'a Lei de Anistia representou, em seu momento, uma etapa necessária no processo de reconciliação e redemocratização do país' e que 'não se tratou de uma autoanistia'. Com base nesta recente decisão, o Estado questionou a competência da Corte Interamericana para revisar decisões adotadas pelas mais altas cortes de um Estado, indicando que este Tribunal não pode analisar as questões de mérito da presente demanda ocorridas até 29 de abril de 2010, em virtude do não esgotamento dos recursos internos. Com a decisão da Arguição de Descumprimento nº 153, verificou-se o esgotamento regular dos recursos internos, surgindo, inclusive, um novo obstáculo para a análise do mérito da demanda, a proibição da quarta instância. O Estado afirma o anteriormente exposto tomando por base, por um lado, que a tramitação da Arguição de Descumprimento nº 153 respeitou o devido processo legal, foi transparente, permitiu a participação de todos os interessados e garantiu a imparcialidade e independência judicial e, por outro lado, o caráter subsidiário da atuação dos órgãos do Sistema Interamericano, que não podem constituir-se em tribunais de alçada para examinar alegados erros, de fato ou de direito, cometidos por tribunais nacionais que tenham atuado dentro de suas competências.

Em relação ao que mais interessa, a CIDH decidiu, quanto à alegação de incompetência avançada pelo Brasil, para apreciar fatos anteriores a 10 de dezembro de 1998, data do reconhecimento brasileiro da jurisdição obrigatória da Corte, que o pedido é improcedente. E assim o fez, aparentemente, em face do conhecido *caso Blake vs. Guatemala* (sentença de 24 de janeiro de 1998), e do *Caso de La Comunidad Moiwana vs. Suriname* (sentença de 15 de junho de 2005), segundo o qual se entendeu que o Estado, à época do reconhecimento, já tinha ciência dos fatos e permanecia inerte, de modo que a Corte teria jurisdição para analisar os atos de caráter contínuo ou permanente.[9]

Quanto á alegação de que a CIDH não poderia ser uma "quarta instância", a Corte entendeu, no item 48 da sentença, que: "A demanda apresentada pela Comissão Interamericana não pretende revisar a sentença do Supremo Tribunal Federal, decisão que nem sequer havia sido emitida quando aquele órgão apresentou sua demanda perante a Corte Interamericana, mas que se estabeleça se o Estado violou determinadas obrigações internacionais dispostas em diversos preceitos da Convenção Americana, em prejuízo das supostas vítimas", portanto, faz ela, a Corte, um controle de convencionalidade, porque

> 49. Em numerosas ocasiões, a Corte Interamericana afirmou que o esclarecimento quanto à violação ou não, pelo Estado, de suas obrigações internacionais, em virtude da atuação de seus órgãos judiciais, pode levar este Tribunal a examinar os respectivos processos internos, inclusive, eventualmente, as decisões de tribunais superiores, para estabelecer sua compatibilidade com a Convenção Americana...

Discutiu-se, também, a partir das alegações da Comissão Interamericana, questões que se colocariam como obstáculos (quatro) à investigação dos fatos e da punição dos responsáveis, começando pela legalidade referente à Lei de Anistia (porque nela incluídos os crimes conexos cometidos agentes do Estado), assim como a prescrição e a falta de tipificação do crime de desaparecimento forçado, aduzindo que o costume internacional não pode ser fonte criadora do Direito Penal, pois não oferece segurança jurídica e, por fim que há no Direito interno a possibilidade de intervenção da Justiça militar. A Corte, porém, entendeu que a Lei de Anistia brasileira impede "a investigação e sanção de graves violações de direitos humanos" que "carecem de efeitos jurídicos" (nº 174 da Sentença) e, portanto, não se aplica. Por outro lado, em se tratando de crime permanente, estaria afastada a prescrição. Da mesma forma, a falta de tipificação "impõe ao Estado a obrigação de aplicar o direito penal de forma compatível com suas obrigações

[9] RAMOS, André de Carvalho. **Processo internacional de diretos humanos.** 6. ed. São Paulo: Saraiva, 2019. p. 410.

convencionais", o que leva o Brasil a ter que o tipificar, em cumprimento às disposições do art. 2º da Convenção Americana de Direitos Humanos (CADH). Afirmou, ainda, que o princípio da legalidade não deve prejudicar o julgamento e a sanção dos atos que à época do cometimento já eram delituosos e, por fim, reconheceu que no Direito interno existem antecedentes que mostram a possibilidade de intervenção da jurisdição militar, tudo em violação das normas interamericanas e internacionais.

Para que não ficasse dúvida, entendeu a Corte que:

> A Comissão Interamericana recordou que o Estado afirmou que a investigação e punição dos responsáveis pelos desaparecimentos forçados das vítimas e a execução de Maria Lúcia Petit da Silva estão impossibilitadas pela Lei de Anistia. Dada a interpretação que o Estado conferiu a essa norma, além da falta de investigação e sanção penal, nem os familiares das vítimas, nem a sociedade brasileira puderam conhecer a verdade sobre o ocorrido. A aplicação de leis de anistia e perpetradores de graves violações de direitos humanos é contrária às obrigações estabelecidas na Convenção e à jurisprudência da Corte Interamericana. Em casos de execução e desaparecimento forçado, os artigos 8 e 25 da Convenção estabelecem que os familiares das vítimas têm o direito a que essa morte ou desaparecimento seja efetivamente investigado pelas autoridades estatais, que os responsáveis sejam processados e, se for o caso, punidos, e que se reparem os danos que os familiares tenham sofrido. Do mesmo modo, nenhuma lei ou norma de direito interno, como as disposições de anistia, as regras de prescrição e outras excludentes de responsabilidade, pode impedir que um Estado cumpra essa obrigação, especialmente quando se trate de graves violações de direitos humanos que constituam crimes contra a humanidade, como os desaparecimentos forçados do presente caso, pois esses crimes são inanistiáveis e imprescritíveis.

Superada a fase da produção de provas, demonstrou-se que entre os anos 1972 e 1974 agentes estatais foram responsáveis pelo desaparecimento forçado de 62 pessoas, não havendo, transcorridos mais de 38 anos, identificação ou definição do paradeiro de 60 delas, reiterando-se que o desaparecimento forçado tem caráter permanente e persiste até que se conheça o paradeiro da vítima ou se encontrem seus restos. Assim, decidiu-se que houve infração ao dever de prevenção de violações dos direitos à integridade pessoal (art. 5º), à vida (art. 4º, da Convenção Americana), ainda que os atos de tortura ou de privação da vida não possam ser demonstrados no caso concreto, bem como vulneração ao direito de reconhecimento da personalidade (art. 3º) e liberdade pessoal (art. 7º). Entendeu-se, então, que as disposições da Lei de Anistia brasileira, ainda que constituam um "acordo político" (nº 175 da Sentença), impedem a investigação e sanção de graves violações de direitos humanos, incompatíveis com a Convenção Americana.

Por isso, em 24 de novembro de 2010, a CIDH condenou o Brasil porquanto responsável pela violação dos direitos às garantias judiciais e à proteção judicial previstos nos artigos 8.1 e 25.1, da Convenção Americana sobre Direitos Humanos, pela falta de investigação, julgamento e sanção dos responsáveis, em prejuízo dos familiares das pessoas desaparecidas e da pessoa executada.

No Brasil, como se sabe, pouco se fez sobre o cumprimento da decisão da CIDH, talvez porque não se quis fazer. Os especialistas na matéria, porém, sempre estiveram na defesa da aplicação dela. Já em 2011, por exemplo, Ana Luisa Zago de Moraes cobrava uma providência:

> Por fim, resta aferir qual será a posição do Brasil diante de tal condenação, principalmente no que concerne à punição dos responsáveis pelos desaparecimentos forçados. Caso opte pela reafirmação da anistia dos agentes estatais, estará descumprindo uma sentença internacional, o que possibilita sua responsabilização na ordem externa...[10]

No mesmo sentido, André de Carvalho Ramos: "Resta ainda muito a fazer e cabe às autoridades públicas, nas suas respectivas esferas de atuação, cumprir integralmente a sentença do Caso Gomes Lund"[11].

[10] MORAES, Ana Luisa Zago de. O "caso Araguaia" na Corte Interamericana de Direitos Humanos. **Revista Liberdades**, São Paulo, nº 8, p. 88-110, set-dez 2011. p. 108.

[11] RAMOS, André de Carvalho. O primeiro ano da sentença da Guerrilha do Araguaia. **Revista Consultor Jurídico** – CONJUR. Publicado em: 24 jul. 2011. Disponível em: https://www.conjur.com.br/2011-nov-24/ano-depois-sentenca-guerrilha-araguaia-nao-foi-cumprida. Acesso em: 1 set. 2019.

Os resultados, até hoje, são inexpressivos; e agora, no atual governo, parecem impossíveis.

2.Outras consequências a título de conclusão

A questão é extremamente complexa e assim deve ser entendida, de modo a que não se banalize o caso tão só pela posição do STF e da CIDH.

Em países de modernidade tardia e subdesenvolvidos, uma luta constante foi dirigida à implementação dos direitos humanos e, como consequência, busca-se o crescimento da cidadania, de modo a se ter um avanço no bem-estar social. O drama, porém, sempre foi o mesmo: quase um abismo entre os poucos que mais têm e os muitos que menos têm. Nesse conflito permanente vicejam os mais graves problemas que uma sociedade periférica enfrenta.

Eis por que os acontecimentos mais significativos da vida de tais sociedades – e, dentre eles, as graves violações de direitos humanos – tendem, alguns mais e outros menos, a deixar marcas que se perpetuam se não forem elaboradas como luto, tudo de modo a fazer prosperar um afastamento do objeto.

O caso da "guerrilha do Araguaia" (dito caso Gomes Lund) é, quem sabe, o exemplo mais acabado daquilo que resta como falta do luto. O Brasil, se isso se pudesse dizer, ainda não pode enterrar seus mortos, estando aberta a chaga por onde transitam os fantasmas de problemas mal resolvidos, com graves consequências.

Uma das primeiras consequências diz respeito ao fato que não se consegue ter, na sua extensão mais ampla, a **segurança jurídica** necessária, aquela que a ordem posta deveria oferecer minimamente, justo para amainar as diferenças.

Ora, há de se ter presente que a ordem jurídica sofre um ataque permanente, nos dias atuais, com a *deregulation* imposta pelo neoliberalismo, agora dominado pela matriz da financeirização. Feito epistemologia e sustentado pelo princípio da eficiência, o modelo neoliberal estimula a competição desenfreada e força todos, de uma certa maneira, a laborar em risco. O Direito e os direitos, em uma dimensão assim colocada, virou arma da guerra econômica;[12]

[12] LAÏDI, Ali. ***Le droit: nouvelle arme de guerre economique****: commnet les États-Unis déstabilisent les entreprises européennes*. Arles: Actes Sud, 2019; PIERUCCI, Frédéric; ARON, Matthieu. ***Le***

mas, por incrível que possa parecer, cada vez tem mais adeptos, cegados que vão pelas aparentes vantagens individuais, privadas. Nunca as diferenças apareceram tanto; nunca as pessoas expressaram tanto suas faces mal resolvidas.

Por outro lado, não é de hoje que os norte-americanos estão tentando, pela via do Direito, impor seu modelo jurídico ao mundo inteiro e, com mais força, nos países periféricos, em razão das maiores dificuldades em se resistir. Nessa dimensão, os direitos, mormente os direitos humanos, são um estorvo, porque, como se sabe, têm a basilar missão de funcionar como **limitação** aos abusos, máxime do Estado. Isso, em definitivo, não interessa aos senhores do poder (em especial aqueles do poder econômico), adeptos de uma globalização dos ônus para todos, em especial aos menos favorecidos; e poucos bônus. Com isso, mais lucros para alguns; e muitas dificuldades para muitos, a começar pelos empresários de pequeno e de médio porte, pouco maleáveis aos jogos de mercado.

Torna-se inevitável, com duas premissas desse porte (gente mal resolvida e Direito fraco), o aumento vertiginoso da conflituosidade, a qual acaba, quase sempre, nos meandros do Poder Judiciário. E ali, pelo menos em países periféricos dos quais o Brasil é, quem sabe, o melhor exemplo, as soluções têm sido, de forma cada vez mais visível, imprevisíveis.

A debilidade do Direito se escancara quando as leis, começando por aquela constitucional, já não comprometem o intérprete e, em especial, o juiz (com poder jurisdicional), de modo a que se sinta obrigado pelos preceitos, razão por que se tem decidido, com uma frequência inusual, com base em aspectos morais ou em nome de uma moralidade pública inaceitável, dada que forjada sempre pela ocasião, ou mesmo com fundamento em um moralismo repugnante, assim como em face do decisionismo. Já se disse, no Brasil, de forma irônica – por evidente –, mas correta, que cada Tribunal parece ter seu código de processo penal; para ficar em um único exemplo.

Em condições assim, a **insegurança jurídica** vai-se tornando aguda; e o futuro é imprevisível.

***piège américain**: l'ostage de la plus grande entreprise de déstabilisation* économique *témoigne*. Paris: JCLattès, 2019.

O caso **Gomes Lund** e seu resultado ajuda a entender um pouco da imensa complexidade que se tornou o Brasil, o seu Direito e as eventuais vias de saída para uma crise que parece não ter fim, mas da qual não se consegue sair sem o respeito pela diferença do outro, logo, da cidadania e dos direitos humanos.

Referências

ÁLVARES, Andrea. Presidente da OAB diz que perdoaria Bolsonaro se ele admitisse "de forma humana que falou demais". ***Huffposrbrasil.*** Publicado em: 3 ago. 2019. Disponível em: https://www.huffpostbrasil.com/entry/presidente-oab-bolsonaro_br_5d44d902e4b0ca604e324045. Acesso em: 1 set. 2019.

AMORIM, Felipe. 'Caso encerrado', diz presidente da OAB após resposta de Bolsonaro ao STF. **UOL notícias.** Publicado em: 26 set. 2019. Disponível em: https://noticias.uol.com.br/politica/ultimas-noticias/2019/08/26/caso-encerrado-diz-presidente-da-oab--apos-resposta-de-bolsonaro-ao-stf.htm. Acesso em: 1 set. 2019.

COELHO, Gabriela. **Presidente da OAB vai ao STF contra declaração de Jair Bolsonaro**. CONJUR. Publicado em: 31 jul. 2019. Disponível em: https://www.conjur.com.br/2019-jul-31/presidente-oab-stf-declaracao-jair-bolsonaro. Acesso em: 1 set. 2019.

DIAS, Mauro Mendes. **Os ódios**: clínica e política do psicanalista. São Paulo: Iluminuras, 2012.

FREUD, Sigmund. Luto e melancolia (1917 [1915]). *In*: FREUD, Sigmund. **Obras completas.** Rio de Janeiro: Imago, 1969. v. XIV.

FREUD, S. Inibições, sintomas e ansiedade (1926 [1925]). *In*: FREUD, Sigmund. **Obras completas**. Rio de Janeiro: Imago, 1969. v. XX.

GIACOMOLLI, Nereu José. **O devido processo penal**: abordagem conforme a Constituição Federal e o Pacto de São José da Costa Rica. 2. ed. rev. e ampl. São Paulo: Atlas, 2015.

GIACOMOLLI, Nereu José; EILBERG, Daniela Dora. Possíveis diálogos à proteção de garantias criminais: paralelo entre a jurisprudência doméstica brasileira e os estandartes fixados pela CIDH sobre o direito ao recurso. *In*: BARROS, Flaviane de Magalhães (coord.). **Convencionalidade e sistema de justiça:** dissonâncias e consonâncias entre a jurisdição internacional de direitos humanos e as decisões do sistema judicial brasileiro. Florianópolis: EMais, 2018. p. 67-87.

LAÏDI, Ali. ***Le droit*: *nouvelle arme de guerre economique***: *commnet les États-Unis déstabilisent les entreprises européennes*. Arles: Actes Sud, 2019.

MORAES, Ana Luisa Zago de. O "caso Araguaia" na corte interamericana de direitos humanos. **Revista Liberdades**, São Paulo, nº 8, p. 88-110, set-dez 2011.

PIERUCCI, Frédéric; ARON, Matthieu. ***Le piège américain***: *l'ostage de la plus grande entreprise de déstabilisation* économique *témoigne*. Paris: JCLattès, 2019.

RAMOS, André de Carvalho. **Processo internacional de diretos humanos**. 6. ed. São Paulo: Saraiva, 2019.

RAMOS, André de Carvalho. O primeiro ano da sentença da Guerrilha do Araguaia. **Revista Consultor Jurídico** – CONJUR. Publicado em: 24 jul. 2011. Disponível em: https://www.conjur.com.br/2011-nov-24/ano-depois-sentenca-guerrilha-araguaia--nao-foi-cumprida. Acesso em: 1 set. 2019.

SOUZA, André de; ALMEIDA, Amanda. Bolsonaro: 'Se o presidente da OAB quiser saber como é que o pai dele desapareceu, eu conto para ele'. **Jornal O Globo**. Brasília. Publicado em: 29 jul. 2019. Disponível em: https://oglobo.globo.com/brasil/bolsonaro--se-presidente-da-oab-quiser-saber-como-que-pai-dele-desapareceu-eu-conto-para--ele-23839835. Acesso em: 1 set. 2019.

51.
UTILIZAÇÃO DA INTELIGÊNCIA ARTIFICIAL NA DECISÃO JUDICIAL

NEREU JOSÉ GIACOMOLLI
FELIPE MRACK GIACOMOLLI

Prólogo: frutos do amor de filho para pai, o homenageado[1]

Sabemos, render homenagens aos genitores é um exercício eterno. Eterna, também, minha gratidão ao meu pai, que certamente não se traduz em palavras nem caberia neste espaço. Mesmo assim, por ter o privilégio da organização da obra e de escrever um capítulo em coautoria com o homenageado, atrevo-me a imortalizar brevíssimas linhas.

Sem dúvidas, todos que tiveram a imensa felicidade de conhecer e conviver com Nereu sabem suas qualidades. Não caberia a mim aqui repeti-las, sobretudo por terem sido elencadas e lembradas na introdução de diversos capítulos que compõem esta obra. Destaco, apenas, o que melhor resume todos seus atributos: a fraternidade e a empatia. Com sua paciência e didática magistral, facilmente observada nos bancos universitários onde leciona, percebemos que nos ensina muito mais do que seus vastos conhecimentos

[1] Tópico escrito exclusivamente pelo filho coautor ao autor homenageado, sem a ciência do último, quem se surpreenderá não apenas com a obra coletiva a si construída, como também com a inclusão deste capítulo, fruto de uma pesquisa inicialmente pensada à submissão para um periódico científico, com todo o rigor inerente ao mister.

dogmáticos e jurídicos. Ensina, acima de tudo, a sermos éticos e a respeitarmos as diferenças, a sermos mais sensíveis e afetuosos, a sermos, assim como ele, mais humanos, empáticos e fraternos.

A maior honra e gratidão de ser filho do Nereu e da Beatriz é ter tido essa valiosa educação em casa, desde cedo, moldando um caráter humanitário e de respeito e amor ao próximo, seja ele quem for. Quem não teve tamanho privilégio de receber esse amor paterno – que divido apenas com minha irmã, Caroline – certamente pôde (e poderá) degustar um pouco da fraternidade do Nereu como amigo, colega, aluno ou leitor de suas variadas obras. E o capítulo a seguir, como todos os textos por ele escritos, reflete seus atributos. Em tempos de reflexão sobre os avanços tecnológicos e sobre a crescente delegação de tarefas a supercomputadores e a robôs, as características mais intrínsecas e naturais do ser humano revelam-se cruciais e merecem ser destacadas.

Enfim, sou muito grato de ter a possibilidade de continuar teu legado nas ciências jurídicas, em tempos em que a dignidade humana merece ser lembrada, exaltada e, principalmente, praticada. Ao fim e ao cabo, parafraseando Valter Hugo Mãe[2], toda a sabedoria e todos os conhecimentos deveriam resultar na pura capacidade de amar e cuidar de alguém. Tenho a honra de poder organizar esta merecida homenagem, agradeço mais uma vez por poder retribuir um pouco do amor que tu nos passa, pai.

1. Considerações iniciais

O mundo não está apenas mudando, mas sim se metamorfoseando, o que implica uma transformação muito mais radical, diante da qual as velhas certezas dão lugar a algo inteiramente novo[3]. Neste cenário, vivemos tempos de estreitamento das fronteiras entre o plano físico, biológico e digital, muitas vezes se sobrepondo de modo absoluto[4]. Essa metamorfose digital, segundo

[2] Em MÃE, Valter Hugo. *As mais belas coisas do mundo.* Rio de Janeiro: Biblioteca Azul, 2019.

[3] Concepção de BECK, Ulrich. **A metamorfose do mundo**: novos conceitos para uma nova realidade. Rio de Janeiro: Zahar, 2018. p. 15.

[4] Em SCHWAB, Klaus. **A Quarta Revolução Industrial**. São Paulo: Edipro, 2019. Realmente, a sociedade contemporânea, a partir da virada do século XXI, vem passando por intensos processos de transformação, derivados de inovações tecnológicas, como o desenvolvimento

Beck, cria sujeitos metamorfoseados, ou seja, seres humanos digitais, com entrelaçamento entre o *on-line* e o *off-line*[5].

O ritmo de mudança na tecnologia acelera e se expande em escala e velocidade exponenciais. Chegar-se-á, no futuro, ao momento em que o ritmo e o impacto das mudanças tecnológicas ocasionarão transformações irreversíveis à vida humana, modificando drasticamente o sentido natural do ser, inclusive da própria morte.[6] Nessa perspectiva, Byung-Chul Han afirma que nos arrastamos "por trás da mídia digital, que, aquém da decisão consciente, transforma decisivamente nosso comportamento, nossa percepção, nossa sensação, nosso pensamento, nossa vida em conjunto", formando uma grande massa denominada "exame digital"[7].

Nesse cenário futurista, haverá uma combinação das qualidades dos supercomputadores – como a incapacidade de extenuação, o armazenamento e a velocidade de processamento de dados – com aquelas inerentes à inteligência humana – como a capacidade de inferências a partir da experiência, de percepção de sutilezas e de emoções –, ocasionando uma mudança abrupta de paradigmas nunca antes experimentada pela humanidade.[8] Nessa linha,

e avanços da robótica, dos veículos autônomos, da nanotecnologia, da biotecnologia, da inteligência artificial, a internet das coisas, entre outras inovações, denominada, também, de "Quarta Revolução Industrial". Esta realidade abarca a convergência disruptiva de tecnologias digitais, físicas e biológicas responsáveis por uma mudança histórica e significativa no mundo; uma verdadeira metamorfose que vai mais além de uma simples transformação.

5 BECK, Ulrich. **A metamorfose do mundo**: novos conceitos para uma nova realidade. Rio de Janeiro: Zahar, 2018. p. 190.

6 Ver KURZWEIL, Ray. **A singularidade está próxima**: quando os humanos transcendem a biologia. São Paulo: Itaú Cultural Iluminuras, 2018. p. 23. Conforme o cientista e futurista norte-americano, o conceito de "Singularidade" repercute uma série de proposições sobre o futuro da tecnologia, em especial da inteligência artificial, que em poucos anos conseguirá emular completamente a inteligência humana, resultando impossível ao homem perceber se interage com outra pessoa ou com a máquina. Ademais, segundo Han, a morte seria uma opção (HAN, Byung-Chul. **No Enxame**: perspectivas do digital. Petrópolis: Vozes, 2018. p. 61).

7 Ver HAN, Byung-Chul. **No Enxame**; perspectivas do digital. Petrópolis: Vozes, 2018. p. 10-21. Segundo ele, o "enxame digital" seria a "massa" contemporânea; contudo, por não habitar nela nenhuma alma e nenhum espírito, não é propriamente uma "massa" (concepção tradicional), em razão de sua composição por indivíduos singularizados, com propriedades específicas, particularizadas, próprias aos seres individualmente considerados, diferente da perspectiva da massa humana tradicional.

8 Em KURZWEIL, Ray. **A singularidade está próxima**: quando os humanos transcendem a biologia. São Paulo: Itaú Cultural Iluminuras, 2018,. p. 50.

impactos na produtividade das pessoas e no desemprego preocupam os economistas; psicólogos, psiquiatras e neurocientistas se dedicam às repercussões trazidas no campo da cognição e do comportamento humano; sociólogos investigam as transformações sociais; enquanto nós, juristas, devemos nos dedicar às mudanças geradas no sistema judicial e na forma de prestação jurisdicional.

Nos últimos anos, no campo do Direito e da atividade jurisdicional, o uso da inteligência artificial vem ganhando espaço em atividades processuais automatizáveis, principalmente para responder ao problema do crescimento exponencial de demandas judiciais e da necessidade de respostas cada vez mais céleres aos anseios da sociedade contemporânea. Essa tendência é realidade em cortes brasileiras e estrangeiras[9]. Não são poucos os exemplos de *softwares*, plataformas, aplicativos ou programas que impactam de maneira complementar a atividade jurisdicional. Ponto nevrálgico e merecedor de atenção consiste na expansão de seu uso a outras atividades pelo Poder Judiciário, como a elaboração de despachos, valoração probatória, juízos de admissibilidade recursal, podendo alcançar, inclusive, o julgamento de mérito da acusação. Ainda que, à primeira vista, pareça tentador, a implementação acrítica da tecnologia e, principalmente, da inteligência artificial no sistema jurídico traz consigo cenários preocupantes.

Essa preocupação, em um estágio inicial, não nos leva ao caminho da busca por respostas e soluções sobre o fenômeno, mas à formulação de perguntas certeiras para que possamos perceber os impactos da inserção dessas ferramentas tecnológicas no sistema de Justiça criminal, atentando-se aos riscos que podem gerar à manutenção de garantias fundamentais efetivas. Em especial, no âmbito da Justiça criminal, devemos nos questionar sobre as razões da implementação de modelos de inteligência artificial em nossos tribunais, de que modo essas tecnologias estão sendo concebidas nas Cortes de Justiça e qual o impacto da utilização desses mecanismos na formação da convicção

[9] Inicialmente, o Poder Judiciário se valeu de novas tecnologias para automatizar ações e tarefas meramente repetitivas, como a tramitação de processos, coleta de dados, levantamento estatístico, catalogação e sistematização processual, entre outros. Entretanto, em maior grau de complexidade, *softwares* baseados em inteligência artificial já se ocupam de realizar levantamentos doutrinários sobre temas, pesquisas jurisprudenciais e referências legislativas, iniciando-se a pensar em seu uso também ao julgamento.

do julgador. Ainda, se as garantias processuais criminais necessitam de uma conformação em face da inteligência artificial. Como respostas iniciais se vislumbra a hipótese da utilização das novas tecnologias e da inteligência artificial para dar uma resposta mais rápida à invencível demanda processual que abarrota os juízos e os tribunais, como metodologia auxiliar na prestação jurisdicional.

Objetiva-se propiciar o debate e a investigação científica acerca do emprego das novas tecnologias e da inteligência artificial no âmbito do Poder Judiciário, mormente na esfera criminal e, nesta, a sua problematização em face das garantias processuais criminais e, particularmente, nesta abordagem, na formação da convicção do julgador. A partir deste artigo, da bibliografia utilizada, a pesquisa poderá ser aprofundada e abrir um leque para outras abordagens, desde a investigação criminal, passando pelas metodologias de obtenção de prova, pelo processamento, decisão até sua execução.

Para tanto, inicialmente, o presente capítulo delimita o conceito de inteligência artificial e seus mecanismos, como os algoritmos, o aprendizado de máquina (*machine learning*) e as redes neurais artificiais. Em seguida, elencar-se-ão algumas experiências, embora iniciais, no âmbito do Poder Judiciário, como os projetos *Victor* e *Sócrates* nos Tribunais Superiores brasileiros. Por fim, o trabalho centra-se na problemática da formação da convicção do julgador ao serem utilizados mecanismos de inteligência artificial e elabora algumas conclusões, embora provisórias e iniciais, em face da temática.

2. Necessária delimitação conceitual

O que circunda as ciências jurídicas, para que por elas seja tratado, necessita de uma compreensão prévia, oriunda das especificidades de outras áreas do conhecimento científico, ainda de que forma inicial, de modo a otimizar e precisar a incidência da norma jurídica e sua aplicação no âmbito das ciências criminais. Por isso, o presente apartado possui o intento de situar as diferenças e aproximações entre os conceitos de inteligência artificial (IA), algoritmos e *machine learning*.

2.1. Inteligência Artificial (IA)

Inobstante a proliferação de novas tecnologias rotuladas como novas técnicas de inteligência artificial, esse não é um tema novo no cenário científico. O termo *inteligência artificial* foi cunhado pelos cientistas da computação John McCarthy, Marvin Minsky, Nathaniel Rochester e Claude Shannon, em uma conferência de verão em Dartmouth College, nos Estados Unidos da América (EUA), em 1956[10]. Contudo, alguns autores atribuem a gênese da ideia a Alan Turing, em seu famoso artigo "*Computing Machinery and Intelligence*", publicado em 1950, no qual questiona se as máquinas poderiam pensar, mensurando uma máquina como sendo inteligente quando se portasse e agisse tal como um ser humano, de modo a poder enganar um humano, passando-se por uma pessoa real[11].

A partir dos estudos do matemático e cientista da computação britânico, o interesse por essa ciência começou a consolidar-se na mesma medida e velocidade dos avanços tecnológicos[12]. Em 1990, com diversas linhas de investigação abertas, como as Redes Ocultas de Markov, as Redes Probabilísticas como as Redes Bayesianas, os Agentes Inteligentes e outras técnicas novas, o estudo da Inteligência Artificial se desenvolveu exponencialmente, alcançando patamar em que suas funcionalidades se incorporaram, substancialmente, ao cotidiano social[13].

Além de inexistir consenso sobre a origem do termo "Inteligência Artificial", seu significado e conceito científico tampouco resulta claro[14]. Em uma

[10] Disponível em: https://www.publico.pt/2006/07/09/jornal/inteligencia-artificial-faz-50-anos-87953. Acesso em: 4 jun. 2020.

[11] Apesar de haver discussões acerca do início da Inteligência Artificial na história, mormente pelo fato de pertencerem a Warren McCullhoch e Walter Pitts os primeiros estudos dessa ciência (1943), com trabalhos propondo o primeiro modelo de rede neural artificial, bastante simples, mas com demonstração da capacidade da máquina em aprender e resolver funções lógicas. Sobre a perspectiva histórica, ver SERRANO, Alberto García. *Inteligencia Artificial: fundamentos, práctica y aplicaciones.* Madrid: RC Libros, 2012, todo o primeiro capítulo.

[12] Em SERRANO, Alberto García. ***Inteligencia Artificial**: fundamentos, práctica y aplicaciones.* Madrid: RC Libros, 2012. p. 6.

[13] Em SERRANO, Alberto García. ***Inteligencia Artificial**: fundamentos, práctica y aplicaciones.* Madrid: RC Libros, 2012. p. 7.

[14] Alguns autores a definem como sendo a ciência e a engenharia de construir máquinas e *softwares* inteligentes, capazes de executar um conjunto definido de ações e aprender com a experiência

perspectiva e tentativa delimitatória, proposta por Winston, a Inteligência Artificial representaria o estudo de cálculos que possibilitam a percepção, o raciocínio e a decisão pela máquina[15]. A partir dessa perspectiva, a IA se situaria em um patamar diverso da maior parte da psicologia, em razão da grande ênfase na computação. Igualmente difere da maioria das ciências da computação ao enfatizar a percepção, o raciocínio e a ação[16]. Em sentido semelhante, Serrano considera a Inteligência Artificial como sendo um conjunto de técnicas, algoritmos e ferramentas que permitem resolver problemas que demandam, *a priori*, um certo grau de inteligência, no sentido de pressuporem um desafio, inclusive ao cérebro humano[17].

A Inteligência Artificial se constitui em uma tecnologia com capacidade de percepção e resolução de problemas, de forma autônoma, permitindo a sistemas e máquinas simularem ou imitarem o pensamento humano. Além da habilidade de compreensão e execução de tarefas, a IA também é capaz de "raciocinar" à medida que irá memorizando as premissas da decisão e o grau de acerto, a fim de agir de forma mais adequada a cada estímulo[18]. Por isso, quanto mais dados forem inseridos e tratados pela Inteligência Artificial, maior é a capacidade do sistema em processar e "racionalizar" os dados e, como corolário, melhores e mais precisos os resultados a serem obtidos[19].

(MCCARTHY, John. ***What is artificial intelligence?*** Stanford: Stanford University, 2007. Disponível em: http://jmc.stanford.edu/articles/whatisai/whatisai.pdf. Acesso em: 2 jun. 2020. p. 2.; e ***In Memoriam John McCarthy***. Stanford University. AI. Disponível em https://cs.stanford.edu/index.php?q=memoriam/professor-john-mccarthy%20Acesso%20em%2018.07.2019. Acesso em: 02 jun. 2020); outros, de forma semelhante, a definem como um ramo especializado da informática que investiga e produz raciocínio através de máquinas automáticas, voltada à fabricação de dispositivos dotados de capacidade de pensar (ÁLVAREZ MUNÁRRIZ, Luís. **Fundamentos de inteligência artificial**. Murcia: Editum Ediciones de la Universidad de Murcia, 1994. p. 19.

15 WINSTON, Patrick Henry. ***Artificial Intelligence***. 3rd ed. Massachusetts: Addison-Wesley Publishing Company, 1992. p. 5.

16 WINSTON, Patrick Henry. ***Artificial Intelligence***. 3rd ed. Massachusetts: Addison-Wesley Publishing Company, 1992. p. 5.

17 SERRANO, Alberto García. ***Inteligencia Artificial***: *fundamentos, práctica y aplicaciones*. Madrid: RC Libros, 2012. p. 5.

18 FENOLL, Jordi Nieva. ***Inteligencia Artificial y Proceso Judicial***. Madrid: Marcial Pons, 2018. p. 21.

19 MULHOLLAND, Catlin. Responsabilidade Civil e Processo Decisórios Autônomos em Sistemas de Inteligência Artificial (IA): autonomia, imputabilidade e responsabilidade.

Percebe-se, pois, que as tentativas de definição da Inteligência Artificial se sistematizam, em quatro categorias: a) sistema que pensa como os seres humanos; b) sistema que atua como os seres humanos; c) sistema que pensa racionalmente; d) sistema que atua racionalmente. Existem tensões entre as abordagens que relacionam a Inteligência Artificial aos seres humanos com as centradas apenas na racionalidade[20].

2.2. Algoritmos

Yuval Noah Harari adverte que o século XXI será dominado por algoritmos.[21] Todo sistema de inteligência artificial precisa, além dos dados, de seus algoritmos, que representam o esquema executivo, armazenando todas as opções de decisão em função dos dados que vão sendo inseridos ou conhecidos. O cerne de um sistema de IA são seus algoritmos[22]. Mulholland assevera que os dados (informações) e os algoritmos são "os insumos da IA, sem os quais seria inviável desenvolver a tecnologia"[23].

O algoritmo pode ser compreendido como uma fórmula composta por uma sequência de instruções precisas, objetivas e claras que informam ao dispositivo o que fazer em determinado caso[24]. Segundo Manzano e Oliveira,

> algoritmos são regras formais, sequenciais e bem definidas a partir do entendimento lógico de um problema a ser resolvido por um programador, com o objetivo de transformá-lo em um programa que seja

In: FRAZÃO, Ana; MULHOLLAND, Caitlin (coord.). **Inteligência Artificial e Direito**: *ética, regulação e responsabilidade*. São Paulo: Thomson Reuters Brasil, 2019. p. 328.

20 RUSSELL, Stuart J.; NORVIG, Peter. ***Artificial intelligence**: a modern approach*. Englewood Cliffs, NJ: Prentice Hall, 1995. p. 4-5.

21 HARARI, Yuval Noah. ***Homo* Deus**: uma breve história do amanhã. São Paulo: Companhia das Letras, 2016. p. 91.

22 FENOLL, Jordi Nieva. ***Inteligencia Artificial y Proceso Judicial***. Madrid: Marcial Pons, 2018. p. 21.

23 MULHOLLAND, Catlin. Responsabilidade Civil e Processo Decisórios Autônomos em Sistemas de Inteligência Artificial (IA): autonomia, imputabilidade e responsabilidade. *In*: FRAZÃO, Ana; MULHOLLAND, Caitlin (coord.). **Inteligência Artificial e Direito**: *ética, regulação e responsabilidade*. São Paulo: Thomson Reuters Brasil, 2019. p. 329.

24 DOMINGOS, Pedro. **O Algoritmo Mestre**. São Paulo: Novatec Editora Ltda., 2017. p. 24.

> possível de ser tratado e executado por um computador, em que dados e entrada são transformados em dados de saída.[25]

Um sistema de inteligência artificial, portanto, é formado por uma série de algoritmos que utilizam e gerenciam dados em grande escala (*big data*) com o objetivo de gerar conclusões – e ações – baseadas no tratamento dos dados analisados[26]. Daí por que quanto maior o volume de dados, melhor se torna o aprendizado do sistema inteligente, surgindo a necessidade de lidarmos com o que se denomina "*Big Data*"[27] [28]. Logo, quanto maior for a quantidade de dados inseridos no sistema, maior será sua capacidade de processamento e a precisão dos resultados.

Existem inúmeros algoritmos, como o de regressão linear, da árvore de decisão, de redes neurais, entre outros, que se dividem em duas espécies: os algoritmos programados (ou algoritmos de análise) e os não programados (ou algoritmos de aprendizado). Os algoritmos programados são mais simples, pois seguem as operações (caminho) definidas anteriormente pelo programador[29]. Além disso, o programador domina e pode prever todas as etapas operativas

[25] MANZANO, José Augusto N.G.; OLIVEIRA, Jair Figueiredo de. **Algoritmos**: lógica para desenvolvimento de programação de computadores. São Paulo: Érica, 2016. p. 25. Na mesma linha, de forma mais simplificada, algoritmo nada mais é do que "uma receita de bolo", a qual utiliza os dados ("ingredientes") para chegar a um resultado, como, por exemplo, um modelo de detecção e prevenção de fraudes em uma grande empresa, conforme CORTIZ, Diogo. Inteligência Artificial: equidade, justiça e consequências. ***Panorama setorial da internet***, n. 1, ano 12, p. 1-5, maio 2020. p. 2.

[26] MULHOLLAND, Catlin. Responsabilidade Civil e Processo Decisórios Autônomos em Sistemas de Inteligência Artificial (IA): autonomia, imputabilidade e responsabilidade. *In*: FRAZÃO, Ana; MULHOLLAND, Caitlin (coord.). **Inteligência Artificial e Direito**: *ética, regulação e responsabilidade*. São Paulo: Thomson Reuters Brasil, 2019. p. 328.

[27] *Big Data* consiste na enorme e abundante quantidade de dados estruturados e não estruturados disponíveis, utilizados como matéria-prima para as técnicas computacionais de inteligência artificial, conforme FERRARI, Isabela; BECKER, Daniel; WOLKART, Erik Navarro. *Arbitrium ex machina*: panorama, riscos e a necessidade de regulação das decisões informadas por algoritmos. **Revista dos Tribunais**, São Paulo, v. 995, n. 18341, p. 635-655, set. 2018. p. 4.

[28] ALVES, Isabela Fonseca; DE ALMEIDA, Priscilla Brandão. Direito 4.0: uma análise sobre inteligência artificial, processo e tendências de mercado. *In*: ALVES, Isabella Fonseca (org.). **Inteligência Artificial e Processo.** Belo Horizonte, São Paulo: D'Plácido, 2020. p. 49.

[29] FERRARI, Isabela; BECKER, Daniel; WOLKART, Erik Navarro. *Arbitrium ex machina*: panorama, riscos e a necessidade de regulação das decisões informadas por algoritmos. **Revista dos Tribunais**, São Paulo, v. 995, n. 18341, p. 635-655, set. 2018. p. 4.

do algoritmo, já que foi ele quem as desenvolveu e elas permanecem imutáveis desde sua concepção.

Por outro lado, os algoritmos não programados, também denominados de algoritmos de aprendizado, baseados em técnicas de *machine learning* (aprendizagem de máquina), operam criando e desenvolvendo outros algoritmos, de forma automática, independentemente de uma nova programação, porquanto aprendem com a interação com os usuários e o ambiente no qual inseridos[30]. Esse sistema traz uma série de benefícios aos usuários, à medida que no surgimento de novos dados, os algoritmos vão se adaptando de forma independente, desenvolvendo a aptidão para ampliar experiências e resultados, em um ciclo contínuo e crescente de aprendizagem[31].

2.3. *Machine learning*

Como visto, atualmente, os maiores esforços no tema da inteligência artificial dizem respeito às abordagens baseadas em aprendizado de máquina (*machine learning*), na tentativa do desenvolvimento, cada vez mais, de técnicas e métodos para que os algoritmos "aprendam" por si mesmo. Por *machine learning*, subcategoria da Inteligência Artificial[32], entende-se o meio pelo qual são desenvolvidos ou criados novos algoritmos capazes de aprender através das experiências, produzindo resultados cada vez mais satisfatórios ao objetivo

[30] FERRARI, Isabela; BECKER, Daniel; WOLKART, Erik Navarro. *Arbitrium ex machina*: panorama, riscos e a necessidade de regulação das decisões informadas por algoritmos. **Revista dos Tribunais**, São Paulo, v. 995, n. 18341, p. 635-655, set. 2018. p. 4.

[31] MULHOLLAND, Catlin. Responsabilidade Civil e Processo Decisórios Autônomos em Sistemas de Inteligência Artificial (IA): autonomia, imputabilidade e responsabilidade. *In*: FRAZÃO, Ana; MULHOLLAND, Caitlin (coord.). **Inteligência Artificial e Direito**: ética, regulação e responsabilidade. São Paulo: Thomson Reuters Brasil, 2019. p. 329.

[32] Dentro dessa subcategoria, há uma miríade de técnicas ao aprendizado de máquina como, por exemplo: o aprendizado supervisionado (*supervised learning*); aprendizado não supervisionado (*unsupervised learning*), bem como o aprendizado por reforço (*reinforcement learning*). O problema ou a tarefa que se pretende resolver é crucial para determinar qual a melhor técnica a ser empregada. Muitas vezes, os problemas ou tarefas complexas dependem de mais de uma técnica e de vários métodos de aprendizado de máquina, combinando-se simultaneamente para alcançar melhores resultados.

para o qual foram concebidos[33]. Sua principal característica, pois, reside no fato de não ser necessária a intervenção humana para alcançar o resultado. Tudo é feito automaticamente pela máquina, a qual vai desenvolvendo modelos e realizando predições, independentemente de nova programação[34]. Em síntese, o sistema inteligente baseado em aprendizado de máquina pode evoluir progressivamente através de seus algoritmos[35], de modo que os próprios dados e algoritmos específicos irão reprogramando o sistema para atingir resultados cada vez mais precisos e adequados à finalidade inicialmente programada.

Esse ciclo constante e crescente de aprendizagem do sistema através dos dados e algoritmos só é possível graças ao crescente aprimoramento de novas técnicas de Inteligência Artificial, em especial sua forma mais desenvolvida, cunhada de *deep learning*[36]. Justamente nesse vértice insere-se um dos maiores problemas debatidos na atualidade: a opacidade de suas decisões. Como o algoritmo, através do aprendizado próprio desenvolvido na operação do sistema, vai modificando de forma autônoma sua estrutura inicial, de acordo com os dados que recebe e com os resultados que alcança, cada vez mais aumenta a lacuna entre a atividade do programador e o comportamento dessa espécie de máquina, tornando seus algoritmos uma verdadeira "caixa-preta".

Apesar de não ser unanimidade entre os estudiosos do tema, o aprendizado automático representa o diferencial para que um ente artificial possa ser considerado "inteligente". Essa função é possibilitada por técnicas baseadas

33 PAONELLI, Camilla Mattos; ANTÔNIO, Nacle Safar Aziz. Dilemas processuais do século XXI: entre os cérebros eletrônicos e a implementação de garantias-processuais fundamentais – sobre como assegurar decisões legítimas. *In*: NUNES, Dierle; LUCON, Paulo Henrique dos Santos; WOLKART, Erik Navarro. **Inteligência Artificial e Direito Processual**: os impactos da virada tecnológica no direito processual. Salvador: Editora JusPodivm, 2020. p. 292.

34 FERRARI, Isabela; BECKER, Daniel; WOLKART, Erik Navarro. *Arbitrium ex machina*: panorama, riscos e a necessidade de regulação das decisões informadas por algoritmos. **Revista dos Tribunais**, São Paulo, v. 995, n. 18341, p. 635-655, set. 2018. p. 8.

35 Com o surgimento da aprendizagem de máquina e o progresso das redes neurais artificiais, cada vez mais algoritmos se aprimoram independentemente, desenvolvendo-se e aprendendo por conta própria com os erros, conforme HARARI, Yuval Noah. ***Homo* Deus**: uma breve história do amanhã. São Paulo: Companhia das Letras, 2016, p. 395.

36 MULHOLLAND, Catlin. Responsabilidade Civil e Processo Decisórios Autônomos em Sistemas de Inteligência Artificial (IA): autonomia, imputabilidade e responsabilidade. *In*: FRAZÃO, Ana; MULHOLLAND, Caitlin (coord.). **Inteligência Artificial e Direito**: ética, regulação e responsabilidade. São Paulo: Thomson Reuters Brasil, 2019. p. 329.

em métodos probabilísticos, como as Redes Bayesianas ou de Markov; ou baseadas em redes que simulam o funcionamento do cérebro humano, através das redes neurais artificiais[37]. Kerckhove compara e contrasta as Redes Neurais Artificiais (RNA), feitas de nós de computadores – "neuronós" –, com as biológicas do cérebro humano (RNB), pontuando que "as redes neurais têm estado em investigação e desenvolvimento mais ou menos nos últimos cinco anos e muitas aplicações estão agora a ser comercializadas. É uma nova geração de inteligência informática, aproximando cada vez mais a emulação do cérebro humano"[38].

Nesse contexto, muito embora Serrano afirme categoricamente a possibilidade de a Inteligência Artificial ser capaz de aprender, assimilar e criar novas ideias através das redes neurais artificiais, Fenol argumenta em sentido contrário: apesar de as redes neurais aparentarem um aprendizado, este ato supõe interiorização e criação própria, o que ficaria sempre limitado pelo número determinado de dados e combinações inseridas pelo ser humano[39]. Nessa linha, Pedrina adverte que as ações desenvolvidas pela Inteligência Artificial não são exatamente "inteligentes", haja vista que quase todos os *softwares* existentes fazem computação estatística, a qual faz parte do aprendizado por máquina (*machine learning*), limitando-se a oferecer, de maneira autônoma, a melhor resposta estatística ao problema proposto[40].

Como visto, as tecnologias, em especial as baseadas em aprendizagem de máquina, evoluem rapidamente, produzindo grandes e velozes transformações no modo como encaramos suas possibilidades. Apesar da dificuldade em encontrar uma área de atuação humana alheia ao uso de técnicas de Inteligência Artificial, mormente de *machine learning*, os impactos na vida humana e no processo judicial a partir dessas tecnologias ainda está em estágio inicial, haja vista que, quando os projetos sob a mesa de grandes empresas de tecnologia

[37] SERRANO, Alberto García. ***Inteligencia Artificial**: fundamentos, práctica y aplicaciones.* Madrid: RC Libros, 2012. p. 3.

[38] KERCKHOVE, Derrick de. **A pele da cultura** (uma investigação sobre a nova realidade electrónica). Lisboa: Relógio D'Água Editores, 1997. p. 198.

[39] FENOLL, Jordi Nieva. ***Inteligencia Artificial y Proceso Judicial.*** Madrid: Marcial Pons, 2018. p. 22.

[40] PEDRINA, Gustavo Mascarenhas Lacerda. Consequências e perspectivas da aplicação da inteligência artificial a casos penais. **Revista Brasileira de Direito Processual Penal**, Porto Alegre, v. 5, n. 3, p. 1589-1606, set/dez., 2019. p. 1592.

saírem do papel e iniciarem a dar frutos, o aprendizado de máquina será responsável pela inauguração de um novo estágio de evolução civilizacional e do próprio sentido da vida[41].

Nesse contexto, considerando que a Inteligência Artificial é realidade em diversos segmentos da atividade humana, e que o atual estágio de desenvolvimento da tecnologia permite a elaboração automática de uma resposta, em forma de texto, a determinado problema ou questionamento realizado – através dos dados e algoritmos do sistema –, há grande potencial para que as técnicas de IA venham a ser paulatinamente inseridas no campo da decisão judicial, pois, como veremos a seguir, várias Cortes de Justiça – inclusive órgãos do Poder Judiciário brasileiro – já incorporaram diversas técnicas (ferramentas) e práticas de IA na prestação de serviços judiciários. Por isso, a seguir analisaremos algumas aplicações dessas inovações na prestação jurisdicional.

3. Aplicabilidade das inovações tecnológicas no Judiciário

Inicialmente, a Inteligência Computacional foi introduzida nos tribunais como uma ferramenta para auxiliar os agentes humanos na realização de tarefas mais simples e automatizadas, tais como levantamentos estatísticos, pesquisas jurisprudenciais, classificação de processos, entre outros. Todavia, o estágio atual de desenvolvimento tecnológico permite a adoção de instrumentos mais sofisticados, inclusive baseados em técnicas de Inteligência Artificial, como de revisão documental, análise probatória, dialética argumentativa e até criação de peças ou minutas de decisões[42]. Esse avanço decorre do já exposto desenvolvimento da automação da decisão no contexto da Quarta Revolução Industrial, a partir da qual os próprios computadores se tornam

[41] DOMINGOS, Pedro. **O Algoritmo Mestre**. São Paulo: Novatec Editora Ltda., 2017. p. 46.

[42] Ver FENOLL, Jordi Nieva. ***Inteligencia Artificial y Proceso Judicial***. Madrid: Marcial Pons, 2018. p. 23-31, sobre os usos atuais da Inteligência Artificial pelos Tribunais. Em sentido semelhante, Alexandre Morais da Rosa e Daniel Henrique Almeida Boeing explicam as principais formas de utilização da Inteligência Artificial nos tribunais a partir das classificações de "Robô-Classificador", "Robô-Relator" e "Robô-Julgador", em ROSA, Alexandre Morais da; BOEING, Daniel Henrique Arruda. **Ensinando um Robô a Julgar**: pragmática, discricionariedade, heurísticas e vieses no uso de aprendizado de máquina no judiciário. Florianópolis: Emais Academia, 2020. p. 95-102.

capazes de tomar decisões, tidas como apropriadas e confiáveis[43]. Na iniciativa privada, a demanda pelo aumento de eficiência, produtividade e redução de custos conduz os advogados a se atualizarem e perscrutarem ferramentas automatizadas para tomar conta de tarefas do cotidiano profissional. Pesquisa realizada com escritórios de advocacia de Londres concluiu que 48% deles já aderiram a *softwares* baseados em Inteligência Artificial nas tarefas cotidianas, o que, somado aos 41% que pretendem adotá-los dentro de um futuro breve, alcança quase a totalidade (89%) das firmas londrinas[44].

Alguns exemplos de *softwares* baseados em Inteligência Artificial adotados por escritórios de advocacia do mundo todo são: o *Stevie*, que constrói histórias coerentes partindo de dados existentes; os aplicativos *Echo* e *Peirce-Igt*, que criam estratégias acusatórias e defensivas; o *Alibi*, que elabora um prognóstico, ante determinado delito, das diferentes explicações sobre o comportamento do réu, ainda que ele tenha decidido não as explicar[45]. No que tange à argumentação, estão disponíveis ferramentas como o *Questmap*, *Argumed* e *Cato*, responsáveis por estruturar os argumentos jurídicos e formular uma lista de justificativas contrárias e favoráveis à determinada situação. Também, o *Ross Intelligence* e o *Ibm's Watson Debater* filtram e fazem um levantamento de argumentos disponíveis em textos na internet e selecionam aqueles mais sólidos, sugerindo os que possuírem maior taxa de sucesso[46].

A utilização da Inteligência Artificial também afeta a esfera pública. Na Argentina, durante o ano de 2017, o Ministério Público de Buenos Aires em conjunto com a Faculdade de Direito da *Universidad* de Buenos Aires (UBA), desenvolveu o sistema *Prometea*, que combina técnicas de Inteligência Artificial com o propósito de auxiliar o trabalho dos funcionários públicos em diversas

43 STEIBEL, Fabro; VICENTE, Victor Freitas; JESUS, Diego Santos Vieira de. Possibilidades e Potenciais da utilização da Inteligência Artificial. *In:* FRAZÃO, Ana; MULHOLLAND, Caitlin (coord.). **Inteligência Artificial e Direito**: *ética, regulação e responsabilidade*. São Paulo: Thomson Reuters Brasil, 2019. p. 59.

44 CRBE. ***London law firms embrace artificial intelligence***. 24 de abril de 2018. Disponível em https://news.cbre.co.uk/london-law-firms-embrace-artificial-intelligence/. Acesso em: 6 jun. 2020.

45 Em FENOLL, Jordi Nieva. ***Inteligencia Artificial y Proceso Judicial***. Madrid: Marcial Pons, 2018. p. 26.

46 Em FENOLL, Jordi Nieva. ***Inteligencia Artificial y Proceso Judicial***. Madrid: Marcial Pons, 2018. p. 29 e 30.

atividades, desde o controle de prazos e requisitos formais de manifestações até a confecção de um modelo de minuta conforme o assunto requisitado.[47] Em nosso País, o Tribunal de Contas da União é um dos pioneiros na utilização de robôs na esfera pública, contando com os sistemas ALICE, SOFIA e MONICA. O primeiro, cujo nome é o acrônimo de "análise de licitações e editais", é o responsável pela vasculha diária no Diário Oficial da União e no sistema operacional do governo brasileiro para buscar irregularidades nos processos licitatórios envolvendo o ente federativo. Um exemplo de atuação desse sistema consistiu na identificação e interrupção de um procedimento licitatório que visava à manutenção de trechos de uma rodovia federal que estava sob concessão, cujas despesas referentes à manutenção, portanto, caberiam exclusivamente à concessionária. Devido ao sucesso, esses sistemas de monitoramento e controle automatizados com uso de Inteligência Artificial vêm sendo utilizados também por outros órgãos, como Tribunais de Contas estaduais, Controladoria Geral da União, Ministérios Públicos, Polícias Federais e o Conselho de Controle de Atividades Financeiras (Coaf), que no ano de 2019 se envolveu em grandes debates acerca do uso de modelos baseados em aprendizado de máquina para o desenvolvimento de Relatórios de Inteligência Financeira.[48]

No âmbito dos tribunais, há um movimento claro e crescente de adoção de soluções de Inteligência Artificial baseadas no argumento da necessidade de termos uma jurisdição mais eficiente, célere e acessível[49]. O mais célebre

[47] CORVALÁNI, Juan Gustavo. *Inteligencia artificial: retos, desafios y oportunidades – Prometea: la primera inteligencia artificial de Latinoamérica al servicio de la Justicia*. **Revista de Investigações Constitucionais**, Curitiba, vol. 5, n. 1, p. 295-316, jan.-abr. 2018. p. 301-304.

[48] MORAIS, José Luis Bolzan; BARROS, Flaviane de Magalhães. Compartilhamento de Dados e Devido Processo: como o uso da inteligência artificial pode implicar em uma verdade aleteica. *In:* NUNES, Dierle; LUCON, Paulo Henrique dos Santos; WOLKART, Erik Navarro (org.). **Inteligência Artificial e Direito Processual**: os impactos da virada tecnológica no direito processual. Salvador: Editora JusPodivm, 2020. p. 269.

[49] Conforme o último relatório Justiça em Números, publicado anualmente pelo Conselho Nacional de Justiça (CNJ), o acervo de processos continua crescendo anualmente, chegando a um volume de cerca de 6 mil processos por ano por magistrado, em CONSELHO NACIONAL DE JUSTIÇA. **Justiça em Números 2019**. Brasília: CNJ, 2019. Disponível em: https://www.cnj.jus.br/wp-content/uploads/conteudo/arquivo/201-9/08/justica_em_numeros20190919.pdf. Acesso em: 5 jun. 2020. A situação brasileira parece ainda mais caótica se comparada à demanda por magistrado nos demais países; nos Estados Unidos, por exemplo, o julgamento de aproximadamente 600 processos por ano por magistrado é motivo para preocupação e reclamação de sobrecarga de trabalho por parte dos juízes federais norte-americanos, conforme

e famoso sistema de Inteligência Artificial no âmbito do Poder Judiciário consiste na ferramenta *Compas* (*Correctional Offender Management Profiling for Alternativa Sanctions*), utilizado por cortes de diversos estados norte-americanos para avaliação de riscos de reincidência do acusado para fins de cálculo do apenamento e de concessão de liberdade condicional.

No Brasil, o mais importante *software* jurídico baseado em IA no Poder Judiciário consiste no *Projeto Victor*, utilizado no âmbito do Supremo Tribunal Federal (STF) a partir de 30 de agosto de 2018. O sistema foi concebido em parceria com a Universidade de Brasília (UnB), com o escopo de realizar o processamento dos feitos; separação, classificação e identificação de documentos e peças do processo; e classificação por matéria de grande parte dos recursos extraordinários que tramitam no STF. Além dessas funções auxiliares, o maior impacto na atividade jurisdicional se verifica em sua função de avaliar a totalidade dos recursos extraordinários e agravos em recursos extraordinários que são distribuídos no Supremo Tribunal Federal e, principalmente, de analisar o cumprimento do requisito da repercussão geral previsto no § 3º do artigo 102 da Constituição Federal[50]. Estima-se que, em média, a mesma tarefa que um servidor do Supremo Tribunal Federal levaria 45 minutos para executar, o sistema realiza em apenas 5 segundos.

O pioneirismo do *Projeto Victor* abriu espaço para que outros tribunais brasileiros se alinhassem à nova realidade[51]. No Superior Tribunal de Justiça (STJ), igualmente, estão em desenvolvimento diversos sistemas tecnológicos, como o *Athos*, *E-Juris*, *TUA* e *Sócrates*. Este último, destinado ao uso pelos gabinetes dos Ministros da Corte, constitui um sistema de Inteligência Artificial capaz de triar e classificar os recursos que ingressam na Corte, oferecendo

Bendery, os juízes federais norte-americanos se sentem sobrecarregados (BENDERY, Jennifer. *Federal Judges Are Burned Out, Overworked And Wondering Where Congress Is*. ***Huffpost US***, 30/09/2015. Disponível em: https://www.huffpostbrasil.com/entry/judge-federal-courts-vacancies_n_55d7772le4b0a40aa3aaf14b? ri18n=true. Acesso em: 5 jun. 2020).

[50] MAIA FILHO, Mamede Said; JUNQUILHO, Tainá Aguiar. "Projeto Victor: perspectivas de aplicação da inteligência artificial ao direito. **Revista de Direitos e Garantias Fundamentais**, Vitória, v. 19, n. 3, p. 219-238, set./dez. 2018. p. 222.

[51] Além do *Projeto Victor* no STF, estão sendo implantados outros projetos de Inteligência Artificial por diversos Tribunais brasileiros, como: Sócrates (STJ); Victoria (TJRJ); Zello (TCU); Alice, Monica, Sofia (TCU); Sinapses e Carnium (TJRO); Radar e Ratinho (TJMG); Elis (TJPE); Poti, Jerimum e Clara (TJRN).

referências legislativas, destacando alguns precedentes sobre o tema e recomendando a elaboração de minutas de decisões automatizadas, com base nessas referências sobre o tema objeto da controvérsia – deixando, por ora, a decisão final nas mãos do ministro da Corte Superior[52].

Além das iniciativas das Cortes Superiores brasileiras, os Tribunais Estaduais e Regionais também somam esforços para desenvolverem seus próprios sistemas de Inteligência Artificial, originariamente criadas para suprir as necessidades próprias de cada Corte em particular. No âmbito do Tribunal de Justiça do Estado de Minas Gerais, o *software Radar* identifica e separa os recursos com identidade de pedidos em blocos, possibilitando que os magistrados apliquem um padrão de voto a todos, com base na jurisprudência de Tribunais Superiores ou nas já apreciadas em Incidente de Resolução de Demandas Repetitivas (IRDR)[53].

Outro projeto semelhante consiste no *Leia Precedentes*, ferramenta desenvolvida pelo Tribunal de Justiça do Estado do Acre, que analisa as petições iniciais de cada processo que ingressa na Corte na busca de correlação com as matérias jurídicas sob julgamento nos Tribunais Superiores, sugerindo – nos casos em que haja semelhanças – o sobrestamento do processo para aguardar a decisão do Superior Tribunal de Justiça ou Supremo Tribunal Federal sobre o tema. Conforme notícia daquele Tribunal, o *software* está em funcionamento desde 2019 e possui a capacidade de realizar a tarefa de identificação do tema e vinculação, ou não, a um dos temas precedentes de maneira muito mais eficaz e veloz que seus servidores[54].

[52] Conferência do Ministro Ricardo Villas Bôas Cueva, proferida no V Encontro de Magistrados Brasil-EUA sobre a Inteligência Artificial e o Direito está disponível em: https://www.editorajc.com.br/wp-content/uploads/224.pdf. Acesso em: 15 nov. 2019.

[53] TRIBUNAL DE JUSTIÇA DO ESTADO DE MINAS GERAIS. **TJMG utiliza inteligência artificial em julgamento virtual**. 07/11/2018. Disponível em: https://www.tjmg.jus.br/portal-tjmg/noticias/tjmg-utiliza-inteligencia-artificial-em-julgamento-virtual.htm#.Xw3oLS0lB0s. Acesso em: 7 jun. 2020. A ferramenta foi utilizada em sessão de julgamento cível realizada em 7 de novembro de 2018 para identificar e classificar recursos com pedidos baseados na Súmula 766 do STJ (legitimidade do Ministério Público para pleitear medicamentos e tratamento individualizado) e na Súmula 916 do STF (efeitos de contratos temporários que desrespeitem o inciso IX do artigo 37 da CF); proporcionando o julgamento simultâneo de mais de 280 processos naquela sessão virtual.

[54] TRIBUNAL DE JUSTIÇA – PODER JUDICIÁRIO DO ACRE. **TJAC utiliza inteligência artificial para identificar processos vinculados a precedentes**. 2.12.2019. Disponível em:

O *Sistema Hércules*, desenvolvido pelo Tribunal de Justiça do Estado de Alagoas em parceria com a Universidade Federal de Alagoas, verifica e categoriza as petições intermediárias – respostas da parte demandada – para automatizar o ato processual subsequente, sejam determinados despachos pré-configurados, seja abertura de vista ou de intimação da parte contrária[55]. Ainda, citam-se os sistemas *Sinapses* e *Cranium*, em desenvolvimento no Tribunal de Justiça do Estado de Rondônia, que se valem de redes neurais artificiais no processo de aprendizado de máquina e pretendem, conforme assinala a Corte estadual, revolucionar o Poder Judiciário brasileiro[56].

Esses constituem apenas alguns exemplos de ferramentas em desenvolvimento no âmbito das Cortes nacionais,[57] chamando a atenção o fato de que, em nosso país, inexiste uma iniciativa geral por parte do Poder Judiciário para padronizar determinada ferramenta a todos os órgãos de Justiça. Ao contrário, os projetos surgem em Tribunais, em várias partes do território nacional, em ambas as esferas – estadual e federal – de forma não integrativa e limitadas a atender as demandas locais. A tendência é de que, dentro de poucos anos, a totalidade dos Tribunais brasileiros desenvolvam suas ferramentas baseadas em Inteligência Artificial, cada qual restrita à realidade e aos problemas particulares de seus servidores, passível de gerar uma série de incongruências e um descompasso entre os órgãos do sistema de Justiça pátrio.

https://www.tjac.jus.br/noticias/tjac-utiliza-inteligencia-artificial-para-identificar-processos-vinculados-a-precedentes/. Acesso em: 7 jun. 2020.

55 FARIAS, Roberta. **Inteligência artificial deve realizar em minutos análise processual que levariam meses**. Maceió: Poder Judiciário de Alagoas: Tribunal de Justiça de Alagoas 17/01/2020. Disponível em: https://www.tjal.jus.br/comunicacao2.php?pag=verNoticia&not=16361. Acesso em: 7 jun. 2020.

56 PODER JUDICIÁRIO DO ESTADO DE RONDÔNIA – TRIBUNAL DE JUSTIÇA. **Inteligência artificial desenvolvida pelo TJRO pode revolucionar o Judiciário**. 07 de junho de 2018. Disponível em: https://www.tjro.jus.br/noticias/item/9472-inteligencia-artificial-desenvolvida-pelo-tjro-pode-revolucionar-o-judiciario. Acesso em: 7 jun. 2020.

57 Recentemente foi publicado o primeiro levantamento do uso da inteligência artificial em Tribunais brasileiro, fruto da primeira fase da pesquisa desenvolvida pelo Centro de Inovação, Administração e Pesquisa do Judiciário da FGV, cujos dados apontaram que cerca de metade das Cortes possuem projetos de inteligência artificial implantados ou em desenvolvimento. Ver: FGV. Centro de Inovação, Administração e Pesquisa do Judiciário. **Inteligência Artificial**: Tecnologia aplicada à gestão dos conflitos no âmbito do Poder Judiciário Brasileiro. Rio de Janeiro, 2021. Disponível em: https://ciapj.fgv.br/sites/ciapj.fgv.br/files/estudos_e_pesquisas_ia_1afase.pdf. Acesso em: 26 fev. 2021.

Nessa linha, recentemente foi publicado estudo sobre os projetos atuais de implementação de Inteligência Artificial nos Tribunais brasileiros realizado por um grupo de pesquisadores da Universidade de Columbia (EUA), em parceria com o Instituto de Tecnologia e Sociedade do Rio de Janeiro, intitulado *The Future of AI in The Brazilian Judicial System*[58]. O estudo, referência não apenas ao Conselho Nacional de Justiça, mas também aos Tribunais Superiores e demais Tribunais brasileiros, apontou, com base no mapeamento dos sistemas existentes – e em construção – no Poder Judiciário brasileiro, bem como em estudos, pesquisas e entrevistas com advogados e juízes brasileiros, que apenas dois *softwares* foram desenvolvidos em parceria com universidades (*Victor*-STF e *Hércules*-TJAL), colaboração altamente recomendada e adotada por outros Estados ao redor do mundo, como o Canadá e o Reino Unido. Além disso, o relatório destacou a importância do CNJ no estabelecimento de diretrizes e parâmetros claros para que os *softwares* respeitem as exigências de transparência, privacidade e proteção de dados[59].

Como se percebe, esse movimento de introdução de sistemas de Inteligência Artificial na Justiça, que alguns denominam virada tecnológica no Direito[60], vem se consolidando e permeando rapidamente todos os níveis da prestação jurisdicional. Embora tais sistemas, originariamente, estejam restritos a atividades simples, automáticas ou repetitivas, com reduzida carga decisória – que de fato podem ser realizadas com muito mais eficácia pelas máquinas, infinitamente mais capazes de compilar dados e informações do que a mente humana[61] – a expansão a tarefas de maior impacto na atividade jurisdicional, deslocando a função decisória a um sistema inteligente, já não é exclusividade das obras de ficção científica.

[58] COLUMBIA SIPA. ***The Future of AI in the Brazilian Judicial System***. 2020. Disponível em: https://itsrio.org/wp-content/uploads/2020/06/SIPA-Capstone-The-Future-of-AI-in--the-Brazilian-Judicial-System-1.pdf. Acesso em: 10 jun. 2020.

[59] COLUMBIA SIPA. ***The Future of AI in the Brazilian Judicial System***. 2020. Disponível em: https://itsrio.org/wp-content/uploads/2020/06/SIPA-Capstone-The-Future-of-AI-in--the-Brazilian-Judicial-System-1.pdf. Acesso em: 10 jun. 2020.

[60] NUNES, Dierle; MARQUES, Ana Luiza Pinto Coelho. Inteligência Artificial e Direito Processual: vieses algorítmicos e os riscos de atribuição de função decisória às máquinas. **Revista dos Tribunais Online – Revista de Processo**, São Paulo, v. 285, p. 421-447, nov. de 2018. p. 424.

[61] FENOLL, Jordi Nieva. ***Inteligencia Artificial y Proceso Judicial***. Madrid: Marcial Pons, 2018. p. 31.

Esse cenário já se tornou realidade: no Poder Judiciário da Estônia[62], de forma pioneira, vem sendo desenvolvido uma espécie de "juiz-robô" capaz de decidir autonomamente em casos de pequena complexidade e baixo valor econômico (causas inferiores a 7 mil euros), com o escopo de acelerar a prestação jurisdicional e deslocar a força de trabalho de magistrados e assessores a demandas de maior complexidade. O deslocamento da função decisória às máquinas, ainda que reservada a pequenas causas, é extremamente perigoso e carece de aprofundamento crítico sobre os potenciais riscos ao devido processo e às garantias fundamentais. No âmbito do processo penal, note-se, o emprego dessas tecnologias são ainda mais controversas, de modo que ainda não há notícias da implantação de um projeto que substitua completamente a decisão do magistrado em processos dessa natureza.

Seguindo essa tendência e notando a necessidade de que as iniciativas envolvendo sistemas de Inteligência Artificial observem parâmetros mínimos de ética e governança, o Conselho Nacional de Justiça editou a Resolução nº 332, em 21 de agosto de 2020, dispondo sobre ética e transparência na produção e no uso dessa tecnologia no âmbito do Poder Judiciário brasileiro. A resolução se assemelha à Carta Europeia de Ética sobre o uso da Inteligência Artificial em Sistemas Judiciais, emitida pelo Conselho da Europa em 2018, a qual dispôs acerca dos cinco princípios éticos a serem regularmente aplicados e acompanhados pelos intervenientes públicos e privados. Interessante notar que a utilização de modelos de Inteligência Artificial na seara criminal é expressamente desestimulada pelo artigo 23º da Resolução do CNJ, mormente na confecção da sugestão de modelos de decisões preditivas. Apesar disso, o parágrafo primeiro do dispositivo abre margem ao desenvolvimento e utilização dessas ferramentas para contribuir na dosimetria de penas, no cálculo de prescrição e na verificação do risco de reincidência, os quais constituem

[62] O Ministério de Justiça da Estônia está desenvolvendo uma Inteligência Artificial denominada "juiz robô", que tomaria suas decisões com base em banco de dados contendo todas as leis do país, em julgamentos de pequenas causas, com o intuito de liberar os juízes humanos a se debruçarem apenas sobre questões de maior complexidade. (SILVA, Rafael Rodrigues. **Estônia está desenvolvendo o primeiro "juiz robô" do mundo**. 4 de abril de 2019. Disponível em: https://canaltech.com.br/inteligencia-artificial/estonia-esta-desenvolvendo-o-primeiro-juiz-robo-do-mundo-136099/. Acesso em: 4 jun. 2020).

campos sensíveis que podem desencadear na construção de "armas de destruição matemáticas", como descreve Cathy O'Neil[63].

Indubitavelmente, a crescente introdução dessas ferramentas e *softwares* de inteligência artificial no sistema jurídico, principalmente nos órgãos do Poder Judiciário, impacta o modo como nós, juristas, encaramos os avanços tecnológicos. Por conta da velocidade de transformação e aprimoramento desses avanços, não tardará a que a máquina seja tão inteligente e desempenhe tão bem – ou até melhor – a maioria das funções e atividades outrora exclusiva dos seres humanos, resultando em sua utilização em todos os âmbitos da Justiça. A cada dia, pois, nos aproximamos do momento em que uma sentença judicial complexa terá sido construída integralmente por algum sistema artificial, sem qualquer intervenção do ser humano. O desenvolvimento de um magistrado artificial (juiz-robô) com atuação plena desponta factível no horizonte da práxis e ciência jurídica.

Nessa perspectiva, inobstante empresas de tecnologia romantizarem as facilidades da inovação e os Tribunais iniciarem a implantação de sistemas de inteligência artificial sob o argumento da celeridade, eficiência e vazão da demanda do Judiciário, faz-se mister analisar cuidadosamente não só as oportunidades que se descortinam, mas, sobretudo, os riscos, impactos e consequências do uso dessas ferramentas em todos os atos jurisdicionais, em especial, naquele mais sensível e humano de todos: a sentença.

Por isso, urge nos preocuparmos, como já afirmava Pierre Lévy, não mais em desenvolver e aprimorar a Inteligência Artificial, mas a inteligência coletiva, ou seja "a valorização, a utilização otimizada e a criação de sinergia entre as competências, as imaginações e as energias intelectuais"[64], acentuando e potencializando a essência do ser humano (saber ser) em conjunto com as habilidades automatizadas das máquinas, antes que não nos reste mais sequer esse espaço. Um dos efeitos do emprego dessas ferramentas diz respeito à formação da convicção judicial, tema sobre o qual nos deteremos a seguir.

[63] Ver O'NEIL, Cathy. ***Weapons of Math Destruction***. New York: Crown Publishers, 2016, sobre o conceito de "armas de destruição matemática" e de seus impactos, em conjunto com o *Big Data*, no sistema de justiça criminal.

[64] LÉVY, Pierre. **Cibercultura**. São Paulo: Editora 34, 1999. p. 169.

4. Formação da convicção judicial e inteligência artificial

Em que pese a construção das decisões judiciais sempre ter sido um reflexo da convicção de seu julgador e, portanto, um labor eminentemente humano, os avanços das ferramentas de Inteligência Artificial nos levam a uma abordagem além do que hoje se poderia assumir, no dizer de Fenoll[65]. Nessa linha, Kerckhove tece considerações sobre o avanço da concepção ocidental clássica sobre a consciência, tida como um fenômeno interno e "alguma coisa que se passa em algum lugar entre as orelhas, captando informações e estímulos tanto do espaço exterior, objetivo, quanto das sensações e experiências físicas e mentais internas, subjetivas". Conclui que a concepção de pensamento como experiência inteiramente interna pode mudar quando se passa a interagir com computadores que auxiliam na tarefa de pensar[66]. Prossegue Kerckhove ressaltando que as redes neurais, cujo modelo de funcionamento é idêntico ao de nosso sistema perceptivo, devem ser capazes de julgar. Mas esse mister necessita de critérios, os quais são limitados pela tarefa específica que lhes é assinalada por seus programadores[67]. Muito embora essa verdadeira subjetividade da Inteligência Artificial, a das redes neurais, seja bastante bruta e simples em um primeiro momento, a tendência é de que esse tipo de experiência leve rapidamente a formações de consciência embrionárias pela sedução da

[65] FENOLL, Jordi Nieva. ***Inteligencia Artificial y Proceso Judicial***. Madrid: Marcial Pons, 2018. p. 99.

[66] Em Kerckhove, se pode ver que "desde os primórdios da alfabetização, os filósofos pré-socráticos e socráticos da Grécia sustentaram a ideia de que a sede da consciência e mesmo da percepção não era, como se acreditava até então, o peito e os pulmões, mas o cérebro. À medida que se alfabetizaram, os gregos, e por conseguinte a civilização ocidental, deslocaram sua sensibilidade do espaço da respiração para o espaço do pensamento. Evidentemente, não pode haver uma clara distinção entre o 'interno' e o 'externo' nas culturas anteriores à escrita, que baseavam sua epistemologia na respiração, por que esta constitui essencialmente uma experiência interior/exterior. Entretanto, o pensamento é geralmente considerado como uma experiência inteiramente interna. Isso pode mudar quando se começa a interagir com computadores que, em nosso lugar, nos ajudam a pensar." (KERCKHOVE, Derrick de. O Senso Comum, Antigo e Novo. *In*: PARENTE, André (org.). **Imagem-Máquina**: a era das tecnologias do virtual. Rio de Janeiro: Ed. 34, 1993. p. 58).

[67] Em KERCKHOVE, Derrick de. O Senso Comum, Antigo e Novo. *In*: PARENTE, André (org.). **Imagem-Máquina**: a era das tecnologias do virtual. Rio de Janeiro: Ed. 34, 1993. p. 62.

complexidade pura e constante busca de interações mais complexas[68]. Sim, até poderão julgar, mas como julgarão?

A tomada de decisão e formação de convicção sobre a culpabilidade criminal pela Inteligência Artificial e por redes neurais nos parece um sintoma inexorável da complexidade, a qual, segundo Nicolescu, se nutre da explosão da pesquisa disciplinar e determina a aceleração da multiplicação das disciplinas, provocando um *big-bang* disciplinar[69]. Para o autor, a complexidade é fruto um pouco da nossa cabeça – complexa por natureza –, mas também está presente na natureza das coisas, de modo que o crescimento, sem precedente, dos conhecimentos no mundo contemporâneo implica a adaptação de nossas mentes a esses novos saberes e desafios[70].

Indubitavelmente, o ato de decisão judicial, sobretudo no processo penal, em que se busca a recognição e reconstrução aproximada de um fato passado na tentativa de formar o convencimento do julgador sobre a culpabilidade ou inocência é bastante complexo[71]. A cognição judicial transcende a situação fática, as normas jurídicas, os autores dos delitos, havendo outras dimensões, como a condição de possibilidade de objetivar, o perceber a universalidade complexa, como foi edificado e está disposto o ser do julgador. A fundamentação de uma decisão passa pelo conjunto de informações dos diversos ramos do saber, o qual permite concluir em determinado sentido, através de um

[68] Segundo Kerckhove, "da mesma maneira que os computadores digitalizados correntes podem trabalhar com fileiras de dados na ausência de qualquer outra forma de contexto, as redes neurais necessitarão de uma contribuição enorme de informações em contexto. Enquanto os computadores binários favorecerem a investigação da inteligência artificial, as redes neurais levarão primeiramente à inteligência 'ampliada', segundo o termo de *Fred Books* (Carolina do Norte). Mas sua evolução não se deterá aí: elas adquirirão uma maior autonomia sob a única condição de que substitua a mão de obra humana em todos os lugares possíveis. E, finalmente, entrando na realidade virtual, as redes neurais nos levarão de volta à metafísica que nós rejeitamos tão alegremente em nome da objetividade e da ciência" (KERCKHOVE, Derrick de. O Senso Comum, Antigo e Novo. *In*: PARENTE, André (org.). **Imagem-Máquina**: a era das tecnologias do virtual. Rio de Janeiro: Ed. 34, 1993. p. 63).

[69] NICOLESCU, Basarab. **O manifesto da transdisciplinaridade**. São Paulo: TRIOM, 1999. p. 41.

[70] NICOLESCU, Basarab. **O manifesto da transdisciplinaridade**. São Paulo: TRIOM, 1999. p. 46.

[71] MORALES, Rodrigo Rivera. ***La prueba**: un análisis racional y práctico*. Madrid: Marcial Pons, 2011. p. 345. Ver, também, LOPES JR., Aury. **Direito Processual Penal**. São Paulo: Saraiva, 2015. p. 351.

pensar em todas as dimensões, não só para dar sentido técnico e instrumentalizado de forma automática, mas para dar sentido ao ser humano (sentir o intransponível e o incontornável, referidos por Heidegger)[72].

Essa reconstrução de determinado fato histórico não pode ser fruto de mera discricionariedade de quem decide, mas é imprescindível que esteja vinculada a um convencimento racionalmente construído a partir do exercício da atividade cognitiva e do exame crítico e valorativo da prova. O processo penal e a prova integram os modos de construção do convencimento de quem julga o fato, formando sua convicção e legitimando o poder contido na decisão de mérito[73]. Além disso, esse caminho de reconstrução do fato delituoso no processo, trilhado por humanos, tanto pela via da memória (aquisição, retenção e recordação) quanto pela técnica (prova científica), é naturalmente limitado e imperfeito[74]. A máquina será capaz de superar essas limitações e imperfeições? Existirão outras? Haverá uma nova dimensão, desta vez inflexível e inadaptável?

O arcabouço normativo da sentença de mérito criminal exige, na motivação judicial, um exame crítico das provas legítimas, lícitas e não proibidas[75]. Fundamentar uma decisão é racionalizar o suporte fático com o jurídico, situação que não se coaduna com mera reprodução do que foi dito ou ouvido (copia e cola). Por isso, a fundamentação emerge como uma garantia do acusado, porquanto se arvora na condição de legitimar que o poder do juiz atue de modo racional[76]. Apesar da defesa de que há capacidade de raciocínio da Inteligência Artificial, principalmente em razão do *deep learning* e das redes neurais artificiais, outros se colocam contrários à delegação completa das funções intelectuais e de julgamento às máquinas. Nessa perspectiva, a tomada de decisão do cérebro humano procede de acordo com critérios cognitivos formados a partir de aspectos únicos do ser humano, que estão

[72] GIACOMOLLI, Nereu José. **O Devido Processo Penal**: abordagem conforme a Constituição Federal e o Pacto de São José da Costa Rica. 3. ed. São Paulo: Gen/Atlas, 2016. p. 256.

[73] Ver LOPES JR. AURY. **Direito Processual Penal**. São Paulo: Saraiva, 2015. p. 352.

[74] GIACOMOLLI, Nereu José. **O Devido Processo Penal**: abordagem conforme a Constituição Federal e o Pacto de São José da Costa Rica. 3. ed. São Paulo: Gen/Atlas, 2016. p. 200-201.

[75] Ver COSTA ANDRADE, Manuel. **Sobre as proibições de prova no processo penal**. Coimbra: Coimbra Editora, 1992.

[76] MORALES, Rodrigo Rivera. ***La prueba:*** *un análisis racional y práctico*. Madrid: Marcial Pons, 2011. p. 345.

muito distantes de serem incorporados de forma razoável pela Inteligência Artificial[77]. Nessa mesma linha, sem medidas efetivas de prevenção e controle por parte do ser humano, há grande tendência de as decisões serem cada vez mais padronizadas, automáticas, inimpugnáveis e arbitrárias. Segundo Fenol, nos processos criminais, a automação da decisão é ainda mais complicada e perigosa, dado que um fato criminoso não é tão simples e frequente como um conflito civil, ademais das circunstâncias subjetivas tanto do acusado quanto da vítima, carecedoras de maior averiguação[78].

Embora sem substituir uma decisão sobre a culpabilidade de um acusado, algo semelhante já foi utilizado nas cortes norte-americanas: o *Compas* (*Correctional Offender Management Profiling for Alternative Sanctions*), ferramenta de avaliação de risco de reiteração delitiva baseada em computação estatística, denominado EBS (*evidence-based*)[79]. O *Compas* funda-se em algoritmos construídos com diversos dados pessoais do réu, fornecidos por ele próprio, em resposta a questionários com perguntas sobre o local de nascimento, grau de instrução, perfil familiar e de amigos, histórico de uso de substâncias entorpecentes, cor da pele, antecedentes criminais próprios e de seus familiares, situação laboral e financeira, nível de criminalidade na zona em que reside, entre outras, combinados de forma complexa e secreta pela IA[80].

Recentemente, a utilização do algoritmo foi fundamental no desfecho do *Caso Wiscosin vs. Loomis*. A conclusão desse sistema de IA, que leva em consideração 137 itens, não necessariamente ligados a questões específicas ao delito praticado[81], orientou o processo de decisão do magistrado acerca do potencial de reincidência do acusado, na medida em que, ao proferir a

[77] PEDRINA, Gustavo Mascarenhas Lacerda. Consequências e perspectivas da aplicação da inteligência artificial a casos penais. **Revista Brasileira de Direito Processual Penal**, Porto Alegre, v. 5, n. 3, p. 1589-1606, set.-dez., 2019. p. 1592.

[78] FENOLL, Jordi Nieva. ***Inteligencia Artificial y Proceso Judicial***. Madrid: Marcial Pons, 2018. p. 36.

[79] STARR, Sonja B. *Evidence-Based sentencing and the scientific racionalization of discrimination*. ***Stanford Law Review***, Michigan, v. 66, p. 803-872, setembro de 2013. Disponível em: https://ssrn.com/abstract=2318940. Acesso em: 12 jun. 2020.

[80] Em FENOLL, Jordi Nieva. *Inteligencia Artificial y Proceso Judicial*. Madrid: Marcial Pons, 2018, p. 36

[81] Em PEDRINA, Gustavo Mascarenhas Lacerda. Consequências e perspectivas da aplicação da inteligência artificial a casos penais, em *Revista Brasileira de Direito Processual Penal*, Porto Alegre, vol. 5, n. 3, p. 1589-1606, set.-dez., 2019, p. 1595.

sentença condenatória no *Caso Loomis v. Wiscosin*, o julgador lançou mão do alto risco de reincidência[82] do réu como fundamento para negar sua liberdade, condená-lo e agravar sua sanção, com base na elevada pontuação obtida através da análise do *software*. O magistrado de Wisconsin aceitou a conclusão tomada pelo algoritmo *Compas* utilizando o argumento de que, sempre que o resultado do algoritmo for complementado com outros elementos de convicção, seu uso é regular e não fere o direito de defesa[83]. O recurso à Suprema Corte Norte-Americana, interposto pelos advogados de *Loomis* para ter acesso aos critérios que levaram o algoritmo à decisão de alto grau de risco de reincidência, não foi aceito, sob o argumento de que os dados constituem segredo empresarial, não sujeito à revelação[84]. Teríamos uma sentença construída sob sigilo impenetrável?

Importante salientar o possível viés ideológico que pode conter ou se desenvolver a partir de reiteradas decisões tomadas pelo algoritmo. Pesquisadores demonstraram que sentenças elaboradas pela Inteligência Artificial são mais duras quando o nome do sentenciado é de descendência africana, em comparação a nomes tradicionalmente europeus, o que demonstra o viés ideológico-racial do algoritmo[85]. Além disso, em pesquisa realizada pela agência de notícias independente *ProPublica* constatou-se que os algoritmos do *Compas* classificavam equivocadamente acusados negros como falsos positivos

[82] Starr sustenta que o resultado obtido pelo algoritmo detém potencial para ser muito mais preciso, em termos de predição de risco, do que o juízo individual de um magistrado. Admitida essa concepção, estaremos retornando ao Direito Penal do autor (STARR, Sonja B. *Evidence-Based sentencing and the scientific racionalization of discrimination*. ***Stanford Law Review***, Michigan, v. 66, p. 803-872, setembro de 2013. Disponível em: https://ssrn.com/abstract=2318940. Acesso em: 12 jun. 2020).

[83] FENOLL, Jordi Nieva. ***Inteligencia artificial y proceso Judicial***. Madrid: Marcial Pons, 2018. p. 71.

[84] PEDRINA, Gustavo Mascarenhas Lacerda. Consequências e perspectivas da aplicação da inteligência artificial a casos penais. **Revista Brasileira de Direito Processual Penal**, Porto Alegre, v. 5, n. 3, p. 1589-1606, set.-dez., 2019. p. 1595.

[85] CALISKAN, A.; BRYSON, J.J.; NARAYANAN, A. *Semantics derived automatically from language corpora necessarily contain human biases*. ***Science Journal***, Princeton, v. 356, n. 6334, p. 183-186, abril 2017. p. 11. Disponível em: https://arxiv.org/pdf/1608.07187.pdf. Acesso em: 8 jun. 2020. No *Compas*, da mesma forma, foi detectado que o algoritmo estabelecia índices de periculosidade superiores a sujeitos afrodescendentes do que pessoas brancas, de forma completamente racista, como destacado em FENOLL, Jordi Nieva. ***Inteligencia Artificial y Proceso Judicial***. Madrid: Marcial Pons, 2018. p. 69.

e indivíduos caucasianos como falsos negativos, mesmo sem haver uma pergunta específica sobre a cor da pele.[86]

Existem duas explicações iniciais para esse viés ideológico do algoritmo. A primeira é que os dados de entrada do sistema são inseridos por humanos, que podem transferir suas concepções enviesadas diretamente ao algoritmo na fase de pré-processamento do sistema. Além disso, se nessa inserção de dados forem incluídas informações de classe social, gênero, endereço de residência, familiares, por exemplo, o algoritmo poderá indicar, com base nesses fatores, punições maiores para grupos sociais já marginalizados[87]. Nessa perspectiva, há advertência de que a inserção de dados, influenciados por uma seleção penal tradicionalmente discriminatória, de cunho racista, em algoritmos sofisticados – que acabam escamoteando esses problemas de origem histórica –, somada à ausência de transparência desses sistemas (*black box*), pode resultar na manutenção das discrepâncias sociais e mortes causadas pelo sistema penal[88]. Em regra, essa discriminação não é intencional, mas seu resultado acaba por constituir uma distorção velada, sob a ilusão de imparcialidade[89] e de uma "verdade digital" pretensamente neutra e objetiva[90].

[86] PROPUBLICA. ***Machine Bias***: *There's a software used across the country to predict future criminals. And it's biased against blacks.* 2016. Disponível em: https://www.propublica.org/article/machine-bias-risk-assessments-in-criminal-sentencing. Acesso em 12 nov. 2020.

[87] PEDRINA, Gustavo Mascarenhas Lacerda. Consequências e perspectivas da aplicação da inteligência artificial a casos penais. **Revista Brasileira de Direito Processual Penal**, Porto Alegre, v. 5, n. 3, p. 1589-1606, set.-dez., 2019. p. 1596.

[88] Advertência feita por AMARAL, Augusto Jobim do; DIAS, Felipe da Veiga. Surveillance e as 'novas' tecnologias de controle biopolítico. **Veritas**, Porto Alegre, v. 64, n. 1, p. e33427, jan.-mar. 2019. p. 27.

[89] Em BRAGA, Carolina. Discriminação nas decisões por algoritmos: polícia preditiva. *In*: FRAZÃO, Ana; MULHOLLAND, Caitlin (coord.). **Inteligência Artificial e Direito:** *ética, regulação e responsabilidade.* São Paulo: Thomson Reuters Brasil, 2019. p. 680. Acerca da imparcialidade, ver GIACOMOLLI, Nereu José. **O Devido Processo Penal**: abordagem conforme a Constituição Federal e o Pacto de São José da Costa Rica. 3. ed. São Paulo: Gen/Atlas, 2016. p. 275-302, e MONTERO AROCA, Juan. ***Sobre la imparcialidad del juez y la incompatibilidade de funciones procesales.*** Valência: Tirant lo Blanch, 1999.

[90] Ver MORAIS, José Luis Bolzan; BARROS, Flaviane de Magalhães. Compartilhamento de Dados e Devido Processo: como o uso da inteligência artificial pode implicar em uma verdade aleteica. *In:* NUNES, Dierle; LUCON, Paulo Henrique dos Santos; WOLKART, Erik Navarro (org.). **Inteligência Artificial e Direito Processual**: os impactos da virada tecnológica no direito processual. Salvador: Editora JusPodivm, 2020. p. 262-267, sobre a "verdade aleteica" e atual crise do Estado de Direito decorrente dos efeitos da virada matemática no sistema jurídico.

Do ponto de vista instrumental, o maior risco desses sistemas de inteligência artificial como o *Compas* se revela quando seus resultados não se limitam à predição delitiva do sujeito examinado, mas interferem e são utilizados, em alguma medida, na formação da convicção do juiz sobre a culpabilidade e medição da pena[91]. O problema se acentua na medida em que, como assentado pela Suprema Corte norte-americana ao não admitir o recurso do caso *Loomis vs. Wiscosin*, é impossível conhecer com precisão os dados do algoritmo e como se combinam para alcançar o resultado. Sem adentrar na discussão filosófica sobre o ético, justo ou justiça, é necessário ao menos conhecer os critérios de funcionamento e interpretação do algoritmo, sob pena de criação de um cenário kafkiano[92]. Sonega-se do acusado o direito de saber o motivo pelo qual possui determinado *score* de periculosidade, como também a forma com que seus dados e respostas influenciam na conclusão da máquina.

Isso viola não só o devido processo legal – por ser impossível não apenas contraditar e contestar os dados que sequer se conhece, como também refutar a decisão oriunda da máquina –, mas também a proporcionalidade – pois não se pode garantir que o algoritmo processe sempre as mesmas operações para tomar a decisão[93].

Ao não se ter conhecimento de como o algoritmo utilizou os dados à obtenção dos resultados, ademais da violação da garantia da publicidade e da ampla defesa, resta afastada a garantia da fundamentação das decisões (inciso IX do art. 94 da CF e § 2º do art. 315 do CPP). O juízo condenatório exige

[91] Segundo Fenoll, "*el riesgo máximo, a mi juicio, es utilizar los resultados de la aplicación para determinar, aunque sea provisionalmente o incluso tangencialmente, la culpabilidade, no solo porque COMPAS no este destinado a este objetivo, sino simplemente al cálculo del riesgo de reincidencia. Porque el problema principal es que, ciertamente, el prognóstico de riesgo condiciona o al menos influencia las decisiones judiciales sobre la culpabilidad*" (FENOLL, Jordi Nieva. ***Inteligencia Artificial y Proceso Judicial***. Madrid: Marcial Pons, 2018. p. 71).

[92] Segundo Amaral e Dias, nessa perspectiva, o sujeito "de repente acredita que o processo penal do qual ele não entende, nem seu crime é correto, pois está baseado em dados, foi devidamente calculado por um algoritmo que diz que ele fez algum ato criminoso e deve ser judicialmente responsabilizado" (AMARAL, Augusto Jobim do; DIAS, Felipe da Veiga. Surveillance e as "novas" tecnologias de controle biopolítico. **Veritas**, Porto Alegre, v. 64, n. 1, p. e33427, jan.-mar. 2019. p. 22).

[93] PEDRINA, Gustavo Mascarenhas Lacerda. Consequências e perspectivas da aplicação da inteligência artificial a casos penais. **Revista Brasileira de Direito Processual Penal**, Porto Alegre, v. 5, n. 3, p. 1589-1606, set.-dez., 2019. p. 1596-1597.

afastamento de todas as teses defensivas, de forma fundamentada, com exame crítico da prova, a cada tese: motivação fática, jurídica e racionalização simbiótica entre o substrato fático e o jurídico (fundamentação). O processo decisório, seja qual for o grau de cognição, se funda pelas razões de fato e/ou de direito que levaram o prolator ao convencimento. Nessa linha, o conhecimento da *ratio decidendi* é fundamental para possibilitar eventual impugnação pelo jurisdicionado. No entanto, como já abordado, a tendência dos sistemas de inteligência artificial é de funcionarem como uma *black box*, sendo obscuro o caminho e os motivos pelos quais os algoritmos mais populares de aprendizado automático, como redes neurais artificiais ou abordagens de aprendizado profundo, alcançam suas próprias conclusões[94]. Todavia, a motivação não pode consistir apenas no fato de que o algoritmo tenha alcançado determinada decisão[95], o que equivaleria a uma carência absoluta de fundamentação, mesmo que o algoritmo tivesse sido corretamente configurado[96]. A fundamentação de decisão processual penal apenas satisfaz o dever de motivação quando da decisão se puder inferir uma justificativa racional acerca do convencimento, permitindo que ela seja compreendida, impugnada e refutada.

Nesse aspecto, importante a crítica, no que tange ao atual cenário de fundamentação das decisões judiciais com base exclusivamente em ferramentas de copiar-colar de decisões anteriores, o que não é raro, sendo possível encontrar decisões idênticas em processos distintos. Um programa de Inteligência Artificial poderia fazer exatamente o mesmo trabalho, segundo alguns, escolhendo a motivação-base, inclusive redigindo parágrafos adicionais de adaptação daquela fundamentação ao caso concreto[97]. A Inteligência Artificial poderá desempenhar um papel relevante na valoração probatória, em especial com relação aos *standards* de prova. Contudo, reina um certo

[94] SCHWAB, Klaus. **Aplicando a quarta revolução industrial**. São Paulo: EDIPRO, 2018. p. 190.

[95] A exemplo do *Compas*, a decisão judicial não pode se embasar exclusivamente no fato de que a Inteligência Artificial concluiu que o sujeito é perigoso.

[96] FENOLL, Jordi Nieva. ***Inteligencia Artificial y Proceso Judicial***. Madrid: Marcial Pons, 2018. p. 73 e p. 117.

[97] Ver FENOLL, Jordi Nieva. ***Inteligencia Artificial y Proceso Judicial***. Madrid: Marcial Pons, 2018. p. 117, quando refere essa situação.

ceticismo no que diz respeito à possibilidade real de o trabalho do julgador ser totalmente substituído[98].

Ao admitirmos a aplicação de sistemas de Inteligência Artificial no âmbito do Poder Judiciário, pelo menos, há de ser exigida a transparência das fontes e dos códigos dos programas – algoritmos – utilizados no decorrer do processamento da máquina. Devem ser conhecidos ou ao menos serem identificáveis não só os dados capturados pelo *software* (ou nele inseridos), mas também o código e a programação de seus algoritmos, possibilitando um caminho racional lógico trilhado pela máquina para alcançar o resultado (*open sourcing, white boxes*). Qual a razão ou explicação para que o programa tenha alcançado determinada conclusão? Essa deverá ser logicamente explicável para atender aos critérios de racionalização objetiva e fundamentação das decisões judiciais, além de ser compreensível e interpretável pelo ser humano afetado pela decisão. Em outras palavras, para pensar-se na validade e idoneidade de uma decisão judicial apoiada por sistemas de Inteligência Artificial ou dela exclusivamente decorrente, a reconstrução de todo o caminho trilhado pela máquina para chegar no resultado final deve ser cognoscível – e compreensível – a todos os sujeitos processuais, permitindo a ciência e eventual impugnação (direito ao recurso) de toda e qualquer irregularidade ocorrida no decorrer do processo cognitivo. Não sendo assim, não estaríamos trilhando um perigoso caminho rumo ao exercício de um ato de poder irrestrito oriundo da soberania da Inteligência Artificial sobre os seres humanos?

Os sistemas de Inteligência Artificial podem produzir um resultado para o qual foram projetados com alto grau de precisão, mas ainda não possibilitam um grau de explicação da decisão. Qualquer aspecto que envolva algum elemento de tomada de decisão no processo carece ser explicado, entendido e justificado, para preencher a garantia do contraditório e da impugnação dessas decisões. Por isso, muito embora seja factualmente possível o desenvolvimento

[98] Segundo Fenoll, "*es más fácil que ya no dependamos de la creatividad humana en la formulación de hipótesis alternativas, que es la base de la confirmación de las hipótesis de salida, a fin de que sean refutadas y comprendan los datos probatorios presentes em el proceso, y hasta ofrezcan un grado de acierto que favorecería la conformación de auténticos estándares probatorios, es decir, de umbrales de certeza que se deseen alcanzar en cada caso concreto. Sin duda, eso sí puede hacerlo la inteligencia artificial, y es lo que muchas veces se había deseado por los probabilistas bayesianos que aplicaron sus conocimientos al proceso*" (FENOLL, Jordi Nieva. ***Inteligencia Artificial y Proceso Judicial***. Madrid: Marcial Pons, 2018. p. 111).

e uso de ferramentas de Inteligência Artificial para funções decisórias no processo[99], a exemplo das soluções anteriormente abordadas e daquelas que estão porvir, faz-se mister que nos debrucemos criticamente sobre a permissibilidade desse fenômeno sob a ótica dos princípios e fundamentos do processo penal democrático.

Conclusões

Em que pese a construção das decisões judiciais sempre ter sido um reflexo da convicção de seu julgador e, portanto, um trabalho eminentemente humano, os avanços das ferramentas de Inteligência Artificial nos levam a uma abordagem que ultrapassa as fronteiras do que hoje está posto.[100] O futuro, segundo Jérôme Bindé, parece cada vez mais incerto, difícil, indefinido, ambíguo e por vezes ilegível.[101] Independentemente dessas incertezas, é evidente que a Inteligência Artificial estará presente nos sistemas sociais, inclusive no jurídico. Se por um lado é impossível negar o avanço digital e tecnológico, de outro urge uma análise profunda, sob olhar crítico, da tecnologia que está paulatinamente sendo introduzida no Poder Judiciário, construindo histórias (*Stevie*), criando estratégias de acusação e defesa (*Echo e Pierce-Igt*), elaborando prognósticos (*Alibi*), avaliando os riscos de reincidência (*Compas*). Ademais, há ferramentas capazes de separar argumentos favoráveis e contrários a determinada decisão (*Questmap, Argumed* e *Cato*) e de estruturá-los (*Ross Intelligence* e o *Ibm's Watson Debater*).

Especificamente no Brasil, nos Tribunais Superiores, o *Projeto Victor* identifica a existência ou não a repercussão geral, um dos requisitos de admissibilidades do recurso extraordinário (STF), e o *Projeto Sócrates* é capaz de triar e classificar os recursos que ingressam no STJ, oferecendo referências legislativas, destacando precedentes e recomendando a elaboração de minutas

[99] Posição também vislumbrada por GRECO, Luís. **Poder de Julgar sem Responsabilidade de Julgador:** A impossibilidade jurídica do juiz-robô. São Paulo: Marcial Pons, 2020, que conclui ser possível, faticamente, a substituição do juiz por máquinas, mas que, enquanto seres humanos, jamais teremos o direito de fazê-lo.

[100] FENOLL, Jordi Nieva. ***Inteligencia Artificial y Proceso Judicial.*** Madrid: Marcial Pons, 2018. p. 99.

[101] BINDÉ, Jérôme. Introdução. *In*: BINDÉ, Jérôme. **As Chaves do Século XXI.** Lisboa: Instituto Piaget, 2000. p. 11.

de decisões automatizadas, com base nessas referências sobre o tema. Vários Tribunais Estaduais contam com outros sistemas baseados em inteligência artificial, como o *Victoria* (TJRJ); *Zello* (TCU); *Alice, Monica, Sofia* (TCU); *Sinapses* e *Carnium* (TJRO); *Radar e Ratinho* (TJMG); *Elis* (TJPE); *Poti, Jerimum* e *Clara* (TJRN), *Leia Precedentes* (TJA), *Sistema Hércules* (TJAL). Seriam os antecedentes do "juiz-robô"?

Mesmo sendo utilizados mecanismos de Inteligência Artificial somente para aferição da qualidade e controle do *decisum* proferido pelo juiz humano, é imprescindível criar possibilidades de compreensão tanto dos algoritmos mais simples quanto dos fundados em *machine learning*, de forma transparente e entendível à esfera jurídica. Mesmo a *Internet of Things* (*IoT*) interligando o ser humano às coisas e estas entre si, formando uma aldeia tecno-humana, com simbiose entre o biológico e o mental, entre os objetos, a decisão judicial criminal – a qual altera o *status* de cidadão comum para processado, réu, condenado, podendo cercear a liberdade – há ser proferida por um juiz humano.

Não obstante a utilização de mecanismos de inteligência artificial na decisão judicial desperte novas perspectivas e oportunidades, a temática reacende importantes discussões sobre as garantias do devido processo legal e desloca o debate sobre as consequências da substituição do homem pela máquina justamente na sentença definitiva, o ato processual mais humano. Em que pese árduo e complexo, o ato de julgar deve permanecer no espectro de poder humano, ainda que um dia – e é certo que esse dia chegará – se desenvolva tecnologia suficiente para substituir o julgador por um juiz-robô, sob pena de testemunharmos o esmagamento e a desintegração do ser humano.

As perspectivas positivas são de que o emprego da Inteligência Artificial produza efeitos para o progresso da humanidade e ao aprimoramento da prestação jurisdicional, sem eliminar o exame crítico da prova pelo juiz humano, a formação da convicção pela análise da situação fática, em simbiose com a jurídica, de forma a produzir racionalmente uma decisão que também atente à proteção dos direitos e garantias fundamentais do indivíduo. A expectativa é de que a Inteligência Artificial não se constitua em um mecanismo para escravizar o *decisum* e desumanizar a jurisdição, mas para conter e controlar o arbítrio judicial e o solipsismo nas decisões judiciais, como ferramenta para otimizar a prestação jurisdicional, e não para subjugá-la a interesses privados dos criadores e detentores de *softwares*.

Referências

ÁLVAREZ MUNÁRRIZ, Luís. **Fundamentos de inteligência artificial**. Murcia: Editum Ediciones de la Universidad de Murcia, 1994.

ALVES, Isabela Fonseca; DE ALMEIDA, Priscilla Brandão. Direito 4.0: uma análise sobre inteligência artificial, processo e tendências de mercado. *In:* ALVES, Isabella Fonseca (org.). **Inteligência Artificial e Processo**. Belo Horizonte, São Paulo: D'Plácido, 2020.

ALVES, Isabella Fonseca (org.). **Inteligência Artificial e Processo**. Belo Horizonte, São Paulo: D'Plácido, 2020.

AMARAL, Augusto Jobim do; DIAS, Felipe da Veiga. Surveillance e as 'novas' tecnologias de controle biopolítico. **Veritas**, Porto Alegre, v. 64, n. 1, p. e33427, jan.-mar. 2019.

BECK, Ulrich. **A metamorfose do mundo***:* novos conceitos para uma nova realidade. Rio de Janeiro: Zahar, 2018.

BENDERY, Jennifer. *Federal Judges Are Burned Out, Overworked And Wondering Where Congress Is.* ***Huffpost US***, 30/09/2015. Disponível em: https://www.huffpostbrasil.com/entry/judge-federal-courts-vacancies_n_55d77721e4b0a40aa3aaf14b? ri18n=true. Acesso em: 5 jun. 2020.

BINDÉ, Jérôme. Introdução. *In*: BINDÉ, Jérôme. **As Chaves do Século XXI**. Lisboa: Instituto Piaget, 2000.

BRAGA, Carolina. Discriminação nas decisões por algoritmos: polícia preditiva. *In*: FRAZÃO, Ana; MULHOLLAND, Caitlin (coord.). **Inteligência Artificial e Direito**: *ética, regulação e responsabilidade*. São Paulo: Thomson Reuters Brasil, 2019.

CALISKAN, A.; BRYSON, J.J.; NARAYANAN, A. *Semantics derived automatically from language corpora necessarily contain human biases.* ***Science Journal***, Princeton, v. 356, n. 6334, p. 183-186, abril 2017. p. 11. Disponível em: https://arxiv.org/pdf/1608.07187.pdf. Acesso em: 8 jun. 2020.

COLUMBIA SIPA. ***The Future of AI in the Brazilian Judicial System***. 2020. Disponível em: https://itsrio.org/wp-content/uploads/2020/06/SIPA-Capstone-The-Future-of--AI-in-the-Brazilian-Judicial-System-1.pdf. Acesso em: 10 jun. 2020.

CONSELHO NACIONAL DE JUSTIÇA. **Justiça em Números 2019**. Brasília: CNJ, 2019. Disponível em: https://www.cnj.jus.br/wp-content/uploads/conteudo/arquivo/2019/08/justica_em_numeros20190919.pdf. Acesso em: 5 jun. 2020.

CORTIZ, Diogo. Inteligência Artificial: equidade, justiça e consequências. **Panorama setorial da internet**, São Paulo, n. 1, ano 12, p. 1-5, maio 2020.

CORVALÁNI, Juan Gustavo. *Inteligencia artificial: retos, desafios y oportunidades – Prometea: la primera inteligencia artificial de Latinoamérica al servicio de la Justicia.* **Revista de Investigações Constitucionais**, Curitiba, vol. 5, n. 1, p. 295-316, jan.-abr. 2018.

COSTA ANDRADE, Manuel. **Sobre as proibições de prova no processo penal**. Coimbra: Coimbra Editora, 1992.

CRBE. ***London law firms embrace artificial intelligence***. 24 de abril de 2018. Disponível em https://news.cbre.co.uk/london-law-firms-embrace-artificial-intelligence/. Acesso em: 6 jun. 2020.

CUEVA, Ricardo Villas Bôas Cueva. **Conferência proferida no V Encontro de Magistrados Brasil-EUA sobre a Inteligência Artificial e o Direito**. Disponível em: https://www.editorajc.com.br/wp-content/uploads/224.pdf. Acesso em: 15 nov. 2019.

DOMINGOS, Pedro. **O algoritmo mestre**. São Paulo: Novatec Editora, 2017.

FARIAS, Roberta. **Inteligência artificial deve realizar em minutos análise processual que levariam meses**. Maceió: Poder Judiciário de Alagoas: Tribunal de Justiça de Alagoas 17/01/2020. Disponível em: https://www.tjal.jus.br/comunicacao2.php?pag=verNoticia &not=16361. Acesso em: 7 jun. 2020.

FENOLL, Jordi Nieva. ***Inteligencia Artificial y Proceso Judicial***. Madrid: Marcial Pons, 2018.

FERRARI, Isabela; BECKER, Daniel; WOLKART, Erik Navarro. *Arbitrium ex machina*: panorama, riscos e a necessidade de regulação das decisões informadas por algoritmos. **Revista dos Tribunais**, São Paulo, v. 995, n. 18341, p. 635-655, set. 2018.

FRAZÃO, Ana; MULHOLLAND, Caitlin (coord.). **Inteligência Artificial e Direito**: *ética, regulação e responsabilidade*. São Paulo: Thomson Reuters Brasil, 2019.

GIACOMOLLI, Nereu José. **O Devido Processo Penal**: abordagem conforme a Constituição Federal e o Pacto de São José da Costa Rica. 3. ed. São Paulo: Gen/Atlas, 2016.

GRECO, Luís. **Poder de Julgar sem Responsabilidade de Julgador:** A impossibilidade jurídica do juiz-robô. São Paulo: Marcial Pons, 2020.

HAN, Byung-Chul. **No Enxame**: perspectivas do digital. Petrópolis: Vozes, 2018.

HARARI, Yuval Noah. ***Homo* Deus**: uma breve história do amanhã. São Paulo: Companhia das Letras, 2016.

KERCKHOVE, Derrick de. O Senso Comum, Antigo e Novo. *In*: PARENTE, André (org.). **Imagem-Máquina**: a era das tecnologias do virtual. Rio de Janeiro: Ed. 34, 1993.

KERCKHOVE, Derrick de. **A pele da cultura** (uma investigação sobre a nova realidade electrónica). Lisboa: Relógio D'Água Editores, 1997.

KURZWEIL, Ray. **A singularidade está próxima**: quando os humanos transcendem a biologia. São Paulo: Itaú Cultural Iluminuras, 2018. *E-book.*

LÉVY, Pierre. **Cibercultura**. São Paulo: Editora 34, 1999.

LOPES JR., Aury. **Direito Processual Penal**. São Paulo: Saraiva, 2015.

LUCON, Paulo Henrique dos Santos NUNES, Dierle; WOLKART, Erik Navarro (org.). **Inteligência Artificial e Direito Processual**: os impactos da virada tecnológica no direito processual. Salvador: Editora JusPodivm, 2020.

MÃE, Valter Hugo. **As mais belas coisas do mundo**. Rio de Janeiro: Biblioteca Azul, 2019.

MAIA FILHO, Mamede Said; JUNQUILHO, Tainá Aguiar. Projeto Victor: perspectivas de aplicação da inteligência artificial ao direito. **Revista de Direitos e Garantias Fundamentais**, Vitória, v. 19, n. 3, p. 219-238, set./dez. 2018.

MANZANO, José Augusto N.G.; OLIVEIRA, Jair Figueiredo de. **Algoritmos**: lógica para desenvolvimento de programação de computadores. São Paulo: Érica, 2016.

MCCARTHY, John; MINSKY, Marvin; ROCHESTER, Nathaniel; SHANNON, Claude. **Inteligência Artificial faz 50 anos**. 9 de julho de 2006. Disponível em: https://www.publico.pt/2006/07/09/jornal/inteligencia-artificial-faz-50-anos-87953. Acesso em: 4 jun. 2020.

MCCARTHY, John. ***What is artificial intelligence?*** Stanford: Stanford University, 2007. Disponível em http://jmc.stanford.edu/articles/whatisai/whatisai.pdf. Acesso em: 2 jun. 2020.

MONTERO AROCA, Juan. ***Sobre la imparcialidade del juez y la incompatibilidade de funciones procesales.*** Valência: Tirant lo Blanch, 1999.

MORAIS, José Luis Bolzan; BARROS, Flaviane de Magalhães. Compartilhamento de Dados e Devido Processo: como o uso da inteligência artificial pode implicar em uma verdade aleteica. *In:* NUNES, Dierle; LUCON, Paulo Henrique dos Santos; WOLKART, Erik Navarro (org.). **Inteligência Artificial e Direito Processual**: os impactos da virada tecnológica no direito processual. Salvador: Editora JusPodivm, 2020.

MORALES, Rodrigo Rivera. ***La prueba:*** *un análisis racional y práctico.* Madrid: Marcial Pons, 2011.

MULHOLLAND, Caitlin; FRAZÃO, Ana (coord.). **Inteligência Artificial e Direito**: *ética, regulação e responsabilidade.* São Paulo: Thomson Reuters Brasil, 2019.

MULHOLLAND, Catlin. Responsabilidade Civil e Processo Decisórios Autônomos em Sistemas de Inteligência Artificial (IA): autonomia, imputabilidade e responsabilidade. *In*: FRAZÃO, Ana; MULHOLLAND, Caitlin (coord.). **Inteligência Artificial e Direito**: *ética, regulação e responsabilidade.* São Paulo: Thomson Reuters Brasil, 2019.

NICOLESCU, Basarab. ***O manifesto da transdisciplinaridade.*** São Paulo: TRIOM, 1999.

NORVIG, Peter; RUSSELL, Stuart J. ***Artificial intelligence:*** *a modern approach.* Englewood Cliffs, NJ: Prentice Hall, 1995.

NUNES, Dierle; LUCON, Paulo Henrique dos Santos; WOLKART, Erik Navarro (org.). **Inteligência Artificial e Direito Processual**: os impactos da virada tecnológica no direito processual. Salvador: Editora JusPodivm, 2020.

NUNES, Dierle; MARQUES, Ana Luiza Pinto Coelho. Inteligência Artificial e Direito Processual: vieses algorítmicos e os riscos de atribuição de função decisória às máquinas. **Revista de Processo**, São Paulo, v. 285, p. 421-447, nov. de 2018.

O'NEIL, Cathy. ***Weapons of Math Destruction.*** New York: Crown Publishers, 2016.

PAONELLI, Camilla Mattos; ANTÔNIO, Nacle Safar Aziz. Dilemas processuais do século XXI: entre os cérebros eletrônicos e a implementação de garantias-processuais fundamentais – sobre como assegurar decisões legítimas. *In*: NUNES, Dierle; LUCON, Paulo Henrique dos Santos; WOLKART, Erik Navarro. **Inteligência Artificial e Direito Processual**: os impactos da virada tecnológica no direito processual. Salvador: Editora JusPodivm, 2020.

PARENTE, André (org.). **Imagem-Máquina**: a era das tecnologias do virtual. Rio de Janeiro: Ed. 34, 1993.

PEDRINA, Gustavo Mascarenhas Lacerda. Consequências e perspectivas da aplicação da inteligência artificial a casos penais. **Revista Brasileira de Direito Processual Penal**, Porto Alegre, v. 5, n. 3, p. 1589-1606, set.-dez., 2019.

PODER JUDICIÁRIO DO ESTADO DE RONDÔNIA – TRIBUNAL DE JUSTIÇA. **Inteligência artificial desenvolvida pelo TJRO pode revolucionar o Judiciário**. 07 de junho de 2018. Disponível em: https://www.tjro.jus.br/noticias/item/9472--inteligencia-artificial-desenvolvida-pelo-tjro-pode-revolucionar-o-judiciario. Acesso em: 7 jun. 2020.

PORTO, Fábio Ribeiro. O Impacto da Utilização da Inteligência Artificial no Executivo Fiscal. Estudo de caso do Tribunal de Justiça do Rio de Janeiro. **Direito em Movimento**, Rio de Janeiro, v. 17. n. 1. p. 142-199, 1º sem. 2019.

PROPUBLICA. ***Machine Bias***: *There's a software used across the country to predict future criminals. And it's biased against blacks.* 2016. Disponível em: https://www.propublica.org/article/machine-bias-risk-assessments-in-criminal-sentencing. Acesso em: 12 nov. 2020.

ROSA, Alexandre Morais da; BOEING, Daniel Henrique Arruda. **Ensinando um Robô a Julgar**: pragmática, discricionariedade, heurísticas e vieses no uso de aprendizado de máquina no judiciário. Florianópolis: Emais Academia, 2020.

RUSSELL, Stuart J.; NORVIG, Peter. ***Artificial intelligence***: *a modern approach*. Englewood Cliffs, NJ: Prentice Hall, 1995.

SCHWAB, Klaus. **A Quarta Revolução Industrial**. São Paulo: Edipro, 2019.

SCHWAB, Klaus. **Aplicando a quarta revolução industrial**. São Paulo: Edipro, 2018.

SERRANO, Alberto García. ***Inteligencia Artificial***: *fundamentos, práctica y aplicaciones*. Madrid: RC Libros, 2012.

SILVA, Rafael Rodrigues. **Estônia está desenvolvendo o primeiro "juiz robô" do mundo**. 4 de abril de 2019. Disponível em: https://canaltech.com.br/inteligencia-artificial/estonia-esta-desenvolvendo-o-primeiro-juiz-robo-do-mundo-136099/. Acesso em: 4 jun. 2020.

STANFORD UNIVERSITY. ***In memoriam John McCarthy***. Disponível em: https://cs.stanford.edu/index.php?%20q=memoriam/professor-john-mccarthy%20Acesso%20 em%2018.07.2%20019. Acesso em: 2 jun. 2020.

STARR, Sonja B. *Evidence-Based sentencing and the scientific racionalization of discrimination*. ***Stanford Law Review***, Michigan, v. 66, p. 803-872, setembro de 2013. Disponível em: https://ssrn.com/abstract=2318940. Acesso em: 12 jun. 2020.

STEIBEL, Fabro; VICENTE, Victor Freitas; JESUS, Diego Santos Vieira de. Possibilidades e Potenciais da utilização da Inteligência Artificial. *In*: FRAZÃO, Ana; MULHOLLAND, Caitlin (coord.). **Inteligência Artificial e Direito**: *ética, regulação e responsabilidade*. São Paulo: Thomson Reuters Brasil, 2019.

TRIBUNAL DE JUSTIÇA DO ESTADO DE MINAS GERAIS. **TJMG utiliza inteligência artificial em julgamento virtual**. 07/11/2018. Disponível em: https://www.tjmg.jus.br/portal-tjmg/noticias/tjmg-utiliza-inteligencia-artificial-em-julgamento-virtual.htm#.Xw3oLS0lB0s. Acesso em: 7 jun. 2020.

TRIBUNAL DE JUSTIÇA – PODER JUDICIÁRIO DO ACRE. **TJAC utiliza inteligência artificial para identificar processos vinculados a precedentes**. 2.12.2019. Disponível em: https://www.tjac.jus.br/noticias/tjac-utiliza-inteligencia-artificial-para-identificar-processos-vinculados-a-precedentes/. Acesso em: 7 jun. 2020.

WINSTON, Patrick Henry. ***Artificial Intelligence***. 3rd ed. Massaschusetts: Addison-Wesley Publishing Company, 1992.

WOLKART, Erik Navarro; NUNES, Dierle; LUCON, Paulo Henrique dos Santos. **Inteligência Artificial e Direito Processual**: os impactos da virada tecnológica no direito processual. Salvador: Editora JusPodivm, 2020.

52.

NEREU GIACOMOLLI: O GARANTISTA DA SERRA DA GUABIROBA

Lenio Luiz Streck

Nereu – o amigo!

Um mês de primavera de 1986, chego a Porto Alegre para ultimar meu ingresso na carreira do Ministério Público e cursar 15 dias de "primeiras lições" antes de receber a indicação da cidade em que iniciaria a nova profissão.

Hospedei-me no Hotel da Praça da Matriz, ao lado do Tribunal de Justiça de então, uma acomodação modesta, condizente com a situação econômica deste escriba.

No quarto ao lado, encontro um "gringo", com sotaque ainda carregado. Era Nereu Giacomolli, que passara no concurso e fora classificado para essa última chamada do grupo de 63 novos integrantes do MP.

Dias e dias, ficamos próximos. Trocamos endereços. E depois tomamos caminhos diferentes. Nereu também passara no concurso para a magistratura. Não me dissera nada. Quando estava tudo pronto para ele receber a indicação da Comarca – a minha era Itaqui – Nereu optou por ser juiz de Direito.

Passa um mês, já não ouvia falar de Nereu – afinal, não havia redes sociais e nem celular –, chego na Comarca de Itaqui. A primeira povoação é jesuítica espanhola e data de 1700. Em 1858 o município é desmembrado de São Borja. Itaqui, em tupi-guarani, quer dizer Cidade das Pedras. Quente. Muito quente.

E quem encontro como juiz da segunda Vara? Ele, Nereu Giacomolli. Ele para lá fora designado e levara sua mãe, dona Neli, que ficou amiga da família Streck. Minha filha, Maria Luiza, tinha então 4 anos.

E ficamos íntimos, Rosane, Lenio, Nereu, Dona Neli e Malu. E todas as quartas-feiras nos reuníamos no Fórum para comer churrasco, comandado pelo juiz José Antônio Azambuja Flores, tudo animado pela trilha sonora tocada por Ambrósio de Melo, o último dos paisanos, como o definiu o cantor e compositor nativista de Itaqui, Telmo de Lima Freitas.

Futebol uma vez por semana, Nereu, grande zagueiro, protegendo a área deste *goalkeeper* e escriba Promotor de Justiça, responsável não só pela proteção da goleira, como das duas Promotorias, com mais de 3 mil processos criminais. Trabalhava-se muito.

Nosso time era arrasador. Jogávamos na cidade e nas vizinhanças.[1] O treinador e meio-campista do time era o juiz Flores, apelido Barriga, que havia sido técnico de futebol do Internacional de São Borja, time profissional responsável por "dar" o título de campeão gaúcho ao Grêmio anos antes, uma vez que derrotou o Internacional de Porto Alegre.

Itaqui é uma bela cidade. Devia ter 30 mil habitantes à época. Itaqui tem um dos mais antigos teatros da América do Sul, o Teatro Prezewodowski, construído em 1883. Leva o nome do capitão comandante da Flotilha de Guerra do Alto Uruguai, sediada em Itaqui, de 1872 a 1874, Estanislau Prezewodowski, baiano de nascimento, que teve participação destacada anteriormente na Guerra do Paraguai (1864-1870). O Teatro tinha um palco giratório, único da América do Sul. Cortinas importadas da Europa, consta que foram utilizadas como cobertores em uma enchente do início dos anos 80 do século XX, quando o teatro serviu de abrigo. O teatro continua em obras há décadas.

Quando Nereu e eu chegamos na cidade, cada um em dias diferentes, fomos recebidos na entrada dela. E depois saboreamos um suculento churrasco oferecido pela OAB e Prefeitura Municipal.

O único canal de televisão que havia era de Ribeirão Preto, da rede Bandeirantes. Nada de Globo e quejandos. E, é claro, rádio só havia a local, Cruzeiro

[1] Uma das partidas que jogamos foi contra o time da Fazenda Santa Vitória. Um dos jogadores da Fazenda era meu irmão Lídio, então com 39 anos, que morreu tragicamente no ano seguinte, vítima de uma descarga elétrica. Este texto também é uma homenagem ao meu querido irmão.

do Sul, na qual Nereu e eu falávamos todas as semanas, e as "correntinhas", que assim eram chamadas, por causa da Província de Corrientes, do outro lado do rio Uruguai.

Como só havia um canal de TV, toda a comunidade conhecia o Programa do Bolinha, que era uma espécie de Chacrinha da Bandeirantes. Pois não é que contrataram a Caravana do Bolinha para se apresentar no Ginásio de Itaqui? Pois é. E quem recebeu Bolinha na entrada da cidade? O Prefeito, Nereu, Flores e eu. Recepção calorosa para o ônibus do Bolinha.

Tribuna de Honra para Nereu, Flores, Prefeito, dona Neli, Rosane e Malu. Sula Miranda era a atração principal, então conhecida como a Rainha dos Caminhoneiros. Outra atração, as Irmãs Galvão, disputavam prestígio com Celio Roberto, cantor de um só sucesso chamado "Não Toque esta Música que eu não quero ouvir", com forte entonação aguda – com falsete - na sílaba final da palavra "ouvir".

Assim eram nossos dias. Muito trabalho, mas também muito divertimento. A semana Farroupilha era absolutamente impagável. Indescritível, começando com o programa de rádio transmitido diretamente do galpão do cantor Telmo de Lima Freitas, que também era policial federal.

Havia uma figura talentosa, que não media etilicidades. Praticante, deveria ter escrito a sua Epistemologia do Álcool. Porém, o grande Noel Guarani, mesmo aprofundado nos esforços epistêmico-etílicos, não perdia a afinação. No aniversário de 4 anos de Malu, chegou acompanhado do advogado de nome Jesus, que era figura carimbada no churrasco das quartas-feiras, porque encarregado de conduzir o gaiteiro Ambrósio, também por vezes prejudicado pela cangibrina, palavra difícil que quer dizer, ao mesmo tempo, cachaça e vida dura de trabalhador maratimba, que significa "homem da fronteira sem fronteira", do qual nem se sabia a idade. Com Ambrósio aprendi a gostar de chamamé, ritmo tocado na fronteira Brasil-Argentina.

Os júris da cidade eram um fenômeno à parte. Realizados na bela Câmara de Vereadores, de estilo neoclássico, os julgamentos eram transmitidos ao vivo pela Rádio Cruzeiro do Sul, com comentários de Lídio Carneiro, proprietário da emissora, e reportagens de Ceneu Salcedo. A Rádio também fazia belas transmissões do clássico de futebol da cidade, o famoso "Clássico 38", disputado entre o E.C. 14 de Julho e o E.C 24 de Maio.

Itaqui respirava – e ainda respira – tradição gaúcha, com forte influência *gauche* argentina. O rio Uruguai está no cancioneiro, como a estranha ode às enchentes,[2] compreensível apenas para quem mora na fronteira.

Tomávamos chimarrão nas audiências. Mateávamos. Nereu, como juiz, sempre muito gentil com os réus e testemunhas. Ele, homem simples que vinha da serra da Guabiroba, interior de Encantado, sabia onde o calo aperta. A educação que Dona Neli lhe deu aparecia em todos os momentos.

Itaqui era, então, o maior município do estado. O distrito de Irui distava 101 quilômetros da sede, para termos uma ideia. E de lá vinham as testemunhas dos processos de júri. Há um caso que mostra o imaginário da região. Instrução processual. Testemunha de defesa de processo de júri. Flores, o juiz ex-técnico de futebol, pergunta sobre o réu. E a testemunha, um "bagual"[3] de Irui, responde: "Bah, doutor, esse sujeito é um baita jaguara". Pronto. Acabou com a reputação do réu. A palavra "jaguara", na fronteira, é extremamente ofensiva. Dita pela testemunha de defesa, imagine-se o estrago...!

Outra vez, o Flores interrogava testemunha para outro processo de júri. Um sujeito de uns 70 anos e tal. Flores faz a advertência de praxe: "O senhor promete dizer a verdade? Porque se não for assim, pode ser processado...". E o índio velho responde: "Mas então tu achas que eu, um gaúcho de mais de 70 anos, que levantei as 4 horas da manhã em Irui para vir aqui, iria mentir? O que tu estás pensando?". O Flores, calejado na fronteira, tomou mais um gole de chimarrão e disse: "O senhor me desculpe. Não quis duvidar. É que essas coisas da cidade me exigem fazer perguntas que as vezes deixam o vivente meio puto da clara". E ficou tudo muito bem. Imaginário da fronteira. Chamou o juiz de "tu" e foi chamado de "senhor". Quem sabe e conhece, compreende!

Nereu, além de juiz, chegou a ser chamado como conselheiro da Malu. Certo dia, Malu subiu em um andaime de quatro metros de altura. Naquela fase rebelde de criança. Chamamos o tio Nereu para dar "reprimenda" a ela, mostrando que não deve desobedecer aos pais e nem subir em andaimes.

[2] "Oba, viva, veio a enchente, o Uruguai transbordou, vai dar serviço pra gente", diz a música Balseiros do Uruguai, letra de Barbosa Lessa. Porque as pessoas colhem lenha quando a enchente baixa. E vendem. Só quem vive o drama dos ribeirinhos e moradores das vilas pobres sabe o que isso quer dizer.

[3] Bagual é termo corriqueiro para designar "homem rude do campo".

Os juízes Nereu e Flores eram compreensivos para com a total falta de recursos do Ministério Público. Nem telefone a minha sala tinha. O fórum emprestava. E os juízes "cediam" os seus funcionários – Luís e Cherinha – para diligências da promotoria, entregando notificações aos maridos que não pagavam alimentos e às mães cujos filhos faziam arruaças. Hoje em dia, o promotor possui um assessor e um oficial de diligências. E os promotores se queixam do excesso de trabalho... assim como os juízes, cuja estrutura hoje é incomparavelmente maior do que naqueles tempos – sem considerar a era da informática.

E assim era a Comarca de Itaqui[4]. Fui embora para Restinga Seca, Nereu ficou mais um pouco e, depois, foi para Alegrete. E só fui encontrá-lo de novo em Porto Alegre. Ele Juiz e eu Promotor, véspera de ser promovido a Procurador de Justiça.

Perguntou-me, então, no nosso primeiro encontro: "Estou cursando especialização na UFRGS. Concluindo a monografia. Quero fazer doutorado. Tenho vontade de ir para a Espanha. O que achas?". Dei-lhe todas as dicas que podia, informei de Universidades e coisas do gênero.

E, pronto. Nereu foi para Madrid, cursou doutorado. Defendeu a tese e foi brilhar no Tribunal de Justiça, promovido a Desembargador. Ficamos, assim, por um período no mesmo Tribunal, apenas em órgãos fracionários diferentes.

Jubilei-me. E dois anos depois, Nereu também. Hoje, advogamos. Cada um com seu estúdio. Amigos inseparáveis, que se veem pouco face às agruras da pós-modernidade, conceito este que não tem definição.

Nereu – o jurista

O professor Nereu Giacomolli – sim, o Desembargador também foi emprestar sua expertise na PUCRS, no Programa de Mestrado e Doutorado em Ciências

[4] Minha homenagem também aos advogados da Comarca, em especial ao defensor público da época (ainda não havia a carreira), Patrício Cademartori, aos irmãos Mondadori, José Goulart Filho, Silas Dubal Goulart (também foi prefeito), Passamani e tantos outros, como Roberto Cacciatori (falecido recentemente), Jose Gudole. Cito de cabeça alguns nomes. Sintam-se, porém, os advogados e advogadas de Itaqui, todos homenageados.

Criminais[5] – teve e tem um importante papel para o desenvolvimento de um autêntico garantismo penal brasileiro. Nereu, hoje, é coordenador do Programa.

A atuação do jurista Nereu é tão humana como o meu registro mostra até aqui. Mas não fica apenas nisso: Nereu também foi e é brilhante! Seja como pesquisador ou seja como magistrado, trata-se de alguém da maior qualidade técnica... como se diz na fronteira, é um jurista "louco de especial". Isso se percebe, até para quem não teve o privilégio de conhecê-lo tão de perto, pela sua pesquisa em prol de temas de direitos humanos alinhada com decisões garantistas de alto nível técnico.

Assim, Nereu ficou cada vez mais importante e alcançou grande relevância no Direito brasileiro, a ponto de ser citado, justamente, ao lado dos grandes nomes ocidentais do processo penal. Garantismo e defesa de direitos fundamentais no âmbito penal-processual colocam Nereu Giacomolli ao lado de nomes como Juarez Tavares, Jacinto Coutinho, Aury Lopes Jr. e tantos outros.

O reconhecimento não é só meu! Diversos dos meus alunos e orientandos pesquisam, estudam e aprofundam os trabalhos do antigo companheiro de comarca. Por exemplo, Pietro Cardia Lorenzoni, para escrever sobre a presunção de inocência e direito de defesa (tema, como já observamos, da mais alta e óbvia importância,) utiliza-se de Nereu ao lado de Ferrajoli:

> A garantia de que a carga probatória estará vinculada ao acusador demanda a norma da presunção de inocência, que determina que a inocência seja presumida até que se prove o contrário, no caso do ordenamento brasileiro, até o trânsito em julgado da sentença penal condenatória. Nesse sentido, Giacomolli enfatiza que 'em essência, o ser humano nasce inocente, permanece inocente até que o Estado afaste esse estado natural e jurídico, de modo consistente, através do devido processo constitucional' (GIACOMOLLI, 2016, p. 119). Ademais, a hipótese acusatória deve ser, conforme afirma Ferrajoli, 'a la máxima exposición de las hipótesis a la refutación de la defensa, es decir, al libre desarollo del conflito' (FERRAJOLI, 2009, p. 610).

[5] Com muito orgulho, fui, ao lado de Ruth Gauer e Cesar Bitencourt, fundador do mestrado em Ciências Criminais, que redundou no Programa de doutorado.

> Já o direito de defesa compreende principalmente a efetiva garantia de refutação da hipótese acusatória, de modo que nenhuma prova do acusador fique sem a concreta e ampla possibilidade de refutação e sem a contraprova por parte do réu (GIACOMOLLI, 2016, p. 183). À defesa cabe o papel mais importante: instrumento de impulso e controle do método probatório da hipótese inicial, consistente precisamente no efetivo contraditório (FERRAJOLI, 2009, p. 613). Para tanto, a defesa é dotada de paridade de armas, em que ela tem as mesmas capacidades e poderes que a acusação, sempre com o papel de contraditor nos diversos graus de jurisdição e procedimentos. Disso extrai-se a necessidade da defesa técnica, da defensoria pública para os menos favorecidos, da possibilidade do acusado de participar da fase inquisitiva e outros direitos. Em outras palavras, o direito de defesa, tanto na concepção garantista de processo penal quanto no ordenamento jurídico brasileiro, demanda a superação da mera contraposição formal de teses para uma substancial igualdade de possibilidades e influência no deslinde de todo o processo (GIACOMOLLI, 2016, p. 183 e 184).[6]

O prestígio de ser usado como referencial bibliográfico ao lado do nome do grande garantista italiano, Luigi Ferrajoli, demonstra o sucesso alcançado na carreira acadêmica. Acrescenta-se a isso o alto nível técnico das suas decisões judiciais, comprometidas com a garantia de direitos fundamentais.

Magistrados e professores como Nereu Giacomolli são imprescindíveis na luta pelos direitos e garantias fundamentais. Somos garantistas. Resistimos de há muito. Para nós, aplicar a Constituição garantisticamente é, hoje, uma atitude revolucionária. E rejeitamos as críticas como as do ministro do Supremo Tribunal Federal, Roberto Barroso, para quem "quando o direito penal chegou ao andar de cima, todos ficaram garantistas".[7] Nereu e eu – e tantos

[6] LORENZONI, Pietro Cardia. **A regra do prejuízo aplicada às nulidades processuais penais:** estudo à luz da expansão do controle estatal pela via penal. 2018. Dissertação (Mestrado em Direito). Programa de Pós-graduação em Direito, Fundação Escola Superior do Ministério Público do Rio Grande do Sul, Porto Alegre, 2018. p. 74 e 75.

[7] Cf. CHAER, Márcio; CARDOSO, Maurício; VITAL, Danilo. "Quando o Direito Penal chegou ao andar de cima, todos ficaram garantistas". Revista Consultor Jurídico, 14 de março de 2020. Disponível em: https://www.conjur.com.br/2020-mar-14/entrevista-luis-roberto-barroso-ministro-stf.

garantistas brasileiros – já éramos garantistas antes da própria Constituição de 1988.

Também não nos impressionamos com gente que, fazendo negacionismo epistêmico[8], criticam o garantismo como se ele fosse uma arma a favor de bandidos (veja-se o manifesto "contra a "bandidolatria" [*sic*] que circulou nas redes sociais[9]), mas que na primeira hora em que alguns desses críticos se torna indiciado ou réu, corre para buscar as "malditas" garantias protetoras da "bandidolatria", "produtos" do marxismo (*sic*). E, se fosse produto do marxismo? Bom, provavelmente seria melhor do que uma velha dogmática punitivista, que, como no poema de Brecht, segue arrastando suas correntes e se locomove em novas muletas, que ninguém antes havia visto...

Por fim, despiciendo falar da vasta obra doutrinária do Professor Nereu Giacomolli. Não é, propriamente, sobre isso que busquei escrever. Afinal, é um livro em homenagem ao Nereu Giacomolli. Eu vejo Nereu José Giacomolli como o velho amigo, o amigo de minha família, o filho de dona Neli, marido da Bia, pai de Felipe e Carol e o mais ilustre nativo da Serra da Guabiroba, interior de Encantado.

> Escrito na Dacha de São José do Erval, no alto da Serra Gaúcha, no entremeio do verão, tórrido, buscando abrigo do caos gerado pelo corona vírus. A cerca de liquidambars haverá de me proteger!

Referências

CHAER, Márcio; CARDOSO, Maurício; VITAL, Danilo. "Quando o Direito Penal chegou ao andar de cima, todos ficaram garantistas". **Revista Consultor Jurídico**, 14 de março de 2020. Disponível em: https://www.conjur.com.br/2020-mar-14/entrevista-luis-roberto-barroso-ministro-stf.

[8] Cf. STRECK, L.L. O negacionismo epistêmico e a cirurgia com médico "tranquilão". Revista Consultor Jurídico, 10 de março de 2020. Disponível em: https://www.conjur.com.br/2020-mar-10/streck-negacionismo-epistemico-cirurgia-medico-tranquilao.

[9] Cf. STRECK, L.L. O que é isto – o assustador "manifesto contra a bandidolatria?". Revista Consultor Jurídico, 10 de agosto de 2017. Disponível em: https://www.conjur.com.br/2017-ago-10/senso-incomum-isto-assustador-manifesto-bandidolatria.

LORENZONI, Pietro Cardia. **A regra do prejuízo aplicada às nulidades processuais penais:** estudo à luz da expansão do controle estatal pela via penal. 2018. Dissertação (Mestrado em Direito). Programa de Pós-graduação em Direito, Fundação Escola Superior do Ministério Público do Rio Grande do Sul, Porto Alegre, 2018. p. 74 e 75.

STRECK, L.L. O negacionismo epistêmico e a cirurgia com médico "tranquilão". Revista Consultor Jurídico, 10 de março de 2020. Disponível em: https://www.conjur.com.br/2020-mar-10/streck-negacionismo-epistemico-cirurgia-medico-tranquilao.

STRECK, L.L. O que é isto – o assustador "manifesto contra a bandidolatria?". Revista Consultor Jurídico, 10 de agosto de 2017. Disponível em: https://www.conjur.com.br/2017-ago-10/senso-incomum-isto-assustador-manifesto-bandidolatria.

53.
O PRINCÍPIO DO CONTRADITÓRIO E O LEVANTAMENTO DO SIGILO DO ACORDO DE COLABORAÇÃO PREMIADA: A FORMA DE SUA COMPATIBILIZAÇÃO

Marcelo Caetano Guazzelli Peruchin

Introdução: a homenagem merecida e o propósito do artigo

Ao longo de meu exercício no magistério superior conheci algumas pessoas que cumprem os requisitos que, entendo, sejam necessários para identificar alguém como um grande Professor.

O homenageado, Nereu Giacomolli, é uma delas.

Nereu consegue aliar o conhecimento jurídico, a didática, à humildade e à empatia com os alunos e com seus colegas. Apanágios que lhe garantem uma natural liderança entre seus pares, inclusive. Como são louváveis esses atributos naqueles que optam pelo exercício do magistério, quando permeado pela dedicação e desprovido das vaidades, e em não sendo muitos aqueles que podem servir de referência, de paradigma, para que em meio à travessia muitas vezes tormentosa não se perca o rumo, quero deixar nestas poucas palavras a minha satisfação de ter recebido o convite do Felipe (com quem tive a ventura de conviver em sala de aula como meu aluno da Faculdade de

Direito da PUCRS) e poder participar desse justo e valioso reconhecimento ao Professor Nereu.

Muito obrigado!

Sobre a temática do artigo, buscou-se fazer a análise do princípio do contraditório a partir de autores majoritariamente vinculados ao Direito Constitucional, Administrativo ou ao processo civil, para poder recolher desses ramos diversos ao do processo penal alguns subsídios doutrinários que possam enriquecer a compreensão do instituto. Majoritariamente, mas não exclusivamente.

Obviamente a intenção não foi a de se esgotar a apreciação do contraditório, eis que até mesmo seria inviável nos limites do artigo, mas sim a de instigar a reflexão sobre a relação do princípio do contraditório com o levantamento do sigilo do acordo de colaboração premiada em face da defesa, e da forma idealizada para que tal providência possa vir a ser adotada no processo penal.

1. Noções sobre o princípio do contraditório – contributos ao processo penal

1.1 Conceito, estrutura e previsão normativa do princípio do contraditório

Leciona J. J. Gomes Canotilho[1] que o princípio do contraditório deve ser considerado como um *princípio-garantia,* ou seja, confere imediata e direta garantia à pessoa ante o Estado, com *status* constitucional no Brasil.

Segundo expressam Ingo Sarlet, Luiz Guilherme Marinoni e Daniel Mitidiero[2], o direito ao contraditório constitui a mais óbvia condição do processo justo e é inseparável de qualquer ideia de administração organizada de Justiça, funcionando como verdadeiro *cardine della ricerca dialettica* pela justiça do caso concreto. Tamanha a sua importância que o *próprio conceito de processo* no Estado Constitucional está construído sob sua base.

[1] CANOTILHO, J. J. Gomes. **Direito constitucional e teoria da Constituição**. Coimbra: Almedina, 1993.

[2] SARLET, Ingo Wolfgang; MARINONI, Luiz Guilherme; MITIDIERO, Daniel. **Curso de Direito Constitucional**. São Paulo: Revista dos Tribunais, 2012. p. 646-647.

O conteúdo do direito ao contraditório, erigido à categoria de princípio constitucional no Brasil (inciso LV do art. 5º da Constituição de 1988), vai além do clássico binômio *conhecimento-reação*. No Estado Constitucional, significa a participação ativa no processo, o exercício efetivo do *poder de influência* na decisão judicial, estando tanto as partes como o próprio julgador vinculados a tal princípio[3].

O contraditório (*audiatur et altera pars*) é essencialmente prévio à decisão judicial[4].

Esse princípio está calcado na dignidade humana, bem como em todos os valores a serem tutelados e preservados em procedimentos inclusivos, não sendo admissível, do ponto de vista jurídico, que um discurso calcado na eficiência ou na utilidade do processo possa justificar o seu sacrifício. A *ratio* do princípio do contraditório sempre foi a de permitir a oportunidade do exercício do poder de influência na decisão judicial a partir do clássico binômio *informação-reação*, consubstanciado na expressão *direito de vez e voz* (assegurando não somente a *voz*, mas também a *audiência*)[5]. Constitui-se, assim, em princípio inarredável do Estado Constitucional de natureza democrática e cooperativa.

[3] SARLET, Ingo Wolfgang; MARINONI, Luiz Guilherme; MITIDIERO, Daniel. **Curso de Direito Constitucional**. São Paulo: Revista dos Tribunais, 2012. p. 647-648. Lecionam Ingo Sarlet, Luiz Guilherme Marinoni e Daniel Mitidiero que, por força do contraditório, "[...] as partes têm de se pronunciar previamente à tomada da decisão, tanto a respeito do que se convencionou chamar questões de fato, questões de direito e questões mistas, como no que atine à eventual visão jurídica do órgão jurisdicional diversa daquela aportada por essas ao processo" (p. 649).

[4] SARLET, Ingo Wolfgang; MARINONI, Luiz Guilherme; MITIDIERO, Daniel. **Curso de Direito Constitucional**. São Paulo: Revista dos Tribunais, 2012. p. 650.

[5] CABRAL, Antonio do Passo. **Nulidades no processo moderno**. Rio de Janeiro: Forense, 2009. p. 110-111. O referido autor empresta ao princípio, ainda, uma visão que denomina de *mais elástica*, ao agregar e enaltecer as funções de *poder de influência* e a de *dever colaborativo* ao contraditório. Por corolário, em um Estado Democrático, enquanto regra, "[...] impõe-se a participação (das pessoas) em todos os atos intermédios que compõem o procedimento prévio de formação da decisão". Aduz, acerca da *democracia deliberativa*, que "[...] num ambiente democrático, os cidadãos não são apenas destinatários das normas jurídicas, mas também seus autores, e as decisões estatais só podem ser impostas se legitimadas através de instâncias discursivas participativas" (p. 112-114). Nessa esteira, Sergio García Ramírez aduz que a ampla defesa somente é observada quando é preservado o direito de audiência, ou seja, quando se garante ao sujeito-réu a oitiva prévia ao julgamento (GARCÍA RAMÍREZ, Sergio. *Reflexiones sobre los principios rectores del Proceso Penal*. In: **AAVV**. *XV Congreso Mexicano de Derecho Procesal* (Cap. 4, p. 344) . [en línea]. Disponível em: <http://biblio.juridicas.unam.mx/libros/2/745/22.

Conforme Gilmar Mendes, Inocêncio Coelho e Paulo Branco[6], a garantia do contraditório contém os seguintes direitos:

a) *direito à informação,* o qual obriga o órgão julgador a informar à parte contrária os atos praticados no processo e sobre os elementos dele constantes;
b) *direito à manifestação,* que assegura ao defendente a possibilidade de manifestar-se oralmente ou por escrito sobre os elementos fáticos e jurídicos constantes do processo;
c) *direito de ver seus argumentos considerados,* que exige do julgador capacidade de apreensão e isenção de ânimo para contemplar as razões apresentadas.

De grande significado a categoria de princípio constitucional dada pelo legislador constitucional brasileiro ao contraditório. Ademais, recorde-se que o contraditório é igualmente garantido no plano convencional. Isso porque há tratados internacionais de direitos humanos em sentido amplo ratificados e internalizados pelo Brasil, os quais preveem o aludido princípio. De início, repisa-se a Declaração Universal dos Direitos do Homem, datada de 10 de dezembro de 1948, a qual expressa:

> Artigo VIII: Toda pessoa tem o direito de receber dos Tribunais nacionais competentes recurso efetivo para os atos que violem os direitos fundamentais, que lhes sejam reconhecidos pela Constituição ou pela lei.
> [...]
> Artigo X: Toda pessoa tem direito, em plena igualdade, a uma audiência justa e pública por parte de um Tribunal independente e imparcial, para decidir de seus direitos e deveres ou do fundamento de qualquer acusação criminal contra ela.

pdf>. Acesso em: 15 out. 2012). Ver também em FIX-ZAMUDIO, Héctor. *El principio del contradictorio y la igualdad ante la ley*. In: FIX-ZAMUDIO, Héctor. ***Constitución y proceso civil en Latinoamérica***. *(Capítulo 5, p. 63, 64). [en* línea]. Disponível em: http://biblio.juridicas.unam.mx/libros/2/672/6.pdf. Acesso em: 10 out. 2012.

[6] MENDES, Gilmar Ferreira; COELHO, Inocêncio Mártires; BRANCO, Paulo Gustavo Gonet. **Curso de Direito Constitucional**. 4. ed. São Paulo: Saraiva, 2009. p. 592.

Por sua vez, refere o Pacto de San José da Costa Rica (Convenção Americana de Direitos Humanos[7]), ratificado pelo Brasil em 1992:

[7] A Declaração Universal dos Direitos Humanos data de 10 de dezembro de 1948 e foi ratificada pelo Brasil na mesma data. A Convenção Americana de Direitos Humanos, conhecida como Pacto de San José da Costa Rica, foi assinado em 22 de novembro de 1969 e internalizado pelo Brasil em setembro de 1992, por meio do Decreto nº 678. Relevante o esclarecimento feito por Maria Helena Lopes: "Embora a Carta da OEA não defina os direitos essenciais do homem, essa lacuna é suprida pela Declaração Americana dos Direitos e Deveres do Homem, na qual se enumeram os direitos civis, políticos, sociais e econômicos inerentes a todos os seres humanos a serem observados pelos Estados membros da OEA. Além de consagrar o direito à vida e à dignidade da pessoa humana, a Declaração Americana define direitos civis e políticos, direitos econômicos, sociais e culturais, e determina os valores necessários à ordem social que se impõem aos indivíduos e aos Estados, como forma de reconhecimento da dimensão internacional dos direitos humanos" (LOPES, Maria Helena. Mecanismos de proteção dos direitos humanos no sistema interamericano. **Revista da Faculdade de Direito de Valença**, Rio de Janeiro, a. I, v. I, maio 1998. p. 279). O Pacto de San José, uma vez internalizado pelo Brasil, por versar sobre direitos humanos, possui natureza de *norma supralegal* de aplicação direta e imediata pelo Poder Judiciário, na linha de sólida jurisprudência do Supremo Tribunal Federal. Veja-se o julgado cuja ementa segue transcrita, da relatoria do min. Carlos Britto, dado o seu valor histórico e jurídico, dentre outros da Corte: "HABEAS CORPUS. SALVO-CONDUTO. PRISÃO CIVIL. DEPOSITÁRIO JUDICIAL. DÍVIDA DE CARÁTER NÃO ALIMENTAR. IMPOSSIBILIDADE. ORDEM CONCEDIDA. 1. O Plenário do Supremo Tribunal Federal firmou a orientação de que só é possível a prisão civil do 'responsável pelo inadimplemento voluntário e inescusável de obrigação alimentícia' (inciso LXVII do art. 5º da CF/88). Precedentes: HCs 87.585 e 92.566, da relatoria do ministro Marco Aurélio. 2. A norma que se extrai do inciso LXVII do artigo 5º da Constituição Federal é de eficácia restringível. Pelo que as duas exceções nela contidas podem ser aportadas por lei, quebrantando, assim, a força protetora da proibição, como regra geral, da prisão civil por dívida. 3. O Pacto de San José da Costa Rica (ratificado pelo Brasil – Decreto 678 de 6 de novembro de 1992), para valer como norma jurídica interna do Brasil, há de ter como fundamento de validade o § 2º do artigo 5º da Magna Carta. A se contrapor, então, a qualquer norma ordinária originariamente brasileira que preveja a prisão civil por dívida. Noutros termos: **o Pacto de San José da Costa Rica, passando a ter como fundamento de validade o § 2º do art. 5º da CF/88, prevalece como norma supralegal em nossa ordem jurídica interna e, assim, proíbe a prisão civil por dívida. Não é norma constitucional -- à falta do rito exigido pelo § 3º do art. 5º --, mas a sua hierarquia intermediária de norma supralegal autoriza afastar regra ordinária brasileira que possibilite a prisão civil por dívida.** 4. No caso, o paciente corre o risco de ver contra si expedido mandado prisional por se encontrar na situação de infiel depositário judicial. 5. Ordem concedida" (BRASIL. Supremo Tribunal Federal. HC 94013, Relator(a): Min. CARLOS BRITTO, Primeira Turma, julgado em 10/02/2009, DJe-048 DIVULG 12-03-2009 PUBLIC 13-03-2009 EMENT VOL-02352-02 PP-00267 RT v. 98, n. 885, 2009, p. 155-159 LEXSTF v. 31, n. 363, 2009, p. 390-396. Disponível em: http://www.stf.jus.br. Acesso em: 20 dez. 2011).

Artigo 8º (Garantias Judiciais)
Toda pessoa terá o direito de ser ouvida, com as devidas garantias e dentro de um prazo razoável, por um Juiz ou Tribunal competente, independente e imparcial, estabelecido anteriormente por lei, na apuração de qualquer acusação penal formulada contra ela, ou na determinação de seus direitos e obrigações de caráter civil, trabalhista, fiscal ou de qualquer outra natureza. (grifo nosso).

Ainda, refere-se o Pacto Internacional de Direitos Civil e Políticos, a saber:

PREÂMBULO
Os Estados Partes do presente pacto,
Considerando que, em conformidade com os princípios proclamados na Carta das Nações Unidas, o reconhecimento da dignidade inerente a todos os membros da família humana e de seus direitos iguais e inalienáveis constitui o fundamento da liberdade, da justiça e da paz no mundo,
Reconhecendo que esses direitos decorrem da dignidade inerente à pessoa humana;
[...]
Considerando que a Carta das Nações Unidas impõe aos Estados a obrigação de promover o respeito universal e efetivo dos direitos e das liberdades do homem;
[...]
ARTIGO 5º:
1º Nenhuma disposição do presente pacto poderá ser interpretada no sentido de reconhecer a um Estado, grupo ou indivíduo qualquer direito de dedicar-se a quaisquer atos que tenham por objetivo destruir os direitos ou liberdades reconhecidos no presente Pacto ou impor-lhes limitações mais amplas do que aquelas nele prevista.
2º Não se admitirá qualquer restrição ou suspensão dos direitos humanos fundamentais reconhecidos ou vigentes em qualquer Estado Parte do presente pacto em virtude de leis, convenções, regulamentos ou costumes, sob pretexto de que o presente pacto não os reconheça ou os reconheça em menor grau.

> [...]
> ARTIGO 14:
> Todas as pessoas são iguais perante os tribunais e as cortes de justiça. Toda pessoa terá o direito de ser ouvida publicamente e com as devidas garantias por um tribunal competente, independente e imparcial, estabelecido por lei, na apuração de qualquer acusação de caráter penal formulada contra ela ou na determinação de seus direitos e obrigações de caráter civil.
> [...]
> 3 Toda pessoa acusada de um delito terá direito, em plena igualdade, a, pelo menos, as seguintes garantias:
> a) de ser informado, sem demora, numa língua que compreenda e de forma minuciosa, da natureza e dos motivos da acusação contra ela formulada;
> b) de dispor do tempo e do meios necessários à preparação de sua defesa e a comunicar-se com defensor de sua escolha;
> [...]
> ARTIGO 16:
> Toda pessoa terá direito, em qualquer lugar, ao reconhecimento de sua personalidade jurídica[8].

Vê-se, pois, que os diplomas internacionais de direitos humanos citados, ratificados e internalizados pelo Brasil, garantem o contraditório às pessoas integrantes dos países que ratificaram esses diplomas.

Essas normas, portanto, integram o sistema jurídico brasileiro, enquanto normas que possuem *status* no mínimo *supralegal*.

Com efeito, os princípios, segundo Juarez Freitas[9], são critérios ou diretrizes basilares do sistema jurídico, que se traduzem em disposições superiores

[8] O Pacto internacional sobre direitos civis e políticos foi adotado pela XXI Sessão da Assembleia Geral das Nações Unidas, em 16 de dezembro de 1966. O Congresso Nacional aprovou o texto do referido diploma internacional por meio do Decreto Legislativo n. 226(1), de 12 de dezembro de 1991, sendo que o Brasil protocolizou sua Carta de Adesão em 24 de janeiro de 1992. A ratificação se deu em 24 de abril de 1992, e a publicação do Decreto nº 592 ocorreu em 6 de julho de 1992, data a partir da qual o Pacto adquiriu efeito cogente no âmbito interno.

[9] FREITAS, Juarez. Os atos administrativos de discricionariedade vinculada aos princípios. **Boletim de Direito Administrativo**, São Paulo, v. XI, n. 6, p. 324-327, jun. 1995. p. 324.

hierarquicamente, em termos axiológicos, em relação às demais normas, sendo linhas mestras de acordo com as quais se deverá conduzir o intérprete.

Assim, os princípios constitucionais conferem unidade ao sistema jurídico, devendo a sua interpretação ser teleologicamente voltada à proteção dos valores constitucionais[10]. Segundo Jorge Miranda[11], o Direito é ordenamento ou conjunto significativo, implica *coerência* ou *consistência*, projetando-se em *sistema*, revestido de unidade de sentido: "[...] esse ordenamento, esse conjunto, essa unidade, esse valor traduz-se em princípios, logicamente anteriores aos preceitos".

Os princípios são mandamentos nucleares do sistema jurídico, verdadeiros alicerces, disposições fundamentais que se irradiam sobre diferentes normas, servindo de critério para a sua compreensão e inteligência. Violar um princípio importa ofensa não somente a um específico mandamento obrigatório, mas

Também em FREITAS, Juarez. **A interpretação sistemática do direito.** 4. ed. São Paulo: Malheiros, 2004. p. 56. Os princípios expressam valores relevantes para uma dada comunidade, sendo que a consistência efetiva de uma ordem normativa se consolida por meio de mecanismos que visem a evitar as ações que transgridam a sua estrutura. Uma determinada ordem jurídica se caracteriza por uma estrutura jurídica complexa e autônoma (MACCORMICK, Neil. ***La sovranitá in discussione***. *Diritto, stato e nazione nel "commonwealth" europeo.* Bologna: Societá Editrice Il Mulino, 2003. p. 21-23).

[10] APPIO, Eduardo. **Discricionariedade política do Poder Judiciário**. Curitiba: Juruá, 2008. p. 36-37. Germana de Oliveira Moraes, citada por esse autor, refere que, com o pós-positivismo, dominante no constitucionalismo deste final de século XX, reconhece-se além da normatividade dos princípios, a sua hegemonia normativa em relação às regras. (OLIVEIRA MORAES, Germana de Oliveira de. **Controle jurisdicional da Administração** *pública*. São Paulo: Dialética, 1999, *apud* APPIO, Eduardo. **Discricionariedade política do Poder Judiciário.** Curitiba: Juruá, 2008. p. 39). Robert Alexy sustenta que entre princípios e regras há uma diferença gradual e qualitativa: a primeira, uma *tese débil* para explicar a diferença e a segunda, a *tese forte* (ALEXY, Robert. ***Derecho y razón práctica***. México: Fontamara, 1993. p. 11 e 86).

[11] MIRANDA, Jorge. **Teoria do estado e da Constituição**. 2. ed. Rio de Janeiro: Forense, 2009. p. 297. Dentre as características dos princípios enunciadas por esse autor, gizam-se as seguintes: a) maior aproximação da ideia de Direito ou dos valores do ordenamento; b) a amplitude ou a maior generalidade frente às normas-regras; c) a adstrição a fins e não a meios ou à regulação de comportamentos (p. 299-300). Nas palavras de Jorge Miranda: "A ação mediata dos princípios consiste, em primeiro lugar, em funcionarem como critérios de interpretação e de integração, pois são eles que dão a coerência geral do sistema. E, assim, o sentido exato dos preceitos constitucionais tem de ser encontrado na conjugação com os princípios e a integração há de ser feita de tal sorte que se tornem explícitas as normas que o legislador constituinte não quis ou não pôde exprimir cabalmente" (p. 301).

a todo o sistema de comandos, sendo a mais grave ilegalidade ou inconstitucionalidade, conforme o escalão do princípio atingido[12].

Conforme Marcelo Neves[13], a unidade do ordenamento jurídico, enquanto unidade formal, é inseparável da hierarquia das fontes de produção jurídica, diretamente vinculada à hierarquização das autoridades produtoras das normas jurídicas. No mesmo diapasão, Nádia de Araújo[14] reconhece a posição de superioridade dos princípios em relação às regras, colocados aqueles no topo da pirâmide do sistema jurídico, em face de uma supremacia que não é apenas formal, mas também material.

Em realidade, os princípios constitucionais devem ser o ponto de partida do intérprete, pois são as normas que espelham os postulados básicos da Constituição, a sua ideologia, os seus fins[15]. O julgamento com base em

[12] MELLO, Celso Antonio Bandeira de. **Elementos de Direito Administrativo**. São Paulo: Revista dos Tribunais, 1991. p. 230. O mesmo autor, em obra posterior, assevera que o princípio é, por definição, mandamento nuclear de um sistema, verdadeiro alicerce dele, disposição fundamental que se irradia sobre diferentes normas compondo-lhes o espírito. Sustenta que violar um princípio implica não somente a ofensa a um mandamento obrigatório, mas a todo o sistema de comandos, consubstanciando a mais grave forma de ilegalidade ou inconstitucionalidade, conforme o escalão do princípio atingido, porque representa a subversão de seus valores fundamentais, de seu arcabouço lógico e corrosão de sua estrutura mestra (MELLO, Celso Antonio Bandeira de. **Curso de Direito Administrativo**. 12. ed. São Paulo: Malheiros, 2000. p. 743-744).

[13] NEVES, Marcelo. **Teoria da inconstitucionalidade das leis**. São Paulo: Saraiva, 1988. p. 27. Comunga-se da concepção de que o ordenamento jurídico é dinâmico, e não estático. Porém, não se pode deixar de admitir a noção de hierarquia entre princípios e regras, e a compreensão de que a Constituição figure no topo do sistema. Bem assevera este autor: "A Constituição tem supremacia hierárquica sobre os demais subsistemas que compõem o ordenamento, funcionando como fundamento de pertinência e critério de validade dos subsistemas infraconstitucionais. Pode-se defini-la como o complexo normativo superior de determinado sistema jurídico estatal, sendo, portanto, o último fundamento e critério positivo vigente de pertinência e validade das demais normas integrantes deste sistema" (p. 63).

[14] ARAÚJO, Nádia de. **Direito Internacional Privado**. Teoria e prática brasileira. 2. ed. Rio de Janeiro: Renovar, 2004. p. 101-102.

[15] BARROSO, Luís Roberto. **Interpretação e aplicação da Constituição**. 6. ed. São Paulo: Saraiva, 2006. p. 47. Para o autor italiano Vezio Crisafulli, o princípio é a norma determinante de outra ou de outras que lhe são subordinadas, que a pressupõem, desenvolvendo e delimitando posteriormente o preceito em direções particulares (CRISAFULLI, Vezio. ***La constituzione e le sue disposizioni di principi***. Milano: Giufré, 1952. p. 65). Por sua vez, Robert Alexy sustenta que a positivação dos direitos fundamentais viabiliza uma abertura do sistema jurídico, definindo a aproximação entre o Direito e a moral, ensejando a resolução

princípios constitucionais garante uma maior unidade interpretativa no interior do sistema, ampliando a segurança jurídica, pois os princípios são *standards* valorativos que serão utilizados pelos juízes, permitindo-se, assim, a evolução do Estado Legal para o Estado Constitucional[16].

O princípio do contraditório, assim como os demais princípios constitucionais já citados, são critérios ou diretrizes basilares do sistema jurídico, verdadeiras disposições hierarquicamente superiores, sob o enfoque axiológico, em relação às regras infraconstitucionais. A primazia dos princípios é, portanto, impositiva, quando em conflito com normas de menor hierarquia sistemática[17].

O contraditório, pois, é um dos direitos fundamentais consagrados sob a forma de princípio na Constituição brasileira, dotado de força normativa, decorrência que é do princípio da dignidade da pessoa humana. A prevalência ou primazia dos princípios constitucionais, desse modo, preserva a unidade do sistema jurídico, missão a ser desempenhada pelo intérprete, nas palavras de Juarez Freitas[18].

de conflitos por meios racionais. Com essa concepção, a dimensão argumentativa possibilita a compreensão do funcionamento dos direitos (ALEXY, Robert. ***Derecho y razón práctica***. México: Fontamara, 1993). Já Ronald Dworkin propugna que o Direito deve ser visto em sua integralidade, devendo ser concebido como um conjunto de regras, e devem ser aplicadas aquelas que sejam válidas. Para ele, nos casos difíceis (*hard cases*), os juízes não utilizam regras, e sim princípios que são aplicados de forma variável (DWORKIN, Ronald. **O império do Direito**: o que é o Direito. São Paulo: Martins Fontes, 1999).

[16] APPIO, Eduardo. **Discricionariedade política do Poder Judiciário**. Curitiba: Juruá, 2008. p. 45.

[17] Leciona Juarez Freitas: "A própria Constituição cuida de estabelecer princípios fundamentais, entre os quais avultando o da dignidade humana e o da inviolabilidade dos direitos à liberdade, à igualdade e à vida (aí abarcando todos os direitos fundamentais de defesa, de participação e os prestacionais positivos)". Logo adiante, assevera este autor: "[...] a existência de princípios e objetivos em face dos quais – em caso de incompatibilidades internas – devem as normas infraconstitucionais guardar a função instrumental, tendo em vista a realização superior da Constituição e preponderância dos direitos fundamentais em relação às leis" (FREITAS, Juarez. **A interpretação sistemática do Direito**. 4 ed. São Paulo: Malheiros, 2004. p. 56-57 e 59).

[18] FREITAS, Juarez. **A interpretação sistemática do Direito**. 4. ed. São Paulo: Malheiros, 2004. p. 59, 63-64 e 69-70). Ainda, reforça este doutrinador, os princípios possuem a característica de serem diretrizes normativas axiologicamente superiores (fonte máxima para o intérprete) e são *fundamentais* e *fundantes* do sistema jurídico.

O efetivo exercício do contraditório, pela pessoa em face do Estado, é inerente à ideia de sociedade aberta e plural, na esteira das concepções, *e.g.*, guardadas as suas peculiaridades entre si, de Peter Häberle.[19] A pessoa deve ser admitida e reconhecida como sujeito de direito e deve ter a oportunidade de interação eficaz com o Estado, participando das decisões e deliberações que digam respeito a ela e à coletividade em que vive. Essa participação no campo político projeta, sob o enfoque jurídico, como corolário, a garantia do contraditório como regra.

O princípio do contraditório assim como o da ampla defesa (eis que ambos são indissociáveis[20]) são corolários do princípio do devido processo legal (*due process of law*). Na lição de Pinto Ferreira, a cláusula constitucional do devido processo legal abrange de forma compreensiva:

> a) o direito à citação, pois ninguém pode ser acusado sem ter conhecimento da acusação; b) o direito de arrolamento de testemunhas, que deverão ser intimadas para comparecer perante a justiça; c) **o direito ao procedimento contraditório**; d) o direito de não ser processado por leis 'ex post factos'; e) o direito de igualdade com a acusação; f) o direito de ser julgado mediante provas e evidência legal e legitimamente obtida; g) o direito ao juiz natural; h) o privilégio contra a autoincriminação; i) a indeclinibilidade da prestação jurisdicional quando solicitada; j) o direito aos recursos; l) o direito à decisão com eficácia de coisa julgada.[21]

[19] HÄBERLE, Peter. ***Teoria de la Constitución como ciência de la cultura***. Madrid: Technos, 2000; POPPER, Karl *apud* POZZEBON, Fabricio Dreyer de Ávila. **Reflexos da crise do conhecimento moderno na jurisdição**: fundamentos da motivação compartilhada no processo penal. 2005. 569 p. Tese (Doutorado em Direito) – Faculdade de Direito, Pontifícia Universidade Católica do Rio Grande do Sul, Porto Alegre, 2005. p. 417.

[20] Segundo Celso Ribeiro Bastos: "O contraditório, por sua vez, se insere dentro da ampla defesa. Quase que com ela se confunde integralmente na medida em que uma defesa hoje em dia não pode ser senão contraditória. O contraditório é, pois, a exteriorização da própria defesa. A todo ato produzido caberá, pois, a exteriorização da própria defesa. A todo ato produzido caberá igual direito da outra parte de opor-lhe ou dar-lhe a versão que lhe convenha, ou ainda de fornecer uma interpretação jurídica diversa daquela feita pelo autor" (BASTOS, Celso Ribeiro. **Curso de Direito Constitucional.** São Paulo: Celso Bastos Editor, 2002. p. 387-388).

[21] FERREIRA, Pinto. **Comentários à Constituição brasileira**. São Paulo: Saraiva, 1989. p. 175. v. 1.

Nas palavras de Luigi Ferrajoli, a lealdade da disputa processual e a paridade de armas torna exigível a perfeita igualdade entre as partes no processo, que a defesa seja brindada com as mesmas capacidades e os mesmos poderes da acusação, e que o papel contraditor da defesa seja reconhecido em todo estado e grau do procedimento e em relação a cada ato probatório.[22]

Segundo Nereu Giacomolli, o contraditório contempla a possibilidade de ciência bilateral às partes dos atos e termos do processo, reação, contradição, contestação, contraposição de teses, sendo esta a sua concepção clássica ou meramente formal. Já o aspecto material ou substancial do contraditório, "a igualdade de tratamento entre as partes (*audiatur et altera pars*), de possibilidade de influir na construção dinâmica do espaço processual das decisões, livre dos entraves burocráticos e submissões oriundas de hierarquia militarizada dos sujeitos oficiais no processo, como na *ordo iudiciarius* ou *iudicium* (processo comum)".[23]

1.2. O contraditório enquanto dimensão processual do devido processo legal

Sustenta Alexandre de Moraes que "o devido processo legal configura dupla proteção ao indivíduo, atuando tanto no âmbito material de proteção ao direito de liberdade e propriedade quanto no âmbito formal, ao assegurar-lhe **paridade total de condições com o Estado-persecutor e plenitude de defesa** (direito à defesa técnica, à publicidade do processo, à citação, de produção ampla de provas, de ser processado e julgado pelo juiz competente, aos recursos, à decisão imutável, à revisão criminal)".[24]

Por sua vez, Nagib Slaibi Filho recorda que

> a atividade estatal, judicial ou administrativa, está vinculada ao sistema controversial que se implanta pela adoção constitucional do 'due process of law': qualquer restrição à liberdade e aos bens só pode ser feita

[22] FERRAJOLI, Luigi. **Direito e razão.** Teoria do Garantismo Penal. São Paulo: RT, 2002. p. 490.

[23] GIACOMOLLI, Nereu José. **O devido processo penal.** Abordagem conforme a Constituição Federal e o Pacto de São José da Costa Rica. São Paulo: Atlas: 2014. p. 148-149.

[24] MORAES, Alexandre. **Direitos Humanos Fundamentais.** 4. ed. São Paulo: Atlas, 2002. p. 255-256.

> atendendo a alguns procedimentos cujo conjunto é que se denomina o devido processo de lei. [25]

Ao discorrerem sobre o devido processo, Antônio de Araújo Cintra, Ada Grinover e Cândido Dinamarco pontificam a função legitimante da própria jurisdição que ele exerce:

> Entende-se, com essa fórmula, o conjunto de garantias constitucionais que, de um lado, asseguram às partes o exercício de suas faculdades e poderes processuais e, do outro, são indispensáveis ao correto exercício da jurisdição. Garantias que não servem apenas aos interesses das partes, como direitos públicos subjetivos (ou poderes e faculdades processuais) destas, mas que configuram, antes de mais nada, a salvaguarda do próprio processo, objetivamente considerado, como fator legitimamente do exercício da jurisdição.[26]

Com efeito, o contraditório se constitui na dimensão processual do devido processo legal. Essa relação foi muito percucientemente retratada por Nelson Nery Jr.:

> Em sentido processual, a expressão alcança outro significado, mais restrito, como é curial. No direito processual americano, a cláusula ('*procedural due process*') significa o dever de propiciar-se ao litigante: a) comunicação adequada sobre a recomendação ou base da ação governamental; b) um juiz imparcial; c) **a oportunidade de deduzir-se defesa oral perante o juiz; d) a oportunidade de apresentar provas ao juiz**; e) **a chance de reperguntar às testemunhas e de contrariar provas que forem utilizadas contra o litigante**; f) o direito de ter um defensor no processo perante o juiz ou tribunal; g) uma decisão fundamentada, com base no que consta dos autos.[27]

[25] SLAIBI FILHO, Nagib. **Direito Constitucional.** Rio de Janeiro: Forense, 2004. p. 397.

[26] ARAÚJO CINTRA, Antonio Carlos; GRINOVER, Ada Pellegrini; DINAMARCO, Cândido. **Teoria geral do processo.** 18. ed. São Paulo: Malheiros, 2002. p. 82.

[27] NERY JR., Nelson. **Princípios do Processo Civil na Constituição Federal**. 8. ed., São Paulo: Revista dos Tribunais, 2004. p. 63.

Ao examinar essa dimensão processual do devido processo legal, André Ramos Tavares chega ao ponto de identificar ambos os princípios, ao refletir que

> o devido processo legal, no âmbito processual, significa a garantia concedida à parte processual para utilizar-se da plenitude dos meios jurídicos existentes. Seu conteúdo identifica-se com a exigência de 'paridade total de condições com o Estado persecutor e plenitude de defesa'. Na realidade, a paridade de 'armas' tem como destinatário não apenas o Estado, mas também a parte contrária. É, em realidade, o próprio contraditório.[28]

A seguir, passa-se à apreciação do levantamento do sigilo da colaboração premiada e da forma propugnada para a sua consecução, com vistas à preservação efetiva do contraditório.

2. O levantamento do sigilo da colaboração premiada e o exercício pleno do contraditório no processo penal

A colaboração premiada se constitui em um negócio jurídico processual entre a polícia judiciária ou o Ministério Público e a defesa (investigado ou réu, com o seu defensor).

É um acordo realizado entre acusação e defesa, no qual o colaborador consente em fornecer informações capazes de auto incriminá-lo e de incriminar terceiros, com o objetivo de facilitar a persecução penal em troca de benefícios, reduzindo as consequências sancionatórias para o seu agir delituoso. Por ser um fenômeno complexo abrange diversos atos, como as negociações prévias, o termo do acordo em si, sua homologação e as declarações do réu colaborador (confissão e incriminação de terceiros), de modo que cada situação possui natureza específica e importância ímpar ao mecanismo em geral.[29]

[28] TAVARES, André Ramos. **Curso de Direito Constitucional**, São Paulo: Saraiva, 2002. p. 483.

[29] Em sua dissertação de mestrado defendida perante a Universidade de Coimbra, Bruno Nunes Inserra logo após conceituar o instituto, aduziu: "Nas palavras assentadas pelo

Tal instituto recebeu na Lei nº 12.850/13 importantes contornos, após complementados pela Lei nº 13.964/19.

Não se deseja aqui, por fugir ao propósito específico do presente artigo, aprofundar a análise da colaboração premiada senão no aspecto pontual que diz respeito ao levantamento do sigilo do acordo e a forma proposta para que isso se dê no processo penal.

De início, cabe recordar-se o previsto no parágrafo 3º do art. 6º da Lei nº 12.850/13 (com a Redação dada pela Lei nº 13.964/19): "O acordo de colaboração premiada e os depoimentos do colaborador serão mantidos em sigilo até o recebimento da denúncia ou da queixa-crime, sendo vedado ao magistrado decidir por sua publicidade em qualquer hipótese".

Portanto, uma vez recebida a peça exordial acusatória deixa de existir o sigilo, que até então caracterizara o acordo de colaboração premiada. Todavia, quer-se aqui propugnar a *forma* processual pela qual se entende mais adequada a implementação desse levantamento, e a qual não parece estar sendo utilizada, de regra, nas ações penais no País.

Com efeito, do que se tem visto, parte da defesa a iniciativa de indagar ao juízo acerca da existência de eventual acordo de colaboração premiada, o que é feito por petição autônoma logo após o recebimento da denúncia ou mesmo no prazo da resposta escrita (art. 396 do Código de Processo Penal – CPP). E diante da confirmação dessa existência, somente depois é autorizado o acesso ao acordo de colaboração de parte do juízo criminal, por vezes causando confusão ou sobreposição com o prazo de dez dias do art. 396.

Data venia, esse não parece ser o melhor cenário.

STF no HC 127.483: (...) a colaboração premiada é um negócio jurídico processual, uma vez que, além de ser qualificada expressamente pela lei como 'meio de obtenção de prova', seu objeto é a cooperação do imputado para a investigação e para o processo criminal, atividade de natureza processual, ainda que se agregue a esse negócio jurídico o efeito substancial (de direito material) concernente à sanção premial a ser atribuída a essa colaboração" (INSERRA, Bruno Nunes. **A delação (colaboração) premiada no Brasil**. 2018. Dissertação [Mestrado] – Universidade de Coimbra, Coimbra, 2018. Disponível em: https://estudogeral.sib.uc.pt/bitstream/10316/85914/1/Disserta%C3%A7%C3%A3o%20-%20A%20Dela%C3%A7%C3%A3o%20%28Colabora%C3%A7%C3%A3o%29%20Premiada%20no%20Brasil.pdf Acesso em: 19 fev. 2020. p. 20).

Quer-se propugnar a seguinte exegese ao previsto no parágrafo 3º do art. 6º da Lei nº 12.850/13 (com a redação dada pela Lei 13.964/19): **cabe ao Ministério Público a juntada aos autos do processo penal (físicos ou eletrônicos) do acordo de colaboração premiada eventualmente existente, por petição, em até 24 horas após o recebimento da denúncia.** E nessa petição ministerial deve ser juntado o acordo na íntegra (todos os termos que integraram o negócio jurídico formalizado). **Em se tratando de queixa-crime, esse dever incumbiria ao querelante.**

Essa é a melhor forma para compatibilizar o levantamento do sigilo do acordo com o princípio do contraditório.

Isso porque comanda o art. 396 do CPP que, ao receber a denúncia, o juízo já deve ordenar a citação do réu, com a abertura do prazo de dez dias para a resposta ou defesa escrita. Ora, como em até 24 horas após a data do recebimento da peça inaugural o órgão acusatório já haveria feito a juntada do acordo em sua integralidade, quando for implementada a citação esses relevantes documentos já constarão dos autos, permitindo, assim, que a defesa possa ter acesso pleno a eles quando da elaboração da resposta.

A exegese aqui proposta, além de garantir a plena obediência à regra processual do levantamento do sigilo do acordo de colaboração e a sua compatibilidade com o respeito ao contraditório, não enseja qualquer necessidade de alteração legislativa.

Apenas é oferecida uma interpretação harmonizadora do sistema, a fim de que haja o atendimento satisfatório ao princípio do contraditório, em especial.

É inegável que estará configurado prejuízo processual à defesa acaso não tenha havido o pleno conhecimento do acordo de colaboração em sua integralidade, quando do prazo da resposta escrita. A tanto que, acaso isso ocorra, esse prazo deverá ser renovado em favor da defesa, a partir do momento em que logre o acesso ao acordo.

Para que seja evitado esse transtorno processual, o caminho mais seguro é que o Ministério Público (ou o querelante) se manifeste por petição nessas 24 horas posteriores à data do recebimento da denúncia, e faça a juntada do acordo de colaboração por petição nos autos.

A propósito, entende-se que **o próprio magistrado na decisão de recebimento da denúncia poderia determinar o cumprimento de parte**

do órgão da acusação da juntada dos termos do acordo de colaboração premiada na íntegra (em até 24 horas), para somente após viesse a ser expedido o mandado de citação ao denunciado ou querelado. Essa postura do juízo representaria louvável apreço aos princípios do contraditório, da ampla defesa e do devido processo legal, e nada mais estaria fazendo do que dar cumprimento ao disposto no parágrafo 3º do art. 6º da Lei nº 12.850/13 (com a Redação dada pela Lei nº 13.964/19).

Na hipótese de o acusador não realizar essa providência, deve o juízo tomar a iniciativa de instigá-lo a fazer, por intimação, e sem prejuízo da obediência ao prazo dos dez dias garantidos à defesa para a resposta escrita.

Isso porque a partir da citação válida, com a qual está triangularizada a relação processual, não é mais admissível a surpresa em relação aos elementos de convicção produzidos na fase de investigação que embasaram a pretensão acusatória, em relação à defesa; em outras palavras, o respeito ao contraditório impõe o conhecimento amplo de todos os elementos de convicção que foram produzidos na fase pré-processual, incluindo-se, neles, o acordo de colaboração premiada.

Essa exigência sistêmica não se justifica apenas para evitar a surpresa em relação à defesa, mas também para possibilitar a construção da livre estratégia processual de parte do réu e sua defesa técnica. Pois somente tendo conhecimento de todos os elementos de convicção até então produzidos (até o momento da resposta ou defesa escrita) é que a defesa terá condições de produzir a estratégia processual que será delineada a partir de sua primeira manifestação escrita nos autos. É de grande relevo o que aqui se examina, pois a resposta ou defesa escrita do art. 396 do CPP será o momento no qual a defesa arrolará as suas testemunhas, bem como requererá as diligências.

Assim, com as provas de natureza testemunhal e que resultem das diligências requeridas pela defesa, além de outras que venham a ser produzidas na sequência, a defesa espera construir o edifício probatório pelo qual pretenderá alcançar o convencimento do Poder Judiciário em todas as suas instâncias. E haverá grave prejuízo a essa estratégia se algum elemento de convicção produzido antes do recebimento da denúncia ou da queixa não viesse a ser de conhecimento do defensor, circunstância que de tão grave ensejaria a decretação de nulidade absoluta do processo penal.

Conclusões

Nessa esteira, como modo de preservação do contraditório, propugna-se que o Ministério Público (ou o querelante, em se tratando de queixa) faça a juntada dos termos do acordo de colaboração premiada (na íntegra) em até 24 horas após o recebimento da denúncia (ou da queixa), por petição, nos autos do processo penal (físicos ou eletrônicos). Assim, estará viabilizado o exercício do contraditório, inexoravelmente, tanto do ponto de vista formal quanto material, eis que a defesa terá o pleno acesso viabilizado ao conteúdo do acordo ainda antes de se efetivar a abertura do prazo de dez dias para a defesa ou resposta escrita.

Apregoa-se, ainda, que o próprio magistrado na decisão de recebimento da denúncia poderia determinar o cumprimento de parte do órgão da acusação da juntada dos termos do acordo de colaboração premiada na íntegra (em até 24 horas), para somente após vir a ser expedido o mandado de citação ao denunciado ou querelado. Essa postura do juízo representaria louvável apreço aos princípios do contraditório, da ampla defesa e do devido processo legal, além de significar o efetivo cumprimento ao disposto ao parágrafo 3º do art. 6º da Lei nº 12.850/13 (com a Redação dada pela Lei nº 13.964/19).

Referências

ALEXY, Robert. ***Derecho y razón práctica***. México: Fontamara, 1993.

APPIO, Eduardo. **Discricionariedade política do Poder Judiciário**. Curitiba: Juruá, 2008.

ARAÚJO CINTRA, Antonio Carlos; GRINOVER, Ada Pellegrini; DINAMARCO, Cândido. **Teoria geral do processo.** 18. ed. São Paulo: Malheiros, 2002.

ARAÚJO, Nádia de. **Direito Internacional Privado**. Teoria e prática brasileira. 2. ed. Rio de Janeiro: Renovar, 2004.

BARCELLOS, Ana Paula de. Neoconstitucionalismo, direitos fundamentais e controle das políticas públicas. **Revista Diálogo Jurídico**, Salvador, n. 15, p. 243-266, jan./mar. 2007.

BARROS, Suzana de Toledo. **O princípio da proporcionalidade e o controle de constitucionalidade das leis restritivas de direitos fundamentais**. 2. ed. Brasília: Brasília Jurídica, 2000.

BARROSO, Luís Roberto. Colisão entre liberdade de expressão e direitos da personalidade. Critérios de ponderação. Interpretação constitucionalmente adequada do Código

Civil e da Lei de Imprensa. **Revista Trimestral de Direito Civil**, Rio de Janeiro: Padma, v. 16, p. 59-102, out./dez. 2003.

BARROSO, Luís Roberto. Fundamentos teóricos e filosóficos do novo Direito Constitucional brasileiro: pós-modernidade, teoria crítica e pós-positivismo. **Anuário Iberoamericano de Justicia Constitucional**, La Rioja: Fundación Dialnet, n. 5, Separata, p. 09-44, 2001.

BARROSO, Luís Roberto. **Interpretação e aplicação da Constituição**: fundamentos de uma dogmática constitucional transformadora. 3. ed. São Paulo: Saraiva, 1999.

BARROSO, Luís Roberto. **Interpretação e aplicação da Constituição**: fundamentos de uma dogmática constitucional transformadora. 4. ed. São Paulo: Saraiva, 2001.

BARROSO, Luís Roberto.. **Interpretação e aplicação da Constituição**. 6. ed. São Paulo: Saraiva, 2006.

BARROSO, Luís Roberto. Liberdade de expressão *versus* direitos de personalidade. Colisão de direitos fundamentais e critérios de ponderação. In: SARLET, Ingo Wolfgang (org.). **Direitos fundamentais, informática e comunicação**. Algumas aproximações. Porto Alegre. Livraria do Advogado, 2007.

BASTOS, Celso Ribeiro. **Hermenêutica e interpretação constitucional**. São Paulo: Celso Bastos (Instituto Brasileiro de Direito Constitucional), 1997.

BASTOS, Celso Ribeiro. **Curso de Direito Constitucional**. São Paulo: Saraiva, 1997.

BASTOS, Celso Ribeiro. **Curso de Direito Constitucional.** São Paulo: Celso Bastos Editor, 2002.

CABRAL, Antonio do Passo. **Nulidades no processo moderno**. Rio de Janeiro: Forense, 2009.

CANOTILHO, J. J. Gomes. **Direito constitucional e teoria da Constituição.** Coimbra: Almedina, 1993.

CANOTILHO, J. J. Gomes. **Direito constitucional e teoria da Constituição.** 3. ed. Coimbra: Almedina, 1998.

CANOTILHO, J. J. Gomes. **Direito constitucional e teoria da Constituição.** 7. ed. Coimbra: Almedina, 2003.

CARNELUTTI, Francesco. ***Principi di proceso penale.*** Nápolis: Morano, 1960.

CARNELUTTI, Francesco. **Sistema de Direito Processual Civil**. T São Paulo: Classic Book, 2000.

COSTA, Cícero Germano da. **O princípio constitucional do contraditório e da ampla defesa no processo administrativo disciplinar e o princípio da segurança jurídica.** 2005. Dissertação (Mestrado em Direito Constitucional)_– Pontifícia Universidade Católica de São Paulo – PUC-SP, 2005. Disponível em: https://tede2.pucsp.br/bitstream/handle/8403/1/Cicero%20Germano.pdf. Acesso em 18 fev. 2020.

CRISAFULLI, Vezio. ***La constituzione e le sue disposizioni di principi.*** Milano: Giufré, 1952.

DWORKIN, Ronald. **O império do Direito**: o que é o Direito. São Paulo: Martins Fontes, 1999.

FERRAJOLI, Luigi. ***Derecho y razón:*** *teoria del garantismo penal.* Madri: Trotta, 1997.

FERRAJOLI, Luigi. ***Derechos y garantias.*** *La ley del más debil.* Madri: Trotta, 1999.

FERRAJOLI, Luigi. **Direito e razão.** Teoria do Garantismo Penal. São Paulo: RT, 2002.

FERREIRA, Pinto. **Comentários à Constituição brasileira**. São Paulo: Saraiva, 1989. v. 1.

FIX-ZAMUDIO, Héctor. *El principio del contradictorio y la igualdad ante la ley*. In: FIX--ZAMUDIO, Héctor. **Constitución y proceso civil en Latinoamérica**. (Capítulo 5, p. 63, 64). [en línea]. Disponível em: http://biblio.juridicas.unam.mx/libros/2/672/6.pdf. Acesso em: 10 out. 2012.

FREITAS, Juarez. Os atos administrativos de discricionariedade vinculada aos princípios. **Boletim de Direito Administrativo**, São Paulo, v. XI, n. 6, p. 324-327, jun. 1995.

FREITAS, Juarez. **A interpretação sistemática do Direito**. 4. ed. São Paulo: Malheiros, 2004.

GARCÍA RAMÍREZ, Sergio. *Reflexiones sobre los principios rectores del Proceso Penal*. In: **AAVV**. XV *Congreso Mexicano de Derecho Procesal (Cap. 4, p. 344)* . *[en* línea]. Disponível em: http://biblio.juridicas.unam.mx/libros/2/745/22.pdf. Acesso em: 15 out. 2012.

GIACOMOLLI, Nereu José. **O devido processo penal.** Abordagem conforme a Constituição Federal e o Pacto de São José da Costa Rica. São Paulo: Atlas: 2014.

HÄBERLE, Peter. ***Teoria de la Constitución como ciência de la cultura***. Madrid: Technos, 2000.

INSERRA, Bruno Nunes. **A delação (colaboração) premiada no Brasil**. 2018. Dissertação (Mestrado) – Universidade de Coimbra, Coimbra, 2018. Disponível em: https://estudogeral.sib.uc.pt/bitstream/10316/85914/1/Disserta%C3%A7%C3%A3o%20-%20A%20Dela%C3%A7%C3%A3o%20%28Colabora%C3%A7%C3%A3o%29%20Premiada%20no%20Brasil.pdf. Acesso em: 19 fev. 2020.

LOPES, Maria Helena. Mecanismos de proteção dos direitos humanos no sistema interamericano. **Revista da Faculdade de Direito de Valença**, Rio de Janeiro, a. I, v. I, maio 1998.

MACCORMICK, Neil. ***La sovranitá in discussione***. *Diritto, stato e nazione nel "commonwealth" europeo*. Bologna: Societá Editrice Il Mulino, 2003.

MELLO, Celso Antonio Bandeira de. **Elementos de Direito Administrativo.** São Paulo: Revista dos Tribunais, 1991.

MELLO, Celso Antonio Bandeira de. **Curso de Direito Administrativo**. 12. ed. São Paulo: Malheiros, 2000.

MENDES, Gilmar Ferreira; COELHO, Inocêncio Mártires; BRANCO, Paulo Gustavo Gonet. **Curso de Direito Constitucional**. 4. ed. São Paulo: Saraiva, 2009.

MIRANDA, Jorge. **Teoria do estado e da Constituição.** 2. ed. Rio de Janeiro: Forense, 2009.

MORAES, Alexandre. **Direitos Humanos Fundamentais.** 4. ed. São Paulo: Atlas, 2002.

NERY JR., Nelson. **Princípios do Processo Civil na Constituição Federal**. 8. ed., São Paulo: Revista dos Tribunais, 2004.

NEVES, Marcelo. **Teoria da inconstitucionalidade das leis**. São Paulo: Saraiva, 1988.

PEREIRA, Frederico Valdez. **Delação Premiada** – Legitimidade e procedimento. 3. ed. Curitiba: Juruá, 2016.

PEREZ LUÑO, Antonio-Enrique. ***Los derechos fundamentales***. 8. ed. Madrid: Tecnos, 2004.

POZZEBON, Fabricio Dreyer de Ávila. **Reflexos da crise do conhecimento moderno na jurisdição**: fundamentos da motivação compartilhada no processo penal. 2005.

569 p. Tese (Doutorado em Direito) – Faculdade de Direito, Pontifícia Universidade Católica do Rio Grande do Sul, Porto Alegre, 2005.

SARLET, Ingo Wolfgang; MARINONI, Luiz Guilherme; MITIDIERO, Daniel. **Curso de Direito Constitucional**. São Paulo: Revista dos Tribunais, 2012.

SARLET, Ingo Wolfgang (org.). **Dimensões da dignidade**. Ensaios de Filosofia do Direito e Direito Constitucional. 2. ed. Porto Alegre: Livraria do Advogado, 2009.

SARLET, Ingo Wolfgang. **A eficácia dos direitos fundamentais**. 11. ed. Porto Alegre: Livraria do Advogado, 2012.

SLAIBI FILHO, Nagib. **Direito Constitucional.** Rio de Janeiro: Forense, 2004.

TAVARES, André Ramos. **Curso de Direito Constitucional**, São Paulo: Saraiva, 2002.

54.
O JUIZ DAS GARANTIAS COMO PRESSUPOSTO FUNDAMENTAL AO EXERCÍCIO DO CONTRADITÓRIO DA PROVA PERICIAL: REFLEXÕES ACERCA DAS INQUIETAÇÕES ESTIMULADAS POR NEREU JOSÉ GIACOMOLLI

Maria Eduarda Azambuja Amaral

Professor, "sois o sal da terra e a luz do mundo".
Sem vós tudo seria baço e a terra escura.
(Cora Coralina)

1. Mestre, muito obrigada!

Falar de Nereu Giacomolli é dissertar sobre uma eterna dívida que carregarei. Como uma *outsider* das Ciências Criminais, a insegurança e as incertezas foram as minhas companheiras no início do doutoramento. Até que me foi designado, como orientador, o Professor Dr. Nereu José Giacomolli. Com muita atenção e paciência, o homenageado respondia às mais variadas espécies de questionamentos que surgiam a cada leitura básica que eu realizava. Foram diversas indicações de leituras que me tiraram da zona de conforto. Variados questionamentos suscitados ao longo desses quase dois anos e meio de orientação. O estímulo praticamente diário pela busca incessante de novos conhecimentos e de coragem para enfrentar o mundo acadêmico demonstrou que Nereu Giacomolli se trata não só de um exímio professor e orientador, como também de um ser humano ímpar. Foi com uma convivência saudável, baseada no respeito e na reciprocidade, que criamos uma relação acadêmico-fraternal. Ao Professor Doutor Nereu José Giacomolli, a minha gratidão e o ecoar de um eterno muito obrigada!

2. Considerações iniciais

Estudar a temática da prova pericial trata-se de exercício que clama por uma reflexão interdisciplinar e, por isso, delicada. Perpassar pelas nuances que envolvem as diversas indagações acerca do elemento probatório proveniente de uma perícia requer a realização de uma interconexão entre o saber técnico, das ciências duras[1], e o conhecimento jurídico. Tal desafio não se trata de tarefa fácil, pois "o ritmo de evolução da ciência é diverso do ritmo de evolução do processo"[2].

Geraldo Prado sustenta[3], há muito, que a prova é um tema que ultrapassa os limites disciplinares, que atravessa a história da filosofia – por estar

[1] Nas palavras de Gauer, "[...] basta pensarmos no século XVII, o qual se construiu a matriz das atuais ciências denominadas 'exatas' ou 'duras'. A geometria alcançou o papel de fornecedor de paradigmas para todo o conhecimento científico. Nos finais do século XIX a biologia passou a explicar para alguns darwinistas, como Tylor, Spencer, Webb, que a sociedade evoluía em fases sucessivas, ou seja, a história das sociedades também estava sujeita às leis da natureza, tendendo a seguir linhas de desenvolvimento semelhantes, independente da localização espaço-temporal. Logo, necessariamente, a sociedade passaria da selvageria à barbárie, e, enfim, à civilização. Há, no entanto, que se ter presente que as linguagens – palavras, conceitos – não possuem transparência suficiente para expressar o próprio ato criativo, portanto, a arte é imprescindível" (GAUER, Ruth Maria Chittó. **A fundação da norma**: para além da racionalidade histórica. Porto Alegre: EDIPUCRS, 2011. p. 15).

[2] BADARÓ, Gustavo Henrique. **Epistemologia judiciária e prova penal**. São Paulo: Thomson Reuters Brasil, 2019. p. 182.

[3] Temática abarcada na parte inicial de ambas as obras do autor: PRADO, Geraldo. **Prova penal e sistema de controles epistêmicos**: a quebra da cadeia de custódia das provas obtidas por métodos ocultos. São Paulo: Marcial Pons, 2014. e PRADO, Geraldo. *A cadeia de custódia da prova no processo penal*. São Paulo: Marcial Pons, 2019.

entrecruzado à ideia de verdade[4] – e que possui relevância significativa no campo político, devido às grandes alterações decorrentes da noção acerca da produção do conhecimento. É nesse contexto que se propõe a elaboração do presente trabalho. No entanto, antes de tratar da prova pericial especificamente, faz-se indispensável apontar, ainda que brevemente, a importância do estudo da prova no processo penal.

O tema da prova é o centro nervoso[5], é o núcleo essencial do processo penal.[6] Prova é conhecimento; é a partir dela que o indivíduo (juiz) terá ciência das informações relacionadas a um dado acontecimento. A prova possui relevância pontual na reconstrução histórica – em que pese aproximativa – dos fatos[7] e, portanto, é sobre ela que versam as prescrições legais mais importantes em matéria de processo criminal.[8] Dessa forma, a prova sustenta em si o condão de realizar uma ponte entre o direito penal material e o processo penal.[9] Quer dizer, não há como a materialidade delitiva se tornar um elemento processual, e nem como se chegar a uma sentença, sem que haja uma fundamentação probatória adequada acerca de uma hipótese fática[10].

[4] Acerca das teorias da *verdade* ver TARUFFO, Michele. **A prova**. São Paulo: Marcial Pons, 2014. pp. 23-29.

[5] CARNELUTTI, Francesco. **As misérias do processo penal**. Campinas: Russel, 2013. *E-book*.

[6] PEREIRA, Eliomar da Silva. **Teoria da investigação criminal**: uma introdução jurídico-científica. 2. ed. ampl. e rev. São Paulo: Almedina, 2019. pp. 155-156.

[7] Entende Giacomolli que: "Provar no processo é demonstrar ao julgador, levar a seu conhecimento a existência de um determinado fato (que), num espaço (onde) e tempo (quando) razoáveis, bem como os impulsos criadores do fato (porque) e as circunstâncias deste (como), para que possa emitir um juízo acerca das situações processuais que se desenrolam nos autos e da responsabilidade criminal ou não do imputado. Há uma exigência de credibilidade da prova ao juiz, à convicção do Juiz, quem decide com base na que lhe é mais crível" (GIACOMOLLI, Nereu José. **Reformas (?) do Processo Penal**: Considerações Críticas. Rio de Janeiro: Editora Lumen Juris, 2008. p. 20-21).

[8] MITTERMAIER, DR. C. J. A. **Tratado da Prova em Matéria Criminal**. 3. ed. Trad. Herbert Wüntzel Heinrich. Campinas: Bookseller Editora Ltda, 1997. p. 12.

[9] PRADO, Geraldo. **Prova penal e sistema de controles epistêmicos**: a quebra da cadeia de custódia das provas obtidas por métodos ocultos. 1. ed. São Paulo: Marcial Pons, 2014. p. 22.

[10] Enunciados fáticos ou hipóteses fáticas não são dadas *a priori*, tampouco são determinadas objetivamente por alguém. Aponta Taruffo que "são construções linguísticas definidas pelas partes e pelo juiz. Seus autores os estabelecem com base em diversos critérios, tais como regras de linguagem, fatores institucionais, categorias de pensamento, valores éticos e sociais, disposições jurídicas pertinentes, entre outros. Desse ponto de vista, a construção

Para Lopes Jr., "as provas desempenham uma função ritual na medida em que são inseridas e chamadas a desempenhar um papel de destaque na complexidade do ritual judiciário"[11].

Para além do auxílio à comprovação (ou refutação) de uma hipótese fática, a produção da prova deve estar em consonância com os princípios basilares de um processo democrático, pois "ela é um dos principais elementos que, a depender do tratamento que receba, estabelece que tipo de processo penal vigora em determinada sociedade"[12]. Para que a garantia constitucional da plenitude de defesa seja avalizada, é necessário que haja um somatório entre os direitos à informação e atuação, o direito ao contraditório e o direito à prova legitimamente obtida ou produzida.[13]

A natureza probatória da perícia, principalmente quando realizada na *persecutio criminis,* impõe que seja assegurada a bilateralidade dos atos processuais. É sobre a indispensabilidade do exercício do contraditório da prova pericial e da imparcialidade judicial que o presente estudo debruçar-se-á. Adota-se como pressuposto inicial a superação de quaisquer ideias primitivas acerca do sistema processual dito inquisitorial e assume-se, de pronto, a configuração de um modelo acusatório[14] de importância elementar ao Estado Democrático de Direito.

Posto isso, importante relembrar que uma das características inerentes ao Sistema Processual Acusatório[15] é a ilegitimidade do juiz de instrução e julgamento frente à gestão probatória.[16,17] A atividade probatória concerne

dos enunciados fáticos é uma questão de escolha: formular um enunciado acerca de um fato significa eleger uma descrição desse fato entre um número infinito de suas possíveis descrições" (TARUFFO, Michele. **A prova**. São Paulo: Marcial Pons, 2014. p. 19-20.

11 LOPES JR., Aury. **Direito processual penal**. 17. ed. São Paulo: Saraiva Educação, 2020. p. 386.

12 PRADO, Geraldo. **Prova penal e sistema de controles epistêmicos***:* a quebra da cadeia de custódia das provas obtidas por métodos ocultos. São Paulo: Marcial Pons, 2014. p. 20.

13 TUCCI, Rogério Lauria. **Direitos e garantias individuais do processo penal brasileiro**. 4. ed. rev., ampl. São Paulo: Editora Revista dos Tribunais, 2011. p. 172.

14 LOPES JR., Aury. **Fundamentos do processo penal***:* introdução crítica. 4. ed. São Paulo: Saraiva Educação, 2018. p. 175 et seq.

15 Ver ARMENTA DEU, Teresa. *Debido proceso, sistemas y reforma del proceso penal*. **Revista Brasileira de Direito Processual Penal**, Porto Alegre, vol. 1, n. 1, p. 121-139, 2015.

16 ROSA, Alexandre Morais da. **Guia do processo penal conforme a teoria dos jogos.** 6. ed. rev., atual. e ampl. Florianópolis: EMAIS, 2020. p. 320.

17 Nas palavras de Jacinto, "com efeito, pode-se dizer que o sistema inquisitório, regido pelo princípio inquisitivo, tem como principal característica a extrema concentração de poder

às partes e, portanto, o magistrado deve se manter imparcial e equidistante à acusação e à defesa. Uma das maneiras de maximizar a imparcialidade judicial[18] é, justamente, reduzindo a possibilidade de que o juiz da causa tenha contato com os atos de investigação[19] e ciência do conteúdo produzido durante a fase preliminar.[20]

No entanto, há espécies probatórias que reclamam urgência e, portanto, devem ser produzidas ainda na fase do inquérito policial. O exemplo mais significativo é o da prova pericial, a qual, embora seja ordinariamente constituída durante a investigação, adentra no processo e, não raras as vezes, a ela é auferido protagonismo perante o rol de elementos probatórios apresentados em juízo. Para que essa prova produzida preliminarmente possa ingressar no processo (acusatório) coberta por características democráticas e revestida de legalidade, é fundamental que a ela seja exercido o contraditório, ainda que

nas mãos do órgão julgador, o qual detém a *gestão da prova* [...]. Nesse sentido, a característica fundamental do sistema inquisitório, em verdade, está na gestão da prova, confiada essencialmente ao magistrado [...]. Já, no sistema acusatório, o processo continua sendo um instrumento de descoberta de uma verdade histórica. Entretanto, considerando que a gestão da prova está nas mãos das partes, o juiz dirá, com base exclusivamente nessas provas, o direito a ser aplicado no caso concreto (o que os ingleses chamam de *judge made law*). COUTINHO, Jacinto Nelson de Miranda. Introdução aos Princípios Gerais do Processo Penal Brasileiro. **Revista da Faculdade de Direito da UFPR**, Curitiba, n. 30, p. 163-198, 1998. Disponível em: https://revistas.ufpr.br/direito/article/view/1892/1587. Acesso em: 19 abr. 2020.

18 CARVALHO, Luis Gustavo Grandinetti Castanho de; MILANEZ, Bruno Augusto Vigo. **O juiz de garantias brasileiro e o juiz de garantias chileno**: breve olhar comparativo. Disponível em: https://biblioteca.cejamericas.org/bitstream/handle/2015/5645/Juiz%20de%20garantias%20brasileiro%20e%20juiz%20de%20garantias%20chileno.pdf?sequence=1&isAllowed=y. Acesso em: 20 abr. 2020.

19 LOPES JR., Aury. **Direito processual penal**. 17. ed. São Paulo: Saraiva Educação, 2020. p. 405. Para Giacomolli, "os elementos colhidos na fase pré-processual são tidos como atos de investigação, elementos informativos, não se destinando a dar suporte, com exclusividade, a um juízo condenatório" (GIACOMOLLI, Nereu José. **O devido processo penal**: abordagem conforme a Constituição Federal e o Pacto de São José da Costa Rica. 3. ed. rev., atual. e ampl. São Paulo: Atlas, 2016. p. 216).

20 As dimensões da ampla defesa e do contraditório, na fase preliminar do processo penal, não são as mesmas das verificadas em juízo; mas em diversas situações, há de ser oportunizada a defesa pessoal positiva, respeitada a autodefesa negativa e garantida e respeitada a defesa técnica (GIACOMOLLI, Nereu José. **A fase preliminar do processo penal**: crises, misérias e novas metodologias investigatórias. Rio de Janeiro: Editora Lumen Juris, 2011. p. 89).

prévio. Salienta-se não se está falando de contraditório diferido[21], mas sim do exercício pleno do contraditório da prova, realizado no seio de uma estrutura dialética. Nesta linha, ressalta Giacomolli que a "metodologia dialética, com valorização do contraditório em seu aspecto material ou substancial [...] representa o resgate da perspectiva dialógica, horizontalizada, isonômica do processo, como na *ordo iudiciarius ou iudicium* (processo comum)"[22].

Nessa linha, o presente artigo objetiva pontuar a necessidade de um contraditório da prova pericial e entender como as alterações trazidas pela Lei nº 13.964/2019 podem impactar na dinâmica processual penal brasileira. Como hipótese de trabalho tem-se que o juiz das garantias é pressuposto fundamental e indispensável **à** efetivação do contraditório pleno da prova pericial. Desse modo, a ideia defendida será desenvolvida a partir de um olhar crítico, traçando, ao final, uma leitura paralela entre o que se acredita e o exposto pelo inciso VII do artigo **3º-B** do Código de Processo Penal (CPP).

Antes de adentrar na temática principal, cabe salientar que – até o momento da escrita deste artigo – a figura do juiz das garantias, no ordenamento jurídico brasileiro, **não encontra** efetividade prática, pois os artigos 3º-A a 3º-F do CPP sofreram suspensão de sua eficácia por força de decisão liminar proferida em medida cautelar pelo Ministro Luiz Fux[23]. **Não obstante, o tema possui pertinência frente à urgente necessidade de implementação do juiz das garantias e** da concretização das alterações trazidas pela Lei nº 13.964/2019, em busca de um processo penal mais democrático.

3. A (evidente) necessidade do contraditório da prova pericial

O (princípio do) contraditório trata-se de um método de confrontação da prova entre a acusação e a defesa, sendo indispensável na estrutura dialética

21 BADARÓ, Gustavo Henrique. **Processo Penal.** 8. ed. rev., atual. e ampl. São Paulo: Thomson Reuters Brasil, 2020. p. 164-166.

22 GIACOMOLLI, Nereu José. **O devido processo penal***:* abordagem conforme a Constituição Federal e o Pacto de São José da Costa Rica. 3. ed. rev., atual. e ampl. São Paulo: Atlas, 2016. p. 183.

23 Concessão de Liminar na Médica Cautelar nas ADIn's 6.298, 6.299, 6.300 e 6.305 no dia 22 de janeiro de 2020. Ver também LOPES JR., Aury. **Direito processual penal**. 17. ed. São Paulo: Saraiva Educação, 2020. p. 33.

processual. Presta-se, pois, como elemento mínimo de configuração acusatória processual.[24] A partir do princípio do contraditório, destacam-se dois momentos: um de informação e outro de reação. A bilateralidade dos atos processuais reflete a necessidade de informação às partes; a possibilidade de contrariar os referidos atos, a reação.[25]

A indispensabilidade do exercício do contraditório é algo posto e inquestionável. Todavia, o estudo da temática requer maior atenção quando do contexto da prova pericial. Importante ressaltar que não se defende, nem se quer apontar, que um tipo de prova possui maior notoriedade do que outro. A própria exposição de motivos do Código de Processo Penal brasileiro, embora com variadas passagens de cunho inquisitório[26], já expunha, ainda na década de 1940, "que todas as provas são relativas; nenhuma delas terá, ex vi legis, valor decisivo ou necessariamente maior prestígio que outra". Pretende-se justamente apontar a necessidade de superação da ideia de que o caráter predominantemente objetivo da prova pericial – decorrente da sua própria natureza – legitima a predominância de uma verdade científica, a qual frequentemente fundamenta o endeusamento da prova pericial. Como bem salienta Lopes Jr., não se nega o imenso valor do saber científico no campo probatório, mas não existe "a rainha das provas" no processo penal.[27]

O desenvolvimento do conhecimento científico ocorreu, fundamentalmente, em uma atmosfera racional-positivista, a qual pressupunha que os conceitos não sofreriam alterações, mas apenas desvelariam uma verdade global da natureza[28]. Os positivistas defendiam que os enunciados científicos deveriam ser consequência daquilo passível de observação e de verificação. Acreditavam que, a partir de um conhecimento empírico e formalmente

[24] LOPES JR., Aury. **Direito processual penal**. 17. ed. São Paulo: Saraiva Educação, 2020. p. 413-414.

[25] BADARÓ, Gustavo Henrique. **Processo Penal**. 8. ed. rev., atual. e ampl. São Paulo: Thomson Reuters Brasil, 2020. p. 60-61.

[26] "A exposição de motivos do CPP brasileiro explicitamente faz esta escolha (autoritária), compatível com a escolha política autoritária do Estado Novo" (PRADO, Geraldo. **Prova penal e sistema de controles epistêmicos**: a quebra da cadeia de custódia das provas obtidas por métodos ocultos. São Paulo: Marcial Pons, 2014. p. 28).

[27] LOPES JR., Aury. **Direito processual penal**. 17. ed. São Paulo: Saraiva Educação, 2020. p. 485.

[28] FOUREZ, Gérard. **A construção das ciências**: introdução à filosofia e à ética das ciências. São Paulo: Editora da Universidade Estadual Paulista, 1995. p. 251.

definido, seria possível criar um tipo de pensamento verdadeiro, seguro[29]. Tratava-se, portanto, de uma visão determinista[30], com raízes no pensamento racional. Todavia, tal entendimento já, há muito, **não há razões** de ser.

A superação dessa verdade científica deu-se, substancialmente, mas não só[31], com as ideias de Popper, o qual sustentava que aquilo que caracteriza uma teoria como científica é justamente o fato de ser falível e de aceitar ser refutada.[32] Isto é, nenhuma teoria científica resiste *ad eternum* **à falseabilidade. Nas palavras de Morin, "Popper troca a certeza pelo falibilismo, porém, não abandona a racionalidade. Ao contrário, ele diz que o que é racional na ciência é que ela aceita ser testada e aceita criar situações nas quais uma teoria é questionada, ou seja, aceita a si mesma como biodegradável"**[33]. Afinal, *formas distintas de conocer el mundo y de interpretar eso que se percibe son parte constitutiva de ser experto*[34].

Nesse contexto, o estudo do contraditório da prova pericial ganha maior relevância, pois, para além do já exposto acerca da importância de assegurar-se uma estrutura processual dialética, há que se levar em consideração as peculiaridades da prova pericial, que a distinguem das outras espécies probatórias.

[29] MORIN, Edgar. **Ciência com consciência**. 14. ed., revista e modificada pelo autor. Rio de Janeiro: Bertrand Brasil, 2010. p. 37.

[30] Nas palavras de Bachelard, "Se desejássemos retraçar a história do Determinismo, seria preciso retomar toda a história da Astronomia. É na imensidão dos Céus que se delineia o Objetivo puro que corresponde a um Visual puro. [...] Esta origem astronômica do Determinismo, parece-nos explicar a longa negligência dos filósofos para os problemas relativos às perturbações, aos erros, às incertezas no estudo dos fenômenos físicos. É nesta franja de erros que se fundará, tardiamente, o Indeterminismo científico" (BACHELARD, Gaston. **O novo espírito científico**. 3. ed. Rio de Janeiro: Tempo Brasileiro, 2000. p. 93-94).

[31] A própria Teoria da Relatividade de Einstein já trouxera entendimento semelhante, como bem aponta Lopes Jr.: "Além de inalcançável, tampouco existem verdades absolutas, como a própria ciência encarregou-se de demonstrar, pois todo o saber é datado e tem prazo de validade (Einstein). Uma teoria só vale até que outra venha para negá-la. Logo, a verdade está no todo e o todo é excessivo, jamais pode ser alcançado pelo homem" (LOPES JR., Aury. **Direito processual penal**. 17. ed. São Paulo: Saraiva Educação, 2020. p. 391).

[32] MORIN, Edgar. **Ciência com consciência**. 14. ed., revista e modificada pelo autor. Rio de Janeiro: Bertrand Brasil, 2010. p. 38.

[33] MORIN, Edgar. **Ciência com consciência**. 14. ed., revista e modificada pelo autor. Rio de Janeiro: Bertrand Brasil, 2010. p. 39.

[34] ROJAS, Caren Vázquez. ***De la prueba científica a la prueba pericial***. Madrid: Marcial Pons, 2015. p. 43.

A primeira particularidade concerne à sua natureza de prova irrepetível.[35] A segunda, a ela é inerente e está diretamente atrelada à ideia de superação da verdade científica[36] e de necessidade de comprovação da fiabilidade da prova: trata-se da demonstração da efetiva cadeia de custódia[37] da prova. No entanto, tais particularidades **não bastam** para que o exercício do contraditório da prova pericial seja efetivado e que, portanto, ela possa adentrar no processo e, futuramente, ser valorada[38]. Assim, o juiz das garantias, instituto essencial à efetivação do sistema acusatório[39], **é proposto como** pressuposto fundamental ao exercício do contraditório da prova pericial. Passa-se, pois, ao desenvolvimento do que se propõe.

[35] LOPES JR., Aury. **Direito processual penal**. 17. ed. São Paulo: Saraiva Educação, 2020. p. 200-201. Entretanto, Badaró salienta que "esta, contudo, não é uma característica ontológica da prova pericial. Há provas periciais que não têm tal caráter de urgência e, portanto, são cautelares. Por exemplo, a perícia para avaliação do valor da coisa furtada ou um exame grafotécnico" (BADARÓ, Gustavo Henrique. **Processo Penal**. 8. ed. rev., atual. e ampl. São Paulo: Thomson Reuters Brasil, 2020. p. 473).

[36] Nas palavras de Nereu José Giacomolli, "embora a *praxis* forense consagre um lugar destacado à prova técnica, muito em face do mito do encontro da verdade e da supremacia da prova técnica, a admissibilidade não poderá ser automática e a valoração judicial há de considerar os elementos da concretude do caso, na perspectiva do processo penal (limites diferenciados, conceitos de ilicitude, *v. g.*), de seu objeto circunscrito, da preocupação com o caso e com o universo probatório, diversamente do objeto generalizado do conhecimento científico" (GIACOMOLLI, Nereu José. **O devido processo penal**: abordagem conforme a Constituição Federal e o Pacto de São José da Costa Rica. 3. ed. rev., atual. e ampl. São Paulo: Atlas, 2016. p. 223-224).

[37] Dias Filho conceitua a cadeia de custódia da prova como "uma sucessão de eventos concatenados, em que cada um proporciona a viabilidade ao desenvolvimento do seguinte, de forma a proteger a integridade de um vestígio do local de crime ao seu reconhecimento como prova material até o trânsito em julgado do mérito processual; eventos estes descritos em um registro documental pormenorizado, validando a evidência e permitindo sua rastreabilidade, sendo seu objetivo-fim garantir que a evidência apresentada na corte se revista das mesmas propriedades probatórias que o vestígio coletado no local de crime" (FILHO, Claudemir Rodrigues Dias. Cadeia de custódia: do local de crime ao trânsito em julgado; do vestígio à evidência. **Revista dos Tribunais**, v. 98, n. 883, p. 436-451, maio 2009).

[38] TARUFFO, Michele. **A prova**. São Paulo: Marcial Pons, 2014. p. 35.

[39] GIACOMOLLI, Nereu José. **A fase preliminar do processo penal**: crises, misérias e novas metodologias investigatórias. Rio de Janeiro: Editora Lumen Juris, 2011. p. 64.

4. O juiz das garantias como pressuposto fundamental ao exercício do contraditório

O contraditório não pode ser entendido apenas como uma possibilidade: deve ser tratado como uma realidade. Isto é, faz-se necessária a participação concreta das partes, para que seja garantido um contraditório efetivo e equilibrado.[40] Aponta-se, assim, o juiz das garantias como elemento central e indispensável a esse cenário.

Adota-se, como previamente exposto, a estrutura basilar de um modelo acusatório, na qual o juiz das garantias participa dos atos de investigação, como, por exemplo, decidindo acerca de questões atinentes à extensão e ao trancamento da investigação ou sobre o requerimento de produção antecipada de provas não repetíveis.[41] No entanto, importante salientar que o juiz das garantias não investiga. Ele serve, como o próprio nome diz, tão somente como um garantidor da legalidade e dos direitos e garantias fundamentais do investigado.[42] O juiz das garantias deve manter-se fundamentalmente na fase pré-processual e, portanto, a ele compete a realização de audiências públicas, baseadas na oralidade, sempre que necessário e indispensável.

Faz-se um apontamento necessário antes de continuar. Não se pode confundir a realização de audiências públicas necessárias à investigação com a audiência de instrução e julgamento. Ao juiz das garantias não é atribuída a legitimidade para a realização desta. Isso concerne ao magistrado que irá atuar no processo. Ou seja, um juiz participa, quando requerido pelas partes[43],

[40] BADARÓ, Gustavo Henrique. **Processo Penal**. 8. ed. rev., atual. e ampl. São Paulo: Thomson Reuters Brasil, 2020. p. 61.

[41] GIACOMOLLI, Nereu José. **A fase preliminar do processo penal**: crises, misérias e novas metodologias investigatórias. Rio de Janeiro: Editora Lumen Juris, 2011. p. 63 et seq.

[42] Nas palavras da Alexandre Morais da Rosa, "[...] O Juiz das Garantias prepara a fase de julgamento efetivando a lógica de Direitos Humanos e Fundamentais e não serve de *longa manus* do Estado investigador, justamente porque limita o abuso de poder. [...] A inserção da figura do Juiz das Garantias se inscreve na democratização do Processo Penal porque opera a cisão functional entre os momentos de investigação e julgamento, típico da estrutura acusatória" (ROSA, Alexandre Morais da. **Guia do processo penal conforme a teoria dos jogos.** 6. ed. rev., atual. e ampl. Florianópolis: EMAIS, 2020. p. 344-345).

[43] Importantíssimo salientar que o Juiz das Garantias não possui o condão de investigar, tampouco de decretar de ofício a produção de provas e de outros elementos investigativos. O juiz das garantias irá atuar quando requerido por uma das partes, seja acusação, seja defesa.

na fase pré-processual; o outro sentencia, maximizando o contexto de imparcialidade judicial.[44] O que será exposto na sequência leva em consideração o posicionamento prévio do juiz das garantias, ausente de quaisquer atividades processuais – inclusive a instrução probatória – e inerte à investigação. Realizada a observação, retoma-se a ideia a ser desenvolvida.

A prova pericial, como já exposto, trata-se de prova irrepetível. Logo, para que esta seja utilizada como elemento quando da instrução probatória processual é necessário que, a ela, seja garantido o exercício do contraditório em momento oportuno. Quer dizer, não há como a prova pericial adentrar ao processo à espera de que o juiz de instrução e julgamento atue para que o contraditório seja efetivado. Tal prática contaminaria, de pronto, o referido magistrado, violando o princípio da imparcialidade judicial[45]. Mas não só isso, como bem salienta Geraldo Prado: "a possibilidade de refutação pela defesa constitui elemento indispensável à validade jurídica de um processo penal estribado na verificação do fato como condição para a punição do acusado"[46].

O instituto do juiz das garantias existe em diversos países do mundo com tradições jurídicas semelhantes à brasileira. Na América Latina, os países que fizeram a transição para o modelo acusatório durante a década de 1990 – como o Chile, o Uruguai, a Colômbia, o Paraguai etc. – adotaram o *juez de garantías* a partir das experiências europeias.[47] [48] Países como a Alemanha, Portugal,

Ele serve, como o próprio nome diz, como um garantidor da legalidade e dos direitos e garantias fundamentais do investigado.

44 LOPES JR., Aury; RITTER, Ruiz. A Imprescindibilidade do juiz das garantias para uma jurisdição penal imparcial: reflexões a partir da teoria da dissonância cognitiva. **Revista Duc In Altum Cadernos de Direito**, Recife, v. 8, n. 16, p. 55-91, set/dez 2016.

45 Salientam Lopes Jr. e Ritter, que "a imparcialidade o órgão jurisdicional é um princípio supremo do processo e, como tal, imprescindível para o seu normal desenvolvimento e final julgamento da pretensão acusatória e do caso penal. Sobre a base da imparcialidade, funda-se a estrutura dialética de um processo penal constitucional e democrático" (LOPES JR., Aury; RITTER, Ruiz. A Imprescindibilidade do juiz das garantias para uma jurisdição penal imparcial: reflexões a partir da teoria da dissonância cognitiva. **Revista Duc In Altum Cadernos de Direito**, Recife, v. 8, n. 16, p. 55-91, set/dez 2016).

46 PRADO, Geraldo. **Prova penal e sistema de controles epistêmicos**: a quebra da cadeia de custódia das provas obtidas por métodos ocultos. 1. ed. São Paulo: Marcial Pons, 2014. p. 41.

47 MAYA, André Machado. Outra vez sobre o Juiz de Garantias: entre o ideal democrático e os empecilhos de ordem estrutural. *Boletim IBCCRIM*, v. 215, p. 14-15, 2010.

48 MAYA, André Machado. O Juizado de garantias como fator determinante à estruturação democrática da jurisdição criminal: O Contributo das Reformas Processuais Penais

Itália e França também empregam, há muito, a figura do juiz das garantias. Trata-se, pois, de um instituto que visa a reforçar a imparcialidade objetiva dos julgadores[49][50], em prol da presunção de inocência[51].

Nos países citados, a introdução do juiz das garantias deu-se de maneira concomitante com o estabelecimento de um procedimento forte de oralidade ainda durante a investigação. É justamente nesse momento que o juiz das garantias possui o condão de possibilitar que seja exercido o contraditório da prova pericial. Salienta-se, mais uma vez, que o papel do juiz das garantias não é participar de maneira efetiva como investigador, mas sim responder às demandas suscitadas pelas partes. Ele não é o titular e nem o coordenador da fase preliminar.[52]

Dito isso, passa-se à exposição de como, portanto, o juiz das garantias apresenta-se como pressuposto fundamental ao exercício do contraditório.

Suponha-se que tenha ocorrido um fato relevante, o qual reclama perícia. O material é coletado, a análise é realizada e o laudo é produzido. Tão logo seja finalizada a perícia, o juiz das garantias deve convocar uma audiência

Latino-Americanas à Reforma Processual Penal Brasileira. **Revista Novos Estudos Jurídicos**, Itajaí/SC, v. 23, n. 1, p. 71-88, jan./abr. 2018. p. 78.

49 Mais sobre a temática da (im)parcialidade do julgador, ver BADARÓ, Gustavo Henrique Righi Ivahy. **Direito ao julgamento por juiz imparcial**: como assegurar a imparcialidade objetiva no juiz nos sistemas em que não há a função do juiz de garantias. Disponível em: http://www.badaroadvogados.com.br/ano-2011-direito-ao-julgamento-por-juiz-imparcial-como-assegurar-a-imparcialidade-objetiva-no-juiz-nos-sistemas-em-que-nao-ha-a-funcao-do-juiz-de-garantias.html. Acesso em: 12 maio 2020.

50 LOPES JR., Aury; RITTER, Ruiz. A Imprescindibilidade do juiz das garantias para uma jurisdição penal imparcial: reflexões a partir da teoria da dissonância cognitiva. **Revista Duc In Altum Cadernos de Direito**, Recife, v. 8, n. 16, p. 55-91, set/dez 2016.

51 Como bem aponta Geraldo Prado, o juízo de partida de toda investigação penal é a incerteza, afirmada pela presunção de inocência, e a punição apenas estará legitimada quando superado esse estado de incerteza (PRADO, Geraldo. **Prova penal e sistema de controles epistêmicos**: a quebra da cadeia de custódia das provas obtidas por métodos ocultos. São Paulo: Marcial Pons, 2014. p. 19.

52 Nas palavras de Giacomolli, "o limite da paranoia confunde o juiz de garantias com o do juizado de instrução, com o juiz instrutor. Este sim, com poderes aproximativos da inquisição. [...] A essência de suas atribuições (do juiz das garantias) está no controle jurisdicional e na legalidade da investigação e na proteção dos direitos e das liberdades fundamentais. [...] O juiz de garantias não é o titular e nem o coordenador da fase preliminar, como é o juiz instrutor" (GIACOMOLLI, Nereu José. **A fase preliminar do processo penal**: crises, misérias e novas metodologias investigatórias. Rio de Janeiro: Editora Lumen Juris, 2011. p. 68).

pública, a qual funda-se a partir de uma estrutura dialética e baseia-se na oralidade. As partes devem ser intimadas e, à defesa, deve ser facultado que constitua assistente técnico, o qual poderá, a partir de questionamentos ao perito criminal, sanar quaisquer dúvidas pertinentes à perícia realizada, bem como, se for o caso, solicitar que seja realizada contraperícia.

O referido momento de debate e questionamentos orais prévios, tanto à fase processual quanto ao próprio momento de oferecimento de denúncia, é a ocasião em que deve ser exercido o contraditório da prova pericial. Por óbvio, não só as partes devem questionar o *expert* quando das incertezas. Ao próprio juiz das garantias é atribuída a legitimidade para a conferência dos requisitos mínimos de admissibilidade[53,54] da prova pericial como, por exemplo, a efetiva comprovação da cadeia de custódia.[55] O juiz das garantias atua como um *gatekeeper*[56], como uma primeira barreira para assegurar a idoneidade da prova[57]. Contraditada a prova e satisfeitos os requisitos mínimos de admissibilidade[58], o laudo pericial será incorporado à investigação e, possivelmente, constituirá os autos processuais.

[53] Mais acerca da temática, a partir de uma visão crítica, em ROJAS, Caren Vázquez. ***De la prueba científica a la prueba pericial***. Madrid: Marcial Pons, 2015. pp. 281 e ss.

[54] Ver também KNIJNIK, Danilo. **Prova pericial e seu controle no direito processual brasileiro**. São Paulo: Editora Revista dos Tribunais, 2017. p. 194 et seq.

[55] "O conhecimento das fontes de prova pela defesa é fundamental, porque a experiência que precede a expansão da estrutura trifásica de procedimento penal, adequada ao modelo acusatório, contabiliza a supressão de elementos informativos como estratégia das agências de repressão que fundam as suas investigações em práticas ilícitas" (PRADO, Geraldo. **Prova penal e sistema de controles epistêmicos**: a quebra da cadeia de custódia das provas obtidas por métodos ocultos. São Paulo: Marcial Pons, 2014. p. 48).

[56] KNIJNIK, Danilo. **Prova pericial e seu controle no direito processual brasileiro**. São Paulo: Editora Revista dos Tribunais, 2017. p. 60.

[57] As fontes de prova mantêm a sua funcionalidade mesmo após terem sido documentados os elementos de prova, em face da dinamicidade do contraditório e da possibilidade de ser desfeita a coisa julgada no processo penal, sempre *pro reo* (GIACOMOLLI, Nereu José. **O devido processo penal**: abordagem conforme a Constituição Federal e o Pacto de São José da Costa Rica. 3. ed. rev., atual. e ampl. São Paulo: Atlas, 2016. p. 215).

[58] Nas palavras de Vázquez Rojas, "*el punto de partida es que la admission de la prueba pericial debe estar condicionada por la calidadde la prueba*" (ROJAS, Caren Vázquez. ***De la prueba científica a la prueba pericial***. Madrid: Marcial Pons, 2015. p. 162).

4.1. A atual regulamentação Brasileira: o inciso VII do art. 3º-B do Código de Processo Penal

No início de 2020, entrou em vigor a Lei nº 13.964/2019, também conhecida como Lei Anticrime. A recente legislação introduziu, no CPP brasileiro, a estrutura acusatória[59], a qual, há mais de 30 anos, possuía elementos expressos na própria Constituição Federal[60]. Todavia, para além do exposto, a Lei Anticrime também incorporou – a partir do art. 3º-B até o art. 3º-F do CPP – o instituto do juiz das garantias.

Antes de adentrar no objeto do presente artigo, cumpre esclarecer que, neste momento, não se pretende esgotar a temática do juiz das garantias. Tampouco se objetiva tratar das vantagens e das limitações trazidas pela legislação. Ocupar-se-á, tão somente, de realizar um paralelo entre a figura do juiz das garantias e a garantia do contraditório pleno da prova pericial, a partir da leitura do inciso VII do art. 3º-B[61] do Código de Processo Penal, cuja redação aponta que

[59] "Art. 3º-A. O processo penal terá estrutura acusatória, vedadas a iniciativa do juiz na fase de investigação e a substituição da atuação probatória do órgão de acusação." Ver também ROSA, Alexandre Morais da. **Guia do processo penal conforme a teoria dos jogos**. 6. ed. rev., atual. e ampl. Florianópolis: EMAIS, 2020. p. 322 et seq.

[60] "Art. 5º Todos são iguais perante a lei, sem distinção de qualquer natureza, garantindo-se aos brasileiros e aos estrangeiros residentes no País a inviolabilidade do direito à vida, à liberdade, à igualdade, à segurança e à propriedade, nos termos seguintes: LV - aos litigantes, em processo judicial ou administrativo, e aos acusados em geral são assegurados o contraditório e ampla defesa, com os meios e recursos a ela inerentes;
Art. 129. São funções institucionais do Ministério Público: I - promover, privativamente, a ação penal pública, na forma da lei;"

[61] O inciso I do Artigo 156 do CPP aduz que: "Art. 156. A prova da alegação incumbirá a quem a fizer, sendo, porém, facultado ao juiz de ofício: I – ordenar, mesmo antes de iniciada a ação penal, a produção antecipada de provas consideradas urgentes e relevantes, observando a necessidade, adequação e proporcionalidade da medida". Acredita-se que, no momento em que o inciso VII do art. 3º.-B passar a ter eficácia no ordenamento jurídico brasileiro, o inciso I do art. 156 será revogado tacitamente, posto que o juiz que sentencia, por decorrência lógica da implementação não só do sistema acusatório, como também da própria figura do juiz das garantias, não mais poderá decretar a produção de provas de ofício. Grandinetti e Milanez corroboram com essa ideia, apontando que "seguindo-se a lógica acusatória, a regra do art. 3º-A, do CPP, veda a iniciativa de ofício do juiz das garantias, que exercerá sua função de forma equidistante e reativa (após requerimentos da autoridade policial, do órgão do MP, da vítima, do investigado etc.) e não de maneira proativa (*v.g.*, deferindo cautelares

> Art. 3º-B. O juiz das garantias é responsável pelo controle da legalidade da investigação criminal e pela salvaguarda dos direitos individuais cuja franquia tenha sido reservada à autorização prévia do Poder Judiciário, competindo-lhe especialmente:
> VII – decidir sobre o requerimento de produção antecipada de provas consideradas urgentes e não repetíveis, **assegurados o contraditório e a ampla defesa em audiência pública e oral**. (grifo do autor).

Da leitura cuidadosa do dispositivo é possível identificar que o legislador não só situou sob o rol de legitimidade do juiz das garantias a decisão acerca do requerimento de produção antecipada de provas irrepetíveis, como também apontou, de maneira clara, a necessidade de garantir o contraditório e a ampla defesa em audiência pública e oral. No atual ordenamento jurídico brasileiro faz-se indispensável, agora com força legal, que o juiz das garantias assegure a efetividade do contraditório e da ampla defesa das provas periciais em audiência pública. Dada audiência deve, como exposto, estar fundamentada na oralidade e, por decorrência lógica, ser realizada previamente ao oferecimento da denúncia e à instrução probatória.

Optou-se por afastar do magistrado que sentencia a legitimidade de exercer o juízo de admissibilidade da prova pericial, restringindo, de maneira significativa, a introdução de provas não confiáveis no processo. Trata-se, pois, de procedimento que, se realizado da maneira como exposta, trará consequências diretas na qualidade do juízo, minimizando a possibilidade do arbítrio judicial e, por conseguinte, de uma sentença injusta. Isso tudo vai ao encontro do Processo Penal Acusatório, tão necessário ao Estado Democrático de Direito, estado este que possui o compromisso ético para com a justiça e a qualidade das decisões.[62] Vejamos como andará a prática forense brasileira neste cenário.

reais ou probatórias e determinando a produção de atos investigativos de maneira oficiosa). Nesse ponto, restou revogado, tacitamente, o art. 156, I, do CPP" (CARVALHO, Luis Gustavo Grandinetti Castanho de; MILANEZ, Bruno Augusto Vigo. **O juiz de garantias brasileiro e o juiz de garantias chileno**: breve olhar comparativo. Disponível em: https://biblioteca.cejamericas.org/bitstream/handle/2015/5645/Juiz%20de%20garantias%20brasileiro%20e%20juiz%20de%20garantias%20chileno.pdf?sequence=1&isAllowed=y. Acesso em: 20 abr. 2020.

[62] Nas palavras de Piero Calamandrei, "a ciência jurídica também corresponde sugerir os métodos para conseguir que o direito se transforme, de abstrato em uma realidade concreta.

Conclusões

Ao fim e ao cabo, o juiz das garantias refere-se a um instituto processual cuja finalidade principal é a de maximizar a imparcialidade judicial, mas não só. Para além do exposto, o juiz das garantias se coloca como elemento fundamental tanto para o exercício do efetivo contraditório da prova pericial, quanto para o juízo de admissibilidade do referido elemento probatório. Para que se possa realizar um contraditório pleno – e não diferido – das chamadas provas irrepetíveis, faz-se indispensável a devida implementação do juiz das garantias no cenário jurídico brasileiro. Só então será possível que o magistrado da causa não sofra uma contaminação cognitiva a partir do conhecimento de informações produzidas em sede pré-processual. Trata-se, pois, de um divisor de águas na atual sistemática processual brasileira, que busca efetivar o modelo democrático e acusatório abarcado na Constituição Federal e no Código de Processo Penal brasileiro.

Referências

ARMENTA DEU, Teresa. *Debido proceso, sistemas y reforma del proceso penal*. **Revista Brasileira de Direito Processual Penal**, Porto Alegre, vol. 1, n. 1, p. 121-139, 2015.

BACHELARD, Gaston. **O novo espírito científico**. 3. ed. Rio de Janeiro: Tempo Brasileiro, 2000.

BADARÓ, Gustavo Henrique. **Direito ao julgamento por juiz imparcial**: como assegurar a imparcialidade objetiva no juiz nos sistemas em que não há a função do juiz de garantias. Disponível em: http://www.badaroadvogados.com.br/ano-2011-direito-ao-julgamento-por-juiz-imparcial-como-assegurar-a-imparcialidade-objetiva-no-juiz-nos-sistemas-em-que-nao-ha-a-funcao-do-juiz-de-garantias.html. Acesso em: 12 maio 2020.

Por isso, em uma interpretação finalista do direito processual, o processo deve server para conseguir que a sentença seja justa, ou, ao menos, para conseguir que a sentença seja menos injusta ou que a sentença injusta seja cada vez mais rara. Esta é a finalidade sobre a qual deve orientar-se nossos estudos" (CALAMANDREI, Proceso y Justicia. Revista de Drecho Procesal Argentina, 1952, p. 13 apud GIACOMOLLI, Nereu José. **O devido processo penal**: abordagem conforme a Constituição Federal e o Pacto de São José da Costa Rica. 3. ed. rev., atual. e ampl. São Paulo: Atlas, 2016. p. 185).

BADARÓ, Gustavo Henrique. **Epistemologia judiciária e prova penal**. São Paulo: Thomson Reuters Brasil, 2019.

BADARÓ, Gustavo Henrique. **Processo Penal**. 8. ed. rev., atual. e ampl. São Paulo: Thomson Reuters Brasil, 2020.

CARNELUTTI, Francesco. **As misérias do processo penal**. Campinas: Russel, 2013. *E-book*.

CARVALHO, Luis Gustavo Grandinetti Castanho de; MILANEZ, Bruno Augusto Vigo. **O juiz de garantias brasileiro e o juiz de garantias chileno**: breve olhar comparativo. Disponível em: https://biblioteca.cejamericas.org/bitstream/handle/2015/5645/Juiz%20de%20garantias%20brasileiro%20e%20juiz%20de%20garantias%20chileno.pdf?sequence=1&isAllowed=y. Acesso em: 20 abr. 2020.

COUTINHO, Jacinto Nelson de Miranda. Introdução aos Princípios Gerais do Processo Penal Brasileiro. **Revista da Faculdade de Direito da UFPR**, Curitiba, n. 30, p.163-198, 1998. Disponível em: https://revistas.ufpr.br/direito/article/view/1892/1587. Acesso em: 19 abr. 2020.

FILHO, Claudemir Rodrigues Dias. Cadeia de custódia: do local de crime ao trânsito em julgado; do vestígio à evidência. **Revista dos Tribunais**, v. 98, n. 883, p. 436-451, maio 2009.

FOUREZ, Gérard. **A construção das ciências***:* introdução à filosofia e à ética das ciências. São Paulo: Editora da Universidade Estadual Paulista, 1995.

GAUER, Ruth Maria Chittó. **A fundação da norma**: para além da racionalidade histórica. Porto Alegre: EDIPUCRS, 2011.

GIACOMOLLI, Nereu José. **Reformas (?) do Processo Penal***:* Considerações Críticas. Rio de Janeiro: Editora Lumen Juris, 2008.

GIACOMOLLI, Nereu José. **A fase preliminar do processo penal***:* crises, misérias e novas metodologias investigatórias. Rio de Janeiro: Editora Lumen Juris, 2011.

GIACOMOLLI, Nereu José. **O devido processo penal***:* abordagem conforme a Constituição Federal e o Pacto de São José da Costa Rica. 3. ed. rev., atual. e ampl. São Paulo: Atlas, 2016.

KNIJNIK, Danilo. **Prova pericial e seu controle no direito processual brasileiro**. São Paulo: Editora Revista dos Tribunais, 2017.

LOPES JR., Aury; RITTER, Ruiz. A Imprescindibilidade do juiz das garantias para uma jurisdição penal imparcial: reflexões a partir da teoria da dissonância cognitiva. **Revista Duc In Altum Cadernos de Direito**, Recife, v. 8, n. 16, p. 55-91, set/dez 2016.

LOPES JR., Aury. **Fundamentos do processo penal***:* introdução crítica. 4. ed. São Paulo: Saraiva Educação, 2018.

LOPES JR., Aury. **Direito processual penal**. 17. ed. São Paulo: Saraiva Educação, 2020.

MAYA, André Machado. O Juizado de garantias como fator determinante à estruturação democrática da jurisdição criminal: O Contributo das Reformas Processuais Penais Latino-Americanas. **Revista Novos Estudos Jurídicos**, v. 23, n. 1, p. 71-88 jan./abr. 2018.

MAYA, André Machado. Outra vez sobre o Juiz de Garantias: entre o ideal democrático e os empecilhos de ordem estrutural. **Boletim IBCCRIM**, v. 215, p. 14-15, 2010.

MITTERMAIER, DR. C. J. A. **Tratado da Prova em Matéria**. 3. ed. Campinas: Bookseller Editora Ltda, 1997.

MORIN, Edgar. **Ciência com consciência**. 14. ed., revista e modificada pelo autor. Rio de Janeiro: Bertrand Brasil, 2010.

PEREIRA, Eliomar da Silva. **Teoria da investigação criminal**: uma introdução jurídico-científica. 2. ed. ampl. e rev. São Paulo: Almedina, 2019.

PRADO, Geraldo. **A cadeia de custódia da prova no processo penal**. São Paulo: Marcial Pons, 2019.

PRADO, Geraldo. **Prova penal e sistema de controles epistêmicos**: a quebra da cadeia de custódia das provas obtidas por métodos ocultos. São Paulo: Marcial Pons, 2014.

ROJAS, Caren Vázquez. ***De la prueba científica a la prueba pericial***. Madrid: Marcial Pons, 2015.

ROSA, Alexandre Morais da. **Guia do processo penal conforme a teoria dos jogos**. 6. ed. rev., atual. e ampl. Florianópolis: EMAIS, 2020.

TARUFFO, Michele. **A prova**. São Paulo: Marcial Pons, 2014.

TUCCI, Rogério Lauria. **Direitos e garantias individuais do processo penal brasileiro**. 4. ed. rev., e ampl. São Paulo: Editora Revista dos Tribunais, 2011.

55.

PASSOS EM DIREÇÃO À REGULAMENTAÇÃO DA RETRATAÇÃO E DA RESCISÃO DOS ACORDOS DE COLABORAÇÃO PREMIADA

Renata Machado Saraiva
Luiza Farias Martins

1. Homenagem e introdução

É com muito gosto que participamos desta obra que homenageia o Professor Doutor Nereu Giacomolli. O rigor acadêmico e a atualização constante em temas complexos do processo penal não se desvanecem por trás da gentileza e do sorriso simpático sempre presentes e tão marcantes nos encontros com o Professor Nereu pelos corredores da PUCRS. E é justamente por essas características genuínas que o homenageado é um exemplo para nós. Nada mais justo que celebrar aqueles que nos inspiram a evoluir.

O texto que apresentamos a seguir é a continuação de artigo publicado em 2019, em obra alusiva aos 20 anos de docência do Professor Doutor Alexandre Wunderlich[1]. Naquela oportunidade, apresentamos nossas preocupações quanto às falhas na previsão normativa dos casos de retratação e de rescisão dos acordos de colaboração premiada.

[1] SARAIVA, Renata Machado; MARTINS, Luiza Farias. Retratação e rescisão dos acordos de colaboração premiada: apontamentos e preocupações. *In*: CAVALCANTI, Fabiane; FELDENS, Luciano; RUTTKE, Alberto. (org.). **Garantias Penais:** estudos alusivos aos 20 anos de docência do Professor Alexandre Wunderlich. Porto Alegre: Boutique Jurídica, 2019, p. 523-548.

Dialogando com a Lei nº 12.850/2013, com a doutrina e com a jurisprudência, agregamos questionamentos à temática e sugerimos interpretações mais consonantes com a segurança jurídica que o instituto da colaboração premiada ainda demanda para se consolidar, de vez, no ordenamento jurídico brasileiro. A análise deu-se em quatro perspectivas: temporal, material, probatória e quanto à paridade de armas entre defesa e acusação.

Alguns pontos que identificamos como vulneráveis na legislação vigente àquela época foram objeto de modificações trazidas pela Lei nº 13.964/2019, *aka* "Lei Anticrime". E é a partir dessas novidades legislativas que partem as reflexões trazidas a seguir, delimitando o que entendemos como avanços no âmbito da retratação e da rescisão dos acordos de colaboração premiada e o que ainda precisamos pavimentar.

2. Alterações trazidas pela Lei nº 13.964/2019: passos em direção à regulamentação da retratação e da rescisão dos acordos de colaboração premiada

2.1. Primeiro passo: definição conceitual

A Lei nº 13.964/2019 resolveu, em nosso juízo, o debate conceitual que pairava sobre a aplicação da retratação nos acordos de colaboração premiada. Na linha do que vinha sendo delimitado tanto pela doutrina quanto pela jurisprudência, a retratação ficou assentada como a possibilidade de desistência do acordo até a sua assinatura, sendo caso de rescisão quando o descumprimento de obrigações previstas no acordo ocorrer após a sua homologação.

Enquanto o termo "rescisão" aparece pela primeira vez no § 17 do art. 4º ("O acordo homologado poderá ser rescindido em caso de omissão dolosa sobre os fatos objeto da colaboração"), a retratação segue prevista no § 10 do mesmo artigo: "As partes podem retratar-se da proposta [...]". A delimitação conceitual é, portanto, expressa na legislação, vinculando a retratação à proposta e a rescisão ao acordo homologado. [2]

[2] Em sentido contrário sobre essa diferenciação conceitual, ver: VASCONCELLOS, Vinicius Gomes de. **Colaboração premiada no processo penal**. 3. ed. São Paulo: Revista dos Tribunais, 2020. p.325-328.

Mantém-se a dúvida, entretanto, se a retratação seria cabível até a decisão de homologação ou, então, se o limite à retratação seria a assinatura do acordo de colaboração pelas partes. O que se depreende em leitura literal do § 10 do art. 4º é que a retratação unilateral, por quaisquer das partes, poderia ocorrer até o momento da assinatura do acordo, pois estaria associada exclusivamente à proposta, ou seja, ao momento anterior ao seu aceite, representado pela assinatura, por ambas as partes. É esse o teor da Orientação Conjunta nº 01/2018, da 2ª e 5ª Câmaras de Coordenação e Revisão – Combate à Corrupção – do Ministério Público Federal, que esclarece, no ponto 6: "A proposta de colaboração é retratável por qualquer das partes **até a assinatura** do acordo, nos termos do art. 4º, § 10, da Lei 12.850/2013"[3].

Em havendo interpretação literal da lei, haveria, portanto, "um limbo entre a assinatura e a homologação da avença, no qual inexiste a possibilidade de desistência por nenhuma das partes"[4].

2.2. Segundo passo: marco inicial das tratativas

Outro ponto importante trazido pela Lei nº 13.964/2019 está no art. 3º-B: "O recebimento da proposta para formalização de acordo de colaboração demarca o início das negociações [...]". Não é clara a norma, contudo, quanto ao conteúdo desta "proposta de formalização do acordo de colaboração". Trata-se de resumo dos fatos criminosos relatados na colaboração? Trata-se de minuta das cláusulas do acordo? Pelo texto do § 1º do art. 3º-B, entende-se que a proposta seria oferecida pelo pretenso colaborador, já que o dispositivo prevê a cientificação do interessado (colaborador) em caso de indeferimento sumário da proposta pela autoridade pública.[5]

[3] Disponível em: http://www.mpf.mp.br/atuacao-tematica/ccr2/orientacoes/documentos/orientacao- conjunta-no-1-2018.pdf/at_download/file. Acesso em: 25 maio 2020.

[4] SARAIVA, Renata Machado; MARTINS, Luiza Farias. Retratação e rescisão dos acordos de colaboração premiada: apontamentos e preocupações. *In*: CAVALCANTI, Fabiane; FELDENS, Luciano; RUTTKE, Alberto. (org.). **Garantias Penais**: estudos alusivos aos 20 anos de docência do Professor Alexandre Wunderlich. Porto Alegre: Boutique Jurídica, 2019. p. 528.

[5] Da mesma forma entende Gustavo Badaró: "Na sistemática do art. 3º-B da Lei 12.850/2013, a proposta de acordo de colaboração premiada será formulada pelo investigado ou acusado. Não diz a lei a quem tal proposta será apresentada, simplesmente denomina "celebrante", que somente poderá ser a outra parte do acordo de colaboração premiada: o Ministério Público

Em leitura harmônica com o § 4º do art. 3-C, todavia, temos que "incumbe à defesa instruir a proposta de colaboração e os anexos com os fatos adequadamente descritos, com todas as suas circunstâncias, indicando as provas e os elementos de corroboração".

Parece-nos que aqui houve um salto ilógico na norma. Se é a proposta de formalização do acordo que dá início às negociações (art. 3º-B), como pode o legislador esperar que este marco inicial seja instruído com anexos contendo os fatos delatados descritos em detalhes e a indicação das provas e dos elementos de corroboração? Se assim fosse, não restaria nada mais a ser produzido ao longo das tratativas de negociação, e o pretenso colaborador estaria, neste momento, absolutamente desprotegido, inclusive porque é apenas a partir do aceite da proposta que o Termo de Confidencialidade passa a ser assinado.

No nosso entendimento, a proposta de formalização não deve ser confundida com o próprio conteúdo da colaboração. A proposta, prevista no § 4º do art. 3º-C, deve conter um resumo dos fatos que pretende o colaborador confessar e narrar à autoridade pública, com a indicação dos sujeitos envolvidos, mas sem qualquer detalhamento de condutas, sendo dispensadas provas e dados de corroboração. Uma vez deferida a proposta, ou seja, uma vez que a autoridade pública identifique a utilidade e o interesse público na celebração do acordo de colaboração como meio excepcional de obtenção de provas[6], e em sendo firmado o Termo de Confidencialidade entre as partes, o detalhamento dos anexos e a entrega de provas e dados de corroboração terão seu espaço, constituindo o próprio objeto das tratativas, até que seja assinado o acordo e, por fim, homologado.

ou a Autoridade Policial" (BADARÓ, Gustavo. **Processo penal.** 8. ed. São Paulo: Thomson Reuters Brasil, 2020. p. 530).

6 Inclusive nos termos no novo art. 3º-A, que diz: "O acordo de colaboração premiada é negócio jurídico processual e meio de obtenção de prova, que pressupõe utilidade e interesse públicos". Nas palavras de Guilherme Dezem e Luciano de Souza: "[...] Utilidade refere-se ao objetivo primordial que consiste no desmantelamento da organização criminosa. É importante notar que interesse público não pode jamais ser confundido com interesse do público. Enquanto o interesse do público liga-se ao interesse dos indivíduos e seus sentimentos isoladamente considerados, o interesse público liga-se a questões que afetam toda a sociedade. A sociedade em geral pode desgostar de determinado colaborador (interesse do público negativo sobre ele), mas os seus dados podem ser de tal monta relevantes que justifiquem o acordo de colaboração)" (DEZEM, Guilherme Madeira; SOUZA, Luciano Anderson de. **Comentários ao Pacote Anticrime – Lei 13.964/2019**. São Paulo: Thomson Reuters Brasil, 2020. p. 213).

Vejamos que esta diferenciação de conteúdo entre a proposta e a própria colaboração é essencial até para que faça sentido a previsão de diferentes níveis de justificativa à desistência do acordo, no âmbito da retratação.

2.3. Terceiro passo: diferentes densidades de justificativa à retratação

Na linha do que temos defendido, é primordial que seja exigida justificativa à desistência do acordo, seja no âmbito da retratação, seja no âmbito da rescisão, tanto por parte do particular quanto por parte da autoridade pública.[7] O que deve ser flexibilizado é o grau de detalhamento dessa justificativa, a sua densidade. Ecoando tal entendimento, a Lei nº 13.964/2019 delimitou dois marcos no âmbito da retratação: a retratação sumária (§ 1º do art. 3º-B) e a retratação com justa causa (§ 2º do art. 3º-B).

Com relação à **retratação sumária**, o texto do § 1º do art. 3º-B estabelece: "A proposta de acordo de colaboração premiada poderá ser **sumariamente indeferida**, com a **devida justificativa**, cientificando-se o interessado".

Com relação à **retratação com justa causa** é o texto do § 2º do mesmo art. 3º-B: "Caso não haja indeferimento sumário, as partes deverão firmar Termo de Confidencialidade para prosseguimento das tratativas, o que vinculará os órgãos envolvidos na negociação e **impedirá o indeferimento posterior sem justa causa**".

Enquanto no texto original havia omissão, a Lei nº 13.964/2019 introduz os referidos artigos indicando que, de fato, não pode um sujeito movimentar a máquina estatal, seja um privado, seja uma autoridade pública, e depois

[7] Como dissemos em artigo anterior: "Não é admissível que as negociações sejam iniciadas e, de forma absolutamente discricionária, o agente público incumbido do acordo simplesmente informe que não tem mais interesse na colaboração. Por óbvio não se está com isso dizendo que a autoridade tenha sempre de aceitar a oferta de colaboração premiada, uma vez procurada pelo particular. Mas se as negociações já foram iniciadas e o agente estatal teve oportunidade de verificar o arrependimento e a voluntariedade do colaborador, bem como se o escopo que traz em suas declarações, ainda que de forma genérica, condiz com o interesse público, justificando o recurso ao instituto da delação premiada, não haveria sentido em retratar-se sem qualquer fundamentação" (SARAIVA, Renata Machado; MARTINS, Luiza Farias. Retratação e rescisão dos acordos de colaboração premiada: apontamentos e preocupações. *In*: CAVALCANTI, Fabiane; FELDENS, Luciano; RUTTKE, Alberto. (org.). **Garantias Penais**: estudos alusivos aos 20 anos de docência do Professor Alexandre Wunderlich. Porto Alegre: Boutique Jurídica, 2019. p. 529).

simplesmente desistir da avença sem qualquer motivação expressa. Mas é evidente que o momento em que se encontram as negociações modifica as razões suficientes a justificar a desistência.[8]

Por exemplo, em sendo apresentada a proposta pelo pretenso colaborador, mas verificando a autoridade que as investigações quanto aos fatos resumidamente apresentados já estão muito avançadas, sendo dispensada a complementação de provas, seria caso de retratação sumária, justificando-se a desistência pela falta de utilidade da colaboração premiada. Aqui é importante referir que o momento de entrega da proposta de formalização do acordo, muito embora demarque o início das tratativas, em geral é precedido de outros contatos com as autoridades públicas, nos quais há a sinalização, por parte dos advogados do pretenso colaborador, de que há interesse em confessar crimes e em colaborar com as investigações, sem antecipar o teor de eventual colaboração e, por parte da autoridade pública, de que tem interesse na colaboração daquele particular. Portanto, muito embora sumária, a justificativa à retratação cabível nesta etapa das negociações também deve levar em conta o que foi conhecido e tratado nas reuniões anteriores ao oferecimento da proposta.

Sobre o indeferimento sumário, alerta Gustavo Badaró: "A lei não disciplina os motivos para o indeferimento. É inegável que há um espaço de discricionariedade em tal ato, embora deva o Ministério Público ou a Autoridade policial guiar-se por critérios de impessoalidade e de objetividade, não podendo ser a rejeição motivada por capricho, vingança ou motivações ideológicas".[9]

Já no caso da retratação com justa causa, uma das principais razões de desistência da avença pode ser, por exemplo, a falta de detalhamento dos anexos apresentados, impossibilitando a complementação ou o início de investigação criminal ou, até mesmo, o oferecimento de denúncia, bem como a falta de *standard* de provas suficiente à corroboração das informações levadas pelo colaborador à autoridade pública. Outro exemplo de retratação com justa

[8] Alexandre Wunderlich e de Felipe Bertoni assim alertaram: "É importante referência à vedação do indeferimento imotivado, pois é direito do pretenso colaborador ter ciência das razões do não prosseguimento das tratativas do acordo" (WUNDERLICH, Alexandre; BERTONI, Felipe Faoro. Primeiras notas sobre a colaboração premiada após o Pacote Anticrime – alterações na Lei 12.850/13 pela Lei 13.964/2019. *In*: CAMARGO, Rodrigo Oliveira de; FELIX, Yuri. **Pacote Anticrime**: reformas processuais. Reflexões críticas à luz da Lei 13.964/2019. Florianópolis: EMais, 2020. p. 159).

[9] BADARÓ, Gustavo. **Processo penal**. 8. ed. São Paulo: Thomson Reuters Brasil, 2020. p.531.

causa seria a proposta, pela autoridade pública, de valor exorbitante de multa e/ou reparação de danos, considerado em patamar exagerado em relação à repercussão dos crimes delatados e às condições pessoais do pretenso colaborador, que, então, desistiria do acordo por impossibilidade de pagamento.

A lei, entretanto, é omissa em relação à apuração dessa "justa causa" e a delimitação do seu conteúdo é muito mais complexa do que aparenta ser numa simples leitura do § 2º do art. 3º-B. Ademais, também é silente a legislação sobre a possibilidade de recurso, por parte do pretenso colaborador, uma vez que a autoridade celebrante retrate-se e, até mesmo, se seria instaurado algum procedimento para a verificação dessa justa causa.[10]

Sobre a possibilidade de recorrer da decisão de desistência do acordo, André Callegari refere que a justificativa sumária "é característica de um processo democrático já insculpido na Constituição Federal. Além disso, deveria possibilitar um recurso do colaborador em face de tal decisão, aplicando-se analogicamente o art. 28 do Código de Processo Penal"[11]. Nessa linha, entendemos que faz ainda mais sentido possibilitar ao pretenso colaborador que recorra da desistência da avença, em caso de retratação com justa causa por parte da autoridade pública.

Outras questões também permanecem à deriva na legislação, como por exemplo: em sendo indeferida sumariamente a proposta de formalização do acordo, mediante mera justificativa de que não há interesse da autoridade na persecução dos fatos em resumo apresentados, pode o colaborador apresentar a mesma proposta de formalização para outra autoridade?[12] Entendemos que

[10] Cabe aqui referir que, dentre as modificações trazidas pela Lei nº 13.964/2019, está a inclusão do § 4º do art. 3º-B: "O acordo de colaboração premiada poderá ser precedido de instrução, quando houver necessidade de identificação ou complementação de seu objeto, dos fatos narrados, sua definição jurídica, relevância, utilidade e interesse público". Sobre as dúvidas e problemas derivados dessa previsão, vide BARBOSA, Paulo Roberto Fonseca. **A supervisão da colaboração premiada, os 'juízes camaleões' e Frankenstein**. 2020. Disponível em: https://www.conjur.com.br/2020-mai-28/paulo-barbosa-complexa-supervisao--colaboracao-premiada. Acesso em: 29 maio 2020.

[11] Disponível em: https://www.conjur.com.br/2019-dez-25/callegari-lei-melhora-delacao--ainda-brechas. Acesso em: 29 maio de 2020.

[12] No que toca à retratação sumária, Guilherme Dezem e Luciano de Souza referem que "[...] essa recusa não impede que, superadas as restrições, haja nova proposta por parte do colaborador" (DEZEM, Guilherme Madeira; SOUZA, Luciano Anderson de. **Comentários ao Pacote Anticrime – Lei 13.964/2019**. São Paulo: Thomson Reuters Brasil, 2020. p. 211).

sim, pois o indeferimento de uma autoridade não vincula a decisão de outra que possa entender pela utilidade daquela colaboração premial como meio de obtenção de provas.

Ou, ainda, pensemos na hipótese de que haja retratação da autoridade pública, com justa causa, em função da inexistência de *standard* de prova suficiente das informações prestadas ao longo das tratativas do acordo: pode o pretenso colaborador, sanada a insuficiência com outros elementos de prova que venha a conseguir, reiniciar as tratativas? Haverá prazo para tanto? Parece-nos que as tratativas sempre poderão ser reiniciadas e o prazo para tanto será aquele em que ainda houver utilidade e interesse público para a colaboração premial.

2.4. Quarto passo: dever de sigilo

Também merecem atenção as contribuições trazidas pela Lei nº 13.964/2019 no que se refere ao dever de sigilo do conteúdo das negociações – e mesmo da existência de negociações. Reza o *caput* do art. 3º-B que "o recebimento da proposta para formalização de acordo de colaboração demarca o início das negociações e **constitui também marco de confidencialidade, configurando violação de sigilo e quebra da confiança e da boa-fé a divulgação de tais tratativas iniciais ou de documento que as formalize**, até o levantamento de sigilo por decisão judicial" (grifo nosso).

Restou normatizado, portanto, que o recebimento da proposta de formalização do acordo é marco de sigilo. Ou seja, uma vez assinado Termo de Confidencialidade, a sua violação é punível pela lei.

Entendemos que também as primeiras tratativas estariam abrangidas pela confidencialidade, pois o próprio artigo refere-se às "tratativas iniciais ou de documentos que as formalize". Recebida a proposta de colaboração, a confidencialidade retroagiria, portanto, até o princípio de toda a negociação, mesmo antes da assinatura do Termo, cabendo apenas à eventual decisão judicial o levantamento do sigilo destas informações.

No que diz respeito aos efeitos da violação da confidencialidade, Guilherme Dezem e Luciano de Souza defendem que se trata de violação de sigilo e de quebra da boa-fé e, "caso seja violada por parte do colaborador, poderá ser utilizado como fundamento para a recusa do acordo. Caso a violação se dê pelos agentes de Estado pode haver a prática do crime de violação de sigilo funcional e também a ocorrência de improbidade administrativa"[13]. No mesmo sentido, Vinícius Vasconcellos ensina que "[...] um descumprimento dos termos do acordo ocasionado por atitude do MP viola, invariavelmente, as premissas do mecanismo premial compatível com a legalidade. Consequentemente, verificada tal hipótese, impõem-se o rigoroso sancionamento por conduta acusatória abusiva, inviabilizando-se a valoração em prejuízo do colaborador das suas declarações e das provas eventualmente por ele indicadas, além de assegurada a obtenção do prêmio, se efetiva a colaboração prestada"[14].

Permanece latente a necessidade de força investigativa na apuração destas violações que colocam em risco a segurança do próprio acordo, pois, como dissemos em outra oportunidade: "A publicidade opressiva fomentada por vazamentos de informações e documentos sigilosos, sem qualquer efetiva apuração e punição, atrelada à inexistência de consequências jurídicas à autoridade pública firmatária do acordo quando descumpre suas obrigações pactuadas, por mais genéricas que sejam as previsões, forma um ambiente de instabilidade no contexto da colaboração premiada, ferindo diretamente a confiança depositada no Estado e ecoando uma mensagem muito perniciosa aos futuros pretensos colaboradores"[15].

De qualquer sorte, há que se reconhecer as evoluções na norma penal advindas da "Lei Anticrime" e que devem ser identificadas e aplaudidas. É o caso, por exemplo, da previsão de que as tratativas devem ser registradas desde o princípio e ao longo de toda a sua evolução, como manda o texto do § 13 do art. 4º: "O registro das tratativas e dos atos de colaboração deverá ser feito pelos meios ou recursos de gravação magnética, estenotipia, digital ou técnica similar, inclusive audiovisual, destinados a obter maior fidelidade

[13] DEZEM, Guilherme Madeira; SOUZA, Luciano Anderson de. **Comentários ao Pacote – Lei 13.964/2019**. São Paulo: Thomson Reuters Brasil, 2020. p. 210.

[14] VASCONCELLOS, Vinicius Gomes de. **Colaboração premiada no processo penal**. 3. ed. São Paulo: Revista dos Tribunais, 2020. p. 329.

[15] SARAIVA, Renata Machado; MARTINS, Luiza Farias. Retratação e rescisão dos acordos de colaboração premiada: apontamentos e preocupações. *In*: CAVALCANTI, Fabiane; FELDENS, Luciano; RUTTKE, Alberto. (org.). **Garantias Penais**: estudos alusivos aos 20 anos de docência do Professor Alexandre Wunderlich. Porto Alegre: Boutique Jurídica, 2019. p. 546.

das informações, garantindo-se a disponibilização de cópia do material ao colaborador".

Tal previsão celebra fundamental proteção ao colaborador, especialmente contra terceiros que venham a questionar a licitude do acordo celebrado, bem como as suas circunstâncias. A lei, todavia, não é clara quanto ao destino deste material e nem mesmo sobre quem poderá acessá-lo, uma vez levantado o sigilo do acordo por decisão judicial. Em nosso juízo, as tratativas registradas e arquivadas devem ser mantidas em sigilo, com acesso restrito às partes celebrantes do acordo e ao juízo homologador.[16]

2.5. Quinto passo: hipóteses de rescisão do acordo de colaboração premiada

Uma vez perfectibilizado o acordo, a partir de sua homologação, a desistência por uma das partes daria causa ao rompimento do negócio jurídico, constituindo modalidade de rescisão. Como referido acima, a Lei nº 13.964/2019 introduziu o termo "rescisão" à Lei nº 12.850/2013, prevendo no art. 4º duas hipóteses: no § 17, "o acordo homologado poderá ser **rescindido em caso de omissão dolosa sobre os fatos objeto da colaboração**"; e no § 18, "o acordo de colaboração premiada pressupõe que o colaborador **cesse o envolvimento em conduta ilícita** relacionada ao objeto da colaboração, **sob pena de rescisão**".

Essas duas hipóteses foram claramente espelhadas do clausulado de inúmeros acordos de colaboração celebrados previamente[17], não estando claro o

[16] Em outro sentido é a opinião de Guilherme Dezem e Luciano de Souza: "[...] resta saber se, após o levantamento do sigilo pelo juiz, poderão os acusados e demais partes do processo ter acesso a ele. Uma vez que isso pode afetar o direito de defesa dos demais corréus, entendemos que devem ter acesso não apenas à colaboração em si, mas a todas as tratativas e seus registros" (DEZEM, Guilherme Madeira; SOUZA, Luciano Anderson de. **Comentários ao Pacote Anticrime – Lei 13.964/2019**. São Paulo: Thomson Reuters Brasil, 2020. p. 213).

[17] Cláusula 26, "b" e "f" do acordo de colaboração firmado entre a PGR e o executivo Joesley Batista (PETIÇÃO 7003 STF); Cláusula 23, "b" e "f" do acordo de colaboração firmado entre o MPF e Paulo Roberto Costa (PETIÇÃO 5209 STF); e Cláusula 40ª, "b" e "f" do acordo de colaboração firmado entre o MPF e Delcídio do Amaral (PETIÇÃO 5952 STF) e Cláusula 23, "b" e "f" do acordo de colaboração firmado entre o MPF e Alberto Youssef (PETIÇÃO 5244).

porquê outras hipóteses, igualmente comuns em muitos acordos anteriores, não foram introduzidas pela Lei nº 13.964/2019[18]. O texto legal não diz expressamente que se trata de rol exemplificativo de situações aptas a gerar o rompimento do negócio jurídico – o que em nosso juízo deveria ter sido feito –, mas deve ser esta a interpretação da norma, pois não há qualquer vedação de que os futuros acordos prevejam situações outras de rescisão.

A falha é ainda mais grave quando se percebe que não há uma única previsão legal de rescisão do acordo em decorrência de ações ou omissões praticadas pelas autoridades públicas firmatárias da avença. Infelizmente, a mesma realidade já era verificada no clausulado dos acordos, que preveem poucas ou nenhuma hipótese em que a autoridade pública dá causa à rescisão[19].

Voltando às duas hipóteses de rescisão previstas na lei, no que diz respeito à omissão dolosa, por exemplo, é preciso que a leitura do § 17 do art. 4º seja feita de forma sistemática com o teor do § 3º do art. 3º-C, que diz:

[18] A título exemplificativo, outras hipóteses previstas na Cláusula 40ª do acordo de colaboração de Delcídio do Amaral (PETIÇÃO 5952 STF, Segunda Turma, Rel. Min. Edson Fachin): "a) se o colaborador descumprir, sem justificativa, cláusulas, parágrafos, alíneas ou itens em relação aos quais se obrigou; b) se o colaborador sonegar a verdade ou mentir em relação a fatos em apuração, em relação aos quais se obrigou a cooperar; c) se o colaborador vier a recusar-se a prestar qualquer informação de que tenha conhecimento; d) se o colaborador recusar-se a entregar documento ou prova que tenha em seu poder ou sob a guarda de pessoa de suas relações ou sujeito a sua autoridade ou influência, salvo se, diante da eventual impossibilidade de obtenção direta de tais documentos ou provas, indicar ao MPF a pessoa que o guarda e o local onde poderá ser obtido, para a adoção das providencias cabíveis; e) se ficar provado que, após a celebração do acordo o colaborador sonegou, adulterou, destruiu ou suprimiu provas que tinha em seu poder ou sob sua disponibilidade; f) se o colaborador vier a praticar qualquer outro crime doloso da mesma natureza dos fatos em apuração após a homologação judicial do presente acordo; g) se o COLABORADOR fugir ou tentar furtar-se à ação da Justiça Criminal; h) se o Ministério Público Federal não pleitear em favor do colaborador os benefícios legais acordados; i) se o sigilo a respeito do acordo for quebrado por parte do colaborador, da defesa ou do Ministério Público Federal; [...] k) se não forem assegurados ao colaborador os direitos previstos no art. 5° da Lei 12.850/2013".

[19] Aliás, parte da doutrina sequer aceita a possibilidade de rescisão do acordo quando partir da autoridade pública a motivação do rompimento. Sobre este tema, ver SARAIVA, Renata Machado; MARTINS, Luiza Farias. Retratação e rescisão dos acordos de colaboração premiada: apontamentos e preocupações. *In*: CAVALCANTI, Fabiane; FELDENS, Luciano; RUTTKE, Alberto. (org.). **Garantias Penais**: estudos alusivos aos 20 anos de docência do Professor Alexandre Wunderlich. Porto Alegre: Boutique Jurídica, 2019. p.541/542. Ver também VASCONCELLOS, Vinicius Gomes de. **Colaboração premiada no processo penal**. 3. ed. São Paulo: Revista dos Tribunais, 2020. p. 326-329.

"No acordo de colaboração premiada, o colaborador deve narrar todos os fatos ilícitos para os quais concorreu e **que tenham relação direta com os fatos investigados**". O § 3º do art. 3º-C limita o universo de condutas das quais se exige confissão e narrativa por parte do colaborador. Se houver a omissão sobre fatos ilícitos que não tenham relação com os fatos investigados, a falta não poderá configurar causa de rescisão do acordo. Da mesma forma é o caso de o colaborador não levar ao conhecimento das autoridades fatos ilícitos praticados por outras pessoas para os quais não concorreu.

A omissão que dá causa à rescisão restringe-se aos fatos ilícitos para os quais o colaborador tenha concorrido na condição de autor ou partícipe, e desde que tenham relação direta com os fatos objeto de investigação já instaurada. Não se enquadram no dispositivo, portanto, fatos praticados exclusivamente por terceiros, nos quais não haja participação punível do colaborador, fatos relativamente aos quais não há investigação instaurada e, ainda, aqueles cuja relação com a investigação em curso não seja direta[20].

A lei prevê, ademais, que a omissão seja dolosa. Isso significa que o colaborador deve ter optado por não incluir os fatos apontados em seus relatos de forma consciente e intencionada. Restam excluídas as hipóteses de rescisão com base em omissões culposas, e firma-se a necessidade de verificação formal do agir doloso do colaborador.

Vejamos que essa lógica é corroborada pela previsão do § 4º do mesmo art. 4º, que prevê benefício extra de não oferecimento de denúncia ao colaborador que relatar infração de cuja existência o *Parquet* não tenha prévio conhecimento[21], desde que não seja o líder da organização e seja o primeiro a prestar efetiva colaboração.

[20] Nota-se que a lei é mais restritiva do que o clausulado de alguns acordos de colaboração já homologados que previram a rescisão diante da omissão ou da mentira, integral ou parcial, acerca de fatos ilícitos que tenha o colaborador praticado, participado **ou conhecido**. Nesse sentido: Cláusula 26, "b", do acordo de colaboração firmado entre a PGR e Joesley Batista (PETIÇÃO 7003); e Cláusula 25, "b", do acordo de colaboração firmado entre o MPF e João Santana, Mônica Moura e André Santana (PETIÇÃO 6890 STF).

[21] Esclarece o parágrafo § 4º-A: "Considera-se existente o **conhecimento prévio da infração** quando o Ministério Público ou a autoridade policial competente tenha instaurado inquérito ou procedimento investigatório para apuração dos fatos apresentados pelo colaborador" (grifo nosso).

Por sua vez, com relação à segunda hipótese de rescisão prevista no § 18 do art. 4º, é indispensável que o envolvimento criminoso do colaborador esteja vinculado diretamente aos ilícitos que compõem o acordo de colaboração prévio. Assim, eventuais delitos praticados pelo colaborador, mesmo após a homologação de seu acordo, mas que não tenham qualquer vínculo com os fatos narrados no plano da avença, não terão o condão de romper com o negócio jurídico firmado. Se o colaborador, por exemplo, posteriormente à homologação, for condenado por crime tributário ou, ainda, por crime contra a honra, em ações penais cujo objeto não tenha relação com os fatos narrados em sua colaboração, tais condenações não poderão servir de fundamento a pedido de rescisão do acordo.

Aqui surgem questões de extrema relevância e que não foram – embora pudessem ter sido – solucionadas pela legislação atual: como deve ser feita a apuração de eventual manutenção de prática delitiva? Deverá ser instaurado um inquérito para averiguação dos fatos? Deverá ser oferecida denúncia? É preciso que haja condenação transitada em julgado para que seja comprovada a manutenção do envolvimento em prática ilícita?

A bem da verdade, inexiste previsão normativa quanto ao procedimento para verificação das circunstâncias e da consequente homologação da rescisão do acordo. Em casos já em curso, em que houve a notícia de rompimento de cláusulas acordadas, foi instaurado procedimento de verificação primeiramente no âmbito administrativo, pelo *Parquet,* submetido posteriormente ao juízo para que homologasse o pedido de rescisão[22].

É essa a indicação encontrada no item 37 da Orientação Conjunta nº 1/2018 do Ministério Público Federal (MPF), ao prever que o descumprimento do acordo e a causa da rescisão deverão ser levados ao juízo, com observância do contraditório e da preservação das provas produzidas.[23] O texto da Orientação

[22] É o caso da PETIÇÃO 7003 do STF, na qual foi homologado o acordo de colaboração premiada firmado pela PGR com Joesley Batista e Ricardo Saud, e na qual hoje tramita o pedido de rescisão formulado pela PGR, após o encerramento de processo administrativo de revisão (PGR-PA nº 1.00.000.01666/2017-47) que concluiu pela necessidade de rescisão do acordo diante da violação de diversas cláusulas.

[23] "37. O descumprimento do acordo e a causa da sua rescisão deverão ser levados ao juízo, observado o contraditório e preservada a validade de todas as provas produzidas até a rescisão, mediante as seguintes alternativas: a) instauração de procedimento administrativo, quando necessário coletar novas evidências sobre as causas de rescisão, que será levado ao juízo

Conjunta estabelece duas formas para instrumentalização dessa medida: a prévia instauração de procedimento administrativo para apuração de evidências ou a provocação direta do juízo, quando desnecessária a coleta de dados e provas.

Não há dúvidas de que seja necessário um procedimento formalizado, fiscalizado e homologado judicialmente, e que todas as garantias constitucionais e processuais devem ser respeitadas, isso independentemente da parte que der causa à rescisão contratual, sendo analisada a própria pertinência da rescisão (proporcionalidade da medida extrema).[24]

De modo geral, a doutrina tem sido firme nesse sentido. Segundo Guilherme Dezem e Luciano de Souza, "devem ser obedecidos os postulados gerais do devido processo legal: contraditório, ampla defesa, possibilidade de instrução e decisão. Não pode haver decisão sem manifestação da parte contrária e sem a possibilidade de produção probatória com direito a recurso da decisão proferida pelo juiz"[25]. Também André Callegari e Raul Linhares afirmam que "deve-se demonstrar a má-fé do colaborador, o dolo na conduta incompatível com a postura de colaboração. Para isso, é indispensável a instrução processual, garantindo-se a ampla defesa e o contraditório"[26].

O silêncio normativo, contudo, dificulta muito a construção do procedimento que deve ser adotado, e a situação é ainda pior quando quem dá causa à rescisão é a própria autoridade firmatária do acordo: seria também o juízo homologador aquele com competência para instruir o feito e, havendo motivação, homologar a rescisão? Ou o próprio órgão ministerial instruiria

em seguida; b) provocação direta do juízo, quando a causa de rescisão for constatada sem a necessidade de novos dados ou evidências." (Disponível em: http://www.mpf.mp.br/atuacao-tematica/ccr2/orientacoes/documentos/orientacao-conjunta-no-1-2018.pdf/at_download/file. Acesso em: 25 maio 2020).

[24] SARAIVA, Renata Machado; MARTINS, Luiza Farias. Retratação e rescisão dos acordos de colaboração premiada: apontamentos e preocupações. *In*: CAVALCANTI, Fabiane; FELDENS, Luciano; RUTTKE, Alberto. (org.). **Garantias Penais**: estudos alusivos aos 20 anos de docência do Professor Alexandre Wunderlich. Porto Alegre: Boutique Jurídica, 2019. p. 531.

[25] DEZEM, Guilherme Madeira; SOUZA, Luciano Anderson de. **Comentários ao Pacote Anticrime – Lei 13.964/2019**. São Paulo: Thomson Reuters Brasil, 2020. p.213.

[26] Disponível em: https://www.conjur.com.br/2020-mar-04/opiniao-colaboracao-premiada-lei-anticrime. Acesso em: 28 maio 2020.

o caso e concluiria, antes do órgão homologador, pela rescisão ou não da avença?[27]

Outra questão a saber refere-se à posição que assumiria o (ex)colaborador, no caso de rescisão do acordo, nas ações penais ainda em curso, nas quais manifestou-se e, eventualmente, até já foi ouvido enquanto colaborador da Justiça. Nesses casos, uma saída poderia ser a cisão da ação penal, com a reabertura de toda a instrução processual, desde o prazo de resposta à acusação, para que o (ex)colaborador pudesse exercer todos os seus direitos e as suas garantias enquanto réu, tais como o direito ao silêncio e à não produção de provas contra si.

Curiosamente também não houve qualquer menção na Lei nº 13.964/2019 às situações em que há a quebra do que foi pactuado pelas partes, mas a rescisão do acordo mostra-se uma consequência desproporcional. Como alerta Frederico Valdez Pereira:

> [...] cabe verificar a expressividade do descumprimento para fins de se estabelecer se é o caso de rescisão do negócio jurídico, ou de possibilitar a complementação das informações e a consequente reestruturação dos termos do acordo. Para tal verificação é adequado que se proceda à instauração de procedimento com vista a apurar a postura do cooperante e assegurar o contraditório.[28]

No mesmo sentido, acertadamente, Vinícius Vasconcellos alerta que:

> somente em casos de manifesto descumprimento o negócio deverá ser totalmente desfeito e, assim, nenhum benefício concedido. A questão relevante, portanto, é a análise das possibilidades de colaboração do acusado, para averiguar se o descumprimento foi intencional, nos casos em que a atenção às obrigações se mostrava possível ao colaborador[29].

[27] SARAIVA, Renata Machado; MARTINS, Luiza Farias. Retratação e rescisão dos acordos de colaboração premiada: apontamentos e preocupações. *In*: CAVALCANTI, Fabiane; FELDENS, Luciano; RUTTKE, Alberto. (org.). **Garantias Penais**: estudos alusivos aos 20 anos de docência do Professor Alexandre Wunderlich. Porto Alegre: Boutique Jurídica, 2019. p. 534-535.

[28] PEREIRA, Frederico Valdez. *Delação premiada*: legitimidade e procedimento. 4. ed. Curitiba: Juruá, 2019. p. 17.

[29] VASCONCELLOS, Vinicius Gomes de. **Colaboração premiada no processo penal**. 3. ed. São Paulo: Revista dos Tribunais, 2020. p. 330.

É claro que, independentemente da parte que der causa ao rompimento do acordado, deve ser feito um juízo de proporcionalidade, caso a caso, para se verificar se é ou não necessário o encerramento total da avença. Por assim ser, nem sempre quando for verificado o descumprimento (parcial ou integral) de cláusulas acordadas caberá a rescisão do acordo. Em muitos casos, a simples repactuação será suficiente ao interesse público, tratando-se dos costumeiramente chamados processos de *recall*.[30]

A própria Orientação Conjunta nº 1/2018 do MPF tem previsão nesse sentido, no item 38:

> É recomendável a inserção de cláusula com previsão de sanções ao colaborador que omitir informações pontuais, quanto a um elemento probatório ou a agentes diversos, circunstância que pode não ensejar, por si só, a rescisão do acordo, caso fornecida a devida complementação e esclarecimentos, independentemente da aplicação de penalidades pela omissão.

A Lei nº 12.850/2013, entretanto, mesmo após as substanciais mudanças trazidas pela Lei nº 13.964/2019, é absolutamente omissa com relação a essa previsão.

2.6. Sexto passo: utilização das provas em caso de retratação ou de rescisão do acordo

Em caso de retratação ou de efetiva homologação da rescisão de um acordo de colaboração premiada, há que se pensar nos efeitos da desistência ou da quebra contratual, especialmente diante de um cenário de entrega de informações e dados relevantes ou mesmo de ampla produção de provas, no âmbito do acordo e fora dele, mas em sua decorrência, como depoimentos prestados

[30] SARAIVA, Renata Machado; MARTINS, Luiza Farias. Retratação e rescisão dos acordos de colaboração premiada: apontamentos e preocupações. *In*: CAVALCANTI, Fabiane; FELDENS, Luciano; RUTTKE, Alberto. (org.). **Garantias Penais**: estudos alusivos aos 20 anos de docência do Professor Alexandre Wunderlich. Porto Alegre: Boutique Jurídica, 2019. p. 534-535. PEREIRA, Frederico Valdez. **Delação premiada**: legitimidade e procedimento. 4. ed. Curitiba: Juruá, 2019. p. 177.

na qualidade de colaborador, nos mais diversos procedimentos e órgãos, e o fornecimento de informações e provas complementares. Uma das principais dúvidas nesse contexto é saber a validade e o limite do uso dessas provas.

O entendimento majoritário é no sentido da manutenção da higidez do material probatório no que diz respeito a terceiros, restando impossibilitada a utilização em desfavor do (ex)colaborador, uma vez que o acordo não seja celebrado ou não mais esteja vigente[31]. Nesse sentido tem sido o entendimento firmado pelo STF de que a rescisão do acordo surte efeitos apenas entre as partes, não alcançando terceiros[32].

Com relação ao uso dessas informações contra o colaborador, foi mantido o texto original do § 10 do art. 4º da Lei nº 12.850/2013: "As partes podem retratar-se da proposta, caso em que as provas autoincriminatórias produzidas pelo colaborador não poderão ser utilizadas exclusivamente em seu desfavor".

[31] Nesse sentido: VASCONCELLOS, Vinicius Gomes de. **Colaboração premiada no processo penal**. 3. ed. São Paulo: Revista dos Tribunais, 2020. p. 334-339; PEREIRA, Frederico Valdez. **Delação premiada**: legitimidade e procedimento. 4. ed. Curitiba: Juruá, 2019. p. 176-179; BADARÓ, Gustavo. **Processo penal.** 8. ed. São Paulo: Thomson Reuters Brasil, 2020. p. 532-535. Para Néfi Cordeiro, "aproveitando o estado da prova do acusado em face de terceiros – e jamais contra o próprio colaborador –, deverá fazer proporcionalmente incidir os favores de pena da dosimetria" (CORDEIRO, Nefi. **Colaboração premiada:** caracteres, limites e controles. Rio de Janeiro: Forense, 2020. p. 56).

[32] "PROCESSO PENAL. ACORDO DE COLABORAÇÃO PREMIADA. POSSIBILIDADE DE RESCISÃO OU DE REVISÃO TOTAL OU PARCIAL. SUSTAÇÃO DE OFERECIMENTO DE DENÚNCIA CONTRA O PRESIDENTE DA REPÚBLICA NA SUPREMA CORTE. DESCABIMENTO. ANÁLISE DE TESES DEFENSIVAS PELO STF. IMPOSSIBILIDADE. PRECEDÊNCIA DO JUÍZO POLÍTICO DE ADMISSIBILIDADE PELA CÂMARA DOS DEPUTADOS. INTELIGÊNCIA DOS ARTS. 51, INCISO I, E 86, DA CRFB. PRECEDENTES. EVENTUAL DESCUMPRIMENTO DE CLÁUSULAS DOS TERMOS DO ACORDO. POSSIBILIDADE DE RESCISÃO TOTAL OU PARCIAL. EFEITOS LIMITADOS ÀS PARTES ACORDANTES. PRECEDENTES. [...] 2. A possibilidade de rescisão ou de revisão, total ou parcial, de acordo homologado de colaboração premiada, em decorrência de eventual descumprimento de deveres assumidos pelo colaborador, não propicia, no caso concreto, conhecer e julgar alegação de imprestabilidade das provas, porque a rescisão ou revisão tem efeitos somente entre as partes, não atingindo a esfera jurídica de terceiros, conforme reiteradamente decidido pelo Supremo Tribunal Federal. (Inquérito 4483 QO, Relator(a): Min. Edson Fachin, Tribunal Pleno, julgado em 21/09/2017, acórdão eletrônico DJe-116 DIVULG 12-06-2018 PUBLIC 13-06-2018). No mesmo sentido: Inquérito 3983, Relator(a): Min. Teori Zavascki, Tribunal Pleno, julgado em: 03/03/2016, acórdão eletrônico DJe-095 DIVULG 11-05-2016 PUBLIC 12-05-2016 e Relator(a): Dias Toffoli, Tribunal Pleno, julgado em 27/08/2015, processo eletrônico DJe-021 DIVULG 03-02-2016 PUBLIC 04-02-2016."

Mantida, portanto, a obscuridade com relação à expressão "exclusivamente", que permite interpretação desfavorável ao colaborador no que diz respeito à possibilidade de utilização das provas contra si, desde que combinadas com outros elementos.

Na interpretação de Frederico Valdez Pereira "[...] as revelações e elementos com aptidão probatória produzidos pelo colaborador poderão ser utilizados contra os agentes por ele delatados, pois a lei é expressa ao vedar o uso de tais elementos em desfavor do colaborador."[33] Também para Vinícius Vasconcellos:

> [...] é incontestável que a confissão proferida pelo delator, ainda que em fase judicial, não poderá ser valorada pelo julgador, se houver retratação, sob pena de inevitável violação ao direito de não autoincriminação. [...] No que diz respeito às demais provas eventualmente produzidas em razão da cooperação do imputado, pensa-se que também não poderão ser utilizadas em seu prejuízo, mas somente para incriminação de terceiros.[34].

No ponto, a Lei nº 13.964/2019 introduziu o art. 3-B, § 6º, que diz: "Na hipótese de não ser celebrado o acordo por iniciativa do celebrante, esse não poderá se valer de nenhuma das informações ou provas apresentadas pelo colaborador, de boa-fé, para qualquer outra finalidade". Nesses casos, portanto, deve ser feita leitura restritiva do dispositivo, concluindo-se que a utilização das provas e informações é inviabilizada em caso de desistência pelas autoridades, independentemente da finalidade de uso.

Em havendo retratação por parte da autoridade pública, as provas apresentadas pelo colaborador e as informações por ele prestadas serão inutilizadas, salvaguardando-se a confiança e a boa-fé depositadas no Estado ao longo das tratativas. No mesmo sentido defendem Alexandre Wunderlich e Felipe Bertoni:

33 PEREIRA, Frederico Valdez. **Delação premiada**: legitimidade e procedimento. 4. ed. Curitiba: Juruá, 2019. p. 176.

34 Lembrando que o autor utiliza de forma ampla o termo "retratação", entendendo-o cabível também para os casos delimitados neste trabalho como sendo de "rescisão" (VASCONCELLOS, Vinicius Gomes de. **Colaboração premiada no processo penal**. 3. ed. São Paulo: Revista dos Tribunais, 2020. p. 335).

É certo assegurar que nenhum dado informativo fruto do processo negocial que não restou exitoso pode ser utilizado pela autoridade pública. Nenhuma informação pode ser utilizada, ainda que de forma reflexa, contra o pretenso colaborador ou qualquer outro terceiro implicado. O material deve ser integralmente inutilizado e o eventual uso de informações deve ser reputado ilegal.[35]

É também nesse sentido que sintetiza Gustavo Badaró:

> Em suma, no caso do art. 3º-B, § 6º da Lei 12.850/2013, há uma proibição de valoração probatória absoluta. Já na hipótese do § 10 do art. 4º, há uma proibição de valoração probatória relativa, só aplicável ao proponente da colaboração. Isso porque, como já exposto, tais elementos continuarão passíveis de valoração perante os delatados. [...] O § 6º do art. 3º-B da mesma lei, ao prever que o celebrante – que não é o juiz – 'não poderá se valer de nenhuma das informações ou provas apresentadas pelo colaborador [...] para qualquer outra finalidade' indica uma proibição de prova em sentido *lato*, não só de valoração dos meios de prova, quanto de utilização das informações decorrentes dos elementos de prova obtidos.[36]

Não obstante a nova previsão, a alteração legislativa avançou muito pouco sobre a utilização das provas produzidas no âmbito dos acordos de colaboração. Seguiremos, assim, amparadas no entendimento majoritário que garante máxima proteção ao (ex)colaborador e que, por segurança, deverá ser sempre reproduzido no clausulado dos próprios acordos e reafirmado pela jurisprudência[37], em complementação ao raso texto da lei.

[35] WUNDERLICH, Alexandre; BERTONI, Felipe Faoro. Primeiras notas sobre a colaboração premiada após o Pacote Anticrime – alterações na Lei 12.850/13 pela Lei 13.964/2019. *In*: CAMARGO, Rodrigo Oliveira de; FELIX, Yuri. **Pacote Anticrime**: reformas processuais. Reflexões críticas à luz da Lei 13.964/2019. Florianópolis: EMais, 2020. p. 161.

[36] BADARÓ, Gustavo. **Processo penal**. 8. ed. São Paulo: Thomson Reuters Brasil, 2020. p. 535.

[37] Inquérito 4483 QO, Relator(a): Min. Edson Fachin, Tribunal Pleno, julgado em 21/09/2017, acórdão eletrônico DJe-116 DIVULG 12-06-2018 PUBLIC 13-06-2018); Inquérito 3983, Relator(a): Min. Teori Zavascki, Tribunal Pleno, julgado em: 03/03/2016, acórdão

3. Conclusões atualizadas e um longo caminho ainda a percorrer

Os pontos anteriormente apresentados não encerram a totalidade de modificações trazidas pela chamada "Lei Anticrime" no texto da Lei nº 12.850/2013, mas são aqueles que podem influenciar no desfecho de novos casos de retratação e de rescisão dos acordos de colaboração premiada.

Entre os maiores avanços normativos, destacamos: **(i)** a determinação expressa de marco inicial das negociações; **(ii)** a consequente exigência de confidencialidade do que é tratado e decidido pelas partes desde o momento inicial; e **(iii)** a obrigatoriedade de justificativa à desistência do acordo, seja de forma sumária, seja com fundamento em justa causa.

A regulamentação substancial e procedimental das negociações trouxe inquestionavelmente maior segurança jurídica ao instituto negocial e pode ser resumida no seguinte quadro:

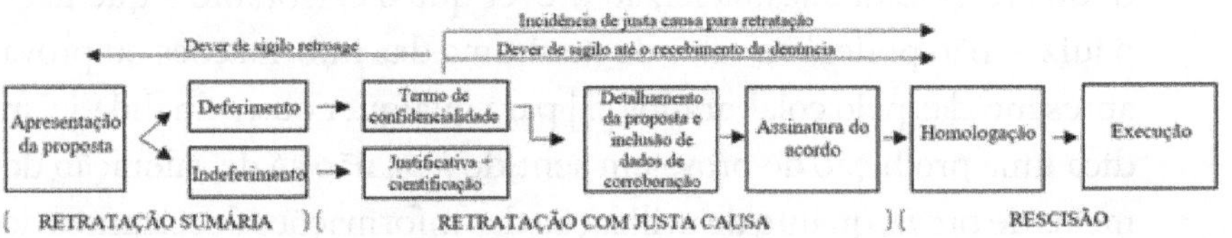

Contudo, deixados muitas vezes em segundo plano, os temas que envolvem a desistência e a violação das obrigações previstas nos acordos de colaboração são de extrema relevância para que haja uma maior previsibilidade das consequências processuais e materiais de sua celebração, tanto nas ações penais diretamente derivadas das colaborações como em todos os demais procedimentos correlacionados (ações cíveis e processos administrativos, em nível nacional ou estrangeiro). As omissões legislativas sobre temas fundamentais como esses abrem exagerado espaço à interpretação jurisprudencial, que pode balançar no caso a caso por motivações mais políticas do que jurídicas.

Como visto, passos importantes foram dados pelo legislador ao aprovar as mudanças trazidas pela Lei nº 13.964/2019, mas a linha de chegada que

ELETRÔNICO DJe-095 DIVULG 11-05-2016 PUBLIC 12-05-2016; e HC 127483, Relator(a): Dias Toffoli, Tribunal Pleno, julgado em 27/08/2015, processo eletrônico DJe-021 DIVULG 03-02-2016 PUBLIC 04-02-2016.

devemos alcançar, de um Direito Penal negocial justo, seguro e garantista[38], ainda está distante no horizonte normativo brasileiro.

Referências

BADARÓ, Gustavo. **Processo penal.** 8. ed. São Paulo: Thomson Reuters Brasil, 2020.

BARBOSA, Paulo Roberto Fonseca. **A supervisão da colaboração premiada, os 'juízes camaleões' e Frankenstein**. 2020. Disponível em: https://www.conjur.com.br/2020-mai-28/paulo-barbosa-complexa-supervisao-colaboracao-premiada. Acesso em: 29 maio de 2020.

BOTTINI, Pierpaolo Cruz; MOURA, Maria Thereza de Assis (coord.). **Colaboração Premiada**. São Paulo: Revista dos Tribunais, 2017.

CALLEGARI, André Luís; LINHARES, Raul. **A colaboração premiada após a lei "anticrime"**. 2020. Disponível em: https://www.conjur.com.br/2020-mar-04/opiniao-colaboracao-premiada-lei-anticrime. Acesso em: 25 maio de 2020.

CALLEGARI, André Luís. **Nova lei melhora delação premiada, mas ainda há brechas**. 2020. Disponível em:https://www.conjur.com.br/2019-dez-25/callegari-lei-melhora-delacao-ainda-brechas. Acesso em: 25 maio de 2020.

CORDEIRO, Nefi. **Colaboração premiada***:* caracteres, limites e controles. Rio de Janeiro: Forense, 2020.

DEZEM, Guilherme Madeira; SOUZA, Luciano Anderson de. **Comentários ao Pacote Anticrime – Lei 13.964/2019**. São Paulo: Thomson Reuters Brasil, 2020.

GIACOMOLLI, Nereu José. **Legalidade, Oportunidade e Consenso no Processo Penal** – Na perspectiva das garantias constitucionais. Porto Alegre: Livraria do Advogado, 2006.

[38] Dando eco às palavras de Alexandre Wunderlich: "É claro que, na construção dessa nova dimensão do espaço de consenso na justiça criminal do Brasil, é preciso impor limites; e esses limites, vale dizer, no acordo de colaboração premiada, não podem estar divorciados do sistema de garantias. Afinal, não há dois sistemas. O único sistema possível, a meu ver, é o rígido sistema de garantias constitucionais. [...] Indiscutivelmente, a colaboração premiada é instrumento útil, eficaz e necessário para a atividade persecutória Estatal, mas é fundamental evitar que o instituto acarrete (mais) déficit de garantias em nosso já desgastado sistema processual. É preciso controle, segurança e confiabilidade legítima no Estado" (WUNDERLICH, Alexandre. Colaboração premiada: o direito à impugnação de cláusulas e decisões judiciais atinentes aos acordos. *In*: BOTTINI, Pierpaolo Cruz; MOURA, Maria Thereza de Assis. (coord.). **Colaboração Premiada**. São Paulo: Revista dos Tribunais, 2017. p. 27-28). Ainda, ver os trabalhos de Nereu Giacomolli em: GIACOMOLLI, Nereu José. **Legalidade, Oportunidade e Consenso no Processo Penal** – Na perspectiva das garantias constitucionais. Porto Alegre: Livraria do Advogado, 2006; GIACOMOLLI, Nereu José. **O devido processo penal***:* abordagem conforme a Constituição Federal e o Pacto de São José da Costa Rica. São Paulo: Atlas, 2014.

GIACOMOLLI, Nereu José. **O devido processo penal**: abordagem conforme a Constituição Federal e o Pacto de São José da Costa Rica. São Paulo: Atlas, 2014.

GIACOMOLLI, Nereu José; VASCONCELLOS, Vinicius Gomes. A Justiça Criminal Negocial: crítica à fragilização da jurisdição penal em um cenário de expansão do consenso no processo penal. **Revista Novos Estudos Jurídicos**, Itajaí, v. 20, p. 1108-1134, 2015.

GOMES, Luiz Flávio; SILVA, Marcelo Rodrigues da; MANDARINO, Renan Posella. (org.). **Colaboração premiada***:* novas perspectivas para o sistema jurídico-penal. Belo Horizonte: D'Plácio, 2018.

PEREIRA, Frederico Valdez. **Delação premiada**: legitimidade e procedimento. 4. ed. Curitiba: Juruá, 2019.

REALE JÚNIOR, Miguel. Colaboração premiada: natureza, dilemas éticos e consequências. *In*: BENETTI, Giovana; CORREA, André R.; FERNANDES, Marcia Santana; NITSCHKE, Guilherme; PARGENDLER, Mariana; VARELA, Laura Beck (org.). **Direito, cultura, método***:* leituras da obra de Judith Martins-Costa. Rio de Janeiro: GZ, 2019.

REALE JÚNIOR, Miguel; WUNDERLICH, Alexandre. Justiça negocial e o vazio do Projeto Anticrime. **Boletim IBCCRIM**, São Paulo, n. 318, p. 6-8. maio/2019.

SARAIVA, Renata Machado; MARTINS, Luiza Farias. Retratação e rescisão dos acordos de colaboração premiada: apontamentos e preocupações. *In*: CAVALCANTI, Fabiane; FELDENS, Luciano; RUTTKE, Alberto. (org.). **Garantias Penais**: estudos alusivos aos 20 anos de docência do Professor Alexandre Wunderlich. Porto Alegre: Boutique Jurídica, 2019. p. 523-548.

VASCONCELLOS, Vinicius Gomes de. **Colaboração premiada no processo penal**. 3. ed. São Paulo: Revista dos Tribunais, 2020.

WUNDERLICH, Alexandre. Colaboração premiada: o direito à impugnação de cláusulas e decisões judiciais atinentes aos acordos. *In*: BOTTINI, Pierpaolo Cruz; MOURA, Maria Thereza de Assis. (coord.). **Colaboração Premiada**. São Paulo: Revista dos Tribunais, 2017. p. 17-28.

WUNDERLICH, Alexandre; BERTONI, Felipe Faoro. Primeiras notas sobre a colaboração premiada após o Pacote Anticrime – alterações na Lei 12.850/13 pela lei 13.964/2019. *In*: CAMARGO, Rodrigo Oliveira de; FELIX, Yuri. **Pacote Anticrime**: reformas processuais. Reflexões críticas à luz da Lei 13.964/2019. Florianópolis: EMais, 2020. p. 157-172.

56.
A PROVA DO ILÍCITO ANTECEDENTE NO BRANQUEAMENTO DE CAPITAIS A PARTIR DA ANÁLISE DE CASOS DE BRASIL E PORTUGAL

José Muniz Neto
Carlos Hélder C. Furtado Mendes

Introdução

Com muita alegria recebemos o convite para colaborar com esta obra que homenageia o Professor Nereu José Giacomolli, pessoa cuja importância para o Direito Processo Penal é nitidamente perceptível, principalmente quando diante das inúmeras contribuições que compõem a *Obra* de sua vida. Referimo-nos não apenas às contribuições do Professor Nereu José Giacomolli há 25 anos ofertadas diretamente aos seus alunos, mas outras não menos relevantes que serviram para o melhoramento jurisprudencial, cuja preocupação principal ainda se mantém alinhada à defesa de garantias processuais e direitos fundamentais dos cidadãos.

Como homenagear é, em certa medida, agradecer, assim o fazemos. Desse modo, agradecemos aos ensinamentos e à serenidade que é característica peculiar do Professor Nereu J. Giacomolli. Estendemos esse agradecimento aos organizadores desta obra, pelo convite e pela oportunidade.

O texto que segue se mantém afeto ao fundamento existencial do Direito Processual Penal, de modo que, sob este viés, pudemos discorrer quanto à Prova Penal a partir de casos referentes ao crime de lavagem de capitais. No âmbito processual, as discussões vão desde a autonomia e acessoriedade entre o ilícito típico antecedente e o branqueamento até questões envolvendo a política criminal e a adoção de instrumentos de enfrentamento à criminalidade que desrespeitam as garantias mais elementares dos indivíduos.

No presente trabalho, a pergunta-problema que nos propomos a avaliar é: a prova do ilícito típico antecedente ao branqueamento de capitais, da maneira que é realizada atualmente, satisfaz o *standard* probatório exigido no Brasil e em Portugal? Essa é uma das questões mais controvertidas quando se fala em prova no processo penal. Tanto é que a discussão ultrapassa fronteiras e atinge todos os ordenamentos que se comprometeram em integrar as políticas de enfrentamento ao branqueamento.

No intuito de tentar sanar as questões existentes sobre esse tema, o presente trabalho partirá da análise de dois casos, um português e outro brasileiro, para refletir quanto aos pontos mais relevantes enfrentados na prática processual penal. Serão discutidas as questões atinentes a prova do branqueamento, conduta subsequente, e seus principais aspectos, bem como a elementos referentes à prova do ilícito típico antecedente ao branqueamento. Ademais, analisar-se-á "o que" é necessário provar e "como" nesses casos fora considerado como "provado".

Após, serão discutidos os problemas atinentes às chamadas provas indiretas e seus elementos, bem como a sua posição diante da (in)compatibilidade com a presunção de inocência.

A tese que aqui se defenderá é a de que as provas indiretas, embora acolhidas em ordenamentos jurídicos, quando utilizadas exclusivamente, sem a companhia de provas diretas para a condenação, violam claramente a presunção de inocência, invertendo carga probatória penal e em lesão direta à presunção de inocência, impõem uma presunção de culpabilidade aos indivíduos.

1. Casos analisados: Acórdão nº 391/2015 do Tribunal Constitucional português e Acórdão na apelação criminal nº 5046512-94.2016.4.04.7000/PR-TRF4-Brasil

A 2ª Secção do Tribunal Constitucional foi provocada a se manifestar diante de uma decisão de execução de prisão preventiva em face do arguido José Sócrates Carvalho Pinto de Sousa, nos autos do inquérito nº 122/13.8TELSB.

José Sócrates foi acusado pela prática de três crimes de corrupção passiva, 16 crimes de branqueamento de capitais, nove falsificações de documentos e três fraudes fiscais qualificadas. A ação penal, também conhecida como "Operação Marquês", ainda possui vários outros arguidos, em um total de 28, entre pessoas singulares e coletivas[1]. A argumentação defensiva, relevantes para esta análise, pode ser divida em dois eixos. O primeiro, tratando da inconstitucionalidade do art. 125[2] do Código de Processo Penal português (CPPpt) por violação da presunção de inocência (nº 2 do art. 32 da Constituição da República Portuguesa – CRP) ante a interpretação de que as presunções de provas previstas nos arts. 349[3] e 350[4] do Código Civil português (CCpt) são provas e são admissíveis no processo penal[5].

O segundo, por sua vez, tratando da inconstitucionalidade do art. 127[6] do CPPpt por violação, também, da presunção de inocência e do dever de fundamentar dos magistrados (nº 1 do art. 205 da CRP) ante a interpretação de que a utilização de regras de experiência e da livre convicção do juiz na interpretação das provas permite a valoração de adágios populares, sabedoria popular do "homem médio" e de presunções de provas previstas nos citados

[1] MINISTÉRIO PÚBLICO DE PORTUGAL. Nota para a comunicação social – Operação Marquês – Acusação. 2017.

[2] "Artigo 125.º – Legalidade da prova: São admissíveis as provas que não forem proibidas por lei".

[3] "Artigo 349.º – (Noção): Presunções são as ilações que a lei ou o julgador tira de um facto conhecido para firmar um facto desconhecido".

[4] "Artigo 350.º – (Presunções legais): 1. Quem tem a seu favor a presunção legal escusa de provar o facto a que ela conduz. 2. As presunções legais podem, todavia, ser ilididas mediante prova em contrário, excepto nos casos em que a lei o proibir."

[5] PORTUGAL. Tribunal Constitucional. **Acórdão nº 391/2015**. Relator: Conselheiro João Cura Mariano. Lisboa, 12 de agosto de 2015.

[6] "Artigo 127.º – Livre apreciação da prova: Salvo quando a lei dispuser diferentemente, a prova é apreciada segundo as regras da experiência e a livre convicção da entidade competente".

artigos do CCpt. A defesa achou por bem autonomizar esse ponto em dois: i) a inconstitucionalidade na interpretação de que o mencionado artigo do CPPpt autoriza a apreciação de provas conforme regras de experiência e a livre convicção do magistrado através de recursos a adágios populares e a sabedoria do homem médio; e ii) a inconstitucionalidade na interpretação de que o mesmo artigo do CPPpt permite que o julgador recorra às presunções de prova previstas no CCpt para fins de utilização no processo penal[7].

Pois bem, quanto à possibilidade de o magistrado utilizar-se de "aforismos populares"[8] para justificar a suficiência da quantidade de prova necessária para a decretação de medida preventiva, o Tribunal Constitucional afirmou que, embora existissem tais aforismos no texto da decisão recorrida, não quer dizer que eles foram os argumentos que construíram a convicção do julgador, mas tão somente serviram para esclarecer os raciocínios gerados pela junção dos indícios colhidos no inquérito[9]. Além disso, ressalta que o próprio acórdão recorrido traz expressamente que os aforismos não eram o "núcleo da fundamentação", mas serviam apenas de maneira ilustrativa.

No que tange à (in)constitucionalidade, especificamente referente à possibilidade de utilização das presunções de prova com base nas regras de experiência e na livre convicção do magistrado, a Corte Constitucional argumentou que o Código de Processo Penal Português prevê tanto a abertura do rol das provas (não taxatividade – art. 125, CPPpt) como a sua livre apreciação (art. 127, CPPpt) com base nas regras de experiência e a livre convicção do magistrado. Nesta última, o Tribunal ressaltou que, já em outras oportunidades de manisfestação, deixou claro que a livre apreciação não deve ser feita autoritariamente, ou seja, sem motivos ou emocionalmente condicionadas, mas que deve subordinar-se a um raciocínio crítico, lógico e objetivamente verificável para fins de controle por parte do arguido e seus defensores[10].

[7] PORTUGAL. Tribunal Constitucional. **Acórdão nº 391/2015**. Relator: Conselheiro João Cura Mariano. Lisboa, 12 de agosto de 2015.

[8] São expressões como "quem cabritos vende e cabras não tem, de algum lado lhe vêm", "gato escondido com rabo de fora", "amizades sem limites", "estilo de vida luxuoso", entre outras.

[9] PORTUGAL. Tribunal Constitucional. **Acórdão nº 391/2015**. Relator: Conselheiro João Cura Mariano. Lisboa, 12 de agosto de 2015.

[10] PORTUGAL. Tribunal Constitucional. **Acórdão nº 391/2015**. Relator: Conselheiro João Cura Mariano. Lisboa, 12 de agosto de 2015.

No que se refere às presunções judiciais, destaca o Tribunal Constitucional que não há menção a estas no CPPpt, mas tão somente no CCpt, nos já mencionados arts. 349 e 350. Para a Corte, utilizar presunções judiciais é partir de certos elementos fáticos e, através de um procedimento de indução lógica, chegar à conclusão de que outro fato que não o provado diretamente pode ser atribuído como consequências daqueles, desde que obedecidas as regras do normal funcionamento das coisas[11].

A primeira questão que surge pela utilização das presunções judiciais no processo penal é a possível violação da *in dubio pro reo*, que se pauta justamente na livre apreciação daquilo que sequer pode ser chamado de prova, posto que ainda em fase de presunção[12]. Sobre esse assunto, o Tribunal já se manifestou no sentido de que não há interferência na presunção de inocência, desde que seja garantido ao arguido a possibilidade de realizar a contraprova das presunções judiciais, sem se exigir a prova concreta do contrário proposto na presunção[13]. Portanto, concluiu o Tribunal Constitucional com o reconhecimento da constitucionalidade do art. 127 do CPPpt quanto à possibilidade de utilização de presunções judiciais no processo penal como meio de materialização das regras de experiência e livre convicção do magistrado[14], quando fundadas num raciocínio lógico objetivo (e não emocional, subjetivo).

A seu turno, o acórdão proferido pelo Tribunal Regional Federal da 4ª Região – TRF4 refere-se a um dos processos inseridos na denominada "Operação Lava-Jato" no Brasil, que tem como escopo, entre outros, investigar casos de corrupção e lavagem de dinheiro envolvendo agentes políticos e empresas empreiteiras que atuam nacionalmente diante de um suposto esquema de "venda" de projetos e obras envolvendo a petrolífera Petrobras S.A. A análise do acórdão em questão abrangerá o tipo penal da lavagem de dinheiro,

[11] PORTUGAL. Tribunal Constitucional. **Acórdão nº 391/2015**. Relator: Conselheiro João Cura Mariano. Lisboa, 12 de agosto de 2015.

[12] Entende-se por prova penal somente aquilo que, extraído do tensionamento das partes em exercício do contraditório, poderá ser valorado. Ou seja, por sua vez, o contraditório como elemento que funda a prova penal.

[13] PORTUGAL. Tribunal Constitucional. **Acórdão nº 391/2015**. Relator: Conselheiro João Cura Mariano. Lisboa, 12 de agosto de 2015.

[14] PORTUGAL. Tribunal Constitucional. **Acórdão nº 391/2015**. Relator: Conselheiro João Cura Mariano. Lisboa, 12 de agosto de 2015. Disponível em: http://www.tribunalconstitucional.pt/ tc/acordaos/20150391.html. Acesso em: 25 maio 2018.

o *standard* probatório da dúvida acima do razoável e a utilização de provas indiretas no juízo de condenação.

No que tange à adoção de *standards* probatórios, o TRF4, ancorado em precedente do Supremo Tribunal Federal (STF), defendeu que, embora no ordenamento brasileiro a legislação processual penal não seja explícita ao definir o *standard* que deve ser adotado, a prova acima da dúvida razoável é a única capaz de atender ao postulado da presunção de inocência, direito constitucionalmente garantido[15].

Quanto à lavagem de dinheiro, no acórdão *supra*, o Tribunal Regional Federal – 4 entendeu ser este delito autônomo em relação ao crime anterior pela existência de características independentes do crime de lavagem em relação ao antecedente (tipo, sanção e conteúdo de culpabilidade) e por aquele não atuar como mero exaurimento deste[16].

Em relação ao crime antecedente de corrupção passiva imputado a Luís Inácio Lula da Silva, foi afirmado que ele era o organizador de todo o esquema de corrupção envolvendo os projetos e obras mencionados anteriormente e possuía, através do seu poder na escolha dos principais agentes empregados na Petrobras, a capacidade de influenciar a manutenção das operações ilícitas para fins de arrecadar verbas que seriam posteriormente aplicadas em campanhas eleitorais do Partido dos Trabalhadores. Ademais, sustentou-se que, em razão das atividades desenvolvidas neste esquema, o ex-presidente fora

15 BRASIL. Tribunal Regional Federal da 4ª Região. Apelação Criminal nº 5046512-94.2016.4.04.7000/PR. Apelante: Luiz Inácio Lula da Silva e outros. Apelado: os mesmos. Relator: Desembargador Federal João Pedro Gebran Neto. Porto Alegre, PR, 30 de janeiro de 2018.

16 BRASIL. Tribunal Regional Federal da 4ª Região. Apelação Criminal nº 5046512-94.2016.4.04.7000/PR. Apelante: Luiz Inácio Lula da Silva e outros. Apelado: os mesmos. Relator: Desembargador Federal João Pedro Gebran Neto. Porto Alegre, PR, 30 de janeiro de 2018. Há que se dar especial atenção às provas utilizadas para a decisão condenatória dos réus. As condenações tiverem como principais provas declarações de corréus. Um dos fundamentos jurídicos do recurso apresentado pela defesa do ex-presidente brasileiro Luís Inácio Lula da Silva foi justamente no sentido de apurar quais desses corréus estariam com acordos de colaboração premiada transigidos juntamente com o MPF. Todavia, como ressaltou a o voto do relator, nenhum deles teria firmado o mencionado acordo, motivo pelo qual deveriam ser considerados como corréus, e não como colaboradores (p. 106). Posteriormente, o relator ressaltou a jurisprudência do Superior Tribunal de Justiça brasileiro para acolher a validade das confissões dos corréus quando em consonância com as demais provas dos autos.

presenteado com um imóvel triplex, junto com benfeitorias e bens móveis que lhe integravam, cujo pagamento adveio também como propina do mesmo fundo ilícito que era vertido às ditas campanhas.

Aduziu o relator desembargador federal Gebran Neto que a participação efetiva de Lula em todos os contratos analisados no processo dispensava prova, uma vez que sua atuação se daria "por detrás das cortinas", através de indicações de agentes públicos à citada empresa, os quais atuariam em funções essenciais à manutenção do esquema criminoso[17].

No que concerne ao apartamento triplex, segundo o voto do relator, dos valores direcionados ao citado financiamento de campanha, uma parcela foi destinada especificamente ao ex-presidente Luis Inácio Lula da Silva, que a teria recebido com o dito imóvel. Foi utilizado como prova desses fatos o depoimento de corréus, uma "Proposta de Adesão Sujeita à Aprovação" na qual constava o número do apartamento triplex rasurado e posterior inclusão de outro número em nome da ex-esposa de Lula e algumas provas indiretas, entre elas: ausência de rescisão do contrato da falecida esposa do réu com a Bancoop, cooperativa proprietária do imóvel em questão, até a transmissão à empreiteira OAS; a realização de uma rescisão posterior, mas sem a devolução do capital inicialmente investido, o que "provaria" a existência de interesse no outro imóvel, o triplex; a realização de visitas por Lula e sua falecida esposa ao imóvel triplex e a realização de benfeitorias a pedido deles; depoimentos de testemunhas que presenciaram os dois naquele imóvel, outras que afirmaram a contratação da OAS para a realização das benfeitorias; interrogatórios de corréus que afirmaram tomar conhecimento que o imóvel seria reservado ao ex-presidente. Com base nesse arcabouço, o Tribunal entendeu estar *provado*

[17] BRASIL. Tribunal Regional Federal da 4ª Região. Apelação Criminal nº 5046512-94.2016.4.04.7000/PR. Apelante: Luiz Inácio Lula da Silva e outros. Apelado: os mesmos. Relator: Desembargador Federal João Pedro Gebran Neto. Porto Alegre, PR, 30 de janeiro de 2018. **Diário Oficial**, Porto Alegre, 30 jan. 2018. Cita o relator uma série de processos conexos (especificamente 23, mas não seria um rol exaustivo) com o que aqui se analisa com o intuito de comprovar a existência de um cartel articulado para atuar em fraudes licitatórias na Petrobras. Sustentou que todos esses processos seriam capazes de apontar o cenário de "corrupção sistêmica" ao qual foi submetida a estrutura da mencionada empresa. Esses processos, portanto, trariam fatos comprovados acima da dúvida razoável de que os fatos imputados a Lula efetivamente ocorreram.

acima da dúvida razoável o recebimento da vantagem indevida por parte do ex-presidente e que essa vantagem foi "branqueada" através do citado triplex[18].

Diante das considerações extraídas de ambos os acórdãos, português e brasileiro, pode-se elencar elementos relevantes para a discussão da prova do crime antecedente no branqueamento de capitais: i) a relação entre a autonomia e acessoriedade do crime de branqueamento de capitais em relação ao crime antecedente; ii) as presunções como provas e a janela de possibilidade de sua utilização no processo penal construída pela jurisprudência; iii) as regras de experiência e a livre convicção do juiz como espaço para inserção de adágios populares, sabedoria popular do homem médio e de presunções de provas no processo penal; iv) a interação entre o *standard* da prova acima da dúvida razoável e a "suficiência" da prova indireta para condenação no crime de branqueamento de capitais, uma relação entre a suficiência de "prova indireta" e a presunção de inocência.

2. Crime de branqueamento de capitais no Brasil e em Portugal e a prova penal

O crime de branqueamento de capitais ou lavagem de dinheiro pode ser conceituado como a conduta através da qual um indivíduo tenta reinserir economicamente, de maneira lícita, proveito obtido ilicitamente e/ou na qual oculta ou dissimula a verdadeira propriedade de bens de origem ilícita[19]. Trata-se, então, de um tipo de conexão entre um ilícito típico anterior e um crime subsequente[20].

[18] BRASIL. Tribunal Regional Federal da 4ª Região. Apelação Criminal nº 5046512-94.2016.4.04.7000/PR. Apelante: Luiz Inácio Lula da Silva e outros. Apelado: os mesmos. Relator: Desembargador Federal João Pedro Gebran Neto. Porto Alegre, PR, 30 de janeiro de 2018.

[19] BLANCO CORDERO, I. ***El delito de blanqueo de capitales.*** Pamplona: Editorial Aranzadi, 2007. p. 100-101. Também, GODINHO, J. A. F. ***Do crime de branqueamento de capitais*** – *introdução e tipicidade.* Coimbra: Almedina, 2001. p. 13.

[20] MENDES, P. S. A problemática da punição do autobranqueamento e as finalidades de prevenção e repressão do branqueamento de capitais no contexto da harmonização europeia. In: ***Católica Law Review***, v. 01, n. 3, p. 127-156, novembro de 2017. p. 133.

O crime de branqueamento de capitais surgiu nos Estados Unidos (*money laundering*) com uma dupla função: impossibilitar o usufruto dos produtos de crimes por parte dos infratores e, consequentemente, num aspecto de prevenção geral positiva, desestimular a prática delituosa. Essas motivações impactaram na própria estruturação do ilícito.

O tipo penal do branqueamento no Brasil e em Portugal são bem parecidos. Isso não ocorreu por acaso. A política criminal que se expandiu internacionalmente funcionou como uma forma de "colonização" ou "aculturação" legal por parte dos países desenvolvidos que se viam encurralados pela fuga de capital para paraísos fiscais[21].

No Brasil, o branqueamento de capitais está disciplinado na Lei nº 9.613/98, a qual sofreu alterações pela Lei nº 12.683/12. O art. 1° desse diploma normativo dispõe que pratica o branqueamento aquele que oculta ou dissimula "[...] a natureza, origem, localização disposição, movimentação ou propriedade de bens, direitos ou valores provenientes, direta ou indiretamente, de infração penal". Ainda, também incorrem na conduta de branqueamento aqueles que, para ocultar ou dissimular bens, direitos ou valores provenientes de infração penal, convertem em lícitos ativos originalmente ilícitos, "adquire, recebe, troca, negocia, dá ou recebe em garantia, guarda, tem em depósito, movimenta ou transfere" ou "importa ou exporta bens com valores não correspondentes aos verdadeiros" (§ 1° daquela norma), assim como quem "utiliza, na atividade econômica ou financeira, bens, direitos ou valores provenientes de infração penal" ou "participa de grupo, associação ou escritório tendo conhecimento de que sua atividade principal ou secundária é dirigida à prática [...]" da lavagem (§ 2° daquela norma).

Em Portugal, a conduta é tipificada no art. 368-A do Código Penal lusitano. Nesta ordem jurídica, pratica o branqueamento aquele que converte, transfere ou facilita a conversão ou transferência de valores ou vantagens obtidas ilicitamente por si ou outrem, cujo objetivo é dissimular a origem ilícita ou evitar que o beneficiário da prática das infrações anteriores seja processado e responsabilizado criminalmente (nº 2 do citado dispositivo). Também comete

21 PALERMO, Pablo Galain. *Lavado de activos en Uruguay: una visión criminológica*. *In*: MENDES, Paulo de Sousa, FERRO, Miguel Sousa (dir.). **Revista de Concorrência e Regulação**, Coimbra: Almedina, ano V-VI, n. 20-21, p. 17-49, out. de 2014 – mar. de 2015. p. 22.

branqueamento "quem ocultar ou dissimular a verdadeira natureza, origem, localização, disposição, movimentação ou titularidade das vantagens, ou os direitos a ela relativos" (nº 3 do citado dispositivo). O tipo penal português ainda determina o que são as vantagens ilícitas, apresentando um rol de crimes capazes de anteceder a conduta do branqueamento (nº 1 do citado dispositivo). De acordo com a norma, serão ilícitas as vantagens provenientes da prática de: lenocínio, abuso sexual de crianças ou de menores dependentes, extorsão, tráfico de estupefacientes e substâncias psicotrópicas, tráfico de armas, tráfico de órgãos ou tecidos humanos, tráfico de espécies protegidas, fraude fiscal, tráfico de influência, corrupção, demais crimes previstos no nº 1 do art. 1º, da Lei nº 36/94 (Lei de Combate à Corrupção e Criminalidade Econômica e Financeira) e no art. 324 do Código da Propriedade Industrial, bem como de ilícitos punidos com pena de prisão de duração mínima superior a seis meses ou de duração máxima superior a cinco anos.

A política criminal utilizada para coibir tais práticas tem adotado estratagemas cada vez mais amplos, abstratos e agressivos[22] à presunção de inocência. Nesse ponto, há de se destacar a incompatiblidade entre essa "deformação penal" e a constitucionalidade dos ordenamentos brasileiro e português. Nestes, a presunção de inocência serve como parâmetro de avaliação de prova, materializado no encargo probatório e no princípio do *in dubio pro reo*[23]. A adoção de um ponto de partida fundado em presunções de culpabilidade como prova penal acaba por impor ao investigado ou réu o dever de provar sua inocência. Nesse ponto, atenta-se à possibilidade de incompatibilidade constitucional de muitos de seus dispositivos legais que versam sobre o delito de lavagem de dinheiro. Evidente que todo esse cenário e padrões de criminalização trazem consequências diretas ao Direito Processual Penal, efetivamente quanto à prova penal[24].

[22] Cite-se a ideia do confisco alargado, da utilização de inferências, da autonomia do branqueamento em relação ao processamento e responsabilização pelo ilícito antecedente.

[23] GIACOMOLLI, Nereu. J. **O devido processo penal**: abordagem conforme a Constituição Federal e o Pacto de São José da Costa Rica. 3. ed., rev., atual. e ampl. São Paulo: Atlas, 2016. p. 122-125.

[24] Godinho ressalta essa complexidade do branqueamento e o "emaranhado de problemas normativos e práticos" que o envolve (GODINHO, J. A. F. Branqueamento de Capitais e Crime Principal – Concurso Efectivo ou Aparente? **Formação Jurídica e Judiciária**, [*s.l.*], Colectânea Tomo VI, p. 341-364, 2011/11/16. P. 341).

Sob o argumento de que na ausência de uma "adequação" das garantias processuais (leia-se desformalização/desburocratização processual) e de instrumentos de identificação da prática dos ilícitos precedentes[25], os legisladores e juízes têm se valido de provas cada vez mais frágeis para justificar a responsabilização criminal dos indivíduos.

O fato é que no julgamento da lavagem de dinheiro é sempre necessária a prova do ilícito típico antecedente. Isso se dá pura e simplesmente por conta da acessoriedade entre as condutas, já que não há branqueamento sem proveitos ilícitos de uma conduta anterior. Nesse sentido, o acórdão brasileiro é enfático ao afirmar que, nesses processos, é necessário determinar a existência desse ilícito típico antecedente, a individualização do objeto da lavagem e, por fim, a própria conduta da lavagem em si[26].

Chegar à conclusão de que o ilícito típico é um elemento do crime de branqueamento é também chegar à conclusão de qual o *standard* probatório necessário à sua comprovação. Se é elemento do crime e, portanto, sua demonstração é essencial à configuração do tipo de branqueamento, não se pode aceitar uma prova menor do que aquela capaz de superar a dúvida acima do razoável, ou melhor, nos ordenamentos como os que aqui se analisa, a presunção de inocência[27].

Portanto, o que se verifica da estrutura típica proposta ao crime de branqueamento é que a acessoriedade, embora não muito destacada pela doutrina, condiciona a necessidade probatória do ilícito antecedente na ação penal

[25] MORO, Sérgio Fernando. Autonomia do crime de lavagem e prova indiciária. **Revista CEJ**, Brasília, ano XII, n. 41, p. 12, abr./jun. 2008. p. 11-12; SIMÕES, Euclides Dâmaso. Prova indiciária: contributos para o seu estudo e desenvolvimento em dez sumários e um apelo premente. **Revista Julgar**, n. 2, 2007. p. 206-207.

[26] BRASIL. Tribunal Regional Federal da 4ª Região. Apelação Criminal nº 5046512-94.2016.4.04.7000/PR. Apelante: Luiz Inácio Lula da Silva e outros. Apelado: os mesmos. Relator: Desembargador Federal João Pedro Gebran Neto. Porto Alegre, PR, 30 de janeiro de 2018.

[27] Melim, ao comentar a adoção de *standard* de provas pelos magistrados, ressalta que o CPPpt não traz expressamente o *standard* da "acima da dúvida razoável", muito menos faz menção a utilização desses no processo penal lusitano, entretanto, utiliza expressões que indicam diferentes graus de convicção a serem alcançados pelo julgador. No caso da prova acima da dúvida razoável, esta poderia ser traduzida para "indícios para além da presunção de inocência" (MELIM, Mafalda. Standards de prova e grau de convicção do julgador. **Revista de Concorrência e Regulação**, Lisboa, ano 4, n. 16, p. 144-193, out.-dez. 2013).

concernente à lavagem de dinheiro. A inexistência de provas nesse sentido indicaria a ausência de um dos requisitos necessários para a própria ocorrência do delito de lavagem, que é a existência de bens provenientes de condutas ilícitas. O Direito Penal de 3ª velocidade[28], embora tenha como característica principal a limitação de certas garantias em prol de um eficientismo e de tutela emergencial de determinados fatos da vida humana, não poderia se dar ao luxo de chegar ao ponto de dispensar a prova desse elemento que integra o próprio tipo penal do branqueamento de capitais.

3. Prova do ilícito típico antecedente no crime de lavagem de dinheiro

Uma vez compreendida a estrutura típica do crime de branqueamento, então se faz relevante verificar os problemas que se impõem para a comprovação do ilícito típico anterior que é elemento desse crime. Como já ressaltado, o problema que se pretende compreender e encontrar soluções através deste trabalho é justamente a utilização de provas indiretas, indiciárias, para fins de demonstração do ilícito típico antecedente. Objetiva-se saber se é constitucionalmente admissível comprovar de maneira exclusiva o ilícito típico antecedente através dessas provas indiciárias. Ainda, é importante que se verifique se o ilícito antecedente somente é capaz de ser provado dessa forma.

O primeiro questionamento que se faz é: O que é necessário provar do ilícito antecedente para fins de materialização do branqueamento de capitais? O acórdão brasileiro fornece a resposta a esse questionamento ao definir que é necessário provar o ilícito típico antecedente e, consequentemente, a individualização do objeto do branqueamento[29]. Portanto, tem que se provar a realização de uma conduta típica e ilícita anterior, capaz de gerar vantagens

[28] SILVA SÁNCHEZ, , Jesús-María. **A expansão do direito penal**: aspectos da política criminal nas sociedades pós-industriais. 3. ed. rev. e atual. São Paulo: Editora Revista dos Tribunais, 2013. p. 193-196. Para o autor, o Direito Penal de 3ª velocidade é aquele marcado pela "relativização de garantias político-criminais, regras de imputação e critérios processuais".

[29] BRASIL. Tribunal Regional Federal da 4ª Região. Apelação Criminal nº 5046512-94.2016.4.04.7000/PR. Apelante: Luiz Inácio Lula da Silva e outros. Apelado: os mesmos. Relator: Desembargador Federal João Pedro Gebran Neto. Porto Alegre, PR, 30 de janeiro de 2018. **Diário Oficial**, Porto Alegre, 30 jan. 2018..

ilícitas ao agente. Não se exige que a conduta seja culpável ou até mesmo punível[30].

Ambos os casos escolhidos possuem como um dos ilícitos antecedentes a corrupção, motivo pelo qual se faz o recorte metodológico para avaliar as questões de prova desse ilícito. A corrupção pode funcionar como conduta antecedente ao branqueamento tanto no Brasil, que não possui rol de ilícitos precedentes à lavagem, quanto em Portugal, onde esse ilícito consta expressamente do rol previsto no nº 1 do art. 368-A do Código Penal português. Para compreensão dos tipos penais antecedentes, é útil que se demonstre como estão construídos nas duas ordens jurídicas.

Aos réus Lula e Sócrates foram imputadas condutas de corrupção passiva. Os tipos brasileiro e português estão estruturados de maneira semelhante. A corrupção passiva simples no Brasil é prevista no art. 317 do Código Penal (CP) brasileiro, o qual configura a conduta como "Solicitar ou receber, para si ou para outrem, direta ou indiretamente, ainda que fora da função ou antes de assumi-la, mas em razão dela, vantagem indevida, ou aceitar promessa de tal vantagem". Lula foi processado pela modalidade de corrupção passiva com aumento de pena, presente no § 1° do mesmo dispositivo, o qual determina o aumento de um terço da pena se a conduta consistir em retardar ou deixar de praticar ato para o qual a função obrige o agente ou, ainda, se este praticar ato contrário ao seu dever funcional.

O tipo lusitano, previsto no art. 373 do CPpt, prevê que atuará em corrupção passiva simples o agente público que autoriza ou ratifica, pessoalmente ou através de terceiro, solicitação, aceitação ou promessa de vantagem patrimonial, ou não, para si ou para outrem para praticar ou deixar de praticar ato para o qual seu cargo o obriga e em razão da sua função, mesmo quando os atos sejam anteriores à solicitação ou aceitação.

Compreendidos os ilícitos típicos antecedentes que foram imputados nos casos escolhidos para estudo neste trabalho, passa-se à verificação de como foram provados os seus elementos concretamente em ambos os processos.

Quanto ao caso brasileiro, segundo o voto do relator, a conduta praticada pelo réu consistiu inicialmente na indicação de agentes para os principais cargos da Petrobras, os quais possuíam a função de manter o esquema criminoso

[30] Já discutido quando da necessidade de um ilícito típico culpável ou não.

que já existia na empresa referente às fraudes licitatórias. Ainda segundo o voto, o esquema contava com a atuação do réu na solicitação de vantagens para um fundo ilícito de valores destinados ao financiamento de campanha do Partido dos Trabalhadores. Portanto, conforme o relator, estaria materializada a corrupção passiva, uma vez que: 1) o réu, agente público, independentemente de estar ou não na sua função, utilizou-se dela para obter vantagem indevida; 2) essa vantagem indevida foi para terceiros, no caso o mencionado fundo de financiamento; 3) também recebeu parte da vantagem ilícita paga pelas empreiteiras envolvidas através do imóvel triplex em nome da empresa OAS, fato que consistiu propriamente na lavagem de dinheiro como já debatido no tópico anterior[31].

No que tange às provas da realização do ilícito antecedente, destaca-se que foi uma das alegações recursais da defesa a inexistência de prova cabal do ilícito de corrupção. No voto, o Relator afirma que há prova acima da dúvida razoável através do acervo probatório constante no processo, que possuiria provas diretas e indiretas. Essas provas seriam oitivas de corréus e de delatores que possibilitaram a inclusão do ex-presidente nas práticas de corrupção passiva, além de testemunhas que *ouviram dizer* sobre os fatos. Todavia, não haveria provas materiais da solicitação de vantagens por parte do réu a não ser as palavras dos corréus e dos delatores. Não obstante a inexistência de prova cabal, o relator ressalta em seu voto que o "[...] crime de lavagem de dinheiro prescinde da existência de prova cabal ou a responsabilização criminal pelo crime antecedente". Para ele e para o juiz de 1º grau, a simples propriedade material de um imóvel sem o efetivo registro em nome do réu e também sem o pagamento do valor do bem já é o suficiente para configurar a conduta de branqueamento[32].

Em seguida, o relator faz um resumo dos elementos que fizeram parte da formação de sua convicção. Cita 21 conclusões para tanto, que versam sobre

[31] BRASIL. Tribunal Regional Federal da 4ª Região. Apelação Criminal nº 5046512-94.2016.4.04.7000/PR. Apelante: Luiz Inácio Lula da Silva e outros. Apelado: os mesmos. Relator: Desembargador Federal João Pedro Gebran Neto. Porto Alegre, PR, 30 de janeiro de 2018. **Diário Oficial**, Porto Alegre, 30 jan. 2018..

[32] BRASIL Tribunal Regional Federal da 4ª Região. Apelação Criminal nº 5046512-94.2016.4.04.7000/PR. Apelante: Luiz Inácio Lula da Silva e outros. Apelado: os mesmos. Relator: Desembargador Federal João Pedro Gebran Neto. Porto Alegre, PR, 30 de janeiro de 2018. **Diário Oficial**, Porto Alegre, 30 jan. 2018.

a ocultação e dissimulação do apartamento, mas não em relação a ilícito antecedente. Mais adiante em seu voto, ele ressalta que:

> existem provas suficientes do funcionamento do esquema de corrupção sistêmica que assolou a Petrobras, reveladas pelo forte conjunto de indícios, todos eles apontando para a mesma direção. E isso ultrapassa as alegações de que as testemunhas apenas ouviram dizer e que não tinham vínculo direto com os apelantes[33].

Por fim, também ressaltou a inexistência de contraindícios capazes de desconstituir as conclusões que chegou. Destacou que a simples existência desses elementos contrários, caso não possuam força suficiente para infirmar o que os indícios apontam, de nada são úteis à formação da convicção do magistrado[34].

Quanto ao caso português, primeiro é necessário relembrar que o acórdão em questão não se deu em razão de um recurso à condenação, mas a uma decisão de detenção sem situação de flagrante. Logo, o grau probatório exigido é diverso do necessário no caso brasileiro. Não obstante, para a decretação de detenção cautelar há necessidade de provas mais contundentes, embora menos certas do que as necessárias para condenação[35]. Com efeito, o CPPpt, no art. 202, nº 01, exige para decretação de prisão preventiva a existência de "fortes indícios". O referido recurso foi proposto pela defesa contra a utilização

[33] BRASIL. Tribunal Regional Federal da 4ª Região. Apelação Criminal nº 5046512-94.2016.4.04.7000/PR. Apelante: Luiz Inácio Lula da Silva e outros. Apelado: os mesmos. Relator: Desembargador Federal João Pedro Gebran Neto. Porto Alegre, PR, 30 de janeiro de 2018. **Diário Oficial**, Porto Alegre, 30 jan. 2018..

[34] BRASIL. Tribunal Regional Federal da 4ª Região. Apelação Criminal nº 5046512-94.2016.4.04.7000/PR. Apelante: Luiz Inácio Lula da Silva e outros. Apelado: os mesmos. Relator: Desembargador Federal João Pedro Gebran Neto. Porto Alegre, PR, 30 de janeiro de 2018. **Diário Oficial**, Porto Alegre, 30 jan. 2018.

[35] Ressalta-se que, para nós, a diferença que se entende entre tais provas, seja para decretação de cautelares seja para a condenação, operam em níveis e contextos distintos. Quando das cautelares, as provas devem se referir ao perigo cujo acusado proporciona ao processo, de modo que sua conduta poderá acarretar uma frustração processual. A prova a ser trazida pela acusação é justamente direcionada à comprovação do risco de frustação decorrente de condutas do acusado ou investigado. Quando se tratar de provas para a condenação, a comprovação se dará pela vinculação da existência do fato típico, ilícito e culpável em relação à conduta do acusado.

de aforismos, adágios populares, conhecimentos do homem médio e presunções de prova no caso em questão[36].

Os elementos pelos quais se insurgiu a defesa consistiram na utilização dos seguintes aforismos:

> 12. A norma do citado artigo 127º na interpretação acolhida nessas decisões e pressuposta no despacho que decretou a prisão preventiva, de que a fundamentação da livre convicção do Tribunal e a invocação das regras de experiência se podem reconduzir em processo penal, para efeito de julgar verificados os fortes indícios a que se refere o artigo 202º nº 1, à invocação de aforismos e expressões como 'amizade sem limites', 'estilo de vida luxuoso', 'sólidas fontes de rendimento', 'quem cabritos vende e cabras não tem, de algum lado lhe vêm', 'milagre de altruísmo', 'gato escondido com rabo de fora' e a argumentos como 'a franja de prova', 'regras de presunção lícitas aceitáveis', 'ser altamente provável' a existência de indícios, 'a prova de factos [...] resultar de outros factos que não se comprovam em si próprios, mas de ilações, retiradas face ao facto c às circunstâncias concretas do seu cometimento', 'presunções ligadas ao princípio da normalidade ou da regra geral da experiência', 'ilações', 'presunções [...] (judiciais) que atuam como meios de prova', 'adequação presuntiva' ou indícios 'com elevado grau de probabilidade' – por violação das garantias de defesa e da presunção de inocência, consagradas no artigo 32º nºs 1 e 2 da CRP[37].

O que se discute nesse ponto é a inexistência de provas diretas da prática do ilícito antecedente. Embora não se exigisse prova de certeza para condenação, exigia-se a presença de "fortes indícios" da prática do crime de branqueamento. Como dito anteriormente, o ilícito antecedente é elementar desse tipo penal, motivo pelo qual é necessária a existência também de indícios

[36] PORTUGAL. Tribunal Constitucional. **Acórdão nº 391/2015**. Relator: Conselheiro João Cura Mariano. Lisboa, 12 de agosto de 2015. Disponível em: http://www.tribunalconstitucional.pt/ tc/acordaos/20150391.html. Acesso em: 25 maio 2018.

[37] PORTUGAL. Tribunal Constitucional. **Acórdão nº 391/2015**. Relator: Conselheiro João Cura Mariano. Lisboa, 12 de agosto de 2015. Disponível em: http://www.tribunalconstitucional.pt/ tc/acordaos/20150391.html. Acesso em: 25 maio 2018.

suficientes desse ilícito antecedente à configuração do branqueamento de capitais. O que é sustentado pela defesa é que, em razão da mera existência de provas indiretas do ilícito antecedente, o magistrado se utilizou dos citados aforismos e presunções judiciais para a formação da "suficiência" dos indícios para fim de decretação da prisão preventiva.

Por exemplo, o juiz cita a inexistência de "sólidas fontes de rendimento" e um "estilo de vida luxuoso" do réu para justificar a ideia de que "quem cabritos vende e cabras não tem, de algum lado lhe vêm", ou seja, de que haveria algo de errado nas fontes de onde advieram os valores. Ainda, ante as alegações de que os valores eram doados pelo corréu Carlos, amigo de Sócrates, o magistrado desacreditou tais alegações em razão dos montantes envolvidos e afirmou que tais fatos seriam o "milagre de altruísmo", baseado numa "amizade sem limites". Todas essas alegações serviram para embasar a convicção do magistrado segundo a qual tais relações não existiriam com base em um "princípio da normalidade ou da regra geral da experiência"[38].

Chega-se à conclusão de que o problema envolvendo a prova do ilícito típico antecedente está na utilização da prova indireta/indiciária para sua confirmação no processo. Surgem, então, alguns questionamentos que devem ser solucionados sobre essa utilização: 1) o ilícito antecedente pode ser provado através de prova indireta? 2) Pode-se provar algo com segurança somente com base em provas indiretas? 3) A utilização exclusiva de provas indiretas não faz com que o magistrado decida com base na regra geral e deixe de concretizar o problema no caso concreto ao qual deve se debruçar? 4) O livre convencimento motivado e o sistema não tarifado de provas são justificativas aptas a garantir

[38] Citando a decisão de 17 de março de 2015, o acórdão analisado explica a ideia do "gato escondido com rabo de fora": "Como diz o adágio popular, 'gato escondido, com rabo de fora'. Se a franja de prova (o rabo do gato) está já muito visível, por força também (mas não só) de regras de presunção lícitas aceitáveis como cimento importante da convicção sobre a prova indiciária, podemos também concluir, em face das circunstâncias e contornos do caso, ser altamente provável que os fundos financeiros em causa, no todo ou pelo menos em parte, pudessem ser originados nas ou pelas suas ligações políticas e do seu amigo como gestor, ao B., a negócios de favor, (o corpo do gato escondido) e à atividade do arguido mesmo, quiçá, durante o exercício das suas funções políticas em que aqueles negócios se firmaram ou desenvolveram. É por isso que os tribunais, quantas vezes sem prova direta, tenham de se socorrer de presunções" (PORTUGAL. Tribunal Constitucional. **Acórdão nº 391/2015.** Relator: Conselheiro João Cura Mariano. Lisboa, 12 de agosto de 2015. Disponível em: http://www.tribunalconstitucional.pt/ tc/acordaos/20150391.html. Acesso em: 25 maio 2018.

a condenação com base exclusiva em provas indiretas? 5) A superação da presunção de inocência é possível através de provas exclusivamente indiretas? 6) A complexidade dos processos e a impunidade são justificativas suficientes à relativização da garantia de presunção de inocência? É constitucional a diferenciação no "grau de presunção de inocência" em relação a uns réus e outros?

Primeiramente, quanto ao ilícito antecedente do crime de lavagem poder ser provado por provas indiretas, a resposta é negativa. O ilícito antecedente, como qualquer outro ilícito, deve ser provado por provas diretas. Em que pese a existência de argumentação contrária que defende a utilização de provas indiretas para o combate efetivo de uma criminalidade complexa[39], há que se ressaltar que provas tidas por indiretas são, em outras palavras, indícios utilizados como prova penal. Notadamente, essa prática permite que se crie uma inconsistência probatória e um aniquilamento processual, pois elimina-se o contraditório como elemento fundante da prova; ademais, acaba por permitir que o juiz seja transformado em destinatário do indício e, logo, contaminado prematuramente pela informação que decorre dele.

Como elemento do tipo de lavagem, o crime antecedente certamente deve existir ou ter existido no mundo jurídico, e a legitimidade de sua existência somente se dará mediante a prova penal fundamentalmente constituída no contraditório exercido pelas partes.

Quando se admite que o ilícito típico antecedente deve ser provado diretamente, admite-se a seu turno que a "prova indireta/indiciária" somente poderá adotar um caráter subsidiário, ou seja, não pode ser utilizada como substitutiva da prova direta[40]. Ainda assim, a dita "prova" indiciária deve ser utilizada com cautela é dizer que tal instituto não se reflete como prova, mas sim como indício.

Contudo, a doutrina e a jurisprudência elencam alguns requisitos para tentar atribuir à "prova indireta" maior segurança. Dentre eles estão: a

[39] Como ilutra KHALED JR, S.; ROSA, A. M. da. **O standard de prova de Moro e o enfraquecimento das garantias do acusado:** uma provocação. Empório do Direito, 2015. Disponível em: www.emporiododireito.com.br/backup/o-standard-de-prova-de-moro-e-o--enfraquecimento-das-garantias-do-acusado-umaprovocacao-por-salah-khaled-jr-e-alexandre-morais-da-rosa/. Acesso em: 3 jun. 2018.

[40] PASTOR ALCOY, F. ***Prueba indicaria e presuncion de inocencia***. Valencia: Editorial Práctica de Derecho, S. L., 1995. p. 61.

necessidade de pluralidade de indícios; que as ideias deles extraídas apontem na mesma direção; que os fatos base do indício sejam suficientemente provados, ou seja, através de provas diretas; a racionalidade e lógica das inferências retiradas do conjunto indiciário; a relação forte entre o fato base e o fato provado através de prova indireta; que o fundamento da sentença expresse o raciocínio utilizado pelo magistrado na interpretação das "provas indiciárias"[41].

Seria, então, a utilização desses requisitos suficiente para se provar com segurança o ilícito antecedente no branqueamento de capitais ou qualquer outro elemento de um tipo penal? Cabe para aquele que dela se utiliza provar que não há uma "realidade alternativa" possível, que os fatos realmente aconteceram conforme indicam as "provas indiretas". Portanto, não se está a demonstrar apenas aquilo que naturalmente pode ter acontecido, mas que é a única possibilidade[42]. No ilícito típico antecedente ao branqueamento, essa ideia deve ser concretizada para demonstrar que este efetivamente ocorreu, que não há chance de não ter ocorrido, sob pena de se estar responsabilizando alguém sem bases probatórias suficientes.

Quando se parte da ideia de "provas indiretas/indiciárias" baseadas num juízo comum do regular acontecimento da vida, aquilo que é mais provável, corre-se o risco de o magistrado emitir a decisão com base em uma regra geral, sem concretizá-la no caso concreto, ou seja, sem demonstrar que aquilo efetivamente ocorreu no caso em que está julgando. Por isso, a simples motivação da decisão judicial com base em uma regra geral não é o suficiente para superar o estado de inocência e, ainda, demonstra, um vício na decisão judicial que não se debruçou efetivamente sobre o caso em questão. Até as presunções de prova devem ser concretizadas na situação que se analisa.

[41] PASTOR ALCOY, F. ***Prueba indicaria e presuncion de inocencia.*** Valencia: Editorial Práctica de Derecho, S. L., 1995. p. 25-26.

[42] PASTOR ALCOY, F. ***Prueba indicaria e presuncion de inocencia.*** Valencia: Editorial Práctica de Derecho, S. L., 1995. p. 57-58; KHALED JR, S.; ROSA, A. M. da. **O standard de prova de Moro e o enfraquecimento das garantias do acusado:** uma provocação. Empório do Direito, 2015. Disponível em: www.emporiododireito.com.br/backup/o-standard-de-prova-de-moro--e-o-enfraquecimento-das-garantias-do-acusado-umaprovocacao-por-salah-khaled-jr-e--alexandre-morais-da-rosa/. Acesso em: 3 jun. 2018. Acrescenta-se que a demonstração da "única possibilidade", perpassa pela desconstrução da narrativa fática levantada pela parte defensiva, necessariamente.

Argumento que sustenta uma adoção indiscriminada de "provas indiretas/incidiárias" para fins de condenação é que o sistema do livre convencimento motivado e a não tarifação de provas permite não somente a utilização como uma condenação exclusivamente decorrente desta. Segundo tal entendimento, não haveria uma hierarquia entre as provas e caberia ao juiz valorar aquelas que melhor se adéquam à realidade do caso em questão[43]. Todavia, há uma errônea compreensão do que propõe esse princípio. O livre convencimento motivado não indica que o juiz possa formar sua convicção de qualquer maneira, mas sim que ele não está submetido às regras que impõem uma determinada valoração aos tipos de prova[44].

Ademais, a argumentação citada ignora os riscos quanto à autorização dada ao juiz para uma livre apreciação ou livre convencimento. Limitaremo-nos a dizer que se trata de uma categoria mitológica que funciona como pilar de sustentação para a manutenção de matrizes procesusais autoritárias[45].

Quando se defende a simples utilização desses tipos de provas para a demonstração do ilícito típico antecedente do branqueamento de capitais se está a dizer que, neste tipo, a presunção de inocência vale menos do que em outros nos quais esta modalidade de prova não é suficiente à condenação. Verifica-se que, nessa situação, há uma completa subversão do sistema para uma verdadeira presunção de culpabilidade que, para ser comprovada, basta que se encontrem provas indiciárias do fato[46].

Agrava-se o cenário quando se utiliza esses argumentos para justificar a condenação em processos complexos e que envolvem elevados valores, sob a argumentação de que a não aceitação da prova exclusivamente indireta/indiciária fomenta a impunidade e, ao contrário do que propõe a teoria da

[43] MORO, Sérgio Fernando. Autonomia do crime de lavagem e prova indiciária. **Revista CEJ**, Brasília, ano XII, n. 41, p. 12, abr./jun. 2008. p. 12.

[44] FERRER BELTRÁN, Jordi. ***La valoración racional de la prueba.*** Madrid: Marcial Pons, 2007. p. 44 et seq.

[45] Neste sentido, ver CASARA, Rubens R. R. **Mitologia processual penal**. São Paulo: Saraiva, 2015 e GLOECKNER, Ricardo Jacobsen. **Autoritarismo e processo penal**: uma genealogia das ideias autoritárias no processo penal brasileiro. Florianópolis: Tirant lo blanch, 2018. v. 1.

[46] KHALED JR, S.; ROSA, A. M. da. **O standard de prova de Moro e o enfraquecimento das garantias do acusado:** uma provocação. Empório do Direito, 2015. Disponível em: www.emporiododireito.com.br/backup/o-standard-de-prova-de-moro-e-o-enfraquecimento-das--garantias-do-acusado-umaprovocacao-por-salah-khaled-jr-e-alexandre-morais-da-rosa/. Acesso em: 3 jun. 2018.

prevenção geral das penas, gera um bônus ao criminoso e incentiva a prática dessas condutas[47]. A flexibilização das garantias em razão da macrocriminalidade e da gravidade desses delitos, conforme Greco[48], viola por si só fundamento de todo ordenamento jurídico que se pretende democrático, inserindo no sistema penal regras de custo e regras de decadência que incidem no respeito da dignidade humana.

Dessa feita, percebe-se que tais diferenciações no âmbito probatório demonstram claramente resquícios da noção do Direito Penal do inimigo, de 3ª velocidade, selecionando garantias e limitando outras para justificar a condenação de alguns poucos, o que, como ressaltado, é claramente inconstitucional. Logo, a prova, seja do branqueamento, seja do seu ilícito típico antecedente, deve ser feita com base na robustez capaz de efetivamente justificar a desconsideração da presunção de inocência do acusado[49].

Conclusões

Isso posto, conforme as considerações feitas ao longo deste trabalho, conclui-se:

1. A política criminal de enfrentamento ao branqueamento de capitais surgiu no intuito de evitar o usufruto de bens provenientes de crime. Para tanto, em razão da complexidade dos delitos em questão, valeu-se de intrumentos relativizadores de garantias para tentar sancionar os indivíduos que, na grande maioria das vezes, escapavam da responsabilidade penal por encobrir seus rastros.
2. O crime de branqueamento no Brasil e em Portugal estão tipificados de maneira semelhante e possuem as características gerais da

[47] MORO, Sérgio Fernando. Autonomia do crime de lavagem e prova indiciária. **Revista CEJ**, Brasília, ano XII, n. 41, p. 12, abr./jun. 2008.

[48] GRECO, Luis. As regras por trás da exceção – reflexões sobre tortura nos chamados "casos de bomba-relógio". **R. Jurídica**, Curitiba, n. 23, Temática n. 7, p. 229-264, 2009-2.

[49] KHALED JR, S.; ROSA, A. M. da. **O standard de prova de Moro e o enfraquecimento das garantias do acusado:** uma provocação. Empório do Direito, 2015. Disponível em: www.emporiododireito.com.br/backup/o-standard-de-prova-de-moro-e-o-enfraquecimento-das-garantias-do-acusado-umaprovocacao-por-salah-khaled-jr-e-alexandre-morais-da-rosa/. Acesso em: 3 jun. 2018.

política internacional de enfrentamento ao branqueamento. Consequentemente, possuem os mesmos problemas elencados à mencionada política.

3. A adoção de presunções judiciais e legais para fins de verificação do ilícito típico antecedente é instrumento contrário à presunção de inocência nos dois ordenamentos, uma vez que impõe aos réus o dever de comprovar sua inocência.
4. A prova do branqueamento, delito subsequente, geralmente é realizada através de provas diretas. São mais fáceis de provar uma vez que a dissimulação ou ocultação do patrimônio são o principal chamariz para a prática de um ilícito antecedente segundo a mencionada política criminal.
5. Contrariamente, quanto à prova do ilícito antecedente, tem-se percebido a utilização de "provas indiretas/indiciárias", cuja justificativa se pauta na distância do ilícito antecedente em relação ao crime de branqueamento, na complexidade desses crimes e da capacidade em apagar os rastros por parte dos infratores.
6. A utilização de "prova indireta/indiciária" para a comprovação do ilícito típico antecedente, elementar do crime de branqueamento, é incompatível com as ordens jurídicas brasileira e portuguesa por não ser capaz de superar a presunção de inocência.

Referências

BADARÓ, Gustavo; BOTTINI, Pierpaolo Cruz. **Lavagem de dinheiro**: aspectos penais e processuais penais. 2. ed. São Paulo: Editora Revista dos Tribunais, 2016. *E-book.*

BLANCO CORDERO, I. ***El delito de blanqueo de capitales.*** Pamplona: Editorial Aranzadi, 2007.

BRASIL. Tribunal Regional Federal da 4ª Região. Apelação Criminal nº 5046512-94.2016.4.04.7000/PR. Apelante: Luiz Inácio Lula da Silva e outros. Apelado: os mesmos. Relator: Desembargador Federal João Pedro Gebran Neto. Porto Alegre, PR, 30 de janeiro de 2018. **Diário Oficial**, Porto Alegre, 30 jan. 2018.

CASARA, Rubens R. R. **Mitologia processual penal**. São Paulo: Saraiva, 2015

CUELLAR, Mariano-Florentino. *The Tenuous Relationship between the Fight against Money Laundering and the Disruption of Criminal.* ***Journal of Criminal Law and Criminology***, *Stanford Law School, California*, v. 93, p. 311-464, 2002-2003.

FERRER BELTRÁN, Jordi. ***La valoración racional de la prueba.*** Madrid: Marcial Pons, 2007.

GIACOMOLLI, Nereu. J. **O devido processo penal**: abordagem conforme a Constituição Federal e o Pacto de ***São*** José da Costa Rica. 3. ed., rev., atual. e ampl. São Paulo: Atlas, 2016.

GLOECKNER, Ricardo Jacobsen. **Autoritarismo e processo penal**: uma genealogia das ideias autoritárias no processo penal brasileiro. Florianópolis: Tirant lo blanch, 2018. v. 1.

GODINHO, J. A. F. Branqueamento de Capitais e Crime Principal – Concurso Efectivo ou Aparente? **Formação Jurídica e Judiciária,** [*s.l.*], Colectânea Tomo VI, p. 341-364, 2011/11/16.

GODINHO, J. A. F. ***Do crime de branqueamento de capitais*** – *introdução e tipicidade.* Coimbra: Almedina, 2001.

GRECO, Luis. As regras por trás da exceção – reflexões sobre tortura nos chamados "casos de bomba-relógio". **R. Jurídica**, Curitiba, n. 23, Temática n. 7, p. 229-264, 2009-2.

KHALED JR, S;, ROSA, A. M. da. **O standard de prova de Moro e o enfraquecimento das garantias do acusado:** uma provocação. Empório do Direito, 2015.

MELIM, Mafalda. Standards de prova e grau de convicção do julgador. **Revista de Concorrência e Regulação**, Lisboa, ano 4, n. 16, p. 144-193, out.-dez. 2013.

MENDES, P. S. A problemática da punição do autobranqueamento e as finalidades de prevenção e repressão do branqueamento de capitais no contexto da harmonização europeia. In: ***Católica Law Review***, v. 01, n. 3, p. 127-156, novembro de 2017.

MINISTÉRIO PÚBLICO DE PORTUGAL. Nota para a comunicação social – Operação Marquês – Acusação. 2017. Disponível em: http://www.ministeriopublico.pt/sites/default/files/documentos/pdf/nota_comunicacao_social_operacao_marques_acusacao-11-10-2017_0.pdf . Acesso em: 15 maio 2018.

MORO, Sérgio Fernando. Autonomia do crime de lavagem e prova indiciária. **Revista CEJ**, Brasília, ano XII, n. 41, p. 12, abr./jun. 2008.

PALERMO, Pablo Galain. *Lavado de activos en Uruguay: una visión criminológica. In*: MENDES, Paulo de Sousa, FERRO, Miguel Sousa (dir.). **Revista de Concorrência e Regulação**, Coimbra: Almedina, ano V-VI, n. 20-21, p. 17-49, out. de 2014 – mar. de 2015.

PASTOR ALCOY, F. ***Prueba indicaria e presuncion de inocencia***. Valencia: Editorial Práctica de Derecho, S. L., 1995.

PORTUGAL. Tribunal Constitucional. **Acórdão nº 391/2015.** Relator: Conselheiro João Cura Mariano. Lisboa, 12 de agosto de 2015. Disponível em: http://www.tribunalconstitucional.pt/ tc/acordaos/20150391.html. Acesso em: 25 maio 2018.

SILVA SÁNCHEZ, Jesús-María. **A expansão do direito penal**: aspectos da política criminal nas sociedades pós-industriais. 3. ed. rev. e atual. São Paulo: Editora Revista dos Tribunais, 2013.

SIMÕES, Euclides Dâmaso. Prova indiciária: contributos para o seu estudo e desenvolvimento em dez sumários e um apelo premente. **Revista Julgar**, n. 2, 2007.

57. COOPERAÇÃO BRASIL E EUA NA COLETA DE PROVA TESTEMUNHAL NO ESPAÇO ESTADUNIDENSE: PRÁTICAS INCONSTITUCIONAIS E PERSPECTIVAS DE RESOLUÇÃO

Rodrigo Moraes de Oliveira

Uma palavra ao homenageado, Professor Doutor Nereu José Giacomolli!

É motivo de grande alegria poder escrever um pequeno excerto em uma obra organizada em homenagem ao querido Professor Nereu.

Homem de trato fácil, sempre gentil e animado, o Professor Nereu é dono de uma personalidade cativante. Juiz admirado pelo elevado senso de justiça e pela notável qualidade na construção dos seus votos, entre outros atributos, segue, hoje, após a jubilação, a atuar com o mesmo brilho como advogado e parecerista. Sempre e sempre foi professor e acadêmico, com especial talento para inspirar os seus alunos por aulas e escritos. Posso afirmar porque tive a honra de tê-lo como meu professor, no doutorado em Ciências Criminais da PUCRS e, posteriormente, como arguidor em minha banca de doutorado. Devo, ainda, e muito, ao Professor Nereu pela amizade nesses anos todos em que somos colegas na Escola de Direito da PUCRS e, nesse período mais recente, devo também pela confiança na minha seleção para o corpo docente do

Programa de Pós-Graduação em Ciências Criminais da PUCRS, atualmente sob a sua excelente coordenação.

Por tudo isso, Professor Nereu, muito e muito obrigado!

Siga, sempre, nos iluminando com a sua presença e ensinamentos!

Parabéns por esta mais do que justa homenagem!

1. Cooperação Brasil e EUA

Em 1997, o Brasil assinou com os Estados Unidos (EUA) acordo de assistência judiciária em matéria penal, promulgado entre nós por meio do Decreto nº 3.810, de 2 de maio de 2001[1]. Trata-se de acordo do tipo MLAT (*Mutual Legal Assistance Treaty*), cujo modelo é sugerido pelo escritório em drogas e crime da ONU (*United Nations Office on Drugs and Crime* – UNODC)[2], e que o Brasil vem celebrando (via acordos bilateriais) com diversos países nas últimas duas décadas[3].

[1] Cf. BRASIL. Decreto nº 3.810, de 2 de maio de 2001. Promulga o Acordo de Assistência Judiciária em Matéria Penal entre o Governo da República Federativa do Brasil e o Governo dos Estados Unidos da América, celebrado em Brasília, em 14 de outubro de 1997, corrigido em sua versão em português, por troca de Notas, em 15 de fevereiro de 2001. **Diário Oficial da União**, Brasília, DF, 3 maio 2001.

[2] O primeiro modelo foi aprovado pela Assembleia Geral das Nações Unidas por meio da Resolução 45/117, de 14 de dez. de 1990. Após, considerando atualizações propostas por grupo intergovernamental de *experts* em 1997, chegou-se ao modelo atual, conforme a Resolução 53/112, de 9 de dez. de 1998. (cf. UNITED NATIONS. *Office on Drugs and Crime*. ***Revised Manuals on the Model Treaty on Extradition and on the Model Treaty on Mutual Assistance in Criminal Matters***. Disponível em: http://www.unodc.org/pdf/model_treaty_extradition_revised_manual.pdf. Acesso em: 16 mar. 2020. p. 66).

[3] Por exemplos, com os seguintes países: Itália (1993), Portugal (1994), França (1999), EUA (2001), Colômbia (2001), Peru (2001), Coréia (2006), Ucrânia (2006), China (2007) e Cuba (2008) – tudo cf. BRASIL. Ministério da Justiça e Segurança Pública. Secretaria Nacional de Justiça. Departamento de Recuperação de Ativos e Cooperação Jurídica Internacional. **Manual de Cooperação Jurídica Internacional***:* Matéria Penal e Recuperação de Ativos. 4. ed. Brasília: [*s.n.*], 2019. p. 190-192. Refira-se, também, por relevante, que tramita no Supremo Tribunal Federal, desde 28 de novembro de 2017, a Ação Direta da Constitucionalidade nº 51, que discute a constitucionalidade do Decreto 3.810/2001, do art. 273, II, do CPC e dos arts. 780 a 783 do CPP, no que se refere à requisição, por parte de autoridades brasileiras, de dados de usuários localizados em provedores de internet e empresas de tecnologia no exterior (para mais sobre o tema, ver BRASIL. Supremo Tribunal Federal. **Ação Direta de**

Com base no referido modelo, os pedidos de cooperação são implementados por intermédio de autoridades centrais (designadas nos Estados parte), com o objetivo de providenciar o atendimento dos pedidos albergados nos acordos de forma rápida e eficiente, avançando em relação ao paradigma anterior (das rogatórias, as quais, entretanto, não foram extintas)[4].

No Brasil, o papel de autoridade central é, em regra[5], realizado pelo Departamento de Recuperação de Ativos e Cooperação Jurídica Internacional (o DRCI), órgão pertencente à Secretaria de Nacional de Justiça (Senajus), a qual, por seu turno, integra o Ministério da Justiça e Segurança Pública[6].

Constitucionalidade nº *51*. 10/02/2020. Disponível em: http://portal.stf.jus.br/processos/detalhe.asp? incidente=5320379. Acesso em: 16 março 2020).

[4] Cf. UNITED NATIONS. *Office on Drugs and Crime*. ***Revised Manuals on the Model Treaty on Extradition and on the Model Treaty on Mutual Assistance in Criminal Matters***, op. cit., p. 67.

[5] Sobre as exceções em termos de atribuição na cooperação jurídica internacional, o próprio DRCI esclarece que: "Em matéria penal, tal função é exercida pelo DRCI para a quase totalidade dos pedidos e países. Excetua-se apenas a situação referente ao Canadá, pois para os pedidos de cooperação jurídica internacional que tramitam com base no Acordo de Assistência Mútua em Matéria Penal entre o Governo da República Federativa do Brasil e o Governo do Canadá (Decreto nº 6.747, de 22 de janeiro de 2009), a Autoridade Central prevista é a Procuradoria-Geral da República (PGR). Entretanto, todos os pedidos que envolvam o Canadá podem ser tramitados também com base na Convenção Interamericana sobre Assistência Mútua em Matéria Penal (Decreto nº 6.340, de 03 de janeiro de 2008), firmada no âmbito da Organização dos Estados Americanos, em vigor em ambos os países, sendo que para tal Convenção cabe ao DRCI exercer a função de Autoridade Central. Outra situação diferenciada refere-se aos casos que tramitam com base na Convenção de Auxílio Judiciário em Matéria Penal entre os Estados Membros da Comunidade dos Países de Língua Portuguesa (Decreto nº 8.833, de 04 de agosto de 2016), para a qual a Autoridade Central também é o DRCI. Entretanto cabe à Procuradoria-Geral da República registrar e enviar ao exterior todos os pedidos de cooperação de atribuição do Ministério Público da União e dos Ministérios Públicos dos Estados e do Distrito Federal e Territórios, e receber, para execução, os pedidos oriundos de autoridades congêneres estrangeiras. Na prática todos os pedidos oriundos do Poder Judiciário e das Polícias Judiciárias, advogados e outras autoridades devem tramitar pelo DRCI, com exceção apenas dos pedidos feitos pelos Ministérios Públicos" (cf. BRASIL. Ministério da Justiça e Segurança Pública. Secretaria Nacional de Justiça. Departamento de Recuperação de Ativos e Cooperação Jurídica Internacional. **Manual de Cooperação Jurídica Internacional***:* Matéria Penal e Recuperação de Ativos. 4. ed. Brasília: [*s.n.*], 2019. p. 11).

[6] Segundo a estrutura organizacional prevista no decreto de regência, no seu art. 2º, inc. II, alínea "a", item 1. Quanto à atribuição do DRCI, o mesmo diploma prevê: "Art. 14. Ao Departamento de Recuperação de Ativos e Cooperação Jurídica Internacional compete: [...] III – estruturar, implementar e monitorar ações de governo, além de promover a articulação dos órgãos dos Poderes Executivo e Judiciário e do Ministério Público nas seguintes áreas:

Para que se tenha uma ideia do volume de operações, contam-se mais de 1.800 pedidos de cooperação em matéria penal por ano no Brasil[7]. Especificamente em relação aos EUA, desde o ano de 2014 até novembro de 2018 foram formulados 540 pedidos de cooperação ativa (pelo Brasil aos EUA). Só em 2018 o Brasil formulou 89 pedidos de cooperação ativa aos EUA[8], o que fez deste país o maior receptor de pedidos de cooperação enviados pelo Brasil nesse ano[9]. Esses dados também justificam o nosso interesse específico no caso norte-americano.

1.1. Da cooperação para a produção de prova oral nos EUA, requerida pelo Brasil

No MLAT celebrado entre Brasil e EUA, a tomada de depoimento ou declarações de pessoas aparece como a primeira forma de cooperação possível[10].

a) cooperação jurídica internacional em matéria civil e penal, inclusive em assuntos de prestação internacional de alimentos, subtração internacional de crianças, adoção internacional, extradição, transferência de pessoas condenadas e transferência da execução da pena; e b) recuperação de ativos; IV – exercer a função de autoridade central, por meio da coordenação e da instrução de pedidos ativos e passivos de cooperação jurídica internacional nas áreas a que se refere o inciso III, por delegação do Ministro de Estado, exceto se houver designação específica que disponha de maneira diversa;" (cf. BRASIL. Decreto nº 9.662, de 1º de janeiro de 2019. Aprova a Estrutura Regimental e o Quadro Demonstrativo dos Cargos em Comissão e das Funções de Confiança do Ministério da Justiça e Segurança Pública, remaneja cargos em comissão e funções de confiança e transforma cargos em comissão do Grupo-Direção e Assessoramento Superiores – DAS. **Diário Oficial da União**, Brasília, DF, 2 jan. 2019. Edição extra nº 1-A).

[7] Em março de 2019 tramitavam cerca de 3000 pedidos de cooperação jurídica internacional em matéria penal no DRCI. Entre abril de 2014 e março de 2019 foram computados mais de 9000 novos pedidos de cooperação em matéria penal, sendo 5.580 ativos e 3.420 passivos (cf. BRASIL. Ministério da Justiça e Segurança Pública. Informações sobre Cooperação Jurídica Internacional em matéria civil e penal. **Cooperação em Pauta**, n. 49, p. 1-5, março de 2019. p. 2).

[8] Cf. BRASIL. Ministério da Justiça e Segurança Pública. **Brasil e Estados Unidos discutem melhorias para Cooperação Jurídica Internacional**. 7 de novembro de 2018. Disponível em: https://www.justica.gov.br/news/collective-nitf-content.45. Acesso em: 20 abr. 2020.

[9] Cf. BRASIL. MINISTÉRIO DA JUSTIÇA E SEGURANÇA PÚBLICA. *Cooperação Jurídica Internacional: Balanço revela resultados positivos e avanços na área*, 3 de outubro de 2018. Disponível em: https://www.justica.gov.br/news/collective-nitf-content-1538601301.22. Acesso em 20 de abril de 2020.

[10] Confira-se: "Artigo I – Alcance da Assistência – 1. As Partes se obrigam a prestar assistência mútua, nos termos do presente Acordo, em matéria de investigação, inquérito, ação penal,

Outrossim, conforme o mesmo diploma, uma pessoa no Estado Requerido pode ser "intimada a depor ou a apresentar prova" nos termos do acordo e, nesse caso, "será obrigada, quando necessário, a apresentar-se e testemunhar ou exibir documentos, registros e bens", sendo que "[m]ediante solicitação, a Autoridade Central do Estado Requerido antecipará informações sobre data e local da tomada de depoimento ou produção de prova, de acordo com o disposto neste Artigo", assegurando-se que "[o] Estado Requerido permitirá a presença de pessoas indicadas na solicitação, no decorrer do atendimento à solicitação" e, ainda, que o Estado Requerido "permitirá que essas pessoas apresentem perguntas a serem feitas à pessoa que dará o testemunho ou apresentará prova."[11].

prevenção de crimes e processos relacionados a delitos de natureza criminal. 2. A assistência incluirá: a) tomada de depoimentos ou declarações de pessoas; [...]" (cf. BRASIL. Decreto nº 3.810, de 2 de maio de 2001. Promulga o Acordo de Assistência Judiciária em Matéria Penal entre o Governo da República Federativa do Brasil e o Governo dos Estados Unidos da América, celebrado em Brasília, em 14 de outubro de 1997, corrigido em sua versão em português, por troca de Notas, em 15 de fevereiro de 2001. **Diário Oficial da União**, Brasília, DF, 3 maio 2001).

[11] Pelo relevo para a discussão, reproduz-se o texto integral do art. VIII do Acordo: "Artigo VIII. Depoimento ou Produção de Prova no Estado Requerido. 1. Uma pessoa no Estado Requerido intimada a depor ou a apresentar prova, nos termos deste Acordo, será obrigada, quando necessário, a apresentar-se e testemunhar ou exibir documentos, registros e bens. 2. Mediante solicitação, a Autoridade Central do Estado Requerido antecipará informações sobre data e local da tomada de depoimento ou produção de prova, de acordo com o disposto neste Artigo. 3. O Estado Requerido permitirá a presença de pessoas indicadas na solicitação, no decorrer do atendimento à solicitação, e permitirá que essas pessoas apresentem perguntas a serem feitas à pessoa que dará o testemunho ou apresentará prova. 4. Caso a pessoa mencionada no parágrafo 1 alegue condição de imunidade, incapacidade ou privilégio prevista nas leis do Estado Requerente, o depoimento ou prova deverá, não obstante, ser tomado, e a alegação levada ao conhecimento da Autoridade Central do Estado Requerente, para decisão das autoridades daquele Estado. 5. As provas produzidas no Estado Requerido conforme o presente Artigo ou que estejam sujeitas a depoimento tomado de acordo com o presente Artigo podem ser autenticadas por meio de atestado, incluindo, no caso de registros comerciais, autenticação conforme o Formulário A anexo a este Acordo. Os documentos autenticados pelo Formulário A serão admissíveis como prova no Estado Requerente" (cf. BRASIL, Decreto nº 3.810, de 2 de maio de 2001, idem).

Mais claro o texto não poderia ser, no que toca à produção de prova oral nos EUA e no Brasil: pessoa pode ser intimada para depor no Estado Requerido; pessoa pode ser obrigada a apresentar-se para testemunhar, sempre que necessário, no Estado Requerido; sendo, ainda, deveres do Estado Requerido: o de adiantar, se houver solicitação, ao Estado Requerente a data e o horário designados para o depoimento; o de permitir a presença de pessoas indicadas no pedido de cooperação; e o de permitir a apresentação de perguntas que serão feitas à testemunha.

Posto o marco normativo vigente, passamos a averiguar o seu grau de materialização.

2. Problemas de implementação dos exatos termos acordados no espaço estadunidense

Podem ser identificados dois problemas essenciais em matéria de implementação da cooperação para coleta de prova testemunhal em solo norte-americano: (*i.*) no acesso pela defesa à produção de provas com base no acordo e (*ii.*) na forma de cumprimento da cooperação pelos EUA no que toca à coleta de depoimentos.

Analisamos, a seguir, ambos os casos.

2.1. Sobre a (in)acessibilidade do acordo à defesa para a produção de prova oral nos EUA

A primeira dificuldade apontada decorre, segundo informação do próprio DRCI, de interpretação emprestada pela autoridade central dos EUA, supostamente derivada do sistema da *Common Law*, que adota o procedimento chamado *discovery*. Nesse sistema, incumbe às partes, diretamente, recolher a sua prova oral, podendo fazê-lo: por *interrogatories* – respostas escritas às perguntas; ou, por *depositions* – oitiva privada da testemunha com a presença da parte contrária. Em caráter estritamente subsidiário, admite-se a intervenção judicial para a produção de prova oral em caso de desentendimento entre os envolvidos. Desse modo, "os gastos e esforços relacionados à colheita de provas no país são arcados integralmente pelas partes", daí resultando que "o governo norte-americano não concorda em utilizar bens e esforços públicos para custear a oitiva de testemunhas arroladas pela defesa". Ou seja, os EUA só admitem a cooperação por meio do Acordo se a prova visada for do interesse da acusação ou do juiz[12].

Averiguemos a bondade desses argumentos.

Em que consiste o referido procedimento, denominado *discovery*? Trata-se, segundo o multicitado precedente formado em *Britton v. State* – 44 Wis. 2d 109 (1969)[13] –, do "direito da defesa de obter acesso às evidências necessárias para preparar seu próprio caso". Segundo a Associação Americana de Advogados, os procedimentos de *discovery*, ao exigirem a troca de informações entre defesa e acusação antes da realização do julgamento e, assim, ao promoverem a informação sobre pontos fracos e fortes em cada polo, estão voltados a reduzir "*o risco de julgamento por emboscada*", a concentrar "o processo de julgamento em fatos genuinamente em disputa" e, também, a minimizar "as desigualdades entre os réus em situação semelhante"[14].

São suficientes esses aportes para fazer claro que se está diante de procedimentos que se desenvolvem na fase pré-processual. Isto é, o *discovery* serve para a preparação do caso penal em momento anterior ao julgamento propriamente dito, o qual, sinale-se, pode nem ocorrer (posto que, em vista dos elementos levantados nessa fase preliminar, o caso pode ser resolvido com um acordo – o *plea bargaining*)[15].

Isso posto, podemos avançar algumas constatações.

A primeira é a de que o argumento até poderia ter alguma validade se estivéssemos a falar de cooperação para coleta do depoimento de uma testemunha, via MLAT, na fase da investigação preliminar em desenvolvimento

[12] Cf. BRASIL. Ministério da Justiça e Segurança Pública. Secretaria Nacional de Justiça. Departamento de Recuperação de Ativos e Cooperação Jurídica Internacional. **Manual de Cooperação Jurídica Internacional**: Matéria Penal e Recuperação de Ativos, 4. ed. Brasília: [*s.n.*], 2019. p. 130.

[13] Cf. ESTADOS UNIDOS DA AMÉRICA. Suprema Corte do Estado de Wisconsin. *Britton v. State*, 44 Wis. 2d 109 (1969). Disponível em: https://law.justia.com/cases/wisconsin/supreme-court/1969/state-1-4-1.html. Acesso em: 19 fev. 2020.

[14] Cf. AMERICAN BAR ASSOCIATION – ABA. ***ABA Standards for Criminal Justice Discovery and Trial by Jury***. 3rd ed. Washington: ABA, 1995. p. 2.

[15] Cf. AMERICAN BAR ASSOCIATION – ABA. ***ABA Standards for Criminal Justice Discovery and Trial by Jury***. 3rd ed. Washington: ABA, 1995. p. 2.

no Brasil, requerido pela defesa do investigado (pois, nos EUA, esse tipo de diligência – coleta direta das declarações de uma testemunha sua em *depositions* –, no curso da fase pré-processual, realmente se dá às expensas da própria defesa). Entretanto, e convenhamos, não conhecemos situação semelhante na casuística brasileira (e, aliás, desconfiamos mesmo que não exista), o que é nada mais do que o resultado da compreensão, ainda majoritária, acerca do cariz estritamente inquisitorial das investigações policial e direta pelo Ministério Público no Brasil, nas quais a defesa tradicionalmente não tem espaço para requerer a produção de determinada prova (muito menos uma que fosse dependente de pedido cooperação internacional).

A segunda constatação é a de que, em se tratando de oitiva de testemunha da defesa nos EUA, requerida com base no MLAT, arrolada de modo regular no âmbito de uma ação penal em curso – que é, no plano concreto, o cenário que efetivamente pode ocorrer –, o argumento examinado é simplesmente imprestável. Isso porque, na fase judicial, isto é, no espaço de um processo-crime em julgamento nos EUA, as declarações de uma testemunha são tomadas em juízo, em audiência pública[16], com os custos que isso coloca arcados, obviamente, pelo sistema de Justiça do país. Tal e qual ocorre no Brasil.

A terceira constatação é a de que os termos em que redigido o Acordo entre Brasil e EUA não permitem concluir em favor do argumento de uso limitado da assistência legal mútua. Como já examinado anteriormente, seja no art. VIII, seja em qualquer outro dispositivo, constata-se que em lugar algum do texto emerge a limitação do pedido de assistência para a oitiva de testemunha

[16] A propósito, o Código de Leis dos EUA estabelece, dentre as regras do procedimento criminal, a regra 26: "Regra 26. Tomando testemunho. Em todos os julgamentos, o depoimento de testemunhas deve ser tomado em audiência pública, a menos que seja estabelecido de outra forma por um estatuto ou por regras adotadas sob 28 EUA §§2072-2077". Ainda, em nota ao dispositivo, esclarece que "esta regra contempla um conjunto uniforme de regras de evidência para governar em julgamentos criminais nos tribunais federais, [...] uma vez que todos os crimes federais são estatutários e todos os processos criminais nos tribunais federais são baseados em atos do Congresso, regras uniformes de evidência parecem desejáveis, se não essenciais em casos criminais, caso contrário os mesmos fatos sob diferentes regras de evidência podem levar a uma condenação em um distrito e a uma absolvição em outro" (cf. ESTADOS UNIDOS DA AMÉRICA. ***The code of laws of the United States of America*. Federal Rules of Criminal Procedure.** Disponível em: https://uscode.house.gov/view.xhtml?path=/prelim@title18/title18a/ node35&edition=prelim. Acesso em: 20 fev. 2020).

– que é, repita-se, a primeira forma de cooperação prevista – somente quando o interessado for juiz ou órgão de acusação.

Não compartilhamos, no ponto, da leitura de Aras, para quem a previsão do § 5º do art. I do Acordo, o qual vincula o compromisso "tão-somente a assistência judiciária mútua entre as *Partes*" (Estados nacionais), estaria a positivar a exclusão do uso defensivo da assistência legal pactuada[17]. Não temos dúvida de que o trecho em foco não permite extrair essa conclusão. Ele representa o simples emprego da fraseologia própria em acordos do tipo MLAT, que, a exemplo de qualquer outro pacto, terá Partes. E se a Parte, Estado nacional, acionar a cooperação, estará a fazê-lo no interesse da Justiça, que (precisa) compreende(r), no âmbito de uma ação penal, relativamente a oitiva de testemunha, os interesses tanto da acusação como da defesa (sendo, o juiz, um mero intermediário, já que não atua no processo, razão pela qual não produz testemunhas suas – como é cediço, só podendo ordenar, de ofício, em caráter estritamente subsidiário, a oitiva das testemunhas referidas).

Em suma, mesmo que se estivesse diante da situação hipotética cogitada anteriormente (oitiva de testemunha, via cooperação, em atendimento a pedido da defesa do investigado, no curso de uma investigação preliminar no Brasil), ainda assim o texto do Acordo não distingue quem seja o interessado no depoimento e, pois, não limita o atendimento do pedido por esse critério: e não poderia mesmo fazê-lo, sob pena de sufragar uma intolerável incoerência, qual seja, a pregação do respeito à cláusula do devido processo em persecução penal doméstica, cláusula da qual a paridade de armas é corolário, simultaneamente à frontal violação das mesmas regras quando se tratasse de realizar diligência em sede de cooperação internacional. Ora, isso não faz o menor sentido!

De outro lado, e também a reforçar o nosso entendimento, temos que se a limitação em debate fosse o desejo das Partes, tal restrição, pela sua enorme gravidade, haveria de estar prevista expressamente. Não estando, nada autoriza que se extraia o limite por interpretação.

[17] Cf. ARAS, Vladimir. O Sistema de Cooperação Penal Brasil/Estados Unidos. *In*: **Cooperação Jurídica Internacional em Matéria Penal.** BALTAZAR, José Paulo; LIMA, Luciano Flores de (org.). Porto Alegre: Verbo jurídico, 2010. p. 360.

Por tudo isso, ao garantir o uso parcial da assistência legal mútua (só pelo acusador e/ou pelo juiz), acreditamos que a posição assumida pelos EUA é simples e indevida *interpretatio* restritiva, *contra reo*, a qual torna o Acordo não apenas pouco cooperativo, mas, sobretudo, faz materialmente inconstitucionais (face à Carta Política brasileira) todas as provas de acusação por ele obtidas. Tais provas, sempre que não se permita à defesa a busca de contraprovas pela exata mesma via, terão sido obtidas em detrimento das garantias pétreas da ampla defesa, do contraditório e do devido processo legal (consagrando, ao fim e ao cabo, o exato inverso, uma inexistente *ampla acusação*, em nítida disparidade de armas)[18] e, assim, devem ser reputadas ilícitas, bem como todas as demais evidências delas derivadas[19].

Para solucionar o impasse, e de modo a guardar a necessária conformidade constitucional, resta o caminho singelo da admissão do uso defensivo do Acordo para coleta de prova oral (ou de qualquer outra espécie prevista). Não sendo assim, parecem restar duas alternativas capazes de tangenciar a descabida postura norte-americana: (*a.*) dever do juiz (razoável a prova[20])

[18] Apesar de ler no referido § 5º do art. I do Acordo a previsão da impossibilidade de uso da assistência legal mútua pela defesa, cremos que Aras é certeiro ao concluir que o dispositivo é "extremamente criticável, por violar a ampla defesa e o direito à paridade de armas" e "[n]a perspectiva brasileira, o § 5º, do artigo 1º do MLAT Brasil-EUA é inconstitucional", resultando "que as provas obtidas por meio de MLA pode ser questionadas pela defesa perante a Justiça do Estado requerido e o Judiciário do Estado requerente" (cf. ARAS, Vladimir. O Sistema de Cooperação Penal Brasil/Estados Unidos. *In*: **Cooperação Jurídica Internacional em Matéria Penal**. BALTAZAR, José Paulo; LIMA, Luciano Flores de (org.). Porto Alegre: Verbo jurídico, 2010. p. 360).

[19] Na consolidada lição de Grinover: "A inadmissibilidade processual da prova ilícita torna-se absoluta, sempre que a ilicitude consista na violação de uma norma constitucional, em prejuízo das partes ou de terceiros", sendo incontornável a exclusão física de tais provas, posto que a "mitigação do rigor da admissibilidade das provas ilícitas deve ser feita através da análise da própria norma material violada: [...] sempre que a violação se der com relação aos direitos fundamentais e a suas garantias não haverá como invocar-se o princípio da proporcionalidade" (cf. GRINOVER, Ada Pellegrini. **Liberdades Públicas e Processo Penal**. 2. ed. São Paulo: RT, 1982. p. 151).

[20] Sobre a razoabilidade da prova requerida, observamos que isso não demanda a exata compreensão pelo juiz da estratégia defensiva. Entendimento diverso, pela imposição à defesa de um dever de revelar o seu plano de ação ao magistrado, violaria, por certo, a garantia do contraditório, face às indevidas antecipações que se estaria a fazer à parte adversa. Também restaria violado o modelo acusatório de processo na medida em que se cometeria ao juiz a tarefa não apenas de julgar o réu, mas, antes, de fazer juízo de admissibilidade sobre a defesa

de requerer a sua coleta nos EUA, afirmando também o seu interesse e/ou da acusação na medida[21]; ou, na hipótese de não se obter essa adesão judicial[22], a (*b.*) admissão da coleta da prova testemunhal necessária à defesa pela via da carta rogatória, acompanhada da exclusão dos autos de todas as provas obtidas pela acusação com base no Acordo (imposição do princípio da igualdade de armas): se o instrumento não vale para ambas as partes, não pode valer para nenhuma delas. Enfim, admitir-se a via expressa do Acordo para socorro das pretensões acusatórias, impondo-se à defesa a via – *crucis* – da rogatória não é, à evidência, solução razoável[23].

que se propõe desenvolver em seu prol. Vale, aqui, a mesma advertência feita por Giacomolli ao refletir sobre a previsão do § 1º do art. 400 do CPP (que dispõe: "As provas serão produzidas numa só audiência, podendo o juiz indeferir as consideradas irrelevantes, impertinentes ou protelatórias"): "[O] indeferimento de provas, devidamente motivado, é medida extremamente grave à dialética processual, tendo aplicação o art. 400, § 1º, do CPP quando evidenciada de modo incontestável, a irrelevância, a impertinência ou o intuito protelatório" (cf. GIACOMOLLI, Nereu. **Reformas(?) do Processo Penal**. Considerações críticas. Porto Alegre: Livraria do Advogado, 2008. p. 69).

21 Nesse sentido a orientação do DRCI, que prescreve a indicação pelo juízo, no ato da requisição da assistência para oitiva de testemunha da defesa, de que existe interesse concomitante da acusação e/ou do juiz na prova: "A existência de tal interesse revela-se suficiente para habilitar a execução da referida solicitação, que, neste caso, se daria em benefício não somente da defesa como também do juízo ou da acusação" (cf. GIACOMET JUNIOR, Isalino Antonio. Como elaborar um pedido de cooperação jurídica internacional em matéria penal. *In*: BRASIL. Ministério da Justiça e Segurança Pública. Secretaria Nacional de Justiça. Departamento de Recuperação de Ativos e Cooperação Jurídica Internacional. **Manual de Cooperação Jurídica Internacional**: Matéria Penal e Recuperação de Ativos, idem, p. 91). No mesmo rumo, Aras refere: "[a] solução que aventamos é que as solicitações defensivas sejam veiculadas por intermédio do Ministério Público ou da autoridade judiciária, com o esclarecimento de que as medidas ali pleiteadas interessam ao processo penal (devido processo penal)" (cf. ARAS, Vladimir, idem, p. 360).

22 Hipótese que só faz evidenciar a fragilização da defesa nesse cenário, no qual não é reconhecida como intitulada a requerer a coleta de prova testemunhal via assistência legal mútua nos EUA. Outrossim, reforça a necessidade de reconhecer que ela tenha, sim, nos termos do Acordo, a capacidade de acionar a dita cooperação sem ter de contar com a boa vontade do juízo para dizer algo que, sejamos claros, caso nem ele, nem a acusação, tenham efetivo interesse na prova, não será mais que uma mentira conveniente, voltada a evitar a ocorrência de uma nulidade processual.

23 Acrescente-se, contudo, diante da última opção, que o Ministério da Justiça e Segurança Pública brasileiro entende que já não subsiste o modelo da carta rogatória com os EUA a partir do momento em que foi ratificado o Acordo de Cooperação Brasil e EUA: "É importante ressaltar que, apesar da lei de cooperação estadunidense mencionar a cooperação por meio

2.2. Sobre o modo de coleta da prova oral nos EUA: indevido cumprimento pelo FBI

Quanto ao outro problema anunciado, que diz com a forma de cumprimento da cooperação pelos EUA, o Ministério da Justiça e Segurança Pública brasileiro explica como ela tem se desenvolvido:

> Cabe ressaltar que a execução da solicitação de assistência pelo FBI é efetivada de acordo com a legislação estadunidense, já que a Autoridade Central daquele país julga ser essa a forma adequada para cumprir o pedido de cooperação brasileiro. Não obstante, segundo o princípio da *lex diligentiae*, a prova torna-se admissível em território nacional, observando-se os termos do artigo 13 da Lei de Introdução ao Código Civil brasileiro. Ademais, conforme o Artigo V, Parágrafo 3º, do citado Acordo, as solicitações serão executadas de acordo com as leis do Estado Requerido, a menos que os termos do Acordo disponham de outra forma.[24].

Ou seja, independente do fim a que se destina a prova testemunhal a ser colhida em território norte-americano, se para fins de investigação preliminar ou já para processo penal, o Ministério da Justiça e Segurança Pública brasileiro tem a coleta por meio do FBI como algo absolutamente regular.

No mesmo sentido, observe-se a posição assumida por Giacomet Jr.:

de Carta Rogatória, a ratificação do Acordo de Assistência jurídica com os Estados Unidos da América tornou nula a cooperação em matéria penal com aquele país por meio de Carta Rogatória" (cf. BRASIL. Ministério da Justiça e Segurança Pública. Secretaria Nacional de Justiça. Departamento de Recuperação de Ativos e Cooperação Jurídica Internacional. **Manual de Cooperação Jurídica Internacional***:* Matéria Penal e Recuperação de Ativos. 4. ed., Brasília: [*s.n.*], 2019. p. 129). Vale o registro, entretanto, da divergência doutrinária a esse respeito, permanecendo a crença de que ainda permanece o sistema das rogatórias como alternativa à satisfação da necessidade defensiva de coleta de prova testemunhal (cf. ARAS, Vladimir. O Sistema de Cooperação Penal Brasil/Estados Unidos. *In*: **Cooperação Jurídica Internacional em Matéria Penal.** BALTAZAR, José Paulo; LIMA, Luciano Flores de (org.). Porto Alegre: Verbo jurídico, 2010. p. 350 e 353).

[24] Cf. BRASIL. Ministério da Justiça e Segurança Pública. Secretaria Nacional de Justiça. Departamento de Recuperação de Ativos e Cooperação Jurídica Internacional. **Manual de Cooperação Jurídica Internacional***:* Matéria Penal e Recuperação de Ativos, idem, p. 92.

De qualquer forma, cumpre esclarecer que nos tratados internacionais sobre assistência jurídica em matéria penal prevalece o princípio de que as regras processuais que regem a produção da prova na cooperação jurídica internacional são aquelas previstas no ordenamento jurídico do Estado requerido. Assim, de modo geral, o Estado requerente não pode exigir que eventual formalidade ou procedimento legal específico seja observado pelo Estado requerido. Desta forma, caso a diligência no exterior seja cumprida de acordo com a lei do Estado requerido estrangeiro, as provas produzidas e restituídas às autoridades requerentes brasileiras podem ser utilizadas validamente no inquérito policial ou no processo penal brasileiro, pois, sob o ponto de vista da cooperação jurídica internacional, houve observância nas normas competentes.[25]

Divergimos, entretanto, desse entendimento. Cremos que a oitiva de testemunha, em sede de assistência legal mútua, conduzida pela Polícia Federal norte-americana para fins de utilização em processo judicial brasileiro, nitidamente resulta em uma prova inválida, de impossível admissão em juízo.

Primeiro, porque, ao contrário do alegado pelo Ministério da Justiça e Segurança Pública brasileiro, não se conhece norma processual que permita naquele país a oitiva policial de alguém como testemunha para uso em processo criminal já em tramitação[26], o que afasta a aplicabilidade do art. 13 da

[25] Cf. GIACOMET JUNIOR, Isalino Antonio, Como elaborar um pedido de cooperação jurídica internacional em matéria penal. *In*: BRASIL. Ministério da Justiça e Segurança Pública. Secretaria Nacional de Justiça. Departamento de Recuperação de Ativos e Cooperação Jurídica Internacional. **Manual de Cooperação Jurídica Internacional**: Matéria Penal e Recuperação de Ativos. 4. ed., Brasília: [*s.n.*], 2019. p. 18.

[26] Até porque "No sistema da *common law*, entretanto, uma declaração somente se torna evidência uma vez que o autor da declaração entregue o conteúdo desta declaração como testemunho diante de uma Corte. Isso pode ocorrer meses, se não anos, após a feitura da declaração original" (cf. UNITED NATIONS. *Office on Drugs and Crime*. ***Revised Manuals on the Model Treaty on Extradition and on the Model Treaty on Mutual Assistance in Criminal Matters***, idem, p. 70). Ou seja, lá, como aqui, é fundamental a judicialização dos depoimentos tomados na fase pré-processual (*pre-trial*). Do mesmo modo dispõe o Código de Leis dos EUA / Regras Federais de Procedimento Criminal, como já explicitado *supra* (ver nota 17).

Lei de Introdução ao Código Civil brasileiro[27], bem como do Art. V, §3º do Acordo[28].

Segundo, porque se é possível – e sabe-se que é – a oitiva judicial de testemunha nos EUA, uma vez formulado o pedido pela autoridade judiciária brasileira para que o ato seja conduzido nesse formato específico, não há motivos para que ele seja executado de forma diversa[29]. Não é demais lembrar o assegurado no dito § 3º do art. V do Acordo, de que deverá ser seguido o "método de execução especificado na solicitação", o que só é excepcionado pela eventual existência de "proibições previstas nas leis do Estado Requerido", o que simplesmente não é o caso.

Acrescente-se, conforme o já citado art. VIII do Acordo, que na assistência legal mútua para a coleta de depoimento está "garantida a presença de pessoas indicadas na solicitação", com a antecipação dos informes relativos à data e ao local da tomada do aludido depoimento e a permissão de que "essas pessoas apresentem perguntas a serem feitas à pessoa que dará o testemunho", tudo a pressupor um ato nos moldes de uma audiência a ser presidida, pois, não por um policial ou promotor, mas sim por um juiz de direito.

Terceiro, e por fim, a oitiva judicial de testemunha nos EUA, quando pedida a partir de ação penal em trâmite no Brasil, também deve ocorrer nesse

[27] Cujo texto reza: "Art. 13. A prova dos fatos ocorridos em país estrangeiro rege-se pela lei que nele vigorar, quanto ao ônus e aos meios de produzir-se, não admitindo os tribunais brasileiros provas que a lei brasileira desconheça." (cf. BRASIL. Decreto-Lei nº 4.657, de 4 de setembro de 1942. Lei de Introdução às normas do Direito Brasileiro. **Diário Oficial da União**: Seção 1, Brasília, DF, 9 set. 1942, retificado em 8 out. 1942 e em 17 jun. 1943).

[28] O qual dispõe: "Art. V – Cumprimento das Solicitações [...] 3. As solicitações serão executadas de acordo com as leis do Estado Requerido, a menos que os termos deste Acordo disponham de outra forma. O método de execução especificado na solicitação deverá, contudo, ser seguido, exceto no que tange às proibições previstas nas leis do Estado Requerido" (cf. BRASIL. Decreto nº 3.810, de 2 de maio de 2001, idem).

[29] A ONU, nesse sentido, esclarece os poderes que devem ser assegurados no MLAT à autoridade judiciária do Estado requerido, para efetivar a tomada de depoimento em pedido em assistência legal mútua: "É desejável que a legislação implementadora dê poderes a autoridade judicial competente do Estado requerido para entregar uma ordem para compelir a tomada de uma declaração ou testemunho onde uma testemunha não irá providenciar tal evidência em uma base voluntária, em resposta a um pedido de uma autoridade estrangeira, e para tomar tais declarações ou evidência sob juramento ou afirmação." (cf. UNITED NATIONS. *Office on Drugs and Crime*. ***Revised Manuals on the Model Treaty on Extradition and on the Model Treaty on Mutual Assistance in Criminal Matters***, idem, p. 70).

formato por uma questão de reciprocidade: fosse a diligência requerida pelos EUA para cumprimento em solo brasileiro seria realizada por meio de audiência, perante juiz de direito, e não por ouvida feita pela nossa Polícia Federal.

Conclusões

Por todo o exposto, cremos suficientemente esclarecido o direito da defesa também dispor da assistência legal mútua, via Acordo Brasil e EUA, para a coleta de prova testemunhal em solo norte-americano, e sem que, para tanto, precise da adesão manifestada (ainda que insincera, posta apenas de modo a contornar eventual objeção do Estado requerido) pelo juízo ou pelo acusador. Igualmente, como em regra (quase absoluta) a prova irá se destinar a processo penal em curso, acreditamos estar clara a inadequação da sua coleta por meio do FBI, sob pena de se gerar prova nula. Enfim, a tomada de depoimento pedida por autoridade judicial deve ser efetivada por autoridade judicial.

Trata-se de demandas do devido processo legal e, nele, da paridade de armas, da ampla defesa e do contraditório, valores fundamentais tanto no Brasil como nos EUA. Da mesma forma, trata-se de respeitar o texto expresso do Acordo, que não admite interpretações redutoras, capazes de, em última análise, defraudar as expectativas de maior e melhor cooperação entre os países pela via do pacto.

Se é correto dizer que a importância de se consolidar instrumentos de cooperação penal nos moldes dos MLATs é, hoje, ponto pacífico, não será menos certo dizer que essa cooperação somente será útil enquanto for válida, ou seja, na estrita medida em que for capaz de gerar provas e outras evidências lícitas/em conformidade com os direitos fundamentais consagrados nas Constituições os signatários. Por isso, e cada vez mais, dos atores envolvidos na concretização da assistência legal mútua espera-se nada menos que o intransigente compromisso com esse esforço, constante, de conformação constitucional da cooperação entre Brasil e EUA.

Nesse rumo, na certeza de que boa vontade e empenho não faltarão, haveremos de seguir esperançosos no alcance, para breve, de uma cooperação penal materialmente mais justa entre os países.

Referências

AMERICAN BAR ASSOCIATION – ABA. ***ABA Standards for Criminal Justice Discovery and Trial by Jury***. 3rd ed. Washington: ABA, 1995.

ARAS, Vladimir. O Sistema de Cooperação Penal Brasil/Estados Unidos. *In*: **Cooperação Jurídica Internacional em Matéria Penal**. BALTAZAR, José Paulo; LIMA, Luciano Flores de (org.). Porto Alegre: Verbo jurídico, 2010.

BRASIL. Decreto-Lei nº 4.657, de 4 de setembro de 1942. Lei de Introdução às normas do Direito Brasileiro. **Diário Oficial da União**: Seção 1, Brasília, DF, 9 set. 1942, retificado em 8 out. 1942 e em 17 jun. 1943.

BRASIL. Decreto nº 3.810, de 2 de maio de 2001. Promulga o Acordo de Assistência Judiciária em Matéria Penal entre o Governo da República Federativa do Brasil e o Governo dos Estados Unidos da América, celebrado em Brasília, em 14 de outubro de 1997, corrigido em sua versão em português, por troca de Notas, em 15 de fevereiro de 2001. **Diário Oficial da União**, Brasília, DF, 3 maio 2001.

BRASIL. Decreto nº 9.662, de 1º de janeiro de 2019. Aprova a Estrutura Regimental e o Quadro Demonstrativo dos Cargos em Comissão e das Funções de Confiança do Ministério da Justiça e Segurança Pública, remaneja cargos em comissão e funções de confiança e transforma cargos em comissão do Grupo-Direção e Assessoramento Superiores - DAS. **Diário Oficial da União**, Brasília, DF, 2 jan. 2019. Edição extra nº 1-A.

BRASIL. Ministério da Justiça e Segurança Pública. **Brasil e Estados Unidos discutem melhorias para Cooperação Jurídica Internacional**. 7 de novembro de 2018. Disponível em: https://www.justica.gov.br/news/collective-nitf-content.45. Acesso em: 20 abr. 2020.

BRASIL. Ministério da Justiça e Segurança Pública. Informações sobre Cooperação Jurídica Internacional em matéria civil e penal. **Cooperação em Pauta**, n. 49, p. 1 a 5, março de 2019.

BRASIL. Ministério da Justiça e Segurança Pública. Secretaria Nacional de Justiça. Departamento de Recuperação de Ativos e Cooperação Jurídica Internacional. **Manual de Cooperação Jurídica Internacional**: Matéria Penal e Recuperação de Ativos. 4. ed., Brasília: [*s.n.*], 2019.

BRASIL. Supremo Tribunal Federal. **Ação direta de Constitucionalidade nº 51**. 10/02/2020. Disponível em: http://portal.stf.jus.br/processos/detalhe.asp? incidente=5320379. Acesso em: 16 mar. 2020.

ESTADOS UNIDOS DA AMÉRICA. Suprema Corte do Estado de Wisconsin. ***Britton v. State***, 44 Wis. 2d 109 (1969). Disponível em: https://law.justia.com/cases/wisconsin/supreme-court/1969/state-1-4-1.html. Acesso em: 19 fev. 2020.

ESTADOS UNIDOS DA AMÉRICA. ***The code of laws of the United States of America.*** **Federal Rules of Criminal Procedure.** Disponível em: https://uscode.house.gov/view.xhtml?path=/prelim@title18/title18a/node35&edition=prelim. Acesso em: 20 fev. 2020.

GIACOMET JUNIOR, Isalino Antonio. Como elaborar um pedido de cooperação jurídica internacional em matéria penal. *In*: BRASIL. Ministério da Justiça e Segurança Pública.

Secretaria Nacional de Justiça. Departamento de Recuperação de Ativos e Cooperação Jurídica Internacional. **Manual de Cooperação Jurídica Internacional**: Matéria Penal e Recuperação de Ativos. 4. ed., Brasília: [*s.n.*], 2019.

GIACOMOLLI, Nereu. **Reformas(?) do Processo Penal**. Considerações críticas. Porto Alegre: Livraria do Advogado, 2008.

GRINOVER, Ada Pellegrini. **Liberdades Públicas e Processo Penal**. 2. ed. São Paulo: RT, 1982.

UNITED NATIONS. *Office on Drugs and Crime*. ***Revised Manuals on the Model Treaty on Extradition and on the Model Treaty on Mutual Assistance in Criminal Matters***. Disponível em: http://www.unodc.org/pdf/model_treaty_extradition_revised_manual.pdf. Acesso em: 16 mar. 2020.

58.

IMBRICAÇÕES NECESSÁRIAS DA CADEIA DE CUSTÓDIA NA DECISÃO JUDICIAL PENAL: ALGUNS APONTAMENTOS SOBRE SUAS DIMENSÕES PROCESSUAIS DINÂMICAS[1]

Rogério Gesta Leal

I – Notas Introdutórias

A nova Lei Anticrime no Brasil (nº 13.964, de 24 de dezembro de 2019) inovou, dentre outras coisas, no que tange ao tratamento das provas, em especial a partir do conceito de CADEIA DE CUSTÓDIA, ora compreendida como conjunto de todos os procedimentos utilizados para manter e documentar a história cronológica do vestígio coletado em locais ou em vítimas de crimes, para rastrear sua posse e manuseio a partir de seu reconhecimento até o descarte, nos termos do agora criado art.158-A do Código de Processo Penal – CPP, sendo que seu início se dá com a preservação do local de crime ou com procedimentos policiais, ou periciais nos quais seja detectada a existência de vestígio (§ 1º). De igual sorte atribui definição ampliada do que seja VESTIGIO para fins de prova penal, aqui entendido como todo objeto ou material

[1] Artigo especialmente produzido para o livro em homenagem ao Prof. Dr. Nereu Giacomolli, professor da PUCRS, advogado e desembargador aposentado do Tribunal de Justiça do Estado do Rio Grande do Sul.

bruto, visível ou latente, constatado ou recolhido, que se relaciona à infração penal (§ 3º).

Esses novos parâmetros conceituais operam impactos profundos na condução do processo penal por seus atores neurais – partes e órgão judicante (monocrático ou colegiado), razão pela qual se fazem necessárias reflexões no que tange à gestão da prova penal e suas imbricações com a decisão judicial, o que pretendemos fazer neste texto.

Num primeiro momento, cumpre trazermos algumas considerações sobre premissas constitutivas da decisão judicial enquanto ato de vontade do julgador condicionada pelo universo probatório formatado no âmbito do processo penal, eis que essa é a função primordial da prova na e para a lide.

Ato contínuo, vamos avaliar como a cadeia de custódia – e sua demarcação conceitual normativa contemporânea – pode contribuir para o aprimoramento e reconfiguração da função jurisdicional na administração da prova e da decisão judicial no processo penal.

II – Quais os fundamentos racionais para a tomada de decisão judicial? Aportes aproximativos

Se formos partir da ideia de que o objeto central da jurisdição é alcançar solução acertada para casos concretos e, para tanto, o jurista deverá percorrer um caminho, esse historicamente tem sido nominado como método.[2] Em termos de cognição e decisão jurídica no tempo e no espaço, tais métodos e técnicas foram os mais diversos, envolvendo desde a compreensão do fenômeno social que se apresenta no caso típico até a forma com que esta compreensão se desdobra reflexiva e descritivamente no âmbito da interpretação e aplicação do sistema jurídico à solução do problema apresentado[3].

[2] Nesse sentido, ver o trabalho de COSSIO, Carlos. ***El substrato filosófico de los*** métodos interpretativos. Buenos Aires: Depalma, 1983. p. 21-46.

[3] Ver os textos de: (i) MAGGIORE, Giuseppe. ***La dottrina del metodo giuridico e la sua revisione critica***. Milano: Fatricce, 1989; (ii) FERRAZ JR., Tércio Sampaio. **O conceito de sistema no direito**. São Paulo: Revista dos Tribunais, 1976.

Por conta disso é que o Judiciário não pode tomar decisões arbitrariamente, devendo justificar/fundamentar com argumentos controláveis publicamente a solução alcançada, inclusive por exigência constitucional, oportunidade em que a problemática que exsurge de forma intensa é a que diz respeito ao peso e ao valor dos argumentos impressos no ato da interpretação/aplicação do Direito (única forma de se afastar a arbitrariedade referida), visando a não instabilizar o sistema positivo, haja vista a inexistência de catálogo de regras e critérios hermenêuticos fixos para todos os casos, mas apenas diretivos, devendo tais questões serem resolvidas também ponto a ponto.[4]

Em termos de metodologia de apreensão e solução jurídica dos conflitos que se apresentam à solução estatal, nomeadamente em situações criminais, tanto o dedutivo puro como o indutivo puro não atendem mais de forma satisfatória a natureza complexa de muitos ilícitos penais.

O método dedutivo puro, tradicionalmente utilizado (com algumas variações) por nossa cultura jurídica romano-germânica, tomando como pressuposto fundamental a leitura dos ilícitos a partir de relação de subsunção primária deles às normas do sistema jurídico vigente, traz condicionante restritivo de suas compreensões dado pela norma, tendo-os como fatos exauridos em situação temporal e espacial dada. Tal perspectiva desconsidera a natureza fenomênica do problema enquanto relação intersubjetiva tensional de interesses distintos, marcados por contextos (e não meramente textos) com historicidade política, econômica e cultural.[5]

O método indutivo mais puro também apresenta insuficiências de apreensão dos ilícitos apresentados à solução do direito, a despeito de partir exatamente deles para encontrar possíveis respostas normativas. Isso ocorre porque não há a preocupação de problematizar a própria abordagem e compreensão do caso concreto como fenômeno social, eminentemente complexo em sua

[4] Trabalhamos esses temas de forma mais ampliada no livro LEAL, Rogerio Gesta. **A decisão judicial**: elementos teórico-constitutivos à efetivação pragmática dos Direitos Fundamentais. Joaçaba: Editora da Unoesc, 2012.

[5] Ver o texto de PARINI, Pedro. **O raciocínio dedutivo como possível estrutura lógica da argumentação judicial: silogismo versus entimema a partir da contraposição entre as teorias de Neil MacCormick e Katharina Sobota**. Disponível em: http://www.conpedi.org/manaus/arquivos/Anais/Pedro%20Parini.pdf. Acesso em: 10 jul. 2009.

constituição e desenvolvimento, restando, por vezes, absolutizado pelas pré-compreensões das decisões pretéritas forjadas.[6]

Ou seja, ambos esses métodos, de modo isolado, não servem para o tratamento dos temas que estamos debatendo, em especial quando estamos tratando de novo conceito de prova penal (objeto deste estudo), agora ampliado para dimensão macro – em face do conceito de cadeia –, e que exige, em crimes complexos ou não, percepção e abordagem conectadas com o maior número de fatores e variáveis possíveis que possam se relacionar, direta e indiretamente, com o delito perpetrado.

Estamos partindo da premissa de que todos os crimes apresentam particularidades únicas, as quais lhes conferem níveis maiores ou menores de complexidade, o que reclama metodologia de abordagem e procedimento consectária, que rejunte as ações e reações – de autores e vítimas – aos seus contextos multifacetários aos quais pertencem. Isso se dá porque os processos de cognição e compreensão de ilícitos tornam-se cada vez mais pertinentes quando é possível encaixá-los em cenários mais amplos.[7]

Por todos esses elementos, já tivemos oportunidade de defender que é preciso sempre potencializar ao máximo alguns passos metodológicos de abordagem e solução de questões jurídicas para tais fins, dentre os quais destacamos os seguintes, inclusive como forma de densificação material supletiva do conceito normativo de cadeia de custódia[8]:

[6] Tratamos de forma mais reflexiva destes temas no livro LEAL, Rogério Gesta. **Hermenêutica e Direito**: considerações sobre a teoria do direito e os operadores jurídicos. Santa Cruz do Sul: Edunisc, 2010.

[7] Ver, nesse sentido, o texto de MORIN, Edgar. **Ensaios de Complexidade**. Natal: Edufrgn, 2000. p. 16. Uma metodologia alicerçada num novo pensamento, que pode ser chamado de complexo, lembra que a partir do momento em que se lança uma ação no mundo, essa vai deixar de obedecer às intenções originais exclusivamente, pois vai entrar no jogo de ações e interações do meio social no qual acontece e seguir direções muitas vezes contrárias daquelas que eram as originais. Assim, é preciso ter a consciência de que jamais se vai possuir certezas absolutas sobre essas ações pelo simples fato de que elas não dependem só de intenções ou desejos individuais, mas do mundo em que ocorrem e com o qual se constituem. Essa compreensão, numa Sociedade de Riscos, demanda dos sujeitos de direito medidas de maior previsão e de redução da ocorrência de danos em seus comportamentos cotidianos. Ver também o excelente texto de STRECK, Lenio Luiz. **Hermenêutica Jurídica e(m) Crise**: uma exploração hermenêutica da construção do direito. Porto Alegre: Livraria do Advogado, 2005.

[8] Essas questões estão melhor tratadas em nosso livro LEAL, Rogerio Gesta. O método sistêmico-constitucional para solução de casos concretos: algumas reflexões preliminares.

(1) coleta de informações quantitativa e qualitativamente importantes relacionadas ao evento criminoso como um todo (envolvendo potenciais autores e vitimas), tarefa de todos os protagonistas do sistema de Justiça (policia, advogados, Ministério Público, Judiciário), para o processo (mais do que para as partes), acerca de quem são os atores do ilícito – diretos e indiretos – e das situações fáticas os envolvendo (seja de que natureza for), e suas variáveis (econômicas, políticas, culturais, religiosas, sexuais etc.), condizentes aos bens violados, providência, aliás, que se configura como permanente, pois poderão complementar a prova da materialidade, autoria e culpabilidade;
(2) identificação exauriente de quais são os bens jurídicos atingidos – direta e indiretamente – pelos ilícitos praticados, suas particularidades fáticas, sociais, econômicas, culturais e normativas, pois elas são importantes na delimitação da cronologia histórica de eventuais vestígios (físicos e virtuais) decorrentes;
(3) coleta exauriente dos elementos de prova relacionados – direta e indiretamente – com os vestígios (físicos e virtuais), através tanto de processos e procedimentos investigativos como jurisdicionais, guardadas as demandas singulares de cada caso e de cada prova/vestígio.[9]

Esses passos metodológicos exemplificativos estão fundados também na premissa de que só podemos alcançar, com o processo penal, a verdade judicial do caso concreto, e isso porque a discussão judicial é limitada pelas regras processuais e pelo tempo, de modo que se obtém nada mais do que uma verdade limitada às partes e condicionada também por suas iniciativas.[10]

In: SCHÄFER, Jairo (org.). **Temas Polêmicos do constitucionalismo contemporâneo.** Florianópolis: Conceito, 2007. p. 423.

[9] Nesse sentido, pode-se buscar algum subsídio no trabalho de THIOLLENT, Michel. **Metodologia da pesquisa-ação.** São Paulo: Cortez, 2002. p. 41. Ver também o texto de FLORIAN, Eugenio. ***De las pruebas penales.*** Bogotá: Temis, 2010.

[10] BALTAZAR JR., José Paulo. Standards Probatórios. *In*: KNIJNIK, Danilo (org.). **Prova Judiciária**: estudos sobre o novo direito probatório. Porto Alegre: Livraria do Advogado, 2007. p. 165. Ver também os clássicos estudos de: (i) GUZMÁN, Nicolás. ***La verdade em el processo penal.*** Argentina: Didot, 2018; (ii) MENDES, Paulo de Sousa. **Causalidade complexa e prova penal.** São Paulo: Marcial Pons, 2019; (iii) DELLEPIANE, Antonio. **Nova Teoria da Prova.** Campinas: Minelli, 2004; (iv) TARUFFO, Michele; IBANÉZ, Perfecto A.; PÉREZ, Alfonso C. ***Consideraciones sobre la prueba judicial.*** Madrid: Fundación Coloquio Jurídico Europeo,

Não nos filiamos *às* concepções, à moda Nietzche, de que inexistem fatos, somente intepretações! Há fatos, sim, naturais e construídos (inclusive por tipos penais), e estes têm seus sentidos atribuídos e desvelados por processos hermenêuticos os mais diversos, controlados publicamente por princípios e regras vinculantes no caso do processo penal.[11]

Ao lado disso, importa termos presente que, independentemente das pretensões deduzidas/perseguidas em juízo, o que se deve relevar são os direitos e bens tutelados juridicamente, sua função própria a cumprir e, consequentemente, cada um deles deve realizar-se conforme os objetivos e finalidades dadas pelo próprio sistema (constitucional e infraconstitucional).

E em termos de processo jurisdicional – qualquer que seja ele –, compartilhamos a percepção da professora Ada Pellegrini Grinover, no sentido de ele ser regido por princípios publicísticos os mais diversos, tanto relacionados aos Direitos Fundamentais Individuais (dentre eles os direitos dos réus e das vítimas) como aos Direitos Fundamentais Sociais (dentre eles o da segurança pública e da persecução penal), daí porque "os objetivos da jurisdição e do seu instrumento, o processo, não se colocam com vistas à parte, a seus interesses e a seus direitos subjetivos, mas em função do Estado e dos objetivos deste".[12]

2009; (v) PRADO, Geraldo. **Prova penal e sistema de controles epistêmicos**. São Paulo: Marcial Pons, 2014; PRADO, Geraldo. Ainda sobre a quebra da cadeia de custódia das provas. **Boletim IBCCRIM**, São Paulo, ano 22, n. 262, set/2014; (vi) BELEZA, Teresa P.; COSTA PINTO, Frederico de L. (org.). **Prova criminal e direito de defesa**. Coimbra: Almedina, 2010; (vii) MITTERMAIER, C. J. A. **Tratado da Prova em matéria criminal ou exposição comparada**. Campinas: Bookseller, 1997.

11 Nos distanciamos, assim, do que Taruffo chama de "*concezioni verifobiche del processo*". Taruffo é pontual no tema ao afirmar que: "*sul plano filosófico generale si è ricominciato a pensare che la realtà esista, e conseguentemente si è ricominciato a pensare che essa sai in qualche modo conoscibile, sicchè torna ala ribalta il problema dela verità come posibile qualificazione di ciò che si dice intorno ala realtà*" (TARUFFO, Michele. *La Verità nel Proceso. In*: PEREIRA, Flávio Cardoso. **Verdade e Prova no Processo Penal**. Estudos em homenagem ao professor Michele Taruffo. Brasilia: Gazeta Jurídica, 2016. p. 246-247 (grifos nossos). É interessante o debate que Taruffo faz nesse texto com o importante filósofo italiano Giovanni Vattimo, em especial com seu livro *Della Realità – fini della filosofia*, publicado pela editora Garzanti, de Milano, em 2012.

12 GRINOVER, Ada Pellegrini. Verdade real e verdade formal? Um falso problema. *In:* PEREIRA, Flávio Cardoso. **Verdade e Prova no Processo Penal**. Estudos em homenagem ao professor Michele Taruffo. Brasilia: Gazeta Jurídica, 2016. p. 04. Vai mais longe ainda a autora a sustentar que: "Trata-se da função social do processo, que depende de sua efetividade. Nesse quadro, não é possível imaginar um juiz inerte, passivo, refém das partes. Não pode ele ser visto como mero espectador de um duelo judicial de interesse exclusivo dos contendores. Se

A gestão da prova – policial e judiciária –, nesse contexto, deve corresponder àqueles elementos, daí porque Taruffo insiste na necessidade de diferenciarmos a função da prova em face dos modos de configuração da finalidade do processo, exemplificando com o de natureza civil ou penal, sendo que no primeiro há o escopo destacado de solver controvérsias, pondo fim aos conflitos existentes sem, necessariamente, isso estar vinculado **à** verificação probatória da verdade dos fatos envolvidos (notadamente quando os interesses e bens cotejados são disponíveis). Já no campo penal,

> *La función del proceso es más bien decidir la controversia, pero através de la emisión de decisiones justas. La justicia de la decisión no presupone solamente su legalidade, es decir su derivación de una interpretación y aplicación correcta de las normas sino también su veracidad, es decir la comprobación de la verdad de los hechos relevantes: la razón fundamental de todo ello es que ninguna decisión puede considerarse* justa si se funda en una comprobación falsa o errónea de los hechos del pleito.[13]

Decorre do argumento de Taruffo – com o qual concordamos – que, sempre, no processo em geral, e no penal em especial, podem haver níveis distintos de verdade diante da comprovação dos dados enfrentados, justamente em face dos fundamentos que as provas coligidas aos autos atribuam (de forma legitimamente dialógica) a afirmação ou negação de que os fatos apurados sejam verdadeiros ou falsos, o que vai se dar no devido processo legal com todas as suas garantias constitucionais e infraconstitucionais.[14] Daí a importância para o autor de que a valoração (inclusive negativa) das provas contrárias

o objetivo da atividade jurisdicional é a manutenção da integridade do ordenamento jurídico, para o atingimento da paz social, o juiz deve desenvolver todos os esforços para alcanç*á*-lo. Somente assim a jurisdição atingirá seu escopo social".

[13] TARUFFO, Michele; IBANÉZ, Perfecto A.; PÉREZ, Alfonso C. ***Consideraciones sobre prueba y motivación***. Madrid: Fundación Coloquio Jurídico Europeo, 2009. p. 28. Adverte o autor ainda que: "*en el proceso cabe hablar tan sólo de verdades relativas pues, desde hace tempo, las verdades absolutas son patrimônio exclusivo de alguna metafisica o religión integrista. Pero la verdad procesal es relativa también en outro sentido muy importante: en el de que la misma se funda exclusivamente en las pruebas obtenidas en el processo*" (grifos nossos).

[14] Ou seja: "*Semplificando ancora una volta in maniera drammatica un problema di grande complessità, si può dire che nel contesto del processo occorre adottare un concetto di verità come corrispondenza delle proposizioni relative ai fatti della causa con la realtà empírica di tali fatti*" (TARUFFO, Michele. *La*

ao convencimento do decisor se apresenta indispensável, nomeadamente para justificar o fundamento da decisão, já que, para ele, a prova contrária é "*el instrumento de control de la validez racional y del fundamento probatorio de toda reconstrucción de los hechos*"[15].

Então, ganha força a percepção de que a verdade possível construída no âmbito do processo penal – e, por fim, evidenciada pela decisão judicial enquanto resultado da dinâmica processual, que por sua vez depende da prova operada nos autos – será sempre uma aproximação em face da reconstrução dos fatos debatidos diante de realidades empíricas e históricas devidamente cotejadas na lide.[16]

Em face disso é que não se aplica, ao menos de maneira mecânica, no sistema penal brasileiro o standard do processo adversarial de matriz norte-americana, que o concebe como competição na qual o que interessa é somente que esta se desenvolva regularmente, cabendo ao magistrado simplesmente atuar como árbitro e garantir a não violação das regras do jogo, sendo que, ao final, alguém sairá vencedor (não importa se por ser o mais forte, hábil ou mais rico), e

> *questo **è** il solo ed exclusivo scopo a cui **è** orientato il proceso adversarial: risolvere la controversia atraverso la vittoria de uno dei due contendente.*[17] *E ainda com-*

Verità nel Proceso. In: PEREIRA, Flávio Cardoso. **Verdade e Prova no Processo Penal**. Estudos em homenagem ao professor Michele Taruffo. Brasilia: Gazeta Jurídica, 2016. p. 251).

[15] TARUFFO, Michele. *La Verità nel Proceso. In*: PEREIRA, Flávio Cardoso. **Verdade e Prova no Processo Penal**. Estudos em homenagem ao professor Michele Taruffo. Brasilia: Gazeta Jurídica, 2016. p. 41. Ver no Brasil os interessantes textos da obra ALGADO, Daniel de Resende; QUEIROZ, Ronaldo Pinheiro de (org.). **A prova no enfrentamento à macrocriminalidade**. Salvador: Juspodivm, 2016.

[16] Idem, p. 30. Daí porque "*el proceso sigue siendo un lugar en el que se tiende a estabelecer cuál es la narración más verdadera en cuanto confirmada por las pruebas disponibles, ya que la confirmación probatoria de la verdad de los hechos es la condición fundamental de la justicia de la decisión*". Registro a abertura desse debate, com posições divergentes em parte das que estamos adotando, como a de KHALED JR., Salah H. **A busca da verdade no Processo Penal**. Belo Horizonte: Casa do Direito, 2016, em especial a partir da p. 303; e mesmo MARTINS, Ricardo Cunha. **O ponto cego do Direito**. Rio de Janeiro: Lumen Juris, 2010, mas não temos de aprofundar esse debate aqui.

[17] TARUFFO, Michele. *La Verità nel Proceso. In*: PEREIRA, Flávio Cardoso. **Verdade e Prova no Processo Penal**. Estudos em homenagem ao professor Michele Taruffo. Brasilia: Gazeta Jurídica, 2016. p. 248.

plementa o autor: Ciò non esclude che il processo, oltre a legittimare la decisione, sia anche finalizzato a risolvere una controversia, ma esige che la controversia sia risolta con una decisione giusta e fondata sulla corretta applicazione della norma che regola il caso.[18]

Por isso, segundo o princípio da legalidade, a verificação da verdade dos fatos (através da prova), que se qualificam como juridicamente relevantes segundo a norma penal abstrata, é condição necessária a sua correta aplicação para o caso concreto, o que dá relevo a multiplicidade de protagonismos que o sistema processual reconhece para tal intento.

Por tais motivos é que também concordamos com Taruffo, no sentido de que a prova, para além de ser ferramenta de persuasão decisional, configura verdadeiro elemento de cognição dialética, porque resultado de procedimentos de gestão (coleta, armazenamento, analise etc.) e interlocutivos (devido processo legal, contraditório, amplo direito de defesa, duplo grau de jurisdição) de todos os envolvidos no processo, publicamente controláveis e vinculados normativamente, cuja cronologia espacial e temporal, com todas as variáveis e fatores que o constituem (culturais, econômicos, sexuais, políticos etc.), direta e indiretamente, reclamam condução responsável e ordenada, o que justifica a indispensabilidade da cadeia de custódia.[19]

Aprofundemos mais isso!

[18] TARUFFO, Michele. *La Verità nel Proceso*. *In*: PEREIRA, Flávio Cardoso. **Verdade e Prova no Processo Penal**. Estudos em homenagem ao professor Michele Taruffo. Brasilia: Gazeta Jurídica, 2016. p. 249. Ver também no ponto o texto de TARUFFO, Michele. ***La semplice verità*** *– il giudice e la costruzione dei fatti*. Roma: Laterza, 2009. p. 97 et seq.

[19] *"La verdad de los hechos no es el resultado de una actividad inescrutable que se desarrolla en el interior del juez – como, en cambio, afirma la versión ya citada de la intime conviction – sino que es el producto de una labor de conocimiento que se estructura en pasos cognoscibles y controlables....la verdad no resulta de una intuición individual misteriosa sino de un procedimiento cognoscitivo estructurado y comprobable de manera intersubjetiva."* Idem, p. 33. Ver também o texto seminal de STRECK, Lenio Luiz. O decido conforme a consciência dá segurança a alguém? **Revista Consultor Jurídico**, São Paulo, 15 de maio de 2014. Disponível em: https://www.conjur.com.br/2014-mai-15/senso-incomum-decido-conforme-consciencia-seguranca-alguem. Acesso em: 7 fev. 2020. Ver também o livro do mesmo autor STRECK, Lenio Luiz. **O que é isto – decido conforme minha consciência?** Porto Alegre: Livraria do Advogado, 2017.

III - A importância da cadeia de custódia à decisão judicial penal: notas conclusivas

De pronto urge demarcar, minimamente, o que podemos e devemos entender por cadeia de custódia no âmbito do microssistema processual penal brasileiro e, em especial, a partir do seu redimensionamento pelas disposições do art.158-A do CPP, o qual, por sua vez, foi, em parte, extraído da Portaria nº 82, de 16 de julho de 2014, da Secretaria Nacional de Justiça, do Ministério da Justiça brasileiro, que versa justamente sobre diretrizes e procedimentos a serem observados no tocante à cadeia de custódia de vestígios.[20] Diz essa Portaria, em seu anexo (1.2), que o inicio da cadeia de custodia se dá com a preservação do local do crime e/ou com procedimentos policiais ou periciais nos quais seja detectada a existência de vestígio.

Nesse sentido, desde já registramos nossa convicção de que ela deva ter compreensão alargada enquanto modelo de gestão da prova penal, para além da prova pericial[21], constituindo-se de procedimentos técnicos e científicos de coleta controlável publicamente de todos os elementos e evidências/vestígios conectados – direta e indiretamente – com o evento criminoso (em meio ao qual se encontra o local do crime), enquanto ocorrência dinâmica (e não somente o cenário fático e finalístico de sua consumação já estática), para os fins de mapear a cronologia de seu evolver, a partir dos chamados objetos ou materiais brutos, visíveis ou latentes, constatados ou recolhidos, que se relacionam à infração penal.

Como nos diz o documento da UNODC: "a cadeia de custodia *é de suma importância para garantir a autenticidade e a idoneidade da prova pericial. A documentação (através de anotações, fotografias, vídeos, medições, etc.) na cena do crime*

[20] Disponível em: http://www.lex.com.br/legis_25740023_portaria_n_82_de_16_de_julho_de_2014. Acesso em: 5 fev. 2020.

[21] A cadeia de custódia esteve mais associada com as atividades periciais levadas a cabo no processo penal, justamente para garantir maior confiança, autenticidade e integridade da coleta da prova, assim como no seu encaminhamento, armazenamento, análise e devolução aos autos do processo. Ver o texto de MARQUEZ-ARPA, Tomás; SERRA-RUIZ, Jordi. ***Cadena de custodia en el análisis forense****. Implementación de un marco de gestión de la evidencia digital.* Disponível em: https://web.ua.es/en/recsi2014/documentos/papers/cadena-de-custodia-en-el-analisis-forense-implementacion-de-un-marco-de-gestion-de-la-evidencia-digital.pdf. Acesso em: 5 fev. 2020.

consolida o ponto de partida para a cadeia de custodia, devendo ser mantida para demonstrar cada etapa, assegurando assim o rastreamento da evidencia desde o local de crime até o tribunal" (grifo nosso).[22]

Queremos sustentar neste trabalho, pois, que o conceito de cadeia de custódia implica o reconhecimento da dimensão fenomenológica do acontecer criminoso, do local do crime e dos vestígios que são produzidos por ele, os quais muitas vezes não se exaurem no resultado material provocado com a ação ou omissão de determinado agente em determinados espaços e tempo fixos, mas estão envoltos em inúmeras interfaces e multilateralidades não necessariamente visíveis em primeiro plano, razão pela qual os cuidados na busca, gerenciamento e análise de todas as provas tomam relevo.

E os exemplos dos crimes de lavagem de dinheiro, corrupção, tráfico de drogas, de pessoas, de órgãos humanos, crimes cibernéticos, principalmente praticados por organizações criminosas, dentre outros, são didáticos para demonstrar o que estamos sustentando, não só em face da complexidade que apresentam no campo da estruturação, operação, hierarquia, fragmentação de funções, tarefas e resultados, mas também por conta dos diversos protagonistas que atuam integradamente no percurso de tais delitos, em ambientes (mercados, órgãos públicos, setores privados estratégicos) os mais diversos. Em todos esses eventos típicos, o desafio preliminar já é o de delimitar quais são os locais dos crimes e vestígios que precisam ser rastreados – a serem determinados com o auxílio daqueles passos metodológicos de abordagem anteriormente referidos, bem como os cuidados na gestão da identificação,

[22] UNODC. Escritório das Nações Unidas sobre Drogas e Crime. **Conscientização sobre o local de crime e as evidências materiais em especial para pessoal não forense.** Nova York, 2010. Disponível em: https://www.unodc.org/documents/scientific/Crime_Scene_Awareness_Portuguese_Ebook.pdf. Acesso em: 5 fev. 2020 (grifo nosso). Diz o documento ainda que esta cadeia de custódia é "procedimento de documentação cuidadosa e cronológica da evidencia material para estabelecer a sua ligação à infração penal. Desde o inicio até o fim do processo judicial, é fundamental ser capaz de demonstrar cada passo (todas as etapas) para assegurar o **"rastreamento" e a "continuidade" da evidência** desde o local de crime até a sala do tribunal" (p. 04). Ver o texto de DIAS FILHO, Claudemir Rodrigues. Cadeia de custodia: do local de crime ao trânsito em julgado; do vestígio à evidencia. *In*: MOURA, Maria Thereza Rocha de Assis; NUCCI, Guilherme de Souza (org.). **Doutrinas Essenciais – Processo Penal**. São Paulo: RT, 2012. v. 3.

coleta, armazenamento, análise e manutenção das provas coligidas, que ao Judiciário é dado tutelar.[23]

Essas configurações criminais, por vezes, envolvem escutas telefônicas[24], quebras de sigilos telemáticos, captação de imagens e sons ambientais através de drones, análise de equipamentos eletrônicos sensíveis, que constituem elementos da cadeia de custódia e configuram-se como sensíveis em termos de possibilidades de adulteração natural, acidental ou manipulada, mais motivos para a importância da gestão probatória sob comento.[25]

Não raro, em tais cenários, os locais do crime e os vestígios consectários formam cadeias de autorias, colaborações e participações múltiplas, de difícil apuração imediata, demandando procedimentos de rastreamento de evidências físicas e virtuais, tanto na fase de investigação como na jurisdicional.

[23] Lembremos dos problemas decorrentes de caso apreciado pelo Superior Tribunal de Justiça, no Habeas Corpus nº160662/RJ, julgado pela 6ª Turma em 08/02/2014, relatoria da Min. Assusete Magalhães, na conhecida *Operação Negócio da China*, quando os conteúdos das interceptações telefônicas levadas a cabo na investigação foram extraviados pela policia judiciária e os arquivos de áudio solicitados pela defesa não continham todas as interceptações realizadas, razão pela qual foi determinado o desentranhamento dessas provas dos autos do processo, por configurarem provas ilícitas. Por outro lado, no Recurso Especial nº1435421/RS, julgado em também pela 6ª Turma, com relatoria da Min. Maria Thereza de Assis Moura, o Tribunal adotou outra posição na chamada *Operação Ouro Verde*, deflagrada pela polícia federal para investigar ilícitos envolvendo evasão de divisas. Aqui houve a apreensão de *notebook* cujo disco rígido possuía arquivos indicativos das operações criminosas, só que, antes do espelhamento do HD e formação do código de segurança, a policia rompeu o lacre e o acessou diretamente, gerando dúvidas sobre a integridade do procedimento. A decisão de primeiro grau e o TRF-4, mesmo assim, entendeu pela licitude do procedimento. O STJ, por sua vez, confirmando as decisões de origem, ainda asseverou que "o espelhamento das mídias de informática são providencias de perpetuação da prova destinadas a atestar, com a maior confiabilidade possível, a idoneidade da prova, mas não há determinação legal de que não sejam acessadas diretamente. A disciplina das nulidades não se assenta na forma pela forma, mas, antes, tem em mira o cumprimento de metas, politicamente orientadas, sob o signo do cumprimento do ethos da justiça" (grifos nossos).

[24] No ponto, ver o texto de SANTORO, Antonio E. R.; TAVARES, Natália L. F.; GOMES, Jefferson C. O protagonismo dos sistemas de tecnologia da informação na interceptação telefônica: a importância da cadeia de custódia. **Revista Brasileira de Direito Processual Penal**, Porto Alegre, v. 3, n. 2, p. 605-632, mai./ago. 2017.

[25] Ver os trabalhos de: (i) LLUCH, Abel; GONZÁLEZ, Richard. ***Estudios sobre prueba penal***. Madrid: Wolters Kluwer, 2013; (ii) MATA, Federico Bueno de. ***Prueba electrónica y proceso 2.0***. Valencia: Tirant Lo Blanch, 2014; (iii) LÓPEZ, Mercedez Fernández (coord.). ***Justicia penal y nuevas formas de delincuencia***. Valencia: Tirant lo Blanch, 2017.

Daí porque a Portaria nº 82, no item 1.4, expressa que "a busca por vestígios em local de crime se dará em toda área imediata, mediata e relacionada".

Por óbvio que as escolhas e decisões de que elementos/vestígios são os que reclamam atenção investigativa e jurisdicional cabem, de modo fundamentado, às autoridades públicas legitimadas para tanto, respeitadas as diretrizes constitucionais e infraconstitucionais do devido processo legal.[26] E isso porque nos filiamos à ideia de que a decisão judicial não configura tão somente ato finalístico de autoridade pública legitimada, mas resultado de espaços procedimentais e vinculantes de interlocuções múltiplas (entre partes e entre provas), nos quais o juiz é mais do que espectador, eis que interage com todos e tudo, e nesse interagir vai construindo dialeticamente sua cognição, convencimento e decisão. Como nos diz Rosemiro Leal, nesse âmbito, o processo devido não é instrumento da jurisdição – como quer Cândido Dinamarco[27] –, mas é condição de possibilidade da jurisdição no Estado Democrático de Direito[28].

Daí porque o Código de Processo Penal, em seu art. 155, determina que o iter de formatação cognitiva e de convencimento do juiz à tomada da decisão resulte do contraditório, esteja vinculado a ele e dele extraia as razões de fundamentação da sentença.

E mais, lembremos que antes da sentença podem haver várias decisões judiciais passiveis de serem levadas a efeito, todas relacionadas à cognição e ao convencimento daquele que preside o feito, como as que dizem com eventuais medidas cautelares preventivas ou curativas que os autos reclamem (art. 282 e seguintes do CPP), medidas patrimoniais assecuratórias (do art. 125 e seguintes do CPP), medidas de incidente de falsidade (art. 145 e seguintes

[26] Ver, nesse sentido, o excelente texto de BELTRÁN, Jordi Ferrer. ***Prueba y Racionalidad en las Decisones Judiciales.*** Santiago de Chile: Problibros, 2018.

[27] DINAMARCO, Cândido. **A instrumentalidade do Processo**. São Paulo: Malheiros, 2004. p. 60 et seq.

[28] LEAL, Rosemiro Pereira. **Teoria Processual da Decisão Jurídica**. São Paulo: Landy, 2002. p. 69. Ainda agrega o autor: "Em face da teoria constitucional legalmente adotada na Constituição brasileira de 1988, o momento decisório não é mais a oportunidade de o juiz fazer justiça ou tomar o direito eficiente e prestante, mas é o instante de uma decisão a ser construída como resultante vinculada à estrutura procedimental regida pelo processo constitucionalizado". Ver, nessa direção, o clássico de FAZZALARI, Elio. ***Instituzioni di Diritto Processuale.*** Padova: Cedam, 2000.

do CPP), medidas aferitórias da sanidade mental do acusado (art. 149 e seguintes do CPP), nas quais e com as quais se buscam elementos de subsídios ao deslinde do feito, cuja participação do magistrado é nuclear.

Diante desses elementos é que se faculta ao juiz, de ofício: (i) ordenar, mesmo antes de iniciada a ação penal, a produção antecipada de provas consideradas urgentes e relevantes, observando a necessidade, adequação e proporcionalidade da medida; (ii) determinar, no curso da instrução ou antes de proferir sentença, a realização de diligências para dirimir dúvida sobre ponto relevante.[29]

Por certo que há, aqui, os riscos que Jacinto Coutinho destaca, no sentido de constituir eventual imparcialidade do juiz com esses poderes, mas isso decorre da natureza ao mesmo tempo parcialmente inquisitorial e amplamente acusatória do Código de Processo Penal, o que temos de lidar com o duplo grau de jurisdição, devido processo legal, ampla defesa e agora a Lei de Abuso de Autoridade[30], que nos são garantidos no sistema jurídico pátrio para eventuais correções de posturas e ações judicantes[31].

Mesmo autores mais dogmáticos e críticos como Pacelli, refratários àquelas iniciativas do magistrado no que tange à prova, reconhece que elas se justificam quando a dúvida ocorrer a partir de possíveis conclusões diversas sobre o material probatório produzido, sobre a qualidade ou idoneidade dessa prova, mas nunca sobre a ausência dela.[32] E estamos de acordo com isso.

Tanto a produção de provas como a realização de diligências para dirimir dúvidas para o processo – e cognição/convencimento do magistrado – dependem dos juízos de valor fundamentados do decisor, os quais, em cada caso, devem ser externados publicamente sobre a urgência, relevância, necessidade, adequação e proporcionalidade das medidas, sob pena de caracterizar comportamento inquisitorial inadequado que pode colocar em risco a blindagem constitucional de não culpabilidade do réu ou investigado.

[29] Nos termos do art. 156 do Código de Processo Penal brasileiro vigente.

[30] Lei Federal nº 13.869/2019.

[31] Ver o primoroso texto de COUTINHO, Jacinto Nelson de Miranda. Sistema Acusatório: cada parte no lugar constitucionalmente adequado. *In*: COUTINHO, Jacinto Nelson de Miranda; CARVALHO, Luis Gustavo Grandinetti Castanho de. **O Novo Processo Penal à luz da Constituição.** Rio de Janeiro: Lumen Juris, 2010. p. 11 et seq.

[32] OLIVEIRA, Eugênio Pacelli. **Curso de Processo Penal**. São Paulo: Saraiva, 2013. p. 337.

Nos afastamos, portanto, da perspectiva do processo judicial penal servir precipuamente como instrumento de defesa social ou segurança pública, fundada nas premissas da lei e da ordem ou da tolerância zero.[33] Todavia, também reconhecemos, com Ada Grinover, Antonio Fernandes e Gomes Filho, que a dicotomia defesa social/direito de liberdade assume, na maioria das vezes, conotação dramática no juízo penal e, assim, tem o Estado a obrigação de sacrificar, na menor medida possível, os direitos fundamentais do acusado na busca da solução à (irres)responsabilidade penal consectária, o que implica, inclusive, a gestão da prova.[34]

Podemos dizer, então, que é difícil existir neutralidade jurisdicional na gestão da prova e da lide – até por conta da condição de ser do magistrado no mundo; mas deve existir imparcialidade, eis que o Poder Judiciário é garantidor do devido processo legal, e enquanto tal precisa assegurar, também, que a cadeia de custódia dos elementos constitutivos dos fatos apurados terá o adequado e jurídico tratamento.

As questões vistas até aqui, em regra, estão presentes no horizonte de atuação dos sujeitos do processo penal na instrução do feito que visa a apurar a existência do ilícito e suas responsabilidades e, portanto, dão base às razões de justificação e fundamentação de todos os atos necessários aos procedimentos cognitivos e decisionais do caso.[35]

Concordamos com Badaró que é inexorável o reconhecimento de que

> o tema dos critérios de decisão, também denominados standards probatórios ou modelos de critérios de decisão, tem sido pouco explorado pela doutrina processual brasileira, que geralmente se limita a apreciar

[33] Nesse ponto, ver as excelentes reflexões desenvolvidas em dois livros coordenados pelo homenageado desta obra: (i) GIACOMOLLI, Nereu José; SCHNEIDER, Nathália B.; SCARTON, Carolina L. S. **Processo Penal Contemporâneo em Debate.** Florianópolis: Empório do Direito, 2016; (ii) GIACOMOLLI, Nereu José; VASCONCELLOS, Vinicius Gomes de. **Processo Penal e Garantias Constitucionais.** Rio de Janeiro: Lumen Juris, 2014.

[34] GRINOVER, Ada Pellegrine; FERNANDES, Antonio Scarance; GOMES FILHO, Antonio Magalhães. **As nulidades do Processo Penal.** São Paulo: Revista dos Tribunais, 2004. p. 153.

[35] Para aprofundamento do tema, ver os textos de: (i) DEVIS ECHEANDIA, Hernando. ***Compendio de la prueba judicial.*** Buenos Aires: Rubinzal-Culzoni Editores, 2000. t. I; (ii) VALLEJO, Manuel Jaén. ***Los principios de la prueba en el proceso penal español.*** Disponível em: http://perso.unifr.ch/derechopenal/assets/files/articulos/a_20080526_16.pdf. Acesso em: 12 jan. 2017.

a questão sob o enfoque do in dubio pro reo, mas não nos diversos graus que se pode exigir do julgador para que considere um fato provado.[36]

É esse universo de questões que deve indicar, através do devido processo legal e democrático, de modo dinâmico, quais os elementos probatórios que se fazem necessários em cada feito para garantir ou romper a condição de inocência e não culpabilidade que exsurge do texto constitucional brasileiro e é assegurado a qualquer cidadão no país, e quais as características desses elementos contextualizados em face da complexidade fenomenológica e constitutiva dos delitos a que dizem respeito.[37]

A participação do magistrado, como condutor do processo e gestor da prova enquanto cadeia de custódia, ganha importância destacada, pois não podemos aceitar que ele simplesmente assista inercialmente o desenrolar dos acontecimentos que buscam constituir as condições de possibilidades da decisão que, ao fim e ao cabo, deve tomar.

Referências

ALGADO, Daniel de Resende; QUEIROZ, Ronaldo Pinheiro de (org.). **A prova no enfrentamento à macrocriminalidade**. Salvador: Juspodivm, 2016.

BADARÓ, Gustavo Henrique; BOTTINI, Pierpaolo Cruz. **Lavagem de Dinheiro**. São Paulo: Revista dos Tribunais, 2016.

36 BADARÓ, Gustavo Henrique; BOTTINI, Pierpaolo Cruz. **Lavagem de Dinheiro**. São Paulo: Revista dos Tribunais, 2016. p. 357. Ver também os textos de: (i) PRADO, Geraldo; MALAN, Diogo (org.). **Ensaios sobre a cadeia de custódia das provas no processo penal brasileiro.** Florianópolis: Empório do Direito, 2017; e (ii) BADARÓ, Gustavo. A cadeia de custódia e sua relevância para a prova penal. *In*: SIDI, Ricardo; LOPES, Anderson B. **Temas atuais da investigação preliminar no Processo Penal**. Belo Horizonte: D'Plácido, 2018.

37 Ver o texto de SABATÉ, Lluis Muñoz. ***Técnica probatoria. Estudios sobre las dificultades de la prueba en el proceso***. Madrid: Wolster Kluwer, 2017. Andrés Ibáñez adverte para o fato de que: "*La aspiración central del proceso acusatorio es que la prueba se forme en el marco y según las reglas del juicio contradictorio. Es decir, en la vista, de tal manera que la contradicción incida directamente en la propria génesis del saber que el juego de este principio posibilita. O lo que es igual, sea contradicción para obtener conocimiento relativo al thema propandum y no contradicción sobre una prueba que ya hubiese entrado constituida como tal en ese ámbito*" (IBÁÑEZ, Perfecto Andrés. *Sobre la prueba y motivación*. *In*: TARUFFO, Michele; IBANÉZ, Perfecto A.; PÉREZ, Alfonso C. ***Consideraciones sobre la prueba judicial***. Madrid: Fundación Coloquio Jurídico Europeo, 2009. p. 71, grifo nosso).

BADARÓ, Gustavo. A cadeia de custódia e sua relevância para a prova penal. *In*: SIDI, Ricardo; LOPES, Anderson B. **Temas atuais da investigação preliminar no Processo Penal**. Belo Horizonte: D'Plácido, 2018.

BALTAZAR JR., José Paulo. Standards Probatórios. *In*: KNIJNIK, Danilo (org.). **Prova Judiciária: estudos sobre o novo direito probatório**. Porto Alegre: Livraria do Advogado, 2007.

BELEZA, Teresa P.; COSTA PINTO, Frederico de L. (org.). **Prova criminal e direito de defesa**. Coimbra: Almedina, 2010.

BELTRÁN, Jordi Ferrer. ***Prueba y Racionalidad en las Decisones Judiciales***. Santiago de Chile: Problibros, 2018.

COSSIO, Carlos. ***El substrato filosófico de los métodos interpretativos***. Buenos Aires: Depalma, 1983.

COUTINHO, Jacinto Nelson de Miranda. Sistema Acusatório: cada parte no lugar constitucionalmente adequado. *In*: COUTINHO, Jacinto Nelson de Miranda; CARVALHO, Luis Gustavo Grandinetti Castanho de. **O Novo Processo Penal à luz da Constituição**. Rio de Janeiro: Lumen Juris, 2010.

DELLEPIANE, Antonio. **Nova Teoria da Prova**. Campinas: Minelli, 2004.

DEVIS ECHEANDIA, Hernando. ***Compendio de la prueba judicial***. Buenos Aires: Rubinzal-Culzoni Editores, 2000. t. I.

DIAS FILHO, Claudemir Rodrigues. Cadeia de custódia: do local de crime ao trânsito em julgado; do vestígio à evidencia. *In*: MOURA, Maria Thereza Rocha de Assis; NUCCI, Guilherme de Souza (org.). **Doutrinas Essenciais – Processo Penal**. São Paulo: RT, 2012. v. 3.

DINAMARCO, Cândido. **A instrumentalidade do Processo**. São Paulo: Malheiros, 2004.

FAZZALARI, Elio. ***Instituzioni di Diritto Processuale***. Padova: Cedam, 2000.

FERRAZ JR., Tércio Sampaio. **O conceito de sistema no direito**. São Paulo: Revista dos Tribunais, 1976.

FLORIAN, Eugenio. ***De las pruebas penales***. Bogotá: Temis, 2010.

GIACOMOLLI, Nereu José; VASCONCELLOS, Vinicius Gomes de. **Processo Penal e Garantias Constitucionais.** Rio de Janeiro: Lumen Juris, 2014.

GIACOMOLLI, Nereu José; SCHNEIDER, Nathália B.; SCARTON, Carolina L. S. **Processo Penal Contemporâneo em Debate**. Florianópolis: Empório do Direito, 2016.

GRINOVER, Ada Pellegrini. Verdade real e verdade formal? Um falso problema. *In*: PEREIRA, Flávio Cardoso. **Verdade e Prova no Processo Penal. Estudos em homenagem ao professor Michele Taruffo.** Brasilia: Gazeta Jurídica, 2016.

GRINOVER, Ada Pellegrini; FERNANDES, Antonio Scarance; GOMES FILHO, Antonio Magalhães. **As nulidades do Processo Penal**. São Paulo: Revista dos Tribunais, 2004.

GUZMÁN, Nicolás. ***La verdade em el processo penal***. Argentina: Didot, 2018.

IBÁÑEZ, Perfecto Andrés. Sobre la prueba y motivación. *In*: TARUFFO, Michele; IBANÉZ, Perfecto A.; PÉREZ, Alfonso C. ***Consideraciones sobre la prueba judicial***. Madrid: Fundación Coloquio Jurídico Europeo, 2009.

KHALED JR., Salah H. **A busca da verdade no Processo Penal**. Belo Horizonte: Casa do Direito, 2016.

LEAL, Rogerio Gesta. **A decisão judicial:** elementos teórico-constitutivos à efetivação pragmática dos Direitos Fundamentais. Joaçaba: Editora da Unoesc, 2012.

LEAL, Rogerio Gesta. **Hermenêutica e Direito:** considerações sobre a teoria do direito e os operadores jurídicos. Santa Cruz do Sul: Edunisc, 2010.

LEAL, Rogerio Gesta. O método sistêmico-constitucional para solução de casos concretos: algumas reflexões preliminares. *In*: SCHÄFER, Jairo (org.). **Temas Polêmicos do constitucionalismo contemporâneo**. Florianópolis: Conceito, 2007.

LEAL, Rosemiro Pereira. **Teoria Processual da Decisão Jurídica**. São Paulo: Landy, 2002.

LLUCH, Abel; GONZÁLEZ, Richard. ***Estudios sobre prueba penal***. Madrid: Wolters Kluwer, 2013.

LÓPEZ, Mercedez Fernández. (coord.). ***Justicia penal y nuevas formas de delincuencia***. Valencia: Tirant lo Blanch, 2017.

MAGGIORE, Giuseppe. ***La dottrina del metodo giuridico e la sua revisione critica***. Milano: Fatricce, 1989.

MARQUEZ-ARPA, Tomás; SERRA-RUIZ, Jordi. **Cadena de custodia en el análisis forense**. Implementación de un marco de gestión de la evidencia digital. Disponível em: https://web.ua.es/en/recsi2014/documentos/papers/cadena-de-custodia-en-el--analisis-forense-implementacion-de-un-marco-de-gestion-de-la-evidencia-digital.pdf. Acesso em: 5 fev. 2020.

MARTINS, Ricardo Cunha. **O ponto cego do Direito**. Rio de Janeiro: Lumen Juris, 2010.

MATA, Federico Bueno de. ***Prueba electrónica y proceso 2.0***. Valencia: Tirant Lo Blanch, 2014.

MENDES, Paulo de Sousa. **Causalidade complexa e prova penal**. São Paulo: Marcial Pons, 2019.

MITTERMAIER, C. J. A. **Tratado da Prova em matéria criminal ou exposição comparada**. Campinas: Bookseller, 1997.

MORIN, Edgar. **Ensaios de Complexidade**. Natal: Edufrgn, 2000.

OLIVEIRA, Eugênio Pacelli. **Curso de Processo Penal**. São Paulo: Saraiva, 2013.

PARINI, Pedro. **O raciocínio dedutivo como possível estrutura lógica da argumentação judicial:** silogismo versus entimema a partir da contraposição entre as teorias de Neil MacCormick e Katharina Sobota. Disponível em: http://www.conpedi.org/manaus/ arquivos/Anais/Pedro%20Parini.pdf. Acesso em: 10 jul. 2009.

PRADO, Geraldo. Ainda sobre a quebra da cadeia de custódia das provas. **Boletim IBCCRIM**, São Paulo, ano 22, n. 262, set/2014.

PRADO, Geraldo. **Prova penal e sistema de controles epistêmicos**. São Paulo: Marcial Pons, 2014.

PRADO, Geraldo; MALAN, Diogo (org). **Ensaios sobre a cadeia de custódia das provas no processo penal brasileiro**. Florianópolis: Empório do Direito, 2017.

SABATÉ, Lluis Muñoz. ***Técnica probatoria. Estudios sobre las dificultades de la prueba en el proceso***. Madrid: Wolster Kluwer, 2017.

SANTORO, Antonio E. R.; TAVARES, Natália L. F.; GOMES, Jefferson C. O protagonismo dos sistemas de tecnologia da informação na interceptação telefônica: a importância da cadeia de custódia. **Revista Brasileira de Direito Processual Penal**, Porto Alegre, v. 3, n. 2, p. 605-632, mai./ago. 2017.

STRECK, Lenio Luiz. **Hermenêutica Jurídica e(m) Crise:** uma exploração hermenêutica da construção do direito. Porto Alegre: Livraria do Advogado, 2005.

STRECK, Lenio Luiz. O decido conforme a consciência dá segurança a alguém? **Revista Consultor Jur**ídico, São Paulo, 15 de maio de 2014. Disponível em: https://www.conjur.com.br/2014-mai-15/senso-incomum-decido-conforme-consciencia-seguranca-alguem. Acesso em: 7 fev. 2020.

STRECK, Lenio Luiz. **O que é isto – decido conforme minha consciência?** Porto Alegre: Livraria do Advogado, 2017.

TARUFFO, Michele. ***La semplice verità – il giudice e la costruzione dei fatti.*** Roma: Laterza, 2009.

TARUFFO, Michele. *La Verità nel Proceso. In*: PEREIRA, Flávio Cardoso. Verdade e Prova no Processo Penal. **Estudos em homenagem ao professor Michele Taruffo**. Brasilia: Gazeta Jurídica, 2016.

TARUFFO, Michele; IBANÉZ, Perfecto A.; PÉREZ, Alfonso C. ***Consideraciones sobre la prueba judicial.*** Madrid: Fundación Coloquio Jurídico Europeo, 2009.

THIOLLENT, Michel. **Metodologia da pesquisa-ação**. São Paulo: Cortez, 2002.

UNODC. Escritório das Nações Unidas sobre Drogas e Crime. **Conscientização sobre o local de crime e as evidências materiais em especial para pessoal não forense**. Nova York, 2010. Disponível em: https://www.unodc.org/documents/scientific/Crime_Scene_Awareness _Portuguese_Ebook.pdf. Acesso em: 5 fev. 2020.

VALLEJO, Manuel Jaén. ***Los principios de la prueba en el proceso penal español.*** Disponível em: http://perso.unifr.ch/derechopenal/assets/files/articulos/a_20080526_16.pdf. Acesso em: 12 jan. 2017.

VATTIMO, Giovanni Vattimo. ***Della Realità – fini della filosofia.*** Milano: Garzanti, 2012.

59.

INVESTIGAÇÕES CORPORATIVAS E JUSTIÇA CRIMINAL NEGOCIAL: AVANÇO OU CRISE DO DEVIDO PROCESSO PENAL?

Giovani Agostini Saavedra

Quando recebi o convite para participar desta homenagem, aceitei de pronto. O Prof. Dr. Nereu José Giacomolli, além de um profissional e um professor brilhante, é uma pessoa fantástica, humilde e um grande amigo. Sua trajetória profissional e acadêmica é formidável, e não há a menor dúvida de que seu trabalho teve um impacto fenomenal no processo penal brasileiro, não só pelas várias obras de indiscutível excelência[1], pela sua brilhante atividade

[1] AMARAL, M. E.; GIACOMOLLI, N. J.; DAROS, K. (org.). **Processo Penal Contemporâneo em Debate**. Porto Alegre: Boutique Jurídica, 2019. v. 4. GIACOMOLLI, N. J.; DÁVILA, Fábio Roberto; ANTUNES, Maria João; SANTOS, Cláudia (org.). **Direito Penal e Constituição**: diálogos entre Brasil e Portugal. Porto Alegre: Boutique Jurídica, 2018. GIACOMOLLI, NEREU JOSÉ; EILBERG, Daniela D.; ALBUQUERQUE, L. G. (org.). **Processo Penal Contemporâneo em Debate**. Florianópolis: Empório do Direito; Tirant lo Blanch, 2018. v. 3. GIACOMOLLI, N. J.; STEIN, A.C.F.; SAIBRO, H.R (org.). **Processo Penal Contemporâneo em Debate**. Florianópolis: Empório do Direito, 2017. v. 2. GIACOMOLLI, N. J.; SCHNEIDER, N.B.; SCARTON, Carolina Llantada Seibel (org.). **Processo Penal Contemporâneo em Debate**. Florianópolis: Empório do Direito, GIACOMOLLI, N. J. **Prisão Cautelar e Medidas Alternativas ao Cárcere**. Florianópolis: Empório do Direito, 2016. GIACOMOLLI, N. J. **O Devido Processo Penal**. Abordagem Conforme a Constituição Federal e o Pacto de São José da Costa Rica. 3. ed. São Paulo: Gen Atlas, 2016. GIACOMOLLI, N. J.; PRADO, G.; Silveira, E.D.; VALENTE, M.M.G. **Prova Penal**. Lisboa: Rei dos Livros, 2015. GIACOMOLLI, N. J.;

acadêmica, mas também pelo trabalho como magistrado e, mais recentemente, como advogado e parecerista. Como se pode ver, a sua inegável contribuição para as ciências criminais pátrias não só justifica, como recomenda a presente homenagem – e é uma alegria dela poder fazer parte.

No presente texto, vou abordar um tema que fez parte de alguns debates em eventos e em bancas, que contaram com a presença do presente autor e do homenageado Nereu José Giacomolli[2] na banca julgadora. Escolhi esse tema e refiro essa coincidência acadêmica para ressaltar outra qualidade do nosso caro amigo Nereu: a de promover o debate acadêmico, sem orgulho, focado na excelência e na busca pelo diálogo científico sempre com vistas apenas ao desenvolvimento do conhecimento. Queria muito, com este artigo, deixar marcada e registrada a importância dos mais de dez anos de trabalho conjunto com o Professor Nereu José Giacomolli: aprendemos muito, trabalhamos

AZAMBUJA, Mariana (org.). **Processo Penal Contemporâneo em Perspectiva**. Curitiba: iEA Academia, 2015. GIACOMOLLI, N. J.; VANSCONCELLOS, Vinicius Gomes (org.). **Processo Penal e Garantias Constitucionais**: estudos para um processo penal democrático. Rio de Janeiro: Lumen Juris, 2014. GIACOMOLLI, N. J. **Prisão, Liberdade e as Cautelares Alternativas ao Cárcere**. Madri: Marcial Pons, 2013. GIACOMOLLI, N. J. **Congresso Internacional de Ciências Criminais**: criminologia e sistemas jurídico-penais contemporâneos. III. ed. Porto Alegre: EDIPUCRS, 2013. GIACOMOLLI, N. J. ***Legalidad, Oportunidad y Consenso en el Proceso Penal.*** Lima, Perú: Ara Editora, 2012. GIACOMOLLI, N. J.; CALLEGARI, André Luís (org.). **Direito Penal do Inimigo**. 6. ed. Porto Alegre: Livraria do Advogado, 2012. GIACOMOLLI, N. J. **A Fase Preliminar do Processo Penal**. Rio de Janeiro: Lumen Juris, 2011. GIACOMOLLI, N. J.; MAYA, André Machado (org.). **Congresso Internacional de Ciências Criminais**. Criminologia e Sistemas Jurídico-Penais Contemporâneos, II Edição. Porto Alegre: Edipucrs, 2011. GIACOMOLLI, N. J.; MAYA, André Machado (org.). **Processo Penal Contemporâneo**. Porto Alegre: Núria Fabris, 2010. GIACOMOLLI, N. J.; CALLEGARI, André Luís (org.). **A Proteção de Bens Jurídicos como Função do Direito Penal**. 2. ed. Porto Alegre: Livraria do Advogado, 2009. GIACOMOLLI, N. J. **Reformas (?) do Processo Penal**: considerações críticas. Rio de Janeiro: Lumen Juris, 2008. GIACOMOLLI, N. J. **Legalidade, Oportunidade e Consenso no Processo Penal**: na perspectiva das garantias constitucionais. Porto Alegre: Livraria do Advogado, 2006. GIACOMOLLI, N. J.; CALLEGARI, André Luís (org.) . **Direito Penal e Funcionalismo**. Porto Alegre: Livraria do Advogado Editora, 2005. GIACOMOLLI, N. J.; CALLEGARI, André Luís (org.). **Um Novo Sistema do Direito Penal**. São Paulo: Manole, 2003.

2 Dentre as bancas, em que tratamos do tema, cito uma apenas, que foi publicada: VASCONCELLOS, Vinicius Gomes de. **Barganha e Justiça Criminal Negociada.** Análise das Tendências de Expansão dos Espaços de Consenso no Processo Penal Brasileiro. São Paulo: IBCCRIM, 2015 (Monografia Vencedora do 19º. Concurso de Monografias de Ciências Criminais – IBCCRIM).

bastante em prol do nosso Programa de Pós-Graduação em Ciências Criminais e do desenvolvimento qualificado da área de Ciências Criminais, rimos muito e, no processo, iniciou-se uma amizade daquelas que a gente leva para toda a vida. Caro amigo, admiro-te muito e desejo muito sucesso e muitas outras homenagens, porque tu mereces!

No que segue, abordarei a Justiça Criminal Negociada a partir de sua relação com um fenômeno que tenho estudado muito nos últimos anos e que tem sido objeto também da minha práxis como advogado, qual seja, das Investigações Corporativas. Num primeiro momento, o tema das investigações corporativas será apresentado de uma maneira mais geral, em que se mostram os seus elementos principais. Num segundo momento, vamos abordar o que podemos aprender sobre a experiência dos Estados Unidos (EUA) para, num último momento, analisarmos a relação entre investigações corporativas, *Compliance* e Justiça criminal negocial. Ao final, deveria ficar claro tratar-se de um tema completamente novo, que oferece desafios complexos e ainda não devidamente explorados no espaço acadêmico pátrio. Espera-se que o presente texto contribua para estimular a reflexão acadêmica sobre o tema[3].

1) Elementos principais de uma investigação corporativa

Conduzir investigações corporativas é um processo complexo, que envolve a necessidade de um time interdisciplinar para sua realização. Em que pese a sua realização envolver a exigência de conhecimentos jurídicos, uma investigação corporativa somente será efetiva se na equipe houver, pelo menos, profissionais com conhecimento de a) gerenciamento de projetos[4], b) contabilidade, c) auditoria, d) Direito e de e) métodos de investigação forense e digital.

[3] Trata-se, ainda, de um texto propedêutico, que realiza uma primeira aproximação do tema dando-lhe os contornos gerais. O texto, portanto, tem um caráter exploratório e reflete o estado de uma pesquisa maior em andamento. Os temas aqui tratados estão sendo aprofundados através de pesquisa mais ampla que está sendo realizada pelo meu Grupo de Pesquisa Governança Corporativa, *Compliance* e Proteção de Dados, registrado no CNPq, homologado pela Universidade Presbiteriana Mackenzie – SP e vinculado ao Programa de Pós-Graduação em Direito Político e Econômico desta universidade.

[4] Para a realização de investigações, as melhores práticas internacionais de investigações sugerem que, nas equipes de investigações, seja engajado um *Project Management Office*, abreviado

De maneira geral, uma investigação segue as seguintes etapas[5]: 1) descoberta da fraude; 2) averiguação inicial; 3) elaboração de hipótese; 4) análise de dados preliminares e realização de *backgroung checks*; 5) aplicação da teoria da fraude; 6) definição de onde as evidências podem estar; 7) quais seriam necessárias para provar a fraude; 8) revisar a teoria da fraude aplicada; 9) desenvolver esquema relacionando pessoas e evidências; 10) elencar possíveis defesas para as alegações; 11) avaliar se as evidências são suficientes para prosseguir e, se elas forem, 12) complementar a investigação com entrevistas com os custodiantes e 13) analisar documentos e observações realizadas.

A fraude pode ser descoberta por denúncia realizada no canal de denúncias da empresa, por detecção do setor de *compliance* da empresa ou da auditoria interna ou por alguma dica (*tip*), que chega ao conhecimento do setor de *compliance* da empresa. Assim que recebida deve ser analisada em uma averiguação inicial dos documentos e informações que a empresa dispõe sobre a fraude reportada. É importante, nesse primeiro momento, envolver o menor número de pessoas possível para evitar que potenciais envolvidos possam tentar destruir evidências. A partir dessa averiguação inicial, deve-se elaborar uma hipótese inicial de esclarecimento da fraude. Com a hipótese delimitada, deve-se proceder a análise de dados preliminares e realização de *backgroung checks*, com o objetivo de mapear os custodiantes e potenciais suspeitos, bem como a relação entre eles.

Com base nas informações coletadas, deve-se, então, iniciar aplicação da teoria da fraude, que, na prática, busca responder às seguintes perguntas: Quem pode estar envolvido? O que deve ter acontecido? Quais as razões que suportam a alegação de fraude inicial? Quais podem ter sido os métodos utilizados? Como a fraude foi realizada? Após, deve-se mapear as possíveis evidências da realização da fraude e de quais seriam necessárias para prová-la. Os resultados encontrados deverão ser analisados de maneira crítica, buscando-se elencar possíveis defesas para as diversas alegações desenvolvidas a partir do

como PMO, que seria o responsável por definir e manter os padrões de gerenciamento de projetos na empresa, a fim de otimizar o controle e a execução de propostas da organização como um todo ou de uma área específica.

[5] As etapas e as melhores práticas internacionais de investigação citadas no que segue, tem por base o manual da ASSOCIATION OF CERTIFIED FRAUD EXAMINERS – ACFE. ***Fraud Examiners Manual*** – *Internacional Edition*. Austin: ACFE, 2019. p. 3.101 et seq.

material coletado. Se as evidências forem, então, suficientes para prosseguir, por fim a investigação será complementada com entrevistas a serem realizadas com os custodiantes, bem como com a análise dos documentos encontrados e observações realizadas.

Uma investigação pode chegar à conclusão de que um ilícito foi perpetrado por funcionários ou por terceiros, agindo em seu interesse ou benefício. Nesse caso, as melhores práticas de *Compliance* exigem que esse fato seja reportado às autoridades competentes e que a empresa colabore com as investigações que venham a ser realizadas por esse órgão. A maneira como esse reporte deve ser feito e suas consequências jurídicas nem sempre são claras. Nesse contexto, a segurança jurídica é fundamental para que haja uma relação adequada entre autoridade pública e a empresa, que vai ao seu encontro apresentar os resultados da investigação interna. Tendo em vista que a experiência brasileira com investigações corporativas é relativamente recente, é produtivo realizar uma breve comparação com o desenvolvimento desse instituto nos EUA, país em que foi criado.

2) Investigações corporativas e reporte às autoridades: o que podemos aprender com a experiência dos EUA

Mary Jo White serviu por pouco mais de dez anos como "*chair*" da *U.S. Securities and Exchange Comission* e como promotora do *Southern District* de New York. Refletindo sobre esses mais de dez anos de experiência acumulada, ela concluiu que "[...] uma bem conduzida investigação interna é o ponto de partida para qualquer solução de problema efetivo e qualquer interação bem-sucedida com o regulador no espaço da persecução de crimes do colarinho branco"[6]. Essa afirmação, feita com tanta tranquilidade, reflete um consenso na literatura e na práxis norte-americanas, mas em que pese por lá já há muito tenha se solidificado esse entendimento, aqui no Brasil nós ainda estamos distantes de uma tal realidade. De fato, quem conhece a prática da interação

[6] "[...] *a well-conducted internal investigation is the starting point for any effective corporate problem-solving and any successful interaction with a regulator in the white-collar enforcement space*" (BRIAN, D. Brad; MCNEIL, Barry F.; DEMSKY, Lisa J. (org.). ***Internal Corporate Investigations.*** 4th ed. Chicago: ABA, 2017. p. xix – tradução nossa).

das empresas com os órgãos de fiscalização e de persecução penal sabe muito bem que a colaboração no Brasil com órgãos públicos, não raramente (para não se dizer sempre), só é buscada quando a empresa já é alvo de alguma investigação policial ou procedimento administrativo sancionador. A prática tão difundida nos EUA de se realizar investigação corporativa, quando se toma conhecimento de que a empresa foi utilizada para a prática de um ilícito e a posterior colaboração com os órgãos de persecução penal, está distante de se tornar realidade no Brasil. Mas por que dessa diferença? A resposta reside em três marcos principais do desenvolvimento desse instituto nos EUA.

O princípio da "*corporate liability*" é reconhecido nos EUA desde 1909. Porém, somente no final da década de 1980 e início dos anos 90 houve um real crescimento da persecução penal das empresas. Isso se deu por várias razões: 1) na chamada "Operação Illwind", em que foram identificadas fraudes na contratação de terceiros por militares, pela primeira vez esse princípio foi aplicado[7]; 2) mais tarde, logo após o surgimento das *U.S. Sentencing Guidelines*, que passou a reservar um capítulo para analisar como os sistemas de gestão de *compliance* das empresas impactariam a responsabilidade penal, o caso do "*Salomon Brothers*" acabou por chamar a atenção para a importância da colaboração: trata-se do primeiro caso em que uma empresa não foi processada criminalmente porque "colaborou de maneira ampla e efetiva"[8]; 3) por fim, fechando o ciclo do desenvolvimento e consolidação desse instituto da política criminal norte-americana, o caso da Arthur Andersen acabou por sedimentar o entendimento da importância da colaboração de maneira negativa: neste caso, a empresa optou em não colaborar e o resultado foi catastrófico: ela faliu[9]! Esses dois casos paradigmáticos tiveram por consequência a consolidação da ideia de que as empresas deveriam ser rápidas em identificar eventuais ilícitos perpetrados no seu âmbito de atuação para se adiantarem e levarem o caso às autoridades, porque o poder público estava deixando claro que o único caminho para não se tornar parte do problema seria a colaboração.

[7] BRIAN, D. Brad; MCNEIL, Barry F.; DEMSKY, Lisa J. (org.). ***Internal Corporate Investigations.*** 4th ed. Chicago: ABA, 2017. p. 3. (Tradução nossa).

[8] BRIAN, D. Brad; MCNEIL, Barry F.; DEMSKY, Lisa J. (org.). ***Internal Corporate Investigations.*** 4th ed. Chicago: ABA, 2017. p. 4.

[9] BRIAN, D. Brad; MCNEIL, Barry F.; DEMSKY, Lisa J. (org.). ***Internal Corporate Investigations.*** 4th ed. Chicago: ABA, 2017. p. 5.

Recentemente, a importância das investigações corporativas e da comunicação de ilícitos para as autoridades competentes foi reiterada na revisão de junho de 2020 do guia de orientação do *U.S. Department of Justice – Criminal Division entitulado Evaluation of Corporate Programs*[10]. No capítulo específico sobre o tema, ele reforça a necessidade de que as investigações corporativas estejam conectadas com canais de denúncias e proteção dos denunciantes (*whistleblowers*).

2.1) Canal de Denúncias

Nesse documento, o DOJ deixa claro que um indicativo de um "programa de Compliance bem concebido" ("*well-designed Compliance program*") é a "existência de um mecanismo eficiente e confiável através do qual empregados possam, de maneira anônima e confidencial, reportar alegações de violações do código de conduta da companhia, de suas políticas, ou má conduta atual ou suspeita"[11]. No caso aqui, o guia refere-se aos canais de denúncia, que já há muito tempo são considerados no meio da pesquisa de fraudes como o meio mais eficaz de reporte de fraudes e ilícitos[12].

2.2) Whistleblower (denunciante)

O guia também deixa claro que outra condição de um programa de *Compliance* bem-sucedido seria a empresa ter medidas proativas para criar uma atmosfera sem medo de retaliação com um adequado processo de submissão de denúncias

[10] U.S. DEPARTMENT OF JUSTICE. Criminal Division. ***Evaluation of Corporate Compliance Programs.*** Disponível em: https://www.justice.gov/criminal-fraud/page/file/937501/download. Acesso em: 7 jun. 2020.

[11] U.S. DEPARTMENT OF JUSTICE. Criminal Division. ***Evaluation of Corporate Compliance Programs.*** Disponível em: https://www.justice.gov/criminal-fraud/page/file/937501/download. Acesso em: 7 jun. 2020. p. 6.

[12] O estudo mais abrangente a respeito é o ***Report to the Nations*** – 2020 *Global Study on Occupational Fraud and Abuse* da *Association of Fraud Examiners (ACFE)*. No relatório de 2020, novamente a pesquisa comprovou que a forma mais frequente de detecção de fraudes e ilícitos é a denúncia: 43% dos casos foram detectados dessa maneira. Para se ter uma ideia da diferença, em segundo lugar aparece auditoria interna com 15%. A tabela com essa informação está na página 19 do relatório e ele está disponível em: https://acfepublic.s3-us-west-2.amazonaws.com/2020-Report-to-the-Nations.pdf. Acesso em: 7 jun. 2020.

e processos adequados para proteger os *whistleblowers* (denunciantes)[13]. As empresas devem também ter registro das investigações, que permitam identificar: a frequência com que essas denúncias são feitas, o encaminhamento para o setor responsável, se as investigações foram realizadas em tempo razoável, se foram acompanhadas e investigadas da maneira adequada, se há uma política de consequências e punições para as condutas ilícitas[14]. O guia reforça e sublinha, de maneira muito insistente, que a confidencialidade desses meios de reporte é uma prova de que a empresa de fato tem um programa de *Compliance* efetivo. Importante notar que, nesse ponto, o guia faz referência às normas que tratam de avaliação de efetividade de programas de *Compliance* para fins de avaliação da responsabilidade criminal da empresa:

> ***Confidential reporting mechanisms are highly probative of whether a company has "established corporate governance mechanisms that can effectively detect and prevent misconduct."*** *JM 9-28.800; see also U.S.S.G. § 8B2.1(b)(5)(C) (an effectively working compliance program will have in place, and have publicized, 'a system, which may include mechanisms that allow for anonymity or confidentiality, whereby the organization's employees and agents may report or seek guidance regarding potential or actual criminal conduct without fear of retaliation').*[15]

Fica claro, portanto, que nos EUA a proteção do anonimato e a confidencialidade dos canais de denúncias integram os elementos principais de efetividade de um sistema de gestão de *Compliance* no país.

[13] U.S. DEPARTMENT OF JUSTICE. Criminal Division. ***Evaluation of Corporate Compliance Programs***. Disponível em: https://www.justice.gov/criminal-fraud/page/file/937501/download. Acesso em: 7 jun. 2020. p. 6.

[14] U.S. DEPARTMENT OF JUSTICE. Criminal Division. ***Evaluation of Corporate Compliance Programs***. Disponível em: https://www.justice.gov/criminal-fraud/page/file/937501/download. Acesso em: 7 jun. 2020. p. 6.

[15] U.S. DEPARTMENT OF JUSTICE. Criminal Division. ***Evaluation of Corporate Compliance Programs***. Disponível em: https://www.justice.gov/criminal-fraud/page/file/937501/download. Acesso em: 7 jun. 2020. p. 6.

2.3) Investigações Corporativas

O guia também deixa claro que outra condição de um programa de *Compliance* bem-sucedido deva ser capaz de comprovar a efetividade dos mecanismos de reporte. Esses mecanismos precisam estar conectados com investigações com escopo apropriado e realizadas por pessoal qualificado. A investigação, por sua vez, precisa ter métricas adequadas para avaliar sua efetividade, a dilação temporal adequada de sua execução, bem como um procedimento adequado para garantir punição nos casos em que for comprovado o ilícito.

Como se pode notar nesse breve e resumido panorama sobre a evolução da importância das investigações corporativas nos EUA, a atuação do Estado valorizando de maneira decisiva a colaboração e premiando, portanto, os colaboradores, foi muito mais importante do que a promulgação de uma lei. Isso porque os promotores norte-americanos perceberam logo que, no caso de crimes do colarinho branco, punir a empresa tem efeitos colaterais em terceiros de boa-fé e que nada têm a ver com o ilícito praticado, a saber: funcionários e acionistas. Em função disso, os famosos "memorandos" norte-americanos propugnam e exigem que os promotores avaliem o impacto nesses terceiros para decidir sobre aceitar a colaboração, ou não, e em qual extensão.

A colaboração e o reporte de resultados de investigações corporativas integram os sistemas de gestão de *Compliance* nas empresas norte-americanas. De fato, ser o primeiro a tomar conhecimento do fato e levar ao conhecimento das autoridades se tornou parte comum das atividades das empresas, e isso é consequência de uma política criminal que consolidou essas práticas através de mensagens claras do poder público no sentido de que a colaboração será premiada e as regras a esse respeito serão sempre respeitadas. Há, portanto, uma clara diretriz estatal, dos órgãos de persecução penal e da Justiça norte-americana, no sentido de garantir previsibilidade às empresas que optarem pelo caminho da colaboração. No Brasil, estamos ainda no início da criação de sistema de Justiça criminal negocial – e vários passos precisam ser dados.

3) Justiça criminal negocial e investigações corporativas

Quando se pensa em Justiça penal negociada, na área processual penal, pensa-se logo em colaboração premiada[16] ou no instituto da transação penal[17] da Lei dos Juizados Especiais Criminais. A verdade, porém, é que basta citar alguns exemplos para percebermos que o processo da expansão dos espaços de consenso é um fenômeno mais amplo, que atinge várias áreas do Direito pátrio. Os principais institutos com essas características, além dos já elencados da colaboração premiada e da transação penal, são os seguintes[18]:

1) **Acordos de leniência** (Lei nº 12.529/11 e Lei nº 12.846/2013);
2) **Termo de compromisso de cessação** (Cade);
3) **Acordo de Controle de Concentrações** (Cade);
4) **Termo de Compromisso** (Bacen e CVM);
5) **Acordo de Supervisão** (Bacen e CVM);
6) **Termos de ajustamento de conduta** (em matéria trabalhista e ambiental).

Além dos institutos referidos, a Lei nº 13.964, de 24 de dezembro de 2019, chamada pelos seus criadores de "pacote anticrime", criou dois outros que aproximam o Brasil do caminho adotado pelos EUA: o instituto do acordo de não persecução penal e a figura do "denunciante do bem", em clara alusão ao instituto do *whistleblower* consolidado no sistema norte-americano.

[16] Trata-se de instituto previsto no art. 3º e seguintes da Lei nº 12.850, de 2 de agosto de 2013. Sobre o tema, ver: VASCONCELLOS, Vinicius de. **Colaboração Premiada no Processo Penal**. 3. ed. rev. e ampl. São Paulo, Revista dos Tribunais, 2020; e VASCONCELLOS, Vinicius de. **Barganha e Justiça Criminal Negocial**. Análise das Tendências de Expansão dos Espaços de Consenso no Processo Penal Brasileiro. São Paulo: IBCCRIM, 2015.

[17] Trata-se de instituto previsto no art. 76 da Lei nº 9.099/95.

[18] O Instituto Brasileiro de Direito e Ética Empresarial publicou uma cartilha, que trata de maneira breve e prática de todos esses casos de Justiça Negocial: DELOITTE; INSTITUTO BRASILEIRO DE DIREITO E ÉTICA EMPRESARIAL – IBDEE. **Orientações para celebração de acordos de colaboração por empresas**. São Paulo: IBDEE: DELOITTE, agosto de 2018. Disponível em: https://www2.deloitte.com/content/dam/Deloitte/br/Documents/risk/Cartilha-acordos-Deloitte-IBDEE.pdf. Acesso em: 10 jun. 2020. Sobre Acordos de Leniência, ver: SIMÃO, Valdir Moysés; VIANNA, Marcelo Pontes. **O Acordo de Leniência na Lei Anticorrupção**: histórico, desafios e perspectivas. São Paulo: Trevisan, 2017.

No primeiro caso, a lei insere o artigo 28-A no Código de Processo Penal, no qual passa a figurar a possibilidade de o Ministério Público oferecer acordo para que não se inicie o processo penal contra o investigado:

> Art. 28-A. Não sendo caso de arquivamento e tendo o investigado confessado formal e circunstancialmente a prática de infração penal sem violência ou grave ameaça e com pena mínima inferior a 4 (quatro) anos, o Ministério Público poderá propor acordo de não persecução penal, desde que necessário e suficiente para reprovação e prevenção do crime, mediante as seguintes condições ajustadas cumulativa e alternativamente [...].

No segundo caso, a previsão inicial era mais ambiciosa do que a versão que acabou sendo aprovada: ao final, restou apenas uma mudança na Lei nº 13.608, de 10 de janeiro de 2018, que dispõe sobre "o serviço telefônico de recebimento de denúncias e sobre recompensa por informações que auxiliem nas investigações policiais; e altera o art. 4º da Lei nº 10.201, de 14 de fevereiro de 2001, para prover recursos do Fundo Nacional de Segurança Pública para esses fins". Apesar de haver uma previsão tímida no art. 4º de que "poderá ser instituído pagamento em espécie" entre as recompensas estabelecidas, o instituto nem de perto se assemelha à sua contraparte nos EUA. Apenas a título de comparação, o *whistleblower* nos EUA pode receber premiações que variam de 10% a 30% do total de valores recuperados[19], sendo que há previsão expressa para proteção e premiação até do *Compliance officer* que levar ao conhecimento das autoridades competentes informação sobre prática de ilícito[20]. No Brasil, através das referidas mudanças no projeto, restou apenas uma singela modificação da lei de "disque denúncias", e esse instituto acabou perdendo seu potencial de estímulo para empresas e indivíduos levarem ao

[19] HATCHER, Amy Conway; GRIGGS, Linda; KLEIN, Benjamin. *How whistleblowing may pay under the U.S. Dodd-Frank Act: implications and best practices for multinational companies. In*: DEL DEBBIO, Alessandra; MAEDA, Bruno Carneiro; AYRES, Carlos Henrique da Silva. ***Temas de Anticorrupção & Compliance***. Rio de Janeiro: Elsevier, 2013. p. 255.

[20] HATCHER, Amy Conway; GRIGGS, Linda; KLEIN, Benjamin. *How whistleblowing may pay under the U.S. Dodd-Frank Act: implications and best practices for multinational companies. In*: DEL DEBBIO, Alessandra; MAEDA, Bruno Carneiro; AYRES, Carlos Henrique da Silva. ***Temas de Anticorrupção & Compliance***. Rio de Janeiro: Elsevier, 2013. p. 257 et seq.

conhecimento das autoridades competentes a prática de ilícitos. Apesar disso, esse breve levantamento já mostra que o processo de "consensualização" e "barganha" do sistema processual brasileiro está em franco desenvolvimento e que o país, em grande medida, está trilhando caminhos que, em muito, se assemelham ao desenvolvimento norte-americano.

Apesar das semelhanças, um ponto importante deve ser ressaltado: como se percebeu claramente na descrição do desenvolvimento do sistema de Justiça criminal negocial nos EUA, esse processo, no âmbito do Direito Penal Econômico, desenvolveu-se conjuntamente ao do instituto da Responsabilidade Penal da Pessoa Jurídica. A pessoa jurídica promove investigações internas e, para evitar sua responsabilização criminal, vai ao encontro das autoridades competentes para, em troca de sua colaboração, não enfrentar o peso da persecução penal. Esse processo de descolou do âmbito criminal no Brasil: a pessoa jurídica no Brasil, com exceção dos crimes ambientais, não responde penalmente, e o instituto que poderia ser utilizado para evitar persecução penal de empresas no Brasil seria o dos Acordos de Leniência, instituto que, diferentemente dos EUA, tem natureza civil e administrativa e, em regra, não afeta o curso do processo penal. O único caso em que o referido instituto tem reflexos penais expressos na legislação é quando aplicado no âmbito do Sistema Brasileiro de Defesa da Concorrência. De fato, na Lei nº 12.529, de 30 de novembro de 2011, que, dentre outros temas, institui o Sistema Brasileiro de Defesa da Concorrência e dispõe sobre as infrações contra a ordem econômica, há uma previsão expressa nesse sentido:

> Art. 87. Nos crimes contra a ordem econômica, tipificados na Lei nº 8.137, de 27 de dezembro de 1990 , e nos demais crimes diretamente relacionados à prática de cartel, tais como os tipificados na Lei nº 8.666, de 21 de junho de 1993, e os tipificados no art. 288 do Decreto-Lei nº 2.848, de 7 de dezembro de 1940 – Código Penal, a celebração de acordo de leniência, nos termos desta Lei, determina a suspensão do curso do prazo prescricional e impede o oferecimento da denúncia com relação ao agente beneficiário da leniência.
> Parágrafo único. Cumprido o acordo de leniência pelo agente, extingue-se automaticamente a punibilidade dos crimes a que se refere o caput deste artigo.

Nas outras normas em que há previsão de acordo de leniência, não há menção expressa acerca de seu reflexo na esfera penal. E, ainda que haja um esforço na jurisprudência e na doutrina para estabelecer essa relação, a verdade é que, no Brasil, o desenvolvimento dos institutos do *Compliance,* das Investigações Corporativas e da Justiça Criminal Negocial aconteceu de maneira independente. Nesse sentido, seria errado afirmar que as investigações corporativas no Brasil têm a mesma força que no sistema norte-americano: a colaboração no Brasil não é vista ainda como elemento de efetividade de sistemas de gestão de *Compliance,* o *Compliance* não pode ser visto como meio de prevenção da responsabilidade penal da empresa e, como a empresa não responde penalmente, as investigações corporativas, por óbvio, acabam por não ter repercussão alguma na esfera processual penal, porque ela simplesmente não responde penalmente.

Conclusões

O presente estudo, ainda que propedêutico, pretendeu, a partir de uma breve comparação com o desenvolvimento dos institutos de Justiça Criminal Negocial dos EUA apontar para um ponto importante, que deve inspirar o desenvolvimento do instituto das investigações corporativas no Brasil: o Estado brasileiro precisa achar o caminho apropriado para proporcionar segurança jurídica às empresas que buscam colaborar com as autoridades públicas e, principalmente, repensar a legislação para que estabeleça a conexão necessária entre *Compliance,* Investigações Corporativas e Justiça Criminal Negocial.

Como ficou claro na exposição da evolução dos institutos, a força desses institutos reside na sua interrelação: é necessário que se ache o caminho para estimular a colaboração de empresas vítimas de fraude, a efetividade do combate à corrupção depende também da concretização efetiva desse instituto no Brasil. Deve-se perceber que estimular a colaboração da maneira adequada, respeitando as garantias constitucionais, tem um efeito muito mais benéfico do que a expansão da punibilidade e da persecução penais.

Referências

AMARAL, M. E.; GIACOMOLLI, N. J.; DAROS, K. (org.). **Processo Penal Contemporâneo em Debate**. Porto Alegre: Boutique Jurídica, 2019. v. 4.

ASSOCIATION OF CERTIFIED FRAUD EXAMINERS – ACFE. ***Fraud Examiners Manual*** *– Internacional Edition*. Austin: ACFE, 2019.

ASSOCIATION OF CERTIFIED FRAUD EXAMINERS – ACFE. ***Report to the Nations*** – 2020 *Global Study on Occupational Fraud and Abuse*. Austin: ACFE, 2020. Disponível em: https://acfepublic.s3-us-west-2.amazonaws.com/2020-Report-to-the-Nations.pdf. Acesso em: 7 jun. 2020.

BRIAN, D. Brad; MCNEIL, Barry F.; DEMSKY, Lisa J. (org.). ***Internal Corporate Investigations***. 4th ed. Chicago: ABA, 2017.

DELOITTE; INSTITUTO BRASILEIRO DE DIREITO E ÉTICA EMPRESARIAL – IBDEE. **Orientações para celebração de acordos de colaboração por empresas**. São Paulo: IBDEE: DELOITTE, agosto de 2018. Disponível em: https://www2.deloitte.com/content/dam/Deloitte/br/Documents/risk/Cartilha-acordos-Deloitte-IBDEE.pdf. Acesso em: 10 jun. 2020.

GIACOMOLLI, N. J.; CALLEGARI, André Luís (org.). **Um Novo Sistema do Direito Penal**. São Paulo: Manole, 2003.

GIACOMOLLI, N. J.; CALLEGARI, André Luís (org.) . **Direito Penal e Funcionalismo**. Porto Alegre: Livraria do Advogado Editora, 2005.

GIACOMOLLI, N. J. **Legalidade, Oportunidade e Consenso no Processo Penal**: na perspectiva das garantias constitucionais. Porto Alegre: Livraria do Advogado, 2006.

GIACOMOLLI, N. J. **Reformas (?) do Processo Penal**: considerações críticas. Rio de Janeiro: Lumen Juris, 2008.

GIACOMOLLI, N. J.; CALLEGARI, André Luís (org.). **A Proteção de Bens Jurídicos como Função do Direito Penal**. 2. ed. Porto Alegre: Livraria do Advogado, 2009.

GIACOMOLLI, N. J.; MAYA, André Machado (org.). **Processo Penal Contemporâneo**. Porto Alegre: Núria Fabris, 2010.

GIACOMOLLI, N. J.; MAYA, André Machado (org.). **Congresso Internacional de Ciências Criminais**. Criminologia e Sistemas Jurídico-Penais Contemporâneos, II Edição. Porto Alegre: Edipucrs, 2011.

GIACOMOLLI, N. J. **A Fase Preliminar do Processo Penal**. Rio de Janeiro: Lumen Juris, 2011.

GIACOMOLLI, N. J.; CALLEGARI, André Luís (org.). **Direito Penal do Inimigo**. 6. ed. Porto Alegre: Livraria do Advogado, 2012.

GIACOMOLLI, N. J. ***Legalidad, Oportunidad y Consenso en el Proceso Penal***. Lima, Peru: Ara Editora, 2012.

GIACOMOLLI, N. J. **Congresso Internacional de Ciências Criminais**: criminologia e sistemas jurídico-penais contemporâneos. III. ed. Porto Alegre: EDIPUCRS, 2013.

GIACOMOLLI, N. J. **Prisão, Liberdade e as Cautelares Alternativas ao Cárcer***e*. Madri: Marcial Pons, 2013.

GIACOMOLLI, N. J.; VANSCONCELLOS, Vinicius Gomes (org.). **Processo Penal e Garantias Constitucionais**: estudos para um processo penal democrático. Rio de Janeiro: Lumen Juris, 2014.

GIACOMOLLI, N. J.; AZAMBUJA, Mariana (org.). **Processo Penal Contemporâneo em Perspectiva**. Curitiba: iEA Academia, 2015.

GIACOMOLLI, N. J.; PRADO, G.; Silveira, E.D.; VALENTE, M.M.G. **Prova Penal**. Lisboa: Rei dos Livros, 2015.

GIACOMOLLI, N. J. **O Devido Processo Penal**. Abordagem Conforme a CF e o Pacto de São José da Costa Rica. 3. ed. São Paulo: Gen/Atlas, 2016.

GIACOMOLLI, N. J. **Prisão Cautelar e Medidas Alternativas ao Cárcere**. Florianópolis: Empório do Direito, 2016.

GIACOMOLLI, N. J.; SCHNEIDER, N.B.; SCARTON, Carolina Llantada Seibel (org.). **Processo Penal Contemporâneo em Debate**. Florianópolis: Empório do Direito, 2018.

GIACOMOLLI, N. J.; STEIN, A.C.F.; SAIBRO, H.R (org.). **Processo Penal Contemporâneo em Debate**. Florianópolis: Empório do Direito, 2017. v. 2.

GIACOMOLLI, NEREU JOSÉ; EILBERG, Daniela D.; ALBUQUERQUE, L. G. (org.). **Processo Penal Contemporâneo em Debate**. Florianópolis: Empório do Direito; Tirant lo Blanch, 2018. v. 3.

GIACOMOLLI, N. J.; DÁVILA, Fábio Roberto; ANTUNES, Maria João; SANTOS, Cláudia (org.). **Direito Penal e Constituição**: diálogos entre Brasil e Portugal. Porto Alegre: Boutique Jurídica, 2018.

HATCHER, Amy Conway; GRIGGS, Linda; KLEIN, Benjamin. *How whistleblowing may pay under the U.S. Dodd-Frank Act: implications and best practices for multinational companies*. *In*: DEL DEBBIO, Alessandra; MAEDA, Bruno Carneiro; AYRES, Carlos Henrique da Silva. **Temas de Anticorrupção & Compliance**. Rio de Janeiro: Elsevier, 2013.

SIMÃO, Valdir Moysés; VIANNA, Marcelo Pontes. **O Acordo de Leniência na Lei Anticorrupção**: histórico, desafios e perspectivas. São Paulo: Trevisan, 2017.

VASCONCELLOS, Vinicius Gomes de. **Barganha e Justiça Criminal Negocial.** Análise das Tendências de Expansão dos Espaços de Consenso no Processo Penal Brasileiro. São Paulo: IBCCRIM, 2015.

VASCONCELLOS, Vinicius de. **Colaboração Premiada no Processo Penal**. 3. ed. rev. e ampl. São Paulo, Revista dos Tribunais, 2020.

U.S. DEPARTMENT OF JUSTICE. Criminal Division. ***Evaluation of Corporate Compliance Programs***. Disponível em: https://www.justice.gov/criminal-fraud/page/file/937501/download. Acesso em: 7 jun. 2020.

60. O DEVIDO PROCESSO PENAL – UMA HOMENAGEM A NEREU GIACOMOLLI

SALAH H. KHALED JR.

Introdução

Recebi com enorme alegria o convite para participar desta obra, que homenageia o querido amigo e ex-professor Nereu Giacomolli. Embora eu tenha sido formalmente aluno do Professor Nereu somente no doutorado em Ciências Criminais, meu convívio com ele foi constante nos corredores da PUCRS durante a graduação e o mestrado. A gentileza com que o Professor Nereu sempre tratou a mim e a todos que o procuraram rapidamente lhe garantiu notoriedade na Faculdade de Direito. Não que o restante do corpo docente fosse composto por pavões (com o perdão da palavra), mas a humildade de Nereu contrastava com a sua condição de professor do PPGCCRIM e ainda mais com o fato de ele ser um desembargador. Tudo isso em nada diminuiu (pelo contrário, engrandece) a contribuição que Nereu prestou e continua a prestar para o *devido processo penal* brasileiro, que deve ter como norte a conformidade constitucional e convencional. Muito aprendi com Nereu, não só como professor, mas também como pessoa e, por isso, me sinto honrado por ter a oportunidade de honrá-lo com um texto de minha autoria.

1. O devido processo penal: uma (ainda) distante realidade

A Constituição brasileira completou 30 anos em 2018. Para um país com pouca tradição democrática como o Brasil, trata-se de uma data marcante, pois estamos historicamente acostumados a testemunhar a ruptura autoritária da ordem política. No entanto, não temos muito o que comemorar: seu déficit de efetividade é claramente visível, particularmente no que se refere ao âmbito das práticas punitivas. Os atores do sistema penal permanecem propensos a violar direitos fundamentais e flexibilizar garantias, deformando na prática a estrutura regrada do devido processo penal e consagrando cada vez mais o decisionismo. É possível que, em 2016, tenhamos experimentado um ponto de torção significativa no que poderia representar o limite máximo de deformação do devido processo penal, com a reafirmação incisiva da epistemologia inquisitória em diversas instâncias do Judiciário brasileiro, o que inclui o próprio Supremo Tribunal Federal, guardião da Constituição.

A perplexidade é justificada, uma vez que a Constituição representa uma abertura democrática em sede processual e consagrou um sistema processual penal acusatório.[1] No entanto, continua irrealizada sua promessa acusatória, uma vez que nosso sistema processual penal ainda é animado por uma doentia ambição de verdade, que se recusa a arrefecer.[2] Em nome dessa insaciável busca, permanece imperando um processo penal do inimigo, cujo sentido

[1] Como observa Lopes Jr., "inicialmente, não prevê nossa Constituição – expressamente – a garantia de um processo penal orientado pelo sistema acusatório. Contudo, nenhuma dúvida temos da sua consagração, que não decorre da 'lei', mas da interpretação sistemática da Constituição. Para tanto, basta considerar que o projeto democrático constitucional impõe uma valorização do homem e do valor dignidade da pessoa humana, pressupostos básicos do sistema acusatório. Recorde-se que a transição do sistema inquisitório para o acusatório é, antes de tudo, uma transição de um sistema político autoritário para o modelo democrático. Logo, democracia e sistema acusatório compartilham uma mesma base epistemológica". Segundo o autor, para além disso, a Constituição possui uma série de regras que desenham um modelo acusatório, como por exemplo: titularidade exclusiva da ação penal pública por parte do Ministério Público (art. 129, I); contraditório e ampla defesa (art. 5º, LV); devido processo legal (art. 5º, LIV), presunção de inocência (art. 5º LVII) e exigência de publicidade e fundamentação das decisões judiciais (art. 93, IX) (LOPES JR., Aury. **Direito Processual Penal e sua Conformidade Constitucional**. Rio de Janeiro: Lumen Juris, 2010. p. 182-183).

[2] Ver KHALED JR, Salah H. **A Busca da verdade no processo penal**: para além da ambição inquisitorial. São Paulo: Atlas, 2013.

consiste na obtenção da condenação a qualquer custo. O fetiche pela legislação infraconstitucional ainda seduz a imaginação persecutória de muitos magistrados: nosso Código de Processo Penal (de 1941) é tido como livro sagrado, continuamente apto a potencializar práticas visivelmente inquisitórias e antidemocráticas. Nada parece impedir a continuidade de sua aplicação e muito menos que, diante da perspectiva de um novo código, os juízes se manifestem temerosos com a possibilidade de retirada de poderes que lhes permitam buscar a verdade real.[3] Ainda temos que avançar e muito, pois permanecemos presos a um núcleo de pensamento autoritário que é preciso urgentemente superar para fortalecer a democracia. Como observa Maier, a correlação entre o sistema político imperante e o conteúdo do Direito Processual Penal é mais direta e imediata do que em qualquer outro ramo do ordenamento jurídico, incluindo o Direito Penal material.[4] Segundo Badaró, a questão é muito mais política do que técnico-processual, pois a escolha do sistema processual decorre do próprio modelo que o Estado instituiu e das relações deste Estado com seus cidadãos.[5] Para o autor, "a relação processual penal é um reflexo da relação entre Estado e indivíduo ou, mais especificamente, entre autoridade e liberdade".[6] Como assinala Goldschmidt, os princípios da política processual de uma nação não são outra coisa que segmentos de sua política estatal em geral. Pode ser dito que a estrutura do processo penal de uma nação é o termômetro dos elementos democráticos ou autoritários de sua Constituição.[7]

Portanto, temos aqui um impasse aparentemente insuperável: Constituição com projeto acusatório e realidade de consagração e celebração inquisitória, ainda que, para muitos, nosso sistema processual penal seja percebido como misto, ou seja, como um terceiro sistema que se diferenciaria do acusatório

[3] CUNHA MARTINS, Rui. **O ponto cego do direito**: *the brazilian lessons*. Rio de Janeiro: Lumen Juris, 2010. p. 37.

[4] MAIER, Julio B.J. **Derecho procesal penal I**: fundamentos. Buenos Aires: Editores del Puerto, 2006. p. 260.

[5] BADARÓ, Gustavo Henrique Righi Ivahy. Ônus da prova no processo penal. São Paulo: RT, 2003. p. 106.

[6] BADARÓ, Gustavo Henrique Righi Ivahy. Ônus da prova no processo penal. São Paulo: RT, 2003. p. 106.

[7] GOLDSCHMIDT, James. *Problemas jurídicos y políticos del proceso penal*. In: GOLDSCHMIDT, James. ***Derecho, derecho penal y proceso I***: *problemas fundamentales del derecho*. Madrid: Marcial Pons, 2010. p. 778.

e do inquisitório em função das características próprias que lhe seriam supostamente peculiares.

Adentrar a questão da definição acusatória, inquisitória ou mista dos sistemas processuais conduz ao enfrentamento de uma das temáticas mais polêmicas do processo penal, sobretudo pela discórdia quanto ao elemento que propriamente caracteriza um sistema concreto dentro de uma das espécies referidas. Jacinto Nelson de Miranda Coutinho definiu o que propriamente significa sistema, em seu sentido jurídico-processual: "conjunto de temas jurídicos que, colocados em relação por um princípio unificador, formam um todo orgânico que se destina a um fim".[8] Para Coutinho, o princípio dispositivo e o princípio inquisitório dão sustentáculo ao sistema acusatório e ao sistema inquisitório, respectivamente: não há propriamente um terceiro sistema, que possa ser tido como misto, como alguns extraem a partir de uma leitura legitimante do Código de Processo Penal de 1941.[9] Desse modo, a partir da noção de princípio unificador, Coutinho sustenta que o dito sistema misto é um sistema essencialmente inquisitório. Para o autor, "o sistema processual penal brasileiro é, na sua essência, inquisitório, porque regido pelo princípio inquisitivo, já que a gestão da prova está, primordialmente, nas mãos do juiz"[10].

[8] COUTINHO, Jacinto Nelson de Miranda. O papel do juiz no processo penal. In: COUTINHO, Jacinto Nelson de Miranda (coord.). **Crítica à teoria geral do direito processual penal**. Rio de Janeiro: Renovar, 2001. p. 16.

[9] Como indica o autor, "salvo os menos avisados, todos sustentam que não temos, hoje, *sistemas puros*, na forma clássica como foram estruturados. Se assim o é, vigora sempre *sistemas mistos*, dos quais, não poucas vezes, tem-se uma visão equivocada (ou deturpada), justo porque, na sua *inteireza*, acaba recepcionado como um terceiro sistema, o que não é verdadeiro. O dito *sistema misto, reformado* ou *napoleônico* é a conjugação dos outros dois, *mas não tem um princípio unificador próprio*, sendo certo que ou é *essencialmente inquisitório* (como o nosso), com algo (características secundárias) proveniente do sistema acusatório, ou é *essencialmente acusatório*, com alguns elementos característicos (novamente secundários) recolhidos do sistema inquisitório. Por isto, *só formalmente podemos considerá-lo como um terceiro sistema*, mantendo viva, sempre, a noção referente a seu *princípio unificador*, até porque está aqui, quiçá, o ponto de partida da alienação que se verifica no operador do direito, mormente o processual, descompromissando-o diante de um atuar que o sistema está a exigir ou, pior, não o imunizando contra os vícios gerados por ele" (COUTINHO, Jacinto Nelson de Miranda. O papel do juiz no processo penal. In: COUTINHO, Jacinto Nelson de Miranda (coord.). **Crítica à teoria geral do direito processual penal**. Rio de Janeiro: Renovar, 2001. p.16).

[10] COUTINHO, Jacinto Nelson de Miranda. Introdução aos princípios gerais do processo penal brasileiro. **Revista de estudos criminais**, Porto Alegre, n. 1, 2001. p. 29.

Desde essa perspectiva, como o critério final de definição é a gestão da prova, o sistema brasileiro acaba sendo maculado por esse caráter inquisitório.[11] Em concordância, Lopes Jr. afirma que a separação inicial das funções de acusar e julgar não é o núcleo fundante dos sistemas e, portanto, é insuficiente para sua caracterização.[12] Como observa o autor, ainda que a separação das funções de acusar e julgar seja uma característica importante do sistema acusatório, não basta que essa separação seja apenas inicial, deixando o magistrado livre para assumir papel ativo na busca da prova e praticando atos típicos da parte acusadora.[13]

É importante deixar claro que o que está em jogo nessa definição não é uma mera etiqueta acadêmica: a concessão de poderes para que o juiz produza provas representa uma porta aberta para o decisionismo e para a reprodução da patologia inquisitória; como afirma Coutinho, "abre-se ao juiz a possibilidade de decidir antes e, depois, sair em busca do material probatório suficiente para confirmar sua versão, isto é, o sistema legitima a possibilidade da crença no imaginário, ao qual toma como verdadeiro".[14] Como bem refere Lopes Jr., atribuir poderes instrutórios a um juiz – em qualquer fase – é um grave erro, que acarreta a destruição completa do processo penal democrático.[15] Afinal, não se pode supor que o juiz seja alheio a paixões humanas e que ele não tenha uma hipótese que, mesmo inconscientemente, possa tentar provar caso lhe seja atribuída a iniciativa da investigação.[16] Quando isso ocorre, como diz

[11] COUTINHO, Jacinto Nelson de Miranda. Glosas ao verdade, dúvida e certeza, de Francesco Carnelutti, para os operadores do Direito. *In*: **Anuário Ibero-americano de direitos humanos**. Rio de Janeiro: Lumen Juris, 2002. p. 185.

[12] LOPES JR., Aury. **Direito Processual Penal e sua Conformidade Constitucional**. Rio de Janeiro: Lumen Juris, 2010. p. 67.

[13] LOPES JR., Aury. **Direito Processual Penal e sua Conformidade Constitucional**. Rio de Janeiro: Lumen Juris, 2010. p. 70.

[14] COUTINHO, Jacinto Nelson de Miranda. Introdução aos princípios gerais do processo penal brasileiro. **Revista de estudos criminais**, Porto Alegre, n.1, 2001. p. 37.

[15] LOPES JR., Aury. **Introdução crítica ao processo penal**: fundamentos da instrumentalidade garantista. 2. ed. Rio de Janeiro: Lumen Juris, 2005. p. 173.

[16] Lopes Jr. ressalta que "ademais, a busca da verdade substancial, mediante uma investigação inquisitiva, mais além dos limitados recursos oferecidos pelo respeito às regras processuais, conduz ao predomínio das opiniões subjetivas, e até aos prejulgamentos irracionais e incontroláveis dos julgadores. O arbítrio surge no momento em que a condenação e a pena dependem unicamente da suposta sabedoria e equidade dos juízes" (LOPES JR, Aury. **Introdução crítica**

Lopes Jr., "a verdade não é construída pela prova e a instrução, senão que vem dada pelo juiz a partir de sua escolha inicial"[17]. Não é diferente a posição de Geraldo Prado, que afirma que quando o juiz "[...] se dedica a produzir provas de ofício se coloca como sujeito ativo do conhecimento a empreender tarefa que não é neutra, pois sempre deduzirá a hipótese que pela prova pretenderá ver confirmada"[18]. O autor refere que "a construção teórica do princípio acusatório há de consumar-se mediante oposição ao sistema inquisitivo. São antagônicas as funções que os sujeitos exercem nos dois modelos do processo. É desse antagonismo, portanto, que as diferenças devem ser extraídas".[19] Prado pensa desde a perspectiva de princípio acusatório como fundante do sistema acusatório, pois embora considere que há grande coincidência entre princípio dispositivo e acusatório, aponta que princípio dispositivo significa permissão para dispor sobre o objeto do processo em tramitação, não sendo caracteristicamente acusatório ou inquisitório.[20]

Rui Cunha Martins contribuiu para a discussão sobre o princípio unificador do sistema, apontando que a obsessão pela verdade dos fatos do sistema inquisitório optava por confiar a gestão das provas a um magistrado pouco dado a sutilezas de ordem tensional.[21] Para Cunha Martins, um sistema processual penal de viés constitucional só pode ter um princípio unificador: a democraticidade.[22] A partir dessa definição, Cunha Martins sustenta que a

ao processo penal*:* fundamentos da instrumentalidade garantista. 2. ed. Rio de Janeiro: Lumen Juris, 2005. p. 48).

[17] LOPES JR., Aury. **Introdução crítica ao processo penal***:* fundamentos da instrumentalidade garantista. 2. ed. Rio de Janeiro: Lumen Juris, 2005. p. 264.

[18] PRADO, Geraldo. **Sistema acusatório**: a conformidade constitucional das leis processuais penais. Rio de Janeiro: Lumen Juris, 2006. p. 141.

[19] PRADO, Geraldo. **Sistema acusatório**: a conformidade constitucional das leis processuais penais. Rio de Janeiro: Lumen Juris, 2006. p. 106.

[20] PRADO, Geraldo. **Sistema acusatório**: a conformidade constitucional das leis processuais penais. Rio de Janeiro: Lumen Juris, 2006. p. 115. O autor considera que, no processo inquisitório, nada impede que o juiz/acusador desista do processo e o encerre mediante arquivamento, o que não transformará o processo inquisitório em acusatório. Já no processo acusatório, o juiz não pode condenar o réu diante de um requerimento/alegação final do acusador em que seja pedida absolvição, sob pena de ofender o contraditório (p. 118).

[21] CUNHA MARTINS, Rui. **O ponto cego do direito***: the brazilian lessons.* Rio de Janeiro: Lumen Juris, 2010. p. 93.

[22] De acordo com o autor: "Em bom rigor, o sistema processual de inspiração democrático--constitucional só pode conceber um e um só 'princípio unificador': a democraticidade; tal

pergunta a ser feita a qualquer elemento, mecanismo ou prática, seja de que tipo for, desde que atuante na esfera do sistema processual, é a seguinte: *É este mecanismo ou elemento, ou prática seja de que tipo for, compaginável com o cenário democrático-constitucional regente do próprio sistema em que ele se insere?* Para o autor, é essa questão que verdadeiramente interessa colocar em permanência.[23] Cunha Martins considera que a democraticidade – tal como produzida pelo patamar político-constitucional – deve ser concebida como modelo gerente que deve colocar-se como "[...] *limite* às derivas processuais de fundo autoritário, impondo um sistema processual que possa considerar-se ele mesmo um aparelho limite ao poder punitivo".[24] Como refere Carvalho, "[...] o direito (penal e processual penal), capacitado desde o *locus* constitucional, otimizaria mecanismos de frenagem ao excesso punitivo do Estado, à coação direta própria da gestão dos aparatos penais reduzindo os danos produzidos aos direitos e garantias fundamentais"[25]. Segundo Prado, "[...] Constituição e Processo Penal lidam com algumas importantes questões comuns: a proteção

como só pode conceber um e um só modelo sistêmico: o *modelo democrático*. Dizer 'democrático' é dizer o contrário de 'inquisitivo', é dizer o contrário de 'misto' e é dizer mais do que 'acusatório'. Inquisitivo, o sistema não pode legalmente ser; misto também não se vê (porque se é misto haverá uma parte, pelo menos, que fere a legalidade); acusatório, pode ser, porque se trata de um modelo abarcável pelo arco de legitimidade. Mas só o poderá ser à condição: a de que esse modelo acusatório se demonstre capaz de protagonizar essa adequação. Mais do que acusatório, o modelo tem que ser democrático. A opção por um modelo de tipo acusatório não é senão a via escolhida para assegurar algo de mais fundamental do que ele próprio: a sua bandeira é a da democracia e ele é o modo instrumental de a garantir. Pouca virtude existirá em preservar um modelo, ainda que dito acusatório e revestido, por isso, de uma prévia pressuposição de legalidade, se ele comportar elementos susceptíveis de ferir o vínculo geral do sistema (o tal 'princípio unificador': a democraticidade), ainda quando esses elementos podem até não ser suficientes para negar, em termos técnicos, o caráter acusatório desse modelo. Não é o modelo acusatório enquanto tal que o sistema processual democrático tem que salvar, é a democraticidade que o rege" (CUNHA MARTINS, Rui. **O ponto cego do direito**: *the brazilian lessons*. Rio de Janeiro: Lumen Juris, 2010. p. 93-94. Grifos do autor).

23 CUNHA MARTINS, Rui. **O ponto cego do direito**: *the brazilian lessons*. Rio de Janeiro: Lumen Juris, 2010. p. 94.

24 CUNHA MARTINS, Rui. **O ponto cego do direito**: *the brazilian lessons*. Rio de Janeiro: Lumen Juris, 2010. p. 95.

25 CARVALHO, Salo de. **Antimanual de criminologia**. Rio de Janeiro: Lumen Juris, 2008. p. 101.

aos direitos fundamentais e a separação dos poderes"[26]. Para ele, é possível identificar claramente um vínculo entre direito-processo-democracia.[27]

É claro que um critério como a democraticidade representa uma contribuição desejável para a consolidação de um sistema acusatório de corte democrático. Mas logicamente ele não é conceitualmente tão preciso quanto a gestão da prova para propriamente definir o caráter inquisitório ou acusatório de um dado modelo processual penal, motivo pelo qual deve ser compreendido como complementar, e não como superação conceitual do já consolidado critério proposto por Jacinto Nelson de Miranda Coutinho.

2. Processo penal do cidadão e processo penal do inimigo

De qualquer modo, parece claro que a democraticidade impõe que o funcionamento do sistema penal deve partir do necessário respeito ao princípio maior – a dignidade da pessoa humana – em oposição à lógica persecutória que no passado organizou sistemas voltados para a implacável persecução dos indesejáveis, tidos como inimigos. É precisamente aqui que podemos identificar de forma nítida a articulação entre sistema inquisitório e discurso de ódio, o que faz dessa epistemologia um resquício indesejável no cenário contemporâneo. Dito de forma simples, a questão central é que a epistemologia inquisitória foi concebida para homogeneizar o corpo social, matando a diferença, enquanto o nosso cenário democrático-constitucional impõe acima de tudo, o respeito ao plural.[28] Trata-se de uma lógica inteiramente distinta

[26] PRADO, Geraldo. **Sistema acusatório**: a conformidade constitucional das leis processuais penais. Rio de Janeiro: Lumen Juris, 2006. p. 41.

[27] Para Geraldo Prado, "[...] a edificação de qualquer política-criminal em um estado democrático está condenada à incoerência normativa se for desenvolvida à margem do nível jurídico posterior e não considerar que o respeito à dignidade humana é o princípio e fundamento do sistema político democrático, único espaço comum para qualquer pacto democrático" (PRADO, Geraldo. **Sistema acusatório**: a conformidade constitucional das leis processuais penais. Rio de Janeiro: Lumen Juris, 2006. p. 28.

[28] Ao discutir a privilegiada relação entre direito e democracia, Prado sustenta que não é uma relação "[...] com uma democracia qualquer, fulcrada na declaração formal de respeito aos direitos fundamentais e numa vinculação passiva entre governados e governantes e sim na real democracia participativa, integradora e solidária, com inegável repercussão no plano do processo penal, de sorte que a cultura democrática aos poucos poderá ser desenvolvida

da sensibilidade inquisidora que estruturou os sistemas de persecução ao inimigo, como o delineado por Eymerich:

> [...] é preciso lembrar que a finalidade mais importante do processo e da condenação à morte não é salvar a alma do acusado, mas buscar o bem comum e intimidar o povo (*ut alii terreantur*). Ora, o bem comum deve estar acima de quaisquer outras considerações sobre a caridade visando o bem de um indivíduo.[29]

A epistemologia inquisitória conforma um campo de saber voltado para o extermínio do inimigo. Trata-se de um discurso de ódio processual sistematizado no *Directorium Inquisitorum*, de Nicolau Eymerich – escrito em 1376 –, e também no *Malleus Maleficarum*, publicado em 1487.[30] É um saber que, como Carvalho afirma, "não é ingênuo nem aparente, mas real e coeso, fundado em pressupostos lógicos e coerentes, nos quais grande parte dos modelos jurídicos autoritários contemporâneos, alguns ainda em vigor, busca(ra)m inspiração"[31]. O autor destaca que o modelo é trans-histórico, e tem "[...]alta funcionalidade

pela conscientização da forma democrática da sociedade conviver" (PRADO, Geraldo. **Sistema acusatório**: a conformidade constitucional das leis processuais penais. Rio de Janeiro: Lumen Juris, 2006. p. 40.

29 EYMERICH, Nicolau. **Manual dos inquisidores.** Rio de Janeiro: Rosa dos Tempos, 1993. p. 122.

30 Francisco de La Penã foi responsável pela revisão e ampliação do *Manual dos Inquisidores* de Eymerich, em 1578. O *Malleus Maleficarum* foi elaborado pelos inquisidores dominicanos Heinrich Kraemer e James Sprenger. Se por um lado não há dúvida quanto ao caráter oficial do *Directorium Inquisitorum*, o *Malleus Maleficarum* (martelo das bruxas) está envolto em polêmicas que vão desde a efetiva autoria conjunta de Sprenger até a sua aceitação oficial, pois embora tenha sido supostamente instaurado como manual punitivo pela Bula Papal de Inocêncio VIII, a Inquisição perseguiu Kraemer, e a Bula que consta no início do livro não refere especificamente o *Malleus*, mas somente a autoridade dos autores como inquisidores. De qualquer forma, independentemente de seu caráter oficial, o texto se disseminou rapidamente e teve enorme popularidade. Para Zaffaroni, o *Malleus* apresenta alto nível de racionalização teórica, acumulando a experiência punitiva de séculos anteriores; o esforço teórico de ambos os inquisidores era dirigido à bruxaria e teve espetacular êxito editorial, com dezenas de edições. Para o autor, o livro é a obra teórica fundacional do discurso legitimador do poder punitivo e, além de estabelecer a persecução das bruxas, qualifica como hereges todos os que não acreditam em sua existência (ZAFFARONI, Eugênio Raul; BATISTA, Nilo; ALAGIA, Alejandro; SLOKAR, Alejandro. **Direito penal brasileiro – I.** Rio de Janeiro: Revan, 2003. p. 510-511.

31 CARVALHO, Salo de. **Pena e garantias**. Rio de Janeiro: Lumen Juris, 2003. p. 6.

para manutenção/legitimação de máquinas judiciárias autoritárias fundadas no signo do defensivismo".[32] É nesse sentido que Cordero esclarece que floresce com a Inquisição uma retórica apologética cujos argumentos ressoam, como tais, em lugares e momentos distintos.[33] Para Coutinho,

> trata-se, sem dúvida, do maior engenho jurídico que o mundo conheceu; e conhece. Sem embargo de sua fonte, a Igreja, é diabólico na sua estrutura (o que demonstra estar ela, por vezes e ironicamente, povoada por agentes do inferno!), persistindo por mais de 700 anos. Não seria assim em vão: veio com uma finalidade específica e, porque serve – e continuará servindo, se não acordarmos –, mantém-se hígido.[34]

De fato, o discurso de ódio de Eymerich estrutura uma lógica de orientação punitivista do sistema penal que pode ser constatada em vários momentos históricos, garantindo a hegemonia da ambição de verdade processual. Ele conforma uma espécie de tecnologia de extermínio que é transmitida de geração a geração, correspondendo aos anseios autoritários dos mais distintos contextos históricos e geográficos. Tomemos como exemplo a argumentação do Ministro Francisco Campos, na exposição de motivos do Código de Processo Penal Brasileiro de 1941:

> As nossas vigentes leis de processo penal asseguram aos réus, ainda que colhidos em flagrante ou confundidos pela evidência das provas, um tão extenso catálogo de garantias e favores, que a repressão se torna, necessariamente, defeituosa e retardatária, decorrendo daí um indireto estímulo à criminalidade. Urge que seja abolida a injustificável primazia do interesse do indivíduo sobre o da tutela social. Não se

[32] CARVALHO, Salo de. **Pena e garantias**. Rio de Janeiro: Lumen Juris, 2008. p. 12.

[33] CORDERO, Franco. ***Procedimiento Penal***. Bogotá: Temis, 2000. p. 19. t. I.

[34] COUTINHO, Jacinto Nelson de Miranda. O papel do juiz no processo penal. *In*: COUTINHO, Jacinto Nelson de Miranda (coord.). **Crítica à teoria geral do direito processual penal**. Rio de Janeiro: Renovar, 2001. p. 18.

pode continuar a contemporizar com pseudodireitos individuais em prejuízo do bem comum.[35]

O paralelo que pode ser traçado entre as duas concepções não chega a ser surpreendente, uma vez que são lógicas orientadas para o extermínio dos que são tidos como inimigos pelos poderes estabelecidos: o ódio é nitidamente um liame que as une apesar da enorme distância temporal e cultural. Entre Inquisição e Estado Novo, a correlação é mais do que perceptível. O que assusta é perceber o quanto a finalidade de intimidação do corpo social ainda permeia o imaginário jurídico, em pleno contexto democrático que a Constituição impõe ao nosso sistema processual. A epistemologia inquisitória ainda prepondera, em nome de uma insaciável ambição de verdade que não expressa outra coisa que um desejo irrefreável de atingir a condenação, desprezando por completo o conceito de que forma é garantia, como exige o devido processo legal. O sistema inquisitório tem desprezo pela forma, ou seja, pelo meio; o que interessa é somente a patológica satisfação de sua inesgotável ambição de verdade: o processo é reduzido a uma sondagem introspectiva, na qual as formas constituem um dado secundário ou simplesmente sem importância, pois o que interessa é o resultado, seja como for obtido.[36] O sistema propõe exatamente o oposto do respeito ao diferente que se encontra em condição de vulnerabilidade: literalmente conecta ódio com verdade.

A questão é que a estrutura inquisitória não almeja propriamente a verdade, mas sim a condenação, que é obtida mediante a produção de uma verdade inteiramente fantasmagórica. Para Ferrajoli, o que caracteriza essa epistemologia é o decisionismo processual: o caráter não cognitivo, mas potestativo do juízo e da irrogação da pena.[37] Portanto, como observa Carvalho, "se a biografia das práticas penais, apesar de sua sinuosidade, tem demonstrado que *a regra do poder penal é o inquisitorialismo*, imprescindível otimizar técnicas de blindagem dos direitos fundamentais como forma de densificar práticas

35 BRASIL. **Códigos Penal, Processo Penal e Constituição Federal**. São Paulo: Saraiva, 2010. p. 349.

36 CORDERO, Franco. ***Procedimiento Penal***. Bogotá: Temis, 2000. p. 264. t. I.

37 FERRAJOLI, Luigi. **Direito e razão:** teoría do garantismo penal. São Paulo: RT, 2002. p. 36.

garantistas"[38]. Não é por acaso que Alcalá-Zamora y Castillo refere à figura de um juiz-acusador: sua primeira e mais conhecida expressão é encontrada no processo penal inquisitório, no qual o juiz desempenha o papel de acusador. O autor reflete que a repulsa ao sistema inquisitório puro não decorre unicamente de certas características – como o segredo e as torturas –, mas também da perigosa concentração de funções em uma única mão, mais grave ainda que as atividades conjuntas de instrução e acusação nas mãos do Ministério Público. Infelizmente, essa figura não pertence ao passado: ainda que com traços distintos dos medievais, não é nada difícil deparar-se com espécies de juiz-acusador nos tempos modernos.[39] Trata-se do julgador que se desloca de seu local de passividade e efetivamente desenvolve atividades que são de iniciativa das partes. Nos códigos processuais hispânicos podem ser encontrados tais dispositivos dentro de textos de tendência acusatória como, por exemplo, no Código espanhol, em que está prevista a "faculdade excepcional" de buscar uma mais acertada qualificação do delito ou de solicitar "um maior esclarecimento sobre a questão debatida".[40] Dispositivos que, diga-se de passagem, são muito semelhantes aos do Código de Processo Penal brasileiro e que são argumentativamente justificados através do recurso ao *deus ex-machina* que é o princípio da verdade real. Para Lopes Jr., tais dispositivos, como é o caso dos incisos I e II do art. 156 do CPP,

> [...] externam a adoção do princípio inquisitivo, que **funda um sistema inquisitório**, pois representam uma quebra da igualdade, do contraditório, da própria estrutura dialética do processo. Como decorrência, fulminam a principal garantia da jurisdição, que é a imparcialidade do julgador. Está desenhado um processo inquisitório.[41]

[38] CARVALHO, Salo de. **Antimanual de criminologia**. Rio de Janeiro: Lumen Juris, 2008. p. 78. (Grifos do autor).

[39] ALCALÁ-ZAMORA Y CASTILLO, Niceto. ***Estudios de teoria general y historia del proceso***. México: UNAM, 1992. p. 249-250. t. I.

[40] ALCALÁ-ZAMORA Y CASTILLO, Niceto. ***Estudios de teoria general y historia del proceso***. México: UNAM, 1992. p. 266-267. t. I.

[41] LOPES JR., Aury. **Direito Processual Penal e sua Conformidade Constitucional**. Rio de Janeiro: Lumen Juris, 2010. p. 73. (Grifos do autor).

Não é nada surpreendente que um código inspirado na lógica persecutória do fascismo italiano e elaborado em um período autoritário da história brasileira seja fundamentalmente antidemocrático, como pode ser constatado pelas palavras de Francisco Campos na exposição de motivos:

> O juiz deixará de ser um espectador inerte da produção de provas. Sua intervenção na atividade processual é permitida, não somente para dirigir a marcha da ação penal e julgar a final, mas também para ordenar, de ofício, as provas que lhe parecerem úteis ao esclarecimento da verdade. Para a indagação desta, não estará sujeito a *preclusões*. Enquanto não estiver averiguada a matéria da acusação ou da defesa, e houver uma fonte de prova ainda não explorada, o juiz não deverá pronunciar o *in dubio pro reo* ou o *non liquet*.[42]

O anseio persecutório delineado pela lógica inquisitória proposta pelo sistema também pode ser percebido pela prerrogativa dada ao juiz para que nos crimes de ação pública possa "[...] proferir sentença condenatória, ainda que o Ministério Público tenha opinado pela absolvição, bem como reconhecer agravantes, embora nenhuma tenha sido alegada".[43] A desconformidade dessa estrutura de pensamento com a arquitetura normativa de contenção do poder punitivo delineada pela esfera constitucional é tão clara que sequer parece merecer maior exploração. Como observa Lopes Jr., "[...] **todos os dispositivos do CPP que sejam de natureza inquisitória são substancialmente inconstitucionais** e devem ser rechaçados".[44] Portanto, diante da tentação do ativismo judicial, o que se deseja é um modelo acusatório democrático,

[42] BRASIL. **Códigos Penal, Processo Penal e Constituição Federal**. São Paulo: Saraiva, 2010. p. 352-353.

[43] BRASIL. **Códigos Penal, Processo Penal e Constituição Federal**. São Paulo: Saraiva, 2010. p. 355.

[44] LOPES JR., Aury. **Direito Processual Penal e sua Conformidade Constitucional**. Rio de Janeiro: Lumen Juris, 2010. p. 183. Como observa Lopes Jr., é o caso de dispositivos fundamentalmente inconstitucionais do CPP, como os arts. 5º, 127, 156, 209, 234, 311, 383, 385 etc., que violam as regras do sistema acusatório constitucional (LOPES JR., Aury. **Direito Processual Penal e sua Conformidade Constitucional**. Rio de Janeiro: Lumen Juris, 2010. p. 184).

condizente com o limite constitucional e que, como tal, mostre-se apropriado para uma perspectiva de redução de potenciais danos.[45] Segundo Prado,

> Deve-se, pois à concepção ideológica de um processo penal democrático, a assertiva comum de que sua estrutura há de respeitar, sempre, o modelo dialético, reservando ao juiz a função de julgar, mas com a colaboração das partes, despindo-se, contudo, da iniciativa da persecução penal. A estrutura sincrônica dialética do processo penal democrático considera, pois, metaforicamente, o conceito de relação angular ou triangular e nunca de relação linear, sacramentando as linhas mestras do sistema acusatório.[46]

No entanto, apesar de suas inegáveis virtudes, a questão é que tal modelo ainda está por ser concretizado na realidade concreta, o que infelizmente maximiza os danos decorrentes de condenações equivocadas. Afinal, a existência de um poder punitivo que se exprime através da jurisdição levará inevitavelmente, à ocorrência de tais danos, uma vez que o processo sempre será um ritual de redução da complexidade que não tem a aptidão de reproduzir de forma perfeita e inequívoca o que, de fato, ocorreu. Essa insuperável deficiência é potencializada pela busca da verdade, pois ironicamente a ambição de verdade acaba matando o contraditório e construindo um conhecimento monológico, potencialmente desastroso e movido muitas vezes pelos juízos morais do julgador: um veículo para seu próprio ódio. Precisamos acordar para essa realidade urgentemente. Como observa Prado, infelizmente

[45] Em suma, o horizonte deve ser incisivamente contrário ao sentido concebido por Francisco Campos na exposição de motivos do CPP de 1941. Em suas palavras, "no seu texto não são reproduzidas as fórmulas tradicionais de um mal-avisado favorecimento legal aos criminosos. O processo penal é aliviado dos excessos de formalismo e joeirado de certos critérios normativos com que, sob o influxo de um mal-compreendido individualismo ou de um sentimentalismo mais ou menos equívoco, se transige com a necessidade de uma rigorosa e expedita aplicação da justiça penal" (BRASIL. **Códigos Penal, Processo Penal e Constituição Federal**. São Paulo: Saraiva, 2010).

[46] PRADO, Geraldo. **Sistema acusatório**: a conformidade constitucional das leis processuais penais. Rio de Janeiro: Lumen Juris, 2006. p. 33.

> [...] a estruturação democrática do processo penal não se impõe simplesmente de cima para baixo, ainda que parta da Constituição, pelo menos não sem que se vençam fortes adversários culturais, credores inabaláveis na verdade real, absoluta, conquistável através de um procedimento penal de defesa social, como o inquisitório [...].[47]

Eis nosso grande desafio: romper com a hegemonia do discurso de ódio e da ambição de verdade no processo penal. Não apenas porque a questão tenha relevância acadêmica, mas pelo fato de que a conformidade com esse critério efetivamente conduz a perspectivas muito distintas para os direitos fundamentais do acusado e para o desenrolar da atividade cognitiva. Para Goldschmidt, a finalidade do procedimento penal é a averiguação da verdade – de forma receptiva – e a verificação da justiça.[48] Mas segundo ele, existem dois caminhos distintos para atingir esse fim: o inquisitório e o acusatório. Na configuração acusatória, o juiz encarregado da jurisdição penal se limita às solicitações interpostas e ao material produzido pelas partes. Dessa forma, o processo penal torna-se uma disputa entre partes, que considera que o melhor meio para averiguar a verdade e verificar a justiça é deixar a invocação do juiz e o recolhimento do material processual a quem persegue interesses opostos e sustenta opiniões divergentes, dispensando o juiz dessa tarefa e garantindo, assim, sua imparcialidade; trata-se de um sistema respeitoso da dignidade do acusado enquanto cidadão.[49]

Goldschmidt considera inquisitório com forma acusatória o processo que permite que o juiz atue independentemente para averiguar e investigar os fatos.[50] Para Ferrajoli, é inadmissível que ao juiz sejam atribuídas funções

[47] PRADO, Geraldo. **Sistema acusatório**: a conformidade constitucional das leis processuais penais. Rio de Janeiro: Lumen Juris, 2006. p. 37.

[48] O que indica que até mesmo Goldschmidt precisa ser superado neste aspecto, pois apesar de toda riqueza de sua concepção processual, ele ainda confere à verdade um lugar canônico, tornando o processo passível de sucumbir à patologia da ambição de verdade. Ver KHALED JR, Salah H. **A Busca da verdade no processo penal**: para além da ambição inquisitorial. São Paulo: Atlas, 2013.

[49] GOLDSCHMIDT, James. *Problemas jurídicos y políticos del proceso penal. In*: GOLDSCHMIDT, James. ***Derecho, derecho penal y proceso I***: *problemas fundamentales del derecho.* Madrid: Marcial Pons, 2010. p. 780.

[50] GOLDSCHMIDT, James. *Problemas jurídicos y políticos del proceso penal. In*: GOLDSCHMIDT, James. ***Derecho, derecho penal y proceso I***: *problemas fundamentales del derecho.* Madrid: Marcial Pons, 2010. p. 780.

postulantes, como a iniciativa probatória e o desenvolvimento da investigação com o auxílio da acusação; isso caracteriza o sistema misto, e não o acusatório.[51] Segundo Giacomolli, "o princípio acusatório faz parte das garantias básicas do processo penal e implica, essencialmente, segundo Pico y Junoy, a existência de uma contenda processual entre duas partes contrapostas – acusador e acusado –, a ser resolvida por um terceiro imparcial, com uma clara distinção das funções processuais fundamentais"[52]. O autor destaca que, em um sistema acusatório, "a iniciativa probatória pertence às partes e o juiz, enquanto tal, é um terceiro imparcial, motivo por que não é sua função a proposição de meios de prova, nem de forma subsidiária [...]"[53]. Para Bachmaier-Winter, um processo em que a mesma pessoa assume a investigação do fato delitivo, coleta as provas e as valora para emitir a sentença viola claramente o princípio da imparcialidade.[54] Segundo Prado, "[...] se na estrutura inquisitória o juiz 'acusa', na acusatória a existência de parte autônoma, encarregada da tarefa de acusar, funciona para deslocar o juiz do centro do processo, cuidando de

[51] FERRAJOLI, Luigi. **Direito e razão**: teoria do garantismo penal. São Paulo: RT, 2002. p. 488. O problema é que embora Ferrajoli não admita essa leitura, acaba mostrando-se incapaz de superar a arquitetura fundante do modelo de verdade correspondente, não potencializando a ruptura com o discurso hegemônico, que acaba sendo preservado sob a forma relativa ou aproximativa. O próprio autor emprega em alguns momentos o termo busca da verdade. Ver FERRAJOLI, Luigi. **Direito e razão**: teoria do garantismo penal. São Paulo: RT, 2002. p. 50-51, e KHALED JR., Salah H. **A Busca da verdade no processo penal**: para além da ambição inquisitorial. São Paulo: Atlas, 2013.

[52] GIACOMOLLI, Nereu José. Atividade do juiz criminal frente à constituição: deveres e limites em face do princípio acusatório. *In*: GAUER, Ruth Maria Chittó (coord.). **Sistema Penal e Violência**. Rio de Janeiro: Lumen Juris, 2006. p. 219

[53] GIACOMOLLI, Nereu José. Atividade do juiz criminal frente à constituição: deveres e limites em face do princípio acusatório. *In*: GAUER, Ruth Maria Chittó (coord.). **Sistema Penal e Violência**. Rio de Janeiro: Lumen Juris, 2006. p. 224. De acordo com Giacomolli: "Ao afirmar-se a pretensão acusatória em juízo, exercita-se a ação penal, originando um típico processo de partes. Ao terceiro imparcial se veda o exercício da ação penal e a prática de atos processuais próprios da parte acusadora. O sujeito que acusa não pode julgar e ao sujeito que julga não se permite que acuse direta ou indiretamente (proposição de meios de prova), sob pena de transformar o juiz em inquisidor, com a supressão da essência de terceiro imparcial, garantidor do *status libertatis*" (GIACOMOLLI, Nereu José. Atividade do juiz criminal frente à constituição: deveres e limites em face do princípio acusatório. *In*: GAUER, Ruth Maria Chittó (coord.). **Sistema Penal e Violência**. Rio de Janeiro: Lumen Juris, 2006. p. 227).

[54] BACHMAIER WINTER, Lorena. *Acusatorio versus inquisitivo. Reflexiones acerca del proceso penal*. In: BACHMAIER WINTER, Lorena (org.). ***Proceso penal y sistemas acusatorios***. Madrid: Marcial Pons. p. 22.

preservar a nota de imparcialidade que deve marcar a sua atuação"[55]. Como aponta o autor, "quem procura sabe ao certo o que pretende encontrar e isso, em termos de processo penal condenatório, representa uma inclinação ou tendência perigosamente comprometedora da imparcialidade do julgador"[56]. Como observa Ferrajoli, ao sistema acusatório convém um juiz espectador, dedicado acima de tudo à valoração objetiva e imparcial dos fatos e, portanto, mais prudente do que sapiente, enquanto o rito inquisitório exige um juiz ator, representante do interesse punitivo e, por isso, leguleio, versado nos procedimentos e dotado de capacidade investigativa".[57] Lopes Jr. destaca que

> É elementar que atribuir poderes investigatórios ao juiz é violar de morte a garantia da imparcialidade sobre a qual se estrutura o processo penal e o sistema acusatório, e ainda, não existe qualquer possibilidade 'de bom uso' de tais poderes, pois eles somente serão invocados pelos inquisidores de plantão, de quem da bondade sempre há que se duvidar.[58]

Por isso Lopes Jr. sustenta que "[...] pensar sistema acusatório desconectado do princípio da imparcialidade e do contraditório é incorrer em grave reducionismo"[59]. A imparcialidade não é uma qualidade pessoal do juiz, mas uma qualidade do sistema acusatório, comprometida no decisionismo inquisitório.[60] De fato, não são poucos os autores que consideram que os poderes instrutórios do juiz devem ser complementares; no entanto, não consigo vislumbrar caso em que essa atividade não seja potencialmente danosa para o acusado, motivo pelo qual a considero em flagrante descompasso com

[55] PRADO, Geraldo. **Sistema acusatório**: a conformidade constitucional das leis processuais penais. Rio de Janeiro: Lumen Juris, 2006. p. 106.

[56] PRADO, Geraldo. **Sistema acusatório**: a conformidade constitucional das leis processuais penais. Rio de Janeiro: Lumen Juris, 2006. p. 137.

[57] FERRAJOLI, Luigi. **Direito e razão**: teoria do garantismo penal. São Paulo: RT, 2002. p. 461.

[58] LOPES JR., Aury. **Direito Processual Penal e sua Conformidade Constitucional**. Rio de Janeiro: Lumen Juris, 2010. p. 508.

[59] LOPES JR., Aury. **Direito Processual Penal e sua Conformidade Constitucional**. Rio de Janeiro: Lumen Juris, 2010. p. 70.

[60] LOPES JR., Aury. **Direito Processual Penal e sua Conformidade Constitucional**. Rio de Janeiro: Lumen Juris, 2010. p. 183.

a exigência de democraticidade e manifestamente violadora do princípio dispositivo, típico de sistemas acusatórios; afinal, tal atividade desconsidera completamente o *in dubio pro reo*, uma vez que na dúvida o juiz parte em busca de provas, que obviamente só podem ter a finalidade de obter a condenação a qualquer custo. Em uma estrutura regrada de contenção do poder punitivo, a dúvida deve gerar absolvição, o que expressa o próprio sentido do princípio do *in dubio pro reo*.

Tudo que foi dito até agora se alinha perfeitamente à exigência de democraticidade levantada por Cunha Martins; desse modo, firmo posição condizente com essa exigência e considero que a quebra da gestão da prova pelas partes configura flagrante deformação da imparcialidade exigível ao juiz em uma estrutura que deve estar submetida à democraticidade, conformando uma atuação inquisitória do magistrado, que é por excelência antidemocrática e potencialmente fundada em espaços subjetivos de discricionariedade, que devem ser coibidos no processo penal, já que remetem ao discurso de ódio de Eymerich. Como aponta Lopes Jr., continua a sustentar-se "[...] um verdadeiro processo penal do inimigo, que nega o réu como sujeito processual e, por conseguinte, todos os seus direitos e garantias fundamentais"[61].

Em última análise, é preciso fazer uma clara opção entre um devido processo penal acusatório e democrático, fundado na dignidade da pessoa humana – e, logo, na presunção de inocência –, e um processo de inspiração inquisitória, fundado na lógica de persecução ao inimigo e movido pelo ódio que é seu legado autoritário. Em um processo, o juiz ingressa predisposto a absolver, ciente de que a posição que lhe cabe é receptiva e que é a acusação que deve derrubar a presunção de inocência; em outro processo, o juiz entra movido por insaciável ambição de verdade e pratica ato de parte, o que só pode expressar um irrefreável desejo de condenação. **Nereu em muito me auxiliou a compreender o que está em jogo nessa escolha, e por isso minha posição é clara. Fica a pergunta: afinal, qual o processo que queremos?**

[61] LOPES JR., Aury. **Direito Processual Penal e sua Conformidade Constitucional.** Rio de Janeiro: Lumen Juris, 2010. p. 506-507.

Referências

ALCALÁ-ZAMORA Y CASTILLO, Niceto. ***Estudios de teoria general y historia del proceso.*** México: UNAM, 1992.

BACHMAIER WINTER, Lorena. *Acusatorio versus inquisitivo. Reflexiones acerca del proceso penal.* In: BACHMAIER WINTER, Lorena (org.). ***Proceso penal y sistemas acusatorios.*** Madrid: Marcial Pons.

BADARÓ, Gustavo Henrique Righi Ivahy. Ônus da prova no processo penal. São Paulo: RT, 2003.

BRASIL. **Códigos Penal, Processo Penal e Constituição Federal**. São Paulo: Saraiva, 2010.

CARVALHO, Salo de. **Pena e garantias**. Rio de Janeiro: Lumen Juris, 2003.

CARVALHO, Salo de. **Antimanual de criminologia**. Rio de Janeiro: Lumen Juris, 2008.

CORDERO, Franco. ***Procedimiento Penal.*** Bogotá: Temis, 2000.

COUTINHO, Jacinto Nelson de Miranda. Introdução aos princípios gerais do processo penal brasileiro. **Revista de estudos criminais**, Porto Alegre, n. 1, 2001.

COUTINHO, Jacinto Nelson de Miranda. O papel do juiz no processo penal. In:

COUTINHO, Jacinto Nelson de Miranda (coord.). **Crítica à teoria geral do direito processual penal**. Rio de Janeiro: Renovar, 2001.

COUTINHO, Jacinto Nelson de Miranda. Glosas ao verdade, dúvida e certeza, de Francesco Carnelutti, para os operadores do Direito. *In*: **Anuário Ibero-americano de direitos humanos**. Rio de Janeiro: Lumen Juris, 2002.

CUNHA MARTINS, Rui. **O ponto cego do direito**: *the brazilian lessons*. Rio de Janeiro: Lumen Juris, 2010.

EYMERICH, Nicolau. **Manual dos inquisidores**. Rio de Janeiro: Rosa dos Tempos, 1993.

FERRAJOLI, Luigi. **Direito e razão**: teoría do garantismo penal. São Paulo: RT, 2002

GIACOMOLLI, Nereu José. Atividade do juiz criminal frente à constituição: deveres e limites em face do princípio acusatório. *In*: GAUER, Ruth Maria Chittó (coord.). **Sistema Penal e Violência**. Rio de Janeiro: Lumen Juris, 2006.

GIACOMOLLI, Nereu José. Atividade do juiz criminal frente à constituição: deveres e limites em face do princípio acusatório. *In*: GAUER, Ruth Maria Chittó (coord.). **Sistema Penal e Violência**. Rio de Janeiro: Lumen Juris, 2006.

GOLDSCHMIDT, James. *Problemas jurídicos y políticos del proceso penal.* In: GOLDSCHMIDT, James. ***Derecho, derecho penal y proceso I***: *problemas fundamentales del derecho.* Madrid: Marcial Pons, 2010.

KHALED JR, Salah H. **A Busca da verdade no processo penal**: para além da ambição inquisitorial. São Paulo: Atlas, 2013.

LOPES JR., Aury. **Introdução crítica ao processo penal**: fundamentos da instrumentalidade garantista. 2. ed. Rio de Janeiro: Lumen Juris, 2005.

LOPES JR., Aury. **Direito Processual Penal e sua Conformidade Constitucional**. Rio de Janeiro: Lumen Juris, 2010.

MAIER, Julio B.J. **Derecho procesal penal I**: fundamentos. Buenos Aires: Editores del Puerto, 2006.

PRADO, Geraldo. **Sistema acusatório**: a conformidade constitucional das leis processuais penais. Rio de Janeiro: Lumen Juris, 2006.

ZAFFARONI, Eugênio Raul; BATISTA, Nilo; ALAGIA, Alejandro; SLOKAR, Alejandro. **Direito penal brasileiro – I**. Rio de Janeiro: Revan, 2003.

61.
REVISITA ÀS NULIDADES NO PROCESSO PENAL COMO LIMITAÇÃO DO PODER PUNITIVO[1]

Antonio C. Tovo
Mellina Bulgarini Gerhardt

> *A dead thing can go with the stream, but only a living thing can go against it.*
> G.K. Chesterton, The Everlasting Man

Introdução

No terreno do pensamento crítico, nem sempre discurso e prática encontram convergência. Precisamente por tal motivo, render homenagem ao Prof. Nereu José Giacomolli é tão importante: Giacomolli é um exemplo de coerência na condução de sua carreira acadêmica e de sua prática jurídica. Quando exerceu a magistratura, transformou em relevantes precedentes as ideias que

[1] Este texto, como o título informa, é uma releitura de artigo produzido por Antonio Tovo em coautoria com Salo de Carvalho (TOVO, Antonio; CARVALHO, Salo. Nulidades no processo penal e Constituição. *In:* PRADO, Geraldo; MALAN, Diogo (org.). **Processo penal e democracia: estudos em homenagem aos 20 anos da Constituição da República**. Rio de Janeiro: Lumen Juris, 2008), baseado na dissertação de mestrado defendida no Programa de Pós-Graduação em Ciências Criminais da PUCRS. Nereu José Giacomolli e Fauzi Hassan Choukr compuseram a banca de arguição.

preconizava na sala de aula e em sua produção científica, destacando-se por não ceder às pressões do senso comum repressivista. Na advocacia, segue a trilha da defesa de liberdades públicas e de garantias processuais.

Para uma homenagem, nada mais conveniente que o resgate de um texto em que o Prof. Giacomolli possui contribuição, pois participou da banca de arguição da dissertação que origina este artigo. Ademais, como será detalhado, o Prof. Giacomolli realizou importantes avanços na temática aqui abordada.

O presente texto é um resgate de um texto publicado originalmente há 12 anos – e seu debate segue atual e necessário. A hipótese então adotada – e até o momento não rechaçada – é de que o sistema de nulidades é um dos pontos-chave para o incremento ou obstrução da acusatoriedade no sistema processual brasileiro. A inquisitoriedade entranhada no modelo atual viabiliza a validação de atos processuais em desconformidade com os preceitos constitucionais.

O campo das nulidades processuais deveria orientar-se pelo exame da higidez do ato processual, a partir do prisma constitucional do ordenamento jurídico. Se determinado ato extrapola os limites impostos pelo arcabouço normativo-constitucional que o sedimenta, deve ter seus efeitos coibidos. Caso contrário, a legitimidade do ato esvazia-se, tornando-se puro exercício de poder de coação direta.

Como premissa teórica, delineiam-se algumas características do *formalismo judicial*[2], referencial metateórico de parte da magistratura brasileira, que possui importantes repercussões no sistema de nulidades. Alia-se à caracterização do formalismo a crítica do modelo inquisitorial, outro esteio teórico do articulado. Esse é um dos propósitos aqui buscados: mapear as ideologias que conformam o caldo cultural de julgadores que se ocultam sob o discurso aparentemente isento da forma processual.

A temática da demonstração de prejuízo mereceu especial atenção no texto, por conta de sua larga utilização como argumento para não decretação de nulidades. Ao contrário do texto de 12 anos atrás, não se recorreu à

[2] Kant de Lima afirma que o formalismo processual "só contribui para prolongar o arbítrio e o clima de permanente ilegalidade que se respira em toda a sociedade brasileira, oriundo longínqua e provavelmente de um espírito fiscalista do Império Português, mais recentemente atualizado em termos de nossa triste tradição de regimes republicanos de exceção" (KANT DE LIMA, Roberto. **Estudos de Antropologia**. Rio de Janeiro: Lumen Juris, 2008. p. 22

pesquisa de campo para subsidiar a investigação. Em vez disso, priorizou-se a identificação das tendências de importação[3] de instrumentos do *common law*, especialmente a partir das megaoperações policiais ocorridas nos últimos anos, bem como as reformas tópicas verificadas nesse período.

A porção final do trabalho segue propositiva: o incremento de acusatoriedade no processo penal não será alcançado sem profunda renovação dos mecanismos de reação aos atos processuais. Nessa linha, a obra do insigne processualista Alberto Binder fornece importante ancoramento doutrinário.

1. Premissas teóricas: inquisitório e formalismo judicial

1.1. A constância do inquisitório

Se o aparato das nulidades presta-se à fiscalização da observância das regras do jogo[4], o ideário que permeia o sistema judicial repercute diretamente em sua formatação. Dentre os autores que compartilham de uma perspectiva crítica, não há muito dissenso sobre o processo penal brasileiro possuir matriz nitidamente inquisitiva[5]. O princípio reitor inquisitivo, aliado aos demais contornos que tornam o processo penal brasileiro instrumento fundamentalmente persecutório, raramente protetivo dos imputados, possui importantes repercussões na temática das nulidades processuais penais.

O inquisitório, mais que sistema de processo penal típico de momento histórico específico, constituiu e constitui sistema completo de administração e potencialização do poder punitivo. Dentre as características mais peculiares, além de iniciativa probatória pelo julgador, está o cuidado que confere ao

[3] ANITUA, Gabriel Ignacio. *La importación de mecanismos consensuales del proceso estadounidense, en las reformas procesales latino-americanas*. **Revista Brasileira de Direito Processual Penal**, v. 1, n. 1, ano 2015, Disponível em: http://dx.doi.org/10.22197/rbdpp.v1i1.3. p. 51-54

[4] Sobre a concepção de processo como jogo, além da noção clássica de Calamandrei, importante conferir MORAIS DA ROSA, Alexandre. **Guia compacto do processo penal conforme a teoria dos jogos**. 2. ed. Rio de Janeiro: Lumen Juris, 2014.

[5] Essa afirmativa é feita mesmo após o advento da Lei Federal nº 13.964/19, que inclui o seguinte dispositivo no CPP: "Art. 3º-A. O processo penal terá estrutura acusatória, vedadas a iniciativa do juiz na fase de investigação e a substituição da atuação probatória do órgão de acusação".

trâmite, como se este constituísse valor em si mesmo, e não meio para obtenção de certo fim. Ou seja, formalismo é característica ínsita ao inquisitório.

Definição pertinente do formalismo produzido pelo sistema inquisitório é de Pierre Legendre, ao mencionar a *sacralização do procedimento*[6]. A sacralização da forma contrapõe-se ao viés profano do desrespeito às prescrições solenes da tradição.

Note-se que, no âmbito do inquisitório, o formalismo processual transcende o zelo exacerbado e ingênuo com as solenidades, alcançando o exercício de poder excessivo e indesejável daquele que detém o monopólio da forma. Nessa conjuntura, o juiz formalista não é a cristalização do ideal de isenção judicial, mas sim ator processual que exerce abusivamente o poder que concentra pelo domínio da linguagem e dos instrumentos colocados a seu dispor.

Pontua Miranda Coutinho[7] "tratar-se, sem dúvida, do maior engenho jurídico que o mundo já conheceu; e conhece", em alusão à impregnação do inquisitório no sistema processual contemporâneo. Como assinalou Cordero[8], a característica principal do sistema inquisitorial reside na centralização da gestão da prova no juiz-ator. Ao cumular as funções de investigar, produzir provas e sentenciar, o julgador inevitavelmente conduz a instrução para confirmação de sua hipótese sobre o caso.

Conforme Legendre[9], a estrutura fundante do inquisitório canônico é (re)potencializada pelo Código de Processo Penal Napoleônico de 1808. No entanto, o sistema adquire força pela assimilação de elementos de aparente

6 A construção de Legendre sobre o peso do expediente judicial na cultura formalista está cristalizada no trecho: "Com o Direito sapiente, outra coisa entra em cena: o discurso escolástico o procedimento é um jogo ritual e constitui, na movência latina, a invenção de uma técnica de tomar conta ou de recuperar os sujeitos, exatamente como alhures opera uma outra feitiçaria, e principalmente a dança" (LEGENDRE, Pierre. **O amor do censor***:* ensaio sobre a ordem dogmática. Rio de Janeiro: Forense Universitária, 1983. p. 101).

7 MIRANDA COUTINHO, Jacinto Nelson. O papel do novo juiz no processo penal. *In*: MIRANDA COUTINHO, J.N. (coord.). **Crítica à teoria geral do direito processual penal**. Rio de Janeiro: Renovar, 2001. p. 18.

8 CORDERO, Franco. ***Guida alla procedura penale***. Torino: UTET, 1986.

9 "Compreender em que os juristas da era burguesa foram os seguidores da Escolástica não é senão um prelúdio, a fim de refletir melhor, mais adiante, no desvio político das ciências humanas, no alcance heurístico da manipulação publicitária, na pretensão de que ao mudarmos as máscaras, mudamos tudo" (LEGENDRE, Pierre. **O amor do censor***:* ensaio sobre a ordem dogmática. Rio de Janeiro: Forense Universitária, 1983. p. 175).

acusatoriedade. Napoleão realiza um jogo de véus[10] e o amálgama criado por sua codificação é tão coeso que não se desagregou dos textos vigentes atualmente. A influência do Código Napoleônico é tão pungente no processo penal contemporâneo que, guardadas as proporções, está gravada na essência do texto base do Código de Processo Penal Brasileiro de 1941, como revela sua Exposição de Motivos[11].

A permanência do inquisitório fustiga a estrutura de garantias moldada pela Constituição de 1988, o que toma especial proporção quando se fala em devido processo legal e nulidades.

1.2. O formalismo judicial e a sua utilidade político-criminal

Apesar da objetividade e imparcialidade propugnada pelos atores judiciários encarregados da aplicação dos textos legais, há imbricação imanente da prática judicial com o poder político que a ele confere substrato. Conforme Bourdieu[12], não há como perceber o Direito e, por óbvio, o Judiciário, como sistema hermético e autônomo, completamente alheio a pressões sociais e políticas e que encontra em si mesmo o fundamento de existência.

O discurso formalista serve para os desígnios de Estados autoritários, precisamente por proporcionar distanciamento entre os subordinados e o estamento burocrático, entre aqueles que detêm e os que não detêm o domínio do jargão. Assim, atribui-se veste pseudojurídica a proposições vazias, impregnadas de repressivismo.

10 *"E così, dalla l. 17 novembre 1808, nasce* ***il processo cosiddetto misto, mostro a due teste****: nei labirinti bui dell'instruction regna Luigi XIV; segue uma scena disputata coram populo. A qualcuno sembra um capolavoro: secondo gli eufemisti, 'l'information préliminaire' quale appare nell'ordonnance 1670, 'est une des plus précieuses conquêtes de la législation'; abilmente condotta, 'elle protege les droits des citoyens contre des mesures imprudentes; elle prépare le jugement; elle en assure la sagesse'; insomma, è il lascito 'le plus fecond'del Quattrocento ai moderni"* (CORDERO, Franco. ***Guida alla procedura penale***. Torino: UTET, 1986. p. 73).

11 Na Exposição de Motivos do Código, a concepção que orientou o trabalho do Ministro da Justiça Francisco Campos pode ser resumida no seguinte trecho: "As nulidades processuais, reduzidas ao mínimo, deixam de ser o que têm sido até agora, isto é, um meandro técnico por onde se escoa a substância do processo e se perdem o tempo e a gravidade da Justiça. É coibido o êxito das fraudes, subterfúgios e alicantinas".

12 BOURDIEU, Pierre. **O poder simbólico**. Rio de Janeiro: Bertrand Brasil, 2006.

Por esse motivo, é possível notar que a formatação do Estado autoritário quando da elaboração do Código vigente produz reflexos significativos no âmbito de nulidades. A forma de se conferir invólucro jurídico de validade à decisão inválida é através do formalismo judicial, o qual, conforme a característica dos casos penais, se manifesta de maneira bastante peculiar, oscilando entre os dois polos do *binômio rigidez-flexibilização.*

Há muitas decisões judiciais proferidas na esfera criminal que ostentam a alternância entre os discursos de *cumprimento obtuso do rito prescrito* e de *permissão para se excepcionar a fórmula legal.* O primeiro discurso é a espécie mais simplória de formalismo, e demonstra-se pelo apego exacerbado aos atos, trâmites e parâmetros (con)sagrados, evitando conceder as garantias formais que são asseguradas no ordenamento. Preconiza-se o exercício e a manutenção do rito como se fora fim em si mesmo. O segundo aparece de forma velada, pois, embora aparentemente flexibilizador ou desregulador – contrário ao formalismo –, será artifício retórico para o exercício e o abuso de poder através do processo penal.

O formalismo, no âmbito do processo criminal, consiste, portanto, em modalidade de exercício/abuso de poder pelo domínio da técnica processual penal[13] que determinará a forma pela qual a burocracia judicial obstaculizará a plena efetivação das garantias constitucionais.

Nas palavras de Kant de Lima, é possível verificar que essa modalidade de formalismo judicial desempenha papel útil e conveniente poder político centralizador[14]. Sem a ilusão de querer isolar o sistema judicial da influência política, o que seria ingenuidade, qualquer modelo processual republicano que almeje efetivar os princípios do sistema acusatório deve preconizar a transcendência do formalismo – no sentido pejorativo, tanto de apego como de desprezo pela forma –, buscando atender aos fins para os quais o procedimento é pensado no Estado de Direito: *garantia do débil na situação processual.*

[13] FOUCAULT, Michel. **A verdade e as formas jurídicas**. Rio de Janeiro: Nau Editora, 2009, *p*. 78.

[14] KANT DE LIMA, Roberto. **Ensaios de Antropologia e de Direito**. Rio de Janeiro: Lumen Juris, 2008. p. 19-20.

2. Perspectivas para construção de nova teoria das nulidades

O déficit constitucional na teoria das nulidades pode ser explicado através da valoração isolada da forma processual[15], ou seja, análise afastada da função que a forma deveria cumprir. Para transcender a teoria tradicional das nulidades, deve-se alterar o eixo de interpretação segundo o qual o ato processual é costumeiramente abordado e aproximá-lo da função que deve exercer no Estado de Direito. Apenas dessa forma seria possível transpor o eixo de discussão circunscrito ao binômio validade-invalidade formal, o qual fornece solução unívoca para casos nitidamente distintos. O objetivo seria propor teoria em consonância com as funções garantistas da forma processual e considerá-las de maneira determinante para a estruturação de eficiente resposta à violação de requisitos constitucionais e legais.

As formas, nesse contexto, se utilizadas adequadamente implicarão tutela[16] dos postulados processuais, residindo nesse aspecto sua significância, visto reforçarem o sentido garantista do processo penal. Em contrapartida, caso sejam violadas, os preceitos serão lesados, o que demandará sua reparação pela via mais pertinente. Disso infere-se a relevância da construção de teoria de reparação de formas processuais violadas que preconize evitar ou sanear o princípio atingido.

Assevera Binder[17] a respeito da importância da associação entre a forma processual e sua função exercida: "*si no está claro lo que deben proteger las formas procesales, entonces ellas protegerán la rutina, los ritos y los ritmos de la burocracia judicial*". A proposição que se delineia, com o objetivo de se superar a acepção tradicional, consiste na primazia das funções efetivas da forma processual em detrimento da cultura de sacralização do trâmite.

15 BINDER, Alberto. ***El incumplimiento de las formas procesales.*** Buenos Aires: Ad-Hoc, 2000. p. 32.

16 Assim afirma Natalie Pletsch: "a forma existe como garantia dos princípios; portanto, a tutela do réu contra o abuso estatal é a perspectiva a partir da qual devem ser lidas todas as regras processuais penais" (PLETSCH, Natalie Ribeiro. **A formação da prova no jogo processual penal***:* o atuar dos sujeitos e a construção da sentença. São Paulo: Instituto Brasileiro de Ciências Criminais, 2007. p. 50).

17 BINDER, Alberto. ***El incumplimiento de las formas procesales.*** Buenos Aires: Ad-Hoc, 2000. p. 43

A teoria advogada pelo processualista argentino delimita as funções precípuas que as formas processuais penais podem cumprir: (a) proteger o *sistema de garantias*, porquanto as formas procederão à salvaguarda do imputado em face do poder penal, ou seja, constituem-se como mecanismos de proteção; e (b) implementar a *objetividade da atividade do Ministério Público*, restringindo as prerrogativas legais do acusador estatal.

Certamente, a análise do caso concreto pode trazer a existência simultânea de inúmeras finalidades/interesses processuais, o que provoca conflito hermenêutico pela contraposição de postulados antagônicos. O prisma que deve orientar a ponderação de interesses é um só: a proteção do acusado.[18]

2.1. Superando a distinção entre nulidades absolutas e relativas

O sistema de nulidades vigente no ordenamento processual penal brasileiro estrutura-se na contraposição entre nulidades relativas e absolutas. Para a teoria garantista, tal distinção é inadequada e acaba por aprofundar incongruências do sistema, entre elas a transformação retórica de defeitos substanciais em nulidades *relativas*, mormente quando da ausência de delimitação precisa da fronteira entre vícios relativos e absolutos.

Entre diversas orientações doutrinárias que buscaram delimitar conceitualmente as espécies[19], existe denominador comum. Os autores tradicionais convergem para a ideia de que a nulidade absoluta possui maior gravidade que a relativa, não comportando possibilidade de convalidação do ato. A nulidade relativa, por sua vez, dependeria de arguição pela parte interessada, demonstração de prejuízo e influência na decisão de mérito. Tratar-se-ia, portanto, de defeito processual de hierarquia inferior.

18 "[...] *A lei penal se justifica enquanto lei do mais fraco, voltada para a tutela dos seus direitos contra a violência arbitrária do mais forte*" (FERRAJOLI, Luigi. **Direito e Razão**. São Paulo: Revista dos Tribunais, 2004. p. 270).

19 "[...] *A nulidade pode ser absoluta ou relativa. Diz-se absoluta quando não admite convalescimento. Se o ato for atípico e a lei não estabelecer um modo de convalidá-lo, será ele absolutamente nulo.* [...][...} *Tratando-se de nulidade relativa (e se diz relativa porque admite a sanabilidade), o surgimento do equivalente do requisito que faltava sana o vício. Daí falar-se em sanatória da nulidade, havendo, assim, uma convalidação do ato imperfeito ou viciado*" (TOURINHO FILHO, Fernando da Costa. **Código de Processo Penal Comentado**. 35. ed. São Paulo: Saraiva, 2013. v. 2. p. 251-252).

Desde a teoria proposta, torna-se inócua a distinção entre nulidades relativas e absolutas, visto que tal classificação não nomina o vício processual em si como *nulidade,* mas a decisão judicial que a concretiza. O efeito é de que os vícios processuais de menor gravidade não ensejam nulidade propriamente dita.

2.2. Delimitação conceitual de nulidade

Binder resume nulidade como privação de efeitos imanentes ao ato processual por sua realização defeituosa[20]. Muitas vezes doutrina e a jurisprudência tratam o termo *nulidade* tanto como sinônimo de ato inválido quanto da reação processual ao vício. Essa ambiguidade abre flanco para aprofundar as incongruências do modelo[21]. A teoria funcional de formas processuais visa a limitar o conceito à segunda acepção, isto é, à decisão judicial que faz cessar efeitos do ato. O ato inválido é aquele que rompe com a fórmula processual estabelecida, porém nem sempre ensejará *nulidade* como resposta judicial a sua ocorrência.

A nulidade constitui o mecanismo mais extremo de reparação, pois desconsidera o vício e demanda sua renovação. Disso infere-se que a resposta nulificadora possui diversas graduações, além de extensão diversa conforme a quantidade de atos que estão encadeados em mesmo *iter* processual. Decorre da crítica garantista ao mito da regularidade de atos do poder punitivo[22] a adoção de cautelas para evitar que atos nulos e/ou seus derivados não integrem a formação do veredicto.

No que tange ao encadeamento de atos, a nulidade estará balizada pela verificação da extensão da invalidade, o que determinará a profundidade com a qual a irregularidade afetou a linearidade de atos. Isso leva ao raciocínio de

20 BINDER, Alberto. **Introdução ao direito processual penal.** Rio de Janeiro: Lumen Juris, 2003. p. 108.

21 Em se tratando da terminologia inócua que a teoria unitária produziu, é cabível a superação do conceito de ato inexistente, o qual é utilizado como um nível de maior gravidade que a nulidade. Ressalta-se que não se está a designar ato inexistente ontologicamente, a permanência dessa categoria para designar o nível de invalidez será inócua, pois não há diferença relevante entre o ato inexistente e o ato nulo, em termos de consequências jurídicas.

22 CARVALHO, Salo de. **Antimanual de Criminologia.** Rio de Janeiro: Lumen Juris, 2008. p. 84.

que, em cadeias de atos nas quais o antecedente é condição necessária para o sucessor, a nulificação do anterior acarreta a nulidade dos posteriores.

2.3. A proteção do sistema de garantias

A partir do deslocamento da concepção puramente formal da nulidade para a teoria funcional-garantista, estrutura-se a primeira das funções que é a resposta aos atos que violem requisitos legais e os seus consequentes processuais.

A proteção do sistema de garantias constitui o cerne do sistema constitucional de direito penal e processual penal, e o sistema de reparação de atos orientado por matriz acusatória preconizará pelos princípios de tutela, deixando as outras funções das formas em plano secundário. A teoria garantista advoga que o saneamento deve ser o ponto central do sistema de reparação de atos inválidos, em detrimento da nulidade, a qual possui protagonismo exacerbado no âmbito da teoria unitária. O magistrado do modelo funcional-garantista deve primar, acima de tudo, pela reparação do princípio afetado.[23]

Salienta-se que, no âmbito das garantias do réu, não há espaço para convalidação ou preclusão. Tal ponderação deriva de não existir preceito axiologicamente superior à proteção do imputado, tal como o decurso de prazo (preclusão) ou a manifestação de anuência ou alegação de torpeza do réu (convalidação). Não pode o transcurso do tempo sanar vícios de tutela do acusado, tampouco se pode suscitar a anuência deste com a violação ocorrida, pois o campo de direitos indisponíveis não permite que se abdique de direitos irrenunciáveis.

2.4. A necessária inversão da lógica do prejuízo em matéria de nulidades

Um dos temas mais comuns na jurisprudência de nulidades atrela-se à exigência de demonstração de prejuízo de determinado ato processual defeituoso. Esse requisito, que possui origem no processo penal napoleônico e está positivado no Código de Processo Penal, acaba por ensejar a não declaração

[23] BINDER, Alberto. **Introdução ao direito processual penal**. Rio de Janeiro: Lumen Juris, 2003. p. 81.

de vício que não tenha causado prejuízo concreto (*pas de nulité sans grief*) ao procedimento.

Uma leitura otimista de tal concepção poderia concluir que essa seria uma forma de evitar excessivo apego ao trâmite, de não decretar nulidades por conta de qualquer tipo de defeito processual. Entretanto, com o tempo passou-se a atribuir àquele que suscita a nulidade o ônus probatório do prejuízo, com bem aponta Gloeckner[24].

A decisão a seguir transcrita é representativa:

> AGRAVO REGIMENTAL NO RECURSO EM HABEAS CORPUS. PROCESSO DESMEMBRADO.
> PLEITO DE PARTICIPAÇÃO DO ADVOGADO DO RECORRENTE NAS AUDIÊNCIAS DE INSTRUÇÕES DOS OUTROS CORRÉUS. AUSÊNCIA DE PREJUÍZO. POSSIBILIDADE DA OITIVA DE TODAS AS PESSOAS NO FEITO EM QUE O RECORRENTE FOR PARTE. NULIDADE DAS INTERCEPTAÇÕES TELEFÔNICAS. IMPOSSIBILIDADE DE ARROLAR OS CORRÉUS COMO TESTEMUNHAS. SUPRESSÃO DE INSTÂNCIA.
> PRORROGAÇÕES DAS INTERCEPTAÇÕES. DESNECESSIDADE DE FUNDAMENTOS NOVOS. AGRAVO REGIMENTAL DESPROVIDO.
> 1. As nulidades, ainda que reputadas absolutas pela parte, no processo penal pátrio devem ser vistas à luz do princípio *pas de nullité sans grief*, cabendo à defesa demonstrar o efetivo prejuízo sofrido pelo recorrente. Desse ônus, o impetrante não se desincumbiu.
> 2. As questões de que as interceptações telefônicas somente poderiam ser deferidas se não existissem outros meios de prova e de que os corréus não poderão ser ouvidos na qualidade de testemunha, não foram

[24] Afirma o autor: "Demais disso, retorna-se ao ponto nevrálgico. Se como aludido amiúde na presente investigação, o sistema inquisitorial se manifesta como uma gestão de ilegalidades, a ponto de se poder falar em uma ilegalidade congênita, o princípio da instrumentalidade das formas é justamente a peça central da engrenagem que autoriza o magistrado ao descumprimento dos requisitos dos atos processuais quando se puder, via de regra pelo recurso a cláusulas genéricas, enfatizar a ausência de prejuízo" (GLOECKNER, Ricardo Jacobsen. **Nulidades no Processo Penal**: introdução principiológica à teoria do ato processual irregular. Salvador: Editora JusPodivm, 2013. p. 251).

> submetidas a debate na instância ordinária, sendo que este Tribunal Superior encontra-se impedido de pronunciar-se a respeito, sob pena de indevida supressão de instância.
> 3. 'É desnecessário que cada sucessiva autorização judicial de interceptação telefônica apresente inéditos fundamentos motivadores da continuidade das investigações, bastando que estejam mantidos os pressupostos que autorizaram a decretação da interceptação originária (precedentes).' (HC 339.553/SP, Rel. Ministro FELIX FISCHER, QUINTA TURMA, DJe 07/03/2017) Agravo regimental improvido. (Superior Tribunal de Justiça, Quinta Turma, Agravo Regimental no RHC 86.791/SP, julgado em 19/06/2018, DJe 28/06/2018)

A exigência de prejuízo concreto do descumprimento formal é coerente com a teoria funcional das formas processuais porquanto consiste em ideia que transcende ao precitado binômio *forma-violação*, buscando a consequência concreta do ato viciado.

Não obstante, a maneira que vem sendo exigida a demonstração de prejuízo na praxe judiciária indica que este critério está a serviço da cultura formalista-dogmática. Admitindo-se tais considerações, e na esteira das bases críticas do artigo, há de se concordar com as conclusões de Fauzi Choukr:

> a) A ideia de prejuízo é dada por determinado sentido de interpretação;
> b) Como fruto do processo interpretativo, está condicionado aos fatores culturais que o norteiam;
> c) A cultura inquisitiva, mais do que sua simples condicionante normativa, impera largamente entre os operadores do processo penal pátrio;
> d) O 'conceito' de prejuízo está, assim, determinantemente influenciado pela cultura inquisitiva e não se mostra largamente sensível aos valores da CR e da CADH.[25]

Além da ausência de conceituação adequada, outra distorção operada pelos aplicadores é de atribuir ao acusado a carga de comprovação do prejuízo

[25] CHOUKR, Fauzi Hassan. **Código de Processo Penal***:* comentários consolidados e crítica jurisprudencial. Rio de Janeiro: Lumen Juris, 2014. p. 761.

ocorrido. O imputado, em vista de sua condição de inferioridade no processo, possui menos condições materiais de coligir aos autos elementos que apontem o dano efetivo. Mais: muito provavelmente, em inúmeros casos, isso seja impossível, pois o dano a direitos e garantias, termos abstratos, nem sempre deixa vestígios materiais[26] palpáveis antes da sentença, *locus* em que se solidificará.

Ressalta-se que o Código de Processo Penal não realiza a distinção absolutas/relativas, apenas assinala hipóteses de preclusão e de convalidação. Tampouco seria possível reduzir todas as hipóteses ensejadoras de nulidade ao texto normativo. Portanto, resta à esfera judicial determinar em que consiste a nulidade relativa. A vulnerabilidade conceitual reside em sua própria vagueza. Assim, atividade jurisdicional, investida da cultura formalista, pode incluir na modalidade *relativa* o que convier, permitindo tangenciamento retórico da reparação do vício, haja vista a impossibilidade técnica de demonstração.

Com efeito, no que diz respeito ao prejuízo, é necessária radical inversão do pensamento, pois atribuir o ônus da comprovação ao acusado consiste em distorcer o sistema para satisfação da estabilidade do trâmite, e não dos princípios constitucionais. Obrigar o acusado a comprovar equivale a negar-lhe a vigência ao interesse danificado. Deve-se concordar com Badaró[27] e com Zaclis[28] que a lógica que deve imperar, em matéria de direitos defensivos, é a

[26] BINDER, Alberto. **Introdução ao direito processual penal**. Rio de Janeiro: Lumen Juris, 2003. p. 30.

[27] Afirma Badaró: "Assim sendo, bastará à parte que alegar a nulidade demonstrar a prática de um ato atípico. Por certo, isso não será suficiente para que fique caracterizada a nulidade. Deverá, ainda, haver um prejuízo à finalidade pela qual a forma não observada foi violada. E este é o ponto fundamental: a parte que alega uma nulidade, e demonstra que o ato foi praticado de forma atípica, não terá que demonstrar ou 'provar' o prejuízo. Se há um modelo ou uma forma prevista em lei, que foi desrespeitada, o normal é que tal atipicidade gere prejuízo. Eventualmente, mesmo havendo a atipicidade, não será a parte que terá de demonstrar o prejuízo. O correto é o inverso: a manutenção da eficácia do ato atípico ficará na dependência da demonstração de que a atipicidade não causou prejuízo algum" (BADARÓ, Gustavo Henrique. **Processo Penal**. 7 ed. São Paulo: Revista dos Tribunais, 2019. p. 817).

[28] Zaclis vincula a vagueza do conceito de prejuízo à dificuldade de reconhecimento do vício, defendendo a presunção de lesão. Textualmente: "Em face dessas observações, verifica-se que a complexidade em encontrar uma definição apta a, por si, englobar o significado de prejuízo. Prefere-se, aqui, trabalhar com uma noção de presunção de lesão, a qual, submetida a outros requisitos, poderá ou não levar o julgador a reconhecer a ocorrência do prejuízo às partes. É, consoante já referido, o primeiro critério analítico para se formar uma decisão racional para aplicação do *pas de nullité sans grief*. [...] Essa hipótese inicial, ou melhor, essa presunção

da *presunção de prejuízo*[29], invertendo o ônus e impondo à acusação o dever de demonstrar que não ocorreu.

O homenageado Giacomolli encontrou uma solução apropriada para essa questão quando exercia a judicatura, ao pinçar elementos deduzidos do caso concreto. No julgado a seguir transcrito, a possibilidade de desclassificação da imputação é suficiente para concluir que ocorreu prejuízo:

> APELAÇÃO CRIME. LESÃO CORPORAL. LEI MARIA DA PENHA. NULIDADE DA SENTENÇA.
> 1. Percebe-se, pela simples leitura da sentença, não haver congruência entre a fundamentação e o dispositivo: omissão quanto à absolvição pelo porte de arma (apesar de toda a motivação ter sido nesse sentido, nada constou no dispositivo) e fundamentação e conclusão quanto ao delito de lesões corporais.
> 2. Nesse sentido, apesar de toda a fundamentação ter convergido à desclassificação da lesão corporal leve à contravenção de vias de fato (por insuficiência de provas acerca das lesões corporais) no decisum houve condenação pelo delito capitulado no artigo 129, § 9º, do Código Penal.
> 3. Evidente o prejuízo para a defesa, considerando a possibilidade de desclassificação do fato e a declaração expressa da absolvição pelo segundo fato delituoso descrito na denúncia (porte de arma de fogo), conclusões mais benéficas ao imputado, o que torna a sentença absolutamente nula. (Tribunal de Justiça do Rio Grande do Sul, Terceira Câmara Criminal, Apelação Criminal nº 70039124771, Rel. Des. Nereu José GIACOMOLLI, julgado em 28 de abril de 2011).

de lesão, é definida como toda e qualquer violação da forma processual, seja ela estabelecida explicitamente pelas normas de processo penal, ou esteja ela compreendida implicitamente em princípios e garantias constitucionais. Em síntese, é o descumprimento do ordenamento processual que resulta na presunção de lesão às partes" (ZACLIS, Daniel. **As nulidades no processo penal**: estudo crítico sobre a aplicação da regra do prejuízo. Rio de Janeiro: GZ Editora, 2016. p. 166-167).

[29] BINDER, Alberto. **Introdução ao direito processual penal**. Rio de Janeiro: Lumen Juris, 2003. p. 30.

A solução jurídica de Giacomolli é clara, simples e irretorquível: em havendo gravame processual para o acusado, seja condenação, seja um *status* jurídico mais severo, está constatado o prejuízo.

3. A proteção das formas processuais na cadeia de custódia da prova

Embora já mencionada na doutrina e em julgados esparsos, apenas com a Lei Federal nº 13.964/19 a cadeia de custódia da prova foi objeto de previsão legislativa expressa. Com o claro objetivo de proteção epistemológica da obtenção de prova, a alteração legislativa dá especial e detalhado enfoque às etapas a serem observadas pelos profissionais que participarão dos procedimentos utilizados para obtenção, produção e preservação da prova.

O *iter* normativo introduzido pela nova lei, chamada por alguns pela populista alcunha de "Pacote Anticrime", insere-se na lógica das perspectivas distintas de processo penal: (i) aqueles que concordam com a subversão dos meios em nome da punição de imputados, defendendo que o caso penal possuiria uma essência apartada dos ritos (invocando inclusive a já superada categoria verdade real); e (ii) aqueles que compreendem a instrumentalidade das formas, não dissociando a solução jurídica do caso da observância dos ritos para obtê-la.

Giacomolli adverte:

> as regras do processo penal e os sujeitos do processo, em um Estado Democrático, se subordinam à ordem constitucional vigente. No caso brasileiro, a estrutura do processo penal (CPP da década de 1940) se assenta em bases essencialmente autoritárias, inquisitoriais, centradas em uma ordem assimétrica, monopolizadora e piramidal (supremacia do juiz), burocratizada hierarquicamente, de tradição autoritária (ditadura Vargas), sem espaço à metodologia dialética, motivo por que se faz necessário ir além do ôntico (superficialidade)."[30]

[30] GIACOMOLLI, Nereu José. **O devido processo penal**: abordagem conforme a Constituição Federal e o Pacto de São José da Costa Rica. São Paulo: Atlas, 2014. p. 84.

Considerando que, no processo penal, forma é garantia, a ausência de salvaguarda da integralidade da cadeia de custódia da prova a torna imprestável, posto que afeta a sua credibilidade. Como leciona Geraldo Prado[31]:

> A etapa de admissibilidade da acusação está concebida para, estrutural e funcionalmente, impedir essas distorções inquisitórias e para isso é essencial que o juiz, no lugar de perseverar na cultura das corporações, de matriz inquisitorial, que para além das mais elementares objeções epistemológicas, acredita em uma magistratura depositária da função de busca da verdade, assuma a função de fiscal da legalidade das práticas investigatórias, dos elementos informativos e da própria fiabilidade da acusação, que não pode ser leviana ou temerária

Essa é a importância da garantia de incolumidade da obtenção da prova: assegurar a paridade de armas das partes, possibilitando a reação defensiva à prova[32], em conformidade com o exercício do contraditório, da ampla defesa e do devido processo legal. Se não há como atestar a autenticidade e integridade do conteúdo da prova, por ruptura da cadeia de custódia, o elemento de convicção torna-se irrefutável.

Conclusões

A popularização das operações policiais espetaculosas nos últimos anos aprofundou a crise dogmática e empírica do processo penal brasileiro. Há ainda

[31] PRADO, Geraldo. **Prova penal e sistema de controles epistêmicos**: a quebra da cadeia de custódia das provas obtidas por métodos ocultos. São Paulo: Marcial Pons, 2014. p. 51

[32] Na linha da importância da possibilidade de refutação lógica do elemento trazido pela parte acusatória, há importante reflexão realizada por Malan, ao considerar o direito de conhecimento da imputação como um consectário do direito de defesa: "Interessa particularmente ao estudo crítico da sentença incongruente um dos consectários lógicos do direito de defesa, pouco estudado, mas nem por isso menos importante: o *direito fundamental a ser informado da imputação.* A circunstância de esse direito ser pouco discutido no País se deve ao fato de ele não estar consagrado textualmente na Carta Constitucional nem no Código de Processo Penal" (MALAN, Diogo Rudge. **A sentença incongruente no processo penal**. Rio de Janeiro: Lumen Juris, 2003. p. 55).

uma tendência reformista – sempre de maneira segmentada e não global – que leva nosso sistema a se aproximar cada vez mais do modelo penal anglo-saxão[33]. Assim incorporaram-se a nosso ordenamento institutos como a transação penal, a colaboração premiada, o acordo de não persecução penal. Tal incorporação ocorreu de maneira irrefletida, alijada de uma compatibilização dogmática dos institutos[34]. Em alguns casos, o juízo sobre o acerto da medida é puramente utilitarista, medido pela quantidade de resultado (condenações).

A defasada teoria de nulidades é dos pontos-chave para "represamento dos novos valores no processo penal; obsta o amadurecimento das normas constitucionais e serve de entrave para a solidificação da cultura democrática no processo penal"[35]. Em um contexto em que se percebe importante influxo de institutos do *common law*, poder-se-ia pensar em importar também o respeito ao procedimento e às regras probatórias que essa tradição jurídica propugna, o que possuiria repercussões importantes em se tratando de vícios processuais.

Não obstante, não bastam reformas legislativas para que se rompa com o modelo posto. Por mais que se prevejam os mecanismos legais para tutelar a cadeia de custódia probatória, de nada adiantam se os julgadores considerarem que o desrespeito ao procedimento não ensejou prejuízo ao acusado. Necessita-se de uma nova perspectiva, para desarraigar o modelo de reparação de atos processuais de seu caldo cultural formalista e semear as bases de sistema efetivamente renovado, calcado na ótica constitucionalizada do processo penal. Assevera Malan[36]:

> Com isso não se pode concluir, todavia, que a adoção formal de um regime democrático mecânica e automaticamente assegure a institucionalização de um sistema processual de índole acusatória.

[33] WUNDERLICH, Alexandre. Colaboração premiada: o direito à impugnação de cláusulas e decisões judiciais atinentes aos acordos. *In*: BOTTINI, Pierpaolo Cruz; MOURA, Maria Thereza de Assis. **Colaboração premiada**. São Paulo: Revista dos Tribunais, 2017. p. 23-24.

[34] VASCONCELLOS, Vinícius Gomes de. **Barganha e Justiça Criminal Negocial**: análise das tendências de expansão dos espaços de consenso no processo penal brasileiro. São Paulo: IBCCRIM, 2015.

[35] CHOUKR, Fauzi Hassan. **Código de Processo Penal**: comentários consolidados e crítica jurisprudencial. Rio de Janeiro: Lumen Juris, 2014. p. 757.

[36] MALAN, Diogo Rudge. **A sentença incongruente no processo penal**. Rio de Janeiro: Lumen Juris, 2003.

> Pelo contrário, a implementação deste último depende muito mais da *praxe concreta*, materializada na efetiva interpretação e aplicação das leis processuais, do que da simples entrada em vigor de ordem constitucional e de aspiração democrática.
>
> Essa advertência afigura-se assaz pertinente em nosso país, no qual a consagração do processo penal democrático vem sendo dificultada pela insistência na prática de se interpretar a Carta Constitucional à luz do nosso vetusto Digesto Processual Penal, e não o contrário.

Sem uma cultura de respeito às formas e procedimentos, vinculando-os aos valiosos interesses processuais que resguardam, nosso modelo de nulidades não avançará na direção de um processo penal mais acusatório e menos obscurantista.

Referências

BADARÓ, Gustavo Henrique. **Processo Penal**. 7 ed. São Paulo: Revista dos Tribunais, 2019.

BINDER, Alberto. ***El incumplimiento de las formas procesales.*** Buenos Aires: Ad-Hoc, 2000.

BINDER, Alberto. **Introdução ao direito processual penal**. Rio de Janeiro: Lumen Juris, 2003.

BOURDIEU, Pierre. **O poder simbólico**. Rio de Janeiro: Bertrand Brasil, 2006.

CARVALHO, Salo de. **Antimanual de Criminologia**. Rio de Janeiro: Lumen Juris, 2008.

CHOUKR, Fauzi Hassan. **Código de Processo Penal**: comentários consolidados e crítica jurisprudencial. Rio de Janeiro: Lumen Juris, 2014.

CORDERO, Franco. ***Guida alla procedura penale***. Torino: UTET, 1986.

FERRAJOLI, Luigi. **Direito e Razão**. São Paulo: Revista dos Tribunais, 2004.

FOUCAULT, Michel. **A verdade e as formas jurídicas**. Rio de Janeiro: Nau Editora, 2009.

GIACOMOLLI, Nereu José. **O devido processo penal**: abordagem conforme a Constituição Federal e o Pacto de São José da Costa Rica. São Paulo: Atlas, 2014.

GLOECKNER, Ricardo Jacobsen. **Nulidades no Processo Penal**: introdução principiológica à teoria do ato processual irregular. Salvador: Editora JusPodivm, 2013.

GRINOVER, Ada Pellegrini; FERNANDES, Antonio Scarance; GOMES FILHO, Antonio Magalhães. **As nulidades no processo penal**. 7. ed. São Paulo: Revista dos Tribunais. 2001.

JARDIM, Afrânio da Silva. **Ação Penal Pública**. Rio de Janeiro: Forense, 1988.

KANT DE LIMA, Roberto. **Ensaios de Antropologia e de Direito**. Rio de Janeiro: Lumen Juris, 2008.

LEGENDRE, Pierre. **O amor do censor**: ensaio sobre a ordem dogmática. Rio de Janeiro: Forense Universitária, 1983.

MALAN, Diogo Rudge. **A sentença incongruente no processo penal**. Rio de Janeiro: Lumen Juris, 2003.

MIRANDA COUTINHO, Jacinto Nelson. O papel do novo juiz no processo penal. *In:* MIRANDA COUTINHO, J.N. (coord.). **Crítica à teoria geral do direito processual penal**. Rio de Janeiro: Renovar, 2001.

MORAIS DA ROSA, Alexandre. **Guia compacto do processo penal conforme a teoria dos jogos**. 2. ed. Rio de Janeiro: Lumen Juris, 2014.

PLETSCH, Natalie Ribeiro. **A formação da prova no jogo processual penal**: o atuar dos sujeitos e a construção da sentença. São Paulo: Instituto Brasileiro de Ciências Criminais, 2007.

PRADO, Geraldo. **Prova penal e sistema de controles epistêmicos**: a quebra da cadeia de custódia das provas obtidas por métodos ocultos. São Paulo: Marcial Pons, 2014

TIMM DE SOUZA, Ricardo. **Sobre a construção de sentido**: o pensar e o agir entre a vida e a filosofia. São Paulo: Perspectiva, 2004.

TOURINHO FILHO, Fernando da Costa. **Código de Processo Penal Comentado**. 35. ed. São Paulo: Saraiva, 2013. v. 2.

VASCONCELLOS, Vinícius Gomes de. **Barganha e Justiça Criminal Negocial**: análise das tendências de expansão dos espaços de consenso no processo penal brasileiro. São Paulo: IBCCRIM, 2015.

WUNDERLICH, Alexandre. Colaboração premiada: o direito à impugnação de cláusulas e decisões judiciais atinentes aos acordos. *In*: BOTTINI, Pierpaolo Cruz; MOURA, Maria Thereza de Assis. **Colaboração premiada**. São Paulo: Revista dos Tribunais, 2017.

ZACLIS, Daniel. **As nulidades no processo penal**: estudo crítico sobre a aplicação da regra do prejuízo. Rio de Janeiro: GZ Editora, 2016.

62. CONSENSO E ACORDOS NA JUSTIÇA CRIMINAL DIANTE DO DEVIDO PROCESSO PENAL: CONTRIBUIÇÕES DE GIACOMOLLI À DOGMÁTICA PROCESSUAL PENAL

Vinicius Gomes de Vasconcellos
Caíque Ribeiro Galícia

Introdução

Este artigo pretende analisar aspectos relevantes do debate atual sobre mecanismos de consenso e acordos na Justiça criminal, especialmente a partir das contribuições aportadas pela produção de Nereu Giacomolli sobre a temática. Então, tais premissas teóricas serão relacionadas com princípios relevantes da teoria do devido processo penal, de modo a ressaltar a importância da construção do autor para a dogmática processual penal brasileira.

Além da sua consistente produção bibliográfica ao longo dos anos de carreira acadêmica destacada, Giacomolli formou alunos e preparou pesquisadores para ampliar as redes de pesquisa científica em processo penal. Em âmbito de pós-graduação *stricto sensu*, foram 36 orientações de mestrado concluídas e oito de doutorado, além de duas supervisões de estágios de pós-doutorado. Ademais, organizou diversas coletâneas de artigos e criou a *Revista Brasileira de Direito Processual Penal*, no âmbito do Instituto Brasileiro de Direito Processual Penal, em que atua como fundador. Ou seja, em todos os sentidos, Giacomolli contribui determinantemente para a consolidação de uma dogmática processual penal séria e consistente no Brasil.

Assim, este trabalho almeja ressaltar algumas de suas construções relacionadas a um de seus temas de pesquisa, qual seja, consenso no processo penal, em conformidade com perspectivas do devido processo penal também por ele assentadas. Inicialmente, serão revisitados os conceitos traçados pelo autor sobre legalidade, oportunidade e consenso, de modo a verificar a sua utilidade atual. Em seguida, a partir das críticas expostas aos mecanismos negociais, pretende-se analisar tal cenário com base nas premissas assentadas em relação ao devido processo penal.

1. Legalidade, oportunidade e consenso no processo penal

Há mais de 15 anos, pouco após a edição da Lei nº 9.099/95, que é definida como um marco na temática de consenso penal no Brasil, Giacomolli realizou seus estudos doutorais na *Universidad Complutense de Madrid*, resultando na tese *El Consenso en el Proceso Penal: España y Brasil*, publicada em 2006 no Brasil[1] e em 2012 no Peru.[2] Sem dúvidas, tratava-se de momento em que, embora já existissem previsões legais sobre delação premiada, pouco se discutia no Brasil sobre as tendências internacionais de expansão dos mecanismos negociais penais, em uma perspectiva bastante alargada em relação aos institutos despenalizadores previstos na Lei nº 9.099/95.

Nos termos definidos por Giacomolli, "segundo o princípio da legalidade, o desenvolvimento e o término do processo penal não podem estar submetidos à vontade particular ou a um poder de disposição de determinados sujeitos jurídicos", de modo que "a este não se reconhece a faculdade de postular ou não determinada tutela judicial ou uma sentença condenatória".[3] Em tal

[1] GIACOMOLLI, Nereu José. **Legalidade, oportunidade e consenso no processo penal na perspectiva das garantias constitucionais**. Porto Alegre: Livraria do Advogado, 2006.

[2] GIACOMOLLI, Nereu José. ***Legalidad, oportunidad y consenso en el proceso penal***. Lima: Ara Editores, 2012.

[3] GIACOMOLLI, Nereu José. ***Legalidade, oportunidade e consenso no processo penal na perspectiva das garantias constitucionais***. Porto Alegre: Livraria do Advogado, 2006. p. 49.

cenário, o princípio da legalidade acarreta diversas consequências ao Direito Processual Penal,[4] visto que diante da obrigação de iniciar a persecução penal de todos os crimes também se coloca a proibição de desistência, retratação e perdão ao acusado pelo Ministério Público[5].

Por outro lado, a oportunidade se caracteriza quando

> é lícito ao Ministério Público não perseguir todos os fatos delitivos que lhe são submetidos, ou quando pode configurá-los prescindindo de circunstâncias fáticas relevantes, do prisma jurídico-penal, segundo as normas objetivas, ou quando lhe é permitido não se ater à legalidade para valorar juridicamente esses fatos.[6]

Conforme Giacomolli, "ao gênero permissão legal da oportunidade há que se acrescentar as formas de consenso",[7] que podem ser ilimitadas ou limitadas com base em regulação legal. Pode-se dizer que os mecanismos consensuais se instrumentalizam na seara processual a partir de critérios de oportunidade,[8] ou seja, para que se efetive a decisão tomada impõe-se que o órgão acusador deixe de sustentar a persecução penal até seu desfecho habitual. Ademais, diferenciam-se tais institutos daqueles de oportunidade em razão da participação de ambas as partes do processo penal, acusação e defesa: naqueles "há uma manifestação volitiva com o mesmo sentido e finalidade, dos dois

[4] Sobre os efeitos da legalidade no processo penal, ver também: HASSEMER, Winfried. *La persecución penal: legalidad y oportunidad*. ***Jueces para la Democracia***, Madrid, n. 4, p. 8-11, set. 1988, p. 8-9. Sobre os problemas práticos relacionados a tal princípio: CAPPARELLI, Bruna; VASCONCELLOS, Vinicius G. Notas sobre a perene crise do princípio da obrigatoriedade da ação penal no ordenamento italiano. **Revista Eletrônica de Direito Processual**, Rio de Janeiro, ano 11, vol. 18, n. 1, p. 118-149, jan.-abr. 2017.

[5] GIACOMOLLI, Nereu José. **Legalidade, oportunidade e consenso no processo penal na perspectiva das garantias constitucionais**. Porto Alegre: Livraria do Advogado, 2006. p. 54.

[6] GIACOMOLLI, Nereu José. **Legalidade, oportunidade e consenso no processo penal na perspectiva das garantias constitucionais**. Porto Alegre: Livraria do Advogado, 2006. p. 68.

[7] GIACOMOLLI, Nereu José. **Legalidade, oportunidade e consenso no processo penal na perspectiva das garantias constitucionais**. Porto Alegre: Livraria do Advogado, 2006. p. 72.

[8] "Naturalmente, existe uma íntima relação entre oportunidade e consenso, visto que a forma de se efetivar as soluções consentidas com relação ao tratamento penal do réu não é outra que o uso da oportunidade [...]" (DIEGO DÍEZ, Luis Alfredo de. ***Justicia criminal consensuada***. *Algunos modelos del derecho comparado en los EE. UU., Italia y Portugal*. Valencia: Tirant lo Blanch, 1999. p. 191. Tradução nossa).

polos processuais", enquanto a oportunidade pode ser realizada em decisões exclusivas do órgão acusador.[9]

Tais conceituações são extremamente úteis para a análise do cenário brasileiro atual. Embora ainda não se tenha no Brasil mecanismos de barganha nos termos definidos por Langer como autorizadores de condenações sem processo,[10] não se pode negar que institutos como a transação penal, o acordo de não persecução penal e a colaboração premiada são espaços de consenso instrumentalizados a partir de exceções a um cenário de legalidade estrita em âmbito processual penal.[11]

Por um lado, a transação penal e o acordo de não persecução penal[12] formalmente não se colocam como condenações criminais, entre outros quesitos, também porque não geram para o imputado a consolidação de estado de maus antecedentes. Contudo, ainda que exista quem resista a afirmar que tais institutos permitem a aplicação de penas, mostra-se inquestionável que as obrigações impostas são sanções semelhantes (se não idênticas) àquelas que poderiam ser aplicadas ao fim do processo comum. Além disso, o próprio art. 76 da Lei nº 9.099/95 refere-se à "aplicação imediata de pena restritiva de direitos ou multas". Ou seja, embora formalmente não exista sentença condenatória, autoriza-se a aplicação estatal de pena sem processo, relativizada sob a retórica de não impor penas restritivas de liberdade e gestão de processos criminais (eficiência).

Já em relação à colaboração premiada, em razão de sua natureza também definida como meio de obtenção de provas, mantém-se certa finalidade epistemológica, no sentido de que tal mecanismo contribui para a reconstrução dos fatos passados no processo penal, que não é automaticamente suprimido. Contudo, além da previsão de não oferecimento da denúncia (parágrafo 4º do art. 4º da Lei nº 12.850/13) que afasta a necessidade do processo, ainda nas

[9] GIACOMOLLI, Nereu José. **Legalidade, oportunidade e consenso no processo penal na perspectiva das garantias constitucionais.** Porto Alegre: Livraria do Advogado, 2006. p. 74.

[10] LANGER, Maximo. *Plea bargaining, trial-avoiding conviction mechanisms, and the global administratization of criminal convictions.* ***Annual Review of Criminology***, Palo Alto, 2019. Disponível em: https://doi.org/10.1146/annurev-criminol-032317-092255.

[11] VASCONCELLOS, Vinicius G. **Barganha e justiça criminal negocial**. 2. ed. Belo Horizonte: D'Plácido, 2018.

[12] Nos termos regulados pela Resolução nº 181 do CNMP e aprovados pelo Congresso Nacional no denominado Pacote Anticrime (PL nº 6.341/2019).

demais hipóteses o réu colaborador se afasta de sua posição de resistência, confessando e se conformando com a acusação. Ou seja, embora em relação a ele formalmente se mantenha o processo, a prática dos acordos no Brasil tem demonstrado um esvaziamento do ônus probatório à acusação, o que, somado à não resistência da defesa, caracteriza cenário semelhante ao dos mecanismos de pena sem processo.[13]

Em todos os casos, os conceitos estruturados há anos por Giacomolli permitem perceber, inquestionavelmente, que tais mecanismos se instrumentalizam em espaços de exceção à obrigatoriedade da ação penal, visto que autorizam a não persecução de todos os fatos delitivos com o exercício da acusação em sua integralidade até o fim da persecução penal com o transcorrer normal do devido processo penal. Além disso, os acordos de colaboração premiada, especialmente aqueles firmados no âmbito de operações como a Lava Jato (e assim homologados pelo Supremo Tribunal Federal),[14] têm previsto cláusulas que fogem por completo dos limites impostos pelo ordenamento jurídico, caracterizando cenário em que se torna permitido ao acusador não se ater à legalidade para valorar juridicamente esses fatos.

Há, nesses espaços de consenso, a clara tergiversação do sentido e função do devido processo penal, invertendo a lógica fundacional de modelo constitucional (democrático e humanitário[15]) que "informa o 'modo-de-ser' do processo penal e o 'modo-de-atuar' dos agentes processuais".[16] Inegável, contudo, a força desses institutos na realidade complexa de gestão da Justiça criminal no Brasil e no mundo, de maneira que a limitação de seus impactos a partir do devido processo penal é uma das contribuições trazidas e mantidas por Giacomolli.

[13] Sobre isso, ver: VASCONCELLOS, Vinicius G. **Colaboração premiada no processo penal.** 2. ed. São Paulo: RT, 2018.

[14] Sobre isso, ver: BOTTINO, Thiago. Colaboração premiada e incentivos à cooperação no processo penal: uma análise crítica dos acordos firmados na "Operação Lava Jato". **Revista Brasileira de Ciências Criminais**, São Paulo, v. 24, n. 122, p. 359-390, ago. 2016; MENDES, Soraia R. Editorial dossiê "Colaboração premiada e justiça criminal negocial": novos e múltiplos olhares. **Revista Brasileira de Direito Processual Penal**, Porto Alegre, v. 3, n. 1, p. 31-38, jan./abr. 2017. Disponível em: https://doi.org/10.22197/rbdpp.v3i1.56.

[15] Sobre isso, ver: GIACOMOLLI, Nereu José. **A fase preliminar do processo penal**: crises, misérias e novas metodologias investigatórias. Rio de Janeiro: Lumen Juris, 2011. p. 106-107.

[16] GIACOMOLLI, Nereu José. **O devido processo penal.** Abordagem conforme a Constituição Federal e o Pacto de São José da Costa Rica. São Paulo: Atlas, 2014. p. 78.

2. O devido processo penal e seus impactos na limitação dos acordos na Justiça criminal

A carreira profissional de Nereu Giacomolli foi construída a partir do diálogo entre a prática da magistratura e do magistério, sendo complementares em conteúdo e forma da sua extensa produção científica. Como orientador de dissertações e teses, permitiu que a sua visão humanitária e técnica pudesse ser disseminada por vários cantos do Brasil e também em outros países.

Nesse aspecto, sua contribuição acadêmica auxilia diretamente para forjar uma concepção do devido processo penal de racionalidade valorativa (*substantive due process*) para além da normatividade ordinária[17] e voltada para a compreensão do importante papel dos sujeitos processuais. Assim, inserindo o processo penal na contemporaneidade, inclui conceitos transdisciplinares para dar foco à realidade posta e contextualizada na incerteza e nas variáveis que orientam a complexidade própria do processo penal.

Daí a necessidade de acrescentar à noção do devido processo penal a atuação dos sujeitos processuais, afinal, ainda perdura uma estrutura processual de base autoritária, sem espaço à metodologia dialética (Código de Processo Penal de 1941), em dissonância com a ordem constitucional de 1988 e com diversos tratados internacionais. Nesse sentido, impõe-se aos sujeitos processuais uma necessária filtragem constitucional e convencional do processo penal, voltando-se para (i) a efetivação do processo como limitação do poder estatal, (ii) uma normatividade convencional no plano internacional e (iii) a construção democrática[18] do processo e da decisão criminal.[19]

É nessa intersecção que se desenha a limitação da justiça negocial no sistema de Justiça criminal brasileiro, reafirmando as bases epistemológicas do processo penal assentadas desde a Magna Carta (1215), fundante da cláusula do *due processo of law*. Afinal, "o processo penal devido é o que formal e

[17] GIACOMOLLI, Nereu José. **O devido processo penal**. Abordagem conforme a Constituição Federal e o Pacto de São José da Costa Rica. São Paulo: Atlas, 2014. p. 79.

[18] Querendo se referir mais do que a processo penal democrático, mas a um processo penal *na* democracia (SOULIER, Gérard. A igualdade de palavra, princípio da democracia e do processo penal. *In*: DELMAS-MARTY, Mireille (org.). **Processo Penal e Direitos do Homem**: rumo à consciência europeia. Barueri: Manole, 2004).

[19] GIACOMOLLI, Nereu José. **O devido processo penal**. Abordagem conforme a Constituição Federal e o Pacto de São José da Costa Rica. São Paulo: Atlas, 2014. p. 83.

materialmente protege os direitos humanos e fundamentais, mormente os de liberdade do cidadão, propiciando a tutela jurisdicional efetiva e uma decisão a ele ajustada"[20], aperfeiçoando, assim, o Estado democrático.

No caso das soluções negociadas para o processo penal, existem diversos tensionamentos que desafiam o seu adequado ajuste ao sistema de Justiça criminal brasileiro. Muito se dá em razão da importação de conceitos e modelos jurídicos oriundos de outros países, ignorando a complexidade da comparação jurídica como ciência, e não apenas um método[21] guiado pelo fetiche do princípio da não contradição[22] dos sistemas. Esse aporte é fundamental para revelar as aporias da expansão dos espaços de consenso no sistema brasileiro.

Não se escapa dessa discussão a tormentosa relação entre Cultura e Direito, especialmente na dimensão processual, de maneira que a solução de conflitos sociais "é tanto um produto da cultura e da sociedade em que é encontrado quanto uma influência sobre eles"[23]. Nesse caldeirão intercultural[24] e intergeracional, são produzidas "soluções" jurídicas – mágicas – para problemas que são fundantes ao próprio sistema de Justiça criminal. Assim, pois, não há (nem deveria) haver uma solução que acabasse com a história dos conflitos, mas, por outro lado, o debate cientificamente orientado, democrático e complexo deve se voltar para a construção de ferramentas redutoras de danos sociais e garantidoras da prestação jurisdicional efetiva.

Na linha do que defende Giacomolli, vale expor três, entre várias, dimensões de análise que são essenciais para reflexões acerca dos espaços de consenso no processo penal brasileiro contemporâneo e sua limitação: o direito à jurisdição penal, o estado de inocência e o direito de não ser obrigado a produzir provas contra si.

[20] GIACOMOLLI, Nereu José. **O devido processo penal**. Abordagem conforme a Constituição Federal e o Pacto de São José da Costa Rica. São Paulo: Atlas, 2014. p. 85.

[21] SACCO, Rodolfo. **Introdução ao Direito Comparado**. São Paulo: Revista dos Tribunais, 2001. p. 33-34.

[22] Sobre isso: SACCO, Rodolfo. **Introdução ao Direito Comparado**. São Paulo: Revista dos Tribunais, 2001.

[23] CHASE, Oscar G. **Direito, cultura e ritual**: sistemas de resolução de conflitos no contexto da cultura comparada. São Paulo: Marcial Pons, 2014. p. 56.

[24] GALÍCIA, Caíque R.; VASCONCELLOS, Vinicius Gomes de. O esvaziamento do direito ao recurso na prática brasileira: devido processo na américa latina e respeito à oralidade e à publicidade no juízo recursal. *In*: ESPINOSA, Lorena (coord.). **Desafiando a Inquisição**: ideias e propostas para a reforma processual penal no Brasil. Santiago: CEJA, 2017. p. 168-169.

O direito à jurisdição, construção histórica que fundamenta a própria existência do processo penal (*nulla poena sine iuditio*), ainda é uma das preocupações latentes em relação à expansão dos mecanismos de consenso. Retomando a importância do papel dos sujeitos no sistema de Justiça criminal, interessante fazer menção ao acordo de não persecução penal, criado por meio da Resolução nº 181/2017 do Conselho Nacional do Ministério Público.

Havia, na então Resolução, diversos motivos expostos, enfatizando o papel institucional do Ministério Público na modernização, agilidade, mas também na "carga desumana de processos que se acumulam nas varas criminais" e, o que salta mais aos olhos, a "opção inequívoca pelo sistema acusatório – e não pelo sistema inquisitorial". Por outro lado, ao desenhar a estrutura do acordo de não persecução penal, a Resolução, em sua redação original[25], previa no artigo 1º um rol de "proposições" para que o suspeito fosse submetido a aceitar o acordo que, essencialmente, são penas (Código Penal, art. 32, II c/c 43, I a VI) impostas sem jurisdição.

Ainda, paradoxalmente, a Resolução trazia a possibilidade de caso "o juiz considerar incabível o acordo, bem como inadequadas ou insuficientes as condições celebradas, fará remessa dos autos ao procurador-geral", repetindo a redação do art. 28, do Código de Processo Penal de 1941.

Atualmente, a referida Resolução ganhou corpo normativo ao ser incorporada ao Código de Processo Penal (art. 28-A) e, da mesma forma, reproduziu a possibilidade de o julgador discordar (por achar insuficientes as medidas) e remeter ao Ministério Público para reformulação (§ 5º do art. 28-A do CPP). Não há como se pensar, em nenhuma hipótese, paridade de condições para consenso, já que o imputado se vê diante do Estado unido na função tanto de acusar quanto a de julgar.

Em outra dimensão, mas ainda a respeito da limitação dos espaços de consenso, está a necessidade de repensar as bases do que se define como presunção de inocência, para além das diferenças semânticas, a qual muitas vezes apenas reduz "o alcance da regra humanitária do *status libertatis*, afastando-se do conteúdo da previsão constante nos diplomas internacionais"[26] e nacionais.

[25] Antes da alteração decorrente da Resolução nº 183/2018.

[26] GIACOMOLLI, Nereu José. **O devido processo penal**. Abordagem conforme a Constituição Federal e o Pacto de São José da Costa Rica. São Paulo: Atlas, 2014. p. 93.

Entre as diferentes frentes de análise do referido princípio-garantia, aquela que mais se destaca no que diz respeito aos espaços de consenso está assentada na inversão do ônus probatório.

Isso porque, de maneira geral, a dialética processual analisada na sua complexidade poderá revelar estratégias de ação e omissão na gestão da prova que implicam diretamente na clareza do que está posto. No processo penal, a regra de exposição e compartilhamento das provas é clara, sob pena de perder espaços de vantagem no jogo processual. Por outro lado, o consenso, especialmente considerando a oportunidade e estratégias dos sujeitos processuais, imporá uma inversão na sistemática da distribuição de cargas probatórias.

Nessa toada, o efeito endoprocessual da presunção de inocência indica que "cabe à acusação a desconstituição do estado de inocência, ou seja, no processo penal, é da acusação o encargo de provar"[27], por outro lado, o acordo de não persecução penal, por exemplo (também aplicado à Justiça negocial de maneira genérica), subverte essa lógica. Se coloca como requisito, a confissão formal (art. 28-A do CPP) e, em segundo plano, determina que o cumprimento do "acordo" (pena) se dê perante o juízo da execução penal, simbolicamente revelando os verdadeiros intuitos do "negócio".

Assim, coloca-se a presunção de inocência de lado para eleger a confissão – destaca-se, formal – como requisito probatório suficiente para imposição das medidas punitivas previstas. Assim, e sob o manto oculto do eficienticismo tupiniquim, quebra-se o conteúdo racional da presunção de inocência que permeia o cidadão desde o seu nascimento "até que o Estado afaste esse estado natural e jurídico, de modo consciente, através do devido processo constitucional e convencional, do devido processo (acusação, processo, ampla defesa, provas suficientes, debate contraditório, decisão judicial fundamentada, duplo pronunciamento, *v.g.*)".[28]

A terceira dimensão aqui exposta diz respeito ao direito de não ser obrigado a produzir provas contra si, que se relaciona diretamente com o estado de inocência e o direito à jurisdição. Também normatizado em tratados internacionais (CADH, art. 8,2, g) e na Constituição Federal (art. 5º, LXIII),

[27] GIACOMOLLI, Nereu José. **O devido processo penal.** Abordagem conforme a Constituição Federal e o Pacto de São José da Costa Rica. São Paulo: Atlas, 2014. p. 96.

[28] GIACOMOLLI, Nereu José. **O devido processo penal.** Abordagem conforme a Constituição Federal e o Pacto de São José da Costa Rica. São Paulo: Atlas, 2014. p. 93.

é um padrão reconhecido internacionalmente, que está diretamente ligado ao conceito de processo justo[29], com origens históricas bastante antigas.

Traduz-se, inclusive, em direito consagrado e popularizado nas regras de Miranda (Miranda *vs.* Arizona, 1966) cujo conteúdo envolve, além do direito ao silêncio, um reforço normativo sobre a distribuição das cargas probatórias, que, na hipótese, deve estar sob a responsabilidade da acusação. No caso dos mecanismos de consenso, abre-se o flanco para, suprimindo a fase probatória do processo penal, que a confissão (produção de prova contra si, portanto) seja apta a dar a resposta – formal – suficiente para impor sérias medidas restritivas de direito. Nota-se, nesse sentido, que o modelo acusatório, cuja gestão da prova está sob a responsabilidade das partes, é tergiversado, colocando o dever de confissão (formal)[30], potencialmente desacompanhado de outros elementos probatórios, e toda a carga probatória sob a decisão do imputado.

Giacomolli acrescenta que "mesmo a declaração confessória do imputado, por si só, não fornece substrato suficiente à formação de um juízo condenatório, comportando inserção e aferição na complexidade probatória e situacional do processamento".[31] Apresenta ainda, a provocação sobre se "na normalidade fática, teria confessado caso soubesse que a prova produzida contra ele era ilícita?"[32], que no contexto dos espaços de consenso se torna uma valiosa reflexão para se (re)pensar os limites e a abrangência desses mecanismos no sistema de Justiça criminal brasileiro.

Em resumo, os mecanismos negociais permitem que uma pena seja imposta ao imputado pelo Estado essencialmente com fundamento em seu consentimento, sua conformidade à acusação, em troca de alguma espécie de benefício, como a redução da pena. Assim, em sentido crítico, a barganha se coloca como mecanismo determinante na caracterização da Justiça

[29] FERRUA, Paolo. ***Il 'giusto processo'***. Torino: Zanichelli Editore, 2012. p. 16.

[30] Ferrua expõe, ainda, que podem existir fatores diversos relacionados com a motivação da confissão, como os honorários advocatícios, o sofrimento da submissão ao processo, a baixa confiança na Justiça e, talvez, até mesmo a responsabilização por terceiros (FERRUA, Paolo. ***Il 'giusto processo'***. Torino: Zanichelli, 2012. p. 26-27).

[31] GIACOMOLLI, Nereu José. **O devido processo penal**. Abordagem conforme a Constituição Federal e o Pacto de São José da Costa Rica. São Paulo: Atlas, 2014. p. 199.

[32] GIACOMOLLI, Nereu José. **O devido processo penal**. Abordagem conforme a Constituição Federal e o Pacto de São José da Costa Rica. São Paulo: Atlas, 2014. p. 199.

criminal como um "mercado persa",[33] ou um "supermercado moderno",[34] em que ilegitimamente os direitos fundamentais das pessoas são transacionados.[35] Conforme Giacomolli:

> Sob o argumento de que a justiça lenta e formalista não garante a cidadania, não se podem sepultar princípios conquistados a duras penas pela doutrina processual penal, como o *in dubio pro reo*, o direito a não produzir prova contra si mesmo, o *due process of law*, o direito a um juiz predeterminado, *v.g.* Estes princípios basilares restam eliminados ou enfraquecidos com um acordo a respeito de uma sentença criminal, de uma pena criminal, sobre o requerimento de prova, a respeito da utilização dos meios de impugnação e outras disposições à margem da legalidade.[36]

Portanto, já se afirmou que mecanismos como a barganha, a transação penal e o "novo" acordo de não persecução penal, ao expandir de modo excessivo e incontrolado os espaços de consenso no processo penal, acarretam

[33] LOPES JR., Aury. Justiça Negociada: utilitarismo processual e eficiência antigarantista. *In:* CARVALHO, Salo; WUNDERLICH, Alexandre (org.). **Diálogos sobre a Justiça Dialogal**. Teses e antíteses sobre os processos de informalização e privatização da Justiça Penal. Rio de Janeiro: Lumen Juris, 2002. p. 110.

[34] Conforme Malcolm Feeley, a *plea bargaining* estabelece um cenário semelhante aos "modernos supermercados em que os preços dos produtos são claramente estabelecidos e etiquetados", de modo que "os clientes podem reclamar dos preços, mas raramente conseguem barganhar para sua redução" (FEELEY, Malcolm M. ***The process is the punishment.*** *Handling cases in a lower criminal court.* New York: Russell Sage, 1992. p. 187-188. Tradução nossa).

[35] "No processo penal há outros valores em jogo, ou seja, os direitos fundamentais da pessoa, os quais correm o risco de fragilização com a participação cada vez maior de pessoas privadas no processo penal – vítimas, associações – que buscam a satisfação de um interesse particular e não de um interesse público. O processo penal não pode servir a iniciativas que o considerem um *market system*, aniquiladoras do direito penal, ou à comercialização da justiça criminal, como ocorre nas astutas negociações da *plea bargaining*." (GIACOMOLLI, Nereu José. **Legalidade, oportunidade e consenso no processo penal na perspectiva das garantias constitucionais**. Porto Alegre: Livraria do Advogado, 2006. p. 113).

[36] GIACOMOLLI, Nereu José. **Legalidade, oportunidade e consenso no processo penal na perspectiva das garantias constitucionais**. Porto Alegre: Livraria do Advogado, 2006. p. 111-112.

> inevitáveis violações às democráticas premissas que impõem a necessidade do respeito às regras do devido processo penal como requisito para uma condenação criminal, visto que inviabilizam o exercício da defesa, distorcem os papéis dos atores do campo jurídico-penal, aumentam exponencialmente a possibilidade de condenações de inocentes, acarretam punições ilegítimas pelo exercício do direito ao processo, desvirtuam a presunção de inocência e o contraditório, dentre outras críticas imperativas.[37]

Giacomolli aponta a expansão das funções do órgão acusador, também assumindo atos típicos do julgador, além de violações à igualdade de tratamento e à revalorização da confissão como rainha das provas.[38]

Conclusões

Não se pode negar que a expansão dos espaços de consenso e de acordos na Justiça criminal para autorizar a imposição de penas por conformidade do imputado e para obter a sua colaboração à persecução penal é tendência mundial, e dificilmente o sistema de Justiça criminal brasileiro se furtará de a isso se amoldar com a generalização de mecanismos de barganha. Não se quer afirmar que tais institutos são sempre ilegítimos, ao passo que podem existir espaços razoáveis para a sua instrumentalização.

O processo penal sempre se desenvolveu e continuará se desenvolvendo a partir dos tensionamentos que permeiam as discussões propostas, devendo recorrer ao paradigma fundante do Estado de Direito. No mais, a complexidade da contemporaneidade indica novos rumos cada vez mais difíceis de, ironicamente, obter consenso sobre possíveis limites e expansões acerca dos acordos no processo penal.

[37] GIACOMOLLI, Nereu José; VASCONCELLOS, Vinicius G. Justiça Criminal Negocial: crítica à fragilização da jurisdição penal em um cenário de expansão do consenso no processo penal. **Novos Estudos Jurídicos**, [*s.l.*], v. 20, p. 1108-1134, 2015. p. 1129-1130.

[38] GIACOMOLLI, Nereu José. **Legalidade, oportunidade e consenso no processo penal na perspectiva das garantias constitucionais**. Porto Alegre: Livraria do Advogado, 2006. p. 101-118.

Contudo, as críticas e tensionamentos expostos em relação às premissas do devido processo penal devem ressaltar a importância de cautela na estruturação normativa de tais procedimentos e na aplicação prática dos acordos pelos tribunais. E, nesse sentido, as contribuições de Giacomolli são fundamentais para assentar arcabouço teórico apto à análise consistente de tal cenário e destacar os riscos de uma generalização descontrolada da Justiça criminal negocial no Brasil.

Referências

BOTTINO, Thiago. Colaboração premiada e incentivos à cooperação no processo penal: uma análise crítica dos acordos firmados na "Operação Lava Jato". **Revista Brasileira de Ciências Criminais**, São Paulo, v. 24, n. 122, p. 359-390, ago. 2016.

CAPPARELLI, Bruna; VASCONCELLOS, Vinicius G. Notas sobre a perene crise do princípio da obrigatoriedade da ação penal no ordenamento italiano. **Revista Eletrônica de Direito Processual**, Rio de Janeiro, ano 11, v. 18, n. 1, p. 118-149, jan.-abr. 2017. Disponível em: https://doi.org/10.12957/redp.2017.27994.

CHASE, Oscar G. **Direito, cultura e ritual**: sistemas de resolução de conflitos no contexto da cultura comparada. São Paulo: Marcial Pons, 2014.

DIAS, Jorge de Figueiredo. **Acordos sobre a sentença em processo penal**. O "fim" do Estado de Direito ou um novo "princípio"? Porto: Conselho Distrital do Porto, 2011.

DIEGO DÍEZ, Luis Alfredo de. ***Justicia criminal consensuada***. *Algunos modelos del derecho comparado en los EE. UU., Italia y Portugal*. Valencia: Tirant lo Blanch, 1999.

FEELEY, Malcolm M. ***The process is the punishment***. *Handling cases in a lower criminal court*. New York: Russell Sage, 1992.

FERRUA, Paolo. ***Il 'giusto processo'***. Torino: Zanichelli Editore, 2012.

GALÍCIA, Caíque R.; VASCONCELLOS, Vinicius Gomes de. O esvaziamento do direito ao recurso na prática brasileira: devido processo na américa latina e respeito à oralidade e à publicidade no juízo recursal. *In*: ESPINOSA, Lorena (coord.). **Desafiando a Inquisição***:* ideias e propostas para a reforma processual penal no Brasil. Santiago: Ceja, 2017.

GALÍCIA, Caíque Ribeiro. Direitos Processuais Penais Fundamentais: um jogo de conveniência? **Boletim IBRASPP**, [*s.l.*], ano 03, n. 05, p. 16-18, 2013/02.

GIACOMOLLI, Nereu José. **A fase preliminar do processo penal***:* crises, misérias e novas metodologias investigatórias. Rio de Janeiro: Lumen Juris, 2011.

GIACOMOLLI, Nereu José. **Juizados Especiais Criminais**. Lei 9.099/95. 3. ed. Porto Alegre: Livraria do Advogado, 2009.

GIACOMOLLI, Nereu José. ***Legalidad, oportunidad y consenso en el proceso penal***. Lima: Ara Editores, 2012.

GIACOMOLLI, Nereu José. **Legalidade, oportunidade e consenso no processo penal na perspectiva das garantias constitucionais.** Porto Alegre: Livraria do Advogado, 2006.

GIACOMOLLI, Nereu José. **O devido processo penal.** Abordagem conforme a Constituição Federal e o Pacto de São José da Costa Rica. São Paulo: Atlas, 2014.

GIACOMOLLI, Nereu José; VASCONCELLOS, Vinicius G. Justiça Criminal Negocial: crítica à fragilização da jurisdição penal em um cenário de expansão do consenso no processo penal. **Novos Estudos Jurídicos**, [*s.l.*], v. 20, p. 1108-1134, 2015. Disponível em: https://doi.org/10.14210/nej.v20n3.p1108-1134

HASSEMER, Winfried. *La persecución penal: legalidade y oportunidad.* ***Jueces para la Democracia***, Madrid, n. 4, p. 8-11, set. 1988.

LANGER, Maximo. *Plea bargaining, trial-avoiding conviction mechanisms, and the global administratization of criminal convictions.* ***Annual Review of Criminology***, Palo Alto, 2019. Disponível em: https://doi.org/10.1146/annurev-criminol-032317-092255

LOPES JR., Aury. Justiça Negociada: utilitarismo processual e eficiência antigarantista. *In*: CARVALHO, Salo; WUNDERLICH, Alexandre (org.). **Diálogos sobre a Justiça Dialogal**. Teses e antíteses sobre os processos de informalização e privatização da Justiça Penal. Rio de Janeiro: Lumen Juris, 2002.

MENDES, Soraia R. Editorial dossiê "Colaboração premiada e justiça criminal negocial": novos e múltiplos olhares. **Revista Brasileira de Direito Processual Penal**, Porto Alegre, v. 3, n. 1, p. 31-38, jan./abr. 2017. Disponível em: https://doi.org/10.22197/rbdpp.v3i1.56.

SACCO, Rodolfo. **Introdução ao Direito Comparado**. São Paulo: Revista dos Tribunais, 2001.

SOULIER, Gérard. A igualdade de palavra, princípio da democracia e do processo penal. In: DELMAS-MARTY, Mireille (org.). **Processo Penal e Direitos do Homem**: rumo à consciência europeia. Barueri: Manole, 2004.

VASCONCELLOS, Vinicius G. **Barganha e justiça criminal negocial**. 2. ed. Belo Horizonte: D'Plácido, 2018.

VASCONCELLOS, Vinicius G. **Colaboração premiada no processo penal**. 2. ed. São Paulo: RT, 2018.

63. NULIDADES REFLEXIVAS DA FASE INVESTIGATIVA

VINICIOS BATISTA DO VALLE

Introdução

Ao longo dos anos verificou-se uma tendência, doutrinária e jurisprudencial, em não reconhecer o instituto da nulidade originada na fase investigativa da persecução penal e espraiada (contaminante) no âmbito da fase processual.

Num reducionismo interpretativo dos comandos constitucionais, convencionais e legais, agregaram-se discursos de que vícios ocorridos na fase investigativa seriam considerados *"meras irregularidades"* e sem contaminação no processo judicial em razão da sua extrajudicialidade, que fugiria ao controle de validade atinente à ação penal consubstanciada naquela informação, somente declarando invalidade de atos submetidos ao crivo do contraditório judicial.

Sabemos que o inquérito policial é o principal instrumento estatal no desenvolvimento da persecução penal, em especial pela produção probatória e execução de múltiplas medidas cautelares que provocam sobrestamentos de direitos, como liberdade *(prisão)* e propriedade *(apreensão/sequestro de bens)*.

Na maioria das vezes, é nele que se nutrem as ações penais brasileiras, inclusive, em regra, sendo obrigatória sua presença na fase processual, quando servir de justa causa necessária à respectiva ação penal, conforme se extrai do Código de Processo Penal (CPP), art. 3°-C, § 3°, art. 12, art. 41 e art. 155.

O Estado, leia-se Poderes Executivo, Legislativo e Judiciário, não pode ter comportamento contraditório ante o princípio da legalidade ao aceitar atos viciados em certos momentos, conforme seu talante, já que esses poderão servir de supedâneo a múltiplos outros atos que repercutirão em lesões a direitos fundamentais.

Nada de diferente ao falarmos da fase investigativa, notadamente por práticas de atos viciados e respectivos aceites no âmbito da fase processual como *"mera irregularidade"*, o que caracterizaria comportamento contraditório do Estado em face do princípio da legalidade em arrefecer os efeitos oriundos de atos ilegais. Assim, tais atos não poderiam servir, por exemplo, ao próprio oferecimento da denúncia ou, muito menos, considerar-se como suporte em sentença condenatória.

Noutro giro, percebe-se dificuldades *(por ação e/ou omissão, dolosa e/ou culposa)* do legislador pátrio em elaborar e aprovar normas compatíveis *(sem vícios)* dentro do ordenamento jurídico, jungida de eficácia em seus propósitos. Recentemente entrou em vigor a Lei nº 13.869/19 – Lei de Abuso de Autoridade, com seus diversos dispositivos originariamente eivados de vícios de ilegalidades, permeando em nosso ordenamento legal, incertezas jurídicas, contenções dos órgãos investigativos no emprego dos meios de obtenção de provas, além do aumento nas demandas ao Poder Judiciário em análises às respectivas nulidades, causando verdadeiros imbróglios jurídicos com potenciais prejuízos na efetividade do sistema de Justiça.

Tais dificuldades também perpassariam pelo Poder Judiciário, como exemplo a decisão monocrática proferida pelo Ministro Dias Toffoli, do Supremo Tribunal Federal (STF), no Recurso Extraordinário nº 1.055.941/SP, ao sobrestar todas as investigações criminais em curso pela utilização dos relatórios oriundos do então Conselho de Controle de Atividades Financeiras – Coaf (atualmente denominado Unidade de Inteligência Financeira – UIF) sem ordem judicial. Outro exemplo, seria o sobrestamento da aplicação do art. 3°-A e seguintes do CPP para implementação do "juiz das garantias" no cenário nacional.

Não obstante, os avanços das instituições de segurança pública, notadamente os órgãos de investigação criminal – *Pol*ícia Civil e *Polícia Federal* –, possibilitaram amplificação (e melhorias) da instrução probatória nos inquéritos policiais, por intermédio dos variados meios de obtenção de provas, e técnicas especiais e modernas de investigação, jungidas do enfrentamento das variantes delituosas com emprego da tecnologia da informação (criptomoedas, *crackers*, *logs*, engenharia social, *fake news*, redes sociais, aplicativos, *smartphones*, *deepweb*, *darknet*, uso de *VPNs*[1] estrangeiras etc.).

Além disso, o vetusto, mas constante *(atual)* e aperfeiçoado, manejo da máquina pública *(Legislativo, Executivo e Judiciário)* aos interesses particulares, por intermédio dos conchavos com agentes políticos pelas mais variadas formas de atuação, burlas aos procedimentos licitatórios, contratações de cargos em comissão de estreitos (e estranhos) relacionamentos políticos e/ou apadrinhamentos *(nepotismo)*, contratações empresariais *(construção civil, automobilística, alimentícia, educacional, artístico, entretenimento etc.)*, lavagem de capitais em paraísos fiscais, fraudes tributárias, dentre outros.

Tudo isso acaba por provocar maiores atenções aos profissionais atuantes nas defesas técnicas *(advogados e defensores públicos)* dos investigados e, consequentemente, uma das saídas para o melhor interesse de seus clientes/assistidos seriam as arguições de nulidades já na fase investigativa, constituindo-se o inquérito policial como momento essencial à produção probatória.

Exemplifica-se com a respeitável operação "Lava Jato", em que os processos judiciais, em sua maioria probatória, tiveram inícios no âmbito dos inquéritos policiais da Polícia Federal, chegando, atualmente, a quase 70 fases de operações[2], tendo sua primeira iniciada em 2014, propiciando a recuperação de bilhões de reais aos cofres públicos, além de trazer sensação de efetividade do sistema de Justiça brasileiro através das várias condenações penais, em que pese várias terem atacado somente aspectos de nulidades existentes[3] (segundo as respectivas versões das defensas técnicas nos autos).

[1] Redes Privadas Virtuais.

[2] Disponível em: https://infograficos.oglobo.globo.com/brasil/todas-as-fases-da-operacao-lava-jato.html. Acesso em: 9 dez. 2019.

[3] Ratifica-se a assertiva com a recente entrevista do *Presidente do Tribunal Regional Federal da 4ª Região, Desembargador Victor Luiz dos Santos Laus*, integrante da 8ª Turma e julgando casos da "Lava Jato", em entrevista ao jornal Estadão, o qual disse "[...] **Nunca um advogado disse 'meu cliente é inocente, meu cliente não tem nada a ver com isso, não há uma prova nesse processo'** [...]. **Nunca ouvi uma defesa de conteúdo material** [...]" (CARVALHO, Luiz M. Advogados da Lava Jato só questionaram nulidades, não o mérito, diz presidente do TRF-4. **Estadao.com.br**, São Paulo, 8 dez. 2019, 19h33. Disponível em: https://politica.estadao.com.br/noticias/geral,advogados-da-lava-jato-so-questionaram-nulidades-nao-o-merito-diz-presidente-do-trf-4,70003118507. Acesso em: 9 dez. 2019).

Com efeito, o texto constitucional, ao impor aplicação imediata dos direitos e garantias fundamentais, acabou por realçar sua maximização perante os Poderes Públicos (Legislativo, Executivo e Judiciário) diante de sua força dirigente e vinculante, possibilitando, também, que o indivíduo exija cumprimento, independentemente do momento, para que se assegure os bens jurídicos neles consagrados, o que deverá, austeramente, ocorrer na persecução penal.

Nesse sentido, em linhas gerais, o tema nulidades reflexivas da fase investigativa se faz relevante, já que, inevitavelmente, a maioria das ações penais brasileiras são originárias dos inquéritos policiais[4], consubstanciando-se como o principal nascedouro probatório e de cognição na persecução penal, mas sem imunização pelo respeito aos direitos fundamentais, ao devido processo legal e ao princípio da legalidade.

1. Direitos fundamentais na fase investigativa

Sabemos que a dignidade da pessoa humana se constitui como centro de referência ao ordenamento jurídico pátrio, em especial ao âmbito da persecução penal, emanando reflexos no comportamento estatal em que o indivíduo não poderá ser utilizado para fins diversos e ao sabor das marés, como se fosse mero objeto de manobra, mas sim qualificado como sujeito de direitos em que o próprio Estado encontra limites de atuação, não se sobrepondo ao bem maior e razão de sua existência que é o ser humano *(vítima e investigado/réu)*.

Ilustra-se com o inciso LXIII do art. 5° da Constituição Federal de 1988 (CF/88), que traz o seguinte: "o preso será informado de seus direitos, entre os quais o de permanecer calado, sendo-lhe assegurada a assistência da família e de advogado". Num cenário de maximização de direitos fundamentais, ao investigado/réu não se restringiria o direito ao silêncio apenas no momento de suas declarações no interrogatório, mas sim amplia-se a toda e qualquer diligência impositiva estatal de caráter probatório de efeito revés ao imputado, em que tenha sua participação forçada, sob pena ao coator, por exemplo, das

[4] Incluindo todos os "problemas" aflorados pelo legislador e o Judiciário em suas respectivas alçadas, destacados acima.

sanções do inciso III do art. 13 ou do inciso I do parágrafo único do art. 15, ambos da Lei nº 13.869/19.

Vejamos o voto do Ministro Celso de Mello do STF no HC nº 68.929-SP:

> [...] a condição jurídica de imputado, tem, dentre as várias prerrogativas que lhe são constitucionalmente asseguradas, o direito de permanecer calado. Esse direito – que se reveste de **valor absoluto** – é plenamente **oponível ao Estado e aos seus agentes**. Atua como poderoso fator de **limitação das próprias atividades penais-persecutórias** desenvolvidas pelo Poder Público (Polícia Judiciária, Ministério Público, Juízes e Tribunais).[5]

Miranda[6] corrobora dizendo que:

> A Constituição confere uma unidade de sentido, de valor e concordância prática ao sistema dos direitos fundamentais. E ela repousa na dignidade da pessoa humana, ou seja, na concepção que faz a pessoa fundamento e fim da sociedade e do Estado.

Para tal mister, a efetivação dos direitos fundamentais na investigação criminal perpassa pelo delegado de polícia, presidente do inquérito policial, conforme preceituam o § 4º do art. 144 da CF/88, o art. 4º e seguintes do CPP e o art. 2º da Lei nº 12.830/13, não podendo quedar na inobservância dos princípios e garantias constitucionais, diante da complexidade das circunstâncias que se mostram diariamente no mundo jurídico e fático, pois, como aplicador das normas e hermeneuta constitucional, o delegado de polícia deverá conformá-las ao melhor sentido/eficácia de justiça possível, mas sem descuidar de direitos fundamentais, realizando concordâncias práticas em eventuais conflitos ou concorrências entre direitos fundamentais e/ou entre estes e bens jurídicos constitucionalmente garantidos, já que os limites impostos pela adoção de determinados princípios balizam a atuação do Estado

[5] Grifo nosso. Disponível em: redir.stf.jus.br/paginadorpub/paginador.jsp?docTP=AC&docID=71335. Acesso em: 10 dez. 2019.

[6] MIRANDA, Jorge. **Manual de direito constitucional**. Coimbra. Coimbra Editora, 1988. v.4. p. 166.

sobre o indivíduo, conduzindo a ponderação dos meios adequados para cada situação e a forma como deverão ser utilizadas no caso concreto.

Portanto, o delegado de polícia deverá lastrear suas ações através do cuidado necessário em respeito às normas jurídicas vigentes para não macular a fase investigativa (em seu sentido amplo – *utilitarista e garantista*), evitando-se, assim, prejuízos aos fins da efetividade do sistema de Justiça e tutela dos direitos fundamentais.

Vejamos alguns exemplos afetos à autoridade policial:

a) Não garantir acesso aos autos do inquérito policial (ou outros procedimentos) ao investigado e/ou à defesa técnica (vide inciso LV do art. 5° da CF/88; Súmula Vinculante n° 14 do STF; inciso XIV do art. 7° da Lei n° 8.906/94 e art. 32 da Lei n° 13.869/19). Observa-se também, o dever legal de resguardo do sigilo (externo, de forma absoluta, e interno, de modo relativo) para a efetividade dos trabalhos investigativos (vide inciso LX do art. 5° da CF/88; Súmula Vinculante n° 14 do STF; art. 20 e § 3° do art. 282, ambos do CPP; art. 23 da Lei n° 12.850/13, inciso XXI do art. 7° e § 11 da Lei n° 8.906/94 e art. 32 da Lei n° 13.869/19).
b) Não entregar nota de culpa ao preso no prazo de 24 horas (vide inciso LXIV do art. 5° da CF/88; § 2° do art. 306 do CPP e inciso III do parágrafo único do art. 12 da Lei n° 13.869/19).
c) Não assegurar a comunicabilidade do preso ao juiz de direito, MP e à família ou pessoa indicada, bem como ao advogado (vide inciso LXII do art. 5° da CF/88; *caput* e § 1° do art. 306 do CPP; inciso III do art. 7° da Lei n° 8.906/94; *caput* e inciso II do parágrafo único do art. 12 da Lei n° 13.869/19). No caso de entrevista[7] entre investigado (preso ou solto) e advogado poderá, excepcionalmente e de forma fundamentada, haver impedimento de tal ato pelo delegado de polícia, conforme se depreende do tipo penal do art. 20 da Lei n° 13.869/19.

[7] Em resumo, registre-se singela distinção entre interrogatório e entrevista, esta como ato informal e de cunho orientador prévio ao interrogatório; aquele por ser ato formal em que o investigado é ouvido (interrogado) pelo delegado de polícia e poderá se manifestar nos autos no exercício de seus direitos.

d) Obstar[8] presença da defesa técnica no interrogatório do investigado (preso ou solto). Nesse ponto, observa-se o expresso comando legal "sob pena de nulidade absoluta", trazendo fortes consequências ao descumprimento da norma. Ou seja, caso não haja respeito em tal direito do investigado e da defesa técnica (advogado e defensor público), o interrogatório e qualquer outro decorrente (direta ou indiretamente) serão declarados nulos sem aproveitamento nos autos, além de respectiva extração (vide inciso LIV e LVI do art. 5° da CF/88; inciso II do parágrafo único do art. 15 da Lei n° 13.869/19 e inciso XXI do art. 7° da Lei n° 8.906/94).

e) Realizar interceptação telefônica/telemática e/ou captação ambiental sem autorização judicial e/ou para além do prazo deferido judicialmente (vide inciso XII do art. 5° da CF/88 e artigos 1° e 8°-A da Lei n° 9.296/96).

f) Não arbitrar fiança nos casos permitidos em lei (vide inciso LXVI do art. 5º da CF/88 e art. 322 do CPP);

g) Obter *LOGs* – registros dos usuários dos sistemas (data, horário, duração e protocolos de internet – *IPs*) dos provedores de internet sem ordem judicial (§1° do art. 10, art. 13 e art. 15, todos da Lei nº 12.965/14). Ressalta-se, aqui, a possibilidade do delegado de polícia obter, diretamente e sem ordem judicial, os dados cadastrais (qualificação pessoal, endereço e filiação) nos termos do § 3° do art. 10 da Lei nº 12.965/14, do art. 15 da Lei n° 12.850/13 e do § 2° do art. 2° da Lei n° 12.830/13. Ademais, de forma cautelar e sem ordem judicial, o delegado de polícia poderá determinar a guarda dos *LOGs* ao provedor (§ 2° do art. 13 da Lei nº 12.965/14), mas deverá atentar ao prazo de até 60 dias para seu requerimento em juízo (§ 3° do art. 13 da Lei nº 12.965/14). Tais *LOGs* somente poderão ser entregues pelo provedor ao delegado de polícia com suporte em ordem judicial.

h) Realizar a condução coercitiva[9] fora das hipóteses legais (vide art. 10 da Lei nº 13.869/19). Pontua-se que o Estado-Investigativo (delegado

[8] Ou mesmo ignorar pedido do investigado ao mencionar seu desejo de ser assistido por determinado advogado, dando início/continuidade ao interrogatório.

[9] Instituto de coação pessoal e previsto em várias circunstâncias distintas, como a condução da vítima, de acordo com o parágrafo 1º do art. 210 do CPP, das testemunhas, conforme

> de polícia), em atenção à sua missão constitucional no art. 144, §1° e §4°, poderá trazer à sua presença pessoas, desde que fundamentado o mandado, para fins de esclarecimentos e produção de elementos informativos-probatórios.

Observa-se que, para o investigado nada mudará, mantém-se hígido o seu direito de falar, calar-se e/ou mentir sem qualquer prejuízo nesse sentido. Conforme as lições de Castro e Costa[10], tal medida poderá ser determinada pelo delegado de polícia, já que se traduz como "medida cautelar híbrida, de natureza pessoal e probatória, que importa em certo grau de tolhimento da liberdade do indivíduo e volta-se teleologicamente à obtenção de algum elemento informativo ou probatório".

Ocorre que, em junho de 2018, através das *ADPFs* n° 395 e 444, o Supremo Tribunal Federal declarou a não recepção constitucional do art. 260 do CPP sobre a condução coercitiva do investigado para fins de interrogatório.

Importante são as colocações de Barbosa[11]:

> [...] É imperioso partirmos do pressuposto que o investigado não é instrumento de prova ou objeto da investigação ou do processo, no entanto, as demais pessoas que possuem informações relevantes sobre o fato *thema probandum*, respeitada a dignidade da pessoa humana, poderão estar sujeitos a medidas jurídicas, inclusive do delegado de Polícia. A declaração da vítima e o depoimento da testemunha são considerados meios de prova.[...]. Na verdade as pessoas em si são fontes de prova, pois possuem conhecimento de fatos que interessam à investigação e ao processo.[...]. O investigado acaso possua conhecimento

art. 218 do CPP, a do perito, conforme art. 278 do CPP, bem como na legislação extravagante o art. 80 da Lei n° 9.099/95 e art.187 da Lei n° 8.069/90.

10 CASTRO, Henrique Hoffmann Monteiro de; COSTA, Adriano Sousa. Condução coercitiva é legítimo mecanismo da persecução penal. **Revista Consultor Jurídico**, São Paulo, 11 de março de 2016. . Disponível em: https://www.conjur.com.br/2016-mar-11/conducao-coercitiva--legitimo-mecanismo-persecucao-penal. Acesso em: 20 dez. 2019.

11 BARBOSA, Ruchester Marreiros. A condução coercitiva pode ser necessária à eficácia da investigação. **Revista Consultor Jurídico**, São Paulo,19 de junho de 2018. https://www.conjur.com.br/2018-jun-19/academia-policia-conducao-coercitiva-necessaria-eficacia-investigacao. Acesso em: 2 fev. 2020.

sobre o fato é fonte da prova, e então devemos nos perguntar. Pode recair sobre o investigado ato do Estado para transformar seu conteúdo em meio de prova? Somente se ele quiser em razão do *nemo tenetur se detegere*, contido no artigo 5º, LIII da CR e artigo 8, 2, 'g' do Pacto de San Jose de Costa Rica. Em outras palavras o investigado exerce defesa (SV 14, STF e artigo 7º, XXI da Lei 8.906/94). Em outras palavras, o investigado ou réu é somente fonte de prova se ele assim decidir de forma voluntária em razão da garantia de não autoincriminação. Isso significa dizer, por outro lado, que todos os demais atos se não importem em autoincriminação não podem se opor ao Estado-investigador, como é o caso da identificação e qualificação do investigado ou réu, bem como reconhecimento por testemunha ou ofendido. Os demais sujeitos (vítimas, testemunhas e perito) não gozam desta garantia, mas somente a inerente a dignidade da pessoa humana, não possuindo direito a se oporem ao ato do Estado em busca do conteúdo de seus conhecimentos.

Em suma, com lastro no recente art. 10 da Lei nº 13.869/19, entendemos que para o investigado, em apreço ao seu direito ao silêncio e de não autoincriminação (inciso LXIII do art. 5º da CF/88; alínea "g" do item 2 do art. 8º da CADH; alínea "g" do item 3 do art. 14 da PIDCP e art. 186 do CPP) lhe é garantida a vedação da condução coercitiva pelo delegado de polícia para fins de interrogatório inerente aos fatos (2ª parte do interrogatório – § 2º do art. 187 do CPP), *salvo* se houver ordem judicial, já que o próprio cerceamento da liberdade também tem matriz constitucional, conforme o inciso LXI do art. 5º da CF/88, como nas hipóteses de prisões provisórias.

Entretanto, ao campo da qualificação do interrogado (1ª parte do interrogatório – vide § 1º do art. 187 do CPP), não abrangeria tal imunidade, podendo, assim, ser conduzido coercitivamente pelo delegado de polícia. Os demais sujeitos (vítima e testemunha) também estarão suscetíveis à coação pessoal, independentemente de ordem judicial e devidamente fundamentado (justificado) pelo delegado de polícia através de seu mister constitucional elencado nos § 1º e § 4º do art. 144 da CF/88, art. 4º e seguintes, e Lei nº 12.830/13, jungido do art. 7.5 da Convenção Americana de Direitos Humanos, conforme filtro de convencionalidade por sua *força supralegal* em reconhecer a legitimidade de órgãos não jurisdicionais, mas que exerçam parcelas das atividades típicas da magistratura ou "materialmente judicial", conforme se depreende do caso *Vélez Loor Vs. Panamá*, de 2010, em decisão da Corte Interamericana de Direitos Humanos (IDH). Não obstante, também temos as orientações da ONU, através do documento denominado como *"Conjunto de Princípios para a Proteção de Todas as Pessoas Sujeitas a Qualquer forma de Detenção ou Prisão"*, especialmente seu Princípio 10. Vejamos:

> PRINCÍPIO 10 [...]1. Ninguém será mantido em detenção sem ter a possibilidade efetiva de ser ouvido prontamente por uma **autoridade judiciária ou outra autoridade**.[...] 3. A **autoridade judiciária ou outra autoridade** devem ter poderes para apreciar, se tal se justificar, a manutenção da detenção. (Grifos nossos).

Com efeito, sabemos que nosso sistema não adota o sistema do juizado de instrução, restando apenas ao delegado de polícia, como autoridade *extra* Poder Judiciário, com força constitucional em determinar segregação cautelar (APF) e/ou conceder a liberdade provisória (incisos LXI, LXIV e LXVI do art. 5° da CF/88), bem como sua obrigação em relaxar as prisões ilegais (*caput* e § 1° do art. 304 do CPP) e, a partir do recente art. 10 da Lei n° 13.869/19, a possibilidade de determinar a condução coercitiva do investigado para fins da primeira parte do interrogatório e/ou de testemunhas/vítimas, desde que tenha adequação e necessidade da medida através do reconhecimento da sua imprescindibilidade, utilizando-se, por exemplo, de intimações[12] pessoais ou por meios virtuais, demonstrando o respectivo não atendimento ao chamado estatal, conforme se depreende de interpretação dos incisos III, IV e V do art. 6° c/c o art. 282, ambos do CPP, e § 1° do art. 2° da Lei n° 12.830/13.

No mesmo sentido jurisprudência do STF[13]:

> [...] sob o comando da autoridade policial competente (art. 4° do CPP), para tomar todas as providências necessárias à elucidação de um delito, incluindo-se aí a condução de pessoas para prestar esclarecimentos, resguardadas as garantias legais e constitucionais dos conduzidos.

[12] Em que pese a lei mencionar apenas no singular – "intimação".

[13] STF, 1ª Turma, HC n° 107.644/SP, Rel. Min. Ricardo Lewandowski. DJe n° 200 de 17/10/2011.

i) Realizar interrogatório após manifestação do investigado (preso ou solto) em exercer seu direito ao silêncio. Nessa hipótese, recomenda-se que o delegado de polícia não insira/faça as perguntas pretendidas ou, então, se já iniciado o interrogatório, cesse-as naquele momento, consignando tal fato e fundamentando no inciso I do parágrafo único do art. 15 da Lei nº 13.869/19;

j) Realizar interrogatório do investigado[14] preso (art. 18 da Lei nº 13.869/19) das 21 horas às 5 horas, *salvo* através de expresso consentimento e com a respectiva assistência jurídica, ou em casos de flagrante delito (independente de consentimento), nas hipóteses do art. 302 do CPP, poderá ser realizado interrogatório durante período disposto no inciso III do § 1º do art. 22 da Lei nº 13.869/19, não incorrendo em crime de abuso de autoridade.

k) Representar em juízo incompetente (violação do princípio do juiz natural). Por exemplo, o delegado de polícia, ao investigar prefeitos municipais em crimes ocorridos no exercício do cargo e em razão da função, representa por medidas cautelares como interceptação telefônica ou prisão temporária, em juízo de primeira instância, quando deveria ter respeitado o foro por prerrogativa de função (recomenda-se leitura do inciso X do art. 29 da CF/88 e QO na AP nº 937 do STF), peticionando no âmbito do segundo grau de jurisdição (TJ, TRE ou TRF, a depender do crime), devendo, assim, ser reconhecida a nulidade por se tratar se jurisdição incompetente[15].

Por tudo, ao tratarmos de direitos fundamentais, principalmente em âmbito criminal, não podemos distinguir o momento de sua respectiva tutela, mas sim garanti-los em limitação ao próprio Estado na persecução penal.

[14] Com relação ao investigado SOLTO tal dispositivo legal (art. 18 da Lei nº 13.869/19) NÃO se aplica em apreço ao princípio da legalidade penal, sob o prisma da taxatividade.

[15] Em que pese discussão e, por vezes, reconhecimento pelos Tribunais Superiores, sobre a Teoria do Juízo Aparente, a respeito da qual não adentraremos no debate.

2. Nulidades reflexivas – obrigatória extensibilidade amplificada

Preliminarmente, em face de diversas perspectivas teóricas sobre nulidades processuais penais e respectivas controvérsias de sua natureza jurídica, adotaremos aqui a nulidade como ato jurídico inválido.

É de bom alvitre destacar que validade (plano da normatividade) e eficácia (plano fático) não se confundem, aquela pelo olhar dos requisitos da legalidade de certo ato e esta pelo foco dos efeitos concretos do respectivo ato, gerando perda destes (consequência) ao ato nulo. Caracteriza-se o plano de validade na perfeita subsunção entre o âmbito abstrato da norma (forma prevista – plano jurídico) e o respectivo ato jurídico praticado (plano fático), sendo a declaração de nulidade (invalidade) como forma de rechaçar esse não ajuste estrutural gerador do vício do ato processual.

Frise-se que formalismo se traduz em garantias (inciso LIV do art. 5° da CF/88) e este não poderá ser abdicado e feito a qualquer preço para alcançar a reconstrução histórica, culpabilidade e respectiva verdade juridicamente válida, obstando o manejo das formas ao alvedrio dos atores da persecução penal, em apreço à dignidade da pessoa humana, ao devido processo legal e a vedação na produção de provas ilícitas.

Para Gloeckner[16], a teoria das nulidades no Brasil não é bem desenvolvida e legitima manifestações de um processo inquisitorial, traduzindo-se como atraso e injustificada formalidade causadora de transtornos da ordem processual penal. Reúne os princípios da instrumentalidade das formas, taxatividade, causalidade, convalidação e interesse, entendendo que todos são inadequados à proteção dos direitos fundamentais. Também apontou que a edição ilegal de ato processual resulta num ato inválido, sendo a nulidade a consequência da declaração de invalidade, produzindo efeito de desconstrução do ato realizado e com fomento à tutela das formas processuais como portadoras de proteções das normas processuais e de direitos fundamentais.

Ainda descreve cinco ***princípios orientadores da nulidade***. Vejamos: a) o da ***inutilização do ato processual penal nulo***, em que todo ato nulo deve ser afastado dos autos processuais, assim como o magistrado que presidiu a

[16] GLOECKNER, Ricardo Jacobsen. **Nulidades no Processo Penal**. 3. ed. São Paulo: Saraiva, 2017. p. 495-498.

prática do ato viciado na instrução/julgamento do processo; b) o da ***preclusão probatória***, em que o acervo probatório viciado impediria a ratificação do ato processual precário, em especial no caso da prova irrepetível em que perderia a chance processual de provar certa circunstância mediante aquele mesmo ato; c) o da ***escusa absolutória***, em que impõe ao juiz de direito a prolação de sentença de absolvição, e não de declaração de invalidade; d) o da ***taxatividade temperada***, em que haveria um rol mínimo descrito em lei, mas não hermético, e sim conforme violação aos princípios do sistema acusatório; e) o da ***extensibilidade jurisdicional***, em que as nulidades não se restringiriam apenas ao âmbito processual, mas sim desde o inquérito policial, inclusive com reflexos contaminantes na própria fase processual.

Lopes Jr. e Gloeckner[17] reforçam o princípio da extensibilidade jurisdicional como ponto importante para declaração de nulidade de atos oriundos da fase investigativa que ingressam na fase judicial da persecução penal. Destacam a possibilidade de contaminação do processo por atos inválidos praticados na fase investigativa, incluindo a própria peça acusatória que se abastece da respectiva justa causa surgida no inquérito policial:

> Esse princípio corresponde à conversão do inquérito policial em material decisório. Quando uma sentença condenatória se nutre dos elementos contidos na fase de investigação preliminar para sustentar a decisão, esses elementos se incorporam a um ato cuja natureza concessiva da prestação jurisdicional é inequívoca e absolutamente de natureza processual.[...] Isso porque o inquérito policial, ao ingressar no plano processual, adquire as qualidades de ato submetido às mesmas exigências que aqueles atos processuais.[...] todo e qualquer ato passível de ser levado a conhecimento em processo judicial deve preservar-se da ilegalidade [...]. A declaração do ato nulo no inquérito policial significaria a imprestabilidade valorativa da informação somada à conatural impossibilidade jurídica do retrocesso do processo a um estágio anterior.

17 LOPES JR., Aury; GLOECKNER, Ricardo Jacobsen. **Investigação Preliminar no Processo Penal.** 6. ed., rev., atual. e ampl. São Paulo: Saraiva, 2014. p. 341 e 343.

Sabemos que a lavratura do auto de prisão em flagrante (APF) determinado pelo delegado de polícia se traduz como início obrigatório do inquérito policial, conforme cotejo do inciso I do art. 5° e do § 1° do art. 304, ambos do CPP. Nesse APF, poderá ter sido concebido e instruído por intermédio de atos viciados aos comandos normativos, como exemplo o ingresso em domicílio fora das hipóteses do inciso XI do art. 5° da CF/88 ou mesmo por violações à integridade física e/ou moral do investigado preso – incisos III, XLII e XLIX do art. 5° da CF/88.

Não obstante, temos a mesma extensão em outros exemplos no bojo do inquérito policial instaurado e conduzido com investigado solto e sem origem em APF, como exemplo, realização de interceptações telemáticas sem autorização judicial (inciso XII do art. 5° da CF/88 e parágrafo único do art. 1° da Lei n° 9.296/96), confissões mediante emprego de tortura, exame pericial fraudado e interrogatório sem defesa técnica constituída pleiteada por interrogado (inciso XXI do art. 7° da Lei n° 8.906/94), inclusive, neste caso, é expresso no respectivo dispositivo legal o aspecto da nulidade absoluta do interrogatório e de outros atos decorrentes e/ou derivados (teoria dos frutos da árvore envenenada – vide também § 1° art. 157 do CPP).

De acordo com Hartmann[18]: "[...] não há como aceitar a versão que não admite vícios no Inquérito Policial, visto que a formalidade dos atos existe (eis o CPP, arts. 4 a 23) e a forma, como visto, mormente na esfera criminal, é garantia do cidadão perante os atos do Estado".

Merece destaque crítica feita por Gloeckner[19] ao imunizar a fase investigativa de eventuais vícios normativos: "[...] aceitando-se aquela cisão artificial que permite uma espécie de purgação da ilicitude dos atos de investigação, tão logo se transformem em elementos de suporte acusatório."

Ainda Lopes Jr, e Gloeckner[20] nos ensinam que a natureza jurídica do inquérito policial não interferiria no reconhecimento de nulidades neste contexto. Vejamos:

18 HARTMANN, Érica de Oliveira. Nulidade no inquérito policial – reconhecimento e consequências. **Raízes Jurídicas**, Curitiba, v. 4, n. 1, jan/jun. 2008. p. 295.

19 HARTMANN, Érica de Oliveira. Nulidade no inquérito policial – reconhecimento e consequências. **Raízes Jurídicas**, Curitiba, v. 4, n. 1, jan/jun. 2008. p. 421.

20 HARTMANN, Érica de Oliveira. Nulidade no inquérito policial – reconhecimento e consequências. **Raízes Jurídicas**, Curitiba, v. 4, n. 1, jan/jun. 2008. p. 337.

> De fato, a CR estabelece o procedimento administrativo como uma segunda espécie de procedimento – ao lado do jurisdicional – cujo âmbito de aplicação dos princípios constitucionais não poderia ser restringido. [...] Além da inexistência de exceção ao princípio do devido processo legal, vedando sua aplicação no âmbito administrativo, a uma interpretação que negasse a sua eficácia neste âmbito seria lícita a afirmação de que o procedimento administrativo não reconhece nulidades, o que não é verdadeiro. Todo regulamento administrativo prevê formas e atos procedimentais, de maneira que seu descumprimento poderá gerar consequências quanto à validade e eficácia do referido ato.

Pontua-se que o juiz de direito poderá sedimentar sua decisão em sentença com lastro no inquérito policial desde que não seja de modo exclusivo (art. 155 do CPP), o que significa sua obrigatoriedade em proferir sentença com provas colhidas em contraditório judicial ou através das provas irrepetíveis, cautelares e/ou antecipadas, como exemplos, os conteúdos trazidos pelas interceptações telemáticas, os exames periciais, o relatório circunstanciado da infiltração policial e outros, todas realizadas na fase investigativa, o que merece nosso olhar diferenciado às eventuais violações das normativas praticadas nesses atos, já que são valorados e influenciadores dos atores processuais, notadamente o juiz de direito e reflexos amplos na vida do indivíduo (réu).

Ademais, perante o atributo de presunção de veracidade dos atos administrativos, o legislador valorou de modo a permitir que o magistrado pudesse utilizá-lo em sua análise cognitiva ao prolatar a respectiva sentença (absolutória ou condenatória), desde que não isolado. Ou seja, atos praticados pelo delegado de polícia poderão ser cotejados na sentença desde que atenda ao disposto no art. 155 do CPP.

Com efeito, Gloeckner[21] destaca que, se a lei processual penal autoriza a fundamentação em atos da fase investigativa e a doutrina e jurisprudência negam nulidades neste âmbito, cria-se um paradoxo em admitir como fundamento de decisão ato administrativo não suscetível de controle de legalidade.

21 HARTMANN, Érica de Oliveira. Nulidade no inquérito policial – reconhecimento e consequências. **Raízes Jurídicas**, Curitiba, v. 4, n. 1, jan/jun. 2008. p. 425.

Assim, o autor destacou o exemplo de um depoimento destoante da norma realizado na fase investigativa, que serviria de substrato para uma condenação e que também ganharia imunidade ao controle jurisdicional de validade.

Nessa linha valorativa dos atos administrativos na sentença, Lopes Jr.[22] nos ensina que:

> Se os juízes entendem que as peças do IP podem ser valoradas na sentença, estão com isso, logicamente, reconhecendo que o IP é parte integrante do processo. Logo, se integra o processo, é para todos os efeitos, inclusive para contaminar as provas processuais que de alguma forma derivem ou tenham por base os elementos do inquérito [...]. O que não pode existir a dois pesos e duas medidas, como querem alguns, afirmando que as irregularidades formais do IP são irrelevantes, pois não alcançam o processo, e, por outro lado, defendendo que as diligências policiais podem ser valoradas na sentença, pois os atos do IP integram o processo e existe uma 'presunção de veracidade' das diligências policiais.

É de bom alvitre mencionar que no sistema processual penal brasileiro temos a incidência do princípio da instrumentalidade das formas, insculpido no art. 563 do CPP, em que se declarará nulidade do ato no caso de verificado/demonstrado prejuízo às partes pelo ato inválido. Ou seja, o atingimento do fim esperado ao ato é o norte principal, pouco importando sua violação na dimensão normativa, mantendo-o hígido no processo.

Em relação ao reconhecimento do inquérito policial na sentença, Lopes Jr. e Gloeckner afirmam que: "Há o reconhecimento inequívoco de que a sentença baseada em inquérito policial, desde que não o faça isolada e exclusivamente, não padece de nenhum defeito de forma"[23].

[22] LOPES JR., Aury. **Direito processual penal e sua conformidade constitucional**. Rio de Janeiro. Lumen Juris, 2009. v. II. p. 403.

[23] LOPES JR., Aury; GLOECKNER, Ricardo Jacobsen. **Investigação Preliminar no Processo Penal.** 6. ed., rev., atual. e ampl. São Paulo: Saraiva, 2014.

Os autores[24] refletem sobre alguns aspectos importantes com relação à nulidade na fase investigativa, como:

> [...] a) uma sentença pode ter como juízo de valoração ato administrativo nulo?; b) é admissível um ato jurídico, independentemente de sua natureza jurídica, imunizado ou blindado contra a declaração de invalidade jurídica?.[...] seria de aceitar que o sedizente custos *legis* no processo penal, o Ministério Público, se utilizasse da ilegalidade quando se espera dele seja o primeiro a denunciá-la?

Com isso, numa leitura de maximização de direitos fundamentais, em especial pela vedação de provas ilícitas, contida no inciso LVI do art. 5° da CF/88, nos remete ao pensamento englobante a toda persecução penal, e não somente para fase processual, consequentemente o dever de as autoridades responsáveis pelos atos de investigação, em especial o delegado de polícia, efetuarem permanentes controles de validade, em apreço ao princípio da legalidade, já que estarão sujeitos às responsabilidades administrativa (exemplo: demissão), cível (exemplo: reparação de dano) e penal (exemplo: Lei n° 13.869/13 – abuso de autoridade) ao praticarem atos ilegais.

3. Princípio da Legalidade – sua incidência ampla na persecução penal

O agente público é dotado de legitimidade conferida por lei para praticar atos discricionários e/ou vinculados em suas atividades, não podendo transitar nem aquém e/ou além desses limites postos pelo ordenamento legal. De tal sorte, a fase investigativa, essencialmente desenvolvida na Administração Pública, não atua de modo diverso.

Tal princípio tem matriz constitucional (*caput* do art. 37 da CF/88) e serve como guia ao agente público, o qual, ao perceber a ilegalidade, deverá apontá-la e, tendo legitimidade no caso concreto, emitirá outro ato, agora saneado, restaurando sua validade com a dimensão normativa, tal como ocorre

[24] LOPES JR., Aury. **Direito processual penal e sua conformidade constitucional.** Rio de Janeiro. Lumen Juris, 2009. v. II. p. 339, 344 e 347.

no âmbito do inquérito policial em que o delegado de polícia ao detectar a ilegalidade deverá, em apreço ao princípio da legalidade e sob o prisma da autotutela, promover a imediata remoção do ato viciado e seu respectivo saneamento, se possível, objetivando restaurar a licitude, exemplificando-se ao observar uma detenção ilegal feita por policiais militares que lhe é apresentada na delegacia de polícia, ocasião em que deverá determinar o devido registro e a imediata soltura do conduzido, conforme se depreende *a contrario sensu* do *caput* e do § 1° do art. 304 do CPP.

Nessa linha intelectiva, em especial atenção ao princípio da autotutela e seu lastro no *caput* do art. 37 da CF/88, temos o novel tipo penal do parágrafo único do art. 25 da Lei 13.869/19 – Lei de Abuso de Autoridade, em que pune o agente público que, na fase investigativa, tem conhecimento de ilegalidade na produção da prova e faz seu uso nos autos. Conclui-se, então, que tal tipo penal reforçaria a legitimidade do delegado de polícia no saneamento dos autos do inquérito policial, impondo-o constantemente a revisão da legalidade na produção probatória, traduzindo-se como espécie de controle em caso de violações formais ou materiais, determinando-o na retomada à linha diretiva do princípio da legalidade.

Com efeito, pontuou o Ministro Celso de Mello no HC n° 73.271/SP[25] que o princípio da legalidade deverá ser respeitado por todos os agentes do Estado, sob pena de abuso de poder e consequente desvalia probatória colhida na fase investigativa:

> [...] A unilateralidade das investigações preparatórias da ação penal não autoriza a Polícia Judiciária a desrespeitar as garantias jurídicas que assistem ao indiciado, que não mais pode ser considerado mero objeto de investigações. O indiciado é sujeito de direitos e dispõe de garantias, legais e constitucionais, cuja inobservância, pelos agentes do Estado, além de eventualmente induzir-lhes a responsabilidade penal por abuso de poder, pode gerar a absoluta desvalia das provas ilicitamente obtidas no curso da investigação policial.

[25] Disponível em: https://stf.jusbrasil.com.br/jurisprudencia/744396/habeas-corpus-hc-73271-sp. Acesso em: 25 jan. 2020.

Em geral, cabe à Administração Pública, de ofício, exercer seus próprios controles de legalidade e rever seus atos, viabilizando a adequação destes à realidade fática nas suas atividades. Para isso, tem o poder em declarar nulos os efeitos dos atos contaminados de vícios relativos à legalidade. Não obstante, também cabe ao Poder Judiciário a devida correção e declaração de nulidade, de acordo com o princípio da inafastabilidade do controle jurisdicional – inc. XXXV do art. 5° da CF/88.

Nesse sentido, temos a súmula n° 346, do STF: "a administração pública pode declarar a nulidade dos seus próprios atos", bem como a súmula n° 473, do STF, em que:

> a administração pode anular seus próprios atos, quando eivados de vícios que os tornem ilegais, porque deles não se originam direitos; ou revogá-los, por motivo de conveniência ou oportunidade, respeitados os direitos adquiridos, e ressalvada, em todos os casos, a apreciação judicial.

Sabemos que há fortes ligações entre as fases (autônomas) da persecução penal no Brasil, em que atos da investigação criminal se imiscuem no contexto processual, caminhando em marcha evolutiva (ou involutiva) ao juízo de possibilidade (notícia aventada no início na investigação e base da instauração do inquérito policial), rumo (ou não) ao juízo da probabilidade, este ao findar das investigações através do ato de indiciamento (ou sugestão de arquivamento) e/ou com a propositura da ação penal no processo (ou promoção de arquivamento), até a chegada ao juízo do convencimento na sentença (absolutória ou condenatória).

Há uma relação de complementariedade – vide disposto no art. 12, art. 41 e art. 381, todos do CPP –, em que, após a filtragem investigativa (pretensão investigatória), o inquérito policial servirá como lastro contundente à ação penal (pretensão acusatória), suporte para medidas cautelares e, conforme art. 155 do CPP, de apoio às decisões judiciais na sentença.

É notório que a maioria das provas que lastreiam a peça acusatória são oriundas dos inquéritos policiais e que acabam por delimitar aquilo que será debatido em juízo, pois, em linhas gerais, o órgão acusatório brasileiro não tem tradição inovadora em matéria probatória em juízo, mas sim apenas se contenta à ratificação do já produzido na fase investigativa, o que, por si só, destacamos a importância do inquérito policial.

Sem dúvidas, a posição do inquérito policial ser mera peça e sem reflexos precisa ser revista. Vejamos: *a uma*, há provas (não repetíveis, antecipadas e cautelares) no inquérito policial, por todos, vide art. 155 do CPP; *a duas*, a natureza do inquérito policial não bloqueia na imersão de garantias constitucionais, ao contrário; *a três*, o inquérito policial se subordina ao princípio da legalidade, por todos, vide *caput* do art. 37 da CF/88, e, consequentemente, qualquer mácula a tal princípio, o ato deverá ser considerado nulo sem efeitos, inclusive *ex tunc (retroagem à origem)*, através do seguintes exemplos: o ingresso em domicílio alheio sem os permissivos expostos no inciso XI do art. 5° da CF/88 ou a prisão em flagrante de um indivíduo à margem das hipóteses do art. 302 do CPP, bem como o interrogatório sem a presença de defesa técnica exigida pelo investigado nos termos do inciso XXI do art. 7° da Lei n° 8.906/94; *a quatro*, tanto os elementos informativos (de modo não exclusivo) quanto as provas cautelares não repetíveis e as antecipadas poderão servir de lastro à motivação do magistrado, conforme art. 155 do CPP; *a cinco*, a teoria da ilicitude de provas é aplicável à fase investigativa da persecução penal, conforme se depreende do inciso LVI do art. 5º da CF/88 e do art. 157 do CPP; *a seis*, prejudica-se o processo penal se o suporte da ação penal (justa causa) for o único lastreado em elemento nulo e não se puder produzi-lo novamente ou se desta decorrerem outras provas, ocasião em que se operaria o disposto sobre a teoria dos frutos da árvore envenenada; *a sete*, temos a inadmissibilidade das provas ilícitas (vide inciso LVI do art. 5º da CF/88) em qualquer fase; *a oito*, o recebimento da peça acusatória não significa imunização dos vícios oriundos do inquérito policial; *a nove*, conforme posição jurisprudencial, exemplifica-se no STJ posta no HC 149.250, Rel. Min. Adilson Vieira Macabu, DJ 07/06/2011 – "as nulidades verificadas na fase pré-processual, e demonstradas à exaustão, contaminam futura ação penal"; *a dez*, segundo Lopes Jr. e Gloeckner[26], "[...] no sistema brasileiro, não existe um tratamento diferenciado – no que se refere à forma – para os atos praticados na fase policial em relação àqueles realizados na fase processual".

[26] LOPES JR., Aury; GLOECKNER, Ricardo Jacobsen. **Investigação Preliminar no Processo Penal**. 6. ed., rev., atual. e ampl. São Paulo: Saraiva, 2014. p. 480.

Por tudo, o delegado de polícia, como agente público e dotado de legitimidade *propter oficium*, tem o dever de praticar atos em conformidade com o ordenamento jurídico. Entretanto, ao se deparar com alguma ilegalidade, também terá a obrigação de anular o respectivo ato, conforme o princípio da autotutela administrativa, ou, então, sobrestar o ato, registrar formalmente a ilegalidade e comunicar a quem tiver atribuição para adoção de medidas legais cabíveis, sob pena de prevaricação ou abuso de autoridade.

Conclusões

Vimos que a qualificação de "mera irregularidade" dos atos eivados de vícios produzidos no curso da fase investigativa merece ser revista numa linha de tutela de direitos fundamentais e respeito às formas previstas em lei, pois o descumprimento da norma (constitucional ou legal) implicaria ausência de requisito de validade e, consequentemente, a não produção do efeito projetado.

Sabe-se que, em regra, é no inquérito policial o momento mais producente na formatação do acervo probatório, mas também, eventualmente, poderá ocorrer a prática de atos inválidos.

A Constituição não criou excepcionalidades ao *devido processo legal* em relação ao âmbito administrativo. Ou seja, não apontou distinção entre as fases da persecução penal, o que não impediria o eventual reconhecimento de nulidades no inquérito policial, principalmente pela vedação, expressa no texto constitucional, da produção de provas ilícitas (teorias da ilicitude das provas e dos frutos da árvore envenenada – inciso LVI do art. 5° da CF/88 e *caput* e § 1° do art. 157 do CPP).

O Estado, em suas condutas, não pode adotar comportamentos contraditórios, notadamente na persecução penal em suas respectivas fases, em razão das mesmas se relacionarem intensamente, manejarem direitos fundamentais e atuarem na efetividade do sistema de Justiça em cenário criminal.

Reforça-se que o *princípio da legalidade* (autotutela) – *caput* do art. 37 da CF/88 – traz ao delegado de polícia o dever (de ofício – independente de ordem judicial) de exercer o controle de validade, fazer a extração do material probatório ilegal dos autos, desentranhá-lo, inutilizá-lo e lavrar certidão (devido registro), a qual será juntada aos autos para fins de eventuais responsabilizações do(s) autor(es) do ato nulo, além do respeito à democraticidade e *fair play* na fase investigativa.

Nessa linha, conforme o art. 30 da Lei nº 13.869/19, não poderá o delegado de polícia instaurar inquérito policial e/ou dar sua continuidade com base na prova ilícita, sob pena de responsabilização criminal. Ainda caberá ao delegado de polícia no findar do inquérito policial, através de sua fundamentação, a promoção pelo *não indiciamento* decorrente da invalidação da prova obtida de forma viciada, conforme o § 6º do art. 2º, da Lei nº 12.830/13 c/c no parágrafo único do art. 25 da Lei nº 13.869/19.

Já ao MP caberá o exercício de *custos legis*, o que o impediria de aceitar provas ilegais em sua denúncia. Em caso de promoção (ilegal) do promotor de Justiça no oferecimento de sua peça acusatória, obrigaria ao juiz de direito a decisão pelo *não recebimento/rejeição* por falta de justa causa, conforme o inciso III do art. 395 do CPP.

Em caso de decisão prolatada ao final do processo, imperativo seria sua absolvição por não existir prova de ter o réu concorrido para a infração penal, conforme o inciso V do art. 386 do CPP (ou até mesmo o seu inc. VII), ou seja, pela não produção de efeitos da respectiva prova nula, ao juiz de direito caberá prolatar sentença absolutória por falta e/ou insuficiência de prova válida nos autos. Não obstante, o novel § 5° do art. 157 do CPP, em que vedou o juiz de direito que conhecer do conteúdo da prova declarada inadmissível em proferir sentença ou acordão.

Por todo exposto, a fase investigativa não possui blindagens aos direitos fundamentais, bem como deverá respeitar aos princípios basilares da Administração Pública, especialmente ao da legalidade, o que permitiria a alegação, ainda no âmbito do inquérito policial, de nulidades em caso de identificação de atos ilícitos e, em caso de não extração dos autos e/ou saneamento do vício, também teriam reflexos na fase processual com efeito contaminante, sendo obrigatória a devida declaração de nulidade, mesmo com origem/produção do ato na fase investigativa.

Referências

BARBOSA, Ruchester Marreiros. A condução coercitiva pode ser necessária à eficácia da investigação. **Revista Consultor Jurídico**, São Paulo,19 de junho de 2018. https://www.conjur.com.br/2018-jun-19/academia-policia-conducao-coercitiva-necessaria-eficacia-investigacao. Acesso em: 2 fev. 2020.

BRASIL. Supremo Tribunal Federal (STF). **Súmulas vinculantes**: aplicação e interpretação pelo STF. Brasília: STF, Secretaria de Documentação, 2016.

CARVALHO, Luiz M. Advogados da Lava Jato só questionaram nulidades, não o mérito, diz presidente do TRF-4. **Estadao.com.br**, São Paulo, 8 dez. 2019, 19h33. Disponível em: https://politica.estadao.com.br/noticias/geral,advogados-da-lava-jato-so-questionaram-nulidades-nao-o-merito-diz-presidente-do-trf-4,70003118507. Acesso em: 9 dez. 2019.

CASTRO, Henrique Hoffmann Monteiro de; COSTA, Adriano Sousa. Condução coercitiva é legítimo mecanismo da persecução penal. **Revista Consultor Jurídico**, São Paulo, 11 de março de 2016.. Disponível em: https://www.conjur.com.br/2016-mar-11/conducao-coercitiva-legitimo-mecanismo-persecucao-penal. Acesso em: 20 dez. 2019.

CONVENÇÃO AMERICANA sobre Direitos Humanos. **Comissão Interamericana de Direitos Humanos.** Disponível em: http://www.cidh.oas.org/ basicos/portugues/c.convencao_americana.htm. Acesso em: 15 jan. 2020.

COUCEIRO, João Claudio. **A garantia constitucional do direito ao silêncio**. São Paulo: RT, 2004.

FIGUEIREDO DIAS, Jorge de. **Direito processual penal**. Coimbra: Editora Coimbra, 2004.

GIACOMOLLI, Nereu José. **A fase preliminar do processo penal**. Crise, misérias e novas metodologias investigatórias. Rio de Janeiro: Lumen Juris, 2011.

GIACOMOLLI, Nereu José. **O Devido Processo Penal**. abordagem conforme a Constituição Federal e o Pacto de São José da Costa Rica. São Paulo: Atlas, 2014.

GLOECKNER, Ricardo Jacobsen. **Nulidades no Processo Penal**. 3. ed. São Paulo: Saraiva, 2017.

HARTMANN, Érica de Oliveira. Nulidade no inquérito policial – reconhecimento e consequências. **Raízes Jurídicas**, Curitiba, v. 4, n. 1, jan/jun 2008.

LIMA, Renato Brasileiro de. **Curso de Processo Penal**. Niterói: Impetus, 2013.

LOPES, Fábio Motta. **Os direitos de informação e de defesa na investigação criminal**. Porto Alegre: Livraria do Advogado, 2009.

LOPES JR., Aury. **Direito processual penal e sua conformidade constitucional**. Rio de Janeiro. Lumen Juris, 2009. v.II.

LOPES JR., Aury; GLOECKNER, Ricardo Jacobsen. **Investigação Preliminar no Processo Penal**. 6. ed., rev., atual. e ampl. São Paulo: Saraiva, 2014.

MIRANDA, Jorge. **Manual de direito constitucional**. Coimbra. Coimbra Editora, 1988.

TONINI, Paolo. **A Prova no Processo Penal Italiano**. São Paulo: RT, 2002.

VALENTE, Manuel Monteiro Guedes. **A polícia do estado democrático e de direito**. Florianópolis: Empório do Direito, 2015.

64. DETENÇÃO PROVISÓRIA, PRISÃO INVESTIGATÓRIA E APRESENTAÇÃO DA PESSOA PRESA OU DETIDA NO PROCESSO PENAL ALEMÃO

PABLO RODRIGO ALFLEN

Introdução

A introdução do instituto da *audiência de custódia* no Processo Penal brasileiro foi decorrência da implementação das normas presentes, por um lado, no Pacto Internacional dos Direitos Civis e Políticos (PIDCP) e, por outro lado, no Pacto de San José da Costa Rica ou Convenção Americana sobre Direitos Humanos (CADH).[1] No Brasil, o primeiro, foi aprovado através do Decreto Legislativo nº 226, de 12 de dezembro de 1991, e promulgado pelo Decreto nº 592, de 6 de julho de 1992[2]; já o segundo foi ratificado através do

[1] GIACOMOLLI, Nereu José. **O devido processo penal**: abordagem conforme a Constituição Federal e o Pacto de São José da Costa Rica. 3. ed. rev., atual. e ampl., São Paulo: Atlas, 2016. p. 145.

[2] GIACOMOLLI, Nereu José. GIACOMOLLI, Nereu José. **O devido processo penal**: abordagem conforme a Constituição Federal e o Pacto de São José da Costa Rica. 3. ed. rev., atual. e ampl., São Paulo: Atlas, 2016. p. 4.

Decreto Legislativo nº 27, de 28 de maio de 1992 e promulgado pelo Decreto Executivo nº 678, de 6 de novembro 1992.[3]

A observância às diretrizes instituídas pelos atos normativos internacionais ganhou especial relevo no cenário nacional, por ocasião do julgamento do RE 466.343, pelo Supremo Tribunal Federal (STF), no qual a Corte firmou posição no sentido de os Tratados Internacionais de Direitos Humanos aprovados por maioria qualificada e ratificados pelo Presidente da República terem *status* de Emenda Constitucional (admitindo, assim, o controle de convencionalidade concentrado e difuso), ao passo que aqueles não aprovados por maioria qualificada têm valor supralegal (admitindo, por conseguinte, o controle de supralegalidade ou o controle de convencionalidade difuso). Com isso, a Corte reconheceu o *status* de norma supralegal à CADH. Uma das consequências imediatas disso foi a de que, à luz do entendimento firmado pela Corte e por força do disposto no item 5 do art. 7º da Convenção, a audiência de custódia passou a existir no plano interno enquanto instituto processual penal, embora carecesse de regulamentação pormenorizada, o que veio a ser realizado pela Resolução nº 213 do CNJ.

Vê-se tratar de regulamentação tardia das normas de Direito internacional humanitário, relativas à audiência de custódia, no plano interno, as quais visam a *fazer cessar* ou *evitar o risco de* incidência de um dos principais problemas verificados nessa fase inicial da persecução penal, que é a ocorrência de violações à incolumidade física e/ou psíquica, tais como, *e.g.*, tortura ou maus-tratos dos indivíduos que tiverem sua liberdade privada em razão de prisão cautelar ou definitiva. Porém, considerando-se, por um lado, os inúmeros questionamentos suscitados em face de sua implementação, e, por outro lado, o fato de, à luz da experiência internacional, não se tratar de instituto novo, é crível que o exame de Direito Comparado, em particular do Direito alemão, pode fornecer um importante aporte para sua compreensão, enquanto instituto oriundo de Tratado Internacional de Direitos Humanos, que no plano interno se encontra intimamente imbricado com um sistema processual acusatório, sobretudo, em

[3] GIACOMOLLI, Nereu José. GIACOMOLLI, Nereu José. **O devido processo penal**: abordagem conforme a Constituição Federal e o Pacto de São José da Costa Rica. 3. ed. rev., atual. e ampl., São Paulo: Atlas, 2016. p. 7, esclarecendo, ademais, que a CADH somente entrou em vigor a partir de 1978, após o depósito mínimo das 11 ratificações exigíveis.

face das recentes alterações promovidas no Código de Processo Penal (CPP) por meio da Lei nº 13.964/2019.

1. Prisão e detenção no processo penal alemão

O processo penal alemão contemporâneo é fruto de uma longa e intensa trajetória, que encontra seu ponto máximo na reforma desencadeada a partir do início do século XIX.[4] Essa reforma se deu em oposição ao modelo processual inquisitivo instituído no período da Idade Média e que havia sido introduzido no contexto alemão por meio da "*Constitutio Criminalis Carolina*" – o Ordenamento Judicial Penal do Imperador Carlos V –, com a recepção do Direito romano desenvolvido na Itália pelos glosadores e pós-glosadores (entre 1100-1450).[5] Marco decisivo nesse processo foi a Constituição de *Paulskirche*, de 1849, a qual determinou expressamente, no § 179 do art. X, o seu estabelecimento ("nas causas penais vige o processo acusatório").[6] A construção desse modelo, ademais, encontrou importante aporte na criação do Ministério Público[7] como órgão independente.[8] Isso porque a sua participação no processo penal alemão possibilitou a transferência da atividade investigatória e da acusação a um órgão diverso do judicial e sua estruturação em duas etapas (mais tarde transformada em três) fundamentalmente distintas: o procedimento preliminar (*Vorverfahren*) e o procedimento principal (*Hauptverfahren*).[9]

[4] SCHMIDT, Eberhard. ***Einführung in die Geschichte der deutschen Strafrechtspflege***. 3. ed. Göttingen: Vandenhoeck & Ruprecht, 1965. p. 327-352.

[5] SCHROEDER, Friedrich-Christian. ***Strafprozessrecht.*** 4 aufl. München: Beck, 2007. p. 16 et seq.

[6] AMBOS, Kai. *Zum heutigen Verständnis von Akkusationsprinzip und -verfahren aus historischer Sicht*. ***Jura***, v. 8, 2008. p. 591.

[7] VORMBAUM, Thomas. ***Einführung in die moderne Strafrechtsgeschichte.*** 2 aufl. Heidelberg: Springer, 2011. p. 92 et seq. Há divergência na doutrina alemã a respeito do surgimento do Ministério Público na Alemanha, compare a respeito KÜHNE, Hans-Heiner. ***Strafprozessrecht.*** 8. ed., Heidelberg: C.F.Müller, 2010. p. 96-97, o qual refere que, na Prússia, a instituição surgiu em 1843, porém, em Hamburg já havia surgido em 1841.

[8] VOLK, Klaus. ***Grundkurs StPO.*** 6 aufl. München: Verlag C.H.Beck, 2008. p. 20-21.

[9] SCHMIDT, Eberhard. ***Lehrkommentar zur Strafprozessordnung und zum Gerichtsverfassungsgesetz***. Göttingen: Vandenhoeck & Ruprecht, 1952. t. I. p. 56 e 147; no mesmo sentido,

Contudo, foi somente após a reunificação do Direito Processual Penal e as inúmeras reformas subsequentes no StPO (Ordenamento Processual Penal alemão) que o processo penal alemão foi sendo melhor adaptado ao modelo acusatório. Ao longo da trajetória percorrida em direção à consolidação deste modelo, porém, o Direito Processual Penal alemão sofreu os mesmos influxos que o Direito Penal material do final do século XIX e início do século XX, os quais eram impulsionados pelas novas políticas orientadas pela separação das ideias liberais[10]. Essa orientação, que no Direito Penal material se manifestou na figura do autor e de sua personalidade, trouxe ao processo penal a retomada da discussão acerca dos modelos acusatório e inquisitivo. Esse, portanto, foi um dos fatores propulsores das reformas legais posteriores ao StPO, de 1877[11], as quais visavam à consolidação do modelo acusatório, sobretudo após a derrocada do nazismo. Apesar de tais reformas, a estrutura básica do processo penal instituída pelo StPO, em 1877, subsiste até os dias de hoje: um processo acusatório, segundo o qual o juiz somente pode atuar em face de uma acusação que, como regra[12], é promovida pelo Ministério Público e que detém exclusividade sobre a fase preliminar de investigação.[13] Entretanto, no Estado de Direito alemão – assim como no brasileiro – a efetividade dos órgãos estatais, sobretudo daqueles incumbidos da persecução penal, não pode se dar em detrimento dos direitos individuais dos cidadãos, protegidos pelo catálogo de direitos fundamentais da Constituição, pois, como destaca Kühne, "o cidadão, em um Estado de Direito, jamais pode se tornar um mero objeto

VORMBAUM, Thomas. ***Einführung in die moderne Strafrechtsgeschichte***. 2 aufl. Heidelberg: Springer, 2011. p. 95 et seq.

[10] SCHMIDT, Eberhard. ***Einführung in die Geschichte der deutschen Strafrechtspflege***. 3 aufl. Göttingen: Vandenhoeck & Ruprecht, 1965. p. 413-414.

[11] SCHMIDT, Eberhard. ***Einführung in die Geschichte der deutschen Strafrechtspflege***. 3 aufl. Göttingen: Vandenhoeck & Ruprecht, 1965. p. 414; no mesmo sentido, PETERS, K. ***Strafprozeß***. 3 aufl. Heidelberg: C.F.Müller, 1981. p. 68.

[12] "Como regra", porque o processo penal alemão possui, de modo semelhante ao brasileiro, casos em que a ação penal é promovida pelo particular, como nos chamados delitos de ação privada (*Privatklagedelikt*), cf. ROXIN, Claus; SCHÜNEMANN, Bernd. ***Strafverfahrensrecht***. 28 aufl. München: Beck, 2014. p. 322 e 509 et seq.

[13] PETERS, Karl. PETERS, K. ***Strafprozeß***. 3 aufl. Heidelberg: C.F.Müller, 1981. p. 151-152; ademais SCHMIDT, Eberhard. ***Einführung in die Geschichte der deutschen Strafrechtspflege***. 3. ed. Göttingen: Vandenhoeck & Ruprecht, 1965. p. 442.

da atividade estatal"[14]. Mas nem sempre os fins atribuídos ao processo penal podem ser alcançados sem que, como afirma Schmidt, "excepcionalmente, se admita uma intervenção nos direitos de liberdade constitucionalmente garantidos", a qual se dá por meio de medidas coercitivas. Contudo, "os direitos fundamentais da Constituição constituem sempre a regra, e as normas do StPO sobre medidas coercitivas constituem sempre exceções"[15].

Assim, quando se tiver por objetivo possibilitar o asseguramento seja do procedimento, seja da prova[16], o StPO – de modo semelhante ao CPP brasileiro – prevê uma variedade de medidas cautelares, chamadas originariamente de "medidas coercitivas" ou "meios de coerção",[17] as quais estão ligadas à intervenção em um direito fundamental, seja na liberdade pessoal, na integridade física, no patrimônio, na inviolabilidade do domicílio, no sigilo das comunicações telefônicas e de correspondência, na liberdade profissional ou no direito à autodeterminação sobre as próprias informações.[18] Em razão dessa ligação, inclusive, a doutrina alemã discute acerca da melhor forma de denominá-las: ou como "meios de coerção"[19], ou como "intervenções nos direitos fundamentais"[20], sendo esta última a posição predominante.

[14] KÜHNE, Hans-Heiner. KÜHNE, Hans-Heiner. ***Strafprozessrecht***. 8. ed., Heidelberg: C.F.Müller, 2010. p. 248.

[15] SCHMIDT, Eberhard. *Zur Lehre von den strafprozessualen Zwangsmaßnahmen In*: ***Strafprozeß und Rechtsstaat***. Göttingen: Vandenhoeck & Ruprecht, 1970. p. 116.

[16] KLESCZEWSKI, Diethelm. ***Strafprozessrecht***. 2 aufl. München: Vahlen, 2013. p. 59 et seq. e 73 et seq.; igualmente, SCHROEDER, Friedrich-Christian. *Eine funktionelle Analyse der strafprozessualen Zwangsmittel*. ***JZ***, n. 22, 1985. p. 1028 et seq.

[17] Tais medidas compreendem: o exame psiquiátrico (§ 81); o exame corporal do acusado (§ 81a); o reconhecimento (§ 81b); o exame corporal de terceiros (§ 81c); o exame cadavérico (§§ 94 *e* 87-91); o exame genético-molecular-DNA (§§ 81e, 81f *e* 81g); a busca (§ 102) e apreensão (§ 94); a interceptação de comunicações telefônicas (§§ 100a *e* 100b); as escutas (§§ 100f *e* 100c, I); o levantamento de dados (§ 100g); o agente infiltrado (§§ 110a e ss.); a investigação de dados (§ 111); a identificação (§§ 163b *e* 163c), bem como a prisão investigatória e a detenção provisória (§§ 112 a 130), veja KINDHÄUSER, Urs. ***Strafprozessrecht***. 3 aufl. Baden-Baden: Nomos, 2013. p. 83 et seq.

[18] ROXIN, Claus; SCHÜNEMANN, Bernd. ***Strafverfahrensrecht***. 28 aufl. München: Beck, 2014. p. 229.

[19] SCHROEDER, Friedrich-Christian. *Eine funktionelle Analyse der strafprozessualen Zwangsmittel*. ***JZ***, n. 22, 1985. p. 1029.

[20] AMELUNG, Knut. Zur dogmatischen Einordnung strafprozessualer Grundrechtseingriffe. ***JZ***, n. 15/16, 1987. p. 737 et seq., inclusive, apresentando uma resposta à crítica de

Entre todas as medidas referidas, a prisão investigatória e a detenção provisória, inegavelmente, constituem as formas de intervenção estatais mais gravosas e incisivas nos direitos fundamentais do cidadão acusado, daí a afirmação de Hassemer no sentido de que elas constituem formas de "supressão da liberdade de um inocente"[21]. Justamente em razão desse fator, e das graves consequências decorrentes da segregação, há muito foi inserido no processo penal alemão o instituto da *apresentação* da pessoa presa ou detida à autoridade judiciária competente. Trata-se de instituto correlato à "audiência de custódia", prevista no âmbito brasileiro, e que está previsto nos arts. 5.1, "c" e 5.3 da Convenção Europeia dos Direitos Humanos (CEDH).

1.1. Da detenção provisória e da prisão investigatória

Somente a partir do século XIII desenvolveu-se no contexto germânico o procedimento de detenção para o caso de flagrante-delito por parte de indivíduos considerados "nocivos à paz"[22]. A partir daí, como esclarece Heinze, "acabou se tornando necessário um meio de evitar, no início ou no decorrer do processo penal, a frustração do seu encerramento, sobretudo, da execução da pena".[23] Com isso, procedeu-se à diferenciação entre a detenção em flagrante e a prisão investigatória no contexto alemão. Contudo, foi somente a partir das primeiras décadas do século XIX que se passou a estabelecer *condições e exigências formais* para a decretação da prisão investigatória, de maneira a "assegurar a maior proteção da liberdade individual"[24]. Os pressupostos para a decretação da prisão investigatória, segundo a doutrina do início do século XIX[25],

Schroeder SCHROEDER, Friedrich-Christian. *Eine funktionelle Analyse der strafprozessualen Zwangsmittel. JZ*, n. 22, 1985.).

[21] HASSEMER, Winfried. Die Voraussetzungen der Untersuchungshaft. ***StV***, 1984. p. 38.

[22] SCHMIDT, Eberhard. ***Einführung in die Geschichte der deutschen Strafrechtspflege***. 3. ed. Göttingen: Vandenhoeck & Ruprecht, 1965. p. 82-83.

[23] HEINZE, Karl Friedrich Rudolf. ***Das Recht der Untersuchungshaft.*** Leipzig: Tauchniß, 1865. p. 5.

[24] ZACHARIÄ, Heinrich A. ***Handbuch des deutschen Strafprocesses***. Göttingen: Dieterich'schen, 1861. v. 1. p. 135.

[25] TITTMANN, C. A. ***Handbuch der Strafrechtswissenschaft und der deutschen Strafgesetzkunde***. 2 aufl. Halle: Hemmerde & Schwetschke, 1824. v. 3. p. 197, o qual emprega a expressão *Verwahrungsgefängniss* para expressar o instituto da prisão de custódia; ademais, MITTERMAIER, Carl Josef Anton. ***Das deutsche Strafverfahren***. Heidelberg: J.C.B. Mohr, 1827. p. 204.

eram fundamentalmente: 1) o perigo de fuga do suspeito; 2) a desobediência às intimações realizadas pelo juiz; 3) o perigo de um dos participantes do fato influenciar os demais, de modo a modificar a verdade dos fatos; e 4) o perigo de prática ou reiteração de condutas criminosas. Ressalta Schmidt[26] que, no movimento liberal desencadeado nesse período, "os alemães reencontraram sua dignidade humana e os valores da personalidade" e que, com base nos seus "direitos fundamentais descobertos", eles passaram a exigir a discricionariedade dos órgãos estatais e o respeito à esfera de liberdade dos cidadãos.

Tais valores foram reconhecidos e assegurados pelas primeiras Constituições alemãs (de Bayern, 1818; de Baden, 1818; e Hessen, 1820), sobretudo no que diz respeito à prisão. Assim, a Constituição de Bayern (1818), dispôs no § 8, frase 3, que "ninguém pode ser processado ou preso, senão nos casos determinados em lei e na forma da lei". A Constituição de Baden (1818), por sua vez, dispôs no § 15, frase 2, que "ninguém pode ser preso de forma diversa à que determina a lei *e mantido na prisão por tempo maior do que duas vezes 24 horas, sem ser ouvido sobre a causa de sua prisão*". E, por conseguinte, a Constituição de Hessen (1820) dispôs no § 33 que "nenhum cidadão pode ser preso ou punido de maneira diversa que nos casos e nas formas determinadas pelo direito e pelas leis. Ninguém pode ser deixado mais do que 48 horas sem ciência da razão de sua prisão, e se a prisão foi realizada por outra autoridade, o juiz comum deve ser informado, obrigatoriamente, o mais breve possível acerca desta prisão".

Em 1950, a CEDH estabeleceu em seu art. 5, 3, que "toda pessoa presa ou detida nas condições previstas no parágrafo 1, letra 'c', do presente artigo deverá ser conduzida sem demora à presença de um juiz ou de outra pessoa habilitada por lei para exercer poderes judiciais [...]". Ao tratar, portanto, do instituto da *apresentação*, a Convenção fez menção à pessoa *presa* ou *detida* e, com isso, conduziu à necessária diferenciação entre ambas, ao menos em relação aos Estados-Membros da União Europeia que já não a tivessem realizado no plano jurídico interno.

O StPO, de 1877, já reconhecia expressamente ambas as modalidades – embora no plano doutrinário já o fizesse muito antes – sob a designação de

[26] SCHMIDT, Eberhard. ***Einführung in die Geschichte der deutschen Strafrechtspflege***. 3. ed. Göttingen: Vandenhoeck & Ruprecht, 1965. p. 338.

"prisão investigatória" (*Untersuchungshaft*) e "detenção provisória" (*vorläufige Festnahme*), as quais eram previstas nos §§ 112 a 130.[27] E, naturalmente, por se tratarem de medidas extremamente rigorosas, o legislador alemão formulou-as com bastante cautela, condicionando-as ao preenchimento de muitos pressupostos[28]. Nesse sentido, cumpre analisá-las individualmente.

1.2.1. Detenção provisória (*Vorläufige Festnahme*)

A detenção provisória está prevista no §§ 127, 163b e 163c do StPO, além de em outras normas, tais como no § 183, 2 da GVG (Lei de Organização Judiciária alemã), que prevê a possibilidade de o juiz deter o autor em flagrante se durante a audiência é praticada uma conduta punível; no § 404 da AO (Código Tributário alemão), que prevê a detenção provisória no caso de crimes fiscais; e no § 106, III e IV da SeemG (Lei marítima), que prevê a detenção provisória pelo capitão da embarcação devido a fatos delitivos praticados a bordo. No entanto, a principal disposição normativa referente ao instituto consiste na primeira delas, a saber, o § 127, 1 e 2, do StPO[29]. Tal dispositivo prevê as situações que admitem a detenção de uma forma muito peculiar, de modo que não é possível simplesmente afirmar ser a detenção provisória um correlato da prisão em flagrante prevista no CPP, de modo que cumpre examinar seus aspectos principais.

De acordo com o § 127, I, 1 do StPO, a detenção provisória ocorre no caso de o autor do fato ser encontrado em *ação de flagrante ou ser perseguido*[30].

[27] KÜHNE, Hans-Heiner. ***Strafprozessrecht***. 8. ed., Heidelberg: C.F.Müller, 2010. p. 282.

[28] KÜHNE, Hans-Heiner. ***Strafprozessrecht***. 8. ed., Heidelberg: C.F.Müller, 2010. p. 262; LILIENTHAL, Karl von. Zur *Reform der Strafprozeßordnung. Die Untersuchungshaft*. ***DJZ***, , n. 10, 1909. p. 570 et seq.; WOLFF, Max. *Die Untersuchungshaft*. ***DJZ***, n. 7, 1906. p. 406 et seq.

[29] Dispõe o "§ 127 Detenção provisória:

(1) Se alguém é encontrado em ação de flagrante ou perseguido, havendo suspeita de fuga ou não sendo possível a sua identificação imediata, qualquer pessoa estará autorizada a detê-lo, mesmo sem ordem judicial. A verificação da identidade de uma pessoa pelo Ministério Público ou pela autoridade policial é determinada de acordo com o § 163, 1. (2) No caso de perigo iminente, o Ministério Público e a autoridade policial também estão autorizados a deter provisoriamente, se estiverem presentes os pressupostos para uma ordem de prisão ou de internação" (tradução nossa).

[30] KINDHÄUSER, Urs. ***Strafprozessrecht***. 3 aufl. Baden-Baden: Nomos, 2013. p. 87-88; BEULKE, Werner. ***Strafprozessrecht***. 12 aufl. Heidelberg: C.F.Müller, 2012. p. 156-157;

À primeira vista, tem-se a impressão de que o legislador alemão conferiu tratamento semelhante ao que ocorre no Direito brasileiro no que diz respeito à chamada prisão em flagrante (art. 301 do CPP). Todavia, ao passo que o legislador brasileiro utilizou-se da expressão "flagrante delito", o legislador alemão empregou a expressão "ação de flagrante" ("*frischer Tat*"). Interpretando restritivamente o preceito, a doutrina alemã considera que "ação" no sentido do § 127, I, 1 do StPO somente pode ser uma conduta da qual se possa extrair consequências jurídico-penais.[31] Assim, encontra-se em "ação de flagrante" o autor pego durante a realização do fato típico e ilícito – tentado ou consumado – ou o que, logo após a consumação, for encontrado no lugar do fato ou em local imediatamente próximo.[32]

Exige-se, ainda, que o fato seja típico – doloso ou culposo – e ilícito[33], sendo, porém, desnecessário o exame da culpabilidade, pois tal exame causaria óbice à detenção, já que, na maioria das vezes, não seria possível ao particular ou às demais autoridades realizá-lo. Todavia, não sendo exigível o exame da culpabilidade, a doutrina alemã discute a possibilidade de se realizar a detenção de incapazes de culpabilidade em razão da menoridade. O entendimento majoritário é no sentido de que a incapacidade de culpabilidade constitui impedimento processual e, portanto, o processo contra o incapaz não poderia sequer ser instaurado, e que, ademais, o § 127 do StPO serve à finalidade de instauração do *processo penal*, e isso já excluiria o direito de detenção de um incapaz de culpabilidade, o qual fica sujeito à Lei do Tribunal Juvenil (*Jugendgerichtsgesetz*).[34] O § 127, 1 do StPO admite, ainda, a detenção provisória

KLESCZEWSKI, Diethelm. ***Strafprozessrecht.*** 2 aufl. München: Vahlen, 2013. p. 67.

[31] SATZGER, Helmut. *Das Jedermann-Festnahmerecht nach § 127 I 1 StPO als Rechtfertigungsgrund*. ***Jura***, n. 2, 2009. p. 108 et seq.; WAGNER, Markus. *Das allgemeine Festnahmerecht gem. § 127 Abs. 1 S. 1 StPO als Rechtsfertigungsgrund.* ***ZJS***, n. 6, 2011. p. 466; BEULKE, Werner. ***Strafprozessrecht.*** 12 aufl. Heidelberg: C.F.Müller, 2012. p. 156.

[32] KÜHNE, Hans-Heiner. ***Strafprozessrecht.*** 8. ed., Heidelberg: C.F.Müller, 2010. p. 283; KINDHÄUSER, Urs. ***Strafprozessrecht.*** 3 aufl. Baden-Baden: Nomos, 2013. p. 88; ROXIN, Claus; SCHÜNEMANN, Bernd. ***Strafverfahrensrecht.*** 28 aufl. München: Beck, 2014. p. 252; BEULKE, Werner. ***Strafprozessrecht.*** 12 aufl. Heidelberg: C.F.Müller, 2012. p. 156.

[33] WAGNER, Markus. *Das allgemeine Festnahmerecht gem. § 127 Abs. 1 S. 1 StPO als Rechtsfertigungsgrund.* ***ZJS***, n. 6, 2011. p. 466.

[34] LACKNER, Karl; KÜHL, Kristian. *StGB.* ***Kommentar.*** 28aufl. München: Beck, 2014. p. 155; SCHÖNKE, Adolf; SCHRÖDER, Horst. *StGB.* ***Kommentar.*** 29 aufl. München: Beck, 2014. p. 374; FREUND, Georg. ***Strafrecht. AT.*** 2 aufl. Heidelberg: Springer, 2009. p. 140 e p. 466;

no caso de *perseguição*. Esta ocorre quando o indivíduo já se afastou do lugar do crime, porém, indícios seguros apontam na sua direção como sendo o autor e imediatamente se desencadeia sua perseguição para fins de captura[35].

Apesar da semelhança com a prisão em flagrante prevista no CPP brasileiro, como referido acima, não se pode afirmar serem institutos correlatos. Isso se deve ao fato de que a detenção provisória, em qualquer um dos casos (tanto em relação ao autor que se encontra em situação de flagrante quanto em relação àquele que é perseguido) depende, ainda, do preenchimento de um dos seguintes fundamentos[36]: *suspeita de fuga* ou *não identificação imediata do autor do fato*.

Quanto à *suspeita de fuga*, a doutrina alemã entende não ser possível verificá-la de maneira exata e meticulosa na prática, pois a ação de flagrante é caracterizada pelo momento de "surpresa". Diferentemente do "perigo de fuga" (exigido na prisão investigatória), na suspeita de fuga somente se pode levar em conta a "capacidade de discernimento imediata"[37] "limitada pela situação"[38]. Nesse sentido, poderá alguém ser detido em flagrante se, conforme a experiência geral, parecer justificado concluir que o autor, sem a imediata detenção, se esquivará da responsabilidade por meio de fuga[39] ou, ainda, se conforme a conduta do autor se puder partir racionalmente de que, caso não seja detido, ele se furtará ao processo.[40] Essa posição tem seu fundamento no fato de que aquele que efetua a detenção – diferentemente do

SATZGER, Helmut. *Das Jedermann-Festnahmerecht nach § 127 I 1 StPO als Rechtfertigungsgrund*. ***Jura***, n. 2, 2009. p. 108 et seq.

[35] KINDHÄUSER, Urs. ***Strafprozessrecht***. 3 aufl. Baden-Baden: Nomos, 2013. p. 88; também BEULKE, Werner. ***Strafprozessrecht***. 12 aufl. Heidelberg: C.F.Müller, 2012. p. 157, referindo que tal indício seguro deve ser entendido como "fundamento concreto", isto é, vestígios do fato.

[36] WAGNER, Markus. *Das allgemeine Festnahmerecht gem. § 127 Abs. 1 S. 1 StPO als Rechtsfertigungsgrund*. ***ZJS***, n. 6, 2011. p. 471.

[37] ROXIN, Claus; SCHÜNEMANN, Bernd. ***Strafverfahrensrecht***. 28 aufl. München: Beck, 2014. p. 253.

[38] KÜHNE, Hans-Heiner. ***Strafprozessrecht***. 8. ed., Heidelberg: C.F.Müller, 2010. p. 283.

[39] KÜHNE, Hans-Heiner. ***Strafprozessrecht***. 8. ed., Heidelberg: C.F.Müller, 2010. p. 283; no mesmo sentido KINDHÄUSER, Urs. ***Strafprozessrecht***. 3 aufl. Baden-Baden: Nomos, 2013. p. 89.

[40] BEULKE, Werner. BEULKE, Werner. ***Strafprozessrecht***. 12 aufl. Heidelberg: C.F.Müller, 2012. p. 157.

juiz, que deve proferir uma decisão escrita – toma uma decisão momentânea condicionada pela situação, e por isso leva em conta a sua perspectiva, e não circunstâncias objetivas[41].

A detenção para *identificação do autor do fato* é admissível quando este se recusa a dar informações ou não pode fornecê-las e, por isso, não pode ser identificado sem um interrogatório[42] ou, ainda, como refere Wagner, para a caracterização dessa hipótese "é suficiente [...] que o detido se negue a dar informações sobre sua pessoa ou indique apenas seu nome sem que haja a possibilidade de certificar tal informação"[43]. A título exemplificativo, afirma Kühne que a identificação se dá por realizada com a simples apresentação de carteira de identidade ou de passaporte[44] e, portanto, ocorrendo a identificação do autor do fato, torna-se inadmissível a detenção provisória.

Nesse sentido, a detenção provisória (prisão em flagrante), no Direito alemão, depende de motivação suficiente a legitimar o ato de supressão da liberdade, a qual deve assentar em elementos faticamente aferíveis que evidenciem a ocorrência de ao menos um dos fundamentos anteriormente citados: suspeita de fuga ou não identificação do autor. *Ad comparandum,* no Direito brasileiro, somente após a Lei nº 12.403/2011 e as alterações por ela determinadas no regime de medidas cautelares pessoais que se passou a dar maior ênfase à motivação da prisão em flagrante, modificando-se, por conseguinte, o entendimento, até ali consolidado, de que a prisão em flagrante "prende por si só".[45] Entretanto, o legislador brasileiro exige para o ato de prisão em flagrante a simples existência de *situação de flagrante* (em qualquer uma hipóteses previstas nos incisos do art. 302 do CPP), para que qualquer do povo e a autoridade policial e seus agentes estejam legitimados a deter o autor do fato, porém, conforme o § 1º do art. 304 do CPP, somente no caso de "fundada suspeita" poderá a autoridade policial mandar recolhê-lo

[41] WAGNER, Markus. *Das allgemeine Festnahmerecht gem. § 127 Abs. 1 S. 1 StPO als Rechtsfertigungsgrund.* ***ZJS***, n. 6, 2011. p. 472.

[42] KINDHÄUSER, Urs. ***Strafprozessrecht***. 3 aufl. Baden-Baden: Nomos, 2013. p. 89.

[43] WAGNER, Markus. *Das allgemeine Festnahmerecht gem. § 127 Abs. 1 S. 1 StPO als Rechtsfertigungsgrund.* ***ZJS***, n. 6, 2011. p. 472.

[44] KÜHNE, Hans-Heiner. ***Strafprozessrecht***. 8. ed., Heidelberg: C.F.Müller, 2010. p. 283.

[45] "O flagrante não prende por si só, sendo necessária para a manutenção da segregação do flagrado a existência dos requisitos antevistos no art. 312 da Lei Processual Penal" (STJ, REsp 1244657, 12.08.2014).

à prisão. Apesar disso, a ideia de deter o autor do fato sob o fundamento da não identificação somente encontra amparo no inciso II do art. 1º da Lei nº 7.960/1989, relativo especificamente à *prisão temporária*, e não à prisão em flagrante.

A detenção, no processo penal alemão, pode ocorrer também no caso de *perigo iminente*, desde que estejam presentes os pressupostos da ordem de prisão (investigatória). Porém, nesse caso, conforme o § 127, 2, StPO, a detenção somente pode ser realizada pelo Ministério Público ou pela autoridade policial e seus agentes. E em tais hipóteses, no entanto, a detenção somente pode ser mantida até o dia imediatamente posterior a sua efetivação e, após isso, o detido deve ser solto ou permanecer preso com base em uma ordem judicial de decretação da prisão[46]. O § 127, 1 e 2, do StPO estabelece, ainda, especificações no que diz respeito ao legitimado a efetuar a detenção. Nesse sentido, o dispositivo estabelece que "qualquer um" ("*jedermann*") que encontrar alguém em situação de flagrante ou sob perseguição poderá detê-lo provisoriamente, sem prévia ordem judicial, desde que preenchidos os pressupostos anteriormente referidos[47]. Por "qualquer um", no sentido do § 127, 1, considera-se qualquer pessoa, isto é, tanto o particular quanto o membro do Ministério Público ou a autoridade policial e seus agentes.

1.2.2 Prisão investigatória (*Untersuchungshaft*)

A prisão investigatória (*Untersuchungshaft*[48]) consiste na mais profunda intervenção na esfera de liberdade pessoal, a qual, como referiu Schmidt, "implica o isolamento do acusado do seu ambiente, sua separação da família, o impedimento de sua atividade profissional e frequentemente a própria perda

46 OSTENDORF, Heribert. ***Strafprozessrecht***. Baden: Nomos, 2012. p. 139.

47 KÜHNE, Hans-Heiner. ***Strafprozessrecht***. 8. ed., Heidelberg: C.F.Müller, 2010. p. 283.

48 Schroeder afirma ser incorreta a denominação alemã de "prisão investigatória" ("*Untersuchungshaft*"), uma vez que tal prisão é admissível até a formação da coisa julgada e, portanto, deveria ser utilizada a expressão "prisão para persecução penal" (*Strafverfolgungshaft*); ademais, adverte que a regulamentação da prisão investigatória, prevista no StPO é fragmentária e que, portanto, é necessária a criação de uma lei de execução da prisão investigatória (*Untersuchungshaftvollzugsgesetz*); compare SCHROEDER, Friedrich-Christian. ***Strafprozessrecht***. 4 aufl. München: Beck, 2007. p. 99-100.

da sua profissão", daí ressaltar, ainda, que "ela tem, portanto, um alcance extraordinário sobre o destino integral do acusado".[49]

Tal modalidade de prisão serve principalmente ao asseguramento do processo[50] e por se tratar, dentre todas as medidas cautelares legalmente existentes, da intervenção mais incisiva na liberdade pessoal do indivíduo é que "os princípios constitucionais da presunção de inocência e da proporcionalidade devem delimitar ao máximo possível a sua medida e seus limites"[51]. Essa modalidade de prisão cautelar no processo penal alemão corresponde à prisão preventiva prevista nos arts. 312 e seguintes do CPP.

A ordem de prisão investigatória é admissível nos casos em que, conforme dispõe o § 112, I do StPO, estiverem presentes os dois pressupostos legalmente exigidos, quais sejam: a) a existência de forte suspeita da prática do fato delitivo, ou seja, quando se verificar um alto grau de probabilidade de que o acusado tenha cometido o fato delitivo e estiverem presentes todos os pressupostos da punibilidade e para a persecução penal;[52] e b) a existência de fundamento legal para a prisão, ou seja, quando ocorrer uma ou mais das hipóteses previstas no § 112 do StPO, a saber:

a) Quando houver *fuga* ou *perigo de fuga*, conforme prevê o § 112, (2), 1 e 2 do StPO. Neste caso, deve-se verificar se o acusado fugiu ou se existe perigo de fuga, de modo que ele se subtrairá ao processo penal,

[49] SCHMIDT, Eberhard. ***Deutsches Strafprozessrecht***. Göttingen: Vandenhoeck & Ruprecht, 1962. p. 116.

[50] KÜHNE, Hans-Heiner. ***Strafprozessrecht***. 8. ed., Heidelberg: C.F.Müller, 2010. p. 262; no mesmo sentido ROXIN, Claus; SCHÜNEMANN, Bernd. ***Strafverfahrensrecht***. 28 aufl. München: Beck, 2014. p. 237; Cf. KLESCZEWSKI, Diethelm. ***Strafprozessrecht***. 2 aufl. München: Vahlen, 2013. p. 59; semelhante BEULKE, Werner. ***Strafprozessrecht***. 12 aufl. Heidelberg: C.F.Müller, 2012. p. 139; OSTENDORF, Heribert. ***Strafprozessrecht***. Baden: Nomos, 2012. p. 141; do mesmo modo KINDHÄUSER, Urs. ***Strafprozessrecht***. 3 aufl. Baden-Baden: Nomos, 2013. p. 119.

[51] Cf. ROXIN, Claus; SCHÜNEMANN, Bernd. ***Strafverfahrensrecht***. 28 aufl. München: Beck, 2014. p. 238.

[52] Cf. ROXIN, Claus; SCHÜNEMANN, Bernd. ***Strafverfahrensrecht***. 28 aufl. München: Beck, 2014. p. 239; divergindo KÜHNE, Hans-Heiner. ***Strafprozessrecht***. 8. ed., Heidelberg: C.F.Müller, 2010. p. 262, o qual acrescenta um terceiro elemento, a saber: "a prisão investigatório não pode estar fora da relação de significado para com o fato e para com a pena ou medida de segurança esperada"; nesse mesmo sentido, KLESCZEWSKI, Diethelm. ***Strafprozessrecht***. 2 aufl. München: Vahlen, 2013. p. 62.

porém, não se admite aqui mero juízo de presunção ou considerações abstratas.[53]

b) Quando ocorrer *perigo de ocultação*, conforme prevê o § 112, (2), 3 do StPO, ou seja, quando houver fundada suspeita de que o acusado eliminará, modificará, omitirá ou falsificará meios de prova; manipulará ilicitamente outros acusados, testemunhas ou peritos, ou induzirá outrem à prática de tais condutas.[54]

c) Quando houver fundada suspeita da prática de delitos graves referidos no § 112, (3) do StPO. Trata-se, na hipótese, dos delitos previstos no Código Penal Internacional alemão, bem como dos delitos previstos no § 129a, 1 e 2 (formação *de* e colaboração *com* organização terrorrista), § 129b, 1 (organização terrorista e organização criminosa no estrangeiro), nos §§ 211, 212 e 226 (assassinato, homicídio e lesão corporal grave), e nos §§ 306b e 306c (incêndio gravíssimo e incêndio com resultado morte), do StGB, bem como dos demais delitos em que houver perigo para a vida ou integridade de outrem. O disposto no § 112, (3) do StPO dá a entender que, para a decretação da prisão investigatória, seria suficiente a prática de um dos delitos nele mencionados, sem que fosse necessário observar demais pressupostos para a decretação da prisão[55]. Todavia, o Tribunal Constitucional Federal alemão procedeu à *Interpretação conforme à Constituição* do respectivo dispositivo e determinou que, para a decretação da prisão nesses casos, além da verificação da espécie de delito praticado, é imprescindível demonstrar um fundamento para a prisão, o qual pode consistir no perigo de fuga ou de ocultação.[56]

[53] Cf. ROXIN, Claus; SCHÜNEMANN, Bernd. ***Strafverfahrensrecht***. 28 aufl. München: Beck, 2014. p. 239; do mesmo modo KÜHNE, Hans-Heiner. ***Strafprozessrecht***. 8. ed. Heidelberg: C.F.Müller, 2010. p. 263, também KLESCZEWSKI, Diethelm. ***Strafprozessrecht***. 2 aufl. München: Vahlen, 2013. p. 60.

[54] BEULKE, Werner. ***Strafprozessrecht***. 12 aufl. Heidelberg: C.F.Müller, 2012. p. 141; igualmente KINDHÄUSER, Urs. ***Strafprozessrecht***. 3 aufl. Baden-Baden: Nomos, 2013. p. 123-124.

[55] ROXIN, Claus; SCHÜNEMANN, Bernd. ***Strafverfahrensrecht***. 28 aufl. München: Beck, 2014. p. 240.

[56] BVerfGE 19, 342, 350, nesse sentido também decidiram o OLG Köln, *NStZ* 1996, p. 403, o OLG Rostock, BeckRS 2003, 18141 e o OLG Karlsruhe, *StV*, 2010, p. 30.

d) Quando ocorrer perigo de reiteração, conforme prevê o § 112a do StPO. Nesse caso, tem-se entendido que a prisão não representa necessariamente um meio de asseguramento do processo, mas sim uma medida preventiva para a proteção da comunidade jurídica (medida de prevenção).[57]

A ordem de prisão é considerada pressuposto imprescindível para a efetivação da prisão investigatória e somente pode ser proferida por um juiz, conforme preceitua o § 114, I do StPO, sendo que no *procedimento preliminar* competente é o juiz da investigação (*Ermittlungsrichter = juiz das garantias*, no sentido proposto atualmente pelo art. 3°-B, II e III do CPP) e, após oferecida a acusação, ou seja, no *procedimento intermediário*, competente é o juiz incumbido de presidir o feito.[58] Vê-se, portanto, que a prisão investigatória, conforme o ordenamento alemão, poderá ser decretada a qualquer momento, após cessada a atividade delitiva, e, por conseguinte, tanto no procedimento preliminar quanto no intermediário e de audiência principal. De qualquer forma, deve ser assegurado o acompanhamento por um defensor ao respectivo preso ou detido, e caso este não o tenha escolhido, deverá o Estado nomear algum para assegurar o direito de defesa.[59]

2. A apresentação da pessoa presa ou detida

O Direito Processual Penal alemão possui três referenciais normativos fundamentais no que diz respeito ao instituto da apresentação o ainda, *audiência de custódia*, a saber: a Convenção Europeia de Direitos Humanos (CEDH), a Lei Fundamental alemã (GG) e o Ordenamento Processual Penal alemão (StPO). Ao passo que a CEDH estabeleceu em seu art. 5, (3), ser necessária a apresentação à autoridade judicial ou com poderes judiciais, nos casos de *prisão* (*Haft*) ou *detenção* (*Festnahme*), a *GG* estabeleceu diversas diretrizes já no seu art. 104, (3), dispondo expressamente que

[57] KÜHNE, Hans-Heiner. ***Strafprozessrecht***. 8. ed. Heidelberg: C.F.Müller, 2010. p. 263.
[58] KLESCZEWSKI, Diethelm. ***Strafprozessrecht***. 2 aufl. München: Vahlen, 2013. p. 63.
[59] OSTENDORF, Heribert. ***Strafprozessrecht***. Baden: Nomos, 2012. p. 147.

> Todo aquele que for detido provisoriamente (*vorläufig Festgenommene*) em razão da suspeita da prática de uma conduta punível deve ser apresentado, o mais tardar no dia posterior à detenção (*Festnahme*), ao juiz (*Richter*), que lhe comunicará acerca das razões da detenção, lhe ouvirá e lhe dará a oportunidade de apresentar objeções. O juiz, sem demora, deverá ou expedir a ordem de prisão expressa com as razões ou ordenar a soltura.

Do preceito constitucional verifica-se que houve a especificação de três aspectos fundamentais: em primeiro lugar, o dispositivo estabelece que o órgão competente para a apresentação é exclusivamente a autoridade judicial; em segundo lugar, ao abordar o prazo para realização da apresentação, o dispositivo estabelece como referencial "o dia posterior à detenção"; e, em terceiro lugar, estabeleceu a finalidade da apresentação, a saber, comunicar as razões da detenção, ouvir o detido e oportunizar a impugnação. Porém, algo no mínimo curioso diz respeito ao fato de o constituinte ter se restringido à hipótese de *detenção* e, com isso, não ter tratado da apresentação no caso de *prisão*. O StPO, diferentemente, emprega o conceito de "apresentação" com dois significados distintos. Nesse sentido, utiliza-se a expressão para caracterizar, de forma ampla, toda e qualquer transferência de uma pessoa perante uma autoridade e, de forma mais estrita, por um lado, para descrever o "emprego coercitivo de uma exigência oficial de manifestação", a qual pode ser dirigida tanto ao acusado quanto às testemunhas que devem prestar depoimento[60] (como, por exemplo, nos casos de apresentação para depoimento do acusado, prevista nos §§ 133 a 135 do StPO, ou, ainda, de apresentação do depoimento testemunhal gravado audiovisualmente, previsto no § 255a do StPO), e, por outro lado, para a apresentação perante autoridade judicial em face de prisão ou detenção. A primeira hipótese de apresentação, portanto, não se confunde com o instituto da audiência de custódia, mas sim com a chamada condução coercitiva.[61]

[60] Cf. ROXIN, Claus; SCHÜNEMANN, Bernd. ***Strafverfahrensrecht***. 28 aufl. München: Beck, 2014. p. 258.

[61] Cf.. STF, ADPF 395-DF, Tribunal Pleno, Rel. Min. Gilmar Ferreira Mendes, J. em 14/6/2018, em cuja decisão a Corte brasileira declarou não recepcionada pela Constituição Federal de 1988, a expressão "para o interrogatório", constante no art. 260 do CPP.

O instituto da apresentação, enquanto correlato da audiência de custódia, é admissível tanto no caso de detenção provisória (*vorläufige Festnahme*) quanto no de prisão investigatória (*Untersuchungshaft*), conforme dispõem os §§ 115[62] e 128[63]. Em ambos os casos, após a efetivação da prisão ou detenção, deverá o preso ser apresentado, sem demora (*unverzüglich*), a um juiz. O exame dos dois preceitos permite concluir que a apresentação neles referida consiste no mesmo instituto previsto no âmbito brasileiro sob a denominação de *audiência de custódia*, e que teve por referencial a CADH.

Sistematicamente, alguns fatores principais regulados pelas normas citadas devem ser destacados, a saber: a autoridade competente para presidir a audiência de custódia e perante a qual deva ser apresentada a pessoa *presa* ou *detida* (a); a finalidade da apresentação (b); quem deve estar presente (c); quanto tempo após a prisão deverá ser realizada a apresentação (d); qual o efeito do atraso na realização da apresentação (e).

a) Tanto o § 115, ao tratar da prisão investigatória, quanto o § 128 do StPO, relativo à detenção, referem-se à apresentação perante autoridade judicial. O primeiro faz menção ao "juiz competente" e o segundo, ao "juiz de primeira instância". Embora a CEDH tenha estabelecido diretriz no sentido de ser possível realizar a apresentação perante

[62] Dispõe o preceito: "§ 115 Apresentação perante o juiz competente
(1) Se o acusado é recolhido com base em uma ordem de prisão, deve ser apresentado, sem demora, ao juízo competente. (2) Após a apresentação, o juiz deverá ouvir o acusado acerca do objeto da acusação, sem demora, o mais tardar no dia seguinte. (3) Na ocasião do depoimento o acusado será informado das circunstâncias que lhe incriminam e do seu direito de se manifestar sobre a acusação ou de nada declarar sobre o fato. Ser-lhe-á dada a oportunidade de contestar as razões da suspeita e da prisão, e de reivindicar os fatos que se pronunciem a seu favor. (4) Se a prisão for mantida, o acusado será informado sobre o seu direito de recorrer e as demais medidas jurídicas cabíveis (§ 117 Abs. 1, 2, § 118 Abs. 1, 2, § 119 Abs. 5, § 119a Abs. 1). O § 304, 4 e 5 permanecem inalterados" (tradução nossa).

[63] Dispõe o preceito citado: "§ 128 Apresentação no caso de detenção provisória
(1) Caso não seja novamente colocado em liberdade, o detido deverá ser apresentado, sem demora, o mais tardar no dia seguinte após a detenção, ao juiz de primeira instância da região na qual foi recolhido. O juiz ouvirá o detido em conformidade com o § 115, 3. (2) Se o juiz considerar que a detenção não foi lícita ou inválidos seus fundamentos, ordenará a soltura do detido. Não sendo este o caso, havendo requerimento do Ministério Público ou, na hipótese de não ter sido este alcançado, de ofício, decretará a ordem de prisão ou de hospitalização. Aplica-se igualmente o § 115, 4".

autoridade judicial ou *autoridade com poderes judiciais*, observa-se que o legislador alemão não identificou no ordenamento interno autoridade com tais poderes judiciais, que não fosse propriamente autoridade judicial, de modo a ser considerada competente para presidir o ato de apresentação somente a autoridade judicial[64]. Aliás, a própria *GG*, em seu § 104, (3), no tocante à detenção, estabeleceu orientação quanto a isso ao fazer menção ao "juiz" (Richter).

Inclusive, a doutrina alemã tem entendido que a apresentação não pode ser efetuada *nem mesmo ao juiz da investigação (juiz das garantias)*, mas sim ao juiz de primeira instância que exerce a jurisdição sobre a localidade, na qual foi praticado o fato.[65] De fato, não haveria respaldo legal para tal atuação, uma vez que o juiz da investigação, no processo penal alemão, tem suas funções devidamente discriminadas no § 162 do StPO, dentre as quais não se identifica o ato de presidir a apresentação. Ademais, se a prisão for efetivada após o recebimento da acusação, competente será o julgador da instância superior, conforme prevê o § 115a do StPO ("se acusado não pode ser apresentado perante a autoridade judicial competente, o mais tardar no dia posterior à captura, então, deverá ser apresentado, sem demora, o mais tardar no dia seguinte à captura, perante o órgão judicial de instância superior")[66]. É oportuno salientar que, embora o StPO não tenha designado o instituto da mesma forma que o direito processual penal brasileiro, o legislador alemão ressaltou que o ato será realizado na forma de "audiência oral" ("*mündliche Verhandlung*") e determinou, no § 118a do StPO, que "o Ministério

[64] Nesse sentido KÜHNE, Hans-Heiner. ***Strafprozessrecht***. 8. ed., Heidelberg: C.F.Müller, 2010. p. 272; KINDHÄUSER, Urs. ***Strafprozessrecht***. 3 aufl. Baden-Baden: Nomos, 2013. p. 128; KLESCZEWSKI, Diethelm. ***Strafprozessrecht***. 2 aufl. München: Vahlen, 2013. p. 68; BEULKE, Werner. ***Strafprozessrecht***. 12 aufl. Heidelberg: C.F.Müller, 2012. p. 144 e 158.

[65] Divergindo, VOLK, Klaus. ***Grundkurs StPO***. 6 aufl. München: Verlag C.H.Beck, 2008. p. 48, o qual afirma que "competente para a decretação é sempre somente um juiz [...] No procedimento investigatório o Ministério Público requer a decretação da ordem de prisão é o juiz da investigação. [...] Por conseguinte, ele deve ser apresentado, sem demora, ao juiz que decretou a ordem de prisão".

[66] ROXIN, Claus; SCHÜNEMANN, Bernd. ***Strafverfahrensrecht***. 28 aufl. München: Beck, 2014. p. 244.

Público, o acusado e o seu defensor serão comunicados do local e do horário da audiência oral".

b) A questão relativa aos fins que se atribui ao ato de apresentação não é pacífica na doutrina alemã. De modo geral, seguindo o disposto no § 115, III, 2 do StPO, entende-se que a apresentação visa a oportunizar ao acusado, em diálogo com o juiz (depoimento), enfraquecer ou invalidar as razões da suspeita e da prisão e tornar válidos os fatos que falam a seu favor.[67] Ademais, o legislador alemão pretendeu, com esta regra, evitar de todas as formas que a supressão da liberdade tenha se dado mediante manifesto abuso de autoridade. Volk refere que ao presidir o ato, o juiz deve comunicar ao acusado a ordem de prisão, informá-lo sobre o conteúdo da acusação e, principalmente, colher seu depoimento e, somente após isso, decidir se a prisão será mantida ou revogada.[68] Em sentido semelhante, ressaltava Peters que "o depoimento não pode ser um mero processo formal. O acusado tem direito à prestação jurisdicional e à ampla defesa. Ele deve ser informado das circunstâncias que pairam sobre ele. Ao mesmo tempo deve lhe ser dada a oportunidade de se desonerar destas circunstâncias".[69] Considerando tais fatores, vê-se que a apresentação (audiência de custódia) no processo penal alemão é realizada igualmente com o propósito de assegurar as garantias processuais.

c) Conforme preceitua o § 118, 1 e 2 do StPO, deve ser assegurado à pessoa presa ou detida o direito ao acompanhamento por um defensor na audiência oral. Tal dispositivo preceitua, ainda, que tanto o defensor quanto o acusado, assim como o Ministério Público serão comunicados do local e horário em que ocorrerá o ato. Sobretudo, porque, como adverte Volk, é na apresentação que o acusado será comunicado da ordem de prisão, notificado do direito de ser acompanhado por

[67] KÜHNE, Hans-Heiner. ***Strafprozessrecht***. 8. ed. Heidelberg: C.F.Müller, 2010. p. 272; OSTENDORF, Heribert. ***Strafprozessrecht***. Baden: Nomos, 2012. p. 147; KLESCZEWSKI, Diethelm. ***Strafprozessrecht***. 2 aufl. München: Vahlen, 2013. p. 68; KINDHÄUSER, Urs. ***Strafprozessrecht***. 3 aufl. Baden-Baden: Nomos, 2013. p. 128-129.

[68] VOLK, Klaus. ***Grundkurs StPO***. 6 aufl. München: Verlag C.H.Beck, 2008. p. 50; no mesmo sentido SCHROEDER, Friedrich-Christian. ***Strafprozessrecht***. 4 aufl. München: Beck, 2007. p. 101.

[69] PETERS, Karl. ***Strafprozeß***. 3 aufl. Heidelberg: C.F.Müller, 1981. p. 403.

um parente ou pessoa de confiança, inclusive, se este renuncie a tal direito.[70]

d) De forma peculiar, a *GG* não estabeleceu um prazo fixo em horas, mas sim determinou que o preso fosse apresentado ao juiz, "o mais tardar no dia seguinte após a sua captura" (artigo 104, alíneas 2 e 3)[71]. Além disso, o ordenamento processual penal alemão impôs a apresentação, em qualquer caso, da pessoa capturada, seja ela presa (prisão preventiva) ou detida (detenção provisória), à autoridade judiciária[72]. Assim, em unissonância com a determinação constitucional, o StPO dispôs, no § 115a, 1[73], que, se a *prisão* for determinada por ordem judicial (prisão preventiva) e a pessoa presa não puder ser levada sem demora [*unverzüglich*] *ao tribunal* competente (que emitiu a ordem de prisão), ela deve ser apresentada o mais tardar no dia seguinte à captura, *ao juiz* de primeira instância mais próximo. Em se tratando de *detenção*, dispôs o § 128 do StPO que a pessoa detida deve ser apresentada sem demora [*unverzüglich*], o mais tardar no dia seguinte à detenção, ao juiz de primeira instância (*Amtsgericht*) da região na qual a pessoa foi detida.[74] A doutrina alemã esclarece, no entanto, que a expressão

[70] VOLK, Klaus. ***Grundkurs StPO***. 6 aufl. München: Verlag C.H.Beck, 2008. p. 50.

[71] Dispõe o "art. 104 [...] (2) Somente o juiz pode decidir sobre a admissibilidade e a duração de uma privação da liberdade. Em qualquer caso de privação da liberdade não baseada em ordem judicial, deve-se proferir imediatamente uma decisão judicial. Por iniciativa própria a polícia não pode manter ninguém sob sua custódia por período maior do que até o final do dia posterior à captura. (3) Toda pessoa detida provisoriamente sob suspeita da prática de uma conduta punível deve ser apresentada, o mais tardar no dia seguinte após ser detida, ao juiz, o qual deve comunicá-la das razões da detenção, ouvi-la e dar-lhe oportunidade de fazer objeções".

[72] ROXIN, Claus. SCHÜNEMANN, Bernd. ***Strafverfahrensrecht***. 28 aufl. München: Beck, 2014. p. 244; expressamente também BEULKE, Werner. ***Strafprozessrecht***. 12 aufl. Heidelberg: C.F.Müller, 2012. p. 145; no mesmo sentido KINDHÄUSER, Urs. ***Strafprozessrecht***. 3 aufl. Baden-Baden: Nomos, 2013. p. 159.

[73] Expressamente: § 115a, (1), do StPO dispõe que "Se o acusado não puder ser apresentado ao tribunal competente (*zuständigen Gericht*) o mais tardar no dia seguinte à sua captura, então ele deve ser apresentado sem demora, o mais tardar no dia seguinte à sua captura, ao julgador de primeira instância mais próximo (*Amtsgericht*)".

[74] ROXIN, Claus; SCHÜNEMANN, Bernd. ***Strafverfahrensrecht***. 28 aufl. München: Beck, 2014. p. 256. Ademais, KRAMER, Bernhard. ***Grundbegriffe des Strafverfahrensrechts***. *Ermittlung und Verfahren*. 7 aufl. Stuttgart: Kohlhammer, 2009. p. 64; BEULKE, Werner.

"'sem demora' [*unverzüglich*] não deve ser equiparada a 'imediatamente' [*sofort*], senão significa somente sem atrasos injustificados"[75]. Logo, a pessoa detida deve ser apresentada ao juiz competente o mais tardar no dia seguinte após a sua captura, sem atrasos injustificados, e sem possibilidade de ampliação deste prazo[76].

Segundo Kühne, a expressão "*unverzüglich*" – que, traduzida ao nosso vernáculo, significa "sem demora" – deve ser entendida no sentido de que a apresentação deve ser realizada "o mais tardar no dia seguinte após a captura", porém, adverte que na região de Hessen o prazo máximo é de 24 horas após a captura. De qualquer modo, ressalta o penalista alemão que o fundamento da celeridade radica na garantia da prestação jurisdicional em tempo razoavelmente aceitável.

Strafprozessrecht. 12 aufl. Heidelberg: C.F.Müller, 2012. p. 145; no mesmo sentido KINDHÄUSER, Urs. ***Strafprozessrecht.*** 3 aufl. Baden-Baden: Nomos, 2013. p. 159.

[75] KRAMER, Bernhard. KRAMER, Bernhard. ***Grundbegriffe des Strafverfahrensrechts.*** *Ermittlung und Verfahren.* 7 aufl. Stuttgart: Kohlhammer, 2009. p. 64. Quanto a isso, já decidiu o Tribunal Constitucional Federal alemão (BVerfG) que: "Por 'sem demora' deve-se compreender que a decisão judicial deve ser proferida sem qualquer atraso que não possa ser justificado por razões práticas. São inevitáveis, por exemplo, os atrasos que estão condicionados pela distância do trajeto, dificuldades no transporte, registro necessário e lavratura, por uma conduta renitente do preso ou circunstâncias equivalentes" (BVerfG 2 BvR 2292/00, de 15.05.2002). O Supremo Tribunal Federal alemão (BGH) decidiu a respeito que: 'O § 115 do StPO diz respeito ao caso de prisão com base em uma ordem de um funcionário público que não tem conhecimento do fato e não tem competência para a decisão. Ele deve apresentar o preso 'sem demora' ao juiz.' [...] "Somente o juiz é competente para decidir sobre a manutenção ou a revogação da ordem de prisão, e ele tem o prazo (máximo) de até um dia após a prisão para proferir esta decisão. [...] As disposições do § 127, al. 2 e § 128, 1 do StPO regulam em primeira linha o procedimento da autoridade incumbida do esclarecimento dos fatos". [...] "De acordo com isso, o § 128, al. 1 do StPO concede ao Ministério Público e aos funcionários do serviço de Polícia o prazo (máximo) correspondente ao decurso do dia seguinte à detenção para apresentação da pessoa detida ao juiz" (BGH 2 StR 418/89, de 17.11.1989; no mesmo sentido, BGH 5 StR 547/94, de 09.02.1995; veja, ainda, mais recentemente BGH 5 StR 176/14, de 20.10.2014). Tal decisão, inclusive, apoia-se, em parte, na clássica doutrina de Eberhard Schmidt, o qual refere que "é, ao mesmo tempo, jurídica e psicologicamente importante que a pessoa presa obtenha o mais rapidamente possível a oportunidade de ser ouvida por um juiz, para expor tudo o que possa dizer contra os pressupostos da prisão e inclusive contra a acusação nela presente ('forte suspeita')" (SCHMIDT, Eberhard. ***Deutsches Strafprozessrecht.*** Göttingen: Vandenhoeck & Ruprecht, 1962. p. 121).

[76] KÜHNE, Hans-Heiner. ***Strafprozessrecht.*** 8. ed., Heidelberg: C.F.Müller, 2010. p. 285.

Nesse sentido, argumentos fáticos somente podem servir como elementos de ponderação e, portanto, quanto a isso, o exemplo alemão fornece um importante aporte. Ao estabelecer "o mais tardar no dia seguinte após a sua captura", no artigo 104, 2 e 3, a *GG* estabeleceu uma diretriz que não representa um parâmetro rígido de prazo, mas sim um referencial máximo, sendo que o Supremo Tribunal Federal e o Tribunal Constitucional Federal alemães ressaltam ser "o prazo (máximo) correspondente ao decurso do dia seguinte à detenção para apresentação da pessoa detida ao juiz" (BGH 2 StR 418/89, de 17 de novembro de 1989; também BGH 5 StR 547/94, de 9 de fevereiro de 1995; mais recentemente BGH 5 StR 176/14, de 20 de outubro de 2014). Ademais, o Tribunal Constitucional Federal adverte que a apresentação deve ser efetuada sem demora, e "por 'sem demora' deve-se compreender que a decisão judicial deve ser proferida sem qualquer atraso que não possa ser justificado por razões práticas". Inclusive, esclarece que "são inevitáveis, por exemplo, os atrasos que estão condicionados pela distância do trajeto, dificuldades no transporte, registro necessário e lavratura, por uma conduta renitente do preso ou circunstâncias equivalentes"[77]. Trata-se, portanto, de um prazo obrigatoriamente *inferior* a 48 horas.

e) Uma problemática suscitada pela doutrina alemã, diz respeito à não apresentação da pessoa *presa* ou *detida* perante a autoridade judicial competente e seus efeitos. A ultrapassagem do prazo fixado pelo ordenamento alemão não está regulada legalmente e, por isso, entendem Meyer-Goßner, que a ultrapassagem do prazo não é nenhuma causa de soltura. Kühne, no entanto, considera incorreta a posição, pois isso degradaria a própria ideia de um prazo para a apresentação. Já Ostendorf entende que, no caso de a pessoa presa ou detida não ser apresentada à autoridade competente no prazo, dever-se-á encaminhá-la ao órgão jurisdicional de instância superior, nos termos do disposto no § 115a, 1 do StPO. A posição de Kühne parece ganhar maior receptividade, pois ressalta que os prazos estabelecidos nos §§ 115 e 115a não diferem

[77] Cf. BVerfG 2 BvR 2292/00, decisão de 15.05.2002. Na doutrina, compare: KRAMER, Bernhard. *Grundbegriffe des Strafverfahrensrechts. Ermittlung und Verfahren.* 7 aufl. Stuttgart: Kohlhammer, 2009. p. 64.

em nada da ideia de limites à eficácia justificante do mandado de prisão[78].

Conclusões

A larga trajetória do Direito processual penal alemão em direção à humanização teve dois alicerces principais: de um lado, o estabelecimento de uma ideologia orientada à ideia de indivíduo em suas relações como *pessoa* detentora de direitos, e, por outro lado, no reconhecimento de direitos pré-estatais que as pessoas devem garantir reciprocamente para si e os quais uma democracia assume como responsabilidade legitimatória, uma vez que conduz direitos suprapositivos à realidade positiva. O estabelecimento de critérios mais rígidos no tocante às medidas segregatórias pode ser apontado como um exemplo nesse sentido. Contudo, é no antigo instituto da apresentação que essa marca se torna mais evidente. De modo geral, questões mais complexas relacionadas a esse instituto foram especificadas já no plano constitucional e infraconstitucional antes mesmo da CEDH. Logo, a perspectiva brasileira (e latino-americana, em geral) segue em via oposta, no sentido de que a própria audiência de custódia foi decorrência da internalização das normas da CADH e do PIDCP.

Independentemente desse fator, vê-se que a humanização do processo penal, no sentido propugnado por Giacomolli, da "leitura convencional e constitucional do processo penal, a partir da constitucionalização dos direitos humanos", mostra-se como realidade premente.[79] E nesse sentido, esperamos, pois, que a sua agudeza de espírito e sensibilidade humanística encontre eco no horizonte sobre o qual se projeta o Direito Processual Penal brasileiro, de modo que, genuinamente, em paráfrase a Radbruch, exsurja algo melhor.

Referências

[78] KÜHNE, Hans-Heiner. ***Strafprozessrecht.*** 8. ed., Heidelberg: C.F.Müller, 2010. p. 273.

[79] GIACOMOLLI, Nereu José. **O devido processo penal**: abordagem conforme a Constituição Federal e o Pacto de São José da Costa Rica. 3. ed. rev., atual. e ampl., São Paulo: Atlas, 2016. p. 13.

AMBOS, Kai. *Zum heutigen Verständnis von Akkusationsprinzip und -verfahren aus historischer Sicht* ***Jura***, v. 8, 2008.

AMELUNG, Knut. Zur dogmatischen Einordnung strafprozessualer Grundrechtseingriffe. ***JZ***, n. 15/16, 1987.

BEULKE, Werner. ***Strafprozessrecht***. 12 aufl. Heidelberg: C.F.Müller, 2012.

FREUND, Georg. ***Strafrecht. AT***. 2 aufl. Heidelberg: Springer, 2009.

GIACOMOLLI, Nereu José. **O devido processo penal**: abordagem conforme a Constituição Federal e o Pacto de São José da Costa Rica. 3. ed. rev., atual. e ampl., São Paulo: Atlas, 2016.

HASSEMER, Winfried. Die Voraussetzungen der Untersuchungshaft. ***StV***, 1984.

HEINZE, Karl Friedrich Rudolf. ***Das Recht der Untersuchungshaft***. Leipzig: Tauchniß, 1865.

KINDHÄUSER, Urs. ***Strafprozessrecht***. 3 aufl. Baden-Baden: Nomos, 2013.

KLESCZEWSKI, Diethelm. ***Strafprozessrecht***. 2 aufl. München: Vahlen, 2013.

KRAMER, Bernhard. ***Grundbegriffe des Strafverfahrensrechts***. *Ermittlung und Verfahren*. 7 aufl. Stuttgart: Kohlhammer, 2009.

KÜHNE, Hans-Heiner. ***Strafprozessrecht***. 8. ed. Heidelberg: C.F.Müller, 2010.

LACKNER, Karl; KÜHL, Kristian. *StGB*. ***Kommentar***. 28 aufl. München: Beck, 2014.

LILIENTHAL, Karl von. *Zur Reform der Strafprozeßordnung. Die Untersuchungshaft*. ***DJZ***, n. 10, 1909.

MITTERMAIER, Carl Josef Anton. ***Das deutsche Strafverfahren***. Heidelberg: J.C.B. Mohr, 1827.

OSTENDORF, Heribert. ***Strafprozessrecht***. Baden: Nomos, 2012.

PETERS, K. ***Strafprozeß***. 3 aufl. Heidelberg: C.F.Müller, 1981.

ROXIN, Claus; SCHÜNEMANN, Bernd. ***Strafverfahrensrecht***. 28 aufl. München: Beck, 2014.

SATZGER, Helmut. *Das Jedermann-Festnahmerecht nach § 127 I 1 StPO als Rechtfertigungsgrund*. ***Jura***, n. 2, 2009.

SCHMIDT, Eberhard. ***Lehrkommentar zur Strafprozessordnung und zum Gerichtsverfassungsgesetz***. Göttingen: Vandenhoeck & Ruprecht, 1952. t. I.

SCHMIDT, Eberhard. ***Deutsches Strafprozessrecht***. Göttingen: Vandenhoeck & Ruprecht, 1962.

SCHMIDT, Eberhard. ***Einführung in die Geschichte der deutschen Strafrechtspflege***. 3. ed. Göttingen: Vandenhoeck & Ruprecht, 1965.

SCHMIDT, Eberhard. *Zur Lehre von den strafprozessualen Zwangsmaßnahmen In*: ***Strafprozeß und Rechtsstaat***. Göttingen: Vandenhoeck & Ruprecht, 1970.

SCHÖNKE, Adolf; SCHRÖDER, Horst. *StGB*. ***Kommentar***. 29 aufl. München: Beck, 2014.

SCHROEDER, Friedrich-Christian. *Eine funktionelle Analyse der strafprozessualen Zwangsmittel*. ***JZ***, n. 22, 1985.

SCHROEDER, Friedrich-Christian. ***Strafprozessrecht***. 4 aufl. München: Beck, 2007.

TITTMANN, C. A. ***Handbuch der Strafrechtswissenschaft und der deutschen Strafgesetzkunde***. 2 aufl. Halle: Hemmerde & Schwetschke, 1824. v. 3.

VOLK, Klaus. ***Grundkurs StPO***. 6 aufl. München: Verlag C.H.Beck, 2008.

VORMBAUM, Thomas. ***Einführung in die moderne Strafrechtsgeschichte***. 2. ed. Heidelberg: Springer, 2011.

WAGNER, Markus. *Das allgemeine Festnahmerecht gem. § 127 Abs. 1 S. 1 StPO als Rechtsfertigungsgrund*. ***ZJS***, n. 6, 2011.

WOLFF, Max. *Die Untersuchungshaft*. ***DJZ***, n. 7, 1906.

ZACHARIÄ, Heinrich A. ***Handbuch des deutschen Strafprocesses***. Göttingen: Dieterich'schen, 1861.

65. REFLEXOS DA LEI ANTICRIME NO *STANDARD* PROBATÓRIO PARA A DECRETAÇÃO DA PRISÃO PREVENTIVA

Rafael Zottis
Marcos Pippi Fraga

1. Considerações iniciais

Dissertar sobre a prisão preventiva é um desafio. Em 2012, o Professor Nereu José Giacomolli lançou a obra *Prisão, liberdade e as cautelares alternativas ao cárcere*, com a precisão didática daquele que, à época, alcançava duas décadas de dedicação ao magistério superior. Para além da elevada estima que os autores despendem ao homenageado, estimula o lançamento do presente ensaio a relevância atual do tema proposto ao estudo crítico do Direito Processual Penal. Isso porque, ante o crescimento de um clamor punitivista por parte de determinados setores da sociedade brasileira, não raras vezes nos deparamos com o julgador que adota a postura do justiceiro[1], contribuindo para um cenário de *maior quantidade* de prisões e *menor qualidade* das decisões que as ensejam.

[1] COUTINHO, Jacinto Nelson de Miranda. Lei 12.403/2011: Mais uma tentativa de salvar o sistema inquisitório brasileiro. *In*: SILVEIRA, Marco Aurélio Nunes da; PAULA, Leonardo Costa de (org.). **Observações sobre os sistemas processuais**. Curitiba: Observatório da Mentalidade Inquisitória, 2018. p. 153.

Seguro reconhecer, assim, que é também em razão de a sociedade ter atribuído ao sistema penal a tarefa de mitigação da criminalidade e da violência[2] que os institutos de Direito Penal, que deveriam incidir como *ultima ratio*, são aplicados sem a necessária profundidade no exame e na justificativa de sua imposição. Em dado contexto, é inegável, pois, a imbricada relação existente entre a ausência ou deficiência de fundamentação dos decretos e sanções judiciais e a indiscriminada utilização do instituto da prisão.

Nessa intelecção, considerando que a decisão que restringe Direito tão caro ao cidadão não deve ser reduzida a um fator de sorte ou de poder do acusado, a motivação é o que irá garantir a racionalidade da decisão e, para o cumprimento deste desígnio, os *standards* probatórios atuam para aferir a suficiência dessa fundamentação nas decisões judiciais a partir de critérios que orientam o julgador na tomada da escolha mais adequada.

2. A decisão cautelar em evidência: entre pressupostos e requisitos

Nas palavras de Coutinho, "as medidas cautelares e, em especial, a prisão processual tem sido uma forma eficaz (embora inconstitucional) de uma antecipação da pena e, assim, sem muito – ou nenhum – pudor têm tratado de prender todos sempre que possível"[3]. Forçoso admitir, então, que o desenvolvimento do processo sob a situação estigmatizante do acusado, que se encontra em uma posição intermediária entre a culpa e a inocência, eleva o potencial político e jurídico[4] que sustenta a base principiológica da medida cautelar.

[2] GIACOMOLLI, Nereu José. Exigências e perspectivas do Processo Penal na contemporaneidade. *In*: GAUER, Ruth Maria Chittó (org.). **Criminologia e sistemas jurídico-penais contemporâneos II.** Porto Alegre: EDIPUCRS, 2010. p. 291: "A não satisfação das demandas sociais mínimas, pelo Estado, a frustração pelas promessas não cumpridas, está servindo como pano de fundo no discurso à restrição dos direitos e das garantias constitucionais humanitárias, chegando-se a afirmar, asninicamente, em garantismo social como antítese de garantismo do *status libertatis*".

[3] COUTINHO, Jacinto Nelson de Miranda. Lei 12.403/2011: Mais uma tentativa de salvar o sistema inquisitório brasileiro. *In*: SILVEIRA, Marco Aurélio Nunes da; PAULA, Leonardo Costa de (org.). **Observações sobre os sistemas processuais**. Curitiba: Observatório da Mentalidade Inquisitória, 2018. p. 153.

[4] GIACOMOLLI, Nereu José. **Prisão, Liberdade e as Cautelares Alternativas ao Cárcere.** São Paulo: Marcial Pons, 2013. p. 22.

2.1. Breve escorço histórico sobre a temática da prisão preventiva

De maneira preliminar, em um breve resgate histórico ao momento da promulgação do Código de Processo Penal de 1941, recorda-se que o atual regramento da prisão preventiva foi instituído sob o viés político-jurídico detalhado no *Codice Rocco*. A influência italiana, conforme Fernandes, contestava o conceito de prisão como *ultima ratio*[5]. Naquele período, a prisão processual se desprendia de limites e poderia ser aplicada quando houvesse "interesse da ordem pública, ou da instrução criminal, ou da efetiva aplicação da lei penal", sendo de caráter obrigatório quando a pena máxima de reclusão fosse igual ou superior a dez anos, bastando a existência de provas indiciárias[6].

Nas décadas seguintes, o Brasil adentrou em um cenário turbulento que impactou profundamente na estrutura do ordenamento jurídico. Durante o regime militar, a prisão preventiva obrigatória foi sucedida, por força da Lei nº 5.349/67, pelos requisitos de garantia da *ordem pública, conveniência da instrução criminal* e *aplicação da lei penal*, os quais permanecem no sistema processual penal até os dias atuais. Em sequência, com a promulgação da Constituição Federal de 1988, foi sendo construída, pela doutrina e jurisprudência, uma abordagem garantista aos dispositivos legais que continuam a reter inegável espírito autoritário[7].

Nessa esteira, somente a partir da sanção da Lei nº 12.403/2011 foi estabelecida uma verdadeira "parte geral", ao instituírem-se as *medidas cautelares diversas da prisão*. Como protagonista de uma reforma parcial do Código de Processo Penal (CPP), que se tornou uma alternativa recorrente perante a impossibilidade de uma reforma ampla em razão das circunstâncias que se

[5] FERNANDES, Antonio Scarance. Funções e limites da prisão processual. **Revista Brasileira De Ciências Criminais**. Imprenta: São Paulo, Revista dos Tribunais, 1992. v. 15, n. 64, p. 239–252, jan./fev. 2007.

[6] CRUZ, Rogerio Schietti. **Prisão Cautelar**: dramas, princípios e alternativas. 5. ed. Salvador: JusPODIVM, 2020. p. 47-48.

[7] CRUZ, Rogerio Schietti. **Prisão Cautelar**: dramas, princípios e alternativas. 5. ed. Salvador: JusPODIVM, 2020. p. 49: "[...] é possível inferir que a irracionalidade que caracterizou as normas que se seguiram ao longo do Império e da República, pela sucessão de leis que frequentemente condicionaram a sorte do indivíduo a fatores muitas vezes irrelevantes para a justa e correta avaliação da necessidade de mantê-lo preso".

impõe no âmbito legislativo[8], a medida cautelar afastou do processo penal a bipolaridade entre a liberdade provisória ou a prisão. Ocorre que, como referiu Coutinho, aquela legislação não se prestou a resolver quaisquer dos problemas anteriormente identificados na segregação preventiva, mantendo o caráter inquisitório, bem como não houve uma mudança da mentalidade de *justiceiros* dos agentes jurisdicionais[9].

No entanto, o incremento normativo-teórico, estabelecido ao artigo 282 do CPP, conferiu às medidas cautelares (de prisão ou alternativas) dois fatores essenciais para sua decretação: (1) a *necessidade* de restrição da liberdade do indivíduo; e (2) a *adequação* às circunstâncias do caso concreto. No caso, compreende-se que incide o trinômio necessidade-adequação-proporcionalidade de Alexy[10].

2.2. A Lei nº 13.964/2019 e o destaque à principiologia da medida cautelar

Como consequência desse marco legislativo, recorda-se que a prisão como *extrema ratio,* bem como a necessidade de motivação da decisão judicial e a provisionalidade da medida cautelar, *são princípios que Giacomolli já anotava nas*

[8] No ponto, a colocação de Lopes Jr. é certeira: "o problema das reformas pontuais, sem desmerecer a imensa qualidade do trabalho realizado pela Comissão de Juristas, é que elas geram inconsistência e incoerência sistêmica, transformando o CPP, cada vez mais, numa colcha de retalhos". (LOPES JR., Aury. **Prisões Cautelares.** 4. ed. São Paulo: Saraiva, 2013. p. 13).

[9] COUTINHO, Jacinto Nelson de Miranda. Lei 12.403/2011: Mais uma tentativa de salvar o sistema inquisitório brasileiro. *In*: SILVEIRA, Marco Aurélio Nunes da; PAULA, Leonardo Costa de (org.). **Observações sobre os sistemas processuais**. Curitiba: Observatório da Mentalidade Inquisitória, 2018. p. 153: "Mas a Lei [12.403/11], mantido o sistema inquisitório, vai resolver o problema? [...] é difícil acreditar que possa vingar em tal direção se a mentalidade dos órgãos jurisdicionais, de regra (embora sempre existam as exceções às quais se deve louvar), seguir refletindo um senso comum teórico marcado pela moral popularesca refletida ou importa pelos meios de comunicação. [...] siderados e engolidos pela comunicação da qual sequer se dão conta de nela estarem, muitos juízes (mormente eles como órgão de poder; mas não só eles, por óbvio) se tornam justiceiros. Para esses, as medidas cautelares e, em especial, a prisão processual tem sido uma forma eficaz (embora inconstitucional) de uma antecipação de pena e, assim, sem muito – ou nenhum – pudor têm tratado de prender todos sempre que possível, pelo menos até que um órgão superior de competência casse a ordem. A ideia é simples: pelo menos algum sofrimento infligiram àquele que, não raro, tem tomado como inimigo".

[10] ALEXY, Robert. ***Teoria de los derechos fundamentales.*** Madrid: Centro de Estúdios Políticos y Constitucionales, 2001. p. 161.

primeiras páginas da obra Prisão, liberdade e as cautelares alternativas ao cárcere[11] e que somente com a sanção da Lei nº 13.964/2019 foram *devidamente legislados*, levando a efeito alguns dispositivos permeados de orientações jurídicas que antes somente eram reconhecidos pela doutrina.

Após sinuosa tramitação legislativa, a "Lei Anticrime" — assim denominada a Lei nº 13.964/19, em referência à proposta do Ministério da Justiça e da Segurança Pública em recrudescer o sistema punitivo — foi alvo de emenda substitutiva que resultou na alteração e inclusão de dispositivos ao Título IX do CPP, trazendo modificações relevantes no campo da prisão preventiva como a vedação à decretação da segregação preventiva *ex officio* e a previsão legal da audiência de custódia.

No tocante aos *requisitos da prisão preventiva*, verifica-se que, historicamente, o art. 312 do CPP somente exigia a existência de um fundamento (garantia da ordem pública, garantia da ordem econômica, conveniência da instrução criminal ou salvaguarda da aplicação da lei penal), prova de materialidade e indícios de autoria. Com a novel legislação, o *periculum libertatis*, isto é, o risco imposto à sociedade com a manutenção do estado natural de liberdade do investigado — que emerge da situação concretamente comprovada, que, até então, ancorava-se na construção doutrinária, *passou a ter previsão expressa*, ou seja, se faz necessária a "presença de uma base probatória justificadora da situação legal"[12].

Em relação à *valorização principiológica* a partir da Lei nº 13.965/2019, respeitando os limites do presente ensaio, enumeram-se ao menos três novas disposições essenciais: (I) a prisão como *extrema ratio*; (II) critérios de fundamentação da decisão e (III) a necessária revisão periódica da medida cautelar.

No *primeiro item*, conforme dispõe o art. 282, § 6º, do CPP, a segregação no curso da investigação preliminar ou do processo será sempre a *extrema ratio*, na medida em que obriga o magistrado a fundamentar — de maneira individualizada — a inaplicabilidade das medidas cautelares previstas

[11] GIACOMOLLI, Nereu José. **Prisão, liberdade e as cautelares alternativas ao cárcere**. São Paulo: Marcial Pons, 2013. p. 11.

[12] GIACOMOLLI, Nereu. A Prisão Preventiva em face da Lei 13.964/2019. *In*: CAMARGO, Rodrigo; FELIX, Yuri. (org.). **Pacote Anticrime:** reformas processuais à luz da lei 13.964/2019. Florianópolis. Editora Emais, 2020. p. 244.

diversas da prisão[13], para que só então seja admitida a decretação da prisão preventiva.

Em sequência, no *segundo ponto,* a nova redação conferida ao art. 315 do CPP prevê expressamente o dever de *fundamentação* da decisão que decreta a prisão preventiva, em sentido oposto à obrigatoriedade somente de *motivação* do *decisum,* como fizera por força da Lei nº 12.403/11. Nesse sentido, ressoa necessário recordar a lição de Giacomolli ao diferenciar as noções de motivação e fundamentação, as quais não se confundem, sendo que a primeira "se constitui na ação determinante da razão de ser da decisão, nos instrumentos que orientam a explicação da decisão" e a segunda, "se dá com a racionalização dos motivos de fato e de direito" [14].

Observa-se, no tocante à *fundamentação da decisão*, que o art. 315 do CPP subdivide-se na necessidade de demonstração de fatos novos e contemporâneos para aplicação da medida (art. 315, § 1º) e na instituição de parâmetros mínimos a serem alcançados na fundamentação das decisões judiciais (art. 315, § 2º) para que não se admita, por exemplo, que o decreto cautelar, medida por si só excepcionalíssima, fique restrita à simples menção de suposições abstratas[15]. Dentro dessa perspectiva, passa a ser demandado do julgador

[13] FEDATO, Matheus Arcangelo; KAZMIERCZAK, Luiz Fernando. Prisão cautelar, argumentação e proporcionalidade: uma proposta para a fundamentação das decisões judiciais. **Revista Brasileira de Direito Processual Penal**, Porto Alegre, v. 6, n. 1, p. 483-514, jan./abr. 2020. p. 487: "Assim, uma vez resguardado o processo, ou seja, não sendo influenciado pelo acusado, as prisões cautelares não se mostram necessárias (salvo se em caso de fuga). Ainda que sejam aplicáveis, é preciso olhar, ainda, para as medidas cautelares alternativas à prisão, as quais asseguram o objeto das prisões provisórias e os direitos do acusado, que sofre um cerceamento menor de sua liberdade. Deve-se entender que a prisão só deverá subsistir enquanto se manter a situação fática que a ensejou, não devendo permanecer após o desaparecimento de seu substrato decretador. O importante aqui é acautelar o processo. Veda-se a manutenção da prisão sem causa. Sua existência está atrelada a uma condição provisória, que é a existência de motivos legais que a ensejem".

[14] GIACOMOLLI, Nereu José. **Prisão, Liberdade e as Cautelares Alternativas ao Cárcere**. São Paulo: Marcial Pons, 2013. p. 16.

[15] GIACOMOLLI, Nereu. A Prisão Preventiva em face da Lei 13.964/2019. *In*: CAMARGO, Rodrigo; FELIX, Yuri. (org.). **Pacote Anticrime: reformas processuais à luz da lei 13.964/2019.** Florianópolis. Editora Emais, 2020. p. 245-248: "Reproduzir tão somente os termos da lei (prisão para garantir a aplicação da lei penal, por exemplo), transcrever o parecer do Ministério Público ou o relatório da autoridade policial, não é motivar e nem fundamentar a decisão. O substrato fático concretizado nos autos e não o abstrato, posto na

que demonstre em sua decisão não somente a necessidade de imposição da prisão cautelar (*periculum libertatis e fumus comissi delicti*), mas a contemporaneidade da medida e a urgência do recolhimento preventivo do indivíduo[16].

No *terceiro ponto*, no que corresponde à *contemporaneidade da medida cautelar* (parágrafo único do art. 316 do CPP), a inovação está na obrigatoriedade da autoridade judiciária responsável pela decretação para que proceda à sua revisão periódica a cada 90 dias, ocasião em que deverá fundamentar o *decisum*, observando, também, os aspectos trazidos pelos dois pontos anteriormente citados (da prisão como *extrema ratio* e a demonstração de fatos novos e contemporâneos). Nessa esteira, na medida em que não mais subsistem os motivos que justificaram a prisão preventiva, esta deve ser imediatamente revogada, sob pena de configurar coação ilegal.

É premente, pois, para que as modificações trazidas pela Lei nº 13.964/19 sejam efetivadas no processo penal brasileiro, que haja uma mudança de mentalidade dos magistrados responsáveis por esse tipo decisão. Sem embargo, a credibilidade das instituições não será resguardada com a decretação de uma cautelar pessoal, mas sim através do seguro e legal processo judicial, propiciando um afastamento do protagonismo judicial e com verdadeira observância às alterações trazidas pela Lei Anticrime, *não podendo estas serem relativizadas*, como ocorreu com tantos outros dispositivos legais reformados ao longo das últimas décadas. É exatamente a regularidade do processo que, efetivamente, assegurará a credibilidade do sistema de Justiça criminal.

3. O *standard* probatório da decisão segregatória cautelar

Operando como ferramenta de limitação ao livre convencimento e de controle ao poder discricionário, os *standards* (ou modelos de constatação) probatórios buscam estabelecer parâmetros que orientem o julgador a decidir se determinada hipótese ou alegação está provada nos autos.[17] Nas prisões preventi-

tela do ordenamento jurídico, é que fornecerá ao magistrado, no momento de fundamentar (cria a normatividade ao caso concreto), a motivação constitucionalmente adequada e válida".

[16] CRUZ, Rogerio Schietti Machado. **Prisão Cautelar**: dramas, princípios e alternativas. 5. ed. Salvador: JusPODIVM, 2020. p. 332.

[17] Embora não sejam positivados em nosso Direito, a teoria dos *standards* da prova, de origem e aplicação nos tribunais dos países de sistema *common law* e que disciplinam critérios aptos

vas — temática que interessa ao presente ensaio —, o *standard* incide como instrumento de verificação da racionalidade da decisão em contraste com a prova penal que a sustenta, de modo a exigir que o conjunto fático-probatório e o entendimento adotado estejam em consonância, evitando eventuais concepções pessoais ou subjetivas do magistrado.

Nesse sentido, é a partir da motivação exarada na decisão que será explicitado se houve o cumprimento de um *standard* de prova e qual foi este *standard*, pois é na motivação que o julgador estará justificando, com base nos elementos apresentados até aquele momento, por qual razão restou provada certa hipótese, e por qual motivo as outras não atingiram o nível de corroboração exigido por aquele *standard*.[18]

3.1. Os standards de prova: breves definições

Não se desconhece que o ato de decidir, especialmente no processo penal, é tarefa de extrema complexidade[19], tendo em vista que se está a deliberar acerca de restrições à liberdade de um indivíduo submetido a uma persecução penal, em que quase sempre haverá desequilíbrio de forças entre a máquina acusatória e os meios de defesa disponibilizados pelo Estado.

Nessa perspectiva, consistindo as provas criminais nos alicerces sobre os quais serão desenvolvidos os argumentos discorridos pelo magistrado para alcançar a validade da motivação de seu decreto, a observância aos *standards* probatórios busca estabelecer critérios para que se possa aferir quando determinada hipótese[20], aventada por uma das partes do processo, restou suficientemente provada.

a dimensionar o grau de corroboração necessário para que se possa assumir uma hipótese fática (acusação) como provada, vem sendo há décadas percebida em nossa jurisprudência, especialmente nos Tribunais Superiores. Nesse sentido, é crucial que se definam claramente todos esses padrões ou modelos de constatação, pois sem estes é inviável aferir se o entendimento adotado na decisão foi racionalmente construído pelo intérprete, impossibilitando o seu controle (FERRER BELTRÁN, Jordi. ***Prueba y Verdad en el Derecho***. 2. ed. Madrid: Marcial Pons, 2005. p. 152).

[18] BALTAZAR JR., José Paulo. *Standards* probatórios no processo penal. **Revista AJUFERGS**, Porto Alegre, n. 04, 2003.

[19] LOPES JR., Aury. **Direito Processual Penal.** 17. ed. São Paulo: Saraiva Educação, 2020. p. 1374.

[20] Como assevera Ferrer Beltrán, "a aceitabilidade de uma hipótese sobre fatos depende simultaneamente dos elementos de juízo disponíveis e do standard de prova que haverá de

Na esteira desse raciocínio, superada a ideia de que o sistema jurídico é dotado de plena coerência e que seus operadores são naturalmente capazes de optar pela melhor solução em cada caso julgado, exsurge a problemática do subjetivismo e do amplo espaço de discricionariedade que possui o julgador na valoração da prova que norteará a tomada de sua decisão.

É nesse cenário que incidem os *standards* probatórios, que visam a orientar o julgador e as partes na formação do juízo de fato, atuando como mecanismo de controle para que se alcance uma conclusão sempre a partir de uma motivação racional. Com efeito, mais do que instrumentos de racionalização da formação do convencimento do julgador, esses modelos de constatação cumprem a função essencial de demandar maior atenção de quem é incumbido da tarefa de interpretar as provas e julgar o processo, na medida da gravidade que o erro judiciário pode vir a causar. É esta circunstância que, ao final, norteia um *standard* probatório — ou grau de exigência probatória — mais elevado ao processo criminal em que se julga a liberdade do cidadão do que naquela ação judicial cível de caráter meramente indenizatório, por exemplo.

No processo penal, no qual indubitavelmente existe uma alta disparidade de capacidade probatória entre as partes, considerando que a acusação pública dispõe de meios de produção de prova a partir da utilização de todo o aparato estatal, bem como do uso de seu poder coercitivo e de recursos financeiros muito superiores, impõe-se que as reflexões acerca da adoção de um *standard* adequado seja ainda mais necessária[21].

3.2. Breves anotações sobre os diferentes standards probatórios

Indiscutivelmente, há, no processo penal, um custo cobrado pelos erros judiciais superior ao que pode ser encontrado em todas as outras modalidades processuais. Isso porque eventual degradação de valores como a liberdade, a estigmatização social ou a própria segurança pública e a efetiva proteção de bens jurídicos, dentre outros, possuem o condão de gerar danos sociais

ser adotado para o caso" (FERRER BELTRÁN, Jordi. ***La valoración racional de la prueba***. Madri: Marcial Pons, 2007. p. 80).

[21] POSNER, Richard A. ***An Economic approach to the Law of Evidence***. Chicago: John M. Olin Law & Economics Working Paper n. 66, 1999. p. 35.

infinitamente superiores a de processos cujo o direito material em questão não é de índole penal[22].

Embora os *standards* possam trazer conceitos abstratos ou indefinidos, comportando certa margem para interpretação[23], é imprescindível reconhecer que os modelos de constatação da prova servem justamente como instrumento de controle da arbitrariedade da decisão judicial, impondo parâmetros que permitam a posterior aferição de que a decisão foi prolatada com base em conclusões racionais extraídas do conjunto de provas, e não somente como reflexo de crenças preconcebidas do juiz.

Quando tratamos do processo penal, a necessidade de conceituação do grau de probabilidade exigido para que se considere que a prova apresentada pela acusação como suficiente para condenar o acusado deve ser *acima da dúvida razoável*[24]. Esse *standard* pressupõe que, para a confirmação da hipótese

[22] No século XVIII, o magistrado Sir William Blackstone, além de pioneiro no estudo aprofundado na questão do custo dos erros no processo penal, desenvolveu parâmetros para tentar responder de que forma se relacionam os falsos positivos e os falsos negativos no processo penal; quais são os danos sociais produzidos a partir das falsas condenações e das falsas absolvições, e quais danos devem receber uma maior preocupação para que não ocorram. Em sua obra lançada em 1765, Blackstone escreveu a celebrada frase *"all presumptive evidence of felony should be admitted cautiously; for the law holds it's better that ten guilty persons escape than that one innocent party suffer"*. Em tradução nossa, Blackstone afirmou que um falso positivo no processo penal é capaz de produzir o mesmo dano social que dez falsos negativos, de forma que o processo penal deveria ser pensado para, em caso de erro, obter um número dez vezes maior de absolvições de culpados do que de condenações de inocentes (BLACKSTONE, William. ***Commentaries on the Laws of England.*** 1st ed. Oxford: Printed at the Clarendon Press, 1765-1769).

[23] Para uma precisa diferenciação entre as regras jurídicas e os *standards*: "Dirigir 'até o limite de velocidade de 80 km/h' e 'dirigir prudentemente' são formulações distintas (muito embora possamos reconhecer que o fundamento de ambas seja reconduzível à preocupação com a segurança das pessoas). A primeira delas está presente nas regras jurídicas, enquanto que a segunda se expressa mediante a formulação dos chamados *standards*. São estratégias diferentes para a implementação do propósito de garantir a segurança das pessoas" (MATIDA, Janaína; VIEIRA, Antonio. Para além do BARD: uma crítica à crescente adoção do *standard* de prova "para além de toda a dúvida razoável" no processo penal brasileiro. **Revista Brasileira de Ciências Criminais – Dossiê Especial: "Provas no Processo Penal"**, São Paulo: Revista dos Tribunais, ano 27, v. 156, jun./2019. p. 224-225).

[24] O *proof beyond a resonable doubt* tem, assim como toda a teoria dos *standards* da prova, origem no sistema da *Common Law* e vem sendo observado e referido pelos tribunais brasileiros a partir da uma importação deste modelo de constatação em diversas decisões. Um dos contatos com o modelo de constatação da prova acima da dúvida razoável por nosso país se deu,

fática, exista prova que ultrapasse uma dúvida razoável, isto é, o convencimento de que determinados fatos estão provados será alcançado somente se a ponderação conjunta dos elementos de prova disponíveis permitir excluir qualquer outra condução lógica ou crível[25]. Caberá, então, ao julgador, demonstrar, em caso de condenação, que uma dúvida concreta está superada ou que se "trata de uma dúvida abstrata, teórica ou desalinhada com o fato julgado"[26].

De outro lado, no processo civil de natureza comum, que majoritariamente cuida de questões patrimoniais (responsabilidade civil), adota-se como modelo de constatação a *preponderância de provas*, que significa, em síntese, que o magistrado tomar*á* a decisão com base no que o conjunto probatório indicar como mais provável do que a alegação feita pela parte adversa[27]. O meio-termo é representado pelo *standard* da *prova clara e convincente*, que no Direito anglo-saxão é empregado em procedimentos civis especiais, como a ação de improbidade administrativa.

A título ilustrativo, Garapon[28] destaca uma escala imaginária entre os três modelos de constatação da prova em que, em primeiro lugar, o *proof beyond a reasonable doubt* exigiria uma probabilidade de aproximadamente 75%; em segundo lugar, o *preponderance of evidence*, adotado no processo civil, exigiria mais de 50% de probabilidade e, em terceiro lugar, ocupando uma posição

mesmo que de forma indireta, quando da ratificação do tratado internacional do Estatuto de Roma do Tribunal Penal Internacional, do qual o Brasil é Estado-membro, por meio do Decreto nº 4.388/02, que em seu item 3 do art. 66 recomendava que "para proferir sentença condenatória, o Tribunal deve estar convencido de que o acusado é culpado, além de qualquer dúvida razoável".

[25] Nesse sentido, sublinha-se que evidentemente não poderá recair sobre a defesa o mesmo padrão exigido para a acusação, já que ao acusado não é exigido que prove a sua inocência (GARDNER, Thomas J. ***Criminal Evidence:*** *principles, cases and readings*. 2nd ed. West Publishing Company. St. Paul. 1980. p. 29).

[26] OLIVEIRA, Marcelo Ribeiro de. ***In dubio pro reo*** **e proteção para além da dúvida razoável.** Jota. 2017. Disponível em: http://next.jota.info/opiniao-e-analise/colunas/pelo-mp/dubio-pro-reo-e-protecao-para-alem-da-duvida-razoavel-21022017. Acesso em: 2 jun. 2020.

[27] KNIJNIK, Danilo. **A Prova nos Juízos Cível, Penal e Tributário.** Rio de Janeiro: Forense, 2007. p. 37-38.

[28] GARAPON, Antonie; PAPOULOS, Ioannis. **Julgar nos Estados Unidos e na França**: Cultura Jurídica Francesa e Common Law em uma Perspectiva Comparada. Rio de Janeiro: Lummen Juris, 2008. p. 108.

intermediária, o *clear and convincing evidence*, que exigiria uma probabilidade de 60 a 65%[29].

Entendemos, entretanto, que se a preponderância de provas (mais provável do que não) necessariamente situa-se em 50%+1 — sob pena de não ser passível de veracidade —, então o adequado seria posicionar a prova *acima da dúvida razoável* com uma exigência de certeza de, no mínimo, 95%. A prova clara e convincente, em face de seu caráter intermediário, encontrar-se-ia na casa dos 73%.[30] Todavia, não deve a problemática dos modelos de constatação de prova ser alvo de reducionismo até tornar-se mera questão matemática; falar em graus de convicção não significa torná-los fórmulas aritméticas[31], porque o Direito é interpretação, e não operação matemática.

3.3. Presunção de inocência enquanto norma de tratamento essencial ao decreto cautelar

São vários os conceitos presentes no Código de Processo Penal na forma de verdadeiros *standards*. Esse aspecto pode ser verificado na decretação de medidas cautelares quando se exige, por exemplo, o *fumus comissi delicti* para a prisão preventiva, os *indícios veementes* da origem ilícita dos bens objeto de sequestro, as *fundadas razões de autoria* para a prisão temporária, entre outros.

No que concerne especificamente à prisão preventiva, é sabido que os requisitos e pressupostos que autorizam a sua decretação estão dispostos no

[29] Em pesquisa realizada com juízes norte-americanos, definiu-se a probabilidade associada à *proof beyond a reasonable doubt* entre 76% e 95%. Entretanto, não nos parece lógica a possibilidade de considerar uma hipótese acima da dúvida razoável quando se demonstra somente 76% de chances de ser verdadeira, especialmente porque a teoria dos *standards* de prova traz a já mencionada escala de graus de probabilidade. Isso pois entre a preponderância de provas e a prova acima da dúvida razoável, ainda há a prova clara e convincente, usada em procedimentos cíveis especiais. (KNIJNIK, Danilo. **A Prova nos Juízos Cível, Penal e Tributário**. Rio de Janeiro: Forense, 2007. p. 32).

[30] MATIDA, Janaína; VIEIRA, Antonio. Para além do BARD: uma crítica à crescente adoção do *standard* de prova "para além de toda a dúvida razoável" no processo penal brasileiro. **Revista Brasileira de Ciências Criminais – Dossiê Especial: "Provas no Processo Penal"**. São Paulo: Revista dos Tribunais, ano 27, v. 156, jun./2019. p. 230.

[31] HAACK, Susan. *El probabilismo jurídico: una disensión epistemológica*. *In*: VÁZQUEZ, Carmen (ed.). ***Estándares de Prueba y Prueba Científica***: *ensayos de epistemología jurídica*. Madrid: Marcial Pons, 2013. Madrid: Marcial Pons, 2013. p. 75 et seq.

artigo 312 e 313 do CPP, sendo relevante frisar que, embora não sejam alvos de aprofundamento neste artigo, deverão estar suficientemente preenchidos para que possam admitir a flexibilização da presunção de inocência, cerceando provisoriamente a liberdade do acusado.

Isso porque as matrizes de nosso ordenamento jurídico-penal orientam que o intérprete deve guiar-se pelo compromisso com a presunção de inocência, o que como corolário pressupõe que se trabalhe na perspectiva da suficiência probatória para a aplicação de uma decisão desfavorável ao réu. Assim, a presunção de inocência, enquanto regra de tratamento[32], diz respeito, em especial, à liberdade do acusado durante o processo[33], já que as prisões cautelares não podem ser impostas como forma de aplicação antecipada de uma pena corporal.[34]

Dessa forma, estando a presunção de inocência enquanto norma de tratamento intimamente relacionada com o direito à liberdade no curso do processo penal, este direito somente pode ser restrito em situações excepcionais, quais sejam, aquelas previstas no art. 312 e seguintes do CPP. Todas as demais justificativas para a prisão provisória tendem a possuir um viés de antecipação da pena, que não compactuam com a presunção de inocência[35], hipótese expressamente vedada pela inclusão do § 2º no art. 313 do CPP.

[32] Segundo Moraes, a relevância na compreensão da presunção de inocência em seus três níveis distintos (norma de tratamento, norma probatória ou norma de julgamento) se dá por serem "áreas autônomas e que se inter-relacionam a fim de garantirem uma melhor efetividade à presunção de inocência" (MORAES, Maurício Zanoide de. **Presunção de Inocência no Processo Penal Brasileiro**: análise de sua estrutura normativa para a elaboração legislativa e para a decisão judicial. Rio de Janeiro: Editora Lumen Juris, 2010. p. 523).

[33] A exemplo de uma latente — e positivada — violação da presunção de inocência em sua dimensão de norma de tratamento era possível de ser notada a partir dos efeitos gerados pela antiga redação do art. 594 do CPP que, até a reforma de 2008, exigia que o réu se recolhesse à prisão para que lhe fosse concedido o direito de apelar.

[34] BACIGALUPO, Enrique. ***El Debido Proceso Penal***. Buenos Aires: Hammurabi, 2005. p. 62.

[35] BUSTAMENTA RÚA, Mónica María. *La garantía de la presunción de inocencia y el estándar de prueba de más allá de toda duda razonable*. ***Revista de la Maestría en Derecho Procesal***, vol. 4, nº 1, 2010. p. 23.

3.4. O *standard* de prova para decretação da prisão preventiva

Assumindo como necessária a observância da presunção de inocência enquanto regra de tratamento — consubstanciada no *in dubio pro reo* — e a sua incidência também em relação às medidas cautelares de prisão[36], o *standard* mais adequado a essa espécie de ato processual deverá respeitar um grau elevado de exigência probatória.

Destarte, mesmo que o *standard* da prova *acima da dúvida razoável* consista no mais elevado dos modelos de constatação e seja aplicado na sentença penal, quando se requer maior cautela do julgador, a decisão segregatória preventiva não deve situar-se em um *standard* inferior a este (*proof beyond a reasonable doubt*).

Isso porque, ainda que uma prisão de cunho provisório com base em erro judicial gere prejuízo indiscutivelmente mais reduzido do que aquele erro que enseja uma condenação em sentença criminal, a incidência do *in dubio pro reo* na cautelar segregatória não pode apontar para outro *standard* probatório que não o *acima da dúvida razoável*. Isto é, o rebaixamento do *standard* para a imposição de restrição de liberdade preventiva não se coaduna com o respeito à presunção de inocência.

É forçoso, pois, exigir que o *in dubio pro reo* incida tão somente na decisão de mérito do processo penal — isto é, no juízo que condena ou absolve o acusado —, mas também em questões incidentais de cunho subjetivo e objetivo, como limites de participação, tipificação, concurso de crimes e outras figuras jurídicas que despontam no Direito Penal[37]. É por essa razão que Moraes defende que a incidência do *in dubio pro reo* ocorre durante toda a persecução penal, não se limitando somente ao momento do julgamento — quando da apreciação, pelo julgador, do conjunto probatório para a tomada da decisão

[36] Assim leciona Giacomolli: "a presunção de inocência é um princípio de elevado potencial político e jurídico, indicativo de um modelo basilar e ideológico de processo penal, interferindo, substancialmente, na limitação do direto de liberdade do cidadão" (GIACOMOLLI, Nereu José. **Prisão, Liberdade e as Cautelares Alternativas ao Cárcere**. São Paulo: Marcial Pons, 2013. p. 22).

[37] GIACOMOLLI, Nereu José. **O Devido Processo Penal**: abordagem conforme a Constituição Federal e o Pacto de São José da Costa Rica. 2. ed. Rio de Janeiro: Atlas, 2015. p. 109.

sobre o mérito da ação penal —, mas também se estendendo ao processo como um todo[38].

Em dado contexto, no tocante à fundamentação, a inserção do art. 315 no CPP pela Lei nº 13.964/19 reforça o *standard* probatório como mecanismo que contribuirá sobremaneira para evitar a prática de decisionismos e relativismos na decisão que cerceia a liberdade do indivíduo, pois, além de condicionar a imposição de prisão preventiva à necessidade da sua utilização (prisão como *extrema ratio*), bem como à provisionalidade da medida, o *caput* do dispositivo processual penal reforçou a própria exigência de motivação da decisão que decreta a segregação processual, o que, logicamente, já deveria ser naturalmente respeitada por disposição constitucional (inciso IX do art. 93 da Constituição Federal) e pelo próprio diploma processual penal ao preceituar que o livre convencimento é motivado (art. 155 do Código de Processo Penal).

Conclusões

A reflexão sugerida neste estudo recaiu sobre o *standard* da prova na cautelar de prisão preventiva e o impacto trazido pelas alterações no Código de Processo Penal promovidas pela Lei nº 13.964/19, sem, contudo, ter a pretensão de esgotar tão aprofundado tema.

A Lei Anticrime, em sua conturbada e célere tramitação legislativa, foi alvo de alterações substanciais. O texto original sofreu modificações, trazendo aspectos positivos ao ordenamento jurídico e, em especial ao presente estudo, a previsão expressa das hipóteses que configuram violação do dever de motivar e fundamentar a prisão preventiva. Nessa seara, o art. 315 do CPP passou a dispor que "[a] decisão que decretar, substituir ou denegar a prisão preventiva será sempre motivada e fundamentada". Ainda, conforme visto, o § 1º do mesmo dispositivo ressaltou o caráter de *cautelaridade* das prisões preventivas,

[38] MORAES, Maurício Zanoide de. **Presunção de Inocência no Processo Penal Brasileiro**: análise de sua estrutura normativa para a elaboração legislativa e para a decisão judicial. Rio de Janeiro: Editora Lumen Juris, 2010. p. 587.

na medida em que, não configurando antecipação de pena, somente podem subsistir enquanto persistir o fundamento fático que a justificou[39].

Ainda, a inserção do novel art. 315, § 2º, no Código de Processo Penal elenca uma alteração benéfica trazida pela Lei Anticrime, junto ao inciso V do art. 564 do CPP, que prevê a nulidade da decisão não fundamentada. Desde a vigência da Lei nº 13.964/19, por força de tal dispositivo legal, encontra-se elencado o rol de parâmetros mínimos sobre o que *não se considera* uma decisão adequadamente fundamentada e, portanto, apta a ensejar o recolhimento cautelar do indivíduo.

Sob os diversos ângulos que foram suscitados na presente análise, foi demonstrado que se impõe a estrita obediência aos limites da legalidade (e com esta o princípio do devido processo legal, o princípio do contraditório e outros) e, dessa observância, naturalmente deve sobrevir o respeito à motivação das decisões. Isso porque um controle ao decisionismo só é possível com a presença de uma fundamentação adequada sobre os caminhos percorridos até a concretização do ato de decidir, e é a motivação (prevista constitucionalmente e replicada no diploma processual penal) que irá garantir a racionalidade da decisão.

Ressaltou-se que a observância a um *standard* de prova também encontra reflexos no que tange à validade das decisões judiciais, na medida em que o modelo de constatação atua como ferramenta apta a resguardar a segurança jurídica ao delimitar previamente o grau de certeza que uma alegação deve alcançar para ser considerado efetivamente comprovado. Ademais, os modelos de constatação da prova também têm a função de permitir a posterior aferição quanto ao grau de suficiência da motivação de fato da decisão, ou seja, no que diz respeito à propensão de veracidade das alegações, dentro do ônus da prova próprio do processo penal, pretensão que deve estar inserida em qualquer política de redução de erros.

Nesse aspecto, no que toca ao processo penal, a presunção de inocência enquanto regra probatória manifestada pelo *in dubio pro reo* atua como um critério de julgamento que se compatibiliza com o *standard* da prova *além da*

[39] FEDATO, Matheus Arcangelo; KAZMIERCZAK, Luiz Fernando. Prisão cautelar, argumentação e proporcionalidade: uma proposta para a fundamentação das decisões judiciais. **Revista Brasileira de Direito Processual Penal**, Porto Alegre, v. 6, n. 1, p. 483-514, jan./abr. 2020. p. 487.

dúvida razoável e contribui para a mitigação de erros de julgamento e do custo que é ter um inocente condenado.

Conforme ventilado, mesmo que a condenação criminal seja a mais enérgica das sanções existentes em um processo judicial, o que levaria à constatação de que a prisão cautelar exigiria um grau inferior de corroboração (*standard*) para a sua decretação, entendemos que, nessa sistemática de modelos de constatação, o *in dubio pro reo* configura um mandamento ao julgador que deve vigorar também nessa etapa, razão pela qual não deve ser imposta a segregação provisória se o órgão acusatório não foi capaz de apresentar elementos probatórios que sustentem suas alegações para *além da dúvida razoável*.

Diante desse quadro, mesmo que as alterações trazidas pela Lei nº 13.964/2019 não tenham definido, expressamente, um *standard* probatório objetivo para a decretação da prisão preventiva, é incontestável reconhecer que o novo texto do art. 315 e seus incisos do Código de Processo Penal reforçam a necessidade de observância a um *standard* da prova como forma de reduzir a possibilidade de erros e injustiças, o que poderá ser aferido pela própria leitura da decisão, dada a obrigatoriedade de fundamentação.

Referências

ALEXY, Robert. ***Teoria de los derechos fundamentales.*** Madrid: Centro de Estúdios Políticos y Constitucionales, 2001.

BACIGALUPO, Enrique. ***El Debido Proceso Penal.*** Buenos Aires: Hammurabi, 2005.

BALTAZAR JR., José Paulo. *Standards* probatórios no processo penal. **Revista AJUFERGS**, Porto Alegre, n. 04, 2003.

BLACKSTONE, William. ***Commentaries on the Laws of England.*** 1st ed. Oxford: Printed at the Clarendon Press, 1765-1769.

BUSTAMENTA RÚA, Mónica María. *La garantía de la presunción de inocencia y el estándar de prueba de más allá de toda duda razonable.* ***Revista de la Maestría en Derecho Procesal,*** v. 4, n. 1, 2010.

COUTINHO, Jacinto Nelson de Miranda. Lei 12.403/2011: Mais uma tentativa de salvar o sistema inquisitório brasileiro. *In*: SILVEIRA, Marco Aurélio Nunes da; PAULA, Leonardo Costa de. (org.). **Observações sobre os sistemas processuais**. Curitiba: Observatório da Mentalidade Inquisitória, 2018.

CRUZ, Rogerio Schietti. **Prisão Cautelar**: dramas, princípios e alternativas. 5. ed. Salvador: JusPODIVM, 2020.

FEDATO, Matheus Arcangelo; KAZMIERCZAK, Luiz Fernando. Prisão cautelar, argumentação e proporcionalidade: uma proposta para a fundamentação das decisões judiciais. **Revista Brasileira de Direito Processual Penal**, Porto Alegre, v. 6, n. 1, p. 483-514, jan./abr. 2020.

FERNANDES, Antonio Scarance. Funções e limites da prisão processual. **Revista brasileira de ciências criminais**. Imprenta: São Paulo, Revista dos Tribunais, 1992. v. 15, n. 64, p. 239–252, jan./fev., 2007.

FERRER BELTRÁN, Jordi. ***Prueba y Verdad en el Derecho***. 2. ed. Madrid: Marcial Pons, 2005.

FERRER BELTRÁN, Jordi. ***La valoración racional de la prueba.*** Madri: Marcial Pons, 2007.

GARAPON, Antonie; PAPOULOS, Ioannis. **Julgar nos Estados Unidos e na França**: Cultura Jurídica Francesa e Common Law em uma Perspectiva Comparada. Rio de Janeiro: Lummen Juris, 2008.

GARDNER, Thomas J. ***Criminal Evidence:*** *principles, cases and readings*. 2nd ed. St. Paul: West Publishing Company, 1980.

GIACOMOLLI, Nereu José. Exigências e perspectivas do Processo Penal na contemporaneidade. *In*: GAUER, Ruth Maria Chittó (org.). **Criminologia e sistemas jurídico-penais contemporâneos II.** Porto Alegre: EDIPUCRS, 2010.

GIACOMOLLI, Nereu José. **Prisão, Liberdade e as Cautelares Alternativas ao Cárcere.** São Paulo: Marcial Pons, 2013.

GIACOMOLLI, Nereu José. **O Devido Processo Penal**: abordagem conforme a Constituição Federal e o Pacto de São José da Costa Rica. 2. ed. Rio de Janeiro: Atlas, 2015.

GIACOMOLLI, Nereu. A Prisão Preventiva em face da Lei 13.964/2019. *In*: CAMARGO, Rodrigo; FELIX, Yuri. (org.). **Pacote Anticrime:** reformas processuais à luz da lei 13.964/2019. Florianópolis. Editora Emais, 2020.

HAACK, Susan. *El probabilismo jurídico: una disensión epistemológica*. *In*: VÁZQUEZ, Carmen (ed.). ***Estándares de Prueba y Prueba Científica***: *ensayos de epistemología jurídica*. Madrid: Marcial Pons, 2013.

KNIJNIK, Danilo. **A Prova nos Juízos Cível, Penal e Tributário**. Rio de Janeiro: Forense, 2007.

LOPES JR., Aury. **Prisões Cautelares.** 4. ed. São Paulo: Saraiva, 2013.

LOPES JR., Aury. **Direito Processual Penal.** 17. ed. São Paulo : Saraiva Educação, 2020.

MATIDA, Janaína; VIEIRA, Antonio. Para além do BARD: uma crítica à crescente adoção do *standard* de prova "para além de toda a dúvida razoável" no processo penal brasileiro. **Revista Brasileira de Ciências Criminais – Dossiê Especial: "Provas no Processo Penal"**, São Paulo: Revista dos Tribunais, ano 27, v. 156, jun./2019.

MORAES, Maurício Zanoide de. **Presunção de Inocência no Processo Penal Brasileiro**: análise de sua estrutura normativa para a elaboração legislativa e para a decisão judicial. Rio de Janeiro: Editora Lumen Juris, 2010.

OLIVEIRA, Marcelo Ribeiro de. ***In dubio pro reo* e proteção para além da dúvida razoável**. Jota. 2017. Disponível em: http://next.jota.info/opiniao-e-analise/colunas/

pelo-mp/dubio-pro-reo-e-protecao-para-alem-da-duvida-razoavel-21022017. Acesso em: 2 jun. 2020.

POSNER, Richard A. ***An Economic approach to the Law of Evidence***. Chicago: John M. Olin Law & Economics Working Paper n. 66, 1999.

66.
A DINÂMICA DAS CONSTELAÇÕES FAMILIARES COMO MEIO DE SOLUÇÃO PACÍFICA DOS CONFLITOS

Cristina di Gesu
Enzo Carlo di Gesu

1. Considerações iniciais

O presente artigo intitulado "A dinâmica das constelações familiares como meio de solução pacífica dos conflitos" tem como objetivo analisar a aplicação do método terapêutico das constelações familiares desenvolvido por Hellinger como metodologia de solução consensual dos conflitos judiciais.

A abordagem sob o viés interdisciplinar justifica-se em razão da complexidade do tema escolhido, pois, embora certo que não seja inédito, não menos certo que a metodologia tem se mostrado extremamente eficaz na composição dos litígios envolvendo não somente o direito de família, como também questões atinentes às áreas criminal, da infância e juventude e de violência doméstica e familiar contra a mulher.

A escolha do tema oportunizou-nos o estudo da técnica das constelações familiares, aprimorada por Hellinger e fundada em três premissas básicas: hierarquia, pertencimento e equilíbrio, bem como proporcionou-nos a averiguação científica acerca da reiteração de comportamentos ao longo de gerações, através dos estudos sobre os campos morfogenéticos e da ressonância mórfica, desenvolvidos por Sheldrake, a fim de trazer cientificidade à metodologia aplicada às constelações e sua eficácia no Direito.

A realidade processual traduzida na perpetuação dos conflitos judiciais, em virtude, entre outros motivos, da existência de causas subjacentes, tem demonstrado que os métodos tradicionais de solução dos litígios não têm sido eficazes, o que faz refletir acerca da busca de soluções alternativas.

Dessa feita, imprescindível a apreciação acerca dos reflexos da aplicação das constelações familiares aos processos judiciais, como técnica facilitadora da obtenção de acordos, como metodologia preventiva de novas demandadas e também como ferramenta eficaz de redução dos índices de reincidência infracional.

2. As constelações familiares de Bert Hellinger

A constelação familiar[1] é um método ou terapia teorizada pelo filósofo, teólogo e psicoterapeuta alemão Bert Hellinger, com inspiração, a partir da década de 1970, no fenômeno da representação familiar desenvolvido por Virgínia Satir[2] e no psicodrama criado por Levy Moreno[3], o que o fez refletir acerca

[1] Do alemão *familienstellen*, cuja tradução seria "colocação familiar".

[2] Bianca Pizzatto, na sua obra intitulada *Constelações familiares na advocacia: uma prática humanizada*, no primeiro capítulo, em que trata do pensamento sistêmico, apresenta uma síntese acerca do pensamento de Virgínia Satir e Levy Moreno aplicado às constelações familiares. Assim, apenas com a pretensão de esclarecer o leitor e não aprofundar o tema, que não é objeto de estudo, Pizzatto ensina que a obra mais importante de Satir foi a *Terapia do Grupo Familiar*, sendo que a sua marca registrada era o treinamento de pessoas para interagirem com as suas próprias partes internas, em especial aquelas vinculadas aos papéis dos membros familiares. Na década de 1970, Satir trabalhava com o método de esculturas familiares, através do qual uma pessoa estranha, convocada para representar um membro da família, passava a sentir as mesmas sensações e sintomas físicos do representado. O objetivo da reconstrução familiar proposto por Satir era permitir ao cliente a percepção de alguns padrões de comportamento adquiridos na infância ou herdados que não se encaixavam mais no presente, para que pudessem descartar aqueles causadores de problemas (PIZZATO, Bianca. **Constelações familiares na advocacia**: uma prática humanizada. 2. ed. Joinville: Manuscritos editora, 2018. p. 31-32).

[3] O psicodrama criado por Levy Moreno consiste em uma "técnica pela qual os pacientes escolhem os papeis que vão desempenhar na dramatização de uma situação com forte carga emocional, oferecendo ao facilitador oportunidade de aprender os sintomas que afloram no relacionamento entre os clientes. O psicodrama é utilizado para entender o conjunto de processos que forma o indivíduo, e propõe a ampliação da visão sob a representação dramatizada de três perspectivas distintas: indiferenciação do Eu; Visão do Eu e Visão do Outro, tendo

da consciência e das forças que atuam nos grupos familiares. O desenvolvedor das constelações familiares, através de observação de casos e levando em consideração a técnica de Eric Berni e Fanita English, chegou à conclusão de que "[...] muitos problemas dificuldades e mesmo doenças de seus clientes estavam ligados a destinos de membros anteriores de seu grupo familiar."[4]

A polêmica abordagem terapêutica denominada constelação familiar pode ser entendida como "uma técnica de representação espacial das relações familiares que permite identificar bloqueios emocionais de gerações anteriores ou membros da família. E de uma forma nova e inusitada, é capaz de identificar pontos de tensão psicológica ou emocional que condicionam comportamentos humanos"[5], sendo a terapia adequada a

> [...] demonstrar, com simplicidade, profundidade e praticidade onde está a raiz, a origem de um distúrbio de relacionamento, psicológico, psiquiátrico, financeiro, físico, levando o indivíduo a outro nível de consciência em relação ao problema e mostrando uma solução prática e amorosa de pertencimento, respeito e equilíbrio.[6]

O método das constelações familiares foi desenvolvido por Hellinger a partir de observações empíricas "fundamentadas em diversas formas de psicoterapia familiar, dos padrões de comportamento que se repetem nas famílias e grupos familiares ao longo de gerações"[7], tratando-se, portanto, de uma ciência fenomenológica.

como finalidade revelar comportamentos e sentimentos sabotadores ainda não identificados pela pessoa, de forma a eliminá-los. Com esse objetivo, várias técnicas foram desenvolvidas por Jacob para que o cliente conseguisse a melhor visão de si e do problema em questão". (PIZZATO, Bianca. **Constelações familiares na advocacia**: uma prática humanizada. 2. ed. Joinville: Manuscritos editora, 2018. p. 34).

[4] SILVA, Milena Patrícia da. **Direito Sistêmico e Justiça Criminal**. A Constelação Familiar como instrumento de Resolução de Conflitos na Área Penal. Curitiba: Juruá, 2019. p. 88.

[5] SILVA, Milena Patrícia da. **Direito Sistêmico e Justiça Criminal**. A Constelação Familiar como instrumento de Resolução de Conflitos na Área Penal. Curitiba: Juruá, 2019. p. 88.

[6] SILVA, Milena Patrícia da. **Direito Sistêmico e Justiça Criminal**. A Constelação Familiar como instrumento de Resolução de Conflitos na Área Penal. Curitiba: Juruá, 2019. p. 88.

[7] GUEDES apud SILVA, Milena Patrícia da. **Direito Sistêmico e Justiça Criminal**. A Constelação Familiar como instrumento de Resolução de Conflitos na Área Penal. Curitiba: Juruá, 2019. p. 91.

Partindo da premissa de um inconsciente familiar em cada membro da família, além da atuação do inconsciente coletivo, preconizado por Jung[8], Hellinger propõe três leis básicas dos relacionamentos humanos, denominadas por ele de "ordens do amor", quais sejam, a lei do pertencimento, a do equilíbrio (entre o dar e o receber) e da hierarquia, sendo que "as ações realizadas em consonância com essas leis favorecem que a vida flua de modo equilibrado e harmônico e, quando transgredidas, ocasionam a perda da saúde, da vitalidade, da realização, dos bons relacionamentos, com decorrente fracasso nos objetivos de vida"[9].

Imprescindível ressaltar que as três ordens naturais que embasam o trabalho de Hellinger – pertencimento, equilíbrio e hierarquia – não correspondem, necessariamente, às regras morais e/ou às leis positivadas[10]. Todavia,

> atendem à exigência (e à expectativa) de efetiva resolução ou solução consensual a partir do direcionamento à genealogia da conflituosidade (circundante ou subjacente ao conflito vista do ponto de vista estritamente jurídico) que aporta ao Judiciário, na medida em que busca

[8] Segundo o conceito de psicologia analítica criado pelo psiquiatra suíço Carl Gustav Jung, o inconsciente coletivo "é a camada mais profunda da psiquê. Ele é constituído pelos materiais que foram herdados, e é nele que residem os traços funcionais, tais como imagens virtuais, que seriam comuns a todos os seres humanos. O inconsciente coletivo também tem sido compreendido como um arcabouço de arquétipos cujas influências se expandem para além da psiquê humana. A existência do inconsciente coletivo não é derivada de experiências individuais, tal como o inconsciente pessoal, trabalhado por Freud, embora precise de experiências reais para poder se manifestar. Tais traços funcionais do inconsciente coletivo foram chamados por Jung de arquétipos, que não seriam observáveis em si, mas apenas através das imagens que eles proporcionam. Jung chamou a atenção para o fato de que o inconsciente coletivo retém informações arquetípicas e impessoais, e seus conteúdos podem se manifestar nos indivíduos da mesma forma que também migraram os indivíduos ao longo do processo de desenvolvimento da vida" (INCONSCIENTE Coletivo. Disponível em: https://pt.wikipedia.org/wiki/Inconsciente_coletivo). Acesso em: 14 mar. 2020.

[9] SILVA, Milena Patrícia da. **Direito Sistêmico e Justiça Criminal**. A Constelação Familiar como instrumento de Resolução de Conflitos na Área Penal. Curitiba: Juruá, 2019. p. 88.

[10] SCHMIDT, Cândice C.; PAN NYS, Cristiane; PASSOS, Lizandra dos. **Justiça Sistêmica**: um novo olhar do Judiciário sobre as dinâmicas familiares e a resolução dos conflitos. Disponível em: https://www.tjrs.jus.br/export/poder_judiciario/tribunal_de_justica/centro_de_estudos/horizontes/ constelacoes_familiares_artigo.pdf. Acesso em: 14 mar. 2020.

solucionar padrões de comportamento disfuncional apresentados nas famílias e sistemas familiares ao longo das gerações.[11]

A partir de um exame fenomenológico, Hellinger compreendeu que "[...] cada indivíduo responde através de seus comportamentos não só à sua própria consciência, mas encontra-se inseparavelmente comprometido (inconscientemente) com algo que está além de si mesmo: a consciência coletiva de seu sistema familiar"[12].

A consciência coletiva do sistema familiar, além de culminar com o cancelamento das diferenças conscientes, mormente porque atua em todos os membros do grupo como se eles fossem uma "pessoa ampliada", direcionando o indivíduo sem que ele possa se distinguir dos demais membros, ainda tem a função de zelar para que as ordens naturais, isto é, as ordens do amor sejam observadas entre os membros do sistema familiar, bem como na interação com todos os sistemas, conforme explicam Schmidt, Pan Nys e Passos[13], concluindo as autoras que "isso significa que a consciência de cada sistema (familiar ou não) toma a serviço de seus membros, inclusive contra suas consciências pessoais, privilegiando a ordem coletiva em detrimento da ordem individual"[14].

O sistema familiar constitui o grupo familiar, envolvendo pais, filhos, avós, bisavós e assim sucessivamente até 21 (vinte e uma) gerações e, segundo Hellinger, esse sistema transcende à consanguinidade, pois além de incluir os

[11] SCHMIDT, Cândice C.; PAN NYS, Cristiane; PASSOS, Lizandra dos. **Justiça Sistêmica**: um novo olhar do Judiciário sobre as dinâmicas familiares e a resolução dos conflitos. Disponível em: https://www.tjrs.jus.br/export/poder_judiciario/tribunal_de_justica/centro_de_estudos/horizontes/ constelacoes_familiares_artigo.pdf. Acesso em: 14 mar. 2020.

[12] SCHMIDT, Cândice C.; PAN NYS, Cristiane; PASSOS, Lizandra dos. **Justiça Sistêmica**: um novo olhar do Judiciário sobre as dinâmicas familiares e a resolução dos conflitos. Disponível em: https://www.tjrs.jus.br/export/poder_judiciario/tribunal_de_justica/centro_de_estudos/horizontes/ constelacoes_familiares_artigo.pdf. Acesso em: 14 mar. 2020.

[13] SCHMIDT, Cândice C.; PAN NYS, Cristiane; PASSOS, Lizandra dos. **Justiça Sistêmica**: um novo olhar do Judiciário sobre as dinâmicas familiares e a resolução dos conflitos. Disponível em: https://www.tjrs.jus.br/export/poder_judiciario/tribunal_de_justica/centro_de_estudos/horizontes/ constelacoes_familiares_artigo.pdf. Acesso em: 14 mar. 2020.

[14] SCHMIDT, Cândice C.; PAN NYS, Cristiane; PASSOS, Lizandra dos. **Justiça Sistêmica**: um novo olhar do Judiciário sobre as dinâmicas familiares e a resolução dos conflitos. Disponível em: https://www.tjrs.jus.br/export/poder_judiciario/tribunal_de_justica/centro_de_estudos/horizontes/ constelacoes_familiares_artigo.pdf. Acesso em: 14 mar. 2020.

bebês abortados, falecidos prematuramente ou natimortos, também faz alusão àquelas pessoas abrangidas pela "alma da família", tais como companheiros dos pais, dos avós, meio-irmão, cuidadores de algum familiar, incluindo-se no aludido sistema tanto aqueles que deixaram um bom legado de ações quanto aqueles que causaram danos a alguém da família.[15]

Muitas vezes, o conflito com "roupagem jurídica" pode estar lastreado na transgressão das "regras naturais" ou "ordens" indicadas por Hellinger, advindo daí a necessidade de compreensão das aludidas ordens e os consectários de sua violação para a consciência do sistema.[16]

As ordens do amor são basicamente três: pertencimento, hierarquia e equilíbrio entre dar e tomar.

No que tange à primeira ordem, o *pertencimento*, ou o que Hellinger chama de pertinência, significa que todos que fazem parte da família têm o direito de pertencer, incluindo "os que morreram precocemente, os natimortos, deficientes, os maus, os filhos abortados e outras pessoas para quem a família não quer olhar. É muito comum que pessoas sejam esquecidas porque lembrar delas traz sofrimento".[17]

A ordem do pertencimento "não permite que qualquer membro do grupo seja esquecido, expulso ou excluído do sistema sem exigir uma compensação."[18] Assim, quando alguém é excluído ou esquecido, isso equivale à negativa de pertinência ou pertencimento desse membro no sistema, gerando, por sua vez, "[...] uma necessidade irresistível do próprio sistema de restabelecer a integridade perdida e compensar a injustiça cometida"[19].

[15] Disponível em: https://titividal.com.br/as-ordens-do-amor-uma-introducao-as-constelacoes-familiares/. Acesso em: 14 mar. 2020.

[16] SCHMIDT, Cândice C.; PAN NYS, Cristiane; PASSOS, Lizandra dos. **Justiça Sistêmica**: um novo olhar do Judiciário sobre as dinâmicas familiares e a resolução dos conflitos. Disponível em: https://www.tjrs.jus.br/export/poder_judiciario/tribunal_de_justica/centro_de_estudos/horizontes/ constelacoes_familiares_artigo.pdf. Acesso em: 14 mar. 2020.

[17] Disponível em: https://titividal.com.br/as-ordens-do-amor-uma-introducao-as-constelacoes-familiares. Acesso em: Acesso em: 14 mar. 2020.

[18] SCHMIDT, Cândice C.; PAN NYS, Cristiane; PASSOS, Lizandra dos. **Justiça Sistêmica**: um novo olhar do Judiciário sobre as dinâmicas familiares e a resolução dos conflitos. Disponível em: https://www.tjrs.jus.br/export/poder_judiciario/tribunal_de_justica/centro_de_estudos/horizontes/ constelacoes_familiares_artigo.pdf. Acesso em: 14 mar. 2020.

[19] Disponível em: https://titividal.com.br/as-ordens-do-amor-uma-introducao-as-constelacoes-familiares/. Acesso em: Acesso em: 14 mar. 2020.

A *hierarquia*, por sua vez, deve ser compreendida como a necessidade de que cada um ocupe seu lugar em termos de precedência, e não de importância. Isso quer dizer que aquele que veio "antes" precisa ser reconhecido como tal, em clara alusão a uma hierarquia cronológica. Nessa seara, os pais vêm antes dos filhos, o primeiro filho precede ao segundo – e assim por diante –, o amor dos genitores precede à relação com a prole, isto é, a relação mãe-filho, pai-filho[20].

A quebra da ordem hierárquica é comumente verificada quando um filho, por exemplo, se coloca em posição de superioridade em relação aos seus pais, ocasionando um emaranhamento familiar gerador de conflitos, sendo que a origem dos conflitos estabelecidos na relação professor e aluno, pais e escola e nas organizações sociais, públicas ou empresariais, pode ser decorrente da violação da aludida ordem.[21]

A terceira ordem do amor é a do *equilíbrio* entre o dar e o receber (ou tomar), que deve estar presente em todas as relações, pois "a consciência do sistema exige uma compensação adequada entre o dar e o receber"[22]. Assim, a logística da interação funciona da seguinte forma: enquanto um "dá", o outro "recebe" ou "toma", haja vista que o tomar é mais ativo que o receber. Aquele que "recebe", em razão da gratidão e também por se sentir em dívida, retribui com um pouco mais. E tal interação equilibrada fomenta a manutenção da relação.[23]

A única exceção à lei do equilíbrio diz respeito à relação entre pais e filhos, pois os pais ocupam a posição de doadores do bem maior (a vida) e os filhos de receptores: "os filhos retribuirão o que receberam crescendo na vida e, no futuro, dando a seus filhos. Só poderá dar e receber de forma equilibrada na

[20] Disponível em: https://titividal.com.br/as-ordens-do-amor-uma-introducao-as-constelacoes-familiares/. Acesso em: Acesso em: 14 mar. 2020.

[21] SCHMIDT, Cândice C.; PAN NYS, Cristiane; PASSOS, Lizandra dos. **Justiça Sistêmica**: um novo olhar do Judiciário sobre as dinâmicas familiares e a resolução dos conflitos. Disponível em: https://www.tjrs.jus.br/export/poder_judiciario/tribunal_de_justica/centro_de_estudos/horizontes/ constelacoes_familiares_artigo.pdf. Acesso em: 14 mar. 2020.

[22] SCHMIDT, Cândice C.; PAN NYS, Cristiane; PASSOS, Lizandra dos. **Justiça Sistêmica**: um novo olhar do Judiciário sobre as dinâmicas familiares e a resolução dos conflitos. Disponível em: https://www.tjrs.jus.br/export/poder_judiciario/tribunal_de_justica/centro_de_estudos/horizontes/ constelacoes_familiares_artigo.pdf. Acesso em: 14 mar. 2020.

[23] Disponível em: https://titividal.com.br/as-ordens-do-amor-uma-introducao-as-constelacoes-familiares/. Acesso em: Acesso em: 14 mar. 2020.

vida quem pôde receber e soube tomar o que os pais deram"[24]. Assim, mesmo que haja diferenças no relacionamento entre pais e filhos, o fato de eles nos propiciarem a vida deveria ser motivo de gratidão e respeito.

Quando não há equilíbrio na relação, por exemplo, quando alguém recebe demais e não dá nada em troca, explicam Schmidt, Pan Nys e Passos que "um descendente terá a propensão de fazê-lo em seu lugar"[25]. Apontam as autoras que o desrespeito à ordem do equilíbrio constitui-se em frequente causa de ruptura dos relacionamentos amorosos, porquanto promove o sentimento de superioridade do cônjuge ou companheiro que "dá mais" em relação ao outro, e salientam que, "mesmo após o fim do relacionamento amoroso, os ex-cônjuges ou companheiros continuam a se digladiar no conflito judicializado, buscando o reconhecimento por tudo que deram ao outro e que não foi retribuído"[26].

O leitor pode se questionar sobre como esse fenômeno acontece. Conforme as leis preconizadas por Hellinger, há uma grande propensão, numa geração futura ou várias gerações adiante, de que alguém da família imite ou represente aquele membro que foi excluído, seguindo o destino do antepassado (mesmo sem nada saber a seu respeito), e não o seu próprio destino: "[...] a exemplo do que ocorre quando um filho, mesmo reprovando (moralmente) a conduta de um pai alcoolista, quando adulto passa a desenvolver o alcoolismo como forma de inclusão desse pai excluído"[27].

Nessa perspectiva,

> a dinâmica da constelação é conduzida por um facilitador de modo que um cliente coloca pessoas estranhas para representar seus familiares

[24] Disponível em: https://titividal.com.br/as-ordens-do-amor-uma-introducao-as-constelacoes-familiares/. Acesso em: Acesso em: 14 mar. 2020.

[25] SCHMIDT, Cândice C.; PAN NYS, Cristiane; PASSOS, Lizandra dos. **Justiça Sistêmica**: um novo olhar do Judiciário sobre as dinâmicas familiares e a resolução dos conflitos. Disponível em: https://www.tjrs.jus.br/export/poder_judiciario/tribunal_de_justica/centro_de_estudos/horizontes/ constelacoes_familiares_artigo.pdf. Acesso em: 14 mar. 2020.

[26] SCHMIDT, Cândice C.; PAN NYS, Cristiane; PASSOS, Lizandra dos. **Justiça Sistêmica**: um novo olhar do Judiciário sobre as dinâmicas familiares e a resolução dos conflitos. Disponível em: https://www.tjrs.jus.br/export/poder_judiciario/tribunal_de_justica/centro_de_estudos/horizontes/ constelacoes_familiares_artigo.pdf. Acesso em: 14 mar. 2020.

[27] Disponível em: https://titividal.com.br/as-ordens-do-amor-uma-introducao-as-constelacoes-familiares/. Acesso em: 14 mar. 2020.

> em suas relações recíprocas; essas pessoas, sem informações prévias, vivenciam sentimentos e usam palavras semelhantes às daquelas a quem representam e, muitas vezes, até mesmo reproduz seus sintomas. Quando os representantes são instados em movimento o que sentem, eles exprimem uma dinâmica da alma que revela questões até então ocultas, que o próprio cliente desconhecia.[28]

A sistemática da constelação, além de buscar trabalhar o conflito na origem e com profundidade, tem o intuito de trazer à tona (à consciência) a problemática subjacente, muitas vezes originadas em repetições de memórias transgeracionais[29], para que seja solucionada e, assim, cessada a repetição de padrões ou a reiteração dos comportamentos patológicos.

A prática da constelação familiar, via de regra, procura reordenar o sistema desequilibrado, incluindo aquele que foi excluído, olhando para os antepassados com gratidão e honrando seus destinos através das "palavras curativas" ditas aos representantes dos familiares que estão no "campo mórfico". Isso tem um reflexo positivo para todos da família, inclusive para aqueles que não estão presentes e, tal como uma pedra que é jogada no centro de um lago, impulsionando ondas que atingem a margem, as palavras curativas irão irradiar para todo o sistema familiar.

Assim, a repetição de comportamentos ou a reiteração de atos deixa de fazer sentido quando a razão oculta passa a ser identificada na sua origem: "encontrar a raiz do conflito, trazer isso para o nível da consciência, proporciona uma liberação para esse indivíduo com relação ao passado vivenciado nessa família, possibilitando ao indivíduo deixar de cometer esses atos"[30].

Quando uma angústia é exposta em uma constelação, observa-se que o sofrimento carregado pelo membro de uma família não se trata tão somente de uma memória pessoal, mas de uma memória transgeracional, isto é, que diz

[28] SILVA, Milena Patrícia da. **Direito Sistêmico e Justiça Criminal**. A Constelação Familiar como instrumento de Resolução de Conflitos na Área Penal. Curitiba: Juruá, 2019. p. 89.

[29] SILVA, Milena Patrícia da. **Direito Sistêmico e Justiça Criminal**. A Constelação Familiar como instrumento de Resolução de Conflitos na Área Penal. Curitiba: Juruá, 2019. p. 90.

[30] SILVA, Milena Patrícia da. **Direito Sistêmico e Justiça Criminal**. A Constelação Familiar como instrumento de Resolução de Conflitos na Área Penal. Curitiba: Juruá, 2019. p. 93/94.

respeito a algum membro do sistema familiar e que está vinculado ao sujeito que apresenta o sintoma ou conflito.

Explica Silva[31] que, "desse modo, é possível reconhecer essa ligação e fazer uma desvinculação durante o trabalho da terapia da constelação, esse processo pode acontecer através de frases que são utilizadas para colocar em evidência o que existe na dinâmica específica daquela família". Ainda destaca a autora que a compreensão do todo ocorre justamente quando a informação é trazida do nível do inconsciente para o consciente e que a solução no âmbito das constelações sistêmicas

> [...] significaria chegar a algo essencial que traga alívio e compreensão e, dependendo do caso, a quebra de repetições de padrões. Ou seja, quando se observa uma situação através da constelação sistêmica é possível verificar quais são as lealdades sistêmicas (ou repetição de padrões transgeracionais) existindo uma possibilidade de poder deixar de segui-las.[32]

O resultado disso é que ordem do sistema familiar é restabelecida e ninguém mais precisa "representar" aquele membro da família que foi excluído e, como consequência,

> todos ficam fortes e podem seguir seus próprios destinos, dizendo um belo SIM para vida. E quando reina essa ordem do amor, portanto, o sistema e seus membros encontram paz. Quando damos a cada um seu lugar de direito, com reconhecimento, honrando seus destinos, estamos, portanto, em paz.[33]

[31] SILVA, Milena Patrícia da. **Direito Sistêmico e Justiça Criminal**. A Constelação Familiar como instrumento de Resolução de Conflitos na Área Penal. Curitiba: Juruá, 2019. p. 94.
[32] SILVA, Milena Patrícia da. **Direito Sistêmico e Justiça Criminal**. A Constelação Familiar como instrumento de Resolução de Conflitos na Área Penal. Curitiba: Juruá, 2019. p. 96.
[33] Disponível em: https://titividal.com.br/as-ordens-do-amor-uma-introducao-as-constelacoes-familiares/. Acesso em: 14 mar. 2020.

3. A repetição de padrões comportamentais e a ressonância mórfica de Rupert Sheldrake

A *Teoria dos Campos Morfogenéticos*, elaborada pelo biólogo inglês Rupert Sheldrake em sua obra intitulada *Uma Nova Ciência da Vida*, de 1981, traz suporte científico para a compreensão e o reconhecimento do pensamento sistêmico e das constelações. Embora certo que a hipótese dos campos morfogenéticos remonte à década de 1920, portanto, anterior a Sheldrake, não menos certo que o autor generalizou a ideia, ampliando o conceito dos campos mórficos a todos os sistemas naturais, e não somente aos entes biológicos. Mas sua contribuição não se restringiu apenas a isso, pois sustentou a existência do processo de ressonância mórfica capaz de explicar o surgimento e a transformação dos campos mórficos, salientando que "a ressonância mórfica tende a reforçar qualquer padrão repetitivo, seja ele bom ou mau"[34].

A hipótese da causação formativa, proposta pela primeira vez no livro *A New Science Life* e posteriormente desenvolvida em *The Presence of the Past*, de 1988, sugere que os sistemas auto-organizadores, em todos os níveis de complexidade – incluindo moléculas, cristais, células, tecidos, organismos e sociedades de organismos – são organizados por "campos mórficos". Os campos morfogenéticos são apenas um tipo de campo mórfico, aquele que diz respeito ao desenvolvimento e à manutenção dos corpos dos organismos.[35]

Sheldrake, ao questionar a visão mecanicista e compartimentada, demonstra que os organismos adotam formas e comportamentos característicos e que as informações são integradas, independentemente da relação tempo/espaço.

Assim, "os campos mórficos são estruturas que se estendem no espaço-tempo e moldam a forma e o comportamento de todos os sistemas do mundo material"[36], o que explica a razão pela qual os átomos, as moléculas, os cristais, as organelas, as células, os tecidos, os órgãos, os organismos, as sociedades, os ecossistemas, os sistemas planetários, os sistemas solares, as galáxias, estejam

[34] ARANTES, José Tadeu. **Ressonância mórfica**: a teoria do centésimo macaco. Disponível em: http://galileu.globo.com/edic/91/conhecimento1.htm. Acesso em: 14 mar. 2020.

[35] TRIPICCHIO, Adalberto. **Ressonância Mórfica de Rupert Sheldrake**. Disponível em: http://www.redepsi.com.br/2007/09/15/resson-ncia-m-rfica-de-rupert-sheldrake.

[36] ARANTES, José Tadeu. **Ressonância mórfica**: a teoria do centésimo macaco. Disponível em: http://galileu.globo.com/edic/91/conhecimento1.htm. Acesso em: 14 mar. 2020.

associadas a um campo mórfico específico. Dessa feita, os campos mórficos é que "fazem com que um sistema seja um sistema, isto é, uma totalidade articulada e não um mero ajuntamento de partes"[37].

Segundo o cientista, os campos mórficos podem ser explicados através da *ressonância mórfica*, os quais, por sua vez, acabam por informar e influenciar os indivíduos acerca de questões por ele desconhecidas, que são, contudo, repetidas dos antepassados. Também aduz que os seres estão conectados por meio de uma conexão não local de forma inconsciente. Nesse sentido, Sheldrake[38] sustenta que a

> ressonância mórfica, segundo a qual coisas que acontecem no passado, mesmo que estejam separadas umas das outras no espaço e no tempo, podem influenciar coisas similares no presente, através do, ao longo do ou sobre o – seja como queira colocar – espaço e tempo. Há essa conexão não local. Isto me parece muito importante, pois significaria que esses campos têm conexões causais (mas não locais) com coisas que aconteceram antes. [...] Campos morfogenéticos, que produzem repetições de formas e padrões habituais, seriam derivados de campos anteriores (aquilo que você pode chamar de memória cósmica).

A ressonância mórfica é ilustrada através da história fictícia do centésimo macaco[39]:

> Era uma vez duas ilhas tropicais, habitadas pela mesma espécie de macaco, mas sem qualquer contato perceptível entre si. Depois de várias tentativas e erros, um esperto símio da ilha 'A' descobre uma maneira engenhosa de quebrar cocos, que lhe permite aproveitar melhor a água e a polpa. Ninguém jamais havia quebrado cocos dessa forma.

[37] ARANTES, José Tadeu. **Ressonância mórfica**: a teoria do centésimo macaco. Disponível em: http://galileu.globo.com/edic/91/conhecimento1.htm. Acesso em: Acesso em: 14 mar. 2020.

[38] SHELDRAKE, Rupert. **Uma nova ciência da vida**: a hipótese da causação formativa e os problemas não resolvidos da biologia. São Paulo: Cutrix, 2013. p. 236.

[39] ARANTES, José Tadeu. **Ressonância mórfica**: a teoria do centésimo macaco. Disponível em: http://galileu.globo.com/edic/91/conhecimento1.htm. Acesso em: 14 mar. 2020.

> Por imitação, o procedimento rapidamente se difunde entre os seus companheiros e logo uma população crítica de 99 macacos domina a nova metodologia. Quando o centésimo símio da ilha 'A' aprende a técnica recém-descoberta, os macacos da ilha 'B' começam espontaneamente a quebrar cocos da mesma maneira. Não houve nenhuma comunicação convencional entre as duas populações: o conhecimento simplesmente se incorporou aos hábitos da espécie.

Através de evidências experimentais realizadas em laboratórios, Sheldrake averiguou a possibilidade de o comportamento ser "governado" por campos mórficos, haja vista que, quando alguns membros de uma espécie adquirem um novo padrão de comportamento, isto é, aprendendo uma nova habilidade, entendida como um novo campo comportamental, os demais membros da espécie, mesmo diante da ausência de quaisquer meios conhecidos de comunicação ou conexão, manifestam a tendência para aprender a mesma coisa mais rapidamente.[40]

Conforme Sheldrake, a atuação dos campos mórficos assemelha-se à dos campos magnéticos da física, mormente porque "os campos mórficos distribuem-se imperceptivelmente pelo espaço-tempo, conectando todos os sistemas individuais que a eles estão associados"[41], diferenciando-se dos campos físicos, porque não envolvem transmissão de energia. Isso explica a razão pela qual a intensidade dos campos mórficos não decai com o quadrado da distância, como ocorre, por exemplo, com os campos gravitacional e eletromagnético, haja vista que o que se transmite através deles é pura informação.[42]

[40] TRIPICCHIO, Adalberto. **Ressonância Mórfica de Rupert Sheldrake.** Disponível em: http://www.redepsi.com.br/2007/09/15/resson-ncia-m-rfica-de-rupert-sheldrake. Acesso em: 14 mar. 2020.

[41] ARANTES, José Tadeu. **Ressonância mórfica**: a teoria do centésimo macaco. Disponível em: http://galileu.globo.com/edic/91/conhecimento1.htm. Acesso em: 14 mar. 2020.

[42] ARANTES, José Tadeu. **Ressonância mórfica**: a teoria do centésimo macaco. Disponível em: http://galileu.globo.com/edic/91/conhecimento1.htm. Acesso em: 14 mar. 2020.

O exemplo dos macacos sintetiza bem a questão, pois "o conhecimento adquirido por um conjunto de indivíduos agrega-se ao patrimônio coletivo, provocando um acréscimo de consciência que passa a ser compartilhado por toda a espécie".[43]

A ressonância mórfica de Sheldrake pode ser entendida como o processo responsável pela coletivização da informação, pois através dela as informações se propagam no interior do campo mórfico, alimentando uma espécie de memória coletiva, sem que para isso fosse utilizado qualquer meio usual de transmissão de informações.[44]

De acordo com o ponto de vista adotado por Sheldrake, os organismos vivos, além dos genes, herdam também os campos mórficos. Assim, enquanto os genes são transferidos materialmente de seus ancestrais, os campos mórficos são herdados

> não materialmente, por ressonância mórfica, não apenas de ancestrais diretos, mas também de outros membros da espécie. O organismo em desenvolvimento sintoniza os campos mórficos de sua espécie e, desse modo, tem à sua disposição uma memória coletiva ou de grupo onde colhe informações para esse desenvolvimento.[45]

Isso porque, durante muitos anos, considerou-se que os genes eram os únicos responsáveis por transmitir as características biológicas de uma geração a outra. Contudo, a *epigenética*, área da biologia que estuda as mudanças no funcionamento do gene que não são causadas por alterações na sequência de DNA, ampliou o conceito, justamente por considerar que as alterações do genoma herdadas pelas próximas gerações não alteram a sequência do DNA. Assim, a herança epigenética (ou não genética) demonstra a transmissão de caracteres epigenéticos entre diferentes gerações.[46]

[43] ARANTES, José Tadeu. **Ressonância mórfica**: a teoria do centésimo macaco. Disponível em: http://galileu.globo.com/edic/91/conhecimentol.htm. Acesso em: 14 mar. 2020.

[44] ARANTES, José Tadeu. **Ressonância mórfica**: a teoria do centésimo macaco. Disponível em: http://galileu.globo.com/edic/91/conhecimentol.htm. Acesso em: 14 mar. 2020.

[45] TRIPICCHIO, Adalberto. **Ressonância Mórfica de Rupert Sheldrake.** Disponível em: http://www.redepsi.com.br/2007/09/15/resson-ncia-m-rfica-de-rupert-sheldrake. Acesso em: 14 mar. 2020.

[46] Disponível em: https://pt.wikipedia.org/wiki/Epigenetica. Acesso em: 14 mar. 2020.

A abordagem interdisciplinar é de suma importância para o tema aqui tratado, haja vista que o fenômeno da ressonância mórfica demonstra, através de viés científico, como ocorre a transmissão das informações nos campos morfogenéticos e como as informações dos campos familiares são acessadas durante a prática da terapia da constelação familiar. Por último, também evidenciam sua influência na vida cotidiana, demonstrando os estudos científicos que "os hábitos da vida e o ambiente em que uma pessoa está inserida podem modificar o funcionamento de seus agentes"[47].

4. A inserção da constelação familiar no sistema jurídico

Tem-se observado, principalmente nos conflitos de ordem familiar, que a forma tradicional de lidar com tais litígios pelo Poder Judiciário não tem sido a mais eficiente, haja vista que a sentença proferida pelo juiz não põe, definitivamente, fim ao conflito, consoante destaca Storch.[48]

Na perspectiva, Schmidt, Pan Nys e Passos[49] referem "a conflituosidade social não está adstrita a questões estritamente jurídicas, ou seja, o conflito (bem como sua causa subjacente) é mais amplo que sua faceta jurídica ou aquilo que foi juridicamente 'traduzido' pelas partes – notadamente, pelos advogados, privados e públicos – para ser levado ao Judiciário".

Dessa feita, o cerne da questão está em identificar a causa subjacente do litígio, traduzida por emaranhamentos interpessoais e familiares mal resolvidos, não somente para auxiliar o equacionamento do conflito estritamente jurídico, mas também para evitar novas demandas judiciais, o que depende, em suma, justamente da "tomada de consciência de que por trás do conflito jurídico existe um conflito social mais amplo (que não se restringe à faceta jurídica),

[47] SILVA, Milena Patrícia da. **Direito Sistêmico e Justiça Criminal**. A Constelação Familiar como instrumento de Resolução de Conflitos na Área Penal. Curitiba: Juruá, 2019.

[48] STORCH, Sami. **Direito Sistêmico é uma luz no campo dos meios adequados de solução dos conflitos**. Disponível em: https://www.conjur.com.br/2018-jun-20/sami-storch-direito-sistemico-euma-luz-solucao-conflitos. Acesso em: 16 abr. 2020.

[49] SCHMIDT, Cândice C.; PAN NYS, Cristiane; PASSOS, Lizandra dos. **Justiça Sistêmica**: um novo olhar do Judiciário sobre as dinâmicas familiares e a resolução dos conflitos. Disponível em: https://www.tjrs.jus.br/export/poder_judiciario/tribunal_de_justica/centro_de_estudos/horizontes/ constelacoes_familiares_artigo.pdf. Acesso em: 14 mar. 2020.

por assim dizer, mostra-se fundamental ao equacionamento institucional da conflituosidade, à vista da adoção das possíveis soluções consensuais"[50].

Isso porque, em uma visão holística, a solução integral dos conflitos pode ser buscada com mais eficiência através de técnicas conciliatórias, assumindo a constelação familiar, como uma das diversas práticas sistêmicas, um importante papel no âmbito do Poder Judiciário como mecanismo não tradicional de facilitação dos acordos, em virtude de seu caráter humanista e pacificador.[51]

Nessa mesma linha, ensina Lederach[52] que, ao olhar para o conflito, entendendo-o também como "normal nos relacionamentos e motor de mudanças"[53],

> em primeiro lugar, precisamos de uma lente para ver a situação imediata. Em segundo, de uma que veja além dos problemas prementes e que leve nosso olhar na direção de padrões mais profundos de relacionamento, inclusive o contexto no qual o conflito se expressa. Em terceiro, é preciso de uma estrutura que nos permita ligar os problemas imediatos com os padrões de relacionamento subjacentes.

A utilização de métodos de solução consensual dos conflitos não só é chancelada pela legislação processual, como também estimulada pelo Código de Processo Civil, que assumiu o compromisso de promovê-la, "sendo que uma das suas marcas a viabilização de significativa abertura para a autonomia privada das partes, o que se manifesta no estímulo a que o resultado do processo

[50] SCHMIDT, Cândice C.; PAN NYS, Cristiane; PASSOS, Lizandra dos. **Justiça Sistêmica**: um novo olhar do Judiciário sobre as dinâmicas familiares e a resolução dos conflitos. Disponível em: https://www.tjrs.jus.br/export/poder_judiciario/tribunal_de_justica/centro_de_estudos/horizontes/ constelacoes_familiares_artigo.pdf. Acesso em: 14 mar. 2020.

[51] SCHMIDT, Cândice C.; PAN NYS, Cristiane; PASSOS, Lizandra dos. **Justiça Sistêmica**: um novo olhar do Judiciário sobre as dinâmicas familiares e a resolução dos conflitos. Disponível em: https://www.tjrs.jus.br/export/poder_judiciario/tribunal_de_justica/centro_de_estudos/horizontes/ constelacoes_familiares_artigo.pdf. Acesso em: 14 mar. 2020.

[52] LEDERACH, John Paul. **Transformação de Conflitos**. São Paulo: Palas Athena, 2012. p. 23.

[53] E ainda sobre o tema "conflitos", leciona Hellinger que "conflitos acontecem todos os dias. Eles surgem quando precisamos impor-nos. Ajudam-nos a crescer, a encontrar soluções melhores, a ampliar nossas fronteiras" (HELLINGER, Bert. **Conflito e paz**: uma resposta. São Paulo: Cultrix, 2007. p. 11).

seja fruto de um consenso das partes"[54], conforme a previsão do artigo 3º, §2º, sendo que no §3º, além citar a conciliação e a mediação como técnicas para tal fim, ainda dá abertura a outros métodos consensuais.

O Conselho Nacional de Justiça, a despeito da instituição de política judiciária de tratamento adequado aos conflitos, vem, através de suas resoluções, recomendações e portarias, implementar tal intento. Nesse sentido, a Resolução nº 125/2010, que institui a Política Judiciária Nacional de tratamento dos conflitos de interesses; o teor da Recomendação nº 50/2014, que sugere aos Tribunais a realização de estudos e de ações tendentes a dar continuidade ao movimento permanente pela conciliação e a Portaria nº 016/2015, que consagra a diretriz de desjudicialização, por meio de formas alternativas (ou autocompositivas) de solução de conflitos, que implica o compartilhamento da responsabilidade com a própria sociedade pela "recomposição da ordem jurídica rompida". E ainda a Resolução nº 225/2016 do CNJ, que contém diretrizes para a implementação e difusão da prática da Justiça Restaurativa no Poder Judiciário, prática essa que "busca a conscientização quanto aos fatores e dinâmicas relacionais, institucionais, sociais violentos e desumanos, que se apresentam como motivadores de insatisfações e de outras violências"[55].

A aplicação da visão sistêmica ao Direito, no âmbito do Poder Judiciário, como técnica facilitadora da obtenção de acordos nas varas de família e sucessões, nas varas da infância e juventude e, embora de forma restrita, também nas varas criminais e de execução criminal, foi feita de forma pioneira e gradativa pelo juiz Sami Storch, do Tribunal baiano, primeiramente a partir de 2012, durante as audiências e, hodiernamente, através da realização de verdadeiros *workshops.*

Storch, ao analisar o Direito sob a ótica das ordens superiores que regem as relações humanas, cunhou a expressão "direito sistêmico".[56] Porém, a nosso

[54] MARINONI, Luiz Guilherme; ARENHART, Sérgio Cruz; MITIDIERO, Daniel. **Código de processo civil comentado**. São Paulo: RT, 2015. p. 97

[55] SCHMIDT, Cândice C.; PAN NYS, Cristiane; PASSOS, Lizandra dos. **Justiça Sistêmica**: um novo olhar do Judiciário sobre as dinâmicas familiares e a resolução dos conflitos. Disponível em: https://www.tjrs.jus.br/export/poder_judiciario/tribunal_de_justica/centro_de_estudos/horizontes/ constelacoes_familiares_artigo.pdf. Acesso em: 14 mar. 2020.

[56] STORCH, Sami. **Direito Sistêmico é uma luz no campo dos meios adequados de solução dos conflitos**. Disponível em: https://www.conjur.com.br/2018-jun-20/sami-storch-direito-sistemico-euma-luz-solucao-conflitos. Acesso em: 16 abr. 2020.

ver e, pelo menos, até o momento, não se trata o "direito sistêmico" de uma nova "disciplina" ou de uma nova "área jurídica", "mas de um conhecimento que pode vir a amparar o trabalho dos juristas"[57]. A visão sistêmica, portanto, nas palavras de Roter Maia e Maciel, ingressa no sistema de Justiça como um método que objetiva "ampliar a consciência das partes envolvidas no conflito, lhes possibilitar uma nova perspectiva da situação e facilitar que construam a solução da lide".[58]

Nas palavras de Quezada[59], há de se destacar, em primeiro lugar, que "cabe aos profissionais que atuam com a abordagem sistêmica entenderem, honrarem e agradecerem o 'Direito Tradicional', e que aqui não se trata de uma separação, apenas de uma postura diferente na atuação do profissional". E essa postura não deve vir de encontro às *Ordens da Ajuda* de Hellinger,[60] sob pena de o próprio profissional extrapolar seu papel dentro do campo de gerência do conflito, não permitindo, inclusive e dentre outros efeitos prejudiciais, que a parte/cliente seja "vista como adulta" e assuma sua corresponsabilidade dentro do problema que lhe é apresentado. A "ajuda", assim, deve caminhar no sentido de que o "ajudado" "alcance o seu próprio destino, de modo que possa se desenvolver e crescer, de acordo com o que lhe é adequado"[61].

Nessa mesma linha de raciocínio, recomenda Barbosa[62] aos profissionais das carreiras jurídicas especial cautela quando a matéria envolver questões de Direito de família, devido à natureza dos vínculos de afeto. Para o autor, "merece, portanto, um refinamento da intuição do operador do direito, buscando o ponto de equilíbrio entre razão e emoção, o que exige a ampliação do olhar sob a ótica interdisciplinar". Já para Roter Maia e Maciel[63], aos opera-

[57] SCHUBERT, René. **Constelação Familiar**: impressa no corpo, na alma, no destino. São Paulo: Reino Editorial, 2019. p. 38.

[58] ROMA, Andréia; QUEZADA, Fabiana. **Pensamento Sistêmico.** São Paulo: Leader, 2019. *Pensamento Sistêmico* / [Coord.] Andréia Roma, Fabiana Quezada, 2019, p. 131.

[59] ROMA, Andréia; QUEZADA, Fabiana. **Pensamento Sistêmico.** São Paulo: Leader, 2019. *Pensamento Sistêmico* / [Coord.] Andréia Roma, Fabiana Quezada, 2019. p. 15

[60] HELLINGER, Bert. **Ordens da ajuda**. 3. ed. Goiânia: Artman, 2103.

[61] HELLIGER, Bert. **O Amor do Espírito na Hellinger Sciencia**. 4. ed. Belo Horizonte: Atman, 2017. p. 111.

[62] BARBOSA, Águida Arruda. **Mediação familiar interdisciplinar**. São Paulo: Atlas, 2015 p. 132.

[63] ROMA, Andréia; QUEZADA, Fabiana. **Pensamento Sistêmico.** São Paulo: Leader, 2019. p. 139.

dores do Direito cabe a tarefa de serem verdadeiros vetores de "ampliação da consciência sobre a situação, não sendo necessário adentrar de forma profunda em questões emocionais – especialidade do campo terapêutico".

Alguns temas são recorrentes nas constelações familiares aplicadas no âmbito do Judiciário, tais como a guarda dos filhos no processo de separação do casal, a violência doméstica, a alienação parental, litígios em inventários nos quais se observa alguém que foi excluído ou desconsiderado no passado familiar, entre outros, conforme destaca Storch. Ainda ressalta o autor que mesmo as partes que se apresentavam como "vítimas" percebiam, através da utilização da técnica "que havia algo em sua própria postura ou comportamento que, mesmo inconscientemente, estava contribuindo com a situação conflituosa. Essa percepção, por si só, é significativa e naturalmente favorece a solução".

No que se refere especificamente ao Rio Grande do Sul, houve a implementação do projeto denominado "*Justiça Sistêmica: Resolução de Conflitos à Luz das Constelações Familiares*", primeiramente na Comarca de Capão da Canoa, em 2015, disseminando-se para outras comarcas gaúchas, sendo que tal iniciativa "surgiu da necessidade de uma resposta célere e eficaz aos inúmeros conflitos judicializados, a partir de uma ferramenta diversa daquela até então posta à disposição, e que possibilitasse a humanização da Justiça, a partir da concretização do papel social do Judiciário e do magistrado".[64]

A dinâmica das constelações familiares configura-se em uma forte ferramenta para a restauração dos sistemas familiares em conflitos, bem como instrumento facilitador da solução consensual do litígio judicializado. Além disso, tem se mostrado eficaz na mediação dos litígios, haja vista que em 90% dos casos reduz as resistências e possibilita o acordo, conforme destaca Storch.[65]

[64] SCHMIDT, Cândice C.; PAN NYS, Cristiane; PASSOS, Lizandra dos. **Justiça Sistêmica**: um novo olhar do Judiciário sobre as dinâmicas familiares e a resolução dos conflitos. Disponível em: https://www.tjrs.jus.br/export/poder_judiciario/tribunal_de_justica/centro_de_estudos/horizontes/ constelacoes_familiares_artigo.pdf. Acesso em: 14 mar. 2020.

[65] STORCH, Sami. **Direito Sistêmico é uma luz no campo dos meios adequados de solução dos conflitos**. Disponível em: https://www.conjur.com.br/2018-jun-20/sami-storch-direito-sistemico-euma-luz-solucao-conflitos. Acesso em: 16 abr. 2020.

A transposição das constelações familiares para o Judiciário ocorre não somente através do trabalho fenomenológico proposto por Hellinger, como também por meio de uma verdadeira "postura sistêmica" adotada pelo juiz, pelo promotor e pelo advogado nas audiências e nos demais atos judiciais ou extrajudiciais, com o intuito de se ampliar a consciência e preparar a parte ou o pretenso litigante para uma solução mais pacífica e humanizada de suas questões.

Elementar que as partes concordem em se submeter à técnica, seja através da apreciação individualizada da questão judicializada, seja por meio da abordagem coletiva, na forma de *workshops*, atingindo, simultaneamente, as partes envolvidas em algumas dezenas de processos, segundo Storch[66]. Refere o magistrado que os efeitos da aplicação da técnica são extremamente benéficos para as partes, pois propicia a realização de acordos de forma rápida e emocionante nas audiências de conciliação, cumprindo com o seu papel de meio de solução pacífica dos conflitos.[67]

Interessante salientar a estruturação do "*Projeto Justiça Sistêmica: resolução de conflitos à luz das constelações familiares*" nas comarcas gaúchas de Capão da Canoa e Flores da Cunha, encampados pelos magistrados Lizandra dos Passos e Enzo Carlo di Gesu, respectivamente, que prevê, metodologicamente: 1) a triagem prévia dos processos pelo magistrado, pela equipe, incluindo a sugestão dos advogados ou encaminhamento realizado em audiência; 2) despacho determinando o envio de convites às partes e intimação dos procuradores; 3) designação de encontros mensais, com datas e horários previamente agendados, com agrupamentos de temas comuns, nos quais o magistrado fará uma breve exposição sobre a prática constelatória, com aplicação de termo de confidencialidade e instrução sobre a realização de eventual acordo ou prosseguimento do feito e, por fim, 4) a realização de acompanhamento pós-constelação e coleta de dados.

[66] STORCH, Sami. **Direito Sistêmico é uma luz no campo dos meios adequados de solução dos conflitos.** Disponível em: https://www.conjur.com.br/2018-jun-20/sami-storch-direito-sistemico-euma-luz-solucao-conflitos. Acesso em: 16 abr. 2020.

[67] STORCH, Sami. **Direito Sistêmico é uma luz no campo dos meios adequados de solução dos conflitos**. Disponível em: https://www.conjur.com.br/2018-jun-20/sami-storch-direito-sistemico-euma-luz-solucao-conflitos. Acesso em: 16 abr. 2020.

As pesquisas preliminares indicam que a prática contribui não apenas para o aperfeiçoamento da Justiça, mas também para a qualidade dos relacionamentos nas famílias – que, sabendo lidar melhor com os conflitos podem viver em paz e, assim, proporcionar um ambiente familiar melhor para o crescimento e desenvolvimento dos filhos, com respeito e consideração à importância de cada um. Consequência natural disso é a melhora nos relacionamentos em geral e a redução dos conflitos na comunidade.[68]

Na seara criminal, da infância e juventude e da violência doméstica e familiar contra a mulher, distante de discursos abolicionistas, visto que, na visão sistêmica, a responsabilização daquele que, em infringência ao ordenamento jurídico, cometeu algum ilícito deve ser implementada, as práticas sistêmicas, incluídas as constelações familiares, têm se mostrado importante ferramenta de restabelecimento da dignidade do infrator e da vítima, do seu empoderamento, do (re)equilíbrio entre eles e seus sistemas, de ressocialização/restauração e de significativa redução de índices de reincidência.

A utilização e a implementação das constelações familiares, assim, têm obtido diversos resultados (benéficos), sob diversas perspectivas, dos quais destaca-se:

> Na Comarca de Capão da Canoa – com o Projeto Justiça Sistêmica –, em aproximadamente sete meses de implementação do Projeto foi possível colher importantes resultados, tal como o índice de não envolvimento dos adolescentes encaminhados ao Projeto com a prática de atos infracionais, o qual alcançou o percentual de 93%, ou seja, apenas 7% dos adolescentes encaminhados ao Projeto Justiça Sistêmica voltaram a se envolver em outros atos infracionais no período de 07 meses.

[68] STORCH, Sami. **Direito Sistêmico é uma luz no campo dos meios adequados de solução dos conflitos.** Disponível em: https://www.conjur.com.br/2018-jun-20/sami-storch-direito-sistemico-euma-luz-solucao-conflitos. Acesso em: 16 abr. 2020.

Conclusões

As constelações familiares nada mais são do que uma ciência dos relacionamentos, que busca identificar os desequilíbrios do sistema familiar, promovendo a paz a partir de uma visão sistêmica dos conflitos. Através da abordagem das leis sistêmicas de Hellinger (hierarquia, pertencimento e equilíbrio), são enfocados os papéis de cada integrante do grupo familiar e a sua importância para o grupo como um todo, o que pode ser viabilizado através da prática fenomenológica, através de palestras, *workshops* e até mesmo de uma "postura sistêmica" adotada pelo profissional do Direito.

A inserção das constelações familiares – ciência dos relacionamentos desenvolvida por Bert Hellinger, idealizada com o intuito de solucionar padrões de comportamento disfuncional apresentados nas famílias e sistemas familiares ao longo das gerações – pelo Poder Judiciário tem sido uma importante ferramenta não somente sob a perspectiva da solução, como também da prevenção de futuros litígios, haja vista que possibilita uma visão holística e humanística da Justiça acerca das dinâmicas familiares.

Sob o ponto de vista interdisciplinar, a aplicação da técnica das constelações familiares e o consequente desvelar do âmago do conflito, além de propiciar a obtenção de grande eficácia nos acordos em virtude de seu papel "facilitador" da solução pacífica dos litígios, assume um importante papel de prevenção de novos conflitos judiciais envolvendo as mesmas partes, isto é, através de novos processos judiciais e novas práticas delitivas.

Se é certo que as constelações familiares promovem a pacificação social, mormente porque através das ordens da hierarquia, pertencimento e equilíbrio proporcionam a equalização do conflito através do viés terapêutico, viabilizando uma apreciação diferenciada do conflito, isto é, das particularidades intrinsecamente relacionadas aos conflitos emocionais das pessoas, não menos certo que aproximam o juiz da comunidade: "para além da perspectiva de gestão judicial estritamente relacionada à efetividade processual, a implementação das 'Constelações Familiares', no âmbito do Judiciário, em última instância, possibilita a humanização da Justiça."[69]

[69] SCHMIDT, Cândice C.; PAN NYS, Cristiane; PASSOS, Lizandra dos. **Justiça Sistêmica**: um novo olhar do Judiciário sobre as dinâmicas familiares e a resolução dos conflitos.

Trata-se de resultados que transcendem às partes e ao processo, cumprindo com o fim a que foi proposto: a paz social.

Referências

ARANTES, José Tadeu. **Ressonância mórfica**: a teoria do centésimo macaco. Disponível em: http://galileu.globo.com/edic/91/conhecimento1.htm. Acesso em: 14 mar. 2020.

BARBOSA, Águida Arruda. **Mediação familiar interdisciplinar**. São Paulo: Atlas, 2015.

BERTÃO, Solange. **A lógica do destino**. São Paulo: Matrix, 2019.

CAPRA, Fritjof. **A revolução ecojurídica**: o direito sistêmico em sintonia com a natureza e a comunidade / Fritjof Capra, Ugo Mattei. São Paulo: Editora Cultrix, 2018.

FREUD, Sigmund. **A interpretação dos Sonhos**. Porto Alegre: L&PM, 2015. v. 1 e 2.

HELLIGER, Bert. **A simetria oculta do amor**: por que o amor faz os relacionamentos darem certo. 6. ed. São Paulo: Cultrix, 2006.

HELLIGER, Bert. **O Amor do Espírito na Hellinger Sciencia**. 4. ed. Belo Horizonte: Atman, 2017.

HELLINGER, Bert. **Conflito e paz**: uma resposta. São Paulo: Cultrix, 2007.

HELLIGER, Bert. **Constelações familiares**: o reconhecimento das ordens do amor./Bert Hellinger, Gabriele Ten Hovel. São Paulo: Cultrix, 2007.

HELLINGER, Bert. **Ordens da ajuda**. 3. ed. Goiânia: Artman, 2103.

HELLIGER, Bert. **Ordens do amor**: um guia para o trabalho com constelações familiares. São Paulo: Cultrix, 2007.

HELLINGER, Bert. **Pensamentos a caminho**. 2. ed. Belo Horizonte: Artman, 2013.

INCONSCIENTE Coletivo. Disponível em: https://pt.wikipedia.org/wiki/Inconsciente_coletivo. Acesso em: 14 mar. 2020.

LEDERACH, John Paul. **Transformação de Conflitos**. Howard Zehr. São Paulo: Palas Athena, 2012.

MANNÉ, Joy. **As constelações familiares em sua vida diária**. São Paulo: Cultrix, 2008.

MARINONI, Luiz Guilherme; ARENHART, Sérgio Cruz; MITIDIERO, Daniel. **Código de processo civil comentado**. São Paulo: RT, 2015.

ONUKI, Sonia. Constelação Familiar. São Paulo: Buzz, 2019. *In*: ROMA, Andréia; QUEZADA, Fabiana. **Pensamento Sistêmico.** São Paulo: Leader, 2019.

PIZZATTO, Bianca. **Constelações familiares na advocacia**: uma prática humanizada. 2. ed. Joinville: Manuscritos editora, 2018.

ROMA, Andréia; QUEZADA, Fabiana. **Pensamento Sistêmico.** São Paulo: Leader, 2019.

ROSA, Conrado Paulino da. **Curso de Direito de Família contemporâneo**. 5. ed. Salvador: Juspodium, 2019.

Disponível em: https://www.tjrs.jus.br/export/poder_judiciario/tribunal_de_justica/centro_de_estudos/horizontes/ constelacoes_familiares_artigo.pdf. Acesso em: 14 mar. 2020.

SANTANA, Emiliana. **Constelação Sistêmica Familiar** – As Leis do Amor. 2. ed. São Paulo: Editora Alfabeto, 2018.

SCHMIDT, Cândice C.; PAN NYS, Cristiane; PASSOS, Lizandra dos. **Justiça Sistêmica**: um novo olhar do Judiciário sobre as dinâmicas familiares e a resolução dos conflitos. Disponível em: https://www.tjrs.jus.br/export/poder_judiciario/ tribunal_ de_justica/ centro_de_estudos/horizontes/constelacoes_familiares_artigo.pdf. Acesso em: 14 mar. 2020.

SCHUBERT, René. **Constelação Familiar**: impressa no corpo, na alma, no destino. São Paulo: Reino Editorial, 2019.

SHELDRAKE, Rupert. **Uma nova ciência da vida**: a hipótese da causação formativa e os problemas não resolvidos da biologia. São Paulo: Cutrix, 2013.

SILVA, Milena Patrícia da. **Direito Sistêmico e Justiça Criminal**. A Constelação Familiar como instrumento de Resolução de Conflitos na Área Penal. Curitiba: Juruá, 2019.

STORCH, Sami. **Direito Sistêmico é uma luz no campo dos meios adequados de solução dos conflitos.** Disponível em: https://www.conjur.com.br/2018-jun-20/sami--storch-direito-sistemico-euma-luz-solucao-conflitos. Acesso em: 16 abr. 2020.. Acesso em: 16 abr. 2020.

TRIPICCHIO, Adalberto. **Ressonância Mórfica de Rupert Sheldrake**. Disponível em: http://www.redepsi.com.br/2007/09/15/resson-ncia-m-rfica-de-rupert-sheldrake. Acesso em: 14 mar. 2020.

POSFÁCIO

É com grande honra que faço o posfácio da obra dedicada a homenagear o Professor Nereu Giacomolli. Deixo registrado aqui que mais do que um posfácio, este é um registro de admiração pelo ser humano que é o amigo e colega Nereu Giacomolli. Já de partida, pode-se ver quantos amigos, colegas e admiradores o Professor Nereu angariou em sua longa jornada acadêmica e, para isso, basta que se veja nesta obra todos os colegas que aceitaram homenageá-lo. Colegas de renome nacional e internacional que agora rendem homenagem (esse voto de louvor) a esse querido mestre pelo seu destaque no ensino do Direito. Quando um homem é admirado pelas suas virtudes, rapidamente todos querem acompanhá-lo, e isso sempre norteou a vida do querido amigo e colega Nereu Giacomolli. Um homem de virtudes antes de tudo.

Com humildade e sabedoria, Nereu trilhou a sua vida na magistratura, e nela foi admirado pelos colegas, membros do Ministério Público e pelos advogados, porque sempre soube respeitar as posições contrárias, sem que isso fosse de qualquer modo pessoalizado. Alcançou o posto de desembargador no Tribunal de Justiça do Rio Grande do Sul, onde seus julgados serviram e servem até hoje como exemplos de uma correta e justa aplicação das regras penais e processuais penais adequadas à Constituição Federal.

Na sua trajetória dedicada ao ensino jurídico, o Professor Nereu Giacomolli se destacou pelas universidades em que lecionou e, desde o princípio, construiu uma sólida bagagem cultural conquistando a admiração não só de seus colegas, mas principalmente de seus alunos, que o escolhiam para orientar os trabalhos acadêmicos. Assim, foi sucessivamente na Unisinos, na Ulbra e na PUCRS – instituição esta onde, após anos lecionando na graduação e no programa de pós-graduação, tornou-se coordenador do programa de Ciências Criminais.

Como não poderia deixar de ser, o Professor Nereu também lecionou na Escola da Magistratura do Rio Grande do Sul e ajudou na formação e no aperfeiçoamento de inúmeros magistrados. A passagem por essa instituição deixou registrada a sua personalidade, que sabe mesclar a atividade de julgador com a de professor, fato este que proporcionou aos juízes do estado uma formação diferenciada. Com citações de vanguarda e ensinamentos muito à frente de nosso tempo, Nereu foi cunhando passo a passo os direitos e garantias fundamentais preconizados por todos e esquecidos por muitos. No tribunal, os debates com seus pares eram marcados por suas características de serenidade e voz tranquila, porém, sem com isso deixar seus ideais de lado. Rapidamente foi conquistando o respeito de seus colegas, que incontáveis vezes o seguiam quando suas lições inovadoras serviam como um guia para a correta aplicação do Direito. Assim, o Professor Nereu também deixou o seu legado acadêmico nos julgamentos da corte gaúcha.

Na academia, as obras e o artigos jurídicos do Professor Nereu são multicitadas e servem de referência para o desenvolvimento de dissertações e teses, assim como são citações obrigatórias nos bons livros e manuais de Processo Penal do Brasil.

Como acompanhei de perto toda a trajetória acadêmica do colega Nereu Giacomolli, aprendi lições não só jurídicas, mas também de amizade, fraternidade, humildade e de dedicação aos projetos pessoais por ele traçados. Nereu é disciplinado por natureza e obstinado a estudar e concretizar seus sonhos. Recordo-me da rígida disciplina a que Nereu se impôs quando escrevia a sua tese doutoral em Madri, cumprindo, assim, religiosamente o seu plano de estudos, sem descuidar, no entanto, de sua querida família, que sempre esteve ao seu lado. Impressionava-me as horas de estudo, as pesquisas efetuadas, os debates acadêmicos e, mesmo com tudo isso, a ternura com que levava a condução de sua vida familiar. Testemunhei tudo isso e me emociona hoje escrever essas breves linhas em homenagem a esse homenageado professor e querido amigo.

Por fim, deixo o registro aqui, nesta singela homenagem, que o Professor Giacomolli é um homem à frente de seu tempo, precursor de novas ideias, defensor de garantias, autor de vários livros e artigos jurídicos, mas o que importa tudo isso se Nereu não fosse um homem de virtudes. O que esta obra demonstra é que só um professor dedicado e admirado como ele merece tamanha homenagem, pois além de todo o seu conhecimento, o que o tornou grande foi a sua humildade, amizade e lealdade com os outros, o seu trato com as pessoas, a sua fala mansa e honesta, a sua verdade em lidar com as coisas, enfim, diferenças que parecem pequenas, mas são grandes e esquecidas por muitos que estão na academia. De que adianta todo o conhecimento se o homem não é capaz de transmiti-lo? O Professor Nereu reúne essas virtudes: conhecimento e capacidade de transmissão. Teria muito mais a dizer desse amigo, mas sintetizo dizendo que é justa a homenagem se faz nessa obra ao querido amigo e colega Nereu Giacomolli. Oxalá todos tivessem um pouco das virtudes desse homem que já se tornou grande na academia.

Brasília, primavera de 2021.

Prof. Dr. André Luís Callegari
Professor de Direito Penal no IDP/Brasília